TRATADO SOBRE O SETOR DE RODOVIAS NO DIREITO BRASILEIRO

VOLUME I

CONTRACORRENTE

Augusto Neves Dal Pozzo
José Virgílio Lopes Enei
(Organizadores)

TRATADO SOBRE O SETOR DE RODOVIAS NO DIREITO BRASILEIRO

VOLUME I

SÃO PAULO
2022

CONTRACORRENTE

Alameda Itu, 852 | 1º andar |
CEP 01421 002
www.loja-editoracontracorrente.com.br
contato@editoracontracorrente.com.br

EDITORES
Camila Almeida Janela Valim
Gustavo Marinho de Carvalho
Rafael Valim
Walfrido Warde
Silvio Almeida

EQUIPE EDITORIAL
COORDENAÇÃO DE PROJETO: Juliana Daglio
REVISÃO: Amanda Dorth, Carla Carneiro, Douglas Magalhães
REVISÃO TÉCNICA: Douglas Magalhães
PREPARAÇÃO DE TEXTO: Amanda Dorth
DIAGRAMAÇÃO: Pablo Madeira
CAPA: Marina Avila

EQUIPE DE APOIO
Fabiana Celli
Carla Vasconcellos
Fernando Pereira
Valéria Pucci
Regina Gomes
Nathalia Oliveira

Dados Internacionais de Catalogação na Publicação (CIP)
(Câmara Brasileira do Livro, SP, Brasil)

Tratado sobre o setor de rodovias no direito brasileiro /
organização Augusto Neves Dal Pozzo,
José Virgílio Lopes Enei. -- 1. ed. --
São Paulo : Editora Contracorrente, 2022.

Vários autores.
Bibliografia
ISBN 978-65-5396-031-2

1. Direito 2. Infraestrutura 3. Rodovias
4. Rodovias - Administração pública I. Dal Pozzo,
Augusto Neves. II. Enei, José Virgílio Lopes.

22-113983 CDD-354.770981

Índices para catálogo sistemático:
Brasil : Rodovias : Concessões : Administração pública 354.770981
Aline Graziele Benitez - Bibliotecária - CRB-1/3129

@editoracontracorrente
Editora Contracorrente
@ContraEditora

SUMÁRIO

SOBRE OS ORGANIZADORES

AUGUSTO NEVES DAL POZZO

Professor de Direito Administrativo e de Fundamentos de Direito Público da Faculdade de Direito da Pontifícia Universidade Católica de São Paulo (PUC-SP). Professor do Curso de Pós-Graduação Lato Sensu em Direito Administrativo da Pontifícia Universidade Católica de São Paulo (PUC-SP). Mestre e Doutor em Direito Administrativo pela PUC-SP. Pós-Graduação Lato Sensu em Direito do Estado pela Pontifícia Universidade Católica de São Paulo (PUC-SP). Pós-Graduação Executiva em Infrastructure in a Market Economy e Public-Private Partnerships for Infrastructure pela Harvard Kennedy School. Pós-graduação Executiva em Negotiation and Leadership pela Harvard Law School. Pós-graduação Executiva em Corporate Governance e Management Program for Lawyers pela Yale School of Management. Coordenador da Revista de Direito Administrativo e Infraestrutura (RDAI), publicada pela Editora Thomson Reuters Revista dos Tribunais. Coordenador da Revista Brasileira de Infraestrutura (RBINF). Diretor da Revista Internacional de Direito Público (RIDP). Membro do Comité de Coordinadores Nacionales da Red Iberoamericana de Contratación Pública - REDICOP. Membro da Asociación Argentina de Derecho Administrativo (AADA). Membro da American Bar Association (ABA). Membro da International Bar Association (IBA). Membro do Foro Iberoamericano de Derecho Administrativo (FIDA). Presidente do Instituto Brasileiro de Estudos Jurídicos da Infraestrutura (IBEJI). Advogado e parecerista. Sócio-fundador do Dal Pozzo Advogados.

JOSÉ VIRGÍLIO LOPES ENEI

É sócio, head da área de infraestrutura de Machado Meyer Advogados. Bacharel, Mestre em Direito Comercial e Doutor em Direito de Estado pela Faculdade de Direito Universidade de São Paulo. LLM pela Universidade de Virginia. Pós-graduado em Administração de Empresas (CEAG) pela Escola de Administração de Empresas da Fundação Getúlio Vargas - EASP-FGV. Professor por mais de uma década nos cursos de pós-graduação do Insper - SP. Membro do Conselho Consultivo da ABDIB - Associação Brasileira da Infraestrutura e Indústrias de Base. Ex-presidente do IBRADEMP - Instituto Brasileiro de Direito Empresarial, e atual Coordenador da Comissão de Infraestrutura. Autor de dezenas de artigos, capítulos e livros jurídicos na área de Infraestrutura, PPPs e Concessões, Financiamento de Projetos, M&A em setores regulados, contratos de construção e EPC e regulação.

SOBRE OS AUTORES

ADILSON ABREU DALLARI

Professor Titular de Direito Administrativo da Faculdade de Direito da PUC/SP. Membro do Conselho Científico da Sociedade Brasileira de Direito Público – SBDP; membro do Conselho Superior de Estudos Nacionais e Política – COSENP, da FIESP; membro do Núcleo de Altos Temas – NAT, do SECOVI; membro do Conselho Superior de Direito da FECOMÉRCIO; membro do Instituto dos Advogados de São Paulo (IASP). Consultor Jurídico.

ALEXANDER LEONARD MARTINS KELLNER

Doutorando e Mestre em Direito Regulatório pela Fundação Getúlio Vargas – FGV/DIREITO RIO. Especialista em Direito pela Escola da Magistratura do Estado do Rio de Janeiro – RJ. Procurador Geral da Agência Reguladora de Energia e Saneamento Básico do Estado do Rio de Janeiro – AGENERSA.

ALEXANDRE SANTOS DE ARAGÃO

Professor Titular de Direito Administrativo da Universidade do Estado do Rio de Janeiro – UERJ. Doutor em Direito do Estado pela

Universidade de São Paulo – USP. Mestre em Direito Público pela UERJ. Procurador do Estado do Rio de Janeiro. Árbitro. Advogado.

ANA CAROLINA KLIEMANN DUTRA

Formada em Direito pela Universidade Federal do Rio Grande do Sul em 2000, Mestrado pela mesma Universidade em 2006, LLM pela University of Pennsylvania em 2007 (Philadelphia, US), MBA pelo INSPER em 2012. Co-fundadora do Oxford Impact Collaborative. Sócia fundadora do escritório Kliemann e Arruda Advocacia.

ANDRÉ PAULANI PASCHOA

Mestre em Direito Administrativo pela Pontifícia Universidade Católica de São Paulo, com graduação na mesma universidade. Advogado no escritório Dal Pozzo Advogados, com atuação concentrada na área de Direito Administrativo e específica em consultoria de projetos de infraestrutura, acompanhamento de licitações e de execução de contratos administrativos. Certificado internacional, nível Foundation, em PPPs (CP^{3}P-F), programa de Certificação concebido pelo Banco Mundial, junto com outros bancos multilaterais e implementado globalmente pela APMG International: "APMG International / World Bank Certified PPP Professional".

ANDRÉ ROSILHO

Professor da FGV Direito SP. Coordenador do Observatório do TCU da FGV Direito SP + SBDP. Doutor em Direito pela USP. Mestre em Direito pela FGV Direito SP.

ARTUR PORTO ALEGRE

Advogado e Gestor Jurídico de Corporações. É graduado em Direito pela PUC-RS e tem Especialização pela PUC-SP (Direito Tributário) e LLM pela UNISINOS (Direito dos Negócios). Também é professor convidado de instituições de ensino superior e palestrante em eventos sobre Direito Público. Atua, há 14 anos, em empresas multinacionais do setor de infraestrutura e saneamento básico, em posições de liderança no Brasil e América Latina.

AUBREY RENAN DE OLIVEIRA LEONELLI

Especialista em Regulação de Transporte na área do Direito na ARTESP. Especialista em Direito Empresarial pela Fundação Getúlio Vargas - FGV/SP.

BRUNO DANTAS

Ministro do Tribunal de Contas da União (TCU). Pós-Doutor em Direito pela UERJ, Doutor e Mestre em Direito pela PUC-SP. Pesquisador visitante na Benjamin N. Cardozo School of Law (Nova York, EUA), no Max Planck Institute for Regulatory Procedural Law (Luxemburgo) e no Institute de Recherche Juridique da Universidade Paris 1 Panthéon-Sorbonne. Professor Titular do Mestrado e Doutorado em Direito da UNINOVE. Professor Associado do Mestrado e Doutorado em Direito da Regulação da FGV-Direito Rio. Professor-Adjunto da Graduação, Mestrado e Doutorado em Direito da UERJ.

CARLOS ARI SUNDFELD

Professor Titular da FGV Direito SP. Doutor e Mestre em Direito pela PUC-SP. Presidente da Sociedade Brasileira de Direito Público – SBDP.

CARLOS SANSEVERINO

Mestrando em Direito da Saúde: Dimensões Individuais e Coletivas na Universidade Santa Cecília – UNISANTA. Especialista em Processo de Ensino e Aprendizagem na Educação Superior. Especialista em Direito Ambiental Empresarial pelo Centro Universitário das Faculdades Metropolitanas Unidas. Bacharel em Direito pela Pontifícia Universidade Católica de São Paulo. Pós-Graduado em Direito Penal pela FGV e em Administração pela

Universidade Mackenzie. Associado Efetivo e Presidente Comissão Permanente de Estudos de Desenvolvimento Sustentável do Instituto dos Advogados de São Paulo – IASP. Presidente da "Comissão de Infraestrutura e Sustentabilidade" da Ordem dos Advogados do Brasil – Pinheiros, no triênio 2019/2021. Advogado Militante há 39 anos nas seguintes áreas: Direito Ambiental, Direito de Família, Direito Empresarial e Direito Penal Tributário.

DINORÁ ADELAIDE MUSETTI GROTTI

Doutora e Mestra pela PUC/SP. Professora de Direito Administrativo da PUC/SP. Ex-Procuradora do Município de São Paulo.

EDGARD HERMELINO LEITE JUNIOR

Vice-presidente do Instituto Brasileiro de Estudos Jurídicos da Infraestrutura (IBEJI). Formação executiva em *Infrastructure in a Market Economy* pela *Harvard University* (*John F. Kennedy School of Government*), e em *Business and Compliance* pela *Barry University*. Possui extensão universitária em *Derecho Público Global* pela *Universidade da Coruña*. Sócio de Edgard Leite Advogados Associados.

EGON BOCKMANN MOREIRA

Professor de Direito Econômico da Faculdade de Direito da UFPR. Professor Visitante nos Programas de Pós-Graduação das Faculdades de Direito de Lisboa (2011), USP e FGV/RJ (2018). Mestre e Doutor em Direito. Especialista em Mediação (Harvard Law School e Pepperdine Law School) e Regulação Econômica (Faculdade de Direito de Coimbra). Árbitro. Advogado.

ELISA SCHMIDLIN CRUZ

Mestra em Direito pela PUC/PR. Membra da Comissão de Arbitragem e da Comissão de Mediação da OAB/PR. Vice-Presidenta da Câmara de Mediação e Arbitragem da Associação Comercial do Paraná – ARBITAC. Advogada.

FELIPPE NOGUEIRA MONTEIRO

LL.M. (*Master of Laws*) em Direito pela *Harvard Law School*. Mestre em Gestão e Políticas Públicas pela Escola de Administração de Empresas da Fundação Getúlio Vargas (FGV/EAESP). Ex-presidente do Conselho de Administração e Ex-Diretor da Caixa Imóveis S.A. Foi Chefe de Gabinete na Secretaria de Assuntos Estratégicos da Presidência da República (2015) e Assessor da Diretoria Geral da ARTESP (2011 – 2012). Sócio em Edgard Leite Advogados Associados.

FERNANDA MATOS CASTELFRANCHI

Mestra em Direito Público pela Unesp. Pós-Graduada em Direito Contratual e Responsabilidade Civil pela Unesp. Pós-graduada em Direito Empresarial pela Fundação Getúlio Vargas. Atualmente é gerente jurídica do Centro de Serviços Compartilhados na Arteris S/A.

FERNANDA NEVES VIEIRA MACHADO

Graduada em Direito em 2006. Pós-graduada em Direitos Difusos e Coletivos pela PUC-Cogeae. Pós-Graduada em Direito Administrativo pela Fundação Getúlio Vargas. Gerente jurídica de temas regulatórios estratégicos na Arteris S/A.

FLÁVIA MATTIOLI TÂMEGA

Graduada em Direito em 1997. MBA em Direito da Economia e da Empresa pela Fundação Getúlio Vargas. Membra da Comissão de Infraestrutura do Conselho Federal da OAB e da Comissão de Infraestrutura da OAB/SP. Diretora jurídica e de *Compliance* na Arteris S/A.

FLAVIA WITKOWSKI FRANGETTO

Doutora (2008) e Mestra (2004) em Direito das Relações Sociais pela PUC-SP, foi *visiting research fellow* do Oxford Institute for Energy Studies (Inglaterra), *policy fellow* da University of Oxford (Inglaterra) e *auditeur libre* da Lyon III, Université Jean Moulin (França). Têm farta experiência em consultoria de cooperação internacional (GIZ, United Nations Foundation, UNEnvironment, UNFCCC, UNCCD – ONU), assessoria para o Poder Legislativo (Senado Federal), Judiciário e Executivo, em atuação como membro de conselhos ambientais, jurídicos, *advisory* de fundos nacionais e internacionais, pesquisadora do Instituto de Pesquisa Econômica Aplicada – Ipea, CEO da GHG Asset Assessoria Ambiental LTDA, doutrinadora, jurista e parecerista que atua desde 1999 em firmas de consultoria, empresas e advocacia, nacionais e internacionais. É advogada coordenadora da área ambiental consultiva na Sanseverino Advogados Associados.

GABRIELA MINIUSSI ENGLER PINTO PORTUGAL RIBEIRO

Secretária executiva de parcerias do estado de São Paulo. Mestra em Direito Público pela Fundação Getúlio Vargas de São Paulo (Mestrado Profissional), Master of Laws (LL.M) pela Columbia University School of Law (Kent Scholar) e graduada em Direito pela Pontifícia Universidade Católica de São Paulo.

GILBERTO BERCOVICI

Professor Titular de Direito Econômico e Economia Política da Faculdade de Direito da Universidade de São Paulo. Professor do Instituto Brasileiro de Ensino, Desenvolvimento e Pesquisa (IDP) e do Programa de Pós-Graduação em Direito da Universidade Nove de Julho – Uninove. Doutor em Direito do Estado e Livre Docente em Direito Econômico pela Universidade de São Paulo. Advogado.

GUSTAVO MIRANDA LOURES

Pós-Graduado em Licitações e Contratos pela PUC/PR. Especialista em Análise de Viabilidade Econômico-Financeira de Projetos pela FGV e em Relações com Investidores pela FIPECAFI. Aluno do MBA Executivo em Gestão Estratégica e Econômica de Negócios da FGV. Advogado.

JACINTHO ARRUDA CÂMARA

Professor da Faculdade de Direito da PUC-SP e da Pós-graduação Lato Sensu da FGV Direito SP. Doutor e Mestre em Direito pela PUC-SP. Vice-Presidente da Sociedade Brasileira de Direito Público – sbdp.

JACKELINE BELLUZZO MALIENO NOGUEIRA

Graduada em Direito em 2000. MBA em Administração pela Fundace, FEA-RP, USP em 2003. *Compliance* pelo Insper em 2018. Diretora Jurídica, Regulatório e *Compliance* na IBH – Infraestrutura Brasil Holding I (Plataforma de Rodovias do Patria Investimentos).

JOYCE MACKAY MENEGHELLO MARQUES

Advogada no setor de infrestrutura, especializanda em Direito Administrativo pela PUC-SP, membra do Comitê de Infraestrutura, Logística e Desenvolvimento Sustentável da Ordem dos Advogados do Brasil, Seção São Paulo.

JULIANA CRISCUOLO

Mestra em Direito Público pela Pontifícia Universidade Católica de São Paulo; pós-graduada em Processo Civil (PUC/SP); Graduada em Direito pela Pontifícia Universidade Católica de São Paulo; Advogada de empresa privada com ênfase na área de Direito Público.

KARINA LARA FERA

Diretora Jurídica da ABCR, é formada em Direito pela PUC/SP em 2000, pós-graduada em Direito Processual Civil pela PUC-SP em 2008 e pós-graduada em Infraestrutura, Tendências e Mecanismos de Desenvolvimento pela FGV em 2021.

LAYSSA GÖELZER

Advogada e bacharel em Administração pela Universidade Federal de Pelotas, pós-graduada em Direito Empresarial pelo IBMEC e em Infraestrutura: Tendências e Mecanismos de Desenvolvimento, pela FGV.

LETÍCIA QUEIROZ DE ANDRADE

Advogada, é sócia-diretora na Queiroz Maluf Sociedade de Advogados e professora de Direito Administrativo na Pontifícia Universidade Católica de São Paulo –PUC/SP. Mestra e Doutora em Direito Público pela Pontifícia Universidade Católica de São Paulo –PUC/SP.

MATHEUS LENCEK

Bacharel em Direito pela Universidade Presbiteriana Mackenzie (2017). Pós-graduando em Direito Público pela Pontifícia Universidade Católica do Rio Grande do Sul. Advogado do Departamento de Consultivo e Contencioso Administrativo do Dal Pozzo com atuação em Direito Público e foco em Direito da Infraestrutura, setores regulados e contratos públicos.

RENATA LACERDA

Advogada. Pós-graduada em Processo Civil (PUC/SP) e em Direito Público (EPD/SP), Mestranda em Direito Administrativo (PUC/SP). Gerente Jurídico do Grupo CCR, onde atua há vinte anos no ramo de infraestrutura, regulação, licitações e concessões de serviços públicos.

RENATA PEREZ DANTAS

Advogada, é *Investment Officer* da *International Finance Corporation*-IFC, do Banco Mundial. Foi Diretora Geral Interina (2019-20) e Diretora de Assuntos Institucionais (2016-2020) da Agência Reguladora de Transportes do Estado de São Paulo – ARTESP. Mestre em Direito Público pela Pontifícia Universidade Católica de São Paulo – PUC/SP.

RICARDO MARCONDES MARTINS

Doutor em Direito Administrativo pela PUC-SP. Professor de Direito Administrativo da PUC-SP.

RODRIGO DE PINHO BERTOCCELLI

Mestrando em Direito Público pela FGV. Graduado e Especialista em Direito Processual Civil pela Universidade Presbiteriana Mackenzie. Pós-graduado em Contratos Empresariais pela FGV-GVLaw. Extensão Executiva em *Business and Compliance* pela *University of Central Florida* e *International Management & Compliance* pela *Frankfurt University of Applied Sciences*. Advogado em São Paulo.

SANTI FERRI

Engenheiro Civil, Especialista em Regulação de Transportes da ARTESP, cedido à EPL (Empresa de Planejamento e Logística S.A., vinculada ao Ministério da Infraestrutura), onde ocupa atualmente o cargo de Gerente de Estruturação de Projetos de Concessão de Infraestrutura. Também é professor do curso de Engenharia Civil da PUC/SP. Possui Mestrado e Doutorado na área de Infraestrutura de Transportes pelo Escola Politécnica da USP.

THIAGO CARDOSO ARAÚJO

Professor da EPGE/FGV, procurador do estado do Rio de Janeiro e sócio do escritório Bocater Advogados. Mestre e Doutor em Direito pela Universidade Estadual do Rio de Janeiro.

TIAGO CRIPA ALVIM

Possui *master* em Direito Público e Parcerias Público-Privadas pela Université Paris 1 Panthéon-Sorbonne. *Experto* em Provimento de Infraestruturas pela Universidad Politécnica de Madrid. Certificado em *project finance* pela Euromoney Learning. Pós-graduado em Relações Internacionais e Direito Internacional pelo Clio/Damásio. Especialista em Direito Administrativo e graduado em Direito pela PUC-SP. Foi consultor da UNCITRAL-ONU para concessões e parcerias público-privadas; assessor para infraestrutura da Presidência da República, da EPL S.A. e do Tribunal de Contas do Município de São Paulo; coordenador da Comissão de Organismos Internacionais do IBDEE. Advogado em organismo internacional. Professor.

VERA MONTEIRO

Professora da FGV Direito SP e da Sociedade Brasileira de Direito Público – sbdp. Doutora em Direito pela USP. Mestra em Direito pela PUC/SP. *Lemann Visiting Fellow* na Oxford University (Blavatnik School of Government).

YAHN RAINER

Mestre em Direito do Estado (Direito Administrativo) pela Faculdade de Direito da Universidade de São Paulo (FD/USP). Especialista em Regulação Econômica (Mercados Regulados) pela Fundação Instituto de Pesquisas Econômicas da Universidade de São Paulo (FIPE/USP). Diretor Financeiro da Associação Brasileira de Direito Econômico e Direito Administrativo (ABRADADE). Alumni (*fellowship program*) da International Anticorruption Academy (IACA). Advogado em Edgard Leite Advogados Associados.

APRESENTAÇÃO

O setor de rodovias é fundamental para a concretização do desenvolvimento nacional, prescrito pela Constituição Federal, no inciso II, do seu artigo 3º, como objetivo fundamental da República Federativa do Brasil.

De forma ainda mais acentuada que em outros segmentos da infraestrutura e a par da renda e empregos diretos por si só gerados, investimentos em rodovias de qualidade geram também um efeito multiplicador na economia, pois contribuem para a maior eficiência e competitividade de diversas outras atividades econômicas.

Isso é ainda mais evidente num país de dimensões continentais como o Brasil e que tem, dentre as suas principais vocações, a produção de *commodities* agrícolas e minerais, altamente dependentes de rodovias para o seu transporte a terminais exportadores ou ao mercado consumidor doméstico.

Dados recentes da Confederação Nacional dos Transportes - CNT revelam que apenas 12% das rodovias do país são pavimentadas. Outros estudos revelam que os investimentos realizados nos últimos anos, de aperto fiscal, foram, no agregado, insuficientes até mesmo para fazer frente à depreciação das rodovias existentes. Se há, por parte da sociedade em geral, o senso comum de que o país é bem provido de rodovias, consistindo, em verdade, no principal modal de transporte de pessoas e cargas, os dados revelados demonstram exatamente o contrário: indicam a urgente necessidade de se tomar medidas efetivas e concretas no sentido de incrementar a provisão de rodovias, além de proporcionar sua adequada operação e manutenção, em prol do aludido impulso desenvolvimentista.

Para auxiliar no endereçamento de tais questões, idealizou-se a presente obra, como uma ampla e efetiva contribuição para aprofundar o exame do regime jurídico do setor de rodovias, de forma a oferecer para agentes públicos, investidores, controladores, reguladores e a comunidade jurídica em geral, um estudo sério e científico do temário, de forma a endereçar os aspectos mais desafiadores que o conformam. Tudo sempre tendo em vista o oferecimento de soluções que concretizem o ideal de oferecer à coletividade rodovias de qualidade, que além de permitir a integração entre as pessoas, possam ser utilizadas estrategicamente para melhorar o nível de competitividade do Brasil, em vários aspectos da dinâmica econômica.

O Direito deve manter-se atento à realidade e, portanto, ser interpretado de modo a oferecer solução satisfatória aos problemas sociais. Os exegetas que interpretam o Direito sem examinar a realidade certamente o farão erroneamente.

O sistema vigente possui questões altamente desafiadoras, que ensejam um necessário aperfeiçoamento para a melhoria da malha rodoviária brasileira e sua gestão. Por essa razão, reflexamente, ele cria dificuldades que vão desde propiciar o adequado escoamento da produção agrícola, industrial e comercial para o mercado interno e externo, até barreiras para o escorreito deslocamento de pessoas, com grande ônus econômico e social. É preciso transformar essa realidade!

A proposta do presente Tratado, elaborado por uma verdadeira constelação de juristas e profissionais especializados na temática, é exatamente fincar alicerces importantes em vista de uma regulação mais aperfeiçoada do setor, especialmente diante de modelos concessórios, em que se exige base jurídica sólida e confiável, que permita o incentivo a investimentos de alto impacto, de molde a materializar esse fundamental instrumento de desenvolvimento econômico e social.

AUGUSTO NEVES DAL POZZO

JOSÉ VIRGÍLIO LOPES ENEI

PARTE I

REGULAÇÃO, INFRAESTRUTURA E RODOVIAS

CAPÍTULO I

O RECONHECIMENTO DA RODOVIA COMO ATIVIDADE DE INFRAESTRUTURA

Augusto Neves Dal Pozzo

Introdução

O setor de rodovias é fundamental para a concretização do desenvolvimento nacional, reclamado pela Constituição Federal, no inciso II, do seu artigo 3º, como objetivo da República Federativa do Brasil.

Infelizmente, a comunidade jurídica não examina com o necessário zelo os pontos mais desafiadores do setor. O estudo sério e científico do temário certamente poderia contribuir decisivamente com a realidade social, de forma a estabelecer um regime jurídico substantivo, que possa concretizar e oferecer rodovias de elevada qualidade para todos os beneficiários.

Dados recentes da Confederação Nacional dos Transportes – CNT revelam que apenas 12% das rodovias do país são pavimentadas. Se há, por parte da sociedade em geral, o senso comum de que o país é bem provido de rodovias, consistindo, em verdade, no principal modal de transporte de cargas e pessoas, os dados ora enfocados mostram exatamente o contrário, indicam, indubitavelmente, a urgente necessidade de se tomar medidas efetivas e concretas no sentido de incrementar a provisão de rodovias, além de proporcionar sua adequada operação e manutenção.

Mas como o Direito, especialmente o Direito Administrativo, pode auxiliar para que essa transformação ocorra? O Direito tem um caráter criptonormativo, ou seja, ele precisa ser interpretado de modo a promover uma solução satisfatória de uma perturbação social. Nesse sentido é que o dever-ser está intimamente conectado ao ser, inexistindo uma barreira instransponível entre o mundo ôntico e deôntico. Os críticos que interpretam o Direito sem examinar a realidade certamente o farão erroneamente.

O sistema vigente, como um todo, traz sério desconforto e dificuldades no tocante a uma eficiente formatação de melhorias das rodovias, de sua manutenção e de sua operação. Em sendo assim, reflexamente ele cria dificuldades para propiciar o adequado escoamento da produção agrícola e assim atender ao mercado nacional e internacional; para favorecer o deslocamento eficiente de mercadorias, insumos e pessoas; para proteger a incolumidade física dos indivíduos que utilizam nossas estradas de rodagem; e, também, para conectar e integrar as pessoas dentro do país, mediante acessos de qualidade.

A proposta do presente estudo é exatamente a de fincar alguns alicerces importantes a respeito da natureza dessa atividade rodoviária, de molde a revelar o correto regime jurídico aplicável à essa complexa situação fático-jurídica e, com isso, favorecer um provisionamento adequado do setor, especialmente diante de modelos concessórios, em que se exige base jurídica sólida, que permita o incentivo a investimentos de alto impacto, de molde a concretizar, com efetividade, esse importante meio de desenvolvimento econômico e social.

Nosso foco, pois, é examinar o plexo de atividades administrativas consistente em construir, operar e manter rodovias, e examiná-las sob óticas diferentes daquelas usuais, mas que, em nossa visão, é muito mais robusta juridicamente; isto é, separando a atividade de construção do meio físico (rodovias) da sua atividade de manutenção e operacionalização, dando a estas últimas *natureza jurídica de infraestrutura*, como se pretende demonstrar nas próximas linhas.

Para tanto, será necessário compreender que a atividade de operação e a atividade de manutenção das rodovias *não têm a natureza de serviço público*, como muitos continuam a sustentar, na doutrina pátria.

Registre-se, para ultimar essa parte introdutória, que toda a base teórica do presente artigo se encontra respaldada, de maneira detalhada, na obra "O Direito Administrativo da Infraestrutura", fruto da tese de Doutorado defendida nas bancas da prestigiosa Pontifícia Universidade Católica de São Paulo – PUC/SP, publicada em formato editorial na esplendorosa Editora Contracorrente.[1]

1 Conceito jurídico de infraestrutura

Ao examinar certas áreas do Direito, muitas vezes realmente se entrevê numa determinada realidade duas dimensões e, então, se busca saber se são realidades autônomas entre si ou, ao contrário, se são a mesma e única realidade, caso em que aquelas duas dimensões seriam pura ilusão de ótica. Porém, ao concluir pela autonomia dessas dimensões, é evidente que o estudioso jamais poderá negar, apagar ou cancelar o vínculo estreito e íntimo que fez com que aquela realidade parecesse, à primeira vista e durante muito tempo, ser uma única e mesma dimensão.

---

1 DAL POZZO, Augusto Neves. *O Direito Administrativo da Infraestrutura*. 1ª ed. São Paulo: Contracorrente, 2020, p. 219.

Assim, por exemplo, durante muito tempo vigorou a chamada teoria civilista ou imanentista do direito de ação, direito que era visto como uma espécie ou qualidade do próprio direito material, cujo núcleo era o de reagir contra sua própria violação. O direito de ação e o direito material eram como que duas faces da mesma moeda. A autonomia do direito de ação somente foi percebida após a famosa e conhecida polêmica entre Windscheid e Müther, na segunda metade do século XIX.

Todavia, essa autonomia não significou uma total ruptura entre o direito material e o direito de ação, pois este vai buscar naquele suas condições (legitimação e interesse de agir) e seus próprios elementos (partes, causa de pedir e pedido). A autonomia do direito de ação, contudo, ensejou o nascimento de uma nova Ciência do Direito – o Direito Processual, que foi se completar com elementos e institutos que até então pertenciam a outras áreas jurídicas (como o Direito Constitucional e o próprio Direito Civil) até formar um corpo de leis próprio, adequado a cada ramo do direito material (Direito Processual Civil, Penal, Trabalhista, Eleitoral etc.).

É dessa maneira que o estudo da natureza jurídica das situações reais abrangidas pelo mundo do direito pode contribuir para a melhoria e aperfeiçoamento das condicionantes jurídicas delas próprias e ensejar sua implementação com maior segurança.

A nosso ver, o mesmo ocorreu com a infraestrutura. Vamos raciocinar com as rodovias, objeto do presente estudo.

Dentre as muitas razões que levaram as comunidades a estabelecerem uma via de acesso entre si, provavelmente a mais importante tenha sido o comércio. Assim, por exemplo, a antiquíssima Rota da Seda, que ligava a cidade de Chang'Na (atual Xi'An), situada na China, a mercados asiáticos e europeus, contribuindo para o nascimento de civilizações situadas na Mesopotâmia, Índia e África, dentre outras, e como o nome indica, destinava-se, principalmente, ao comércio da seda.

Se repararmos com cuidado, constataremos que as estradas que ligavam antigas aldeias e cidades da Europa, provavelmente também por razões comerciais, e que existem até hoje, cruzam cidades inteiras, como se vê em França, Itália, Espanha, Alemanha etc. Essas estruturas viárias constituíram o que mais tarde veio a se chamar estruturas de infraestrutura, noção que perdura até os dias atuais.

Todavia, embora a vida moderna tenha acrescentado outros motivos para a existência das estradas – como o turismo, atendimento médico, mercado de trabalho – o objetivo de interligação perdura. A vida moderna não apenas alterou as finalidades essenciais das estradas como interferiu na realização e na construção da própria estrutura viária – nenhuma autoestrada europeia cruza as cidades, como as estradas antigas faziam. Além de interferir na parte física das rodovias, a tecnologia acabou interferindo, de modo decisivo, na atividade de – numa palavra – como operar as atividades ocorrem sobre as rodovias.

Essa operação, ou seja, o fazer funcionar, o fazer entrar em função ou atividade é tão importante que, segundo nossa visão, passou a se constituir numa dimensão distinta daquela consistente em meramente construir o meio físico em que essa atividade irá se desenvolver.

É evidente que há inúmeros pontos de contato entre a atividade e o meio físico em que ela deve operar e, ainda, é claro que há uma interferência recíproca entre elas – mas é preciso verificar que a complexidade da atividade infraestrutural está a exigir uma categoria jurídica diversa daquela concernente à construção do meio físico.

As autoestradas deixaram de passar no meio das cidades não apenas pela dificuldade ou custo de construção, mas porque a operacionalidade da atividade infraestrutural que nela ocorrerá está a impedir esse planejamento.

Na presente investigação, os meios físicos em que a atividade de infraestrutura se desenvolve são havidos como "ativos públicos", cuja finalidade é a de permitir que se realize a atividade de infraestrutura. Essa atividade detém outro propósito: o de promover concretamente o desenvolvimento econômico e social, sob um regime jurídico-administrativo próprio.

Na medida em que essa atividade tem finalidades próprias, métodos de avaliação peculiares, princípios e regras jurídicas específicos que conformam um sistema harmônico e coerente, pensamos que tal constatação não mais permite uma visão unitária dessa realidade (meio físico/infraestrutura), mas uma visão binária, que descola essas realidades jurídicas, sem que isso anule suas mútuas interrelações e interferências. Imaginamos que essa concepção permitirá uma visão mais nítida de cada um desses componentes de uma realidade que exige tratamento jurídico diferenciado.

Chega-se, assim, ao conceito jurídico de infraestrutura, como espécie de atividade administrativa, com intuito de fixar seus exatos contornos jurídicos e conectá-lo ao setor de rodovias, de molde a conferir a natureza jurídica dessa fundamental atividade de titularidade do Estado.

Infraestrutura, portanto, é a atividade administrativa que o Estado ou quem lhe faça as vezes, tem o dever de realizar, consistente em prover, manter e operar ativos públicos de modo a oferecer um benefício à coletividade, tendo em vista a finalidade de promover concretamente o desenvolvimento econômico e social, sob um regime jurídico-administrativo.

O conceito ora apresentado é composto por quatro elementos: o subjetivo, o objetivo, o teleológico e o formal. A presença deles é obrigatória para a constituição do conceito de infraestrutura, de maneira que se encontram ligados por característica conjuntiva. Consoante se demonstrará, as rodovias não têm natureza de serviço público, e sim, de atividade de infraestrutura, sendo fundamental enquadrá-la na categoria jurídica correta, para que potenciais desconformidades de regime jurídico não gerem invalidades que venham a prejudicar a escorreita concretização de atividade fundamental para o desenvolvimento nacional.

2 Rodovia como atividade de infraestrutura: o mito do serviço público rodoviário

2.1 Dicotomia entre serviço público e infraestrutura

Registre-se, de plano, consoante afiançado em trabalhos anteriores, que a atividade de infraestrutura não se confunde com a de serviços públicos. A despeito da vastíssima construção doutrinária acerca do conceito de serviço público e seu regime jurídico, há uma característica que o identifica em relação às demais atividades administrativas e que conforma sua identidade singular: a prestação de serviços públicos impõe a ocorrência de *relações jurídicas concretas* entre o Estado e o usuário do serviço.

Trata-se da clássica construção doutrinária de Renato Alessi, que, com pena de ouro, após trabalho impecável e de eterna atualidade, desenvolveu o sentido técnico da expressão *prestação administrativa*, de molde a demonstrar que a noção de serviço público se caracteriza por uma relação jurídica concreta entre a Administração e o particular.[2]

Essa relação jurídica concreta tem um traço fundamental: o oferecimento, por parte da Administração, de um benefício pessoal (*específico*) a ser usufruído pelo particular devidamente identificável e suscetível de quantificação individual (*divisível*). Aqui, se está diante do polêmico tema a respeito da prestação *uti singuli* e *uti universi*.

---

2 Cf. ALESSI, Renato. *Le prestazioni amministrative rese ai privati*: Teoria Generale. 2ª ed. Milão: Dott. A. Giuffrè, 1956, pp. 13 e ss.

Com efeito, o serviço público é atividade administrativa que impõe o oferecimento de um benefício individual ao particular. Como pontifica o professor Celso Antônio Bandeira de Mello, um dos requisitos objetivos que qualifica o serviço público é justamente que ele seja "fruível singularmente pelos Administrados".[3]

Da fruição singular pelo Administrado decorre que os serviços públicos serão sempre **específicos** e **divisíveis**. Essas duas características são fundamentais e encontram-se no núcleo do conceito de serviço público. Isso quer dizer que, para estarmos diante de uma realidade que possamos qualificar como serviço público, é fundamental verificar se o conteúdo da prestação administrativa impõe uma relação jurídica obrigacional em que se possa identificar, de maneira categórica, integral e exauriente, o indivíduo que fruirá o serviço (**especificidade**) e a quantidade de serviço efetivamente utilizada por aquele mesmo usuário, seguindo métrica razoável de seu consumo (**divisibilidade**).

Sem que essas duas realidades estejam presentes (especificidade e divisibilidade), não é possível se falar em atividade de serviço público. A relação jurídica travada entre o Estado e o usuário do serviço público configura uma relação jurídica concreta, prestacional, em que se pressupõe uma obrigação de fazer do Estado, em promover aquele dado serviço.

Dessa circunstância denota-se que a exigência dos requisitos da *especificidade* e da *divisibilidade* para qualificação do serviço público não conformam mera exigência classificatória. Isso porque a ocorrência dos aludidos requisitos são *condições necessárias* para que os usuários possam exercer seus direitos individuais em face do Estado, assegurando-lhe sua defesa intransigente. A prestação de serviços públicos consiste em uma relação obrigacional, em que se pressupõe uma atuação estatal efetiva. Se isso é uma

---

3 BANDEIRA DE MELLO, Celso Antônio. *Curso de Direito Administrativo*. 34ª ed. São Paulo: Malheiros, 2019, p. 717.

premissa, é fundamental que ela seja realizada dentro dos aludidos quadrantes, de modo que qualquer extrapolação possa servir de base a um controle individual dessa atividade, seja por meio de questionamento administrativo, seja pela via judicial.

A importância de ambos os requisitos transcende a mera prestação do serviço; ela serve como uma garantia aos particulares caso o Estado transborde de sua atuação regular. Da posição jurídica de usuário decorrem inúmeros efeitos jurídicos próprios, inclusive pecuniários, não havendo qualquer plausibilidade jurídica na imposição desses efeitos caso não se identifique que tal indivíduo ostente essa posição jurídica. Qualquer atitude estatal que afronte a presença de tais requisitos, transborda a legalidade, sendo absolutamente legítimo ao usuário proteger seu direito individual diretamente no Poder Judiciário, sem qualquer tipo de representação processual. Trata-se da defesa de um interesse eminentemente particular com imposição de responsabilidade ao comportamento estatal.

Numa análise jurídico-positiva, pode se verificar que a Constituição Federal, em seu inciso II, artigo 145, enunciou essa diretiva ao caracterizar os serviços públicos como **específicos** e **divisíveis**. Não se trata de um regramento afeto apenas ao mecanismo de cobrança do serviço (no caso, taxas), mas de uma caracterização própria do conceito de serviço público, já que o pagamento por sua prestação não se encontra em seu núcleo conceitual. É possível que os serviços públicos sejam realizados pelo Estado de maneira gratuita, como prescreve a própria Constituição no caso dos serviços públicos de educação.

De toda sorte, o importante é constatar que o regime jurídico dos serviços públicos à luz do texto constitucional abarca essas características de maneira expressa, encontrando-se, portanto, como elemento imprescindível a sua identificação. Se a atividade não puder, materialmente, ser concretizada à luz da *especificidade* e *divisibilidade* (ou mesmo se isso não for relevante, sob a perspectiva de sua prestação), não há como rotulá-la como serviço público, o que, de plano, revela como consequência inafastável suprimi-la do regime jurídico peculiar dessa atividade administrativa.

Assim, diante da importância conferida pelo Direito à presença dos aludidos requisitos para configuração do serviço público, importante adentrar seu conteúdo para que se possa tracejar seus reais contornos jurídicos.

2.2 Dos requisitos da especificidade e divisibilidade para configuração da atividade de serviço público

No tocante à **especificidade**, há um elemento preliminar que deve ser considerado: para que nasça a relação jurídica concreta entre o ente público e o particular, é preciso que esse último seja admitido ao gozo da prestação. Essa admissão ocorre em todos os serviços públicos e deve ser objeto de enorme atenção.

A admissão ao serviço público pode ser *tácita* ou *expressa*, sendo que em ambas, à luz dos requisitos da especificidade, deve haver informações completas acerca do usuário do serviço, restando que a diferença entre elas se define por um critério procedimental.

A admissão tácita é aquela que decorre de um procedimento simplificado, tal como ocorre no serviço postal, em que se aceita o envio da correspondência por estar devidamente selada. A admissão expressa, por sua vez, revela um procedimento mais complexo, mais solene e formal, imprescindível para que o serviço público possa ser prestado.

Como exemplo da admissão expressa, pode-se citar a admissão de um estudante em uma universidade pública (serviços públicos de educação). Para que ele possa ser devidamente matriculado, exige-se toda uma documentação e aprovação em exame vestibular. O estudante deverá formalizar o pedido de matrícula devidamente instruído e somente quando essa vem a ser formalizada (com todos os atos necessários) é que nasce a relação jurídica concreta entre o ente público e o estudante individualmente considerado.

Caso o usuário venha a ser – sem qualquer razão e dentro dos exemplos citados – impedido de frequentar as aulas na universidade, ele pode exercer seu direito subjetivo em obter jurisdicionalmente a prestação, direito esse inserido exatamente naquela relação jurídica concreta.

Tais direitos subjetivos também se estendem às chamadas prestações acessórias, tais como, ainda no exemplo do serviço educacional, o uso do banheiro da universidade, uso da biblioteca ou dos laboratórios. No caso do serviço de saneamento, é possível citar como exemplos de prestações acessórias: a substituição de hidrômetro, ligação provisória de ramal, religação do sistema, vistorias de proteção, retirada de vazamento em rede ou em ramal, desobstrução do ramal, limpeza de elevatória, reposição de calçada, lavagem de reservatório, abastecimento por caminhão pipa, dentre inúmeros outros.

As atividades de serviço público – desde que o particular seja admitido ao gozo da prestação – dão origem a relações jurídicas concretas entre o ente prestador e o particular admitido, dentro da qual este tem o direito subjetivo de obter a prestação. Aqui há uma correlação lógica e fundamental entre o usuário, devidamente identificado e admitido, e o seu direito público subjetivo de ser atendido pelo serviço em questão. Essa é a importante característica da especificidade do serviço público.

Registre-se, por oportuno, que essa identificação deve ser completa e exauriente aos propósitos do serviço que está sendo prestado, de maneira que ele possa ser reconhecido e, com isso, ostentar as condições necessárias para manifestar seu direito individual à prestação. Serviço público **específico** significa aquele que estabeleça uma relação jurídica na qual se pode identificar, com precisão, a pessoa física ou jurídica que deve receber a prestação. Sem que haja essa identificação, o rótulo de usuário não poderá ser a ele conferido, o que implica afastá-lo de uma plêiade de direitos e obrigações que a legislação circunscreve a essa categoria.

Mas a especificidade não é suficiente, cumpre também atender à **divisibilidade** para qualificar a atividade como serviço público. Essa característica revela-se fundamental porque, com exceção constitucional do serviço público social de educação, que deve ser oferecido gratuitamente, a maioria maciça dos serviços públicos são onerosos ao usuário. Ele constitui, em verdade, em uma das formas de o Estado auferir receita pública e com isso, poder, em tese, promover a prestação do aludido serviço de maneira adequada, como reclama o texto constitucional e a legislação infraconstitucional que o qualifica.

É exatamente nesse particular que a exigência da divisibilidade dos serviços públicos se torna imprescindível para produzir efeitos jurídicos nucleares. Isso porque, como regra geral, o usuário deverá pagar ao Estado apenas e efetivamente o que consumiu de serviço. Como visto, trata-se uma vez mais de fazer valer o direito individual do usuário, como mecanismo de contenção do exercício de poder político.

A construção do Estado de Direito, tal como emoldurado no texto constitucional, justifica-se pela preservação dos direitos individuais do cidadão, que deve estar protegido de desmandos e situações que possam causar-lhe lesividade. Como mencionado, dessa garantia surge a noção de *direito público subjetivo*, que o particular titulariza contra o Estado.

Qualquer inconsistência ou deformidade nessa relação terá como consequência uma prática vedada no ordenamento jurídico, que é o enriquecimento ilícito. Deve haver um perfeito equilíbrio entre o serviço efetivamente usufruído e o mecanismo de cálculo da quantificação de seu valor, a fim de que o usuário pague exatamente o que utilizou, dentro dos parâmetros aritméticos levados a efeito pelo prestador.

Toda essa sorte de considerações confirma a ideia acima exposta de que há uma relação jurídica concreta e obrigacional entre o Estado e o usuário do serviço público marcada por características jurídicas *uti singuli*, que exigem os requisitos da especificidade e divisibilidade, as quais, caso violadas (prestação inadequada, cobrança indevida etc.), têm como consequência jurídica a proteção, pelo particular, do seu direito subjetivo, em seu nome individual. Essa é a característica marcante do serviço público que possui tratamento jurídico diferente, no caso da atividade administrativa de infraestrutura.

2.3 Da atividade de infraestrutura: indivisibilidade e inespecificidade para sua caracterização

Diferentemente do que ocorre com a atividade de serviço público, a Administração Pública desenvolve outras que se destinam a beneficiar toda a coletividade, todos os cidadãos *uti universi*. Aqui, a atividade não se volta para cada indivíduo de *per si*, mas, de forma genérica, a todos.

A atividade de infraestrutura tem como característica o oferecimento de um *benefício genérico* à coletividade, e não individual. A Administração Pública, ao dinamizar os ativos públicos para a infraestrutura, não coloca o particular em primeiro plano no sentido de oferecer a ele uma fruição pessoal, uma comodidade específica e divisível. A provisão de infraestrutura oferece, em verdade, um benefício genérico, gozado por todos os membros da coletividade. Esse benefício é exatamente o fim que o Estado busca atingir com a atividade de infraestrutura, qual seja, o tão almejado desenvolvimento econômico e social. É claro que também o particular irá beneficiar-se, individual e concretamente, dessa atividade estatal, mas essa é uma decorrência de sua efetivação, já que não haverá a formação de uma relação jurídica concreta, tal como ocorre nos serviços públicos.

Essa distinção, feita por Renato Alessi, é nuclear:

> Por ora vai relevado como ao mesmo escopo seja necessário uma correspondente limitação da noção de serviço público, em confronto com aquela que é a possível noção mais ampla e

> geral, no sentido de uma exclusão – aos fins de aplicabilidade da teoria das prestações administrativas para a reconstrução jurídica do fenômeno intrínseco da realização concreta do serviço – daquelas atividades administrativas as quais, embora voltadas a benefícios genéricos ao cidadão, não têm, porém, por conteúdo, uma prestação verdadeira e própria, em sentido técnico. Isto é, exclusão de todas aquelas atividades as quais traduzem simplesmente um benefício oferecido e usufruído pelos cidadãos simplesmente enquanto membros da coletividade: vale dizer, *uti universi*: por exemplo, a atividade voltada a garantir a segurança externa ou interna; o serviço de iluminação de vias públicas e assim por diante. Isso porque a realização dessas atividades por parte dos entes administrativos não pode dar lugar à instauração de uma relação jurídica concreta entre o ente e os cidadãos de fato beneficiados, tal de poder conferir à atividade em questão aquele caráter de prestação, no sentido técnico, que se disse caber apenas quando daquelas atividades pessoais, as quais constituem o objeto de uma concreta relação jurídica de natureza obrigacional. Justamente pela falta do caráter de prestação, a realização da atividade em questão não poderá ser reconstruída com base na teoria das prestações administrativas.[4]

Dessa maneira, as atividades administrativas *uti universi*, que traduzem um benefício à toda coletividade de forma indistinta, nunca foram e não podem ser consideradas serviços públicos. Isso porque diferentemente dos serviços públicos, que são qualificados por sua *especificidade* e *divisibilidade*, as atividades *uti universi* serão sempre *inespecíficas* e *indivisíveis*.

Todavia, antes de adentrar com mais profundidade a tais características, é fundamental mencionar que dentre as atividades *uti universi* é possível delimitar, para efeitos do presente estudo, aquelas que têm por finalidade a promoção do desenvolvimento

---

4 ALESSI, Renato. *Le prestazioni amministrative rese ai privati*. 2ª ed. Milão: A. Giuffrè, 1956, pp. 69 e ss.

econômico e social, como o setor de rodovias, já que apenas elas serão compreendidas como atividades de infraestrutura.

Por esse aspecto, já podem ser suprimidas atividades como o exercício de poder de polícia, em que a finalidade última não seja a concretização do ideal desenvolvimentista. A atividade de infraestrutura consiste, em verdade, a própria essência do desenvolvimento e, por essa razão, dentre as atividades *uti universi*, apenas aquelas que busquem alcançar tal desiderato são catalogadas dentro dessa espécie.

Pois bem, afirmar que a atividade de infraestrutura é uma atividade *uti universi* implica inferir que elas serão *inespecíficas* e *indivisíveis*. Vejamos tais características e como elas incidem na atividade de infraestrutura rodoviária.

2.4 Da configuração da atividade rodoviária como atividade de infraestrutura

A despeito dos demais elementos que compõem o conceito de infraestrutura, os quais se encontram devidamente presentes para se configurar a atividade rodoviária como atividade de infraestrutura, as duas principais características que a distinguem dos serviços públicos referem-se à especificidade e divisibilidade.

Para tanto, nas próximas linhas, o objetivo é justamente demonstrar que ambas as características se encontram presentes na atividade rodoviária, o que a enquadra, com tranquilidade, como atividade de infraestrutura, apartando-a de sua qualificação mais tradicional como serviço público. Vejamos.

A *inespecificidade* significa que não é relevante a identificação categórica, integral e exauriente do indivíduo que está sendo beneficiado pela atividade de infraestrutura. Ela beneficia toda a coletividade, não havendo importância, sob o ponto de vista jurídico, na categorização expressa daquele que está sendo beneficiado. É o caso da operação e manutenção dos ativos rodoviários, em que não é relevante a especificação do indivíduo que está trafegando na rodovia, nem mesmo se houver o pagamento do pedágio.

Aqui vale uma observação importante: na atividade de infraestrutura, a figura do *usuário*, própria do serviço público, é substituída pela do *beneficiário*. Isso porque erigir determinado indivíduo a categoria de *usuário* implica não apenas adscrever determinada pessoa física ou jurídica a fruição de um serviço público, mas circunscrevê-la a um regime jurídico próprio dessa categoria, com direitos e obrigações a ela inerentes.

A figura do usuário encontra-se submetida a um regime jurídico peculiar, consubstanciado em inúmeros diplomas legais, tais como, os dispositivos da Lei de Defesa dos Usuários (Lei n. 13.460/17); o artigo 7°, da Lei n. 8.987/95, que prevê uma série de direitos e obrigações, e o artigo 14 da Lei n. 12.587/12, que institui a Política Nacional de Mobilidade Urbana, dentre inúmeros outros.

Além disso, como visto, a figura do *usuário* pressupõe um ato de admissão (tácita ou expressa) ao serviço público, sendo que por meio dela deve haver a individualização completa da pessoa física ou jurídica a qual está sendo admitida, com uma discriminação perfeita. Na atividade de infraestrutura, a figura da admissão não possui relevância, pois os ativos encontram-se disponíveis para utilização por toda a coletividade.

No caso das rodovias, não há qualquer admissão tácita ou expressa do indivíduo à atividade rodoviária concretizada pelo Estado. O beneficiário da rodovia simplesmente trafega pela rodovia, sem qualquer necessidade de identificação ou cadastro prévio. Ele se locomove na rodovia tal como transita livremente nas vias públicas de uma cidade, dentro do espaço urbano.

O ativo rodoviário deve ser mantido e operado pelo Estado, ou eventualmente pelo concessionário, quando a atividade é delegada aos particulares, que tem a responsabilidade em oferecer uma circulação eficiente e com segurança aos beneficiários da rodovia.

A característica da *indivisibilidade*, por sua vez, também deve estar presente para se caracterizar a atividade *uti universi*. Consoante examinado acima, os serviços públicos demandam uma quantificação do seu consumo, especialmente por conta daqueles que são cobrados dos usuários. Essa característica é fundamental para garantir aos particulares que somente responderão pela contraprestação da quantidade exata do seu consumo, à luz dos critérios técnicos de sua medição.

Na atividade de infraestrutura, o Estado deverá promover a operação e a manutenção dos ativos públicos, dispensando-se a quantificação do consumo usufruído pelo beneficiário.

No caso das rodovias, o sistema é posto à disposição de todos, não havendo como individualizar o consumo para cada beneficiário da rodovia. Pelo exercício da atividade administrativa de infraestrutura, entre o cidadão e a Administração não se formaliza uma relação jurídica concreta, a indicar claramente que aqui não se trata de serviço público.

É óbvio, porém, que alguns direitos do cidadão (direitos pessoais) como tal podem ser afetados pela prestação administrativa da infraestrutura e, então, esse ato pode fazer nascer uma relação jurídica concreta entre ele e a Administração, tendo por objeto o direito que teria sido violado, que não é o "direito de se beneficiar de atividade de infraestrutura": por exemplo, uma multa por excesso de velocidade mal aplicada – o cidadão teve o seu direito de circular a tal velocidade violado e pode anular a multa, e, se pagou, recuperar o dinheiro. Mas o objeto dessa relação jurídica concreta nada tem a ver com o objeto da relação jurídica genérica e abstrata gerada pela atividade de infraestrutura, como salta aos olhos.

No caso da operação e manutenção das rodovias, a situação é a mesma, não há como quantificar o consumo de rodovia pelo beneficiário, o Estado tem simplesmente a responsabilidade de prover, manter e operar o ativo como um todo.

O pedágio, quando cobrado, não é divisível, pois não há qualquer pertinência lógica entre o seu valor e a quantidade de serviço usufruído pelo beneficiário da rodovia. O valor do pedágio é fixado, não pela quantidade consumida de serviço, mas porque a fixação do seu valor tem como base de precificação os custos operacionais e os investimentos necessários para provisão, manutenção e operação do ativo rodoviário, nada tendo a ver com unidade individual de consumo. Não há cálculo aritmético que relacione o valor do pedágio à extensão percorrida. Critério bem diverso é o de pagamento de taxa de água, medida pelo hidrômetro. É bem provável, por exemplo, que o investimento tenha ocorrido em outro trecho da estrada – a relação de causa e efeito é extremamente indireta e reflexa.

Além disso, apenas para corroborar a característica de indivisibilidade da atividade de infraestrutura rodoviária, não é demais ressaltar que a definição do valor do pedágio leva em consideração o peso dos veículos, que são enquadrados em categorias fixadas a partir do número de eixos (automóvel, caminhonete, furgão, caminhão leve, caminhão com reboque, caminhão trator com semi-reboque, motocicletas, ônibus, veículos especiais, para nomear algumas). Essa lógica, está apta a demonstrar, que não se quantifica o "serviço" rodoviário a partir do seu consumo, mas pelo peso dos veículos que ali trafegarão, vez que a depender deles, o volume de manutenção e operação da rodovia poderá alterar drasticamente.

Trata-se, portanto, de uma equação que não leva em consideração a fruição do serviço, ou seja, o *quantitativo* de serviço efetivamente *usufruído*, mas o peso do veículo que trafegará pela rodovia, que propiciará o respectivo desgaste no pavimento ao longo de todo o eixo rodoviário, sem se importar, inclusive, se no respectivo veículo encontram-se um, dois, três, quatro ou até cinco passageiros.

Toda essa lógica do valor do pedágio demonstra, cabalmente, não se tratar de uma realidade que possa qualificar juridicamente a atividade rodoviária como serviço público, já que a tarifa que compõe a remuneração do prestador, sempre pressupõe uma *quantificação*, que permite identificar a efetiva medida de consumo, o que não ocorre na atividade rodoviária, que pressupõe a indivisibilidade.

Essa distinção de regimes tem importância fundamental. No plano da infraestrutura, situam-se as relações jurídicas que decorrem do cumprimento de um dever do Estado, isto é, quando o ente público está a cumprir uma de suas finalidades constitucionais e que dizem respeito à criação ou à manutenção de comodidades que atendem essa coletividade, ou seja, um benefício genérico aos cidadãos, considerados em conjunto (*uti civis*). Nesse caso, não se estabelece uma relação jurídica concreta entre o ente público e o particular, mas, isto sim, entre o ente público e a coletividade como um todo.

O cidadão não pode, em seu nome individual, cobrar do Estado o cumprimento de uma atividade de infraestrutura (quando estamos no campo dos serviços públicos, a relação concreta é, como visto, obrigacional), porquanto não exista, a respeito, uma relação jurídica concreta entre ele e o Estado, a gerar, ao particular, o direito subjetivo em que se apoiar.

Todavia, essa cobrança poderá ocorrer mediante outros mecanismos, como o da substituição processual – ação ajuizada, por exemplo, pelo Ministério Público, que defende em juízo, em nome próprio, direito alheio (direito da coletividade), substituindo-a na relação jurídica processual. A atividade de infraestrutura situa-se exatamente nesse contexto – ela corresponde a um dever do Estado e em face dela o particular não tem um direito público subjetivo à sua instalação ou melhoria, pois ela é ministrada *uti universi*. Esse direito é da coletividade. E pode ser violado por omissão ou ação deficiente.

Registre-se que uma consequência jurídica importante da necessidade dessa discriminação consiste na defesa do interesse individual à fruição do serviço público, característica que não é encontrada na atividade de infraestrutura, em que o beneficiário não detém o *direito subjetivo público à prestação* (*individual*), apenas um interesse de fato, isto é, não-jurídico em exigir do Estado que cumpra seus deveres constitucionais e legais. Por isso, o particular não pode ajuizar uma ação de obrigação de fazer contra o Estado exigindo que ele construa, opere e mantenha uma rodovia que atenda diretamente sua residência, seria disparatada juridicamente tal medida judicial.

Tal circunstância não tem o condão de impor limitações ao *direito subjetivo público*, muito pelo contrário, confere-se ao cidadão uma ampliação da sua esfera jurídica pela *fruição coletiva* de um *benefício coletivo*. São orientações aditivas, jamais excludentes: o *benefício individual* oferecido pela *fruição individual* de um serviço público e o *benefício coletivo*, a ser *fruído coletivamente*, pela execução da atividade de infraestrutura.

Em ambos os casos, encontra-se sempre adstrita a defesa intransigente dos indivíduos, seja na condição de *usuário de um serviço público*, seja na condição de *beneficiário de uma atividade de infraestrutura*, havendo sempre mecanismos dispostos na lei para tutelar e defender, de maneira inegociável, tais interesses junto ao Poder Judiciário.

Também não é demais ressaltar que, havendo a imposição de prejuízos específicos ao beneficiário por uma conduta do Estado ao prover, operar e manter a atividade de infraestrutura, tal circunstância ensejará o nascimento de um *interesse subjetivo* (individual) de reparação do beneficiário, à luz dos princípios que disciplinam a responsabilidade extracontratual do Estado por comportamentos administrativos.

O reconhecimento da atividade administrativa rodoviária como atividade de infraestrutura permite também a solução de problemas práticos que são enfrentados por aqueles que militam na área. Isso porque permite enquadrar de maneira mais harmônica e correta o rol de deveres dispostos na Constituição, que, muitas vezes, por uma leitura superficial, faz confundir o que é infraestrutura (atividade de operação de ativos públicos rodoviários) com serviços públicos (atividades de transporte fruível singularmente pelo particular).

Assim, parece não remanescer dúvida de que a atividade rodoviária não tem natureza jurídica de serviço público, devendo ser qualificada como atividade de infraestrutura, exatamente por se tratar de uma atividade *uti universi*, com característica *inespecífica* e *indivisível*, a ser concretizada obrigatoriamente pelo Estado ao beneficiário, permitindo-se sua delegação via modelos de concessão e parcerias público-privadas.

Referências bibliográficas

ALESSI, Renato. *Le prestazioni amministrative rese ai privati*: Teoria Generale. 2ª ed. Milão: Dott. A. Giuffrè, 1956.

BANDEIRA DE MELLO, Celso Antônio. *Curso de Direito Administrativo*. 34ª ed. São Paulo: Malheiros, 2021.

DAL POZZO, Augusto Neves. *O Direito Administrativo da Infraestrutura*. São Paulo: Contracorrente, 2020.

CAPÍTULO II

O RISCO REGULATÓRIO NA MOVIMENTAÇÃO DE GÁS NATURAL: DIAGNÓSTICO E PROPOSTAS MITIGADORAS

Bruno Dantas
Alexander Leonard Martins Kellner

Introdução

É sabido que gás natural, em regra, é transportado em sistemas fechados por meio de dutos. No entanto, existe a possibilidade de transporte de gás natural por meio de cilindros de aço ou outros vasos de pressão em caminhões. A modalidade de transporte de gás natural, comprimido, com alto teor de metano, deve respeitar uma série de normas regulatórias relativas à Sáude, Meio Ambiente e Segurança. No ponto, o tema de transporte de gás natural via transporte rodoviário parece reaquecido com a recente publicação da Lei n. 14.134, de 8 de abril de 2021,[5] que destaca que a ANP regulará o exercício da atividade de acondicionamento para transporte e comercialização de gás natural ao consumidor final por meio de modais alternativos ao dutoviário.

Destaca-se que o transporte rodoviário é um dos exemplos de modal alternativo elencados pela própria lei.[6]

Entretanto, a referida norma silencia a respeito do papel da Agência Nacional de Transportes Terrestres – ANTT, apesar da evidente relação temática com a atividade regulatória da agência de transportes. Essa omissão parece incrementar o risco de conflito normativo oriundo de decisões regulatórias divergentes.

É importante destacar que a ANTT possui em vigência uma série de normas sobre o transporte rodoviário de produtos perigosos.[7] Destaca-se ainda que, a Lei n. 14.134, de 8 de abril de 2021, possui o potencial de gerar conflito entre a ANP e Agências Reguladoras Estaduais, a exemplo da Agência Reguladora de Energia e Saneamento Básico do Estado do Rio de Janeiro – AGENERSA.[8]

---

5 Dispõe sobre as atividades relativas ao transporte de gás natural, de que trata o art. 177 da Constituição Federal, e sobre as atividades de escoamento, tratamento, processamento, estocagem subterrânea, acondicionamento, liquefação, regaseificação e comercialização de gás natural; altera as Leis n. 9.478, de 6 de agosto de 1997, e 9.847, de 26 de outubro de 1999; e revoga a Lei n. 11.909, de 4 de março de 2009, e dispositivo da Lei n. 10.438, de 26 de abril de 2002.

6 Art. 25. A ANP regulará o exercício da atividade de acondicionamento para transporte e comercialização de gás natural ao consumidor final por meio de modais alternativos ao dutoviário.

§ 1º Entende-se por modais alternativos ao dutoviário a movimentação de gás natural por meio rodoviário, ferroviário e aquaviário. § 2º A ANP articular-se-á com outras agências reguladoras para adequar a regulação do transporte referido no § 1º deste artigo, quando for o caso.

7 Talvez o principal exemplo decorra da Resolução n. 5.848, de 25 de junho de 2019.

8 Criada pela Lei estadual n. 4556, de 06 de junho de 2005. Com base no artigo n. 2, inciso I, a AGENERSA tem por finalidade exercer o poder

O objeto deste artigo é conjecturar se a Lei n. 14.134, de 8 de abril de 2021 possui o condão de gerar conflitos regulatórios, uma vez que parece existir evidente necessidade de coordenação regulatória entre a ANTT e a ANP.[9] Justifica-se o aludido objeto com a constatação de que a matéria ainda não foi objeto de regulação específica pela ANP. Assim, a descrição de eventuais inconsistências pretendida pelo artigo pode servir como um guia para fixação de parâmetros iniciais que parecem depender de normatização regulatória.

Por fim, cumpre informar que a descrição almejada não possui pretensões de exaurir o tema, uma vez que o transporte rodoviário depende do acondicionamento[10] de gás natural em tanques e cilindros metálicos cuja disciplina técnica específica parece fugir à expertise técnica do jurista.[11]

---

regulatório, acompanhando, controlando e fiscalizando as concessões e permissões de serviços públicos concedidos na área de energia do estado do Rio de Janeiro, nela incluída a distribuição de gás canalizado e outras formas de energia, nos quais o Estado figure por disposição legal ou pactual, como poder concedente ou Permitente, nos termos das normas legais regulamentares e consensuais pertinentes.

9 Entidades estaduais, a exemplo da AGENERSA serão mencionadas no trabalho de forma residual, uma vez que existe uma série de questionamentos que inviabilizam uma análise atual dos potenciais conflitos interfederativos que podem surgir.

10 Art. 24. A atividade de acondicionamento de gás natural será exercida por empresa ou consórcio de empresas constituído sob as leis brasileiras, com sede e administração no País, por conta e risco do empreendedor, mediante autorização da ANP. § 1º O enchimento de gasoduto, bem como o aumento ou rebaixamento de pressão não se enquadram como acondicionamento de gás natural. §2º O acondicionamento de gás natural em tanques, na sua forma gasosa ou liquefeita, será autorizado isoladamente ou no âmbito dos terminais ou plantas às quais pertencem.

11 A título exemplificativo, a própria ANP destaca as seguintes normas: (i) Norma ABNT NBR 17.505 - Armazenamento de líquidos inflamáveis e combustíveis; (ii) Norma ABNT NBR 15.216 - Armazenamento de combustíveis – Controle da qualidade no armazenamento, transporte e abastecimento de combustíveis de aviação; (iii) Norma ABNT NBR 15.186 - Base de armazenamento, envasamento e distribuição de GLP - Projeto e construção; (iv) Norma ABNT NBR 7.821 - Armazenamento de líquidos inflamáveis

O trabalho será dividido em três secções. A primeira destinada à operacionalização de um conceito funcional de regulação ao setor de transportes rodoviários, específicamente no que envolve o transporte rodoviário de gás natural.[12] A segunda seção destinada à analise do potencial conflito normativo existente. Por fim, a última seção que almeja se aventuar nos campos normativo e prescritivo sobre possíveis soluções ao potencial conflito.

1 Conceito funcional de regulação ao setor de transporte rodoviário de gás natural

Parece existir certo consenso sobre a ausência de um conceito estanque ou predominante para regulação.

Uma forma de conceituar regulação é encarar o fenômeno como conjunto específico de regras a serem aplicadas por uma instituição dedicada a esse fim.

---

e combustíveis – Tanques soldados para armazenamento de petróleo, derivados e líquidos em geral; (v) Norma ABNT 15.280 – Dutos Terrestres Parte 1 – Projeto; Parte 2 – Construção e Montagem; (vi) NBR15216 - Armazenamento de líquidos inflamáveis e combustíveis - Controle da qualidade no armazenamento, transporte e abastecimento de combustíveis de aviação; (vii) NR 20 - Líquidos combustíveis e inflamáveis; (viii) Norma ASME B31.3 – Process Piping; (ix) Norma ASME B31.4 – Pipeline Transportation Systems for Liquid Hydrocarbons and Other Liquids, The American Society of Mechanical Engineers; (x) Norma ASME B31.8 – Gas Transmission and Distribution Pipelines Systems - The American Society of Mechanical Engineers; (xi) Norma ASME Boiler and Pressure Vessel Code (BPVC), Code Section VIII; (xii) Norma API 650 - Welded Steel Tanks for Oil Storage; (xii) Norma API 653 - Tank Inspection, Repair, Alteration, and Reconstruction; (xiii) Norma API 2000 - Venting Atmospheric and Pressure Storage Tanks: Non Refrigerated and Refrigerated; (xiv) Norma API 620 - Design and Construction of Large Welded Low Pressure Storage Tanks; (xv) Norma NFPA 59A - Standard for the Production, Storage, and Handling of Liquefied Natural Gas (LNG).

12 Parece produtivo especificar o espectro da operacionalização conceitual referida para fins de precisão. De todo modo, eventuais ampliações utilitárias do conceito aqui desenvolvido não podem ser descartadas.

Outra possibilidade seria considerar que o fenômeno representa toda e qualquer forma de influência deliberada do Estado na seara particular. Aqui o conceito seria mais amplo, com o potencial de englobar qualquer ação estatal destinada a influenciar o comportamento econômico, industrial e social. Talvez a melhor forma de caracterizar essa segunda possibilidade é destacar que o fenômeno se circunscreve ao campo de ação positiva estatal.[13]

Por fim, existe uma forma extremamente ampla de compreensão. Pode-se considerar como regulação todos os mecanismos que afetam o comportamento, sejam eles derivados do Estado ou de outras fontes. Segundo Robert Baldwin e Martin Cave, "Dentro desse uso do termo 'regulação', não há exigência de que os efeitos regulatórios de um mecanismo sejam deliberados ou projetados em vez de meramente incidentais a outros objetivos".[14]

Uma forma talvez intuitiva de se compreender regulação no caso relativo aos transportes rodoviários de gás natural é relacionar o princípio da precaução.[15] No ponto, confira-se importante passagem de Luís Fernando Schuartz:

> A escolha do nome – princípio da precaução foi uma homenagem ao *precautionary principle*, utilizado ocasionalmente nos Estados Unidos e na Europa por ocasião das discussões

---

13 Robert Baldwin e Martin Cave elencam os seguintes exemplos na primeira edição da obra *Understanding Regulation*: incentivos econômicos, impostos, subsídios, poderes contratuais, distribuição de recursos, franquias, fornecimento de informações ou outras técnicas. BALDWIN, Robert; CAVE, Martin. *Understanding Regulation*: theory, strategy and practice. Nova York: Oxford University Press, 1999, p. 2.

14 Tradução livre do seguinte trecho: *Within this usage of the term ´regulation´there is no requirement that the regulatory effects of a mechanism are deliberate or designed rather than merely incidental to other objectives*. BALDWIN, Robert; CAVE, Martin. *Understanding Regulation*: theory, strategy and practice. Nova York: Oxford University Press, 1999, p. 2.

15 SUNSTEIN, Cass R. *Laws of fear*: beyond the precautionary principle. Cambridge: Cambridge University Press, 2005, p. 4.

> sobre regulação de riscos, sobretudo riscos ambientais e para a saúde. Trata-se de uma regra para a tomada de decisões sob "condições de ignorância", em que informações sobre as probabilidades de ocorrência dos estados de mundo relevantes ou não existem ou não podem ser obtidas a um custo aceitável.[16]

Explica-se: parecem existir riscos associados ao transporte rodoviário de gás natural que podem ser divididos em duas categorias: (i) risco de segurança e (ii) risco da regulação. Nesse caso, o risco da regulação pode ser representado por externalidades produzidas pelas decisões regulatórias.

Ambas as categorias parecem evidenciar o seguinte *trade off*:

> (...) de um lado os riscos e incertezas aos quais a regulação visa responder, e, de outro lado, os riscos e incertezas gerados pela própria regulação, sobretudo quando se leva em conta que há nas legislações destinadas ao enfrentamento de riscos gerados por ações de agentes econômicos um viés pró-interesse difuso na solução desse tipo de *trade-off*.[17]

O risco de segurança parece se relacionar com a prevenção de efeitos indesejáveis, a exemplo de uma explosão ou impacto ambiental relacionado ao transporte rodoviário de gás.[18] Por outro

---

16 SCHUARTZ, Luis Fernando. "Quando o bom é o melhor amigo do ótimo: a autonomia do Direito perante a economia e a política da concorrência". *Revista de Direito Administrativo*, vol. 1, 2007, p. 113.

17 SCHUARTZ, Luis Fernando. "Quando o bom é o melhor amigo do ótimo: a autonomia do Direito perante a economia e a política da concorrência". *Revista de Direito Administrativo*, vol. 1, 2007, p. 114.

18 Nesse sentido: *Regulation is often thought of as an activity that restricts behaviour and prevents the occurrence of certain undesirable activities (a ´red light´ concept).* BALDWIN, Robert; CAVE, Martin. *Understanding Regulation*: theory, strategy and practice. Nova York: Oxford University Press. 1999, p. 2. Ver também: HARLOW, Carol; RAWLINGS, Richard. *Law and administration*. 2ª ed. Londres: Butterworths, 1997, cap. 2.

lado, o risco da regulação parece se relacionar com a produção de efeitos anticompetitivos, criação de ônus e aumento de custos de transação ao particular.[19]

O conceito de regulação que será adotado adiante se refere estritamente ao controle estatal de serviços públicos[20] e do ambiente concorrencial do mercado de transporte rodoviário de gás natural.[21] Nesse sentido, ao se associar o aludido conceito de regulação ao princípio da precaução, nos moldes retratados por Luís Fernando Schuartz, inicia-se uma abordagem no texto que talvez indique a opção normativa por uma teoria funcionalista da regulação que considere o princípio da precaução como regra de decisão.

2 Do potencial conflito normativo

A Lei n. 14.134, de 8 de abril de 2021[22] parece antecipar a possibilidade de conflito normativo, ao prever, no §2º do artigo 25, a possibilidade de articulação entre a ANP e outras agências reguladoras com a finalidade de adequar a regulação do transporte referido no §1º do artigo 25, a exemplo do transporte rodoviário.

---

19 TOMASEVICIUS FILHO, Eduardo. "A tal 'lei da liberdade econômica'". *Revista da Faculdade de Direito*, Universidade de São Paulo, vol. 114, p. 121. Disponível em: https://doi.org/10.11606/issn.2318-8235.v114p101-123. Acessado em: 03.06.2022.

20 Importante destacar que o parágrafo 2º do art. 1º da Lei n. 14.

21 MATTOS, Paulo Todescan Lessa. *O novo Estado Regulador no Brasil*: Eficiência e legitimidade. 2ª ed. São Paulo: Revista dos Tribunais, 2017, p. 39.

22 Dispõe sobre as atividades relativas ao transporte de gás natural, de que trata o art. 177 da Constituição Federal, e sobre as atividades de escoamento, tratamento, processamento, estocagem subterrânea, acondicionamento, liquefação, regaseificação e comercialização de gás natural; altera as Leis n. 9.478, de 6 de agosto de 1997, e n. 9.847, de 26 de outubro de 1999; e revoga a Lei n. 11.909, de 4 de março de 2009, e dispositivo da Lei n. 10.438, de 26 de abril de 2002.

Ocorre que o artigo 22, inciso VII da Lei n. 10.233, de 5 de junho de 2001 prevê expressamente que constitui objeto de regulação pela ANTT o mercado de transporte de cargas especiais e perigosas em rodovias e ferrovias.[23]

A Resolução n. 5.848, de 25 de junho de 2019 afirma expressamente que compete à ANTT, nos termos da Lei n. 10.233, de 5 de junho de 2001, estabelecer padrões e normas técnicas complementares relativos às operações de transporte terrestre de produtos perigosos, bem como determinar proibições de transporte de produtos perigosos específicos.

Nesse sentido, é importante destacar que com base na competência legal da ANTT existem uma série de atos normativos regulatórios que parecem diretamente afetados pela literalidade da Lei n. 14.134, de 8 de abril de 2021.

A título de exemplo, a ANTT publicou, no Diário Oficial da União (DOU) de 30 de julho de 2015, a Resolução n. 4.799, de 27 de julho de 2015 que regulamenta os procedimentos para inscrição e manutenção no Registro Nacional de Transportadores Rodoviários de Cargas (RNTRC). Ainda, destaca-se a Resolução n. 5.232, de 14 de dezembro de 2016 que aprova as Instruções Complementares ao Regulamento Terrestre do Transporte de Produtos Perigosos.

Deve-se destacar ainda que a ANTT se submete ao Orange Book,[24] documento elaborado no âmbito do Comitê de Peritos em Transporte de Produtos Perigosos das Nações Unidas.

---

23 Art. 22. Constituem a esfera de atuação da ANTT: I – o transporte ferroviário de passageiros e cargas ao longo do Sistema Nacional de Viação; II – a exploração da infraestrutura ferroviária e o arrendamento dos ativos operacionais correspondentes; III – o transporte rodoviário interestadual e internacional de passageiros; IV – o transporte rodoviário de cargas; V – a exploração da infraestrutura rodoviária federal; VI – o transporte multimodal; VII – o transporte de cargas especiais e perigosas em rodovias e ferrovias.

24 Ver: UNECE. *UN Recommendations on the Transport of Dangerous Goods - Model Regulations Nineteenth revised edition*. 2015. Disponível

Por fim, vale o registro da atribuição do Instituto Nacional de Metrologia, Normalização e Qualidade Industrial - INMETRO de regulamentar e acompanhar os programas de avaliação da conformidade e fiscalização de embalagens, embalagens grandes, contentores intermediários para granéis (IBCs) e tanques portáteis, de acordo com o disposto na Lei n. 5.966, de 11 de dezembro de 1973, e Lei n. 9.933, de 20 de dezembro de 1999.

Acresça-se pontuar que §2° do artigo 25 da Lei n. 14.134, de 8 de abril de 2021 parece em consonância com o disposto no Capítulo IV da Lei n. 13.848, de 25 de junho de 2019.[25] Ocorre que parece existir uma distinção substancial que possui aptidão para gerar conflitos entre a ANTT e a ANP. Ao contrário da Lei n. 13.848/19, a Lei n. 14.134/21 aparenta estabelecer uma espécie de prerrogativa hierárquica *prima facie* em favor da ANP. No ponto, confira-se a literalidade do diploma em análise:

---

em: https://unece.org/rev-19-2015. Acessado em: 14/05/2021.

25 O capítulo IV versa sobre a articulação entre agências reguladoras. Art. 29. No exercício de suas competências definidas em lei, duas ou mais agências reguladoras poderão editar atos normativos conjuntos dispondo sobre matéria cuja disciplina envolva agentes econômicos sujeitos a mais de uma regulação setorial. § 1° Os atos normativos conjuntos deverão ser aprovados pelo conselho diretor ou pela diretoria colegiada de cada agência reguladora envolvida, por procedimento idêntico ao de aprovação de ato normativo isolado, observando-se em cada agência as normas aplicáveis ao exercício da competência normativa previstas no respectivo regimento interno. § 2° Os atos normativos conjuntos deverão conter regras sobre a fiscalização de sua execução e prever mecanismos de solução de controvérsias decorrentes de sua aplicação, podendo admitir solução mediante mediação, nos termos da Lei n. 13.140, de 26 de junho de 2015 (Lei da Mediação), ou mediante arbitragem por comissão integrada, entre outros, por representantes de todas as agências reguladoras envolvidas. Art. 30. As agências reguladoras poderão constituir comitês para o intercâmbio de experiências e informações entre si ou com os órgãos integrantes do Sistema Brasileiro de Defesa da Concorrência (SBDC), visando a estabelecer orientações e procedimentos comuns para o exercício da regulação nas respectivas áreas e setores e a permitir a consulta recíproca quando da edição de normas que impliquem mudanças nas condições dos setores regulados.

> Art. 25. A ANP regulará o exercício da atividade de acondicionamento para transporte e comercialização de gás natural ao consumidor final por meio de modais alternativos ao dutoviário.
>
> § 1º Entende-se por modais alternativos ao dutoviário a movimentação de gás natural por meio rodoviário, ferroviário e aquaviário.
>
> § 2º A ANP articular-se-á com outras agências reguladoras para adequar a regulação do transporte referido no § 1º deste artigo, quando for o caso.

A redação do *caput* do art. 25 e o seu § 2º parecem confirmar o argumento desenvolvido acima. Importante ainda considerar que a Lei n. 14.134/2021 pode gerar conflito entre normas regulatórias da ANP e de Agências Reguladoras Estaduais.[26]

Observa-se que a Lei n. 14.134/2021 dispõe que o consumidor livre, o autoprodutor ou o autoimportador cujas necessidades de movimentação de gás natural não possam ser atendidas pela distribuidora de gás canalizado estadual poderão construir e implantar, diretamente, instalações e dutos para o seu uso específico, mediante celebração de contrato que atribua à distribuidora de gás canalizado estadual a sua operação e manutenção.

Destaca-se que a movimentação de gás natural pode se dar de forma intermodal, abarcando o transporte rodoviário aqui em análise. A competência de entidades estaduais parece consagrada no § 1º, § 2º e § 3º do artigo n. 29[27] do referido diploma.

---

26 Na introdução foi citado o exemplo da Agência Reguladora de Energia e Saneamento do Estado do Rio de Janeiro – AGENERSA que possui competência no âmbito do mercado de gás natural.

27 § 1º As tarifas de operação e manutenção das instalações serão estabelecidas pelo órgão regulador estadual em observância aos princípios da razoabilidade, da transparência e da publicidade e às especificidades de cada instalação.

Assentadas essas premissas normativas, a hipótese do trabalho está confirmada. A Lei n. 14.134/2021 possui o potencial de gerar conflito entre agências reguladoras de diferentes setores e entes federativos, e ele se relaciona diretamente com os riscos de segurança e da regulação.[28] A próxima seção do artigo almeja apresentar algumas soluções ao problema.

3 Soluções possíveis

Uma primeira possibilidade de solução ao aparente conflito normativo parece decorrer da correta compreensão e aplicação regulatória do termo "governança".[29] O ponto é que "nenhum

---

§ 2º Caso as instalações e os dutos sejam construídos e implantados pela distribuidora de gás canalizado estadual, na fixação das tarifas estabelecidas pelo órgão regulador estadual deverão ser considerados os custos de investimento, de operação e de manutenção, em observância aos princípios da razoabilidade, da transparência e da publicidade e às especificidades de cada instalação.

§ 3º Caso as instalações de distribuição sejam construídas pelo consumidor livre, pelo autoprodutor ou pelo autoimportador, na forma prevista no *caput* deste artigo, a distribuidora de gás canalizado estadual poderá solicitar-lhes que as instalações sejam dimensionadas de forma a viabilizar o atendimento a outros usuários, negociando com o consumidor livre, o autoprodutor ou o autoimportador as contrapartidas necessárias, sob a arbitragem do órgão regulador estadual.

28 BALDWIN, Robert; CAVE, Martin. *Understanding Regulation*: theory, strategy and practice. Nova York: Oxford University Press, 1999, p. 2.

29 Ver DANTAS, Bruno. "Consensualismo, eficiência e pluralismo administrativo: um estudo sobre a adoção da mediação pelo TCU". *Revista Jurídica da Presidência*, vol. 22, 2020, p. 268: "Governança é um método ou mecanismo para regular uma ampla gama de problemas ou conflitos, pelos quais os atores chegam regularmente a decisões mutuamente satisfatórias ou vinculativas, por meio de negociação e cooperação", sendo caracterizada por "formas horizontais de interação" entre atores que têm interesses contraditórios, mas que são suficientemente independentes um do outro que nenhum deles pode impor uma solução por si só, sendo suficientemente interdependente para que 'todos eles' percam se nenhuma solução for encontrada".

ator pode controlar sozinho os processos de tomada de decisão",[30] premissa que se aplica à ANP, ANTT e demais atores envolvidos no transporte rodoviário de gás natural.

A boa governança praticada pelas agências setoriais, notadamente a ANTT e a ANP, assim como pelos players do mercado de transporte rodoviário de gás natural, seriam uma aparente solução por funcionar como uma espécie de garantia reputacional[31] de que "as operações daquele empreendimento são realizadas sobre sólidas bases éticas, em cumprimento às normas vigentes e que, por isso mesmo, são confiáveis".[32]

O foco em boa governança poderia resolver eventuais conflitos oriundos das normas em análise e pode ser importante para incrementar a *accountability*[33] dos players do setor.

Outra possibilidade decorre da transferência de normas que possuam a finalidade de suprir lacunas e evitar conflitos oriundos de uma aplicação monotemática da legislação[34] aos contratos de transporte.[35]

---

30 DANTAS, Bruno. "Consensualismo, eficiência e pluralismo administrativo: um estudo sobre a adoção da mediação pelo TCU". *Revista Jurídica da Presidência*, vol. 22, 2020, p. 268.

31 CARPENTER, Daniel P. *Reputation and power*: organizational image and pharmaceutical regulation at the FDA. Princeton: Princeton University Press, 2010, p. 1.

32 DANTAS, Bruno; GOMES, Valdecyr Maciel. "A governança nas agências reguladoras: uma proposta para o caso de vacância". *Revista de Informação Legislativa: RIL*, Brasília, DF, vol. 56, nº 222, pp. 11-31, abr./jun., 2019. Disponível em: https://www12.senado.leg.br/ril/edicoes/56/222/ril_v56_n222_p11. Acessado em: 21/05/2021.

33 BRASIL, Tribunal de Contas da União. *Referencial Básico de Governança Aplicável a Órgãos e Entidades da Administração Pública/Tribunal de Contas da União*. Versão 2 – Brasília: TCU, Secretaria de Planejamento, Governança e Gestão, 2014, p. 80.

34 BALDWIN, Robert; CAVE, Martin. *Understanding Regulation*: theory, strategy and practice. Nova York: Oxford University Press, 1999, pp. 46/47.

35 Ver: DAINTITH, Terence. "Regulation by Contract: the new prerogative". *Current Legal Problems*, vol. 32, 1979, p. 41.

De todo modo, o caso em análise envolve a possibilidade de superação de uma norma expressa, se for considerado que a redação do *caput* do artigo n. 25 e seu parágrafo § 2° da Lei n. 14.134/2021, de fato consagram uma espécie de hierarquia em favor da ANP.

A discussão se relaciona com a ideia de derrotabilidade (*defeasibility*).[36] A norma (prerrogativa em prol da regulação da ANP) extraída do *caput* do artigo n. 25 e seu parágrafo § 2° seria uma justificativa de primeira ordem "derrotável" [37] quando não serve à justificativa de fundo da regra relacionada ao risco de segurança e ao risco regulatório do setor de transporte rodoviário de gás natural.[38]

Por fim, é coerente estabelecer o papel do princípio da precaução[39] no caso analisado. Eventuais soluções aos conflitos regulatórios que podem surgir da publicação da Lei n. 14.134/2021 se relacionarem com a ideia de regulação de risco.[40]

A regulação dos modais alternativos ao dutoviário para a movimentação de gás natural deve se preocupar com os riscos que a aludida modalidade de transporte oferece, assim como aos riscos que medidas regulatórias podem oferecer ao setor.[41]

---

36 SHAUER, Frederick. *Playing by the Rules*: a Philosopical Examination of Rule-Based Decision-Making in Law and Life. Nova York: Oxford University Press, 2002, p. 75.

37 SHAUER, Frederick. *Playing by the Rules*: a Philosopical Examination of Rule-Based Decision-Making in Law and Life. Nova York: Oxford University Press, 2002, p. 76.

38 SCHUARTZ, Luis Fernando. "Quando o bom é o melhor amigo do ótimo: a autonomia do Direito perante a economia e a política da concorrência". *Revista de Direito Administrativo*, vol. 1, 2007, p. 114.

39 SUNSTEIN, Cass R. *Laws of fear*: beyond the precautionary principle. Cambridge: Cambridge University Press, 2005, p. 4.

40 BALDWIN, Robert; CAVE, Martin. *Understanding Regulation*: theory, strategy and practice. Nova York: Oxford University Press, 1999, p. 138.

41 SCHUARTZ, Luis Fernando. "Quando o bom é o melhor amigo do ótimo: a autonomia do Direito perante a economia e a política da concorrência". *Revista de Direito Administrativo*, vol. 1, 2007, p. 114.

Considerações finais

A hipótese do artigo está confirmada. De fato, existem diversos dispositivos na Lei n. 14.134, de 8 de abril de 2021 (Nova Lei do Mercado de Gás) que se encontram em aparente conflito com atribuições e competências de outras agências reguladoras que não a ANP, a exemplo da ANTT.

A efetiva existência ou não de conflitos normativos, todavia, não abala a confirmação da hipótese do artigo, uma vez que o diagnóstico e as propostas aqui formulados podem funcionar como cartilha inicial para identificação de um problema ainda desconhecido, ao menos, na academia, diante da ausência de trabalhos específicos sobre o tema.

A regulação dos modais alternativos ao dutoviário para a movimentação de gás natural parece oferecer um campo rico para debates relacionados ao direito regulatório, uma vez que se trata de matéria multidisciplinar e de difícil mapeamento e monitoramento.

O tema ainda se relaciona com a própria função do Direito. Adotando-se uma perspectiva funcional, o Direito tem como tarefa traduzir posições e interesses em posições jurídicas de vantagem e relacioná-los entre si.[42] Tal fato parece encontrar alguma resistência com base no diagnóstico realizado pelo artigo.

Quanto às soluções, é natural, considerando o ineditismo temático, a adoção de visões normativas. O importante é que o espírito central do artigo não é adentrar em uma crítica específica à ANP, ANTT ou até AGENERSA, considerando os exemplos utilizados. Na verdade, a melhor interpretação que se pode dar a este artigo é que ele se destina ao estímulo de um diálogo interinstitucional entre os atores envolvidos na regulação do transporte rodoviário de gás natural.

---

42 VON ARNAULD, Andreas. *Zur Rhetorik der Verhältnismäßigkeit. Verhältnismäßigkeit*. Mohr Siebeck: Tübingen, 2015, p. 278.

Referências bibliográficas

BALDWIN, Robert; CAVE, Martin. *Understanding Regulation*: theory, strategy and practice. Nova York: Oxford University Press, 1999.

BRASIL, Tribunal de Contas da União. *Referencial Básico de Governança Aplicável a Órgãos e Entidades da Administração Pública/Tribunal de Contas da União*. Versão 2 – Brasília: TCU, Secretaria de Planejamento, Governança e Gestão, 2014.

CARPENTER, Daniel P. *Reputation and power*: organizational image and pharmaceutical regulation at the FDA. Princeton: Princeton University Press, 2010.

DAINTITH, Terence. "Regulation by Contract: the new prerogative". *Current Legal Problems*, vol. 32, 1979.

DANTAS, Bruno. "Consensualismo, eficiência e pluralismo administrativo: um estudo sobre a adoção da mediação pelo TCU". *Revista Jurídica da Presidência*, vol. 22, 2020.

DANTAS, Bruno; GOMES, Valdecyr Maciel. "A governança nas agências reguladoras: uma proposta para o caso de vacância". *Revista de Informação Legislativa: RIL*, Brasília, vol. 56, nº 222, abr./jun. 2019. Disponível em: https://www12.senado.leg.br/ril/edicoes/56/222/ril_v56_n222_p11. Acessado em: 11.05.2022.

HARLOW, Carol; RAWLINGS, Richard. *Law and administration*. 2ª ed. Londres: Butterworths, 1997.

SHAUER, Frederick. *Playing by the Rules*: a Philosopical Examination of Rule-Based Decision-Making in Law and Life. Nova York: Oxford University Press, 2002.

SCHUARTZ, Luis Fernando. "Quando o bom é o melhor amigo do ótimo: a autonomia do Direito perante a economia e a política da concorrência". *Revista de Direito Administrativo*, vol. 1, 2007.

SUNSTEIN, Cass R. *Laws of fear*: beyond the precautionary principle. Cambridge: Cambridge University Press, 2005.

TOMASEVICIUS FILHO, Eduardo. "A tal 'lei da liberdade econômica'". *Revista da Faculdade de Direito*, Universidade de São Paulo, vol. 114. Disponível em: https://doi.org/10.11606/issn.2318-8235.v114p101-123. Acessado em: 03.06.2022.

UNECE. *UN Recommendations on the Transport of Dangerous Goods - Model Regulations Nineteenth revised edition*. 2015. Disponível em: https://unece.org/rev-19-2015. Acessado em: 11.05.2022.

VON ARNAULD, Andreas. *Zur Rhetorik der Verhältnismäßigkeit. Verhältnismäßigkeit*. Mohr Siebeck: Tübingen, 2015.

CAPÍTULO III

AGÊNCIAS REGULADORAS: SURGIMENTO, DESENVOLVIMENTO E COMPETÊNCIAS

Adilson Abreu Dallari

Introdução

Ao dispor sobre os princípios gerais da atividade econômica, a Constituição Federal, no Art. 173, deixa claro que, além de prestar serviços públicos, a Administração Pública também pode explorar atividades econômicas, por meio de empresas públicas e sociedades de economia mista. Por outro lado, no Art. 175, contempla a possibilidade de que empresas privadas possam prestar serviços públicos, mediante concessão ou permissão, sempre sob a supervisão da Administração Pública.

Em ambas as situações é sempre preciso assegurar a plena satisfação do interesse público que justificou tanto a atuação do Estado como empresário, quanto a atuação da empresa privada na execução de atividade pública. Para isso sempre existiram órgãos e entidades incumbidas do controle, mas, com o decorrer do tempo, o crescimento exponencial dessas transferências de papéis passou a exigir que a supervisão e controle da Administração Pública passasse a ser feita por entidades especializadas e devidamente instrumentadas para isso.

1 O surgimento das agências reguladoras

Ao longo do tempo, tomando como base a década de 60, diferentes governos federais tiveram orientações ora no sentido da estatização e ora no sentido da desestatização da economia. No momento atual predomina esta última orientação, passando o Estado a ser menos executor e prestador de obras e serviços, concentrando sua atuação no planejamento e controle da atuação dos particulares, como mostra Luiz Roberto Barroso:

> A constatação de que o Estado não tem recursos para os investimentos necessários e que, além disso, é geralmente um mau administrador, conduziu ao processo de transferência para o setor privado da execução dos serviços públicos. Mas o fato de determinados serviços públicos serem prestados por empresas privadas concessionárias não modifica sua natureza pública: o Estado conserva responsabilidades e deveres em relação a sua prestação adequada. Daí a privatização haver trazido drástica transformação no papel do Estado: em lugar de protagonista na execução dos serviços, suas funções passam a ser as de planejamento, regulamentação e fiscalização das empresas concessionárias. É nesse contexto histórico que surgem, como personagens fundamentais, as agências reguladoras.[43]

Ainda que se possa extrair das disposições constitucionais e legais uma série de traços comuns que caracterizam uma

43 BARROSO, Luis Roberto. "Apontamentos sobre as Agências Reguladoras". *In*: MORAES, Alexandre de (Coord.). *Agências reguladoras*. São Paulo: Atlas, 2002, pp. 116/117.

> entidade pública como agência reguladora, é preciso destacar que existem peculiaridades de cada agência reguladora, determinadas pelo específico objeto de sua atuação.

Floriano de Azevedo Marques Neto, em seu portentoso estudo sobre as concessões no Direito Administrativo brasileiro[44] mostra que nas diferentes espécies de concessões e nos diferentes setores de atuação, existem os correspondentes e peculiares mecanismos de regulação. Mesmo em um específico setor, como é o caso dos transportes, existem diferentes instrumentos de regulação, conforme se trate de transporte rodoviário, ferroviário, aéreo ou marítimo.

O tema Agências Reguladoras comportaria a edição de um tratado, em diversos volumes. Vale registrar que já existe um considerável número de monografias sobre esse tema, abordando seus diferentes aspectos. Neste breve estudo, o enfoque está na competência normativa das agências reguladoras, que, aparentemente estaria em choque com o princípio da legalidade.

2 O desenvolvimento das agências reguladoras

Em face da crescente importância das agências reguladoras, tornou-se necessária a edição de uma lei geral, estabelecendo preceitos fundamentais sobre organização, gestão, processo decisório e controle dessas entidades, o que foi feito pela Lei federal n. 13.848, de 25 de junho de 2019.

Em seu Art. 2º, essa lei enumera as entidades federais que são reconhecidas ou declaradas como agências reguladoras. Em seguida, no *caput* do Art. 3ª, ressalta o caráter especial dessa espécie de entidade autárquica, "caracterizada pela ausência de tutela ou de subordinação hierárquica, pela autonomia funcional,

---

44 MARQUES NETO, Floriano de Azevedo. *Concessões*. Belo Horizonte: Fórum, 2015.

decisória, administrativa e financeira e pela investidura a termo de seus dirigentes e estabilidade durante os mandatos”.[45]

Essa especial autonomia é compensada por normas destinadas a evitar abuso ou desvio de poder, como é o caso do §3º desse mesmo artigo, dispondo que

> As agências reguladoras devem adotar práticas de gestão de riscos e de controle interno e elaborar e divulgar programa de integridade, com o objetivo de promover a adoção de medidas e ações institucionais destinadas à prevenção, à detecção, à punição e à remediação de fraudes e atos de corrupção.[46]

Nessa mesma linha, do Art. 4º ao 13 são estabelecidas normas disciplinadoras do processo decisório das agências reguladoras. Nota-se, portanto, um saudável equilíbrio entre liberdade de atuação e pautas de conduta.

A doutrina faz uma importante distinção quanto ao exercício de atividades reguladoras, no tocante ao objetivo a ser atingido. Essa distinção é feita por Vitor Rhein Schirato em um estudo focado no setor elétrico, mas vale para todas as atividades reguladas:

> Ocorre, contudo, que a regulação do setor elétrico parte de pressupostos muito distintos: há, de um lado, uma regulação *upstream*, voltada para a concorrência e para a expansão sustentável do setor elétrico (incluindo a diversificação da matriz energética e a expansão de fontes renováveis), e há, de outro lado, uma regulação *downstream*, relacionada à atividade de distribuição, com alta interface com a proteção

---

45 BRASIL. *Lei n. 13.848*, de 25 de junho de 2019. Disponível em: http://www.planalto.gov.br/ccivil_03/_ato2019-2022/2019/lei/l13848.htm. Acessado em: 12.05.2022.

46 BRASIL. *Lei n. 13.848*, de 25 de junho de 2019. Disponível em: http://www.planalto.gov.br/ccivil_03/_ato2019-2022/2019/lei/l13848.htm. Acessado em: 12.05.2022.

> e a defesa dos consumidores (ou usuários) dos serviços de energia elétrica.
>
> Pois bem. Nesse cenário, verifica-se que parcela das atividades de regulação não tem uma interface direta com o direito dos consumidores, ao passo que parcela da regulação está diretamente relacionada ao direito deles. E, nessa específica parcela da regulação, há, ainda, consideráveis discussões quanto ao direito aplicável: se o direito do consumidor ou se a regulação setorial específica.[47]

Na verdade, não há essa dicotomia; essa necessidade de opção entre o direito do consumidor e a regulação da atividade desenvolvida. Há, sim, uma necessidade de convivência harmônica, de conjugação dos interesses, para a plena satisfação do interesse público, em seu sentido mais amplo.

As decisões, no âmbito das agências reguladoras, sempre deverão estar conformes com as diretrizes e as políticas públicas estabelecidas pelo órgão ou entidade pública à qual agência estiver vinculada, podendo, até mesmo, excepcionalmente, a parte que se sentir prejudicada lançar mão do chamado recurso hierárquico impróprio. De qualquer modo, o controle judicial nunca pode ser afastado, por se tratar de uma garantia constitucional.

Conforme foi salientado, o processo de tomada de decisões é detalhadamente disciplinado pela Lei n. 13.848, de 25 de junho de 2019, que é caracterizado pela publicidade, pela transparência e pela participação de todos os interessados. Um dos objetivos dessa disciplina é evitar um risco de que ocorra uma deformidade já observada em outros países, qual seja a captura da agência por uma das partes interessadas, como alerta a doutrina:

---

47 SCHIRATO, Vitor Rhein. "A regulação dos serviços públicos de energia elétrica entre a regulação setorial e o direito do consumidor". *Revista de Direito Administrativo e Infraestrutura – RDAI*, São Paulo, nº 9, ano 3, abr./jun. de 2019, pp. 47/48.

> Dentro de toda a sistemática descrita, devemos impedir qualquer movimento que favoreça a captura da agência reguladora, ou seja, dar ensejo à dominação de determinado agente econômico ou um grupo deles em prejuízo dos demais. Além disso, devemos evitar mecanismos que propiciem privilégios para alguns agentes econômicos em detrimento dos usuários, o que, sem sombra de dúvida, poderá acarretar em incontáveis prejuízos sociais. Essa atenção e controle constantes fazem parte das tarefas que cabem aos usuários e à sociedade em geral no combate às práticas ilegítimas e abusivas, a fim de coibir as influências políticas maléficas à regulação.[48]

Muito interessante essa observação final, no sentido de que cabe aos usuários e à sociedade em geral controlar a entidade controladora. A agência reguladora não é um substituto da coletividade.

3 Regulação – Função normativa

São múltiplas as atividades ou funções desenvolvidas pelas agências reguladoras, mas, dentre elas, merece especial cuidado o exercício da competência normativa. Quanto a isso, a primeira questão a ser examinada é a que diz respeito à legitimidade para seu exercício.

Diogo de Figueiredo Moreira Neto salienta uma importante distinção quanto a esse ponto, entre as normas de regulação e os regulamentos expedidos pelo Chefe do Poder Executivo:

> Realmente, enquanto a legitimidade dos regulamentos se presume pela investidura política dos Chefes de Poder Executivo, que os editam com autonomia política, o mesmo não ocorre com as normas reguladoras, cuja legitimidade

48 MENEZELLO, Maria d'Assunção Costa. *Agências reguladoras e o Direito brasileiro*. São Paulo: Atlas, 2002, pp. 157-159.

> não se funda na investidura dos agentes do órgão regulador, pois que estes são investidos administrativamente e gozam apenas de independência administrativa funcional, mas decorre tão-somente da satisfação do devido processo da lei.[49]

Na edição de normas regulatórias a satisfação do devido processo legal não se resume à observância de um determinado rito procedimental, mas compreende também o cumprimento de todas as etapas estabelecidas pela lei, inclusive, a possibilidade de efetiva participação de todos os interessados.

Fica perfeitamente claro o caráter subalterno das normas regulatórias, que não podem invadir o campo da reserva legal, nem mesmo contrariar regulamentos de execução expedidos pelo Chefe do Executivo. As normas regulatórias cumprem uma função de especificação de normas superiores já existentes, servindo também como instrumentos de uniformização das possíveis interpretações.

Muitas vezes uma norma regulatória é expedida a partir da solução de um caso concreto e visando ser um guia seguro para a solução de possíveis casos análogos futuros. Seja permitida aqui a alongada transcrição de uma passagem do formidável estudo feito por Maria Sylvia Zanella Di Pietro, descrevendo com notável clareza esse fenômeno:

> Outra distinção a ser feita é quanto a dois tipos de atos normativos: os atos normativos propriamente ditos, que ditam regras de conduta futuras, com caráter de generalidade e abstração, à semelhança da lei: e os atos normativos de efeitos concretos, ou seja, os atos que, formalmente, apresentam-se como atos normativos, mas que, quanto ao conteúdo, são verdadeiros atos administrativos, porque decidem casos concretos. À medida que as agências vão se

---

49 MOREIRA NETO, Diogo de Figueiredo. *Direito regulatório*. Rio de Janeiro: Renovar, 2003, p. 180.

> deparando com situações irregulares, com atividades que quebram o equilíbrio do mercado, que afetam a concorrência, que prejudicam o serviço público e seus usuários, que geram conflitos, elas vão baixando atos normativos para decidir esses casos concretos. Para esse tipo de ato também não há óbice de ordem jurídica. Eu diria que aí é que está o que há de mais típico na função reguladora: ela vai organizando determinado setor que lhe está afeto, respeitando o que resulta das normas superiores (e que garantem o aspecto de estabilidade, de continuidade, de perenidade) e adaptando as normas às situações concretas, naquilo que elas permitem certa margem de flexibilidade ou de discricionariedade.[50]

Cabe aqui fazer uma importante distinção entre as normas regulatórias e os regulamentos de execução. Estes cumprem uma função tipicamente administrativa, de gestão de órgãos e entidades públicas. As normas regulatórias também cuidam de gestão, mas, além disso, cuidam de questões técnicas inerentes a cada setor regulado. Assim como as normas legais comportam uma pluralidade de interpretações, os objetivos materiais a serem atingidos pelas entidades reguladas podem ser atingidos por meio de diferentes técnicas, cabendo às agências reguladoras a uniformização de procedimentos técnicos, com propósitos de eficiência e economicidade.

Sérgio Guerra retira dessa atividade eminentemente técnica das agências reguladoras uma consequência de ordem prática, prevista na legislação, no tocante a exigências para a composição dos quadros dirigentes dessas entidades:

> Esse caráter técnico da atuação das entidades reguladoras autônomas se revela por meio dos requisitos de formação técnica que a lei impõe a seus dirigentes e, principalmente,

---

50 DI PIETRO, Maria Sylvia Zanella. "Limites da Função Reguladora das Agências diante do Princípio da Legalidade". *In*: ______ (Coord.). *Direito regulatório*: temas polêmicos. 2ª ed. Belo Horizonte: Fórum, 2004, pp. 48/49.

> pelo fato de os seus atos e normas demandarem conhecimento técnico e científico especializado para que possam ser emanados, aplicados e fiscalizados.[51]

Em resumo, como se pode notar, é bastante amplo o universo de exercício da competência normativa das agências reguladoras, abrangendo atividades típicas de mera gestão administrativa, passando pelo campo da livre concorrência, compreendendo normas técnicas e, também, normas visando dar eficácia aos direitos dos consumidores. Cabe ao intérprete e aplicador das normas reguladoras atentar para as circunstâncias de cada caso concreto e nunca esquecer das finalidades objetivadas com a edição de cada norma.

Considerações finais

Agências reguladoras não prestam serviços (em sentido estrito), mas devem zelar para que os prestadores de serviços, ou executantes de outras atividades econômicas de interesse público, cumpram exemplarmente suas específicas funções.

A edição de normas disciplinadoras do desempenho de atividades reguladas é, ao mesmo tempo, uma prerrogativa e um dever das agências. Marçal Justen Filho, se refere, expressamente, a um dever estatal de promover a regulação, que ele identifica como uma função pública específica, qual seja a "intervenção regulatória", cuja finalidade e utilidade ele indica e demonstra:

> A intervenção regulatória se traduz em restrições à autonomia privada para evitar que o exercício abusivo de certas prerrogativas ponha em risco a realização de outros valores.
>
> Assim, quando duas concessionárias de serviço público entram em conflito, surge o risco potencial de comprometimento

---

51 GUERRA, Sérgio. *Controle judicial dos atos regulatórios*. Rio de Janeiro: Lumen Juris, 2005, p. 156.

> da satisfação dos usuários. A agência reguladora tem o dever de intervir para assegurar o bom desempenho dos serviços públicos, a realização dos deveres imposta às concessionárias, a ampliação da qualidade dos serviços públicos, a obtenção da modicidade das tarifas.[52]

Por último, para completar esta sintética análise das atividades das agências reguladoras, falta dizer uma palavra sobre o controle externo dessas entidades. Nossa preocupação com esse tema é bastante antiga. Conforme já foi dito, o controle exercido pelo Poder Judiciário é inafastável, mas, especialmente atualmente, o controle jurisdicional tem oscilado entre uma apreciação meramente formal, baseado na literalidade da lei, e uma desmedida intromissão no mérito das ações administrativas. Em estudo monográfico sobre o controle parlamentar das agências reguladoras já salientamos o que se segue:

> No sistema republicano é elementar a existência de controles sobre quem quer que exerça uma parcela de Poder Público. Porém, a complexidade das relações jurídicas e a velocidade com a qual decisões devem ser tomadas requerem uma flexibilização do princípio da legalidade, justificando-se plenamente o elevado nível de autonomia das agências reguladoras.
>
> (...)
>
> A reforma administrativa, com substituição do modelo burocrático pelo modelo gerencial e o processo de privatização, criou uma nova ordem que exige a participação do Legislativo na formulação de políticas públicas e no acompanhamento e controle de sua implementação.
>
> A composição heterogênea no Legislativo e, especialmente, a presença das minorias, asseguram o caráter democrático

52 JUSTEN FILHO, Marçal. *O direito das agências reguladoras independentes*. São Paulo: Dialética, 2002, p. 556.

> do controle parlamentar e evita a captura das agências reguladoras pelos setores por elas controlados.[53]

Um longo caminho foi percorrido em matéria de agências reguladoras, desde a simples cópia de modelos utilizados em outros sistemas jurídicos, com as disfunções disso decorrentes, até o progressivo aprimoramento, que levou à edição da Lei n. 13.848, de 25 de junho de 2019. Muitos estudos jurídicos de alta qualidade já foram escritos e publicados, mas as transformações do mundo moderno, especialmente os avanços da tecnologia, exigem que essas entidades, cujos méritos são indiscutíveis, continuem a ser aprimoradas, em benefício do desenvolvimento econômico, do bem-estar da coletividade e da plena satisfação dos valores consagrados na Constituição Federal.

Referências bibliográficas

BARROSO, Luis Roberto. "Apontamentos sobre as Agências Reguladoras". *In*: MORAES, Alexandre de (Coord.). *Agências reguladoras*. São Paulo: Atlas, 2002.

BRASIL. *Lei n. 13.848*, de 25 de junho de 2019. Disponível em: http://www.planalto.gov.br/ccivil_03/_ato2019-2022/2019/lei/l13848.htm. Acessado em: 12.05.2022.

DALLARI, Adilson Abreu. "Controle Político das Agências Reguladoras". *Revista Trimestral de Direito Público – RTDP*, São Paulo, nº 38, 2002.

DI PIETRO, Maria Sylvia Zanella. "Limites da Função Reguladora das Agências diante do Princípio da Legalidade". *In*: ______ (Coord.). *Direito regulatório*: temas polêmicos. 2ª ed. Belo Horizonte: Fórum, 2004.

GUERRA, Sérgio. *Controle judicial dos atos regulatórios*. Rio de Janeiro: Lumen Juris, 2005.

JUSTEN FILHO, Marçal. *O direito das agências reguladoras independentes*. São Paulo: Dialética, 2002.

---

53 DALLARI, Adilson Abreu. "Controle Político das Agências Reguladoras". *Revista Trimestral de Direito Público – RTDP*, São Paulo, nº 38, 2002, p. 22.

MARQUES NETO, Floriano de Azevedo. *Concessões*. Belo Horizonte: Fórum, 2015.

MENEZELLO, Maria d'Assunção Costa. *Agências reguladoras e o Direito brasileiro*. São Paulo: Atlas, 2002.

MOREIRA NETO, Diogo de Figueiredo. *Direito regulatório*. Rio de Janeiro: Renovar, 2003.

SCHIRATO, Vitor Rhein. "A regulação dos serviços públicos de energia elétrica entre a regulação setorial e o direito do consumidor". *Revista de Direito Administrativo e Infraestrutura – RDAI*, São Paulo, nº 9, ano 3, abr./jun. de 2019.

CAPÍTULO IV

A ATUAÇÃO REGULATÓRIA RESPONSIVA NO SETOR DE RODOVIAS

Artur Porto Alegre

1 A regulação como fenômeno de relativização da "mão forte" Estado e das arbitrariedades do mercado

1.1 Breve histórico da regulação, no mundo e no Brasil

A gênese da atuação regulatória do Estado é seguidamente atribuída à *Interstate Commerce Comission* (ICC), em 1887, na regulação dos serviços de transportes ferroviários no território norte-americano. Entretanto, a Grande Depressão de 1929 é apontada como a mola propulsora da intervenção estatal sobre as atividades econômicas, cujo objetivo foi diluir as experiências especulativas que resultaram na queda de quase 50% do PIB e no aumento de 7 vezes na taxa de desemprego nos Estados Unidos.

Dentre as consequências daquele momento, encontra-se o recrudescimento das ações executivas de governo, no sentido de garantir a implementação de políticas que pudessem assegurar o anseio da sociedade dirigido às agências reguladoras, mediante prescrições legais ou procedimentais (*rulemaking*); adicionalmente, faziam-se necessários à Administração Pública os esforços para aplicar investigações e executar responsabilidades (*adjucation*) a partir da subsunção do fato à norma e seus consequentes pleitos (*claims*) e penalidades (*sanctions*). Tem-se, pois, naquele período, uma divisão mais clara entre *norma* e *devido processo*, caracterizando a agência como o foro para que os governos pudessem (1) estabelecer regras, (2) informar as pessoas afetadas e (3) dar oportunidade para que os usuários fossem ouvidos.

No Brasil não foi diferente: frente aos sérios problemas de infraestrutura vivenciados pelo país (e que ainda remanescem), exsurgiu a necessidade de equipar o Estado de mecanismos capazes de apoiar a desestatização dos serviços públicos, permitindo, assim, maior segurança e independência técnica nos investimentos, fiscalização, isenção diante de eventuais divergências entre o trinômio "contratante-contratado-usuário" e o incremento da competitividade.[54]

Os tópicos constantemente debatidos pela cunhada *crise do Direito Administrativo* expuseram, pelas academias nacionais, a dicotomia do modelo tradicional de intervenção estatal pujante, àquele outro modelo de tutela praticamente inexistente preconizada pelo *neoliberalismo*. Por conta desses acalorados debates, cabe rememorar o Professor Augusto Neves Dal Pozzo que, em seu expoente conhecimento, alerta para que os apressados não "confundam as

---

54 PEREZ, Marcos Augusto. *A Administração Pública democrática*: institutos de participação popular na Administração Pública. 1ª ed. São Paulo: Fórum, 1998, pp. 50 e ss.

transformações políticas e sociais eventualmente ocorridas no país, com as noções jurídicas informadoras do serviço público".[55]

Urgia, durante a intensa peleja entre escolas extremistas, o aparecimento de entendimentos mais conciliadores, que integrassem os espíritos conjugadores entre o Estado detentor de poderes e o Estado meramente observador das condutas lúbricas do mercado.

A chamada terceira via encontrou guarida na vanguarda da escola francesa. Seus preceitos são bem sintetizados nessa intervenção de Jean Marc Sauvé - enquanto vice-presidente do Conselho de Estado francês:[56]

> Para além deste primeiro objetivo de corrigir os desequilíbrios do mercado, nomeadamente evitando abusos de posição dominante ou restrições à entrada no mercado, a regulamentação ajuda a articular o princípio da livre concorrência com outros interesses públicos por vezes antagônicos, ou mesmo para conciliar vários princípios entre si, entre os quais a livre concorrência (...)
>
> Em particular, trata-se de combinar todos os requisitos de interesse geral presentes, indo além do quadro de uma regulamentação puramente setorial.

Vê-se, pois, pela ótica do Estado Regulador, uma clara divisão de papéis, onde autoridades exercem funções e operam sobre a cuidadosa supervisão do Estado, enquanto outros Poderes mantêm a sua batuta de responsabilidade sobre os princípios fundadores

---

55 DAL POZZO, Augusto Neves. *Aspectos Fundamentais do Serviço Público no Direito Brasilieiro*. São Paulo: Faculdade de Direito, Pontifícia Universidade Católica de São Paulo, 2010, p. 127 (Dissertação Mestrado em Direito).

56 CONSELHO DE ESTADO FRANCÊS. Vice-presidente (2006-2018: Jean-Marc Sauvé). Discurso por Ocasião das Entrevistas de Litígio (tradução nossa). Paris, 17 nov. 2017. Disponível em: https://www.conseil-etat.fr/actualites/discours-et-interventions/la-regulation. Acessado em: 12.05.2022.

da organização administrativa. Todos, nessa *panaceia*, conseguem entender e exercer suas competências, de modo a garantir a participação de atores distintos defronte a um Estado Soberano que não subjugue seu maior interessado: o beneficiário dos serviços públicos.

Todavia, não é assim que o "sistema" funciona no Brasil.

Não raras vezes, são denotadas severas distorções: Tribunais de Contas que exacerbam seu controle administrativo; Cortes focadas nos pormenores administrativos, sem ater-se às demandas verdadeiramente legais; Poderes Executivos que se utilizam de sua competência para normatizar de maneira extensiva as legislações, e Poderes Legislativos que elaboram normas casuísticas, tornando a atuação do Estado cada vez mais temerária e insegura para investimentos.

Os abusos no exercício dos papéis de tais atores reduz a percepção de que o Estado possa atuar regulamentando suas tarefas, de modo a estabelecer regras e outorgar, a determinados agentes, a implementação desses regulamentos com independência e competência.

No Brasil, onde a regulação se robusteceu a partir da década de 1990, infere-se que as atividades das agências visaram à contraposição da forte atuação estatal nas atividades econômicas, aliada aos precários serviços públicos. As intervenções desmedidas estrangularam a capacidade de investimento dos governos brasileiros, sem que os movimentos percebidos nos Estados Unidos e Europa (respectivamente, oposição ao Estado Liberal e oposição ao Estado Interventor) tivessem, essencialmente, fundamentado a gênese das agências reguladoras brasileiras. É dizer: por aqui, as necessidades foram, mormente, econômicas e não um produto da evolução natural da Teoria do Estado.

De qualquer sorte, não se pode negar a evolução que as agências promoveram na regulação dos serviços, desde a edição da Lei n. 9.491/1997 (Programa Nacional de Desestatização - PND).

1.2 Origens e atuação regulatória da ANTT

Em relação à Agência Nacional de Transportes Terrestres - ANTT, ressalta-se que a sua criação foi um processo evolutivo criado desde o início da década de 1990, por meio do primeiro PND (Lei n. 8.031/1990, posteriormente revogada pela n. 9.491/1997) e pela Lei n. 8.987/1995 (Lei de Concessões), os quais buscaram a desoneração do Estado e a maior eficiência dos serviços de transportes ferroviário, rodoviário (cargas, passageiros e rodovias) e aquaviário.

Especificamente no que concerne ao subsetor de serviços de passageiros, as atividades foram administradas pelo DNER (Departamento Nacional de Estradas e Rodovias), a partir de 1969, passando, em 1990, à gestão da Secretaria Nacional do Transporte, vinculada ao Ministério da Infraestrutura.

Igualmente, o transporte de cargas foi relegado a um segundo plano regulatório. Historicamente, a legislação tratou de itens concernentes ao peso dos veículos ou às restrições de cargas. Atualmente, face à limitação da exigência de autorização, permissão ou concessão da União apenas aos serviços de transportes de passageiros, restou à Lei n. 9.611/1998 dispor sobre o transporte multimodal de cargas. Os aspectos regulatórios econômicos do setor tiveram destaque a partir de 2018, quando a greve dos caminhoneiros deflagrou, dentre outras medidas, a publicação da Lei n. 13.703/2018 (Política Nacional de Pisos Mínimos do Transporte Rodoviário de Cargas - PNPM-TRC).

Alexandre de Ávila Gomide, em *paper* sobre a Reforma Regulatória brasileira da década de 1990,[57] traz um importante panorama histórico de criação da ANTT. Em breve síntese, o Projeto de Lei (PL 1.615/1999), que criou a Agência Nacional de

---

57 GOMIDE, Alexandre de Ávila. "A gênese das agências reguladoras de transportes: o instituci-onalismo histórico aplicado à reforma regulatória brasileira dos anos de 1990". *Texto para discussão*. Rio de Janeiro: Ipea, 2012.

Transportes (ANT), trazia a intenção do Executivo de delegar poderes regulatórios do ministério setorial para uma agência autônoma. Também foram aportadas experiências estrangeiras e elementos da Reforma Administrativa que, à época, era debatida. No Projeto, ao Ministério dos Transportes coube a formulação do Planejamento Estratégico e proposição do Orçamento, além das diretrizes para embasamento dos processos de delegação à iniciativa privada. Pode-se dizer, ao analisar os anais das discussões, que o texto aprovado, se não foi o ideal, foi contemplado por ávidas discussões.

Ao final, o conteúdo da nova lei (Lei n. 10.233/2001) pavimentou o sistema que conhecemos hoje e que, apesar de distorções pontuais, funciona em prol do aperfeiçoamento dos serviços de transportes no Brasil.

Quanto à regulação das rodovias no Brasil - tema que é foco desta obra - considera-se que a implantação da malha rodoviária nacional tem um longo histórico de investimentos, públicos e privados, que proporcionaram a ampliação da malha. As "idas e vindas" de desenvolvimento do setor podem ser divididas em 3 marcos temporais: antes da década de 1980 (momento de expansão); entre os anos 1980 e a segunda metade dos anos 1990 (momento de retração) e a partir dos anos 1990 (momento de regulação com vistas à ampliação racional do modelo).

Ao longo do tempo, foram verificados aperfeiçoamentos nas atividades executadas pela ANTT, especialmente, no subsetor de rodovias. Se antes, todos os atores envolvidos mostravam-se "travados" em suas posições (agência *regula*; poder concedente e concessionário *cumprem determinações*), vê-se agora uma dinâmica mais focada no equilíbrio dos projetos, e buscando, além da literalidade das cláusulas contratuais, a viabilidade do fim pretendido. A própria maturação dos entendimentos e dos *players* levou-os, espontaneamente, para um caminho mais conciliatório em termos fiscalizatórios.

A pergunta que se sobreleva nesse contexto é: como pode a regulação colaborar *efetivamente* com a melhora dos serviços delegados?

Tal alteração no papel exige das agências um tipo de trabalho mais profícuo e não tão passivo. Resta-nos entender se tal mudança de paradigma encontra protagonistas engajados. Adianta-se a nossa posição: ao que nos parece, sim, o futuro nos reserva uma regulação mais adequada e responsiva.

2 A teoria da regulação responsiva: origens, definição e instrumentos

A responsividade na regulação é a contraposição à dualidade entre *regular* e *desregular*. Busca-se, por meio da conciliação de fatores intrínsecos concernentes ao conhecimento do setor e à interação entre agentes, um cenário que promova a adaptação e a capacidade de respostas rápidas e positivas (*responsiveness*) do regulador ao regulado, procurando se desvencilhar das amarras meramente punitivas.

Nesse contexto aparentemente "libertário", cabe uma nota: não há o rechaço, pela Teoria da Regulação Responsiva, à sanção baseada em, por exemplo, aplicações de multas. Entretanto, como será visto mais adiante, as modalidades sancionatórias (aqui, melhor entendidas como "orientativas") são implementadas com objetivos mais claros, dentre eles, educar, orientar, transigir, proporcionar reflexão e (por que não?) evitar a punição maior.

Vale aportar uma interessante definição do papel do regulador no contexto da *responsividade*:

> Reguladores responsivos levam em consideração as circunstâncias, contexto, comportamento e cultura dos temas que estão sendo regulados. Dentro de uma organização, podem ser responsáveis pela regulação responsiva aqueles que são comprometidos com os altos padrões corporativos, além

> daqueles que são resistentes, ou ainda os que não são engajados e seguem um modo tradicional de negociações com o Regulador. A regulação responsiva permite a adaptação a todas essas "posturas", sempre encorajando a "postura" mais positiva, sem deixar de preservar a cooperação e o *compliance*, mas pronta para usar medidas dissuasivas necessárias a evitar prejuízos à organização.[58]

Ian Ayres e John Braithwaite foram os pesquisadores que primeiro organizaram os elementos e compuseram o Princípio da Teoria Responsiva em sua obra *Responsive Regulation: Transcending the Deregulation Debate.*[59]

Em linhas gerais, a teoria da regulação pode ser dividida em 3 subgrupos: (1) processual-administrativo, (2) autorregulatório (cujas interações desencadeiam a sua subsistência) e o (3) responsivo. Sobre a última, desde a obra de Ayres e Braithwaite, muitos estudos têm sido desenvolvidos no sentido de aperfeiçoá-la e adequá-la às peculiaridades dos mercados. A convivência entre regulação e as sanções administrativas, historicamente, foram consubstanciais à própria existência do Direito Administrativo, na medida em que um regime sancionatório efetivo respaldava as advertências do regulador e a simples existência de sanções induzia, de pronto, o cumprimento das sanções sem a necessidade de invocá-las formalmente.[60]

---

58 IVEC, Mary; BRAITHWAITE, Valerie. *Applications of responsive regulatory theory in Aus-tralia and overseas*: update. Canberra: Regulatory Institutions Network, Australian National University, 2015. Disponível em: https://regnet.anu.edu.au. Acessado em: 11.05.2022 (tradução nossa).

59 AYRES, Ian; BRAITHWAITE, John. *Responsive Regulation*: Transcending the Deregulation Debate. Oxford: Oxford University Press, 1992.

60 DELGADO, Pablo Soto. "Sanciones Administrativas como medidas de cumplimiento del Derecho: um enfoque funcional y responsivo aplicado al régimen sancionatorio ambiental". *Revista Ius et Praxis - Universidad de Talca - Facultad de Ciencias Jurídicas y Sociales*, nº 2, 2016, p. 191.

O foco do Direito Administrativo Sancionador, a partir da Regulação Responsiva, exerce outras várias facetas. Dentre elas, podem ser citadas: análise de dados históricos, avaliação de eventual fracasso na fiscalização (inclusive com um olhar mais crítico e alteração de abordagens), detecção "cirúrgica" sobre os fatos sancionáveis e desenvolvimento de ferramentas que, escalonadas, visam ao endereçamento das ações regulatórias, sem que necessariamente seja dado o mesmo tratamento para situações similares.

Conforme já refletido, as ferramentas tradicionais, respaldadas pela ideia do *comando e controle*, absorviam melhor o chamado sistema dualístico (*para quem não cumpre = sanção; para quem cumpre = nenhuma sanção*). Em outras palavras: ou se exercia, ou não se exercia a conformidade.

A responsividade na regulação foi uma resposta à Administração Pública limitadora, com o fito dos agentes regulados se libertarem das apertadas algemas da normatização de penalidades e, finalmente, desenhar estratégias de negociação sobre eventuais inconformidades. Lado outro, o próprio regulador se permite fiscalizar um menor número de agentes, tornando assertivas as suas incursões fiscalizatórias.

A gênese da matéria remonta a um trabalho empírico, elaborado nos anos 1980,[61] no qual os autores procuraram entender as razões pelas quais os reguladores que obtiveram êxito atingiram resultados positivos em suas atividades. As evoluções dos modelos foram notáveis desde então: segundo o professor Marcio Iorio Nunes Aranha Oliveira,[62] expoente estudioso da matéria no

---

61 Cf. IVEC, Mary; BRAITHWAITE, Valerie. *Applications of responsive regulatory theory in Australia and overseas*: update. Canberra: Regulatory Institutions Network, Australian National University, 2015, p. 5. Disponível em: https://regnet.anu.edu.au. Acessado em: 11.05.2022.

62 OLIVEIRA, Marcio Iorio Nunes Aranha. "Regulação Responsiva: desafios institucionais". *Youtube*, Canal do IDP, 10 de dez. de 2020. Disponível em:

Brasil, a Teoria Jurídica da Regulação, a contar da assimilação da *responsividade*, passou pelos seguintes ramos: (a) aflição-pirâmide de persuasão (início da década de 90); (b) pirâmides de redes nodais ou de governança regulatória (anos 2000); (c) pirâmide de persuasão ladeada pelas recompensas (meados dos anos 2000); e (d) teoria da regulação inteligente ou *smart regulation* (atualmente adotada por diversos países, a exemplo do Canadá).

A concepção tradicional do Direito reconhecia a coerção/sanção como o Direito expressamente manifestado (Racionalidade Instrumental). Por outro lado, a regulação aplicada pela *responsividade*, promove uma maior interação entre os *players* (regulador e regulado), possibilitando a chamada Racionalidade Reflexiva, ou seja, a adequação dos incentivos intrínsecos ao ambiente regulatório. O foco da Racionalidade Reflexiva é o próprio ecossistema onde transita o agente, permitindo assertividade da atuação e atividades capazes de impulsionar um melhor resultado de todos os atores do processo.

Busca-se, por meio da *responsividade*, regular por incentivos intrínsecos e não por punições ou ameaças. O que o regulador faz é se servir das ferramentas regulatórias de toda a ordem para influenciar o comportamento social.

Mas, como mudar o viés meramente sancionatório, aportando alternativas instrumentais sem lançar mão do *comando* e *controle*?

Além dos incentivos intrínsecos, outra característica da relação responsiva é que ela provoca a elaboração de modelos regulatórios próprios. É dizer: a sanção que é aplicada na regulação do saneamento básico, não pode ser a mesma da concessão de uma rodovia. Tal paralelismo exige trabalhos adicionais por parte da fiscalização, como o entendimento das especificidades da

---

https://www.youtube.com/watch?v=Z6sUgEySV2k&t=4732s. Acessado em: 03.06.2022.

empresa fiscalizada, sua atuação pretérita, a observância de pontos melhorias, adequação aos itens fiscalizados e o comprometimento com um Plano de Ação ajustado.

O cumprimento das normas é a diretriz da atuação no cenário estudado, visando a manutenção do regulado na base da pirâmide responsiva.[63] Entretanto, questiona-se como se dá a aplicação eficiente dos meios adequados e quais instrumentos cumprem tal finalidade.

Segundo a teoria da *Smart Regulation*, a eficiência é chancelada por uma espécie de *menu* de instrumentos, ou seja, a utilização de instrumentos e partes para compensar eventuais fragilidades do que chamamos de ecossistema regulatório.

Age-se, no contexto da *Smart Regulation*, baseando-se na complementariedade, uma vez que a interação dos elementos desse menu permite que o uso das ferramentas corretas para os problemas postos,[64] como bem é expresso sob o prisma abaixo:

---

63 Comumente, a atuação responsiva é representada por pirâmides. Não é objetivo deste artigo a reprodução gráfica das figuras piramidais. De toda sorte, vale a menção ao trabalho apresentado por Issao Hirata, Sérgio Ribeiro Leite, Luiz Rogério Gomes, Breno de Souza França e Camila de Andrade Gonçalves Fernandes, todos servidores da ANEEL, no IX Congresso Brasileiro de Regulação, realizado entre os dias 17 e 20 de agosto, em Brasília. O trabalho, denominado "Fiscalização em 3 níveis – aplicando o conceito de diferenciação de risco regulatório na fiscalização de empreendimentos de geração de energia", traz um panorama das práticas modernas de fiscalização.

64 Faz-se importante lembrar a frase escrita por João Marcelo Azevedo Marques da Silva em seu artigo para a Revista de Direito Setorial e Regulatório da UnB: "A complexidade e diversidade das tarefas que são tratadas nessa teoria representam justamente o seu maior desafio, uma vez que a sua abordagem demanda requisitos de informação, de análise e de recursos que nem sempre podem ser obtidos". SILVA, João Marcelo Azevedo Marques Mello da. "A Regulação Responsiva das Telecomunicações: Novos horizontes para o controle de obrigações pela Anatel". *Journal of Law and Regulation*, [S.l.], vol. 3, nº 1, 2017, pp. 255-280. Disponível em: https://periodicos.unb.br/index.php/rdsr/article/view/19207. Acessado em: 12.05.2022.

> (...) A perspectiva da *Smart Regulation* sugere que a nossa atenção deve ser focada no entendimento sobre a abrangência das influências regulatórias, incluindo: padrões internacionais da organização, parceiros de negócios e cadeias de suprimentos; instituições comerciais e mercados financeiros; pressões institucionais e autorregulação por meio de associações industriais; ambiente com sistemas internos de gerenciamento e culturas; e uma Sociedade civil multifacetada.[65]

Esse verdadeiro manancial de diferentes técnicas de regulação pode ser aplicado por combinação, entre por exemplo (da base ao topo da pirâmide): *voluntarismo*, instrumentos econômicos, informações estratégicas, autorregulação, metarregulação e regulação por *comando* e *controle*.

Ainda é importante denotar que não há, pela teoria da *Smart Regulation*, uma prescrição sobre a utilização conjugada dos instrumentos. Dessa forma, hipoteticamente, o regulador poderia servir-se do *comando* e *controle*, em combinação com o *voluntarismo*, conferindo especificidades ao negócio, ao segmento e à companhia regulada.

As combinações, segundo os autores, produziriam resultados que, isoladamente, nunca seriam alcançados. Assim, imagine-se que o agente que individualmente procurou uma melhor performance ambiental (redução de emissão de efluentes tóxicos, por exemplo), via *sponte propia*, não contemple os efeitos visados e que a conjugação de performances previamente determinadas resultaria no objetivo almejado.

As aplicações das técnicas responsivas procuram partir de alguns pressupostos que são levantados por Ayres e Braithwaite como comportamentos típicos dos regulados, como por exemplo, o

---

65 GUNNGHAM, Neil; SINCLAIR, Darren. *Regulatory Theory*: Foundations and Applications. Canberra: Anu Press, 2017, pp. 133/134 (tradução nossa).

cumprimento de uma norma apenas se ela for racional em termos econômicos à sua atividade. Segundo os autores, um contraveneno para esse comportamento seria a adoção de uma estratégia de persuasão e autorregulação, que poderia ser implementada caso haja uma racionalidade econômica como propulsora do comportamento. Esse estado de impermanência dos atores foi chamado de *compromisso contraditório* (*contradictory commitments*) - definição da ação incoerente do regulado diante das determinações das agências (normas, por vezes, cumpridas pelos atores; normas, por vezes, não cumpridas pelos atores).[66]

Não há, conforme a Regulação Responsiva, um rechaço aos métodos de coerção. Pelo contrário: a coerção é valorizada, porquanto sua aplicação atende a ferramentas eficazes (como já falado, intrínsecas) que dão credibilidade à marcha sancionatória, ou seja, caso se chegue às medidas punitivas, que elas tenham a eficácia de suplantar o malfeito, de forma a debelar ações semelhantes no mercado.

Todo esse cenário modelado não é surpreendente diante da reconhecida ineficiência do modelo tradicional de sancionamento: segundo dados que reportam aos anos de 2015 e 2016 - e que não diferem em muito dos dados atuais - apenas a ANA (antiga Agência Nacional de Águas) atingiu um percentual de mais de 40% de assertividade entre multas administrativas aplicadas *versus* multas administrativas arrecadadas. Igualmente a Antaq (Agência de Transportes Aquaviários), exemplo de condução responsiva, apresenta números relevantes, mas que não ultrapassam os 35%.[67]

66 Cf. AYRES, Ian; BRAITHWAITE, John. *Responsive Regulation*: Transcending the Deregulation Debate. Oxford: Oxford University Press, 1992, p. 119.

67 AMORA, Dimmi. "Agências reguladoras arrecadam menos de 3% das multas emitidas". *Agência INFRA*, 07 abr. de 2020. Disponível em: https://www.agenciainfra.com/blog/agencias-reguladoras-arrecadam-menos-de-3-das-multas-emitidas-aponta-tcu/. Acessado em: 12.05.2022.

A ANTT, foco do presente artigo, reporta apenas 0,7% da relação entre *cobradas* e *pagas*, o que, sem dúvida, sinaliza a precariedade do sistema e da identificação de soluções dos modelos adotados. Importante dizer que, muitas vezes, as amarras da normatização e o rígido (e, muitas vezes, néscio) entendimento dos órgãos de controle cerceiam as atividades que poderiam culminar em maior eficácia da fiscalização regulatória.

2.1 A aplicação da Regulação Responsiva pelas agências regulatórias brasileiras

A ANEEL foi a precursora da aplicação da Teoria da Regulação Responsiva no Brasil, em 2016. Desde lá, os instrumentos da Agência têm sido aperfeiçoados no sentido de desestimular as práticas irregulares dos agentes. Ao contrário do que se poderia imaginar, as multas não têm o condão de suplantar tais práticas, na medida em que, não raras vezes, os regulados preferem se submeter ao processo administrativo (em muitos casos, moroso) e pagar as multas, do que aderirem às determinações impostas pelos reguladores.

Um exemplo da *responsividade* aplicada na ANEEL é a restrição ao pagamento de proventos aos acionistas, como forma do denominado Incentivo Intrínseco, da seguinte forma:

> Os novos contratos de concessão preveem que as distribuidoras que violarem os limites de DEC e FEC estabelecidos pela ANEEL ou a condição mínima de sustentabilidade econômico-financeira ficam impedidas de pagar dividendos ou juros de capital próprio até regularizarem a situação.[68]

68 Nota Técnica n. 27/SRM/SGT/SPE/SRD-2019/ANEEL. Em 22 de fevereiro de 2019. Processo: 48500.000018/2019-15. Acessado em: 16.06.2021.

Outra atuação destacada quando o assunto é Fiscalização Responsiva, é da ANTAQ, que utiliza a chamada "Prateleira de Insumos", a qual se caracteriza pelos fundamentos utilizados nas atividades fiscalizatórias da Agência, a saber: (a) Processos de Fiscalização e Sancionadores (os "tradicionais"); (b) Presença do fiscal; (c) Fiscalização educativa; (d) Cartilhas de divulgação do plexo normativo; (e) Plano de Melhorias/Ações; (f) Divulgação da Percepção de Risco individualizada; (g) Ranking, e (h) Relatórios individualizados.[69]

Dentro desse modelo da ANTAQ, dá-se destaque ao Plano de Melhorias, que é elaborado a partir da avaliação de que o regulado, mesmo tendo atuado de maneira contrária ao regramento, tem a intenção de aperfeiçoar suas ações. Dessa forma, a ferramenta responsiva objetiva trazê-lo para a conformidade regulatória. O Plano de Melhorias - importante assinalar - não aporta sanções da Agência, corroborando com os fundamentos apregoados pela teoria da *responsividade*, ou seja, ajudando no aperfeiçoamento da gestão, em busca da conformidade.

Outra agência que visa a contornar as situações mais restritivas impostas pelas sanções tradicionais, mormente, as multas, é a ANATEL (Agência Nacional de Telecomunicações). As reclamações (cerca de 3 milhões por ano) são utilizadas como fonte e indicadores: são analisados os motivos (percepção qualitativa), além de pesquisas e monitoramento de informações da imprensa para geração de diagnóstico; finda essa primeira etapa, parte-se ao planejamento e, finalmente, ao controle. Em 2017, foram iniciados os pilotos da fiscalização regulatória responsiva, focados, ano a ano, na incorporação de temas sensíveis à melhora dos serviços

69 Participação de Gabriela Costa, Superintendente de Fiscalização da Antaq, para a Comissão de Direito Portuário e Marítimo da OAB/DF, no encontro denominado Processos Sancionadores: Fiscalização Responsiva, em 07/08/2020. Disponível em: https://www.youtube.com/watch?v=T_W4mldU1_0&t=1207s. Acessado em: 02.06.2021.

aos usuários. Além da qualidade dos entregáveis e da diminuição dos números de reclamações, percebeu-se uma redução de custos pela resolução dos problemas em instâncias administrativas, evitando-se assim as despesas judiciais.

Outra ação bem-sucedida da ANATEL foi para estimular a utilização dos denominados "Espaços Reservados na Internet", que são os canais de atendimento ao consumidor das concessionárias. A estratégia utilizada pela Agência integrou o uso de metodologia Ágil, com *sprints* periódicos com as áreas de negócios das prestadoras e foco no benefício rápido para o usuário. Em cerca de 6 meses, atingiu-se um estado de regularização plena na matéria.

Por sua vez, o Projeto de Regulação Responsiva da ANAC (Agência Nacional de Aviação Civil) tem como meta uma regulação proporcional, imediata e definitiva em suas respostas, assim cooperativa nas ações de sua competência, baseada no diálogo e na confiança. Prova dessa maturação da fiscalização na agência é a adoção, via Resolução n. 472/2018, de medidas preventivas, como a Solicitação de Reparação da Condição Irregular. Ferramentas alternativas estão sendo buscadas para incrementar o menu, com vistas às correções de rumos dos regulados, sem, necessariamente, recorrer ao "mofado" *comando* e *controle*. O Projeto está em fase de implantação e prevê, até julho de 2022, a revisão de diretrizes e normas da Agência, que tangenciam o tema e o aprimoramento do modelo de dosimetria da ANAC. A partir de então, estima-se, serão iniciados os eventos internos de capacitação.

3 A Regulação Responsiva na ANTT

Acerca da institucionalização da regulação responsiva no âmbito da ANTT, menciona-se a Portaria n. 34, de 12 de fevereiro de 2020, pela qual a Teoria Responsiva foi introduzida na atuação da Agência.

Do texto normativo da Portaria, extraem-se avanços significativos, como o art. 1º, que determina que os servidores das unidades organizacionais da ANTT, durante o exercício de suas atividades, deverão observar as diretrizes de atuação responsiva estabelecidas na própria norma.

Por sua vez, o art. 3º afirma que as unidades organizacionais deverão implementar a atuação responsiva e o art. 4º outorga às unidades a atribuição de identificar ações nas quais os princípios de regulação responsiva podem ser aplicados.

No que tange aos arranjos normativos para a implementação da Atuação Responsiva dentro da ANTT, assim é o texto:

> Art. 7º As diretrizes de Atuação Responsiva deverão ser implementadas em consonância com os ditames da Agenda Regulatória, do Processo de Participação Social, da Análise de Impacto Regulatório, da Política de Gestão de Risco e do Política de Redução do Fardo Regulatório.[70]

Esse movimento progressivo da ANTT, especialmente em sua atuação nas concessões rodoviárias, respalda as crescentes propostas de inserção da *responsividade* nos contratos e nas atuações da fiscalização, ao ponto de se afirmar que a utilização de seus elementos é inevitável no novo Regulamento de Concessões. Muito desse trabalho é capitaneado pela Associação Brasileira de Concessionárias de Rodovias (ABCR), que há um bom tempo contribui para a adoção da Teoria da Regulação Responsiva em suas manifestações,[71] a fim de

70 ANTT. *Portaria n. 34*, de 12 de fevereiro de 2020. Disponível em: https://anttlegis.antt.gov.br/action/UrlPublicasAction.php?acao=getAtoPublico&sgl_tipo=POR&num_ato=00000034&seq_ato=ATT&vlr_ano=2020&sgl_orgao=DG/ANTT/MI&cod_modulo=420&cod_menu=7145&print=S. Acessado em: 01.06.2022.

71 ASSOCIAÇÃO BRASILEIRA DE CONCESSIONÁRIAS DE RODOVIAS. *Novos caminhos para concessões de rodovias no Brasil*. 2ª ed. São Paulo: ABCR, 2018. Disponível em: https://static.poder360.com.br/2018/09/abcr_relatorio_novos_caminhos-1.pdf. Acessado em: 12.05.2022.

> adotar mecanismos contratuais destinados a garantir a responsividade e tempestividade na análise dos pedidos de reequilíbrio, como cláusulas de suspensão de investimentos (exceto os emergenciais) até que seja realizado o reequilíbrio.

Nos estudos apresentados pela Agência, ainda em 2021, para o texto final do Regulamento de Concessões, percebe-se com clareza a adoção da Teoria da Atuação Responsiva, especialmente no art. 10 da proposição:

> Classificação periódica das concessionárias
>
> Art. 10. A ANTT aprovará periodicamente a classificação das concessionárias, a partir de critérios estabelecidos em regulamentação da ANTT.
>
> § 1º Os indicadores a serem utilizados para fins da classificação deverão avaliar de forma ampla e diversificada o desempenho das concessionárias e valorizar as ações e os resultados que extrapolem as exigências contratuais.
>
> § 2º Às concessionárias será dispensado tratamento distinto de acordo com sua colocação na classificação, conforme previsto na regulamentação da ANTT.

É certo que o dispositivo ainda é tímido, mas caso avaliemos os estágios atuais de outras agências reguladoras, vê-se que a ANTT evolui e se orienta para a direção correta, mesmo frente às complexas características do setor rodoviário (histórica insegurança regulatória, intervenções nos Estados, contratos que serviram de plataforma política etc.).

Ainda que o aspecto abordado no art. 10 da proposta de Regulamentação seja o da classificação das concessionárias, denota-se a valorização do bom desempenho e a distinção de tratamento de acordo com a colocação na classificação. Sem dúvida, bons tempos se avizinham.

Vislumbra-se, portanto, um dos componentes elementares da atuação responsiva, qual seja, uma espécie de *customização* da regulação, com vistas a obter ganhos não apenas por meio de sanções, mas sim das técnicas e ferramentas responsivas já abordadas.

Eventuais críticas em torno da proposta do artigo 10 mencionado giraram em torno de quais os critérios seriam aplicados e se as diferenças históricas, culturais ou conjunturais seriam apreciadas na tal classificação.[72] Adicionalmente, a audiência pública realizada sobre a matéria suscitou questionamentos de como seria o tratamento dispensado àquelas concessionárias que não alcançassem o chamado "nível satisfatório".

Reputam-se naturais as preocupações sobre algo tão novo, mas imagina-se que a fiscalização responsiva irá permitir um estabelecimento de critérios não-punitivos que, escalonados (lembra-se o formato de pirâmide), estabelecerão as estratégias de atuação responsiva e direta aos regulados. Parece-nos claro que a evolução das regras de *responsividade* recairão sobre essas bases na ANTT, incorporando a Teoria Responsiva às atividades diárias da regulação das rodovias concedidas.

Considerações finais

Longe de almejar a conclusão do assunto, este breve artigo procurou provocar *insights* positivos sobre a Teoria da Regulação Responsiva.

Em muitas normas, percebe-se a influência da Teoria: suas derivações podem ser ressaltadas na adoção das Comissões Tripartites,

---

72 Audiência Pública n. 002/2021, com o objetivo de tornar público, colher sugestões e contribuições à minuta de Resolução que estabelece o Regulamento das Concessões Rodoviárias, aplicável aos contratos de concessão de exploração de infraestrutura rodoviária, sob competência da Agência Nacional de Transportes Terrestres - ANTT.

pelo viés da governança, assim como na fiscalização que se utiliza dos métodos responsivos (aqueles piramidais) para lançar mão da orientação e da conjugação de técnicas que objetivam um único fim: o aperfeiçoamento da relação regulatória.

Seja qual for a técnica, modalidade ou aplicação, crê-se num aumento significativo da utilização da Teoria, com o fito de promover o incremento regulatório. Dará trabalho; será combatido por linhas mais tradicionais, adeptas da sanção coercitiva como meio único de atuação, mas também será enriquecedor entender a forma como a Teoria Responsiva permeará os contratos e as atividades das agências reguladoras, especialmente, a ANTT.

O caminho está aberto e a oportunidade de se consolidar um marco regulatório para as concessões de rodovias passa, necessariamente pelo debate sobre a *responsividade*. Sua abrangência ou aceitação dependerá, ao nosso ver, de três grandes avanços:

(a) o entendimento de que o dualismo da regulação ("mão forte do Estado" ou sua total supressão) não edifica o bom debate, pois ignora a conjugação de técnicas e ferramentas que permitam a atuação mais eficaz e pontual na relação regulador-regulado.

(b) a absorção, por parte dos agentes - regulados e reguladores - dos instrumentos que, conjuntamente, possam consolidar a Racionalidade Reflexiva, onde os incentivos intrínsecos são estimulados pelo regulador em prol da boa regulação.

(c) o desalojamento de ideias excessivamente retrógradas por parte dos órgãos de controle, que rechaçam as técnicas responsivas, respaldados numa visão normativa restrita e não sistemática do Direito Regulatório.

Para que os obstáculos sejam ultrapassados e a jornada seja consolidada, outros tantos passos devem ser dados. Entretanto, o mais importante é que o debate está aberto e a receptividade da

Teoria da Regulação Responsiva está posta à mesa. Que se possa fazer bom proveito.

Referências bibliográficas

AMORA, Dimmi. "Agências reguladoras arrecadam menos de 3% das multas emitidas". *Agência INFRA*, 07 abr. de 2020. Disponível em: https://www.agenciainfra.com/blog/agencias-reguladoras-arrecadam-menos-de-3-das-multas-emitidas-aponta-tcu/. Acessado em: 12.05.2022.

ASSOCIAÇÃO BRASILEIRA DE CONCESSIONÁRIAS DE RODOVIAS. *Novos caminhos para concessões de rodovias no Brasil*. 2ª ed. São Paulo: ABCR, 2018. Disponível em: https://static.poder360.com.br/2018/09/abcr_relatorio_novos_caminhos-1.pdf. Acessado em: 12.05.2022.

AYRES, Ian; BRAITHWAITE, John. *Responsive Regulation*: Transcending the Deregulation Debate. Oxford: Oxford University Press, 1992.

CONSELHO DE ESTADO FRANCÊS. Vice-presidente (2006-2018: Jean-Marc Sauvé). Discurso por Ocasião das Entrevistas de Litígio (tradução nossa). Paris, 17 nov. 2017. Disponível em: https://www.conseil-etat.fr/actualites/discours-et-interventions/la-regulation. Acessado em: 12.05.2022.

DAL POZZO, Augusto Neves. *Aspectos Fundamentais do Serviço Público no Direito Brasilieiro*. São Paulo: Faculdade de Direito, Pontifícia Universidade Católica de São Paulo, 2010 (Dissertação Mestrado em Direito).

DELGADO, Pablo Soto. "Sanciones Administrativas como medidas de cumplimiento del Derecho: um enfoque funcional y responsivo aplicado al régimen sancionatorio ambiental". *Revista Ius et Praxis - Universidad de Talca - Facultad de Ciencias Jurídicas y Sociales*, nº 2, 2016.

GOMIDE, Alexandre de Ávila. "A gênese das agências reguladoras de transportes: o instituci-onalismo histórico aplicado à reforma regulatória brasileira dos anos de 1990". *Texto para discussão*. Rio de Janeiro: Ipea, 2012.

GUNNGHAM, Neil; SINCLAIR, Darren. *Regulatory Theory*: Foundations and Applications. Canberra: Anu Press, 2017.

IVEC, Mary; BRAITHWAITE, Valerie. *Applications of responsive regulatory theory in Australia and overseas*: update. Canberra: Regulatory Institutions Network, Australian National University, 2015. Disponível em: https://regnet.anu.edu.au. Acessado em: 11.05.2022.

OLIVEIRA, Marcio Iorio Nunes Aranha. "Regulação Responsiva: desafios institucionais". *Youtube*, Canal do IDP, 10 de dez. de 2020. Disponível em: https://www.youtube.com/watch?v=Z6sUgEySV2k&t=4732s. Acessado em: 03.06.2022.

PEREZ, Marcos Augusto. *A Administração Pública Democrática*: Institutos de Participação Popular na Administração Pública. 1ª ed. São Paulo: Fórum, 1998.

SILVA, João Marcelo Azevedo Marques Mello da. "A Regulação Responsiva das Telecomunicações: Novos horizontes para o controle de obrigações pela Anatel". *Journal of Law and Regulation*, [S.l.], vol. 3, nº 1, 2017. Disponível em: https://periodicos.unb.br/index.php/rdsr/article/view/19207. Acessado em: 12.05.2022.

CAPÍTULO V

INOV@BR: COMO A EXPERIÊNCIA PAULISTA PODE CONTRIBUIR PARA A IMPLANTAÇÃO DA POLÍTICA DE MODERNIZAÇÃO DA INFRAESTRUTURA FEDERAL DE TRANSPORTE RODOVIÁRIO – DECRETO FEDERAL N. 10.648, DE 12 DE MARÇO DE 2021

Aubrey Renan de Oliveira Leonelli
Renata Perez Dantas
Santi Ferri

Introdução

No ano em que são completados 20 anos da criação da Agência Nacional de Transportes Terrestres – ANTT, o governo federal editou o Decreto n. 10.648, de 12 de março de 2021, que "institui a Política de Modernização da Infraestrutura Federal de Transporte

Rodoviário – Inov@BR e a qualifica no âmbito do Programa de Parcerias de Investimentos da Presidência da República".[73]

Esse Decreto, que possui aplicação a toda malha rodoviária *federal*, inclusive para a já concedida, tem por objetivos a elevação dos padrões de *segurança* viária; a melhoria da *fluidez* e *modernização* das rodovias federais; e o aprimoramento de processos, procedimentos, instrumentos regulatórios e recursos técnicos. Não é por outro motivo que os eixos de atuação previstos pelo decreto são *segurança viária*, *fluidez* e *tecnologia*.

Ainda, o mencionado Decreto estabelece diretrizes para ações e critérios de sua aplicação, mantendo a coordenação, monitoramento e avaliação da implementação da Política de Modernização da Infraestrutura Federal de Transporte Rodoviário concentrada no Ministério de Infraestrutura – que já editou a Portaria n. 512, de 29 de abril de 2021 –, e competindo à ANTT e ao Departamento Nacional de Infraestrutura de Transportes (DNIT) a viabilização das finalidades do Decreto.

Por meio do Inov@BR, pretende-se *dar definição* a *adequada prestação de serviço público rodoviário*, estipulando a sua *modernização* como norte para satisfazer as condições de regularidade, continuidade, eficiência, segurança, atualidade, generalidade, cortesia na sua prestação e modicidade das tarifas, nos termos do artigo 6º, §1º, da Lei federal n. 8.987/95.

Diante desse breve contexto, e considerando a efervescência do debate sobre regulação de concessões, este artigo pretende apresentar a evolução histórica e o estado da arte da utilização e

---

73 GOVERNO FEDERAL. *Decreto n. 10.648*, de 12 de março de 2021. Disponível em: https://www.in.gov.br/en/web/dou/-/decreto-n-10.648-de-12-de-marco-de-2021-308344457#:~:textInstitui%20a%20Pol%C3%ADtica%20de%20Moderniza%C3%A7%C3%A3o,Investimentos%20da%2Presid%C3%AAncia%20da%20Rep%C3%BAblica. Acessado em: 23.05.2022.

aprimoramento de serviços operacionais[74] rodoviários de comunicação com usuário e de monitoramento das condições da malha rodoviária e, ainda, a adoção de metodologias consagradas de avaliação de estradas,[75] que contribuem para a *adequação*, *eficiência*, *atualidade* e *segurança* na prestação do serviço rodoviário, tendo em vista que são experiências bem-sucedidas, especialmente no estado de São Paulo, *benchmark* para concessões de outros entes federativos, mas que também começam a ser refletidas – ou até aprimoradas – nos novos editais federais, e que poderão contribuir para a consecução dos objetivos do recém-lançado Inov@BR.

Ressalta-se que o presente artigo não é estritamente jurídico. É, sobretudo um relato da racionalidade e evolução na prestação de certos serviços operacionais, que nos editais de concessão são associados a *adequação de serviço público* e ao *conforto das viagens*, conforme preconizam os artigos 26, §2º e 4º, §1º, das Leis de criação das Agências Reguladoras de Transportes Federal (ANTT, Lei n. 10.233/01) e do Estado de São Paulo (ARTESP – Lei Complementar n. 912/02), respectivamente.

Nesse contexto, procuraremos demonstrar de que maneira a experiência de décadas de prestação de serviço-referência no Brasil

---

74 Em que pese haver natural associação da prestação de serviço público adequado à execução de *obras* rodoviárias, a garantia de segurança viária depende de fatores que vão além da infraestrutura física da rodovia. Nesse sentido, investimentos em qualidade e segurança da infraestrutura viária, com elevados parâmetros construtivos relacionados à consistência geométrica e pavimento, por exemplo, não são suficientes para garantir a segurança viária, uma vez que a sua implementação também está intrinsecamente relacionada à primazia dos serviços operacionais.

75 No setor rodoviário, não seria exagero dizer que os investimentos e serviços prestados têm o objetivo primário de proporcionar ou aprimorar a segurança viária, visando à prevenção de acidentes ou redução da sua gravidade (fatalidade), em linha com as iniciativas mundiais de segurança viária, como os programas *Visão Zero* (https://visionzeronetwork.org/about/what-is-vision-zero/) e *Rodovias que perdoam* (https://www.onsv.org.br/rodovias-que-perdoam./).

foi consolidada no atual paradigma regulatório do setor rodoviário, que vem inspirando propostas e recomendações recentes do Conselho do Programa de Parcerias de Investimentos da Presidência da República – CPPI, criado pela Lei federal n. 13.334/2016.

O tema é oportuno, diante da extensão do programa de desestatização em andamento, com projetos já qualificados pelo Programa de Parcerias de Investimento – PPI e o protagonismo do setor rodoviário reconhecido na proposta de Plano Nacional de Logística – PNL2035.[76] Este artigo, portanto, espera contribuir para as reflexões práticas e acadêmicas a respeito, especificamente, dos serviços de comunicação com os usuários, os sistemas operacionais que contribuem para o acompanhamento das condições da malha rodoviária e a incorporação da metodologia do Programa Internacional de Avaliação das Estradas - iRAP[77] no monitoramento da segurança viária.

1 Dos sistemas de comunicação com o usuário

O Inov@BR traz como um dos critérios para estabelecimentos das ações "a melhoria, ampliação ou implantação de cobertura de tecnologias para o usuário de rodovias federais". E o Ministério de Infraestrutura, pela Portaria n. 512/21, determinou que as iniciativas que poderão integrar o Programa devem contribuir para o atendimento de alguns itens (ao menos um, conforme artigo 4º), dos quais destacamos "melhorar, ampliar ou implantar cobertura de tecnologias para o usuário de rodovias federais" (inciso V); e "ampliar ações que promovam o conforto e segurança dos usuários e motorista das rodovias". (inciso VI).

---

76 BRASIL. *Plano Nacional de Logística – PNL 2035*. Disponível em: https://www.gov.br/participamaisbrasil/plano-nacional-de-logistica-pnl-2035. Acessado em: 11.05.2022.

77 Em inglês: *International Road Assessment Programme*.

Viabilizar a comunicação passiva ou ativa entre o operador da rodovia e o usuário é um item operacional dos mais relevantes no setor rodoviário e diretamente relacionado ao conforto e segurança das viagens dos usuários. Mais que isso, o estado da arte demonstra a importância da busca por "Rodovias Inteligentes".[78]

Dentre as finalidades que se espera com as ações que deverão ser propostas para atendimento do Inov@BR, estão a melhoraria do nível de serviço das rodovias federais, o desenvolvimento e fomento de soluções tecnológicas atuais em todas as fases do empreendimento, e a promoção, quando possível, do alinhamento de soluções técnicas e tecnológicas entre os órgãos do setor de transportes e afins, de acordo com as particularidades de cada rodovia.

Nesse contexto, é relevante trazer a experiência já adquirida com a evolução dos sistemas de comunicação com o usuário.

Uma das iniciativas[79] pioneiras no sentido de promover a comunicação em tempo real com o usuário nas rodovias brasileiras

---

78 Conceito que engloba as soluções em *Intelligent Transportation Systems (ITS)*, ou, em português, Sistemas Inteligentes de Transporte. "Sistemas Inteligentes de Transporte são aplicações avançadas de tecnologias de informação e comunicação nos sistemas de transporte para aprimorar a mobilidade e a segurança do transporte de carga e pessoas. São combinações de computadores, controles, sensores, detectores e outros equipamentos que objetivam garantir maior quantidade e qualidade de informação sobre as condições de tráfego e permitir melhores tomadas de decisões pelos usuários ou por sistemas inteligentes de tomada de decisão presentes nos veículos, ao mesmo passo em que reduzem os danos ambientais". (NETO, Elias; RENTES, Ana Carolina; ROMÃO, Victor; SPRICIGO, Vinícius. *Rodovias inteligentes*: contextualização, simulação e adequação do projeto geométrico. São Paulo: Escola Politécnica da Universidade de São Paulo, 2016 (Projeto de Conclusão de curso de Engenharia Civil).

79 Esta iniciativa buscou uma tecnologia 100% nacional. Antes do desenvolvimento deste sistema nacional, outros dois sistemas foram importados e implantados na Rodovia dos Imigrantes e na Rodovia Dutra, mas com resultado insatisfatório. Ainda, em 1976, a DERSA inaugurou no Sistema Anchieta-Imigrantes o Sistema de Ajuda ao Usuário (SAU) e o Centro Operacional da DERSA (CODE), composto de quatro serviços: serviço de

foi realizada nos anos 70, pelo desenvolvimento e implementação das chamadas caixas de comunicação de emergência ou *call-box*. Segundo Dantas Jr.,[80] os primeiros sistemas de telefonia de emergência desse tipo no Brasil foram implementados por iniciativa e desenvolvimento em parceria entre a Desenvolvimento Rodoviário S.A. (DERSA) – empresa pública paulista criada em 1969 para a construção[81] e operação de rodovias no estado de São Paulo, e a Fundação para o Desenvolvimento Tecnológico da Engenharia (FDTE) ligada à Universidade de São Paulo, na rodovia dos Bandeirantes (SP 348).

Ainda segundo Dantas Jr.,[82] o objetivo da coleta das informações era fornecer um pronto atendimento aos usuários, bem como replicar as eventuais informações de interrupção de tráfego aos demais através de sistemas de radiodifusão e painéis de mensagens variáveis.

---

socorro mecânico, guincho, primeiros socorros e inspeção de tráfego. Daí veio o aprimoramento do conjunto de serviços com a instalação dos telefones de emergência a cada quilômetro das rodovias, tratado no tópico. Disponível em: dersa.sp.gov.br/quem-somos/história/linha-do-tempo.

80 DANTAS JUNIOR, Carlos Alberto. "Moderna tecnologia eletrônica aplicada a segurança rodoviária". *I Congresso Brasileiro do Macroestudo de Segurança de Trânsito* (anais), mar. 1979.

81 A DERSA, atualmente em liquidação (Lei paulista n. 17.148/2019), foi criada para construir a ligação entre São Paulo e a Baixada Santista, tendo sido responsável pela implantação da Rodovia dos Imigrantes (SP 160), grande marco rodoviário no Brasil. Também foi responsável pela construção da Rodovia dos Bandeirantes (SP 348), Rodovia dos Trabalhadores (atual Rodovia Ayrton Senna, SP 070), Rodovia Helio Smidt (SP 019) e Santos Dumont-Campinas Ligação Sorocaba (SP 075), Rodovia Carvalho Pinto (SP 070), entre outras, até mais recentemente trechos do Rodoanel (SP 021 – trechos Oeste, Sul e Norte), Contornos de Caraguatatuba e São Sebastião e trecho de planalto da Rodovia dos Tamoios (SP 099). Também foi responsável pela operação do Porto de São Sebastião e travessias litorâneas. Disponível em: www.dersa.sp.gov.br.

82 DANTAS JUNIOR, Carlos Alberto. "Moderna tecnologia eletrônica aplicada a segurança rodoviária". *I Congresso Brasileiro do Macroestudo de Segurança de Trânsito* (anais), mar. 1979.

Para tanto, o sistema era constituído de segmentos independentes, cuja quantidade e composição dependiam das particularidades das rodovias em que se desejasse implantá-lo. Os segmentos eram inicialmente constituídos por uma mesa de atendimento e por caixas de chamada a ela ligadas através de um cabo telefônico de pares, sendo que a abrangência inicial do sistema era de aproximadamente 100 km, que correspondia a dois segmentos de cerca de 50 km ligados a uma mesa central de atendimento. Embora essa tecnologia pudesse permitir, à época, abrangência em trechos mais longos, essa era a então extensão da Rodovia dos Bandeirantes, que já contava com um Centro de Controle Operacional em Jundiaí, praticamente no meio do percurso.

Essa forma de comunicação, embora pioneira por propiciar ao usuário acesso direto ao operador da rodovia, não era suficiente para a identificação de intercorrências que não pudessem ser ativamente relatadas pelo usuário. Assim, somente situações simples – como acidentes leves ou problemas mecânicos, ou com testemunhas, no caso de acidentes graves – seriam reportados à Central de Operações da rodovia e possibilitariam um rápido atendimento. Esse gargalo na efetividade do sistema levou à busca por novas soluções.[83]

Com o desenvolvimento da tecnologia de transmissão de dados e comunicação, notadamente o aprimoramento e crescimento do uso da fibra ótica, o mesmo sistema de *call-box* pôde ser aprimorado e utilizado nos dois sentidos: na chamada do usuário, pedindo auxílio à Central de Operações, e no envio de mensagens e informações de caráter geral da Central para painéis[84] convenientemente localizados.

---

83 Registre-se que uma das soluções encontradas, e nada tecnológica, foi a realização de vistorias constantes por veículos do operador da rodovia, que trafegavam pela malha numa espécie de vigilância "24x7", sem que houvesse uma intercorrência específica para socorrer ou tratar. É dizer: identificação de intercorrências ao acaso e custosa.

84 A importância dos painéis de mensagens variáveis – a *comunicação vertical* – também foi apontada por Dantas Jr. (DANTAS JUNIOR, Carlos Alberto. "Moderna tecnologia eletrônica aplicada a segurança rodoviária".

Desta maneira, o uso dos *call-box* passou a ser essencial no aprimoramento da comunicação com o usuário, tornando-se um item obrigatório desde os primeiros contratos de Concessão estaduais, a partir da integração e atendimentos centralizados no Centro de Controle de Operações (CCO) das Concessionárias.

A comunicação com o usuário era incrementada por sistemas de transporte inteligentes (*Intelligent Transport System - ITS*) que já surgiam em rodovias estrangeiras, como os pórticos, os painéis de mensagens fixas e variáveis, e o sistema de circuito fechado de televisão ou "CFTV".[85] Este último, até 2016, era exigido em editais com cobertura não integral da malha, posicionando-se as câmeras em trechos identificados como prioritários.

Todos estes sistemas foram previstos desde o início em grande parte das Concessões rodoviárias estaduais de São Paulo – e eventualmente nas federais – com controle e disponibilização das imagens centralizadas inicialmente no CCO da concessionária. No caso da Agência de Transporte do Estado de São Paulo (ARTESP), foram também integrados ao Centro de Controle de Informações (CCI) da agência a partir de 2012.

Algumas concessões rodoviárias – ou até rodovias sob gestão pública – adotaram a implantação de uma rádio dedicada direcionada aos usuários da rodovia para possibilitar a transmissão de notícias relacionadas à operação da via (tais como ocorrências

---

I Congresso Brasileiro do Macroestudo de Segurança de Trânsito (anais), mar. 1979, p. 268), que apresentou informações quanto a estudos em desenvolvimento na DERSA para a Sinalização Variável Telecomandada com tecnologia nacional, aproveitando grande parte da infraestrutura do sistema de telefonia de emergência.

85 O CFTV também já era utilizado nos anos 60, mas apenas em ambientes protegidos de intempéries e em extensões mais restritas. Foi, por exemplo, implementado em todas as plataformas (e, eventualmente, em outras áreas) das estações da linha Norte-Sul (linha Azul) do Metrô da cidade de São Paulo. O que possibilitou o uso de CFTV em rodovias, foi o aprimoramento das câmaras: maior alcance, *zoom* e resistência a intempéries.

de acidentes, interdições, inversão de faixas de tráfego etc.). Na experiência paulista, com a Rodovia dos Tamoios, no entanto, a concessionária relatou dificuldades em obter a concessão de uma frequência dedicada junto aos órgãos competentes,[86] fazendo com que as partes buscassem formas alternativas de promover essa forma de comunicação "ininterrupta" com o usuário.

Mais recentemente, o sistema de comunicação com os usuários, antes protagonizado pelo *call-box*, evoluiu ao ponto de que poderia ser integralmente reformulado e substituído pelo sistema digital sem fio de comunicação com o usuário (digital e bidirecional) aliado ao sistema de CFTV (circuito fechado de televisão) digital inteligente, com câmeras cobrindo 100% da extensão da via concedida, detecção automática de incidentes e painéis de mensagens.

O conceito do *sistema digital sem fio* de comunicação com o usuário, ou mais genericamente conhecido como sistema *wi-fi*, visa à comunicação entre concessionária e dispositivos eletrônicos

---

86 A título de curiosidade, Dantas Jr. já mencionava esse *custo de transação* em seu artigo: "A partir de 1977, a DERSA iniciou estudos visando a implantação de sistema de radiodifusão para sua rede viária. Para tanto, foram necessárias gestões junto ao Ministério das Comunicações, relativas aos aspectos legais e normativos e, obviamente, a execução do projeto que definisse a solução técnica mais adequada (...).

Para a aprovação do Ministério das Comunicações foi apresentada apenas a solução tida pela DERSA como a mais conveniente. Admitimos, entretanto, que o assunto não foi esgotado e os debates que poderão ocorrer em torno do mesmo certamente serão benéficos. Até o momento o Ministério das Comunicações ainda não regulamentou o Serviço Especial de Segurança nas Estradas, onde se enquadraria a radiodifusão rodoviária, de modo que a solução proposta ainda não pode ser entendida como definitiva". (DANTAS JUNIOR, Carlos Alberto. "Moderna tecnologia eletrônica aplicada a segurança rodoviária". *I Congresso Brasileiro do Macroestudo de Segurança de Trânsito* (anais), mar. 1979, p. 267). Neste ponto, percebe-se, portanto, a pertinência e relevância da determinação do §1º do art. 4º da Portaria MINFRA n. 512/21, que diz que "As ações voltadas à ampliação da cobertura de tecnologia de comunicação em rodovias federais serão objeto de articulação entre o Ministério da Infraestrutura e o Ministério das Comunicações".

(*smartphones*, *tablets*, *laptops*, navegadores de bordo etc.) dos usuários, e foi inicialmente previsto para as rodovias brasileiras nos editais paulistas de Concessão de Rodovias dos Lotes Centro Oeste Paulista (operadas pela Entrevias Concessionária de Rodovias S.A.) e Rodovias dos Calçados (operadas pelas Concessionária ViaPaulista S.A.).[87] A Concessionária Rodovia dos Tamoios S.A., no entanto, foi a primeira a implementá-lo, por sua conta e risco, como alternativa de comunicação com o usuário, em substituição à obrigação de implantação de rádio dedicada, dado os problemas já relatados.

Ressalte-se que, para fins de implementação deste *sistema digital sem fio*, não haveria obrigatoriedade de se fazer o uso de uma *tecnologia específica* para a prestação de um serviço público adequado. Existe uma gama de soluções tecnológicas, em constante evolução (tais como tecnologia *Bluetooth*, satelital, *3G*, *4G* e, mais recentemente, o *5G*) que poderiam cumprir com este papel partilhando de um desempenho semelhante ou superior. É dizer, e em atendimento ao princípio da *atualidade*, a regulação deve privilegiar o estabelecimento de regras de resultado (objetivo), sem limitar ou estabelecer as normas técnicas e os meios possíveis para atingir o *objetivo*, possibilitando que o ente privado busque as melhores soluções.

A experiência internacional foi fundamental para a evolução contratual das soluções em comunicação com os usuários. A estruturação dos contratos de concessão da 4ª Etapa do Programa de Concessão Paulista contou com a experiência, inédita até então, da participação do *Internacional Financial Corporate* (IFC) como

---

87 No caso desses contratos de concessão rodoviária, o que se buscava era uma forma de permitir que o usuário se comunicasse rapidamente com a concessionária, por aplicativo instalado nos aparelhos celulares ou diretamente no sítio eletrônico da concessionária quando conectado à rede sem fio disponibilizada, por exemplo, com a menor dificuldade possível. Ainda, hipoteticamente, numa situação crítica de perda de consciência em razão de um grave acidente, mesmo que em uma região erma, de pouco tráfego, a ideia era a de que o indivíduo pudesse ser prontamente socorrido, já que seria rapidamente identificada a ocorrência pelo sistema CFTV IVA.

consultores na modelagem dos lotes. Como parte do escopo contratado, o IFC trouxe consultores da América do Norte e Europa, para dar apoio em uma frente de estudo de inovações tecnológicas. Uma das inovações trazidas foi justamente o uso de cobertura de sistema genericamente chamado *wi-fi* ao longo das rodovias concedidas.

Durante essa estruturação, passou a fazer sentido propor, como obrigação primária nos novos contratos, a previsão de uma cobertura de comunicação com o usuário que abrangesse 100% da malha concedida, sem *pontos cegos*. A partir disso, surgiu a combinação do sistema de comunicação digital bidirecional sem fio aliado à CFTV digital inteligente. Essa fusão representou o primeiro conjunto de soluções operacionais a possibilitar que o usuário não tenha que sair de seu veículo para ser atendido. Não só, também permitiu que uma situação de anormalidade na via – veículo parado, fumaça, objetos estacionados – fosse identificada pelo *software* do sistema, gerando um novo protocolo de atendimento diretamente no CCO da concessionária.

Note-se que a ideia inicial de enrobustecer a segurança do usuário por meio do atendimento direto viabilizou, ainda, instrumentalizar a concessionária para a solução de problemas não relacionados necessariamente a acidentes, mas com um grande potencial de gerá-los, como o exemplo da ocorrência de fumaça ou de objetos na via ou na faixa de domínio.

Não bastasse isso, a adoção desse novo sistema propiciou a substituição de um serviço de operação cara, como era o caso das inspeções obrigatórias ininterruptas por veículos das concessionárias que circulavam sem que houvesse ocorrência específica a ser atendida. Além disso, também possibilitou a alteração de um sistema com custos elevados de implantação, manutenção e operação dos equipamentos, como era o caso de *call-box*.

No caso do sistema *call-box*, os custos passaram a ser elevados em razão de um contexto de universalização da telefonia móvel e consequente baixa na frequência de utilização, tornando-os alvos fáceis para vandalismos e furtos de seus componentes. E não é só, as inspeções por veículos das concessionárias geravam grandes gastos com veículos, pessoal e combustível, e resultavam em uma baixa efetividade.

Na ocasião da estruturação de novos editais de concessão, em linha com a determinação do mencionado artigo 4°, §1° da Lei Complementar n. 914/02[88] – também presente, com redação similar, na Lei de criação da ANTT[89] –, a ARTESP percebeu a oportunidade de solucionar os problemas relatados nos casos acima e, ao promover a cotação de custos relacionados à implantação de torres de transmissão *wireless* (*wi-fi* ou similar), verificou a viabilidade técnica e econômico-financeira em substituir o então sistema obrigatório de *call-box* pelo sistema obrigatório de comunicação sem fio.

Esse sistema, por sua vez, abriria um novo leque quase infinito de possibilidades, como o desenvolvimento de aplicativos para celulares e *tablets* (botão de emergência do usuário, canal de notícias da Concessão, *chat* com usuários etc.), a integração com aplicativos de trânsito (por exemplo, *Waze*® e *Google Maps*®), e até a comunicação sem fio com veículos com tecnologia de bordo embarcada (e futuramente, até mesmo os veículos autônomos etc.) ou voltada para a tendência de uso da tecnologia *IoT* (*Internet of Things*, ou Internet das Coisas, em português).

Junto desse leque de possibilidades, abriu-se também mais uma opção de auferimento de receitas extraordinárias pela

88 "Artigo 4° - A ARTESP, no âmbito dos serviços compreendidos em suas finalidades, terá as seguintes atribuições:

(...)

§ 1° - Na elaboração dos editais de licitação, para o cumprimento do disposto no inciso V, a ARTESP cuidará de compatibilizar as tarifas pagas pelos usuários com as vantagens econômicas e o conforto de viagem, transferidos aos usuários em decorrência da aplicação dos recursos de sua arrecadação no aperfeiçoamento da via em que é cobrado".

89 Lei federal n. 10.233/01, art. 26, §2°.

concessionária – isto é, não tarifárias – que poderia propor o uso comercial, como a exploração de serviços de *internet*, a exemplo do que já ocorre nos aeroportos Brasil afora.

Já o sistema de detecção automática e/ou inteligente integrado às câmeras de monitoramento da rodovia (CFTV) já vinha sendo utilizado por algumas concessionárias de rodovias no Brasil, como forma de melhorar o seu desempenho nas atividades relacionadas ao atendimento aos usuários e à segurança viária, ainda que sem a cobertura integral da malha. O sistema de detecção automática trazia a possibilidade de um evento anormal (tal como um veículo parado no acostamento, ou um animal morto na pista) ser detectado, pela simples comparação de imagens antes/depois, realizada pelo próprio sistema inteligente, e ser trazido imediatamente em destaque para os operados do CCO da concessão.[90]

Além disso, abre possibilidades de aplicações, como, por exemplo, a disponibilização de imagens à central de inteligência da Polícia Militar, a integração com sistemas de inteligência artificial/reconhecimento de imagens para fins de monitoramento e controle do tráfego (contagem classificada, estimativa de velocidades, informações de origem e destino dos veículos, monitoramento do nível de serviço etc.), visualização e monitoramento de eventos diversos na via e no entorno (obras, invasões e outros eventos dentro da faixa de domínio etc.) bem como a possibilidade de disponibilização de imagens em tempo real aos usuários. Tudo isso, claro, em observância aos preceitos da Lei Geral de Proteção de Dados (LGPD).

---

90 Esta tecnologia, passando a ser prevista como obrigação originária de cobertura de toda a via principal concedida, aliada ao sistema sem fio de comunicação com o usuário, também previsto como obrigação para dar 100% de cobertura ao longo da rodovia concedida, oportunizou inserir uma ampla segurança à agência reguladora ao promover a substituição definitiva do sistema de *call-box*, pois permitia uma redundância de protocolos de segurança, com expectativas de incremento na segurança e eficiência dos serviços prestados.

Dessa maneira, a utilização conjunta do sistema digital inteligente de CFTV com o sistema de comunicação digital sem fio são meios atuais e econômicos para dar consecução aos objetivos do Inov@BR, nos termos do artigo 6º, incisos IV, VI, VII, do Decreto Federal n. 10.648/21, além de concretizar a atualidade, eficiência, segurança e generalidade aos serviços públicos delegados. Também convergem com os propósitos dos artigos 12 e 13[91] da Portaria MINFRA n. 512/21, de promoção de "uso de tecnologia moderna de monitoramento" para "preservação da vida e integridade de pessoas e mercadorias", como a possibilidade de *compartilhamento* que poderá ser alinhado entre órgãos e entidades, por meio de acordos.

2 Dos sistemas de gerenciamento eletrônico da concessão para coleta, gerenciamento de informações e os conceitos Rodovia Inteligente e fiscalização automática

Além das iniciativas para melhoria da cobertura tecnológica e conforto e segurança dos usuários, a Portaria MINFRA

---

91 Portaria MINFRA n. 512/21:

"Art. 12. Os órgãos e entidades participantes do Programa deverão adotar procedimentos que proporcionem e promovam o uso de tecnologia moderna de monitoramento, a fim de atender a diversas finalidades, em especial, para auxiliar na segurança das vias e dos usuários, visando à preservação da vida e à integridade de pessoas e mercadorias.

Art. 13. As soluções técnicas e tecnológicas passíveis de compartilhamento identificadas serão divulgadas pelo Ministério da Infraestrutura visando o alinhamento entre os órgãos e entidades.

§ 1º Os procedimentos para compartilhamento de que trata o *caput* serão definidos entre os órgãos por meio de acordos.

§ 2º Para adoção da solução de tecnologia de monitoramento que atenda a múltiplas finalidades é recomendado que sejam consultados os órgãos e entidades que atuam no trecho de rodovia federal que compõe este Programa.

§ 3º O compartilhamento e a divulgação de informações de que trata esta Portaria deverão observar o disposto na Lei n. 13.709, de 14 de agosto de 2018".

n. 512/21 indica que as iniciativas que integrarão o Inov@BR poderão ter por objetivo a solução de pontos críticos de travessia urbana existentes ou potenciais (art. 4º, II) e melhoria de nível de serviço (art. 4º, III).

Todos estes objetivos podem ser identificados na iniciativa de expansão dos Sistemas de gerenciamento eletrônico da concessão previstos nos mais recentes editais lançados pela ARTESP – e em alguma medida, nos últimos editais federais.

Na experiência da ARTESP, esta iniciativa passou a contribuir para o objetivo de integração das ações e intervenções nas rodovias com vistas à aplicação efetiva de recursos, por meio de soluções tecnológicas, além de claramente "promover a modernização da governança setorial com a utilização de instrumentos de gestão para auxiliar a implementação e a avaliação" de política de modernização da infraestrutura viária, como também se espera no Inov@BR (art. 6º, VI).

O objetivo desses sistemas adotados pela ARTESP é o de coletar, armazenar e processar os diversos dados históricos da concessão e posteriormente utilizá-los como base para: pesquisa e desenvolvimento; estudos de novas concessões; estudos para mitigação de acidentes; compartilhamento de informações com usuários; estudos técnicos diversos; fiscalização automática da concessão, entre outros. Tudo em linha com os preceitos do Inov@BR, especialmente artigo 6º do Decreto[92] – ainda que este seja um Programa de aplicação à *malha federal*.

---

92 Decreto Federal n. 10.648/2021:

"Art. 6º Para consecução dos objetivos de que trata o art. 3º, os órgãos e as entidades competentes deverão:

I - considerar, no que couber, os parâmetros internacionais de segurança viária;

II - melhorar o nível de serviço das rodovias federais;

III - integrar, sempre que possível, as ações e as intervenções nas rodovias com vistas à aplicação efetiva de recursos;

Nesse contexto, vale destacar a questão da fiscalização automática.

Foi implantado, de forma pioneira e inovadora pela ARTESP, o CCI. Este órgão da agência foi concebido de forma a criar uma sala de gestão operacional integrada, que receberia informações dos CCO de todas as concessões ativas no estado de São Paulo. Com implantação inicial no ano fim de 2012, início de 2013, a ideia original era unificar os sistemas de CFTV em uma sala dentro da ARTESP com um padrão semelhante ao de CCO de uma concessionária. Em um segundo momento, foram sendo agregadas diversas outras funcionalidades ao CCI, como, por exemplo o monitoramento das informações de tráfego de veículos – integração em um único sistema das informações dos

---

IV - desenvolver e fomentar soluções tecnológicas atuais em todas as fases do empreendimento;

V - incentivar a prestação de serviços ao usuário que visem a garantir maior segurança e conforto;

VI - promover a modernização da governança setorial com a utilização de instrumentos de gestão para auxiliar a implementação e a avaliação da inov@BR;

VII - estimular o compartilhamento de informações, da expertise e da infraestrutura dos órgãos públicos federais;

VIII - adotar procedimentos transparentes para o controle social;

IX - estimular a pesquisa, o desenvolvimento e a aplicação de tecnologias ao sistema federal rodoviário;

X - modernizar, sintetizar e simplificar a regulação federal, de modo a integrá-la, quando possível, às soluções tecnológicas em curso;

XI - estimular a integração com órgãos e entidades do Sistema Nacional de Trânsito;

XII - promover, quando possível, o alinhamento das soluções técnicas e tecnológicas entre os órgãos do setor de transportes e afins, de acordo com as particularidades de cada rodovia; e

XIII - utilizar, sempre que possível, soluções sustentáveis nas ações que integram os eixos de atuação da inov@BR.

Parágrafo único. O compartilhamento de informações de que trata este artigo deverá observar o disposto na Lei n. 13.709, de 14 de agosto de 2018".

contadores automáticos de tráfego, dados de acidentes etc. Por fim, o sistema também permitiu à Agência realizar o monitoramento dos níveis de serviço da rodovia, bem como do funcionamento dos mecanismos de muitos dos equipamentos de ITS instalados nas rodovias (*call box*, câmeras etc.).

Assim, a implantação do CCI representou uma elevação no patamar fiscalizatório, uma vez que, por meio dele, a Agência passou a receber informações *online* e em tempo real, diretamente dos sensores instalados nas rodovias, não mais dependendo da disponibilização das informações, como relatórios etc., por parte das concessionárias. Foi uma importante evolução em direção à fiscalização automática e auditável por parte da ARTESP – o que também é objetivo do Inov@BR, conforme artigo 9º, III, da Portaria MINFRA n. 512/21.[93]

Note-se, portanto, que grande parte dos sistemas operacionais e de gerenciamento eletrônicos que vem sendo previstos nos últimos editais e contratos de concessão trouxeram mais efetividade ao processo de fiscalização automatizado, uma vez que as informações são coletadas no campo pela concessionária, de forma auditável, e são compartilhadas com o CCI da Agência. A Agência, por sua vez, processa automaticamente os dados e os compara aos níveis de exigência previstos em edital. Um exemplo prático do seu funcionamento pode ser visto na medição dos níveis de serviço nas rodovias concedidas, bem como nos tempos de atendimento aos usuários.[94]

---

93 "Art. 9º Compete à ANTT:

(...)

III - desenvolver e aprimorar os mecanismos contratuais e de normatização, especialmente, no que diz respeito aos temas de obras e serviços, equilíbrio econômico-financeiro e fiscalização de rodovias federais sob regime de concessão;".

94 Para fins de referência quanto ao escopo e parâmetros de níveis de serviços numa rodovia concedida, vide Apêndices H e I, do Contrato de Concessão n. 0409/ARTESP/2020, atualmente administrado pela Eixo SP Concessionária de Rodovias S.A. ("Lote PiPa"). Disponível em: www.artesp.sp.gov.

Tais resultados propiciam o desenvolvimento de Rodovias Inteligentes, já que, por exemplo, ao coletar informações dos sensores contadores automáticos de tráfego (SATs) e cruzar com dados de outros sensores e com informações dos sistemas gerenciais eletrônicos das concessões (geometria da via, velocidade média, clima, câmeras etc.), o CCI consegue calcular e mapear quase que em tempo real, ou com poucos segundos de atraso, a situação do atendimento aos níveis de serviços previstos em contrato.

Sistemas de gerenciamento da malha são aplicáveis a vias sob gestão pública ou privada. No caso de vias concedidas, para uma implantação efetiva é importante que seja previsto nos contratos não só a implantação de sistemas de monitoramento em si, mas também a disponibilização das informações, de preferência em tempo real e *online*, ao poder concedente ou à agência reguladora.[95]

A tendência da evolução da tecnologia converge com os anseios de aprimoramento da fiscalização e, muito embora algumas tecnologias ainda não tenham entrado efetivamente nos contratos de concessão, têm sido pautadas em discussões técnicas para uma eventual implementação futura, a exemplo da utilização de drones em fiscalizações e coleta de dados da rodovia, faixa de domínio etc.

Diante de todo esse contexto, até o presente momento, os editais paulistas têm evoluído no sentido de estabelecer dispositivos obrigatórios que trazem mais próximos da ARTESP o conceito da fiscalização automática dos contratos de concessão de rodovias.

A título de exemplo, os editais de concessão paulistas já traziam a previsão da instalação dos contadores automáticos de

---

95 Ressalte-se a importância do CCI para a o recebimento e controle de dados e informações produzidas nas concessões rodoviárias, uma vez que permitiu a sistematização e estruturação do monitoramento eficiente, prático e digital das concessões na agência reguladora paulista. Essa prática foi reforçada posteriormente pelas redações constantes nos editais da quarta etapa de concessões estaduais, em especial o edital do Lote Piracicaba-Panorama.

tráfego (SAT) desde os primeiros leilões. A previsão da referida obrigação contratual, no entanto, teve que evoluir para viabilizar a coleta de informações essenciais, como, por exemplo, os dados de tráfego para modelos econômicos, a fim de aferir os impactos na receita da concessionária decorrentes da materialização de algum risco contratual, como a alteração, inclusão ou supressão de praças de pedágio, alterações tarifárias impostas por decisões judiciais ou do poder concedente, entre outras.

Inclusive, o edital do lote paulista Piracicaba Panorama (atualmente administrado pela Eixo SP Concessionária de Rodovias S.A.) culminou com a obrigação adicional de implantação do sistema integrador *Geographic Information System* (GIS), ou Sistema de Informação Geográfica da Concessão com o objetivo de reunir, processar e mostrar, em formato de mapas temáticos, as informações coletadas pelos sistemas diversos. Essa alteração seria para fins de possibilitar a consulta, processamento e gerenciamento dos dados, com o objetivo final de propiciar um eventual compartilhamento com o usuário, a fiscalização automática da concessão, e a gestão inteligente da operação e dos ativos rodoviários.

Note-se que esse conjunto de obrigações tende a viabilizar ou colaborar para a coleta estruturada de informações históricas que certamente servirão de subsídio para melhoria significativa de aspectos como: (i) segurança viária; (ii) planejamento dos transportes; (iii) ciência, pesquisa e desenvolvimento tecnológico; (iv) confiabilidade das informações; (v) transparência pública; e (vi) otimização de custos diversos, entre outros aspectos bastantes relevantes para os usuários e para a sociedade.

Por fim, as obrigações relacionadas aos serviços operacionais que aprimoram o acompanhamento da execução contratual são capazes de produzir uma infinidade de dados aptos a subsidiar Pesquisa e Desenvolvimento no setor e promover maior efetividade para iniciativas como a presente nas concessões federais, desde a primeira etapa do PROCROFE, de aplicação dos Recursos de

Desenvolvimento Tecnológico (RDT). O RDT constitui numa obrigação das concessionárias federais de incluir em seus planos de negócios a disponibilização de recursos financeiros para realização de pesquisas, tais como ensaios de campo e laboratório, voltada à área de infraestrutura e/ou planejamento de transportes e segurança viária[96] e, no âmbito do Inov@BR, terá as iniciativas qualificadas no Programa como prioritárias para a alocação da verba, conforme artigo 9°, V, da Portaria MINFRA n. 512/21.[97]

No caso do estado de São Paulo, por exemplo, embora não exista até o momento previsão como o RDT do PROCOFE, entende-se

96 Santi Ferri, um dos autores deste artigo, participou do programa RDT no âmbito de concessão federal, contando com os recursos financeiros para a realização de ensaios de campo e laboratório para fins de elaboração de pesquisa voltada à área de infraestrutura de transportes que culminou com a publicação de sua tese de Doutorado (*Contribuições ao estudo do comportamento mecânico de solos de subleito para fins de projeto de pavimentos asfálticos*). Desta pesquisa, premiada pelo Salão de Inovação do Congresso da ABCR em 2015 (*Estudo das relações entre Parâmetros de solo e módulo de resiliência*), pôde prestar contribuições para a elaboração e divulgação dos resultados obtidos, que trouxeram benefícios importantes à tecnologia aplicada à área de projetos e obras de pavimentação e ao estudo dos solos. Na avaliação do autor, se os sistemas gerenciais eletrônicos de coleta de informações (em específico, neste caso, o Sistema Digital Integrado de Sondagens e Ensaios – SISSOND e o Sistema Digital de Gerenciamento de Pavimentos – SGP), tivessem já sido previstos e/ou em parte implementados na concessão objeto de sua pesquisa, os resultados teriam sido amplamente melhores, na medida em que aumentaria o histórico, amostragem, qualidade, amplitude e abrangência dos dados e, consequentemente, da pesquisa como um todo. Os dados coletados até então - e todo o dinheiro ora investido neles - antes do SISSOND se perdiam em papéis ou ficavam em poder única e exclusivamente da concessionária. Isso reforça a ideia de combinar as melhores práticas e iniciativas aqui citadas de ambos os entes, estaduais e federais - na busca da prestação do serviço mais eficiente e um maior retorno à sociedade.

97 "Art. 9° Compete à ANTT:

(...)

V - incentivar e realizar ações conjuntas com outros órgãos e instituições visando a promoção de estudos e pesquisas que contribuam para a modernização de rodovias, podendo priorizar tais ações no âmbito da aplicação dos Recursos para Desenvolvimento Tecnológico - RDT;".

que ainda assim o aumento da coleta de dados históricos poderá favorecer o trabalho da academia, com impactos de médio e longo prazo nas políticas públicas do setor de transportes, desde que sejam compartilhados ou acessíveis, obviamente. Isso sem contar os benefícios capazes de gerar para os órgãos públicos responsáveis pelo planejamento dos transportes e desenvolvimento regional.[98]

3 Da metodologia de avaliação da segurança viária iRAP

Um último exemplo de experiência relevante para implantação da Política de Modernização do Inov@BR trata de iniciativa que, sozinha, abrangeria o atendimento de boa parte dos objetivos previstos no artigo 4º da Portaria MINFRA n. 512/21: "redução do número e grau de severidade de acidentes" (inciso I); "solucionar pontos críticos de travessia urbana, existentes ou potenciais" (inciso II); "melhorar a segurança de trechos de rodovias em aclive ou declive" (inciso IV); e "ampliar ações que promovam o conforto e segurança dos usuários e motorista das rodovias" (inciso VI), observando "parâmetros internacionais e a necessidade de redução dos índices de acidentes" (§3º).

Consiste na adoção da metodologia internacional de avaliação da segurança viária iRAP.

Vale iniciar o relato já com o reconhecimento do protagonismo do DNIT, na gestão pública das rodovias federais, no lançamento do BrazilRAP[99] para a adoção dessa metodologia internacional

98 Até mesmo políticas públicas relacionadas a áreas que aparentemente não teriam relação com a rodovia podem se beneficiar dos dados gerados pelas Rodovias Inteligentes. A exemplo, dados das concessões paulistas subsidiaram a tomada de decisões no âmbito do Centro de Contingência do Estado de São Paulo para monitorar e coordenar ações contra a propagação do novo coronavírus.

99 IRAP. *DNIT e IRAP lançam o programa BrazilRAP para tratar da segurança viária no Brasil*. 04 nov. de 2019. Disponível em: https://irap.org/pt/2019/11/dnit-e-irap-lancam-o-programa-brazilrap-para-tratar-da-seguranca-viaria-no-brasil/. Acessado em: 11.05.2022.

reconhecidamente eficiente na redução de mortes e acidentes graves nas rodovias. Concomitantemente, aproximava-se a data de leilão da primeira concessão brasileira a incluir a metodologia no seu rol de obrigações: Lote PiPa, em São Paulo (atual Eixo SP Concessionária de Rodovias S.A).[100]

O iRAP é capaz de viabilizar os mencionados conceitos de *Visão Zero*[101] e *Rodovias que Perdoam*,[102] presentes como eixo e diretriz de ação ao longo de todo o Decreto Federal n. 10.648/2021.

O *International Road Assessment Programme* (iRAP)[103] é uma instituição sem fins lucrativos britânica criada em 2006 e financiada pela *FIA Foundation*[104] e pelo Fundo *Global Road Safety Facility* do Banco Mundial,[105] dedicada a salvar vidas ao eliminar estradas de alto risco em todo o mundo. Como muitas

---

100 Registre-se, ainda, que, em 2010, um projeto financiado pelo Banco Mundial para o Departamento de Estradas de Rodagens de São Paulo – DER/SP capacitou equipes locais no uso da tecnologia e *softwares* iRAP.

101 Visão Zero, primeiramente implantado na Suécia, na década de 1990, é um programa com objetivo de eliminar fatalidades e graves acidentes no trânsito, propiciando a mobilidade de forma segura, reconhecendo que as mortes no trânsito podem ser prevenidas ao entender as falhas humanas e tratá-las. Disponível em: https://visionzeronetwork.org/about/what-is-vision-zero.

102 O conceito de "Rodovias que Perdoam" (*Forgiving Highways*), na mesma linha da Visão Zero, traz a ideia de que erros humanos devem ser "perdoados" nos acidentes de tráfego, mas que a infraestrutura deve ser concebida para restringir acidentes a erros humanos e que estes sejam menos graves e fatais. Para informações em português do conceito criado na década de 1960, ver: https://www.onsv.org.br/rodovias-que-perdoam.

103 Disponível em: https://irap.org. A instituição trabalha em parceria com governos, autoridades rodoviárias, clubes de mobilidade, bancos de desenvolvimento, ONGs e organizações de pesquisa. Os Programas de Avaliação de Estradas (RAP) estão ativos em mais de 100 países em toda a Europa, Ásia-Pacífico, África, América do Norte, Central e do Sul, inclusive no Brasil.

104 ABOUT US. *Foundation for Automobile and Society*. Disponível em: https://www.fiafoundation.org/about-us. Acessado em: 11.05.2022.

105 ABOUT US. *Global Road Safety Facility*. Disponível em: https://www.roadsafetyfacility.org/about-us. Acessado em: 11.05.2022.

instituições que salvam vidas de trabalhadores na área de saúde pública, o iRAP também utiliza uma abordagem robusta e baseada em evidências para evitar acidentes e mortes.[106]

Para tanto, o funcionamento da metodologia de avaliação da segurança viária iRAP consiste na classificação por estrelas dos segmentos viários (com notas de 1 a 5), de acordo com a aplicação de critérios de segurança estabelecidos no método. Segundo o iRAP,[107] as classificações por estrelas são baseadas em dados de inspeção rodoviária e fornecem uma medida simples e objetiva do nível de segurança que está "embutido" na rodovia para quatro classes de usuários: ocupantes de veículos motorizados, motociclistas, ciclistas e pedestres.

Assim, de acordo com a aplicação dessa metodologia, as estradas *cinco estrelas* seriam as mais seguras, enquanto as estradas de uma estrela seriam as que oferecem menos segurança ao usuário. Ainda, segundo os autores da metodologia, em termos gerais, cada classificação por estrela extra resultaria em uma redução pela metade do custo do acidente em termos do número de pessoas mortas e gravemente feridas. Os autores igualmente ressaltam que as avaliações com estrelas podem ser realizadas em rodovias de todo o mundo, em áreas urbanas e rurais e sem referência a dados detalhados de acidentes, que muitas vezes não estão disponíveis em países de baixa e média renda, ou são escassos em países de alto desempenho e alta renda que buscam aderir ao programa Visão Zero. A seguir, foi compartilhado um quadro-resumo exemplificativo desse sistema de avaliação:

---

106 iRAP International Road Assessment Programme. *What is Star Rating?* Disponível em: https://irap.org/3-star-or-better/?et_open_tab=et_pb_tab_0#mytabs|0. Acessado em: 23.06.2022.

107 iRAP International Road Assessment Programme. *What is Star Rating?* Disponível em: https://irap.org/3-star-or-better/?et_open_tab=et_pb_tab_0#mytabs|0. Acessado em: 23.06.2022.

Quadro-resumo: Classificação por estrelas de rodovias – o que faz uma rodovia segura?

Star Rating (Classificação por Estrelas)				
★	Rodovias desprovidas de passeios e de travessias seguras, velocidade da via de 60 km/h.	Rodovias desprovidas de ciclovias e de travessias seguras, superfície de rolamento de baixa qualidade, velocidade da via de 70 km/h.	Rodovias desprovidas de faixas de motocicletas, via sem segregação física, árvores próximas à via, alinhamento sinuoso, velocidade da via de 90 km/h.	Pistas sem segregação física, com linha central estreita, árvores próximas à via, alinhamento sinuoso, velocidade da via de 100 km/h.
★★★	Presença de passeio, refúgio de pedestres, via iluminada, velocidade da via de 50 km/h.	Faixa de bicicleta; superfície de rolamento de boa qualidade, via iluminada, velocidade da via de 60 km/h.	Faixa de motocicletas; via sem segregação física, superfície de rolamento de boa qualidade, espaçamento maior de 5 metros para qualquer obstáculo lateral, velocidade da via de 90 km/h.	Linha central estreita separando fluxos opostos, espaçamento maior de 5 metros para qualquer obstáculo lateral, velocidade da via de 100 km/h.
★★★★★	Presença de passeio, cruzamento de pedestre sinalizado com refúgio, via iluminada, velocidade da via de 40 km/h.	Ciclovia dedicada (com segregação física); cruzamento com plataforma elevada em relação à via principal, via iluminada.	Faixa de motocicletas dedicada separada; segregação central, sem obstáculos laterais, alinhamento retilíneo, velocidade da via de 80 km/h.	Barreira de segurança separadora para fluxos opostos e dispositivos de proteção laterais, alinhamento retilíneo, velocidade da via de 100 km/h.

Fonte: *Global Status Report on road Safety*, 2018 (adaptado pelos autores).

Em suma, a metodologia é composta pela inspeção das vias, classificação por estrelas, mapeamento de riscos e planos de investimento que resultem em estradas mais seguras. Também é parte do objetivo do programa o fornecimento de treinamento, tecnologia e suporte que irão construir e manter a capacidade nacional, regional e local em segurança viária, bem como manter um monitoramento do desempenho da segurança no trânsito para que as agências de financiamento possam avaliar os benefícios de seus investimentos.

No contexto das experiências internacionais, trazidas para o cenário das concessões estruturadas no âmbito estadual e federal com consultoria do IFC, o primeiro contrato de concessão de rodovias no Brasil a contar com a aplicação da metodologia iRAP foi, como dito, o lote Piracicaba-Panorama (Eixo SP Concessionária de Rodovias S.A.), em São Paulo, embora o DNIT e o DER/SP já contassem com programas do Banco Mundial e do próprio iRAP na avaliação de rodovias,[108] de modo mais pontual, desde 2010.

A metodologia aplicada no âmbito dos estudos para a modelagem do lote Piracicaba-Panorama consistiu na classificação do nível de segurança da via, a chamada classificação por estrelas, das rodovias em estudo, com base nos levantamentos de campo realizados, em especial o levantamento de vídeo-registro georreferenciado. Considerou, ainda, a classificação por estrelas da rodovia após a implementação de todas as ampliações e melhorias previstas no Plano de Investimentos dos estudos de viabilidade técnica.

Assim, os investimentos obrigatórios previstos no edital de licitação já consideraram contramedidas propostas pela metodologia iRAP para atingimento de padrão mínimo de três estrelas para as quatro classes de usuários nas vias Classe I-A[109] da malha concedida, identificando, portanto, necessidade de implantação de ciclovias e calçamentos, por exemplo.

No entanto, não foi possível viabilizar no plano original de investimentos previsto em edital que todos os trechos da malha concedida alcançassem um padrão mínimo de três estrelas para as quatro classes

---

108 iRAP. *DNIT and iRAP Launch BrazilRAP Programme to Address Road Safety*. Brasília, 05 de nov. 2019 Disponível em: https://irap.org/2019/11/dnit-and-irap-launch-brazilrap-programme-to-address-road-safety/. Acessado em: 24.05.2022.

109 Classificação de rodovias conforme norma do DNIT, sendo que a Classe I-A corresponde às rodovias com controle parcial de acessos, interseções em desnível e seção em pista dupla com segregação física entre sentidos de fluxos opostos.

de usuários previstos pela metodologia. Para compensar, entre as obrigações relacionadas aos levantamentos e programas de segurança viária previstos em edital, foi inserida a obrigatoriedade de utilização da metodologia iRAP a cada 4 anos[110] e classificação das vias para uma melhor análise das contramedidas que serão apresentadas pela concessionária para possibilitar uma redução de acidentes e mortes.

A previsão de tal utilização periódica é importante, uma vez que os planos elaborados com o uso do iRAP são baseados em uma análise de custo-benefício de diversas medidas, comparando-se os custos para implementar as diferentes ações e benefícios, permitindo a salvaguarda dos usuários – com a segurança viária –, ao mesmo tempo em que possibilita a priorização dos investimentos nos locais que mais necessitam – oportunidade em que acarreta ganhos de eficiência econômica.

Dessa maneira, a adoção da metodologia iRAP permite o estabelecimento de uma métrica capaz de identificar segmentos, locais ou regiões sensíveis sob o aspecto da segurança viária e auxiliar o tomador de decisão na escolha dos problemas a serem enfrentados com prioridade, distribuindo recursos de maneira eficiente.[111] E não é só, as vantagens da adoção de uma metodologia reconhecida internacionalmente também foram reconhecidas pela União quando da instituição do Inov@BR.

---

110 Periodicidade da Revisão Ordinária prevista em Contrato.

111 Ressalve-se, no entanto, que a classificação por estrela muda conforme o volume de tráfego, devendo ser constantemente avaliada. Além disso, as medidas propostas não são regionalizadas e sugerem alternativas que precisam ser avaliadas no contexto em que a via está inserida. A maioria das medidas prevê a instalação de dispositivos de segurança e não propõe alterações estruturais nas rodovias (geométricas, por exemplo). Há, portanto, um limite para a adoção de dispositivos de proteção quando o problema é, na verdade, estrutural e poderia ser identificado em uma auditoria multidisciplinar de segurança. Por esta razão, é necessário o sopesamento entre as medidas propostas pela metodologia e compatibilização às normas de segurança viárias vigentes para uma melhor seleção da solução adequada.

Por fim, o edital que inseriu a previsão do uso da iRAP também buscou estimular investimentos pela concessionária não previstos em contrato e que resultassem na elevação dos padrões de segurança segundo a própria metodologia. No anexo que trata de indicadores de desempenho,[112] os quais têm efeitos tarifários em caso de descumprimento, foi previsto também um sistema de bonificação que poderá mitigar estes efeitos negativos financeiros caso a concessionária implemente medidas além das melhorias já originalmente previstas no plano de investimentos que elevem a classificação por estrelas dos segmentos ou da via para as quatro classes de usuários. Tal métrica de *reforço positivo*, inédito em editais de concessão do setor, pode ser claramente justificada pelo norte principiológico de adequação e segurança do serviço prestado.

Considerações finais

As tecnologias se encontram em ritmo frenético de desenvolvimento e atualização, sendo necessário que a gestão pública e os contratos de concessões busquem acompanhar esta transformação tecnológica, com cláusulas – nos casos das rodovias sob concessão, que permitam e estimulem a atualização e a competitividade tecnológica para todo o período contratual.

Este artigo pretendeu apresentar a evolução de soluções operacionais rodoviárias, focando nos Sistemas de Comunicação com o Usuário, Sistemas de gerenciamento eletrônico da concessão e Metodologia de Avaliação da Segurança Viária iRAP, os quais possuem como objetivo comum o de garantir a prestação de serviço adequado, seguro e eficiente aos usuários de rodovias e poderão inspirar, portanto, iniciativas a serem implementadas no âmbito do Programa Inov@BR.

Ainda que a regulação contratual tenha meios de manter a atualidade da prestação do serviço de modo aparentemente mais

---

112 Anexo 3 ao Contrato de Concessão n. 0409/ARTESP/2020.

efetivo caso as obrigações previstas em contrato sejam estritamente *de resultado*, viabilizando, também, a redução de custos de fiscalização, isso não significa dizer que a gestão pública dos serviços rodoviários não possa contribuir significativamente para a modernização da regulação. Pelo contrário, foram apresentados exemplos das evoluções ocorridas nas rodovias paulistas, desde a década de 1970, bem como o protagonismo de DER/SP e DNIT na adoção do iRAP, desmistificando a ideia de ineficiência ou incompetência da gestão pública.

Trata-se basicamente de alocação ideal de recursos públicos, transferindo a gestão de trechos viáveis economicamente à iniciativa privada e buscando bem gerir o restante da malha. Mas, em ambos os casos, perseguindo os três eixos apresentados pelo Inov@BR: *segurança viária*, *fluidez* e *tecnologia*.

Os aprimoramentos trazidos nos últimos anos em novos contratos de concessão de rodovias, especialmente no âmbito do programa estadual paulista, mas também no âmbito de outras iniciativas e programas estaduais e federais, puderam elevar o patamar de qualidade em segurança e operação rodoviária a níveis comparáveis com países de tradição em qualidade e segurança em suas rodovias, como Estados Unidos da América e países europeus.

As iniciativas como as apresentadas neste artigo propiciam a coleta e gestão de dados, de forma a não apenas aprimorar a gestão e fiscalização dos serviços rodoviários, como também viabilizar o adequando monitoramento e avaliação dos seus resultados.[113] Todos os benefícios a médio e longo prazo poderão ser mensurados e demonstrados com detalhes em números e estatísticas, para ratificar a efetividade das medidas ou mesmo para propor novas ações, com a melhoria contínua na prestação dos serviços públicos. Para além disso, as informações coletadas poderão servir em

---

113 Em linha com o artigo 8º, do Decreto n. 10.648/21 e capítulos V, da Portaria MINFRA n. 512/21.

grande escala para o aprimoramento e desenvolvimento de pelo menos três aspectos de grande relevância na opinião dos autores, relacionados à Administração Pública: (i) planejamento viário, urbano e econômico; (ii) transparência pública; e (iii) apoio à pesquisa, ciência e desenvolvimento tecnológico voltado à área.

Tudo isso sem contar a viabilização de compartilhamento de dados e informações entre as Agências Reguladoras e outros entes públicos, além da academia, no intuito de fomentar a tomada de decisão estruturada e o desenvolvimento tecnológico do setor em amplos aspectos, especialmente no que tange à segurança viária, bem-estar dos usuários, economia ao erário e eficiência dos serviços públicos. Além, é claro, do fornecimento das informações relevantes aos usuários, possibilitando um planejamento adequado, seguro e econômico de suas viagens.

Referências bibliográficas

ABOUT US. *Foundation for Automobile and Society*. Disponível em: https://www.fiafoundation.org/about-us. Acessado em: 11.05.2022.

______. *Global Road Safety Facility*. Disponível em: https://www.roadsafetyfacility.org/about-us. Acessado em: 11.05.2022.

ARTESP. *Contrato de Concessão n. 0409/ARTESP/2020* [Concessão do Lote Piracicaba-Panorama]. São Paulo, 2021. Disponível em: http://www.artesp.sp.gov.br/Style%20Library/extranet/transparencia/contratos-de-concessao.aspx. Acessado em: 11.05.2022.

BRASIL. *Decreto Federal n. 10.648*, de 12 de março de 2021. Diário Oficial da União, seção 1, Brasília, ano 2021, 15 mar. 2021. Disponível em: http://www.planalto.gov.br/ccivil_03/_Ato2019-2022/2021/Decreto/D10648.htm. Acessado: 11.05.2022.

______. *Decreto n. 10.648*, de 12 de março de 2021. Disponível em: https://www.in.gov.br/en/web/dou/-/decreto-n-10.648-de-12-de-marco-de-2021-308344457#:~:text=Institui%20a%20Pol%C3%ADtica%20de%20Moderniza%C3%A7%C3%A3o,Investimentos%20da%20Presid%C3%AAncia%20da%20Rep%C3%BAblica. Acessado em: 23.05.2022

______. *Lei Federal n. 10.233*, de 5 de junho de 2001. Diário Oficial da União, Brasília, ano 2001, 06 jun. 2001. Disponível em: http://www.planalto.gov.br/ccivil_03/leis/leis_2001/l10233.htm. Acessado em: 11.05.2022.

______. *Lei Federal n. 8.987*, de 13 de fevereiro de 1995. Diário Oficial da União, Brasília, ano 1995, 14 fev. 1995. Disponível em: http://www.planalto.gov.br/ccivil_03/leis/l8987cons.htm. Acessado em: 11.05.2022.

______. Ministério da Infraestrutura. *Plano Nacional de Logística – PNL 2035*. Disponível em: https://www.gov.br/participamaisbrasil/plano-nacional-de-logistica-pnl-2035. Acessado em: 11.05.2022.

______. *Portaria n. 512*, de 29 de abril de 2021. Diário Oficial da União, seção 1, edição 80, Brasília, ano 2021, 30 abr. 2001. Disponível em: https://www.in.gov.br/en/web/dou/-/portaria-n-512-de-29-de-abril-de-2021-317075831. Acessado em: 11.05.2022.

DANTAS JUNIOR, Carlos Alberto. "Moderna tecnologia eletrônica aplicada a segurança rodoviária". *I Congresso Brasileiro do Macroestudo de Segurança de Trânsito* (anais), mar. 1979.

ESTADO DE SÃO PAULO. *Lei Complementar Estadual n. 914*, de 14 de janeiro de 2002. Diário Oficial do Estado de São Paulo, Caderno Executivo, São Paulo, ano 2002, 15 jan. 2002. Disponível em: https://www.al.sp.gov.br/norma/935. Acessado em: 11.05.2022.

iRAP. *DNIT and iRAP Launch BrazilRAP Programme to Address Road Safety*. Brasília, 05 de nov. 2019 Disponível em: https://irap.org/2019/11/dnit-and-irap-launch-brazilrap-programme-to-address-road-safety/. Acessado em: 24.05.2022.

______. *DNIT e iRAP lançam o programa BrazilRAP para tratar da segurança viária no Brasil*. 04 nov. de 2019. Disponível em: https://irap.org/pt/2019/11/dnit-e-irap-lancam-o-programa-brazilrap-para-tratar-da-seguranca-viaria-no-brasil/. Acessado em: 11.05.2022.

______. International Road Assessment Programme. *What is Star Rating?* Disponível em: https://irap.org/3-star-or-better/?et_open_tab=et_pb_tab_0#mytabs|0. Acessado em: 23.06.2022.

______. *Um mundo sem estradas de alto risco*. Disponível em: https://iRAP.org/pt/. Acessado em: 11.05.2022.

ISWIM. *O que é WIM*. Disponível em: http://www.is-wim.org/index.php?nm=2&nsm=1&lg=pt. Acessado em: 11.05.2022.

NETO, Elias; RENTES, Ana Carolina; ROMÃO, Victor; SPRICIGO, Vinícius. *Rodovias inteligentes*: contextualização, simulação e adequação do projeto geométrico. São Paulo: Escola Politécnica da Universidade de São Paulo, 2016 (Projeto de Conclusão de curso de Engenharia Civil).

ONSV. *Fase 3 do estudo "rodovias que perdoam – Brasil" é entregue ao MINFRA*. 2021. Disponível em: https://www.onsv.org.br/rodovias-que-perdoam. Acessado em: 11.05.2022.

VISION ZERO NETWORK. *What is vision zero?* Disponível em: https://visionzeronetwork.org/about/what-is-vision-zero/. Acessado em: 11.05.2022.

CAPÍTULO VI

O MARCO REGULATÓRIO DO SETOR DE RODOVIAS NO DIREITO BRASILEIRO

Carlos Sanseverino
Flavia Witkowski Frangetto

Introdução

O trânsito terrestre nas rodovias subentende a utilização de veículos tendo por condutor o "elemento humano".[114]

O histórico da ordenação no eixo de rodovias do Brasil deu-se de maneira diversa em relação a outros países do continente do Mercosul e de exemplos de países do hemisfério norte, particularmente do mundo ocidental.

---

114 "Elemento humano", na expressão utilizada por José Cretella Júnior em: CRETELLA JÚNIOR, José. *Manual de Direito Administrativo*. Rio de Janeiro: Forense, 1979, p. 272.

Como país de envergadura continental no continente sul-americano, as rodovias do Brasil foram se desenhando como corredores de cidade a cidade, surgidas na medida em que se desbravou o território da costa litorânea adentro. Os tropeiros realizando seus "pousos de tropa" propiciaram a formação de ambientes semiurbanos, sobretudo à beira d'água em locais de descanso.

Diferentemente, graças à planificação e ao denominado planejamento, na Europa, nos Estados Unidos, Canadá e mesmo em parte da região Asiática, é comum haver estradas percorrendo as áreas lindeiras dos núcleos urbanos. No caso de cidades que surgiram à beira da estrada, o tempo de existência e o investimento na conservação associada à infraestrutura possibilitaram a harmonização programada das qualidades naturais com o meio rodoviário (interseccionando racionalmente polos próximos e distantes – como se fossem as ramificações das bacias hidrográficas). Até porque as ferrovias já haviam experimentado a transversalidade com os núcleos urbanos. Em tempo, quando da estruturação intencional de malha rodoviária, nos países tidos como desenvolvidos, puderam ser evitados impactos ao entorno. Ainda assim, há uma população vulnerável que "fica esquecida" como vizinhança das rodovias.

A aptidão dos biomas brasileiros torna-os, ainda no presente, os recepcionadores de estradas em circunstâncias de demandas múltiplas e contraditórias. Por exemplo, abrir rodovia em meio à Amazônia sob a alegação de facilitar a circulação, o trânsito de pessoas que vivem sob a floresta.

Com exceção das estradas de algumas vilas históricas, em especial europeias, nos países do Norte, já de algum tempo, é marcante o ambiente artificial recepcionar, por sua vez, investimentos que tornem o percurso mais natural. Na Holanda, por exemplo, barreiras acústicas são feitas de densa vegetação arbórea para funcionar como isolamento acústico a fim de ser reduzido o risco de impacto sonoro para além da rodovia. Na Suíça, estradas rodeiam montanhas para que, então, se encontrem às suas cidadezinhas.

No Brasil, chegam-se estradas contíguas a tribos indígenas, circunstância capaz de trazer riscos à saúde desses povos tradicionais que ficam restritos a habitar como se morassem em valas das rodovias. Outras formas de expressão do setor consistem na servidão administrativa demandada pelos proprietários na medida em que a prática da agropecuária lhes exige circulação de trabalhadores e veículos para canalizar a produção em busca de mercados. A malha rodoviária foi construída à medida que demandas pontuais pressionavam a percorrer o país. As mudanças dos padrões de uso do solo ocorreram desde a conjuntura de demanda por tráfego de "carros de boi", até à necessidade de compatibilizar o meio aos veículos maiores, como os tratores e os caminhões. Mesmo assim, a depender da região, quando beneficiada pela instalação prévia do sistema ferroviário, rodovias se avizinham, com características de mais bem estruturadas do que aquelas despontadas desordenadamente. Foi o caso da Serra do Mar, em que o trajeto da ferrovia serviu de base para a construção de um projeto arquitetônico então inovador de estrada incrivelmente compatível com a mata atlântica daquele território.

1 A disciplina jurídica dos padrões de uso do espaço das rodovias

A consolidação das rodovias como principal sistema de transporte no país ocorreu a partir da década de 50, com o projeto desenvolvimentista do então presidente Juscelino Kubitscheck, voltado a interligar mediante obras viárias de larga extensão no território brasileiro. Governos se sucederam, regimes e marcos legais sofreram alterações.

O Direito brasileiro em vigor está marcado pelo advento da Constituição da República Federativa do Brasil, de 1988, que atribuiu a competência material em matéria de meios a serviço público da circulação de pessoas em modais diversificados.

Conforme o Título III (da organização do Estado), Capítulo II (da União):

> Art. 21. Compete à União:
>
> (...) XII - explorar, diretamente ou mediante autorização, concessão ou permissão:
>
> (...) c) a navegação aérea, aeroespacial e a infraestrutura aeroportuária;
>
> d) os serviços de transporte ferroviário e aquaviário entre portos brasileiros e fronteiras nacionais, ou que transponham os limites de Estado ou Território;
>
> e) os serviços de transporte rodoviário interestadual e internacional de passageiros;
>
> (...) Art. 22. Compete privativamente à União legislar sobre:
>
> (...) XXII - competência da polícia federal e das polícias rodoviária e ferroviária federais;[115]

Nessa linha, a Constituição da República Federativa do Brasil de 1988 estabeleceu atribuições estatais a favor do controle das rodovias por meio do poder de polícia.

Nos termos do Título V (da defesa do Estado e das instituições democráticas, seção III (disposições gerais), Capítulo III (da segurança pública):

> Art. 144. A segurança pública, dever do Estado, direito e responsabilidade de todos, é exercida para a preservação da ordem pública e da incolumidade das pessoas e do patrimônio, através dos seguintes órgãos: I - polícia federal; II - polícia rodoviária federal;
>
> (...) § 2º A polícia rodoviária federal, órgão permanente, organizado e mantido pela União e estruturado em carreira, destina-se, na forma da lei, ao patrulhamento ostensivo das

115 BRASIL. *Constituição da República Federativa do Brasil de 1988*. Disponível em: http://www.planalto.gov.br/ccivil_03/constituicao/constituicao.htm. Acessado em: 24.05.2022.

> rodovias federais. (Redação dada pela Emenda Constitucional n. 19, de 1998).[116]

A partir do momento em que o Brasil optou pela força estatal fundamentada nesse marco legal de prestação de serviço, quanto mais por meio de concessões, foi-se delineando a preferência "brasileira" por crescimento da malha rodoviária na América Latina. Não necessariamente dos brasileiros, pelo menos das gerações mais novas, demandantes de inovação, novas tecnologias, acessos e ambientes capazes de proporcionar vida com qualidade e bem-estar.[117]

Dessa diferença entre a "tradicional" funcionalidade das estradas e os valores atuais, tem ocorrido uma série de desentendimentos quanto a que se deve prestar uma rodovia na contemporaneidade, em resposta às demandas das sociedades e economias.

---

116 BRASIL. *Constituição da República Federativa do Brasil de 1988*. Disponível em: http://www.planalto.gov.br/ccivil_03/constituicao/constituicao.htm. Acessado em: 24.05.2022.

117 Vale contextualizar o aumento do perfil dos jovens brasileiros que, assim como nos demais países da região da América Latina e Caribe, se enquadram dentro da classificação de *Millennials*, supostamente interessados em mudanças nas formas de vida nos territórios regulados. A respeito, ver: NOVELLA, Rafael; REPETTO, Andrea; ROBINO, Carolina; RUCCI, Graciana. *Millennials en América Latina y el Caribe*: ¿trabajar o estudiar? Chile: Espacio Publico, 2018. As preferências das gerações mais novas estão mudando. Na questão aplicada às rodovias, é interessante notar: SILVA, Karolline Vicente da. "Emissão de CNH em queda entre Jovens: Quais os motivos por trás desse com-portamento?" *Autoinforme*, 21 dez. 2020. Disponível em: https://www.autoinforme.com.br/emissao-de-cnh-em-queda-entre-jovens-quais-os-motivos-por-tras-desse-comportamento. Acessado em: 13.05.2022. Para comparação da quantidade de condutores habilitados no Brasil (por região, unidade federativa, sexo e faixa etária por categoria), ver: GOVERNO FEDERAL. Ministério da Infraestrutura. *Quantidade de Condutores Habilitados* (Departamento Nacional de Trânsito – Denatran). Disponível em: https://www.gov.br/infraestrutura/pt-br/assuntos/transito/conteudo-denatran/estatisticas-quantidade-de-habilitados-denatran. Acessado em: 13.05.2022.

2 Avaliação de impacto Legislativo e demanda por avanço na legislação sobre o setor de rodovias no Direito brasileiro

Rodovia subentende infraestrutura, podendo envolver uma série de instalações, equipamentos e serviços associados ao transitar de modais veiculares (individuais ou coletivos, de passageiros ou carga, públicos ou particulares). Esses facilitadores à condição de circulação produzem atratividade comercial nos cursos das estradas.

Com isso, no mundo dos fatos, ocorrem sucessivas novas ocupações ao longo das rodovias. Sejam para instalação de área de segurança no trânsito, pedágios, fiscalização, plantas industriais e mesmo para atendimento ao público: postos de combustíveis, varejistas em geral, shoppings, mercados, bares, hotéis, entre outros.

A realidade, porém, é que muitos desses espaços que disponibilizam acolhimento daqueles que viajam pelas rodovias estão em áreas incertas quanto à titularidade e liberdade de uso, ou seja, apresentam reflexos jurídicos importantes de serem considerados no curto, médio e longo prazos.

Nesse contexto, valem considerações sobre as formas de ocupação associadas às rodovias.

Dada a necessidade de proporcionar segurança ao trânsito de veículos nas rodovias, suas margens são demarcadas como faixas de domínio, no sentido de pertencerem ao domínio do administrador do bem público, o Poder Público.

Essas terras confundem-se com áreas pendentes de indenização de particular submetido a processo de desapropriação.[118] A realidade do espaço se transforma e, enquanto os casos judiciais

118 José Cretella Júnior elucida: "A desapropriação constitui a mais profunda penetração do *poder de polícia*, no campo do direito privado. É o instrumento jurídico mediante o qual o Estado se apodera do bem privado". (CRETELLA

ficam à mercê de decisão ou execução, surgem demandas pressionando soluções em outras esferas de Poder.

Verificou-se de forma paradigmática essa tensão entre público e privado e áreas de domínio, no curso da tramitação de Projeto de Lei do Senado, PLS n. 521/2018. Sob a Ementa:

> Altera a Lei n. 9.605, de 12 de fevereiro de 1998, para determinar que não se aplicam às obras e aos serviços executados nas faixas de domínio das rodovias e ferrovias federais e nos portos federais já implantados as sanções da Lei de Crimes Ambientais.[119]

O projeto dá a impressão de procurar retirar a responsabilização penal de ato ilícito que venha a causar ofensa ao meio ambiente no caso das ocupações em faixa de domínio.

No Senado Federal, esse projeto está sobrestado, aguardando audiência pública de instrução requerida na Comissão de Serviços de Infraestrutura daquela Casa Legislativa. O Requerimento (REQ/SF) n. 81/2019-C[120] avoca os seguintes convidados: 1. Representante da WRI-Brasil; 2. Representante do Departamento Nacional de Infraestrutura e Transportes – DNIT; 3. Representante do Departamento de Estradas de Rodagem.

Salvo melhor juízo, a aprovação do Projeto de Lei do Senado (PLS) em comento implicaria conceder facilitação de regularização

---

JÚNIOR, José. *Manual de Direito Administrativo*. Rio de Janeiro: Forense, 1979, p. 266).

119 BRASIL. *Projeto de Lei do Senado n. 521*, de 2018. Disponível em: https://www25.senado.leg.br/web/atividade/materias/-/materia/134869. Acessado em: 24.05.2022.

120 Diponível em: https://legis.senado.leg.br/sdleggetter/documento?dm=8050321&ts=1594018459569&disposition=inline. Acessado em: 02/06/2021.

(na expressão ordinária, “anistia”) a eventuais obras[121] e serviços realizados nessas áreas em que paira a dúvida acerca da titularidade.

Sob o ponto de vista da estrita logística, essa não seria a melhor solução, pois representaria corrigir por meio de uma lei nova, problemas que já apresentam suporte para deslinde no próprio ordenamento jurídico em vigor. Isso vale tanto para a disciplina acerca do direito à indenização de áreas desapropriadas, quanto para o regime preestabelecido de tipificação das condutas ambientais.

Ao abrirem exceções para a sujeição às sanções e penalidades previstas na Lei de Crimes Ambientais, há o risco de consequências negativas para o sistema rodoviário. São exemplos: inundação em função de construções “regularizadas” em faixa de domínio passarem a dificultar o escoamento de água em comparação ao volume de captação das áreas não pavimentadas, acidentes[122] por colisão, acidentes decorrentes da passagem de animais na pista por ausência de controle de corredores ecológicos, diminuição de recuos necessários a título de acostamento, entre outros.

A pressão pela alteração por meio legislativo, como se vê no exemplo do Projeto de Lei do Senado (PLS) comentado, nem sempre representa a melhor forma de tornar uma norma coerente para a realidade. A subsunção – explica-se, atribuição de certo fato a determinada norma – em comento bastaria, na medida em que seriam imputadas as responsabilidades por uso das faixas de domínio para fins estranhos ao motivo delas existirem. Eventuais faixas de domínio demarcadas em áreas sem conclusão do direito do

---

121 Ainda assim, observa-se que obras de recuperação de rodovias são importantes porque melhoram a competitividade da produção nacional, com escoamento mais eficiente das cargas, recuperação de pistas de rolamento, acostamento obras de arte especiais e sistema de drenagem e dispositivos de segurança e sinalização.

122 Para saber, CNT. *Painel CNT de Acidentes Rodoviários*. Disponível em: https://cnt.org.br/painel-acidente. Acessado em: 13.05.2022.

particular desapropriado tivessem esse passivo resolvido mediante justa indenização. Nesse sentido, pode-se afirmar haver marco legal para esses deslindes, aplicando-se a lei, missão do Poder Judiciário.

Há um contínuo movimento para edição de novas normas e de fontes de recursos com impacto nas rodovias como meio principal para a mobilidade do qual decorrem atividades acessórias. Tudo para que possa haver similar busca por resultados voltados à evolução da malha rodoviária (e de outras modalidades de via terrestre, incluindo a dutoviária, como também da aquaviária/hidroviária e aérea). Vale destacar a importância de serem conectados os diversos modais, oferecendo ao administrado a possibilidade de circular nos espaços em trajetos cuja transversalidade energética e econômica denote opções contínuas e progressivamente mais sustentáveis – em termos de preferências por estilos e maneiras para alcançar sadia qualidade de vida.

Nessa linha, em bloco estrangeiro, vale o diagnóstico e perspectiva trazidos pela Comissão Europeia:

> A crise também demonstrou o papel crucial que o transporte desempenha, com rotas de transporte e logísticas interrompidas em todos os modos de transporte que atingem as nossas cadeias de valor e economias. Para ajudar a criar mais empregos, haverá também um enfoque na aceleração da produção e utilização de veículos e embarcações sustentáveis, bem como de combustíveis alternativos. O *Connecting Europe Facility*, *Invest EU* e outros fundos apoiarão o financiamento da instalação de um milhão de pontos de carregamento, a renovação de frotas limpas por cidades e empresas, infraestruturas de transporte sustentáveis e possibilitarão a transição para uma mobilidade urbana limpa. O investimento público para relançar a recuperação ao setor dos transportes precisa ser acompanhado de um

> compromisso da indústria no sentido de investir em uma mobilidade mais limpa e mais sustentável. (Tradução livre).[123]

Estima-se que esforços sejam empreendidos de modo a haver incremento do marco legal. Esse empenho é fundamental ante a tendência da eletrificação, competição entre modais e a faculdade de se escolher entre transporte público ou individual, dentre as alternativas oferecidas pelo sistema público ou induções de políticas a melhores contribuições viabilizadas graças a investimentos provindos dos particulares no âmbito da autonomia da vontade.

Medidas assim têm o potencial de aportar movimentos de superação de barreiras e regulação dos novos modais, meios, tecnologias de infraestrutura e corredores ecológicos, em especial como uma resposta ao risco nas vias de transporte impactante à segurança dos usuários, da qualidade do ar, visual e da paisagem.

3 Gestão de conflitos afins às rodovias

Toda e qualquer via precisa fluir. Obstáculos podem surgir no trajeto e a estrada precisará já estar preparada para desvios e

---

123 Texto original: "The crisis has also demonstrated the crucial role that transport plays, with interrupted transport and logistic routes across all modes hitting our value chains and economies. To help create more jobs, there will also be a focus on accelerating the production and deployment of sustainable vehicles and vessels as well as alternative fuels. The Connecting Europe Facility, Invest EU and other funds will support the financing of the installation of one million charging points, clean fleet renewals by cities and companies, sustainable transport infrastructure and enable the shift to clean urban mobility. Public investment to relaunch the recovery of the transport sector should come with a commitment from industry to invest in cleaner and more sustainable mobility". (EUROPEAN COMMISION. *Communication from the commission to the european parliament, the european council, the council, the european economic and social committe and the committee of the regions*. Brussels, 27 de mai. 2020, p. 8. Disponível em: https://eur-lex.europa.eu/legal-content/EN/TXT/PDF/?uri=CELEX:52020DC0456&from=en. Acessado em: 24.05.2022).

saídas possibilitadoras de alternativas à condução segura. Isso para que permaneça como integrante do sistema viário.

Caso singular foi a tentativa governamental de reativar a Estrada do Colono, em Foz de Iguaçu. Sem manutenção da antiga estrada, a natureza tomou conta. O processo de regeneração florestal levou a que a parcela desse território retomasse a função de ambiente protegido dentro do parque em que se situa. Perdeu-se o sentido de reativá-la na medida em que voltou a se tornar ambiente natural. Restou justificada, nesse contexto, a reação negativa da sociedade, prestigiadora do meio ambiente. Por provável inércia estatal na conservação da via, ou mesmo perca de utilidade social no trajeto, os estágios de regeneração avançaram e a funcionalidade de trânsito foi substituída pela abstração dos valores cultural e natural, arraigados como nichos comportamentais das comunidades já voltadas para a sustentabilidade.

Dito isso, o setor em análise precisa estar atento às transformações sociais e naturais, ensaiado que está para antever fatos que, se ocorridos, impedirão o retorno às qualidades de uma rodovia. Por isso, uma vez estabelecidas as rodovias, convém ao poder concedente e à concessionária promover e executar sua manutenção e monitoramento, sob pena de não mais serem rodovias propriamente ditas. Como princípio orientador, simultaneamente, o Estado (Poder Público) tem a obrigação de proteger a natureza com vistas ao desenvolvimento que seja sustentável; assim como a obrigação de preservar as rodovias.

Em outras medidas, de modo semelhante, outras estradas suscitaram relações conflituosas o bastante para acarretar alguma nova destinação requerente de tratamento especial, tenha sido para lhes atribuir novas funções, para obstaculizar aquela forma de utilização do ambiente inicialmente mais artificial no formato de vias construídas pelas mãos do ser humano ou mesmo para contestar sua finalidade em atendimento a tendência por um novo outro modal. Um bom exemplo é a demanda por circuitos turísticos naturais na Estrada do Ouro e por instalação de ferrovias no interior da Amazônia.

No imenso Brasil, ainda há grande porções de rodovias necessitando de melhores condições de pavimentação.[124] De outra sorte, percebe-se uma tendência mundial por mudanças de padrões de qualidade de vida. Destaque-se inclusive um desejo por mais paisagem, mais serviços e até menos pavimentação de base asfáltica.[125] As razões para tanto são de diversas ordens. Vão desde preferências do setor privado, vendedor de projetos, tecnologias e mão de obra de manutenção, a critérios lançados pelo Poder Público na qualidade de poder concedente ou de investidores como condição dos bancos multilaterais[126] colocadas pelos países doadores aos países receptores.

Justamente, o agregado de maior oferta de co-benefícios em favor do setor rodoviário poderá fazê-lo superar barreiras previsíveis que, na ausência de atenção, serão determinantes de obstáculos à continuidade desse serviço público possibilitador de

124 "O Sistema Nacional de Viação (SNV) relaciona a extensão da malha rodoviária do país, por tipo de rodovia, conforme apresentado na Figura 1. Verifica-se que apenas 213.453 quilômetros de rodovias são pavimentados, o que corresponde a 12,4% da extensão total. Ou seja, a pesquisa realizada pela Confederação contempla mais da metade da malha pavimentada do país. Isso mostra a importância e a representatividade que essa avaliação tem para o transportador e para a sociedade de maneira geral". (CNT. *Pesquisa CNT de rodovias 2019*. Brasília: CNT: SEST SENAT, 2019. Disponível em: https://pesquisarodovias.cnt.org.br/Paginas/relatorio-gerencial. Acessado em: 13.05.2022).

125 Ver: CNT. *Transporte rodoviário*: impactos da qualidade do asfalto sobre o transporte rodoviário. Brasília: CNT, 2019. Disponível em: https://cnt.org.br/impactos-qualidade-asfalto-transporte-rodoviario. Acessado em: 13.05.2022.

126 Nota-se que a questão ambiental na recuperação de estradas ganhou forte impulso a partir de obras financiadas pelo Banco Mundial e outros organismos multilaterais de crédito, que passaram a exigir a adoção de critérios ambientais, como saldar passivos ambientais, constituídos por áreas degradadas, conflitos de tráfego entre pedestres e veículos, entre outros.

acesso a destinos por veículos mais individuais do que coletivos em vias preparadas para tal modo de circulação.

Naturezas distintas de conflitos levam a solucionamento por um conjunto de medidas de adaptação. São exemplos a regulação acerca da eletrificação, a preparação para ciclovias, o retorno ou instalação de ferrovias.

É interessante, no contexto de resolução dos interesses distintos, que a sociedade acabe por ter de pagar pela mudança de padrões de uso do solo, segundo a evolução dos modais, vulnerabilidades sociais e preferências do consumidor ou dos órgãos locais. Foi o caso de cidades como Lyon (França) em que a comunidade pagou para retirar os *Tramways* e anos depois para serem recolocados na sua versão mais moderna.

Vale refletir sobre esses cenários. Graças às lições aprendidas, foram reforçadas as formas sociais de participação nos processos decisórios. Tentativas de soluções ou melhorias nem sempre representam consenso. Torna-se fundamental operacionalizar instrumentos de política nacional mediante reiteradas tratativas capazes de consubstanciar um acerto de contas das relações sociais, no tocante a transição dos patamares de desigualdade no nosso país, assim como no que diga respeito a incrementos das formas de usufruto de direitos ambientais por meio da inovação tecnológica e do conhecimento.

Fundamental na engenharia da preservação dos ativos ambientais, as licenças ambientais são um motivo de tensões entre diferentes atores, sejam governos, setor produtivo, comunidade acadêmica, representantes das comunidades, entidades não governamentais e outros agentes demandantes de participação social. Para uns, falta eficiência e agilidade para liberação da licença, para outros é necessário ampliar a responsabilidade de empreendedores e de governos ao longo do processo. O licenciamento ambiental merece, nessa reflexão, um item à parte (7. *A contribuição do licenciamento ambiental como instrumento de política pública nacional*). No Brasil, o do Departamento Nacional de Infraestrutura e Transportes – DNIT (antigo Departamento Nacional de Estradas de Rodagem – DNER) tem se dedicado à gestão ambiental da infraestrutura rodoviária brasileira. Essa foi viabilizada por meio do serviço de Estudos Rodoviários e Ambientais. O Programa de Descentralização e Restauração de Rodovias (1996), que teve efetividade em empreendimentos rodoviários. Com a criação da Coordenação Geral de Meio Ambiente (2004), a responsabilidade pela política de gestão ambiental ficou institucionalmente estruturada. Entre as atribuições está a implantação do Programa Nacional de Regularização de Rodovias Federais Pavimentadas (PRONAF, 2004), que registra o passivo ambiental de 56 mil km de rodovias.

4 Gerenciamento das emissões de gases de efeito estufa do setor rodoviário

O monóxido de carbono acarreta poluição local, já o dióxido de carbono e o metano – esses que são gases de efeito estufa – provocam poluição global.

O projeto GEF (*Global Environment Facility*) "Mitigation Options",[127] executado pela agência United Nations Environment Programme (UNEP) em cooperação no Brasil com o então Ministério da Ciência, Tecnologia e Inovação (MCTI), fez o levantamento das tecnologias de baixo carbono aplicáveis aos setores-chave da economia, entre eles o setor de transporte. Foram identificadas as alternativas para o setor, concluindo-se como políticas para

127 GOVERNO FEDERAL. "Emissões de GEE por Setor". *MCTI/Sirene*. Disponível em: https://sirene.mctic.gov.br/portal/opencms/noticias/arquivos/2018/09/10/MCTIC_lanca_a_4_edicao_das_Estimativas_Anuais_de_Emissoes_de_Gases_de_Efeito_Estufa_no_Brasil.html. Acessado em: 13.05.2022.

reduzir emissões/consumo mediante eficiência energética, mudança modal e uso de biocombustíveis.[128]

Nesse contexto, há uma demanda por melhoria do setor de transporte rodoviário em termos de fonte energética. Os veículos de carga são mais emissores na medida em que sejam movidos a diesel; de passeio pouco menos por serem na maioria movidos a gasolina; menos ainda se gás natural, biocombustíveis. A alternativa de os veículos serem movidos a eletricidade é relativizada na medida em que auxilia na contabilidade das emissões do setor de transporte, mas sobrecarrega o consumo energético, além de preocupações com eventuais passivos – como descarte de lítio e outros metais contaminantes componentes das baterias de algumas alternativas de energia.

Segundo o Painel Intergovernamental sobre Mudança Global do Clima (IPCC), as rodovias têm se mostrado as mais emissoras de gases de efeito estufa (GEE) dentre as modalidades de vias.

Sobre a mudança global do clima, o tratado internacional de maior peso é a Convenção-Quadro das Nações Unidas sobre Mudança do Clima (CQNUMC). Essa convenção regulou os limites de emissões dos países-parte na medida em que definiu como objetivo final o alcance conjunto da estabilização dos níveis de concentração de gases de efeito estufa.

Os efeitos para o Brasil envolvem a possibilidade de adoção de métodos de creditação como créditos de carbono, além de outros, por exemplo o Pagamento por Serviços Ambientais (PSA) instituído pela Lei n. 14.119 de 13 de janeiro de 2021, quando capazes de atender à demanda por funções ambientais de legítimo interesse da sociedade. Tanto melhor que espontaneidades da agenda ambiental

---

128 Sobre biodiesel e reduções de emissões, ver: CNT. *Nota técnica*: redução do nível de biodiesel na composição do óleo diesel. Disponível em: https://cnt.org.br/pesquisas. Acessado em: 13.05.2022.

sejam reconhecidas como integrantes de portifólio das autoridades administradoras competentes.

5 A contribuição do licenciamento ambiental como instrumento de política pública nacional

Reiterando as conexões entre meio ambiente e rodovias, antes comentadas, a Avaliação de Impacto Ambiental (AIA), da qual o licenciamento ambiental faz parte, é um dos mais importantes instrumentos de gestão ambiental rodoviária. Instrumento de gestão, reúne procedimentos legais, institucionais e técnicos no sentido de avaliar os impactos ambientais do empreendimento proposto.

A malha rodoviária brasileira é crescente. Em 2008,[129] era de 1,6 milhão de km, sendo 211 mil quilômetros pavimentadas (13%). Segundo o Ministério da Infraestrutura, 94,7% são de rodovias estaduais e municipais e 5,3% de federais, sob jurisdição do Departamento Nacional de Infraestrutura e Transportes – DNIT, sendo 61 mil km pavimentadas. Ainda temos 43.138 km de rodovias estaduais e 77.331 km de municipais, segundo Relatório do Plano Nacional de Viação. Também há 45 concessionárias privadas, responsáveis por 1.967 praças de pedágio.

Em 2019, o total de rodovias cresceu para 1.720.700 km.

Rodovias	área	%
pavimentadas	213.453 km	12,4%
não pavimentadas	1.349.938 km	78,5%
estaduais transitórias, estaduais e municipais	148.083 km	69,4%

129 Confederação Nacional do Transporte. Pesquisa rodoviária 2008. Relatório gerencial Brasília: CNT, SEST SENAT, 2008.

federais duplicadas	6.932 km	10,6%
federais em duplicação	1.163 km	1,8%
federais de pista simples	57.275 km	87,6%

Fonte: adaptação de Pesquisa Confederação Nacional do Transporte (CNT) de rodovias 2019 – Brasília (atualizada de acordo com o SNV de 2018, utilizado como base para a Pesquisa de 2019. Em: CNT. *Pesquisa CNT de rodovias 2019*. Brasília: CNT: SEST SENAT, 2019. Disponível em: https://pesquisarodovias.cnt.org.br/Paginas/relatorio-gerencial. Acessado em: 13.05.2022).

Com toda essa dimensão, o fato de, no empreendimento rodoviário, a fase de construção ser considerada aquela que causa maior impacto ambiental, embora também haja outros impactos na fase de operação, sobrecarrega o empreendedor não incentivado a executar projeto que integre ações ambientais positivas e mecanismos de governança. Nessa primeira fase, os impactos ambientais decorrem da limpeza e desmatamento do terreno, instalação do canteiro de obras, terraplenagem, operação de máquinas e equipamentos, serviços de pavimentação e implantação das obras de arte especiais (pontes, viadutos, túneis, passarelas, entre outros). Há reiteradas demandas. A citar que em 2020 no campo dos empreendimentos rodoviários, procurou-se adotar, por iniciativa do Executivo Federal, um novo modelo do programa de concessão de rodovias, conhecidos como "lances híbridos", pelos quais as empresas concorrentes passariam a poder apresentar propostas com descontos sobre a tarifa teto de pedágio. Nessa lógica, o percentual máximo de deságio alcançado por mais de uma concorrente, implica a disputa ficar centrada na oferta do maior valor de outorgas. Como exemplo, a expectativa de leilões dos trechos da BR 381/262 e BR 153/414/080, o Programa de Parcerias de Investimento apoiou o licenciamento ambiental do trecho da BR 135/MG.

O licenciamento ambiental de rodovias é regido pela Portaria do Ministério do Meio Ambiente (MMA) n. 289, de 16 de julho de

2013. Para as novas rodovias, o regulamento dispõe quais procedimentos devem ser empregados pelo Instituto Brasileiro do Meio Ambiente e dos Recursos Renováveis (IBAMA). A Resolução Conselho Nacional do Meio Ambiente (CONAMA) 237/97 atribuiu ao Instituto Brasileiro do Meio Ambiente e dos Recursos Renováveis (IBAMA) a fiscalização ambiental em parceria com os demais entes da Federação. A Portaria também prevê o itinerário para regularização das rodovias existentes. De acordo com a Portaria, para obter o licenciamento de pavimentação, é necessário que o empreendedor apresente Licença de Instalação (LI), Estudo Ambiental (EA) e Projeto Básico Ambiental (PBA). No caso de duplicação ou ampliação de capacidade de rodovias, é necessária a emissão direta da Licença de Instalação (LI). Como se sabe, o Estudo de Impacto Ambiental é considerado o principal documento técnico para o licenciamento do empreendimento, uma vez que da sua análise é emitido o parecer técnico sobre a viabilidade da obra e/ou atividade. O Estudo de Impacto Ambiental (EIA) e seu respectivo Relatório de Impacto Ambiental (RIMA) são exigidos na fase de Licença Prévia (LP) do empreendimento. Já o Relatório de Impacto Ambiental (RIMA) tem como objetivo divulgar os principais aspectos ambientais analisados, apontando impactos e medidas mitigadoras e programas ambientais. As rodovias servem como importantes vias de redistribuição de tráfego de determinada região, propiciando mobilidade à população e corredor de ligação entre diferentes eixos rodoviários, expansão econômica e de crescimento do turismo, além de execução de obras de arte especiais projetadas.

O art. 7º, dessa Portaria, disciplinou todas as etapas para o licenciamento ambiental de rodovias federais. Os termos de referência antecedem os estudos ambientais. O Termo de Referência busca o Estudo de Impacto Ambiental (EIA) que inclui a identificação do empreendedor da empresa consultora e equipe do empreendimento, além da localização da implantação do empreendimento, históricos, objetivos, órgão financiado, custo, descrição da tração da rodovia, estimativa de desapropriação e cronograma físico, avaliação da viabilidade ambiental, incluindo projeto geométrico, projeto em perfil e de drenagem e obras de artes especiais. O estudo também deve delimitar geograficamente a área que será afetada pelo empreendimento, inclui meio físico – clima, geomorfologia, geologia e geotécnica, solos, espeleologia, recursos hídricos, qualidade da água, qualidade do ar e ruído; meio biótico – Unidades de Conservação, áreas de conservação da biodiversidade, corredores ecológicos, flora e fauna que ocorrem na área do empreendimento e meio socioeconômico – com características da população, condições de saúde, infraestrutura básica e serviços, vetores de crescimento econômico, potencial turístico, mobilidade urbana, desapropriação, comunidades quilombolas, terras indígenas, patrimônio histórico e cultural. Deverão ser levantados os passivos ambientais dos três meios (físico, socioeconômico e biótico) resultantes das instalações e operação do empreendimento rodoviário e apresentar as medidas de prevenção, mitigação ou compensação para superar esses passivos identificados, que podem ser entendidos como obrigação contraída pelo empreendedor em decorrência de algum tipo de degradação ambiental, causado pelo seu projeto. Adiciona-se, na instrução do processo, a apresentação de prognóstico da qualidade ambiental futura da área de influência do novo empreendimento, realizando um cotejamento entre a implantação do projeto com e sem a adoção das medidas mitigadoras e, por fim, as conclusões. A Portaria também ressalta que durante a execução do projeto devem ser adotadas medidas para a gestão adequada de resíduos sólidos, efluentes líquidos, processos erosivos, dos resíduos e emissões atmosféricas.

No sistema jurídico brasileiro, é natural que todos os empreendimentos de infraestrutura, como as rodovias, devam ser ambientalmente sustentáveis, segundo as leis brasileiras. No caso da malha viária já instalada, o Programa de Rodovias Federais Ambientalmente Sustentáveis instituído já havia percebido essa importância e possibilitou celebração de Termos de Compromisso de Regularização Ambiental. Celebrados, estes devem subsidiar o Administrador decisor, no crivo da sua conveniência e oportunidade, com elementos de segurança ambiental (adotando-se medidas para reduzir os impactos ambientais). Quando necessários, conforme sejam assinados com o Instituto Brasileiro do Meio Ambiente e dos Recursos Naturais Renováveis (IBAMA) têm o condão de corroborar para o processo de licenciamento tramitar nas condições suficientes e permitir a apresentação de resposta ao direito do interessado no seu direito de obter licença concedida.

Ante o exposto, em cada uma das reflexões trazidas acerca do marco regulatório do setor de rodovias no Direito brasileiro, estima-se que as críticas sirvam para melhores interações entre o público e o privado, usuários e prestadores de serviços, além de corroborar para a modernização da malha rodoviária, valorizando-se toda iniciativa de impacto ambientalmente positivo (sob o viés ecológico, social e econômico) no território destinado à circulação terrestre de modais seguros, menos intensos em carbono e capazes de responder à demanda por um desenvolvimento sustentável.

6 Algumas recomendações

As problemáticas associadas ao setor das rodovias sob o regime jurídico aplicável, no estágio do ordenamento em vigor, corroboram como aprendizado para proposição de melhorias e inovações potencialmente capazes de influenciar processos de crescimento sustentável. Estudos adicionais podem explicitar a transversalidade da abordagem integrada própria da busca pela sustentabilidade.

Nessa medida, de elevar a régua do patamar de qualidade ambiental, para que as presentes e futuras gerações vivam com meios, modais novos e aprimorados, os instrumentos jurídicos ofertados pelo Direito brasileiro buscam encontrar espaços para regulamentação capazes de detalhar e apurar o marco legal preestabelecido. Isso em favor de um Brasil melhor no âmbito da realidade que se constrói a partir da ordenação territorial, da planificação, planejamento e catalisação de processo mediante *fluxos integrados de informações ambientais*.[130]

Alternativas de evolução da matéria:

- Utilização da tecnologia do conhecimento para conferir maior robustez nos sistemas de participação social das comunidades na tomada de decisões referentes às rodovias, sejam novas, em manutenção ou antigas;
- Reforço da fiscalização e acompanhamento no cumprimento de Termos de Ajustamento de Conduta e similares;
- Envolvimento público e privado bem coordenados para efeito de administração eficiente no solucionamento de conflitos passíveis de serem evitados ou prevenidos por formas de solução alternativa justa e parametrizada na durabilidade que o desenvolvimento sustentável requer;
- Solucionamento das ocupações irregulares de todas as categorias e com investimento na forma de atenção e de recursos particularmente para com as populações social e climaticamente vulneráveis;

---

130 "fluxos integrados de informações ambientais" é expressão concebida em: FRANGETTO, Flavia Witkowski. *Direito à informação ambiental como estímulo ao desenvolvimento sustentável*. São Paulo: Pontifícia Universidade Católica de São Paulo, 2004 (Dissertação de Mestrado em Direito) para revelar a instauração de processos e procedimentos nascidos sob a relação de demanda-oferta de opções com caráter de sanção premial para otimização da eficácia das normas ambientais. Exemplo atual são o Pagamento por Serviços Ambientais (PSA); e na época da proposição da terminologia ora reproduzida já eram os mecanismos previstos em tratados internacionais ambientais, como o Mecanismo de Desenvolvimento Limpo (MDL) proporcionador da creditação por Reduções Certificadas de Emissões (RCE). Para mais informações sobre o MDL, ver: FRANGETTO, Flavia Witkowski; GAZANI, Flavio Rufino. *Viabilização jurídica do mecanismo de desenvolvimento limpo (MDL) no Brasil*: o protocolo de Kyoto e a cooperação internacional. Brasília: Instituto Internacional de Educação do Brasil, 2002.

- Replicação de lideranças promocionais de paz no trânsito, a exemplo da campanha pela Vida realizada no Espírito Santo;
- Adoção de pedágios por trecho de consumo proporcional;
- Canalização dos recursos de pedágios para iniciativas ambientais acordadas com a sociedade usuária e vizinha;
- Retornos das denominadas "pegadas verdes" em favor dos usuários das estradas que optem por combustíveis mais limpos, entre outras contribuições de impacto ambiental positivo;
- Respeitadas as classes de rodovias, implantação de novos parques na paralela das rodovias que possibilitem acesso por meio de estradas-parque que não impliquem supressão de vegetação adicional, porém de valorização da paisagem a partir de mapeamento ambiental;
- Aumento da publicidade acerca das condições e atrativos das estradas do país dentro do sistema de serviços, modais, segurança, instalações para hospedagem e outras relações de serviços de utilidade públicas e consumo de interesse social;
- Reflorestamento das áreas degradadas que costeiam rodovias;
- Estabelecimento de regulação para assegurar despoluição visual (*outdoor*) e melhorar as formas de sinalização;
- Adoção de medidas protetivas ao meio ambiente com a adoção de planos de *compliance* (conformidade legal) voltada para critérios de governança ambiental e social (*Environmental Social Governance* – ESG) e similares expressões reconhecidas de sustentabilidade;
- Interligação de modais sem interrupção;

- Promoção de instalações de infraestrutura e equipamentos que proporcionem o uso, paralelo e aéreo, seguro e controlado, de estradas apropriadas para uso da bicicleta, patinetes, caminhadas, maratonas, esporte e lazer em geral;
- Aumentar os trajetos, extensão e estruturas de corredores ecológicos ao longo de todo o território brasileiro recortado por estradas;
- Recuperar as hidrovias e cursos d'água ao longo e sob as rodovias, com atenção especial aos riscos de desabamento por perfurações de canalização subterrânea e aos aquíferos.

Estas são as reflexões dos autores, sem a pretensão de esgotar o tema.

Referências bibliográficas

BRASIL. *Constituição da República Federativa do Brasil de 1988*. Disponível em: http://www.planalto.gov.br/ccivil_03/constituicao/constituicao.htm. Acessado em: 24.05.2022.

______. *Lei n. 13.913*, de 25 de novembro de 2019. Disponível em: http://www.planalto.gov.br/ccivil_03/_ato2019-2022/2019/lei/L13913.htm. Acessado em: 13.05.2022.

CNT. *Nota técnica*: redução do nível de biodiesel na composição do óleo diesel. Disponível em: https://cnt.org.br/pesquisas. Acessado em: 13.05.2022.

______. *Painel CNT de Acidentes Rodoviários*. Disponível em: https://cnt.org.br/painel-acidente. Acessado em: 13.05.2022.

______. *Pesquisa CNT de rodovias 2019*. Brasília: CNT: SEST SENAT, 2019. Disponível em: https://pesquisarodovias.cnt.org.br/Paginas/relatorio-gerencial. Acessado em: 13.05.2022.

______. *Transporte rodoviário*: impactos da qualidade do asfalto sobre o transporte rodoviário. Brasília: CNT, 2019. Disponível em: https://cnt.org.br/impactos-qualidade-asfalto-transporte-rodoviario. Acessado em: 13.05.2022.

______. *Pesquisa rodoviária 2008*. Relatório gerencial. Brasília: CNT, SEST SENAT, 2008.

CRETELLA JÚNIOR, José. *Manual de Direito Administrativo*. Rio de Janeiro: Forense, 1979.

EUROPEAN COMMISION. *Communication from the commission to the european parliament, the european council, the council, the european economic and social committe and the committee of the regions*. Brussels, 27 de mai. 2020. Disponível em: https://eur-lex.europa.eu/legal-content/EN/TXT/PDF/?uri=CELEX:52020DC0456&from=en. Acessado em: 24.05.2022.

FRANGETTO, Flavia Witkowski. *Direito à informação ambiental como estímulo ao desen-volvimento sustentável*. São Paulo: Pontifícia Universidade Católica de São Paulo, 2004 (Dissertação de Mestrado em Direito).

FRANGETTO, Flavia Witkowski; GAZANI, Flavio Rufino. *Viabilização jurídica do mecanismo de desenvolvimento limpo (MDL) no Brasil*: o protocolo de Kyoto e a cooperação internacional. Brasília: Instituto Internacional de Educação do Brasil, 2002.

GOVERNO FEDERAL. "Emissões de GEE por Setor". *MCTI/Sirene*. Disponível em: https://www.gov.br/mcti/pt-br/acompanhe-o-mcti/sirene. Acessado em: 13.05.2022.

______. Ministério da Infraestrutura. *Quantidade de Condutores Habilitados* (Departamento Nacional de Trânsito – Denatran). Disponível em: https://www.gov.br/infraestrutura/pt-br/assuntos/transito/conteudo-denatran/estatisticas-quantidade-de-habilitados-denatran. Acessado em: 13.05.2022.

NOVELLA, Rafael; REPETTO, Andrea; ROBINO, Carolina; RUCCI, Graciana. *Millennials en América Latina y el Caribe*: ¿trabajar o estudiar? Chile: Espacio Publico, 2018.

SENADO FEDERAL. *Lei n. 13.913*, de 25 de novembro de 2019. Disponível em: https://legis.senado.leg.br/norma/31766466. Acessado em: 13.05.2022.

______. *Projeto de Lei da Câmara n. 26*, de 2018. Disponível em: https://www25.senado.leg.br/web/atividade/materias/-/materia/133166. Acessado em: 13.05.2022.

______. *Projeto de Lei do Senado n. 521, de 2018*. Disponível em: https://www25.senado.leg.br/web/atividade/materias/-/materia/134869. Acessado em: 24.05.2022.

______. *Projeto de Lei n. 693*, de 2019 (Substitutivo da Câmara dos Deputados). Disponível em: https://www25.senado.leg.br/web/atividade/materias/-/materia/139525. Acessado em: 13.05.2022.

______. *Projeto de Lei n. 693*, de 2019. Disponível em: https://www25.senado.leg.br/web/atividade/materias/-/materia/135223. Acessado em: 13.05.2022.

______. *REQ (CI) n. 0081/2019*. Disponível em: https://legis.senado.leg.br/sdleg-getter/documento?dm=8050321&ts=1594018459569&disposition=inline. Acessado em: 13.05.2022.

______. *REQ (CMA) n. 613/2019*. Disponível em: https://legis.senado.leg.br/sdleg-getter/documento?dm=7979085&ts=1594010633895&-disposition=inline. Acessado em: 13.05.2022.

SILVA, Karolline Vicente da. "Emissão de CNH em queda entre Jovens: Quais os motivos por trás desse com-portamento?" *Autoinforme*, 21 dez. 2020. Disponível em: https://www.autoinforme.com.br/emissao-de-cnh-em-queda-entre-jovens-quais-os-motivos-por-tras-desse-comportamento. Acessado em: 13.05.2022.

CAPÍTULO VII

REGULAÇÃO DE RODOVIAS FEDERAIS: INFLUXOS DA RESPONSIVIDADE SOBRE O PROGRAMA REGULATÓRIO DA AGÊNCIA NACIONAL DE TRANSPORTES TERRESTRES – ANTT[131]

Edgard Hermelino Leite Junior
Felippe Nogueira Monteiro
Yahn Rainer

1 Noções introdutórias sobre mecanismos regulatórios

Estabelecer uma estrutura regulatória que promova incentivos econômicos eficientes para ambas as partes do mercado (produtores

131 As opiniões expressas no presente artigo são de responsabilidade exclusiva dos autores, não refletindo, necessariamente, a opinião das empresas ou instituições às quais estão vinculados.

e consumidores), não é, certamente, algo trivial.[132] Para tanto, a ciência econômica tem se dedicado a formular, ao longo das últimas décadas, uma série de *frameworks* para emular um mercado dotado de concorrência perfeita, onde nenhum produtor, ou consumidor, possui poder para influir no preço de mercado.

Tal hipotético mercado, dotado de características muito específicas – (i) ausência de poder de mercado; (ii) agentes racionais com amplas informações sobre o mercado; (iii) livre ingresso e saída de agentes do mercado; e (iv) preços equilibrados aos custos marginais de produção – proporcionaria a alocação ótima dos recursos existentes, produzindo ganhos de eficiência. Diante de eventuais falhas detectadas no mercado, caberia às instituições governamentais atuar de modo a corrigi-las, por meio da *regulação*.

Por ser um termo *plurissignificativo*, que mesmo perante a legislação brasileira admite significados variados a depender do contexto em que é aplicado,[133] entendemos por regulação não apenas a legislação, mas também todas as ordens e regras (formais ou informais), exaradas de todos os níveis de governo (ou autoridades por ele delegadas), que impactam direta, ou indiretamente, na atuação dos agentes econômicos.

Em sentido semelhante a lição de Alexandre Santos de Aragão, *in verbis*:

---

132 VISCUSI, W. Kip; HARRINGTON, Joseph Emmett; VERNON, John Mitcham. *Economics of regulation and antitrust*. 4ª ed. Cambridge: MIT Press, 2005, p. 33 (versão digital).

133 Assim, é correto dizer-se que a "regulação", no Brasil, não se inicia com o advento das Agências Reguladoras, na década de 1990. Muito pelo contrário, o Estado brasileiro, já desde há muito, regula a economia por meio de um paradigma interventivo direto, mediante o exercício de seu poder de polícia ou de limitações administrativas; comprobatório dessa afirmação, cite-se, a título ilustrativo, a regulação econômica promovida por meio do Instituto Brasileiro do Café ou do Instituto do Açúcar e do Álcool, a partir do Governo Vargas (1930).

> Podemos definir a regulação da economia como o conjunto de medidas legislativas, administrativas, convencionais, materiais ou econômicas, abstratas ou concretas, pelas quais o Estado, de maneira restritiva da autonomia empresarial ou meramente indutiva, determina, controla ou influencia o comportamento dos agentes econômicos, evitando que lessem os interesses sociais definidos no marco da Constituição e os orientando em direções socialmente desejáveis.[134]

Dentre os tipos de regulação existentes no ordenamento jurídico brasileiro,[135] interessa-nos para fins do presente estudo aquela relacionada à intervenção direta sobre (i) "o preço", (ii) "a qualidade" e (iii) "a quantidade", justos e/ou eficientes em mercados não competitivos, visando aumentar sua eficiência,[136] a regulação econômica.

Sob a ótica de uma *ex-ante regulation*,[137] a incidência da *publicatio* sobre determinadas atividades – retirando-as da esfera de livre iniciativa dos particulares – e a presença de monopólios naturais caracterizados por altos custos fixos ou afundados, e baixos custos marginais para disponibilização do ativo,[138] condicionam

---

134 ARAGÃO, Alexandre Santos de. "O atual estágio da regulação estatal no Brasil". *In*: MARRARA, Thiago (Coord.). *Direito administrativo*: transformações e tendências. São Paulo: Almedina, 2014, pp. 227, 260; 235.

135 Notadamente a (i) Regulação Econômica, (ii) Regulação Social e (iii) Regulação Administrativa.

136 POSSAS, Mario; PONDÉ, João Luiz; FAGUNDES, Jorge. "Regulação da concorrência nos setores de infraestrutura no Brasil: elementos para um quadro conceitual". [S/d]. *Mimeo*, p. 4. Disponível em http://www.ie.ufrj.br/grc/pdfs/regulacao_da_concorrencia_nos_setores_de_infraestrutura_no_brasil.pdf. Acessado em: 04.06.2021.

137 Em contraposição à *ex-post regulation*, caracterizada pelos instrumentos de repressão e controle de condutas anticompetitivas, por meio do controle das estruturas de mercado (direito concorrencial).

138 Conforme leciona Marçal Justen Filho, "monopólio natural é uma situação econômica em que a duplicação de operadores é incapaz de gerar a redução do custo da utilidade. O monopólio natural envolve, geralmente, as hipóteses

o racional regulatório a dois grandes marcos de incidência para a criação de condições eficientes, a concorrência *pelo* mercado, e a concorrência *no* mercado.

Como o acesso à suma maioria de mercados caracterizados legalmente como "serviços públicos" é restrito àqueles ungidos pelo Estado por meio de uma concessão, ou permissão,[139] em uma primeira análise, quando delegado a terceiros particulares, os serviços públicos titularizados pelo Estado deveriam obedecer à lógica de "concorrência *pelo* mercado", promovida por meio de um amplo processo de concorrência pública entre os agentes para *acesso ao mercado* (*franchise bidding*), regulamentado, no Brasil, pela Lei federal n. 8.987, de 13 de fevereiro de 1995.

Tal opção derivaria da ideia de que:

> [O]s procedimentos licitatórios para delegação de *public utilities* poderiam funcionar como instrumento de aproximação dos setores caracterizados como monopólios naturais ao ambiente que se observaria em um mercado competitivo.[140]

---

de custos fixos (atinentes à infraestrutura necessária à produção da utilidade) muito elevados. A duplicação das infraestruturas conduziria a preços unitários mais elevados do que a exploração por um único agente econômico (...). Os exemplos de monopólios naturais são os serviços prestados em rede, tal como a energia elétrica, a telefonia fixa e a distribuição de água e coleta de esgoto, as ferrovias etc". (JUSTEN FILHO, Marçal. *Curso de Direito Administrativo*. 12ª ed. São Paulo: RT, 2016, p. 570).

139 Exceção feita, ilustrativamente, aos serviços previstos no art. 21, XI e XII, da Constituição Federal, nos quais, a despeito de caracterizarem-se como serviço público, a prestação por particulares é permitida mediante mera "autorização". Sobre o tema, vide: RAINER, Yahn. "Desregulação de serviços públicos e o transporte intermunicipal rodoviário de passageiros por ônibus: uma proposta viável?". *Revista de Direito Público da Economia – RDPE*. Belo Horizonte: Fórum, ano 16, nº 64, out./dez. 2018, pp. 247, 284.

140 SAMPAIO, Patrícia Regina Pinheiro. *Regulação e concorrência nos setores de infraestrutura*: análise do caso brasileiro à luz da jurisprudência do CADE. São Paulo: Universidade de São Paulo, 2012, p. 159 (Tese de Doutorado).

Ou seja, de que uma concorrência *pelo mercado* seria suficiente para disciplinar o poder econômico dos agentes de mercado, por meio da competição pelo direito de suprir toda a demanda verificada naquela *public utility*.[141] É o que explica, sob a ótica do setor de telecomunicações, Turolla *et al.*:

> No esquema de monopólio natural, a maior eficiência produtiva pode ser conseguida através da operação de um único produtor, embora o critério de eficiência alocativa torne desejável a presença de mecanismos destinados a limitar o poder de monopólio resultante e atingir um nível de bem-estar social. *Esses mecanismos que asseguram eficiência alocativa não necessariamente envolvem a presença de competição direta, sendo possível, por exemplo, o uso da competição à-la-Demsetz* [competição pelo mercado], *na qual se oferece a outorga de serviços em leilões competitivos.*[142]

Os processos licitatórios competitivos seriam responsáveis por "comprimir" a margem de lucro dos licitantes que, vislumbrando prestar determinado serviço em regime de exclusividade, apresentariam preços mais competitivos, ou seja, mais próximos a seus custos marginais. Ao proceder deste modo, a Administração Pública titular do serviço monopolizado extrairia o máximo de renda dos licitantes, e, como regulador dos respectivos serviços, atrelaria sua prestação às políticas públicas por ela determinadas.

Tal racional, entretanto, não constitui uma fórmula infalível, aderente a todos os serviços públicos, seja pela própria

---

141 DEMSETZ, Harold. "Why regulate utilities?". *Journal of law and economics*, vol. 11, nº 1, abr. 1968.

142 TUROLLA, Frederico Araujo; OHIRA, Thelma Harumi; LIMA, Maria Fernanda Freire de. "Concorrência, convergência e universalização no setor de telecomunicações no Brasil". *Pezco*, 2011, p. 31. Disponível em: http://www.telcomp.org.br/site/wp-content/uploads/downloads/2011/12/20070913_Estudo-Converg%C3%AAncia_Pezco.pdf. Acessado em: 13.05.2022.

trajetória e evolução da delegação da prestação de cada serviço,[143] seja pela possibilidade franqueada pelo art. 16, da Lei federal n. 8.987/1995,[144] da existência de concorrência *interna* ao mercado, entre prestadores distintos, mesmo em serviços públicos delegados. Não se admitem, em relações reguladas, soluções preconcebidas de aplicação mecanizada.[145]

Como bem salienta Flávio Amaral Garcia,

> a regulação não pode ser tratada de modo uniforme e as técnicas de intervenção regulatória devem ser utilizadas observando-se as peculiaridades de cada uma das atividades reguladas (serviço público, atividade econômica, poder de polícia etc.).[146]

A isso acrescentaríamos, também, as características intrínsecas e próprias de cada serviço público regulado.

Em razão desses dois momentos distintos de introdução da emulação de condições concorrenciais de eficiência em monopólios naturais – e os serviços públicos são exemplos típicos de falhas de mercado dessa natureza –, a atividade regulatória dar-se-á mediante a utilização (i) do modelo de regulação discricionária ou normativa, (ii) do modelo de regulação contratual, ou o contrato regulatório,

---

143 Veja, por exemplo, os serviços de saneamento básico (notadamente aqueles descritos nos art. 3º-A (abastecimento de água) e 3º-B (esgotamento sanitário) da Lei federal n. 11.445/2010, que tradicionalmente são prestados mediante "contrato de programa" por empresas estatais estaduais.

144 Cf. Art. 16, da Lei federal n. 8.987/1995: Art. 16. A outorga de concessão ou permissão não terá caráter de exclusividade, salvo no caso de inviabilidade técnica ou econômica justificada no ato a que se refere o art. 5º desta lei.

145 GARCIA, Flávio Amaral. *Concessões, parcerias e regulação*. São Paulo: Malheiros, 2019, pp. 81/82.

146 GARCIA, Flávio Amaral. *Concessões, parcerias e regulação*. São Paulo: Malheiros, 2019, p. 81.

na dicção de Pedro Gonçalves,[147] ou mesmo (iii) de influxos de cada uma de referidas estratégias de regulação do "preço justo".

2 Regulação discricionária (ou normativa)

Utilizada nos mercados em que, por alguma vicissitude própria, não se teve delegação outorgada mediante concorrência pública, a regulação discricionária "tem como objetivo alinhar os preços regulados aos custos eficientes de prestação do serviço ao longo do tempo".[148]

Trata-se de modelo regulatório por meio do qual o regulador visa emular condições de concorrência mediante a constante revisitação dos parâmetros objetivos (i) de custos, (ii) de quantidade e (iii) de qualidade, dos serviços prestados, em períodos estabelecidos – as revisões tarifárias periódicas. Buscando estabelecer o preço ótimo, tal estratégia regulatória se utiliza dos *custos* incorridos (ou projetados a serem incorridos no próximo lapso temporal), *como parâmetro para computar e aferir a eficiência econômica do regulado*. A introdução da concorrência, outrossim, é feita por normas expedidas pelo regulador, outorgando margem de flexibilidade para ampla revisitação aos termos da relação pactuada entre regulador e regulado.[149]

São técnicas do modelo regulatório, o denominado sistema *cost plus* ou *rate of return* (RoR) – no qual "a tarifa deveria orientar-se a produzir remuneração necessária a compensar custos diretos e

---

147 GONÇALVES, Pedro Costa. *Reflexões sobre o Estado Regulador e o Estado Contratante*. Coimbra: Coimbra Editora, 2013, p. 139.

148 CAMACHO, Fernando Tavares; RODRIGUES, Bruno da Costa Lucas. "Regulação econômica de infraestruturas: como escolher o modelo mais adequado?". *Revista do BNDES*, Rio de Janeiro, nº 41, jun. 2014, p. 261. Disponível em: https://web.bndes.gov.br/bib/jspui/handle/1408/2572. Acessado em: 13.05.2022.

149 Daí a possibilidade da referência a uma "regulação normativa" de preço.

indiretos, inclusive os investimentos necessários à ampliação do serviço e a margem de lucro do concessionário",[150] assegurando-se uma taxa de retorno justa previamente estabelecida – e o sistema de regulação por comparação ou *yardstick regulation* – no qual "impõe-se ao concessionário o ônus de aperfeiçoar seu desempenho em face de um padrão definido pelo poder concedente".[151]

Enquanto são questionáveis as vantagens do RoR face à intenção regulatória de obtenção de eficiência,[152] a técnica de regulação por comparação tem se mostrado um importante instrumento, por meio da parametrização de custos eficientes, para a obtenção de um preço ótimo ao usuário; cite-se, ilustrativamente, o Fator X, amplamente utilizados nos contratos de distribuição de energia elétrica, ou nos contratos do Serviço Telefônico Fixo Comutado (STFC) – que apesar de advirem de concorrência *pelo* mercado, também são regulados por técnicas da regulação discricionária.[153]

Ao estabelecer o compartilhamento de ganhos de produtividade entre concessionário e usuário, a regulação por comparação fixa incentivos econômicos ao regulado para que este, sendo mais eficiente em seus custos, amplie sua margem de lucratividade. Configura-se, portanto, mecanismo de regulação por incentivo.

---

150 JUSTEN FILHO, Marçal. *Teoria geral das concessões de serviço público*. São Paulo: Dialética, 2003, pp. 352/ 353.

151 JUSTEN FILHO, Marçal. *Teoria geral das concessões de serviço público*. São Paulo: Dialética, 2003, p. 358.

152 Dado o efeito Averch-Johnson de indução à uma atuação ineficiente da empresa regulada, em razão da possibilidade de repasse de todas as consequências danosas produzidas na concessão, mesmo que decorrentes da ineficiência da contratada, ao usuário.

153 Para maiores análises acerca do tema, sugere-se a leitura de CAMACHO, Fernando Tavares; RODRIGUES, Bruno da Costa Lucas. "Regulação econômica de infraestruturas: como escolher o modelo mais adequado?". *Revista do BNDES*, Rio de Janeiro, nº 41, jun. 2014. Disponível em: https://web.bndes.gov.br/bib/jspui/handle/1408/2572. Acessado em: 13.05.2022.

Deve-se destacar, todavia, que inobstante a regulação discricionária ser executada, com maior margem de flexibilidade, pelo agente regulador dos serviços, referida terminologia em nada significa que, no outro modelo regulatório (regulação por contrato), a agência não possa editar normas complementares ao contrato, conformando temas de discricionariedade técnica.[154]

3 Regulação por contratos e a integração normativa regulatória nos contratos de exploração de infraestrutura rodoviária

Diante da possibilidade de promoção da concorrência *pelo* mercado, o poder concedente estabelece, previamente à pactuação da relação regulatória (por meio do Edital e do Contrato), a (i) quantidade e (ii) a qualidade dos serviços a serem delegados a partir do local de prestação e perfil de usuário (*i.e.*, suas condições de prestação), extraindo-se do processo licitatório os (iii) parâmetros de preço objetivamente considerados, naquele momento, e naquelas condições de prestação, que representem a justa remuneração do contratado.

Os licitantes, visando obterem para si o direito de explorar a *public utility*, otimizam seus custos no processo de concorrência, aproximando os custos daqueles que se obteria em um mercado eficiente.

Nesse quadrante, a boa técnica contratual costumeiramente recomenda estabelecerem-se as principais regras que regerão a relação público-privada, pelo prazo estabelecido contratualmente, tais como (i) a remuneração dos serviços, (ii) o reajuste anual, (iii) as regras atinentes ao reequilíbrio econômico-financeiro do contrato, seja extraordinário, seja ordinário (ou periódico); (iv) os

---

154 Quando assim ocorrer, estar-se-á diante do conceito jurídico “regulação por agência”, e não mais do conceito econômico-jurídico de “regulação discricionária”.

investimentos obrigatórios, e eventuais gatilhos, (iv) os indicadores de qualidade mínima a ser, obrigatoriamente, observada na prestação, (vi) a alocação de riscos, e os direitos, garantias e obrigações, de parte a parte, bem como (vii) o processo de gestão, fiscalização e sancionamento contratual.

É certo, todavia, que inobstante o avanço das técnicas contratuais, prever todas as eventualidades de contratos de investimento de longo prazo, tal como os de concessão de serviços públicos, mostra-se exercício de futurologia. Egon Bockmann Moreira destaca que tais vínculos "[t]rata-se[m] de relação dinâmica que enfrenta as mutações decorrentes de escolha das partes (ou só de uma delas, a concedente) e também as impostas pelo mundo dos fatos".[155] Nesse sentido, os contratos de concessão diferem dos contratos comutativos, tais como os de obra pública, posto que

> não se está diante de negócio jurídico por meio do qual o particular cumpre prestações pontuais em favor da Administração (obras e serviços que se exaurem em si mesmo), mas sim de contrato que se liga à execução do serviço, cujas prestações são levadas a efeito durante décadas em favor dos usuários.[156]

Como bem salienta Flávio Amaral Garcia:

> As escolhas públicas centradas em uma regulação contratual sofrem, igualmente, os efeitos da aceleração das mutações econômicas, financeiras, políticas, sociais e tecnológicas. A coordenação racional e harmônica entre a segurança jurídica e a mutabilidade inerente à gestão na prestação de serviços públicos e disponibilização das infraestruturas,

---

155 MOREIRA, Egon Bockmann. *Direito das Concessões*: inteligência da Lei n. 8.987/1995. São Paulo: Malheiros, 2010, p. 378.

156 MOREIRA, Egon Bockmann. *Direito das Concessões*: inteligência da Lei n. 8.987/1995. São Paulo: Malheiros, 2010, p. 378.

> por meio de relações contratuais duradouras, consiste em desafio contemporâneo a ser enfrentado, e que não mais se revela solucionável pelos esquemas e arranjos tradicionais.[157]

Exsurge daí a inevitável incompletude de tais contratos, a "certeza da mudança",[158] e a necessidade de cooperação *pro* futuro do contrato relacional.[159] A regulação por contrato, outrossim, por mais que vise limitar a atuação do regulador (seja ele o poder concedente, seja uma agência reguladora) aos contornos previamente estabelecidos nas condições contratuais, muitas vezes acaba por exigir uma atuação integrativa do regulador, estabelecendo-se o que a doutrina denominou de *sistema duplo de regulação*.[160] Nesse diapasão é que Amaral Garcia salienta a possibilidade de:

> *convivência entre compromissos, obrigações, comportamentos e condutas consensualmente firmados entre as partes* e instrumentalizados por meio de contrato de concessão ou qualquer outro arranjo jurídico estruturante de um projeto de interesse público, *com as demais funções que serão exercidas pelas entidades autônomas heterorreguladoras durante a execução do ajuste.*

---

157 GARCIA, Flávio Amaral. *Concessões, parcerias e regulação*. São Paulo: Malheiros, 2019, p. 134.

158 MOREIRA, Egon Bockmann. "O contrato administrativo como instrumento de governo". *In*: GONÇALVES, Pedro Costa (Coord.). *Estudos de Contratação Pública – IV*. Coimbra: Coimbra Editora, 2013, p. 17.

159 Sobre o tema vide: WILLIAMSON, Oliver E. "Transaction-cost economics: the governance of contractual rela-tions". *The Journal of Law & Economics*, vol. 22, nº 2, pp. 233,261. Chicago: Chicago Press, 1979. Disponível em: https://www.jstor.org/stable/725118. Acessado em: 13.05.2022. No Brasil, vide: MACEDO JUNIOR, Ronaldo Porto. *Contratos relacionais e defesa do consumidor*. 2ª ed. São Paulo: RT, 2006.

160 GARCIA, Flávio Amaral. *Concessões, parcerias e regulação*. São Paulo: Malheiros, 2019, p. 155.

> A regulação por agência assume, diante da incompletude contratual, uma função integrativa relevante na composição dos interesses juridicamente protegidos dos contratantes bem como na releitura do contrato à luz das circunstâncias econômicas, financeiras, tecnológicas e sociais que poderão sobrevir durante a execução do contrato.[161]

É justamente nesse quadrante regulatório que se localiza a regulação das rodovias federais.

Firmados ao longo dos últimos pouco mais de 25 anos, e, até o presente momento, em quatro etapas espaço temporalmente bem distintas, os contratos do Programa de Concessão de Rodovias Federais (PROCOFE) possuem contornos bem diversos entre si. Assim, ilustrativamente, enquanto nos contratos da 1ª Etapa, "as obras de ampliação de capacidade das concessões foram inicialmente definidas sem previsão contratual de adequação às necessidades futuras da rodovia, sendo definidas de maneira estática"[162] com a manutenção da TIR apresentada pelas concessionárias no processo concorrencial, à partir da 2ª Etapa foram estabelecidas os conceitos de "obras obrigatórias" e "obras e serviços não obrigatórias", investimentos em ampliação de capacidade da rodovia condicionados ao volume de tráfego, adoção de fluxo de caixa marginal para fins de reequilíbrio, entre outros, que modificam a dinâmica de gestão e fiscalização contratual.

Destarte, enquanto contratos recentes já observam parâmetros e obrigações atinentes às necessidades e ao momento político-econômico atual, prevendo mecanismos regulatórios mais condizentes

---

161 GARCIA, Flávio Amaral. *Concessões, parcerias e regulação*. São Paulo: Malheiros, 2019, pp. 134/135.

162 BARBO, André Roriz de Castro *et al.* "A evolução da regulação nas rodovias federais concedias". *Revista ANTT*, vol. 2, nº 2, nov. 2010. Disponível em: http://appweb2.antt.gov.br/revistaantt/ed3/_asp/ed3-artigosEvolucao.asp. Acessado em: 13.05.2022.

à realidade, os contratos mais antigos encontram-se defasados, e necessitam de constante aperfeiçoamento por meio de instrumentos normativos regulatórios.

Cite-se, a título ilustrativo, a Resolução ANTT n. 4.071/2013 (que dispõe sobre as infrações sujeitas às penalidades de advertência e multa por inexecução contratual na exploração da infraestrutura rodoviária), ou mesmo as importantes Resolução ANTT n. 5.940/2021 (que altera as regras de recomposição do equilíbrio econômico-financeiro dos contratos de concessão de exploração da infraestrutura rodoviária decorrente da inclusão ou alteração de obras ou serviços não previstos no PER) e Resolução ANTT n. 5.859/2019 (que dispõe sobre o procedimento de inclusão, exclusão, alteração e reprogramação de obras e serviços previstos no PER, no âmbito de revisões quinquenais).

A despeito de limitado à evolução dos contratos do PROCOFE até a Fase II da 3ª Etapa, a tabela abaixo é representativa das significativas diferenças contratuais existentes – que só se aprofundaram com a inauguração do modelo da 4ª Etapa, lançada em 2018 com a concessão da Rodovia de Integração do Sul (RIS):

Resumo dos principais aspectos da evolução na regulação de rodovias federais			
1ª Etapa	2ª Etapa – Fase I	2ª Etapa – Fase II e 3ª Etapa – Fase I	3ª Etapa – Fase II
- Prazo de concessão - VDM alto - Manutenção do equilíbrio econômico-financeiro	- Utilização do IPCA - Flexibilização das condições de habilitação para o processo de licitação - Obras obrigatórias e não obrigatórias e parâmetros de desempenho	- Utilização do gatilho de nível de serviço para obras de ampliação de capacidade - Desconto de reequilíbrio - Adoção de reequilíbrio por fluxo de caixa marginal	- Flexibilidade nos trabalhos iniciais - Incorporação do WACC no fluxo de caixa marginal - Taxa de desconto para receitas extraordinárias

Fonte: BARBO, André Roriz de Castro *et al*. "A evolução da regulação nas rodovias federais concedias". *Revista da ANTT*, vol. 2, nº 2, nov. 2010. Disponível em: http://appweb2.antt.gov.br/revistaantt/ed3/_asp/ed3-artigosEvolucao.asp. Acessado em: 18.05.2022.

Em razão desse "emaranhado" de normas díspares, a gestão e a fiscalização a cargo da Agência Nacional de Transportes Terrestres (ANTT) tornam-se complexas, exigindo do regulador uma permanente ponderação dos valores em concurso (segurança jurídica e atualidade dos serviços), de modo a manter-se o equilíbrio sistêmico entre os interesses de todos na relação regulatória (concedente, concessionários e usuários).

No bojo da Audiência Pública n. 02/2021, que teve como objetivo colher contribuições à minuta de resolução que estabelecerá o Regulamento das Concessões Rodoviárias – Parte 1 (RCR1), a Gerência de Regulação Rodoviária da ANTT em sua Análise de Impacto Regulatório SEI n. 5071447/2021, torna pública a complexidade (e, a dificuldade), da atuação regulatória da agência, *in verbis*:

> Quase vinte anos após o início do processo de concessão de rodovias, a ausência deste marco é bastante sentida, uma vez que a evolução do modelo contratual, na 2º, 3º e 4º etapas, exige grande versatilidade da ANTT, que precisa se adaptar para gerir instrumentos contratuais antigos, com características fiscalizatórias e punitivas diversas, supervisão de obras sob diferentes perspectivas, entre outros desafios, que acaba por exigir uma relação homem/hora bastante significativa. Por isso, o modelo atualmente perpetuado impõe elevados custos regulatórios, que poderia ser diluído em face de um marco regulatório único que, respeitando as obrigações contratuais já firmadas, fosse orientado para a atualização.[163]

Daí a justificativa, no entendimento do regulador, para "a necessidade de estabelecimento de um marco regulatório estável, que possa ser atualizado unilateralmente e veicule por conteúdo

---

163 ANTT. *Análise de Impacto Regulatório SEI n. 5071447/2021*. Disponível em: https://participantt.antt.gov.br/Site/AudienciaPublica/VisualizarAvisoAudienciaPublica.aspx?CodigoAudiencia=446. 04 de mar. 2021, item 1.3. Acessado em: 13.05.2022.

as regras gerais das concessões de rodovias"[164] o que "propiciará a padronização do tratamento das concessionárias, em homenagem ao princípio da equidade administrativa".[165]

Em que pese a louvável intenção externada pelo regulador, verdade é que, o papel precípuo da agência na execução dos contratos já firmados é "garantir a compatibilização das obrigações pactuadas com normas regulatórias mais atuais",[166] sendo certo que:

> [S]e a evolução regulatória ignorar preceitos legais e contratuais – ao invés de viabilizar a perseguida prestação de serviço adequada – gerará instabilidade nos setores regulados, causando sérios entraves na escorreita execução dos contratos vigentes, além de afastar novos investidores, uma vez que segurança jurídica é crucial para o sucesso de projetos de longa duração em que o Poder Público figura como parte.[167]

---

164 ANTT. *Análise de Impacto Regulatório SEI n. 5071447/2021*. Disponível em: https://participantt.antt.gov.br/Site/AudienciaPublica/VisualizarAvisoAudienciaPublica.aspx?CodigoAudiencia=446. Acessado em: 13.05.2022.

165 ANTT. *Análise de Impacto Regulatório SEI n. 5071447/2021*. Disponível em: https://participantt.antt.gov.br/Site/AudienciaPublica/VisualizarAvisoAudienciaPublica.aspx?CodigoAudiencia=446. Acessado em: 13.05.2022.

166 MACHADO, Fernanda Neves Vieira; TÂMEGA, Flávia Lúcia Mattioli. "Evolução regulatória versus segurança jurídica: o grande desafio da gestão e controle dos contratos de concessão pelas agências reguladoras". *In*: TAFUR, Diego Jacome Valois; JURKSAITIS, Guilherme Jardim; ISSA, Rafael Hamze. *Experiências práticas em concessões e PPP*. vol. 2. São Paulo: Quartier Latin, 2021, p. 126.

167 MACHADO, Fernanda Neves Vieira; TÂMEGA, Flávia Lúcia Mattioli. "Evolução regulatória versus segurança jurídica: o grande desafio da gestão e controle dos contratos de concessão pelas agências reguladoras". *In*: TAFUR, Diego Jacome Valois; JURKSAITIS, Guilherme Jardim; ISSA, Rafael Hamze. *Experiências práticas em concessões e PPP*. vol. 2. São Paulo: Quartier Latin, 2021, p. 134.

Destarte, causa estranheza o movimento iniciado pela agência por meio da divulgação da minuta de RCR1, no estado em que esse se encontrava quando da audiência pública *supradita*. Isso porque, nos termos dos art. 3º, 4º e 5º, haverá situações contratuais concretas em que, por incompletudes contratuais, a aplicação das novas normas serão imediatas, em nítido exercício de poder normativo de forma impositiva – que não coaduna com as modernas noções de regulação. Veja-se:

> Art. 3º. O Regulamento das Concessões Rodoviárias se aplica aos contratos de concessão:
>
> I – celebrados após a publicação desta Resolução;
>
> II – aditados para adequação aos termos desta Resolução; ou
>
> III – celebrados antes da publicação desta Resolução, quando o dispositivo contratual fizer remissão genérica à regulamentação da ANTT ou quando não houver tratamento contratual em sentido diverso.
>
> Art. 4º. Em caso de divergência entre a regulamentação da ANTT e o contrato de concessão, devem ser observadas as seguintes regras:
>
> I – o contrato de concessão prevalece sobre a regulamentação da ANTT nas matérias em que discipline expressa e suficientemente;
>
> II – caso o contrato de concessão não discipline suficientemente a matéria, a regulamentação da ANTT deve ser aplicada supletivamente, desde que não disponha contrariamente ao contrato;
>
> III – no que o contrato de concessão for omisso, aplica-se a regulamentação da ANTT.
>
> Parágrafo único. As partes poderão, de comum acordo, optar pela aplicação da regulamentação da ANTT em detrimento do contrato de concessão, mediante adesão irretratável à resolução, promovendo-se posteriormente o aditamento do contrato.

> Art. 5º. As alterações supervenientes da regulamentação da ANTT aplicar-se-ão imediatamente aos contratos de concessão previstos nos incisos do art. 3º.
>
> Parágrafo único. Se a alteração da regulamentação da ANTT causar desequilíbrio econômico-financeiro do contrato de concessão, a recomposição do equilíbrio será realizada na revisão subsequente, mediante comprovação do desequilíbrio, na forma da regulamentação da ANTT.[168]

Ocorre que "um dos principais traços característicos da nova regulação estatal consiste na substituição da autoridade estatal unilateral por uma autoridade negocial, permanentemente desenvolvida e baseada no consenso".[169] Ao que posteriormente complementa a doutrina:

> Assim, a legitimação desta autoridade se dá menos pela posição de superioridade do Estado e a presunção de inoponibilidade estatal (características de um Direito Administrativo autoritário e ultrapassado), e mais pelo *consenso e o devido respeito aos parceiros que decidem contratar com a Administração*, mediante a obediência às regras do jogo, pela clareza dos objetivos estabelecidos em cada setor da economia e respectivos setores de infraestrutura, pela transparência de todo o procedimento regulatório, pela *capacidade de interlocução com todos os agentes regulatórios envolvidos* e pela detenção do conhecimento técnico aplicável ao setor.[170]

---

168 GOVERNO FEDERAL. *Resolução n. 5.950*, de 20 de julho de 2021. Brasília: Diário Oficial da União, 21 de jul. 2021. Disponível em: https://www.in.gov.br/en/web/dou/-/resolucao-n-5.950-de-20-de-julho-de-2021-333288662. Acessado em: 23.05.2022.

169 VALIATI, Thiago Priess. "O sistema duplo de regulação no Brasil: a regulação por contrato complementada pela regulação por agência". *Revista de Direito Administrativo e Infra-estrutura – RDAI*, vol. 3, nº 8. São Paulo: RT, jan./mar. 2019, pp. 23, 58; 46.

170 VALIATI, Thiago Priess. "O sistema duplo de regulação no Brasil: a regulação por contrato complementada pela regulação por agência". *Revista de*

Como já teve oportunidade de salientar um dos autores do presente,

> o indivíduo não é "mero meio" para a atuação do Estado. Se o Estado e os indivíduos se apresentam como titulares de direitos e deveres recíprocos, submetidos apenas à lei, a Administração Pública não é superior ao indivíduo, mas *au contraire*, ambos possuem paridade jurídica – mesmo que relativa, na acepção de Cabral de Moncada – em suas posições de detentores de direitos subjetivos, ou de sujeitos de direito.[171]

Na gestão e fiscalização desses contratos antigos – notadamente aqueles mais omissos, os da 1ª Etapa ainda vigente –, o regulador deve buscar uma atuação dialética e responsiva mais próxima do regulado, buscando o consenso nos direitos e deveres, e não se valer de prerrogativas ultrapassadas em detrimento da segurança jurídica.[172] Inobstante a existência de eventuais omissões contratuais, ou remissão genérica à regulação da agência, o contrato encapsula as condições presentes no momento de pactuação da avença, que devem, ao menos, serem levadas em consideração pelo regulador no momento de implementação do RCR, notadamente em razão de seu impacto em cada contrato de concessão.

Direito Administrativo e Infra-estrutura – RDAI, vol. 3, nº 8. São Paulo: RT, jan./mar. 2019, pp. 23, 58; 46.

171 GUERINI, Caroline Gonçalves; RAINER, Yahn. "A concertação administrativa e os dilemas na efetivação dos acordos ambientais no Brasil". *In*: OLIVEIRA, Gustavo Justino de (Coord.). *Acordos administrativos no Brasil*. Coimbra: Almedina, 2020, p. 361.

172 MACHADO, Fernanda Neves Vieira; TÂMEGA, Flávia Lúcia Mattioli. "Evolução regulatória versus segurança jurídica: o grande desafio da gestão e controle dos contratos de concessão pelas agências reguladoras". *In*: TAFUR, Diego Jacome Valois; JURKSAITIS, Guilherme Jardim; ISSA, Rafael Hamze. *Experiências práticas em concessões e PPP*. vol. 2. São Paulo: Quartier Latin, 2021, pp. 123, 136, 135.

Assim, "a partir de uma perspectiva sistêmica, a dupla regulação deve ser coordenada funcionalmente para refletir uma *responsive regulation*",[173] uma vez que a imposição da sanção repressiva não é mais o único caminho possível no Direito Administrativo Sancionador.[174] É o que propugnamos, e inclusive, aparentemente, baliza o racional por detrás do RCR.

4 Contribuições para a regulação responsiva e a dialeticidade na relação regulatória da exploração de rodovias

O art. 10, da minuta de RCR1, ao estabelecer a classificação periódica das concessionárias de rodovias, autorizando o *tratamento regulatório diferenciado conforme sua classificação*, busca consolidar no âmbito da ANTT, estratégia de regulação responsiva.[175] De acordo com o documento "Comentários dos artigos da minuta de regulamento de concessões rodoviárias e quadro comparativo do RCR com os contratos de concessão e regulamentação da ANTT",[176] disponibilizado em audiência pública:

---

173 GARCIA, Flávio Amaral. *Concessões, parcerias e regulação*. São Paulo: Malheiros, 2019, pp. 156/157.

174 Para uma análise aprofundada do tema vide: COSTA, Yahn Rainer Gnecco Marinho da. *Delineamentos sobre a responsabilidade objetiva das pessoas jurídicas por atos de corrupção no Brasil*. São Paulo: Universidade de São Paulo, 2019 (Dissertação Mestrado em Direito).

175 Cf. Art. 10, da minuta de resolução, *in verbis*: "Art. 10. A ANTT aprovará periodicamente a classificação das concessionárias, a partir de critérios estabelecidos em regulamentação da ANTT. Parágrafo único. Às concessionárias será dispensado tratamento distinto de acordo com sua colocação na classificação, conforme previsto na regulamentação da ANTT".

176 ANTT. *Comentários dos artigos da minuta de regulamento de concessões rodoviárias e qua-dro comparativo do RCR com os contratos de concessão e regulamentação da ANTT*. Brasília, 2021. Disponível em: https://participantt.antt.gov.br/Site/AudienciaPublica/VisualizarAvisoAudienciaPublica.aspx?CodigoAudiencia=446. Acessado em: 13.05.2022.

> A ideia subjacente a esta classificação está ligada basicamente a *meios de influenciar tomadas de decisão das concessionárias para aumentar o nível de conformidade*. As categorias propostas para fins de classificação precisam ainda ser amplamente discutidas, bem como indicadores e metas (...).[177]

Tendo em vista o percentual ínfimo histórico de arrecadação das multas aplicadas pela ANTT em razão de violações às disposições contratuais e/ou regulatórias – da ordem de 0,75% em 2016[178] –, entendemos que a busca por maior aderência (nível de conformidade) dos regulados à suas normas visa buscar meios alternativos de atingimento das finalidades regulatórias, mediante o estabelecimento de um efetivo "novo programa regulatório", ou seja, um planejamento regulatório adequado ao setor, "preocupado em estimular que os agentes do setor busquem soluções e arranjos entre eles para alcançar as finalidades regulatórias".[179]

Não é possível, refregar contra o fato de que mecanismos sancionatórios que visem a coerção e a intimidação de pessoas jurídicas em geral (mas especialmente aquelas reguladas), por si só, não têm mais potencial preventivo preponderante no âmbito de combate às práticas ilícitas ou antijurídicas por elas praticadas[180]

---

177 ANTT. *Comentários dos artigos da minuta de regulamento de concessões rodoviárias e quadro comparativo do RCR com os contratos de concessão e regulamentação da ANTT*. Brasília, 2021, p. 25. Disponível em: https://participantt.antt.gov.br/Site/AudienciaPublica/VisualizarAvisoAudienciaPublica.aspx?CodigoAudiencia=446. Acessado em: 13.05.2022.

178 Conforme Acórdão n. 729/2020 – TCU/Plenário, TC n. 024.820/2018-0, rel. Min. Aroldo Cedraz, j. 01.04.2020.

179 VORONOFF, Alice. *Direito administrativo sancionador no Brasil*. Belo Horizonte: Fórum, 2018, p. 147.

180 SAAD-DINIZ, Eduardo. *Ética negocial e compliance*. São Paulo: RT, 2019, p. 107. Em sentido contrário: "as conclusões da pesquisa sugerem que a perspectiva de uma sanção civil ou administrativa não infunde temor significativo às pessoas jurídicas, e o benefício oferecido para aquelas que possuírem e implementarem programas de *compliance* é pequeno, para motivar sua adoção. (...) A forma de estimular a adoção do *compliance* anticorrupção passa

– exigindo-se uma mudança de postura do Estado, mais dialética, colaborativa entre ambas as partes.

O estabelecimento de processos de "aproximação" entre as partes da relação jurídico-regulatória sancionatória vai ao encontro, ademais, daquilo que de mais moderno há em termos de modelos teóricos de regulação estatal destinada à conformação de comportamentos dos administrados,[181] por meio de uma atuação mais responsiva e cooperativa.

A regulação responsiva, fruto do trabalho de Ian Ayres e John Braithwaite, busca a combinação flexível entre instrumentos de sanção retributiva e de sanção dissuasória, aplicadas de acordo com o comportamento específico do regulado. Acerca do tema, assim preceitua Alice Voronoff, *in verbis*:

> [R]egular responsivamente pressupõe considerar a cultura, as práticas e a história do setor regulado; a conduta dos diversos agentes que nele atuam, como empresas, usuários de serviços e associações; a maneira específica como eles interagem e respondem a incentivos. Especialmente, há de se atentar para as diferentes motivações que impulsionam

necessariamente pelo aumento da probabilidade de punição (uma ameaça cível de sanção que seja aplicada em menor tempo e com mais certeza, reduzindo a impunidade) e pelo aumento dos benefícios oferecidos (influência do *compliance* na esfera de responsabilização civil, com eventual possibilidade da empresa não ser processada ou sancionada, caso tenha adotado medidas razoáveis para prevenir o ilícito, além de ter adotado ações corretivas e colaborado, espontaneamente, com as autoridades públicas)". (VERÍSSIMO, Carla. *Compliance*: incentivo à adoção de medidas anticorrupção. São Paulo: Saraiva, 2017, pp. 352/353). Em sentido semelhante ao diagnosticado por Saad-Diniz: HODGES, Christopher; STEINHOLTZ, Ruth. *Ethical business practice and regulation*. Oregon: Hart, 2017, p. 158.

181 Acerca da temática, vide VORONOFF, Alice. *Direito administrativo sancionador no Brasil*. Belo Horizonte: Fórum, 2018, pp. 131 e ss.

> esses atores. Isso porque, caso a caso, tais fatores poderão apontar para respostas estatais mais ou menos interventivas.[182]

Somando-se a esse mecanismo regulatório, Garcia sugere a necessidade de conjugação da regulação responsiva à prévia avaliação de riscos (*risk-based regulation*) relativas ao objeto contratual, ao mercado regulado, bem como aos agentes do setor,[183] o que, sob nossa ótica, permitiria, ao regulador uma melhor compreensão das razões do descumprimento normativo, aprimorando a gestão do programa regulatório.

No entender de Garcia, deveria ser realizado um *risk assessment* que contemplasse, no mínimo, (i) a atribuição de responsabilidades, e (ii) a capacidade efetiva de prevenção e de mensuração de falhas, "a partir de uma visão realística das inevitáveis complexidades que informam os aspectos operacionais da atividade econômica regulada".[184]

Isso evitaria o "excesso na carga sancionatória" enunciado por Motta Pinto e Pessoa Valente, mitigando o risco de os reguladores "não desenvolve[rem] o olhar necessário à compreensão das finalidades da concessão nem pratica[r] sua gestão plena".[185]

Oportunamente, na implementação do programa regulatório,

---

182 VORONOFF, Alice. *Direito administrativo sancionador no Brasil*. Belo Horizonte: Fórum, 2018, p. 133.

183 GARCIA, Flávio Amaral. *Concessões, parcerias e regulação*. São Paulo: Malheiros, 2019, pp. 156/157.

184 GARCIA, Flávio Amaral. *Concessões, parcerias e regulação*. São Paulo: Malheiros, 2019, pp. 95/96.

185 PINTO, Henrique Motta; VALENTE, Patrícia Pessoa. "Processos sancionatórios de agências reguladoras em contratos de concessão". *In*: TAFUR, Diego Jacome Valois; JURKSAITIS, Guilherme Jardim; ISSA, Rafael Hamze. *Experiências práticas em concessões e PPP*. vol. 1. São Paulo: Quartier Latin, 2021, pp. 391, 404 e 394, 395.

> poderão os agentes públicos se valer de técnicas regulatórias do tipo *tit-for-tat*, a partir da qual cooperem inicialmente com os administrados, levando em consideração sua cultura, as práticas e a história do setor em que inserido, a conduta dos diversos agentes nele atuantes, o modo como interagem e respondem a incentivos, e suas distintas motivações (utilitaristas ou responsáveis socialmente), até o momento em que passem a não "honrar sua palavra".[186]

Enquanto os administrados se mostrarem propensos à cooperação, a estratégia para maior obtenção de eficiência sancionatória (estratégia ótima) é o Estado buscar cooperar com eles,[187] orientando-os naquilo que reputa o equilíbrio entre os anseios de parte a parte. A partir desse momento, as estratégias clássicas de imposição sancionatória poderão ser uma importante ferramenta a ser utilizada.

Esse racional, aliás, já teve recepção em outras agências federais, sendo expressamente adotado pela Agência Nacional de Proteção de Dados na minuta de Resolução que dispõe sobre a fiscalização e a aplicação de sanções, ora em consulta pública, sendo um importante referencial a ser adotado no programa de regulação de rodovias. Veja-se:

> Art. 14. A ANPD adotará procedimentos de *monitoramento*, *orientação* e *atuação preventiva na sua atividade de fiscalização* e poderá iniciar o procedimento repressivo.
>
> §1º. A atividade de monitoramento destina-se ao levantamento de informações relevantes que tornem a ANPD sensível ao ambiente regulado e às demandas dos titulares de dados,

---

186 COSTA, Yahn Rainer Gnecco Marinho da. *Delineamentos sobre a responsabilidade objetiva das pessoas jurídicas por atos de corrupção no Brasil.* São Paulo: Universidade de São Paulo, 2019, p. 266 (Dissertação Mestrado em Direito).

187 VORONOFF, Alice. *Direito administrativo sancionador no Brasil.* Belo Horizonte: Fórum, 2018, p. 137.

> dos agentes de tratamento e dos demais interessados na proteção de dados pessoais, subsidiando o exercício de suas competências regulatória, fiscalizatória ou sancionadora.
>
> §2º. A atividade de orientação caracteriza-se pela atuação baseada na economicidade e na utilização de métodos e ferramentas que almejam a *promover a orientação, conscientização e educação dos agentes* de tratamento e titulares de dados pessoais.
>
> §3º. A atividade preventiva consiste em uma *atuação baseada, preferencialmente, na construção conjunta e dialogada de soluções e medidas que visem reconduzir o agente de tratamento à plena conformidade*, bem como evitar ou remediar situações que possam acarretar risco ou dano aos titulares de dados pessoais e a outros agentes de tratamento.
>
> §4º. A atividade repressiva se caracteriza pela atuação coercitiva da ANPD, voltada à interrupção de situações de dano ou risco, à reparação dos danos, à recondução à plena conformidade e à punição dos responsáveis mediante a aplicação das sanções previstas no artigo 52 da Lei n. 13.709, de 2018, por meio de processo administrativo sancionador.[188]

Como asseverado pelo Relatório de Análise de Impacto Regulatório da norma da ANPD submetida à consulta pública,

> o maior desafio [identificado na confecção do ato normativo], mais do que publicar a norma é desenvolver uma estratégia de constrangimento regulatório que contemple as atividades de zelar, implementar, orientar, estimular e fiscalizar, bem como que propicie os melhores resultados possíveis por meio dos mais altos níveis de conformidade.[189]

---

188 GOVERNO FEDERAL. *Norma de fiscalização da ANPD*. Disponível em: https://www.gov.br/participamaisbrasil/norma-de-fiscalizacao-da-anpd. Acessado em: 23.05.2022.

189 ANPD. *Relatório de análise de Impacto Regulatório*: construção do modelo de atuação fiscalizatória da ANPD para zelar, implementar e fiscalizar o

Ao que posteriormente explicita:

> Por meio dessa alternativa, espera-se, em síntese, que a ANPD seja capaz de induzir e direcionar os regulados a se adequarem à legislação, independentemente da aplicação de sanções, mediante o estabelecimento de estímulos normativos de caráter não somente sancionatórios, o que implica uma cadeia maior de conformidade, representando as medidas punitivas, medidas de último grau. (...) Essa alternativa pressupõe um escalonamento no âmbito das ações fiscalizatórias da ANPD, dando preferência a que primeiro sejam adotadas ações orientativas, preventivas e, quando essas etapas não forem suficientes para modificar o comportamento do administrado, passe-se para a etapa repressiva, com a instauração de processo administrativo para aplicação de sanção.[190]

Sugere-se, outrossim, que na implementação de um novo mecanismo regulatório (regulação responsiva), notadamente em um setor com atores com características operacionais muito distintas entre si, seja adotado um contínuo processo de aprendizado institucional dos agentes regulados, devendo o regulador trabalhar dialeticamente com as empresas que demonstrem propensão autêntica a tentar atuar de modo "conforme" às expectativas normativas.

Como salienta Gustavo Binenbojm,

---

cumprimento da Lei Geral de Proteção de Dados Pessoais. mai. 2021, p. 7. Disponível em: https://www.gov.br/anpd/pt-br/documentos-e-publicacoes/arquivos-de-documentos-de-publicacoes/2021.05.25___AIR_Fiscalizacao_Final1.pdf. Acessado em: 23.05.2022.

190 ANPD. *Relatório de análise de Impacto Regulatório*: construção do modelo de atuação fiscalizatória da ANPD para zelar, implementar e fiscalizar o cumprimento da Lei Geral de Proteção de Dados Pessoais. mai. 2021, p. 15. Disponível em: https://www.gov.br/anpd/pt-br/documentos-e-publicacoes/arquivos-de-documentos-de-publicacoes/2021.05.25___AIR_Fiscalizacao_Final1.pdf. Acessado em: 23.05.2022.

> os marcos regulatórios devem ser concebidos para coordenar, de maneira otimizada, os incentivos econômicos presentes em determinado mercado. Ao compreender a lógica desses incentivos e abrir mão de normas de comando e controle, a regulação por indução favorece a adesão voluntária dos agentes econômicos e reduz custos regulatórios.[191]

Entendemos, desse modo, que a implementação de um novo programa regulatório pela ANTT, consentâneo às modernas técnicas regulatórias, deve sim passar pelo viés da responsividade – como prediz o RCR1 – entretanto, de modo a melhor atender às finalidades regulatórias, o processo de fiscalização responsiva, lastreado em monitoramento, orientação, prevenção e repressão, deve se dar mediante aproximações sucessivas e paulatinas entre regulador e regulado, de modo a tentar-se adequar as expectativas, de parte a parte, com o que vem a ser adequado à realidade do setor.

Referências bibliográficas

ANPD. *Relatório de análise de Impacto Regulatório*: construção do modelo de atuação fiscalizatória da ANPD para zelar, implementar e fiscalizar o cumprimento da Lei Geral de Proteção de Dados Pessoais. mai. 2021. Disponível em: https://www.gov.br/anpd/pt-br/documentos-e-publicacoes/arquivos-de-documentos-de-publicacoes/2021.05.25___AIR_Fiscalizacao_Final1.pdf. Acessado em: 23.05.2022.

ANTT. *Análise de Impacto Regulatório SEI n. 5071447/2021*. Disponível em: https://participantt.antt.gov.br/Site/AudienciaPublica/VisualizarAvisoAudienciaPublica.aspx?CodigoAudiencia=446. Acessado em: 13.05.2022.

_____. *Comentários dos artigos da minuta de regulamento de concessões rodoviárias e quadro comparativo do RCR com os contratos de concessão e regulamentação da ANTT*. Brasília, 2021. Disponível em: https://participantt.

---

191 BINENBOJM, Gustavo. *Poder de polícia, ordenação, regulação*. Belo Horizonte: Fórum, 2016, p. 167.

antt.gov.br/Site/AudienciaPublica/VisualizarAvisoAudienciaPublica.aspx?CodigoAudiencia=446. Acessado em: 13.05.2022.

ARAGÃO, Alexandre Santos de. "O atual estágio da regulação estatal no Brasil". *In*: MARRARA, Thiago (Coord.). *Direito administrativo*: transformações e tendências. São Paulo: Almedina, 2014.

BARBO, André Roriz de Castro. *et al.* "A evolução da regulação nas rodovias federais concedias". *Revista ANTT*, vol. 2, nº 2, nov. 2010. Disponível em: http://appweb2.antt.gov.br/revistaantt/ed3/_asp/ed3-artigosEvolucao.asp. Acessado em: 13.05.2022.

BINENBOJM, Gustavo. *Poder de polícia, ordenação, regulação*. Belo Horizonte: Fórum, 2016.

CAMACHO, Fernando Tavares; RODRIGUES, Bruno da Costa Lucas. "Regulação econômica de infraestruturas: como escolher o modelo mais adequado?". *Revista do BNDES*, Rio de Janeiro, nº 41, jun. 2014. Disponível em: https://web.bndes.gov.br/bib/jspui/handle/1408/2572. Acessado em: 13.05.2022.

COSTA, Yahn Rainer Gnecco Marinho da. *Delineamentos sobre a responsabilidade objetiva das pessoas jurídicas por atos de corrupção no Brasil*. São Paulo: Universidade de São Paulo, 2019 (Dissertação Mestrado em Direito).

DEMSETZ, Harold. "Why regulate utilities?". *Journal of law and economics*, vol. 11, nº 1, abr. 1968.

GARCIA, Flávio Amaral. *Concessões, parcerias e regulação*. São Paulo: Malheiros, 2019.

GONÇALVES, Pedro Costa. *Reflexões sobre o Estado Regulador e o Estado Contratante*. Coimbra: Coimbra Editora, 2013.

GOVERNO FEDERAL. *Norma de fiscalização da ANPD*. Disponível em: https://www.gov.br/participamaisbrasil/norma-de-fiscalizacao-da-anpd. Acessado em: 23.05.2022.

______. *Resolução n. 5.950*, de 20 de julho de 2021. Brasília: Diário Oficial da União, 21 de jul. 2021. Disponível em: https://www.in.gov.br/en/web/dou/-/resolucao-n-5.950-de-20-de-julho-de-2021-333288662. Acessado em: 23.05.2022.

GUERINI, Caroline Gonçalves; RAINER, Yahn. "A concertação administrativa e os dilemas na efetivação dos acordos ambientais no Brasil". *In*: OLIVEIRA,

Gustavo Justino de (Coord.). *Acordos administrativos no Brasil*. Coimbra: Almedina, 2020.

HODGES, Christopher; STEINHOLTZ, Ruth. *Ethical business practice and regulation*. Oregon: Hart, 2017.

JUSTEN FILHO, Marçal. *Curso de Direito Administrativo*. 12ª ed. São Paulo: RT, 2016.

______. *Teoria geral das concessões de serviço público*. São Paulo: Dialética, 2003.

MACEDO JUNIOR, Ronaldo Porto. *Contratos relacionais e defesa do consumidor*. 2ª ed. São Paulo: RT, 2006.

MACHADO, Fernanda Neves Vieira; TÂMEGA, Flávia Lúcia Mattioli. "Evolução regulatória versus segurança jurídica: o grande desafio da gestão e controle dos contratos de concessão pelas agências reguladoras". *In*: TAFUR, Diego Jacome Valois; JURKSAITIS, Guilherme Jardim; ISSA, Rafael Hamze. *Experiências práticas em concessões e PPP*. vol. 2. São Paulo: Quartier Latin, 2021.

MOREIRA, Egon Bockmann. "O contrato administrativo como instrumento de governo". *In*: GONÇALVES, Pedro Costa (Coord.). *Estudos de Contratação Pública – IV*. Coimbra: Coimbra Editora, 2013.

______. *Direito das Concessões*: inteligência da Lei n. 8.987/1995. São Paulo: Malheiros, 2010.

PINTO, Henrique Motta; VALENTE, Patrícia Pessoa. "Processos sancionatórios de agências reguladoras em contratos de concessão". *In*: TAFUR, Diego Jacome Valois; JURKSAITIS, Guilherme Jardim; ISSA, Rafael Hamze. *Experiências práticas em concessões e PPP*. vol. 1. São Paulo: Quartier Latin, 2021.

POSSAS, Mario; PONDÉ, João Luiz; FAGUNDES, Jorge. "Regulação da concorrência nos setores de infraestrutura no Brasil: elementos para um quadro conceitual". [S/d]. *Mimeo*. Disponível em: http://www.ie.ufrj.br/grc/pdfs/regulacao_da_concorrencia_nos_setores_de_infraestrutura_no_brasil.pdf. Acessado em: 04.06.2021.

RAINER, Yahn. "Desregulação de serviços públicos e o transporte intermunicipal rodoviário de passageiros por ônibus: uma proposta viável?". *Revista de Direito Público da Economia – RDPE*. Belo Horizonte: Fórum, ano 16, nº 64, out./dez. 2018.

SAAD-DINIZ, Eduardo. *Ética negocial e compliance*. São Paulo: RT, 2019.

SAMPAIO, Patrícia Regina Pinheiro. *Regulação e concorrência nos setores de infraestrutura*: análise do caso brasileiro à luz da jurisprudência do CADE. São Paulo: Universidade de São Paulo, 2012 (Tese de Doutorado).

TUROLLA, Frederico Araujo; OHIRA, Thelma Harumi; LIMA, Maria Fernanda Freire de. "Concorrência, convergência e universalização no setor de telecomunicações no Brasil". *Pezco*, 2011. Disponível em: http://www.telcomp.org.br/site/wp-content/uploads/downloads/2011/12/20070913_Estudo-Converg%C3%AAncia_Pezco.pdf. Acessado em: 13.05.2022.

VALIATI, Thiago Priess. "O sistema duplo de regulação no Brasil: a regulação por contrato complementada pela regulação por agência". *Revista de Direito Administrativo e Infraestrutura – RDAI*, vol. 3, nº 8. São Paulo: RT, jan./mar. 2019.

VERÍSSIMO, Carla. *Compliance*: incentivo à adoção de medidas anticorrupção. São Paulo: Saraiva, 2017.

VISCUSI, W. Kip; HARRINGTON, Joseph Emmett; VERNON, John Mitcham. *Economics of regulation and antitrust*. 4ª ed. Cambridge: MIT Press, 2005.

VORONOFF, Alice. *Direito Administrativo sancionador no Brasil*. Belo Horizonte: Fórum, 2018.

WILLIAMSON, Oliver E. "Transaction-cost economics: the governance of contractual relations". *The Journal of Law & Economics*, vol. 22, nº 2. Chicago: Chicago Press, 1979. Disponível em: https://www.jstor.org/stable/725118. Acessado em: 13.05.2022.

CAPÍTULO VIII

A COBRANÇA DE TARIFA DE ACESSO À RODOVIA PELOS ESTADOS: O CASO DO ESTADO DE SÃO PAULO

Gilberto Bercovici

1 A concessão de rodovias: aspectos gerais

A Constituição de 1988 conferiu a competência sobre a prestação dos serviços de transporte aos diversos entes da Federação, embora seja de competência da União a elaboração da legislação sobre o setor (artigos 22, IX e XI e 178).[192] A visão sistêmica e integradora

[192] Artigo 22, IX e XI da Constituição de 1988: "Compete privativamente à União legislar sobre:

IX – diretrizes da política nacional de transportes;

XI – trânsito e transporte".

Artigo 178 da Constituição de 1988: "A lei disporá sobre a ordenação dos transportes aéreo, aquático e terrestre, devendo, quanto à ordenação do transporte internacional, observar os acordos firmados pela União, atendido o princípio da reciprocidade".

do setor de transportes é estruturada também pelo próprio texto constitucional, quando este determina ser competência da União o estabelecimento dos princípios e diretrizes do Sistema Nacional de Viação (artigo 21, XXI da Constituição de 1988[193] e Lei n. 12.379, de 06 de janeiro de 2011).[194]

A atuação do Estado no domínio econômico e social está prevista expressamente nos artigos 173, *caput*[195] e 175, *caput*[196] da Constituição de 1988. Em ambos os dispositivos, trata-se da prestação de atividade econômica em sentido amplo pelo Estado, subdividida em duas modalidades: a prestação de atividade econômica em sentido estrito (artigo 173) e a prestação de serviço público (artigo 175).[197]

O transporte é definido constitucionalmente (artigos 21, XII, 'e' e 30, V da Constituição de 1988)[198] e legalmente como um serviço

---

193 Artigo 21, XXI da Constituição de 1988: "Compete à União: XXI – estabelecer princípios e diretrizes para o sistema nacional de viação".

194 Artigo 2º da Lei n. 12.379/2011: "O Sistema Nacional de Viação é constituído pela infraestrutura física e operacional dos vários modos de transporte de pessoas e bens, sob jurisdição dos diferentes entes da Federação. § 1º - Quanto à jurisdição, o Sistema Nacional de Viação é composto pelo Sistema Federal de Viação e pelos sistemas de viação dos Estados, do Distrito Federal e dos Municípios. § 2º - Quanto aos modos de transporte, o Sistema Nacional de Viação compreende os subsistemas rodoviário, ferroviário, aquaviário e aeroviário".

195 Artigo 173, *caput* da Constituição de 1988: "Ressalvados os casos previstos nesta Constituição, a exploração direta de atividade econômica pelo Estado só será permitida quando necessária aos imperativos da segurança nacional ou a relevante interesse coletivo, conforme definidos em lei".

196 Artigo 175, *caput* da Constituição de 1988: "Incumbe ao Poder Público, na forma da lei, diretamente ou sob regime de concessão ou permissão, sempre através de licitação, a prestação de serviços públicos".

197 Sobre a clássica distinção da atividade econômica em sentido amplo em atividade econômica em sentido estrito e serviço público, vide GRAU, Eros Roberto. *A ordem econômica na Constituição de 1988 (Interpretação e Crítica)*. 14ª ed. São Paulo: Malheiros, 2010, pp. 99-117.

198 Artigo 21, XII, 'e' da Constituição de 1988: "Compete à União: XII - explorar, diretamente ou mediante autorização, concessão ou permissão: e) os serviços

público (por exemplo, artigo 1º, IV da Lei n. 9.074, de 07 de julho de 1995, ou artigo 6º da Lei n. 12.379/2011, entre outros dispositivos), ou seja, é formalmente um serviço público. Não bastasse isto, em termos materiais, o transporte é uma atividade indispensável à consecução da "coesão e interdependência sociais", justificando a necessidade da prestação estatal direta ou indireta. Não por acaso, o transporte também foi reconhecido expressamente, por meio da Emenda Constitucional n. 90, de 15 de setembro de 2015, como um direito social (artigo 6º da Constituição).[199]

Na concessão, de acordo com a precisa formulação de Themístocles Brandão Cavalcanti, outorgam-se ao concessionário direitos e prerrogativas exclusivas do Estado (poder concedente), ao mesmo tempo que o concessionário se submete ao Estado no controle da prestação dos serviços.[200] A natureza jurídica da concessão já foi amplamente debatida, sendo a doutrina brasileira dominante adepta da natureza jurídica da concessão como um contrato de Direito público.[201]

---

de transporte rodoviário interestadual e internacional de passageiros". Artigo 30, V da Constituição de 1988: "Compete aos Municípios: V - organizar e prestar, diretamente ou sob regime de concessão ou permissão, os serviços públicos de interesse local, incluído o de transporte coletivo, que tem caráter essencial".

199 Artigo 6º da Constituição de 1988: "São direitos sociais a educação, a saúde, a alimentação, o trabalho, a moradia, o transporte, o lazer, a segurança, a previdência social, a proteção à maternidade e à infância, a assistência aos desamparados, na forma desta Constituição".

200 CAVALCANTI, Themístocles Brandão. *Tratado de Direito Administrativo*. vol. 2, 5ª ed. Rio de Janeiro: Freitas Bastos, 1964, p. 345.

201 MASAGÃO, Mário. *Natureza Jurídica da Concessão de Serviço Público*. São Paulo: Livraria Acadêmica, 1933, pp. 49/50 e 59-101; CAVALCANTI, Themístocles Brandão. *Tratado de Direito Administrativo*. vol. 2, 5ª ed. Rio de Janeiro: Freitas Bastos, 1964, pp. 356-361. Celso Antônio Bandeira de Mello, por sua vez, entende a concessão como dotada de natureza jurídica complexa, incluindo um ato regulamentar do Estado, que fixa as condições de organização e prestação, um ato-condição por meio do qual o concessionário aceita se submeter voluntariamente à situação jurídica

As concessões podem ser translativas ou constitutivas.[202] A concessão translativa é aquela na qual a Administração Pública transfere a terceiros poderes, deveres ou direitos que já exercia para que o concessionário os exerça em seu lugar, como a concessão de prestação de serviços públicos. Já a concessão constitutiva é distinta, pois o poder concedente outorga poderes para o concessionário utilizar ou explorar um bem público, embora conserve o seu domínio.

O contrato de concessão de serviço público atribui a prestação do serviço público a alguém, o concessionário, que atua em nome próprio, por sua conta e risco, nas condições e exigências do poder concedente.[203] A concessão de serviço público pode estar subordinada, ou não, à prévia execução de uma obra pública, englobando, neste caso, a concessão de obra pública (artigo 2º, III da Lei n. 8.987, de 13 de fevereiro de 1995). A execução da obra, assim, está vinculada à prestação do serviço. Geralmente trata-se

---

estabelecida pelo Poder Público e um contrato, que garante o equilíbrio econômico-financeiro da concessão. Cf. BANDEIRA DE MELLO, Celso Antônio. *Curso de Direito Administrativo*. 28ª ed. São Paulo: Malheiros, 2011, p. 719. Também entendendo a concessão como um ato complexo, vide TEIXEIRA, J. H. Meirelles. *Separação de Poderes e Direito Adquirido na Concessão de Serviço Público*. São Paulo: Departamento Jurídico da Prefeitura do Município de São Paulo, 1956, pp. 96-108. Vide, ainda, GONÇALVES, Pedro. *A concessão de serviços públicos (uma aplicação da técnica concessória)*. Coimbra: Almedina, 1999, pp. 184-200.

202 Vide, sobre a distinção entre concessão constitutiva e concessão translativa: BANDEIRA DE MELLO, Oswaldo Aranha. *Princípios Gerais de Direito Administrativo*. vol. 1. Rio de Janeiro: Forense, 1969, pp. 488-491; DI PIETRO, Maria Sylvia Zanella. *Uso privativo de bem público por particular*. 2ª ed. São Paulo: Atlas, 2010, pp. 105-110; GONÇALVES, Pedro. *A concessão de serviços públicos (uma aplicação da técnica concessória)*. Coimbra: Almedina, 1999, pp. 53-68 e 117-121. Em sentido distinto, vide JUSTEN FILHO, Marçal. *Teoria geral das concessões de serviço público*. São Paulo: Dialética, 2003, pp. 56/57.

203 BANDEIRA DE MELLO, Celso Antônio. *Curso de Direito Administrativo*. 28ª ed. São Paulo: Malheiros, 2011, pp. 709-711.

de bens públicos que necessitam de constante manutenção, recuperação, modernização, construção de novos trechos etc.[204]

Este é o caso do serviço público vinculado às rodovias, cujo núcleo essencial é a viabilização do deslocamento e a ligação das diversas localidades do país, dado que constitui o Sistema Nacional de Viação. A rodovia não existe para dar acesso a propriedades privadas, mas aos aglomerados urbanos. O serviço público vinculado às rodovias inclui várias etapas distintas: construir, disponibilizar, operar e manter a rodovia, além de modernizá-la e ampliá-la quando necessário.

2 O acesso à rodovia e sua remuneração

A rodovia tem natureza jurídica de bem de uso comum do povo (artigo 99, I do Código Civil de 2002).[205] A utilização de um bem de uso comum do povo pode ser gratuita ou remunerada, desde que essa remuneração seja prevista expressamente em lei do ente da Federação ao qual pertence o bem (artigo 103 do Código Civil).[206] O povo é o beneficiário direto do serviço público, mas há também beneficiários do serviço público que são individualizáveis,

---

204 MASAGÃO, Mário. *Natureza Jurídica da Concessão de Serviço Público*. São Paulo: Livraria Acadêmica, 1933, pp. 17-19; BANDEIRA DE MELLO, Celso Antônio. "Concessão de Obra Pública e Concessão de Serviço Público – Pedágio: Natureza Jurídica". *In*: ______. *Pareceres de Direito Administrativo*. São Paulo: Malheiros, 2011, pp. 131-134; JUSTEN FILHO, Marçal. *Teoria geral das concessões de serviço público*. São Paulo: Dialética, 2003, pp. 97-100; MOREIRA, Egon Bockmann. *Direito das Concessões de Serviço Público*: Inteligência da Lei n. 8.987/1995 (Parte Geral). São Paulo: Malheiros, 2010, pp. 150-152.

205 Artigo 99, I do Código Civil de 2002: "São bens públicos: I - os de uso comum do povo, tais como rios, mares, estradas, ruas e praças". Vide, por todos: DUARTE, Fabio Marcelo de Rezende; DUARTE, Haroldo Fernandes. *Aspectos Jurídicos das Rodovias*. Rio de Janeiro: Mauad, 1997, pp. 19-21.

206 Artigo 103 do Código Civil de 2002: "O uso comum dos bens públicos pode ser gratuito ou retribuído, conforme for estabelecido legalmente pela entidade a cuja administração pertencerem".

correspondendo aos usuários do serviço. Os condutores de veículos automotores são, assim, usuários do serviço público, devendo remunerar a prestação do mesmo mediante o pagamento de tarifa, geralmente sob a forma de pedágio,[207] conforme autorização expressa do artigo 150, V da Constituição de 1988.[208]

Além dos condutores de veículos automotores, os proprietários de terrenos lindeiros à rodovia que conseguem obter acesso direto à estrada são usuários do serviço público. Um particular com acesso direto à estrada é beneficiário de uma prestação especial de serviço público, tanto que é necessária uma autorização administrativa específica, prévia e expressa do poder concedente. O acesso privado à rodovia é uma exceção, não constitui a regra.[209] O imóvel particular não tem direito de ser conectado diretamente à rodovia, apenas as várias localidades do país têm esse direito de serem ligadas entre si por uma rede de transportes, inclusive o transporte rodoviário, como prevê expressamente a Lei n. 12.379/2011, ao estruturar o Sistema Nacional de Viação.[210] O direito de ligação

---

207 Sobre a natureza jurídica da cobrança de pedágio em rodovias, vide BANDEIRA DE MELLO, Celso Antônio. "Concessão de Obra Pública e Concessão de Serviço Público – Pedágio: Natureza Jurídica". *In*: ______. *Pareceres de Direito Administrativo*. São Paulo: Malheiros, 2011, pp. 135-142; JUSTEN FILHO, Marçal. *Teoria geral das concessões de serviço público*. São Paulo: Dialética, 2003, pp. 184-192.

208 Artigo 150, V da Constituição de 1988: "Sem prejuízo de outras garantias asseguradas ao contribuinte, é vedado à União, aos Estados, ao Distrito Federal e aos Municípios: V - estabelecer limitações ao tráfego de pessoas ou bens, por meio de tributos interestaduais ou intermunicipais, ressalvada a cobrança de pedágio pela utilização de vias conservadas pelo Poder Público".

209 DUARTE, Fabio Marcelo de Rezende; DUARTE, Haroldo Fernandes. *Aspectos Jurídicos das Rodovias*. Rio de Janeiro: Mauad, 1997, pp. 45-53; DUARTE, Fabio Marcelo de Rezende. "Rodovias Concedidas – Competência para Autorização e Fechamento de Acessos". *In*: ______. *Estudos e Pareceres de Direito Rodoviário*. Rio de Janeiro: Temas & Idéias, 2002, pp. 19-21.

210 Neste sentido, é emblemático o artigo 38 da Lei n. 12.379/2011: "Os Sistemas de Viação dos Estados, do Distrito Federal e dos Municípios abrangem os diferentes meios de transporte e constituem parcelas do Sistema Nacional de Viação, com os objetivos principais de: I - promover a integração do Estado

de um imóvel à via pública se dá na esfera urbana ou municipal, nunca na rede rodoviária.

Com a autorização especial de acesso direto à rodovia, o particular usufrui de modo constante do serviço público da rodovia, ou seja, da construção, disponibilização, operação e manutenção da rodovia. O acesso direto à rodovia está condicionado ao cumprimento das várias exigências determinadas pelo poder concedente. No caso dos acessos diretos de particulares à rodovia, o concessionário não exerce poder de polícia, apenas verifica o cumprimento das condições mínimas exigidas para a prestação do serviço público rodoviário, notadamente as de segurança. A fiscalização dos serviços públicos por parte do concessionário não constitui exercício do poder de polícia, pois não se está disciplinando a atividade dos indivíduos,[211] mas assegurando-se a boa prestação do serviço público, uma tarefa do Estado outorgada ao concessionário cuja prestação, em última análise, deve ser garantida pelo próprio Poder Público. A fiscalização faz parte do cumprimento da garantia de prestação do serviço adequado.

O particular com acesso direto à rodovia, portanto, deve remunerar o Estado ou o concessionário pelo custo global do serviço do

---

e do Distrito Federal com o Sistema Federal de Viação e com as unidades federadas limítrofes; II - promover a integração do Município com os Sistemas Federal e Estadual de Viação e com os Municípios limítrofes; III - conectar, respectivamente: a) a capital do Estado *às sedes dos Municípios que o compõem; b) a sede do Distrito Federal às suas regiões administrativas; e c) a sede do Município a seus distritos; IV - possibilitar a circulação econômica de bens e prover meios e facilidades de transporte coletivo de passageiros, mediante oferta de infraestrutura viária adequada e operação racional e segura do transporte intermunicipal e urbano*".

211 Cumpre ressaltar, ainda, que em virtude de ser decorrente diretamente do poder de coerção estatal, o poder de polícia não pode ser delegado a particulares. Cf. BANDEIRA DE MELLO, Celso Antônio. *Curso de Direito Administrativo*. 28ª ed. São Paulo: Malheiros, 2011, pp. 846-848; JUSTEN FILHO, Marçal. *Teoria geral das concessões de serviço público*. São Paulo: Dialética, 2003, pp. 22, 24-29, 102 e 322/323.

mesmo modo que o usuário eventual, como o condutor de veículos automotores, por meio de tarifa. A tarifa não decorre de fiscalização ou manutenção, mas do próprio acesso direto à rodovia.

As receitas paralelas ou secundárias têm sua possibilidade prevista pelo artigo 11 da Lei n. 8.987/1995,[212] consistindo, geralmente, em receitas que dependem dos bens vinculados à prestação do serviço público, mas cuja obtenção não é imediata (receitas acessórias). Outros exemplos são receitas que podem ser provenientes de projetos associados à concessão, ou seja, projetos autônomos que estão associados expressamente ao objeto da concessão. Há, ainda, receitas complementares e receitas alternativas, como receitas financeiras, subsídios ou receitas de publicidade. Todas as receitas previstas no artigo 11 da Lei n. 8.987/1995 têm alguma vinculação com a prestação do serviço público. Essas possibilidades de auferir receitas distintas das obtidas pelas tarifas devem contribuir para a modicidade tarifária, beneficiando os usuários de um modo geral. A possibilidade de obtenção de receitas paralelas ou secundárias deve estar expressamente prevista no edital da concessão (artigo 18, VI da Lei n. 8.987/1995)[213] para que essas receitas possam ser consideradas parte do equilíbrio econômico financeiro do contrato.[214]

---

212 Artigo 11 da Lei n. 8.987/1995: "No atendimento às peculiaridades de cada serviço público, poderá o poder concedente prever, em favor da concessionária, no edital de licitação, a possibilidade de outras fontes provenientes de receitas alternativas, complementares, acessórias ou de projetos associados, com ou sem exclusividade, com vistas a favorecer a modicidade das tarifas, observado o disposto no art. 17 desta Lei.

Parágrafo único - As fontes de receita previstas neste artigo serão obrigatoriamente consideradas para a aferição do inicial equilíbrio econômico-financeiro do contrato".

213 Artigo 18, VI da Lei n. 8.987/1995: "O edital de licitação será elaborado pelo poder concedente, observados, no que couber, os critérios e as normas gerais da legislação própria sobre licitações e contratos e conterá, especialmente: VI - as possíveis fontes de receitas alternativas, complementares ou acessórias, bem como as provenientes de projetos associados".

214 Cf. ANDRADE, Letícia Queiroz de. *Teoria das relações jurídicas da prestação de serviço público sob regime de concessão*. São Paulo: Malheiros,

Nas palavras de Meirelles Teixeira:

> Realmente, ao fixar tarifas de um serviço público concedido, nada mais faz o Executivo que praticar um ato administrativo, um ato de alcance individual e concreto, **um ato de execução de uma lei preexistente, que determinou préviamente a taxa de lucros do concessionário, a remuneração a que tem direito,** dispositivo legal esse que também se costuma reproduzir nos contratos de concessão, a concretizar aquilo que os modernos tratadistas denominam a "equação financeira" do contrato.[215]

A tarifa consiste na remuneração básica do concessionário. A natureza jurídica da tarifa é a de preço público, dado que sua fixação e revisão são determinados pelo Estado, de acordo com uma determinada política tarifária. O serviço público pago mediante tarifa não é de prestação obrigatória, sendo sua remuneração proveniente não de toda a coletividade, mas dos usuários efetivos do serviço.[216]

A tarifa, como preço público, é um preço administrado. A definição clássica do que seria um preço administrado foi dada nos anos 1930 pelo economista Gardiner C. Means, que definiu o preço administrado como um conceito oposto ao do preço formado

---

2015, pp. 147-150. Vide, ainda: MOREIRA, Egon Bockmann. *Direito das Concessões de Serviço Público*: Inteligência da Lei n. 8.987/1995 (Parte Geral). São Paulo: Malheiros, 2010, pp. 413-417.

215 TEIXEIRA, J. H. Meirelles. *Separação de Poderes e Direito Adquirido na Concessão de Serviço Público*. São Paulo: Departamento Jurídico da Prefeitura do Município de São Paulo, 1956, p. 61 (grifos do autor).

216 TÁCITO, Caio. "O Preço Público nos Serviços Concedidos". *In*: ______. *Temas de Direito Público (Estudos e Pareceres)*. vol. 1. Rio de Janeiro: Renovar, 1997, pp. 800-804; BANDEIRA DE MELLO, Celso Antônio. *Curso de Direito Administrativo*. 28ª ed. São Paulo: Malheiros, 2011, pp. 742-745. Vide, ainda: GONÇALVES, Pedro. *A concessão de serviços públicos (uma aplicação da técnica concessória)*. Coimbra: Almedina, 1999, pp. 319-321.

no mercado: "By an administrated price I mean one which is set by administrated action and held constant for a period of time".[217]

Desde então, costuma-se contrapor os dois conceitos de preço, o preço administrado e o preço "privado". Os preços "privados" seriam o resultado da livre iniciativa e da ação econômica individual dos agentes que atuam no mercado. O significado prático dos preços "privados" cresce na medida em que a competição se afasta do modelo teórico da concorrência plena, pois, neste caso, os fornecedores influenciariam proporcionalmente a fixação dos preços.[218]

Já em relação aos preços administrados pelo Estado, Berndt Hauptkorn estabelece uma tipologia mais detalhada. Haveria três modalidades de preços administrados: os preços fixados pelo Estado, os preços administrados diretamente pelo Estado e os preços administrados indiretamente pelo Estado. Os preços fixos representam a alternativa de planejamento econômico em face dos princípios dos preços de mercado. A fixação e a modificação de preços atendem a critérios prioritariamente políticos e podem se afastar amplamente de alterações na relação entre oferta e demanda. Por sua vez, no caso dos preços administrados diretamente pelo Estado, pode-se dizer que o mecanismo econômico para formação de preços permanece fundamentalmente o mesmo, porém o poder estatal influencia diretamente um ou mais dos seguintes fatores, em maior ou menor grau: limite máximo de preço, estrutura de preço, nível geral de preço e dinâmica do desenvolvimento de preços. Finalmente, os preços administrados indiretamente pelo Estado são acarretados tanto por meio de tributos e outras imposições

---

217 MEANS, Gardiner C. "Price Inflexibility and the Requirements of a Stabilizing Monetary Policy". *Journal of the American Statistical Association*, vol. 30, 1935, p. 401.

218 HAUPTKORN, Berndt. *Preisrecht*: Ökonomische Rationalität und praktische Vernunft des allgemeinen und besonderen Rechts der Bildung und Verlautbarung von Preisen. Berlim: Duncker & Humblot, 2000, pp. 32/33.

que atuam gravosamente sobre os preços, como por subvenções ou isenções, que agem no sentido da redução dos preços.[219]

A tarifa de acesso, portanto, é regida pelo artigo 175, III da Constituição de 1988, e não pelo artigo 145, II da Constituição.[220] Isto porque a tarifa não tem natureza jurídica de taxa. A taxa tem regime jurídico tributário. O contribuinte paga sem necessariamente utilizar o serviço. A taxa é regulamentada exclusivamente por lei, enquanto a tarifa se submete também à regulação contratual.

Não existe, assim, a obrigação de usufruir o serviço público rodoviário. O acesso direto de um terreno particular à rodovia não se dá de forma obrigatória ou compulsória, mas a pedido direto do interessado e dentro de certas condições previamente determinadas pelo poder concedente.

---

219 HAUPTKORN, Berndt. *Preisrecht*: Ökonomische Rationalität und praktische Vernunft des allgemeinen und besonderen Rechts der Bildung und Verlautbarung von Preisen. Berlim: Duncker & Humblot, 2000, pp. 33-38. Hauptkorn menciona, ainda, a noção de "preços jurídicos" ("*juristische Preise*"), desenvolvida por Wilhelm Henke, que seriam qualquer preço formado segundo prescrições jurídicas (uma lei ou regulamento). Não se trata, aqui, do procedimento em si ou dos fins perseguidos pelo Estado ao impor preços administrados, mas tão somente da questão formal, se um preço corresponde ou não a uma prescrição jurídica. Cf. HAUPTKORN, Berndt. *Preisrecht*: Ökonomische Rationalität und praktische Vernunft des allgemeinen und besonderen Rechts der Bildung und Verlautbarung von Preisen. Berlim: Duncker & Humblot, 2000, pp. 39/40.

220 Artigo 145, II da Constituição de 1988: "A União, os Estados, o Distrito Federal e os Municípios poderão instituir os seguintes tributos: II - taxas, em razão do exercício do poder de polícia ou pela utilização, efetiva ou potencial, de serviços públicos específicos e divisíveis, prestados ao contribuinte ou postos a sua disposição".

3 A legalidade das normas estaduais sobre a cobrança de tarifa de acesso: o caso do estado de São Paulo

No âmbito das concessões, a esfera da normatividade de competência do Poder Legislativo da União, com fundamento no artigo 22, XXVII da Constituição de 1988,[221] está na elaboração da lei prevista no artigo 175 do texto constitucional, dentro das especificações elencadas no seu parágrafo único, a saber: o regime das empresas concessionárias, o caráter especial do contrato de concessão, as condições de caducidade, fiscalização e rescisão da concessão, os direitos dos usuários, a política tarifária e a obrigação de manter o serviço adequado. Esse conteúdo legislativo constitucionalmente determinado configurou-se em uma norma geral e nacional, a lei de concessões, Lei n. 8.987/1995, que instituiu o regime nacional único das concessões para todos os entes da Federação.[222]

Esta previsão constitucional expressa de uma lei nacional para o regime de concessões do país sequer é novidade introduzida pela Constituição de 1988, estando presente em todas as constituições anteriores, desde 1934:

> Artigo 137 da Constituição de 1934: "A lei federal regulará a fiscalização e a revisão das tarifas dos serviços explorados por concessão, ou delegação, para que, no interesse coletivo, os lucros dos concessionarios, ou delegados, não excedam

---

221 Artigo 22, XXVII da Constituição de 1988: "Compete privativamente à União legislar sobre: XXVII - normas gerais de licitação e contratação, em todas as modalidades, para as administrações públicas diretas, autárquicas e fundacionais da União, Estados, Distrito Federal e Municípios, obedecido o disposto no art. 37, XXI, e para as empresas públicas e sociedades de economia mista, nos termos do art. 173, § 1°, II".

222 Sobre o âmbito nacional da Lei n. 8.987/1995, vide, por todos: TÁCITO, Caio. "A Nova Lei de Concessões de Serviço Público". *In*: _____. *Temas de Direito Público (Estudos e Pareceres)*. vol. 1. Rio de Janeiro: Renovar, 1997, p. 777.

a justa retribuição do capital, que lhes permitta attender normalmente ás necessidades publicas de expansão e melhoramento desses serviços".

Artigo 147 da Carta de 1937: "A lei federal regulará a fiscalização e revisão das tarifas dos serviços públicos explorados por concessão para que, no interesse coletivo, delas retire o capital uma retribuição justa ou adequada e sejam atendidas convenientemente as exigências de expansão e melhoramento dos serviços.

A lei se aplicará às concessões feitas no regime anterior de tarifas contratualmente estipuladas para todo o tempo de duração do contrato".

Artigo 151 da Constituição de 1946: "A lei disporá sobre o regime das empresas concessionárias de serviços públicos federais, estaduais e municipais.

Parágrafo único – Será determinada a fiscalização e a revisão das tarifas dos serviços explorados por concessão, a fim de que os lucros dos concessionários, não excedendo a justa remuneração do capital, lhes permitam atender a necessidade de melhoramentos e expansão desses serviços. Aplicar-se-á a lei às concessões feitas no regime anterior, de tarifas estipuladas para todo o tempo de duração do contrato".

Artigo 160 da Carta de 1967:[223] "A lei disporá sobre o regime das empresas concessionárias de serviços públicos federais, estaduais e municipais, estabelecendo: I – obrigação de manter serviço adequado; II – tarifas que permitam a justa remuneração do capital, o melhoramento e a expansão dos serviços e assegurem o equilíbrio econômico e financeiro do contrato; III – fiscalização permanente e revisão periódica das tarifas, ainda que estipuladas em contrato anterior".

223 Este artigo foi renumerado para 167, mantendo-se a redação, pela Carta de 1969.

Em estudo clássico sobre o assunto, Geraldo Ataliba já afirmava que as leis nacionais têm em comum com as leis federais apenas o mesmo legislador, o Congresso Nacional. A lei federal diz respeito às competências da União, dirige-se à Administração Pública ou aos órgãos governamentais federais. A lei nacional abrange todos os brasileiros, sem distinção, transcendendo às esferas de divisão federativa de competências.[224] De acordo com Tercio Sampaio Ferraz Jr, a expressão "normas gerais" exige que seu conteúdo seja analisado de maneira teleológica. As "normas gerais" devem se reportar ao interesse fundamental da ordem federativa. Como a Federação brasileira tem por fundamento a solidariedade, que exige a colaboração de todos os seus integrantes, existe a necessidade de uniformização de certos interesses como base desta cooperação. Desta maneira, é matéria de "norma geral" toda aquela que ultrapassar o interesse particular de um ente federado porque é comum, ou seja, interessa a todos, ou envolver conceituações que, se fossem particularizadas num âmbito subnacional, gerariam conflitos ou dificuldades nacionalmente.[225]

A lei de concessões é, assim, nacional e federal. É uma lei nacional ao estruturar o regime das concessões para todo o país, determinando as regras que devem ser seguidas por todas as esferas

---

224 ATALIBA, Geraldo. "Normas gerais de Direito Financeiro e Tributário e autonomia dos Estados e Municípios: limites à Norma Geral – Código Tributário Nacional". *Revista de Direito Público*, nº 10, out./dez. 1969, pp. 49-51. Ainda sobra a questão da norma geral como norma nacional, vide as considerações de GRAU, Eros Roberto. *Licitação e Contrato Administrativo (Estudos sobre a Interpretação da Lei)*. São Paulo: Malheiros, 1995, pp. 9-13 e de BORGES NETTO, André Luiz. *Competências Legislativas dos Estados-Membros*. São Paulo: RT, 1999, pp. 136-143.

225 Cf. FERRAZ JUNIOR, Tercio Sampaio. "Normas gerais e competência concorrente – uma exegese do Art. 24 da Constituição Federal". *Revista Trimestral de Direito Público*, nº 7, 1994, pp. 18/19. Para uma crítica à doutrina publicista brasileira neste assunto, vide KRELL, Andreas Joachim. "A Constitucionalidade da Regulamentação da Lei de Consórcios Públicos (n. 11.107/05) por Decreto Presidencial". *Revista de Direito do Estado*, nº 5, jan./mar. 2007, pp. 353-355 e 362-367.

federativas. Por outro lado, ela é uma lei federal naquilo que diz respeito às concessões de serviços públicos de competência da União. Em suma, os serviços podem ser de concessão estadual ou municipal, mas a lei que regula a concessão é uma lei federal[226] (no caso, a Lei n. 8.987/1995).

Cumpre ressaltar, neste sentido, a posição de Francisco Campos, cuja opinião, embora elaborada sob a Constituição de 1934, se aplica plenamente ao texto de 1988:

> O fato de o art. 137 da Constituição prescrever que a fiscalização e a revisão das tarifas dos serviços públicos deverá ser regulada por lei federal não implica a atribuição ao governo federal da faculdade de organizar e conceder os serviços públicos de natureza estadual ou municipal. Se assim fosse, com efeito, a Constituição teria sido explícita, pois tal dispositivo viria, precisamente, de encontro ao princípio expresso na Constituição de que aos Estados e Municípios compete o governo ou a administração dos seus negócios ou interesses próprios e peculiares, e nada mais próprio ou peculiar a um governo do que os serviços públicos destinados a atender às exigências e necessidades da sua circunscrição.
>
> O que o art. 137 reserva à competência da União é apenas a emanação de normas gerais destinadas a regular o processo e os serviços a que se deva sujeitar a revisão das tarifas dos serviços públicos. A organização destes serviços, bem como a sua administração, e, portanto, o poder de delegá-los ou concedê-los, continuarão, porém, a ser do Estado ou do Município, desde que tais serviços se achem compreendidos na esfera de economia ao primeiro e ao segundo expressamente reservada pela Constituição como constituindo o

---

226 Vide, por todos: TEIXEIRA, J. H. Meirelles. *Separação de Poderes e Direito Adquirido na Concessão de Serviço Público*. São Paulo: Departamento Jurídico da Prefeitura do Município de São Paulo, 1956, pp. 71-76.

> domínio próprio do seu governo, da sua autoridade ou da sua jurisdição administrativa.
>
> Assim, em se tratando de serviços públicos estaduais ou municipais, caberá aos Estados ou aos Municípios a competência de organizá-los e concedê-los, bem como a de, na conformidade da lei federal que regular a matéria, nos termos do art. 137 da Constituição, rever as suas tarifas e fiscalizar a sua aplicação.[227]

A outorga da obra ou serviço em concessão depende de lei que a autorize, por se tratar de uma atividade típica do Estado. Nada impede, porém, que esta lei seja uma lei genérica ao indicar os serviços públicos ou as obras que poderão ser concedidas.[228]

Além da norma geral, a celebração de contratos de concessão exige a elaboração de vários atos jurídicos de alcance individual, voltados à execução da lei e editados pelo Poder Executivo ou seus órgãos.[229] Essa atuação específica, de concretização material das competências administrativas diz respeito à função normativa dos poderes do Estado.

Neste sentido, o jurista italiano Renato Alessi critica a concepção subjetiva da "separação de poderes" de Montesquieu, preferindo se ater à divisão material correspondente à distinção

---

227 CAMPOS, Francisco. "Serviços Públicos Concedidos – Regime da sua Exploração e das suas Tarifas". *In*: ______. *Direito Administrativo*. Rio de Janeiro: Imprensa Nacional, 1943, pp. 170/171.

228 CAMPOS, Francisco. "Serviços Públicos Concedidos – Regime da sua Exploração e das suas Tarifas". *In*: ______. *Direito Administrativo*. Rio de Janeiro: Imprensa Nacional, 1943, pp. 167/168; TEIXEIRA, J. H. Meirelles. *Separação de Poderes e Direito Adquirido na Concessão de Serviço Público*. São Paulo: Departamento Jurídico da Prefeitura do Município de São Paulo, 1956, pp. 49-53 e BANDEIRA DE MELLO, Celso Antônio. *Curso de Direito Administrativo*. 28ª ed. São Paulo: Malheiros, 2011, pp. 721/722.

229 TEIXEIRA, J. H. Meirelles. *Separação de Poderes e Direito Adquirido na Concessão de Serviço Público*. São Paulo: Departamento Jurídico da Prefeitura do Município de São Paulo, 1956, pp. 53-56.

das funções estatais: função normativa, função administrativa e função jurisdicional. Em relação à função normativa, por exemplo, trata-se da emanação de estatuições primárias (que operam por força própria), contendo preceitos abstratos a uma pluralidade indeterminada e, em princípio, indeterminável, de sujeitos. Portanto, função normativa, ou seja, o poder de produzir normas jurídicas, não coincide exclusivamente com a função legislativa, que depende da adoção do sistema organizatório da "separação de poderes". Deste modo, como bem demonstra Alessi, o exercício da Administração Pública implica também em atividades materialmente legislativas e jurisdicionais, fruto de competências próprias e normais atribuídas pela Constituição e pelas leis.[230]

Em um Estado de Direito, a atuação estatal se pauta pela legalidade, em todas as suas dimensões, estatuída de acordo com a hierarquia normativa estabelecida pela Constituição.[231] A legalidade é princípio constante, entre outros, do artigo 37, *caput* da Constituição de 1988.[232] Mesmo na seara econômica, em que a necessidade da rapidez das decisões e ações justifica a denominada "capacidade normativa de conjuntura",[233] com a atribuição de poderes normativos a órgãos do Executivo, a legalidade não pode ser violada. Neste sentido, em seu clássico *Direito Administrativo*

---

230 ALESSI, Renato. *Principi di Diritto Amministrativo*. vol. 1. Milano: Giuffrè, 1966, pp. 4-7 e 13-16.

231 MEYER, Holger Martin. *Vorrang der privaten Wirtschafts- und Sozialgestaltung Rechtsprinzip*: Eine Systematisch-axiologische Analyse der Wirtschaftsverfassung des Grundgesetzes. Berlim: Duncker & Humblot, 2006, pp. 308-315.

232 Art. 37, *caput* da Constituição de 1988: "A Administração Pública direta e indireta de qualquer dos Poderes da União, dos Estados, do Distrito Federal e dos Municípios obedecerá aos princípios de legalidade, impessoalidade, moralidade, publicidade e eficiência e, também, ao seguinte:".

233 Vide GRAU, Eros Roberto. "Crítica da 'separação dos poderes': as funções estatais, os regulamentos e a legalidade no Direito brasileiro - as 'Leis-Medida'". *In*: ______. *O Direito Posto e o Direito Pressuposto*. 7ª ed. São Paulo: Malheiros, 2008, pp. 230-233.

Econômico (*Wirtschaftsverwaltungsrecht*), Ernst Rudolf Huber já destacava o princípio da legalidade da administração econômica (*Prinzip der Gesetzmässigkeit der Wirtschaftsverwaltung*), ou seja, a obrigatoriedade de todos os atos administrativos econômicos terem fundamento legal.[234]

No entanto, quando se fala em legalidade e em lei, a primeira distinção necessária que se deve fazer é a entre lei em sentido formal e lei em sentido material. A lei em sentido material é sinônimo de norma jurídica, podendo ser estatuída pelos mais variados órgãos, desde que dotados de poder normativo para tanto. Já a lei em sentido formal é a lei propriamente dita, a lei como ato promulgado pelo Poder Legislativo, fruto do processo legislativo.[235]

No caso brasileiro, o artigo 5º, II da Constituição de 1988, que repete a clássica expressão "ninguém será obrigado a fazer ou deixar de fazer alguma coisa senão em virtude de lei", está tratando da lei em sentido material, da sujeição à norma jurídica em geral, ao ordenamento jurídico. A necessidade expressa de lei em sentido formal surge de forma destacada em outros dispositivos do texto constitucional, como, por exemplo, o artigo 5º, XXXIX, que determina que não há crime sem lei anterior que o defina, ou o artigo 150, I, que trata da legalidade tributária.[236]

---

234 HUBER, Ernst Rudolf. *Wirtschaftsverwaltungsrecht*. vol. 1, 2ª ed. Tübingen: Mohr, 1953, pp. 59/60.

235 FAGUNDES, Miguel Seabra. *O Controle dos Atos Administrativos pelo Poder Judiciário*. 5ª ed. Rio de Janeiro: Forense, 1979, pp. 20-25; LEAL, Victor Nunes. "Lei e Regulamento". *In*: ______. *Problemas de Direito Público*. Rio de Janeiro: Forense, 1960, pp. 65/66; VAZ, Manuel Afonso. *Lei e Reserva da Lei*: a causa da Lei na Constituição Portuguesa de 1976. 1ª reimpressão. Porto: Faculdade de Direito da Universidade Católica Portuguesa, 1996, pp. 17-31; MAURER, Hartmut. *Allgemeines Verwaltungsrecht*. 16ª ed. München: C. H. Beck, 2006, pp. 65 e 68/69.

236 FERREIRA FILHO, Manoel Gonçalves. *Do Processo Legislativo*. 3ª ed. São Paulo: Saraiva, 1995, pp. 200/201; GRAU, Eros Roberto. "Crítica da 'separação dos poderes': as funções estatais, os regulamentos e a legalidade no Direito brasileiro - as 'Leis-Medida'". *In*: ______. *O Direito Posto e o Direito*

Os regulamentos e atos normativos expedidos por órgãos do Poder Executivo, como decretos, resoluções, portarias, são, neste sentido, lei em sentido material, que se distinguem da lei em sentido formal não pelo seu conteúdo ou efeito vinculativo, mas pelo órgão elaborador das normas. Como foram promulgados por órgãos do Poder Executivo, atuam com base em uma lei em sentido formal, dependem de uma lei em sentido formal para serem válidos, vigentes e eficazes. Afinal, se o poder regulamentar não for limitado pela Constituição, alerta Forsthoff, corre-se o risco de se esvaziar o princípio da subordinação da Administração Pública à lei.[237]

A adoção de uma Constituição rígida reforça o regime da legalidade, pois implica na adoção de um sistema de hierarquia das fontes jurídicas. A Constituição, como norma de hierarquia mais alta que a da lei ordinária significa que o Poder Legislativo está subordinado ao Poder Constituinte. Geralmente, a Constituição é mais genérica que a lei ordinária, que é mais genérica do que os regulamentos ou outros atos normativos de hierarquia inferior, ou seja, há uma série escalonada de atos juridicamente relevantes que parte da Constituição, passa pela lei e pelos regulamentos até chegar aos atos meramente executivos. Como destaca Adolf Merkl, a Administração Pública se encontra envolvida de tal forma neste escalonamento de funções jurídicas que todas as ações administrativas são ações dentro desta estrutura escalonada e hierarquicamente estruturada.[238]

Pressuposto. 7ª ed. São Paulo: Malheiros, 2008, pp. 246/247. Em sentido contrário, entendendo que o dispositivo do artigo 5º, II da Constituição se refere à lei em sentido formal, vide BANDEIRA DE MELLO, Celso Antônio. *Curso de Direito Administrativo*. 28ª ed. São Paulo: Malheiros, 2011, pp. 101-105 e 344-351.

237 FORSTHOFF, Ernst. *Lehrbuch des Verwaltungsrecht*. vol. 1, 9ª ed. München: C. H. Beck, 1966, pp. 120-124 e 129/130; ALESSI, Renato. *Principi di Diritto Amministrativo*. vol. 1. Milano: Giuffrè, 1966, p. 419; MAURER, Hartmut. *Allgemeines Verwaltungsrecht*. 16ª ed. München: C. H. Beck, 2006, pp. 69-71.

238 MERKL, Adolf. *Teoría General del Derecho Administrativo*. Granada: Comares, 2004, pp. 219-223; LEAL, Victor Nunes. "Lei e Regulamento".

Deve-se considerar, ainda, as duas dimensões da legalidade: a supremacia da lei e a reserva da lei. A primeira dimensão da legalidade, diretamente vinculada à hierarquia das fontes jurídicas, é a da primazia ou supremacia da lei. Para Otto Mayer, a supremacia da lei é um ato de vontade estatal jurídica que implica na força da lei. A primazia da lei significa que a Administração Pública é obrigada a agir de acordo com a lei, ou seja, proíbe infrações ou violações às leis existentes.[239] Nas palavras de Victor Nunes Leal:

> Entre o regulamento e a lei, como acertadamente observou Duguit, não há diferença substancial, mas formal, não há diferença de natureza, mas de grau ou hierarquia. O regulamento, exatamente como a lei, é um ato de natureza normativa; a distinção reside na subordinação do regulamento à lei. Mas o regulamento não é mera reprodução da lei. É um texto mais minucioso, mais detalhado, que completa a lei, a fim de garantir a sua exata e fiel execução. É fundamental, entretanto, que nesta sua função de complementar a lei, não a infrinja.[240]

Da mesma maneira que os atos normativos do Executivo, em virtude da hierarquia das fontes jurídicas e da supremacia da lei, não podem revogar ou derrogar as leis ordinárias precedentes, assim como normatizar para além do que determinou a lei ordinária que os fundamenta, a matéria tratada pelos atos normativos do

---

In: ______. *Problemas de Direito Público*. Rio de Janeiro: Forense, 1960, pp. 62/63; FORSTHOFF, Ernst. *Lehrbuch des Verwaltungsrecht*. vol. 1, 9ª ed. München: C. H. Beck, 1966, pp. 118-120; MAURER, Hartmut. *Allgemeines Verwaltungsrecht*. 16ª ed. München: C. H. Beck, 2006, pp. 63-67.

239 MAYER, Otto. *Deutsches Verwaltungsrecht*. reimpr. da 3ª ed. Berlim: Duncker & Humblot, 2004, §6, nº 2, pp. 68/69; MAURER, Hartmut. *Allgemeines Verwaltungsrecht*. 16ª ed. München: C. H. Beck, 2006, p. 115; OSSENBÜHL, Fritz. "Vorrang und Vorbehalt des Gesetzes". *In*: ISENSEE, Josef; KIRCHHOF, Paul (Coord.). *Handbuch des Staatsrechts der Bundesrepublik Deutschland*. vol. 5, 3ª ed. Heidelberg: C. F. Müller, 2007, pp. 184-187.

240 LEAL, Victor Nunes. "Delegações Legislativas". *In*: ______. *Problemas de Direito Público*. Rio de Janeiro: Forense, 1960, p. 99 (grifos do autor).

Executivo, como os regulamentos e similares, hierarquicamente inferiores perante a lei, também não pode ser matéria reservada à disciplina legislativa formal (reserva de lei).[241] Esta é a segunda dimensão da legalidade, a da reserva de lei.[242] No nosso sistema constitucional, a reserva de lei, ou seja, o domínio exclusivo da lei ordinária deve ser constitucionalmente definido, afinal, trata-se de quais decisões políticas do Estado vão ganhar dignidade legislativa para obterem uma especial força jurídica.[243]

Estas considerações sobre as dimensões da legalidade, da supremacia e da reserva de lei, são extremamente úteis para que se possa traçar os contornos e os limites do poder normativo exercido, no caso do estado de São Paulo, por meio da edição do Decreto Estadual n. 30.374, de 12 de setembro de 1989 e da Portaria SUP/DER-078, de 23 de julho de 2001, instituindo uma série de direitos e obrigações aos concessionários de serviços públicos de rodovia no estado de São Paulo, cuja atuação é regulada pela Lei n. 8.987/1995, pela Lei estadual n. 7.835, de 08 de maio de 1992, e pela Lei estadual n. 9.361, de 05 de julho de 1996.

O Decreto Estadual n. 30.374/1989 prevê as condições sob as quais é possível a autorização de acesso aos terrenos particulares lindeiros às faixas de domínio das rodovias estaduais do estado de São Paulo. A autorização de acesso, sempre a título precário,

---

241 ALESSI, Renato. *Principi di Diritto Amministrativo*. vol. 1. Milano: Giuffrè, 1966, p. 421.

242 MAYER, Otto. *Deutsches Verwaltungsrecht*. reimpr. da 3ª ed. Berlim: Duncker & Humblot, 2004, §6, nº 3, pp. 69-73; VAZ, Manuel Afonso. *Lei e Reserva da Lei*: a causa da Lei na Constituição Portuguesa de 1976. 1ª reimpressão. Porto: Faculdade de Direito da Universidade Católica Portuguesa, 1996, pp. 31-37 e 139-145; MAURER, Hartmut. *Allgemeines Verwaltungsrecht*. 16ª ed. München: C. H. Beck, 2006, pp. 115-126; MONCADA, Luís S. Cabral de. *Lei e Regulamento*. Coimbra: Coimbra Ed., 2002, pp. 83-88.

243 FERREIRA FILHO, Manoel Gonçalves. *Do Processo Legislativo*. 3ª ed. São Paulo: Saraiva, 1995, pp. 201/202; MONCADA, Luís S. Cabral de. *Lei e Regulamento*. Coimbra: Coimbra Ed., 2002, p. 264.

depende da observância dos requisitos estipulados pelo Poder Público estadual, entre eles o pagamento das tarifas por ele determinadas (artigo 4º, *caput*):

> Artigo 4º, *caput* do Decreto Estadual n. 30.374/1989: "O deferimento do pedido de autorização de acesso ficará sujeito ao prévio pagamento de taxa de implantação e do compromisso de pagamento das tarifas calculadas conforme normas a serem baixadas pelo Departamento de Estradas e Rodagem do Estado de São Paulo – DER, de acordo com características das rodovias e dos estabelecimentos comerciais".[244]

Em atendimento ao disposto no artigo 4º, *caput* do Decreto Estadual n. 30.374/1989, o Departamento de Estradas e Rodagem do Estado de São Paulo (DER) editou a Portaria SUP/DER-078/2001, regulando a autorização de abertura de acessos a estabelecimentos comerciais localizados em terrenos lindeiros às rodovias estaduais paulistas e definindo a fórmula de cálculo e regras de pagamento de tarifa de acesso (artigo 6º da referida Portaria). E, conforme se depreende do artigo 6º da Portaria SUP/DER-078/2001, não existe qualquer lacuna normativa ou ausência de lei. Pelo contrário, o Poder Público exerceu na sua plenitude e de maneira objetiva e detalhada a competência normativa em definir o recolhimento da tarifa, o que corrobora, uma vez mais, a sua total adequação à Constituição e à legislação vigente.

Em uma análise destes textos normativos estaduais, pode-se chegar facilmente à conclusão de que no exercício pleno de sua

---

244 Além do Decreto Estadual n. 30.374/1989, há a previsão expressa da cobrança de tarifa de acesso no artigo 14, VI do Regulamento da Concessão dos Serviços Públicos de Exploração de Sistema Rodoviário Constituído pela Malha Rodoviária Estadual de Ligação entre as Regiões de São Paulo e Sorocaba (Decreto Estadual n. 41.722, de 17 de abril de 1996, depois substituído pelo Decreto Estadual n. 41.722, de 17 de abril de 1997): "Artigo 14: Constituem receitas da concessionária, a partir das datas previstas no edital: VI – cobrança de serviços de implantação e manutenção de acessos".

competência estadual e de suas funções normativas previstas constitucionalmente, o estado de São Paulo normatizou o acesso direto às rodovias estaduais por meio dos referidos decreto e portarias. O estado de São Paulo instituiu, assim, de forma absolutamente constitucional e legal os critérios para a abertura de acessos diretos de imóveis particulares às rodovias estaduais, as obrigações dos concessionários e dos beneficiários, inclusive a forma de sua remuneração por meio da tarifa de acesso.

Referências bibliográficas

ALESSI, Renato. *Principi di Diritto Amministrativo*. vol. 1. Milano: Giuffrè, 1966.

ANDRADE, Letícia Queiroz de. *Teoria das relações jurídicas da prestação de serviço público sob regime de concessão*. São Paulo: Malheiros, 2015.

ATALIBA, Geraldo. "Normas gerais de Direito Financeiro e Tributário e autonomia dos Estados e Municípios: limites à Norma Geral – Código Tributário Nacional". *Revista de Direito Público*, nº 10, out./dez. 1969.

BANDEIRA DE MELLO, Celso Antônio. "Concessão de Obra Pública e Concessão de Serviço Público – Pedágio: Natureza Jurídica". *In*: ______. *Pareceres de Direito Administrativo*. São Paulo: Malheiros, 2011.

______. *Curso de Direito Administrativo*. 28ª ed. São Paulo: Malheiros, 2011.

BANDEIRA DE MELLO, Oswaldo Aranha. *Princípios Gerais de Direito Administrativo*. vol. 1. Rio de Janeiro: Forense, 1969.

BORGES NETTO, André Luiz. *Competências Legislativas dos Estados-Membros*. São Paulo: RT, 1999.

BRASIL. *Constituição da República Federativa do Brasil de 1988*. Disponível em: http://www.planalto.gov.br/ccivil_03/constituicao/constituicao.htm. Acessado em: 03.06.2022.

CAMPOS, Francisco. "Serviços Públicos Concedidos – Regime da sua Exploração e das suas Tarifas". *In*: ______. *Direito Administrativo*. Rio de Janeiro: Imprensa Nacional, 1943.

CAVALCANTI, Themístocles Brandão. *Tratado de Direito Administrativo*. vol. 2, 5ª ed. Rio de Janeiro: Freitas Bastos, 1964.

DI PIETRO, Maria Sylvia Zanella. *Uso privativo de bem público por particular*. 2ª ed. São Paulo: Atlas, 2010.

DUARTE, Fabio Marcelo de Rezende. "Rodovias Concedidas – Competência para Autorização e Fechamento de Acessos". *In*: _____. *Estudos e Pareceres de Direito Rodoviário*. Rio de Janeiro: Temas & Idéias, 2002.

DUARTE, Fabio Marcelo de Rezende; DUARTE, Haroldo Fernandes. *Aspectos Jurídicos das Rodovias*. Rio de Janeiro: Mauad, 1997.

FAGUNDES, Miguel Seabra. *O Controle dos Atos Administrativos pelo Poder Judiciário*. 5ª ed. Rio de Janeiro: Forense, 1979.

FERRAZ JUNIOR, Tercio Sampaio. "Normas gerais e competência concorrente – uma exegese do Art. 24 da Constituição Federal". *Revista Trimestral de Direito Público*, nº 7, 1994.

FERREIRA FILHO, Manoel Gonçalves. *Do Processo Legislativo*. 3ª ed. São Paulo: Saraiva, 1995.

FORSTHOFF, Ernst. *Lehrbuch des Verwaltungsrecht*. vol. 1, 9ª ed. München: C. H. Beck, 1966.

GONÇALVES, Pedro. *A concessão de serviços públicos (uma aplicação da técnica concessória)*. Coimbra: Almedina, 1999.

GRAU, Eros Roberto. "Crítica da 'separação dos poderes': as funções estatais, os regulamentos e a legalidade no Direito brasileiro - as 'Leis-Medida'". *In*: _____. *O Direito Posto e o Direito Pressuposto*. 7ª ed. São Paulo: Malheiros, 2008.

_____. *A ordem econômica na Constituição de 1988 (Interpretação e Crítica)*. 14ª ed. São Paulo: Malheiros, 2010.

_____. *Licitação e Contrato Administrativo (Estudos sobre a Interpretação da Lei)*. São Paulo: Malheiros, 1995.

HAUPTKORN, Berndt. *Preisrecht*: Ökonomische Rationalität und praktische Vernunft des allgemeinen und besonderen Rechts der Bildung und Verlautbarung von Preisen. Berlim: Duncker & Humblot, 2000.

HUBER, Ernst Rudolf. *Wirtschaftsverwaltungsrecht*. vol. 1, 2ª ed. Tübingen: Mohr, 1953.

JUSTEN FILHO, Marçal. *Teoria geral das concessões de serviço público*. São Paulo: Dialética, 2003.

KRELL, Andreas Joachim. "A Constitucionalidade da Regulamentação da Lei de Consórcios Públicos (n. 11.107/05) por Decreto Presidencial". *Revista de Direito do Estado*, nº 5, jan./mar. 2007.

LEAL, Victor Nunes. "Delegações Legislativas". *In*: _____. *Problemas de Direito Público*. Rio de Janeiro: Forense, 1960.

_____. "Lei e Regulamento". *In*: _____. *Problemas de Direito Público*. Rio de Janeiro: Forense, 1960.

MASAGÃO, Mário. *Natureza Jurídica da Concessão de Serviço Público*. São Paulo: Livraria Acadêmica, 1933.

MAURER, Hartmut. *Allgemeines Verwaltungsrecht*. 16ª ed. München: C. H. Beck, 2006.

MAYER, Otto. *Deutsches Verwaltungsrecht*. reimpr. da 3ª ed. Berlim: Duncker & Humblot, 2004.

MEANS, Gardiner C. "Price Inflexibility and the Requirements of a Stabilizing Monetary Policy". *Journal of the American Statistical Association*, vol. 30, 1935.

MERKL, Adolf. *Teoría General del Derecho Administrativo*. Granada: Comares, 2004.

MEYER, Holger Martin. *Vorrang der privaten Wirtschafts- und Sozialgestaltung Rechtsprinzip*: Eine Systematisch-axiologische Analyse der Wirtschaftsverfassung des Grundgesetzes. Berlim: Duncker & Humblot, 2006.

MONCADA, Luís S. Cabral de. *Lei e Regulamento*. Coimbra: Coimbra Editora, 2002.

MOREIRA, Egon Bockmann. *Direito das Concessões de Serviço Público*: Inteligência da Lei n. 8.987/1995 (Parte Geral). São Paulo: Malheiros, 2010.

OSSENBÜHL, Fritz. "Vorrang und Vorbehalt des Gesetzes". *In*: ISENSEE, Josef; KIRCHHOF, Paul (Coord.). *Handbuch des Staatsrechts der Bundesrepublik Deutschland*. vol. 5, 3ª ed. Heidelberg: C. F. Müller, 2007.

TÁCITO, Caio. "A Nova Lei de Concessões de Serviço Público". *In*: _____. *Temas de Direito Público (Estudos e Pareceres)*. vol. 1. Rio de Janeiro: Renovar, 1997.

______. "O Preço Público nos Serviços Concedidos". *In*: ______. *Temas de Direito Público (Estudos e Pareceres)*. vol. 1. Rio de Janeiro: Renovar, 1997.

TEIXEIRA, J. H. Meirelles. *Separação de Poderes e Direito Adquirido na Concessão de Serviço Público*. São Paulo: Departamento Jurídico da Prefeitura do Município de São Paulo, 1956.

VAZ, Manuel Afonso. *Lei e Reserva da Lei*: a causa da Lei na Constituição Portuguesa de 1976. 1ª reimpressão. Porto: Faculdade de Direito da Universidade Católica Portuguesa, 1996.

CAPÍTULO IX

A RELEVÂNCIA DA GOVERNANÇA COMO ASPECTO ESG EM SETORES REGULADOS

Ana Carolina Kliemann Dutra
Jackeline Belluzzo Malieno Nogueira

Introdução

Em 2020, testemunhamos um crescimento importante da presença do termo *ESG* (*environmental, social and governance*) na agenda das empresas, investidores e mesmo no setor público.[245] Apesar de

245 Um exemplo foi o lançamento da agenda de sustentabilidade ambiental do Banco Central em 08/09/2020, com ações que incluem campanhas interna e criação de linha de crédito. Como consta no site do Bacen, "a dimensão da sustentabilidade foi inserida na agenda institucional BC# e inclui desde campanhas internas conscientização ambiental, incorporação de cenários de riscos climáticos em testes de estresse do BC, até a adoção de medidas mais abrangentes, como a criação de uma linha financeira de liquidez sustentável para instituições bancárias". (VILELA, Pedro Rafael. "Banco Central lança agenda de sustentabilidade ambiental". *Agência Brasil*, Brasília, 08 de set. 2020. Disponível em: https://agenciabrasil.ebc.com.br/economia/

não ser nenhuma novidade, ESG protagonizou muitas manchetes e se tornou um termo corrente no mercado financeiro e na mídia. Empresas passaram a adotar a expressão de forma ostensiva, descrevendo práticas e iniciativas publicamente. Houve, ainda, uma adesão significativa pelas instituições privadas aos ODS (Objetivos para o Desenvolvimento Sustentável), relacionando suas atividades a impactos positivos em contribuição à Agenda 2030 da Organização das Nações Unidas (ONU),[246] além de várias manifestações coletivas dos empresários em temas relacionados à preservação da Amazônia,[247] Covid-19 (manutenção de empregos, saúde e segurança, vacinação) e mudança de clima (especialmente ações direcionadas a emissões de gases de efeito estufa).[248]

Vemos essa movimentação de forma bastante positiva e um passo importante para atração de investidores (tanto internos quanto estrangeiros) para setores estratégicos, como o de infraestrutura. Um cenário regulatório alinhado a práticas ESG e empresas que verdadeiramente implementam essas métricas podem, inclusive, a nosso ver, contribuir para um melhor desempenho na busca de um

---

noticia/2020-09/banco-central-lanca-agenda-de-sustentabilidade-ambiental. Acessado em: 19.05.2022).

246 Os 17 Objetivos de Desenvolvimento Sustentável foram lançados em 2015 pelas Nações Unidas como parte da Agenda 2030 para o Desenvolvimento Sustentável, cujo objetivo é elevar o desenvolvimento do mundo e melhorar a qualidade de vida das pessoas. Para mais informações: https://sdgs.un.org/goals.

247 Entre as mais significativas, está o Comunicado do Setor Empresarial Brasileiro, coordenado pelo Conselho Empresarial Brasileiro para o Desenvolvimento Sustentável (CEBDS), dirigido aos Poderes Executivo, Legislativo e Judiciário que destacou "a atenção e preocupação com o impacto nos negócios da atual percepção negativa da image do Brasil no exterior em relação às questões socioambientais na Amazônia". (CEBDS. *Setor empresarial cobra agenda sustentável do governo brasileiro*. 07 de jul. 2020. Disponível em: https://cebds.org/setor-empresarial-cobra-agenda-sustentavel-do-governo-brasileiro/#.YKFiWKhKhzo. Acessado em: 19.05.2022).

248 Exemplo de iniciativa é o movimento *Transform to Net Zero* (https://transformtonetzero.org/) (Danone, Microsoft, Natura & Co, Nike entre outras empresas).

posicionamento mais próximo de países desenvolvidos no *rating* da publicação *Doing Business* do Banco Mundial.[249]

Se por um lado, no entanto, o emprego corrente do termo *ESG* pode impulsionar os investimentos em infraestrutura no país, por outro seu uso sem o devido respaldo em ações concretas e significativas (no sentido de serem materiais) pode banalizar o assunto e colocar o setor em descrédito.

Neste breve artigo, pretendemos abordar a importância dos aspectos relacionados a Governança (*Governance*) para o setor de rodovias no Brasil, considerando as questões relacionadas a (i) práticas anticorrupção e (ii) atendimento do Marco Regulatório.

1 Afinal, o que é ESG?

Embora o termo ESG seja usado com frequência, o seu conceito ainda não é uma unanimidade, nem seu alcance conhecido de forma geral. É sabido que *ESG* é o acrônimo de *environmental, social and governance*, ou, em português, (meio) ambiente, social e governança (ASG). A questão que entendemos relevante responder, no entanto, é como essas "palavras" são transformadas em ações e como afetam a rotina das empresas. Neste contexto, o que seria, afinal, *ESG*?

Incorporar fatores ESG nas empresas é considerar aspectos ambientais, sociais e de governança na **tomada de decisões** (portanto, práticas de ***boa governança***), seja sob a perspectiva de riscos, seja sob a perspectiva de oportunidades de negócios.

Adotar esse mecanismo implica avaliar, inicialmente, quais os temas relevantes para o negócio em si (no termo técnico, "dupla

---

249 Para fins de referência, no *Doing Business 2020*, o Brasil ficou na 124ª posição, com 59.1 pontos, atrás de Chile (72.6), Colombia (70.1) e Peru (68.7), não perdendo apenas para Paraguai (59.1) e Argentina (59.0) (https://www.doingbusiness.org/en/doingbusiness).

materialidade") e, em um segundo momento, atribuir responsabilidades (governança), monitoramento (KPIs – *key performance indicators*) e metas.

Utiliza-se o termo *dupla materialidade* para indicar que devem ser observados dois aspectos: (i) os *efeitos internos* (como os aspectos ESG afetam o negócio) e (ii) *efeitos externos* (como a atividade da empresa afeta aspectos ambientais, sociais e de governança relacionados à sociedade, meio ambiente e mercado).

Se uma empresa, por exemplo, atua em setor regulado, práticas de governança e anticorrupção são relevantes, e as decisões tomadas, independentemente do nível hierárquico em que elas ocorrem, devem considerar efeitos internos (práticas internas relacionadas à prevenção de corrupção) e externos (o histórico da indústria e a atuação dos órgãos públicos). Em outro exemplo, se uma indústria faz uso de recursos naturais em quantidades expressivas (água, insumos, energia), da mesma forma deve considerar os aspectos ambientais em seu processo de tomada de decisão, e avaliar como usar tais recursos de forma mais eficiente, e como contribuir para que não se tornem escassos e afetem severamente a operação.

Atualmente, não há uma exigência legal para que fatores ESG sejam incorporados na tomada de decisão de administradores (no conceito técnico da Lei das Sociedades Anônimas).[250] Isso, no entanto, não diminui a importância do tema, nem libera executivos de terem em conta tais fatores, considerando os diversos estudos que revelam os benefícios para o negócio e para os acionistas, por consistirem em boa prática para perenidade do negócio e estratégia de longo prazo. Neste contexto, ainda que não haja uma

---

250 Sobre a análise obrigação legal ou dever ético da incorporação de aspectos ESG por administradores, recomendamos a leitura do artigo: PITTA, Cláudia. *ESG*: Escolha ou Dever. Disponível em: https://www.linkedin.com/pulse/esg-escolha-ou-dever-claudia-pitta/?trackingId=PV67K4c8QAmj6gHT7p-GowQ%3D%3D. Acessado em: 19.05.2022.

obrigação legal clara, considerar aspectos ESG seria corolário do dever fiduciário do administrador.

Vale mencionar que ESG não pode ser *reduzido* a informações que as empresas publicam em relatórios sobre suas ações "sustentáveis", ações de filantropia ou projetos e ações internas de pouca representatividade para a indústria onde atua. ***ESG é uma metodologia, uma forma de conduzir os negócios,*** **e precisa estar incorporado nas ações, políticas e procedimentos das empresas para que se tornem ações práticas,** rotineiras.

2 Infraestrutura no Brasil: *gap* de investimentos e a agenda ESG

Em 2019, o Fórum Econômico Mundial, em parceria com o Banco Interamericano de Desenvolvimento (BID), publicou um *paper* trazendo uma importante provocação: do total de **R$ 205 bilhões** de investimentos necessários no setor de infraestrutura no Brasil para o período de 2019-24, **mais da metade** é esperado que seja de **origem privada** (em oposição a recursos públicos).

É um valor bastante expressivo e que exige esforços do (i) governo, para gerar um ambiente propício e adequado *Rule of Law* para o recebimento dos investimentos, das (ii) agências reguladoras para garantia da segurança jurídica e boa-fé na aplicação das condições contratuais e regulatórias, e das (iii) próprias empresas ou concessionárias, assegurando o uso adequado e eficiente dos recursos dos acionistas (investidores).

Um bom ambiente ESG pode contribuir enormemente para que os investimentos privados necessários em infraestrutura aconteçam: seja no aspecto de *Rule of Law*, segurança jurídica (que dependem da esfera pública), **quanto na agenda dos executivos que lideram as companhias.**

Vale ressaltar que Investidores Institucionais (como fundos de pensão, fundos soberanos entre outros) estão preocupados com aspectos ESG pelos impactos financeiros, mas também impactos reputacionais: os investimentos buscam perenidade e resiliência, para assegurar retorno, e compromisso ético para que a empresa tenha "licença social para operar" (*social license to operate*).[251] E se antes ESG era "nicho", tornou-se, indubitavelmente, *mainstream*, como explica Robert G. Eccles, professor da *Said Business School* da Universidade de Oxford, ao relatar que, em entrevistas conduzidas com os maiores gestores de ativos do mundo, ESG foi um tema universal e *top of mind* para todos.[252]

Em nossa opinião, acreditamos de fato que para que esses investimentos em infraestrutura aconteçam no volume e no tempo necessários para que o Brasil desenvolva um ambiente propício para melhorias significativas nos setores **sociais e econômico**, a incorporação de aspectos ESG é absolutamente necessária.

O desafio é *como os executivos* podem agir e o que seria esperado das empresas para concretizarem tais ações. Embora o assunto pareça, à primeira vista, complexo, na verdade podemos identificar várias iniciativas ESG já vigentes.

No caso de concessão de rodovias, o Governo do Estado de São Paulo, com apoio do *International Finance Corporation* (IFC),

---

251 Licença Social para Operar ou *Social License to Operate* (SLO) é o termo utilizado pelo setor para retratar a relação de confiança que uma determinada empresa cria com a comunidade onde atua, incluindo empregados, órgãos públicos, investidores e público em geral. A sua definição, em critérios objetivos, é bastante complicada, assim como o é determinar como ela mensurada. Apesar disso, não há dúvida sobre seu valor e da necessidade de as empresas preocuparem-se com o tema, inclusive e especialmente em nível estratégico (ou seja, no âmbito do Conselho de Administração).

252 ECCLES, Robert G.; KLIMENKO, Svetlana. "The Investor Revolution". *Harvard Business Review*, mai.-jun. 2019, pp. 106-116. Disponível em: https://hbr.org/2019/05/the-investor-revolution. Acessado em: 19.05.2022.

tem atuado de forma bastante ativa na inclusão desses aspectos na agenda das concessões.

Como exemplo, citamos a obrigação, prevista no Contrato de Concessão[253] de implementação de Programas de Integridade. A título de exemplo, citamos o quanto disposto no contrato de concessão do Lote Centro-Oeste Paulista, Concorrência Internacional 03/16:[254]

> 16.1. Constituem as principais obrigações da CONCESSIONÁRIA, sem prejuízo das demais obrigações expressas neste CONTRATO, podendo seu descumprimento acarretar a sujeição às penalidades cabíveis de acordo com o regramento estabelecido pelo ANEXO XI:
>
> (...)
>
> xliii. Adotar as melhores práticas definidas pela Lei federal n. 12.846/2014, inclusive implementando os mecanismos de integridade na forma descrita artigos 41 e 42 do Decreto Federal n. 8420/2015 e no Decreto Estadual n. 60.106/2015 ou outra lei ou regramento que os substituam ou alterem.

É importante lembrar que a Lei n. 12.846/13, conhecida com a Lei da Empresa Limpa ou Lei Anticorrupção, não impõe como mandatória a implementação de programas de integridade. No momento que governo e órgão regulador elegem esse tema como prioritário e o colocam como *obrigação contratual* claramente estão preocupados com os aspectos de *Governança* (ou *Governance*, no *ESG*).

Outro exemplo recente são as condições trazidas no edital de concessão do lote Piracicaba Panorama, concessão de 1.273 km de rodovia realizada em 2019 via concorrência internacional 01/19:

---

253 Obrigação constante nos contratos das etapas mais recentes do Programa de Concessões Rodoviárias do Governo do Estado de São Paulo.

254 ARTESP. *Contrato de concessão*. Disponível em: http://www.artesp.sp.gov.br/Style%20Library/extranet/transparencia/contratos-de-concessao.aspx. Acessado em: 19.05.2022.

I. **No aspecto *G***, *c*omo boa prática de governança, para trazer transparência e equidade nas relações comerciais, o contrato de concessão impôs à companhia concessionária que desenvolvesse uma Política de Transações com Partes Relacionadas: item 26.8 "A CONCESSIONÁRIA deverá, em até 1 (mês) contado do início da vigência deste CONTRATO, desenvolver, publicar e implantar POLÍTICA DE TRANSAÇÕES COM PARTES RELACIONADAS, observando, no que couber, as melhores práticas recomendadas pelo Código Brasileiro de Governança Corporativa - Companhias Abertas, editado pelo Grupo de Trabalho Interagentes (GT Interagentes), coordenado pelo Instituto Brasileiro de Governança Corporativa (IBGC), bem como nas disposições do Regulamento do Novo Mercado, ou por aqueles que venham a substitui-lo como referência perante a Comissão de Valores Mobiliários – CVM, e contendo, no mínimo, os seguintes elementos: (...)";[255]

II. **No aspecto *E***, consta com obrigação contratual "a elaboração e implementação, durante todo o prazo de concessão, de medidas para redução ou compensação da emissão ou produção de gases de efeito estufa nos serviços de operação do sistema rodoviário".[256]

É fato que obrigações como essas passarão, cada vez mais, a serem incorporadas em textos legais e documentos contratuais. Assim como os programas de integridade e a aderência à Lei Anticorrupção passaram a ser amplamente adotados e até mesmo motivo de desconfiança quando uma empresa não o faz, também

---

255 Informações disponíveis em: http://www.parcerias.sp.gov.br/Parcerias/Projetos/Detalhes/145, consultado em 22.06.2021.

256 Contrato de Concessão; Item p) do art. 5 do Anexo I, que descreve os Serviços Delegados: ARTESP. *Contrato de concessão*. Disponível em: http://www.artesp.sp.gov.br/Style%20Library/extranet/transparencia/contratos-de-concessao.aspx. Acessado em: 19.05.2022.

a integração de aspectos ESG na tomada de decisão e definição de políticas internas das empresas serão adotadas, *apesar da ausência* de obrigação legal estrita neste sentido.

3 Governança: o papel do Programa de Integridade em setores regulados

Até aqui, nosso objetivo foi ressaltar a importância *prática* dos aspectos ESG nas empresas, em especial nos setores que dependem de altos investimentos para executarem suas atividades. Apesar de breve, esperamos que nosso(a) leitor(a) tenha percebido as implicações práticas do termo e, ainda mais importante, que o contexto é positivo para todos os envolvidos: investidores e acionistas, empregados, governo e comunidade. Em todos os aspectos, ambientais, sociais e de governança, o objetivo é agir com transparência, ética e responsabilidade, em relação a pessoas e ao planeta.

Dito isso, pretendemos, com esse artigo, expor a relevância de ter-se um Programa de Integridade e práticas robustas de Governança.

Em grande medida, as atividades de infraestrutura são consideradas serviços essenciais e muitas vezes alçados a categoria de serviços públicos pela Constituição da República. As implicações são relevantes: a atuação da empresa que entrega serviços públicos concedidos é altamente regulada, com grande exposição sobre o *impacto* na economia e na sociedade.

Desempenho financeiro, portanto, não é o único fator de avalição de performance. O seu desempenho **reputacional** e a **adequação e qualidade** dos serviços também extremamente relevantes. O desenvolvimento de regiões, o desempenho de outras indústrias e mesmo a qualidade de vida de populações dependem intrinsicamente de serviços considerados como de *infraestrutura* (transporte, logística, saneamento, energia/eletricidade, acesso à internet entre tantos outros exemplos).

É parte, ainda, da dinâmica da atuação da empresa *concessionária*, a **constante** interação com órgãos públicos.

Todos esses elementos impõem a necessidade de uma **governança robusta**, que sejam claros os papéis e responsabilidades de cada um na empresa, alçadas de tomada de decisão e quando é mandatório o envolvimento do Poder Público. E como um "capítulo" da governança corporativa, estão as regras e procedimentos de combate à corrupção.

4 Programa de Integridade e geração de valor

Nem todos os projetos conduzidos em uma empresa podem ser mensurados em linhas de "custo" e "receita", CAPEX *vs* OPEX, ou com "expectativa de retorno" em curto, médio e longo prazo. Alguns projetos têm impacto importante, por vezes mesmo essencial, mas são vistos apenas na linha do "custo" (e muitas vezes, com "custo indireto"). A implementação e manutenção do Programa de Integridade acabam entrando nessas rubricas.

Temos, no entanto, outra visão sobre o tema. Programas de Integridade bem implementados são muito mais do que uma boa prática de governança ou uma obrigação prevista no contrato de concessão: são investimentos.

Não há um modelo único de Programa de Integridade que possa ser adotado no setor de infraestrutura, mas a sua qualidade e seriedade definem o *tom* da cultura organizacional e trazem ganhos significativos para a empresa e seus acionistas. Com ainda mais relevância nos casos em que se está diante de uma concessionária de serviços públicos.

Para além de práticas anticorrupção, a nosso ver, Programas de Integridade tem um papel importante nos processos de tomada de decisão de todas as áreas da companhia. Com efeito, os Programas devem ser construídos de forma coerente com (i) a estrutura societária, (ii) com o setor econômico de atuação (especialmente por questões de riscos), e devem partir (iii) do compromisso da alta administração e (iv) estar alinhado à estratégia da companhia. Neste contexto, trazem segurança jurídica e transparência para todos os stakeholders: acionistas e investidores, órgãos reguladores, empregados, fornecedores e sociedade.

E como podemos implementar Programa de Integridade?

É muito importante que as regras e o que é esperado estejam claros para todos. O Códigos de Ética e de Conduta desempenha uma função essencial, como orientação geral. Ele é a pedra angular do Programa.

As políticas e os procedimentos internos, com regras claras sobre doações e patrocínios, brindes e presentes, interação com agentes públicos e conflitos de interesse, e sua respectiva distribuição e divulgação adequadas, apoiam na construção de uma cultura de *compliance* ao estabelecerem normas e padrões de comportamento.

Os documentos, somados a um efetivo *tone of the top*,[257] trazem transparência e assertividade no cumprimento de obrigações. É importante lembrar que, no caso de concessionárias de serviços públicos, como é a realidade de muitas das empresas que atuam no setor de infraestrutura, a interação com o setor público é frequente. Todos aqueles que desenvolvem atividades nessa frente precisam receber orientações adequadas sobre o que é permitido

257 Quando o apoio e engajamento ao Programa vêm das altas instâncias de decisão da companhia (presidência, vice-presidência, conselhos de administração, assembleias gerais e diretorias) – “Tone of the Top” - até à operação empresarial, há a difusão da cultura de integridade. Se faz na prática, aquilo que se prega (“walk the talk”). E isso é muito importante, porque a alta direção permanece “como alvo de maior atenção dos funcionários, sendo seus atos ‘imitados’ naturalmente, por admiração, por sinais de lealdade, por receio ou por qualquer outra razão”. COMPLIANCE TOTAL. *Tone from the Top*. Disponível em: https://www.compliancetotal.com.br/compliance/tone-from-the-top. Acessado em: 19.05.2022.

e o que não é, seja do ponto de vista legal, seja do ponto de vista principiológico (moral e ético).

Elucidando com casos práticos, em concessionárias de rodovias, essa interação ocorre o tempo todo quando são fiscalizadas, na obtenção de licenças, na realização de reuniões com o poder concedente e diversas outras interações que, numa análise de risco, são consideradas atividades potencialmente sensíveis, do ponto de vista de *compliance*.

Temos percebido, recentemente, uma movimentação nas interações privadas, trazendo as áreas públicas para debates relevantes sobre integridade, mostrando os benefícios e vantagens para implantação de mecanismos de *compliance* no setor público. Tais iniciativas são relevantes, pois as ações de *compliance* são muito difundidas nas organizações privadas, mas é preciso que ocorra o mesmo no setor público, já que nas relações público-privadas deve haver uma via de mão dupla. Ambos atuando a partir de estruturas sólidas de conformidade, com princípios morais e éticos, estabelece-se uma relação de ganha-ganha.

Podemos citar como exemplo de implementação de mecanismos de integridade na Administração Pública Direta, o caso do Ministério da Infraestrutura, que diante de casos históricos de irregularidades em desvio de recurso público, criou em sua estrutura a Subsecretaria de Conformidade e Integridade e lançou o Programa Radar Anticorrupção, voltados ao combate e prevenção à fraude, à corrupção, conflito de interesses e outras irregularidades na pasta, demonstrando ser possível a implementação de um plano de integridade no setor público, com indicadores positivos.[258]

Dando seguimento aos itens da implementação de um Programa de *Compliance*, é de extrema relevância, também, uma

---

258 Vide GOVERNO FEDERAL. *Balanço da Subsecretaria de Conformidade e Integridade*. Disponível em: https://www.gov.br/infraestrutura/pt-br/acesso-a-informacao/transparencia-e-prestacao-de-contas/pagina-inicial-radar-anticorrupcao. Acessado em: 19.05.2022.

adequada *governança* do Programa de Integridade. Neste ponto, a nomeação do *Compliance Officer* é fator chave. O(a) *Compliance Officer* é o(a) profissional responsável pela orientação e promoção do Programa de Integridade, e pelo diálogo com a alta direção, com apresentação de soluções e resultados.

A divulgação do Programa de Integridade dá-se por uma ampla comunicação interna periódica orientativa sobre o tema e é incorporado através de treinamentos recorrentes, exposição de *cases* práticos sobre como resolver eventuais dilemas, para que os colaboradores tenham compreensão da utilidade das regras e procedimentos internos e da aplicação. Quando o Programa é disseminado com linguagem clara e didática, os colaboradores passam a entender sua importância e o setor de *Compliance* deixa de ser visto como o "famoso" setor fiscalizador.

A instituição de canais de ética, com reportes tratados de forma anônima e confidencial, é parte fundamental tanto para a efetividade quanto paro o monitoramento. As empresas devem estar abertas ao recebimento de informações, seja de colaboradores, fornecedores ou quaisquer terceiros, assegurando que não haja retaliação. Sem esta ferramenta, o Programa de Integridade pode perder força e efetividade.

Outro aspecto relevante do Programa de Integridade, são as práticas adotadas na contratação de terceiros. São recomendadas a (i) a realização de *diligência de integridade*[259] e (ii) processos robustos de cadastro, por meio dos quais os terceiros são convidados a prestarem informações sobre suas estruturas e práticas de integridade. Para as empresas, este processo agrega muito valor ao

259 Em concessões de rodovias, são inúmeros os contratos firmados, em função de obrigação contratual, entre outras, de realização de serviços de conservação e ampliação do sistema rodoviário. Implementar estruturas de governança adequadas que atendam as melhores práticas de mercado são importantes para monitorar situações que possa ser avaliadas como corrupção ou com conflito de interesses.

apoiar na seleção de terceiros mais bem preparados para prestação de serviços e fornecimento de bens, reduzindo riscos de imputação de responsabilidade legal subsidiária ou solidária e mesmo situações de inadimplemento contratual.

A elaboração de contratos também demanda atenção a aspectos relacionados ao Programa de Integridade e práticas anticorrupção. Incluir cláusulas de *Compliance* que permitam, entre outros, auditar a contratada, com relação à conformidade com a lei e até rescisão do contrato, na prática de ato de corrupção ou de qualquer ato que viole as leis anticorrupção, são ferramentas de mitigação de riscos e proteção de interesses da empresa, frente a potenciais danos reputacionais e financeiros.

O Programa de Integridade deverá ser monitorado, revisado, utilizando-se indicadores de desempenho. Ainda que ocorra alguma irregularidade ou algum ato ilícito, apesar das medidas preventivas, é importante que sejam adotadas medidas disciplinares proporcionais previstas no Programa, através de procedimento claro, observando-se os direitos de todos os envolvidos, inclusive o devido processo legal (defesa e contraditório) daqueles que forem envolvidos em denúncias.

Considerando-se todos os aspectos citados, e a riqueza de informações e boas práticas que são implementadas nas rotinas das empresas com a adoção de Programas de Integridade, é inegável que há geração de valor para todos os stakeholders.

Com efeito, o Programa de Integridade, por ser a tradução do compromisso com a ética, integridade e transparência no dia a dia da empresa, representa real valor competitivo de mercado, melhorando a performance porque estabelece relações pautadas em confiança.

Com relação às concessionárias de rodovias paulistas, a agência que as regula, as avalia e premia, anualmente, por um instrumento complementar e extracontratual, pelo desempenho nos serviços prestados. Sendo que um dos indicadores é referente a ações de *compliance*, o qual, "objetiva avaliar se a concessionária adota medidas éticas e transparentes com vistas a orientar as ações e decisões da empresa, otimizando a governança corporativa, baseando-se em regras e padrões éticos. Os Canais de Ética/ *Compliance* são tendência mundial que consiste em repensar e desenvolver mecanismos de controle interno nas companhias, aumentando a transparência dos seus procedimentos e diminuindo os riscos de práticas aéticas".[260]

Tal fato só reforça a importância do tema no setor regulado e como agrega valor à companhia que adota tais mecanismos, de forma eficiente.

Considerações finais

Como abordado ao longo deste artigo, é nossa opinião que a incorporação de aspectos ESG na estratégia das empresas, com enfoque especial para implementação de Programas de Integridade como um aspecto de *Governance* é fator essencial para construção de relações de confiança e, portanto, de longo prazo, como são os investimentos em infraestrutura.

Está mais do que na hora de as empresas incorporarem aspectos ESG nos processos e políticas corporativos. A Governança Corporativa[261] é ponto relevante neste aspecto e o Programa de

---

260 ARTESP. *Regulamento - Prêmio Concessionária do Ano 7ª edição*. Disponível em: http://www.artesp.sp.gov.br/Shared%20Documents/Regulamento_7%C2%AA%20Edi%C3%A7%C3%A3o%20Pr%C3%AAmio%20Concession%C3%A1ria%20do%20Ano_Ano%20Base%202021-rv.pdf. Acessado em: 19.05.2022.

261 A Governança Corporativa é um sistema pelo qual as empresas são dirigidas e monitoradas, cuja finalidade é preservar e otimizar o valor econômico de longo prazo, facilitando o acesso a recursos e investimentos, contribuindo para a qualidade da gestão. IBGC. *Governança Corporativa*. Disponível em:

Integridade essencial por ser a tradução prática de valores relevantes como ética, integridade e transparência.

Esperamos ter demonstrado a importância dos aspectos relacionados a Governança (*Governance*) para o setor de rodovias no Brasil, considerando as questões referentes a (i) práticas anticorrupção e (ii) atendimento do Marco Regulatório.

Referências bibliográficas

ARTESP. *Contrato de concessão*. Disponível em: http://www.artesp.sp.gov.br/Style%20Library/extranet/transparencia/contratos-de-concessao.aspx. Acessado em: 19.05.2022.

______. *Regulamento - Prêmio Concessionária do Ano 7ª edição*. Disponível em: http://www.artesp.sp.gov.br/Shared%20Documents/Regulamento_7%C2%AA%20Edi%C3%A7%C3%A3o%20Pr%C3%AAmio%20Concession%C3%A1ria%20do%20Ano_Ano%20Base%202021-rv.pdf. Acessado em: 19.05.2022.

CEBDS. *Setor empresarial cobra agenda sustentável do governo brasileiro*. 07 de jul. 2020. Disponível em: https://cebds.org/setor-empresarial-cobra-agenda-sustentavel-do-governo-brasileiro/#.YKFiWKhKhzo. Acessado em: 19.05.2022.

COMPLIANCE TOTAL. *Tone from the Top*. Disponível em: https://www.compliancetotal.com.br/compliance/tone-from-the-top. Acessado em: 19.05.2022.

ECCLES, Robert G.; KLIMENKO, Svetlana. "The Investor Revolution". *Harvard Business Review*, mai.-jun. 2019. Disponível em: https://hbr.org/2019/05/the-investor-revolution. Acessado em: 19.05.2022.

GOVERNO FEDERAL. *Balanço da Subsecretaria de Conformidade e Integridade*. Disponível em: https://www.gov.br/infraestrutura/pt-br/acesso-a-informacao/transparencia-e-prestacao-de-contas/pagina-inicial-radar-anticorrupcao. Acessado em: 19.05.2022.

---

https://www.ibgc.org.br/conhecimento/governanca-corporativa. Acessado em: 19.05.2022.

IBGC. *Governança Corporativa*. Disponível em: https://www.ibgc.org.br/conhecimento/governanca-corporativa. Acessado em: 19.05.2022.

PITTA, Cláudia. *ESG*: Escolha ou Dever. Disponível em: https://www.linkedin.com/pulse/esg-escolha-ou-dever-claudia-pitta/?trackingId=PV67K4c8QAmj6gHT7pGowQ%3D%3D. Acessado em: 19.05.2022.

VILELA, Pedro Rafael. "Banco Central lança agenda de sustentabilidade ambiental". *Agência Brasil*, Brasília, 08 de set. 2020. Disponível em: https://agenciabrasil.ebc.com.br/economia/noticia/2020-09/banco-central-lanca-agenda-de-sustentabilidade-ambiental. Acessado em: 19.05.2022.

CAPÍTULO X

RODOVIAS INTELIGENTES: O SISTEMA *FREE FLOW* E O FUTURO DAS TARIFAS

Joyce Mackay Meneghello Marques
Rodrigo de Pinho Bertoccelli

Introdução

O Brasil testemunhou nas últimas décadas diversos avanços que influenciaram o setor de infraestrutura para melhor: abertura comercial, privatizações, concessões de serviços públicos à iniciativa privada, PPPs, equilíbrio nas contas externas e a edição de importantes leis que impactam indiretamente no setor, a exemplo da Lei de Responsabilidade Fiscal,[262] a Lei Anticorrupção[263] e a Lei das Estatais.[264]

---

262 Lei Complementar n. 101, de 04 de maio de 2000.

263 Lei n. 12.846, de 1º de agosto de 2013.

264 Lei n. 13.303, de 30 de junho de 2016.

Por outro lado, no setor de transportes, pouco se fez no sentido de se definir uma estratégia de desenvolvimento sustentado de médio e longo prazo, seja do ponto de vista do setor produtivo, seja do ponto de vista fiscal, assim como deixamos de consolidar um ambiente regulatório estável capaz de atrair mais investimentos, reduzir tarifas e introduzir novas tecnologias, a exemplo do sistema *free flow* nas concessões rodoviárias, utilizado há mais de 20 anos em países da Europa e da América do Norte.

A atividade administrativa é permeada em todos os seus meandros pelo princípio da boa administração. O conceito, cunhado pelo jurista italiano Guido Falzone, diz respeito a desenvolver uma atuação de modo mais coerente, oportuno e adequado aos fins a serem alcançados.[265] Ou seja, de forma mais eficiente buscando a satisfação do interesse público.

Nesse sentido, o uso das novas tecnologias em favor dos usuários de rodovias brasileiras parece ser cada vez mais um caminho necessário em busca de uma política tarifária mais justa. O *free flow* ou sistema livre de passagem, implementado no país pela Lei federal n. 14.157, de 1º de junho de 2021, cria condições para se alterar a racionalidade da cobrança das tarifas dos usuários, estabelecendo como métrica a cobrança por quilômetro rodado e não mais a passagem pela praça de pedágio.

A longo prazo o que se espera é um impacto positivo nas tarifas cobradas dos usuários diante da redução dos custos de operação das rodovias, mas, principalmente, pelo incremento no número de pagantes o que deve melhorar a previsibilidade do fluxo de caixa do projeto. Para se ter uma ideia dos déficits do sistema que hoje é majoritário no país, de acordo com o Ministério da Infraestrutura, atualmente apenas 10% dos usuários pagam para trafegar

---

265 BANDEIRA DE MELLO, Celso Antônio . *Curso de Direito Administrativo*. 34ª ed. São Paulo: Malheiros, 2019, p. 126.

na rodovia Nova Dutra[266] porque o maior fluxo de passageiros se dá entre as praças de pedágio.

O sistema *free flow*, portanto, confere maior isonomia aos administrados ao estabelecer critérios mais justos e proporcionais para a cobrança das tarifas dos usuários, ao mesmo tempo em que tem o potencial de melhorar a financiabilidade, atrair novos investidores e reduzir o custo de capital dos projetos. Não parece equitativo que aqueles que trafegam pelas rodovias entre as praças de pedágios, gerando custos operacionais de toda ordem, não paguem para usufruir das facilidades da via e a implementação do sistema *free flow* vem justamente para corrigir este problema.

Para que processos inovativos possam acontecer – sejam eles voltados ao mercado ou ao setor público – é preciso haver um sistema jurídico-institucional robusto que ofereça incentivos e mecanismos de apoio ao investidor, financiador, concessionário, concedente e o usuário do serviço público, o que, necessariamente, passa por uma governança pública e um sistema regulatório e sancionatório inteligente.

Nos tópicos a seguir abordaremos (i) a natureza jurídica das concessões de rodovias, (ii) o sistema de cobrança de tarifas, (iii) a busca pela modicidade tarifária, (iv) as raízes do sistema *free flow* e o Direito comprado, (v) o sistema *free flow* no Brasil, para, por fim, apresentar nossas conclusões sobre sistema livre de passagem.

1 Natureza jurídica da concessão de rodovias

Antes de mais nada, é importante diferenciar a concessão de rodovias das demais concessões de serviços públicos porque há certa

266 WARTH, Anne. "Concessão da Nova Dutra deve ser realizada no 2° semestre". *UOL - Economia*, Brasília, 15 de jul. 2019. Disponível em: https://economia.uol.com.br/noticias/estadao-conteudo/2019/07/15/concessao-da-nova-dutra-deve-ser-realizada-no-2-semestre.htm. Acessado em: 19.05.2022.

confusão conceitual entre os dois institutos. A rigor, as rodovias são bens públicos passíveis de concessão de uso e não serviços públicos.

Di Pietro define serviço público como "toda atividade material que a lei atribui ao Estado para que a exerça diretamente ou por meio de seus delegados, com o objetivo de satisfazer concretamente às necessidades coletivas, sob regime jurídico total ou parcialmente público".[267]

Pois bem, a Constituição Federal determinou como serviço público o transporte de passageiros,[268] mas não faz qualquer referência às rodovias ou vias públicas. Na verdade, estas são atividades-meio para que se realizem suas atividades-fim: o transporte de passageiros. Dessa forma, as atividades-meio não se incluem na acepção técnica de serviço público.[269]

Nessa mesma linha, Marques defende que a principal diferença entre os regimes de concessão de bem e de serviço público é a definição de qual será a utilidade pública específica e predominante a ser explorada pelo particular. E arremata:

> quando tratamos de rodovias, estamos cuidando primacialmente de concessão de bem público que envolve, como toda cessão do direito de uso de um bem, a realização de atividades ancilares (conservação, aperfeiçoamento, organização do uso, ampliação do bem).[270]

---

267 DI PIETRO, Maria Sylvia Z. *Direito Administrativo*. 33ª ed. Rio de Janeiro: Forense, 2020, p. 135.

268 Art. 21, XII, e, CF.

269 MEDAUAR, Odete. *Direito Administrativo Moderno*. 19ª ed. São Paulo: Revista dos Tribunais, 2015, p. 376.

270 Vale completar o raciocínio do mestre Floriano pelo seu brilhantismo na análise: "Em suma, exploração de rodovia não é serviço público coisíssima nenhuma. A atividade de exploração nenhuma relevância coletiva tem. A exploração da rodovia, enquanto tal, interessa apenas ao particular e é a contrapartida que o concessionário tem por conservar, ampliar, manter e

Ademais, a exploração rodoviária interessa ao particular e não à coletividade. Mais uma característica que a distingue do conceito de serviço público.

O próprio Código Civil elenca as estradas como bens públicos de uso comum do povo.[271] O Código de Trânsito Brasileiro, por sua vez, diferencia estrada de rodovia apenas pela existência de pavimentação, que é característica apenas da segunda.

Desse modo, em que pese o esforço de parte da doutrina para qualificar rodovias como prestação de serviços públicos,[272] entendemos que não lhes assiste razão. Duarte defende da seguinte forma:

> A faixa de domínio é, portanto, o bem mediante o qual é administrado o serviço público denominado de rodovia. Há quem, por amor à ciência jurídica e à dogmática, prefira até ver a estrada como um serviço e não como um bem. Mas, por ora, aceitamos conceituar juridicamente a rodovia como sendo um bem.[273]

---

gerir a coisa pública rodovia. Se entendermos, como de fato entendo, que o substrato material necessário à caracterização do serviço público deve ser uma necessidade pública a ser atendida pela produção de uma dada comodidade ou utilidade de fruição coletiva, tem-se que a exploração (enquanto atividade) em si não possui relevância coletiva, interessando primordialmente ao particular. Não pode caracterizar, assim, serviço público". MARQUES, Floriano Azevedo. "Cobrança pelo acesso a rodovias para exploração de atividade econômica". *Revista Tributária e de Finanças Públicas*, vol. 43, mar./abr. de 2002, pp. 137-170.

271 Art. 99, I, Código Civil.

272 O ex-Ministro Eros Grau assim defende: "Que as rodovias, bens públicos de uso comum, consubstanciam serviço público, isso está bem pacificado em nossa doutrina. São, em si, o próprio serviço público (objeto de atividade administrativa) prestado pela administração". GRAU, Eros Roberto. "Pedágio: alternativa gratuita e direito de ir e vir (uma necessária correção)". *Revista de Direito Administrativo*, nº 254, ano 2010, pp. 137-149.

273 DUARTE, Fabio Rezende; DUARTE, Haroldo Fernandes. *Aspectos jurídicos das rodovias*. 1ª ed. Rio de Janeiro: Mauad, 1997, p. 19.

Na concessão do uso das rodovias, ao concessionário é permitida a exploração do sistema rodoviário concedido, podendo extrair sua remuneração principal através da cobrança da utilização dos usuários por meio de tarifas. Também é possível, a aferição de receitas complementares, tais como publicidade, uso de parcela do bem para exploração de outras atividades, servidões de passagem, entre outras.

2 O sistema tarifário das rodovias: taxa ou tarifa?

A Constituição Federal de 1988 fez menção expressa à possibilidade de cobrança de pedágios pela utilização de vias conservadas pelo Poder Público.[274] O concessionário, por sua vez, adquire tal direito à cobrança mediante concessão à exploração do bem público. Trata-se da tarifa do pedágio, que tem natureza de preço público, conforme entendimento já há muito consolidado pelo STF.[275]

No período imperial, as primeiras estradas no país surgiram por iniciativa de particulares que recebiam autorização para construí-las. Duarte[276] pontua que a província de Minas Gerais foi pioneira no Direito Rodoviário brasileiro. Em 1835, editou a Lei n. 18, que regulava a construção de novas estradas e pontes, além de estabelecer a cobrança

---

274 Art. 150, V, CF.

275 TRIBUTÁRIO E CONSTITUCIONAL. PEDÁGIO. NATUREZA JURÍDICA DE PREÇO PÚBLICO. DECRETO 34.417/92, DO ESTADO DO RIO GRANDE DO SUL. CONSTITUCIONALIDADE. 1. O PEDÁGIO COBRADO PELA EFETIVA UTILIZAÇÃO DE RODOVIAS CONSERVADAS PELO PODER PÚBLICO, CUJA COBRANÇA ESTÁ AUTORIZADA PELO INCISO V, PARTE FINAL, DO ART. 150 DA CONSTITUIÇÃO DE 1988, NÃO TEM NATUREZA JURÍDICA DE TAXA, MAS SIM DE PREÇO PÚBLICO, NÃO ESTANDO A SUA INSTITUIÇÃO, CONSEQUENTEMENTE, SUJEITA AO PRINCÍPIO DA LEGALIDADE ESTRITA. 2. AÇÃO DIRETA DE INCONSTITUCIONALIDADE JULGADA IMPROCEDENTE. ADI nº 800, Relator: TEORI ZAVASCKI, Tribunal Pleno, julgado em 11/06/2014.

276 DUARTE, Fabio Rezende; DUARTE, Haroldo Fernandes. *Aspectos jurídicos das rodovias*. 1ª ed. Rio de Janeiro: Mauad, 1997.

de taxa itinerárias, que seriam convertidas para a sua conservação e reparo, bem como a construção de novas vias e canais.[277]

Mas foi apenas na Constituição de 1946 que a cobrança de pedágios para a indenização das despesas de construção, conservação e melhorias das estradas é positivada no texto fundamental. Hely Lopes Meirelles, em brilhante parecer[278] sobre a natureza jurídica da cobrança de pedágios, ressalta que havia impropriedade técnica na Carta Magna de 1946 ao incluir os pedágios entre as taxas. O erro se repetiu na Constituição de 1967, a qual vedava a cobrança de tributos interestaduais ou intermunicipais, excetuando o pedágio. O dispositivo foi suprimido pela Emenda Constitucional n. 1 de 1969, em tese, solucionando a questão.

Mas nessa época havia certa discórdia na doutrina, que foi levada ao STF motivada pela cobrança de pedágio pelo Dersa no sistema Anchieta-Imigrantes,[279] sobre qual era a real natureza jurídica do pedágio: taxa ou preço público.[280]

---

277 Dispunha a Lei n. 18 de 1835 de Minas Gerais:

Art. 28. Nestas estradas e pontes serão estabelecidas barreiras nos lugares apropriados, nas quais paguem taxas itinerárias todos os que se servirem das mesmas estradas e pontes.

Art. 31. Os produtos destas taxas nunca serão desviados, quaisquer que sejam as causas, para outros empregos que não sejam a solução das despesas feitas com as estradas e com a conservação e reparo, ou com a construção de novas estradas e canais.

278 MEIRELLES, Hely Lopes. "Pedágio - Natureza jurídica - Condições para sua cobrança". *Revista de Direito Administrativo*, vol. 104, 1971, pp. 374-381. Disponível em: https://bibliotecadigital.fgv.br/ojs/index.php/rda/article/view/35738. Acessado em: 01.06.2022.

279 À época, a Dersa era a concessionária das rodovias indicadas por decreto do Poder Executivo, entre elas o sistema Anchieta-Imigrantes. A Lei estadual n. 95/1972 de São Paulo determinava que a Dersa seria remunerada por cobrança de pedágio aos usuários.

280 "Os preços – ao contrário dos tributos – são sempre retribuições facultativas da aquisição de bens ou da utilização de serviços, transferidos ou prestados pela Administração Pública ou por seus delegados ou mesmo por particulares, a quem os adquira ou os utilize voluntariamente. Daí porque o preço tanto

O Decreto-Lei n. 999/1969, que instituiu a Taxa Rodoviária Única (TRU), contribuiu para a polêmica e suscitou dúvidas se haveria bitributação no caso de cobrança de pedágios. O mestre Hely Lopes Meirelles assim pôs fim à discussão:

> Por outro lado, nenhuma incompatibilidade existe entre a cobrança da tarifa de pedágio e da Taxa Rodoviária Única, instituída pelo Decreto-Lei n. 999, de 21 de setembro de 1969. Não ocorre bitributação, nem dupla incidência. A Taxa Rodoviária Única é produto da União incidente sobre o proprietário do veículo, quando de seu registro e licenciamento. O fato gerador dessa taxa é a legalização da propriedade do veículo em condições de circular no território nacional. Mas essa taxa não assegura o tráfego de qualquer veículo em qualquer estrada pública ou particular, tanto assim que as autoridades rodoviárias podem impedir o trânsito de determinados veículos em determinadas estradas, sem ofensa ao registro e licenciamento da viatura. A regulamentação do trânsito e do tráfego em cada rodovia é matéria administrativa da competência do titular da estrada – União, Estados e Municípios – ou de seus delegados, porque envolve problemas técnicos específicos de cada obra rodoviária. Nem todas estradas suportam os mesmos veículos, a mesma tonelagem, a mesma velocidade, a mesma corrente de tráfego. Tudo isto está sujeito a normas próprias de cada estrada, a um controle especial de cada veículo que deseje trafegar em cada rodovia. Não é o pagamento da taxa rodoviária única que autoriza a livre circulação de veículos em todas as estradas do território nacional. Não e nunca! Essa taxa possibilita a legalização da propriedade do veículo, como condição primeira de sua circulação em todo o território

---

pode ser estabelecido e cobrado pelo Poder Público como pelo particular". MEIRELLES, Hely Lopes. "Pedágio - Natureza jurídica - Condições para sua cobrança". *Revista de Direito Administrativo*, vol. 104, 1971. Disponível em: https://bibliotecadigital.fgv.br/ojs/index.php/rda/article/view/35738. Acessado em: 01.06.2022.

> nacional, observadas as condições de tráfego e as exigências regulamentares de cada via pública ou particular.[281]

A bem da verdade a Taxa Rodoviária Única, que não foi recepcionada pela Constituição de 1988, daria lugar ao hoje conhecido IPVA, pois o fato gerador era a propriedade do veículo automotor e a alíquota variava de 7 a 3% do valor venal do bem.

Aqui vale um parêntese de que o DNER, criado em 1945, responsável pela construção, manutenção, conservação e fiscalização das estradas de rodagem, foi uma das entidades mais poderosas do Brasil à época da expansão da malha rodoviária. Os recursos da autarquia vinham do Fundo Rodoviário Nacional,[282] o que permitiu a construção de importantes vias como a Rodovia Presidente Dutra, Rodovia Régis Bittencourt, BR-116, BR-101, Rodovia Fernão Dias, BR-050, BR-010, entre tantas outras.

O Decreto-Lei n. 1.691 de agosto de 1979 mudou a destinação da arrecadação da TRU, distribuindo-a entre a União, estados, municípios, Distrito Federal e territórios, além da Empresa Brasileira de Transportes Urbanos e ao DNER, a quem

---

281 MEIRELLES, Hely Lopes. "Pedágio - Natureza jurídica - Condições para sua cobrança". *Revista de Direito Administrativo*, vol. 104, 1971, pp. 378/379. Disponível em: https://bibliotecadigital.fgv.br/ojs/index.php/rda/article/view/35738. Acessado em: 01.06.2022.

282 "Graças ao FRN uma vigorosa política rodoviária acusou excelentes resultados também a níveis estadual e municipal. Quanto ao DNER, suas realizações foram fantásticas. A autarquia Federal projetou, construiu, pavimentou, conservou, melhorou e policiou o principal – não raro único – meio de transporte interestadual existente. (...) Previra-se, aliás, que o FRN, como fonte inexaurível de recursos para o DNER, funcionaria qual uma bola de gelo descendo a encosta enevada: quanto mais estradas, maior o tráfego de veículos automotores e maior, portanto, o consumo de combustíveis e lubrificantes líquidos e daí, o crescente aumento da arrecadação para fins rodoviários". DUARTE, Fabio Rezende; DUARTE, Haroldo Fernandes. *Aspectos jurídicos das rodovias*: tutela do uso comum, concessões rodoviárias, responsabilidade civil e outros aspectos. Rio de Janeiro: Mauad, 1997, pp. 107/108.

restou uma pequena fatia de 8,5% do total arrecadado. Tal fato culminou na desidratação do DNER, que já sem recursos para expandir, manter e conservar as rodovias do país teve que passar a concedê-las à iniciativa privada, o que ocorre a partir do Decreto Federal n. 94.002/1987. Este dispositivo, que dispunha sobre a concessão de rodovias federais, previa em seu art. 4º a cobrança de pedágio para remunerar o concessionário e a receita acessória, advinda da exploração de áreas de lazer ou serviços ao longo das rodovias.

Já nos anos de 1990,[283] o Brasil inicia sua agenda mais liberal e passa a editar uma série de leis que permitiram a desestatização. Entre elas, a Lei federal n. 8.987/1995 (Lei das Concessões) e a Lei federal n. 9.277/1996, que autorizou a União a delegar aos estados, municípios e Distrito Federal a administração e exploração de rodovias. Inquestionavelmente ambos os diplomas abriram caminho para a concessão das rodovias à iniciativa privada, trouxeram mais segurança jurídica e incorporaram importantes princípios, a exemplo da modicidade tarifária.

Ainda nessa época, em 1993, o governo federal lança o Programa de Concessões de Rodovias Federais (PROCOFE) com o objetivo de conceder à iniciativa privada a administração de trechos de rodovias federais. O programa já está em sua quarta fase, mas abordaremos mais detidamente o assunto no próximo tópico.

Interessante notar que em 1996, ano de fundação da Associação Brasileira de Concessionárias de Rodovias (ABCR), apenas 0,6% das rodovias eram administradas pela iniciativa privada no país. Vinte anos depois o percentual correspondia a 9,3% da malha rodoviária de todo o país, o que mostra que ainda há um grande espaço para as concessões rodoviárias no Brasil.

---

283 Em 1994 a Ponte Rio-Niterói é concedida à iniciativa privada e no ano seguinte, a Rodovia Presidente Dutra, mas é apenas em 1º de agosto de 1996 que ambas iniciam a cobrança de pedágio.

Até 2010, entretanto, questões jurídicas ainda fragilizavam as concessões de rodovias no país. Naquele ano, o então Ministro do STF, Eros Grau, proferiu decisão monocrática, depois tornada sem efeito por ele mesmo, entendendo que a cobrança do pedágio seria inconstitucional se não houvesse uma via alternativa de acesso, pois estaria sendo violado o direito fundamental de ir e vir.[284] Novamente a discussão se pautava na natureza jurídica da cobrança do pedágio, vez que, naquele entendimento do Ministro, se fosse uma taxa poderia ser cobrada sem que existisse via alternativa, mas se fosse tarifa não poderia.

Mais tarde Eros Grau pontuou novo entendimento em artigo publicado na Revista de Direito Administrativo afirmando que o Estado pode sim, diretamente ou por meio de concessão, impor o pagamento de tarifa em rodovias, ainda que não exista outra via alternativa gratuita para o usuário.

Assim defendeu o ex-Ministro:

> Meu despacho monocrático no RE 597.981 foi por mim tornado sem efeito quando me dei conta de nele ter me afastado do disposto na Constituição. Como, no entanto, ainda assim conduziu a outro equívoco, resolvi neste texto voltar à questão para afirmar: 1. Que o Estado pode, sim, cobrar pela prestação de determinado serviço público específico e divisível ainda quando não preste serviço análogo gratuitamente ou inexista alternativa gratuita para a fruição da mesma ou de utilidade análoga; e 2. Que a cobrança de pedágio em determinada rodovia sem que o usuário tenha a opção de fazer uso de outro trajeto gratuitamente não importa violação do direito de ir e vir consagrado no art. 5º, XV da Constituição do Brasil; o direito de ir e vir assegurado pela Constituição do Brasil, tal como por ela conformado, abrange a conduta estatal cobrança de pedágio

284 RE 597.981/RS.

pela utilização de vias conservadas pelo Poder Público, a negação do dever-poder estatal de impor essas cobranças importa, ela sim, violação desse direito.[285]

3 Busca pela modicidade

A legislação brasileira consagrou modicidade tarifária como princípio da prestação de serviços público. Mas ser módica não necessariamente quer dizer que a tarifa deve ser a mais barata para o usuário. Moreira Neto enfatiza que as tarifas devem atender concomitantemente as exigências do mercado e a capacidade econômica dos administrados.[286] Para se chegar ao valor da tarifa básica uma série de cálculos são feitos levando em consideração o caso concreto, de modo que a remuneração do concessionário se dê pelo ressarcimento dos investimentos realizados e em um lucro considerado razoável.

Nesse sentido, Wald reforça que a manutenção e conservação da infraestrutura rodoviária custa dinheiro, ainda que em um mundo ideal a cobrança a baixo custo ou gratuita seja o sonho de todo administrado. Até os anos 1980, o governo preferia endividar-se para prestar serviços públicos de baixa qualidade do que incentivar investimentos do setor privado. Com o passar dos

---

285 GRAU, Eros Roberto. "Pedágio: alternativa gratuita e direito de ir e vir (uma necessária correção)". *Revista de Direito Administrativo*, nº 254, ano 2010.

286 "O princípio da modicidade é um corolário do princípio da generalidade, de vez que a sua adequada observância deverá proporcionar o mais amplo acesso ao serviço por parte de todos que dele tenham necessidade, assim atendendo, harmonicamente, ao da generalidade. Não obstante, há um equilíbrio financeiro a ser conjuntamente considerado:/ por um lado, a modicidade deve beneficiar os usuários, mas, por outro, o custeio dos serviços deve ser por eles suportado, pois, o encargo dos serviços públicos não deve recair sobre toda a sociedade sob a forma de impostos, pois tal prática seria socialmente injusta, mas, apenas, sobre os seus efetivos usuários, portanto, sob a forma de taxas ou de tarifas". MOREIRA NETO, Diogo de Figueiredo. *Curso de Direito Administrativo*. Grupo GEN, 2014, p. 474.

anos percebeu que a concessão à iniciativa privada traria maiores benefícios. Pontua Wald que "o custo social que representa o lucro dos concessionários (diferentemente do custo dos juros dos empréstimos) só se verifica quando há efetiva prestação do serviço, que, desse modo, é necessariamente estimulada" e completa "tal custo recai apenas em quem se beneficia diretamente do serviço, não na sociedade como um todo, como no caso do financiamento da atividade estatal".[287]

A lógica de fomentar a entrada da iniciativa privada na exploração dos serviços públicos é que a maior concorrência beneficie os usuários com tarifas mais baixas. Ocorre que certos ativos não permitem mais de um prestador de serviços. Trata-se do monopólio natural, como é o caso da exploração das rodovias. Pires e Giambiagi ressaltam que nesse tipo de licitação são quatro os modelos mais utilizados: disputa pela menor tarifa, disputa pelo menor prazo da concessão, disputa pelo maior valor de outorga ou a combinação dos critérios anteriores.

Todos os modelos têm suas vantagens e desvantagens, mas no caso do valor da tarifa a questão mais importante a ser observada é a alocação de riscos dos contratos de concessão, que pode impactar substancialmente no valor final cobrado do usuário. Nesse sentido, são três os riscos que devem ser considerados: mercadológicos, operacionais e alterações das "regras do jogo".

Os riscos mercadológicos, em regra, devem ser alocados ao concessionário.[288] Trata-se de variações decorrentes da demanda e requerem a previsibilidade do comportamento do usuário. Nesse

---

287 WALD, Arnoldo. "Concessão de rodovias e os princípios da supremacia do interesse público, da modicidade tarifária e do equilíbrio econômico-financeiro do contrato". *Revista dos Tribunais*, vol. 877, nov. 2008, pp. 11-26.

288 "É conveniente que a concessionária assuma parte do risco da demanda, para que não lhe seja indiferente construir elefantes brancos". PIRES José Claudio Linhares; GIAMBIAGI, Fabio. *Retorno dos novos investimentos privados em contextos de incerteza: uma proposta de mudança do mecanismo*

aspecto, Pires e Giambiagi elencam que quanto menor for o trecho concedido ou quanto maior for o grau de novidade do empreendimento, os riscos se acentuam. Isso porque é mais seguro fazer uma previsão levando em consideração a taxa de crescimento do tráfego rodoviário de um país do que de uma cidade, e ainda mais difícil prever a demanda de uma área totalmente nova, a qual não se tem um histórico estatístico que possa basear decisões.

Importante destacar que o próprio valor cobrado pela tarifa pode impactar no fluxo de veículo de uma determinada rodovia, daí porque o cálculo para chegar ao preço deve levar em consideração não apenas os custos operacionais, mas também a capacidade econômica da população, devendo o poder concedente subsidiar parte da tarifa se necessário para que seja atingido um ponto de equilíbrio.

Já os riscos operacionais são aqueles provocados pela variação dos custos de construção, operação e manutenção, alterando o fluxo de caixa projetado inicialmente, que podem ser motivados por fatores como maior tempo das obras, aspectos ambientais ou demora nas desapropriações, por exemplo. Tais riscos devem ser alocados aos concessionários para estimular a eficiência, mas em certos casos pode ser invocada a Teoria da Imprevisão, que ensejará a revisão do contrato com os fins de se reestabelecer o seu equilíbrio econômico-financeiro.

Por sua vez, os riscos de modificação das "regras do jogo" são aqueles alocados integralmente ao poder concedente, pois dizem respeito a casos fortuito ou de força maior, fato do príncipe ou fatos da administração.

Assim, o valor final cobrado pela tarifa básica de pedágio considerará a alocação dos riscos elencados acima. Quanto maior

---

de concessão de rodovias no brasil – Texto para Discussão, nº 81. Rio de Janeiro: IPEA, 2000.

for a previsibilidade e menor o risco ao concessionário, menor também será o preço cobrado.

A evolução da tarifa básica de pedágio no Brasil está associada às fases do Programa de Concessões de Rodovias Federais (PROCOFE), que representam uma linha do tempo no amadurecimento das concessões de rodovias no país ao longo dos anos.

Na primeira fase, que compreende o período de 1994 a 1998, a Lei de Concessões ainda não havia sido editada e o cenário nacional ainda era de instabilidade econômica. Os contratos de concessão foram comparados aos de empreitada, inclusive com a restrição a consórcios nacionais e com a exigência de participação obrigatória de empresas de engenharia. Ademais, não havia uma definição clara de repartição de riscos entre concedente e concessionários. Com maiores riscos por parte da iniciativa privada o natural era que buscassem um maior retorno econômico. E foi o que de fato aconteceu, nessa fase a taxa de retorno dos concessionários variava de 17 a 24% ao ano.[289]

Na segunda fase, que vai de 2007 a 2012, há uma clara maturidade do instituto da concessão de rodovias no Brasil. Na primeira etapa desta fase (2007) já por influência das normas de regulação editadas pela ANTT, que fora criada em 2001, e uma maior estabilidade econômica, passa-se a prever a alocação do risco quanto a variação dos preços dos insumos, mão de obra e financiamento ao concessionário, ou ainda decorrentes de danos na rodovia que derivassem de causas que deveriam ser objeto de seguros ou ainda da regularização de passivos ambientais dentro da faixa de domínio. Já na segunda etapa[290] (2009) há uma evolução

289 SIMÕES, Carlos Rafael Menin. *Avaliação da evolução do esquema de alocação de risco nas concessões rodoviárias federais considerando boas práticas internacionais e nacionais*. Brasília: TCU, 2019, pp. 11/12. Disponível em: https://portal.tcu.gov.br. Acessado em: 19.05.2022.

290 Por sua vez, a fase II da segunda etapa do Procrofe apresentou mudanças regulatórias significativas, com destaque para a definição explícita de uma

qualitativa importante na modelagem dos contratos, adotando as melhores práticas internacionais[291] na alocação de riscos e abordando o tema de forma expressa e detalhada.

A terceira e a quarta fase, que vieram a partir de 2013, não tiveram grandes mudanças em termos contratuais, sendo certo que foram seguidos os modelos de alocação de riscos adotados na segunda fase. Uma mudança ocorrida nessas fases foi a ampliação do trecho concedido.

Como se vê, a cada fase do PROCOFE foram introduzidas inovações com a finalidade de trazer mais segurança jurídica ao instituto das concessões de exploração de rodovias. Hoje os instrumentos se mostram adequados às melhores práticas internacionais de alocação de riscos. Da mesma forma, houve um acréscimo de quilômetros nos trechos concedidos, o que confere maior previsibilidade com relação aos riscos mercadológicos, além de ganho de escala. Ademais, a obrigatoriedade da contratação de seguros atenuou os riscos operacionais assumidos pelos concessionários.

---

matriz de repartição de riscos, que, ao menos em tese, deveria reduzir a aplicação da teoria das áleas.

Destaca-se o compartilhamento de alguns riscos, a exemplo do referente à redução do tráfego previsto na hipótese de implantação de novas rotas ou caminhos alternativos livres de pagamento de tarifa de pedágio, que não existissem e que não estivessem previstos nos instrumentos públicos de planejamento, bem como daquele decorrente de limitações à exploração da rodovia, como no caso de ocorrência de manifestações sociais e/ou públicas que venham a afetar a execução das obras ou a prestação dos serviços. GONZE, Nilton Corrêa. *Concessão em Rodovias Federais*: uma análise da evolução dos modelos de regulação técnica. Rio de Janeiro: Universidade Federal do Rio de Janeiro, 2014. (Dissertação de Mestrado).

291 FREIRE, André Luiz; ÁVILA, Natália Resende Andrade; NASCIMENTO, Priscila Cunha. "As concessões federais de infraestrutura de transportes terrestres". *JOTA*, 04 ago. de 2020. Disponível em: https://www.jota.info/opiniao-e-analise/colunas/infra/as-concessoes-federais-de-infraestrutura-de-transportes-terrestres-04082020. Acessado em: 11.05.2022.

Vale ainda ressaltar que foram estipuladas metas de qualidade na prestação dos serviços e a revisão quinquenal[292] dos contratos para adequá-los tanto às necessidades do sistema rodoviários explorado, quanto às conjecturas econômicas. Certamente tais fatores colaboraram para a modicidade tarifária e para a melhor prestação dos serviços aos usuários.

4 Raízes do sistema *free flow* e o Direito Comprado

Em 1959, William Vickrey, vencedor do prêmio Nobel de Economia, buscando uma alternativa para o caótico trânsito da região metropolitana de Washington[293] propôs que fosse instituído um método de cobrança tarifária proporcional às distâncias percorridas pelo usuário.

O sistema era o embrião do *free flow* tal como conhecemos hoje e já previa que cada carro fosse identificado por uma *tag*, a qual emitiria um sinal cada vez que o motorista passasse por um sensor. O sinal seria captado e transferido para uma central de computadores, onde seria feito o cálculo e a cobrança para o usuário.

Em que pese o estudo para a implantação de um sistema de cobrança proporcional tenha sido realizado nos Estados Unidos, foi a Noruega, em 1987, o primeiro país a adotá-lo, ainda que em um regime híbrido com o sistema tradicional de cobrança nas praças de pedágio. Atualmente, com exceção do Túnel do Oceano Atlântico, todas as estações norueguesas utilizam o sistema AutoPASS.

---

292 Resolução n. 1.187/2005, art. 20 da ANTT.

293 Novas tecnologias de pagamento de pedágios. CNT. *Novas tecnologias de pagamento de pedágios*. CNT, 2020. Disponível em: https://cdn.cnt.org.br/diretorioVirtualPrd/bf8665da-3e39-45cf-9fbd-2dbbafc9ddd4.pdf. Acessado em: 11.05.2022.

O Canadá foi o primeiro país a ter uma rodovia completamente automatizada. A Ontario Highway 407, construída em 1997 já com o sistema *free flow*, não tem nenhuma praça de pedágio. Outros países vêm implementando o sistema, a exemplo de Israel, que teve o maior projeto de infraestrutura do país voltado para a construção da Trans-Israel Highway, e Portugal, o primeiro da Europa a adotar o sistema de passagem livre e até hoje uma referência internacional em termos de eficiência.

4.1 A experiência chilena

O Chile foi o pioneiro na América do Sul a adotar o sistema *free flow* em suas rodovias, em 2004, e o primeiro país do mundo a cobrar pelo trânsito em uma via urbana concessionada pelo fluxo livre.

Em 2018 lançou o programa Chile sem Barreiras, que visa eliminar todas as praças de pedágio que ainda existem no país das estradas concedidas até 2023. De acordo com o jornal local *El Mercurio*, o Ministério das Obras Públicas calcula que a redução de tempo das viagens traria uma economia de US$ 609 milhões anualmente.

O maior problema[294] do sistema *free flow* naquele país são os usuários que não pagam as tarifas quando chegam os boletos

---

294 "El sistema de flujo libre tiene sus propios problemas. Uno de ellos es el de los incobrables, usuarios que no pagan su deuda y que hoy representan el 3,5% en las autopistas urbanas. También están los evasores, quienes no pagan porque tienen adulteradas las patentes, no las usan o no cuentan con televía. Los concesionarios desean que el público y el Estado absorban estos costos. El Gobierno está intentando limitarlos mediante la introducción de medidas para reducir los incobrables, haciendo que los municipios sean más estrictos al renovar licencias. En el caso de los evasores, la policía podría intervenir, pues en una carretera interurbana es más fácil interceptar y detener vehículos sin tag, debido al menor tráfico y a la existencia de bermas. Por otra parte, dado que los pórticos reducen los costos de operación de los concesionarios, este último efecto debería descontarse de la compensación que recibirían por la mayor incobrabilidad". Chile sin barreras. El Mercurio, Santiago, ago. 2018.

em suas residências (cerca de 3,5%) e os evasores, que adulteram as *tags* ou simplesmente não as usam em seus veículos.

O governo chileno está tentando aprovar no Congresso Nacional uma lei que exige o uso de uma *tag* no vidro do veículo, que funcionaria como uma terceira placa inteligente.[295]

5 Sistema *free flow* no Brasil

A implantação do sistema livre de passagem requer adaptações de ordem tecnológica para o seu pleno funcionamento nas rodovias do país. Isso porque o *free flow* opera por meio de pórticos instalados ao longo da rodovia que fazem a identificação por radiofrequência (RFID) ou câmeras de reconhecimento óptico de caracteres (OCR).

No caso do RFID, há um leitor localizado no pórtico, que captura e armazena os dados do veículo que por ele passa, e uma unidade *on-board*, conhecida como *tag*, que contém as informações sobre o veículo que serão transmitidas. Os pórticos, por sua vez, estão localizados nas alças de entrada e saída das rodovias, o que permite calcular a quantidade de quilômetros rodados.

Já a câmera de reconhecimento óptico funciona com a instalação desses equipamentos ao longo de toda a rodovia, que farão o reconhecimento das placas dos veículos em movimento.

No ano 2000, a empresa Sem Parar foi a primeira a implementar a cobrança automática dos pedágios através de uma *tag* nas rodovias pedagiadas do estado de São Paulo. Depois dela, outras vieram e a tecnologia se expandiu para outros estados da federação.

Além disso, o estado de São Paulo também foi pioneiro na implementação do sistema *free flow* no país. Em 2012, o governo

---

295 GOBIERNO DE CHILE. *Congreso ABCR*, set. 2019. Disponível em: https://abcr.org.br/institucional/congresso-abcr/congresso-2019/2019-5. Acessado em: 22.06.2022.

estadual lançou o programa Ponto a Ponto, como projeto experimental, em quatro rodovias do Estado onde o usuário paga com base na distância percorrida por meio de cobrança eletrônica, usando a tecnologia RFID. A operação está em funcionamento nas rodovias Engenheiro Constâncio Cintra (SP-360), Santos Dumont (SP-075), Prof. Zeferino Vaz (SP- 332) e Governador Adhemar de Barros (SP-340), sendo que esta última é a única que o sistema *free flow* é aberto para todos os veículos que trafegam nas vias, enquanto as primeiras apenas os moradores da região podem usufruir.

Para se ter uma ideia real de como funciona a cobrança pelo sistema *free flow* na rodovia SP-340, os veículos que passam pela praça de pedágio do Km 123 pagam atualmente uma tarifa de R$ 12,70. Já os veículos equipados com a *tag* pagam R$ 6,35 nesse trecho e outros R$ 6,35 quando passarem pelo Km 147. Ou seja, o usuário que trafegar apenas entre o Km 114 e 147, pagará R$ 6,35 com o sistema *free flow* e R$ 12,70 com o sistema tradicional de praças de pedágio.

PONTO A PONTO SP-340

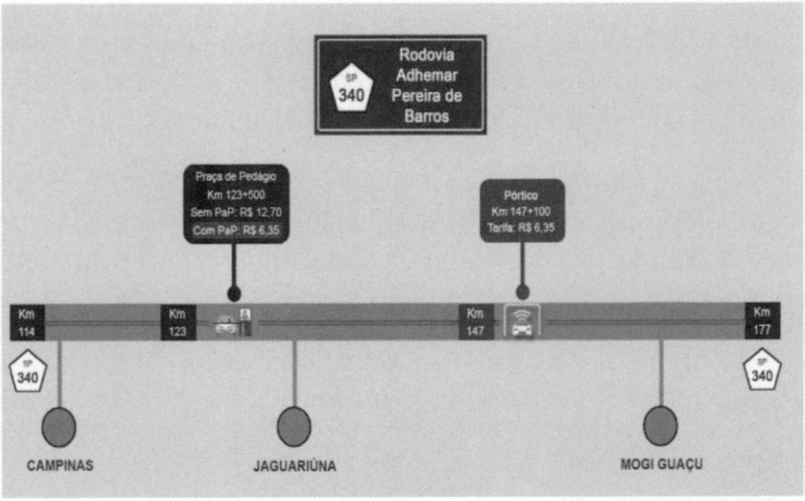

Fonte: ARTESP

De acordo com o governo do estado de São Paulo, no primeiro ano do projeto na região de Itatiba (SP-360) a economia média gerada a cada usuário foi de R$ 588,60. No total, foram poupados R$ 162 mil dos usuários cadastrados, sendo que 85% no sentido Itatiba.[296]

O Paraná, com apoio do Ministério da Infraestrutura e do IFC, também está em fases de estudos para a implantação do *free flow* em rodovias estaduais, com a expectativa de reduzir a tarifa dos pedágios, considerada alta pelos usuários.[297] As concessões no Estado são da década de 1990, quando ainda havia mais riscos e incertezas jurídicas como já pontuamos acima.

Um dos riscos apontados do sistema *free flow* é a inadimplência dos usuários, que poderia acarretar um prejuízo para os concessionários. Para resolver o problema, o Projeto de Lei n. 886/2021 determinou que o Conselho Nacional de Trânsito – Contran estabeleça os meios técnicos e de uso obrigatório pelos usuários para garantir a identificação dos veículos. Além disso, o dispositivo alterou dois pontos importante do Código de Trânsito Brasileiro: permitir que o valor das multas aplicadas pela ANTT seja entregue aos concessionários e qualificar a evasão do pagamento de pedágio como infração grave.

---

296 GOVERNO DO ESTADO DE SÃO PAULO. *Entenda as vantagens do Sistema Ponto a Ponto nas rodovias paulistas*. 16 de out. 2013. Disponível em: https://www.saopaulo.sp.gov.br/ultimas-noticias/entenda-as-vantagens-do-sistema-ponto-a-ponto-nas-rodovias-paulistas/#:~:text=O%20Sistema%20Ponto%20a%20Ponto,Barros%20(SP%2D340). Acessado em: 19.05.2022.

297 GLOBO NOTÍCIAS (G1). *Ministério da Infraestrutura altera sistema de concessão dos pedágios no Paraná para modelo de menor tarifa, diz Ratinho Junior*. 21 de mai. 2021. Disponível em: https://g1.globo.com/pr/parana/noticia/2021/05/21/ministerio-da-infraestrutura-altera-sistema-de-concessao-dos-pedagios-no-parana-para-modelo-de-menor-tarifa-diz-ratinho-junior.ghtml. Acessado em: 19.05.2022.

Considerações finais

As vantagens do sistema *free flow* são muitas. O simples fato de o motorista não ter que parar nas praças de pedágio traz enormes benefícios, tais como:

I. Diminuição dos congestionamentos nas rodovias;

II. Fim das filas nas paradas;

III. Viagens mais fluidas e rápidas;

IV. Menos desgaste das peças dos veículos por conta da redução da frenagem;

V. Menos poluição, com menos emissão de gases de efeito estufa;

VI. Menor consumo de combustível;

VII. Menos risco de colisão;

VIII. Diminuição da manutenção das rodovias.

Além desses benefícios, para o nosso recorte feito neste estudo, fica claro que a cobrança de pedágios por quilômetro rodado poderá trazer diminuição no valor das tarifas cobradas dos usuários, conforme demonstra a experiência nacional e internacional.

Noutro giro, o sistema *free flow* poderá permitir mais previsibilidade para o fluxo de caixa de concessões rodoviárias e melhorar a sua financiabilidade. Nesse compasso, terá o potencial de atrair novos *players* e investidores, o que poderá reduzir o custo de capital que integra o custo de operação (Opex)[298] e, consequentemente, o valor da tarifa.

---

298 *Operational expenditure* refere-se às despesas operacionais de um projeto.

Para que isso seja possível, é imprescindível que a ANTT atue de forma independente e assegure que o valor das tarifas seja calculado por critérios que remunerem o concessionário, observe o equilíbrio econômico-financeiro do contrato e preserve os usuários. Além disso, diante da experiência internacional, será necessário um aperfeiçoamento regulatório para melhor definir questões como (i) inadimplência dos usuários; (ii) fraudes e aspectos sancionatórios; (iii) tecnologia para captar a passagem dos carros pela rodovia; (iv) proteção de dados; (v) tarifa média; entre outras questões que precisão ser enfrentadas a fim de trazer mais previsibilidade para os investimentos.

A cobrança pelo sistema *free flow* é uma evolução do sistema rodoviário brasileiro, pois trata os usuários de forma mais igualitária, proporcionando uma tarifa mais justa. Do lado do concessionário, além de aumentar o número de pagantes com a implementação do sistema livre de passagem, a nova norma estabelece importantes diretrizes que assegurarão mais segurança jurídica e mais previsibilidade. A reversão dos valores das multas aplicadas pela ANTT aos concessionários é uma importante medida para diminuir a queda das receitas por conta da inadimplência dos usuários.

Desse modo, a implementação o sistema *free flow* nas rodovias brasileiras alça o país a outro patamar, alinhado às melhores práticas internacionais, promovendo mais eficiência, transparência, inovação e justiça tarifária.

Importante, todavia, para que o sistema funcione da melhor maneira possível que haja incentivo para a instalação das *tags* nos veículos. Talvez a opção chilena de tornar obrigatório uma terceira placa inteligente seja uma opção viável para diminuir o número de evasores.

Referências bibliográficas

BANDEIRA DE MELLO, Celso Antônio. *Curso de Direito Administrativo*. 34ª ed. São Paulo: Malheiros, 2019.

DI PIETRO, Maria Sylvia Z. *Direito Administrativo*. 33ª ed. Rio de Janeiro: Forense, 2020.

CNT. *Novas tecnologias de pagamento de pedágios*. CNT, 2020. Disponível em: https://cdn.cnt.org.br/diretorioVirtualPrd/bf8665da-3e39-45cf-9fbd-2dbbafc9ddd4.pdf. Acessado em: 11.05.2022.

DUARTE, Fabio Rezende; DUARTE, Haroldo Fernandes. *Aspectos jurídicos das rodovias*. 1ª ed. Rio de Janeiro: Mauad, 1997.

FREIRE, André Luiz; ÁVILA, Natália Resende Andrade; NASCIMENTO, Priscila Cunha. "As concessões federais de infraestrutura de transportes terrestres". *JOTA*, 04 ago. de 2020. Disponível em: https://www.jota.info/opiniao-e-analise/colunas/infra/as-concessoes-federais-de-infraestrutura-de-transportes-terrestres-04082020. Acessado em: 11.05.2022.

GLOBO NOTÍCIAS (G1). *Ministério da Infraestrutura altera sistema de concessão dos pedágios no Paraná para modelo de menor tarifa, diz Ratinho Junior*. 21 de mai. 2021. Disponível em: https://g1.globo.com/pr/parana/noticia/2021/05/21/ministerio-da-infraestrutura-altera-sistema-de-concessao-dos-pedagios-no-parana-para-modelo-de-menor-tarifa-diz-ratinho-junior.ghtml. Acessado em: 19.05.2022.

GRAU, Eros Roberto. "Pedágio: alternativa gratuita e direito de ir e vir (uma necessária correção)". *Revista de Direito Administrativo*, nº 254, ano 2010.

GOVERNO DO ESTADO DE SÃO PAULO. *Entenda as vantagens do Sistema Ponto a Ponto nas rodovias paulistas*. 16 de out. 2013. Disponível em: https://www.saopaulo.sp.gov.br/ultimas-noticias/entenda-as-vantagens-do-sistema-ponto-a-ponto-nas-rodovias-paulistas/#:~:text=O%20Sistema%20Ponto%20a%20Ponto,Barros%20(SP%2D340). Acessado em: 19.05.2022.

MEDAUAR, Odete. *Direito Administrativo Moderno*. 19ª ed. São Paulo: Revista dos Tribunais, 2015.

MARQUES, Floriano Azevedo. "Cobrança pelo acesso a rodovias para exploração de atividade econômica". *Revista Tributária e de Finanças Públicas*, vol. 43, mar./abr. de 2002.

MEIRELLES, Hely Lopes. "Pedágio - Natureza jurídica - Condições para sua cobrança". *Revista de Direito Administrativo*, vol. 104, 1971. Disponível em: https://bibliotecadigital.fgv.br/ojs/index.php/rda/article/view/35738. Acessado em: 01.06.2022.

MOREIRA NETO, Diogo de Figueiredo. *Curso de Direito Administrativo*. Grupo GEN, 2014.

PIRES José Claudio Linhares; GIAMBIAGI, Fabio. *Retorno dos novos investimentos privados em contextos de incerteza*: uma proposta de mudança do mecanismo de concessão de rodovias no brasil. Texto para Discussão, nº 81. Rio de Janeiro: IPEA, 2000.

SIMÕES, Carlos Rafael Menin. *Avaliação da evolução do esquema de alocação de risco nas concessões rodoviárias federais considerando boas práticas internacionais e nacionais*. Brasília: TCU, 2019.

WALD, Arnoldo. "Concessão de rodovias e os princípios da supremacia do interesse público, da modicidade tarifária e do equilíbrio econômico-financeiro do contrato". *Revista dos Tribunais*, vol. 877, nov. 2008.

WARTH, Anne. "Concessão da Nova Dutra deve ser realizada no 2º semestre". *UOL - Economia*, Brasília, 15 de jul. 2019. Disponível em: https://economia.uol.com.br/noticias/estadao-conteudo/2019/07/15/concessao-da-nova-dutra-deve-ser-realizada-no-2-semestre.htm. Acessado em: 19.05.2022.

CAPÍTULO XI

SUSTENTABILIDADE E RODOVIAS

Tiago Cripa Alvim

Introdução

Dado que a consciência coletiva sobre o mundo em que vivemos aumenta a cada dia, refletir sobre a sustentabilidade ao tratar de rodovias é natural e esperado.

De início, vale entender do que falamos quando tratamos do tema, já que *sustentabilidade* é vocábulo polissêmico em sua essência – essa característica é reforçada pelo seu emprego em campos e situações cada vez mais variados e abrangentes.

Em seguida, comentamos sobre a aplicação do conceito à infraestrutura, tecendo, em seguida, algumas considerações em relação às rodovias de forma mais abrangente para que, exposto o contexto, comentemos o caso brasileiro, trazendo alguns elementos sobre o tema quando da redação deste texto.[299]

---

299 Agradeço às importantes contribuições de Rafael Serathiuk, Rafael Magalhães Furtado e Stéphane Louis Georges Quebaud.

1 Sustentabilidade

Ao buscar entender *sustentabilidade*, necessariamente tratamos de expressões como *sustentabilidade ambiental*, *sustentabilidade social*, sustentabilidade econômica ou *desenvolvimento sustentável*, todos correlacionados.

A ideia de sustentabilidade surge com vinculação direta com a temática ambiental e chega pela primeira vez ao grande público,[300] de forma institucional, com a Conferência das Nações Unidas sobre o Meio Ambiente Humano (ou UNCHE),[301] em 1972, conhecida como Conferência de Estocolmo, primeira grande conferência da ONU sobre o tema. O capítulo I do relatório da Conferência foi denominado Declaração da Conferência das Nações Unidas sobre o Meio Ambiente Humano, ou Declaração de Estocolmo,[302] com vinte e seis princípios essenciais para o desenvolvimento do tema ambiental, trazendo expressões referentes à sustentabilidade, como "recursos não renováveis" ou "conduta responsável de indivíduos, empresas e comunidades na proteção e melhoria do meio ambiente em sua plena dimensão humana". Já o capítulo II propôs um plano de ação para o meio ambiente humano, com mais de cem recomendações.

Como decorrência da Conferência de Estocolmo, a ONU criou o PNUMA, o Programa das Nações Unidas para o Meio Ambiente, no mesmo ano.[303] Mantendo a atenção ao tema, se publicou em

---

300 Já que, fora do circuito estatal e internacional a temática já ganhava corpo nos anos 1960 com pesquisadores, tendo como marco o lançamento do livro "Primavera Silenciosa", de Rachel Carson, em 1962.

301 Em sua sigla em inglês. As siglas mencionadas doravante serão utilizadas em português ou inglês, indistintamente.

302 ORGANIZAÇÃO DAS NAÇÕES UNIDAS. *Relatório da Conferência das Nações Unidas sobre o Meio Ambiente Humano*. Estocolmo, jun. 1972. Disponível em: https://undocs.org/en/A/CONF.48/14/Rev.1. Acessado em: 19.05.2022.

303 ORGANIZAÇÃO DAS NAÇÕES UNIDAS. *Resolução 2997- A/ RES/ 2997 (XXVII)*. Disponível em: https://undocs.org/en /A/RES/2997(XXVII). Acessado

1982 a Carta Mundial da Natureza,[304] que tratou do respeito aos sistemas naturais, um avanço institucional – o documento, contudo, era tímido e por vezes contraditório, referindo, por exemplo, que os ecossistemas e organismos utilizados pelo homem devem ser gerenciados para alcançar a produtividade sustentável ideal, de forma a não "colocar em risco a integridade daqueles outros ecossistemas ou espécies com os quais eles coexistem". Em 1983, pela Resolução 38/161, a Assembleia Geral da ONU requere ao Secretário-Geral da organização a instituição de comissão para analisar o meio ambiente em âmbito global, inclusive para "[p]ropor estratégias ambientais de longo prazo para alcançar o desenvolvimento sustentável até o ano 2000 e além", em que vemos a expressão "desenvolvimento sustentável".

O órgão instituído foi denominado Comissão Mundial sobre Meio Ambiente e Desenvolvimento; seu produto foi o Nosso Futuro Comum, de 1987, também chamado de Relatório Brundtland.[305] [306] O relatório se refere por diversas vezes à expressão "desenvolvimento sustentável"; em uma delas, menciona que "[o] que é necessário agora é uma nova era de crescimento econômico – um crescimento vigoroso e, ao mesmo tempo, social e ambientalmente sustentável" (cap. 3), o que insere outro tema no campo da sustentabilidade: o social. O documento destaca a importância da conservação ambiental, da equidade social e do crescimento econômico e nos

em: 19.05.2022.

304 ORGANIZAÇÃO DAS NAÇÕES UNIDAS. *Resolução 37/7 – World Charter for Nature*. Disponível em: https://undocs.org/en/A/RES/37/7. Acessado em: 19.05.2022.

305 ORGANIZAÇÃO DAS NAÇÕES UNIDAS. *Report of the World Commission on Environment and Development*: Our Common Future. Disponível em: https://sustainabledevelopment.un.org/content/documents/5987our-common-future.pdf. Acessado em: 19.05.2022.

306 Apodo dado ao documento em razão da presidência da Comissão por Gro Harlem Brundtland, que acumulou essa a função com a de primeira-ministra da Noruega em dado período.

oferece igualmente a noção mais conhecida de desenvolvimento sustentável: "é o desenvolvimento que atende às necessidades do presente sem comprometer a capacidade das gerações futuras de atender às suas próprias necessidades" (cap. 2).

O relatório teve papel estratégico na defesa ambiental: seu teor conciliador dos conceitos de sustentabilidade e desenvolvimento foi relativamente bem-recebido pelos Estados-membros, à diferença da repulsa em relação a documentos anteriores, que expunham os temas como conflitantes. A relutância da Comissão em adotar posturas mais firmes no documento (o que desagradou boa parte dos ambientalistas quando da sua publicação), acabou por gerar maior aceitação da temática no âmbito do Estados soberanos.

Anos depois, houve a realização da Conferência das Nações Unidas sobre Meio Ambiente e Desenvolvimento, a Rio-92 (ou Eco-92), em que o debate sobre a integração dos campos ambiental, econômico e social ganhou corpo e se expandiu, gerando a Declaração do Rio sobre o Meio Ambiente e o Desenvolvimento (UNCED). Originalmente, tinha-se a ideia de redigir uma declaração solene sobre os direitos e obrigações legais sobre meio ambiente e desenvolvimento – algo similar ao publicado em 1982. A Declaração do Rio sobre Ambiente e Desenvolvimento foi editada e, embora o resultado tenha sido modesto, isso não impediu que se tornasse importante documento para o direito internacional ambiental.[307] A Rio-92 também concebeu a Agenda 21,[308] em que "são descritas em termos de bases para a ação, objetivos, atividades e meios de implementação", refletindo "um compromisso político no nível mais

307 HANDL, Günther. *Declaration of The United Nations Conference on the Human Environment (Stockholm Declaration), 1972 and the Rio Declaration on Environment and Development, 1992*. Disponível em: https://legal.un.org/avl/pdf/ha/dunche/dunche_e.pdf. Acessado em: 19.05.2022.

308 ORGANIZAÇÃO DAS NAÇÕES UNIDAS. *United Nations Conference on Environment & Development – Rio de Janeiro, Brazil, 3 to 14 June 1992 - AGENDA 21*. Disponível em: https://sustainabledevelopment.un.org/content/documents/Agenda21.pdf. Acessado em: 19.05.2022.

alto no que diz respeito a desenvolvimento e cooperação ambiental". Foram apresentados também a Convenção da Biodiversidade, a Convenção da Desertificação, a Declaração de Princípios sobre Florestas, a Carta da Terra e a Convenção das Mudanças Climáticas, ou Convenção-Quadro das Nações Unidas sobre a Mudança do Clima – UNFCCC. No mesmo ano de 1992 as Nações Unidas criaram a Comissão para o Desenvolvimento Sustentável (CSD),[309] que acompanhou o desenvolvimento dos assuntos tratados e dos compromissos firmados na Rio-92. Com a crescente complexidade do tema e das agências envolvidas, a CSD acabou por ser substituída, em 2013, pelo Fórum Político de Alto Nível sobre Desenvolvimento Sustentável (HLPF),[310] [311] vinculado à Assembleia Geral e ao Conselho Econômico e Social (ECOSOC) das Nações Unidas.

Sobre a Convenção-Quadro referida,[312] [313] vale mencionar que o tratado criou a Conferência das Partes como seu órgão maior, e que suas reuniões, as COPs, têm importante papel no seu campo de ação – o das mudanças climáticas –, sendo as mais conhecidas a de Quioto (em 1997, da qual adveio o Protocolo de Quioto) e a de Paris (em 2015, que deu origem ao Acordo de Paris). Entre estas,

309 ORGANIZAÇÃO DAS NAÇÕES UNIDAS. *Commission on Sustainable Development (CSD)*. Disponível em: https://sustainabledevelopment.un.org/csd.html. Acessado em: 19.05.2022.

310 ORGANIZAÇÃO DAS NAÇÕES UNIDAS. *United Nations High-level Political Forum on Sustainable Development (HLPF)*. Disponível em: https://sustainabledevelopment.un.org/hlpf. Acessado em: 19.05.2022.

311 ORGANIZAÇÃO DAS NAÇÕES UNIDAS. *Resolução A/RES/67/290 – Formato e aspectos organizacionais do fórum de alto nível político sobre desenvolvimento sustentável*. Disponível em: https://www.un.org/ga/search/view_doc.asp?symbol=A/RES/67/290&Lang=E. Acessado em: 19.05.2022.

312 ORGANIZAÇÃO DAS NAÇÕES UNIDAS. *United Nations Framework Convention on Climate Change*. Disponível em https://unfccc.int/files/essential_background/background_publications_htmlpdf/application/pdf/conveng.pdf. Acessado em: 19.05.2022.

313 Os trabalhos referentes ao tema são geridos pela secretaria da convenção, com sede em Bonn. Disponível em: https://unfccc.int. Acessado em: 23.06.2022.

houve a Cúpula Mundial sobre Desenvolvimento Sustentável, em Joanesburgo, em 2002 (a Rio+10), e a Conferência das Nações Unidas sobre Desenvolvimento Sustentável, no Rio de Janeiro, em 2012 (a Rio+20), que deu origem à Resolução A/RES/66/288 – O futuro que queremos,[314] que reafirmou os princípios da Declaração de Estocolmo, da Declaração do Rio e as ações adotadas, além de ter avaliado o progresso até aquele momento, identificado o que havia por fazer e reconhecido a necessidade do envolvimento dos grandes grupos e de outras partes interessadas, e de trazer a economia verde para o contexto do desenvolvimento sustentável e da erradicação da pobreza e de buscar evolução nos marcos institucionais referentes ao desenvolvimento sustentável.

Pouco antes do Acordo de Paris passamos a ter uma compreensão mais uniforme sobre o que pode ser considerado desenvolvimento sustentável, com a adoção da Resolução A/RES/70/1 – Transformando o Nosso Mundo: A Agenda 2030 para o Desenvolvimento Sustentável[315] pela Assembleia Geral da ONU, em que foi lançada a Agenda 2030. O documento estabeleceu os 17 Objetivos de Desenvolvimento Sustentável (ODSs) – uma evolução dos Objetivos de Desenvolvimento do Milênio[316] – e as 169 metas distribuídas em cada Objetivo; colocar em prática tais Objetivos é o propósito da Agenda 2030. Visualizamos com mais clareza o ganho de extensão da expressão desenvolvimento sustentável, que seria "um apelo global à ação para acabar com a pobreza, proteger

---

314 ORGANIZAÇÃO DAS NAÇÕES UNIDAS. *Resolução A/RES/66/288. O futuro que queremos*. Disponível em: https://www.un.org/en/development/desa/population/migration/generalassembly/docs/globalcompact/A_RES_66_288.pdf. Acessado em: 19.05.2022.

315 ORGANIZAÇÃO DAS NAÇÕES UNIDAS. *Resolução A/RES/70/1 – Transformando o Nosso Mundo*: a Agenda 2030 para o Desenvolvimento Sustentável. Disponível em: https://www.un.org/en/development/desa/population/migration/generalassembly/docs/globalcompact/A_RES_70_1_E.pdf. Acessado em: 19.05.2022.

316 ORGANIZAÇÃO DAS NAÇÕES UNIDAS. *Millenium Goals*. Disponível em: https://www.un.org/millenniumgoals. Acessado em: 19.05.2022.

o meio ambiente e o clima e garantir que as pessoas, em todos os lugares, possam desfrutar de paz e de prosperidade".[317] Os ODSs incluem temas que não se vinculariam com a expressão há alguns anos, como educação de qualidade ou igualdade de gênero.

Ainda nesse campo, um importante vínculo das Nações Unidas com o universo corporativo se dá por meio do Pacto Global, "a maior iniciativa de sustentabilidade corporativa do mundo".[318] O Pacto – lançado em 2000 e tratado não apenas em uma, mas em diversas resoluções da Assembleia Geral[319] – é iniciativa de adesão voluntária de empresas e instituições que tem como fito a "mudança profunda da gestão mundial de negócios",[320] assumindo tais entes o compromisso de contribuir para o atingimento dos ODSs. As ações do Pacto são focadas em dez princípios, divididos em quatro grupos: direitos humanos, trabalho, meio ambiente e anticorrupção.

Um documento lançado pelo Pacto Global em 2004,[321] com o apoio do Banco Mundial e diversas outras instituições financeiras, cunhou uma sigla que hoje vemos disseminada: ESG – *environmental, social and governance* – ambiental, social e governança. As recomendações de 2004 indicavam a necessidade de integrar

---

317 ORGANIZAÇÃO DAS NAÇÕES UNIDAS. *Sobre o nosso trabalho para alcançar os Objetivos de Desenvolvimento Sustentável no Brasil*. Disponível em: https://brasil.un.org/pt-br/sdgs. Acessado em: 19.05.2022.

318 ORGANIZAÇÃO DAS NAÇÕES UNIDAS. UNGC. *What is the Global Compact*. Disponível em: https://www.unglobalcompact.org/what-is-gc. Acessado em: 19.05.2022.

319 ORGANIZAÇÃO DAS NAÇÕES UNIDAS. UNGC. *UN General Assembly Resolutions recognizing the Global Compact*. Disponível em: https://www.unglobalcompact.org/about/government-recognition/general-assembly-resolutions. Acessado em: 19.05.2022.

320 ORGANIZAÇÃO DAS NAÇÕES UNIDAS. *A iniciativa*. Disponível em: https://www.pactoglobal.org.br/a-iniciativa. Acessado em: 19.05.2022.

321 ORGANIZAÇÃO DAS NAÇÕES UNIDAS. *Who Cares Wins*. Disponível em: https://documents1.worldbank.org/curated/en/280911488968799581/pdf/113237-WP-WhoCaresWins-2004.pdf. Acessado em: 19.05.2022.

fatores sociais, ambientais e de governança no mercado de capitais,[322] o que vem sendo chamado de financiamento sustentável ou finanças sustentáveis (*sustainable finance*);[323] ao mesmo tempo, sua aplicação ocorre de forma insuficiente, faltando consistência e qualidade no seu emprego, por exemplo, segundo a OCDE.[324] De forma quase concomitante com sua aplicação no universo bancário-financeiro-de capitais, a noção de ESG vem sendo assimilada, também, pelas empresas de forma mais ampla – nessa linha, o Código das Melhores Práticas de Governança Corporativa do Instituto Brasileiro de Governança Corporativa – IBGC, em sua quinta edição, menciona a atenção a temas ambientais e sociais.[325]

No que toca aos estudos acadêmicos mais abrangentes, não soa como surpresa identificar que, dentro da miríade de temas inseridos ou mesclados a sustentabilidade ou desenvolvimento sustentável, o aquecimento global é o tema que mais atenção gera e mais temor causa. Em 2007, Nicholas Stern publica seu *The Economics of Climate Change*,[326] baseado no relatório que preparara para o governo britânico, em que indicou que, se aplicado anualmente e imediatamente 1% do PIB mundial em prevenção e adaptação, seria possível evitar os piores impactos da mudança

---

322 ORGANIZAÇÃO DAS NAÇÕES UNIDAS. *ESG*. Disponível em: https://www.pactoglobal.org.br/pg/esg. Acessado em: 19.05.2022.

323 BOFFO, Riccardo; PATALANO, Robert. "ESG Investing: Practices, Progress and Challenges". *OECD*, Paris, 2020. Disponível em: https://www.oecd.org/finance/ESG-Investing-Practices-Progress-Challenges.pdf. Acessado em: 03.06.2022.

324 BOFFO, Riccardo; PATALANO, Robert. "ESG Investing: Practices, Progress and Challenges". *OECD*, Paris, 2020. Disponível em: https://www.oecd.org/finance/ESG-Investing-Practices-Progress-Challenges.pdf. Acessado em: 03.06.2022.

325 IBGC. *Código das melhores práticas de governança corporativa*. 5ª ed. São Paulo, 2015. Disponível em: https://conhecimento.ibgc.org.br/Paginas/Publicacao.aspx?PubId=21138. Acessado em: 19.05.2022.

326 STERN, Nicholas. *The Economics of Climate Change*: the Stern Review. Cambridge: Cambridge University Press, 2007.

climática – que já representava, à época, em sua análise, a maior e mais ampla falha de mercado já vista. Análise no mesmo sentido é feita pelo ex-Vice-Presidente estadunidense Al Gore no seu livro "Uma Verdade Inconveniente" - o que devemos saber (e fazer) sobre o aquecimento global,[327] de 2006, ano em que também foi lançado o documentário com o mesmo título.[328] Jared Diamond, por sua vez, ao estudar o colapso de diferentes sociedades, amplia o escopo das questões envolvendo ambiente e sustentabilidade, indicando que a falência do mundo como é hoje pode se dar pela mudança climática, pelo tamanho da população, pelo uso inadequado da tecnologia e pelas iniquidades da globalização, por exemplo.[329]

Trabalhos acadêmicos no campo da economia também consideraram a sustentabilidade e os critérios ESG para compor novas formas de enxergar a disciplina. O conceito de economia linear – um processo com começo, meio e fim – dá lugar à economia circular,[330] ou à economia da transformação/renovação (*upcycle*),[331] ou à "economia donut",[332] em que a circunferência interna do quitute representa o mínimo para o alicerce social, enquanto a circunferência exterior é o teto ecológico, ou seja, até onde se pode seguir (com relação às atividades humanas) sem destruir o planeta. Outros conceitos mais ou menos coincidentes vinham

---

327 GORE, Al. *Uma Verdade Inconveniente*: o que devemos saber (e fazer) sobre o aquecimento global. Barueri: Editora Manole, 2006.

328 Dirigido por Davis Guggenheim, ganhou o Oscar de melhor documentário em 2007.

329 DIAMOND, Jared Mason. *Colapso*: como as sociedades escolhem o fracasso ou o sucesso. Rio de Janeiro: Record, 2020.

330 Uma boa aproximação do tema pode se dar com: OHDE, Carlos (Coord.). *et al. Economia Circular*: um modelo que dá impulso à economia, gera empregos e protege o meio ambiente. São José dos Campos: Netbooks, 2018.

331 Sugerimos a obra: McDONOUGH, William; BRAUNGART, Michael. *The Upcycle*: Beyond Sustainability - Designing for Abundance. Nova York: North Point Press, 2013.

332 RAWORTH, Kate. *Economia Donut*: uma alternativa ao crescimento a qualquer custo. Rio de Janeiro: Zahar, 2019.

e vêm sendo cada vez mais explorados no sentido de escapar da linearidade e buscando integração entre atividade econômica, fins sociais e proteção ao ambiente – de forma geral, como vemos na Resolução A/RES/66/288 da Assembleia Geral da ONU, essa nova visão sobre a economia é chamada de economia verde.

Juridicamente, no Brasil, subscrevemos o entendimento de Morais e Ivanoff,[333] entendendo que é possível extrair da Constituição Brasileira o princípio da sustentabilidade. Muito embora não seja expresso nesses temos, aplicando-se os critérios de Ronald Dworkin ou de Robert Alexy, conjuntamente ou de forma independente, chega-se sem dificuldade à constatação da existência do princípio da sustentabilidade no sistema constitucional brasileiro, com a interpretação combinada do Preâmbulo da Constituição com seus arts. 3º, 170, 174 e 225. Em nível infraconstitucional, merece nota que se tenha inserido na Lei n. 8.666, de 1993, como um dos três objetivos das licitações, a promoção do desenvolvimento nacional sustentável, por meio da Lei n. 12.349, de 2010. A locução se manteve na nova Lei de Licitações, n. 14.133, de 2021, não mais como objetivo, mas como um dos princípios para a aplicação da norma – com já havia feito o decreto que regula o pregão eletrônico, de n. 10.024, de 2019, que havia ido mais além ao explicar que o princípio "será observado nas etapas do processo de contratação, em suas dimensões econômica, social, ambiental e cultural, no mínimo, com base nos planos de gestão de logística sustentável dos órgãos e das entidades", trazendo de forma mais objetiva a aplicação da sustentabilidade para dentro de uma das principais ações do Estado: as compras públicas.

333 MORAIS, Fausto Santos de; IVANOFF, Felipe de. "A Sustentabilidade como Princípio Jurídico no Direito brasileiro". *Revista Direito & Paz*, Lorena, nº 35, 2016.

2 Relações entre sustentabilidade e infraestrutura

Vale traçar as relações entre o cenário que indicamos anteriormente e a infraestrutura, vasto campo que compreende as rodovias.

Bem de anotar que a Assembleia das Nações Unidas para o Meio Ambiente (UNEA) adotou a Resolução UNEP/EA.4/ Res.5, do PNUMA, em março de 2019,[334] sobre infraestrutura sustentável, que menciona a já referida Resolução A/RES/66/288 – *O futuro que queremos*, a Resolução A/RES/69/313, que contém a Agenda de Ação aprovada decorrente da Terceira Conferência Internacional sobre Financiamento para o Desenvolvimento (Agenda de Ação de Adis Abeba),[335] a Resolução A/RES/71/256, com sua *Nova Agenda Urbana*,[336] a também já referida Resolução A/RES/70/1 – *Transformando o Nosso Mundo*, todas da Assembleia Geral das Nações Unidas, e também as Resoluções UNEP/EA.1/INF/18 – *Cumprindo a Dimensão Ambiental da Agenda 2030 para o Desenvolvimento Sustentável - uma nota conceitual*[337] e

---

334 ORGANIZAÇÃO DAS NAÇÕES UNIDAS. *UNEP/EA.4/Res.5 - Resolution adopted by the United Nations Environment Assembly on 15 March 2019*. Disponível em: https://undocs.org/UNEP/EA.4/Res.5. Acessado em: 19.05.2022.

335 ORGANIZAÇÃO DAS NAÇÕES UNIDAS. *Resolução A/RES/69/313 – Agenda de Ação de Adis Abeba da Terceira Conferência Internacional sobre Financiamento para o Desenvolvimento (Agenda de Ação de Adis Abeba)*. Disponível em: https://www.un.org/en/development/desa/population/migration/generalassembly/docs/globalcompact/A_RES_66_288.pdf. Acessado em: 19.05.2022.

336 ORGANIZAÇÃO DAS NAÇÕES UNIDAS. *Resolução A/RES/71/256 – Nova Agenda Urbana*. Disponível em: https://www.un.org/en/development/desa/population/migration/generalassembly/docs/globalcompact/A_RES_71_256.pdf. Acessado em: 19.05.2022.

337 ORGANIZAÇÃO DAS NAÇÕES UNIDAS. *Resolução UNEP/EA.1/INF/18 – Cumprindo a Dimensão Ambiental da Agenda 2030 para o Desenvolvimento Sustentável - uma nota conceitual*. Disponível em: https://sdgtoolkit.org/wp-content/uploads/2017/02/

UNEP/EA.2/Res.8 – *Consumo e produção sustentáveis*,[338] estas da Assembleia Geral do PNUMA. Frente a este cenário normativo, temos a dimensão de como (i) o tratamento das infraestruturas neste contexto pelas Nações Unidas se encontra visceralmente ligado às demais disposições da instituição e (ii) suas agências tratam da sustentabilidade – demonstrando que a abordagem da infraestrutura não é estanque e sim acoplada à normativa e aos conceitos gerais sobre desenvolvimento sustentável.

Os Objetivo de Desenvolvimento Sustentável também nos indicam com clareza que sustentabilidade não é, nem deve ser, alheia à infraestrutura – em especial o ODS nº 9, de aplicação mais direta ao tema, sobre "[c]onstruir infraestruturas resilientes, promover a industrialização inclusiva e sustentável e fomentar a inovação", indicando que a resiliência como um elementos das infraestruturas que podemos considerar sustentáveis.[339] As metas que integram o ODS nº 9 mostram como a Agenda 2030 delineia, em grandes linhas, a relação sustentabilidade e infraestrutura:

I. deve ser de qualidade, confiável, sustentável e resiliente;

II. deve ser regional e, também, transfronteiriça, com o objetivo de promover o desenvolvimento econômico e o bem-estar humano de forma equitativa

III. deve ter preços acessíveis para todos;

Delivering-on-the-Environmental-Dimension-of-the-2030-Agenda-for-Sustainable-Development-%E2%80%93-a-concept-note.pdf. Acessado em: 19.05.2022.

338 ORGANIZAÇÃO DAS NAÇÕES UNIDAS. *UNEP/EA.2/Res.8 – Consumo e produção sustentáveis*. Disponível em: https://wedocs.unep.org/bitstream/handle/20.500.11822/11184/K1607179_UNEPEA2_RES8E.pdf?sequence=1&isAllowed=y. Acessado em: 19.05.2022.

339 NAÇÕES UNIDAS BRASIL. *Objetivo de Desenvolvimento Sustentável 9*. Disponível em: https://brasil.un.org/pt-br/sdgs/9. Acessado em: 19.05.2022.

IV. se deve modernizar as infraestruturas "para torná-las sustentáveis, com eficiência aumentada no uso de recursos e maior adoção de tecnologias e processos industriais limpos e ambientalmente corretos".[340]

Também se podem extrair elementos para a relação sustentabilidade-infraestrutura do ODS nº 11, que se refere a "[t]ornar as cidades e os assentamentos humanos inclusivos, seguros, resilientes e sustentáveis", quando se refere a:

I. proteger e salvaguardar o patrimônio cultural e natural do mundo;

II. qualidade do ar e gestão de resíduos;

III. relações econômicas, sociais e ambientais positivas entre diferentes áreas, "reforçando o planejamento nacional e regional de desenvolvimento".

Em outros Objetivos menos diretamente relacionados à infraestrutura encontramos igualmente elementos que merecem nossa atenção, como o ODS n. 3, que tem como uma de suas metas "[a]té 2020, reduzir pela metade as mortes e os ferimentos globais por acidentes em estradas", e, ainda, as metas dispersas que se aplicam a vários setores de diferentes formas, como a de n. 5 do ODS n. 12 ("Assegurar padrões de produção e de consumo sustentáveis" – "[a]té 2030, reduzir substancialmente a geração de resíduos por meio da prevenção, redução, reciclagem e reuso") ou a de n. 1 do ODS 13 ("Tomar medidas urgentes para combater a mudança climática e seus impactos" – "Reforçar a resiliência

340 Também se faz referência relativamente aos "países africanos, aos países menos desenvolvidos, aos países em desenvolvimento sem litoral e aos pequenos Estados insulares em desenvolvimento" deve se "facilitar" o "desenvolvimento de infraestrutura sustentável e resiliente em países em desenvolvimento, por meio de maior apoio financeiro, tecnológico e técnico" – elemento que não se inclui no listado por traduzir uma política para um grupo específico de países.

e a capacidade de adaptação a riscos relacionados ao clima e às catástrofes naturais em todos os países"). A redução da geração de resíduos e o reforço da capacidade de adaptação a riscos relacionados a catástrofes naturais são objetivos que devem ser cumpridos por todos, em seus âmbitos de ação – inclusive pelos atores do campo da infraestrutura.

O *Glossário de termos do Objetivo de Desenvolvimento Sustentável* 9[341] nos explica os termos que vemos no ODS referido. A infraestrutura sustentável, além de oportunizar a proteção do meio ambiente, deve apoiar no reconhecimento e na ampliação dos direitos humanos e das liberdades fundamentais, sendo consideradas quatro áreas temáticas principais, muito similares a que vemos no Pacto Global: direitos humanos, trabalho decente, meio ambiente e transparência, prestação de contas e combate à corrupção. Também a UNOPS, escritório de projetos da ONU, apresenta estas quatro áreas como essenciais em sua política de infraestrutura sustentável.[342]

Outra expressão associada ao tema, "infraestrutura resiliente" seria aquela "capaz de resistir, absorver, acomodar ou se recuperar de impactos como desastres naturais de maneira rápida e eficiente, inclusive pela preservação e restauração de suas estruturas e funções básicas essenciais". Além da definição empregada pela ONU, resiliência, no que toca a infraestruturas, pode ser entendida também como redundância, consubstanciada na criação e implementação de infraestrutura paralelas, secundárias, de apoio, que possam suportar a parte mais relevante da demanda pela infraestrutura principal

341 ORGANIZAÇÃO DAS NAÇÕES UNIDAS. PNUD. *Glossário de termos do Objetivo de Desenvolvimento Sustentável 9*. Disponível em: https://www.br.undp.org/content/brazil/pt/home/library/ods/glossario-do-ods-9.html. Acessado em: 19.05.2022.

342 ORGANIZAÇÃO DAS NAÇÕES UNIDAS. UNOPS. *UNOPS policy for sustainable infrastructure*. Disponível em: https://www.ungm.org/UNUser/Documents/DownloadPublicDocument?docId=657291. Acessado em: 19.05.2022.

enquanto esta seguir em recuperação, além da implementação de sistemas de gestão de riscos de desastres.[343]

a. Investimentos em infraestrutura

Diante do cenário internacional que considera, inclusive juridicamente, a sustentabilidade e os critérios ESG, os investimentos em infraestrutura passam a adotar novas óticas, como *investimento ambientalmente responsável* ou *investimento socialmente responsável*,[344] esta última expressão por vezes abarcando os temas ambientais, ou simplesmente *investimento responsável*.[345]

Nessa linha, com os desenvolvimentos dos Objetivos de Desenvolvimento Sustentável e da atenção com os critérios ESG, a ONU, por meio do Pacto Global e da Iniciativa Financeira do Programa da ONU para o Meio-Ambiente (UNEP FI), junto a investidores, lançou os Princípios para o Investimento Responsável (PRIs)[346] em 2006. São seis os PRIs e os três primeiros fazem menção expressa à aplicação dos critérios ESG nas análises de investimento, nas políticas dos signatários e na busca ativa pela aplicação de tais critérios nas entidades investidas.[347]

---

343 NÚÑEZ, Jairo; RUIZ, Maria del Pilar; BENAVIDES, Juan; MARTÍNEZ, Nicolás. *Proyectos de infraestructura resiliente al cambio climático (resumen ejecutivo)*. Caracas: CAF, 2019. Disponível em: http://scioteca.caf.com/handle/123456789/1475. Acessado em: 19.05.2022.

344 Como exemplo: GREEN AMERICA. *Socially responsible investing*. Disponível em: https://www.greenamerica.org/socially-responsible-investing. Acessado em: 19.05.2022.

345 Tema tratado até por gigantes como a BlackRock, maior gestora de ativos do mundo. Vide: BLACKROCK. *Sustainable investing*. Disponível em: https://www.blackrock.com/us/individual/investment-ideas/sustainable-investing. Acessado em: 19.05.2022.

346 UNPRI. Disponível em: https://www.unpri.org. Acessado em: 19.05.2022.

347 UNPRI. *Introdução aos Princípios para o Investimento Responsável (PRI)*. Disponível em: https://www.unpri.org/download?ac=10969. Acessado em: 19.05.2022.

Também se trata do *financiamento verde* ou do *financiamento sustentável*. O primeiro é definido pelo Instituto Alemão de Desenvolvimento – DIE, *think tank* interessada em políticas de desenvolvimento, como expressão que contempla (i) o financiamento de investimentos *verdes*, como os envolvidos na proteção da biodiversidade, redução de danos ao meio ambiente ou em eficiência energética; (ii) o financiamento de políticas públicas de mitigação e adaptação, como as que reduzam as tarifas de energia de fontes renováveis; ou (iii) se referem a componente do sistema financeiro que lidam diretamente com o tema, como o Fundo Verde para o Clima (GCF) ou instrumentos financeiros como os títulos ou fundos verdes.[348] O tema segue, aproximadamente, o racional que poderia ser aplicado aos temas de compensação de carbono, tema que poderia ser considerado quando da concepção de projetos de infraestrutura. Tais mercados possuem grande sinergia com a nova lei brasileira de pagamentos por serviços ambientais, de Lei n. 14.119, de 2021.

O financiamento sustentável encontra, por sua vez, ainda mais institucionalidade que a expressão anterior, sendo definido oficialmente pela União Europeia como aquele que leva em conta critérios ESG ao tomar decisões de investimento no setor financeiro – embora relativize os temas ambientais, por definir que tais elementos apenas "podem" eventualmente ser incluídos em tais considerações para tomada de decisão, embora também afirme que a "governança de instituições públicas e privadas (...) desempenha um papel fundamental para garantir a inclusão de considerações socioambientais no processo de tomada de decisão".[349] Apesar

---

348 Instituto Alemão de Desenvolvimento – DIE. Nannete Lindenberg. *Definition of Green Finance*. Disponível em: https://www.cbd.int/financial/gcf/definition-greenfinance.pdf. Acessado em: 23.06.2022.

349 COMISSÃO EUROPEIA. *Overview of sustainable finance*. Disponível em: https://ec.europa.eu/info/business-economy-euro/banking-and-finance/sustainable-finance/overview-sustainable-finance_en#what. Acessado em: 19.05.2022.

disso, a Europa adotou de importante medida institucional para cumprimento da Agenda 2030, com o Pacto Ecológico Europeu (*European Green Deal*), que, em seu plano de ação, prevê (i) impulsionar a utilização eficiente dos recursos através da transição para uma economia limpa e circular e (ii) restaurar a biodiversidade e reduzir a poluição.[350]

Em paralelo, tivemos a criação dos Princípios do Equador, em 2003, baseados na política ambiental e social da Corporação Financeira Internacional – IFC, membro do Banco Mundial, e na próprias Diretrizes de Meio Ambiente, Saúde e Segurança do Grupo Banco Mundial. Tais princípios são um conjunto de critérios socioambientais que podem ser adotados voluntariamente por instituições financeiras de todo o mundo e se aplicam na análise dos determinados produtos financeiros[351] destinado a apoiar investimentos.[352] Sua quarta versão, de julho de 2020, se apresenta como "[u]ma referência do setor financeiro para determinar, avaliar e gerenciar o risco ambiental e social em projetos". Em 2018, no aniversário de 15 anos do instrumento, o CEO do IFC indicou que "os Princípios do Equador aprimoraram os padrões de trabalho e as práticas ambientais, e fortaleceram o engajamento com povos indígenas e comunidades locais".[353] Contudo, para a BankTrack, ONG dos Países Baixos que acompanha as ações de bancos e

---

350 COMISSÃO EUROPEIA. *A European Green Deal*: Striving to be the first climate-neutral continent. Disponível em: https://ec.europa.eu/info/strategy/priorities-2019-2024/european-green-deal_en. Acessado em: 19.05.2022.

351 THE EQUATOR PRINCIPLES ASSOCIATION. *The Equator Principles*. Disponível em: https://equator-principles.com/about. Acessado em: 19.05.2022.

352 BANCO DO BRASIL. *Princípios do Equador*. Disponível em: https://www.bb.com.br/docs/pub/inst/dwn/PrincEquador2016PT.pdf. Acessado em: 19.05.2022.

353 LE HOUÉROU, Philippe. "Opinion: the Equator Principles just turned 15, we should celebrate their impact". *Devex*, 18 de set. 2018. Disponível em: https://www.devex.com/news/opinion-the-equator-principles-just-turned-15-we-should-celebrate-their-impact-93435. Acessado em: 19.05.2022.

investidores, possui sérias críticas à ineficiência na aplicação de tais princípios,[354] [355] podendo-se talvez denominar boa parte das ações das instituições aderentes aos Princípios do Equador como *green washing*, ação ou discurso de dada instituição para que sua postura pareça ou seja entendida como ambientalmente responsável quando, na verdade, não o é ou é menos *verde* do que se vende.

Vale anotar, também, que não se trata apenas de buscar conciliação entre sustentabilidade e infraestrutura – há outros vieses, como o investimento em infraestrutura como condição para o atingimento dos objetivos da Agenda 2030. De acordo com o PNUMA, a OCDE estima que de 2021 até 2030, serão necessários investimentos de 6,9 trilhões de dólares estadunidenses por ano no mundo para que construam as infraestruturas necessárias para alcançar todos os ODSs no prazo previsto.[356]

b. Sustentabilidade e infraestrutura – olhar jurídico

Além da consideração mais abrangente sobre o aspecto constitucional sobre o tema, vale trazer visão recente sobre o tema – considerando a sustentabilidade como um dos princípios aplicáveis especificamente à infraestrutura. O constitucionalista português José Canotilho, referido por Augusto Dal Pozzo, advoga a existência do princípio da sustentabilidade[357] nos direitos

---

354 BALCH, Oliver. "Sustainable finance: how far have the Equator Principles gone?". *The Guardian*, 15 de nov. 2012. Disponível em: https://www.theguardian.com/sustainable-business/sustainable-finance-equator-principles. Acessado em: 19.05.2022.

355 Sobre o acompanhamento em geral do BankTrack ref. ao tema: https://www.banktrack.org/search#search=equator. Acessado em: 19.05.2022.

356 PNUMA. *Webinar on Integrated Approaches to Sustainable Infrastructure Investment*. abr. 2021. Disponível em: https://www.unep.org/events/webinar/integrated-approaches-sustainable-infrastructure-investment. Acessado em: 19.05.2022.

357 Que, como mencionamos, entendemos existir no também no direito brasileiro, igualmente em nível constitucional.

europeu e português, importante para o estabelecimento de um *Estado de Direito Ambiental*, necessário para a consolidação jurídica da solidariedade intergeracional.[358] Com efeito, se a infraestrutura é "rede de suporte necessária para o empreendimento de atividades econômicas (públicas e privadas de grande impacto socioeconômico e que contribuem, em última instancia, para o desenvolvimento nacional"[359] e considerando a decorrência direta do Relatório Brundtland de não impossibilitar que as gerações futuras atendam às suas necessidades, não há como dissociar a sustentabilidade da implantação, manutenção e gerenciamento dessa rede de suporte. O raciocínio pode ser replicado no Direito brasileiro com o mesmo rigor metodológico, ainda que não haja a base normativa comunitária que sirva de apoio – servindo a Constituição, como comentamos anteriormente, de suporte para tal conclusão, idêntica no cenário nacional.

3 Sustentabilidade e rodovias

Uma boa aproximação do que seriam "rodovias sustentáveis" é dada pela *Federal Highway Administration*, do Departamento de Transportes dos Estados Unidos, sendo aquela que "deve satisfazer os requisitos funcionais do ciclo de vida de desenvolvimento social e crescimento econômico, ao mesmo tempo que reduz os impactos negativos ao meio ambiente e o consumo de recursos naturais",[360] entendendo as rodovias sustentáveis como indissociáveis do desenvolvimento sustentável. O planejamento de transporte deve incorporar os critérios de sustentabilidade para que, na

---

358 DAL POZZO, Augusto Neves. *O Direito Administrativo da infraestrutura*. São Paulo: Contracorrente, 2020.

359 DAL POZZO, Augusto Neves. *O Direito Administrativo da infraestrutura*. São Paulo: Contracorrente, 2020.

360 UNITED STATES DEPARTMENT OF TRANSPORTATION. *What is a Sustainable Highway?* Disponível em: https://www.sustainablehighways.org/203/what-is-a-sustainable-highway.html. Acessado em: 19.05.2022.

implementação do projeto, seja verificada sua implementação, que deve ser mensurada.[361]

Tão importante quanto o projeto de uma rodovia ou a sua gestão é o planejamento de sua implantação. Com efeito, e apenas para fins didáticos, podemos identificar dois grupos de rodovias: um que contenha as rodovias mais próximas dos centros urbanos, que possuem funções variadas, em que umas ou outras prevalecem no uso dessa infraestrutura, a depender da época do ano, do clima, da disponibilidade outras infraestruturas concorrentes, dentre outros elementos – próprios da complexidade dos grandes centros urbanos –; outro com rodovias que possuem funções mais claramente definidas, como atender a demandas presentes ou futuras, muitas vezes relacionadas à produção agrícola, mineral ou industrial. Nesse sentido, e usando este segundo exemplo igualmente para fins didáticos, o planejamento público que conceberá e decidirá sobre a implantação de tal infraestrutura deve considerar os elementos de sustentabilidade de forma ampla, formulando os entes responsáveis as perguntas que apontem para a adequação da escolha, tais como: o que pretendemos com esta rodovia? Qual o incentivo que a rodovia dá à produção que se queremos? Quais os incentivos que são criados a outras atividades com a construção deste ativo? Abre-se concorrência com outros modais? Em caso de resposta positiva: esta concorrência é benéfica, desde um ponto de vista macroeconômico? Quais serão as partes interessadas na construção e gestão destas rodovias? Quais os impactos em lidar com esses grupos? Para uma boa decisão, são necessários vários "por ques" e vários "comos" para identificar se o objetivo de implantação está adequado a elementos transversais de sustentabilidade, além da adequação com planos macro de transporte num dado País ou ente subnacional. O planejamento, assim, endereça

361 UNITED STATES DEPARTMENT OF TRANSPORTATION. *What is a Sustainable Highway?* Disponível em: https://www.sustainablehighways.org/203/what-is-a-sustainable-highway.html. Acessado em: 19.05.2022.

a escolha (ou não) da implementação do ativo e algumas de suas características principais.

Os estudos prévios aos projetos e o projeto em si deverão traduzir as orientações e inquietações identificadas na fase de planejamento, direcionando questões referentes a construção (ex. método construtivo), manutenção (ex. matérias e técnicas a aplicar, ou de aplicação vedada) e gerenciamento da rodovia (ex. no controle de fauna e flora na faixa de domínio) com vistas à adequação à sustentabilidade necessária.

Embora fique claro pelo caminho que percorremos até aqui, não é demais notar que a observância de critérios de sustentabilidade ou ESG não equivale tão somente (embora não seja "apenas") ao atendimento das normas ambientais. Temos o Brasil como exemplo, país conta com um sólido sistema normativo ambiental[362] há quatro décadas e as atividades de licenciamento, em especial, são sérias e reconhecidas por outros países – com efeito, o Brasil é referência na América Latina em relação ao tema. Mesmo assim, nos anos recentes os temas ambientais foram tratados com desdém ou mesmo combatidos. Seguem sendo imprescindíveis os estudos e relatórios de impacto ambientais além dos estudos ambientais que devem ser parte dos estudos de viabilidade de qualquer projeto viário. O atendimento e a adequação aos parâmetros de sustentabilidade vão além: não apenas devem incorporar elementos sociais nas análises previa referidas, mas também confirmar a legitimidade da escolha e/ou ação pública ou privada referente ao tema, além de abranger temas e ações que podem não estar diretamente vinculadas à construção ou gestão, de forma simples, de uma rodovia. Podemos mencionar a gestão energética clássica – a de econômica energética – mas também uma gestão ativa, buscando soluções energéticas para o sistema rodoviário e seus usuários, com a captação de energia de fonte renováveis, como eólica, solar e do calor do próprio

362 Embora alguns tentem "passar a boiada", por vezes...

pavimento. Também se poderia considerar com mais atenção e mais cuidado na drenagem da rodovia na qualidade da água que se drena e se devolve ao ambiente, assim como uma postura ativa no que toca à gestão social das populações que vivem às margens da rodovia. A implantação de melhorias nos corredores ecológicos, verdes e azuis, para além do estritamente necessário pela legislação ambiental, é uma opção. Pode igualmente se traduzir na política de compras do gestor, público ou privado, determinando-se que se contratem serviços e se comprem materiais apenas de empresas que comprovadamente compensem emissões ou outros elementos ambientalmente negativos – e aqui tratamentos da aplicação de elementos de *compliance* em prol da sustentabilidade.

Juliet Mian, em 2019, trouxe seu entendimento do contexto da infraestrutura nesse momento, observando os efeitos nocivos das mudanças climáticas, o dilema entre o rápido desenvolvimento *vs.* planejamento e design adequados, o envelhecimento dos ativos (de infraestrutura), os ativos de vida longa frente a um futuro incerto, as novas tecnologias (e como isso impacta a escolha, o uso, a construção e a gestão da infraestrutura), a figura humana no sistema (buscando um equilíbrio frente a um olhar econômico-financeiro da infraestrutura), a mudança da expectativa do usuário, a tensão entre eficiência e resiliência (e aqui podemos reforçar essa tensão com a menção à eventual adoção de redundância) e ao fato de que o passado já não prediz ou prevê o futuro no campo, como acontecia até pouco tempo.[363] Embora os comentários se referissem à infraestrutura de forma ampla, todos se aplicam a decisões e gestões referentes a rodovias. Se nota com suficiente clareza que já não há espaço para decisões simples: a complexidade dos quadros que se apresentam demanda estudos adequados e decisões estratégicas para que, ao mesmo tempo, se atendam às necessidades atuais de

363 UNIVERSITY COLLEGE LONDON. *Lecture on Delivering sustainable and resilient infrastructure*: Lessons from the world. Disponível em: https://www.youtube.com/watch?v=B2wnU62Rx-g&t=548s. Acessado em: 03.06.2022.

forma necessária, sempre observando critérios de sustentabilidade e ESG, e se preveja o uso adequado da infraestrutura em um futuro de difícil previsão.

a. Sustentabilidade em rodovias – tratamento do tema pelo governo federal

O Ministério da Infraestrutura publicou a Portaria n. 5, de 2020,[364] aprovando as "Diretrizes de Sustentabilidade do MInfra",[365] substituindo as Diretrizes Socioambientais – Via Sustentável publicadas em 2016.

Nas diretrizes do texto da norma, se aponta que se pretende "promover a inserção dos aspectos socioambientais e territoriais nas políticas públicas, planos e programas intersetoriais da infraestrutura de transporte", a portaria também prevê a promoção da inserção "das questões relacionadas à mudança do clima". Se prevê igualmente o desenvolvimento de "projetos, estudos e pesquisas com maior qualidade socioambiental", o fortalecimento da "gestão de processos de licenciamento ambiental de empreendimentos de infraestrutura de transportes, visando à sua maior celeridade" e o aprimoramento dos "procedimentos de gestão territorial da infraestrutura de transportes, assegurando os aspectos socioambientais". Embora a Portaria, como vemos, seja bastante genérica, se indica ao seu final que a "operacionalização" de tais diretrizes será "orientada por uma agenda específica, a ser proposta conjuntamente pelo COGEA e COGET (*os Comitês de Gestão Ambiental e Territorial*), de modo a fomentar a sinergia e a integração entre os esforços despendidos pelos diversos atores do setor".

---

364 BRASIL. *Portaria n. 5*, de 31 de janeiro de 2020. Disponível em: https://www.gov.br/infraestrutura/pt-br/centrais-de-conteudo/04-02_portaria_no_5-2020_-_diretrizes_de_sustentabilidade.pdf. Acessado em: 19.05.2022.

365 BRASIL. *Diretrizes de Sustentabilidade do MInfra*. jan. 2020. Disponível em: https://www.gov.br/infraestrutura/pt-br/centrais-de-conteudo/diretrizes-desustentabilidademinfra-pdf. Acessado em: 23.06.2022.

Já as Diretrizes de Sustentabilidade do MInfra,[366] o produto de fundo da norma referida, são mais robustas e completas. Trazem alinhamento expresso com o conteúdo da *Política Nacional de Transportes: Livro de Estado*, de 2018,[367] vinculando a sustentabilidade à "minimização dos impactos ambientais gerados, bem como deve se fiar nos ditames da viabilidade econômica, justiça social, diversidade cultural e legitimidade política ante a sociedade nacional". O documento também oferece cinco princípios de observância cogente: (i) respeito às populações locais e aos usuários; (ii) conciliação da infraestrutura de transportes com a conservação do meio ambiente; (iii) mitigação dos impactos socioambientais negativos; (iv) redução das emissões por meio do aumento da eficiência da matriz de transporte e da utilização de combustíveis sustentáveis; e (v) adaptação dos sistemas de transportes à mudança do clima. Nos apresenta, também, cinco áreas temáticas: (i) planejamento e governança (na qual se menciona a Agenda 2030 e o ODS nº 9); (ii) mudança do clima; (iii) projetos, estudos e pesquisas; (iv) licenciamento ambiental; e (v) gestão territorial, explicando cada ponto.

As Diretrizes são acompanhadas de outra Portaria, da mesma data, com a *Agenda de Sustentabilidade do Ministério da Infraestrutura para o período 2020-2022*,[368] indicando várias ações a realizar decorrentes das Diretrizes. A norma traz locução comum,

---

366 BRASIL. *Diretrizes de Sustentabilidade do MInfra*. jan. 2020. Disponível em: https://www.gov.br/infraestrutura/pt-br/centrais-de-conteudo/diretrizes-desustentabilidademinfra.pdf. Acessado em: 19.05.2022.

367 BRASIL. Ministério dos Transportes, Portos e Aviação Civil. *Política Nacional de Transportes*: Livro de Estado. Disponível em: https://www.gov.br/infraestrutura/pt-br/centrais-de-conteudo/resumo_executivo_pnt_portugues.pdf. Acessado em: 01.06.2022.

368 BRASIL. Ministério da Infraestrutura. *Agenda de Sustentabilidade do MInfra – Período 2020-2022*. Disponível em: https://www.gov.br/infraestrutura/pt-br/centrais-de-conteudo/05-02_portaria_no_4_-2020_-_agenda_de_sustentabilidade.pdf e https://www.gov.br/infraestrutura/pt-br/centrais-de-conteudo/agendasustentabilidade_20_22.pdf. Acessado em: 01.06.2022.

mas de grande importância para o controle interno e externo no seu art. 3º: "[o]s dirigentes e gestores do setor de infraestrutura federal de transportes devem buscar o constante alinhamento de suas iniciativas às ações estabelecidas na Agenda de Sustentabilidade do Ministério da Infraestrutura".

Nos casos de concessão de rodovias, o controle e a aferição da aplicação das Diretrizes podem ser realizados durante a audiência pública referente ao projeto.[369] Em havendo dúvidas, as mesmas podem ser objeto de pedidos de esclarecimento, que comumente dão origem uma Ata de Respostas.[370]

A combinação dos elementos "norma vigente" (as Diretrizes) e "verificação possível" (pelas audiências públicas e por outros meios, como os pedidos de acesso à informação, por exemplo) é importante instrumento para o controle das ações do Estado em qualquer campo – não é diferente na averiguação do cumprimento das condições de sustentabilidade para as rodovias. De fato, se não cumpridas as Diretrizes (ou se houver dúvida quanto ao seu cumprimento, o que pode decorrer de uma omissão na Ata de Respostas aos pedidos de esclarecimentos, por exemplo) quando da estruturação de um dado projeto viário, pode se vislumbrar a instauração de processo administrativo, de inquérito civil ou de procedimentos preparatórios pelo Ministério Público Federal ou,

---

369 Sobre o tema, vale consultar estudo realizado por pesquisadores da Escola Politécnica de Pernambuco, da Universidade de Pernambuco: MELO FILHO, Rivaldo Rodrigues de; RABBANI, Emilia Kohlman; MACEDO, Marcia Rejane; BANDEIRA, Luiza; PEDROSA, Maria Karoline. "Análise do Estágio Atual da Adoção de Práticas Sustentáveis em Processos Licitatórios de Projetos de Infraestrutura de Transportes Rodoviários no Brasil". *Mostra de Extensão, Inovação e Pesquisa da Escola Politécnica da Universidade de Pernambuco*, 23 de nov. 2020. Disponível em: http://revistas.poli.br/index.php/anais/article/view/1517. Acessado em: 19.05.2022.

370 Um exemplo recente é a concessão da BR-153/414/080/TO/GO. (BRASIL. *Ecovias Araguaia*. Disponível em: https://portal.antt.gov.br/br-153-414-080-to-go. Acessado em: 19.05.2022).

ainda, a proposição das ações judiciais pertinentes, como a ação popular ou ação civil pública (mas não só), podendo se discutir o simples descumprimento da normativa interna como também, a depender das circunstâncias, eventuais configurações de desvio de poder, improbidade administrativa, outras infrações administrativas ou mesmo crimes contra a Administração. A mesma lógica se aplica para eventual controle do adequado desenvolvimento da Agenda de Sustentabilidade 2020-2022.

Vale comentar, por fim, que também a ANTT possui importante papel no campo da sustentabilidade, que se evidencia pela sua participação na estruturação de concessões e pela sua atividade fiscalizadora e de gestão de contratos de concessão. De forma mais restrita, no campo ambiental e não da sustentabilidade em toda a sua extensão, também tem papel relevante no acompanhamento ambiental semestral de cada concessão, empregadas para a elaboração do Índice de Desempenho Ambiental (IDA)[371] das rodovias federais, além de promover estudos junto às concessionárias.

Referências bibliográficas

BALCH, Oliver. "Sustainable finance: how far have the Equator Principles gone?". *The Guardian*, 15 de nov. 2012. Disponível em: https://www.theguardian.com/sustainable-business/sustainable-finance-equator-principles. Acessado em: 19.05.2022.

BANCO DO BRASIL. *Princípios do Equador*. Disponível em: https://www.bb.com.br/docs/pub/inst/dwn/PrincEquador2016PT.pdf. Acessado em: 19.05.2022.

BOFFO, Riccardo; PATALANO, Robert. "ESG Investing: Practices, Progress and Challenges". *OECD*, Paris, 2020. Disponível em: https://

371 BRASIL. *Acompanhamento Ambiental das Concessões Rodoviárias*. Disponível em: https://portal.antt.gov.br/acompanhamento-ambiental-das-concessoes-rodoviarias#wrapper. Acessado em: 19.05.2022.

www.oecd.org/finance/ESG-Investing-Practices-Progress-Challenges.pdf. Acessado em: 03.06.2022.

BLACKROCK. *Sustainable investing*. Disponível em: https://www.blackrock.com/us/individual/investment-ideas/sustainable-investing. Acessado em: 19.05.2022.

BRASIL. *Acompanhamento Ambiental das Concessões Rodoviárias*. Disponível em: https://portal.antt.gov.br/acompanhamento-ambiental-das-concessoes-rodoviarias#wrapper. Acessado em: 19.05.2022.

______. *Diretrizes de Sustentabilidade do MInfra*. jan. 2020. Disponível em: https://www.gov.br/infraestrutura/pt-br/centrais-de-conteudo/diretrizesdesustentabilidademinfra.pdf. Acessado em: 19.05.2022.

______. *Acompanhamento Ambiental das Concessões Rodoviárias*. Disponível em: https://portal.antt.gov.br/acompanhamento-ambiental-das-concessoes-rodoviarias#wrapper. Acessado em: 19.05.2022.

______. "Ministério dos Transportes, Portos e Aviação Civil". *Política Nacional de Transportes*: Livro de Estado. Disponível em: https://www.gov.br/infraestrutura/pt-br/centrais-de-conteudo/resumo_executivo_pnt_portugues.pdf. Acessado em: 01.06.2022

______. *Portaria n. 5*, de 31 de janeiro de 2020. Disponível em: https://www.gov.br/infraestrutura/pt-br/centrais-de-conteudo/04-02_portaria_no_5-2020_-_diretrizes_de_sustentabilidade.pdf. Acessado em: 19.05.2022.

COMISSÃO EUROPEIA. *A European Green Deal*: Striving to be the first climate-neutral continent. Disponível em: https://ec.europa.eu/info/strategy/priorities-2019-2024/european-green-deal_en. Acessado em: 19.05.2022.

______. *Overview of sustainable finance*. Disponível em: https://ec.europa.eu/info/business-economy-euro/banking-and-finance/sustainable-finance/overview-sustainable-finance_en#what. Acessado em: 19.05.2022.

DAL POZZO, Augusto Neves. *O Direito Administrativo da infraestrutura*. São Paulo: Contracorrente, 2020.

DIAMOND, Jared Mason. *Colapso*: como as sociedades escolhem o fracasso ou o sucesso. Rio de Janeiro: Record, 2020.

GORE, Al. *Uma Verdade Inconveniente*: o que devemos saber (e fazer) sobre o aquecimento global. Barueri: Manole, 2006.

GREEN AMERICA. *Socially responsible investing*. Disponível em: https://www.greenamerica.org/socially-responsible-investing. Acessado em: 19.05.2022.

HANDL, Günther. *Declaration of The United Nations Conference on the Human Environment (Stockholm Declaration), 1972 and the Rio Declaration on Environment and Development, 1992*. Disponível em: https://legal.un.org/avl/pdf/ha/dunche/dunche_e.pdf. Acessado em: 19.05.2022.

IBGC. *Código das melhores práticas de governança corporativa*. 5ª ed. São Paulo, 2015. Disponível em: https://conhecimento.ibgc.org.br/Paginas/Publicacao.aspx?PubId=21138. Acessado em: 19.05.2022.

LE HOUÉROU, Philippe. "Opinion: the Equator Principles just turned 15, we should celebrate their impact". *Devex*, 18 de set. 2018. Disponível em: https://www.devex.com/news/opinion-the-equator-principles-just-turned-15-we-should-celebrate-their-impact-93435. Acessado em: 19.05.2022.

McDONOUGH, William; BRAUNGART, Michael. *The Upcycle*: Beyond Sustainability - Designing for Abundance. Nova York: North Point Press, 2013.

MELO FILHO, Rivaldo Rodrigues de; RABBANI, Emilia Kohlman; MACEDO, Marcia Rejane; BANDEIRA, Luiza; PEDROSA, Maria Karoline. "Análise do Estágio Atual da Adoção de Práticas Sustentáveis em Processos Licitatórios de Projetos de Infraestrutura de Transportes Rodoviários no Brasil". *Mostra de Extensão, Inovação e Pesquisa da Escola Politécnica da Universidade de Pernambuco*, 23 de nov. 2020. Disponível em: http://revistas.poli.br/index.php/anais/article/view/1517. Acessado em: 19.05.2022.

MORAIS, Fausto Santos de; IVANOFF, Felipe de. "A Sustentabilidade como Princípio Jurídico no Direito brasileiro". *Revista Direito & Paz*, Lorena, nº 35, 2016.

NAÇÕES UNIDAS BRASIL. *Objetivo de Desenvolvimento Sustentável 9*. Disponível em: https://brasil.un.org/pt-br/sdgs/9. Acessado em: 19.05.2022.

NÚÑEZ, Jairo; RUIZ, Maria del Pilar; BENAVIDES, Juan; MARTÍNEZ, Nicolás. *Proyectos de infraestructura resiliente al cambio climático (resumen ejecutivo)*. Caracas: CAF, 2019. Disponível em: http://scioteca.caf.com/handle/123456789/1475. Acessado em: 19.05.2022.

OHDE, Carlos (Coord.). *et al*. *Economia Circular*: um modelo que dá impulso à economia, gera empregos e protege o meio ambiente. São José dos Campos: Netbooks, 2018.

ORGANIZAÇÃO DAS NAÇÕES UNIDAS. *A iniciativa*. Disponível em: https://www.pactoglobal.org.br/a-iniciativa. Acessado em: 19.05.2022.

______. *Commission on Sustainable Development (CSD)*. Disponível em: https://sustainabledevelopment.un.org/csd.html. Acessado em: 19.05.2022.

______. *ESG*. Disponível em: https://www.pactoglobal.org.br/pg/esg. Acessado em: 19.05.2022.

______. *Glossário de termos do Objetivo de Desenvolvimento Sustentável 9*. Disponível em: https://www.br.undp.org/content/brazil/pt/home/library/ods/glossario-do-ods-9.html. Acessado em: 19.05.2022.

______. *Millenium Goals*. Disponível em: https://www.un.org/millennium-goals. Acessado em: 19.05.2022.

______. *Relatório da Conferência das Nações Unidas sobre o Meio Ambiente Humano*. Estocolmo, jun. 1972. Disponível em: https://undocs.org/en/A/CONF.48/14/Rev.1. Acessado em: 19.05.2022.

______. *Report of the World Commission on Environment and Development*: Our Common Future. Disponível em: https://sustainabledevelopment.un.org/content/documents/5987our-common-future.pdf. Acessado em: 19.05.2022.

______. *Resolução 2997- A/RES/2997(XXVII)*. Disponível em: https://undocs.org/en/A/RES/2997(XXVII). Acessado em: 19.05.2022.

______. *Resolução 37/7 – World Charter for Nature*. Disponível em: https://undocs.org/en/A/RES/37/7. Acessado em: 19.05.2022.

______. *Resolução A/RES/66/288. O futuro que queremos*. Disponível em: https://www.un.org/en/development/desa/population/migration/generalassembly/docs/globalcompact/A_RES_66_288.pdf. Acessado em: 19.05.2022.

______. *Resolução A/RES/67/290 – Formato e aspectos organizacionais do fórum de alto nível político sobre desenvolvimento sustentável.*

Disponível em: https://www.un.org/ga/search/view_doc.asp?symbol=A/RES/67/290&Lang=E. Acessado em: 19.05.2022.

_____. *Resolução A/RES/69/313 – Agenda de Ação de Adis Abeba da Terceira Conferência Internacional sobre Financiamento para o Desenvolvimento (Agenda de Ação de Adis Abeba)*. Disponível em: https://www.un.org/en/development/desa/population/migration/generalassembly/docs/globalcompact/A_RES_66_288.pdf. Acessado em: 19.05.2022.

_____. *Resolução A/RES/70/1 – Transformando o Nosso Mundo*: a Agenda 2030 para o Desenvolvimento Sustentável. Disponível em: https://www.un.org/en/development/desa/population/migration/generalassembly/docs/globalcompact/A_RES_70_1_E.pdf. Acessado em: 19.05.2022.

_____. *Resolução A/RES/71/256 – Nova Agenda Urbana*. Disponível em: https://www.un.org/en/development/desa/population/migration/generalassembly/docs/globalcompact/A_RES_71_256.pdf. Acessado em: 19.05.2022.

_____. *Resolução UNEP/EA.1/INF/18 – Cumprindo a Dimensão Ambiental da Agenda 2030 para o Desenvolvimento Sustentável - uma nota conceitual*. Disponível em: https://sdgtoolkit.org/wp-content/uploads/2017/02/Delivering-on-the-Environmental-Dimension-of-the-2030-Agenda-for-Sustainable-Development-%E2%80%93-a-concept-note.pdf. Acessado em: 19.05.2022.

_____. *Sobre o nosso trabalho para alcançar os Objetivos de Desenvolvimento Sustentável no Brasil*. Disponível em: https://brasil.un.org/pt-br/sdgs. Acessado em: 19.05.2022.

_____. *UN General Assembly Resolutions recognizing the Global Compact*. Disponível em: https://www.unglobalcompact.org/about/government-recognition/general-assembly-resolutions. Acessado em: 19.05.2022.

_____. *UNEP/EA.2/Res.8 – Consumo e produção sustentáveis*. Disponível em: https://wedocs.unep.org/bitstream/handle/20.500.11822/11184/K1607179_UNEPEA2_RES8E.pdf?sequence=1&isAllowed=y. Acessado em: 19.05.2022.

_____. *UNEP/EA.4/Res.5 - Resolution adopted by the United Nations Environment Assembly on 15 March 2019*. Disponível em: https://undocs.org/UNEP/EA.4/Res.5. Acessado em: 19.05.2022.

_____. *United Nations Conference on Environment & Development – Rio de Janeiro, Brazil, 3 to 14 June 1992 - AGENDA 21*. Disponível em:

https://sustainabledevelopment.un.org/content/documents/Agenda21.pdf. Acessado em: 19.05.2022.

______. *United Nations High-level Political Forum on Sustainable Development (HLPF)*. Disponível em: https://sustainabledevelopment.un.org/hlpf. Acessado em: 19.05.2022.

______. *UNOPS policy for sustainable infrastructure*. Disponível em: https://www.ungm.org/UNUser/Documents/DownloadPublicDocument?docId=657291. Acessado em: 19.05.2022.

______. *What is the Global Compact*. Disponível em: https://www.unglobalcompact.org/what-is-gc. Acessado em: 19.05.2022.

______. *Who Cares Wins*. Disponível em: https://documents1.worldbank.org/curated/en/280911488968799581/pdf/113237-WP-WhoCaresWins-2004.pdf. Acessado em: 19.05.2022.

PNUMA. *Webinar on Integrated Approaches to Sustainable Infrastructure Investment*. Abril de 2021. Disponível em: https://www.unep.org/events/webinar/integrated-approaches-sustainable-infrastructure-investment. Acessado em: 19.05.2022.

RAWORTH, Kate. *Economia Donut*: uma alternativa ao crescimento a qualquer custo. Rio de Janeiro: Zahar, 2019.

STERN, Nicholas. *The Economics of Climate Change*: the Stern Review. Cambridge: Cambridge University Press, 2007.

THE EQUATOR PRINCIPLES ASSOCIATION. *The Equator Principles*. Disponível em: https://equator-principles.com/about. Acessado em: 19.05.2022.

UNITED STATES DEPARTMENT OF TRANSPORTATION. *What is a Sustainable Highway?* Disponível em: https://www.sustainablehighways.org/203/what-is-a-sustainable-highway.html. Acessado em: 19.05.2022.

UNIVERSITY COLLEGE LONDON. *Lecture on Delivering sustainable and resilient infrastructure*: Lessons from the world. Disponível em: https://www.youtube.com/watch?v=B2wnU62Rx-g&t=548s. Acessado em: 03.06.2022.

UNPRI. *Introdução aos Princípios para o Investimento Responsável (PRI)*. Disponível em: https://www.unpri.org/download?ac=10969. Acessado em: 19.05.2022.

______. Disponível em: https://www.unpri.org. Acessado em: 19.05.2022.

CAPÍTULO XII

EM BUSCA DE UM MARCO REGULATÓRIO PARA A POLÍTICA TARIFÁRIA DO SETOR

Letícia Queiroz de Andrade
Renata Perez Dantas

Introdução

O setor de rodovias não conta com um marco regulatório consolidado de aplicação geral a todas as unidades federativas.

O fato de as rodovias serem bens públicos pertencentes às diversas entidades federativas, cabendo-lhes, portanto, geri-los, explica, em parte, a inexistência desse marco regulatório unificado, conquanto os marcos regulatórios legais aplicáveis aos setores de *saneamento básico* (Lei n. 11.445/07, recentemente alterada pela Lei n. 14.026/20) e *mobilidade urbana* (Lei n. 12.587/12) tenham sido editados com base em competência constitucional similar à que se refere ao *sistema nacional de viação*, prevista no art. 21, XII, da Constituição da República.

Editada com base nesta competência constitucional atribuída à União para *estabelecer princípios e diretrizes para o sistema nacional de viação* (cf. o já citado art. 21, XII), a Lei n. 12.379/11 volta-se mais a relacionar e descrever as rodovias que compõem o Sistema Nacional de Viação e a estabelecer critérios de nomenclatura e classificações das rodovias.

As leis de criação das agências que regulam concessões de rodovias, como, por exemplo, a Lei n. 10.233/01, por meio da qual foi criada a Agência Nacional de Transportes Terrestres – ANTT, com atuação na esfera federal, e a Lei Complementar n. 914/02, que criou a Agência Reguladora de Serviços Públicos Delegados de Transporte do Estado de São Paulo – ARTESP, contêm alguns dispositivos com repercussão na prestação de serviços e exploração das rodovias concedidas.

Não há, porém, leis – nacional, federal e/ou estaduais – que disciplinem especificamente o setor como um todo, ou seja, um marco regulatório legal. Nota-se, assim, uma heterogeneidade na malha rodoviária nacional, mesmo se analisados exclusivamente os trechos sob delegação à iniciativa privada.

Quanto à Política Tarifária especificamente aplicável ao setor, há algumas leis anteriores à Lei n. 8.987/95 (Lei de Concessões) – a exemplo do Decreto-Lei federal n. 791/69 e da Lei estadual paulista n. 2.481/53 – que disciplinavam a possibilidade da cobrança de pedágio inclusive nas rodovias operadas pelo Poder Público, as quais, apesar de não terem sido expressamente revogadas, entendemos, quando menos, serem inaplicáveis às concessões.

Mais recentemente, a União Federal editou a Lei n. 13.103/15, que, dentre outras medidas voltadas aos caminhoneiros, instituiu isenção da cobrança de pedágio sobre eixos suspensos de caminhões que circulem vazios (cf. art. 17 da referida Lei). A aplicação automática da isenção tarifária por meio dela instituída às demais esferas federativas é, no mínimo, discutível, haja vista a interferência no custeio da infraestrutura e serviços que, como dito, incumbe a cada entidade federativa prover. Nesse sentido, a Procuradoria Geral do Estado defende a inaplicabilidade do artigo 17 da Lei às concessões paulistas,[372] entendimento que foi acolhido pelos tribunais,[373] sendo que o estado de São Paulo acabou por decidir implementar a isenção apenas anos depois, quando da edição da Lei n. 13.711/18, por meio de ato próprio.[374]

Discussão similar deve se reproduzir em relação à Lei n. 14.157, de 1º de junho de 2021, conhecida como "Lei do *Free Flow*",[375] que promoveu alterações no Código de Trânsito Brasileiro – CTB, a fim de propiciar a adoção da modalidade automática da cobrança de pedágio sem praça de bloqueio, em larga escala.

---

372 Entendimento defendido pela Procuradoria Geral do Estado de São Paulo nos pareceres CJ/ARTESP n. 299/2015, PA n. 23/2015.

373 Jurisprudência do STJ: EDARgAREsp n. 154.888-SP e EDARgAREsp n. 438.336-SP, casos em que a decisão do Tribunal quanto à cobrança de pedágio com base em Lei Federal foram reformadas ao reconhecer erro material em razão da diferença das regras aplicáveis às rodovias federais e às estaduais.

374 Interessante comentar que o estado de São Paulo, mesmo antes das primeiras concessões rodoviárias, em 1998, tinha regulamento quanto a cobrança e arrecadação de pedágio, desde 1979, que determinava que *somente seriam cobrados os eixos que tocassem o solo – logo, estavam isentos os eixos suspensos*. Eventual fraude de caminhoneiros que indevidamente suspendessem eixos de veículos carregados para pagar tarifa de pedágio menor poderia ser coibida pelo controle de peso dos veículos para efeito de cobrança por meio de sensores piezoelétricos, que acionariam alarme em caso de excesso de peso por eixo ou excesso de peso total do veículo, ocasionando a parada imediata do usuário na praça de pedágio. Essa norma foi sendo atualizada pela Secretaria de Transportes para detalhar a *política tarifária paulista*, mantendo a isenção aos eixos suspensos em suas atualizações até 2013, quando foi editada a Resolução SLT 04/13, determinando a *cobrança de todos os eixos*, inclusive os suspensos, aos moldes do que já era feito nas concessões federais. A norma foi novamente alterada em 2018, para determinar novamente a isenção. Ainda no tema e quanto ao reconhecimento da competência do estado de São Paulo para estas definições de política tarifária, concessionárias da 1ª Etapa de Concessões ingressaram com ação contra a Fazenda Pública do estado de São Paulo.

375 A Lei denomina "sistemas de livre passagem".

Referida lei e seu impacto sobre a política tarifária do setor será objeto de comentários mais detidos adiante, mas se faz, desde já, menção a ela, assim como aos demais diplomas normativos citados nesta Introdução, para o fim de demonstrar que, apesar de sua relevância, o setor conta apenas com dispositivos legais esparsos acerca de política tarifária e que demandam, ademais, discussão em torno das fronteiras divisórias de uma política tarifária de caráter nacional e a autonomia dos entes federativos para instituir as políticas públicas necessárias para que possam gerir a própria malha viária.

Esse constitui o objetivo principal deste artigo, que pretende examinar a viabilidade de elaboração de uma Política Nacional Tarifária para o setor das concessões de rodovias, complementada por políticas públicas federais e subnacionais em respeito aos contornos de competência já reconhecidos na doutrina e jurisprudência. Apresenta-se também, com esse objetivo, um panorama regulatório acerca do tema, com os dispositivos legais a ele pertinentes e suas repercussões, além de mecanismos contratuais que visaram equacionar problemas relacionados à política tarifária atualmente praticada e outras iniciativas no mesmo sentido.

1 Panorama jurídico: demais dispositivos legais acerca de política tarifária e a interpretação que deles se faz; a discussão acerca da reserva legal sobre o tema e a prática de política tarifária pela via contratual

Embora não se tenha um marco regulatório legal que trace uma política tarifária para o setor, há, como visto, alguns dispositivos esparsos acerca da matéria e outros de caráter geral que merecem comentários em razão de sua relevância para o tema deste artigo.

Principiando pelo dispositivo de maior estatura legal, a referência do parágrafo único do art. 175 da Constituição da República à disciplina, por meio de "lei", de algumas matérias relacionadas à prestação de serviços públicos sob regime de concessão ou permissão, dentre elas, "política tarifária", propicia um debate interessante em torno da *reserva legal* acerca do tema tratado neste artigo.

A Lei de Concessões, que atende ao previsto no referido dispositivo constitucional, contêm alguns preceitos importantes acerca de política tarifária sumarizados a seguir antes de retomarmos a discussão acerca da *reserva legal*:

1º) o *caput* do art. 9º preconiza a adoção generalizada nas concessões do regime da *tarifa pelo preço*,[376] assim entendido como aquele em que o valor tarifário é previamente fixado nos documentos licitatórios ou ofertado pelo licitante vencedor e alterado em conformidade à disciplina contratual;[377]

2º) o § 1º do mesmo artigo afasta a necessidade de que exista serviço público alternativo e gratuito para o usuário como condição para a cobrança de tarifa, o qual, combinado com a previsão do art. 150, V, da Constituição da República, que expressamente autoriza a cobrança de pedágio, deram embasamento legal à jurisprudência pacífica no sentido de que a *cobrança de pedágio não fere o direito constitucional de locomoção ainda que não exista via alternativa gratuita*, conquanto ressalve o problema da *inequidade tarifária* discutido mais adiante;[378]

---

376 Essa é, a nosso ver, a finalidade deste artigo, qual seja, a de estabelecer um regime tarifário geral para as concessões, e não a de prever que a menor tarifa seria o único critério de julgamento das licitações, o que estaria em contradição com o previsto no art. 15 da mesma Lei, que, ao tratar dos critérios, faz menções a outros, para além do critério da menor tarifa.

377 O que se denomina de regime da *tarifa pelo preço* se distingue do regime da *tarifa pelo custo*, cujo valor varia em função dos componentes de custo dos serviços, adotado, por exemplo, no setor de energia elétrica anteriormente à Lei n. 8.631/93 e no setor de mobilidade urbana, com base na legislação específica a eles aplicável.

378 REsp 617.002/PR, Rel. Ministro JOSÉ DELGADO, PRIMEIRA TURMA, julgado em 05/06/2007, DJ 29/06/2007, p. 490; ADI 800,

3º) os demais parágrafos do já citado art. 9º e art. 10 tratam do *equilíbrio econômico-financeiro dos contratos de concessão* prevendo algumas hipóteses de desequilíbrio, a vinculação do processo de reequilíbrio à matriz contratual e a obrigação de que o valor da tarifa, com as alterações decorrentes dos reajustes e revisões, seja divulgado ao usuário;

4º) o art. 11 prevê a possibilidade de que a concessionária receba outras receitas que não as tarifárias, com vista a favorecer à *modicidade tarifária*;[379] e

5º) o art. 13 faz alusão à possibilidade de diferenciação das tarifas em razão de "custos específicos provenientes do atendimento aos distintos segmentos de usuários", que, no caso do setor de concessões de rodovias, expressa-se, por exemplo, nas várias categorias de veículos – automóvel, caminhão leve, caminhão, motocicleta etc. –, diferenciadas em função de seu número de eixos, que, por sua vez, relaciona-se ao impacto que causam no pavimento das rodovias;

Com aplicação específica para o setor, o §2º do art. 26 da Lei n. 10.233/01, que criou a ANTT, e o §1º do art. 4º da Lei Complementar Estadual n. 914/02, que criou a ARTESP, que têm redação

---

Relator(a): TEORI ZAVASCKI, Tribunal Pleno, julgado em 11/06/2014, ACÓRDÃO ELETRÔNICO DJe-125 DIVULG 27-06-2014 PUBLIC 01-07-2014; Repercussão Geral reconhecida no RE 645181-SC, Relator(a): AYRES BRITTO, Tribunal Pleno, julgado em 15/12/2011, ACÓRDÃO ELETRÔNICO DJe-084 DIVULG 30-04-2012 PUBLIC 02-05-2012, sem sobrestamento das ações em andamento, no entanto, e com vistas ao Ministro Roberto Barroso até a data da submissão deste artigo.

379 Embora se busque agora ampliar a representatividade dessas receitas não tarifárias nas concessões de rodovias, fato é que, atualmente, correspondem a não muito mais que a média de 2% do total de receitas auferidas. O entendimento de que o ganho decorrente do recebimento desta receita deve ser integralmente revertido à modicidade tarifária, que, até agora prevaleceu na esfera federal, e a previsão que essas receitas sejam destinadas aos DERs no âmbito dos estados contribui decisivamente para esse cenário.

análoga, estabelecem que a tarifa de pedágio deve ser compatibilizada e, portanto, diferenciada conforme as "vantagens econômicas e o conforto de viagem, transferidos aos usuários em decorrência da aplicação dos recursos de sua arrecadação no aperfeiçoamento da via em que é cobrado". Com o acréscimo introduzido pela Lei do *Free Flow*, o dispositivo federal passou também a prever que o sistema tarifário deve guardar "maior proporcionalidade com o trecho da via efetivamente utilizado".

Por fim, o art. 35 da Lei n. 9.074/95, que, dentre outras providências, estabelece normas para outorga e prorrogação das concessões e permissões, contém mais uma diretriz importante acerca da estipulação de "novos benefícios tarifários" pelo poder concedente, que deve estar "condicionada à previsão, em lei, da origem dos recursos ou da simultânea revisão da estrutura tarifária do concessionário ou permissionário, de forma a preserva o equilíbrio econômico-financeiro do contrato".

A já mencionada discussão em torno da *reserva legal* acerca do tema de política tarifária aparece justamente quando a estrutura tarifária apresenta alguma *diferenciação* que não expressamente prevista em Lei,[380] incluindo isenções, haja vista a menção à "Lei"

---

380 O setor elétrico traz exemplos de diferenciações tarifárias instituídas por lei. É o caso da Tarifa Social de Energia Elétrica – TSEE, criada pela Lei n. 10.438, de 26 de abril de 2002, por meio da qual são concedidos descontos para os consumidores enquadrados na Subclasse Residencial Baixa Renda. A Resolução Normativa ANEEL n. 414, de setembro de 2010, que estabelece as condições gerais de fornecimento de energia elétrica de forma atualizada e consolidada, também se refere à Tarifa Social (Art. 9º) e a outras discriminações tarifárias como a tarifa rural (Art. 53-K: tarifa reduzida sobre o consumo de energia elétrica para unidades consumidoras da Classe Rural que desenvolvam as atividades dispostas nas seguintes subclasses listadas no Art. 53-J da resolução) e o desconto especial sobre consumo de energia elétrica para unidades consumidoras em que seja desenvolvida atividade de irrigação ou de aquicultura, conforme critérios estabelecidos no Art. 53-L da Resolução Aneel 414/2010.

no inciso III do parágrafo único do art. 175 da Constituição da República.[381]

A jurisprudência vem afastando esse tipo de interpretação mais radical, ainda que baseada em interpretação ampliativa da própria Lei n. 8.987/95, a qual permitiria não só as diferenciações expressamente mencionadas em referida Lei, mas outras que tenham por objetivo efetivar, "a partir de *critérios razoáveis e proporcionais*, a *igualdade jurídica*".[382]

---

381 Art. 175. Incumbe ao Poder Público, na forma da lei, diretamente ou sob regime de concessão ou permissão, sempre através de licitação, a prestação de serviços públicos.

Parágrafo único. A lei disporá sobre:

I - o regime das empresas concessionárias e permissionárias de serviços públicos, o caráter especial de seu contrato e de sua prorrogação, bem como as condições de caducidade, fiscalização e rescisão da concessão ou permissão;

II - os direitos dos usuários;

III - política tarifária;

IV - a obrigação de manter serviço adequado.

382 *Confira*-se, p.ex., a seguinte decisão proferida no **RESP n. 625.221/RJ, Rel. Min. Denise Arruda, em 25/05/2006.** "(...) A Lei n. 8.987/95, que trata, especificamente, do regime de concessão e permissão da prestação de serviços públicos, autoriza a cobrança do serviço de fornecimento de água de forma escalonada (tarifa progressiva), de acordo com o consumo (art. 13). Trata-se de norma especial que, além de tudo, não colide com o disposto no art. 39, I, do CDC. Em regra, o CDC proíbe o fornecedor de condicionar o fornecimento de produtos ou serviços 'a limites quantitativos'. Essa vedação, porém, não é absoluta. O legislador, no mesmo dispositivo, afasta essa proibição quando houver 'justa causa'. É o que ocorre na hipótese dos autos: **a política de discriminação tarifária tem por objetivo efetivar, a partir de critérios razoáveis e proporcionais, a igualdade jurídica (tratamento igual aos consumidores que estejam na mesma situação, e diferenciado aos que não se encontrem nas mesmas condições), justa causa que legitima, por conseguinte, o faturamento do serviço de forma gradativa.** Interpretar o dispositivo de forma parcial e literal, como quer o embargante, não atende a finalidade da lei, tampouco encontra respaldo na interpretação sistemática do ordenamento jurídico (...)". (d/n).

A tese de *reserva legal* para disposição sobre política tarifária foi afastada também pelo Tribunal de Justiça de São Paulo em julgado específico do setor de rodovias. Na Apelação Cível 999.05.130089-2, foi vencido o voto do Desembargador Gonzaga Franceschini que defendia:

> A Lei n. 9.074/95, especificamente em seu artigo 35, determina que a concessão de benefício tarifário observe a previsão legal da origem dos recursos ou a revisão da estrutura tarifária do concessionário ou permissionário para preservar o já mencionado equilíbrio econômico-financeiro.
>
> Aliás, as autoras bem demonstraram que já se tentou, junto à Assembleia Legislativa do Estado de São Paulo, a aprovação de projeto de lei para excluir o aludido eixo suspenso da cobrança da tarifa de pedágio, projeto rejeitado pela Comissão de Constituição e Justiça, reforçando, com isso, a tese da inadequação do ato administrativo normativo resolução para veiculação do benefício.

O acórdão trouxe, então, ementa que deixa explícito o entendimento mantido pelo Superior Tribunal de Justiça[383] de possibilidade de norma infralegal estabelecer política tarifária dos serviços de competência do ente, no caso concreto, sem impacto nos contratos já celebrados, por se tratar de *diferenciação tarifária* anteriormente instituída e praticada:

> APELAÇÃO - Contrato administrativo Concessão de serviço público - Pedágio - Pretendida tarifação do eixo suspenso. O agravo retido não comporta acolhida, porquanto se cuidava de laudo unilateral, sem que houvesse nomeação de experto pelo juízo e, de qualquer forma, ante o resultado do julgamento, a prova coligida é suficiente para a análise

---

383 STJ: EDcl no AgRg no RE nos EDcl no AgRg nos EDcl no AREsp 438336 (2013/0369955-3 de 09/09/2015).

aprofundada das teses sustentadas pelas partes. No mérito, demonstrado nos autos que a sistemática utilizada para a cobrança de pedágio no estado de São Paulo, tanto pela DERSA quanto pelo DER, sempre levou em consideração o número de eixos de rodagens, ou seja, os eixos que tocam o pavimento e, por conseguinte, proporcionam o desgaste das rodovias, sendo de se considerar que os licitantes elaboraram suas propostas financeiras com base nesses dados - Assim, para o cálculo do valor da tarifa, só contam os eixos que tocarem o pavimento, considerando que o que se tem por base para a cobrança é o efetivo desgaste do piso das rodovias - Com efeito - Apelo desprovido por maioria.

Assim, parece-nos juridicamente aceitáveis outras *diferenciações tarifárias* que não as expressamente previstas em lei, desde que se fundem em critérios razoáveis e proporcionais e promovam os objetivos, políticas e valores previstos em lei e na Constituição da República.

Nesse sentido, Celso Antônio Bandeira de Mello aponta os seguintes requisitos para a instituição de *diferenciações isonômicas*: (1) *existir uma correlação lógica entre os fatores diferenciais e a distinção de regime jurídico em função deles estabelecida pela norma jurídica;* e (2) *tal correlação lógica for pertinente a interesses constitucionalmente protegidos, isto é, resulte em diferenciação de tratamento jurídico fundada em razão valiosa, ao lume do texto constitucional.*[384]

Ilustrativo quanto a estes limites, vale citar precedente jurisprudencial em que o Tribunal de Justiça do Estado de São Paulo (ADI n. 124.345-0/9-00) entendeu ser inconstitucional, por *afronta ao princípio da isonomia*, Lei do Município de Nova Odessa que isentava seus habitantes e veículos comerciais

384 Cf. se tem de seu clássico: BANDEIRA DE MELLO, Celso Antônio. *O Conteúdo Jurídico do Princípio da Igualdade*. 3ª ed. São Paulo: Malheiros, 1999, p. 22.

do pagamento de pedágio pelo uso da via municipal, o qual foi instituído pelo Município para impedir que nele circulassem veículos que pretendiam tão somente se evadir do pagamento de pedágio na Rodovia dos Bandeirantes.

Extrai-se do exposto que: i) a elaboração de política tarifária não é completamente discricionária, isto é, sujeita-se a critérios previstos na legislação aplicável, com o elastério que a jurisprudência admite; ii) a Lei de Concessões preconiza o regime da *tarifa pelo preço*, de modo que sistemática distinta de tarifação, como a que se verifica no setor de mobilidade urbana, depende de previsão legal específica; iii) a Lei de Concessões autoriza expressamente a *diferenciação* das tarifas em função de (a) *características técnicas* do serviço ou obra objeto de concessão e (b) dos custos provenientes *do atendimento aos distintos segmentos de usuários*; iv) as leis de criação da ANTT e ARTESP impõem a diferenciação da tarifa de pedágio em conformidade às *vantagens econômicas transferidas aos usuários e conforto de sua viagem*; e, agora, com as alterações introduzidas pela Lei do *Free Flow*, no âmbito federal, *proporcional ao trecho da rodovia efetivamente utilizado*; v) é possível instituir outras diferenciações tarifárias que não as acima elencadas desde que baseadas em critério razoável e proporcional e para promover objetivos e/ou interesses já previstos em lei e/ou na Constituição da República; e vi) a estipulação de novos benefícios tarifários, isto é, não instituídos quando da outorga de uma concessão, fica condicionada ao reequilíbrio econômico-financeiro do correspondente contrato, ou, à previsão em lei dos recursos para tanto necessários.

Assim, em consonância com este panorama jurídico, a *política tarifária* do setor vem sendo praticada *no âmbito dos próprios contratos de concessão*, mediante a instituição de diferenciações tarifárias que não as expressas em lei ou antes de que o sejam.

Nesse sentido, foram, por exemplo, estipulados nos contratos de concessão: diferenciações tarifárias de acordo com o *dia da semana* e *horário de circulação de veículos*;[385] *planos de tarifas variáveis*,[386] visando à indução de tráfego para melhoria na fluidez da via; *desconto* para *pagamento automático pedágio – DBT*,[387] com o mesmo objetivo incentivar a migração dos usuários para o pagamento automático, com efeitos na melhoria na fluidez da via, sobretudo, nos garrafões de pedágio, e na redução de custos

---

385 A exemplo das previstas em contratos de concessão de trechos rodoviários com destinação turística celebrados pelos Estados da Bahia (Contrato de Concessão n. 02-2000 – Sistema da BA 099), Pernambuco (Contrato CGPE 001/2006 – Ligação dos Municípios de Jaboatão e do Cabo de Santo Agostinho) e Rio de Janeiro (Contrato de Concessão n. 43/96 - Ligação Viária Rio Bonito – Araruama – São Pedro da Aldeia), do qual se extrai o seguinte exemplo de *diferenciação tarifária*: QUADRO DE TARIFAS - ESTRUTURA TARIFÁRIA DA CONCESSÃO (...) 3 – A TARIFA BÁSICA DE PEDÁGIO COM ADICIONAL a ser adotada entre 12:00h de segunda-feira e 12:00h de sexta-feira é: R$3, 176743/ Veículo por sentido, a preços de junho de 1996, salvo nos períodos de feriados nacionais incluídos na seguinte observação. 4 - A TARIFA BÁSICA DE PEDÁGIO COM ADICIONAL a ser adotada entre 12:00h de sexta-feira e 12:00h de segunda-feira, bem como entre as 12:00h do dia anterior a feriado nacional e as 12:00h do dia posterior ao mesmo é: R$ 5, 294571/ Veículo por Sentido, a preços de junho de 1996.

386 Conforme trecho do Anexo 4 aos Contratos desta Etapa de Concessões a seguir transcrito: “A concessionária poderá, também, propor um Plano de Tarifas Variáveis, sujeito a prévia aprovação da ARTESP e com apuração de eventual desequilíbrio econômico-financeiro do CONTRATO, com objetivo de otimizar o uso, induzir demanda e melhorar a fluidez e níveis de serviço do SISTEMA RODOVIÁRIO, observando-se o princípio da isonomia. O Piano de Tarifas Variáveis poderá definir valores diferentes dos previstos em CONTRATO para as Tarifas de Pedágio para diferentes categorias, dias da semana e horários, bem como apresentar cobranças tarifárias que considerem parâmetros distintos da sistemática de cobranças por eixos, tais como cobrança por categoria, peso e volume, se viável operacionalmente. O parâmetro de tarifa por eixo e por classificação de veículos (por veículo equivalente, prevista no CONTRATO) será, em qualquer caso, o utilizado para fins de aferição do equilíbrio econômico-financeiro do CONTRATO”.

387 Os Contratos da 4ª Etapa do Programa de Concessões Paulista, lançados a partir de 2016, passaram a adotar um desconto obrigatório e acumulativo de 5% para o pagamento automático da tarifa. Nas concessões federais, ANTT aprovou em outubro de 2020 o plano de outorga da nova concessão da BR-116/101/RJ/SP com previsão similar de desconto, chamando de Desconto Básico de Tarifa – DBT.

operacionais relacionados com a arrecadação manual atualmente predominante; diferenciações relacionadas às condições da infraestrutura (*classe da via* e *tipo de pista*) e/ou dos serviços ofertados (*classes de concessão*), e o *Desconto para Usuários Frequentes* - DUF, que serão objeto de comentários mais detidos em razão de sua pertinência à temática da *equidade tarifária*, aspecto de grande relevância em tema de política tarifária.

2 A lógica pragmática e seus problemas: a inequidade tarifária e o esgotamento do universo de concessões

A viabilidade de uma concessão de serviços públicos relacionados à exploração da infraestrutura rodoviária, considerando a lógica da *tarifa pelo preço* do artigo 9º da Lei de Concessões, depende, principalmente, de três elementos: (i) do volume de investimentos (CAPEX), (ii) das despesas operacionais (OPEX) necessárias para ampliar a capacidade, recuperar, manter, conservar e operar as rodovias, de acordo com os prazos e padrões de qualidade definidos pelo poder concedente; e (iii) da projeção de receitas devidas à concessionária, sendo estas resultado do volume de tráfego projetado (demanda) e valor da tarifa prevista em Contrato.

Na prática, parte-se, no momento de estruturação, de um determinado valor tarifário, considerado *módico*, para definição dos investimentos a serem realizados na infraestrutura rodoviária, assim como dos benefícios operacionais aos usuários. Se não houver equilíbrio nesta equação, a concessão do trecho de rodovia, isoladamente considerado, não será viável, ou, ao menos, não o será na modalidade de concessão comum, na qual não há previsão de que a remuneração da concessionária seja complementada por aportes e/ou contraprestação pública, previstos apenas na Lei n. 11.079/04, que trata das Parcerias Público-Privadas – PPPs, para as modalidades de concessão patrocinada ou administrativa.

Em que pese o pragmatismo dessa visão adotada no setor, é forçoso reconhecer que essa abordagem da política tarifária exclusivamente como elemento de equilíbrio e viabilidade econômico-financeira do projeto tem conduzido a algumas distorções, além de limitar o universo de concessões de rodovias.

Sobretudo, em épocas de crise fiscal, este universo acaba por ficar praticamente restrito às rodovias denominadas autossustentáveis, assim denominadas por serem capazes de gerar a receita suficiente para custeio dos investimentos, benefícios operacionais e remuneração do agente privado, previstos e da manutenção da rodovia, mediante a cobrança de tarifas razoáveis, isto é, *módicas*.

Essa abordagem pragmática, aliada ao critério de menor tarifa para o julgamento dos certames licitatórios, historicamente adotado nos leilões de rodovias federais, resultou, em alguns casos, em um "círculo vicioso" relacionado à estrutura tarifária pelo qual se pode afirmar, *grosso modo*, que:

I. *paga menos quem pode pagar mais*, já que nas rodovias localizadas nas regiões com economia mais desenvolvida tarifas mais baixas podem ser suficientes para se atingir o equilíbrio custo X receita, o que decorre, dentre outros fatores, (1) do fato de que os trechos rodoviários situados nessas regiões já receberam, em sua ampla maioria, investimentos públicos ou mesmo advindos de concessão anterior; e (2) de haver maior volume de tráfego nessas rodovias, o qual é diretamente proporcional à dinâmica econômica da região; e

II. *quem mais precisa não tem ou paga mais*, já que, por outro lado, nas rodovias localizadas em regiões com economia menos desenvolvida ou em fase de desenvolvimento, há necessidade de tarifas mais altas para atingir o equilíbrio custo X receita, por (1) não terem sido objeto de concessão anterior e/ou receberem menos investimento público, além de (2) apresentarem menor volume tráfego.

A hipótese de concessões com critério de julgamento por maior outorga, predominante nos leilões de rodovias paulistas, que representam aproximadamente 50% da malha concedida no Brasil, também sofre críticas por motivos similares, no sentido de manter uma base tarifária que alegadamente não guardaria necessariamente relação com o vulto de intervenções que cada trecho concedido receberá,[388] já que os estudos de viabilidade e edital publicado partiriam sempre de uma tarifa do "sistema rodoviário concedido paulista".[389]

---

388 Como exemplo, invariavelmente lindeiros de vias duplicadas que comporão lotes de concessão questionam a própria necessidade de se conceder o serviço resumindo-o a obras de duplicações e não compreendendo o conjunto de obrigações operacionais a ele inerentes. O mesmo ocorre em situação que não há previsão de duplicação em via de pista simples, e assim por diante.

389 A atual tarifa quilométrica fixada nos editais paulistas mais recentes é resultado da experiência do Estado com concessões. A 1ª Etapa do Programa de Concessões do Estado de São Paulo, com 12 concessões, partiu de uma tarifa quilométrica e Trechos de Cobertura de Pedágio (TCP) pré-determinado s em edital, cuja seleção da melhor proposta foi pelo critério de maior outorga. Naquele momento, era pouca a experiência brasileira com a delegação desses serviços, bem como o perfil de interessados nos projetos invariavelmente era de construtoras. Já a 2ª Etapa, com 7 concessões, teve o critério de julgamento da licitação sendo pagamento de outorga fixa e menor tarifa, o que levou a Agência a entender, com o passar dos anos, que os licitantes da 2ª Etapa foram capazes de refletir na média dos deságios as eficiências já consolidadas do setor, bem como a existência de tarifas muito discrepantes em rotas que possam ser alternativas poderiam desbalancear a Malha Rodoviária Paulista, com sobre ou subinvestimentos nas hipóteses de uma via competir com a outra. Em outras palavras: a concessionária teria as obrigações contratuais de ampliação da infraestrutura, que poderiam ser subutilizados, caso os usuários preferissem uma via alternativa com tarifa mais baixa, ou insuficientes, caso a tarifa mais baixa induzisse demanda. Esse desbalanceamento poderia comprometer o fluxo de caixa das concessionárias, se configurasse situação já prevista como risco da concessionária, ou até o Erário, se houvesse necessidade de inclusões de obras nos contratos ou maior investimento em vias não concedidas que se transformassem em rotas de fugas. Assim, as Etapas seguintes de Concessão passaram a adotar uma tarifa fixa quilométrica, resultado da média de descontos dos deságios da 2ª Etapa de Concessões, entre 20 e 30% inferior às tarifas praticadas pela 1ª Etapa de concessões, entendida como módica e suficiente para fazer frente aos níveis de investimento e operação exigidos nas concessões do estado de São Paulo e remunerar de modo justo o parceiro privado.

Ou seja, independentemente do critério licitatório, a estruturação de concessões com base exclusiva nessa lógica mais pragmática acerca da *política tarifária* acabou por resultar em *situações nas quais os usuários pagam tarifas diferentes por benefícios similares*, ou, *tarifas iguais por benefícios diferentes*, isto é, de percepção de *inequidade tarifária.*

Percebe-se que o pano de fundo para a crítica em um e outro modelo é a aparente falta de proporcionalidade no trinômio *custo x tarifa/modicidade x equidade.*

O atual modo de cobrança de pedágio em *praças de bloqueio* implantadas, predominantemente, em *rodovias abertas*, isto é, com diversos acessos para saídas e entradas de veículos, agrava consideravelmente essa situação de *inequidade tarifária*. Isso porque, (1) o trecho efetivamente percorrido pelo usuário não coincide necessariamente com o Trecho de Cobertura da Praça – TCP de pedágio, levando-o a pagar por percurso maior do que o efetivamente percorrido ou o contrário; (2) a *base de pagantes* é reduzida quando usuários da infraestrutura e dos benefícios operacionais das rodovias concedidas valem-se (a) de percursos curtos que não cruzam nenhuma praça de pedágio ou, pior, (b) de rotas de fuga para não pagar pedágio, fator que é considerado desde a fase de estruturação da concessão.[390]

Apresenta-se abaixo algumas medidas que visam equacionar os problemas da inequidade tarifária e da limitação do universo de rodovias a serem concedidas.

390 Digno de nota que a regulamentação da Lei do *Free Flow* poderá trazer soluções para mitigação de ambos os problemas, mas especialmente o segundo, qual seja, *a base de pagantes*. Isto porque, viabiliza a ampliação da cobrança, alcançando usuários que atualmente não pagam, dada a possibilidade de menor distância entre os pórticos se comparada à de praças de barreira. Vale mencionar, também, que o pedagiamento sem barreiras diminuiria custos operacionais entre 75% e 88% e custos construtivos entre 60% e 75%, se comparado ao custo médio para a implantação de uma praça de pedágio tradicional, a depender do volume médio diário (VMD) de veículos que trafega na rodovia, segundo Estudo FEP Rodovias, do BNDES.

2.1 Medidas que visam fazer face ao problema de inequidade tarifária: requalificação tarifária, diferenciações em função da classe da rodovia ou da concessão, o DUF e o *Free Flow*

Como já referido, há inequidade tarifária quando o usuário está exposto ao pagamento de tarifas diferentes por benefícios similares, ou, tarifas iguais por benefícios diferentes.

Em se tratando de concessões de rodovias, a estrutura e valor tarifário vinculam- se tanto às condições da infraestrutura ofertada, isto é, o sistema rodoviário – suas pistas, pontes, dispositivos etc. –, quanto aos serviços prestados, como a conservação, operação e atendimento ao usuário.

Ao longo de sua evolução, os contratos de concessão passaram a contar com mecanismos que visam, dentre outros objetivos, promover maior equidade tarifária, como exposto a seguir.

Adotada nos contratos de concessão de rodovias paulistas desde 1998 e recentemente encampada no Programa Federal, a requalificação tarifária consiste no acréscimo de valor da tarifa de pedágio decorrente da conclusão de duplicações de pistas do sistema rodoviário. Desse modo, a tarifa paga pelo usuário guarda proporcionalidade com as condições da infraestrutura/qualidade do serviço prestado, neste caso, levando em conta a oferta de vias duplicadas. A diferenciação tarifária entre pista simples e pista dupla já é computada no cálculo da tarifa de início da operação das praças de pedágio, na proporção quilométrica da configuração da malha existente prevista em edital para cada praça de pedágio. A requalificação da tarifa quilométrica de pista simples para a de pista dupla acontecerá, de modo imediato, após a abertura da pista duplicada[391] ao tráfego dos usuários.

---

391 O edital poderá prever trechos ou condições mínimas para a requalificação, inclusive para evitar a constante alteração da tarifa se pudesse ser requalificada a cada quilômetro duplicado entregue.

Numa linha similar, a estruturação da tarifa também pode considerar a distinção classes de rodovia, que vão desde a classe 0, das vias expressas e sem acessos, à classe V das rodovias de pistas simples, tal qual previstas no Manual de Projetos Geométricos de Rodovias Rurais do DNIT, como o caso dos trechos concedidos do Rodoanel, em São Paulo, em que a estrutura tarifária partiu de uma tarifa base teto, nas praças de barreira, para saída da via, que é 100% duplicada. Não segue, portanto, a lógica de tarifa quilométrica e trecho de cobertura de pedágio adotada nas rodovias de classe distinta.

A diferenciação de Classes de Concessão foi prevista na Portaria n. 609, editada pelo MTPA (atual MINFRA) em 05.10.2016 ("Portaria n. 609"), para a malha federal.

A Portaria n. 609 expressa o reconhecimento de que não cabe exigir indefinidamente os mesmos padrões técnicos para todo e qualquer tipo de rodovia: há que se realizar, em verdade, análise considerando a relação mais eficiente entre a capacidade de suporte da demanda projetada e o conjunto de obrigações previstas, buscando garantir a viabilidade econômico-financeira das concessões.

Além desses aspectos, a Portaria n. 609 traz algumas diretrizes que são benéficas para a concepção de concessões baseadas em classes, como (i) possibilidade de reclassificação de trechos em revisões periódicas; (ii) possibilidade de previsão de padrões técnicos e operacionais a serem aplicadas de forma diferenciada em trechos distintos do objeto do contrato e também de forma diferenciada ao longo do período contratual; (iii) estabelecimento de padrões mínimos de suporte ao usuário de forma a diferenciar trechos pedagiados daqueles em que não há cobrança de pedágio; (iv) a ampliação de capacidade será preferencialmente realizada mediante gatilhos de tráfego, podendo o poder concedente adotar soluções técnicas de menor custo, como terceiras faixas ou multivias.

O usuário das rodovias concedidas pagará, portanto, pedágio proporcional às características da infraestrutura e serviços recebidos, independentemente, por exemplo, das circunstâncias envolvidas na licitação do empreendimento.

Tal metodologia de estruturação tarifária permitiria maior equilíbrio nas tarifas praticadas no setor, considerando que as tarifas serão similares para as concessões enquadradas na mesma Classe.

Outra solução apresentada nos contratos de concessão foi o Desconto de Usuário Frequente – DUF. Desde 2020, o estado de São Paulo passou a prever o DUF em seus contratos, posteriormente encampado no Programa Federal e pela Lei do *Free Flow*.

O DUF, restrito aos usuários de veículos de passeio, visa ao pagamento de tarifa proporcional ao uso, conforme o perfil mais frequente de viagem do trecho. As pesquisas de origem e destino realizadas para a estruturação do lote de concessão identificaram as origens e destinos mais frequentes dos usuários que trafegam em cada praça de pedágio. Com essa informação, buscou-se a tarifa que correspondesse ao valor quilométrico do trecho de maior frequência, e que seria atingida após a redução progressiva em relação à tarifa cobrada na viagem anterior até a 30ª viagem no mês, no mesmo sentido, conforme percentual fixo de redução.[392]

Embora não corresponda fielmente ao valor por quilômetro efetivamente trafegado, algo que não é possível na lógica de cobrança exclusivamente por praças de bloqueio construídas no leito de rolamento das rodovias abertas, essa inovação tarifária busca trazer mais aderência ao perfil de viagens de cada trecho numa via com pedagiamento por barreiras.

O DUF foi criado pelo estado de São Paulo num contexto de disseminação[393] de decisões judiciais, inclusive proferidas por

---

392 Para mais informação, vide Contrato de Concessão n. 0409-ARTESP-2020, especialmente Anexo 4 e Apêndice F.

393 Para exemplificar, citamos: 1012339-82.2018.8.26.0344; 1016668-40.2018.8.26.0344; 1015803-17.2018.8.26.0344; 1015948-73.2018.8.26.0344;

Juizados Especiais Cíveis, concedendo isenção da tarifa de pedágio para os mais diversos perfis de usuários de veículos não comerciais – morador da área rural, estudante, indivíduo que busca atendimento médico na infraestrutura de saúde de município vizinho etc. Em geral, o fundamento das decisões procedentes é o princípio da isonomia, passando por razoabilidade ou proporcionalidade na cobrança de tarifa a lindeiros, especialmente de áreas rurais ou bairros distantes, para o acesso a área central do Município. Nota-se a evolução do argumento de necessidade de via alternativa, revestindo-o de "princípio da isonomia", aplicado a casos em que a praça de pedágio "separe" um bairro/distrito do centro do município.[394]

Decisões judiciais como estas geram enorme passivo regulatório nos contratos de concessão e podem comprometer o fluxo de caixa da concessionária, além de haver a possibilidade de encarecer o serviço para os demais usuários não beneficiados pela isenção em razão da obrigação de reequilíbrio econômico-financeiro do contrato. Há casos de ações, que alternativamente à

1015485-34.2018.8.26.0344; 1015823-08.2018.8.26.0344; 1016156-57.2018.8.26.0344; 1015585-86.2018.8.26.0344; 1016310-75.2018.8.26.0344; 1017552-69.2018.8.26.0344; 1016199-91.2018.8.26.0344; 1017016-58.2018.8.26.0344; 1017918-11.2018.8.26.0344, todas na Comarca de Marília/SP; 1010373-63.2019.8.26.0566, na Comarca de São Carlos/SP; Apelação n. 1002325-73.2017.8.26.0053, 4ª Câmara de Direito Público do TJ/SP, entre outras.

394 Oportuno mencionar que as praças de pedágio não são concebidas e projetadas para serem instaladas em área urbanizada. Além disso, estudos de estruturação de novas concessões evitam ao máximo segregar bairros e distritos de seus municípios. Ocorre, no entanto, que frequentemente a rodovia em boas condições *atrai* a formação de loteamentos e bairros, contribuindo para o crescimento dos municípios lindeiros, por diversas razões: por proporcionar uma melhor alternativa viária à municipal degradada, ou por atrair empregos na própria concessionária ou na indústria, que se instala preferivelmente em locais com boa infraestrutura logística. Por fim, não é trivial a escolha da melhor localização para a instalação de uma praça de pedágio, uma vez que há necessidade de atendimento de parâmetros técnicos como declividade de rampa igual ou inferior a 3% (três por cento) e trechos em tangente, que não necessariamente coincidirá com o limite entre dois municípios.

isenção buscavam a implantação do "Projeto Ponto a Ponto",[395] para maior proporcionalidade na tarifa cobrada.

Já a Lei do *Free Flow*, que, como dito, também fala em "concessão de benefícios tarifários a usuários frequentes", tem, no entanto, um objetivo ainda mais ambicioso na busca por equidade, igualmente perseguido em um projeto piloto paulista – o Projeto Ponto a Ponto,[396] implantado antes mesmo da edição da Lei.

A Lei do *Free Flow* busca a viabilização econômica da disseminação de cobrança de pedágio automática em fluxo livre, sem a necessidade de desaceleração ou parada, por meio de pórticos,

---

395 O Projeto-piloto implantado no estado de São Paulo não atingiu os resultados esperados e gerou passivos que chegam a superar 3% da receita anual bruta das concessionárias. Para informações, consulte Protocolo Artesp n. 466.254, instaurado em atendimento a deliberação ocorrida na 863ª Reunião Ordinária do Conselho Diretor da ARTESP.

396 No Brasil, o conceito do pedagiamento sem barreiras foi primeiro introduzido no âmbito do programa "Ponto a Ponto", instituído em 2012, pelo Governo do Estado de São Paulo, que possibilita a cobrança eletrônica do pedágio com base na distância do trecho percorrido pelo usuário, por meio de pórticos fixados em pontos estratégicos da via. O sistema está implantado em quatro rodovias em caráter de teste (SP-360, SP-075, SP-340 e SP-332), de modo pontual, portanto, e destinado, sobretudo, a usuários de grupos específicos, como moradores de determinado município ou de bairros próximos às praças de pedágio do tipo barreira, sem eliminá-las.

Para que possam utilizar o sistema automático os usuários devem, necessariamente, possuir um TAG de uma das empresas autorizadas, e estar cadastrado no programa, mediante o atendimento a certos requisitos estabelecidos pela ARTESP.

Ainda no estado de São Paulo, sua concessão mais recente, o Lote Piracicaba-Panorama - PIPA, trouxe a previsão da adoção de todas as atividades necessárias à implantação de sistema de arrecadação de tarifas de pedágio na modalidade *free flow*, indicado pelo Contrato no rol das "alterações futuras", sem que tenham sido fixados prazos para o início de sua operação. Conforme previsto no Contrato de Concessão de PIPA, os investimentos e impactos positivos ou negativos decorrentes da implantação desse sistema serão tratados como evento de desequilíbrio.

em substituição às atuais barreiras físicas das praças de pedágio.[397] Diz-se viabilização econômica, pois embora já houvesse capacidade técnica para a implantação dessa sistemática de arrecadação de pedágio, a até então ausência de tipificação de trânsito[398] para o não pagamento de tarifa de pedágio em fluxo livre – ou livre passagem, na redação da Lei – representava altíssimo risco de evasão e, portanto, significativa perda de receita tarifária.[399]

Fato é que a implantação de pedagiamento por pórticos em lugar das praças de barreira permite que a tarifa de pedágio seja cobrada mais proporcionalmente à distância percorrida, com a identificação em alta velocidade, sem parada, de todos os veículos que trafegam pela rodovia. Mais proporcionalmente porque, ainda que possa ser insuficiente, a atual cobrança por tarifa quilométrica consolidada num trecho de cobertura da Praça de Pedágio já guarda proporcionalidade em alguma medida, que apenas será (ou seria) substituído por outro trecho de cobertura, só que mais curto.[400]

No caso da substituição das barreiras físicas por pórticos, a proporcionalidade dependerá, por óbvio, do distanciamento mínimo entre eles.

---

397 E, na impossibilidade de substituição das praças de pedágio do tipo barreira física (cancelas) nos contratos atualmente vigentes, propõe a renegociação dos contratos para, como já dito, "viabilizar a concessão de benefícios tarifários a usuários frequentes", em condições que trariam outra sorte de discussões legais – ou até constitucionais, que serão tratadas adiante.

398 A Lei do *Free-Flow* introduziu alterações no CTB, sobretudo, para o fim de tipificar como infração grave, com penalidade de multa, "deixar de efetuar o pagamento do pedágio na forma estabelecida" e estabelecer que caberá ao CONTRAN "definir os procedimentos técnicos e administrativos, para garantir a correta identificação dos veículos e o acesso e integração de informações entre os órgãos e entidades envolvidos no processo".

399 O Projeto Ponto a Ponto não se mostrou viável economicamente por razões que transcendem a mera inexistência, até então, de tipificação de trânsito para o não pagamento da tarifa. Vide Protocolo Artesp n. 466.254 e 216.688.

400 A tarifa corresponde, em geral, ao produto do trecho de cobertura do pedágio definido em edital, tarifa quilométrica e multiplicador da categoria do veículo.

Dentre as principais vantagens decorrentes da adoção de um sistema de pedagiamento sem barreiras, destaca-se a (i) promoção de maior equidade e justiça tarifária, decorrente da cobrança mais proporcional à distância efetivamente percorrida pelos usuários na rodovia; (ii) a tendência de aumento dos veículos pagantes; (iii) diminuição do número de acidentes ocasionados pela aceleração e desaceleração de veículos e circulação de pessoas próximas às praças; (iv) redução do tempo de deslocamento dos usuários; (iv) eliminação dos custos necessários para a construção e operação da praça de pedágio, tanto CAPEX quanto OPEX; (v) além de benefícios ao meio-ambiente pela redução da emissão de gases contaminantes por conta dos processos de aceleração e desaceleração dos veículos.

Tais vantagens são tão relevantes que já valeram o risco de evasão em situações específicas, mesmo antes da viabilização econômica de substituição da praça de barreira pelos pórticos de fluxo livre.

Tanto que dois projetos de concessão atualmente já preveem a implantação do pedágio em fluxo livre desde a origem para algumas praças de pedágio. É o caso da Licitação Internacional ARTESP n. 02/21[401] (Lote Litoral Paulista) e, no âmbito do PROCROFE, da minuta do Contrato de Concessão da Rodovia Presidente Dutra, que se encontra sob análise do TCU. Ambos trazem a previsão de implantação nos primeiros anos contratuais de sistema de Gerenciamento de Tráfego em trechos específicos dos respectivos sistemas rodoviários, por meio da administração da Tarifa da Pista Principal com base em mecanismo de *free flow*.

O modelo de pedagiamento sem barreiras em questão foi desenvolvido para atender às necessidades particulares dessas concessões, num momento de estruturação em que havia incertezas quanto à tempestividade da aprovação da Lei do *Free Flow*. Em ambos os projetos há a indicação exata do trecho em que deverá

401 Anexo 22 – *Free Flow*, da minuta de Contrato de Concessão.

ocorrer a cobrança de pedágio pelo *free flow*, desde o início da concessão (trecho concedido que passa pela por área urbanizada de Peruíbe e Praia Grande, no caso do Lote Litoral Paulista, ou pela região metropolitana da Cidade de São Paulo, no caso da Dutra).

Os Contratos preveem ainda que o cálculo da tarifa de cada pórtico levará em conta elemento chamado pelos contratos de "Fator de Gerenciamento", que poderá ser estipulado de formas distintas para cada trecho da Pista Principal, para cada mês do ano, para os períodos de pico e fora-pico, ou, ainda, para diferentes horários e/ou períodos em um mesmo dia, bem como para cada um dos sentidos da Pista Principal, conforme contornos estipulados em edital. Mencionado fator deverá ser revisto anualmente pela Agência em parceria com a concessionária visando o atingimento de objetivos descritos no contrato, como, por exemplo, evitar a saturação da pista principal no trecho metropolitano, melhorar o nível de serviço do trecho metropolitano e maximizar o número de usuários beneficiados pelo nível de serviço proporcionado pelo *free flow*.

Como foram idealizados previamente à aprovação da Lei do *Free Flow*, tendo efeitos econômicos de incerta mensuração, a Receita Tarifária decorrente da cobrança do *free flow* não foi considerada nos estudos econômico-financeiros de viabilidade da Concessão. Trata-se de receita do poder concedente, que não integra o equilíbrio econômico-financeiro inicial da Concessão, de modo tal que o contrato prevê mecanismos de compartilhamento com a concessionária para a receita advinda exclusivamente do *free flow* para fins de incentivá-la a buscar sua arrecadação.

Ainda assim, são mecanismos contratuais voltados ao conforto do usuário de longo percurso pagante, melhorando a fluidez da via expressa que poderia ser comprometida por tráfego local e de curta distância. O trecho metropolitano de São Paulo no início da Rodovia Presidente Dutra, mais conhecido do que o trecho Peruíbe-Praia Grande que traz o mesmo problema, ilustra bem o que se buscou resolver com essa política tarifária: o intenso tráfego de usuários locais, que dispõem de rotas alternativas fora do sistema concedido, mas preferem utilizar a via concedida, que oferece melhores condições de pavimento e serviços por não ser alcançado pelo pedágio. Exemplo clássico da Economia e Sociologia de free-riding.

O resultado dessa carona é o aumento do custo operacional, de manutenção e conservação da malha, onerando usuários pagantes – inequidade.

O mecanismo proposto nestes dois projetos vai além da mera inserção de pórticos para cobrança automática de pedágio nas entradas da via expressa: ele prevê a possibilidade de a concessionária buscar soluções tecnológicas para a cobrança da tarifa, além de obrigação de implantar tarifação dinâmica, condizente com o volume de tráfego, visando à manutenção da fluidez da via expressa.

Nota-se mais uma situação de diferenciação da tarifa que, ao visar à equidade, com o aumento da base de pagantes, proporciona vantagem econômica (não onerados pelos caronistas) e conforto à viagem daqueles que usam a via expressa.

Já no escopo da Lei do *Free Flow* e como expressamente nela mencionado, a efetiva implementação dos "sistemas de livre passagem" depende não só da regulamentação técnico-administrativa do CONTRAN, mas também de regulamento a editada pelo Poder Executivo.

Dentre outros aspectos, a regulamentação deverá diferenciar o pagamento da tarifa inadimplida do que se refere à multa exigível em razão da infração de trânsito, inclusive para o fim de harmonizar a previsão que consta da atual redação do §3º do art. 320 do CTB,[402] com a viabilidade econômico-financeira dos contratos e sua matriz de risco.

402 "§3º o valor total destinado à recomposição das perdas de receita das concessionárias de *rodovias e vias urbanas, em decorrência do não pagamento*

Referida Lei introduziu também algumas mudanças na Lei n. 10.233/01, destacando-se a previsão de que nos editais de futuras licitações promovidas pela ANTT seja adotado "sistema tarifário que guarde maior proporcionalidade com o trecho da via efetivamente utilizado".

No que toca aos contratos vigentes, a Lei traz uma previsão com aparente intenção de abrangência mais ampla, isto é, não expressamente restrita à ANTT, no sentido de que tais contratos sejam renegociados para incorporar a implantação de pagamento em fluxo livre ou, na sua impossibilidade, para a inserção de "benefícios tarifários a usuários frequentes, os quais serão condicionados e limitados ao abatimento de tributos municipais incidentes sobre a receita de exploração da rodovia".

Não ficou claro, ainda, se a ausência de referência expressa à ANTT ou malha federal neste dispositivo pretenderia a interpretação de que a renegociação dos contratos vigentes para a instituição do DUF e da métrica limitada ao valor de ISS devido pela exploração das rodovias seria aplicável às demais entidades federativas.

Trata-se, como antecipado na Introdução, de discussão similar à que ocorreu por ocasião da instituição da isenção do eixo suspenso no que se refere à interferência na organização e custeio da infraestrutura e correspondentes serviços que cabem a cada entidade federativa prover e resolver, limite ao qual retornaremos no tópico acerca da Política Tarifária Nacional.

Todos os exemplos de estruturação tarifária nos contratos de concessão demonstram que já vem se estabelecendo uma moldura tarifária no setor rodoviário, cuja evolução busca a equidade tarifária, não bastando mais a mera modicidade. Proporcionalidade e

---

de pedágio por usuários da via, não poderá ultrapassar o montante total arrecadado por meio de multas do art. 209-A, ressalvado o previsto em regulamento do Poder Executivo".

isonomia são ressignificados, trazendo à reflexão o esgotamento da abordagem exclusivamente pragmática na política tarifária.

2.2 Medidas que visam equacionar o problema da limitação do universo de rodovias a serem concedidas

A estruturação das concessões de modo individualizado, isto é, sem tomá-las em seu conjunto, considerando, dentre outros aspectos, possíveis *compensações* entre rodovias capazes de gerar *excedente tarifário* e outras que, de acordo com a lógica pragmática acima exposta, são *deficitárias*, reduz o universo de rodovias que poderiam ser objeto de concessão.

No âmbito dos estados, a *compensação* entre rodovias estruturadas em *bloco* - à semelhança do que se pratica nas concessões aeroportuárias - ou, *coligadas* apenas no momento da contratação tem sido cogitada como medida necessária para equacionar este problema. Nas novas Concessões Mineiras, cujo modelo encontra-se sob consulta pública,[403] a outorga a ser paga pela concessão do lote do Triângulo Mineiro será utilizada para viabilizar a concessão do lote do Sul de Minas, por meio de um *mecanismo de contas vinculadas* às duas concessões, que serão licitadas simultaneamente.

No plano federal, em especial, busca-se abrandar o radicalismo na aplicação do princípio orçamentário da *unidade de tesouraria*, previsto, dentre outros, no art. 56 da Lei n. 4.320/64, a fim de garantir que recursos oriundos de outorgas possam ser reinvestidos no próprio setor[404] e ampliar o leque de possíveis *compensações* entre concessões.

---

403 Disponível em: http://www.infraestrutura.mg.gov.br/component/gmg/story/2841-consulta-publica-colhe- contribuicoes-para-modernizar-contratos-de--concessao-de-rodovias. Acessado em: 23.06.2022.

404 Há notícias de iniciativas do Ministério da Infraestrutura no sentido de propor alteração legislativa visando à "reversibilidade imediata de outorgas".

Nada obstante, o fato de a malha viária atravessar, ao menos, mais de um Estado impõe desafio político maior. Vale mencionar, a propósito, o exemplo dos estudos desenvolvidos para a concessão de trechos da BR-101 nos estados da Bahia e Espírito Santo. O trecho capixaba apresentava viabilidade para concessão com tarifas quilométricas abaixo do valor considerado *módico*, enquanto o trecho baiano só se viabilizava com tarifas superiores a esse valor. Uma das soluções cogitadas para aumentar o trecho a ser concedido foi a composição de um lote de grandes dimensões, englobando a BR-101/ES e parte do trecho da BR-101/BA. Ocorre que, a população do Espírito Santo mostrou-se totalmente contraria à possibilidade de pagar tarifas de pedágio mais altas para beneficiar um trecho rodoviário no Estado vizinho. O resultado foi a inclusão de apenas um pequeno trecho do estado da Bahia no lote licitado, cuja adequada manutenção beneficia também o estado do Espírito Santo.

Outra iniciativa digna de nota, desenvolvida com o este mesmo intuito de criar mecanismos que possam ampliar o universo de rodovias passíveis de concessão, por meio de uma abordagem sistêmica da malha viária, foi o Estudo do Fundo de Estruturação de Projetos do BNDES para concessões de rodovias – FEP Rodovias,[405] promovido em 2018.

No que diz respeito à política tarifária, o FEP Rodovias propõe a instituição de uma Política Tarifária Nacional, que leve em consideração "o padrão de qualidade dos serviços ofertados e a infraestrutura disponibilizada, e *não [seja definida] pelos custos e investimentos necessários*" *em cada projeto*. Propõe, como dito, um olhar sistêmico, com a criação de uma *câmara de compensação*, inclusive. Entende que, "com isso, nas rodovias com qualidade de serviços e infraestrutura mais elevadas, a tarifa cobrada dos usuários será superior à das rodovias em que há reduzida disponibilidade de serviços e infraestrutura",

---

405 Disponível em: https://www.bndes.gov.br/wps/wcm/connect/site/0f0161fa-5547-4633-983d-611e737f5caf/relatorio-fep-rodoviais-v7-digital-semregistro.pdf?MOD=AJPERES&CVID=mvGPGdF. Acessado em: 23.06.2022.

evitando a distorção mencionada anteriormente de que *paga menos quem pode pagar mais, quem mais precisa não tem, ou paga mais.*

Embora o FEP Rodovias proponha também a migração para *regulação tarifária discricionária*, com instituição de *tarifa técnica* que não necessariamente coincidirá com a tarifa paga pelo usuário, valendo-se da câmara de compensação para equilíbrio das contas, e com revisões periódicas pela Administração Direta (Ministério) das tarifas técnicas[406] segundo regras de governanças propostas no estudo, ele também recomenda a já citada diferenciação de *classes de rodovias* para viabilizar a ampliação do oferecimento de serviço e infraestrutura rodoviária de qualidade.

A *regulação tarifária discricionária* e o *subsídio cruzado*, por meio de *câmara de compensação*, propostos no FEP Rodovias - já praticado em outros setores, como o de energia elétrica e mobilidade urbana - são formas de alterar a lógica da *tarifa pelo preço* preconizada no art. 9° da Lei de Concessões, de acordo com a qual a tarifa é uma resultante do certame licitatório e sua estrutura reflete estritamente as estimativas de CAPEX e OPEX daquele projeto, confrontados com a estimativa de receita e lucratividade do negócio.

Por isso, conforme pontuado no FEP Rodovia, tal alteração demandaria a edição de *Lei*.

---

406 Justifica o estudo: "Neste modelo, pressupõe-se a desvinculação do valor da tarifa paga pelo usuário do valor recebido de fato pela concessionária da rodovia, ou seja, a tarifa paga pelo usuário poderá ser maior, igual ou menor que a tarifa contratual (tarifa técnica). Com isso, além da melhor correlação entre o valor pago pelo usuário e o serviço recebido ao utilizar o sistema de concessões, a sustentabilidade integrada do sistema de concessões será viabilizada. Sugere-se ainda que a política tarifária – a ser definida pelo MTPAC e revista periodicamente de acordo com as regras de governança propostas no presente estudo – considere como referência superior para a definição das tarifas o valor dos benefícios proporcionados ao usuário (ligados principalmente à redução do custo operacional dos veículos, do tempo de viagem e dos acidentes). Adicionalmente, o limite mínimo do valor da tarifa deve ser suficiente para cobrir os custos do sistema". (FEP Rodovias, p. 78).

Vale lembrar que a diferenciação de *Classes de Concessão*, proposta no FEP Rodovia, já havia sido prevista, ainda dentro da lógica pragmática, na Portaria n. 609 acima citada, justamente com o objetivo de propiciar que uma *parcela maior da malha rodoviária pudesse ser atendida por soluções viabilizadas através de parceria com a iniciativa privada* de forma a suprir limitações orçamentárias e administrativas do Poder Público.

Para além de ampliar o universo de possíveis concessões, tal metodologia de estruturação tarifária permitiria maior equilíbrio nas tarifas praticadas no setor, considerando que as tarifas serão similares para as concessões enquadradas na mesma Classe. Reduz-se, com esse tipo de diferenciação, o problema de *inequidade tarifária* já abordado em tópico anterior deste artigo.

Nota-se, portanto, que há já discussão quanto a eventual instituição de uma Política Tarifária Nacional.

Mas, diante dos precedentes apresentados anteriormente, de políticas tarifárias contratuais, respaldadas por jurisprudência que entende que compete ao titular do serviço as definições quanto aos seus custos e, portanto, tarifa, haveria espaço para a instituição de uma *Política Tarifária Nacional*, por Lei, que fosse aplicável às malhas federal, estaduais e municipais?

Entendemos que sim.

3 Aspectos para uma Política Tarifária Nacional

Como visto, os desafios na estruturação de políticas tarifárias transcendem a preocupação com a *modicidade*, isto é, com *tarifas de equilíbrio para viabilizar as concessões.*

A disponibilização de infraestrutura e prestação de serviços rodoviários, mediante o pagamento de tarifas *módicas*, pode não preservar a *equidade tarifária* e já apresenta sinais de esgotamento no que toca ao universo de rodovias que podem ser objeto de concessão. Ao mesmo tempo, a *modicidade* não deve ser o fundamento para a revisão de regras contratuais ao longo da vigência de uma concessão sem levar em conta o reflexo na *equidade*.

Evoluindo nesse sentido, a prática de política tarifária pela via contratual foi além de concretizar setorialmente as *diferenciações tarifárias* genérica e expressamente previstas no art. 13 da Lei n. 8.987/95, em razão de distintas "características técnicas" da infraestrutura ou serviço rodoviário – como a *requalificação tarifária* e as atreladas a *classes de rodovias* – ou de "custos específicos provenientes do atendimento aos distintos segmentos de usuários" – como as *categorias de veículos* diferenciadas em função de seu número de eixos e impacto no pavimento.

No desempenho de suas atribuições constitucionais, e com respaldo na jurisprudência citada neste Artigo, as diversas entidades federativas consubstanciaram nos respectivos contratos de concessão políticas públicas que, enquanto tais, visam o custeio da infraestrutura e serviços que lhes cabe prover e a indução de certos comportamentos, do que são exemplos a diferenciação tarifária em função de *dias e horários de circulação*, a permissão para elaboração de *planos de tarifas variáveis*, e o *desconto para pagamento automático da tarifa – DBT*.

O prestígio que a jurisprudência confere à *justiça tarifária* e à *isonomia* entre os usuários, segundo a máxima aristotélica de "tratar igualmente os iguais e desigualmente os desiguais, na medida de sua desigualdade", motivou a criação do *Desconto para Usuários Frequentes – DUF* e inspirou a previsão do *Free Flow*, antes mesmo da edição de Lei que expressamente os encampa e dá respaldo a sua implantação em larga escala.

A busca pela ampliação do universo de concessões resultou na adoção de *modelos operacionais e planos de investimentos mais enxutos* e de *mecanismos de contas de vinculadas* que propiciam a *compensação entre concessões*, sendo que câmaras mais abrangentes e complexas dependem, entretanto, da edição de Lei.

O mérito de uma Lei nacional estaria, portanto, na aglutinação e estabelecimento de normas abstratas referenciais que proporcionassem maior segurança jurídica para a instituição dessas diferenciações capazes de viabilizar a *equidade tarifária* e que poderiam ser consolidados em uma Política Tarifária Nacional para o setor.

Também seria positivo prever *mais um reforço de* autolimitação, na linha das já obrigatórias regras de análises de impacto regulatório nas agências federais (art. 6º da Lei n. 13.848/19),[407] da previsão do artigo 20 da LINDB[408] ou da previsão do mencionado artigo 35 da Lei n. 7.074/95[409] para instituição de isenções que recaiam sobre contratos de concessão vigentes, preservando-se, por um lado, a autonomia federativa e, por outro, a sustentabilidade financeira das concessões.

Este marco legal específico para o setor poderia conter, ainda, previsão legal para uso da outorga como forma de ampliar o universo de concessões e autorizar a criação de câmaras de compensação no bojo das quais o excedente tarifário de algumas concessões pudessem viabilizar concessões que sem ele seriam deficitárias.

---

407 Art. 6º A adoção e as propostas de alteração de atos normativos de interesse geral dos agentes econômicos, consumidores ou usuários dos serviços prestados serão, nos termos de regulamento, precedidas da realização de Análise de Impacto Regulatório (AIR), que conterá informações e dados sobre os possíveis efeitos do ato normativo.

408 Lei n. 4.657/42 - Art. 20. Nas esferas administrativa, controladora e judicial, não se decidirá com base em valores jurídicos abstratos sem que sejam consideradas as consequências práticas da decisão.

Parágrafo único. A motivação demonstrará a necessidade e a adequação da medida imposta ou da invalidação de ato, contrato, ajuste, processo ou norma administrativa, inclusive em face das possíveis alternativas.

409 Art. 35. A estipulação de novos benefícios tarifários pelo poder concedente, fica condicionada à previsão, em lei, da origem dos recursos ou da simultânea revisão da estrutura tarifária do concessionário ou permissionário, de forma a preservar o equilíbrio econômico-financeiro do contrato.

Tudo isso acompanhado de expressa menção à competência para o titular do serviço dispor quanto às especificidades, métricas e concretizações das diretrizes constantes da Política Nacional.

Pretendemos aqui apresentar nossa visão quanto à viabilidade de elaboração de uma Política Nacional Tarifária para o setor de concessão de rodovias. Ainda que nos seja claro que políticas tarifárias prescindam de Lei, a edição de diretrizes gerais e abstratas para o estabelecimento de *diferenciações* com vistas a *equidade tarifária*, no contexto irrefutável de modicidade e isonomia, assim como medidas que possam ampliar o universo de rodovias a serem concedidas, poderia ser de grande valia para os titulares dos serviços no momento da estruturação de novas concessões.

Referências bibliográficas

BANDEIRA DE MELLO, Celso Antônio. *O Conteúdo Jurídico do Princípio da Igualdade*. 3ª ed. São Paulo: Malheiros, 1999.

BNDES. *Programa de Concessões de Rodovias Federais*. mar de 2018. Disponível em: https://www.bndes.gov.br/wps/wcm/connect/site/0f0161fa-5547-4633-983d-611e737f5caf/relatorio-fep-rodoviais-v7-digital-semregistro.pdf?MOD=AJPERES&CVID=mvGPGdF. Acessado em: 23.06.2022.

BRASIL. Governo de Minas Gerais. *Consulta Pública colhe contribuições para modernizar contratos de concessão de rodovias*. 16 de abr. de 2021. Disponível em: http://www.infraestrutura.mg.gov.br/component/gmg/story/2841-consulta-publica-colhe- contribuicoes-para-modernizar-contratos-de-concessao-de-rodovias. Acessado em: 23.06.2022.

CAPÍTULO XIII

A IMPLANTAÇÃO DO SISTEMA DE COBRANÇA DE PEDÁGIO *MULTI-LANE FREE FLOW* (*FREE FLOW*) NO BRASIL: DESAFIOS E POSSÍVEIS SOLUÇÕES PARA MITIGAR O RISCO DE EVASÃO

Karina Lara Fera

A expansão do programa de concessões de rodovias no Brasil traz consigo a necessidade de readequar e modernizar a forma de cobrança de pedágio, com vistas a torná-la mais eficiente.

Na busca por essa modernização, foi publicada recentemente, em 02 de junho de 2021, a Lei federal n. 14.157, que estabeleceu condições para a implantação da cobrança de uso de rodovias por meio de sistema de livre passagem, denominado *multi-lane free flow* (*free flow*). Tal lei ainda depende de regulamentação e, a princípio, terá aplicabilidade nas próximas concessões de rodovias.

Em síntese, a modalidade *free flow* consiste na implantação de tecnologia que permite a leitura dos dados dos veículos e o endereçamento da cobrança dispensando as praças de pedágio ou outro tipo de barreira física ao tráfego de veículos. Apesar desse modelo de cobrança trazer diversos benefícios, há relevantes desafios que devem ser enfrentados para viabilizar sua implantação no Brasil, especialmente no que tange ao combate à evasão de pedágio.

Antes de adentrar aos desafios e às possíveis soluções para garantir aplicabilidade e eficácia à Lei n. 14.157/2021 no que tange ao risco de evasão, é conveniente traçar breve histórico acerca do programa de concessões de rodovias no Brasil.

Diante das dificuldades de realização de investimentos diretos pelo governo na manutenção e expansão das rodovias, adotou-se a alternativa de participação da iniciativa privada no provimento de infraestrutura de transporte através da celebração de contratos de concessão de serviços públicos, devidamente autorizada pelos artigos 22, inciso XXVII e 175, da Constituição Federal de 1988 e pela Lei n. 8987/1995, que trata especificamente do regime de concessão e de permissão de serviço público.

As primeiras concessões de trechos rodoviários ocorreram na década de 1990, justificadas pela escassez de recursos públicos para investimentos no modal rodoviário, concomitante à deterioração da malha rodoviária nacional.

Em 1993, foi criado o Programa de Concessões de Rodovias Federais (PROCOFE), tendo sido concedidos, inicialmente, os trechos da BR-116/RJ/SP (São Paulo – Rio de Janeiro), da BR-101/RJ (Ponte Rio-Niterói), da BR-040/ MG/RJ (Rio de Janeiro – Juiz de Fora, da BR-116/RJ (Rio de Janeiro – Teresópolis) e da BR-290/RS (Porto Alegre – Osório). Com extensão total de 868,7 km, alguns desses trechos já haviam sido, inclusive, pedagiados pela União anteriormente.

A 1ª Etapa do PROCROFE foi realizada antes de se estabelecer o marco regulatório para o setor, pois a Lei de Concessões foi promulgada em 1995 e a criação do órgão regulador da relação entre concessionário e poder concedente, a Agência Nacional de Transportes Terrestres (ANTT), se deu em 2001, por meio da Lei n. 10.233/2001.

Tal etapa ocorreu em ambiente macroeconômico com alto grau de incertezas relativas à estabilização monetária. Nesse período, o governo manteve a taxa de juros elevada para garantir o controle da inflação, o que, como consequência, levou ao valor elevado das tarifas de pedágio à época.

A 2ª etapa do PROCROFE (2008 a 2009), realizada num ambiente econômico de maior estabilidade, levou à redução das taxas de retorno praticadas e à ampliação do mercado do ponto de vista da atração de novos investidores, o que resultou em tarifas significativamente menores.

Por sua vez, a 3ª etapa do PROCROFE (2014) buscou aperfeiçoar a modelagem através do estabelecimento das seguintes diretrizes: (i) priorização de trechos que apresentavam potencial de investimentos em ampliação e melhorias; (ii) concentração de investimentos na fase inicial dos contratos; (iii) cobrança de pedágio somente após a conclusão de 10% da duplicação prevista; e (iv) posicionamento das praças de pedágio em locais que não afetavam o tráfego urbano e de curta distância.

Por fim, em 2018, foi inaugurada a 4ª etapa de concessões rodoviárias federais com o leilão do trecho conhecido como RIS (Rodovia Integração do Sul). Com o início dessa etapa, foram observadas importantes atualizações no modelo regulatório. Quanto aos contratos, podemos citar as seguintes inovações: (i) inserção de regras mais rígidas para alterações contratuais, (ii) previsão de obras de manutenção dos níveis de serviços e contornos em trechos urbano e (iii) implantação do sistema *free flow*, após sua regulamentação, prevendo-se que o risco para tal implantação seria alocado ao poder concedente.

O último leilão de rodovias dessa etapa ocorreu no mês de abril do ano corrente, da Rodovia BR 153, no trecho entre Goiás e Tocantins. Nele, foram igualmente incluídas inovações consideradas importantes, tais como o critério híbrido de seleção do vencedor do certame e os mecanismos de compartilhamento de riscos de demanda e cambial.

A partir desse breve histórico sobre o programa nacional de concessões de rodovias, cumpre tecer os atuais problemas enfrentados para a cobrança da tarifa de pedágio, que se pretende sejam solucionados com a implantação do sistema *free flow*, previsto na Lei n. 14.157/2021.

Observe-se, que, atualmente, a tarifa de pedágio constitui a principal fonte de remuneração do concessionário de serviços públicos rodoviários, nos termos do art. 9º, *caput* e parágrafos, da Lei n. 8987/95, sendo permitida ainda a remuneração por meio de receitas alternativas (art. 11, da Lei n. 8987/95).

A tarifa de pedágio é também destinada à manutenção das estradas e a serviços de primeiros socorros e guinchos. Além disso, parte dos recursos arrecadados são direcionados para as cidades no entorno das rodovias, dentre outros benefícios que garantem o conforto, segurança e fluidez de tráfego rodoviário.

O valor da tarifa evidentemente não é aleatório. Ele é definido com base na extensão da rodovia administrada e no porte do veículo. São cobrados valores diferentes e graduais para motocicletas, carros de passeio e veículos comerciais de grande porte. Neste caso, a tarifa é calculada com base no número de eixos: quanto mais eixos, maior o valor do pedágio.

A fixação da tarifa deve ser módica, nos termos do art. 6º, parágrafo primeiro, da Lei federal n. 8987/95, de forma a não onerar excessivamente o usuário. Por outro lado, a fixação da tarifa de pedágio pressupõe a preservação do equilíbrio econômico-financeiro do contrato de concessão, conforme estabelecido pelos artigos 37, inc. XXII, da Constituição Federal e 9º, parágrafo segundo e 10º, ambos da Lei de Concessões (Lei n. 8987/95), o que, por consequência, influencia diretamente na decisão de alocação de recursos privados, já que se deve ponderar os prejuízos que eventuais desequilíbrios da equação econômico-financeira poderão trazer aos investimentos. A observância concomitante de tais premissas é fundamental para que se proporcione um ambiente regulatório harmônico, que atenda efetivamente ao interesse público.

Com o amadurecimento do programa de concessões de rodovias, foram identificadas questões inerentes à cobrança de tarifa de pedágio que mereciam ser aprimoradas.

Dentre as questões identificadas, cita-se a falta de equidade no pagamento da tarifa. Isso porque, a forma de cobrança atual, prevista na massiva maioria dos contratos de concessão do país, acaba possibilitando que alguns usuários trafeguem e usufruam da estrutura e dos serviços da rodovia sem pagar a tarifa (caso o trajeto se inicie e se conclua sem que haja a passagem por uma das praças de pedágio), enquanto outros usuários que passam pela praça de pedágio suportam, com o pagamento da tarifa, toda a estrutura utilizada por aqueles que trafegaram na rodovia, mas não passaram pela praça de pedágio.

Também se identifica que o usuário que utilizar um pequeno trecho da rodovia, caso o trajeto cumprido exija a passagem pela praça de pedágio, pagará o mesmo valor de tarifa que o usuário que trafegar pela rodovia inteira.

Não obstante, a existência de cabines de cobrança de pedágio impacta a fluidez das rodovias, sendo inegável que as praças de pedágio são barreiras ao fluxo livre dos veículos, que acabam causando impedância no tráfego. As filas concentradas nas cabines manuais e a própria necessidade de redução da velocidade durante o trajeto geram lentidão e, também, podem acarretar riscos à segurança do tráfego.

Ademais, o manuseio de dinheiro físico traz relevantes implicações. A alta taxa de pagamento manual em espécie, além de impactar o aumento do tempo de atendimento, também gera riscos decorrentes do armazenamento de dinheiro físico no pedágio e posterior transporte, além de acarretar ineficiências operacionais e econômicas.

Por fim, cabe destacar que o modelo atual de pagamento em dinheiro tem gerado grande dificuldade para troco, considerando a escassez e a limitação nacional de circulação de moedas no Brasil.

Diante de todo esse contexto, há que se concluir que a utilização de modelo *free flow* servirá para resolver, senão mitigar, os problemas enfrentados pela atual forma de cobrança.

Analisando-se a experiência internacional, verifica-se que tal modalidade de cobrança não é algo novo no setor de rodovias. Essa forma de cobrança já vem sendo utilizada em países como Estados Unidos, Portugal, Austrália, Suécia, Chile, entre outros.

O primeiro a propor um sistema de cobrança eletrônica de pedágio foi o economista canadense William Vickrey, em 1959, na região metropolitana de Washington. A ideia do economista era utilizar métodos de cobranças de pedágio diferenciados para equilibrar a questão de oferta e demanda e desta forma minimizar congestionamentos.

A solução tecnológica proposta foi, basicamente, a implantação de unidades identificadoras eletrônicas transportadas em cada veículo, que ativariam dispositivos de gravação nas estradas. Os computadores classificariam essas informações, determinariam as cobranças e os motoristas seriam cobrados mensalmente. Porém, suas ideias não foram tão bem recebidas na época. A Noruega foi o país pioneiro na implementação dessa tecnologia, sendo a coleta eletrônica de pedágio (ETC) introduzida pela primeira vez em Ålesund, em 1987.

A primeira grande implantação de um sistema de pedágio eletrônico nos Estados Unidos foi o sistema TollTag usado no Dallas North Tollway, implementado em 1989. A primeira rodovia com pedágio totalmente automatizado do mundo, a Ontario Highway 407, foi inaugurada no Canadá em 7 de junho de 1997 e a primeira cidade do mundo a implementar um sistema de cobrança eletrônico para fins de controle de congestionamento foi Singapura, em 1998.

Na América do Sul, o melhor exemplo é na cidade de Santiago, no Chile. Atualmente, são mais de 3 milhões de usuários em uma rede de aproximadamente 150 km de vias expressas abrangendo todas as regiões (norte, sul, leste e oeste).

Como se vê, o modelo de cobrança através do *free flow* vem aumentando sua abrangência mundial. A implantação de um sistema que proporcione a cobrança da tarifa de pedágio de uma forma mais equânime e mais eficiente é do interesse dos usuários, das concessionárias de rodovias e do Poder Público.

O sistema de cobrança *free flow* certamente proporcionará melhorias para os problemas apontados nos parágrafos anteriores, trazendo maior agilidade na cobrança da tarifa, segurança nas rodovias e eficiência na administração do trecho rodoviário.

São inúmeras as vantagens deste tipo de solução em comparação com o sistema clássico de pedagiamento através de praças de pedágio de barreira, onde o usuário é obrigado a reduzir a velocidade do veículo (caso seja cliente das operadoras das pistas automáticas), ou até mesmo parar completamente o veículo para realizar o pagamento em dinheiro. Soluções que adotem a cobrança sem barreiras podem viabilizar novas concessões de rodovias, em razão do potencial de otimização de recursos, redução de custos e investimentos em construção e manutenção das praças de pedágio, que acabam por onerar a operação das rodovias.

Sob o ponto de vista técnico e/ou tecnológico, a regulamentação da implantação desse sistema não traz dificuldades relevantes, não sendo necessária revisão e/ou reformulação extensa do sistema normativo já existente. Em princípio, se faz necessária a especificação da tecnologia a ser utilizada, descrevendo-se os equipamentos, suas funcionalidades e suas operações.

Entretanto, não é o que ocorre com relação à regulamentação do pagamento da tarifa de pedágio no modelo *free flow*. Nesse modelo, para que o usuário seja dispensado da obrigação de reduzir velocidade e/ou parar seu veículo e realizar o pagamento do pedágio em espécie, será necessário garantir a possibilidade de que exista a identificação do veículo vinculado a um ente econômico (pessoa física ou jurídica) para que o pedágio possa ser recolhido por meio de crédito em conta vinculada, ou por meio de cobrança *a posteriori*.

Essa medida se faz adequada não apenas para viabilizar a cobrança ao proprietário do veículo, mas também para viabilizar a cobrança daquele que, mesmo recebendo a cobrança da tarifa em sua residência, decida deliberadamente por não efetuar o pagamento.

É importante criar mecanismos legais e regulatórios que possibilitem a cobrança e desestimulem a inadimplência. Para tanto, é necessário que sejam conferidos meios às concessionárias para (i) a identificação do veículo (cuja responsabilidade é do CONTRAN, cfr. art. 2º,[410] da Lei n. 14.157/2021) e (ii) acesso aos dados do proprietário do veículo.

Com relação ao acesso à base de dados do proprietário do veículo, cumpre ressaltar que, mesmo com o advento da Lei Geral de Proteção de Dados (LGPD), a manipulação de dados pessoais pode ser justificada, restando apenas assegurar a legitimidade da

---

410 "*Art. 2º - A Lei n. 9.503, de 23 de setembro de 1997 (Código de Trânsito Brasileiro), passa a vigorar com as seguintes alterações:*

'*Art. 115*..

(...)

*§ 10. **O Contran estabelecerá os meios técnicos, de uso obrigatório, para garantir a identificação dos veículos que transitarem por rodovias e vias urbanas com cobrança de uso pelo sistema de livre passagem*** (*NR*)" (grifo nosso).

coleta através de ato normativo e garantir todos os deveres do controlador desses dados pessoais, conforme previsto na lei.

Assim, levando em conta o fato de que a utilização pelos usuários dos serviços prestados nas rodovias dá ensejo à cobrança de tarifa de pedágio, o eventual não pagamento pelo usuário irá torná-lo inadimplente, o que, automaticamente, legitima o concessionário a obter meios para buscar a satisfação de seu crédito.

O reconhecimento de tal legitimidade se torna ainda mais premente se levarmos em consideração o fato de que o concessionário de rodovias atua em nome e no interesse da Administração Pública, sujeitando-se, assim, às normas de Direito Público e estando subordinado aos princípios fundamentais garantidores de prestação de serviços eficazes, dentre eles, os princípios da continuidade do serviço público, da indisponibilidade do interesse público, da razoabilidade e da proporcionalidade.

Assim, diante desse contexto, torna-se não somente viável, como também necessário, que os órgãos reguladores, ao regulamentarem a forma de pagamento das tarifas de pedágio no sistema *free flow*, permitam, ao concessionário, o acesso à base de dados do DENATRAN, que contém as informações pessoais dos proprietários dos veículos. Trata-se de medida que vai ao encontro das disposições previstas na Lei Geral de Proteção de Dados (LGPD).

É importante dizer, ainda, que, mesmo com mecanismos de desestímulo à inadimplência implantados, ainda devem ocorrer perdas ocasionadas pela evasão de pedágio.

A evasão de pedágio é uma prática que, diferentemente do que muitos pensam, não configura crime. Ainda que seja uma atitude temerária, a lei que rege o funcionamento do trânsito brasileiro a considera apenas como infração de trânsito. Isso significa que a prática de tal conduta não gera graves consequências e o agente não sofrerá nenhuma penalidade, seja pecuniária, seja restritiva de direitos e/ou de liberdade. Tampouco seu nome será inscrito em cadastros de antecedentes criminais. Esse fato, de uma certa forma, estimula o evasor a não pagar pedágio, pois não sofrerá consequências em sua esfera de direitos.

Por outro lado, se tal infração administrativa for tipificada como crime, as chances de praticar evasão, especialmente no sistema *free flow,* certamente serão muito menores. Apenas a título de esclarecimento, cumpre citar que tipificar uma conduta como crime significa inovar no âmbito penal. Assim, é necessário descrever com precisão a conduta ilícita e lhe atribuir uma pena, o que somente será possível por meio de lei. Nesse sentido, as consequências de tipificação de uma conduta como um ilícito penal são gravosas e podem contemplar multa, restrição de direitos ou restrição de liberdade.

De acordo com a legislação atual, complementada pela Lei n. 1.4157/2021, quando o usuário deixa de pagar a tarifa de pedágio, as sanções aplicáveis preveem multa de valor monetário pequeno, não destinado ao ressarcimento da concessionária pelas perdas arrecadatórias sofridas.

Deixar de pagar a tarifa de pedágio é uma infração de trânsito prevista no artigo 209 do Código de Trânsito Brasileiro (CTB), classificada como grave, acumula 5 pontos na Carteira Nacional de Habilitação do condutor infrator e acarreta multa no valor de R$ 195,23, em abril de 2021.

Some-se a isso o fato de que, a depender da rodovia ou da distância percorrida, o valor da multa aplicada compensa o valor da evasão cometida, o que acaba incentivando o mau usuário a evadir o pedágio, ainda que de forma totalmente indevida.

Além disso, na imensa maioria dos casos, o evasor utiliza-se de artifícios para seu veículo não ser identificado (cobertura e/ou adulteração de placas, por exemplo), impedindo, assim, seu rastreamento tanto pela Polícia Rodoviária quanto pelas concessionárias de rodovias.

Nesse diapasão, uma forma de mitigar os riscos de evasão de pedágio seria a possibilidade de eventual cadastro do usuário não pagador em serviços de proteção ao crédito (tais como SCPC ou CADIN), ou até a possibilidade de cobrança judicial em processo simplificado (como ocorre, por exemplo, com a cobrança de condomínios atrasados com base no Código de Processo Civil de 2016).

Por outro lado, em linha com os relevantes avanços atualmente observados no processo de regulamentação do relacionamento entre o setor público x privado, faz-se necessário ponderar que uma forma adequada de combater a evasão e estimular o pagamento das tarifas de pedágio no modelo *free flow*, seria a adoção de medidas positivas que incentivassem e facilitassem o pagamento tempestivo de tarifa de pedágio, prevendo-se, inclusive, a existência de prêmios e bonificações, no caso de pagamento antecipado.

Tal cenário se coaduna com o atual modelo de "regulação responsiva", aplicável à relação entre o órgão regulador e os prestadores de serviços públicos. Tal modelo possui, como um dos principais pilares, a adoção de boa-fé e da conscientização de que o cumprimento tempestivo da obrigação é o melhor caminho. Tal hipótese se alinha com as melhores práticas internacionais.

Paralelamente, com relação à arrecadação de pedágio, cumpre citar que o Brasil não dispõe de *enforcement* eficaz para combater a evasão ou para ressarcir os administradores das rodovias após a evasão já ter ocorrido. Com a implementação do *free flow* - que pressupõe a retirada das barreiras físicas e praças de pedágio – o risco de evasão será aumentado significativamente, mesmo que se proponham políticas de incentivos de pagamento.

Atualmente, a possibilidade disponível às concessionárias de rodovias para obter o ressarcimento dos valores evadidos é a propositura de ação judicial de cobrança contra o evasor, que, como é cediço, é bastante custosa e trabalhosa, valendo a pena apenas no caso de valores evadidos substanciosos. Além disso, após sentença de procedência da ação judicial de cobrança, as concessionárias devem iniciar um processo de execução da sentença, requerer penhora de bens, leilões etc., para, apenas ao final, receber o valor devido.

Assim, na ampla maioria dos casos, os custos de judicialização não compensam os valores devidos pelo evasor. E, com isso, as concessionárias acabam por desistir de cobrar o evasor pelos prejuízos causados. Desse modo, caso se preveja processo judicial específico, fácil e ágil para compelir o evasor a pagar o valor de pedágio devido, certamente os prejuízos sofridos pelos concessionários serão mitigados.

Importante considerar, outrossim, que uma medida adequada para recomposição dos prejuízos, seria destinar o valor da multa aplicada por evasão ao ressarcimento à concessionária responsável pela via.

No entanto, de acordo com o artigo 320[411] do Código de Trânsito Brasileiro, a integralidade do valor arrecadado com a multa é destinada à sinalização, engenharia de tráfego, de campo, policiamento, fiscalização e educação no trânsito. Não há normativo que preveja que o valor arrecadado com a multa poderá ser destinado a ressarcir os prejuízos causados em decorrência de evasão de pedágio, sejam eles sofridos pela Administração Pública, enquanto administradora direta das rodovias, seja pelo concessionário dos serviços públicos rodoviários.

A inclusão de tal hipótese de destinação dos valores arrecadados a título de multa não encontra qualquer óbice constitucional e/ou legal, sendo plenamente possível.

Ademais, na medida em que o art. 3º,[412] da Lei n. 14.157/2021, alterou o art. 24, da Lei que instituiu a ANTT (Lei n. 10.233/2001),

---

411 *Art. 320. A receita arrecadada com a cobrança das multas de trânsito será aplicada, exclusivamente, em sinalização, engenharia de tráfego, de campo, policiamento, fiscalização e educação de trânsito.*

412 "*Art. 3º Os arts. 24 e 26 da Lei n. 10.233, de 5 de junho de 2001, passam a vigorar com as seguintes alterações:*

ampliando a atribuição da Agência para o fim de aplicar penalidade de multas por evasão no sistema *free flow*, nada mais justo do que admitir sua competência para também regulamentar a destinação da multa por evasão.

Com relação ao tema, vale ressaltar, ainda, que, como visto anteriormente, no último lote das concessões de rodovias federais (da Rodovia Integração Sul, da Rodovia 364-365 e da Rodovia BR 153), a ANTT tem assumido os riscos dos impactos da implantação do sistema *free flow*. Os contratos de concessão preveem que o poder concedente é responsável pelo risco de impactos decorrentes da implantação de sistema de arrecadação de pedágio na modalidade MLFF, ou outro que venha a existir, quando a implantação de tal sistema for exigida pelo poder concedente à concessionária.

No entanto, especialmente com relação aos contratos de concessão da Rodovia de Integração Sul a das Rodovias 364 e 365, há cláusulas que, ao tratarem, genericamente, da alocação de riscos do negócio, apontam que a concessionária é responsável por todos os riscos relacionados à concessão, incluindo os riscos de recusa dos usuários em pagar o pedágio e queda de receita tarifária em virtude da evasão de pedágio.

Assim, a despeito de estar clara a intenção da agência reguladora de assumir os riscos decorrentes de evasão no caso de *free flow*, é conveniente deixar claro que as cláusulas genéricas de alocação de risco em tais contratos devem ser reformuladas para excepcionar expressamente o risco de evasão e, por sua vez, as cláusulas contratuais específicas relativas à implantação do *free flow* devem ser mais claras quanto à necessidade de reequilíbrio

---

Art. 24. ....

XVII – exercer, diretamente ou mediante convênio, as competências expressas nos incisos VI, quanto à infração prevista no art. 209-A, e VIII do caput do art. 21 da Lei n. 9.503, de 23 de setembro de 1997 (Código de Trânsito Brasileiro), nas rodovias federais por ela administradas".

contratual em caso de perda de receita por evasão causada por essa nova modalidade de cobrança de pedágio.

Oportuno ressaltar que, para dirimir a falta de clareza e evitar interpretações equivocadas, a ANTT incluiu no contrato de concessão da Rodovia BR 153, recentemente licitada, cláusula expressa no sentido de determinar que os impactos positivos ou negativos decorrentes da implantação de sistema de arrecadação de tarifa de pedágio na modalidade *free flow*, inclusive o comprovado aumento de receita e de evasão decorrente da implantação desta modalidade, estariam alocados ao poder concedente.

Nesse sentido, necessário prever que, caso a concessionária de rodovias sofra perda de arrecadação por conta de evasão de pedágio cobrado pelo sistema *free flow*, poderá requerer ao poder concedente o ressarcimento pelos prejuízos sofridos, a fim de recompor a perda de receita reduzida por conta da evasão.

Assim, a concessionária deverá formular pedido de reequilíbrio econômico-financeiro do contrato de concessão, comprovando que a perda de receita decorrente da evasão desequilibrou as bases financeiras originalmente pactuadas com o poder concedente. Comprovado o desequilíbrio contratual, o poder concedente deverá tomar medidas para restabelecer as condições inicialmente pactuadas.

A partir de tudo o quanto exposto anteriormente, é possível elencar as recomendações de melhorias no ordenamento jurídico pátrio que contribuirão para o sucesso da implantação do *free flow* no Brasil previsto na Lei n. 14157/2021: (i) regulamentação de tal lei pelo CONTRAN, que detalhará a forma de arrecadação do pedágio, os meios de pagamento, o sistema de livre passagem, a possibilidade do cadastro do devedor em serviços de proteção ao crédito (tais como SPC ou CADIN), dentre outras providências administrativas, (ii) tipificação da conduta de evasão de pedágio como crime, que se dará por meio de lei oriunda do Poder Legislativo, (iii) alteração do art. 320, do CTN, combinada com a regulamentação do art. 3º, da Lei n. 14.157/2021, a fim de prever que a ANTT poderá destinar os valores das multas aplicadas para ressarcimento dos prejuízos causados em decorrência de evasão de pedágio no sistema *free flow*, (iv) regulamentação pelo CONTRAN, e pela ANTT, da Lei n. 14.157/2021, com vistas a prever a forma de pagamento do pedágio e garantir a possibilidade de identificação do veículo vinculado a um ente econômico (pessoa física ou jurídica) para que o pedágio possa ser recolhido *a posteriori* e (v) edição de lei prevendo processo judicial simplificado para cobrar do evasor os valores não pagos a título de pedágio.

Por fim, vale frisar que as medidas acima sugeridas são possíveis, viáveis, eficazes e se coadunam com o panorama constitucional, legislativo e regulatório atual, o que acaba por solucionar um dos maiores desafios para a implantação do *free flow* no Brasil, qual seja, combater a evasão de pedágio.

Referências bibliográficas

ABCR. *Novos Caminhos para Concessões no Brasil*. set. 2018. Disponível em: https://abcr.org.br/Library/novoscaminhos/abcr_relatorio_novos_caminhos.pdf. Acessado em: 23.06.2022.

ALVES, Danyel; CASTILHO, Wilson; FERA, Karina; GÖELZER, Layssa; MEIRELES, Fernanda; RUZENE, Lucas Monteiro. *Freeflow*: Desafios para a implantação do sistema de cobrança *Multi-lane Free Flow* (MLFF) nas rodovias brasileiras e possíveis soluções. Rio de Janeiro: FGV, 2019. (Trabalho de Conclusão de Curso de Pós-Graduação).

ANTT. *Agência Nacional de Transportes Terrestres*. Disponível em: https://www.gov.br/antt/pt-br. Acessado em: 23.06.2022.

ARTESP. *Agência Reguladora de Transportes do Estado de São Paulo*. Disponível em: http://www.artesp.sp.gov.br/Style%20Library/extranet/index.aspx. Acessado em: 23.06.2022.

AUTOESTRADE. *Multilane Freeflow Tolling*. 2019.

BANDEIRA DE MELLO, Celso Antônio. *Curso de Direito Administrativo*. 21ª ed. São Paulo: Malheiros, 2006.

BARBOSA, Saulo Horta. *Rodovias de pedágio aberto ou free-flow*: perspectivas para implantação no Brasil. Minas Gerais: UFMG, 2013. (Dissertação de Mestrado).

IRF GLOBAL. *International Road Federation*. 2019.

NEVES, Rogério Telles Correia. *Política de Concessão de Rodovias Federais – Uma análise comparativa dos modelos contratuais*. Disponível em: https://core.ac.uk/download/pdf/79122020.pdf. Acessado em: 23.06.2022.

RANGEL, Leonardo Carvalho. *Condições para implantação de um sistema de fluxo livre ("free flow") nas concessões Rodoviárias do Brasil*. São Paulo: FGV-SP, 2012.

RICHARD, Arnott; WICREY, William. *Contributions to Public Policy*. Dept. of Economics, 2019.

VICKREY, William. *Public Economics*: Selected Papers. Cambridge University Press. 2019.

PARTE II

CONCESSÕES NO SETOR DE RODOVIAS

CAPÍTULO XIV

O ESTARRECEDOR CASO DA LINHA AMARELA NO MUNICÍPIO DO RIO DE JANEIRO: DEFESA DO INTERESSE PÚBLICO OU TENTATIVA DE QUEBRA DE CONTRATO?

José Virgílio Lopes Enei

1 Antecedentes

Superado o período da história em que nossa infraestrutura era construída, operada e mantida sob responsabilidade quase exclusiva do até então onipresente Estado-Empresário brasileiro, já completamos mais de 25 anos da Lei Geral de Concessões, Lei n. 8.987 de 1995, marco da abertura e delegação dos serviços públicos e infraestrutura correspondente à iniciativa privada.

É inegável a grande transformação pela qual o Brasil passou nesse período. Com a Constituição de 1988, reforçamos o nosso compromisso democrático, alicerçado num Estado de Direito.

Após o colapso do modelo de desenvolvimento centrado no endividamento público, dezenas de empresas estatais, em geral pouco eficientes, foram privatizadas. Milhares de concessões de serviço público, precedidas de obras e investimentos relevantes, foram concedidas desde então, nos mais variados segmentos da infraestrutura econômica e social.

Novas formas de concessão, como as concessões patrocinadas e administrativas em regime de parcerias público-privadas – PPPs, introduzidas pela Lei n. 11.079 de 2004, mas também as novas ou dinamizadas concessões de uso de bem público, concessões de direito real de uso (CDRUs), concessões urbanísticas, concessões de exploração e produção de petróleo etc., se somaram às ditas concessões comuns de serviço público.

A qualidade dos serviços públicos e de outras atividades de interesse coletivo, como aquelas em regime de autorização, melhorou consideravelmente em relação à realidade de outrora, a exemplo do que se viu no setor de telefonia e mais recentemente dos aeroportos. Nossa matriz energética se diversificou, agregando ao parque gerador térmicas a gás, PCHs, eólicas, biomassa e mais recentemente plantas solares. Como nos dá conta o setor de saneamento básico, a universalização ainda é uma meta a ser alcançada, mas a oferta do serviço vem sendo ampliada. Com investimentos privados, acredita-se que a universalização possa tornar-se realidade em aproximadamente uma década.

No setor rodoviário, já são mais de 20 mil quilômetros em rodovias concedidas à iniciativa privada, correspondendo a mais de 10% da malha pavimentada nacional.[413] Sob operação privada, tais rodovias concedidas correspondem inegavelmente às mais seguras e de melhor qualidade.

---

413 Cf. OTTA, Lu Aiko. "Brasil é líder em concessões rodoviárias no mundo". *Poder 360*, 24 de ju. 2019. Disponível em: https://www.poder360.com.br/economia/brasil-e-lider-em-concessoes-rodoviarias-no-mundo/. Acessado em: 19.05.2022.

O Programa de Concessões Rodoviárias Federais, responsável pela concessão de mais de 14 mil quilômetros de rodovias, encontra-se na sua terceira etapa. No plano estadual, destaca-se o programa de concessões rodoviárias do estado de São Paulo. Paraná, Minas Gerais, Rio de Janeiro, Espírito Santo, Bahia e Pernambuco também contam com rodovias estaduais concedidas.

Não obstante a transformação da nossa realidade, e os mais de 25 anos de consolidação do marco legal de concessões de serviços públicos no Brasil, o caminho ao desenvolvimento e à estabilidade legal infelizmente não é linear ou livre de obstáculos. Na terceira década do novo milênio, em que pesem as lições que já deveriam ter sido há muito aprendidas, governantes ainda insistem em flertar com o oportunismo eleitoreiro e, muitas vezes com a conivência de outros Poderes, negar vigência a princípios fundamentais do Estado de Direito, criando um ambiente de grande imprevisibilidade e insegurança jurídica.

É o que Marçal Justen Filho, há cerca de 20 anos, já denominava de demagogia regulatória,[414] ou o que autores como Marcos Perez qualificam, mais genericamente, como riscos políticos.[415]

---

414 Sobre tais riscos, cf. JUSTEN FILHO, Marçal. *Teoria geral das concessões de serviços públicos*. São Paulo: Dialética, 2003. "A demagogia regulatória, a propósito das concessões de serviço público, manifesta-se especificamente por uma postura bipolar e oposta ao longo do tempo. No primeiro momento, o poder concedente manifesta atenção em face dos interesses de potenciais investidores, acenando com vantagens marcantes e muito atraentes. Nessa etapa, são ignorados eventuais pleitos da comunidade e não são adotadas cautelas para prever o desenlace futuro do empreendimento. A segunda etapa desencadeia-se com a formalização da outorga. A partir daí, adota-se o discurso da defesa da comunidade, imputando ao concessionário a responsabilidade por defeitos e práticas – que foram explícita ou implicitamente legitimadas ao longo da licitação, tendo inclusive gerado benefícios para os cofres públicos". (p. 67).

415 Cf. PEREZ, Marcos Augusto. *O risco no contrato de concessão de serviço público*. Belo Horizonte: Fórum, 2006. "Os riscos políticos são relacionados, predominantemente, às disputas ínsitas ao sistema político institucional. As disputas eleitorais, a pressão dos movimentos sociais, a eventual prevalência

O recente caso da concessão da Linha Amarela no Município do Rio de Janeiro, ao qual dedicaremos o presente artigo, parece infelizmente ilustrar bem esse fenômeno.

2 Linha Amarela: síntese do caso

A linha amarela, oficialmente chamada de Avenida Carlos Lacerda, é uma via urbana, que interliga a baixada de Jacarepaguá à Ilha do Governador no Município do Rio de Janeiro (região do Aeroporto do Galeão e da Cidade Universitária), oferecendo alternativa expressa ao trânsito pelas sobrecarregadas vias da Zona Sul.

Foi concebida originalmente como parte de um programa de desenvolvimento urbanístico chamado Plano Policromático, que previa seis grandes vias arteriais na Cidade do Rio de Janeiro, das quais apenas duas se materializaram: a Linha Amarela e a Linha Vermelha.

O Contrato de Concessão da Linha Amarela foi originalmente firmado em 9 de dezembro de 1994, em favor da Construtora OAS. Embora o seu contrato original tenha sido anterior à Lei Geral de Concessões, promulgada apenas no ano seguinte, a operação da Linha Amarela, qualificando-se como serviço público, passou a obedecer às normas gerais da referida lei, a partir do advento desta, conforme reconhecido por ocasião já do primeiro aditivo ao contrato, firmado em 7 de julho de 1995.

O trecho originalmente concedido da Linha Amarela, de 15 km, era dividido em 3 lotes. Como contrapartida do direito à cobrança de pedágio, a concessionária se obrigou a realizar investimentos relevantes no Lote 2 da via (obra pública objeto de contrato coligado ao da concessão), bem como assumir a responsabilidade

---

de interesses políticos paroquiais no Legislativo ou no Executivo são exemplos de fatores que representam risco político para a estabilidade dos contratos de concessão". (p. 168).

pela operação e manutenção dos 3 lotes da via. O prazo original da concessão era de 10 anos a partir da conclusão das referidas obras, conclusão essa que também constituiria condição para início da cobrança de pedágios.

Foram celebrados 11 termos aditivos no período de 1996 a 2010, ao longo, portanto, dos mandatos dos Prefeitos Luiz Paulo Conde, Cesar Maia e Eduardo Paes, que viriam a ser sucedidos, em 2016, pelo Prefeito Marcelo Crivella.

O 3º aditamento, de 3 de maio de 1996, contemplou a cessão do contrato de concessão para a sociedade de propósito específico Linha Amarela S/A – LAMSA, controlada pela Invepar, esta com participação relevante da própria OAS, em parceria com fundos de pensão.

O 4º aditamento, de 29 de dezembro de 1997, estendeu o prazo da concessão para 13,5 anos (162 meses).

O 5º Aditamento, de 22 de janeiro de 1999, ampliou o trecho concedido, impôs novas obras à concessionária e, em contrapartida, estendeu o prazo da concessão para 25 anos, a partir da conclusão das obras e início da cobrança do pedágio, o que o aditamento reconhecia ter ocorrido em 1º de janeiro de 1998.

Por sua vez, o 9º Aditamento, de 2005, sob a premissa de que o contrato original era bastante lacônico, visou explicitar, contratualmente, os parâmetros para verificação da manutenção do equilíbrio econômico-financeiro do contrato, assim como índices de qualidade do serviço. Estabeleceu-se que o equilíbrio contratual seria recomposto, visando preservar determinada taxa interna de retorno do projeto, sempre que se verificasse fato superveniente imprevisível e extraordinário. Estabeleceu-se, entretanto, que a variação de demanda, para cima ou para baixo, não constituiria motivo deflagrador do reequilíbrio contratual, representando, portanto, risco para o bem ou para o mal integralmente alocado à concessionária (Cláusula 2ª, (d)5). As partes outorgaram-se quitação recíproca com relação a eventuais pleitos de reequilíbrio relativos a eventos anteriores ao aditamento (Cláusula 5ª).

O 11º aditamento, firmado em 14 de maio de 2010 sob o governo do então Prefeito Eduardo Paes (novamente eleito em 2021), contemplou novas obras e investimentos à concessionária e, em contrapartida, ampliou o prazo de concessão de 25 para 40 anos a partir do início da cobrança do pedágio em 1º de janeiro de 1998.

Durante a gestão do Prefeito Marcelo Crivella, já no ano de 2018, a Controladoria Geral do Município promoveu uma auditoria na concessão, por meio da qual concluiu que, embora as obras tivessem sido atribuídas à concessionária e orçadas por iniciativa da própria Prefeitura, e concordância da concessionária, o valor de tais obras teria sido superestimado no âmbito do 11º aditamento, ao passo que o prazo de extensão da concessão considerado necessário para compensar tais obras teria sido injustificado, por ter estimado um fluxo de demanda muito inferior aquele posteriormente constatado.

Comissão Parlamentar de Inquérito – CPI, instituída na Câmara Legislativa do Município para investigar a concessão da Linha Amarela, alcançou conclusões similares àquelas da auditoria realizada pela Prefeitura, conforme relatório final aprovado em outubro de 2019.[416]

Embora não lhe tenha sido facultada oportunidade para o exercício de ampla defesa, a concessionária argumentou que, tendo sido atribuído o risco de demanda integralmente à concessionária conforme explicitado no 9º aditamento, a variação do fluxo de demanda real em relação àquele estimado em 2010, por ocasião do

416 Cf. PREFEITURA DO RIO DE JANEIRO. *CPI da Câmara conclui que Prefeitura tem razão ao apontar superfaturamento na Linha Amarela*. 24 de out. 2019. Disponível em: https://prefeitura.rio/transportes/cpi-da-camara-municipal-conclui-que-prefeitura-tem-razao-ao-apontar-superfaturamento-na-linha-amarela/. Acessado em: 19.05.2022.

11º aditamento, ainda que favorável à concessionária, não deveria ensejar a revisão da concessão, nem para reduzir o pedágio, tampouco para reduzir o seu prazo. Afinal, tivesse a demanda real se comportado abaixo daquela projetada, a concessionária também não faria jus a qualquer compensação. Tratar-se-ia aliás do modelo de alocação do risco de demanda adotado em quase todas as rodovias pedagiadas concedidas em nível federal ou mesmo estadual.

Entretanto, a Prefeitura também considerou ilegal tal alocação de riscos explicitada no 9º Aditamento, rejeitando o argumento da concessionária.

Segundo os fatos que se extraem das controvérsias levadas ao Judiciário e que detalharemos a seguir, o Prefeito Marcelo Crivella não buscou declarar a caducidade da concessão, provavelmente por que tal medida não prescindiria da prévia "verificação da inadimplência da concessionária em processo administrativo, assegurado o direito de ampla defesa", conforme exigência do art. 38, §2º, da Lei Geral de Concessões, o que, considerando a natureza das provas técnicas a serem produzidas, demandaria meses ou anos na esfera administrativa e possivelmente na esfera judiciária.

Tal prazo seria ainda mais dilatado na medida em que, conforme previsto no §3º do referido art. 38 da lei, o processo administrativo visando à caducidade não deve sequer ser instaurado

> (...) antes de comunicados à concessionária, detalhadamente, os descumprimentos contratuais [que poderiam levar à caducidade], dando-lhe um prazo para corrigir as falhas e transgressões apontadas e para o enquadramento, nos termos contratuais.[417]

[417] JUSBRASIL. *Artigo 38 da Lei n. 8.987*, de julho de 2000. Disponível em: https://www.jusbrasil.com.br/topicos/11575838/artigo-38-da-lei-n-8987-de--19-de-julho-de-2000/artigos. Acessado em: 30.05.2022.

O Prefeito naturalmente tinha pressa, porque o calendário eleitoral não aguarda o desfecho de processos administrativos ou judiciais.

Fato é, portanto, que não foi instaurado processo administrativo para eventual declaração de caducidade.

A primeira iniciativa concreta do então Prefeito, após conclusão da auditoria e antes mesmo do relatório final da CPI, parece ter sido, em 20 de dezembro de 2018, a decisão unilateral de ordenar a suspensão da cobrança de pedágio, com base no Decreto 45.546, então expedido pelo próprio Prefeito, medida essa que, sem fundamento expresso no Contrato de Concessão, na Lei Geral de Concessões ou em decisão de mérito proferida após processo administrativo ou judicial, foi rechaçada liminarmente pelo Poder Judiciário.

Em 1° de fevereiro de 2019, o Prefeito emitiu novo Decreto Municipal de n. 45.645, tentando suspender, uma segunda vez, a cobrança da tarifa de pedágio. Referida medida foi novamente rechaçada, por decisão liminar, do Poder Judiciário.

Em 20 de maio de 2019, a Prefeitura Municipal do Rio de Janeiro editou o novo Decreto Municipal de n. 45.949/2019, buscando, pela terceira vez, a suspensão do pedágio, o que foi mais uma vez prontamente rechaçado pelo Poder Judiciário, inclusive com decisão do Tribunal de Justiça do Rio de Janeiro determinando que a Prefeitura se abstivesse de novas medidas de suspensão, estabelecendo multa diária de R$400.000 em caso de descumprimento.

Em outubro de 2019, sem êxito em fazer valer os seus sucessivos decretos para suspensão do pedágio e logo após a entrega do relatório final da CPI municipal, o Prefeito partiu para uma segunda frente de ataque à concessão.

Logo após anunciar o rompimento unilateral do contrato, o Prefeito ordenou, na noite do domingo dia 27 de outubro, a remoção dos funcionários e a destruição da praça de pedágio da concessionária, medida inédita na vigência da Constituição Federal de 1988 que ganhou as manchetes da imprensa e escandalizou até mesmo os membros da Comissão Parlamentar que o apoiavam.

No dia seguinte, nova liminar judicial já era proferida, determinando que a Prefeitura se abstivesse de prosseguir com a destruição das cabines de pedágio, e assegurando à concessionária o direito de retomar a sua arrecadação, impondo à Prefeitura uma multa de R$100.000 por dia em que a concessionária restasse impedida de cobrar os pedágios.

Em nova frente de batalha, o incansável Prefeito encaminhou então projeto de lei à Câmara municipal, buscando autorização para a encampação da Linha Amarela, vale dizer, a sua retomada por medida de conveniência e interesse público.

Em tramitação recorde, o projeto foi aprovado e promulgada a Lei Complementar 213, de 5 de novembro de 2019. Em seu artigo 1º, a lei autorizou o Município do Rio de Janeiro "a encampar, atendendo o interesse público, a operação e a manutenção da Avenida Governador Carlos Lacerda - Linha Amarela, decorrente da celebração do contrato n. 513, de 10 de janeiro de 1994".

Até aí, poderia ser a cartada final do Prefeito. Atendido o requisito da autorização legislativa, a encampação é ato administrativo que se encerra dentro do juízo de oportunidade e conveniência do Poder Executivo, juízo esse que, salvo desvio de finalidade manifesto, não se encontra sujeito ao controle do Poder Judiciário.

Com efeito, não cabe ao concessionário, nem ao Judiciário, questionar o interesse público motivador da encampação. O único direito que assiste ao concessionário, a exemplo do que se verifica na desapropriação, instituto correlato à encampação, é a garantia de recebimento de indenização prévia e em dinheiro, nos termos do art. 37 da Lei Geral de Concessões.

Mas o Prefeito não pretendia pagar qualquer indenização, até porque era notória a escassez de recursos orçamentários do Município. Na tentativa de emprestar fundamento a tal intento, a lei municipal, oriunda de projeto de iniciativa do Prefeito, previu inovadoramente que,

> Para efeito desta Lei, a prévia indenização de que trata o art. 37 da Lei federal n. 8.987, de 13 de fevereiro de 1995, que dispõe sobre o regime de concessão e permissão da prestação de serviços públicos previstos no art. 175 da Constituição Federal, e dá outras providências, será amortizada, em razão dos prejuízos apurados pelo Poder Executivo, pelo Tribunal de Contas do Município e reconhecidos em investigação conduzida pela Câmara de Vereadores, sem prejuízo da apuração de eventual saldo remanescente a ser devolvido aos cofres públicos.[418]

Para amenizar tal relativização do requisito de indenização prévia, previsto na Lei Geral de Concessões e mais amplamente na Constituição Federal em favor dos expropriados de modo geral, a Lei Carioca previu que, "como medida preventiva a eventuais impugnações, o Poder Executivo poderá instituir caução para prevenir a necessidade de amortização em favor da concessionária".

Diante de tal previsão, a Prefeitura ofereceu 18 imóveis públicos em garantia de eventual indenização à concessionária, dentre os quais destacaram-se a Cidade das Artes, na Barra da Tijuca, onde fica a sede da Riotur, avaliada em 1 bilhão de reais, assim como o prédio do Instituto Pereira Passos em Laranjeiras,

---

418 CÂMARA MUNICIPAL DO RIO DE JANEIRO. *Projeto de Lei Complementar n. 143-A/2019*. art. 1º, §1º. Disponível: http://aplicnt.camara.rj.gov.br/APL/Legislativos/scpro1720.nsf/f6d54a9bf09ac233032579de006bfef6/e115267496a48587832584a90058c06e?OpenDocument&ExpandSection=1. Acessado em: 03.06.2022.

avaliado em R$17 milhões, e o prédio da Riourbe, no Humaitá, avaliado em R$28 milhões.[419]

Em paralelo, em 18 de novembro de 2019, o Município do Rio de Janeiro, representado dentre outros pelo Procurador Geral do Município, também ajuizou Ação Civil Pública, pleiteando, dentre outras pretensões, a redução do pedágio para R$2,06 em cada sentido, a devolução dos valores supostamente recebidos em excesso pela concessionária, e a condenação desta por dano moral coletivo. Não consta que tal Ação Civil Pública tivesse sido julgada em primeira instância até junho de 2021, época em que este artigo foi escrito.

Na frente da encampação sem pagamento da indenização prévia e em dinheiro, mas apenas com garantias reais de validade e exequibilidade altamente duvidosas (afinal, parece pouco provável que um credor do Município lograsse autorização judicial para executar em hasta pública a Cidade das Artes ou a sede do Instituto Pereira Passos), a concessionária logrou obter diversas medidas liminares, em 1ª instância, no Tribunal de Justiça do Estado do Rio de Janeiro ou mesmo no Superior Tribunal de Justiça, impedindo a sua consumação.

A primeira dessas medidas judiciais foi proferida no Processo n. 0272141- 64.2019.8.19.0001. A tutela foi concedida para que o Município se abstivesse de encampar o serviço e foi determinada a aplicação de multa diária de R$ 100.000,00 a ser suportada pelo Município do Rio, na pessoa do Prefeito Marcelo Crivella, em caso de descumprimento.

---

419 Esclareça-se, desde logo, que, dentre os referidos bens, não se encontram nem o Cristo Redentor, nem o Pão de Açúcar. Cf. GLOBO NOTÍCIAS (G1). "Crivella oferece cidade das artes e outros 17 imóveis para ter controle da Linha Amarela". *RJ1*, 21 de set. 2020. Disponível em: https://g1.globo.com/rj/rio-de-janeiro/noticia/2020/09/21/crivella-oferece-cidade-das-artes-e-outros-17-imoveis-para-ter-controle-da-linha-amarela.ghtml. Acessado em: 20.05.2022.

Outra decisão a merecer destaque foi a liminar proferida nos autos de Representação de Inconstitucionalidade 0073142-71.2019.8.19.0000, sob relatoria do Desembargador Antonio Iloizio Barros Bastos, no Tribunal de Justiça do Estado do Rio de Janeiro, que também suspendeu liminarmente a encampação, tendo em vista a vislumbrada inconstitucionalidade da lei municipal, ainda que em juízo preliminar próprio das medidas liminares.

Entre liminares, antecipações de tutela recursal, suspensões de segurança e outros provimentos similares suspendendo a encampação, afastando a suspensão dos pedágios ou impedindo a destruição das cabines e cancelas, reportagem de uma conhecida revista de notícias contabilizou 18 decisões judiciais em favor da concessionária.[420]

De seu lado, a concessionária ajuizou 4 novas demandas judiciais, pleiteando a indenização pela destruição da praça de pedágio (0331309-94.2019.8.19.0001 - 13/12/2019) e reequilíbrios do contrato de concessão (0337389-74.2019.8.19.0001, 0337455-54.2019.8.19.0001 e 0337477- 15.2019.8.19.0001 em 18/12/2019).[421]

Tais novas demandas somaram-se a outras 3 anteriormente propostas pela própria concessionária, por meio das quais fora pleiteada a possibilidade de aplicação do reajuste tarifário nos anos de 2016, 2017 e 2019 (0390782-16.2016.8.19.0001, 0062385-83.2017.8.19.0001 e 0022849-94.2019.8.19.0001).[422] Todas essas,

---

420 Cf. IRAJÁ, Victor; GIMENES, Diego. "Linha Amarela: três prefeitos e duas décadas de polêmica". *Veja*, 13 de nov. 2020. Disponível em: https://veja.abril.com.br/economia/linha-amarela-tres-prefeitos-e-duas-decadas-de-polemicas/. Acessado em: 20.05.2022.

421 Cf. GRANT THORNTON. *Linha Amarela S.A. – LAMSA*. 31 de dez. 2019, pp. 15-18. Disponível em: http://www.lamsa.com.br/www.lamsa.com.br/Midia/conteudo/pdf/Informe%20financeiro%202019.pdf. Acessado em: 20.05.2022.

422 GRANT THORNTON. *Linha Amarela S.A. – LAMSA*. 31 de dez. 2019, p. 18. Disponível em: http://www.lamsa.com.br/www.lamsa.com.br/Midia/conteudo/pdf/Informe%20financeiro%202019.pdf. Acessado em: 20.05.2022.

obviamente, sem prejuízo das já mencionadas demandas propostas contra a encampação, a suspensão dos pedágios ou a destruição das cabines e cancelas.

Entretanto, em 15 de setembro de 2020, o Presidente do Superior Tribunal de Justiça, Ministro Humberto Martins, preferiu decisão, em sede de pedido de suspensão de medida liminar com fundamento no art. 4º da Lei n. 8.437, de 1992, suspendendo o efeito das decisões liminares que impediam o Prefeito Marcelo Crivella de consumar a encampação da Linha Amarela, mesmo sem pagamento prévio de indenização.[423]

Nas palavras do Ministro,

> O contrato pactuado em 1994, portanto em outra realidade, foi sendo, aqui e ali, prorrogado, estando nos dias de hoje desvinculado do edital. Os indícios de que obras foram superfaturadas são vários e coincidentes, apurados em mais de um processo administrativo. (...) Ante esse quadro, considero que impedir o Chefe do Executivo, autorizado pela Câmara Municipal, de encampar esse serviço público e de responsabilizar-se pela administração direta desse serviço causa lesão à ordem pública e administrativa do Município do Rio de Janeiro, razão pela qual defiro o pedido de suspensão das decisões apontadas, autorizando, portanto, a encampação do serviço pública da Linha Amarela.[424]

Na sequência de tal decisão, a Prefeitura suspendeu a cobrança do pedágio pela concessionária. Mas apesar da decisão de setembro de 2020 removendo obstáculos à encampação, mesmo sem pagamento

423 Cf. STJ. Suspensão Liminar de Segurança – SLS 2.792 – RJ.

424 BRASIL. "Suspensão de liminar e de sentença: SLS 792 RJ 2020-0237896-3". *STJ*. Disponível em: https://stj.jusbrasil.com.br/jurisprudencia/1244511971/suspensao-de-liminar-e-de-sentenca-sls-2792-rj-2020-0237896-3/decisao-monocratica-1244511981. Acessado em: 03.06.2022.

da indenização prévia, até final de janeiro de 2021 a Prefeitura não só não havia consumado a encampação, como mantinha a concessionária responsável pela sua operação e manutenção, sem lhe permitir qualquer receita, haja vista a suspensão do pedágio.

Levada tal questão mais uma vez ao judiciário, já no recém iniciado novo mandato do Prefeito Eduardo Paes, foi proferida nova decisão liminar pelo Tribunal de Justiça do Estado do Rio de Janeiro, deferindo antecipação de tutela recursal para determinar à Prefeitura que, no prazo de 30 dias daquela decisão, adotasse as providências cabíveis "para a retomada do serviço da Linha Amarela, sob pena de restabelecimento da cobrança de tarifa de pedágio nos mesmos moldes em que vinha sendo praticada na vigência do contrato de concessão...".[425]

Em março de 2021, ainda não consumada a encampação, a questão foi levada ao Supremo Tribunal Federal, por meio da Reclamação 43.697 proposta pela Associação Brasileira de Concessionárias de Rodovias – ABCR. Em 2 de março, o Ministro Presidente Luis Fux, reconhecendo ameaça a princípios fundamentais da Constituição Federal, deferiu o pedido cautelar incidental para suspender, até decisão posterior do Plenário daquela corte suprema, "a decisão reclamada proferida pela Presidência do Superior Tribunal de Justiça nos autos da SLS 2.792, impedindo a continuidade de execução do processo de encampação da Linha Amarela".

Por determinação do Ministro Presidente, em 5 de abril de 2021 foi realizada audiência de conciliação entre as partes, onde foi proposta a fixação de preço provisório de tarifa de pedágio de R$4,00, pelo prazo de 90 dias, durante o qual as partes deveriam diligenciar junto ao juízo de origem à conclusão de perícia judicial ali já deferida, relativa ao reequilíbrio econômico-financeiro do contrato.

425 Cf. Agravo de Instrumento 445-81.2021.8.19.0000, Relator: Desembargador André Ribeiro. Decisão proferida em 27.1.2021.

3 Defesa do interesse público ou quebra de contrato

O ataque do Município do Rio de Janeiro, personificado na pessoa do Prefeito Crivella, à concessionária da Linha Amarela é, naturalmente, justificado sob o pretexto de defesa do interesse público, já que os usuários da via urbana teriam pagado, ao longo do tempo, um pedágio muito maior do que aquele que seria devido, caso não tivesse havido o alegado sobrepreço,[426] nem tivesse sido subestimado o nível de demanda da via.

O fato de a suspensão do pedágio ter um enorme apelo popular e eleitoral seria, no discurso oficial, um elemento secundário, jamais levado em consideração pelo Sr. Prefeito.

E, diante de um histórico tão vasto de corrupção em contratações públicas, particularmente no Rio de Janeiro, recordista em prisões de políticos em anos recentes, inclusive do próprio Prefeito Crivella no final do ano de 2020, não se ignora que possa ter havido condutas impróprias e ilegalidades, de ambos os lados – concessionária e poder concedente, em alguns dos 11 aditamentos firmados no âmbito da concessão da Linha Amarela, entre os anos de 1996 e 2010.

Entretanto, sem desprezar o potencial valor de provas colhidas em CPI e auditorias administrativas, fato é que, como regra, CPIs e auditorias são procedimentos investigatórios, inquisitoriais,

---

426 Desde a Nova Lei de Licitações, Lei n. 14.133, temos uma definição legal de sobrepreço (art. 6º, LVI): "preço orçado para licitação ou contratado em valor expressivamente superior aos preços referenciais de mercado, seja de apenas 1 (um) item, se a licitação ou a contratação for por preços unitários de serviço, seja do valor global do objeto, se a licitação ou a contratação for por tarefa, empreitada por preço global ou empreitada integral, semi-integrada ou integrada".

conduzidos sem a necessidade de observância do contraditório pleno e da ampla defesa.[427] [428]

Por isso mesmo, não produzem títulos líquidos, certos e exequíveis (ou passíveis de dar ensejo a pagamento via compensação), mas apenas princípios de prova, que não prescindem de outros processos administrativos ou judiciais para apuração efetiva de responsabilidades dentro dos ditames do devido processo legal.

É totalmente despropositada, portanto, a pretensão do Município de pagar a indenização pela encampação da concessão por meio da amortização de débitos apurados unilateralmente pela própria Prefeitura. Tal pretensão representa grave ameaça a alguns dos direitos mais fundamentais de um Estado de Direito, tal como o direito de o ente particular não ser privado de seus

427 "No que concerne à alegada violação da garantia de contraditório e ampla defesa (fls. 15), não parece relevante, por ora, a indicação de ter sido negada qualquer possibilidade de defesa à impetrante em contraposição ao acolhimento de declarações de 'pessoa de credibilidade duvidosa'. Também considero que esse fundamento não basta para a concessão da liminar. *É que a própria natureza do inquérito parlamentar, semelhante ao inquérito policial, afasta o contraditório como requisito de validade do procedimento* (a respeito, cf. HC 73.271, rel. min. Celso de Mello, Primeira Turma, julgamento em 19-3-2006)". (MS 25.508-MC, rel. min. Joaquim Barbosa, decisão monocrática, julgamento em 15-9-2005, DJ de 23-9-2005).

428 Vide, nesse sentido, o elucidativo Parecer 162/2019/CONJUR-CGU/CGU/AGU, da Advocacia Geral da União, de 29.7.2019. Da Ementa, se extrai: "Consulta oriunda da Secretaria Federal de Controle Interno sobre a aplicabilidade das garantias do contraditório em ampla defesa nos processos de auditoria. 3. Processos de Auditoria conduzidos pela Controladoria Geral da União. 4. Procedimento administrativo inquisitório. 5. **Inaplicabilidade das garantias do contraditório e da ampla defesa.** 6. Oportunização de contraditório e ampla defesa dá-se em processo administrativo, cível ou criminal eventualmente resultante do processo de auditoria. 7. Conclusão que não infirma a possibilidade de que a Controladoria Geral da União realize ouça a unidade auditada ou terceiros interessados para esclarecimento de fato. 8. Tendo em vista a inaplicabilidade da garantia da ampla defesa nos processos de auditoria, as deliberações tomadas em tais processos não são passíveis de recurso".

bens e direitos sem o devido processo legal e o direito de não ser desapropriado sem justa e prévia indenização em dinheiro (art. 5º, LIV e XXIV, CF).

Até porque, se e quando tais débitos contra a concessionária forem devidamente apurados e quantificados, em processo que respeite o devido processo legal, a Prefeitura disporá de meios privilegiados para cobrança da sua dívida ativa.

A encampação sem indenização prévia e em dinheiro, por meio da inusitada amortização proposta, configura meio indireto de cobrança de dívida, nesse caso dívida que sequer apresenta os requisitos de liquidez e certeza, em situação similar a tantos outros meios indiretos ou coercitivos de cobrança de tributos ou dívida ativa considerados inconstitucionais pelos nossos Tribunais (a exemplo das hipóteses que ensejaram as Súmulas 70 e 323 do Supremo Tribunal Federal).

Absurdo também que o Município pretenda rever atos e invalidar, total ou parcialmente, aditamentos celebrados em 2005 (9º aditivo, onde o risco de demanda é explicitamente alocado à concessionária) e 2010 (11º aditivo, por meio do qual foram incorporadas novas obras ao contrato, em contrapartida à extensão do seu prazo), firmados portanto há mais de 8 ou 13 anos do início da auditoria municipal, e não se disponha a aguardar o trâmite de um processo administrativo ou judicial que, observando os ditames do devido processo legal, apure com segurança se houve ou não houve sobrepreço ou outra ilegalidade.

E, aliás, referido processo administrativo ou judicial deve, como parte do devido processo legal, enfrentar a questão da prescrição ou decadência. A invalidação da alocação de risco promovida em aditamento firmado em 2005, ou a invalidação do reequilíbrio financeiro promovido pelo aditamento de 2010, com quitação recíproca entre as partes, já não estariam obstadas pela decadência ou prescrição? Como regra geral, prevista no art. 54 da Lei do Processo Administrativo Federal (Lei n. 9.784, de 1999) e replicada na maior parte dos ordenamentos estaduais e municipais, o direito de autotutela da Administração Pública para revisão e invalidação dos seus próprios atos decai em 5 anos!

Note-se que os institutos da decadência e prescrição não constituem benefícios indevidos ou injustos à parte que dela diretamente se beneficia, mas imperativos da segurança e estabilidade jurídica, que interessam a toda a sociedade. Basta imaginar o risco que nossa sociedade correria se todo novo governante pudesse rever, ilimitadamente, todos os atos, contratos e decisões de seus antecessores! Talvez um novo Presidente mais apegado aos ares cariocas quisesse invalidar a transferência da capital para Brasília!

Não tivemos acesso a todos os processos administrativos instaurados e em trâmite entre a Prefeitura do Rio de Janeiro, como poder concedente, e a concessionária, nem tampouco a todas as dezenas de processos judiciais envolvendo tais partes, mas, pelos relatos contidos nas recentes decisões proferidas pelo Superior Tribunal de Justiça e pelo Supremo Tribunal Federal, resta claro que as conclusões oferecidas pela auditoria conduzida pela Corregedoria Geral do Município e pela Comissão Parlamentar de Inquérito não haviam sido, até o momento em que este artigo foi redigido, em julho de 2021, corroboradas por um processo administrativo ou judicial que tenha, com observância ao devido processo legal, assegurado à concessionária os direitos inerentes ao exercício da ampla defesa e do contraditório.

Tanto que a decisão do Ministro Presidente do Superior Tribunal de Justiça suspendeu as diversas liminares então vigentes em favor da concessionária e autorizou a Prefeitura a prosseguir com a encampação sem pagamento prévio de indenização, fazendo-o, de forma ainda mais estarrecedora, com base em meros "indícios de que obras foram superfaturadas".

Atuando de forma mais serena e razoável, o Presidente do Supremo Tribunal Federal afastou tal decisão do Superior Tribunal de Justiça, mas mediou um acordo provisório por meio do qual a

Prefeitura aceitou restabelecer o pedágio, enquanto a concessionária aceitou praticar um valor substancialmente inferior ao que outrora vigia, até que uma perícia adequadamente conduzida, com direito à ampla defesa da concessionária, fosse conduzida, e pudesse determinar o valor justo e equilibrado de tal pedágio, sem prejuízo de outras questões pertinentes de direito.

O relato dos fatos acima, portanto, revela situações muito mais graves e ameaçadoras ao Estado de Direito do que os indícios de corrupção.

O comportamento de um Prefeito que reedita sucessivamente três decretos para suspender unilateralmente o pedágio em flagrante desobediência de decisões judiciais; anuncia o término unilateral de contrato; ordena a invasão e destruição das praças de pedágio, fazendo-o premeditadamente num domingo à noite, quando a concessionária teria menos acesso a meios eficazes de resistência; propõe e aprova projeto de lei manifestamente inconstitucional, para promover encampação sem pagamento de indenização prévia, e como substituto do que declaradamente queria alcançar – a decretação da caducidade; oferece garantias escandalosamente inexequíveis, e tudo isso à revelia do devido processo legal, com interesses claramente eleitoreiros, mostra que, mesmo em tempos modernos, estamos ainda distantes de uma democracia madura e de um ambiente de estabilidade e segurança jurídica. Aqueles que contratam com o Poder Público no Brasil ainda podem vir a sofrer todo tipo de arbitrariedade e perseguição!

É verdade que, como relatado, a concessionária logrou obter nada menos que 18 decisões judiciais em sua proteção, afastando muitas das ilegalidades do Prefeito. Pondere-se, entretanto, o colossal custo financeiro de dezenas de processos administrativos e judiciais, bem como o abalo sofrido pela concessionária no curso normal de sua atividade. Ao menos no curto e médio prazo (ou considerando o regime do precatório, pelas próximas décadas), parece pouco provável que a concessionária tenha sido ou seja compensada ou indenizada por tais custos.

Mesmo ignorando-se todo esse custo, se de um lado ainda é possível constatar que o Poder Judiciário foi capaz de impor, ao menos em parte, freios e contrapesos às arbitrariedades de um chefe do Poder Executivo, surpreende que nenhuma penalidade ou medida mais contundente tenha sido imposta ao Prefeito Crivella, com resultado de suas ações abusivas.

Com efeito, se o Prefeito não conseguiu levar a cabo todas as suas arbitrariedades, também não foi penalizado, nem sofreu maiores consequências pessoais por tentá-las. Embora não tenha sido reeleito, talvez tenha até extraído algum dividendo político de sua conduta. Tal tolerância de nossas instituições acaba por encorajar comportamentos similares por parte de outras autoridades.

À toda evidência, o Prefeito não estava agindo dentro dos princípios que devem reger a Administração Pública. Ao empreender verdadeira cruzada contra a concessionária, ao arrepio do devido processo legal, agiu em flagrante violação aos princípios da impessoalidade, da moralidade administrativa e da legalidade, sem falar nos princípios da razoabilidade, proporcionalidade e economicidade.

Logo, ainda que a recente lei de abuso de autoridade (Lei n. 13.869 de 2019) não tenha aparentemente trazido tipo penal específico para comportamentos abusivos com as características aqui demonstradas, o Prefeito deveria responder, no mínimo, pelas sanções do art. 11 da Lei de Improbidade, haja vista sua atuação em afronta aos princípios da Administração Pública acima referidos. Considerando o prejuízo que suas ações causaram à máquina judiciária e que potencialmente causarão ao erário municipal, na forma de pleitos de reequilíbrio e indenizações por abusos de autoridade (ainda que tais pleitos venham a demandar algumas décadas para se materializar na forma de precatórios), poderia responder também pelas sanções do art. 10° da referida Lei de Improbidade.

Registre-se que a prisão do Sr. Prefeito em dezembro de 2020, revogada alguns meses depois, teve origem em fatos e investigações completamente diversos. O Prefeito Crivella foi acusado de comandar esquema de corrupção ativa e passiva, lavagem de dinheiro e organização criminosa.[429]

De todos os fatos narrados, surpreende também o terrível e perigoso precedente de lavra não de um juiz novo e inexperiente, mas do Presidente do Superior Tribunal de Justiça, de quem se esperaria uma maior serenidade e preocupação com a segurança jurídica e com as imensas consequências de sua decisão, como aliás se exige do magistrado, não como mera regra de bom-senso, mas atualmente como imperativo expresso da Lei de Introdução às Normas do Direito Brasileiro, como os acréscimos que lhe foram feitos pela chamada Lei da Segurança Jurídica (Lei n. 13.655, de 2018).

Em boa hora, foram mitigados os efeitos de tal estarrecedora decisão, por meio da decisão do Ministro Presidente do Supremo Tribunal Federal, em resposta à reclamação apresentada pela ABCR – Associação Brasileira das Concessionárias de Rodovias.

Resta-nos agora aguardar o desenlace de mais esse grande imbróglio jurídico, e suas dezenas de processos administrativos e judiciais que, muito provavelmente, se arrastarão por décadas, e ao final poderão confirmar, ou não, a maturidade de nossas instituições e Estado de Direito.

Considerações finais

O caso da Linha Amarela ainda demandará décadas para ser completamente dirimido, com todas as implicações e repercussões jurídicas dos fatos acima narrados.

---

429 Cf. GLOBO NOTÍCIAS (G1). "Entenda a investigação que levou Crivella à prisão". *G1*, 22 de dez. 2020. Disponível em: https://g1.globo.com/rj/rio-de-janeiro/noticia/2020/12/22/entenda-o-esquema-que-levou-a-prisao-de-crivella.ghtml. Acessado em: 20.05.2022. A revogação da prisão domiciliar, por decisão do Ministro Gilmar Mendes, foi proferida no âmbito do HC 196.934.

Embora o retrato instantâneo revele um certo alento com a decisão razoável e ponderada proferida pelo Ministro Presidente do Supremo Tribunal Federal, em março de 2021, a percepção geral que se extrai desse caso é de grande instabilidade e insegurança jurídica.

Afinal, não parece nada razoável e nem próprio de um ambiente estável e de respeito ao investidor privado, que este tenha sido obrigado a ajuizar 18 ou mais medidas judiciais para proteger direitos básicos e elementares de uma concessão.

De outro lado, não parece um resultado juridicamente aceitável que um governante possa liderar uma perseguição pessoal contra a concessionária, sem obediência aos mínimos preceitos do devido processo legal, e, exceto por decisões que não lhe autorizaram satisfazer as suas pretensões ilegais até as últimas consequências, não sofra nenhuma pena ou sanção jurídica pelo seu comportamento manifestamente abusivo e contrário aos princípios que deveriam reger a conduta da Administração Pública. Tal condescendência de nossas instituições parece estimular comportamentos oportunistas e eleitoreiros, na medida em que tais abusos podem ser cometidos sem custo pessoal para o governante de plantão.

A decisão liminar do Ministro Presidente do Supremo Tribunal Federal também não afasta o fato de que, por muito pouco, não teria prevalecido a decisão liminar do Ministro Presidente do Superior Tribunal de Justiça, proferida com base em "indícios", em sentido diametralmente oposto a outras tantas decisões proferidas anteriormente a ela. Aliás, tivesse o Prefeito Crivella dado cumprimento célere à referida decisão do STJ, proferida em setembro de 2020, para retomar efetivamente a operação e manutenção da Linha Amarela, ao invés de pretender obrigar a concessionária a trabalhar sem receita, a encampação – sem indenização – teria sido consumada antes que o Supremo Tribunal Federal tivesse a oportunidade de manifestar-se sobre a questão, em março de 2021.

Em tempos de mercados globais e integrados, não seremos um país desenvolvido e com menor desigualdade sem a contribuição fundamental da iniciativa privada, seus investidores domésticos e internacionais. E para tanto, é necessário construir um ambiente de segurança jurídica e confiança nas relações público-privadas.

Citando uma importante associação dedicada à infraestrutura,

> (...) cada contrato de longo prazo na infraestrutura é um compromisso que transcende a agenda político-partidária dos administradores públicos e requer uma visão de estadista para construir, de forma perene, a reputação do país aos olhos de investidores privados realmente compromissados com o crescimento econômico e com o desenvolvimento social de uma sociedade. A segurança jurídica, (...), se forma a partir de regras, decisões, atos e intenções do Poder Público construídas ao longo do tempo.[430]

Esperamos, portanto, que o caso da Linha Amarela sirva, ao final, para construir jurisprudência sólida em favor do respeito à concessão e à concessionária, e em repúdio de condutas arbitrárias e oportunistas do governante ou administrador de plantão.

Referências bibliográficas

ABDIB. *Abdib alerta para insegurança jurídica no caso da Linha Amarela no Rio*. Disponível em: https://www.abdib.org.br/2020/09/22/abdib-alerta-para-inseguranca-juridica-no-caso-da-linha-amarela-no-rio-2/. Acessado em: 20.05.2022.

BRASIL. "Suspensão de liminar e de sentença: SLS 792 RJ 2020-0237896-3". *STJ*. Disponível em: https://stj.jusbrasil.com.br/jurisprudencia/1244511971/suspensao-de-liminar-e-de-sentenca-sls-2792-rj-2020-0237896-3/decisao-monocratica-1244511981. Acessado em: 03.06.2022.

---

430 Cf. ABDIB. *Abdib alerta para insegurança jurídica no caso da Linha Amarela no Rio*. Disponível em: https://www.abdib.org.br/2020/09/22/abdib-alerta--para-inseguranca-juridica-no-caso-da-linha-amarela-no-rio-2/. Acessado em: 20.05.2022.

CÂMARA MUNICIPAL DO RIO DE JANEIRO. *Projeto de Lei Complementar n. 143-A/2019*. art. 1º, §1º. Disponível: http:// aplicnt.camara.rj.gov.br/APL/Legislativos/scpro1720.nsf/f6d54a9bf09ac233032579de006bfef6/e115267496a48587832584a90058c06e?OpenDocument&ExpandSection =1. Acessado em: 03.06.2022.

GLOBO NOTÍCIAS (G1). "Crivella oferece cidade das artes e outros 17 imóveis para ter controle da Linha Amarela". *RJ1*, 21 de set. 2020. Disponível em: https://g1.globo.com/rj/rio-de-janeiro/noticia/2020/09/21/crivella-oferece-cidade-das-artes-e-outros-17-imoveis-para-ter-controle-da-linha-amarela.ghtml. Acessado em: 20.05.2022.

______. "Entenda a investigação que levou Crivella à prisão". *G1*, 22 de dez. 2020. Disponível em: https://g1.globo.com/rj/rio-de-janeiro/noticia/2020/12/22/entenda-o-esquema-que-levou-a-prisao-de-crivella.ghtml. Acessado em 20.05.2022.

GRANT THORNTON. *Linha Amarela S.A. – LAMSA*. 31 de dez. 2019. Disponível em: http://www.lamsa.com.br/www.lamsa.com.br/Midia/conteudo/pdf/Informe%20financeiro%202019.pdf. Acessado em: 20.05.2022.

IRAJÁ, Victor; GIMENES, Diego. "Linha Amarela: três prefeitos e duas décadas de polêmica". *Veja*, 13 de nov. 2020. Disponível em: https://veja.abril.com.br/economia/linha-amarela-tres-prefeitos-e-duas-decadas-de-polemicas/. Acessado em: 20.05.2022.

JUSBRASIL. *Artigo 38 da Lei n. 8.987*, de julho de 2000. Disponível em: https://www.jusbrasil.com.br/topicos/11575838/artigo-38-da-lei-n-8987-de-19-de-julho-de-2000/artigos. Acessado em: 30.05.2022.

JUSTEN FILHO, Marçal. *Teoria geral das concessões de serviços públicos*. São Paulo: Dialética, 2003.

OTTA, Lu Aiko. "Brasil é líder em concessões rodoviárias no mundo". *Poder 360*, 24 de jun. 2019. Disponível em: https://www.poder360.com.br/economia/brasil-e-lider-em-concessoes-rodoviarias-no-mundo/. Acessado em: 19.05.2022.

PEREZ, Marcos Augusto. *O risco no contrato de concessão de serviço público*. Belo Horizonte: Fórum, 2006.

PREFEITURA DO RIO DE JANEIRO. *CPI da Câmara conclui que Prefeitura tem razão ao apontar superfaturamento na Linha Amarela*. 24 out. 2019. Disponível em: https://prefeitura.rio/transportes/cpi-da-camara-municipal-conclui-que-prefeitura-tem-razao-ao-apontar-superfaturamento-na-linha-amarela/. Acessado em: 19.05.2022.

CAPÍTULO XV

APLICABILIDADE DA LEI PAULISTA DE PRORROGAÇÃO ANTECIPADA DE CONTRATOS DE PARCERIA ÀS CONCESSÕES DE RODOVIA

Carlos Ari Sundfeld
Jacintho Arruda Câmara
Vera Monteiro
André Rosilho

Introdução

Em 2019, o estado de São Paulo editou a Lei n. 16.933, por meio da qual estabeleceu diretrizes gerais para a prorrogação e relicitação dos chamados *contratos de parceria* – expressão utilizada pela lei para englobar concessões comuns, patrocinadas, administrativas e regidas por lei especial, permissões de serviço público, arrendamentos de bem público, concessões de direito real e outros negócios público-privados com estrutura jurídica semelhante (art. 1º, § 2º). Ao fazê-lo, o diploma seguiu caminho que fora aberto pela Lei federal n. 13.448, de 2017, a qual estabeleceu diretrizes gerais para prorrogação e relicitação dos contratos de parceria (definidos nos termos da Lei n. 13.334, de 2016)[431] nos setores rodoviário, ferroviário e aeroportuário da Administração Pública Federal.

A Lei federal n. 13.448, de 2017, como se depreende da própria exposição de motivos da medida provisória 752, de 2016, que está na sua origem, visou:

> (...) reparar problemas e desafios históricos em importantes setores da infraestrutura, buscando viabilizar a realização imediata de novos investimentos em projetos de parceria e sanear contratos de concessão vigentes para os quais a continuidade da exploração do serviço pelos respectivos concessionários tem se mostrado inviável.[432]

Em âmbito federal e estadual, imaginou-se que as técnicas da relicitação e prorrogação antecipada seriam fundamentais à retomada do crescimento econômico e que, para viabilizá-las com segurança jurídica, seria imprescindível a edição de leis específicas.

---

431 Confira-se a definição de *contrato de parceria* utilizada pela Lei n. 13.334, de 2016, a qual foi incorporada pela Lei paulista n. 16.993, de 2019:

"Art. 1º Fica criado, no âmbito da Presidência da República, o Programa de Parcerias de Investimentos - PPI, destinado à ampliação e fortalecimento da interação entre o Estado e a iniciativa privada por meio da celebração de contratos de parceria para a execução de empreendimentos públicos de infraestrutura e de outras medidas de desestatização (...).

§ 2º Para os fins desta Lei, consideram-se contratos de parceria a concessão comum, a concessão patrocinada, a concessão administrativa, a concessão regida por legislação setorial, a permissão de serviço público, o arrendamento de bem público, a concessão de direito real e os outros negócios público-privados que, em função de seu caráter estratégico e de sua complexidade, especificidade, volume de investimentos, longo prazo, riscos ou incertezas envolvidos, adotem estrutura jurídica semelhante".

432 CÂMARA DOS DEPUTADOS. *Medida provisória n. 752*, de 24 de novembro de 2016. Disponível em: https://www2.camara.leg.br/legin/fed/medpro/2016/medidaprovisoria-752-24-novembro-2016-783938-exposicaodemotivos-151447-pe.html. Acessado em: 03.06.2022.

O diploma paulista é ainda recente, não sendo simples antever seu impacto, ao contrário da norma federal, que já serviu de base para a prorrogação de contratos no setor ferroviário e a relicitação de concessões rodoviárias e no setor aeroportuário. O fato é que, em São Paulo, que tem o maior e mais bem sucedido programa estadual de concessões no Brasil, iniciado na década de 1990 com o setor de rodovias, já se está na fase da maturidade, sendo natural cogitar a inclusão de novos investimentos nas concessões, em contrapartida à possível prorrogação, inclusive antecipada, dos contratos. Uma lei estadual sobre isso fazia sentido.[433]

Considerando o impacto do tema sobre os diversos programas estaduais de concessão, bastante importantes para o setor rodoviário, o presente artigo, tomando como base a Lei estadual paulista n. 16.933, de 2019, discute a compatibilidade entre leis estaduais autorizadoras de prorrogações e as normas gerais nacionais sobre o assunto, tanto constitucionais como legais.

Para tanto, o texto está segmentado em mais 3 tópicos. O tópico 2, examinando normas constitucionais, conclui que a prorrogação de contratos, tal qual a licitação, também é medida de interesse público. Cada qual tem função e campo de incidência distintos e específicos. Mesmo o ordenamento jurídico tendo prestigiado a licitação, não a transformou em princípio universal. O tópico 3 constata que a Lei paulista n. 16.933, de 2019, é aderente ao ordenamento jurídico nacional. Quanto às prorrogações, ela praticamente se limitou a explicitar possibilidade já admitida pelas normas jurídicas até então

---

433 Ao que consta, até agora essa lei só foi aplicada uma vez, envolvendo o serviço de transporte coletivo intermunicipal por ônibus e trólebus. Naturalmente, logo se judicializou a discussão sobre a validade do termo aditivo da concessão. Agravo de instrumento, processo n. 2073301-14.2021.8.26.0000, rel. Marrey Uint, j. 9.6.2021. O debate repercutiu na imprensa. Por exemplo: RIBEIRO, Bruno; GODOY, Marcelo. "Justiça manda parar contrato BRT feito sem licitação". *O Estado de S.Paulo*, 28 de jun. 2021. Disponível em: https://politica.estadao.com.br/noticias/geral,justica-manda-parar-contrato-do-brt-feito-sem-licitacao,70003761293. Acessado em: 20.05.2022.

vigentes. O tópico 4 coloca em evidência limites materiais à prorrogação de contratos, oriundos da legislação nacional.

1 Licitar a qualquer custo não é um princípio[434]

A Constituição Federal de 1988 foi a primeira a prever o dever de licitar. Essa iniciativa do constituinte – a de valorizar a ideia de que a Administração Pública deva contratar com particulares mediante a instauração de procedimentos competitivos que garantam isonomia e que permitam a seleção da proposta mais vantajosa – soma-se a diversas outras que também procuraram evitar a confusão entre o público e o privado – tais como, por exemplo, a instituição do dever de a administração admitir pessoal por meio de concursos públicos (art. 37, II).

A licitação, assim, não apenas se coaduna com o princípio republicano e com a Constituição, como também foi por ela valorizado. Afirmar isso é uma coisa. Outra, completamente diversa, é dizer que o texto constitucional fez da *licitação a qualquer custo* um princípio, um valor maior e universal incidente sobre toda e qualquer situação em que a administração estabeleça relações com privados, nas quais a competição fosse teoricamente viável. Essa tese, quando deixa o plano da abstração e é confrontada com as normas, mostra-se absolutamente falha.

Olhar para a Constituição revela que as hipóteses em que há inequívoco dever de licitar são amplas, porém delimitadas. Afora elas, não se pode *presumir* a imposição, pela Constituição, do dever de licitar a qualquer custo.

---

434 O presente tópico retoma ideias desenvolvidas por André Rosilho e Carlos Ari Sundfeld em estudo acadêmico anterior (SUNDFELD, Carlos Ari; JURKSAITIS, Guilherme Jardim. "Onde está o princípio universal da licitação?". *In*: ______. *Contratos Públicos e Direito Administrativo*. São Paulo: Malheiros, 2015, pp. 19-38).

Estes são os dispositivos da Constituição que criam, para o Poder Público, o dever de licitar (art. 37, XXI; art. 173, §1º, III; e art. 175, *caput*).

O art. 37, XXI, revela que a Constituição pretendeu obrigar a Administração Pública da União, dos Estados, do Distrito Federal e dos Municípios a licitar. Mas em que casos? A lei diz que *obras*, *serviços*, *compras* e *alienações* serão contratados mediante processo de licitação pública a ser estabelecido em lei, admitindo-se a criação, também por lei, de hipóteses de dispensa.

Esses objetos – obras, serviços, compras e alienações – não abarcam pouca coisa; compõem o que se poderia denominar de grande mercado público, e, especificamente em relação a ele, seria correto dizer que o texto constitucional teria fixado como regra a licitação e atribuído à legislação infraconstitucional o papel de discipliná-la e excepcioná-la em certos casos – quando a competição se mostrar impossível ou inconveniente. Mas apesar de amplo, o universo a que a Constituição alude não é infinito.

O art. 173, por sua vez, regula a exploração direta de atividade econômica pelo Estado por meio de empresas estatais. O que se nota é que o dispositivo não estendeu o dever de licitar a novos órgãos, entes ou objetos, distintos daqueles a que alude o art. 37, *caput* e inciso XXI. Ele se restringiu a fazer uma ressalva, procurando desconstruir um tipo de interpretação que se passou a fazer a partir do texto original da Constituição – a de que todos os órgãos e entes da Administração Pública (incluindo as empresas estatais) deveriam se sujeitar a um único regime licitatório.

Por fim, o art. 175, *caput*, da Constituição, diferentemente do art. 173, estendeu o dever de licitar a objeto diferente daqueles mencionados no art. 37, XXI. Determinou que, na hipótese de o Estado optar por se valer da concessão ou da permissão para delegar a prestação de serviços públicos a terceiros, seria obrigado a fazê-lo "sempre através de licitação". Ou seja, o texto constitucional, para além de ter instituído o dever de licitar para a contratação de obras, serviços, compras e alienações em geral (art. 37, XXI), também o fez para a concessão ou permissão da prestação de serviços públicos de titularidade estatal (art. 175).

A primeira observação é a de que o texto constitucional, no art. 175, não criou o dever de licitar concessões e permissões em geral, mas única e exclusivamente aquelas que envolvessem a prestação de serviços públicos. Concessões de direito real de uso, por exemplo, estão fora desse conceito. Por conseguinte, não se exige, como regra, que elas sejam outorgadas por meio de licitação.

A segunda observação é que, a despeito de haver indefinição quanto ao significado da expressão "serviços públicos", uma coisa é certa: a concessão e permissão a que se refere o art. 175 da Constituição não diz respeito à delegação da prestação de serviços de qualquer tipo. Isso porque o próprio art. 175 (*caput* e incisos do seu parágrafo único) elenca algumas das características típicas desta espécie de contrato. Por exemplo, o envolvimento da delegação de serviço de titularidade estatal (*caput*), a previsão de direitos dos usuários (inciso II), de política tarifária (inciso III) e da obrigatoriedade de o concessionário ou permissionário manter o serviço adequado (inciso IV).

Vale dizer, por fim, que mesmo em se tratando inequivocamente de concessões ou permissões de serviços públicos é inadequado falar na existência do dever de licitar a qualquer custo. Isso porque, a depender das peculiaridades do caso concreto, a licitação eventualmente poderá se mostrar inócua, ineficaz ou simplesmente desnecessária.

Este cenário se materializaria, por exemplo, em havendo impossibilidade fática de se configurar escassez de usuários de um serviço público qualquer. Nesse caso, por se tratar de mercado em tese infinito – capaz, portanto, de acomodar todos os prestadores de serviço interessados – não faria sentido que a concessão ou permissão *obrigatoriamente* tivesse que ser precedida de licitação. Afinal, não haveria necessidade de disputa ou de competição pelo simples fato de o mercado ser naturalmente capaz de absorver todos os potenciais interessados.

Avaliação detida das normas constitucionais que expressamente aludiram ao dever de licitar revela, assim, que é incorreto afirmar que a Constituição teria indistintamente imposto a licitação a todas as contratações levadas a cabo pelo Poder Público. O texto constitucional, quando quis exigir que a administração licitasse, o fez de maneira expressa; escolheu com cuidado sujeitos e objetos, apontando-os de forma inequívoca.

Ademais, é errado extrair de princípios jurídicos gerais e abstratos, especialmente, os da igualdade e da boa administração, efeitos bastante concretos, ou, então, imaginar que certos princípios pressuponham, contenham em si, o dever de licitar. Fazê-lo distorceria o sentido da Constituição e importaria em violação ao art. 20 da Lei de Introdução às Normas do Direito brasileiro (LINDB). Tampouco é correto pressupor que a única maneira de atender aos princípios constitucionais que preconizam, exemplificativamente, a separação entre o público e o privado, a isonomia entre interessados e a busca do negócio mais vantajoso para a Administração Pública, seja por meio da licitação.

A verdade, como dito, é que não só por meio da licitação são cumpridos os mandamentos constitucionais e são realizados valores públicos. Há outros mecanismos, procedimentos e soluções, para além dos licitatórios, que se ajustam ao texto constitucional.[435] É a própria Constituição que o demonstra.

---

435 Sobre o assunto, consultar: SUNDFELD, Carlos Ari. "Procedimentos Administrativos de Competição". *In*: DI PIETRO, Maria Sylvia Zanella; SUNDFELD, Carlos Ari (Coord.). *Doutrinas Essenciais – Direito Administrativo*. São Paulo: Editora Revista dos Tribunais, 2012, pp. 41-49. Neste artigo, afirmou-se que "as hipóteses às quais se aplica o procedimento da licitação não esgotam todos os casos em que, por criar-se para um particular um benefício pessoal direto não generalizável a todos os pretendentes, exige-se um procedimento". (pp. 43/44). O fato de a decisão da autoridade

De acordo com o art. 175, parágrafo único, I, por exemplo, quando se aproxima o fim do primeiro período de vigência da concessão cabe à Lei e à Administração decidirem se, para um novo período, será aberta uma disputa por meio de licitação entre potenciais interessados, ou será mantido o concessionário anterior, por meio de prorrogação de seu contrato.

Não se pode esquecer isto: "segundo o art. 175, parágrafo único, I, da Constituição, prorrogar a concessão de quem já é concessionário é tão constitucionalmente legítimo quanto realizar nova licitação para eventualmente mudar o concessionário". Não existe um dever de relicitar a qualquer custo os serviços já concedidos.

Essa é uma decisão política, evidentemente informada por elementos técnicos, mas em que o princípio de igualdade entre potenciais interessados não é o determinante. E a experiência histórica mostra que a opção de prorrogar é não só muito frequente, como conveniente, inclusive para evitar conflitos tão frequentes na fase final, de encerramento da relação jurídica com o antigo concessionário.[436]

O aditamento de concessões existentes, para adaptação e ampliação de seu escopo, é solução admitida em lei e adotada com normalidade na prática, pelas vantagens que propicia. É uma opção administrativa – opção inspirada em razões técnicas, mas ainda assim discricionária – atribuir certo objeto ou obrigação a concessionário já existente, para ser paga pela exploração da concessão, ao invés de celebrar contrato administrativo por meio de licitação.

---

pressupor uma comparação entre qualidades dos sujeitos, para a escolha da opção melhor, impõe a necessidade de instauração de "procedimento administrativo, que chamamos 'procedimento de competição'", gênero que abarcaria a espécie licitação (p. 46).

436 A propósito, SUNDFELD, Carlos Ari. *Contratações Públicas e seu Controle*. São Paulo: Malheiros, 2013, pp. 32-34. V. também SUNDFELD, Carlos Ari; MESQUITA, Olívia do Amaral. "O Paradoxo da Licitação: o Caso das Franquias Postais". *Revista Síntese - Licitações, Contratos e Convênios*, vol. 8, 2012, pp. 22-37.

Em suma: examinadas de modo sistemático, as normas da Constituição afastam o mito de que licitar a qualquer custo seria algo como um princípio universal. Interpretação em sentido contrário importaria, necessariamente, em distorcer o texto constitucional, ignorando os comandos normativos existentes e pressupondo a existência de outros que não existem.

2 A Lei estadual paulista n. 16.933, de 2019, é compatível com a legislação nacional

Como visto, o texto constitucional, no inciso I do art. 175, autorizou que leis em sentido formal dispusessem sobre a prorrogação de contratos de concessão, viabilizando-a. A Lei paulista n. 16.933, de 2019, assim o fez, estabelecendo diretrizes gerais para a prorrogação (ou, quando for o caso, a relicitação) dos chamados contratos de parceria em sentido amplo – isto é, dos ajustes contratuais enquadrados na definição do § 2º do art. 1º.[437]

A lei paulista não instituiu regras de prorrogação totalmente inéditas no Brasil. Apenas procurou traduzir para o microssistema contratual do estado de São Paulo solução já prevista por lei federal para os contratos de concessão celebrados pela União.[438] O trata-

437 Confira-se o teor do citado dispositivo da Lei paulista n. 16.933, de 2019: "Art. 1º (...) § 2º - Considera-se contrato de parceria, para os fins desta lei, a concessão comum, a concessão patrocinada, a concessão administrativa, a concessão regida pela legislação setorial, a permissão de serviço público, o arrendamento de bem público, a concessão de direito real e os outros negócios público-privados que, em função de seu caráter estratégico e de sua complexidade, especificidade, volumes de investimentos, longo prazo, riscos ou incertezas envolvidos, adotem estrutura jurídica semelhante".

438 É o que se observa da exposição de motivos do projeto de Lei n. 1.132/2017, de autoria do Deputado Estadual Estevam Galvão, que está na origem da Lei paulista n. 16.933, de 2019. Confira-se: "Em momento posterior, o governo federal editou a Medida Provisória n. 752, de 24 de novembro de 2016, convertida na Lei federal n. 13.448 em 05 de junho de 2017, que estabelece as diretrizes gerais para a prorrogação e a relicitação dos contratos

mento, em lei própria, da prorrogação de concessões outorgadas pelo Estado trouxe maior segurança jurídica ao instrumento, que passou a ter fundamento jurídico expresso.

A lei paulista passou a disciplinar a prorrogação antecipada dos contratos de parceria estaduais (arts. 3º a 7º).[439] Com isso, os contratos de parceria paulistas passaram a ter fundamento jurídico expresso para a adoção da medida. Mas a lei impôs uma série de requisitos para sua adoção.

O primeiro é que só podem se beneficiar do seu regime jurídico os empreendimentos públicos formalmente qualificados para esse fim "pela secretaria de estado ou agência reguladora, na condição de órgão ou entidade competente" (art. 2º).

A proposta de prorrogação, por sua vez, pode ser feita por qualquer das partes, independentemente de previsão expressa no edital ou no contrato original (§2º do art. 4º). Em todos os casos, contudo, a decisão de prorrogar fica sujeita à "discricionariedade do órgão ou entidade competente" (§1º do art. 4º) – está se falando, claro, de uma discricionaridade fortemente amparada em critérios técnicos.

---

de parceria englobados na mencionada Lei federal n. 13.334/2016. A referida legislação federal cria diretrizes para a análise e processamento de novos projetos de infraestrutura e possibilita a reestruturação de projetos existentes, seja mediante as hipóteses de 'prorrogação contratual' e 'prorrogação antecipada' dos contratos em execução, seja mediante o instituto da 'relicitação', o que importa no encerramento amigável de contratos existentes, a reformulação dos respectivos projetos (sobretudo do ponto de vista da viabilidade técnica e econômico-financeira) e o seu oferecimento à iniciativa privada em novas licitações. Nesse contexto, diante a legislação federal e sua experiência, elaboramos a presente propositura, que também tem por objetivo fomentar (i) a ampliação e o fortalecimento das parcerias entre o Poder Público estadual e a iniciativa privada e (ii) a melhoria dos projetos de parcerias em curso no estado de São Paulo".

439 A lei paulista considera "prorrogação antecipada" a "alteração do prazo de vigência do contrato de parceria, realizada a critério do órgão ou da entidade competente, fundamentadamente, e de comum acordo com o contratado, produzindo efeitos antes do término da vigência do ajuste" (art. 3º, II).

De maneira similar à opção seguida pelo legislador federal (Lei n. 13.334, de 2016), São Paulo condicionou a prorrogação antecipada à incorporação de novas tecnologias e serviços e, conforme o caso, novos investimentos, não previstos no instrumento contratual vigente (arts. 2º § 1º e 5º, *caput*).[440]

A lei estadual também instituiu condições formais a serem atendidas no caso de prorrogação dos contratos de concessão.

Uma delas é a inclusão, no termo aditivo que pactuar a prorrogação, do "cronograma dos investimentos previstos" (art. 6º).[441] A exigência material imposta no art. 5º da lei, referente à inclusão de novos investimentos, tecnologia ou serviço, deve ser complementada pela inserção, no próprio termo aditivo, de cronograma que especifique a dinâmica de execução dos investimentos da concessão.

A lei também exige que sejam incorporados mecanismos que estimulem a execução das obrigações de investimento assumidas. A título de exemplo, menciona-se a inclusão de fórmula que provoque redução no valor da tarifa em caso de atraso no cumprimento dessas obrigações. Mas as partes podem adotar outro mecanismo que produza efeito similar, como a inclusão de acréscimo no valor da outorga a ser paga (também sugerido pela lei), multa contratual ou qualquer outro instrumento contratual que se mostre eficaz. A exigência é para se incluir mecanismo contratual que estimule a execução das novas obrigações assumidas, mas não houve imposição de meio específico de inclusão obrigatória.

---

440 Confira-se o art. 5º da lei paulista: "Art. 5º. A prorrogação contratual ou a prorrogação antecipada ocorrerão por meio de termo aditivo, *condicionadas à inclusão de investimentos não previstos no instrumento contratual vigente*, observado o disposto no artigo 2º desta lei".

441 Confira-se o dispositivo: "Art. 6º O termo aditivo referente às prorrogações de que trata o artigo 5º desta lei deverá conter o respectivo cronograma dos investimentos previstos e incorporar mecanismos que desestimulem eventuais inexecuções ou atrasos das suas obrigações, tais como o desconto anual de reequilíbrio e o pagamento de adicional de outorga".

Além disso, a lei paulista estipulou que a efetiva implementação de qualquer prorrogação deve ser precedida de processo administrativo instaurado e conduzido por órgão ou entidade competente – que, para tanto, pode se valer "do assessoramento do Conselho Gestor do Programa de Parcerias Público-Privadas, do Conselho Diretor do Programa Estadual de Desestatização e de outros órgãos e entidades da Administração Pública Estadual" (art. § 2º, do art. 2º).

É ainda fundamental demonstrar, no referido processo administrativo, o porquê da opção por prorrogar antecipadamente a concessão. A decisão de prorrogar deve ser motivada, com explicação detalhada e suficiente dos motivos que levaram o gestor a estender a duração do vínculo contratual, especialmente quando essa escolha se der antecipadamente. A lei paulista disciplinou a forma de apresentar essa motivação. Estabeleceu como requisito para qualquer prorrogação de contrato de concessão a apresentação de "estudo técnico que fundamente a vantagem da prorrogação do contrato de parceria em relação à realização de nova licitação para o empreendimento" (art. 7º, *caput*).[442] É exigência semelhante à da lei federal.

A lei paulista, adicionalmente, definiu um conteúdo mínimo a ser atendido pelo estudo técnico (art. 7º, § 1º).[443] Trata-se de

---

442 Confira-se o dispositivo: "Art. 7º Caberá ao órgão ou à entidade competente apresentar estudo técnico que fundamente a vantagem da prorrogação do contrato de parceria em relação à realização de nova licitação para o empreendimento".

443 Confira-se o dispositivo: "Art. 7º (...)

§ 1º - Sem prejuízo da regulamentação do órgão ou da entidade competente, deverão constar do estudo técnico de que trata o *caput* deste artigo:

1 - o programa dos novos investimentos, quando previstos;

2 - as estimativas dos custos e das despesas operacionais;

3 - as estimativas de demanda;

4 - a modelagem econômico-financeira e as razões para manutenção ou alteração dos critérios de remuneração;

temário semelhante ao encontrado em estudos de viabilidade econômico-financeira de projetos de infraestrutura: algo que descreva o programa de novos investimentos (art. 7º, § 1º, 1), as estimativas de custos e de despesas operacionais (art. 7º, § 1º, 2), as estimativas de demanda (art. 7º, § 1º, 3) e a modelagem econômico-financeira (art. 7º, § 1º, 4). O estudo também deve abordar questões regulatórias pertinentes e as consequências econômico-financeiras resultantes da prorrogação (art. 7º, § 1º, 5 a 8).

Chama a atenção, nesse último ponto, a necessidade de apresentar o reflexo que a prorrogação terá em eventual desequilíbrio econômico-financeiro que a concessão original já carregue. A lei determina que o estudo técnico demonstre que a prorrogação contribuiu para a mitigação ou resolução de eventual desequilíbrio (§ 1º, item 8). Esse ponto pode representar, inclusive, uma das razões que justifiquem a adoção da medida (art. 5º, parágrafo único). Portanto, a prorrogação da parceria constitui alternativa adequada para restabelecer o equilíbrio econômico-financeiro do contrato. A antecipação da prorrogação pode proporcionar, mediante acordo, o reconhecimento do reequilíbrio econômico-financeiro que tenha sido abalado. Nessa hipótese, as partes acordarão que, uma vez prorrogado o contrato, o passivo resultante do desequilíbrio estará resolvido. Esta pode ser uma razão de interesse público a fundamentar a decisão do poder concedente em antecipar a prorrogação da concessão.

---

5 - as diretrizes ambientais, quando exigíveis, observado o cronograma de investimentos;

6 - as considerações sobre as principais questões jurídicas e regulatórias existentes;

7 - os valores devidos ao Poder Público pela prorrogação, quando for o caso;

8 - os mecanismos que demonstrem a mitigação ou resolução do desequilíbrio econômico-financeiro verificado em relação ao parceiro privado;

9 - as garantias que serão concedidas ao parceiro privado como forma de mitigar os riscos contratuais e diminuir os custos a eles associados".

Não houve indicação da necessidade de sujeição desse estudo a prévia consulta pública. Esta exigência foi reservada pelo legislador estadual para a hipótese de relicitação (art. 13);[444] ou seja, só quando for decidida a extinção amigável da concessão e submissão do objeto concedido a novo certame licitatório (art. 3º, III) é que será indispensável submeter o estudo técnico a consulta pública.[445] A lei paulista definiu que apenas na hipótese de abertura de processo licitatório será necessário, antes de se decidir pela extinção do contrato, submeter os estudos à consulta pública. A formalidade é dispensada nas hipóteses de manutenção do contrato.

A lei paulista ainda prevê como requisito formal para a prorrogação a avaliação prévia, pela autoridade competente, acerca da capacidade de a contratada garantir a continuidade e a adequação dos serviços (art. 7º, § 2º). Também é exigida anuência prévia da autoridade competente para alterações nos planos de investimento da concessão (art. 7º, § 3º), se for o caso. A modificação dos planos de investimento é reflexo necessário da prorrogação das concessões no modelo adotado pela lei paulista.

A avaliação da capacidade da contratada, além dos dados objetivos extraídos dos indicadores econômico-financeiros da empresa, também pode considerar a análise do histórico de cumprimento das obrigações contratuais pela contratada.

---

444 Confira-se o dispositivo: "Art. 13. O órgão ou a entidade competente submeterá os estudos de que trata o artigo 12 desta lei à consulta pública, que deverá ser divulgada na imprensa oficial e na internet, contendo a identificação do objeto, a motivação para a relicitação e as condições propostas, entre outras informações relevantes, fixando-se prazo mínimo de 45 (quarenta e cinco) dias para recebimento de sugestões".

445 Confira-se o dispositivo: "Art. 3º. Para os fins desta lei, considera-se: (...)

III - relicitação: procedimento que compreende a extinção amigável do contrato de parceria e a celebração de novo ajuste negocial para o empreendimento, em novas condições contratuais, mediante licitação promovida para esse fim".

É correto que a administração avalie, ao considerar a capacidade da contratada em assumir os ônus decorrentes da prorrogação de sua concessão, se os investimentos previstos no contrato original foram realizados, se a operação dos serviços tem sido adequada e assim por diante.

Por fim, o prazo máximo das prorrogações, segundo a lei paulista, é "o tempo estipulado para a amortização dos investimentos realizados ou para o reequilíbrio contratual" (§ 2º do art. 4º).

À luz do exposto, é simples constatar a identidade entre as normas desta lei estadual com as da Lei federal n. 13.448, de 2017 (arts. 1º a 11).[446]

Ambas almejaram, cada qual no seu campo de incidência, traçar diretrizes gerais para a prorrogação técnica de contratos de parceria, inclusive antecipadamente, condicionando-a à realização de novos investimentos e à demonstração, por meio de estudos, da vantagem, caso a caso, da prorrogação em face da realização de nova licitação para empreendimentos públicos.

Para destravar investimentos em serviços públicos, os Poderes Legislativos procuraram explicitar que as Administrações Públicas, estadual e federal, poderiam, em certos casos e atendidas certas condições, otimizar contratos em vigor que estivessem sendo adequadamente executados por parceiros privados. Afinal, por que tentar licitar novo vínculo contratual (incidindo nos custos, riscos e incertezas inerentes a qualquer licitação) quando é técnica e economicamente viável, e recomendável aditar contrato de concessão

---

446 Para uma comparação entre os diplomas estadual e federal, ver FIGUEIROA, Caio Cesar; CARVALHO, André Castro. "A prorrogação dos contratos de parcerias no estado de São Paulo: reflexões acerca da constitucionalidade da Lei estadual n. 16.933/2019 a partir dos parâmetros definidos na ADI 5991". *In*: TAFUR, Diego Jacome Valois. *et al. Experiências Práticas em Concessões e PPP – Estudos em homenagem aos 25 anos da Lei de Concessões*. São Paulo: Quartier Latin, 2020, pp. 61-76.

(que por natureza é mutável) para, nos limites permitidos pelo ordenamento, atribuir novos investimentos a parceiro privado que já provou suas qualidades?

Essa fórmula de prorrogação antecipada já foi testada em nível federal e recebeu a chancela do Tribunal de Contas da União.[447] Ademais, a Lei federal n. 13.448, de 2017, foi considerada constitucional pelo Supremo Tribunal Federal quando do julgamento da ação direta de inconstitucionalidade 5.991, proposta pela Procuradoria Geral da República.[448]

Haja vista que a Lei paulista n. 16.933, de 2019, incorporou a fórmula de prorrogação antecipada que havia sido desenvolvida pela Lei federal n. 13.448, de 2017, ela se beneficia do entendimento favorável já firmado no STF.

É verdade que o Ministro Gilmar Mendes, em seu voto na ADI 5.991, teceu considerações que, lidas fora de contexto e sem o devido cuidado, poderiam sugerir que, aos olhos deste específico Ministro, um dos dispositivos do diploma estadual

---

447 O acórdão 2876/2019-Plenário, rel. Min. Augusto Nardes, j. 27.11.19, analisou a primeira proposta de prorrogação antecipada de contrato de concessão no Brasil. O caso envolvia a prorrogação antecipada do contrato de concessão da Malha Paulista, trecho ferroviário de quase 2000 km que vai da divisa de São Paulo com o Mato Grosso do Sul a Santos. Na ocasião, o TCU, em aplicação à Lei federal n. 13.448, de 2017, condicionou a assinatura do termo aditivo ao cumprimento de um conjunto de determinações, mas aceitou como legítima a sistemática legal.

448 O Procurador Geral da República ingressou com a ADI objetivando a declaração de inconstitucionalidade do inciso II do § 2º do art. 6º, dos §§ 1º, 3º, 4º e 5º do art. 25 e do § 2º do art. 30, todos da Lei n. 13.448, de 2017. O STF, por maioria, julgou a ADI integralmente improcedente e afirmou, entre outras coisas, que "A imutabilidade do objeto da concessão não impede alterações no contrato para adequar-se às necessidades econômicas e sociais decorrentes das condições do serviço público concedido e do longo prazo contratual estabelecido, observados o equilíbrio econômico-financeiro do contrato e os princípios constitucionais pertinentes". (ADI 5.991, rel. Min. Cármen Lúcia, j. 7.12.20).

padeceria de inconstitucionalidade. Mas não é o caso, e o próprio voto o esclarece. O Ministro procurou delimitar pressupostos e requisitos que, a seu ver, seriam imprescindíveis à validade da prorrogação antecipada e de contratos de concessão. São eles: 1) contrato de concessão ou permissão vigente e previamente licitado; 2) previsão da prorrogação no contrato e edital; 3) preservação da natureza discricionária da decisão do Poder Público; e 4) a demonstração da vantajosidade da prorrogação em detrimento de nova licitação.

Na sua avaliação, só seria "admissível a prorrogação de contratos de concessão se o pacto original já contive[sse] previsão nesse sentido, exigência esta que também se estende[ria] ao edital de licitação correlato".

Lido na íntegra, percebe-se que o voto, ao fazer essas considerações, estava preocupado em preservar o espaço de discricionariedade da Administração Pública para decidir se e quando prorrogar contratos de concessão. Infere-se que, para o Ministro, o tema estaria inserido no campo da *reserva de administração*.

Nos termos do voto, "não é a lei que determina de imediato a prorrogação do contrato. E nem poderia a norma jurídica em abstrato fazê-lo, sob pena de violação do próprio princípio da separação dos poderes". Invocando lição de Marçal Justen Filho, o Ministro afirmou:

> a decisão por estender o prazo de vigência de um contrato de concessão (...) é ato de gestão administrativa, de modo que cabe à Administração Pública e não ao Poder Legislativo, exercer um juízo (devidamente motivado) acerca da prorrogação, ou não do contrato.[449]

---

449 JUSTEN, Marçal. "A ampliação do prazo contratual em concessões de serviço público". *Revista de Direito Administrativo Contemporâneo*, São Paulo, vol. 4, nº 23, 2016, pp. 109-111.

A Lei paulista n. 16.933, de 2019, como visto, não impôs à administração o dever de prorrogar contrato algum – o próprio art. 4º destaca e respeita a primazia do contrato. Ela apenas explicitou que, em empreendimentos específicos – isto é, naqueles que envolvam serviços de competência do Estado e contratos de parceria (cf. §§ 1º e 2º do art. 1º) e tenham sido qualificados por órgão ou entidade competente para os fins da Lei n. 16.933, de 2019 – o Poder Público pode cogitar da prorrogação, no termo contratual ou de forma antecipada (incisos I e II do art. 3º), mesmo quando "não conste previsão expressa no edital ou no contrato [original] quanto à possibilidade de prorrogação" (§ 2º do art. 4º).

Além de ser bastante limitada a hipótese de cabimento da prorrogação da lei paulista, a competência para decidir em concreto sobre ela permanece sendo exclusiva da Administração Pública.

O diploma estadual se afigura como compatível com a legislação nacional.

3 A prorrogação está sujeita a limites materiais

A ausência de nova licitação não obsta assunção de novos encargos públicos por concessionária (ou parceira em contrato de parceria de outra categoria) que anteriormente tenha sido escolhida por licitação. O valor da isonomia prestigiado pela exigência de licitação é importante, claro. Porém, é insuficiente por si para invalidar toda assunção de novos encargos por concessionárias. Em casos determinados isso é viável, sem implicar violação à regra da licitação. Trata-se de conclusão calcada em análise do texto constitucional e da legislação sobre concessões de obras e serviços públicos.

A possibilidade de alteração é natural das relações oriundas da concessão, um contrato de longo prazo envolvendo empreendimento público articulado com complexa malha de infraestruturas e serviços. Fatores econômicos, sociais, tecnológicos, mudanças implementadas pelo próprio Poder Público, tudo isso pode fazer com que os termos originais mereçam revisão, para atender a interesses públicos supervenientes.

Essa possibilidade é cláusula necessária dos editais de licitação das concessões, segundo o art. 18, VII, da Lei n. 8.987, de 1995 (Lei de Concessões).

A Lei de Concessões impõe à concessionária, em seu art. 6º, o dever de prestar serviço adequado, que satisfaça, entre outras, as condições de *atualidade*, com "a melhoria e expansão do serviço". Expandir o serviço no âmbito da mesma relação contratual, para assim melhorá-lo com novas prestações, é providência natural e desejável. Por isso, a possibilidade de ajustamento posterior da concessão tem sido prevista nos próprios contratos de concessão.

Não há dúvida quanto ao cabimento de acréscimos ou supressões no objeto de contrato desse tipo. Existem, é certo, algumas barreiras jurídicas para essa alteração, com atribuição de novos encargos à concessionária e a supressão de outros, e a consequente repactuação do equilíbrio econômico-financeiro do contrato.

O consenso entre as partes não pode extrapolar a natureza do conteúdo do objeto da licitação, sob pena de, a pretexto de alterar contrato antigo (licitado), formular-se contrato substancialmente novo (sem licitação). Assim, seria ilícito incluir, entre as obrigações da concessionária, *encargo novo que se afigurasse desprovido de qualquer conexão com o objeto licitado*.

Também não podem ser incluídos por aditamento na concessão *encargos que, tomados isoladamente, admitam exploração econômica autônoma pelo sistema das concessões*, em condições *mais vantajosas e* adequadas pelo ângulo dos interesses públicos envolvidos. A restrição é para evitar que o dever de licitar seja contornado, em favor de solução de qualidade inferior, pelo simples fato de já existir contrato de concessão em vigor. Não teria cabimento a inclusão de objeto totalmente novo em concessão, bem como a inclusão de atividades e infraestruturas cuja absorção no empreendimento já concedido não traria vantagem pública alguma – quando poderia ser concedido e explorado *em idênticas condições* por prestador autônomo.

Note-se que essa inviabilidade de licitar (a exploração autônoma do novo objeto) não significa uma inviabilidade em tese, e sim *contextualizada*, isto é, em condições adequadas pelo ângulo dos interesses públicos envolvidos no contexto específico.

Em síntese, a inclusão de novos encargos é viável, desde que observados estes dois limites: 1) os novos encargos devem guardar conexão com o objeto original do contrato; e 2) os novos encargos, tomados isoladamente, devem ser insuscetíveis de, em exploração autônoma, atender ao interesse público de modo tão adequado quanto sua absorção na concessão já existente.[450]

---

450 Vai nesta linha o entendimento adotado no âmbito da administração paulista com a aprovação, pelo Governador do Estado, do Parecer PA-3 237/2000, emitido pela Procuradoria Geral do Estado de São Paulo. Naquele parecer, em que se examinava proposta de alteração de contrato de concessão de transporte coletivo, concluiu-se que seria viável a ampliação dos encargos da concessionária apenas naquilo em que tais encargos guardassem conexão com o objeto original da concessão (e desde que presentes, é claro, específicas e justificadas razões de interesse público). Posteriormente, tal entendimento foi reafirmado pelo Parecer GPG 06/2004, também da Procuradoria Geral do Estado de São Paulo, no qual se analisava consulta feita por concessionária de rodovia à ARTESP, indagando acerca da viabilidade de ampliação da malha que lhe fora concedida. Pretendia-se incorporar ao contrato de concessão as obrigações de operação e conservação de dois novos trechos rodoviários, além de obrigações adicionais no trecho já objeto do contrato. Concluiu-se pela viabilidade de tais aditamentos, com base nos dois pressupostos aqui levados em consideração: as novas obrigações guardavam vínculo material com o objeto original da concessão (estando os novos trechos rodoviários, inclusive, ligados à malha concedida); e, ainda, verificava-se a inviabilidade de exploração isolada, dos novos trechos, pelo sistema das concessões. A Procuradoria do Estado fez apenas a recomendação, à Secretaria de Estado dos Transportes, de que aferisse, com maior segurança, a efetiva "antieconomicidade da exploração autônoma do trecho em questão, bem como a sua inserção no mesmo complexo viário onde está contida a malha viária concedida".

Observados estes limites, em princípio é juridicamente viável a alteração contratual para acréscimo dos encargos do privado em contrato de parceria.

Não são aplicáveis, a essas alterações em contratos de parceria, os limites de valor (até 25% de acréscimo) previstos na legislação para contratos administrativos ordinários (Lei n. 8.666, de 1993, art. 65, §§ 1º e 2º e Lei n. 14.133, de 2021, art. 125, que apenas fixou o limite para as alterações unilaterais).[451] A alteração de contratos de parceria tem outros fundamentos e é condicionada por outros limites, reportando-se à ideia de inexigibilidade ou inadequação da licitação, não à de dispensa.[452]

Porém, a ausência de parâmetro objetivo aplicável aos contratos de parceria não significa ausência de limite ao acréscimo de novos investimentos. A descaracterização do objeto original do contrato é um deles. Outro limite está na necessidade de constatação técnica

---

451 Sobre o tema, v. "Condições jurídicas para a ampliação do contrato de concessão rodoviária", em Carlos Ari Sundfeld. *Direito Administrativo Contratual* (Coleção Pareceres, v. 2). São Paulo: Revista dos Tribunais, 2013, pp. 129-144; SUNDFELD, Carlos Ari; CÂMARA, Jacintho Arruda; SOUZA, Rodrigo Pagani de. "Concessão de serviço público: limites, condições e consequências da ampliação dos encargos da concessionária". *In*: OLIVEIRA, Farlei Martins Riccio de (Coord.). *Direito Administrativo Brasil-Argentina*: estudos em homenagem a Agustín Gordillo. Belo Horizonte: Del Rey, 2007, pp. 25-44.

No mesmo sentido, v. ALVES, Lucas Leite; NUNES, Thiago Mesquita. "Investimentos adicionais em concessões e parcerias público-privadas". *Revista da Procuradoria Geral do Estado de São Paulo*, vol. II, nº 89, jan./jun. 2019, pp. 65-88. Disponível em: http://www.pge.sp.gov.br/TEMP/e490e300-74b0-4b06-bf0c-9fdf95d1c3fa.pdf. Acessado em: 20.05.2022.

452 Gabriela Miniussi Engler Pinto Portugal Ribeiro fez estudo abrangente sobre o tema dos novos investimentos em contratos de parceria, enfrentando a circunstância da ausência de limites quantitativos para inserção de investimentos adicionais nas parcerias e os limites qualitativos aplicáveis. (RIBEIRO, Gabriela Miniussi Engler Pinto Portugal. *Novos investimentos em parcerias*. São Paulo: Fundação Getúlio Vargas, 2020 (Dissertação de Mestrado). Disponível em: http://bibliotecadigital.fgv.br/dspace/handle/10438/30128. Acessado em: 20.05.2022).

de que a solução que melhor atende às necessidades públicas é o aditamento. Nos contratos de concessão patrocinada e administrativa, o prazo máximo de vigência do contrato, previsto na Lei de PPP (Lei federal n. 11.079/04), é também um limite. Disso surge o dever de a Administração Pública motivar, com respaldo em adequados estudos técnicos e financeiros, a vantagem e viabilidade do aditamento. A lei paulista, como visto, expressamente exige que haja estudo específico para avaliação da vantagem da inclusão de novos investimentos em relação às demais alternativas possíveis de realização do empreendimento (art. 7º, § 1º).[453]

Considerando-se a legislação nacional e a Constituição, não há obstáculo jurídico intransponível à prorrogação de contratos de parceria, tal como qualificados pela lei paulista. Em contratos de longo prazo, como as concessões, é legítima a assunção de novos

---

453 Confira-se o dispositivo da Lei paulista n. 16.933, de 2019:

"Artigo 7º. Caberá ao órgão ou à entidade competente apresentar estudo técnico que fundamente a vantagem da prorrogação do contrato de parceria em relação à realização de nova licitação para o empreendimento.

§ 1º - Sem prejuízo da regulamentação do órgão ou da entidade competente, deverão constar do estudo técnico de que trata o *caput* deste artigo: 1 - o programa dos novos investimentos, quando previstos; 2 - as estimativas dos custos e das despesas operacionais; 3 - as estimativas de demanda; 4 - a modelagem econômico-financeira e as razões para manutenção ou alteração dos critérios de remuneração; 5 - as diretrizes ambientais, quando exigíveis, observado o cronograma de investimentos; 6 - as considerações sobre as principais questões jurídicas e regulatórias existentes; 7 - os valores devidos ao Poder Público pela prorrogação, quando for o caso; 8 - os mecanismos que demonstrem a mitigação ou resolução do desequilíbrio econômico-financeiro verificado em relação ao parceiro privado; 9 - as garantias que serão concedidas ao parceiro privado como forma de mitigar os riscos contratuais e diminuir os custos a eles associados.

§ 2º - A formalização da prorrogação do contrato de parceria dependerá de avaliação prévia e favorável do órgão ou da entidade competente acerca da capacidade de o contratado garantir a continuidade e a adequação dos serviços.

§ 3º - Mediante anuência prévia do órgão ou da entidade competente, os planos de investimento serão revistos para fazer frente aos níveis de capacidade, nos termos do contrato".

encargos pela concessionária que conduza à extensão do prazo, desde que observados os parâmetros acima e feito o correspondente acerto no equilíbrio econômico-financeiro do contrato.[454]

Considerações finais

A Lei paulista n. 16.933, de 2019, que traz diretrizes gerais para a prorrogação antecipada dos chamados contratos de parceria, entre os quais os de concessão rodoviária, **é compatível com a legislação nacional, em especial com a** Lei federal n. 13.448, de 2017, já julgada constitucional pelo STF.

Os limites para a prorrogação antecipada estão calcados: 1) na necessidade de conexão com o objeto original do contrato; 2) na circunstância de que os novos encargos, tomados isoladamente, devam ser insuscetíveis de exploração autônoma; e 3) na demonstração, por estudos técnicos e financeiros, de que o aditamento é solução que melhor atende às necessidades públicas.

Referências bibliográficas

ALVES, Lucas Leite; NUNES, Thiago Mesquita. "Investimentos adicionais em concessões e parcerias público-privadas". *Revista da Procuradoria Geral do Estado de São Paulo*, vol. II, nº 89, jan./jun. 2019. Disponível em: http://www.pge.sp.gov.br/TEMP/e490e300-74b0-4b06-bf0c-9fdf95d1c3fa.pdf. Acessado em: 20.05.2022.

BARROSO, Luís Roberto. "Alteração dos contratos de concessão rodoviária". *In*: OLIVEIRA, Farlei Martins Riccio de (Coord.). *Direito Administrativo Brasil-Argentina*: estudos em homenagem a Agustín Gordillo. Belo Horizonte: Del Rey, 2007.

---

454 Nesse mesmo sentido, ver BARROSO, Luís Roberto. "Alteração dos contratos de concessão rodoviária". *In*: OLIVEIRA, Farlei Martins Riccio de (Coord.). *Direito Administrativo Brasil-Argentina*: estudos em homenagem a Agustín Gordillo. Belo Horizonte: Del Rey, 2007, pp. 279/280.

CÂMARA DOS DEPUTADOS. *Medida provisória n. 752*, de 24 de novembro de 2016. Disponível em: https://www2.camara.leg.br/legin/fed/medpro/2016/medidaprovisoria-752-24-novembro-2016-783938-exposicaodemotivos-151447-pe.html. Acessado em: 03.06.2022.

JUSTEN, Marçal. "A ampliação do prazo contratual em concessões de serviço público". *Revista de Direito Administrativo Contemporâneo*, São Paulo, vol. 4, nº 23, 2016.

FIGUEIROA, Caio Cesar; CARVALHO, André Castro. "A prorrogação dos contratos de parcerias no Estado de São Paulo: reflexões acerca da constitucionalidade da Lei Estadual n. 16.933/2019 a partir dos parâmetros definidos na ADI 5991". *In*: TAFUR, Diego Jacome Valois *et al*. *Experiências Práticas em Concessões e PPP – Estudos em homenagem aos 25 anos da Lei de Concessões*. São Paulo: Quartier Latin, 2020.

RIBEIRO, Bruno; GODOY, Marcelo. "Justiça manda parar contrato BRT feito sem licitação". *O Estado de S.Paulo*, 28 de jun. 2021. Disponível em: https://politica.estadao.com.br/noticias/geral,justica-manda-parar-contrato-do-brt-feito-sem-licitacao,70003761293. Acessado em: 20.05.2022.

RIBEIRO, Gabriela Miniussi Engler Pinto Portugal. *Novos investimentos em parcerias*. São Paulo: Fundação Getúlio Vargas, 2020 (Dissertação de Mestrado). Disponível em: http://bibliotecadigital.fgv.br/dspace/handle/10438/30128. Acessado em: 20.05.2022.

SUNDFELD, Carlos Ari. "Procedimentos Administrativos de Competição". *In*: DI PIETRO, Maria Sylvia Zanella; SUNDFELD, Carlos Ari (Coord.). *Doutrinas Essenciais – Direito Administrativo*. São Paulo: Editora Revista dos Tribunais, 2012.

______. *Contratações Públicas e seu Controle*. São Paulo: Malheiros, 2013.

SUNDFELD, Carlos Ari; CÂMARA, Jacintho Arruda; SOUZA, Rodrigo Pagani de. "Concessão de serviço público: limites, condições e consequências da ampliação dos encargos da concessionária". *In*: OLIVEIRA, Farlei Martins Riccio de (Coord.). *Direito Administrativo Brasil-Argentina*: estudos em homenagem a Agustín Gordillo. Belo Horizonte: Del Rey, 2007.

SUNDFELD, Carlos Ari; JURKSAITIS, Guilherme Jardim. "Onde está o princípio universal da licitação?". *In*: ______. *Contratos Públicos e Direito Administrativo*. São Paulo: Malheiros, 2015.

SUNDFELD, Carlos Ari; MESQUITA, Olívia do Amaral. "O Paradoxo da Licitação: o Caso das Franquias Postais". *Revista Síntese - Licitações, Contratos e Convênios*, vol. 8, 2012.

CAPÍTULO XVI

DESAPROPRIAÇÕES E DESOCUPAÇÕES DE BENS PÚBLICOS COMO FATORES DE DESEQUILÍBRIO DE CONCESSÕES RODOVIÁRIAS

Alexandre Santos de Aragão

Introdução

A proteção ao equilíbrio econômico-financeiro dos ajustes é de tal maneira essencial aos contratos entre parceiros públicos e privados – e em especial nos pactos concessórios, que além de encontrar lastro na Constituição e em diversos diplomas legais, está normalmente regulada nos próprios instrumentos contratuais, individualmente considerados.

Isso porque é no universo de cada situação em concreto que se abre a possibilidade da busca por uma "modelagem ótima", que leve em conta as circunstâncias fáticas de caráter econômico, técnico, e social presentes no caso,[455] sempre dentro das balizas pré-estabelecidas pela lei.

Embora exista uma infinidade de temas a serem explorados nesse âmbito, do que se convencionou chamar "melhores práticas", talvez um dos mais relevantes seja justamente o que diz respeito à alocação de riscos entre os contratantes, e os mecanismos de manutenção do equilíbrio econômico-financeiro ao longo da execução do ajuste.

Maurício Portugal Ribeiro e Lucas Navarro Prado defendem, inclusive, ser a distribuição de riscos

> a principal função de qualquer contrato. Trata-se de antecipar e atribuir a cada uma das partes a obrigação de assumir as consequências de ocorrências futuras. Ao fazê-lo, o contrato gera incentivo para as partes adotarem, por um lado, providências para evitar ocorrências que lhes sejam gravosas (os riscos negativos) ou, pelo menos, as suas consequências – por exemplo, contratando seguros; e, por outro, estimula-as a agirem com o objetivo de realizar as situações que lhe sejam benéficas – por exemplo, no caso da parte prestadora de um

455 Trazemos a sempre pertinente lição de Egon Bockmann Moreira, segundo a qual "as condições do contrato remetem às circunstâncias institucionais nas quais ele foi celebrado. O estado de coisas que permitiu a elaboração e a concretização daquele específico projeto concessionário (interesse público primário e a sua densificação por meio de leis, debates públicos, regulamentos, edital e contrato; metas a serem atingidas; qualificação e cooperação das partes; fluxos de receitas e custos; taxas de rentabilidade; alocação de riscos, etc.). Isto diz respeito à boa-fé dos participantes, bem como à base objetiva do negócio – aqui compreendida como a definiu [KARL] LARENZ: 'o conjunto de circunstâncias cuja existência ou persistência é devidamente pressuposta no contrato – sabendo ou não os contratantes –, porque, se assim não for, não se poderia alcançar a finalidade do contrato, o propósito das partes contratantes, e a substância do contrato não teria 'sentido, fim ou objeto'". MOREIRA, Egon Bockmann. *Direito das Concessões de Serviço Público*: inteligência da Lei n. 8.987/1995 (Parte Geral). São Paulo: Malheiros, 2010, pp. 403/404.

> serviço, a melhoria da qualidade do serviço, para aumento da demanda, e, portanto, das suas receitas operacionais.[456]

Rafael Véras Freitas, ao tratar especificamente do tema em concessões rodoviárias, chama atenção para a importância do "planejamento, a identificação, a distribuição e a gestão eficiente dos riscos, que deve ser feita caso a caso, amoldando-se à hipótese específica".[457] Essa alocação de riscos seria um "fator de importante economia contratual, eis que a partilha dos riscos leva em consideração a capacidade de sua gestão por cada uma das partes".[458]

De toda sorte, uma vez estabelecida essa divisão, no instrumento convocatório e na minuta contratual, mister se faz a sua observância, justamente em nome da manutenção da base objetiva do contrato, conforme preceitua o art. 10 da Lei n. 8.987/95 ("Sempre que forem atendidas as condições do contrato, considera-se mantido seu equilíbrio econômico-financeiro").

No que diz respeito às possíveis causas de desequilíbrio, a proteção especial da estabilidade das concessões ocorre não apenas diante da possibilidade de alteração administrativa unilateral de cláusulas do contrato, o que de fato representa um fator extra de instabilização contratual, como também diante de fatos imprevisíveis em geral. No primeiro caso, a proteção do equilíbrio econômico-financeiro é um contrapeso às prerrogativas exorbitantes da

---

456 RIBEIRO, Maurício Portugal; PRADO, Lucas Navarro. *Comentários à lei de PPP – Parceria público privada*: fundamentos econômico-jurídicos. São Paulo: Malheiros, 2007, p. 117.

457 FREITAS, Rafael Véras de. "O equilíbrio econômico-financeiro nas concessões de rodovias". *Revista de Direito Público da Economia – RDPE*, Belo Horizonte, ano 15, nº 58, abr./jun. 2017. Disponível em: http://www.bidforum.com.br/PDI0006.aspx?pdiCntd=247825. Acessado em: 20.05.2022.

458 FREITAS, Rafael Véras de. "O equilíbrio econômico-financeiro nas concessões de rodovias". *Revista de Direito Público da Economia – RDPE*, Belo Horizonte, ano 15, nº 58, abr./jun. 2017. Disponível em: http://www.bidforum.com.br/PDI0006.aspx?pdiCntd=247825. Acessado em: 20.05.2022.

Administração Pública na gestão dos contratos de que seja parte. No segundo, a proteção não existe para resguardar imediatamente o concessionário, mas sim a continuidade do serviço público e o interesse público atendido pelo contrato.

Os fatos previsíveis, em princípio, não levam à recomposição da equação econômico-financeira, salvo disposição contratual ou legal expressa em sentido contrário.[459] Esse é o caso, por exemplo, do reajuste tarifário anual previsto em alguns contratos de concessão rodoviária.

Os fatos imprevisíveis, aí incluídos os eventuais inadimplementos e alterações unilaterais do contrato, trazem consigo, ao revés, a figura da revisão contratual, que poderá se consubstanciar ou não em uma revisão tarifária, já que o reequilíbrio da equação inicial pode ser feito através da manipulação de outros elementos do contrato que não a tarifa (como, por exemplo, alteração do prazo ou diminuição dos encargos do concessionário).

Cabe ainda mencionar os fatos imprevistos (não imprevisíveis), inferidos dos arts. 57, § 1º, III, e 78, XVII, da Lei n. 8.666/93. São fatos materiais, incidentes técnicos, já existentes no momento da contratação, mas desconhecidos até um momento posterior, durante a execução do contrato (ex.: uma rocha insuspeita no caminho de uma escavação), que, dependendo das suas consequências, devem ser tratados à luz da teoria da imprevisão.

Em todo esse contexto, ilustrativamente transcrevemos 21 e 22 do modelo contratual da primeira etapa do denominado Programa

---

459 Em princípio, o único fato previsível que pode levar à recomposição da equação econômico-financeira do contrato é a desvalorização da moeda, que, com periodicidade mínima de um ano, acarreta o reajuste de preços segundo o índice de correção monetária previsto contratualmente. Aí temos a clássica distinção entre o reajuste, devido sempre em razão do fato previsível da desvalorização da moeda, e a revisão, decorrente de fatos imprevisíveis (art. 18, VIII, Lei n. 8.987/1995, e art. 40, XI, Lei n. 8.666/1993).

de Concessão de Rodovias Federais – PROCOFE, desenvolvido pelo governo federal no início da década de 1990:

> Do Equilíbrio Econômico e Financeiro do Contrato
>
> 21. Constitui princípio fundamental que informa o regime jurídico da concessão o equilíbrio econômico e financeiro deste CONTRATO.
>
> 22. É pressuposto básico da equação econômica e financeira que preside as relações entre as partes, o equilíbrio, em caráter permanente, entre os encargos da CONCESSIONÁRIA, previstos no PROGRAMA DE EXPLORAÇÃO DA RODOVIA, e as receitas da concessão, expresso no valor inicial da TARIFA BÁSICA DE PEDÁGIO, ressalvado o disposto no item 20.
>
> 23. Qualquer alteração nos encargos da CONCESSIONÁRIA pode importar na revisão do valor da TARIFA BÁSICA DE PEDAGIO, para mais ou para menos, conforme estabelecido neste CONTRATO.

Como forma de garantir higidez a essa previsão, aqueles instrumentos contratuais costumam elencar as diversas situações que ensejariam sua revisão, no sentido de manter esse equilíbrio inicial:

> Da Revisão das Tarifas
>
> 64. A TARIFA BÁSICA DE PEDÁGIO será revista para restabelecer a relação que as partes pactuaram inicialmente entre os encargos da CONCESSIONÁRIA e a retribuição dos usuários da RODOVIA, expressa no valor da TARIFA BASICA DE PEDAGIO, com a finalidade de manter o equilíbrio econômico-financeiro inicial do CONTRATO de concessão, nos seguintes casos:
>
> a) ressalvados os impostos sobre a renda, sempre que, forem criados, alterados ou extintos outros tributos ou sobrevierem disposições legais, quando ocorridas após a data de apresentação das PROPOSTAS DE TARIFAS DE PEDAGIO

> objeto desta Concorrência, de comprovada repercussão nos custos da CONCESSIONARIA, para mais ou para menos, conforme o caso;
>
> b) sempre que houver acréscimo ou supressão de encargos no PROGRAMA DE EXPLORAÇAO DA RODOVIA para mais ou para menos, conforme o caso;
>
> c) sempre que ocorrências supervenientes, decorrentes de força maior, caso fortuito, fato da Administração ou de interferências imprevistas resultem, comprovadamente, em acréscimo dos custos da CONCESSIONARIA;
>
> d) sempre que a CONCESSIONÁRIA promover a desapropriação de bens imóveis, a instituição de servidão administrativa ou a imposição de limitação administrativa ao direito de propriedade, desde que o valor da verba indenizatória prevista no item 34 do Edital da Fase III, não seja atingido ou ultrapassado;
>
> e) sempre que houver alteração unilateral do contrato de concessão, que comprovadamente altere os encargos da CONCESSIONARIA, para mais ou para menos, conforme o caso;
>
> f) quando a CONCESSIONÁRIA auferir receita alternativa, complementar, acessória ou de projetos associados à concessão, nas condições estabelecidas no item 76 deste CONTRATO.
>
> g) sempre que forem constatadas modificações estruturais nos preços relativos dos fatores de produção ou modificações substanciais nos preços dos insumos relativos aos principais componentes de custos considerados na formação do valor da TARIFA BASICA DE PEDAGIO, não atendidas ou cobertas pelos reajustes tarifários previstos na Subseção anterior, para mais ou para menos, conforme o caso, observados os preceitos legais pertinentes;

Depreende-se da leitura do referido modelo contratual, que a repartição de riscos no âmbito da concessão, embora não tenha sido elencada em uma única cláusula específica, pode em grande monta ser inferida pela leitura dos ajustes como um todo.

Pois bem, embora os ajustes costumem fornecer regras claras para que os contratantes possam lidar com eventos que viessem a atingir tal equação, contemplando explicitamente diversas causas de desequilíbrio e seu tratamento, nem sempre tais regras são integralmente observadas pelo Poder Público.

Muitos são os eventos que podem desequilibrar a equação econômico-financeira da concessão ao longo dos anos e igualmente numerosas são as situações de desequilíbrio que, no cotidiano do setor, encontram certa resistência da Administração Pública no momento da recomposição.

No presente artigo, passamos a examinar, especificamente, o desequilíbrio decorrente da incompatibilidade entre os valores originalmente previstos e efetivamente despendidos pelas concessionárias quando das desapropriações e a amplitude dessa garantia, bem como a questão das indenizações pelo concessionário por decorrência de "desocupações" de bens públicos necessários à atividade concedida.

1 Diferença nos valores previstos para as desapropriações como parte da equação econômico-financeira dos contratos de concessão de rodovias

Um dos vários fatores de desequilíbrio da equação econômico-financeira dos contratos de concessão rodoviária consiste na divergência entre os valores inicialmente previstos pela Administração Pública e aqueles efetivamente despendidos pelas concessionárias quando das desapropriações de áreas necessárias às obras nas rodovias concedidas.

Na prática contratual do setor rodoviário, embora recaia sobre as Consulentes a responsabilidade em proceder às desapropriações, o risco dos valores delas decorrentes é compartilhado com a Administração Pública, o que é inclusive assegurado por disposições específicas em contratos dessa espécie.

Os já mencionados contratos da primeira etapa do PROCOFE, que tomamos como referência ilustrativa no presente artigo, por exemplo, trataram de regular, em diversas passagens, o dever da concessionária de promover as desapropriações e desocupações necessárias às obras a serem executadas. É o caso da cláusula 81, "g" e "h", abaixo transcrita:

> 81. Sem prejuízo do cumprimento dos encargos previstos no PROGRAMA DE EXPLORAÇÃODA RODOVIA, incumbe à CONCESSIONARIA:
>
> (...)
>
> g) **Promover desapropriações** e instituir servidões administrativas, seja por acordo ou por intermédio de ação judicial, de imóveis declarados de utilidade pública, para assegurar a realização e conservação de obras e serviços vinculados à concessão, bem assim propor limitações administrativas de caráter geral ao uso de imóveis limítrofes à faixa de domínio da RODOVIA e ocupar, provisoriamente, sobreditos imóveis, para a finalidade indicada;
>
> h) zelar pela integridade dos bens vinculados à concessão;

O reconhecimento desta prática ressoa até mesmo na doutrina especializada sobre o tema. Conforme aduz Maurício Portugal Ribeiro,

> a razão principal porque a obrigação de realizar desapropriações e desocupações tem sido transferida para concessionários é a eficiência de cumprimento de prazos da iniciativa privada, quando comparada à Administração Pública.[460]

460 RIBEIRO, Maurício Portugal. *Desapropriações e desocupações em concessões e PPPs*: custos, riscos, sensibilidade política, e os Princípios do Equador. Disponível em: http://www.portugalribeiro.com.br/wpp/wp-content/uploads/desapropriacao-e-reassentamento-final-para-publicacao-publicado-em-11-05-13.pdf. Acessado em: 20.05.2022. O autor complementa,

No entanto, apesar de os contratos dessa natureza oporem essa obrigação às concessionárias, eles costumam assegurar, por exemplo, a possibilidade de revisão tarifária em hipóteses de desapropriação de bens imóveis que superem o valor previsto contratualmente. Alguns preveem inclusive que as despesas adicionais com desapropriações também poderão ser consideradas, para efeitos contratuais, como "novos investimentos". Em outras palavras, para além do estabelecimento dos valores e prazos dos aportes a serem realizados pelo poder concedente, é possível que os contratos tratem de temas como a repartição de riscos no caso de **novos investimentos**, abordando aquele relativo às desapropriações e desocupações.

No geral nesses casos: (i) as desocupações e desapropriações, por via judicial ou por acordo, estão contempladas no rol de deveres das concessionárias, vez que não foi feito qualquer tipo de restrição nesse sentido pela cláusula; (ii) os custos envolvidos são geralmente previstos no fluxo de caixa marginal,; (iii) tais valores, inclusive os que ultrapassem o valor global inicialmente previsto, devem ser obrigatoriamente considerados no equilíbrio econômico-financeiro do contrato, sob pena de penalizar-se as concessionárias pelo mero cumprimento de suas obrigações contratuais.

No entanto, é preciso que cláusulas dessa espécie não sejam despidas de sua eficácia prática. Salvo se houver disposição específica nesse sentido, qualquer diferença entre os valores projetados e os valores despendidos pelas concessionárias nas desapropriações deve ser tomada em conta para fins de aferição do desequilíbrio econômico-financeiro.

---

contudo, que à vista "dos custos adicionais e das dificuldades de realização de desapropriações e desocupações por concessionários, é preciso realizar estudo ainda que sumário de custo/benefício da transferência da obrigação de realizar desapropriações e desocupações para concessionários".

1.1 Injuricidade de eventual limitação da recomposição às desapropriações judiciais

Caso se esteja diante de cláusulas contratuais com redação ampla, estarão logicamente abrangidos nesse cálculo os valores adicionais despendidos tanto por força de arbitramento judicial como aqueles resultantes de acordos celebrados diretamente com os proprietários dos imóveis expropriados.

Posicionamento diverso por parte da Administração Pública, no sentido de aprovar, por exemplo, apenas os valores concernentes às expropriações realizadas por via judicial, para além de inobservar as cláusulas contratuais firmadas com a concessionária, negaria os próprios contornos do instituto da desapropriação.

Essa posição teria consequências inclusive para a execução de infraestruturas em geral no Brasil, desincentivando que os parceiros privados busquem os meios mais eficientes para implementar as desapropriações, justamente um dos maiores entraves práticos para a implementação de obras de infraestruturas públicas, com todas as suas liminares e contra-liminares, discussões sobre o preço etc.

Na prática, a adoção desse posicionamento pela ANTT seria o mesmo que pretender que a concessionária só possa efetuar desapropriações por ação judicial, a mais demorada das alternativas. A concessionária que eventualmente decidisse por implementar a desapropriação por acordo não seria compensada pelo poder concedente, sendo penalizada por buscar ser mais eficiente e expedita.

Tal postura violaria inclusive o art. 20 da LINDB em sua nova redação:

> Art. 20. Nas esferas administrativa, controladora e judicial, não se decidirá com base em valores jurídicos abstratos sem que sejam **consideradas as consequências práticas** da decisão.

O que pode ser eventualmente impugnado pela agência reguladora responsável pela recomposição é o valor do acordo expropriatório, se estiver muito acima do mercado, mas não a via do acordo em si. Note-se, aliás, que os acordos expropriatórios são uma das mais vetustas manifestações legais expressas de acolhimento da hoje tão em voga consensualidade no Direito Administrativo.[461]

Com efeito, a desapropriação pode efetivar-se por dois meios: por ação judicial ou via administrativa, consubstanciada num acordo das partes quanto ao preço. Tanto é assim que a própria Lei dos Registros Públicos, art. 167, I, 34, prevê o registro de tal acordo, como escritura pública de desapropriação amigável (não de compra e venda) para concretizar a aquisição da propriedade. A diferença entre a desapropriação amigável e a compra e venda não é só teórica, mas também prática, já que, como apenas esta possui natureza contratual, apenas àquela se aplica a legislação de licitações e contratos da Administração Pública.

Em obra dedicada exclusivamente ao tema, Carlos Ari Sundfeld ensina que "toda desapropriação tem início com um procedimento administrativo, isto é, com uma sucessão encadeada e itinerária de atos administrativos tendendo a um resultado final".[462] Nas palavras do autor, "a desapropriação pode efetivar-se extrajudicialmente, quando as partes acordarem com respeito ao preço"[463] e, "quando não, dependerá de decretação judicial".[464]

---

461 ARAGÃO, Alexandre Santos de. "A consensualidade no Direito Administrativo: acordos regulatórios e contratos administrativos". *Revista Forense*, vol. 389, 2007, pp. 3-17.

462 SUNDFELD, Carlos Ari. *Desapropriação*. São Paulo: Revista dos Tribunais, 1990, p. 26.

463 SUNDFELD, Carlos Ari. *Desapropriação*. São Paulo: Revista dos Tribunais, 1990, p. 29.

464 SUNDFELD, Carlos Ari. *Desapropriação*. São Paulo: Revista dos Tribunais, 1990.

Diogo de Figueiredo Moreira Neto chega mesmo a afirmar um certo princípio da preferência da via consensual em relação à judicial em matéria expropriatória:

> (...) essa promoção [das desapropriações] admite dois caminhos: a solução mais simples será o *recebimento* voluntário, pelo expropriado, da indenização expropriatória oferecida pelo Poder Expropriante ou por seu delegado, **caso em que se efetivará a desapropriação por acordo** (Decreto-lei n. 3.365, de 21 de junho de 1941, art. 10); **mas, se o expropriado não concordar com a oferta, fracassada a negociação, a desapropriação só poderá se efetivar com o concurso do Poder Judiciário**, ao qual incumbirá, devidamente provocado pela Administração ou por delegatário legitimado, fixar o justo valor da indenização, convocar o expropriado para o recebimento, ou determinar a consignação da importância (conforme a atitude do expropriado), e, por fim, decretar a imissão do Poder Expropriante (ou seu delegado) na posse do bem expropriado (...).[465]

Não se vislumbra de todo, portanto, justificativa que legitime a exclusão desses valores em virtude de terem sido realizadas desapropriações amigáveis pelas concessionárias. Se o procedimento é possível em determinados casos concretos, a sua adoção encontra base na legislação, nos contratos e no próprio princípio da eficiência.

Da mesma forma, também não se pode admitir que os valores indenizatórios despendidos pelas concessionárias por ocasião das "desocupações" de bens públicos, de toda sorte necessárias às obras das rodovias, sejam excluídos da equação, conforme passaremos a examinar.

---

465 SUNDFELD, Carlos Ari. *Desapropriação*. São Paulo: Revista dos Tribunais, 1990, pp. 421/122.

2 Indenizações por desocupação de bens públicos como fator de desequilíbrio

Na nossa prática no setor rodoviário, já pudemos verificar situações em que a ANTT, ao avaliar determinado desequilíbrio contratual, argumentou que os valores pagos pela concessionária a título de indenização a invasores de bens públicos constituiriam mera liberalidade do parceiro privado, não devendo ser computados nos aportes ou para fins de equilíbrio econômico-financeiro do contrato, pois não haveria justo motivo para a ocupação daqueles bens.

Embora se trate de tema ainda controvertido em nossos tribunais, não se pode negar que muitos bens públicos podem ser objeto de posse por particulares, estando tal fato presente até mesmo em determinadas situações previstas em lei.

Vejamos as lições de José Carlos Moreira Alves sobre o tema:

> Já no tocante às coisas públicas (que podem ser de uso comum, de uso especial ou dominicais), Orozimbo Nonato sustenta, sem fazer qualquer distinção, que "o poder de fato que o particular exerça sobre bens do Estado não se eleva dentro do sistema da lei brasileira, à categoria de posse: falta-lhe, porém, o elemento negativo a que se refere Ihering e que degrada a relação exterior a simples detenção". Portanto, não haveria posse do particular com relação a qualquer espécie de bem público. **Sucede, porém, que essa generalização não encontra apoio na legislação brasileira.** Basta que se atente e isso a título meramente exemplificativo em que o art. 171 da Emenda Constitucional n. 1/69 aludia à "legitimação da posse" de terras públicas; o Estatuto da Terra (Lei n. 4.504, de 1964), no art. 97, reconhece expressamente a existência de "legítimos possuidores de terras devolutas federais" e de "posseiro", dessas mesmas terras; e no art. 98, disciplina modalidade de usucapião especial delas (o que, obviamente, pressupõe posse). A Lei n. 6.969, de 1981, regula a usucapião especial de imóveis rurais, inclusive de terras devolutas, e,

> no art. 1º, caracteriza, sem sombra de dúvida, a posse *ad usucapionem (animo domini)*: "Todo aquele que, não sendo proprietário rural nem urbano, *possuir como sua* (...)". E o Decreto-Lei n. 9.760, de 1946, que dispõe sobre os bens imóveis da União, reconhece que pode haver posse sobre terras públicas, admitindo a legitimação da posse sobre elas (art. 164 e segs.), e tratando, em certos casos, seus ocupantes como possuidores de má fé (art. 71).[466]

Mesmo em sede jurisprudencial, nota-se uma mudança na rigidez dedicada à matéria, como se depreende do julgado abaixo, em que, embora tenha se reconhecido tratar-se de mera detenção irregular, foi exigida a indenização das benfeitorias para que a sua desocupação pudesse ser feita pelo Poder Público:

> APELAÇÃO. REINTEGRAÇÃO DE POSSE. IMÓVELURBANO. BEM PÚBLICO DOMINIAL. DETENÇÃO IRREGULAR POR MAIS DE 20 ANOS, COM AUTORIZAÇÃO DA MUNICIPALIDADE. DEVER DE DESOCUPAÇÃO, MEDIANTE PRÉVIA INDENIZAÇÃO. Os bens públicos não estão sujeitos à usucapião. Detenção de bem público dominial por mais de 30 anos que, **embora tenha caráter precário, gera direito à retenção por benfeitorias**. Aplicação dos artigos 186 e 187do CC. Precedentes. Sentença mantida. Recursos de apelação das partes desprovidos. (...) Assenta-se que a propriedade pública do bem, ainda que dominial, e sua imprescritibilidade, não permitem mesmo que a reintegração

---

466 ALVES, José Carlos Moreira. *Posse*: Estudo Dogmático. vol. II, 1º tomo, 2ª ed. Rio de Janeiro: Forense, 1991, pp. 167-169. Assim entende também Ernane Fidélis dos Santos, aduzindo que: "quanto aos bens dominicais, sem serem de uso público e sem terem destinação especial, como as terras devolutas, por exemplo, mesmo não sendo adquiríveis por usucapião, podem, no entanto, ser objeto de posse, já que empecilho algum existe ao possuidor de neles exteriorizar qualquer poder inerente à propriedade, sem afetar interesse público". (SANTOS, Ernane Fidélis dos; TEIXEIRA, Sálvio de Figueiredo (Coord.). *Comentários ao novo Código Civil, volume XV*: da posse. Rio de Janeiro: Forense, 2007, p. 32).

> seja, na hipótese, indeferida. Todavia, a prova dos autos demonstra que o imóvel objeto da presente ação, de propriedade do Município de Porto Ferreira, ficou sem destinação por anos, tanto que foi ocupado, mansa e pacificamente, por largo período, repita-se, com o aval da Prefeitura Municipal, fato que deu aparente regularidade à situação, até a notificação do réu para desocupação. (...) Assim, se de um lado é impossível a permanência do réu no imóvel, por se tratar de bem público, no caso dos autos, excepcionalmente, a desocupação deverá ser precedida de justa indenização, conforme o decidido pelo MM. Juízo a quo que, após referir-se ao laudo pericial, fundamentou sua equânime decisão nos seguintes termos: Ou seja, a municipalidade colaborou para a ocupação dos moradores na área ao realizar as obras necessárias para instalação de água e saneamento básico na região, gerando expectativa na população de que poderiam permanecer no local, como assim fizeram por longo período, frustrando tal expectativa com comportamento contraditório. As cláusulas gerais, tais como, boa-fé e função social são aplicáveis ao Poder Público e devem ser observadas, entre as figuras parcelares da boa-fé uma se destaca na análise do caso: é possível observar abuso de direito na modalidade "*venire contra factum proprium*", que deve ser indenizado nos termos do art. 186 e 187 do Código Civil.[467]

Depreende-se da fundamentação do julgado que princípios como a boa-fé e a vedação ao comportamento contraditório influíram de maneira decisiva para que se legitimasse o pagamento da indenização aos particulares.

O próprio Princípio da Realidade[468] deporia contra eventual postura da Administração Pública no sentido pressupor que

---

467 TJSP, Ap. 1000608-98.2015.8.26.0472, 10º C.D.P., Rel. Des. Marcelo Semer, julg. 18.06.2018.

468 "O entendimento do princípio da realidade parte de considerações bem simples: o Direito volta-se à convivência real entre os homens e todos os atos partem do pressuposto de que os fatos que sustentam suas normas e demarcam

ocupantes de áreas públicas simplesmente a desocupariam voluntariamente ou *manu militari*. Obviamente, alguma negociação na prática sempre se fará necessária, inclusive para a indenização legitimada cf. acórdão acima do TJSP, negociação necessária ainda mais se não se desejar atrasar o cronograma da obra.

Assim, se não houver qualquer imputação de má-fé nos acordos firmados entre as concessionárias e os particulares, e tendo sido observada margem de preços razoável, compatível com os praticados pelo mercado na região, não se vislumbra qualquer motivo legítimo para a desconsideração de tais valores no cronograma financeiro contratual, pelas agências.

Considerações finais

A obrigação contratual de promover as desapropriações que eventualmente se façam necessárias para o desenvolvimento das obras rodoviárias, portanto, não ilide a obrigação da Administração Pública de promover a recomposição econômico-financeira dos contratos em que se verifique uma diferença entre os valores originalmente projetados para as expropriações e aqueles efetivamente despendidos pelas concessionárias, seja por acordo ou judicialmente. Salvo disposição expressa em sentido contrário ou valor acima da faixa do mercado, eventual vinculação do reequilíbrio pela diferença dos valores ao critério de judicialização dos procedimentos, para além de se mostrar contraditória com a

---

seus objetivos são verdadeiros. São os fatos que regularmente ocorrem ou podem ocorrer, na natureza física ou convivencial, e só excepcionalmente, e por disposição expressa, a ordem jurídica acolhe ficções ou presunções. Em outros termos, a vivência do Direito não comporta fantasias; o irreal tanto não pode ser a fundamentação de um ato administrativo quanto não pode ser o seu objetivo. O Direito Público, ramo voltado à disciplina da satisfação dos interesses públicos, tem, na inveracidade e na impossibilidade, rigorosos limites à discricionariedade". (MOREIRA NETO, Diogo de Figueiredo. *Legitimidade e Discricionariedade*. Rio de Janeiro: Forense, 2002).

própria persecução de eficiência, por parte das concessionárias, não encontra base jurídica que a fundamente, uma vez que desconsidera as possibilidades amigáveis previstas no ordenamento.

Assim também, eventuais indenizações que se façam necessárias por ocasião de desocupações, mesmo de bens públicos, também devem ser recompostas, em prestígio não só ao entendimento cada vez mais presente da jurisprudência no sentido de reconhecer a possibilidade de indenização desses possuidores, como também aos princípios da realidade e da eficiência.

Referências bibliográficas

ALVES, José Carlos Moreira. *Posse*: Estudo Dogmático. vol. II, 1º tomo, 2ª ed. Rio de Janeiro: Forense, 1991.

ARAGÃO, Alexandre Santos de. "A consensualidade no Direito Administrativo: acordos regulatórios e contratos administrativos". *Revista Forense*, vol. 389, 2007.

FREITAS, Rafael Véras de. "O equilíbrio econômico-financeiro nas concessões de rodovias". *Revista de Direito Público da Economia – RDPE*, Belo Horizonte, ano 15, nº 58, abr./jun. 2017. Disponível em: http://www.bidforum.com.br/PDI0006.aspx?pdiCntd=247825. Acessado em: 20.05.2022.

MOREIRA NETO, Diogo de Figueiredo. *Legitimidade e Discricionariedade*. Rio de Janeiro: Forense, 2002.

MOREIRA, Egon Bockmann. *Direito das Concessões de Serviço Público*: inteligência da Lei n. 8.987/1995 (Parte Geral). São Paulo: Malheiros, 2010.

RIBEIRO, Maurício Portugal. *Desapropriações e desocupações em concessões e PPPs*: custos, riscos, sensibilidade política, e os Princípios do Equador. Disponível em: http://www.portugalribeiro.com.br/wpp/wp-content/uploads/desapropriacao-e-reassentamento-final-para-publicacao-publicado-em-11-05-13.pdf. Acessado em: 20.05.2022.

RIBEIRO, Maurício Portugal; PRADO, Lucas Navarro. *Comentários à lei de PPP – Parceria público privada*: fundamentos econômico-jurídicos. São Paulo: Malheiros, 2007.

SANTOS, Ernane Fidélis dos; TEIXEIRA, Sálvio de Figueiredo (Coord.). *Comentários ao novo Código Civil, volume XV*: da posse. Rio de Janeiro: Forense, 2007.

SUNDFELD, Carlos Ari. *Desapropriação*. São Paulo: Revista dos Tribunais, 1990.

CAPÍTULO XVII

QUANDO OS INCENTIVOS FALHAM: A RESOLUÇÃO DE CONFLITOS NOS CONTRATOS DE CONCESSÃO DE RODOVIAS

Egon Bockmann Moreira
Elisa Schmidlin Cruz
Gustavo Miranda Loures

Introdução

Por prescrição constitucional, o Poder Público brasileiro está autorizado a conceder a realização e exploração de determinadas obras e serviços às pessoas privadas sem abdicar de sua titularidade. Situação que viabiliza os necessários investimentos, mas não sem instalar litígios das mais diversas ordens. É exatamente isso o que acontece no setor de rodovias em âmbito federal há quase três décadas.

Por natureza, contratos de concessão rodoviária são negócios jurídicos complexos, de longo prazo, multilaterais e bastante incompletos. Aqui, o adjetivo *incompleto* decorre de sua lógica econômica e descreve fato natural, pois muitos de seus aspectos não podem ser sequer previstos quando da formalização do instrumento contratual referido no art. 4º da Lei n. 8.987/1995. A subsequente ocorrência de conflitos é, portanto, esperada. Esse dado factual precisa ser mais bem compreendido e assimilado, eis que os conflitos demandam soluções expeditas, a bem do interesse público consubstanciado no projeto concessionário.

Esta constatação é facilmente confirmada diante da realidade fática, bastando lembrar que qualquer projeto concessionário convive com diversos fatos futuros que tornam incontestável a presença constante de riscos e incertezas (eleições, captação de investimentos, amortização, variações tecnológicas, controle externo, desastres naturais etc.). Contrastados com a persistência da concessão no tempo, a incompletude, os riscos e as incertezas evocam a implementação periódica de soluções (i) cooperativas, (ii) céleres, (iii) tecnicamente adequadas e (iv) idealmente endocontratuais. Afinal, relações contínuas não sobrevivem bem à dinâmica exógena do Poder Judiciário, que, a rigor, instala incentivos para condutas oportunistas, assimetrias informacionais e altos custos de transação – que antes representam novos conflitos e problemas.

Não por outro motivo, os contratos do Programa de Concessões de Rodovias Federais – PROCROFE trazem, desde sua origem, previsão de múltiplos mecanismos de solução de disputas. Em movimento prospectivo, a mais recente rodada de concessões rodoviárias inaugura horizontes, ampliando as possibilidades e alcance dos métodos adequados de prevenção e resolução de controvérsias.

No atual estado da arte, os princípios da legalidade e da eficiência instauram o dever de arquitetar contratualmente sistema multiportas que viabilize o alcance de soluções extrajudiciais. Assim, para além da via tradicional de acesso ao Poder Judiciário, a autocomposição, a arbitragem e os dispute boards passam a figurar como verdadeiro arcabouço de recomposição de incentivos nos contratos de concessão rodoviária.

1 Importância da arquitetura de resolução de conflitos em contratos de concessão

Nas concessões de serviços públicos,[469] a assimetria informacional entre contratante e contratado é apenas um dos elementos impeditivos para que os contratos sejam naturalmente completos. Há, ainda, variáveis endógenas e exógenas, presentes e futuras, a respeito das quais as partes não detêm todas as informações. Esse conjunto de fatores impossibilita a certeza das complexidades e fatos futuros, dificultando a gestão eficiente de riscos.

Em contratos relacionais e incompletos, como são as concessões de serviços públicos, a segurança jurídica advém da certeza de sua mutabilidade. As obrigações neles previstas não se exaurem com uma prestação única e definida. Do contrário, a relação contratual é estabelecida com base no modo de interação recorrente entre os contratantes e na constante renegociação de suas bases.

Por isso, de forma mais acentuada que nos demais contratos públicos, nas concessões contemporâneas a flexibilidade consensual dos pactos contratuais reforça a segurança jurídica na prestação adequada dos serviços concedidos. A colaboração e respeito mútuo entre os sujeitos participantes torna-se, assim, elemento central dos contratos administrativos de concessão.

Além da natural incompletude, em razão da combinação da lei, normas pertinentes, edital e especificidades da proposta do licitante vencedor, cada contrato de concessão pode ser rotulado como único em todo o universo jurídico. Singularidade que não proporciona o

---

469 As concessões comuns de serviço público podem ser definidas como "relação jurídica administrativa típica, unitária e complexa, por meio da qual o Poder Público transfere a execução de determinado serviço público ao particular selecionado em prévia licitação, que assumirá, por prazo certo e por sua conta e risco, a gestão de projeto concessionário autossustentável". (MOREIRA, Egon Bockmann. *Direito das Concessões de Serviço Público*. São Paulo: Malheiros, 2010, p. 89).

completo afastamento de riscos e incertezas. Afinal, nem mesmo o mais detalhado conjunto de disposições a respeito de direitos e obrigações seria capaz de suprir toda ordem de desdobramentos que advirão da execução contatual no curso das décadas subsequentes.

A leitura combinada dessas peculiaridades sob o enfoque jurídico-econômico permite alcançar, quando menos, duas conclusões imediatas. A *primeira*, é que a incapacidade de adaptação da relação concessionária a novas realidades resultaria em onerosidade para todos os envolvidos, potencialmente fragilizando o sucesso da própria concessão. Já a *segunda*, se faz presente desde o primeiro momento de definição dos projetos e editais: estamos diante de tendência conflitiva naturalmente alta e inevitável. As partes precisam realizar esses fatos e desenvolver mecanismos para bem executar não só as prestações contratuais expressas, mas especialmente a gestão dos conflitos.

Nesse cenário, mecanismos jurídicos capazes de reduzir as complexidades próprias das concessões de serviços públicos representam garantia inabdicável para todos os envolvidos. Quando incentivos contratuais pré-estabelecidos falham, a confiabilidade das relações deve ser restaurada pelo imediato acionamento da (hoje multifacetada) estrutura de resolução de controvérsias.[470]

Aferidas caso a caso, sua eficiência e efetividade garantem a formação de novos arcabouços de incentivo que redirecionam à expectativa positiva de cumprimento das obrigações pactuadas e da exequibilidade que influencia a performance econômica do projeto concessionário.

Especificamente nas concessões em infraestrutura, a combinação da incompletude contratual com a crescente complexidade e

470 Ampliar em: CUÉLLAR, Leila; MOREIRA, Egon Bockmann; GARCIA, Flávio Amaral; CRUZ, Elisa Schmidlin. *Direito Administrativo e Alternative Dispute Resolution*. Belo Horizonte: Fórum, 2020.

sofisticação da dinâmica relacional requer uma gestão de conflitos que atenda, de maneira especial, a necessidade de soluções céleres e tecnicamente especializadas.

Afinal, a experiência prática demonstra a inadequação do Poder Judiciário no gerenciamento de litígios que exigem a paralela continuidade de relação cooperativa entre as partes contratantes. Não só a racionalidade instalada pela sistemática processual é adversarial, mas a ausência de *expertise* e o tempo despendido até a estabilização do resultado definitivo representam verdadeiros incentivos ao desacordo.

A constatada ineficiência do tradicional sistema uniporta de acesso à justiça faz com que mecanismos privados de resolução de disputas como a mediação,[471] a arbitragem[472] e os *dispute boards*[473] assumam papel decisivo nas concessões rodoviárias. Superada a era da simplicidade, escolher o método mais adequado quando houver conflito é parte indissociável da nova competência administrativa.[474]

---

471 A mediação é processo estruturado voluntário pelo qual um terceiro imparcial e independente (mediador) conduz negociações entre as partes para alcançar solução de consenso. Ao aplicar técnicas interdisciplinares, o mediador busca reconstruir o canal de diálogo entre os participantes, auxiliando e estimulando a identificação e o desenvolvimento de resultados de ganhos mútuos.

472 A arbitragem é mecanismo extrajudicial de resolução de litígios que, por meio de pessoas escolhidas pelas partes (árbitros/tribunal arbitral), oferece decisão que ostenta a mesma eficácia da sentença judicial. O uso de processo arbitral para solução de controvérsias em contratos administrativos traz, de imediato, aspectos positivos em relação à via judicial: *(i)* celeridade; *(ii)* especialidade técnica do(s) julgador(es), relevante para questões complexas como as concessões de rodovias; e *(iii)* disponibilidade.

473 O *dispute board* é mecanismo de solução de controvérsias não-adversarial, que proporciona o gerenciamento dos conflitos oriundos de determinado contrato. Pode ser continuado (todo o contrato) ou específico (este ou aquele evento). A dinâmica do *DB* é recomendada para contratos de longa duração com expressivo potencial de conflitos. O grande diferencial desse mecanismo é a tecnicidade aliada à celeridade das decisões e sua plasticidade para adaptação às especificidades do contrato.

474 Como esclarece HADFIELD, "*[c]ontracting parties, in theory, can contract not only over the substance of their transaction but also over the enforcement*

Como resultado, a promessa de segurança jurídica por vias transversas vem acompanhada de diversos benefícios, que já balizam a tendência regulatória do setor: estabilidade, previsibilidade e, principalmente, maior horizontalidade na relação público-privada.

2 Adequação dos mecanismos de solução de disputas nos contratos de concessão

Tal qual anteriormente assinalado, baseada nas peculiaridades do contrato e sem desconsiderar sua base objetiva, a necessária mutabilidade do negócio jurídico firmado em regime de concessão dialoga com a efetiva prestação do objeto no modo, tempo e forma estatuídos pelo ajuste contratual. Daí a importância de instalar incentivos para que concedente e concessionária se comportem segundo as legítimas expectativas recíprocas, implicando melhores serviços, menores tarifas e lucros razoáveis.

A regulação de infraestrutura pela via contratual vem sendo intensificada no Brasil nas últimas duas décadas. Como verdadeira moldura institucional para o sucesso das concessões, mecanismos de governança são incorporados ao contrato e dão arrimo aos compromissos pactuados. Por consequência, oferecem suporte e confiabilidade às relações.

Mas quando os incentivos primários falham e as condições indispensáveis ao bom funcionamento da dinâmica contratual não são preenchidas integralmente, os desafios de restaurar as complexas e sofisticadas interações derivadas de influxos regulatórios justificam a importância da concepção e implementação de uma

---

mechanism they will use to resolve disputes in the event of a failure of commitment". (HADFIELD, Gillian. "The Many Legal Institutions That Support Contractual Commitments". *In*: MÉNARD, Claude; SHIRLEY, Mary M. (Coord.). *Handbook of New Institutional Economics*. Heidelberg: Springer, 2008, pp. 175-203).

justiça sob medida, precisamente o papel desempenhado pela arquitetura *ex ante* de um sistema eficaz de resolução de disputas.

Entretanto, não se está diante de tarefa simples. A adequada compreensão e prognose de potenciais consequências da utilização de um ou mais métodos de solução de conflitos pressupõe análise técnica e individualizada. Definir o ferramental adequado para cada caso enseja reflexões sobre legitimidade, custo, duração, previsibilidade e até mesmo a respeito de qualidade e efetividade dos resultados que podem ser alcançados.

Quando esta avaliação não é feita corretamente, a pluralidade de opções pode provocar interação disfuncional entre as partes envolvidas. É exatamente este o ônus que acompanha a disponibilidade de um sistema de justiça multiportas: se o interesse público está consubstanciado no interesse de solucionar as controvérsias decorrentes da boa execução de contratos regulados, a escolha da forma mais adequada e eficaz de fazê-lo é múnus que não pode ser ignorado.

Em outras palavras, a fim de abrir (ou fechar) as portas disponíveis para alcance do interesse coletivo insculpido no contrato, a Administração tem a capacidade de considerar a adequação da conciliação, da mediação; do *dispute board*; da arbitragem; e também do Poder Judiciário, dentre outros, para só então estruturar – também contratualmente – a metodologia aplicável à gestão de potenciais litígios. Trata-se de competência preceituada em vários diplomas legais (quando menos: Lei n. 13.105/2015, Lei n. 9.307/1996 c/c Lei n. 13.129/2015, Lei n. 13.140/2015, Lei n. 8.987/1995, Lei n. 11.079/2004 e LINDB) e, portanto, inabdicável.

Não por outro motivo, merece especial atenção o desenho contratual que assegure efetividade à(s) via(s) eleita(s) para sanar eventuais disputas. Com isso em mente, passamos ao exame dos contratos do Programa de Concessões de Rodovias Federais – PROCROFE, avaliando a evolução histórica, o estado da arte e a adequação dos métodos de solução de controvérsia previstos para a recomposição dos incentivos de cumprimento contratual próprios do setor.

3 Análise dos contratos do PROCROFE

É nos Contratos da 5ª Rodada de Concessões Federais que os métodos também conhecidos como *Alternative Dispute Resolution* (*ADRs*) encontraram sua mais recente conformação para o setor de rodovias.

Na linha dos Editais dos Leilões da BR-153/414/080 (TO/GO) e da BR-163/230 (MT/PA), a tendência regulatória deve se repetir em outros ativos com estudos já em andamento, como a Rodovia Presidente Dutra (oriunda da 1ª Etapa) e a retomada das rodovias delegadas do estado do Paraná.

Os novos contratos consolidam uma série de inovações, merecendo atenção neste estudo o desenho dos mecanismos de *ADR*, que foram destrinchados tridimensionalmente: havendo divergência na aplicação das normas contratuais, as partes devem avaliar a adequabilidade da (i) autocomposição; (ii) arbitragem; e do (iii) comitê de resolução de conflitos (*dispute board*).

Para melhor compreender o estado da arte dos *ADRs* nas concessões rodoviárias, é necessária breve digressão ao início do Programa de Concessões de Rodovias Federais – PROCROFE, criado pela Portaria n. 10/1993 do Ministério dos Transportes, que inaugurou os certames licitatórios no setor ainda antes da Lei Geral de Concessões (Lei n. 8.987/95).

3.1 A 1ª Etapa, o TCU e o início da jornada

Não obstante anteceder a Lei de Arbitragem (Lei n. 9.307/1996), o contrato do primeiro ativo do PROCROFE (Ponte Rio-Niterói - CCR Ponte), do ano de 1994, dedicou seção específica à resolução de litígios pela via arbitral.

Prevendo que "[e]ventuais conflitos ou impasses entre o DNER e a concessionária, em matéria de aplicação e interpretação das regras que regem a concessão, **poderão** ser resolvidos mediante arbitragem", o contrato exigia a celebração de "compromisso arbitral", a partir do que não seria admitida desistência por qualquer das partes. Constituído o Tribunal Arbitral, a ser formado de comum acordo entre os contratantes, o "laudo arbitral" teria "força normativa, independentemente de homologação judicial".

Como se infere, o contrato foi bastante inovador a seu tempo, tendo facultado a resolução de conflitos por heterocomposição através do Poder Judiciário ou pelo emprego de arbitragem. Por outro lado, inexistia disposição a propósito da possibilidade de eventuais conflitos serem resolvidos por mediação entre as partes, ou mesmo via *dispute board*.

Ainda assim, várias cláusulas dispunham expressamente que as partes poderiam resolver a questão por "*acordo*" e, na ausência de consenso, as controvérsias seriam submetidas ao Tribunal Arbitral. Apenas a título exemplificativo, destacamos as seguintes:

> (a) **Reajuste:** Caso os índices setoriais pactuados inicialmente para fins de reajuste deixassem de existir, a concessionária e o DNER, *de comum acordo*, deveriam escolher outros índices. Impossibilitado o acordo, a escolha seria determinada por Arbitragem.
>
> (b) **Revisão:** Se o requerimento de revisão, apresentado pela concessionária, não fosse aceito pelo DNER, a revisão seria submetida ao processo de Arbitragem. Expedido o "laudo de arbitragem", com a definição do novo valor da tarifa, o Diretor do DNER autorizaria, imediatamente, que o preço fosse praticado. Sempre que houvesse revisão da tarifa, o DNER e a concessionária *poderiam acordar* complementar ou, alternativamente, aumentar a tarifa: *(i)* pela modificação do prazo do contrato; *(ii)* pela atribuição de compensação financeira direta à concessionária; *(iii)* pela combinação das

alternativas; e *(iv)* por qualquer outra alternativa *acordada entre as partes.*

(c) **Alteração:** O contrato poderia ser alterado unilateralmente, ou por *acordo entre as partes.*

(d) **Rescisão:** O DNER poderia rescindir o contrato por descumprimento de decisões judicias ou arbitrais; a concessionária poderia rescindir o contrato por ação judicial ou por *acordo entre as partes.* Em havendo causas justificadoras de inexecução, as partes *acordariam* se haveria lugar ao reequilíbrio ou à rescisão.

Conclui-se, portanto, que o contrato autorizava a autocomposição, quando menos a respeito das seguintes matérias: *(i)* reajuste e revisão de tarifas; *(ii)* meios de reequilíbrio; *(iii)* alterações contratuais e *(iv)* rescisão contratual. Esse plexo circunscrevia espaço disponível para transação, afastando de plano a incidência da lógica da indisponibilidade. Assim, ao menos no que respeita à arbitrabilidade objetiva, prestava-se igualmente a delimitar matérias que poderiam ser submetidas à arbitragem.

Nessa linha, retomando a análise do contrato a propósito do cabimento de arbitragem, relevante também destacar o conflito gerado por tal disposição: ao início do certame licitatório, a previsão contratual de convenção arbitral motivou representação junto ao TCU pelo então Procurador-Geral do Ministério Público de Contas da União.

Acolhendo a arguição de inexistência de previsão legal autorizando o emprego do instituto da arbitragem em contratos administrativos, a Corte determinou, por meio da Decisão n. 763/1994, a suspensão da licitação. Apenas com a interposição de Pedido de Reexame, o Concedente foi autorizado a dar sequência à licitação, que culminou na assinatura do Contrato.

Ocorre que, no interregno entre a Decisão n. 763/1994 e o julgamento do recurso cabível, entrou em vigor a Lei Geral de

Concessões (Lei n. 8.987/1995). Nela, elencou-se o "modo amigável de solução das divergências" dentre as cláusulas *essenciais* aos contratos (art. 23, XV).

Por consequência, ao proferir a Decisão n. 188/95 – Plenário (concernente ao Pedido de Reexame), a Corte de Contas admitiu a legalidade da utilização da arbitragem no contrato. Destacou o Relator Min. Paulo Affonso Martins de Oliveira que "a interpretação teleológica do art. 23, inciso XV, da Lei n. 8.987/95 deve concluir que o legislador utilizou a expressão 'modo amigável' em oposição à 'solução jurisdicional de controvérsias'".

Indo adiante, concluiu que

> os árbitros são, na verdade, especialistas em determinada área do conhecimento jurídico que, frequentemente, estão em condições de decidir de forma **mais acertada e célere** que os **meios jurisdicionais ordinários**. Ressalta-se que os contratos de concessão envolvem matéria que exige notória especialização.

A despeito de consentir com a previsão de cláusula arbitral, o Acórdão acolheu em parte apontamentos da Secretaria de Controle Externo (SECEX), no sentido de que o instituto ia de encontro *(i)* ao princípio da legalidade; e *(ii)* à supremacia e *(iii)* indisponibilidade do interesse público. Neste passo, o Colegiado enfatizou que a arbitragem somente seria aplicável aos *direitos disponíveis,* não incidindo sobre o interesse público. Em voto vista, o Revisor Min. Carlos Átila Álvares da Silva acresceu que "sempre que o laudo arbitral contrariar tais princípios, o responsável pelo órgão público contratante fica **obrigado a recorrer à justiça** contra o laudo". Logo, a "validez da decisão arbitral só se sustenta se e quando as partes não a impugnarem".

Incorporando as decisões do TCU ao contrato, as partes celebraram o *primeiro termo aditivo* (29.05.1995). Em síntese, foram modificadas duas cláusulas: na primeira, excluiu-se previsão de que celebrado o compromisso arbitral, "*não será admitida a desistência das partes*". Já na segunda, manteve-se a "*força normativa*" do laudo arbitral, suprimido o trecho que lhe outorgava essa força "*independentemente de homologação judicial*". Com a nova redação, ainda se acresceu que deveria prevalecer "*sempre o princípio da legalidade e/ou indisponibilidade do interesse público*".

Pode-se dizer, em remate, que o caso CCR Ponte oferece panorama de como se delinearam as primeiras discussões sobre a aplicabilidade dos métodos *ADR* no âmbito das concessões rodoviárias: *(i)* foi admitida a utilização da arbitragem, mas *(ii)* a arbitrabilidade objetiva restou submissa à *indisponibilidade* de determinadas matérias, que deveriam ser remetidas ao Judiciário. Foram, por fim, afastadas *(iii)* a vinculação das partes à via arbitral e *(iv)* a força jurisdicional da sentença – à época denominada "laudo arbitral". Mas os impactos provocados pela 1ª Etapa não se encerram aqui.

Além do Contrato da Ponte Rio-Niterói, compuseram a 1ª Etapa as seguintes concessões: *(i)* Concepa; *(ii)* Concer; *(iii)* Crt e *(iv)* Nova Dutra.[475] Nestes contratos, houve ampliação dos mecanismos de *ADR*, com seção destinada ao "*Processo Amigável de Solução de Divergências*". Dividida entre *(i)* Princípios Gerais; *(ii)* Comissões de Peritos e *(iii)* Tribunal Arbitral, esta seção avaliza que, mesmo num estágio embrionário do PROCROFE (e das concessões), os contratos previam vasto cardápio de meios *adequados/alternativos* para resolução de controvérsias.

---

475 A exceção que se viu foi no contrato da EcoSul, que adveio da denúncia do Rio Grande do Sul aos convênios firmados a partir da Lei n. 9.277/96. Entretanto, vale ressalvar que o contrato, elaborado à responsabilidade do Rio Grande do Sul, por meio do Departamento Autônomo de Estradas de Rodagem (DAER), também previu a Comissão de Peritos. Na mesma linha, registra-se que os contratos do Anel de Integração do Paraná, igualmente derivados de convênios de delegação da União, estabeleciam a possibilidade de resolução de conflitos via Comissão de Peritos.

Além da arbitragem – já anunciada na Rio-Niterói –, havia também a previsão de espécie de *dispute board* (Comissões de Peritos), segmentada em duas Comissões, compostas por três profissionais cada, sendo uma Comissão Técnica e outra Econômico-Financeira.

O procedimento era simplificado: instaurada a controvérsia perante uma das Comissões por qualquer das partes, a outra parte teria 15 dias para resposta. A Comissão apresentaria seu laudo em 30 dias e, caso uma das partes discordasse, poderia solicitar que a questão fosse submetida a Tribunal Arbitral de composição tríplice (sendo o Presidente "*advogado com comprovada experiência na área de concessão, permissão, autorização, delegação e exploração de serviços públicos*"), que concluiria o procedimento oferecendo o respectivo "Laudo" em até 6 meses.

Feitas as considerações pertinentes, a análise sistemática dos contratos da 1ª Etapa demonstra que a Decisão n. 188/95 do TCU, ao tempo em que contribuiu para entendimento da legalidade da arbitragem como meio adequado de resolução de disputas envolvendo a Administração Pública, também enfraqueceu sua aplicabilidade enquanto jurisdição autônoma e vinculante, o que refletiu na redação dos próximos contratos a partir da Rio-Niterói.

O mencionado enfraquecimento pode ser notado a partir comparação do contrato Concepa com os demais. No primeiro, foi estabelecido que *(i)* eventuais conflitos *serão* resolvidos pelo Processo Amigável de Solução de Divergências – PASD; e *(ii)* na data da celebração do Contrato *serão constituídas* as Comissões Técnica e Econômico-Financeira Por outro lado, *(iii)* não há disposição no contrato autorizando o descumprimento do Laudo das Comissões pelas partes, mas prevê-se que *(iv)* firmado o compromisso arbitral, não seria admitida desistência; e que *(v)* as decisões do Tribunal Arbitral teriam força normativa, *independentemente de homologação judicial.*

Já nos contratos subsequentes (Concer, Crt e Nova Dutra), essas cláusulas foram modificadas, essencialmente retirando a vinculação das partes às decisões das Comissões de Peritos e do Tribunal Arbitral. Nesses termos, as redações indicam que *(i)* eventuais conflitos *poderão* ser resolvidos de acordo com o PASD; *(ii)* durante a vigência do Contrato, as partes *podem constituir* as Comissões Técnica e Econômico-Financeira; *(iii)* os pareceres das Comissões *podem ou não ser aceitos* pelas partes; *(iv)* a celebração do compromisso arbitral *não impede a desistência* das partes; e, por último, *(v)* não se reconhece a *força normativa do Laudo* do Tribunal Arbitral independentemente de homologação judicial.

Tudo isso, somado à decisão do TCU imputando ao responsável pelo órgão público a obrigação de recorrer ao Poder Judiciário sempre que o Laudo Arbitral contrariasse princípio da *legalidade, indisponibilidade* e *supremacia do interesse público*, enfraqueceu consideravelmente os ADRs, impossibilitando emancipação da porta única de acesso à justiça representada pelo Poder Judiciário.

3.2 A 2ª Etapa e o esquecimento

Em movimento resultante da insegurança instalada ao longo da 1ª Etapa do PROCROFE, nos contratos da 2ª Etapa, celebrados entre 2008 e 2009,[476] não houve sequer previsão de arbitragem ou comissões de peritos. Isso, mesmo com o reconhecimento da constitucionalidade da Lei de Arbitragem pelo STF (em 2001) e com a entrada em vigor da Lei n. 11.196/2005, que, complementando o teor do já mencionado art. 23, XV (referente aos modos amigáveis), inseriu previsão expressa a respeito da via arbitral na Lei de Concessões.[477]

---

476 *(i)* Autopista Fluminense; *(ii)* Autopista Litoral Sul; *(iii)* Autopista Planalto Sul; *(iv)* Fernão Dias; *(v)* Régis Bittencourt; *(vi)* Rodovia do Aço; *(vii)* Transbrasiliana; *(viii)* ViaBahia.

477 Art. 23-A: "O contrato poderá prever o emprego de mecanismos privados para resolução de disputas decorrentes ou relacionadas ao contrato, inclusive a arbitragem".

Ou seja, os editais e contratos deixaram de lado o sistema multiportas, nada obstante o avanço legislativo então experimentado pelo instituto.

3.3 A 3ª Etapa e o renascimento

Passados alguns anos, somente os contratos da 3ª Etapa, celebrados entre 2013 e 2015,[478] voltaram a prever mecanismos de *ADR*, dedicando seção específica à "Resolução de Controvérsias". O conteúdo, todavia, limitou-se à arbitragem.

Estatuindo que (i) as partes "obrigavam-se a resolver por meio de arbitragem" as controvérsias contratuais e que (ii) "as decisões e a sentença do Tribunal serão definitivas e vincularão as partes", foram superadas as premissas postas na 1ª Etapa, reconhecendo tanto a vinculação dos contratantes à cláusula arbitral, quanto a característica jurisdicional da arbitragem. Em complemento, estabeleceu-se *ex ante* que os processos seriam conduzidos perante a Câmara de Comércio Internacional – CCI.

Nos contratos da 3ª Etapa – exceção feita ao da Ecoponte cujo edital foi publicado em 2015 –, houve apenas a continuidade dos pressupostos até então existentes a respeito da arbitrabilidade objetiva, de modo que restou proibida a arbitragem quando a controvérsia fosse afeta a "*direitos indisponíveis*", "*a exemplo da natureza e da titularidade públicas do serviço concedido e do poder de fiscalização sobre a exploração do serviço concedido*".

Da regra, difere a cláusula disposta no Contrato da Eco101, advindo de Edital anterior, ainda de 2011. Lá, a cláusula trouxe como exemplificação de direitos indisponíveis – e, portanto, não sujeitos à arbitragem – discussões sobre o "*reequilíbrio*

---

478 *(i)* Eco101; *(ii)* Via040; *(iii)* Rota do Oeste; *(iv)* MS Via; *(v)* Eco050; *(vi)* Concebra; *(vii)* Galvão BR-153 e *(viii)* Ecoponte.

econômico-financeiro do Contrato, bem como acerca das questões econômico-financeiras entre as partes".

Ainda na vigência da 3ª Etapa, entraram em vigor importantes diplomas normativos. Dentre outros, a Lei n. 13.129/2015, incluiu no §1º do art. 1º da Lei de Arbitragem que "*a Administração pública direta e indireta poderá utilizar-se de arbitragem para dirimir conflitos relativos a direitos patrimoniais disponíveis*". Já a Lei n. 13.140/2015, dispôs sobre a *autocomposição de conflitos* na Administração.

Por sua vez, a MP n. 752/2016, convertida na Lei n. 13.448/2017, tratou de relicitação e prorrogações dos Contratos de Parceria no âmbito do PPI, fixando que as controvérsias surgidas nos setores rodoviário, ferroviário e aeroportuário seriam passíveis de arbitragem e outros meios alternativos de resolução de controvérsias. A Lei também permitiu o aditamento de contratos que não contassem com cláusula arbitral (tais como os da 2ª Etapa), e assentou rol de direitos disponíveis, incluindo: *(a)* questões relacionadas à recomposição do equilíbrio econômico-financeiro dos contratos; *(b)* cálculo de indenização decorrente de extinção ou transferência do contrato de concessão; e *(c)* inadimplemento de obrigações contratuais por qualquer das partes.

Deste modo, no lapso da 3ª Etapa do PROCROFE a consolidação de arcabouço legal específico contribuiu para o amadurecimento e segurança jurídica da utilização dos *ADR* no setor de infraestrutura, em especial nas concessões de rodovias federais.

3.4 A 4ª Etapa e o fortalecimento

A resposta positiva pode ser observada já na 4ª Etapa, com contratos celebrados entre 2019 e 2020.[479] O avanço na previsão

---

479 *(i)* Ecovias do Cerrado; *(ii) CCR* ViaSul – RIS e *(iii) CCR* Via Costeira.

contratual de *ADRs é notório*, o que se constata da análise do capítulo relativo à "*Resolução de Controvérsias*", bipartido em *(i)* autocomposição de conflitos e *(ii)* arbitragem. Os contratos da 4ª Etapa, entretanto, ostentam importantes diferenças entre si.

Nas duas primeiras concessões (Ecovias do Cerrado, Edital de julho/2018, e ViaSul, Edital de junho/2019), a cláusula de autocomposição dispõe que as partes poderão resolver o litígio por câmara de resolução de conflitos ou mediação, de acordo com a Lei n. 13.140/2015. Em relação à arbitragem, reitera-se a obrigatoriedade de resolução de conflitos pela via arbitral quando eleita, salvo no caso de *direitos indisponíveis*, exemplificados como "*natureza e titularidade públicas do serviço e do poder de fiscalização sobre a exploração do serviço delegado*".

A diferença entre esses contratos repousa na escolha da Câmara responsável pela administração de eventuais disputas. Na Ecovias do Cerrado, a Câmara será escolhida conforme regulamentação específica, dentre: *(i)* CAMARB; *(ii)* CAM-CCBC ou ICC Brasil. Na ViaSul, não há instituição indicada *ex ante* no contrato, remetendo-se a escolha à do decreto a ser editado.

Por último, foi publicado o Edital da ViaCosteira, em novembro/2019, após a entrada em vigor da Resolução ANTT n. 5.845/2019, que dispõe sobre as regras procedimentais para autocomposição e arbitragem no âmbito da Agência; e também do Decreto Federal n. 10.025/2019, que dispõe sobre arbitragem nos setores portuário, rodoviário, ferroviário, aeroportuário e aeroportuário.[480] Com isso, as cláusulas de *ADR* foram repaginadas.

---

480 Merece nota que, após os dois primeiros Editais e Contratos da 3ª Etapa (ViaSul e Ecovias do Cerrado), também foi publicado o Decreto n. 9.958/2019, que regulamentou o processo de relicitação. Nesse Decreto, foi fixado que a adoção de Arbitragem ou mecanismos privados de resolução de conflitos é *cláusula obrigatória* no Termo Aditivo que envolva o cálculo de indenização e apuração de haveres e deveres relacionados à extinção do Contrato.

Sobre a autocomposição, restou disposto que *antes de submeter o litígio à arbitragem*, as partes *poderão* adotar mecanismos de autocomposição, conforme Resolução da ANTT. A propósito da arbitragem, as partes obrigam-se à jurisdição arbitral, *nos termos do Decreto 10.025/2019* e da *Resolução da ANTT*. No que concerne à *arbitrabilidade objetiva*, o contrato não exemplificou os direitos tidos como *indisponíveis*, fazendo remissão à legislação e regulamentação aplicável, o que é salutar.[481] Por fim, outras duas modificações merecem destaque: *(i)* não há indicação *ex ante* da Câmara - na linha da ViaSul -, mas está previsto que a instituição deve ser credenciada pela AGU, nos termos da legislação e regulamentação específica; e *(ii)* a respeito do custeio do procedimento arbitral, determinou-se que as custas serão *sempre* adiantadas pelo contratado.

3.5 A 5ª etapa, os novos contratos e o estado da arte

Finalmente, aterrissamos no novo *pipeline* de concessões do governo federal, que teve a carteira de projetos qualificada no Programa de Parcerias de Investimento (PPI) e, com o apoio da Empresa de Planejamento Logístico – EPL, foi impulsionada pelo Ministério da Infraestrutura e pela ANTT.

Como adiantado na abertura do presente tópico, a nova etapa nasceu com o leilão da BR-153/414/080 (TO/GO), em abril/2021,[482] e seguirá para a BR-163/230 (MT/PA), com leilão marcado para julho/2021. Os novos *projetos* oferecem plano tridimensional de mecanismos de ADR, de modo que "*sempre que houver divergência*

---

481 O Decreto Federal n. 10.025/2019 traz rol exemplificativo de *direitos disponíveis*, sendo *(i)* questões relacionadas à recomposição do equilíbrio econômico-financeiro dos contratos; *(ii)* cálculo de indenizações decorrentes de extinção ou transferência do contrato de parceria; e *(iii)* inadimplemento de obrigações contratuais por quaisquer das partes, incluídas a incidência de suas responsabilidades e o seu cálculo.

482 O Leilão foi vencido pelo Consórcio Eco153 (Grupo Ecorodovias e GLP).

na aplicação das normas contratuais", as partes devem considerar a adequação *(i)* da autocomposição de conflitos; *(ii)* da arbitragem; e/ou *(iii)* do Comitê de Resolução de Conflitos – *dispute board.*

Desde a subseção de Disposições Gerais sobre a "Resolução de Controvérsias", percebe-se maior detalhamento na tratativa da matéria, especialmente fruto da consolidação da cultura do sistema multiportas para gerir e/ou dirimir conflitos contratuais. Um passo à frente dos contratos anteriores, vê-se uma delimitação diferente em relação às matérias passíveis de *ADR*. Se até então, caminhou-se para a *arbitrabilidade objetiva* de *direitos disponíveis* (por último elencados no Decreto n. 10.025/2019), agora resta estabelecido que, em havendo *autocomposição*, esta "*poderá versar sobre direitos indisponíveis que admitam transação*".

Só não serão sujeitos à resolução extrajudicial de controvérsias *(i)* questões relativas a direitos indisponíveis *não transacionáveis*; *(ii)* disputas sobre a natureza e titularidade pública do serviço; *(iii)* litígios que versem a respeito do poder de fiscalização sobre o serviço; e *(iv)* o pedido de rescisão por parte da concessionária.[483] [484]

Especificamente em relação à autocomposição, a mediação poderá ocorrer, mediante comum acordo entre as partes, nos termos da Lei n. 13.140/2015. O processo deve obedecer à ampla publicidade, "*observadas as previsões legais sobre sigilo e confidencialidade de informações*". Ainda no que concerne à publicidade, a mesma Lei dispõe que a mediação será sigilosa, o que é ratificado pela Resolução ANTT n. 5.845/19.[485]

---

483 A redação segue a linha do art. 3º da Resolução ANTT n. 5.845/2019.

484 É a razão para exclusão do pedido de rescisão: em caso de descumprimento das normas contratuais pelo concedente, a extinção do contrato de concessão (art. 35, IV da Lei n. 8.987/95), por iniciativa da concessionária, somente pode ocorrer "*mediante ação judicial especialmente intentada para este fim*" (art. 39 da Lei n. 8.987/95).

485 A Resolução ressalva que o processo será tornado público caso não seja admissível ou se negada a participação pela agência. Em havendo continuidade

A propósito da arbitragem, o contrato faz remissão ao Decreto Federal n. 10.025/19 (ou legislação que venha a substituí-lo) e à *regulamentação específica da ANTT* (Resolução n. 5.845/2019). O procedimento arbitral será conduzido por uma das Câmaras fixadas no Contrato: *(i) ICC – Internacional Chamber of Commerce* ou *(ii)* CAM-CCBC – Centro de Arbitragem e Mediação Brasil Canadá, cabendo a escolha à parte que requer a instalação da arbitragem. Caso pelo menos uma das Câmaras não esteja credenciada perante a AGU, a concessionária indicará lista tríplice, cabendo à ANTT a escolha de uma delas.

Por último, destaca-se a subseção dedicada ao comitê de resolução de conflitos (*dispute board,* antes denominados de Comissão de Peritos), que desde a 1ª Etapa deixou de integrar os contratos das concessões federais. Para amparar a previsão, o contrato faz remissão ao art. 23-A da Lei de Concessões, com redação incluída em 2005.

O comitê ostenta caráter facultativo e será conduzido na modalidade *ad hoc* por três membros, destinado à resolução de questões de *natureza eminentemente técnica*, em situações *excepcionais* e *complexas*. O caráter de sua decisão será *recomendatório*, de modo a ser utilizado como *subsídio* pela ANTT, que irá proferir decisão sobre a matéria. Cabe destacar, no entanto, que o contrato condiciona a utilização do *dispute board* à regulamentação específica da ANTT ainda a ser editada, pois a Resolução n. 5.845/2019 aborda somente *(i)* a mediação, nos termos da Lei n. 13.140 e *(ii)* a arbitragem.

---

do processo, os autos somente serão tornados públicos após seu encerramento, com exceção dos *parâmetros negociais* e outros sigilos definidos.

Considerações finais

Com base no panorama traçado acima, a fim de assegurar o bom andamento dos projetos e a consecução adequada das obrigações contratuais, é possível atestar a significativa evolução da utilização dos mecanismos de ADR no âmbito do Programa de Concessões Rodoviárias do Governo Federal – PROCROFE.

É bem verdade que todas as alternativas possuem vulnerabilidades e vantagens que demandam escolhas estratégias para atenuar os custos envolvidos – especialmente cronológicos, financeiros e relacionais –, gerando resultados positivos. Bem por isso, trata-se de competência preceituada em lei e, portanto, inabdicável.

De acordo com informações do ano de 2020, o contencioso arbitral da ANTT abarcava pelos menos 01 processo relativo à 2ª Etapa (ViaBahia) e outros 08 inerentes às concessões da 3ª Etapa (Concebra, Via40, Eco050, MS VIA e Galvão). Conforme indicado acima, a despeito dos contratos da 2ª Etapa originalmente não terem previsto mecanismos de *ADR*, no caso da ViaBahia, as partes celebraram Termo Aditivo especialmente para incluir este fim (TA n. 03/2018), conforme autoriza o art. 31 da Lei n. 13.448/2017.

Ampliando o leque de métodos disponíveis e também o escopo de sua aplicação, é possível superar a cultura da judicialização, oferecendo ao setor meios mais adequados e céleres para resolução das controvérsias contratuais. Com isso, diante das peculiaridades dos contratos relacionais e incompletos, instala-se nas concessões rodoviárias brasileiras uma nova era de horizontalidade, cooperação, estabilidade, previsibilidade, confiança e eficiência.

Referências bibliográficas

CUÉLLAR, Leila; MOREIRA, Egon Bockmann; GARCIA, Flávio Amaral; CRUZ, Elisa Schmidlin. *Direito Administrativo e Alternative Dispute Resolution*. Belo Horizonte: Fórum, 2020.

HADFIELD, Gillian. "The Many Legal Institutions That Support Contractual Commitments". *In*: MÉNARD, Claude; SHIRLEY, Mary M. (Coord.). *Handbook of New Institutional Economics*. Heidelberg: Springer, 2008.

MOREIRA, Egon Bockmann. *Direito das Concessões de Serviço Público*. São Paulo: Malheiros, 2010.

CAPÍTULO XVIII

EXTINÇÃO DE CONCESSÕES DE SERVIÇO PÚBLICO

Renata Lacerda
Juliana Criscuolo

Introdução

Em 1995, a Lei n. 8.987, que dispõe sobre o regime de concessão e permissão da prestação de serviços públicos, trouxe em seu art. 35[486] as hipóteses de extinção da concessão.

A referida norma também estabeleceu alguns comandos para fazer frente ao encerramento do contrato de concessão, mas naquele momento não foi possível prever os relevantes desafios que anos depois seriam enfrentados pelas concessionárias e pelo poder concedente para a conclusão deste processo.

---

486 São elas: advento do termo contratual; encampação; caducidade; rescisão; anulação; e falência ou extinção da empresa concessionária e falecimento ou incapacidade do titular, no caso de empresa individual.

Dentre as hipóteses previstas no art. 35 da Lei n. 8.987/95, sabemos que o advento do termo contratual é o caminho natural para o encerramento da concessão, dado que pressupõe que as partes cumpriram com as suas obrigações contratuais durante o prazo original.

Neste caso, a própria lei estabelece o dever de o poder concedente se antecipar e proceder aos levantamentos e avaliações necessários à determinação dos montantes que serão devidos à concessionária a título de indenização pelas parcelas dos investimentos vinculados a bens reversíveis realizados pela concessionária, não amortizados ou depreciados.

Contudo, existem outras relevantes questões que poderão impactar significativamente o valor da indenização devido à concessionária, que também devem ser adequadamente solucionadas para permitir uma apuração de haveres e deveres que encerre, de fato, todas as obrigações contratuais e assegure os direitos das partes. Destacam-se, o desenlace de todos os processos de reequilíbrio e sancionatórios.

Paralelamente a estas medidas de apuração dos valores devidos na concessão, devem ser adotadas pelo poder concedente as providências relacionadas à estruturação e realização da assunção dos serviços por um novo prestador, que envolvem elaboração de estudos de viabilidade, participação social e licitação.

Considerando os diversos atores envolvidos – órgãos de controle e ambientais, entes da Administração Pública, representantes da sociedade e políticos – fazer com que todos esses processos tramitem em total harmonia, simultaneamente e de maneira sincrônica, não é uma tarefa simples, e exigiu novas soluções para o tema.

Neste cenário, foi publicada a Lei n. 13.448/2017,[487] que trouxe algumas novas possibilidades de prorrogação e extensão

487 Lei que estabeleceu diretrizes gerais para prorrogação e relicitação dos contratos de parceria definidos nos termos da Lei n. 13.334, de 13 de setembro

do prazo de vigência original do contrato de parceria definidos nos termos da Lei do PPI.

Cada uma destas modalidades tem a sua finalidade, e para os fins aqui propostos, abordaremos a prevista no artigo 32 da Lei n. 13.448/2017, de extensão do prazo contratual, para evitar a descontinuidade da prestação do serviço no processo de substituição de contrato de parceria em vigor para o novo vencedor do certame.

O presente artigo pretende enfrentar a discussão quanto à possibilidade de utilização do período de extensão do prazo da concessão previsto no artigo 32, para também recompor alguns fatores de desequilíbrio da equação econômico-financeira visando a reduzir os montantes devidos à concessionária a título de indenização pelo término do prazo da concessão, de modo a evitar sacrifícios ou lesões insuportáveis às finanças públicas ou aos interesses dos usuários.

1 Da extensão de prazo contratual para viabilização da nova concessão trazido pela Lei n. 13.448/17

Como já dito, enquanto está em curso o processo de encerramento da concessão vigente com a necessidade de resolução de todos os seus passivos regulatórios, percorre, em paralelo, um processo de licitação que precisa ser estruturado em compasso com o marco temporal de encerramento do primeiro.

Justamente para evitar a descontinuidade da prestação de serviços públicos neste âmbito, é que o artigo 32 da Lei n. 13.448/17 prevê a possibilidade da extensão de prazo da vigência do contrato de parceria, desse que observadas algumas condições.

---

de 2016, nos setores rodoviário, ferroviário e aeroportuário da Administração Pública Federal, e altera a Lei n. 10.233, de 5 de junho de 2001, e a Lei n. 8.987, de 13 de fevereiro de 1995.

Deveras, esta modalidade de extensão somente é admitida quando houver estudo ou licitação em andamento para substituição de contrato de parceria em vigor e não haja tempo hábil para que o vencedor do certame assuma o objeto do novo contrato.

É necessário, ainda, que haja acordo entre as partes, não podendo a extensão ser superior a 24 (vinte e quatro) meses, período este em que se pressupõe que o órgão ou a entidade competente conseguirá concluir o processo licitatório e o novo concessionário poderá assumir a concessão.

Conforme já reconhecido expressamente pela Unidade Técnica do Tribunal de Contas da União,[488] a extensão de prazo prevista no art. 32 da Lei n. 13.448/2017 não exige a incorporação de novas tecnologias e serviços ou investimentos, tampouco expressa previsão no respectivo edital ou no instrumento contratual original.

O aditivo ao contrato de concessão para extensão do prazo da concessão pelo período necessário à viabilização do novo processo licitatório deve ser realizado com base num novo fluxo de caixa (marginal) e poderá definir novos parâmetros para a exploração do serviço público e, consequentemente, uma nova tarifa de serviço público[489] e uma nova taxa de retorno.

Vale salientar que, diante da inexistência de tempo hábil para a conclusão do processo licitatório e para que o vencedor do certame assumisse o objeto do novo contrato antes do término daquele então em vigor, a Agência Nacional de Transportes Terrestres – ANTT já celebrou termos aditivos de extensão de prazo, com base no art. 32 da Lei n. 13.448/2018, no bojo dos contratos de concessão

---

488 Nesse sentido, TCU 031.985/2016-5 – Acórdão Plenário n. 2147/2017.

489 Considerando a inexistência de novos investimentos para esse período de extensão de prazo do contrato de parceria, o correlato fluxo de caixa marginal terá pouca presença de depreciações e amortizações, o que consequentemente deve resultar numa tarifa de serviço público menor do que a praticada pela concessionária.

PG-016/97-00 (BR 290/RS, trecho Osório – Porto Alegre – entroncamento BR-116-RS)[490] e PG-137-95-00 (BR-116-RJ/SP).[491]

2 A extensão de prazo para evitar a descontinuidade da prestação de serviços e a equalização dos montantes indenizatórios

Sabe-se que nem todos os passivos regulatórios se resolvem com o advento do termo contratual, e que a solução definitiva para apuração e pagamento destes passivos pode demandar tempo.

Assim, o correspondente reconhecimento e efetivação do pagamento da indenização devida ao concessionário em razão do término de vigência contratual pode se efetivar somente após o transcurso do prazo de vigência do contrato de concessão. Com efeito, os passivos regulatórios, como não poderia ser diferente, deverão ser solucionados em total observância ao devido processo legal, e uma vez exaurida a via administrativa, teriam que ser considerados pelo órgão ou autoridade competente para fins de equalização dos montantes indenizatórios de final de contrato.

Esses passivos regulatórios - tais como os processos de reequilíbrio -, que culminarão em montantes indenizatórios devidos à concessionária, quanto mais tempo demorarem a serem efetivamente pagos à concessionária, mais onerarão desnecessariamente os cofres públicos, sobretudo, por haver a incidência da taxa interna de retorno do contrato.

Daí a necessidade de avaliar a possibilidade de utilizar o período de extensão de prazo da concessão, nos termos do art.

490 ANTT. *Contrato n. PG-016/97-00*. Disponível em: https://portal.antt.gov.br/documents/359170/3c241952-617f-1cfd-f0f6-6d23ad390d8d. Acessado em: 20.05.2022.

491 ANTT. Disponível em: https://portal.antt.gov.br/documents/359170/4d8bf42b-d87f-96d8-9e6b-e64098eab12. Acessado: 20.05.2022.

32 da Lei n. 13.448/2017, também para fins de equalização dos passivos regulatórios reconhecido pelas partes, de modo a reduzir os montantes indenizatórios que serão apurados no processo de haveres e deveres de encerramento da concessão.

É indubitável o dever de o poder concedente garantir a austeridade fiscal, para evitar a criação de despesas adicionais ao orçamento da União em razão de eventuais passivos regulatórios decorrentes do encerramento de contratos de concessão e a adequada destinação das receitas. Essa obrigação está expressamente reconhecida na Portaria n. 003/2021 expedida pelo Ministério da Infraestrutura ("Portaria MINFRA n. 003/2021").[492]

Note-se que, no âmbito de concessões rodoviárias, a tarifa de pedágio no período de extensão deve ser acompanhada de redução do seu valor, uma vez que os investimentos realizados no contrato já terão sido amortizados até o final do prazo original da concessão, conforme já reconhecido pelo TCU.[493] Daí a possibilidade de nesse período a tarifa praticada ser igual à tarifa da última revisão tarifária do prazo original contrato de concessão, e a diferença para a tarifa calculada e devida à concessionária pelos serviços prestados no curso da extensão de prazo servir para liquidar desequilíbrios reconhecidos pelas partes. Essa diferença entre a tarifa praticada e a tarifa calculada tem sido denominada de excedente tarifário.

---

492 Portaria expedida pelo Ministério da Infraestrutura que estabelece diretrizes e procedimentos para extensão de prazo de contratos da 1ª Etapa do Programa de Concessões de Rodovias Federais - PROCROFE e institui a política tarifária até a conclusão dos certames licitatórios.

493 TCU 031.985/2016-5 – Acórdão Plenário n. 2147/2017, TCU 021.195/2017-0 – Acórdão Plenário n. 1098/2018 e TCU 005.486/2021-1. Nas referidas oportunidades, restou evidente que a principal preocupação da Corte de Contas estava relacionada a) limitar o prazo adicional de duração do contrato ao estritamente necessário para a finalização da concorrência pública visando a seleção de nova concessionária; e b) promover a redução da tarifa naquela rodovia, mediante o expurgo da parcela destinada à remuneração dos investimentos feitos na concessão, uma vez que já foram integral e adequadamente remunerados dentro do prazo contratual estabelecido.

A Portaria MINFRA n. 003/2021 na Deliberação n. 60/2021da Diretoria Colegiada da ANTT autorizam que o excedente tarifário seja segregado em conta bancária vinculada e contabilizado separadamente, cujo montante deverá ser utilizado – frise-se, ao final do período de extensão do contrato - para a quitação de eventual saldo credor em favor da concessionaria a título de indenização pela extinção do contrato, devendo o remanescente ser destinado na forma da legislação.

Desde já vale ressaltar também que a prática, durante a extensão do prazo do contrato, do excedente tarifário (ou seja, da cobrança da tarifa vigente no prazo original da concessão, sem que haja a correspondente redução proporcional do valor cobrado aos usuários), não atenta contra a modicidade tarifária (art. 6º, § 1º e art. 7º, inciso I da Lei n. 8.987/1995), tampouco configura desvio de finalidade ou é inadequado nos aspectos orçamentário e fiscal: a nosso ver, ao contrário do que talvez se possa alegar, a medida não encontra obstáculos no princípio da unidade de caixa,[494] no princípio da universalidade,[495] no princípio da não afetação de receitas[496] ou nos arts. 71 a 74 da Lei n. 4.320/1964, c/c arts. 71 a 81 do Decreto n. 93.872/1986, que limitam a criação de um fundo especial para finalidades específicas definidas em lei própria.

Isso porque, o excedente tarifário possui a natureza jurídica de tarifa de prestação de serviço público não se confundindo tal receita com recursos sujeitos ao Orçamento Geral da União. Desse

---

494 Princípio da unidade de caixa: determina que todos os recursos arrecadados pelo erário, seja qual for a origem ou classificação, devem ser alocados em uma conta única do Tesouro Nacional (art. 56 da Lei n. 4.320/1964, c/c art. 1º do Decreto n. 93.872/1986).

495 Princípio da universalidade: que estabelece que o orçamento deve conter todas as receitas e todas as despesas do Estado (art.165, § 5º, da CF/1988, c/c arts. 2º e 3º da Lei n. 4.320/1964).

496 Princípio da não afetação de receitas estabelece que todas as receitas orçamentárias devem ser recolhidas à conta única, sem qualquer vinculação em termos de destinação (art. 167, inciso IV, da CF/1988).

modo não se aplicaria ao excedente tarifário a obrigação de alocação de tais recursos em uma conta única do Tesouro Nacional.

Ademais, o tema sobre "investimento cruzado" em infraestruturas de transporte foi objeto de apreciação pelo Supremo Tribunal Federal,[497] que concluiu pela constitucionalidade dos referidos dispositivos legais. Além disso, não se pode ignorar os dispositivos legais (Lei n. 12.379/2011e Lei n. 13.448/2017) que autorizam a compensação de haveres e deveres com os respectivos contratados.

Não obstante já ter sido reconhecida a possibilidade de destinação do excedente tarifário para assegurar o pagamento da indenização devida ao concessionário após a conclusão do processo de apuração de haveres e deveres de final de contrato, entende-se que não haveria a necessidade de se aguardar o término de todo prazo da extensão de vigência para só então assim proceder.

No nosso entendimento, o mais adequado seria utilizar o excedente tarifário para realizar os pagamentos devidos à concessionária pelos passivos regulatórios da concessão *pari passu* ao seu reconhecimento, dado que sua constatação somente se dá após a conclusão de regular processo administrativo, e a morosidade em liquidá-los demanda atualizações nas bases contratuais, com a incidência da taxa interna de retorno.

Este, inclusive, seria o entendimento que melhor se coaduna com o direito assegurado no parágrafo quarto do artigo 9º da Lei n. 8987/1995, que determina que o restabelecimento do equilíbrio econômico-financeiro do contrato deve se dar concomitantemente à sua alteração.

Qual seria o interesse público na manutenção do desequilíbrio em aberto, por tamanho lapso temporal?

---

497 STF. ADI 5991.

A realização de pagamentos dos valores devidos à concessionária a título de indenização pelo término da concessão por meio do excedente tarifário não é uma forma de desnaturar o instituto previsto no artigo 32 da Lei n. 13.448/2017, e nem se aproxima da prorrogação antecipada.

Afinal, enquanto na extensão de prazo baseada no art. 32 os parâmetros do contrato de concessão original são afastados e são definidos novos parâmetros para exploração e manutenção do sistema rodoviário, em que não há depreciação ou amortização de investimentos, na prorrogação antecipada (ressalvados os novos investimentos) são mantidas as mesmas obrigações originárias do contrato de concessão, inclusive àquelas relacionadas à depreciação ou amortização de investimentos.

Ademais, existem outros desequilíbrios econômico-financeiros que não estão atrelados à álea administrativa - alteração unilateral, fato do príncipe, fato da Administração – e realização de novos investimentos, e que estão relacionados à álea econômica, como por exemplo, os impactos decorrentes da pandemia do novo coronavírus, cujas circunstâncias são externas ao contrato, estranhas à vontade das partes, imprevisíveis, excepcionais, inevitáveis e dão lugar à aplicação da teoria da imprevisão.[498]

No mais, permitir o pagamento das indenizações devidas à concessionária por meio do excedente tarifário obtido durante a extensão do contrato assegura que as indenizações devidas em decorrência da prestação dos serviços sejam suportadas por quem efetivamente o usufruiu, evitando a socialização desses dispêndios, além de contribuir com a destinação mais eficiente dos recursos públicos, evitando-se onerosidade desnecessária.

---

498 DI PIETRO, Maria Sylvia Zanella. *Direito Administrativo*. 31ª ed. Rio de Janeiro: Forense, 2018, p. 318.

Desse modo, muito embora a norma não disponha expressamente sobre a utilização do excedente tarifário obtido no período de extensão de prazo para pagamento *pari passu* ao reconhecimento dos valores devidos à concessionária a título de indenização pelo término da concessão, entendemos que esse é o entendimento que melhor se coaduna com o interesse público.

Considerações finais

Conclui-se que não há justificativas para aguardar o término do prazo de extensão do contrato com base art. 32 da Lei n. 13.449/2017 para só então promover a realização dos pagamentos devidos à concessionária, fruto de regular processo administrativo, a título de indenização pelo término da concessão.

Primeiro, porque enquanto não for realizado o reequilíbrio econômico-financeiro, os montantes envolvidos são corrigidos segundo o regramento contratual, portanto com a incidência de taxa de retorno contratual. Segundo, porque a lei de concessões estabelece que o restabelecimento do equilíbrio econômico-financeiro do contrato deve se dar concomitantemente à sua alteração. Terceiro, porque os próprios usuários dos serviços que arcariam com os valores devidos em decorrência da prestação dos serviços, evitando-se a socialização dos dispêndios. Quarto, porque se evitaria uma oneração desnecessária aos cofres públicos, ao permitir uma redução dos montantes indenizatórios de final de contrato que poderão ser arcados pelo erário, ou seja, com menos sacrifícios às finanças públicas.

A evolução do marco regulatório passa também pelo eficiente encerramento das concessões, em que a efetividade dos reequilíbrios econômico-financeiros e a redução dos montantes indenizatórios, sem o sacrifício das finanças públicas e sem a socialização de custos para aqueles que não usufruíram do serviço público, são cruciais para a garantia do interesse público.

Referências bibliográficas

ANTT. *Contrato n. PG-016/97-00*. Disponível em: https://portal.antt.gov.br/documents/359170/3c241952-617f-1cfd-f0f6-6d23ad390d8d. Acessado em: 20.05.2022.

______. Disponível em: https://portal.antt.gov.br/documents/359170/4d8bf42b-d87f-96d8-9e6b-e64098eab12. Acessado: 20.05.2022.

BRASIL. *Constituição da República Federativa do Brasil de 1988*. Brasília, DF: Presidência da República. Disponível em: http://www.planalto.gov.br/ccivil_03/constituicao/constituicao.htm. Acessado em: 03.06.2022.

______. *Decreto n. 9.957*, de 06 de agosto de 2019. Disponível em: http://www.planalto.gov.br/ccivil_03/_Ato2019-2022/2019/Decreto/D9957.htm. Acessado em: 11.05.2022.

______. *Lei n. 13.448*, de 05 de junho de 2017. Disponível em: http://www.planalto.gov.br/ccivil_03/_ato2015-2018/2017/lei/l13448.htm. Acessado em: 11.05.2022.

______. *Lei n. 8.666*, de 21 de junho de 1993. Disponível em: http://www.planalto.gov.br/ccivil_03/leis/l8666cons.htm. Acessado em: 11.05.2022.

______. *Lei n. 8.997*, de 13 de fevereiro de 1995. Disponível em: http://www.planalto.gov.br/ccivil_03/leis/l8987cons.htm. Acessado em: 11.05.2022.

______. Tribunal de Contas da União. *Processo n.* 021.195/2017-0. Acórdão Plenário n. 1098/2018. Disponível em: https://pesquisa.apps.tcu.gov.br/#/redireciona/acordao-completo/%22ACORDAO-COMPLETO-2282405%22. Acessado em: 11.05.2022.

______. Tribunal de Contas da União. *Processo n.* 031.985/2016-5. Acórdão Plenário n. 2147/2017. Disponível em: https://pesquisa.apps.tcu.gov.br/#/redireciona/acordao-completo/%22ACORDAO-COMPLETO-2282405%22. Acessado em: 11.05.2022.

DI PIETRO, Maria Sylvia Zanella. *Direito Administrativo*. 31ª ed. Rio de Janeiro: Forense, 2018.

______. *Parcerias na Administração Pública*. 7ª ed. São Paulo: Atlas, 2009.

CAPÍTULO XIX

RESPONSABILIDADE CIVIL DO ESTADO E AS CONCESSIONÁRIAS DE RODOVIAS

Dinorá Adelaide Musetti Grotti

1 O princípio da responsabilidade dos serviços públicos

A responsabilidade não é normalmente mencionada pela doutrina como princípio dos serviços públicos. Todavia, por sua importância quanto ao regime dos serviços públicos, não há dúvida que tal caráter lhe deva ser outorgado.[499]

A responsabilidade civil do Estado, genericamente considerada, consiste no dever de recompor os prejuízos acarretados a terceiros, o dever de indenizar as perdas e danos materiais e morais sofridos por terceiros pela sua atuação em geral, inclusive

---

499 MORENILLA, José María Souvirón. *La actividad de la administración y el servicio público*. Granada: Comares, 1998, p. 516.

pelo funcionamento normal ou anormal "dos serviços públicos enquanto ação prestacional pública".[500]

No Direito brasileiro, a responsabilização dos prestadores dos serviços públicos tem-se visto alargada. Quer se trate de pessoas jurídicas de Direito público ou de Direito privado prestadoras de serviços públicos, aplica-se o art. 37, § 6º da Constituição Federal de 1988.[501] Dentro dessa composição de pessoas de Direito privado prestadoras de serviço público estão abrangidas as empresas estatais, cuja natureza é de Direito privado, e as empresas privadas, permissionárias ou concessionárias de serviço público.

Essa norma pôs fim às divergências doutrinárias quanto à incidência de responsabilidade objetiva, que prescinde da investigação de culpa ou dolo, bastando a demonstração do nexo de causalidade entre o dano sofrido pelo administrado e o comportamento danoso, quando se tratasse de entidades de Direito privado prestadoras de serviços públicos, que não eram abrangidas pelo teor do art. 194 da Constituição Federal de 1946 e nem pelo art. 105 da Constituição de 1967, posteriormente art. 107 da Emenda Constitucional n. 1, de 1969. Trata-se de aplicação da teoria do risco administrativo, fundada na ideia de solidariedade social, na justa repartição dos ônus decorrentes da prestação dos serviços públicos e igualdade, pelo qual as pessoas não podem ser individual e especialmente oneradas em razão do bem comum.

Assim, nos termos do referido dispositivo constitucional de 1988, a responsabilidade das entidades antes referidas pelos prejuízos causados a terceiros e ligados à prestação do serviço rege-se

---

500 MORENILLA, José María Souvirón. *La actividad de la administración y el servicio público*. Granada: Comares, 1998, p. 517

501 O art. 37, § 6º, CF/88, dispõe que: "As pessoas jurídicas de direito público e as de direito privado prestadoras de serviços públicos responderão pelos danos que seus agentes, nessa qualidade, causarem a terceiros, assegurado o direito de regresso contra o responsável nos casos de dolo ou culpa".

pelos mesmos critérios e princípios vetores da responsabilidade do Estado, que é usualmente referida como objetiva. Remete-se a direito de regresso "nos casos de dolo ou culpa".

Tal imputação justifica-se pelo fato de que a atividade, embora executada em regime de Direito privado, e situada em ambiente de competição, é de titularidade do Estado, conservando, dessa forma, seu caráter originário,[502] com as características que são próprias do serviço público, do qual a coletividade como um todo se beneficia.

Vale assinalar que parte da doutrina advoga que a responsabilidade do Estado por ato omissivo apresenta natureza subjetiva, com fundamento na teoria da culpa do serviço público e considera que o serviço não funcionou (omissão), funcionou atrasado ou funcionou mal.[503]

A questão é clara no caso da prestação direta de serviços pela Administração. Surgem problemas nos casos de gestão indireta,

---

502 BACELLAR FILHO, Romeu Felipe. "Responsabilidade civil extracontratual das pessoas jurídicas de Direito privado prestadoras de serviço público". *Interesse Público*, São Paulo, nº 6, abr./jun. 2000, p. 44.

503 Celso Antônio Bandeira de Mello esclarece que, "nos casos de danos por omissão, para engajamento da responsabilidade, é necessário que tenha havido omissão culposa ou dolosa, a qual, todavia, há de ser havida como presumida, admitindo, entretanto, prova em contrário" (*Curso de Direito Administrativo*. 34ª ed. São Paulo: Malheiros, 2019, p. 805). A propósito, registra Alexandre Santos de Aragão: "Realmente, não há como se objetivar uma responsabilidade civil por omissão, na qual inexiste um ato que possa representar o elemento primordial do nexo de causalidade. se a omissão do prestador do serviço público fosse objetivamente considerada como fato gerador de responsabilidade civil, o Estado ou seu concessionário seriam uma espécie de seguradores universais dos membros da coletividade, arcando com todos os prejuízos que não conseguissem evitar. adicionalmente, a responsabilidade estatal em caso de omissão demanda cautela, já que o seu ônus financeiro é repartido por toda a sociedade. Portanto, a omissão, quando caracterizar um ilícito administrativo e gerar danos – individuais, coletivos ou difusos – desencadeará, além, naturalmente, do dever de agir para suprir a omissão, a responsabilidade civil do prestador do serviço público". (*Direito dos serviços públicos*. 4ª ed. Belo Horizonte: Fórum, 2017, pp. 457/458).

especialmente de concessão, onde há um plano duplo: a Administração mantém a titularidade do serviço, bem como poderes de direção sobre o seu desenvolvimento, mas o concessionário detém poderes de decisão sobre a gestão.[504]

Num processo de evolução que se iniciou com as privatizações, prosseguiu com a edição do Estatuto Geral das Concessões (Lei n. 8.987, de 13.02.1995), de diplomas legislativos pertinentes a setores específicos e de um marco legal aplicável às parcerias público-privadas, com a criação de inúmeras entidades reguladoras, a relação entre os usuários e prestadores de serviços públicos, bem como a existência de diferentes figuras envolvidas (ora entes públicos e particulares como usuários, ora empresas estatais ou privadas como concessionárias), além da forma mais ou menos intensa de regulação que incide sobre cada tipo de serviço público, foi ganhando maior complexidade.

Toda essa situação evidencia "que modelos prontos, preconcebidos ou simplesmente esquemáticos não são suficientes para equacionar todos os conflitos que decorrem dessas relações".[505]

Após examinar o regime e a responsabilidade civil do Estado e das concessionárias de serviços públicos, serão analisados alguns fatos geradores de demandas judiciais contra as concessionárias de rodovias.

---

504 MORENILLA, José María Souvirón. *La actividad de la administración y el servicio público*. Granada: Comares, 1998, p. 517.

505 DOMINGUEZ, Guilherme Diniz de Figueiredo. "A interrupção no fornecimento dos serviços públicos de energia elétrica e água, por inadimplência dos usuários, à luz da jurisprudência dos tribunais superiores (STJ E STF)". *Revista de Direito Público da Economia – RDPE*, Belo Horizonte, ano 6, nº 24, out./dez. 2008, pp. 219-236. Disponível em: http://bidforum.com.br/bidBiblioteca_periodico_pdf.aspx?i=55971&p=8. Acessado em: 20.05.2022.

2 Execução do serviço público *por conta e risco* do concessionário: alcance da expressão

A definição clássica de concessão de serviços públicos tinha como um de seus elementos a ideia segundo a qual a concessão seria um contrato, cujos riscos seriam suportados exclusivamente pelo concessionário. Desse fato, ademais, advém a frase geralmente utilizada para caracterizar a concessão como o instituto em que o concessionário realiza investimentos e executa o serviço "por sua conta e risco". Contudo, a realidade das concessões de serviços públicos e as garantias oferecidas ao concessionário (sobretudo o equilíbrio econômico-financeiro) transpassam a noção de que não há, de fato, a assunção integral dos riscos pelo concessionário.[506]

Na concessão e permissão de serviço público regidas pela Lei n. 8.987/95, por definição legal contida no artigo 2º, II, III e IV, a execução do serviço é feita por conta e risco do concessionário. A expressão não tem a amplitude por ela sugerida e, por isso, é considerada imprecisa por induzir à interpretação de que todas as despesas decorrentes dos eventos danosos, que porventura tenham curso durante a execução de um contrato dessa natureza, além de todos os riscos advindos desses eventuais danos, devam ser assumidos pelo concessionário (ou permissionário). Dá a ideia de que tudo corre à custa do concessionário. Porém, não é o que ocorre

---

506 JUSTEN FILHO, Marçal. "As diversas configurações da concessão de serviço público". *Revista de Direito Público da Economia - RDPE*, ano 1, nº 1, jan./mar. 2003, pp. 95-136; JUSTEN FILHO, Marçal. *Teoria geral das concessões de serviço público*. São Paulo: Dialética, 2003, pp. 76-95 e 382-422; PEREZ, Marcos Augusto. *O risco no contrato de concessão de serviço público*. Belo Horizonte: Fórum, 2006, p. 101 e ss.; RIBEIRO, Maurício Portugal; Lucas Navarro PRADO *Comentários à Lei de PPP*. São Paulo: Malheiros, 2007, pp. 48-50 e 103-125; MOREIRA, Egon Bockmann. "Riscos, incertezas e concessões de serviço público". *Revista de Direito Público da Economia - RDPE*, Belo Horizonte, vol. 5, nº 20, out./dez. 2007. Disponível em: http://www.editoraforum.com.br/bid/bidConteudoShow.aspx?idConteudo=49831. Acessado em: 20.05.2022.

na realidade, pelo abrandamento dessa regra pela aplicação das teorias da imprevisão, do fato do príncipe, do fato da Administração, da força maior.[507]

Registra Marçal Justen Filho:

> Afirmar que o concessionário presta o serviço por sua própria conta reflete uma concepção política e jurídica não mais vigente. A afirmação dos conceitos fundamentais de direito público tornou insustentável interpretar a fórmula literalmente. Se o serviço permanece sendo público, não é possível afirmar que ele é prestado por 'conta' do concessionário. É evidente que o serviço delegado é prestado por conta do poder concedente. O concessionário atua em nome próprio e assume inúmeros direitos e deveres, mas o poder concedente ainda detém a titularidade do serviço. Por isso, é incorreto atribuir exclusivamente ao particular todos os riscos decorrentes da avença. Isso somente seria possível se a concessão caracterizasse o serviço como exclusivamente privado.[508]

O mesmo posicionamento é esposado por Floriano de Azevedo Marques Neto:

> Nem a empreitada é o regime de execução imune a riscos para o particular (em tese, riscos previsíveis seriam por ele assumidos), nem na concessão o risco corre todo à conta do particular (haja vista que o regime constitucional e legal de proteção ao equilíbrio econômico-financeiro se aplica às concessões e confere generosa proteção ao concessionário).[509]

---

507 DI PIETRO, Maria Sylvia Zanella. *Parcerias na Administração Pública*: concessão, permissão, franquia, terceirização, parceria público-privada. 12ª ed. Rio de Janeiro: Forense, 2019, pp. 120, 124.

508 JUSTEN FILHO, Marçal. *Curso de Direito Administrativo*. 13ª ed. rev. atual. e ampl. São Paulo: Revista dos Tribunais, 2018, p. 672.

509 MARQUES NETO, Floriano de Azevedo. "As parcerias público-privadas no saneamento ambiental". *In*: SUNDFELD, Carlos Ari (Coord.). *Parcerias*

A propósito, Guilherme Fredherico Dias Reisdorfer tece as seguintes considerações:

> Isso porque o concessionário tem a medida das suas obrigações previstas em contrato. Essa medida – que, como se busca indicar a seguir, produz efeitos sobre o alcance da responsabilidade civil do delegatário – é tanto limitada pelo necessário exercício de competências estatais irrenunciáveis sobre o serviço executado, como também é fundamento de garantia ao particular sob o ângulo econômico-financeiro (art. 37, XXI, Constituição Federal).[510]

De fato, algumas competências estatais são irrenunciáveis mesmo no caso de uma concessão de serviço público a um particular. A atuação do delegatário de serviço público deve sempre estar atrelada aos termos contratuais e às obrigações estabelecidas pela Administração Pública.

Segundo ressalta Egon Bockmann Moreira, a responsabilidade do concessionário tem seu alcance limitado às escolhas negociais feitas pelo concessionário, isto é, à álea ordinária inerente às próprias atividades empresariais que desenvolve, sendo, desta forma, atribuída ao concessionário a gestão do negócio, acompanhada das variantes do empreendimento. Caberá ao concessionário avaliar a suficiência do volume de receita para o custeio do planejamento, da execução do projeto, e da projeção do investimento com vista à adequada prestação do serviço concedido. Ou seja, a gestão do serviço é implementada e desenvolvida por sua conta.[511]

---

público-privadas. 2ª tir. São Paulo: Malheiros, 2007, p. 284.

510 REISDORFER, Guilherme Fredherico Dias. "Apontamentos sobre a responsabilidade civil dos concessionários de serviços públicos". *Interesse Público – IP*, Belo Horizonte, ano 13, nº 68, jul./ago. 2011, pp. 146/147.

511 MOREIRA, Egon Bockmann. "Riscos, incertezas e concessões de serviço público". *Revista de Direito Público da Economia - RDPE*, Belo Horizonte, vol.

A responsabilidade do concessionário, de acordo com Marçal Justen Filho, relaciona-se diretamente à sua autonomia perante o poder concedente, ou seja, quando sujeito a uma maior intervenção estatal, sejam elas inerentes ao planejamento, ou imposição de soluções técnicas, científicas ou econômicas, menor é sua autonomia, tendo por consequência uma menor responsabilidade.[512]

Ademais, a Lei n. 11.079/04 inovou na ordem jurídica ao prever que os contratos de Parcerias Público Privadas (PPPs) deverão prever a forma de alocação de riscos entre poder concedente e concessionário (inciso III do artigo 5º), quebrando, assim, a noção da prestação pressupostamente "por conta e risco do concessionário" como forma de transferência integral dos riscos ao concessionário, na medida em que passa a ser expressamente permitido que o contrato de concessão disponha sobre a alocação de riscos ao poder concedente.

Cada vez mais, em razão do porte dos empreendimentos, revelam-se os riscos a eles inerentes de difícil previsão, especialmente quando se trata, como nas concessões, de contratos de longa duração.[513]

5, nº 20, out./dez. 2007. Disponível em: http://www.editoraforum.com.br/bid/bidConteudoShow.aspx?idConteudo=49831. Acessado em: 20.05.2022.

512 JUSTEN FILHO, Marçal. *Teoria geral das concessões de serviço público*. São Paulo: Dialética, 2003, p. 200.

513 É conhecida a concepção de Ulrich BECK de sociedade de risco, como sendo aquela correspondente à sociedade mundial, em que os riscos se avolumaram em um grau excessivo, em áreas como o meio ambiente, a química, a genética, a energia nuclear, demandando ações cada vez mais intensas e energéticas dos Poderes Públicos, por meio de decisões que muitas vezes são tomadas agora, e que delas decorrerão – ou poderão decorrer – danos à população, muito tempo depois. Nesta sociedade de riscos, onde há o que o autor chama de potencial político das catástrofes, a prevenção e o manejo dos riscos podem acabar envolvendo uma *reorganização do poder e da responsabilidade*. (BECK, Ulrich. *Sociedade de risco*: rumo a uma outra modernidade. São Paulo: Editora 34, 2011, p. 28).

3 A responsabilidade civil dos concessionários frente aos usuários e não usuários do serviço

A primeira questão a ser abordada consiste na distinção que alguns fazem sobre a relação jurídica, uma firmada entre o concessionário e o usuário do serviço, e outra entre o concessionário e terceiro não usuário. Com base nesta diferenciação, há o entendimento doutrinário de que somente incide a responsabilidade objetiva na primeira hipótese, em caso de dano causado ao usuário do serviço; na segunda hipótese, ou seja, ao não usuário, incidiria a responsabilidade subjetiva da lei civil.

Tal posicionamento foi adotado e a solução alvitrada pelo Supremo Tribunal Federal. Em hipótese de colisão entre um ônibus pertencente ao concessionário de serviço público de transporte coletivo de passageiros e automóvel de particular, o juiz proferiu sentença na qual entendeu não incidir a responsabilidade objetiva do concessionário, sendo a sentença reformada por acórdão do Tribunal de Alçada de São Paulo. Em decisão de que foi relator o eminente Min. Carlos Velloso, a 2ª Turma da mais alta Corte deu provimento ao recurso e reformou a decisão anterior, entendendo não se aplicar no caso a teoria da responsabilidade objetiva prevista no art. 37, § 6º, da CF (RE 262.651, T.2, rel. Min. Carlos Velloso, j. 16-11-2004, m.v., DJ 06-05-2005).[514]

Noutra ocasião, no julgamento do RE 459.749/PE, interposto contra acórdão prolatado pelo Tribunal de Justiça do Estado de Pernambuco que, com base no princípio da responsabilidade objetiva (CF, art. 37, § 6º), condenara a recorrente, empresa privada concessionária de serviço público de transporte, ao pagamento de indenização por dano moral a terceiro não usuário, atropelado por veículo da empresa, o Ministro Joaquim Barbosa, relator, negou

514 No mesmo sentido RE 302.622, rel. Min. Carlos Velloso, j. 16-11-2004, m.v., DJ 29-04-2005e RE 370.272, rel. Min. Carlos Velloso, j. 16-11-2004, m.v., DJ 29-05-2005.

provimento ao recurso por entender que a responsabilidade civil das pessoas jurídicas de Direito privado prestadoras de serviço público é objetiva também relativamente aos terceiros não usuários do serviço. Asseverou que, em razão de a Constituição brasileira ter adotado um sistema de responsabilidade objetiva fundado na teoria do risco, mais favorável às vítimas do que às pessoas públicas ou privadas concessionárias de serviço público, toda a sociedade deveria arcar com os prejuízos decorrentes dos riscos inerentes à atividade administrativa, tendo em conta o princípio da isonomia de todos perante os encargos públicos. Ademais, reputou ser indevido indagar sobre a qualidade intrínseca da vítima, a fim de se verificar se, no caso concreto, configura-se, ou não, a hipótese de responsabilidade objetiva, haja vista que esta decorre da natureza da atividade administrativa, a qual não é modificada pela mera transferência da prestação dos serviços públicos a empresas particulares concessionárias do serviço. Após os votos dos Ministros Cármen Lúcia, Ricardo Lewandowski e Carlos Britto que acompanhavam o voto do relator, o julgamento foi suspenso em virtude de pedido de vista do Min. Eros Grau, e não concluído em razão da superveniência de acordo entre as partes. Em 17.12.2007, o Min. Joaquim Barbosa proferiu decisão no recurso extraordinário 459.749, baixando os autos à Vara de origem, para apreciação do pedido de homologação da transação entre as partes, onde foi proferida sentença determinando a extinção do processo. Na sequência, em 30/06/2009 o Ministro Joaquim Barbosa julgou prejudicado o recurso extraordinário e determinou o arquivamento da petição.

E, no julgamento do Recurso Extraordinário 591.874/MS, o Supremo Tribunal Federal (STF), modificou sua posição anterior e, por maioria, negou provimento ao recurso interposto contra acórdão do Tribunal de Justiça do Estado de Mato Grosso do Sul, que concluíra pela responsabilidade civil objetiva de empresa privada prestadora de serviço público de transporte coletivo em relação a terceiro não usuário do serviço. A maioria dos Ministros negou provimento ao recurso, com repercussão geral reconhecida por unanimidade da Corte, e se baseou em acidente ocorrido no ano de 1998 na cidade de Campo Grande, no Mato Grosso do Sul, entre ônibus de empresa de transporte coletivo e ciclista, vindo este a falecer.[515]

Foi salientado que não se poderia interpretar restritivamente o alcance do art. 37, § 6º, da CF, sobretudo porque a Constituição, interpretada à luz do princípio da isonomia, não permite que se faça qualquer distinção entre os chamados "terceiros", ou seja, entre usuários e não usuários do serviço público, haja vista que todos eles, de igual modo, podem sofrer danos em razão da ação administrativa do Estado, seja ela realizada diretamente, seja por meio de pessoa jurídica de Direito privado. Observou-se, ainda, que o entendimento de que apenas os terceiros usuários do serviço gozariam de proteção constitucional decorrente da responsabilidade objetiva do Estado, por terem o direito subjetivo de receber um serviço adequado, contrapor-se-ia à própria natureza do serviço público, que, por definição, tem caráter geral, estendendo-se, indistintamente, a todos os cidadãos, beneficiários diretos ou indiretos da ação estatal.

Nessa linha, a jurisprudência de ambas as Turmas do Supremo Tribunal Federal evoluiu no sentido de que a responsabilidade

---

515 Recurso Extraordinário (RE) 591.874/MS, Pleno, rel. Min. Ricardo Lewandowski, j. 26/08/09, DJ18/12/09, transitado em julgado em 03/03/2010. Repercussão geral, mérito julgado. EMENTA: CONSTITUCIONAL. RESPONSABILIDADE DO ESTADO. ART. 37, § 6º, DA CONSTITUIÇÃO. PESSOAS JURÍDICAS DE DIREITO PRIVADO PRESTADORAS DE SERVIÇO PÚBLICO. CONCESSIONÁRIO OU PERMISSIONÁRIO DO SERVIÇO DE TRANSPORTE COLETIVO. RESPONSABILIDADE OBJETIVA EM RELAÇÃO A TERCEIROS NÃO-USUÁRIOS DO SERVIÇO. RECURSO DESPROVIDO. I - A responsabilidade civil das pessoas jurídicas de direito privado prestadoras de serviço público é objetiva relativamente a terceiros usuários e não-usuários do serviço, segundo decorre do art. 37, § 6º, da Constituição Federal. II - A inequívoca presença do nexo de causalidade entre o ato administrativo e o dano causado ao terceiro não-usuário do serviço público, é condição suficiente para estabelecer a responsabilidade objetiva da pessoa jurídica de direito privado. III - Recurso extraordinário desprovido.

objetiva do art. 37, § 6º, da Lei Maior alcança atos comissivos e omissivos.[516]

Ao examinar pontualmente o tema em questão, Celso Antônio Bandeira de Mello ensina que

> (...) a deflagração da responsabilidade pública prevista no texto constitucional (art. 37, § 6º), não faz qualquer exigência no que concerne à qualificação do sujeito passivo do dano; isto é: não requer que os atingidos pelo dano o sejam a título de usuários. Portanto, para a produção dos efeitos supostos na regra é irrelevante se a vítima é usuário do serviço ou um terceiro em relação a ele. Basta que o dano seja produzido pelo sujeito na qualidade de prestador do serviço público. Também não se poderia pretender que, em se tratando de pessoa de Direito Privado, a operatividade do preceito só se daria quando o lesado houvesse sofrido o dano na condição de usuário do serviço, porque o texto dá tratamento idêntico às 'pessoas jurídicas de Direito Público e as de Direito Privado prestadoras de serviços públicos'. Assim, qualquer restrição benéfica a estes últimos valeria também para os primeiros e ninguém jamais sufragaria tal limitação à responsabilidade do Estado.[517]

---

516 ARE 754.778-AgR/RS, rel. Ministro Dias Toffoli, T1, DJe-208 19.12.2013, (ARE 842.088-AgR/RJ, rel. Min. Gilmar Mendes, T2, DJe-050 16.3.2015; STF, ARE 1043232 AgR / RS, T1, rel. Min. Alexandre de Moraes, j. 01/09/2017, DJe 13/09/2017; STF, ARE 1207942 AgR, T2, rel. Min. Ricardo Lewandowski, j. 30/08/2019, DJe 05/09/2019; STF RE 1290437 AgR,T2, rel. Min. Ricardo Lewandowski, j. 30/11/2020,DJe 04/12/2020.

517 JUSTEN FILHO, Marçal. *Curso de Direito Administrativo*. 13ª ed. rev. atual. e ampl. São Paulo: Revista dos Tribunais, 2018, p. 805. Nessa linha também se posiciona: CARVALHO FILHO, José dos Santos. "Responsabilidade civil das pessoas de direito privado prestadoras de serviços públicos". *In*: FREITAS, Juarez (Coord.). *Responsabilidade Civil do Estado*. São Paulo: Malheiros, 2006, pp. 146/147.

Clóvis Beznos tem um posicionamento diferente dessa matéria e observa que, na ocorrência de

> dano verificado pelo choque de veículos, entre o veículo utilizado na prestação de serviço público por concessionário de serviço público, e o veículo dirigido por particular em estrada de rodagem, tendo em conta a equivalência de situações entre a atividade da prestação do serviço e a ação do particular, em princípio não há razão para afirmar-se *a priori* a incidência de responsabilidade objetiva do concessionário.
>
> De um lado, como se viu, não caberia invocar o princípio da igualdade, para sustentar-se a responsabilidade objetiva, porque respondendo apenas as arcas da concessionária não ocorreria a distribuição dos encargos públicos pela comunidade, como ocorre quando o tesouro público recompõe os danos.
>
> De outro lado, em se verificando a equivalência de situações, inviável seria invocar-se a teoria do risco administrativo, para agasalhar a responsabilidade objetiva do concessionário, porque quando ambas as partes envolvidas efetivam condutas equivalentes, ainda que incida risco na atividade desenvolvida, não se pode *a priori* afirmar a responsabilidade objetiva apenas contra uma delas, porque tal equivalência elimina o risco como fator determinante da responsabilidade.
>
> Cabe considerar que a prestação do serviço público, nessa hipótese, não coloca a outra parte envolvida em situação de submissão ao risco da atividade, não podendo *ipso facto* ser considerada como terceira quanto ao mesmo.[518]

---

518 BEZNOS, Clóvis. "Responsabilidade extracontratual das pessoas privadas prestadoras de serviços públicos". *In*: GUERRA, Alexandre D. Mello; PIRES, Luiz Manuel Fonseca; DENACCHIO, Marcelo (Coord.). *Responsabilidade civil do Estado desafios contemporâneos*. São Paulo: Quartier Latin, 2010, pp. 607-624; 623-624.

4 Causas excludentes e de abrandamento de responsabilidade

É mister enfatizar que o princípio da responsabilidade não se reveste de caráter absoluto, eis que admite o abrandamento e, até mesmo, a exclusão da própria responsabilidade civil do Estado ou de quem lhe faça às vezes, nas hipóteses excepcionais, configuradoras de situações liberatórias, não havendo uniformidade doutrinária ou jurisprudencial acerca das causas excludentes de culpa concorrente, culpa da vítima, fato de terceiro e outras, que afastem a existência de um nexo causal entre o comportamento e o fato danoso.

Alinhada com a jurisprudência pátria, via de regra, a doutrina tem consagrado como hipóteses de exclusão da responsabilidade o caso fortuito,[519] (ainda que se restrinja ao fortuito externo), a força maior (art. 393, parágrafo único, CC/2002) e a culpa exclusiva da vítima (art. 945, CC/02).

Importante distinção prática é, ainda, realizada por Maria Sylvia Zanella Di Pietro no que tange à responsabilização do Estado por fatos de natureza (força maior). Por exemplo, se o dano foi causado por uma enchente, o Estado pode ou não ser responsabilizado, dependendo do fundamento do pedido de indenização. Se o fundamento é a aplicação da teoria da culpa do serviço, no caso de uma inundação causar avarias e transbordamento nas galerias pluviais, o Estado até poderá ser responsabilizado se

---

519 Segundo Celso Antônio Bandeira de Mello, o caso fortuito em que o dano seja decorrente de ato humano, de falha da Administração, não é utilmente invocável, pois, sendo um acidente cuja raiz é tecnicamente desconhecida, não elide o nexo entre o comportamento defeituoso do Estado e o dano assim produzido. (*Curso de direito administrativo*. 34ª ed. São Paulo: Malheiros, 2019, p. 1084). Também para Maria Sylvia Zanella Di Pietro o caso fortuito não seria uma causa excludente (*Direito administrativo*. 32ª ed. Rio de Janeiro: Forense, 2019, p. 830).

restar comprovado que houve omissão, por exemplo, na atividade de limpeza das galerias.[520]

Pode ainda ser apontado como ponto específico de exclusão da responsabilidade dos concessionários o fato de que muitos de *seus comportamentos não decorrem de decisões próprias, mas de determinações do poder concedente*. Casos em que, vindo a gerar prejuízos a particulares, a responsabilidade do Estado (ou de eventual autarquia reguladora) deixará de ser meramente subsidiária, como o é, em regra, passando a ser direta e exclusiva.[521] Existe aí nexo lógico entre o prejuízo do particular e a atuação ou omissão do poder concedente, sendo, para esse efeito, irrelevante a "execução meramente material pelo concessionário das determinações estatais. O concessionário é, nesses casos, mera *longa manus* do poder concedente ou do regulador, sem atitude volitiva própria".[522] Anota Ruth Helena Pimentel Oliveira:

> Se for apurado e comprovado que usuários ou terceiros tenham sofrido algum dano diretamente relacionado com a prestação do serviço, e que esse dano foi ocasionado em razão das cláusulas de organização e funcionamento fixadas pelo Concedente (ou omissão), não há possibilidade de responsabilizar o concessionário ou permissionário, mas quem responde por esse prejuízo é aquele que lhe deu causa, ou seja, o poder concedente.[523]

---

520 *Direito administrativo*. 32. ed. Rio de Janeiro: Forense, 2019. p. 830.

521 ARAGÃO, Alexandre Santos de. *Direito dos serviços públicos*. 4ª ed. Belo Horizonte: Fórum, 2017, p. 458.

522 ARAGÃO, Alexandre Santos de. *Direito dos serviços públicos*. 4ª ed. Belo Horizonte: Fórum, 2017, p. 459; OLIVEIRA, Ruth Helena Pimentel. *Entidades prestadoras de serviços públicos e responsabilidade extracontratual*. São Paulo: Atlas, 2003, pp. 210/211. No mesmo sentido: GONÇALVES, Pedro. *A concessão de serviços públicos*. Coimbra: Almedina, 1999, pp. 324/325.

523 OLIVEIRA, Ruth Helena Pimentel. *Entidades prestadoras de serviços públicos e responsabilidade extracontratual*. São Paulo: Atlas, 2003, p. 210.

O concessionário e o permissionário que aceitam essas cláusulas regulamentares, fixadas pelo poder concedente, não devem responder perante os usuários ou terceiros, caso algum dano lhes seja decorrente de uma condição imposta pela própria Administração, mesmo que este dano tenha alguma ligação com a prestação do serviço prestado.[524]

Como o nexo causal, nestes casos, é estabelecido diretamente entre a vítima do dano e o Poder Público Concedente, será este o responsável direto e exclusivo pelos danos que causar aos usuários em decorrência das cláusulas de organização e funcionamento do serviço (ou por falta delas). A responsabilidade da Administração é direta e objetiva, bastando a comprovação de que o evento danoso decorreu exclusivamente da atividade do poder concedente, fazendo surgir, assim, o dever estatal de indenizar o prejudicado.[525]

A prova, nestes casos, deverá ser inequívoca, ficando claro que o único evento causador do dano experimentado foi a cláusula de organização e funcionamento do serviço, fixada pelo poder concedente.[526] [527]

---

524 OLIVEIRA, Ruth Helena Pimentel. *Entidades prestadoras de serviços públicos e responsabilidade extracontratual*. São Paulo: Atlas, 2003, pp. 210/211. No mesmo sentido: GONÇALVES, Pedro. *A concessão de serviços públicos*. Coimbra: Almedina, 1999, pp. 324/325.

525 OLIVEIRA, Ruth Helena Pimentel. *Entidades prestadoras de serviços públicos e responsabilidade extracontratual*. São Paulo: Atlas, 2003, pp. 210/211. No mesmo sentido: GONÇALVES, Pedro. *A concessão de serviços públicos*. Coimbra: Almedina, 1999, pp. 324/325.

526 OLIVEIRA, Ruth Helena Pimentel. *Entidades prestadoras de serviços públicos e responsabilidade extracontratual*. São Paulo: Atlas, 2003, pp. 210/211. No mesmo sentido: GONÇALVES, Pedro. *A concessão de serviços públicos*. Coimbra: Almedina, 1999, pp. 324/325.

527 INDENIZAÇÃO - Responsabilidade civil - Danos causados por concessionária a terceiro em virtude de ato unilateral da concedente - Culpa objetiva - Artigo 37, § 6º da Constituição da República - Ação procedente - Recurso provido Ainda que indiretamente os danos sobrevenham por ato unilateral

Ainda sobre a omissão de atos normativos das agências reguladoras e responsabilização do poder concedente, esclarece Maria Sylvia Zanella Di Pietro ser "cabível a impetração de mandado de injunção e de ação direta de inconstitucionalidade por omissão, sem prejuízo da responsabilidade civil por perdas e danos decorrentes da omissão".[528]

Referente ao *abrandamento* da responsabilidade do concessionário, a doutrina aponta como causas atenuantes as hipóteses em que houve o concurso parcial da vítima, ou do ofendido, para a ocorrência do dano (CC/2002, art. 945). Nesse caso, a fixação da indenização do Estado será proporcional à sua concorrência para o evento danoso.

A culpa concorrente autoriza o dever de indenizar proporcionalmente. A culpa concorrente da vítima ou de terceiros, ainda que seja incluída como causa de abrandamento da responsabilidade do concessionário, não é motivo suficiente para quebrar por completo a relação de causa e efeito entre o dano experimentado e a atuação estatal, não sendo possível caracterizar a ausência de nexo causal. Tal hipótese somente autoriza a redução do valor da indenização a ser paga pelo Estado, ou pelo concessionário.

5 Insolvência do concessionário. Responsabilidade do poder concedente

Em situações em que o concessionário responsável pelo evento danoso encontre-se insolvente, e venha a lesar terceiros,

---

da concedente, tem-se que perante os subcontratados a responsabilidade cabe à concessionária. De outro modo se denegaria proteção aos direitos subjetivos dos contratantes de boa-fé. (TJSP, Apelação Cível n. 210.063-1, Taubaté, 2ª Câmara, rel. Vasconcellos Pereira, j. 01.03.94).

528 DI PIETRO, Maria Sylvia Zanella. "Omissões na atividade regulatória do Estado". *In*: FREITAS, Juarez (Coord.). *Responsabilidade civil do Estado*. São Paulo: Malheiros, 2006, pp. 249-267; p. 266.

no exercício da prestação de um serviço, é possível inferir uma ligação direta entre os prejuízos causados pelo concessionário ao comportamento estatal, em razão de ter sido o próprio Estado que "pôs nas mãos" do concessionário a prestação do serviço público. Somente foi possível ao concessionário exercer o poder, consistente na prestação do serviço, em decorrência da respectiva investidura estatal, não havendo, assim, nesta circunstância, como negar o ônus estatal do fato decorrente.[529]

O grau de responsabilidade do Poder Público por danos que resultaram do exercício pelo concessionário de uma atividade que envolveu poderes especificamente do Estado, e a forma de responder pelos danos suportados por terceiros, é ponto controverso. A principal divergência diz respeito à subsidiariedade ou solidariedade da responsabilidade do poder concedente.

A maior parte dos autores entende que o poder delegante, não obstante a regra constante do art. 25, da Lei federal n. 8.987/95, baseado nos mesmos fundamentos que o levam a responder quando se trata de ato derivado de atuação direta do Poder Público, responderá *subsidiariamente* quando o concessionário ou permissionário encontrar-se em situação de insolvência e não tiver meios efetivos para reparar os prejuízos causados.

A subsidiariedade decorre do fato de a "função ou atividade delegada consistir em obrigação originária do Estado, e, portanto, de responsabilidade deste, ainda que em última instância".[530] Persiste o dever subsidiário de reparação – embora regressivamente deva a pessoa jurídica de Direito privado ser acionada pelo Estado –, pois

---

529 BANDEIRA DE MELLO, Celso Antônio. *Curso de Direito Administrativo*. 34ª ed. São Paulo: Malheiros, 2019, pp. 805/806.

530 BACELLAR FILHO, Romeu Felipe. "Responsabilidade civil extracontratual das pessoas jurídicas de Direito privado prestadoras de serviço público". *Interesse Público*, São Paulo, nº 6, abr./jun. 2000, p. 43.

foi o Estado quem, em última análise, transferiu ao particular o exercício de atividade pública geradora do dano ao usuário.

Celso Antônio Bandeira de Mello defende tal posicionamento, afirmando que:

> O fundamento dela está em que o dano foi efetuado por quem agia no lugar do Estado e só pôde ocorrer em virtude de estar o concessionário no exercício de atividade e poderes incumbentes ao concedente.
>
> Exauridas as forças do concessionário, desaparece o intermediário que, por ato do concedente, se interpunha entre o terceiro prejudicado e o próprio concedente. Este, por conseguinte, emerge espontaneamente na arena jurídica, defrontando-se diretamente com o lesado, para saldar compromissos derivados do exercício de atuação que lhe competiria.[531]

Dentre os que defendem a solidariedade, embora com argumentos diversos, podem ser citados Gustavo Tepedino, Yussef Said Cahali e Ruth Helena Pimentel de Oliveira.

Ruth Helena Pimentel de Oliveira defende a solidariedade, por entender que "na hipótese de falha ou ausência de fiscalização, a melhor exegese é aquela que defende a responsabilidade direta e solidária do Estado, ou seja, o prejudicado poderá acionar o Poder Público ou o ente delegado, concessionário/permissionário". Para a autora "esse posicionamento justifica-se porque tanto o poder concedente quanto o ente delegado contribuíram para a ocorrência do evento danoso".[532]

---

531 BANDEIRA DE MELLO, Celso Antônio. *Curso de Direito Administrativo*. 34ª ed. São Paulo: Malheiros, 2019, p. 806.

532 OLIVEIRA, Ruth Helena Pimentel. *Entidades prestadoras de serviços públicos e responsabilidade extracontratual*. São Paulo: Atlas, 2003, pp. 212-214.

Dentro da mesma linha, mas com argumentos diversos, Gustavo Tepedino parte do art. 18 do Código de Defesa do Consumidor que, ao disciplinar a responsabilidade solidária, estaria a disciplinar também relações existentes na prestação de serviços públicos.[533] Tal prestação constitui relação de consumo, sendo a vítima dos danos provocados pela Administração Pública o consumidor final ou equiparado (art. 17, Lei n. 8.078/90), o que faria com que tais situações fossem atraídas para a disciplina do Direito Consumerista, gerando a solidariedade dos diversos entes públicos e privados que se apresentem como fornecedores dos respectivos serviços. Independente, portanto, de serem prestados direta ou indiretamente, continuam a configurar-se como atividade estatal trazendo como consequência a solidariedade entre poder concedente e concessionário.[534]

Conclui Tepedino que considera "solidária a responsabilidade dos entes público e privado, no caso do art. 37, §6º, não prevalecendo, nesta hipótese, a regra geral do art. 896 do Código Civil", por entender haver previsão legislativa expressa aplicável à espécie: o Código de Defesa do Consumidor que admite, como fornecedor, "toda pessoa física ou jurídica, pública ou privada, nacional ou estrangeira" (art. 3º, Lei n. 8.078/90).[535]

Dentro desta tese Yussef Said Cahali pontua que a responsabilidade objetiva e direta do Estado, admitida como princípio, não afasta a possibilidade de reconhecimento de sua responsabilidade indireta e solidária, sendo o Estado enquadrado nesta modalidade:

---

533 TEPEDINO, Gustavo. *Temas de Direito Civil.* 3ª ed. Rio de Janeiro: Renovar, 2004, pp. 196/197.

534 TEPEDINO, Gustavo. *Temas de Direito Civil.* 3ª ed. Rio de Janeiro: Renovar, 2004, pp. 196/197.

535 TEPEDINO, Gustavo. *Temas de Direito Civil.* 3ª ed. Rio de Janeiro: Renovar, 2004, pp. 196/197.

> se, em razão da má escolha do concessionário a quem a atividade diretamente constitutiva do desempenho do serviço foi concedida, ou de desídia na fiscalização da maneira como este estaria sendo prestado à coletividade, vem a concorrer por esse modo para a verificação do evento danoso.[536]

Maria Sylvia Zanella Di Pietro[537] acolhe a tese defendida por Yussef Said Cahali, no sentido de que a responsabilidade do Estado por ato do concessionário, em determinadas hipóteses, *pode ser solidária e não apenas subsidiária*. Poderia aventar-se a solidariedade em casos onde se constate a omissão do Estado no controle da prestação do serviço concedido ou quando for possível verificar a falha na escolha do concessionário.

Alerta Elaine Cardoso de Matos Novais para o grande perigo de aceitação da corrente que defende a solidariedade. Seria a configuração de uma verdadeira violação a outros direitos sociais plasmados na Carta Magna de 1988, principalmente decorrente do fato de, ao se admitir a solidariedade entre o poder concedente e o prestador do serviço, abrir-se a possibilidade de apenas o poder concedente ser acionado pelo lesado e, consequentemente, pagar a integralidade do prejuízo.[538]

Essa possibilidade chama a atenção por dois aspectos:

I. O primeiro em razão do poder concedente poder ser chamado a ressarcir um prejuízo que, em princípio, não gerou. A Constituição Federal prevê a responsabilidade

536 CAHALI, Yussef Said. *Responsabilidade civil do Estado*. 3ª ed. rev. atual. e ampl. São Paulo: Malheiros, 2007, p. 123.

537 DI PIETRO, Maria Sylvia Zanella. *Parcerias na Administração Pública*: concessão, permissão, franquia, terceirização, parceria público-privada. 12ª ed. Rio de Janeiro: Forense, 2019, p. 114.

538 NOVAIS, Elaine Cardoso de Matos. *Serviços públicos & relação de consumo*: aplicabilidade do Código de Defesa do Consumidor. Curitiba: Juruá, 2006, pp. 325/326.

objetiva, impondo às pessoas jurídicas de direito público e às de direito privado prestadoras de serviços públicos o dever de ressarcir pelos danos *que seus agentes tenham causado a terceiros*; não se pode olvidar que, pela inteligência da lei, esta atribui primeiramente às prestadoras o dever de reparar, que são as responsáveis diretas pelo dano ocorrido;

II. O segundo e mais importante aspecto é o de que *a adoção da tese da responsabilidade solidária implica a prevalência da proteção do lesado frente a outros direitos sociais igualmente previstos na Carta Maior.* Aceitar a responsabilidade solidária do Estado conjunta às prestadoras de serviços públicos significaria admitir a retirada de recursos públicos, que poderiam ter outros fins sociais, também estabelecidos na Constituição Federal, como saúde e educação públicas.[539]

Outro forte argumento trazido por Elaine Cardoso de Matos Morais, na defesa pela responsabilidade subsidiária do Estado, é o fato de ser plenamente possível, por meio de uma interpretação conforme a Constituição Federal, se admitir que o art. 175, embora mantenha a titularidade do serviço com o Poder Público, abriu espaço para atribuição de responsabilidade por danos para o prestador, ao menos em um primeiro momento.[540] Helena Telino Monteiro também frisa que

> não é justo que o concessionário, que recebe pagamento pelo contrato que possui junto ao Estado se exima de responder

---

539 NOVAIS, Elaine Cardoso de Matos. *Serviços públicos & relação de consumo*: aplicabilidade do Código de Defesa do Consumidor. Curitiba: Juruá, 2006, pp. 325/326.

540 NOVAIS, Elaine Cardoso de Matos. *Serviços públicos & relação de consumo*: aplicabilidade do Código de Defesa do Consumidor. Curitiba: Juruá, 2006, pp. 325/326.

> em primeiro plano e se impute diretamente ao Estado a indenização que decorre de ato praticado diretamente por outrem – concessionários de serviço público.[541]

Apesar da divergência existente na doutrina, a jurisprudência majoritária caminhou pela atribuição de responsabilidade subsidiária ao Estado.[542]

---

541 MONTEIRO, Helena Telino. "A responsabilidade civil das concessionárias de serviço público: uma análise crítica do entendimento firmado pelo Supremo Tribunal Federal". *Anais do XVIII Congresso Nacional do Conpedi*, São Paulo, 2009.

542 ADMINISTRATIVO. RECURSO ESPECIAL. RESPONSABILIDADE CIVIL ADMINISTRATIVA. RESPONSABILIDADE OBJETIVA. RESPONSABILIDADE SUBSIDIÁRIA DO ESTADO.

1. As regras de Direito Administrativo e Constitucional dispõem que as empresas criadas pelo Governo respondem por danos segundo as regras da responsabilidade objetiva, e, na *hipótese de exaurimento dos recursos da prestadora de serviços, o Estado responde subsidiariamente* (art. 37, § 6º, da Constituição Federal). *Grifamos* (REsp 738026 / RJ T2, rel. Min. Eliana Calmon, rel p/ acórdão Min. João Otávio De Noronha j. 26/06/2007, DJ 22/08/2007 p. 452)

RECURSO ESPECIAL. RESPONSABILIDADE SUBSIDIÁRIA. PODER CONCEDENTE. CABIMENTO. PRESCRIÇÃO. NÃO OCORRÊNCIA.

1. *Há responsabilidade subsidiária do poder concedente, em situações em que o concessionário não possuir meios de arcar com a indenização pelos prejuízos a que deu causa*. Precedentes. *Grifamos.*

(...) (REsp 1135927 / MG T2, rel. Min. CASTRO MEIRA, j. 10/08/2010, DJe 19/08/2010)

No mesmo sentido: STJ, REsp 738026/RJ T2, rel. Min Eliana Calmon, j. 26/06/2007, DJ 22/08/2007 p. 452; AgRg no REsp 875604/ES T2, rel. Min Humberto Martins, j. 09/06/2009, DJe 25/06/2009; REsp 738026/RJ T2, rel. Min Eliana Calmon, rel p/ acórdão Min João Otávio de Noronha j. 26/06/2007, DJ 22/08/2007 p. 452; STJ, AgRg no AREsp 732946 / DF, T1, rel. Min. Regina Helena Costa, j. 06/06/2017, DJe09/06/2017.

Entendendo ser caso de responsabilidade solidária, em razão da análise do caso concreto: STJ REsp 1119248/RS, T1, rel. Min Hamilton Carvalhido, j. 22/09/2009, DJe 29/09/2009.

Outra questão próxima refere-se à possibilidade de ser o poder concedente ressarcido por prejuízo que lhe tenha causado o concessionário insolvente.

Ainda em relação à insolvência do concessionário, quando a sua atuação desencadear prejuízos a terceiros, mas esta for decorrente de *atos próprios, alheios à própria prestação do serviço concedido, ainda que concorram para a sua prestação, não serão subsidiariamente suportáveis pelo poder concedente*. Aquele que contrata ou se relaciona com este deve acautelar-se com respeito às condições de solvência da outra parte, como em qualquer relação de Direito privado.[543]

Daí se infere que cabe distinguir a que título o concessionário está exercendo a atividade, conforme esclarece José dos Santos Carvalho Filho

> se o agente provocar o dano no exercício da atividade delegada, ou seja, quando da prestação do serviço público, a pessoa jurídica incorrerá na responsabilidade objetiva, situando-se perfeitamente dentro do contexto constitucional. Se o dano for causado no desempenho da gestão interna da entidade, não tendo ela qualquer relação com a função delegada, só haverá o dever de indenizar em decorrência da responsabilidade subjetiva, regulada pelo Código Civil.[544]

Sustentamos ser a responsabilidade do poder concedente subsidiária à do concessionário insolvente. Postura diversa, a nosso ver, seria privilegiar a empresa privada, concessionária, face

---

543 BANDEIRA DE MELLO, Celso Antônio. *Curso de Direito Administrativo*. 34ª ed. São Paulo: Malheiros, 2019, p. 806.

544 CARVALHO FILHO, José dos Santos. "Responsabilidade civil das pessoas de direito privado prestadoras de serviços públicos". *In*: FREITAS, Juarez (Coord.). *Responsabilidade Civil do Estado*. São Paulo: Malheiros, 2006, pp. 146/147.

à sociedade, não havendo qualquer viés de interesse público nesta trilha doutrinária, pois caberia ao lesado a escolha aleatória de quem demandar.

O argumento utilizado para defesa da solidariedade no sentido de aferir maior "proteção ao consumidor lesado" perde forças se analisarmos que não há qualquer vantagem em demandar diretamente o Poder Público, tendo em vista as maiores dificuldades existentes nesta opção. Prazos processuais em dobro auferidos e filas dos precatórios não podem ser considerados vantajosos ao prejudicado, tornando o processo judicial muito mais moroso do que o seria se movido exclusivamente perante o concessionário.[545]

Se a responsabilidade restasse solidária, não haveria sentido, ainda, na realização pelo Estado da transferência do exercício da prestação de serviços públicos, pois a Administração continuaria diretamente responsável pelos ônus da concessão, de forma direta e solidária.

Cumpre relembrar que não defendemos a ausência de responsabilidade estatal diante da insolvência do concessionário, mas que o poder concedente seja chamado apenas a responder de forma subsidiária, quando os bens do concessionário não forem suficientes para alcançar a reparação do dano sofrido pelo lesado, sem deixá-lo, portanto, desamparado.

6 A *exceptio non adimpleti contractus* contra a Administração Pública

Por força do princípio da continuidade do serviço público, o instituto da *exceptio non adimpleti contractus* sempre teve sua

545 MONTEIRO, Helena Telino. "A responsabilidade civil das concessionárias de serviço público: uma análise crítica do entendimento firmado pelo Supremo Tribunal Federal". *Anais do XVIII Congresso Nacional do Conpedi*, São Paulo, 2009.

aplicação restringida em relação aos contratos de concessão. A Lei federal n. 8.987/95 reiterou tal diretriz ao dispor no art. 39:

> Art. 39. O contrato de concessão poderá ser rescindido por iniciativa da concessionária, no caso de descumprimento das normas contratuais pelo poder concedente, mediante ação judicial especialmente intentada para esse fim.
>
> Parágrafo único. Na hipótese prevista no *caput* deste artigo, os serviços prestados pela concessionária não poderão ser interrompidos ou paralisados, até a decisão judicial transitada em julgado.

Assim, diante do inadimplemento do Poder Público, só resta ao concessionário buscar a via judicial para obter a rescisão da avença. *Questiona-se, porém, até que ponto é possível exigir do concessionário a manutenção da prestação do serviço público quando a Administração Pública não cumpre as suas obrigações.*

Em outras palavras, é possível admitir que a Administração Pública descumpra as suas obrigações para com o concessionário de serviço público e ao mesmo tempo exija que ele continue a prestar o serviço público?

Esse dispositivo tem sido criticado e taxado de inconstitucional pela doutrina. Assim, Marçal Justen Filho sustenta que

> O parágrafo único tem de ser interpretado, porém, nos limites do razoável e segundo a estruturação constitucional do Estado. A relação entre indivíduo e coletividade, na Constituição, assegurou a sobrevivência e o respeito a todos os interesses. Como repetidamente afirmado, nenhum interesse individual pode ser exterminado mediante invocação ao interesse público. Ninguém pode ser destruído porque isso seria útil ao interesse coletivo. Autoriza-se limitação ou restrição dos interesses individuais, desde que resguardada sua essência. Em hipóteses excepcionais e expressas, o interesse individual poderá ser sacrificado, desde que seja assegurada a

> contrapartida da indenização justa. Essa sistemática se integra com os princípios norteadores de um Estado Democrático de Direito, que rejeita regras ou filosofias autoritárias.
>
> Dentro desse contexto, considera-se a natureza do dever infringido pelo poder concedente. Se versar sobre prestação essencial à sobrevivência do concessionário, não será aplicável o dispositivo. Dito de outro modo, se a manutenção do serviço, em face do inadimplemento do poder concedente, for hábil a acarretar o desaparecimento do concessionário ou o sacrifício de interesses fundamentais, não incidirá o parágrafo único do art. 39. A garantia constitucional da preservação de pessoas e seu patrimônio prevalece sobre o princípio da continuidade do serviço público.[546]

Flávio Dino de Castro e Costa destaca que a preservação do óbice ao instituto em análise não pode acarretar a supressão do direito do concessionário em obter tutela judicial de índole cautelar ou antecipatória, sob pena de ofensa ao art. 5º, XXXV da CF. Trata-se de situação em que só uma interpretação sistemática e harmônica da Constituição pode salvar o preceito legal de inequívoca inconstitucionalidade, posto que as ameaças a direitos referidas pela Carta Magna não são atacadas exclusivamente por decisões com trânsito em julgado:

> É possível, em consequência, ao Poder Judiciário, presentes os requisitos constantes dos dispositivos processuais pertinentes, deferir liminar autorizadora da suspensão provisória da prestação de serviço devido pelo concessionário, sempre que lhe seja impossível ou profundamente gravoso prosseguir atendendo à coletividade por força do descumprimento do contrato da Administração.[547]

---

546 JUSTEN FILHO, Marçal. *Teoria geral das concessões de serviço público*. São Paulo: Dialética, 2003, p. 610.

547 COSTA, Flávio Dino de Castro e. "A nova lei de concessões de serviços públicos". *Revista Jurídica*, Porto Alegre, vol. 217, nov. 1995, pp. 107/108.

Maria Sylvia Zanella Di Pietro também sustenta a aplicação da teoria do fato da Administração,

> quando sua conduta tornar impossível a execução do contrato ou causar ao contratado um desequilíbrio econômico extraordinário, que não seria razoável exigir que suportasse, pela desproporção entre esse sacrifício e o interesse público a atingir pela execução do contrato.[548]

No mesmo sentido, manifesta-se Lucia Valle Figueiredo.[549]

De fato, não se pode afastar a possibilidade de obtenção de medidas judiciais acautelatórias para paralisação do serviço, em caso de risco de danos irreparáveis, sob pena de ofensa ao referido dispositivo constitucional.

Visando compatibilizar a referida norma às demais normas do ordenamento jurídico, em especial àquela contida no artigo 5º, inciso XXXV[550] da Constituição Federal, é preciso reconhecer a possibilidade de o concessionário recorrer ao Poder Judiciário requerendo uma medida cautelar ou uma antecipação de tutela, autorizando-o a suspender a execução do contrato enquanto inadimplente a Administração Pública.

A respeito de medida liminar autorizando o concessionário a interromper a prestação do serviço público em decorrência da inadimplência do poder concedente, salienta-se a fundamentação

548 DI PIETRO, Maria Sylvia Zanella. Direito administrativo. 32ª ed. Rio de Janeiro: Forense, 2019, p. 322.

549 FIGUEIREDO, Lucia Valle. *Curso de direito administrativo*. 9ª ed. São Paulo: Malheiros, 2008, pp. 107/108.

550 Ao analisar a regra prevista no artigo 39, da Lei n. 8.987/95, Lúcia Valle Figueiredo afirma que "esperar sentença transitada em julgado seria, sem dúvida, desconhecer o inciso XXXV do art. 5º do texto constitucional, que possibilita ao juiz o acautelamento do direito". (FIGUEIREDO, Lucia Valle. *Curso de Direito Administrativo*. 9ª ed. São Paulo: Malheiros, 2008, p. 108).

apresentada em julgado da Quarta Câmara de Direito Público do Tribunal de Justiça do Estado de São Paulo:

> (...) reputo que o artigo 9°, parágrafo único, da Lei n. 8.987, de 13.2.95, ao prescrever que a rescisão do contrato de concessão, por iniciativa da concessionária, no caso de descumprimento das normas contratuais pelo poder concedente, não pode acarretar a interrupção ou a paralisação dos serviços, até a decisão judicial transitada em julgado, não se aplica ao caso concreto.
>
> Com efeito, embora salutar, essa norma, que visa a garantir a continuidade da prestação do serviço público enquanto questões relativas ao contrato são discutidas judicialmente entre o poder concedente e a concessionária, *não incide quando a falta da Administração é de tal ordem que inviabiliza totalmente o cumprimento da avença pelo particular.*
>
> É esse o caso dos autos, em que os agravados não estão repassando à agravante os valores recebidos dos usuários dos serviços, ou os vêm repassando em valor bem inferior ao devido. Ora, exigir que a agravante, nessa condição de quase total inadimplência do Poder Público, permaneça prestando os serviços até o trânsito em julgado da sentença que decretar a rescisão, equivale a não só lhe exigir o impossível, pois não vem recebendo a contraprestação, como a comprometer, também, a sua própria existência como pessoa jurídica. *Grifamos.* (TJSP, Agravo de Instrumento n. 299.799-5/0-00, Quarta Câmara de Direito Público, Relator Desembargador Thales do Amaral, j. 24/11/2005).

Pela análise, constata-se a necessidade de se interpretar a norma contida no artigo 39, da Lei n. 8.987/95, sopesando os interesses em conflito. Diante do inadimplemento por parte do poder concedente, admite-se que o concessionário recorra ao Poder Judiciário requerendo medida de urgência consistente na autorização para interrupção do serviço público, em especial nos casos onde restar demonstrado que a inadimplência do poder concedente comprometa a saúde financeira do concessionário a tal ponto que possa lhe conduzir à falência.

Cumpre ainda esclarecer, no que tange à *exceptio non adimpleti contractus* contra a Administração Pública, que a norma do artigo 78, inciso XV, da Lei n. 8.666/93, não pode ser utilizada para fundamentar a paralisação de serviços públicos concedidos. Referido dispositivo legal prevê que constitui motivo para a rescisão do contrato o atraso superior a 90 dias, de pagamentos devidos pela Administração, decorrentes de: obras, serviços ou fornecimentos, ou parcelas destes já recebidos ou executados, sendo assegurado ao contratado o direito de optar pela suspensão do cumprimento de suas obrigações até que a situação seja normalizada. Embora mencionada norma trate de contratos administrativos, *não se aplica aos contratos de concessão de serviços públicos*, já que os contratos desta natureza são regulamentados por lei específica (Lei n. 8.987/95).

7 Análise jurisprudencial. Responsabilidade civil do concessionário de rodovias

As concessões de rodovias são contratos complexos, dos quais participam o Estado, o concessionário e o usuário, que, embora detentor de menores poderes, é o destinatário último da atividade prestada.

O enquadramento de referidas concessões nos tipos previstos na Lei de concessões n. 8.987/1995 decorre da conjugação de seu artigo 1º, com o inciso II do artigo 2º, por abarcarem a concessão de obras e serviços públicos prestados diretamente aos usuários das rodovias.

As cláusulas e condições mínimas do contrato de concessão estão estipuladas no artigo 23 do referido diploma legal. Os anexos dos ajustes normalmente trazem previsões mais detalhadas de realização dos serviços, e comportamentos a serem adotados.

7.1 Assalto em praça de pedágio ou em área do posto de atendimento ao usuário

Uma das situações geradoras de demandas judiciais contra concessionários refere-se à existência, ou não, do dever por parte do concessionário *de indenizar usuário da rodovia assaltado ao parar em praça de pedágio.*

O Superior Tribunal de Justiça, em decisão monocrática, negou provimento ao agravo de instrumento[551] impetrado pela SULVIAS S/A Concessionária de Rodovias que se insurgiu contra acórdão prolatado pelo TJRS, assim ementado:

> RESPONSABILIDADE CIVIL. DANO MORAL. ASSALTO A POSTO DE PEDÁGIO E A OCUPANTES DE VEÍCULO QUE NELE CHEGAVA.
>
> *Se o autor, obrigado a parar no posto de pedágio, de madrugada, foi alvo da ação de assaltantes, a concessionária que explora a rodovia tem o dever de indenizar o dano moral causado, na medida em que não se tratava de fato inevitável e imprevisível.* Falta de policiamento ostensivo na praça de pedágio. Omissão da ré que não prestou a devida segurança ao usuário da rodovia e aos próprios empregados do posto, o qual também foi assaltado. Risco da atividade. Serviço defeituoso. Art. 14, II, do CDC (TJRS. Apel. Cível, n. 70027589936, 5ª Câm. Cível, rel. Leo Lima, j. 15/04/2009) (grifo nosso).[552]

---

551 STJ, Decisão Monocrática, AgRg no Ag 1247720, rel. Paulo De Tarso Sanseverino, j. 14/06/2011.

552 No mesmo sentido: TJRS. Apel. Cível, n. 70027091099, 6ª Câm. Cível, rel. Liege Puricelli Pires, j. 09/04/2009; TJRS. Apel. Cível, n. 70027430073, 5ª Câm. Cível, rel. Leo Lima, j. 25/03/2009, pub. 31/03/2009. Disponível em www.tj.rs.gov.br. Acessado em: 07 de abr. de 2012.

Em sua decisão o Ministro relator Paulo de Tarso Sanseverino registrou que o ato praticado pelos assaltantes não era imprevisível, nem inevitável, de forma a afastar o dever de indenizar, já que se trata de local visado, que lida com muito dinheiro, onde os usuários são obrigados a parar, concluindo não se estar diante de uma das excludentes de responsabilidade, no caso, a força maior.

Constata que, embora o concessionário alegue não ter obrigação de promover a segurança dos usuários da rodovia, mas apenas a segurança do serviço rodoviário e de trânsito, houve omissão de parte do concessionário, que não prestou a devida segurança aos usuários e aos seus próprios empregados.[553]

Ainda a esse respeito, o STJ, em outra decisão monocrática,[554] manteve a decisão proferida em instância inferior em caso de assalto a usuário em locais de pedágio, quanto à responsabilidade objetiva do concessionário em relação aos fatos ocorridos, e que o fato de terceiro não exime a ré do dever de indenizar por causa do risco gerado aos usuários da rodovia obrigados a parar para

---

553 STJ, Decisão Monocrática, AgRg no Ag 1247720, rel. Paulo De Tarso Sanseverino, 14/06/2011.

"Agravo regimental em recurso extraordinário com agravo. 2. Direito Administrativo. 3. Responsabilidade civil do estado. Indenização por danos morais e materiais. Assalto a posto de pedágio. Atuação negligente da concessionária de serviço público. 4. Acórdão recorrido em consonância com a jurisprudência da Corte" (STF ARE 829118 AgR / RS , T2, rel. Min. Gilmar Mendes, j. 02/09/214, DJe 23/09/2014).

"PROCESSUAL CIVIL. AGRAVO REGIMENTAL NO AGRAVO EM RECURSO ESPECIAL. INDENIZAÇÃO POR DANOS MORAIS. ASSALTO NA PRAÇA DO PEDÁGIO.RESPONSABILIDADE DA CONCESSIONÁRIA. FALHA NA PRESTAÇÃO DO SERVIÇO. (STJ AgRg no AREsp 451742 / RS T4, rel. Min. Antonio Carlos Ferreira, j. 10/06/2014, DJe 17/06/2014). No mesmo sentido STJ AgRg no AREsp 250267 / RS, T3, rel. Min. Sidnei Beneti, j. 12/03/2013, DJe 26/03/2016).

554 Decisão monocrática, Ag 1384149 rel. Min. Vasco Della Giustina (Desembargador Convocado do TJ/RS), j. 29-03/2011, DJ 02/05/2011.Na mesma linha de entendimento: STJ AREsp 1163772, decisão monocrática, rel. Min. Luis Felipe Salomão, j.07/11/2017.

pagar o pedágio, sem que lhes seja garantida a segurança; nestas situações não seria o fato de terceiro causa exclusiva do prejuízo, havendo nítida omissão no sentido de impedir ou intimidar a atuação de criminosos.

A decisão proferida nesse caso foi no sentido de se aplicar a responsabilidade objetiva prevista na norma do art. 14 do Código de Defesa do Consumidor quanto à prestação de serviços defeituosa, pela qual responde o fornecedor de serviços, independentemente da existência de culpa, pela reparação dos danos causados aos consumidores por defeitos relativos à prestação dos serviços, considerado defeituoso o serviço que não fornece a segurança que o consumidor dele pode esperar, levando-se em consideração os riscos que razoavelmente dele se esperam.

No REsp 1.749.941-PR, rel.Min. Nanci Andrighi, o STJ apresenta posicionamento diferente em relação à questão ao dar provimento ao recurso especial interposto pela Rodovia das Cataratas S/A Ecocataratas contra o acórdão que havia condenado a concessionária ao pagamento de danos materiais e morais aos usuários da rodovia que foram amarrados e tiveram seu veículo e pertences roubados nas dependências de área de atendimento ao usuário disponibilizada pela rodovia. Nesse julgamento, entendeu que a concessionária de rodovia não responde por roubo e sequestro ocorridos em área do posto de atendimento ao usuário.

Reportando-se a acórdão do STF (RE 591.874) que, em sede de repercussão geral com mérito julgado, reconheceu que "a responsabilidade civil das pessoas jurídicas de direito privado prestadoras de serviço público é objetiva relativamente a terceiros usuários e não-usuários do serviço, segundo decorre do art. 37, § 6º, da Constituição Federal" e afirmou que, como requisito da responsabilidade objetiva da pessoa jurídica de Direito privado, é necessária a presença inequívoca do nexo de causalidade entre ato e dano, a relatora concluiu que, a partir da jurisprudência do STJ, a responsabilidade objetiva de concessionárias de rodovias está diretamente relacionada com o serviço por elas efetivamente prestado, que é a manutenção e administração de estradas de rodagem, e não com o fornecimento de segurança pública. Dessa forma inexiste conectividade ente a ocorrência do dano sofrido pelos usuários e as atividades desenvolvidas pela concessionária. A segurança que ela deve fornecer aos usuários da rodovia diz respeito ao bom estado de conservação e sinalização da rodovia, não com a presença efetiva de segurança privada ao longo da estrada, mesmo que seja em postos de pedágio ou de atendimento ao usuário.

Em seu voto a Ministra pondera que

> é *fato que a concessionária de rodovia é responsável objetivamente por danos sofridos por seus usuários*, mas a ocorrência de roubo e sequestro, com emprego de arma de fogo, é evento capaz e suficiente para romper com a existência de nexo causal, *afastando-se, assim, a responsabilidade da recorrente.*

E conclui:

> (...) *a partir da jurisprudência do STJ, a* responsabilidade objetiva de concessionárias de rodovias está diretamente relacionada com o serviço por elas efetivamente prestado, que é a manutenção e administração de estradas de rodagem, e não com o fornecimento de segurança pública. *Feitas todas as considerações doutrinárias e acerca da jurisprudência do STJ, é imperioso concluir que: (i) os danos sofridos pelo recorridos não guardam conexidade com as atividades da recorrente; e (ii) a ocorrência de roubo e sequestro, com emprego de arma de fogo, é capaz de romper o nexo causal da responsabilidade objetiva da recorrente.*[555]

---

555 STJ Resp1749941/PR, T3, rel. Min. Nancy Andrighi, j 04/12/2018, DJe 07/12/2018. Ementa: "*Responsabilidade civil. concessionária de rodovia. Roubo e sequestro ocorridos em dependência de suporte ao usuário, mantido*

Observa-se que essa compreensão guarda conexão com a jurisprudência dos tribunais superiores que, nos casos envolvendo roubo em transporte coletivo de passageiro e de caminhões de carga, mediante uso de arma de fogo, vem excluindo a responsabilidade das concessionárias de ônibus e transportadoras de carga, passando a incluir essas ocorrências na hipótese de fortuito externo.[556]

7.2 Animais ou objetos na pista

Há uma acirrada polêmica, tanto no âmbito doutrinário quanto jurisprudencial, no que tange à *responsabilidade dos concessionários de rodovias por acidentes envolvendo animais na pista.*

De um lado, uma corrente argumenta que esta responsabilidade deve ser atribuída aos proprietários lindeiros das rodovias, diante da negligência ou falta de conduta adequada destes quanto

---

pela concessionária. Nexo de causalidade e conexidade. Inocorrência. Fato de terceiro. Fortuito externo. Excludente de responsabilidade". (...).

556 STJ REsp 974138 / SP, T4, rel. Min. Ministro RAUL ARAÚJO, j. 22/11/2016, Dje 09/12/2016. RECURSO ESPECIAL. RESPONSABILIDADE CIVIL. TRANSPORTE DE PASSAGEIROS.CONCESSIONÁRIA DE SERVIÇO PÚBLICO. METROPOLITANO. ROUBO COM ARMA BRANCA SEGUIDO DE MORTE. ESCADARIA DE ACESSO À ESTAÇÃO METROVIÁRIA. CASO FORTUITO EXTERNO. EXCLUDENTE DE RESPONSABILIDADE CIVIL. PRECEDENTES. APELO PROVIDO.

1. Nos termos da jurisprudência firmada nesta Corte Superior, a responsabilidade do transportador emrelação aos passageiros é objetiva, somente podendo ser elidida por fortuito externo, força maior,fato exclusivo da vítima ou por fato doloso e exclusivo de terceiro - quando este não guardar conexidade com a atividade de transporte.

2. Não está dentro da margem de previsibilidade e de risco da atividade de transporte metroviário o óbito de consumidor por equiparação (bystander) por golpes de arma branca desferidos por terceiro com a intenção de subtrair-lhe quantia em dinheiro, por se tratar de fortuito externo com aptidão de romper o nexo de causalidade entre o dano e a conduta da transportadora.

3. Recurso especial provido.

aos animais que ali circulam livremente e, não raro, causadores de acidentes automobilísticos.[557]

Há decisões que, somando o fato de ser o proprietário do animal responsável direto pelo dano, alega ser a responsabilidade do concessionário subjetiva, dependendo da demonstração de dolo ou culpa, em decorrência de configurar a ausência de vigilância uma conduta omissiva.[558]

Posicionamento diverso, contudo, é apresentado por outros julgados, em sua maior parte do Superior Tribunal de Justiça, que atribuem responsabilidade objetiva por tais acidentes ao Estado, ou ao concessionário, entendendo que cabe a ele a vigilância, o

557 "A responsabilidade pelos danos, até porque se trata de animal particular (boi), é de responsabilidade de seu proprietário, em conformidade com o que prevê o art. 936 do Código Civil, segundo o qual os danos causados por animais são de responsabilidade de seus donos ou detentores" (Tribunal de Justiça do Estado do Paraná. Apelação Cível n. 0396159-5. Relator Des. Leonel Cunha. Julgado em: 26/0/6.2007).

558 Apelação. Acidente de trânsito. Atropelamento de animal em rodovia. Danos morais e estéticos. Responsabilidade da concessionária. 1.a sentença não é extra petita, se fixou valor indenizatório certo, embora o autor não tenha estimado sua pretensão, deixando ao arbítrio do juízo a definição do montante. 2.tratando-se de ação de reparação por danos decorrentes de acidente de trânsito em face de alegada omissão da concessionária do serviço público, a responsabilidade é subjetiva, sendo inaplicável a teoria da responsabilidade objetiva adotada pelo art. 37, § 6º, da Constituição Federal. Precedente do STJ. 3. *Indemonstrada a culpa da concessionária que mantém a rodovia. Ao que consta, o animal circulava na rodovia junto ao seu dono. Não se pode dar ao dever de manutenção e fiscalização das estradas a extensão pretendida pela parte demandante. Tal seria excessivo e de cumprimento praticamente impossível. 4.O proprietário do cavalo é quem responde pelos danos por ele causados ao autor, nos termos do art. 936 do novo código civil/2002.* 5. recurso adesivo prejudicado, porque pretendida a concessão também de danos morais, além dos estéticos outorgados. Apelo da ré provido, afastada a preliminar e prejudicada a análise do recurso adesivo. *Grifamos* (TJRS Apelação Cível Nº 70021120183, Décima Segunda Câmara Cível, rel. Orlando Heemann Júnior, j. 06/12/2007).

policiamento e a segurança das rodovias, gerando a polêmica que vem se estendendo.[559]

---

559 STJ, AgInt no AREsp 1717363 / PR, T3, Ministro MARCO AURÉLIO BELLIZZE, j. 15/12/2020, DJe 18/12/2020. AGRAVO INTERNO NO AGRAVO EM RECURSO ESPECIAL. ACIDENTE DE TRÂNSITO. PRESENÇA DE ANIMAL NA PISTA. RESPONSABILIDADE OBJETIVA DA CONCESSIONÁRIA DE SERVIÇO PÚBLICO, INCLUSIVE EM CASOS DE OMISSÃO. DEVER DE ZELAR PELA SEGURANÇA DE SEUS USUÁRIOS. FALHA NA PRESTAÇÃO DE SERVIÇO CONFIGURADA. DEVER DE INDENIZAÇÃO. QUANTUM FIXADO. MAJORAÇÃO. IMPOSSIBILIDADE. INICIDÊNCIA DA SÚMULA N. 7/STJ. AGRAVO INTERNO IMPROVIDO, STF, AgInt no REsp 1632985 / PE, T1, rel. Ministro NAPOLEÃO NUNES MAIA FILHO, j. 11/11/2019, DJe 19/11/2019. ADMINISTRATIVO. AGRAVO INTERNO NO RECURSO ESPECIAL. RESPONSABILIDADE CIVIL DA AUTARQUIA FEDERAL. VÍTIMA DE ACIDENTE DE TRÂNSITO EM RODOVIA FEDERAL. OMISSÃO DA AUTARQUIA FEDERAL EM FISCALIZAR ANIMAIS NA RODOVIA. MORTE DA VÍTIMA POR ANIMAL NA PISTA DE ROLAMENTO EM RODOVIA FEDERAL. FATO INCONTROVERSO. VALORAÇÃO DOS CRITÉRIOS JURÍDICOS CONCERNENTES À UTILIZAÇÃO DA PROVA E À FORMAÇÃO DA CONVICÇÃO. DEVER DE VIGILÂNCIA. RESPONSABILIDADE SUBJETIVA CARACTERIZADA. (...) 2. Todavia, com efeito ficou reconhecido que o acidente ocorreu em Rodovia Federal, em razão da presença de animal transitando na pista, situação que denotaria negligência na manutenção e fiscalização pelo DNIT, além de não haver nos autos quaisquer indícios de culpa exclusiva da vítima e de força maior. 3. Não há que se falar no afastamento da Responsabilidade Civil do Ente Estatal, isso porque é dever do Estado promover vigilância ostensiva e adequada, proporcionando segurança possível àqueles que trafegam pela rodovia. (...) 4. Assim, há conduta omissiva e culposa do Ente Público, caracterizada pela negligência, apta a responsabilizar o DNIT, nos termos do que preceitua a teoria da Responsabilidade Civil do Estado, por omissão (...) STJ AgInt no AREsp 1303420 / SP. T3, rel. Min. Ricardo Villas Bôas Cueva, j. 25/03/2019, Dje29/03/2019. AGRAVO INTERNO NO AGRAVO EM RECURSO ESPECIAL. AÇÃO DE INDENIZAÇÃO POR DANOS MORAIS E MATERIAIS. ACIDENTE EM RODOVIA. MORTE. ANIMAL NA PISTA. RESPONSABILIDADE OBJETIVA DA CONCESSIONÁRIA. FUNDAMENTO NÃO ATACADO. SÚMULA Nº 283/STJ. REVISÃO. IMPOSSIBILIDADE. SÚMULA Nº 7/STJ.2. Trata-se, na origem, de ação de indenização por danos morais e materiais decorrente de acidente em rodovia atribuído à presença de animal na pista.3. No caso, ficou consignado nos autos que a responsabilidade da concessionária é objetiva em razão do dever de cuidar e fiscalizar o tráfego a fim de evitar acidentes, conforme interpretação do art. 1º, § 3º, do Código Nacional de

Argumentam tratar-se de relação de consumo estabelecida entre o usuário e o concessionário da rodovia, com incidência do art. 101 do Código de Defesa do Consumidor.[560]

Trânsito. Este fundamento não foi especificamente atacado. Incidência da Sumula n. 283/STJ. STJ, AgInt no AREsp 979770 / SP, T1, rel. Min. Regina Helena Costa, j. 27/06/2017, DJe 02/08/2017) Ementa: (...) 4- (...) É pacífico o entendimento no Superior Tribunal de Justiça, segundo o qual as pessoas jurídicas de direito privado, prestadoras de serviço público, respondem objetivamente pelos prejuízos que causarem a terceiros usuários e não usuários do serviço, resultando, no caso, em responsabilidade da concessionária pela permanência de animal na rodovia.

CONSTITUCIONAL E ADMINISTRATIVO. AGRAVO REGIMENTAL EM RECURSO EXTRAORDINÁRIO. RESPONSABILIDADE OBJETIVA DE CONCESSIONÁRIA PRESTADORA DE SERVIÇO PÚBLICO. FALHA DE SEGURANÇA EM RODOVIA. REPARAÇÃO DE DANOS. ART. 37, § 6º, DA CF/88. FATOS E PROVAS. SÚMULA STF 279. 1. O Tribunal a quo, diante da análise do conjunto fático-probatório da causa, concluiu pela responsabilidade objetiva, porquanto comprovadas a falha na segurança da pista e a causação de prejuízos ao autor, evidenciando, portanto, o nexo causal a ensejar o direito à reparação. Precedentes. 2. Incidência da Súmula STF 279 para aferir alegada ofensa ao artigo 37, § 6º, da Constituição Federal - responsabilidade objetiva do concessionário de serviço público. (...). (STF, RE 557935 AgR, Relator(a): Min. ELLEN GRACIE, Segunda Turma, julgado em 04/12/2009, DJe 05-02-2010).

560 Concessionária de rodovia. Acidente com veículo em razão de animal morto na pista. Relação de consumo.1. As concessionárias de serviços rodoviários, nas suas relações com os usuários da estrada, estão subordinadas ao Código de Defesa do Consumidor, pela própria natureza do serviço. No caso, a concessão é, exatamente, para que seja a concessionária responsável pela manutenção da rodovia, assim, por exemplo, manter a pista sem a presença de animais mortos na estrada, zelando, portanto, para que os usuários trafeguem em tranquilidade e segurança. Entre o usuário da rodovia e a concessionária, há mesmo uma relação de consumo, com o que é de ser aplicado o art. 101, do Código de Defesa do Consumidor. 2. Recurso especial não conhecido (STJ, REsp n. 467.883 – T3, RJ, rel. Min. Carlos Alberto Menezes Direito, j. 1/06/ 2003).

Agravo Regimental no Agravo de Instrumento. Ação de reparação de danos causados a viatura policial que trafegava em rodovia mantida por concessionária de serviço público. Acidente de trânsito. Atropelamento de animal na pista. Relação consumerista. Falha na prestação do serviço. *Responsabilidade objetiva da concessionária. Incidência do Código de Defesa do Consumidor.* Precedentes. Inexistência de excludente de responsabilização. Agravo

Wilson Accioli de Barros Filho ressalta a inexistência de nexo de causalidade entre acidente envolvendo usuário de serviço público e animal que invade a pista de rolagem, discordando do posicionamento "desmedido da jurisprudência que condena pessoas jurídicas de Direito público ou privados prestadores de serviço público por omissão do dever de guardar a via pedagiada livre de qualquer invasão por animais", sem considerar as peculiaridades do caso concreto. E esclarece:

> no caso de animal que invade a pista de rolagem, inexiste nexo causal entre o acidente envolvendo o usuário de serviço público e a atividade de gestão executada pelo concessionário,

---

regimental improvido. (STJ, AgRg no Ag 1067391 / SP, T4, rel. Min. Luis Felipe Salomão, j. 25/05/2010, DJe 17/06/2010).

"A empresa concessionária que administra rodovia mantém relação consumerista com os usuários, devendo ser responsabilizada objetivamente por eventuais falhas na prestação do serviço" (STJ, AgRg no AREsp 342.496/SP, rel. Ministro João Otávio de Noronha, T3, j. 11/02/2014, DJe 18/02/2014).

PROCESSUAL CIVIL. AGRAVO REGIMENTAL NO AGRAVO EM RECURSO ESPECIAL.FALTA DE FUNDAMENTAÇÃO DO ACÓRDÃO RECORRIDO. NÃO OCORRÊNCIA.CONCESSIONÁRIA DE SERVIÇO PÚBLICO. CDC. INCIDÊNCIA. RESPONSABILIDADECIVIL OBJETIVA. DECISÃO MANTIDA. (...)

2. A jurisprudência desta Corte consolidou entendimento segundo o qual é aplicável o CDC às relações entre a concessionária de serviços rodoviários e seus usuários.

3. "A presença de animais na pista coloca em risco a segurança dos usuários da rodovia, respondendo as concessionárias pelo defeito na prestação do serviço que lhes é outorgado pelo Poder Público concedente" (REsp n. 687.799/RS, Relator Ministro ALDIR PASSARINHO JUNIOR, Quarta Turma, julgado em 15/10/2009, DJe 30/11/2009). (STJ AgRg no AREsp 586409 / PR T4, rel. Min. Antonio Carlos Ferreira, j.04/08/2015, DJe13/08/2015) (No mesmo sentido AgInt no AREsp 1.042.777/PR, Rel. Ministro Herman Benjamin, T2 julgado em 27/06/2017, DJe de 30/06/2017).

8. O direito de segurança do usuário está inserido no serviço público concedido, havendo presunção de que a concessionária assumiu todas as atividades e responsabilidades inerentes ao seu mister. (STJ, REsp 1268743 / RJ, T4, rel. Min. Luis Felipe Salomão, j.04/02/2014, DJe 07/04/2017).

> pelas seguintes razões: i) o agente privado não possui o dever de cercar toda a via pedagiada, inexistindo obrigação legal ou constitucional neste sentido; ii) o concessionário não possui poder de polícia para limitar o direito de propriedade dos cidadãos que habitam as encostas das rodovias, não tendo, por isso, condições jurídicas de evitar o dano; iii) não só inexiste dever extracontratual, como sequer os contratos de concessão de um modo geral ponderam a respeito da obrigação de construir muros em toda a extensão da estrada pedagiada, não havendo também obrigação contratual do concessionário.

Observa, ainda, que

> outra excludente que afasta o nexo causal entre a omissão do concessionário e o acidente envolvendo usuário de serviço público é a relacionada ao proprietário do animal. Disciplina o art. 936 do Código Civil que "o dono, ou detentor, do animal ressarcirá o dano por este causado, se não provar culpa da vítima ou força maior". Notório, portanto, que o dono do animal deixado à beira da rodovia, seja por dolo ou culpa, deve responder pelo dano.[561]

Frisa Letícia Queiroz de Andrade

> haver certa confusão entre o escopo das concessões de rodovias e o que corresponde à atividade transporte, em relação à qual o prestador, de fato e de direito, assume a obrigação de transportar coisas e pessoas em segurança, por ser este o resultado visado pelo contrato de transporte.[562]

---

561 BARROS FILHO, Wilson Accioli de. "A (ir)responsabilidade civil do concessionário de serviço público por animal na pista". *Fórum Administrativo – FA*, Belo Horizonte, ano 17, nº 191, jan. 2017, pp. 66-77. Disponível em: http://www.bidforum.com.br/. Acessado em: 20.05.2022.

562 ANDRADE, Letícia Queiróz de. "Responsabilidade civil do Estado e a concessão de rodovias". *In*: GUERRA, Alexandre D. Mello; PIRES, Luiz Manuel

Acentua que não existe "qualquer dispositivo legal, regulamentar ou contratual, que imponha o dever de garantir o patrimônio dos usuários em relação aos riscos inerentes ao uso da rodovia", afastando a aplicação da teoria do risco integral. Sobre os riscos, pondera ser necessário separar: (i) os riscos inerentes ao uso da rodovia; (ii) os riscos que são *efetivamente criados pelas obras e serviços fornecidos pelos concessionários*. Somente estes últimos são inerentes aos serviços prestados pelos concessionários de rodovias e, portanto, passíveis de responsabilização destas.[563]

Neste sentido, apenas cabe aos concessionários de rodovias a responsabilidade pelos danos decorrentes de falhas e riscos nos serviços que prestam para terceiros, usuários ou não, das rodovias, como acontece, por exemplo, em relação a danos resultantes de obras realizadas na pista,[564] ou ausências delas, de acidentes nos

---

Fonseca; DENACCHIO, Marcelo (Coord.). *Responsabilidade civil do Estado desafios contemporâneos*. São Paulo: Quartier Latin, 2010, pp. 655-663; 662.

563 ANDRADE, Letícia Queiróz de. "Responsabilidade civil do Estado e a concessão de rodovias". *In*: GUERRA, Alexandre D. Mello; PIRES, Luiz Manuel Fonseca; DENACCHIO, Marcelo (Coord.). *Responsabilidade civil do Estado desafios contemporâneos*. São Paulo: Quartier Latin, 2010, pp. 655-663; 662.

564 ADMINISTRATIVO E PROCESSUAL CIVIL. AGRAVO INTERNO NO AGRAVO EM RECURSO ESPECIAL. INDENIZAÇÃO POR DANOS DECORRENTES DE ACIDENTE AUTOMOBILÍSTICO EM VIA ADMINISTRADA PELA RECORRENTE.RESPONSABILIDADE OBJETIVA. DEVER DE INDENIZAR EXPRRESAMENTE DEMONSTRADO PELA CORTE LOCAL (...).

1. Incumbe à concessionária que explora a rodovia, a fiscalização e cuidado para o regular tráfego a fim de evitar acidentes nos veículos que transitam na mesma. 2. Neste caso, a Corte de origem concluiu que a existência de objeto estranho na via de rolamento, de fato, causou o dano descrito na inicial ao veículo do autor da ação, e assim, cabendo à concessionária o dever de fiscalização e desobstrução da via que administra, sua omissão lhe enseja a responsabilidade pelo acidente. (STJ AgInt no AREsp 1134988 / SP, T1, rel. Min. Napoleão Nunes Maia Filho, j. 01/04/2018, DJe 20/04/2018). Nessa linha STJ AgRg na RCDESP no AgRg no Ag 1302514 / RS, T1, rel. Min. Benedito Gonçalves, j. 03/03/2011, DJe17/03/2011).

transportes de pessoas em ambulâncias, do inadequado guinchamento de veículos,[565] dentre outros.

Ademais, atribuir aos concessionários de rodovias o risco atinente à existência ou uso, isto é, pelo fato do produto, assim como pelos defeitos que lhe sejam intrínsecos, independentemente de terem, ou não, sido os responsáveis pela elaboração dos projetos e/ou pela construção da rodovia, afronta o próprio art. 12 do Código de Defesa do Consumidor, que vincula tal responsabilidade a quem a construiu.[566]

Por fim, infere Letícia Queiroz de Andrade que,

> além da responsabilidade derivada de atos ilícitos, cabe às concessionárias de rodovias responder, de modo objetivo, pelo *risco de segurança relativo* às próprias atividades,

---

EMBARGOS INFRINGENTES INDENIZAÇÃO Responsabilidade civil. Concessionária de rodovia Autora que trafegava com seu veículo na Rodovia SP 304, quando foi abalroado por outro. Danos causados ao veículo e lesões corporais na autora Inexistência de faixa divisória entre as pistas - Deverde realização de obras de conservação e implantação de sistemas de segurança e de trafegabilidade nas rodovias - Indenização devida Inteligência dos artigos 37, § 6º, da CF; 1º, §§ 2º e 3º; e 80, § 1º, ambos do CTB - Embargos rejeitados. *Grifamos* (STJ, Embargos Infringentes 0108965-97.2008.8.26.0000, 5ª Câmara de Direito Público, rel. Reinaldo Miluzzi, j. 14/02/2011, DJ 15/02/2011).

Também entendendo ser de responsabilidade do concessionário, dano decorrente de queda de árvores marginais: TJSP – Ap 258.796-1/2–Jundiaí, 8ª Câm., rel. Des. José Santan, v.u., j. 04-12-96 (*RT* 738/279). Recurso n. 484, 2º Colégio Recursal da Capital-SP, rel. Carlos Barros Nogueira, v.u., j. 21-08-96, (*Revista dos Juizados Especiais* – RJE – 2/163).

565 RESPONSABILIDADE CIVIL – Danos a veículo durante guinchamento. Reboque inadequado, que ficou demonstrado, apto a referenciar o dever de indenizar firmado na sentença". (STJ AG 405.328, decisão monocrática, rel. Min. Aldir Passarinho Junior, j. 04/08/2002).

566 ANDRADE, Letícia Queiróz de. "Responsabilidade civil do Estado e a concessão de rodovias". *In*: GUERRA, Alexandre D. Mello; PIRES, Luiz Manuel Fonseca; DENACCHIO, Marcelo (Coord.). *Responsabilidade civil do Estado desafios contemporâneos*. São Paulo: Quartier Latin, 2010, pp. 655-663; 663.

> isto é, pelos serviços por elas prestados e obras que sejam incumbidas de realizar.[567]

A propósito, vale citar o decidido no AREsp 1.337.148,

> a presença de obstáculo na pista representa impropriedade na atividade da empresa, que foi encarregada, pelo Estado, de gerir o espaço utilizado pelos veículos. À companhia compete conservar a via, garantindo condições para trânsito seguro. Sua função é permitir a livre circulação de veículos, sem riscos. Como assentado na jurisprudência, a presença de objeto no leito carroçável constitui fato imputável à concessionária, face à obrigação de impedir que haja obstáculos ao tráfego. Nesse contexto, a empresa tem de reparar os danos sofridos pelo demandante, que, como consumidor, foi lesado pela irregularidade no serviço. A responsabilidade da empresa é objetiva (CDC, art. 22 e art. 37, § 6º, da CF) e não há causas que a afastem. Não incide qualquer excludente no caso, sendo descabida a alegação de fato de terceiro.[568]

Ao tratar da responsabilidade do concessionário é importante que se tenha sempre por base o direito positivo aplicável, e compreender as atribuições que lhe são próprias, conferida pela concedente, para concluir pela existência, ou não, de nexo causal entre o dano experimentado pelo terceiro, usuário, ou não, do serviço e a atividade conferida ao concessionário.

Como registram Marçal Justen Filho; Cesar Pereira, Rafael, Wallbach Schwind e Luísa Paschoaleto Martim

---

567 ANDRADE, Letícia Queiróz de. "Responsabilidade civil do Estado e a concessão de rodovias". *In*: GUERRA, Alexandre D. Mello; PIRES, Luiz Manuel Fonseca; DENACCHIO, Marcelo (Coord.). *Responsabilidade civil do Estado desafios contemporâneos*. São Paulo: Quartier Latin, 2010, pp. 655-666; 663.

568 STJ, AREsp 1337148, Decisão Monocrática, rel. Min. Maria Isabel Galotti, j. 10/10/2018.

> Ao cumprir uma obrigação contratual, como por exemplo, a de fiscalizar todos os pontos da rodovia a cada noventa minutos, qualquer acidente ocasionado (por exemplo em virtude de animais ou objetos na pista) entre uma fiscalização e outra não será de sua responsabilidade.
>
> Na hipótese de a fiscalização a cada noventa minutos não ser considerada suficiente para impedir a ocorrência de acidentes, este fato é consequência de uma decisão tomada pelo poder concedente, baseada ou não em um sopesamento entre os custos e a vantagens dessa configuração de concessão. Será impossível imputar a responsabilidade pela ocorrência de acidentes ao concessionário (...).
>
> Caso não exista previsão contratual nem determinação estatal que estabeleça que o concessionário deva arcar com todos os danos ocorridos durante a concessão do serviço, incluindo os danos ocasionados por decisões, a responsabilidade será do poder concedente (...).
>
> Por isso, o concessionário tem o direito de ser ressarcido de todos os valores de indenizações indevidamente por ele suportadas. É irrelevante que tais indenizações tenham decorrido de sentença transitada em julgado ou acordo.[569]

7.3 Atropelamento de pedestres na travessia de rodovia

São inúmeros os registros de casos de atropelamento em rodovias que, muitas vezes, geram a invalidez ou a morte de pessoas, e que são levados aos Tribunais no sentido de se apurar as responsabilidades e determinar indenizações.

---

569 JUSTEN FILHO, Marçal; PEREIRA, Cesar; WALLBACH, Rafael Schwind; PASCHOALETO, Luísa Martim. "Limites contratuais da responsabilidade patrimonial do concessionário e o direito de regresso ou reequilíbrio frente ao poder concedente". *InformativoJusten, Pereira e Talamini*, nº 112, Curitiba, jun. de 2016. Disponível em: htpp://www.justen.com.br. Acessado em: 23.06.2022.

De um lado, há uma tendência predominante no STJ em decidir pela responsabilidade da concessionária.

Caso representativo da questão é o Recurso Especial n. 1.268.743/RJ de relatoria do Ministro Luis Felipe Salomão.[570] Trata de atropelamento de criança, seguido de morte, ocorrido à noite em rodovia sob concessão, em trecho que estava em manutenção e com trânsito intenso, tendo em seu entorno comunidades de baixa renda que se valiam do transporte público como meio de locomoção.

Em síntese, no dia do acidente, a vítima, acompanhada da avó e da irmã, retornava de ônibus para sua casa localizada no entorno da rodovia, quando este quebrou levando-as a dele descer para completar o trajeto a pé. Por residirem do lado oposto da rodovia, valendo-se da faixa de pedestre da BR-040, a qual estava localizada em local desprovido de iluminação pública e com sinalização vertical e horizontal precárias devido à manutenção da rodovia, intentaram a travessia sendo, porém, colhidas por veículo em alta velocidade que se evadiu sem prestar socorro, levando a menor a óbito.

O juiz de piso acolheu na íntegra o pedido feito pela genitora e, reconhecendo a responsabilidade da concessionária pela deficiência do serviço, condenou-a ao pagamento de indenização. Apresentada apelação, o Tribunal de Justiça do Rio de Janeiro, baseando-se em depoimento de líder comunitária sobre a periculosidade da travessia nesse local, palco de inúmeros outros acidentes, afastou a responsabilidade da concessionária e concluiu ter havido culpa exclusiva das vítimas, entendendo que cabia a elas aguardar a chegada de outro ônibus, evitando o risco de travessia em local reconhecidamente perigoso.

Interposto Recurso Especial, o Tribunal Superior de Justiça reconheceu a responsabilidade objetiva da concessionária, a

---

570 STJ, REsp 1268743/ RJ, T4, Min. Rel. Luis Felipe Salomão, j.04/02/2014, DJe 07/04/2014.

inocorrência de culpa concorrente e fato exclusivo do consumidor e a existência de nexo de causalidade, pontuando que o fato exclusivo da vítima só tem relevância para exclusão do nexo de causalidade, quando representar o fato decisivo do evento danoso. Concluiu haver uma relação direta de causa e efeito entre a atividade (e omissão) da concessionária e o dano ocorrido. Ou seja, a responsabilidade da concessionária decorre diretamente da violação do dever de conservação, manutenção, sinalização e iluminação da rodovia. Via de consequência, determinou à ré o pagamento de indenização.[571]

Em seu voto, o Ministro Relator, ressaltou "que as concessionárias de serviços rodoviários, nas suas relações com o usuário, subordinam-se aos preceitos do Código de Defesa do Consumidor e respondem objetivamente pelos defeitos na prestação do serviço". Portanto, caracterizando-se a autora como consumidora, principalmente por ser a menor a vítima direta do evento danoso, há incidência das normas protetivas do consumidor. Estabeleceu-se, assim, que a "autora é consumidora por equiparação em relação ao defeito na prestação do serviço, nos termos do art.17 do Código de Defesa do Consumidor".[572]

Para Rosana Grinberg, a mais relevante fundamentação do Acórdão "repousa na constatação da inexistência de culpa exclusiva da vítima, situação esta que se encontra expressamente

571 No mesmo sentido, apontando a responsabilidade de concessionária pela má sinalização da rodovia em acidente que causou a morte de motorista: AgRgno AREsp 40635/MG, rel. Min. Massami Uyeda, T 3, j. 15/12/2011, DJe 06/02/2012; STJ REsp 1801563, Decisão Monocrática, rel. Min. Paulo De Tarso Sanseverino, j. 02/04/2019.

572 Nessa linha: "(...) II – Em consonância com o artigo 17 do Código de Defesa do Consumidor, equiparam-se aos consumidores todas as pessoas que, embora não tendo participado diretamente da relação de consumo, vem a sofrer as consequências do evento danoso, dada a potencial gravidade que pode atingir o fato do produto ou do serviço, na modalidade vício de qualidade por insegurança". (STJ, REsp 181.580/SP, Rel. Min. Castro Filho, T3, j. 09/12/2003, DJ 22/03/2004).

consignada no inc. II, §3° do art. 14 do CDC. Significa dizer que, ainda que a vítima tivesse agido com algum tipo de imprudência ou negligência, isso não seria eficaz para elidir a responsabilidade da concessionária. A única forma de excluir a responsabilidade da concessionária seria a prova cabal da culpa exclusiva da vítima",[573] o que de pronto é descartado tendo em vista que a mesma se utilizou da faixa de pedestre e a precariedade da iluminação e da sinalização era de responsabilidade da concessionária.

O acidente foi tido, portanto, como um acidente de consumo, nele presente um consumidor por equiparação, aplicáveis, portanto, os arts. 2º, 17 e 22 do CDC, destacando-se a obrigatoriedade da concessionária de serviço público fornecer serviços adequados, eficientes e seguros, o que no caso, não aconteceu. A deficiência na prestação do serviço no local foi implicitamente demonstrada pela própria ré, na medida em que, posteriormente ao acidente, apressou-se em instalar passarela destinada a pedestres naquele trecho.

Há decisões que admitem haver culpa concorrente da vítima e da concessionária. No caso de atropelamento de uma senhora em rodovia federal motivado por travessia da rodovia feita de forma aleatória em perímetro urbano por inexistência de passarela, semáforo ou faixa de pedestre, o Tribunal consignou que, "reconhecido o nexo de causalidade entre a conduta do requerido e o acidente, pois evidente a omissão da concessionária quanto à instalação de passarela, semáforo ou mesmo faixas de pedestres, não há que se falar em culpa exclusiva da vítima, e sim em culpa concorrente", pois "extrai-se que o acidente ocorreu por dupla causa: primeiro, porque a vítima iniciou a travessia sem atentar para o veículo que trafegava na rodovia" contribuindo assim para a ocorrência do acidente; "segundo, porque o réu deixou de instalar local adequado para a travessia de pedestres no local, assim entendidos como a

573 GRINBERG, Rosana. "Comentário doutrinário". *Revista do Superior Tribunal de Justiça*, ano 27, nº 240, vol. 2, out. dez. 2015, p. 601.

existência de faixas de pedestres, semáforos ou mesmo passarelas de travessia".[574]

Quanto à aceitação da culpa exclusiva da vítima, colaciona-se o AREsp 1.299.243 no qual o Tribunal *a quo* deu provimento ao recurso de apelação interposto pela concessionária e negou provimento ao apelo das impetrantes por entender que a culpa da vítima estava bem definida, mesmo sob a ótica da responsabilidade objetiva, pois, ao tentar travessia de rodovia em local inapropriado mostrou-se imprudente, sendo que "era seu dever a obrigação de vigilância e oportunidade para travessia em local perigoso". Excluiu a responsabilidade da concessionária, na medida em que havia, a quase 300 metros do local, uma passagem inferior destinada à travessia de pedestre. Observou que a construção posterior de passarela, não pode ser vista como indicativo de sua responsabilidade. Quanto ao motorista, entendeu que "a prova produzida não confirma qualquer conduta irregular, pois o acidente se deu ainda no leito carroçável da rodovia, por conduta irregular da vítima, que tentava travessia em local impróprio". Reconheceu a culpa exclusiva da vítima fatal, não havendo que se falar em culpa concorrente, tampouco em qualquer responsabilidade de compor danos.

O STJ verificou que o Tribunal de origem analisou, de forma peculiar, as questões que lhe pareceram necessárias à solução da causa e concluiu que o acórdão se encontrava fundamentado de forma a não ensejar dúvidas acerca das razões de ordem jurídica que lhe deram sustentação. Dessa forma negou provimento ao agravo.[575]

---

574 STJ Resp1.716.157/RS, T2, rel. Min. Herman Benjamin, j.19/04/2018, DJe 23/05/2018.Nessa linha de entendimento: STJ, REsp 1743741, Decisão Monocrática, rel. Min. Marco Buzzi, j. 27/05/2019. No mesmo sentido.

575 STJ, AREsp 1299243, Decisão Monocrática, rel. Min. Moura Ribeiro, j.02/08/2018.

Considerações finais

No atual contexto de diminuição da atuação direta do Estado em alguns setores básicos, a responsabilidade do concessionário tem sido ampliada, mas não é pacífica, nem isenta de dissenso. Buscou-se delinear algumas questões que emergem da delegação da execução dos serviços públicos.

A matéria está repleta de casuísmos, com entendimentos diversos expressados pela jurisprudência, que é a arena em que se travam os debates das grandes questões nacionais.

Ao final desta exposição, importante destacar duas conclusões:

Primeiro, a amplitude da responsabilidade do concessionário varia em função da extensão da intervenção estatal na configuração da atividade empresarial. Daí resulta que quanto maior for a intervenção estatal, menor será a responsabilidade do concessionário.

E segundo, a extensão da responsabilidade a ser atribuída às concessionárias de rodovias, para evitar excessos, deve ser extraída das obrigações estipuladas nos contratos, dentro do contexto normativo que lhe é próprio e sua aplicação circunscrita ao objeto do contrato.

Referências bibliográficas

ANDRADE, Letícia Queiróz de. "Responsabilidade civil do Estado e a concessão de rodovias". *In*: GUERRA, Alexandre D. Mello; PIRES, Luiz Manuel Fonseca; DENACCHIO, Marcelo (Coord.). *Responsabilidade civil do Estado desafios contemporâneos*. São Paulo: Quartier Latin, 2010.

ARAGÃO, Alexandre Santos de. *Direito dos serviços públicos*. 4ª ed. Belo Horizonte: Fórum, 2017.

BACELLAR FILHO, Romeu Felipe. "Responsabilidade civil extracontratual das pessoas jurídicas de direito privado prestadoras de serviço público". *Interesse Público*, São Paulo, nº 6, abr./jun. 2000.

BANDEIRA DE MELLO, Celso Antônio. *Curso de direito administrativo*. 34ª ed. São Paulo: Malheiros, 2019.

BARROS FILHO, Wilson Accioli de. "A (ir)responsabilidade civil do concessionário de serviço público por animal na pista". *Fórum Administrativo* – FA, Belo Horizonte, ano 17, nº 191, jan. 2017.

BECK, Ulrich. *Sociedade de risco*: rumo a uma outra modernidade. São Paulo: Editora 34, 2011.

CAHALI, Yussef Said. *Responsabilidade civil do Estado*. 3ª ed. rev. atual.e ampl. São Paulo: Malheiros, 2007.

CARVALHO FILHO, José dos Santos. "Responsabilidade civil das pessoas de direito privado prestadoras de serviços públicos". *In:* FREITAS, Juarez (Coord.). *Responsabilidade Civil do Estado*. São Paulo: Malheiros, 2006.

BEZNOS, Clóvis. "Responsabilidade extracontratual das pessoas privadas prestadoras de serviços públicos". *In*: GUERRA, Alexandre D. Mello; PIRES, Luiz Manuel Fonseca; DENACCHIO, Marcelo (Coord.). *Responsabilidade civil do Estado desafios contemporâneos*. São Paulo: Quartier Latin, 2010.

COSTA, Flávio Dino de Castro e. "A nova lei de concessões de serviços públicos". *Revista Jurídica*, Porto Alegre, vol. 217, nov. 1995.

DI PIETRO, Maria Sylvia Zanella. *Direito administrativo*. 32ª ed. Rio de Janeiro: Forense, 2019.

______. "Omissões na atividade regulatória do Estado". *In*: FREITAS, Juarez (Coord.). *Responsabilidade civil do Estado*. São Paulo: Malheiros, 2006.

______. *Parcerias na Administração Pública*: concessão, permissão, franquia, terceirização, parceria público-privada. 12ª ed. Rio de Janeiro: Forense, 2019.

DOMINGUEZ, Guilherme Diniz de Figueiredo. "A interrupção no fornecimento dos serviços públicos de energia elétrica e água, por inadimplência dos usuários, à luz da jurisprudência dos Tribunais Superiores (STJ E STF)". *Revista de Direito Público da Economia – RDPE*, Belo Horizonte, ano 6, nº 24, out./dez. 2008.

FIGUEIREDO, Lúcia Valle. *Curso de direito administrativo*. 9ª ed. São Paulo: Malheiros, 2008.

GONÇALVES, Pedro. *A concessão de serviços públicos*. Coimbra: Almedina, 1999.

GRINBERG, Rosana. "Comentário doutrinário". *Revista do Superior Tribunal de Justiça*, ano 27, nº 240, vol. 2, out. dez. 2015.

JUSTEN FILHO, Marçal. "As diversas configurações da concessão de serviço público". *Revista de Direito Público da Economia - RDPE*, ano 1, nº 1, jan./mar. 2003.

______. *Curso de Direito Administrativo*. 13ª ed. rev. atual. e ampl. São Paulo: Revista dos Tribunais, 2018.

______. *Teoria geral das concessões de serviço público*. São Paulo: Dialética, 2003.

JUSTEN FILHO, Marçal; PEREIRA, Cesar; SCHWIND, Rafael Wallbach; MARTIM, Luísa Paschoaleto. "Limites contratuais da responsabilidade patrimonial do concessionário e o direito de regresso ou reequilíbrio frente ao poder concedente". *Informativo Justen, Pereira e Talamini*, nº 112, Curitiba, jun. 2016. Disponível em: htpp://www.justen.com.br. Acessado em: 11.05.2022.

MARQUES NETO, Floriano de Azevedo. "As parcerias público-privadas no saneamento ambiental". *In*: SUNDFELD, Carlos Ari (Coord.). *Parcerias público-privadas*. 2ª tiragem. São Paulo: Malheiros, 2007.

MONTEIRO, Helena Telino. "A responsabilidade civil das concessionárias de serviço público: uma análise crítica do entendimento firmado pelo Supremo Tribunal Federal". *Anais do XVIII Congresso Nacional do Conpedi*, São Paulo, nov. 2009.

MOREIRA, Egon Bockmann. "Riscos, incertezas e concessões de serviço público". *Revista de Direito Público da Economia - RDPE*, Belo Horizonte, vol. 5, nº 20, out./dez. 2007.

NOVAIS, Elaine Cardoso de Matos. *Serviços públicos & relação de consumo*: aplicabilidade do Código de Defesa do Consumidor. Curitiba: Juruá, 2006.

OLIVEIRA, Ruth Helena Pimentel. *Entidades prestadoras de serviços públicos e responsabilidade extracontratual*. São Paulo: Atlas, 2003.

PEREZ, Marcos Augusto. *O risco no contrato de concessão de serviço público*. Belo Horizonte: Fórum, 2006.

REISDORFER, Guilherme Fredherico Dias. "Apontamentos sobre a responsabilidade civil dos concessionários de serviços públicos". *Interesse Público – IP*, Belo Horizonte, ano 13, nº 68, jul./ago. 2011.

RIBEIRO, Maurício Portugal; PRADO, Lucas Navarro. *Comentários à Lei de PPP*. São Paulo: Malheiros, 2007.

SOUVIRÓN MORENILLA, José María. *La actividad de la administración y el servicio público*. Granada: Comares, 1998.

TEPEDINO, Gustavo. *Temas de Direito Civil*. 3ª ed. Rio de Janeiro: Renovar, 2004.

CAPÍTULO XX

ASPECTOS CONTROVERTIDOS DA CONCESSÃO DE RODOVIAS

Ricardo Marcondes Martins

Introdução

Pretende-se neste estudo examinar algumas questões controvertidas sobre a *concessão de rodovias*. O tema exige cuidadosa elucidação conceitual. Nos termos do Código de Trânsito Brasileiro (Lei federal n. 9.503/97), as vias terrestres abertas à circulação classificam-se em urbanas e rurais (art. 2º, *caput*, e art. 60) e as *rodovias* são classificadas como *vias rurais* (art. 60, II, "a"). As vias terrestres e, dentre elas, as rodovias não são apenas *bens públicos*, mas *ativos públicos*: bens públicos de uso especial afetados à *atividade de infraestrutura*.[576] Essa atividade compreende a provisão, manutenção e operação de ativos públicos.[577] O Poder Público pode

576 Cf. DAL POZZO, Augusto Neves. *O direito administrativo de infraestrutura*. São Paulo: Contracorrente, 2020, p. 76.

577 Cf. DAL POZZO, Augusto Neves. *O direito administrativo de infraestrutura*. São Paulo: Contracorrente, 2020, p. 71.

realizar a atividade de infraestrutura direta ou indiretamente: *diretamente*, quando se vale de seus próprios órgãos – suponha-se uma rodovia construída, mantida ou operada pelo Departamento Nacional de Infraestrutura de Transportes – DNIT, órgão do Ministério da Infraestrutura – ou de seus entes administrativos – suponha-se uma rodovia construída, mantida ou operada pela Agência Nacional de Transportes Terrestres – ANTT, autarquia federal criada pela Lei n. 10.233/01; *indiretamente*, quando o Poder Público realiza uma parceria (em sentido amplo) com o particular. A concessão de rodovia consiste em uma forma de prestação *indireta* de atividade de infraestrutura.

A concessão de rodovia exige, primeiro, diferenciar os serviços públicos e as atividades econômicas relacionados às rodovias das atividades de infraestrutura de rodovia. Fixada essa diferenciação, impõe-se dissociar a "concessão de rodovias" da "contratação de rodovias" e, após, explicitar as restrições que a Constituição impõe a ambas. Nesse tema percebe-se nitidamente a sobreposição dos interesses econômicos ao respeito à Constituição. A comunidade jurídica, em geral, vem fechando os olhos para as restrições constitucionais à prestação indireta da atividade de infraestrutura.

1 Serviço público, atividade econômica e atividade de infraestrutura

Serviço público é toda atividade material, titularizada pelo Estado, de fornecimento de comodidades de fruição singular, cuja submissão ao Direito Público seja necessária, imprescindível ou ao menos de extraordinária utilidade à coletividade.[578] A *titularidade estatal* pressupõe a *publicatio*, ou seja, a prévia existência de uma regra jurídica que defina a prestação como de incumbência

578 Cf. MARTINS, Ricardo Marcondes. *Regulação administrativa à luz da Constituição Federal*. São Paulo: Malheiros, 2011, pp. 200-212.

estatal.[579] A titularidade da União exige expressa previsão na Constituição Federal, a titularidade do Estado exige expressa previsão na Constituição Federal ou Estadual e a titularidade municipal exige expressa previsão na Constituição Federal ou na Lei Orgânica do Município.[580]

Os serviços de transporte rodoviários – de passageiros ou não, coletivos ou individuais – que ultrapassem os limites do território dos estados (interestadual) ou do território nacional (internacional) são, nos termos da letra "e" do inciso XII do art. 21 da CF/88, *serviços públicos federais*. Os serviços de transporte rodoviário – de passageiros ou não, coletivos ou individuais – que ultrapassem os limites do território do Município (intermunicipais), mas não ultrapassem os limites do território do Estado (intraestadual), são serviços públicos estaduais apenas quando previstos na Constituição Estadual. Na falta de norma constitucional estadual expressa, são atividades econômicas. Os serviços de transporte coletivo de passageiros que não ultrapassem os limites do território do Município (intramunicipal) são serviços públicos municipais, nos termos do inciso V do art. 30 da CF/88. Os serviços de transporte individual de passageiros e os serviços de transporte de bens que não ultrapassem os limites do território do Município (intramunicipal) são serviços públicos municipais apenas se previstos na Lei Orgânica do Município. Na falta de norma orgânica municipal expressa são atividades econômicas.[581] Dito isso, há que se diferenciar, em relação ao *transporte rodoviário*, seis situações:

---

579 MARTINS, Ricardo Marcondes. *Regulação administrativa à luz da Constituição Federal*. São Paulo: Malheiros, 2011, p. 283.

580 MARTINS, Ricardo Marcondes. *Regulação administrativa à luz da Constituição Federal*. São Paulo: Malheiros, 2011, pp. 212-217.

581 Cf. MARTINS, Ricardo Marcondes. "Aspectos controvertidos da mobilidade urbana". *Revista Brasileira de Infraestrutura* (RBINF), Belo Horizonte, ano 7, nº 13, jan.-jun. 2018, pp. 23-25.

a) serviços públicos *federais*: transporte rodoviário que ultrapasse os limites do território dos Estados (interestadual) ou do território nacional (internacional) – CF/88, art. 21, XII, "e";

b) serviços públicos *municipais*: transporte rodoviário coletivo de passageiros que não ultrapasse o território dos Municípios (intramunicipal) – CF/88, art. 30, V;

c) serviços públicos *estaduais*: transporte rodoviário que ultrapasse os limites do território do Município (intermunicipal), mas não ultrapasse os limites do território do Estado (intraestadual) – caso haja previsão na Constituição Estadual;

d) serviços públicos *municipais*: transporte rodoviário individual de passageiros e transporte de bens que não ultrapasse os limites do território do Município (intramunicipal) – caso haja previsão na Lei Orgânica do Município;

e) *atividades econômicas*: transporte rodoviário intermunicipal – não previsto como serviço público na Constituição do Estado –, transporte individual intramunicipal de passageiros e transporte de bens intramunicipal – não previstos como serviços públicos na Lei Orgânica do Município.

Tanto os *serviços públicos*, como as *atividades econômicas* e as *atividades de infraestrutura* são *atividades materiais*, e não exercício de *função pública*: consistem na realização de atividades como o fornecimento de comodidades ou utilidades – no caso dos serviços públicos e atividades econômicas – ou a provisão, manutenção ou operação de ativos – no caso das atividades de infraestrutura. Função pública, ao revés, consiste na imputação de consequências jurídicas a certas hipóteses ou, noutras palavras, qualificação de certas situações como proibidas, obrigatórias ou permitidas. Os conceitos assinalam regimes jurídicos diferentes: regra geral, a função pública é intransmissível, só pode ser delegada quando houver autorização constitucional; ao revés, tanto os serviços públicos como as atividades de infraestrutura podem ser, regra geral, outorgados aos particulares.[582] A palavra "delegação" é uma palavra técnica, utilizada pelo Constituinte apenas para transmissão do exercício de função pública.[583]

Sem embargo, as diferenças entre eles são significativas. Ao contrário dos *serviços públicos* e das *atividades de infraestrutura*, as *atividades econômicas* são, regra geral, *atividades privadas*; podem ser livremente exploradas pelos particulares, sem qualquer necessidade de outorga estatal. Como regra, o Estado é proibido de explorá-la: só pode fazê-lo nos casos expressamente discriminados no art. 177 da CF/88 – em regime de monopólio – ou nos casos legalmente previstos para atender aos imperativos de segurança nacional ou ao relevante interesse coletivo – em regime de concorrência com os particulares. Assim, podem os particulares explorar as atividades econômicas sem necessidade de outorga ou contratação.[584]

É possível que a Constituição Federal – para o território nacional –, a Constituição Estadual – para o território do Estado – ou a Lei Orgânica Municipal – para o território do Município – qualifique certa atividade econômica como uma atividade privada

---

582 Sobre a diferença entre serviço público e função pública vide: MARTINS, Ricardo Marcondes. *Regulação administrativa à luz da Constituição Federal*. São Paulo: Malheiros, 2011, pp. 201-203.

583 Segundo Hely Lopes Meirelles a *transferência da titularidade* de um serviço público era *outorgada* por lei, e poderia ocorrer para autarquias, fundações ou empresas estatais; já a transferência da execução do serviço era feita por delegação, seja por concessão, permissão ou autorização. Cf. MEIRELLES, Hely Lopes. *Direito administrativo brasileiro*. 16ª ed., 2ª tir. São Paulo: Revista dos Tribunais, 1991, p. 333. Essa tiragem foi publicada em vida do autor e após a promulgação da Constituição vigente; contudo, é claramente incompatível com a linguagem utilizada pelo Constituinte de 1988. Por um lado, o art. 175, *caput*, da CF/88 utiliza a palavra "outorga" para se referir à transferência de execução material e não de titularidade. Por outro, o art. 236 da CF/88 utiliza a palavra "delegação" para se referir à transmissão do exercício de função pública.

584 Cf. MARTINS, Ricardo Marcondes. *Teoria jurídica da liberdade*. São Paulo: Contracorrente, 2015, pp. 175 e ss.

sob regime especial, sujeita a regulação estatal excepcional, de modo que passe a ser lícito condicionar sua exploração à prévia autorização administrativa. Apenas a título de exemplo, é o que fez o Município de São Paulo com os táxis – transporte público individual de passageiros: qualificou-os não como serviços públicos, mas como atividades privadas sob regime especial. Na falta dessa previsão, a exploração privada da atividade econômica é admitida sem a qualquer controle administrativo. Tudo é diferente em relação aos serviços públicos e às atividades de infraestrutura, que necessitam de expressa outorga ou contratação administrativas – com as ressalvas a seguir expostas.

Por outro lado, serviços públicos e atividades de infraestrutura são atividades materiais públicas, mas inconfundíveis: serviços públicos são atividades *uti singuli*, atividades de infraestrutura são *uti universi*.[585] Deveras: os serviços públicos exigem uma relação específica entre o prestador e o usuário; e o exigem porque o Constituinte estabeleceu que, regra geral, eles sempre são passíveis de outorga por concessão ou permissão. Estas, nos termos adiante explicados, exigem uma relação de prestação, de modo que seja possível a remuneração pela própria exploração, em geral por meio da cobrança de tarifas dos usuários. Nas atividades de infraestrutura – de provisão, manutenção e operação de ativos – inexiste essa especificidade inerente à relação concreta de prestação. Ao invés da figura do *usuário*, na atividade de

---

585 Cf. DAL POZZO, Augusto Neves. *O direito administrativo de infraestrutura*. São Paulo: Contracorrente, 2020, pp. 27 e ss. O ínclito administrativista considera que é inerente aos serviços públicos tanto a *especificidade* como a *divisibilidade* (DAL POZZO, Augusto Neves. *O direito administrativo de infraestrutura*. São Paulo: Contracorrente, 2020, p. 78). Sem desprestigiá-lo, em relação à divisibilidade, discorda-se. O Direito brasileiro é mais exigente para cobrança de taxa do que para cobrança de tarifas: só a primeira exige a divisibilidade, quantificação exata do custo do serviço em relação ao usuário. Cf. MARTINS, Ricardo Marcondes. *Regulação administrativa à luz da Constituição Federal*. São Paulo: Malheiros, 2011, pp. 206-209.

infraestrutura configura-se a figura do *beneficiário* do ativo.[586] Posto isso, construção, manutenção e operação de rodovias não são serviços públicos, mas atividades de infraestrutura.

2 Contratação x concessão

Estabelecidas, ainda que brevemente, as diferenças entre serviço público, atividade de infraestrutura e atividade econômica, faz-se mister diferenciar a *contratação* administrativa da *concessão*. A expressão "contrato de concessão" revela ou um equívoco conceitual ou uma metonímia, mais precisamente, uma sinédoque.[587] Nos termos elucidados por Oswaldo Aranha Bandeira de Mello, a concessão de serviço público envolve uma realidade complexa abrangente de um ato unilateral – editado pelo concedente, que fixa o regime da prestação –, um ato-condição – editado pelo concessionário, que aceita se submeter ao regime unilateralmente estabelecido pelo concedente – e um contrato adjeto – editado tanto pelo concedente como pelo concessionário, em que este estabelece o quanto exige receber para realizar a atividade administrativa.[588] Quer dizer, só uma parte bem restrita teria natureza "contratual": a referente ao que o concessionário exigiu receber para realizar a atividade. Em rigor, o que se chama de "contrato administrativo" não passa de um ato

---

586 Cf. DAL POZZO, Augusto Neves. *O direito administrativo de infraestrutura*. São Paulo: Contracorrente, 2020, p. 89.

587 Sinédoque é a substituição de um termo por outro, em que os sentidos dos termos têm uma relação de extensão desigual. Cf. GUIMARÃES, Hélio de Seixas; LESSA, Ana Cecília. *Figuras de linguagem*: teoria e prática. 14ª ed. São Paulo: Atual, 2003, p. 25. José Luiz Fiorin explique que a sinódeque é um tipo de metonímia em que a relação de contiguidade é do tipo *pars pro todo* (parte pelo todo). (*Figuras de retórica*. São Paulo: Contexto, 2014, p. 38).

588 Cf. BANDEIRA DE MELLO, Oswaldo Aranha. "Natureza jurídica da concessão de serviço público". *Revista de Direito Administrativo e Infraestrutura* – RDAI, São Paulo, ano 4, nº 12, jan.-mar. 2020, pp. 439-442.

administrativo bilateral.[589] Então, com mais precisão, a concessão é uma realidade complexa que envolve um ato unilateral, um ato condição e um ato bilateral.[590] As diferenças entre a concessão e o "contrato administrativo", porém, são mais profundas.

O motivo da concessão é a impossibilidade de o Estado arcar com os custos necessários para instalar a infraestrutura necessária à prestação do serviço público. Em decorrência da falta de recursos, erigiu-se a teoria da concessão: o Estado transfere a prestação a um particular para que este realize os investimentos necessários. Como o motivo é a falta de recursos, quem paga o concessionário não é o Estado. Daí o *núcleo essencial* do conceito de concessão: a remuneração dá-se pela própria exploração do serviço.[591] A concessão deve durar o tempo necessário à remu-

589 Cf. MARTINS, Ricardo Marcondes. *Estudos de direito administrativo neoconstitucional*. São Paulo: Malheiros, 2015, pp. 374 e ss.

590 Cf. MARTINS, Ricardo Marcondes. *Regulação administrativa à luz da Constituição Federal*. São Paulo: Malheiros, 2011, p. 291.

591 Esse núcleo essencial era tranquilamente admitido pela doutrina, tanto pela estrangeira, como pela brasileira. Francis-Paul Bênoit, por todos, explica: "Le trait essentiel de la concession est qu'elle ne paraît logiquement concevable que pour des activités rentables. Le concessionnaire supportant en principe tout ou partie des dépenses d'investissement ainsi que les dépenses de fonctionnement, doit pouvoir rémunérer le capital investi, procéder aux amortissements, récupérer les frais de fonctionnement en personnel et matériel, et rémunérer son propre travail. L'objet des taxes qu'il perçoit sur les usagers est précisément de lui permettre de procéder à toutes ces opérations. Il convient donc que le montant des taxes puisse être établi à un niveau tel qu'elles soient à même de remplir cet objet. Il n'en est ainsi que si l'activité du service est rentable au sens économique du terme: l'usager doit rémunérer le capital et les hommes nécessaires au service". (BÊNOIT, Francis-Paul. *Le droit administratif français*. Paris: Dalloz, 1968, §1560, p. 822). No Direito brasileiro, no mesmo sentido, afirmava Celso Antônio Bandeira de Mello, antes da Constituição de 1988: "entende-se por concessão de serviço público o ato complexo através do qual o Estado atribui a alguém o exercício de um serviço público e este aceita prestá-lo em nome do Poder Público sob condições fixadas e alteráveis unilateralmente pelo Estado mas por sua conta, risco e perigos, *remunerando-se pela cobrança de tarifas diretamente dos usuários do serviço* e tendo a garantia de um equilíbrio econômico-financeiro".

neração do concessionário, incluídos o pagamento de seu lucro e à amortização dos investimentos. Ao final, estes estarão amortizados, de modo que a infraestrutura se reverte ao Poder Público, que passa a ter condições de prestar o serviço. A prestação direta dá-se sem intuito de lucro e, por isso, é, conceitualmente, menos onerosa do que a prestação indireta. Eis, em linhas gerais, as bases teóricas da teoria da concessão.[592] Em decorrência dessas bases, a concessão gera *três* relações jurídicas: a *relação de concessão*, entre concedente e concessionário, a *relação de garantia*, entre concedente e usuário, e a *relação de prestação*, entre concessionário e usuário.[593] Perceba-se: na concessão configurar-se uma relação autônoma entre o concessionário e o usuário pois a remuneração do concessionário dá-se pela própria exploração do serviço, regra geral, por meio de cobrança de tarifas. Quem cobra as tarifas do usuário é o concessionário.

Tudo é diferente no "contrato administrativo". Quem remunera o contratado é a Administração Pública, e não a exploração do serviço. De modo que o contrato gera apenas uma relação jurídica: entre Administração (contratante) e administrado (contratado). Há outra relação que não decorre do contrato, entre a Administração e o destinatário da atividade administrativa (usuário ou beneficiário). Mas, perceba-se, no contrato inexiste relação autônoma entre o contratado da Administração e o destinatário da atividade (o

---

(BANDEIRA DE MELLO, Celso Antônio. *Prestação de serviços públicos e administração indireta*. 2ª ed., 3. tir. São Paulo: Revista dos Tribunais, 1987, p. 35 (grifos nossos).

592 Cf. MARTINS, Ricardo Marcondes. *Regulação administrativa à luz da Constituição Federal*. São Paulo: Malheiros, 2011, pp. 221-224.

593 As três relações, com essas denominações, foram objeto da excelente monografia de ANDRADE, Letícia Queiroz de. *Teorias das relações jurídicas da prestação de serviço público sob regime de concessão*. São Paulo: Malheiros, 2015, pp. 103 e ss. Em sentido próximo: MARTINS, Ricardo Marcondes. *Regulação administrativa à luz da Constituição Federal*. São Paulo: Malheiros, 2011, p. 224.

usuário ou beneficiário).[594] E é coerente que não haja: a remuneração do contratado não decorre da cobrança, por parte deste, de tarifas do usuário, mas da contraprestação paga pela contratante.

Perceba-se, pois, que a diferença conceitual entre concessão e contrato é juridicamente relevante. Vários são os desdobramentos jurídicos dessa diferença. Em relação à concessão, como a remuneração decorre da exploração da atividade, há uma desvinculação, como regra, entre a duração do ajuste e a vigência da lei orçamentária. Por isso, é inerente ao regime da concessão que sua duração ultrapasse o exercício financeiro; aliás, como é necessário amortizar todos os investimentos e, simultaneamente, cobrar uma tarifa mais módica possível, de modo a não inviabilizar o acesso ao serviço, como regra as concessões estendem-se por dez, vinte, trinta anos.[595] Tudo muda em relação aos contratos administrativos. Como a remuneração decorre de dotações orçamentárias, a duração do contrato fica atrelada à duração da autorização legislativa. Esta, em regra, dá-se por meio da lei orçamentária anual, cuja vigência equivale ao exercício financeiro; e este, por força do art. 34 da Lei n. 4.320/64, coincide com o ano civil; logo, por regra, a vigência do contrato administrativo se restringe à duração do ano em que foi celebrado.[596]

Antes de prosseguir este estudo sobre a concessão de rodovias, impõem-se três observações. Primeira: concessão de uso não

---

594 É o que observa, com argúcia, BANDEIRA DE MELLO, Celso Antônio. *Curso de direito administrativo*. 35ª ed. São Paulo: Malheiros, 2021, p. 679, rodapé 4.

595 Por todos, afirma Antônio Carlos Cintra do Amaral: "O prazo da concessão não deve ser superior nem inferior ao necessário à amortização dos investimentos previstos, considerada a equação econômica do contrato em sua totalidade". (CINTRA DO AMARAL, Antônio Carlos. *Concessão de serviço público*. São Paulo: Malheiros, 1996, p. 68).

596 Cf. MARTINS, Ricardo Marcondes. "Prazo dos contratos administrativos: o que a Constituição tem a ver com isso?". *Revista Colunistas de Direito do Estado*, nº 402, 06 de ju. 2018. Disponível em: http://bit.ly/prazocontratoadministrativo. Acessado em: 23.06.2022.

é concessão. Está consagrado no jargão do Direito Administrativo a utilização da expressão "concessão de uso de bem público" para se referir a um ato bilateral referente à utilização privativa de bem público ou, nos termos correntes, a um contrato administrativo sobre o uso do bem público. A palavra "concessão" não é, nessa expressão, regra geral, utilizada no sentido técnico de concessão. Assim, "concessão de uso de bem público" é contrato administrativo de uso de bem público, e não, tecnicamente, "concessão".[597]

Segunda: concessão não se restringe aos serviços públicos. É perfeitamente possível que o Poder Público transfira a realização de uma obra pública para o particular para que ele a construa às suas expensas e, depois, se remunere pela exploração da obra. No caso, o núcleo essencial da concessão está presente: remunerar-se não por contraprestação do contratante, mas pela exploração da obra.[598] Do mesmo modo, é perfeitamente possível que o Poder Público transfira a atividade de infraestrutura ao particular para que ele a realize às suas expensas e se remunere pela própria exploração do ativo. No caso da concessão de serviço público, a remuneração dá-se pela cobrança de tarifas dos usuários; no caso

---

597 A diferença foi percebida por Marcello Caetano: "não se devem confundir as concessões de uso ou aproveitamento de bens, que são meras licenças de uso privativo e só impropriamente se designam por concessões, com as concessões propriamente ditas cujo objeto é a exploração ou gestão de bens dominiais por alguém que toma o lugar da pessoa coletiva de direito público titular do domínio". (*Manual de direito administrativo*. vol. II, 10ª ed., 6. reimpr. Coimbra: Almedina, 1999, p. 948). Pouco adiante, esclarece: "O titular da concessão de aproveitamento é um mero utente; o concessionário da exploração do domínio é um gestor, que se encarrega de proporcionar ao público o uso das coisas que lhe estão confiadas, de acordo com a natureza delas". (*Manual de direito administrativo*. vol. II, 10ª ed., 6. reimpr. Coimbra: Almedina, 1999, p. 949). No mesmo sentido, na doutrina brasileira: COUTINHO, José Roberto de Andrade. *Gestão do patrimônio imobiliário na Administração Pública*. Rio de Janeiro: Lumen Juris, 2011, pp. 243/244. Trata-se "impropriamente" de concessão, pois não é, na verdade, verdadeira concessão.

598 Cf. BANDEIRA DE MELLO, Celso Antônio. *Curso de direito administrativo*. 35ª ed. São Paulo: Malheiros, 2021, p. 683.

da concessão de obra pública e da concessão de atividade de infraestrutura, a remuneração dá-se pela cobrança de preço públicos dos beneficiários da obra e da atividade.[599]

Terceira: as concessões administrativas – em que a remuneração é integralmente paga pelo Poder Público – e as concessões patrocinadas – em que a principal fonte é a remuneração paga pelo Poder Público –, vale dizer, as parcerias público-privadas disciplinadas na Lei n. 11.079/04, não são concessões, mas contrafações de contratos administrativos.[600] Noutras palavras, não passam de contratos administrativos disfarçados de concessão, disfarce necessário para mascarar a óbvia inconstitucionalidade de celebrar contratos com prazos sensivelmente superiores à vigência da autorização orçamentária. A contraprestação do Poder Público, realizada apenas como fonte alternativa, complementar ou acessória, com a finalidade de viabilizar a modicidade das tarifas e respeitar a manutenção do equilíbrio econômico-financeiro da concessão, admitida pelo art. 11 da Lei n. 8.987/95, não descaracteriza a concessão. O que a descaracteriza é a contraprestação ser a fonte exclusiva ou principal do ajuste.

3 Concessão de serviço de transporte x concessão rodoviária

No item anterior, afirmou-se a possibilidade tanto da concessão de serviço público de transporte, quanto da atividade de infraestrutura de provisão, manutenção e operação de rodovias. Há, porém, uma diferença importante entre ambas às hipóteses, que

599 Sobre a diferença entre tarifa, contraprestação da prestação indireta dos serviços, e preço público, contraprestação da realização indireta de atividade de infraestrutura, vide: DAL POZZO, Augusto Neves. *O direito administrativo de infraestrutura*. São Paulo: Contracorrente, 2020, p. 125.

600 Cf. MARTINS, Ricardo Marcondes. "Conceito de parceria público-privada à luz da Constituição". *Revista de Direito Administrativo e Infraestrutura*. São Paulo, ano 2, vol. 5, abr.-jun. 2018, pp. 23-47.

vem sendo desprezada pela comunidade jurídica. Em relação aos serviços públicos, a Constituição Federal estabelece expressamente, no art. 175, que a prestação indireta deve dar-se por concessão ou permissão. Se o Texto constitucional for levado a sério, *a contrario sensu*, não é admitida, como regra geral, a prestação de serviço público por contratação administrativa. Houve, nesse dispositivo, claro silêncio constitucional:[601] se o Constituinte afirmou que a prestação indireta deve dar-se por concessão ou permissão e silenciou sobre outras hipóteses de ajuste foi porque não quis abrangê-las, ou seja, quis restringir à prestação indireta à concessão e à permissão. Logo, nas quatro hipóteses dantes mencionadas de serviços públicos de transporte, a contratação administrativa é vedada pela Constituição. Para os serviços públicos, fazem-se três observações.

Primeira: em certos casos, a essencialidade do serviço para paz social é incompatível com a prestação indireta, de modo que a concessão ou permissão são *prima facie* proibidas pelo ordenamento jurídico. Pela literalidade da Constituição, todo serviço público de transporte pode ser prestado indiretamente por concessão ou permissão. Mas o Direito não se restringe à literalidade e deve ser interpretação tendo em vista à realidade a que se destina. Em grandes cidades, a manutenção do serviço de transporte coletivo é essencial para a manutenção da paz social, de modo que o risco, ainda que pequeno, de paralisação gerado pela prestação privada não é tolerado pelo Direito. Deveras: nesses casos, diante da referida essencialidade, é comum os Chefes do Executivo ficarem reféns dos prestadores.[602]

Segunda: somente em dois casos a contratação de serviços públicos é válida. Primeiro: é possível, mesmo na falta de expressa

---

601 Sobre o tema: MARTINS, Ricardo Marcondes. *Regulação administrativa à luz da Constituição Federal*. São Paulo: Malheiros, 2011, pp. 66-71.

602 Cf. MARTINS, Ricardo Marcondes. "Aspectos controvertidos da mobilidade urbana". *Revista Brasileira de Infraestrutura* (RBINF), Belo Horizonte, ano 7, nº 13, jan.-jun. 2018, p. 14.

previsão constitucional, a contratação da prestação de serviços públicos nos casos emergenciais. Suponha-se uma hipótese de grave inadimplemento do concessionário, que exija a extinção da concessão; suponha-se que a Administração não tenha condições de realizar a prestação direta. Até a finalização de novo processo licitatório, caberá a ela contratar – e não autorizar – o administrado para prestá-lo provisoriamente. A emergência justifica a contratação, e não a outorga.[603] Segundo: por expressa disposição constitucional, é possível a contratação do administrado para prestação de serviço público de saúde. Com efeito: por força do art. 197 da CF/88, a execução das ações e serviços de saúde pode ser feita "diretamente ou através de terceiros e, também por pessoa física ou jurídica de direito privado". Há, pois, norma constitucional específica para os serviços públicos de saúde que viabiliza sua contratação administrativa.[604]

Terceira: como as parcerias público-privadas, estabelecidas na Lei n. 11.079/95, não configuram concessão, mas típicos contratos administrativos disfarçados de concessão, ou, mais tecnicamente, contrafações de contratos administrativos, sua realização para prestação de serviços públicos é inconstitucional. Só em um cenário de grave submissão da doutrina ao poder econômico justifica fechar os olhos para a manifesta invalidade do modelo. Chamar o contrato de concessão não é suficiente para compatibilizá-lo com o art. 175 da CF/88.[605] Houve um extraordinário esforço da

---

603 Cf. MARTINS, Ricardo Marcondes. *Regulação administrativa à luz da Constituição Federal*. São Paulo: Malheiros, 2011, pp. 230-232.

604 MARTINS, Ricardo Marcondes. *Regulação administrativa à luz da Constituição Federal*. São Paulo: Malheiros, 2011, pp. 234/235.

605 Fernando Vernalha Guimarães, em excelente monografia sobre o tema, sustenta que as "teses reducionistas do instituto da concessão" impedem que o Poder Público opte por diferente modelo de financiamento: ao invés de restringi-lo ao usuário, optar por estendê-lo àqueles que não são usuários. (*PPP*: Parceria público-privada. São Paulo: Saraiva, 2012, pp. 76-87). O argumento confronta-se com um problema dogmático: o Constituinte não estabeleceu que a prestação indireta de serviços públicos ocorrerá nos termos

comunidade jurídica brasileira para viabilizar a contratação de serviços públicos. Difundiu-se a ideia de que conceito de concessão "mudou".[606] Com todo respeito à divergência, a Constituição não estabelece que a prestação indireta de serviços públicos se dará nos termos da lei, ou – o que seria idêntico – por "X" ou "Y", podendo a lei livremente estabelecer o que se entenderá por "X" ou "Y". Estabelece que se dará sob regime de concessão ou permissão, nos termos da lei. Essas palavras são signos e, como tal, se reportam a um significado que se constitucionalizou com o uso da palavra pelo Constituinte.[607]

Se, por um lado, a Constituição, no art. 175, impõe a outorga por concessão ou permissão para a prestação indireta de serviços públicos, por outro não a impõe para a realização indireta de obras públicas ou pela prestação indireta de atividade de infraestrutura. Com efeito: em relação à realização de uma obra no sistema viário ou à realização das atividades de provisão, manutenção e operação de ativos públicos é tanto permitida a concessão como a contratação administrativa. Assim, a Constituição Federal admite que o Poder Público opte por conceder a rodovia, vale dizer, outorgar ao particular a realização, sem pagamento pelo Poder Público, das obras necessárias para implantação de uma rodovia e, posteriormente, a exploração da rodovia pelo tempo necessário à amortização dos investimentos pela cobrança de pedágio, autorizada expressamente

---

da lei, mas sim que ocorrerá por concessão ou permissão nos termos da lei. Houve uma decisão do Constituinte de não admitir o financiamento por impostos da prestação indireta dos serviços públicos, e não cabe ao Legislador, muito menos ao doutrinador, alterar essa decisão.

606 A mutação que contraria o núcleo essencial do significado constitucionalizado não é mutação, mas violação da Constituição. Cf. MARTINS, Ricardo Marcondes. *Regulação administrativa à luz da Constituição Federal*. São Paulo: Malheiros, 2011, p. 65. Discorda-se de Uadi Lammêgo Bulos para quem a única limitação à mutação constitucional é a "consciência do intérprete". (*Mutação constitucional*. São Paulo: Saraiva, 1997, p. 91).

607 Cf. MARTINS, Ricardo Marcondes. *Regulação administrativa à luz da Constituição Federal*. São Paulo: Malheiros, 2011, pp. 57-71.

no inciso V do art. 150 da CF/88. Nesse caso, o pedágio, típico preço público,[608] deve ter valor suficiente para remunerar o concessionário e, ao longo do prazo de vigência da concessão, amortizar seus investimentos. A Constituição não impede, porém, ao contrário do que o faz em relação aos serviços públicos, a contratação de obras ou a contratação de atividades de infraestrutura. Há, contudo, limites constitucionais a serem observados.

4 Contratação de atividade rodoviária

Consoante se disse, a Constituição não impede a contratação de obras públicas ou da atividade de infraestrutura. Em relação às obras, é indiscutivelmente admissível sua realização indireta por empreitada. Em relação à atividade de infraestrutura de provisão,

---

608 Existem três correntes sobre a natureza jurídica do pedágio. A primeira considera que o pedágio tem natureza de tributária, mais precisamente de taxa de serviço. Por todos: BARRETO, Aires; ATALIBA, Geraldo. "Pedágio Federal". *Revista de Direito Tributário* - RDT, São Paulo, nº 46, out.-dez. 1988, p. 90; CARRAZZA, Roque Antonio. *Curso de direito constitucional tributário*. 32ª ed. São Paulo: Malheiros, 2019, pp. 467-469. A segunda corrente considera que o pedágio tem natureza de taxa quando o pagamento é devido ao Poder Público e de *tarifa* quando é devido ao concessionário: BANDEIRA DE MELLO, Celso Antônio. "Natureza jurídica do pedágio". *Revista Trimestral de Direito Público* - RTDP, São Paulo, vol. 32, 2000, p. 23; GARCIA, Flávio. "A remuneração nas concessões de rodovias". *Revista de direito público da economia* - RDPE, Belo Horizonte, vol. 2, nº 5, jan.-mar. 2004; FREITAS, Rafael Véras de. *Concessão de rodovias*. Belo Horizonte: Fórum, 2018, pp. 68-72. A terceira corrente considera que o pedágio tem natureza de taxa quando o pagamento é devido ao Poder Público e *preço público* – e não tarifa – quando devido ao concessionário. Por todos: DAL POZZO, Augusto Neves. *O direito administrativo de infraestrutura*. São Paulo: Contracorrente, 2020, p. 125. Nesse sentido, decidiu o STF: "O pedágio cobrado pela efetiva utilização de rodovias conservadas pelo Poder Público, cuja cobrança está autorizada pelo inciso V, parte final, do art. 150 da Constituição de 1988, não tem natureza jurídica de taxa, mas sim de preço público, não estando a sua instituição, consequentemente, sujeita ao princípio da legalidade estrita". (STF, ADI 800, Relator Teori Zavascki, Pleno, j. 11.06.2014, Acórdão DJe-125, divulg. 27.06.2014, public. 01.07.2014).

manutenção e gestão de rodovias, também é indiscutivelmente possível sua realização indireta mediante contratação administrativa. Em ambos os casos, porém, as parcerias público-privadas não se apresentam como uma solução válida. O inciso III do §4º do art. 2º da Lei n. 11.079/04 veda a realização de PPP para exclusiva execução de obra pública. Assim, PPP para exclusiva instalação de rodovia é ilegal. PPP para instalação, manutenção e gestão da rodovia, apesar de legal, é inconstitucional.

Dessarte, nenhuma despesa pública pode ser realizada sem expressa autorização do Legislador. Por evidente, a instalação, manutenção ou gestão da rodovia não é uma despesa imprevisível e urgente para os fins de abertura de um crédito extraordinário, não se subsumindo ao §3º do art. 167 da CF/88, que admite a autorização posterior. Logo, a contratação de atividade de infraestrutura exige prévia autorização legislativa. Essa autorização tem vigência constitucionalmente definida: a Lei Orçamentária vigora até o final do respectivo exercício financeiro. Poder-se-ia indagar: mas é possível a previsão dessa contratação no Plano Plurianual (PPA)?[609] Sem dúvida, mas a previsão da contratação no PPA não dispensa a prévia autorização legislativa da despesa que será executada no ano. O que a previsão no PPA autoriza é a *prorrogação* do contrato administrativo.

Com efeito: as despesas que serão empenhadas no exercício devem estar, necessariamente, previstas na LOA ou em créditos adicionais. A previsão da despesa no plano plurianual não dispensa a previsão da despesa empenhada no exercício financeiro na respectiva lei orçamentária ou em créditos adicionais. Assim, suponha-se a celebração de um contrato de atividade de infraestrutura, com previsão de execução em três anos. O contrato é assinado em 01/08/21. Terá vigência inicial até 31/12/2021, data

---

609 O PPA vigora por 4 anos, até o final do primeiro exercício financeiro do mandato subsequente do Chefe do Executivo. Por todos: LEITE, Harrison. *Manual de direito financeiro*. Salvador: Juspodivm, 2012, p. 86.

em que se encerra a vigência da autorização orçamentária. Como está previsto no PPA, o contrato poderá ser prorrogado por mais um ano, desde que a despesa a ser liquidada em 2022 esteja prevista na LOA de 2022. A vigência dessa prorrogação limitar-se-á a 31/12/2022, data em que termina a vigência da respectiva autorização legislativa. Poderá ser prorrogado por mais um ano, desde que a despesa a ser liquidada em 2023 esteja prevista na LOA de 2023, mas a vigência do contrato terá por limite a vigência da respectiva autorização legislativa para essa despesa, ou seja 31/12/2023. Em suma: a vigência do contrato está adstrita à autorização orçamentária anual (ou, excepcionalmente, a vigência do crédito adicional), admitindo-se a prorrogação do contrato quando a despesa estiver prevista no plano plurianual.

A Lei n. 11.079/04 autoriza a celebração de contratos com vigência de até 35 anos (art. 5º, I). Por óbvio, rasgou a Constituição, e rasgou em mil pedaços. Poder-se-ia indagar: mas, então, é possível celebrar o contrato com vigência limitada à vigência da autorização orçamentária referente à despesa que será executada no ano e, posteriormente, prorrogar o contrato por 35 anos? A impossibilidade é tão óbvia que é surpreendente ser admitida por boa parte da doutrina sem maiores constrangimentos. Primeiro: o dever de licitar impede que o governo celebre contratos administrativos com prazos tão dilatados. A prorrogação do contrato administrativo tem natureza jurídica de inexigibilidade de licitação – quando exigida pelo Direito – ou de dispensa de licitação – quando facultada pelo Direito.[610] O Legislador não é livre para autorizar a dispensa: só pode fazê-lo quando no plano abstrato os princípios contrariados pelo certame tenham peso equivalente aos princípios concretizados pelo certame.[611] Segundo: como regra, o

---

610 Cf. MARTINS, Ricardo Marcondes. *Estudos de direito administrativo neoconstitucional.* São Paulo: Malheiros, 2015, pp. 343 e ss.

611 MARTINS, Ricardo Marcondes. *Estudos de direito administrativo neoconstitucional.* São Paulo: Malheiros, 2015, pp. 352-357.

Legislador não pode autorizar prorrogações por prazo superior a 4 anos – data de vigência do Plano Plurianual. Do contrário, haveria uma fraude à soberania popular. Deveras: os governantes da atual legislatura não podem, regra geral, obstaculizar o governo das próximas legislaturas. Daí as diretrizes: a) o prazo da contratação de atividade de infraestrutura deve restringir-se ao prazo da autorização orçamentária da despesa que será executada no respectivo exercício; b) se previsto no plano plurianual, o ajuste pode ser prorrogado, mas as prorrogações devem ser restringidas à duração do respectivo plano plurianual.

5 Convênios de delegação

A última questão a ser examinada neste estudo é a possibilidade de uma entidade federativa delegar sua atividade de infraestrutura a outra entidade federativa. Especificamente em relação às rodovias, o Legislador autorizou a União a delegar aos Municípios, aos estados ou ao Distrito Federal a administração de suas rodovias ou a exploração de trechos de suas rodovias (Lei n. 9.277/96, art. 1º). Estabeleceu que essa delegação, caso ocorra, seja formalizada por *convênio*. A questão envolve problemas jurídicos intrincados.

A questão tornou-se sensível por causa, principalmente do saneamento básico. Consagrado o entendimento de que se trata de serviço local, a competência para prestar o serviço de saneamento básico – e a atividade de infraestrutura a ele relacionada – é do Município. Ocorre que boa parte dos Municípios brasileiros não tem condição de prestá-lo. Ao invés de se extinguir os Municípios que não tem condições de cumprir sua missão constitucional, optou-se por uma solução menos traumática: a Emenda Constitucional n. 19/98 alterou o art. 241 da CF/88 para permitir que, nos termos da lei, as entidades federativas possam, por meio de "consórcios públicos e convênios de cooperação", realizar a gestão associada de serviços públicos. Foi, então, editada a Lei federal n. 11.107/05, que disciplinou a instituição de consórcios públicos e, uma vez instituídos, a celebração de contratos de rateio e de contratos de programa para, por meio deles, as entidades federativas, respectivamente, repassarem recursos ao consórcio e realizarem a prestação associada de serviços públicos.[612]

A solução, apesar de politicamente conveniente, encontra obstáculos na Constituição. A forma federativa é cláusula pétrea (CF, art. 60, §4º, I). É praticamente pacífico na doutrina que a forma federativa é ditada pela divisão de competências estabelecida no Texto Constitucional.[613] Isso significa que alterar, de modo significativo, a divisão de competências estabelecida no Texto originário implica alterar a forma federativa, o que é vedado pela Constituição. Diante disso, não se pode permitir que por mero acordo político, competências privativas sejam transferidas de uma entidade federativa para outra.[614] O que é possível é a *cooperação federativa*: quando uma entidade federativa estiver, momentaneamente, necessitando de ajuda para cumprir sua missão constitucional, as demais entidades podem – a depender da hipótese, devem – ajudá-la. Em situações limites, poder-se-ia até admitir a troca de sujeitos, a transferência momentânea de competência, voluntária ou, na falta de acordo, compulsória. Em respeito à proporcionalidade, regra geral, nessas situações, é cabível a medida menos drástica da *gestão associadaI*.[615] Dito isso, impõe-se uma interpretação conforme a Constituição à Lei n. 11.107/05: ela é compatível com

612 Sobre os consórcios públicos, por todos: CARVALHO FILHO, José dos Santos. *Consórcios públicos*. Rio de Janeiro: Lumen Juris, 2009.

613 Por todos: BANDEIRA DE MELLO, Oswaldo Aranha. *Natureza jurídica do Estado Federal*. São Paulo: Prefeitura do Município de São Paulo, 1948, pp. 90-95; BARROSO, Luíz Roberto. *Direito constitucional brasileiro*: o problema da federação. Rio de Janeiro: Forense, 1982, pp. 55 e ss.

614 Cf. MARTINS, Ricardo Marcondes. "Titularidade do serviço de saneamento básico à luz da Lei Federal 14.026/2020". *In*: DAL POZZO, Augusto Neves. *O novo marco regulatório do saneamento básico*. São Paulo: Revista dos Tribunais, 2020, pp. 153-186, em especial pp. 180-184.

615 MARTINS, Ricardo Marcondes. "Titularidade do serviço de saneamento básico à luz da Lei Federal 14.026/2020". *In*: DAL POZZO, Augusto Neves.

a Constituição somente se utilizada para fins de cooperação federativa, o que se dá de modo momentâneo, episódico, provisório, e não como mecanismo de alteração das competências privativas definidas no Texto Constitucional.

Essa conclusão se aplica tanto à gestão associada de serviços públicos como à gestão associada de atividade de infraestrutura. Não pode a União, sem mais, delegar a atividade de infraestrutura que lhe compete às demais entidade federativas, alterando, por mero acordo político, as competências fixadas na Constituição de 1988. Nesse sentido, a mesma interpretação conforme que hoje se impõe à Lei n. 11.107/05, impunha-se à Lei n. 9.277/96. Só é válido o compartilhamento de competências nos termos de uma cooperação federativa. Perceba-se que é muito mais fácil se caracterizar juridicamente a necessidade de um ente menor necessitar da ajuda de um ente maior, do que o contrário, o ente maior necessitar da ajuda de um ente menor. Essa afirmação, porém, assenta-se em um juízo sociológico. Em termos jurídicos, não há razão para negar, no plano abstrato, em tese, que a União necessite, momentaneamente, da colaboração dos estados ou dos Municípios, a justificar o pedido de gestão associada da atividade de infraestrutura que lhe compete. Dito isso, impõem-se duas observações.

Primeira: apesar de o Constituinte Reformador ter previsto no art. 241 tanto a forma dos "consórcios públicos" como dos "convênios de cooperação", o fato é que o Legislador estabeleceu que a gestão associada se dê por consórcios públicos e, posteriormente, por contratos de rateio e por contratos de programa. Com efeito: a Lei n. 11.107/05 impôs uma série de condicionantes e de formalidades à gestão associada de serviços públicos – e, por extensão, da atividade de infraestrutura. Ora, diante dessa disciplina, podem os Governantes valer-se, hoje, de convênios para realizar a

---

O novo marco regulatório do saneamento básico. São Paulo: Revista dos Tribunais, 2020, pp. 176-180.

gestão compartilhada de serviços e de infraestrutura? A negativa é tão evidente que faz crer que a formulação da pergunta tenha apenas intuito retórico. Trata-se de um desdobramento da famosa regra dos poderes implícitos, formulada por Henry Campbell Back: "Quando a Constituição confere um poder em termos gerais, a concessão inclui todos os poderes acessórios e particulares que possam ser necessários para torná-lo efetivo". Logo, em seguida, o notável constitucionalista ressalva: "Nos casos em que os meios para o exercício de um poder concedido são especificados, todos os demais meios estão excluídos".[616] Por óbvio, não podem os Governantes, por mera mudança de rótulo – "consórcios" por "convênios" – afastarem, como passe de mágica, todo o regramento da Lei n. 11.107/05.

Não se argumente que a Lei n. 9.277/96 é lei especial e, como tal, não foi revogada pela Lei n. 11.107/95, que é lei geral. Por regra, o critério da especialidade prevalece sobre o critério hierárquico: lei geral posterior não revoga lei especial anterior (*Lex posterior generalis non derogat priori speciali*).[617] Contudo, reconhece a doutrina que esse critério não é absoluto.[618] Essa relatividade é ainda maior no Direito brasileiro, em decorrência das expressas ressalvas estabelecidas no §1° do art. 2° da Lei de Introdução às Normas do Direito Brasileiro (Decreto-lei n. 4.657/42), segundo o qual a

---

616 BLACK, Henry Campbell. "Construção e Constituição". *Revista de Direito Administrativo e Infraestrutura* – RDAI, São Paulo, ano 02, n° 05, abr.-jun. 2018, p. 317.

617 Por todos: BOBBIO, Norberto. *Teoria do ordenamento jurídico*. Trad. de Maria Celeste Cordeiro Leite dos Santos. 10ª ed. Brasília: Editora Universidade de Brasília, 1999, p. 108.

618 Por todos, afirma Maria Helena Diniz: "A metarregra *lex posterior generalis non derogat priori speciali* não tem valor absoluto, dado que, às vezes, *lex posterior generalis derogat priori speciali*, tendo em vista certas circunstâncias presentes. A preferência entre um critério e outro não é evidente, pois se constata uma oscilação entre eles. Não há uma regra definida; conforme o caso, haverá supremacia ora de um, ora de outro critério". (*Lei de introdução às normas do direito brasileiro*. 19ª ed. São Paulo: Saraiva, 2017, p. 99).

"lei posterior revoga a anterior quando expressamente o declare, quando seja com ela incompatível ou quando regule inteiramente a matéria de que tratava a lei anterior". A Lei n. 11.107/05 não revogou expressamente a Lei n. 9.277/96, mas disciplinou inteiramente a gestão associada de serviços públicos – e, por extensão, de atividades de infraestrutura –, revogando-a implicitamente.[619] Os convênios, nesse caso, se subsistirem, configurar-se-ão autênticas *contrafações* de consórcios públicos.

Segunda observação: a gestão consorciada de infraestrutura – hoje regrada pela Lei n. 11.107/05 – não configura uma concessão. Mesmo no âmbito da vigência da Lei n. 9.277/96, em que a União transferia toda a gestão da rodovia à outra entidade, não havia concessão, mas uma *cooperação federativa* formalizada por convênio. Tornou-se comum na prática brasileira dar a esses ajustes interfederativos a forma de uma concessão. De modo muito apropriado, Marçal Justen Filho chamou-os de *concessão imprópria*, na modalidade de "concessão-convênio": imprópria justamente porque não é propriamente uma concessão.[620] Hoje, nos termos aqui expostos, caso se chame esse ajuste de concessão tratar-se-á de uma concessão imprópria na modalidade de "concessão-consórcio".[621] Nada impede, caso o consórcio seja constituído, que este delibere por realizar a concessão da atividade a uma empresa privada (Lei n. 11.107/05, art. 2º, §3º). Aí, sim, haverá propriamente concessão de atividade de infraestrutura, sendo o Consórcio público, integrado pelas entidades federativas que dele fazem parte, o Poder concedente.

---

619 Em sentido contrário, entendendo que subsistem os convênios-delegação de infraestrutura rodoviária: FREITAS, Rafael Véras de. *Concessão de rodovias*. Belo Horizonte: Fórum, 2018, pp. 48 e ss.

620 JUSTEN FILHO, Marçal. *Teoria geral das concessões de serviços públicos*. São Paulo: Dialética, 2003, pp. 121-125.

621 MARTINS, Ricardo Marcondes. "Teoria constitucional das empresas estatais". 2ª parte. *Revista de Direito Administrativo e Infraestrutura* – RDAI, São Paulo, ano 4, nº 15, out.-dez. 2020, pp. 58/59.

Referências bibliográficas

ANDRADE, Letícia Queiroz de. *Teorias das relações jurídicas da prestação de serviço público sob regime de concessão*. São Paulo: Malheiros, 2015.

DAL POZZO, Augusto Neves. *O direito administrativo de infraestrutura*. São Paulo: Contracorrente, 2020.

BANDEIRA DE MELLO, Celso Antônio. *Prestação de serviços públicos e administração indireta*. 2ª ed., 3. tir. São Paulo: Revista dos Tribunais, 1987.

______. *Curso de direito administrativo*. 35ª ed. São Paulo: Malheiros, 2021.

______. "Natureza jurídica do pedágio". *Revista Trimestral de Direito Público* - RTDP, São Paulo, vol. 32, 2000.

BANDEIRA DE MELLO, Oswaldo Aranha. "Natureza jurídica da concessão de serviço público". *Revista de Direito Administrativo e Infraestrutura* – RDAI, São Paulo, ano 4, nº 12, jan.-mar. 2020.

______. *Natureza jurídica do Estado Federal*. São Paulo: Prefeitura do Município de São Paulo, 1948.

BARRETO, Aires; ATALIBA, Geraldo. "Pedágio Federal". *Revista de Direito Tributário* - RDT, São Paulo, nº 46, out.-dez. 1988.

BARROSO, Luíz Roberto. *Direito constitucional brasileiro*: o problema da federação. Rio de Janeiro: Forense, 1982.

BÊNOIT, Francis-Paul. *Le droit administratif français*. Paris: Dalloz, 1968.

BLACK, Henry Campbell. "Construção e Constituição". *Revista de Direito Administrativo e Infraestrutura* – RDAI, São Paulo, ano 02, nº 05, abr.-jun. 2018.

BOBBIO, Norberto. *Teoria do ordenamento jurídico*. Trad. de Maria Celeste Cordeiro Leite dos Santos. 10ª ed. Brasília: Editora Universidade de Brasília, 1999.

BULOS, Uadi Lammêgo. *Mutação constitucional*. São Paulo: Saraiva, 1997.

CAETANO, Marcello. *Manual de direito administrativo*. vol. II, 10ª ed., 6. reimpr. Coimbra: Almedina, 1999.

CARRAZZA, Roque Antonio. *Curso de direito constitucional tributário*. 32ª ed. São Paulo: Malheiros, 2019.

CARVALHO FILHO, José dos Santos. *Consórcios públicos*. Rio de Janeiro: Lumen Juris, 2009.

CINTRA DO AMARAL, Antônio Carlos. *Concessão de serviço público*. São Paulo: Malheiros, 1996.

COUTINHO, José Roberto de Andrade. *Gestão do patrimônio imobiliário na Administração Pública*. Rio de Janeiro: Lumen Juris, 2011.

DINIZ, Maria Helena. *Lei de introdução às normas do direito brasileiro*. 19ª ed. São Paulo: Saraiva, 2017.

FIORIN, José Luiz. *Figuras de retórica*. São Paulo: Contexto, 2014.

FREITAS, Rafael Véras de. *Concessão de rodovias*. Belo Horizonte: Fórum, 2018.

GARCIA, Flávio. "A remuneração nas concessões de rodovias". *Revista de direito público da economia* - RDPE, Belo Horizonte, vol. 2, nº 5, jan.-mar. 2004.

GUIMARÃES, Fernando Vernalha. *PPP*: Parceria público-privada. São Paulo: Saraiva, 2012.

GUIMARÃES, Hélio de Seixas; LESSA, Ana Cecília. *Figuras de linguagem*: teoria e prática. 14ª ed. São Paulo: Atual, 2003.

JUSTEN FILHO, Marçal. *Teoria geral das concessões de serviços públicos*. São Paulo: Dialética, 2003.

LEITE, Harrison. *Manual de direito financeiro*. Salvador: Juspodivm, 2012.

MARTINS, Ricardo Marcondes. *Regulação administrativa à luz da Constituição Federal*. São Paulo: Malheiros, 2011.

______. "Aspectos controvertidos da mobilidade urbana". *Revista Brasileira de Infraestrutura* (RBINF), Belo Horizonte, ano 7, nº 13, jan.-jun. 2018.

______. *Teoria jurídica da liberdade*. São Paulo: Contracorrente, 2015.

______. *Estudos de direito administrativo neoconstitucional*. São Paulo: Malheiros, 2015.

______. "Prazo dos contratos administrativos: o que a Constituição tem a ver com isso?". *Revista Colunistas de Direito do Estado*, nº 402, 06 de jun. 2018. Disponível em: http://bit.ly/prazocontratoadministrativo. Acessado em: 23.06.2022.

______. "Conceito de parceria público-privada à luz da Constituição". *Revista de Direito Administrativo e Infraestrutura*. São Paulo, ano 2, vol. 5, abr.-jun. 2018.

______. "Titularidade do serviço de saneamento básico à luz da Lei Federal 14.026/2020". *In*: DAL POZZO, Augusto Neves. *O novo marco regulatório do saneamento básico*. São Pulo: Revista dos Tribunais, 2020.

______. "Teoria constitucional das empresas estatais". 2ª parte. *Revista de Direito Administrativo e Infraestrutura* – RDAI, São Paulo, ano 4, nº 15, out.-dez. 2020.

MEIRELLES, Hely Lopes. *Direito administrativo brasileiro*. 16ª ed., 2. tir. São Paulo: Revista dos Tribunais, 1991.

CAPÍTULO XXI

RELICITAÇÃO: O INSTRUMENTO QUE FALTAVA PARA TRATAR SITUAÇÕES IMPREVISÍVEIS CAPAZES DE LEVAR À INVIABILIDADE DE CONTRATOS DE CONCESSÃO E GARANTIR MAIOR SEGURANÇA JURÍDICA

Flávia Mattioli Tâmega
Fernanda Neves Vieira Machado
Fernanda Matos Castelfranchi

Introdução

No presente artigo será abordado o contexto empírico enfrentado por algumas concessões rodoviárias do Programa de Concessões de Rodovias Federais (PROCOFE), cujas modelagens mostraram-se inaptas a contornar os graves impactos decorrentes de fatores macroeconômicos, políticos e sociais supervenientes às licitações e que afetaram ou afetarão severamente a execução das obrigações contratuais originalmente assumidas.

Essa conjuntura, como se verá, foi decisiva para a publicação da Medida Provisória n. 752/2016, posteriormente convertida na Lei federal n. 13.448/2017, que teve por escopo criar um novo mecanismo de extinção contratual – a relicitação –, visando justamente dirimir a inviabilidade de contratos de concessão ocasionada por fatores imprevisíveis e supervenientes e com consequências determinantes à estrutura econômico-financeira – ao ponto de tornar a execução insustentável – e, com isso, evitar a decretação de caducidade, assegurando a continuidade da prestação do serviço público.

Buscar-se-á, ainda, em linhas gerais, descrever o procedimento de relicitação no setor rodoviário, que no âmbito federal já conta, até a presente data, com três concessões qualificadas e um pedido de qualificação em análise.

Por fim, considerando-se o histórico já observado no Programa de Concessões Federais, e diante da necessidade de equalização para enfrentamento de problemas decorrentes da imprevisibilidade de determinados fatores econômicos, políticos e sociais ao longo da execução contratual, enfatizar-se-á a necessidade do reconhecimento da relicitação como importante marco regulatório do Direito brasileiro e da necessidade de previsão expressa desse mecanismo de extinção contratual em todos os contratos de concessão do setor rodoviário, não só no âmbito federal.

1 Crise econômica brasileira e os impactos negativos ao programa federal de concessões de rodovias

Para o tema em discussão, mostra-se relevante relembrar o grave contexto político, econômico e social que assolou o país em um passado nada remoto e que causou impactos bastante negativos ao setor de concessões rodoviárias, notadamente aos contratos de concessão do Programa de Concessões de Rodovias Federais (PROCOFE).

A grave crise econômica que o Brasil atravessou a partir de meados de 2014 e que se estendeu nos anos subsequentes, atingindo seu auge em 2017,[622] ocasionou severa retração do Produto Interno Bruto (PIB) e altas taxas de desemprego.[623] Esse cenário foi demasiadamente agravado – e até mesmo desencadeado – pela crise política envolvendo escândalos de corrupção deflagrados pela Operação Lava Jato. Vale lembrar que a insatisfação social foi tamanha que gerou inúmeros movimentos sociais, manifestações e protestos.

Essa conjuntura política, econômica e social criou uma ruptura do cenário macroeconômico até então vivenciado pelo Brasil. Com efeito, a partir dos anos 2000, o Brasil experimentava um exponencial avanço econômico, de crescimento acelerado e expansão. Em 2007 o PIB cresceu 6,1%;[624] já em 2010 atingiu a marca de 7,5%,[625] o que, obviamente, fez com que a expectativa em relação ao desenvolvimento do país se mostrasse altamente positiva para os anos seguintes.

Fazendo um corte para o objeto do presente artigo, pode-se afirmar que os anseios positivos gerados pelo crescimento do país

---

622 CURY, Anay; SILVEIRA, Daniel. “PIB recua 3,6% em 2016, e Brasil tem pior recessão da história”. *G1*, 07 mar. 2017. Disponível em: https://g1.globo.com/economia/noticia/pib-brasileiro-recua-36-em-2016-e-tem-pior-recessao-da-historia.ghtml. Acessado em: 12.07.2021.

623 ABDALA, Vitor. “Número de desempregados no Brasil sobe 12,5% de 2016 para 2017”. *Agência Brasil*, Rio de Janeiro, 31 jan. 2018. Disponível em: https://agenciabrasil.ebc.com.br/economia/noticia/2018-01/numero-de-desempregados-no-brasil-sobe-125-entre-2016-e-2017. Acessado em: 12.07.2021.

624 AGÊNCIA IBGE. “Em 2007, PIB atinge R$ 2,7 trilhões e cresce 6,1%”. *Agência IBGE*, 04 nov. 2009. Disponível em: https://agenciadenoticias.ibge.gov.br/agencia-sala-de-imprensa/2013-agencia-de-noticias/releases/13737-asi-em-2007-pib-atinge-r-27-trilhoes-e-cresce-61. Acessado em: 12.07.2021.

625 BBC NEWS. “PIB do Brasil cresce 7,5% em 2010 e tem maior alta em 24 anos”. *BBC News Brasil*, 03 mar. 2011. Disponível em: https://www.bbc.com/portuguese/noticias/2011/03/110303_pib_2010_rp. Acessado em: 12.07.2021.

nos anos 2000 foram externados nos estudos que embasaram o Programa de Concessões Rodoviárias Federais – especialmente nas segunda e terceira etapas – lançados entre 2008 e 2013 e contaram com projetos audaciosos, baseados em um crescimento até então contínuo do PIB, o que, consequentemente, gerou a justa expectativa de maior circulação de veículos e tráfego. As modelagens desses projetos, que tiveram grande atratividade pelos investidores, previam, inclusive, o maior desconto para tarifa teto como critério de julgamento.

E foi nesse cenário de condições econômicas favoráveis, de estabilidade política e, mormente, de contínuo crescimento, capaz de justificar expectativas reais de crescimento de tráfego, que os licitantes apresentaram propostas arrojadas, embora exequíveis. Repisa-se que todas essas propostas dependiam da efetivação da expectativa de crescimento de tráfego, de sua manutenção ou, quando menos, de uma redução ordinária capaz de ser suportada pela concessionária, para fazer frente aos grandes investimentos necessários à operação e expansão dos trechos concedidos.

Ocorre, no entanto, que a já mencionada crise econômica, política e social deflagrada em 2014 acabou não só por frustrar as expectativas de crescimento do país, mas também por impactar de maneira drástica e absolutamente extraordinária o tráfego das rodovias brasileiras.

Como consequência direta dessa redução de tráfego, houve a redução significativa da receita tarifária. Some-se a isso o fato de que a modelagem de alguns contratos previa a execução das maiores obras e a realização dos maiores investimentos nos primeiros anos de concessão, fase em que os concessionários ainda não tinham tido o retorno econômico esperado e demandavam a alavancagem por meio de financiamentos. O aumento dos juros e o consequente não atingimento dos índices necessários para obtenção de financiamentos levaram algumas concessões a uma situação insustentável, com o consequente descumprimento generalizado de seus contratos. Em outros casos, a modelagem também não se mostrou apta a contornar o grave cenário enfrentado, culminando na insustentabilidade financeira desses projetos.

Essa situação foi se agravando e impactando de forma severa a execução contratual. As concessionárias ingressavam com diversos pleitos de reequilíbrio em razão desses fatos absolutamente extraordinários e impossíveis de serem previstos no momento da outorga da concessão. A Agência Nacional de Transporte Terrestres (ANTT), por sua vez, não conseguia tratar tais pleitos, pois partia do entendimento de que a matriz de riscos contratual alocava às concessionárias os riscos de perda de tráfego e obtenção de financiamentos. Traçar os limites de extraordinariedade em razão da gravidade dos efeitos dos fatos supervenientes e com efeitos drásticos na equação econômico-financeira dos contratos para fins de reequilíbrio se mostrava bastante urgente e desafiador, especialmente ante os mecanismos legais e regulatórios então disponíveis.

Disputas e litígios foram se acumulando enquanto os índices de inexecução dos contratos aumentavam exponencialmente, agravados ainda mais pelos descontos tarifários aplicados pela agência às concessionárias em cumprimento aos dispositivos contratuais. Esse conjunto de circunstâncias precisava ser enfrentado. Não era possível mais estender as discussões que só se agravavam e que poderiam culminar no colapso dos contratos e em sua completa inexecução.

A matriz de riscos e os mecanismos contratuais não se mostravam capazes de dar tratamento adequado à problemática deveras complexa, sendo que uma revisão contratual poderia ser questionada perante os órgãos de controle e não ser suficiente ante o nível de inexecução já concretizado ou prestes a se efetivar. Em outras palavras, não havia no arcabouço legal da época a previsão de um instrumento adequado para dirimir a situação gerada pela concretização de eventos de cunho econômico, político e social imprevisíveis, bem como suficientemente capaz de possibilitar que as concessionárias precificassem todas as variáveis deles decorrentes.

Fazia-se imprescindível uma resposta. Não se podia permitir o colapso do Programa Federal de Concessões Rodoviárias. Era preciso demonstrar avanço regulatório com a criação de marcos legais capazes de solucionar tamanho problema da forma menos dolorosa possível para as partes contratantes e para o usuário.

2 Relicitação como nova modalidade de extinção dos contratos de concessão: a importância do instrumento no marco regulatório de concessões rodoviárias no Brasil

Uma das características mais marcantes dos contratos de concessão é a longa duração. A necessidade de os contratos de concessão terem prazos extensos está ligada, especialmente, ao fato de terem por objeto não só a prestação de serviços públicos, mas também obrigações de execução de grandes obras, o que torna imprescindível um prazo maior para viabilizar a amortização dos vultosos investimentos realizados pelo concessionário, sua remuneração e a obtenção de lucro.

A longa duração acaba por atrair outra característica intrínseca aos contratos de concessão: a mutabilidade.[626] Com efeito, os contratos de concessão contêm, ou deveriam conter, mecanismos suficientes para garantir, ao longo de sua duração, adaptações em

---

626 "É perfeitamente natural ao contrato administrativo a faculdade de o Estado introduzir alterações unilaterais. Trata-se de instrumentá-lo com os poderes indispensáveis à persecução do interesse público. Caso a administração ficasse totalmente vinculada pelo que avençou, com o correlato direito de o particular exigir a integral observância do pacto, eventuais alterações do interesse público – decorrentes de fatos supervenientes ao contrato – não teriam como ser atendidas. Em suma, a possibilidade de o Poder Público modificar unilateralmente o vínculo constituído é corolário da prioridade do interesse público em relação ao privado, bem assim de sua indisponibilidade". SUNDFELD, Carlos Ari. "Contratos Administrativos Acréscimos de obras e serviços – Alteração". *Revista Trimestral de Direito Público*, nº 2. São Paulo: Malheiros, 1992, p. 152.

seu objeto e obrigações a fim de assegurar a escorreita capacidade de contraprestação pelo particular, por vezes afetada por fatores supervenientes. Esses fatores, se não tratados corretamente, podem acarretar a inviabilidade econômico-financeira e a consequente inexecução generalizada do contrato, com graves prejuízos à prestação de serviços públicos.

Outro aspecto que se torna de grande relevância é o fato de que a mutabilidade dos contratos de concessão guarda relação direta com a constatação de que as condições financeiras, políticas e sociais não são estáticas, de sorte que essa característica – de mutabilidade – pode também resvalar nos riscos assumidos pelo concessionário. Em verdade, é esperado que resvale.[627] O modelo regulatório não pode ignorar o fato de que alterações dessa natureza ocorrerão e precisarão ser devidamente enfrentadas, mesmo que, na prática, se mostrem deveras complexas.

Nessa toada, e na linha do que defende Flávio Amaral Garcia, é imprescindível reconhecer que

> a possibilidade da falibilidade e da incapacidade na precificação de todas as variáveis é um ponto de partida obrigatório para a compreensão da mutabilidade, devendo ser considerada como um elemento intrínseco à própria natureza da regulação contratual.[628]

627 GARCIA, Flavia Amaral. *A Mutabilidade dos Contratos de Concessão no Brasil*. 2019. 408 f. (Tese de doutorado apresentada à Faculdade de Direito da Universidade de Coimbra). Disponível em: https://eg.uc.pt/bitstream/10316/90629/2/A%20Mutabilidade%20nos%20Contratos%20de%20Concess%C3%A3o%20no%20Brasil.pdf. Acessado em :29.06.2021.

628 GARCIA, Flavia Amaral. *A Mutabilidade dos Contratos de Concessão no Brasil*. 2019. 408 f. (Tese de doutorado apresentada à Faculdade de Direito da Universidade de Coimbra). Disponível em: https://eg.uc.pt/bitstream/10316/90629/2/A%20Mutabilidade%20nos%20Contratos%20de%20Concess%C3%A3o%20no%20Brasil.pdf. Acessado em: 29.06.2021.

Mas fato é que tal premissa, até 2017, não havia sido enfrentada. Com efeito, como se verá adiante, até a edição da Lei federal n. 13.448/2017, não havia uma regulação contratual suficientemente adequada para solucionar, de forma amistosa, graves problemas causados pela ocorrência de fatos supervenientes ou, até mesmo, erros de modelagem que tornavam a continuidade da execução contratual impossível. Nessa hipótese, até então, o único caminho possível seria o da decretação de caducidade, mesmo que a inviabilidade do contrato não tivesse ocorrido por culpa do concessionário e sim em razão de um ônus impossível de ser suportado ou tratado pelas regras contratuais.

Todavia, a extinção do contrato por meio da caducidade não parecia ser o caminho tecnicamente correto, até mesmo porque levaria a um longo e traumático processo, tanto para o concessionário, como para o usuário e o erário. Ora, em última medida, o governo federal teria que arcar com a manutenção das rodovias e com a indenização das concessionárias, razão pela qual cogitar extinguir um contrato de concessão unilateralmente por meio da decretação de caducidade não se mostrava a saída mais adequada em nenhum de seus aspectos.[629]

Esse contexto histórico corroborou o reconhecimento de que, em razão da mutabilidade dos contratos de concessão, era imperioso que houvesse um marco regulatório capaz de solucionar problemas decorrentes da imprevisibilidade de eventos, ou falhas nas modelagens contratuais, causadores de impactos na esfera econômica e financeira dos contratos de concessão ao ponto de os tornarem inviáveis.

---

629 VILLELA, Renata Rocha. "A extinção dos contratos de concessão por caducidade". *Consultor Jurídico*, 24 abr. 2020. Opinião. Disponível em: https://www.conjur.com.br/2020-abr-24/renata-rocha-extincao-contratos-concessao-caducidade. Acessado em: 12.07.2021.

A criação desse instrumento permitiria não só evitar a descontinuidade do serviço público e gastos do governo federal com a manutenção das rodovias, mas garantiria maior segurança jurídica para o setor de concessões rodoviárias, pois ante a ausência desse instrumento, investidores corriam riscos de serem severamente sancionados pelo fato de os contratos não se mostrarem mais exequíveis por fatos absolutamente imprevisíveis, alheios à sua esfera de atuação e que não poderiam jamais ser precificados ou mitigados.

Não por outra razão, entendendo que as partes contratantes de fato não poderiam prever os graves impactos decorrentes da crise econômica, social e política deflagrada, e diante da necessidade de destravar os investimentos do país e retomar a execução dos contratos em benefício dos usuários, evitando-se a decretação de caducidade dos contratos, o governo federal editou a Medida Provisória n. 752/16, cujo conteúdo inovou o ordenamento jurídico brasileiro e criou (i) diretrizes gerais para disciplinar as hipóteses de prorrogação de contratos de parceria; e (ii) procedimentos para a relicitação de contratos de parceria que não estavam sendo devidamente cumpridos ou cujos parceiros privados demonstravam ausência de capacidade de cumprir com as obrigações assumidas contratualmente.

O que se infere do advento da medida provisória acima mencionada, convertida na Lei federal n. 13.448/2017 e que introduziu no ordenamento jurídico pátrio a **relicitação,** é que o governo federal, agindo de forma responsiva,[630] reconheceu a limitação dos

---

630 "A regulação responsiva segue em linha com os ditames de um Estado responsivo. De um lado, as agências reguladoras devem compreender as limitações do mercado em cumprir com determinados comandos regulatórios que se deseja implementar, evitando o delineamento de regras inexequíveis ou que possam gerar milionários sancionamentos, prejudicando as empresas de forma irreversível. De outro, devem levar à cabo as políticas públicas de universalização e qualidade do serviço prestado, em atendimento ao interesse público". CARNAES, Mariana. "Breve reflexão sobre a regulação responsiva". *Consultor Jurídico*, 20 jun. 2021. Público & Pragmático. Disponível

contratos para solucionar a controvérsia, abrindo caminho para que o parceiro privado e o Poder Público encontrassem uma forma menos traumática para a extinção antecipada dessas concessões, que por alguma razão, falharam ou estavam na iminência de falhar. Além disso, evitou o caminho irreversível da decretação de caducidade – já que o cumprimento das obrigações contratuais estava prejudicado – o que não só causaria prejuízos à continuidade da prestação de serviços, mas também tiraria um potencial investidor do mercado de concessões ante as penalidades dela decorrentes.

Essa pretensão do governo federal está explícita na exposição de motivos da Medida Provisória n. 752/16. De acordo com o texto, o procedimento de relicitação mostrava-se de suma relevância para

> reparar problemas e desafios históricos em importantes setores de infraestrutura, buscando viabilizar a realização imediata de novos investimentos em projetos de parceria e sanear contratos de concessão vigentes para os quais a continuidade da exploração do serviço pelos respectivos concessionários tem se mostrado inviável.

E ainda:

> Trata-se de alternativa inovadora de "devolução coordenada e negociada" da concessão, evitando-se o processo de caducidade, muitas vezes moroso e com longa disputa judicial, em que, normalmente, os usuários da concessão são os principais penalizados pela má prestação do serviço até a conclusão do processo.[631]

---

em: https://www.conjur.com.br/2021-jun-20/artx-publico-pragmatico-breve-reflexao-regulacao-responsiva. Acessado em:12.07.2021.

631 BRASIL. Câmara dos Deputados. *Medida Provisória n. 752*, de 24 de novembro de 2016. Disponível em: https://www2.camara.leg.br/legin/fed/medpro/2016/medidaprovisoria-752-24-novembro-2016-783938-exposicaodemotivos-151447-pe.html. Acessado em: 30.06.2021.

Importante notar que, em que pese o contexto de crise ter fomentado a criação do instituto da relicitação, o seu cabimento não está restrito, única e exclusivamente, aos casos em que contratos de concessão sejam por ela afetados. O instituto da relicitação é, em verdade, um grande e importante marco regulatório que pode, e sempre poderá, ser vislumbrado e utilizado como alternativa à caducidade.

Tanto a exposição de motivos que justificou a proposição da Medida Provisória convertida em lei, como os dispositivos legais que regram o procedimento de relicitação, evidenciam que o marco legal veio criar um instituto de extinção contratual, possibilitando uma alternativa à extinção de contratos de concessão em caso de fatores supervenientes à sua celebração terem tornado a sua execução inviável.

O artigo 4º, inciso III, da Lei federal n. 13.448/2017 deixa evidente a adoção da relicitação como uma forma de regulação responsiva, em que se deixa de primar pela aplicação da sanção – caducidade – e opta-se pela solução amigável capaz de tutelar o interesse público – continuidade da prestação de serviço e, ao mesmo tempo, garante ao particular um caminho menos moroso para se ver indenizado do investimento que realizou em um contrato que se tornou inviável e/ou inexequível em razão de fatores imprevisíveis.

O artigo 13 da Lei federal n. 13.448/2017, por sua vez, é claro no sentido de que, se a concessionária estiver com problemas para fazer frente à execução das obrigações contratuais em um cenário grave de inexecução, ou diante de um cenário de inexecução iminente – porque a concessão se tornou inviável financeiramente – pode valer-se do pedido de relicitação. Isso porque o interesse público delineado na lei é claro: evitar a descontinuidade do serviço. Ou seja, não é necessário um cenário concreto de inexecução, basta que ele se torne potencialmente iminente diante da constatação de inviabilidade financeira do projeto.

Em suma, a relicitação pode ser viável em todo e qualquer caso em que se estiver diante de uma possibilidade concreta de caducidade, ou para se evitar que a inexecução do contrato diante de uma inviabilidade financeira caminhe para caducidade. Em ambos os casos, o concessionário tem o direito de ingressar com o pedido de relicitação.

E nesse contexto é que se pode afirmar que a nova forma de extinção contratual – a relicitação – é tão inovadora. A uma porque, até então, as possibilidades de extinção dos contratos de concessão estavam diretamente ligadas à inexecução ou ao inadimplemento das partes, de forma não amigável. A duas porque, se a inexecução ocorresse por conta do concessionário, o único caminho seria a caducidade, que nada mais é do que uma forma de sanção e não de preservação da continuidade do serviço. A três porque a única hipótese em que a extinção do contrato poderia ocorrer por iniciativa da concessionária seria a rescisão fundada em inadimplemento do poder concedente. Nesse sentido, rescindir um contrato de concessão por iniciativa da concessionária exigiria o inadimplemento do poder concedente reconhecido em decisão judicial transitada em julgado.

Assim, restava pouco espaço ao concessionário e ao poder concedente para analisar em que medida a estrutura de modelagem, cenário econômico e fatores imprevisíveis estavam interferindo na execução do contrato de concessão, uma vez que as hipóteses previstas na legislação se resumiam basicamente em inadimplemento de uma parte ou de outra, atreladas às figuras da rescisão e caducidade, ou por motivos de interesse público, como a encampação.

Vale dizer que Marçal Justen Filho[632] já afirmava ser possível a extinção da concessão por distrato. Para ele,

---

632 JUSTEN FILHO, Marçal. *Curso de direito administrativo*. 9ª ed. São Paulo: Editora Revista dos Tribunais, 2013, p. 818.

> pode-se cogitar do desfazimento da concessão, por ato bilateral e consensual. A hipótese do distrato não é comum, no sentido de que o particular a quem foi outorgada não pode desistir de executar os encargos assumidos. Por sua parte, o Estado não pode, em regra, renunciar a exigir o cumprimento dos deveres ou a imposição das sanções correspondentes.

Dessa sorte, parece-nos que a relicitação veio reforçar esse entendimento e o marco legal trazido pela Lei federal n. 13.448/2017 afastou qualquer dúvida quanto à possibilidade de uma extinção amigável entre concessionário e poder concedente, positivando no ordenamento jurídico o que há muito a doutrina já entendia possível.

De toda forma, em que pese a inovação e o benefício de seu advento para resolução de conflitos que gerem impactos intransponíveis para execução do contrato, a sua utilização, na prática, deve sempre ser feita com cautela, sobretudo para que sua finalidade não seja subvertida e utilizada como subterfúgio para investidores oportunistas.

Nesse sentido, corrobora-se o entendimento de Carolina Oliveira:[633]

> A relicitação não pode ser utilizada como forma de transferir ao parceiro público o risco do empreendedor. Será um instrumento eficiente quando for usada, sob a perspectiva do particular, como medida para sanar situações em que o inadimplemento decorre de fatos alheios ao seu controle e o que o levem a uma situação de incapacidade comprovada de cumprimento. Sob o ponto de vista do Poder Público, por sua vez, será aplicável quando a situação de anormalidade que gera a inviabilidade contratual seja de tal monta que o faça

633 OLIVEIRA, Carolina Zaja Almada Campanate. *Contratos administrativos complexos e de longo prazo*: a prorrogação antecipada e a relicitação na teoria dos contratos públicos. Escola de Direito do Rio de Janeiro da Fundação Getúlio Vargas, 2018, p. 214. (Dissertação de Mestrado).

> alterar premissas e diretrizes regulatórias a serem aplicadas e própria modelagem do ajuste a resultar em um novo contrato.

Com efeito, a relicitação do contrato de parceria deve ser encarada como um ato extremo e excepcional, como última opção tanto para Administração quanto para o parceiro privado, devendo ser precedida de todos os atos e requisitos necessários para sua formalização.

De toda forma, mesmo que um ato extremo, a possibilidade de se ter disponível um instrumento jurídico capaz de solucionar controvérsias em caso de inexecução generalizada ou ante a iminência de sua ocorrência, por razões de inviabilidade financeira do projeto, mostra-se de grande relevância para o setor de concessões rodoviárias.

Tendo em vista que é inquestionável a possibilidade de ocorrência de fatos capazes de tornar um contrato inexequível e que modelagens contratuais podem não ser capazes de absorver todos os riscos de uma concessão de longo prazo, mostra-se salutar a previsão de uma forma de "rescisão amigável", visando ao término antecipado dessas avenças, sem que os usuários sejam afetados pela descontinuidade dos serviços e o particular sancionado – especialmente quando a inexecução ou o colapso financeiro do contrato não se der por sua responsabilidade.

Deveras, em prol do interesse público aqui traduzido na continuidade da prestação do serviço, e até mesmo dos princípios da segurança jurídica, boa-fé e da justa confiança, é evidente que seguir para uma rescisão abrupta mediante a decretação de caducidade não se mostra a melhor medida quando se tem como alternativa uma transição monitorada do ativo, exatamente como está previsto no procedimento da relicitação.

Por esse motivo, o advento da Lei federal n. 13.448/2017, que criou o instrumento de relicitação é, incontestavelmente, um relevante marco regulatório para o setor de concessões de rodovias, não devendo ficar restrito apenas ao âmbito das concessões federais. Ante a importância do instrumento de relicitação para os contratos de longa duração, sujeitos – pela característica da mutabilidade – à ocorrência de fatos imprevisíveis capazes de levar a sua inviabilidade, essa nova forma de extinção antecipada e amigável deve ser aplicável a todos os contratos de concessão de rodovias e, inclusive, fazer parte da regulação por contrato nas novas modelagens dos projetos que estão sendo apresentados ao mercado.

Damos relevância ao fato de que a possibilidade de relicitação, nas hipóteses anteriormente aventadas, tende a gerar maior segurança jurídica e atrair mais investidores aos projetos de infraestrutura do país, na medida em que o setor privado terá a certeza da existência de um arcabouço jurídico e regulatório capaz de solucionar problemas tão complexos e tão imprevisíveis.[634]

Por fim, há que se destacar que o instrumento da relicitação é tão necessário para o setor de rodovias que, após o advento da Lei federal n. 13.448/17 e do Decreto federal n. 9.957/2019, quatro concessionárias já protocolaram pedidos de relicitação junto à Agência Nacional de Transporte Terrestres (ANTT), sendo que dois deles já foram devidamente qualificados por meio de decreto presidencial e já contam com termo aditivo assinado e um já teve a viabilidade técnica e jurídica atestada pela ANTT.

A qualificação dessas concessões ao processo de relicitação possibilitará a transição monitorada dos ativos e, enquanto não

---

634 "A contratualização de riscos influi decisivamente na forma como as partes se comportarão no cumprimento do contrato em um cenário de incertezas, gerando incentivos para que minimizem os danos ou reduzam a probabilidade de sua ocorrência. A comunicação clara dos riscos envolvidos no projeto e a fixação e delimitação das responsabilidades das partes são importantes estágios dessa contratualização, cumprindo as funções de um fair disclosure sobre as expectativas recíprocas". GOMES, Milton Carvalho. *Riscos e incertezas em contratos públicos de concessão*: uma análise econômica da repartição de responsabilidades. Disponível em: https://www.cidp.pt/revistas/rjlb/2020/4/2020_04_2179_2239.pdf. Acessado em: 12.07.2021.

ultimado o processo, garantirá a operação e a manutenção desses trechos pelas concessionárias, em parâmetros de serviço adequados e, ao final, como se verá adiante, permitirá a relicitação do trecho para um novo investidor, com uma nova modelagem, já sem os problemas enfrentados anteriormente.

3 Breves considerações e síntese dos aspectos formais e procedimentais da relicitação para concessões de rodovias federais

Em brevíssima síntese, de acordo com o artigo 1º da Lei federal n. 13.448/17, a relicitação é cabível apenas para contratos de parceria dos setores **rodoviário**, ferroviário e aeroportuário. Além disso, o artigo 13º da Lei federal n. 13.448/17 restringe seu cabimento aos contratos dos setores já mencionados cujas disposições não estejam sendo atendidas **ou** cujos contratados demonstrem incapacidade de adimplir as obrigações contratuais ou financeiras assumidas originalmente. Tal previsão corrobora, inclusive, o interesse público tutelado por meio desse marco legal, que é assegurar a continuidade da prestação dos serviços.

Ou seja, a relicitação não está restrita a contratos que já estejam com um cenário de inexecução concretizado. Ela é possível também para aqueles contratos cuja inviabilidade financeira torne a concessionária incapaz de adimplir com as suas obrigações, ou seja, um cenário de inexecução iminente. **A lei é clara nesse sentido e não deixa margem de dúvida.**

Veja-se, também, que não há necessidade de demonstração de que a inexecução do contrato ou sua inviabilidade tenha decorrido, ou não, de fatores endereçados na matriz de riscos. Ou seja, o processo de relicitação diferencia-se de um processo de reequilíbrio.

Não se discute culpa ou alocação de riscos. O direito de ingressar com a relicitação está amparado na superveniência de eventos, ou até mesmo constatação de erros na modelagem contratual que não podem ser solucionados por meio de uma revisão, capazes de levar a inviabilidade financeira da concessão ou a sua inexecução generalizada.

Repisa-se: o ponto central do processo de relicitação é evitar a caducidade, caso seja demonstrado que o contrato se mostrou inviável por fatores alheios à esfera de atuação do concessionário. Na hipótese de restar demonstrado um erro incontornável na modelagem contratual ou a materialização de fatos após a outorga da concessão – estando os riscos alocados ou não alocados ao contratante – com efeitos gravosos na equação econômico-financeira aptos a causarem a inviabilidade da execução do contrato, o pedido de relicitação mostra-se cabível juridicamente.

Pois bem. O procedimento de relicitação para as concessões de rodovias no âmbito federal já se encontra totalmente regulado atualmente e está longe de ser um procedimento simples. Como dito anteriormente, a relicitação não pode ser utilizada de maneira indiscriminada, como forma de transferir ao Poder Público o risco assumido pelo particular na licitação, diante da eventual frustração de suas expectativas quanto ao empreendimento.

Até mesmo para assegurar que a relicitação seja adotada em prol do interesse público e como um instrumento eficiente de finalização do contrato é que sua admissibilidade está atrelada a certas condicionantes. No caso das concessões de rodovias federais, para que se tenha acesso a completude do procedimento, é preciso a análise (i) da Lei federal n. 13.448/17; (ii) do Decreto federal n. 9.957/2019; (iii) da Resolução ANTT n. 5.860/2019 da ANTT; e, por fim, (iv) da Resolução ANTT n. 5.926/21.

O procedimento para instauração do procedimento de relicitação deve partir do concessionário, que apresenta perante o poder concedente o pedido de qualificação para a relicitação do empreendimento. O requerimento deve conter (i) as justificativas e elementos técnicos que demonstrem a necessidade e conveniência da adoção do processo de relicitação e propostas de soluções para questões enfrentadas; (ii) a renúncia ao prazo previsto no § 3º do art. 38 da Lei federal n. 8.987/95 para correção de falhas no caso de posterior decretação de caducidade; (iii) adesão irrevogável e irretratável ao processo de relicitação do contrato de parceria; (iv) renúncia expressa quanto a participação no novo certamente ou no futuro contrato a ser relicitado; e, ainda, (v) a prestação de informações necessárias à realização do processo de relicitação.

Ponto que chama atenção é a necessidade da previsão contida no artigo 14, §2º, inciso I, no sentido de que o pedido deve ir acompanhado de justificativas e elementos técnicos que demonstrem sua necessidade, bem assim com eventuais propostas de solução para as questões enfrentadas.

A nosso ver, a apresentação das propostas de solução para questões enfrentadas deve ser feita pelo concessionário como forma de (i) demonstrar que a inviabilidade do projeto não pode ser resolvida mediante outros mecanismos contratuais, como, por exemplo, uma revisão contratual; e (ii) tratar e resolver eventuais problemas com a modelagem regulatória contratual, a fim de que o futuro concessionário do trecho não enfrente as mesmas situações.

O artigo 14 da Lei federal n. 13.448/2017 estabelece que caberá ao órgão competente analisar a pertinência e a razoabilidade da instauração do processo de relicitação. O Decreto federal n. 9.957/2019 complementa o procedimento, ao definir em seus artigos 4º, 5º e 6º, respectivamente, a competência da (i) agência reguladora para se manifestar sobre a viabilidade jurídica e técnica do pedido de relicitação; (ii) do Ministério da Infraestrutura, para se pronunciar sobre a compatibilidade do requerimento de relicitação com o escopo da política pública formulada para o setor; (iii) do Conselho do Programa de Parcerias de Investimentos da Presidência da República, ao qual caberá opinar, previamente à deliberação do Presidente da República, quanto à conveniência e à oportunidade da relicitação e sobre a qualificação do empreendimento no Programa de Parcerias de Investimentos.

Após a qualificação, serão sobrestadas as medidas destinadas a instaurar ou a dar seguimento a processos de caducidade eventualmente em curso contra o concessionário. Ato subsequente, a agência reguladora ou o Ministério da Infraestrutura, se for o caso, elaborará o termo aditivo contratual, cujas cláusulas obrigatórias estão previstas no artigo 8º, do Decreto federal n. 9.957/2019, dentre elas demos destaque à necessidade do termo aditivo ter que prever obrigatoriamente, mas não exclusivamente: (i) as condições em que ocorrerá a transição; (ii) a suspensão das obrigações de investimentos vincendas; (iii) a imediata instauração ou a retomada de processo de caducidade eventualmente em curso contra o contratado originário, no caso de desqualificação do empreendimento pelo Conselho do Programa de Parcerias de Investimentos (PPI).

Além disso, o aditivo contratual deverá prever a adoção da arbitragem ou de mecanismos privados de resolução de conflitos das questões que envolvam o cálculo das indenizações e a apuração de haveres e deveres eventualmente relacionados à extinção do contrato de parceria, bem como o acesso, pela agência reguladora competente e pelo Ministério da Infraestrutura, às informações relevantes sobre o empreendimento e as condições em que ocorrerá a transição operacional dos ativos e das obrigações contratuais e extracontratuais para o futuro contratado.

O artigo 11 do Decreto n. 9.957/2019 prevê que serão descontados do valor calculado pela agência reguladora, a título de indenização pelos bens reversíveis não amortizados ou depreciados vinculados ao contrato de parceria, as multas e outras somas de natureza não tributária devidas pelo contratado originário ao órgão ou à entidade competente e não adimplidas até o momento do pagamento da indenização; as outorgas devidas até a extinção do contrato de parceria e não pagas até o momento do pagamento da indenização; e o valor excedente da receita tarifária auferida pelo contratado originário em razão da não contabilização do impacto econômico-financeiro no valor da tarifa decorrente da suspensão das obrigações de investimentos não essenciais no momento da celebração do termo aditivo.

Vale ponderar, também, que após a celebração do aditivo contratual com o atual concessionário, o poder concedente deve ocupar-se em realizar a nova modelagem do empreendimento a ser novamente licitado, já se valendo das informações prestadas pelo atual parceiro privado a fim de mitigar e corrigir eventuais distorções regulatórias que culminaram no insucesso daquele contrato de concessão.

A nova modelagem é submetida a consulta pública e avaliação do Tribunal de Contas da União, momento em que o poder concedente poderá dar início ao processo licitatório visando à transferência da concessão a um novo parceiro privado. Caso a licitação tenha êxito e haja novo parceiro privado para o empreendimento, o poder concedente deverá assinar o termo de extinção e quitação ao contrato de concessão relicitado.

De acordo com a Lei federal n. 13.448/17, o processo de relicitação deve ser concluído no prazo de vinte e quatro meses, contado da data de qualificação do empreendimento no Programa de Parcerias de Investimentos (PPI). Ultrapassado esse prazo e não havendo prorrogação nos termos do § 2 do art. 20 da mesma lei, o poder concedente poderá dar seguimento ao processo de caducidade, na forma da lei.

Ponto importante é que o cálculo da indenização no caso de relicitação de concessão de rodovias no âmbito federal deve considerar a metodologia prevista na Resolução ANTT n. 5.860/2019. Além do mais, deve-se observar os ditames da Resolução ANTT n. 5.926/2021, que trata das diretrizes para a transição e operacional de ativos e apuração de eventuais haveres e deveres durante essa fase.

Considerações finais

O contexto histórico que aqui se abordou tornou concreta a afirmação feita logo na introdução do presente artigo: não se pode negar que fatores econômicos, políticos e sociais podem afetar de forma significativa a execução e a viabilidade econômico-financeira dos contratos de concessão, razão pela qual, como meio de se garantir a segurança jurídica, a regulação por contrato deve conter previsões capazes de evitar a ruína desses projetos de tamanha relevância social e econômica, salvaguardando os interesses dos usuários, mas também do parceiro privado.

O advento da Lei federal n. 13.448/17 foi um marco legal de grande relevância para o setor de concessões rodoviárias, já que a "rescisão amigável" surge como uma nova figura jurídica de modalidade de extinção do contrato de concessão, na busca de soluções flexíveis e consensuais para o término antecipado dessas parcerias, visando evitar a descontinuidade de serviço, no caso de o contrato não possuir mecanismos aptos a manejar situações que interfiram sobremaneira na execução contratual e na viabilidade financeira da concessão.

A história recente do setor rodoviário demonstra a importância desse instrumento para fins de viabilizar o endereçamento de situações imprevisíveis e que podem ocorrer durante a execução de um contrato de longo prazo.

Parece-nos evidente que o instrumento da relicitação não deve ser apenas restringido aos contratos de concessão rodoviária na esfera federal, devendo fazer parte das novas modelagens de contrato de concessão de rodovias de todos os entes federativos. Não há, em verdade, qualquer restrição legal que afaste a possibilidade de edição de leis em âmbito estadual ou municipal, prevendo o procedimento de rescisão amigável/ relicitação dos contratos de concessão. Tanto é assim, que o Governo de São Paulo já o fez ao promulgar, em janeiro de 2019, a Lei estadual n. 16.933/19, que regula em âmbito estadual os institutos da prorrogação contratual, prorrogação antecipada e relicitação.

Nesse sentido, é de suma relevância para o setor de rodovias que os governos estaduais e municipais, que já têm programas de concessão de rodovias e que estão lançando projetos, também cuidem da criação um arcabouço jurídico no âmbito de sua competência capaz de reconhecer o instituto de relicitação. Tal reconhecimento, além de gerar maior confiança dos investidores, só tende a facilitar a solução de controvérsias que não podem ser resolvidas pelos mecanismos já tão conhecidos de reequilíbrio e revisão contratual, evitando que discussões se arrastem por anos, culminando em processos de caducidade.

Por fim, o histórico enfrentado nas concessões brasileiras torna claro que contratos de tão longa duração, e com previsão de investimentos tão significativos, não podem ficar fadados à inviabilidade por acontecimentos imprevisíveis. Todo e qualquer investidor precisa ter clareza e segurança jurídica diante das incertezas econômicas e políticas que o país pode enfrentar.

Não se pode admitir que, diante um cenário grave e incontornável que não poderia ser previsto ou controlado no momento da licitação, seja o investidor penalizado com a decretação de caducidade e, em última medida, impedido de participar de licitações futuras.

Daí porque parece-nos essencial que os novos contratos de concessão passem a prever expressamente a relicitação como forma de extinção contratual, para que o poder concedente e concessionário possam de forma amigável, dentro de um ambiente regulatório legítimo, saudável e responsivo, levar a cabo concessões que não mais se sustentam ou que estão fadadas ao insucesso.

Referências bibliográficas

ABDALA, Vitor. "Número de desempregados no Brasil sobe 12,5% de 2016 para 2017". *Agência Brasil*, Rio de Janeiro, 31 jan. 2018. Disponível em: https://agenciabrasil.ebc.com.br/economia/noticia/2018-01/numero-de-desempregados-no-brasil-sobe-125-entre-2016-e-2017. Acessado em: 12.07.2021.

AGÊNCIA IBGE. "Em 2007, PIB atinge R$ 2,7 trilhões e cresce 6,1%". *Agência IBGE*, 04 nov. 2009. Disponível em: https://agenciadenoticias.ibge.gov.br/agencia-sala-de-imprensa/2013-agencia-de-noticias/releases/13737-asi-em-2007-pib-atinge-r-27-trilhoes-e-cresce-61. Acessado em: 12.07.2021.

BBC NEWS. "PIB do Brasil cresce 7,5% em 2010 e tem maior alta em 24 anos". *BBC News Brasil*, 03 mar. 2011. Disponível em: https://www.bbc.com/portuguese/noticias/2011/03/110303_pib_2010_rp. Acessado em: 12.07.2021.

BRASIL. Câmara dos Deputados. *Medida Provisória n. 752*, de 24 de novembro de 2016. Disponível em: https://www2.camara.leg.br/legin/fed/medpro/2016/medidaprovisoria-752-24-novembro-2016-783938-exposicaodemotivos-151447-pe.html. Acessado em: 30.06.2021.

______. Presidência da República. *Decreto n. 9.957*, de 6 de agosto de 2019. Disponível em: http://www.planalto.gov.br/ccivil_03/_ato2019-2022/2019/decreto/D9957.htm.

______. Presidência da República. *Lei n. 8.987*, de 13 de fevereiro de 1995. Disponível em: http://www.planalto.gov.br/ccivil_03/leis/l8987compilada.htm. Acessado em: 27.06.2021.

______. Presidência da República. *Lei n. 13.448*, de 5 de junho de 2017. Disponível em: http://www.planalto.gov.br/CCIVil_03/_Ato2015-2018/2017/Lei/L13448.htm. Acessado em: 27.06.2021.

______. Ministério da Infraestrutura. Agência Nacional de Transportes Terrestres – ANTT. "Resolução n. 5.860, de 3 de dezembro de 2019". *Diário Oficial da União*, Brasília, DF, 05 dez. 2019. Disponível em: https://www.in.gov.br/en/web/dou/-/resolucao-n-5.860-de-3-de-dezembro-de-2019-231555799.

______. Ministério da Infraestrutura. Agência Nacional de Transportes Terrestres – ANTT. "Resolução n. 5.926, de 2 de fevereiro de 21". *Diário Oficial da União*, Brasília, DF, 03 fev. 2021. Disponível em: https://www.in.gov.br/en/web/dou/-/resolucao-n-5.926-de-2-de-fevereiro-de-2021-302052283.

CARNAES, Mariana. "Breve reflexão sobre a regulação responsiva". *Consultor Jurídico*, 20 jun. 2021. Público & Pragmático. Disponível em: https://www.conjur.com.br/2021-jun-20/artx-publico-pragmatico-breve-reflexao-regulacao-responsiva. Acessado em: 12.07.2021.

CURY, Anay; SILVEIRA, Daniel. "PIB recua 3,6% em 2016, e Brasil tem pior recessão da história". *G1*, 07 mar. 2017. Disponível em: https://g1.globo.com/economia/noticia/pib-brasileiro-recua-36-em-2016-e-tem-pior-recessao-da-historia.ghtml. Acessado em: 12.07.2021.

GARCIA, Flavia Amaral. *A Mutabilidade dos Contratos de Concessão no Brasil*. (Tese de doutorado apresentada à Faculdade de Direito da Universidade de Coimbra). 2019. 408 f. Disponível em: https://eg.uc.pt/bitstream/10316/90629/2/A%20Mutabilidade%20nos%20Contratos%20de%20Concess%C3%A3o%20no%20Brasil.pdf. Acessado em: 29.06.2021.

GOMES, Milton Carvalho. *Riscos e incertezas em contratos públicos de concessão*: uma análise econômica da repartição de responsabilidades. Disponível em: https://www.cidp.pt/revistas/rjlb/2020/4/2020_04_2179_2239.pdf. Acessado em: 12.07.2021.

JUSTEN FILHO, Marçal. *Curso de direito administrativo*. 9ª ed. São Paulo: Editora Revista dos Tribunais, 2013.

OLIVEIRA, Carolina Zaja Almada Campanate. *Contratos administrativos complexos e de longo prazo*: a prorrogação antecipada e a relicitação na teoria dos contratos públicos. Escola de Direito do Rio de Janeiro da Fundação Getúlio Vargas, 2018. (Dissertação de Mestrado).

SUNDFELD, Carlos Ari. "Contratos Administrativos Acréscimos de obras e serviços – Alteração". *Revista Trimestral de Direito Público*, nº 2. São Paulo: Malheiros, 1992.

VILLELA, Renata Rocha. "A extinção dos contratos de concessão por caducidade". *Consultor Jurídico*, 24 abr. 2020. Opinião. Disponível em: https://www.conjur.com.br/2020-abr-24/renata-rocha-extincao-contratos-concessao-caducidade. Acessado em: 12.07.2021.

CAPÍTULO XXII

MODELAGEM DE CONCESSÕES RODOVIÁRIAS EM TEMPOS DE PANDEMIA: MECANISMOS DE RESILIÊNCIA PARA UM CONTRATO AUTOPORTANTE

Gabriela Miniussi Engler Pinto Portugal Ribeiro
Thiago Cardoso Araújo

Introdução

A pandemia de Covid-19, cujos efeitos começaram no Brasil em março de 2020 e ainda persistem no momento da publicação deste artigo, atingiu em cheio os contratos de parceria. Embora a pandemia tenha impactado os arranjos contratuais em diferentes graus de intensidade, a depender do setor e do enquadramento jurídico, a emergência da Covid-19 inequivocamente evidenciou a fragilidade da crença na existência de um nível de desenvolvimento dos contratos apto a garantir performance adequada em tempos de adversidade.

Muito embora o setor de concessões rodoviárias não tenha sido um dos mais afetados pelos impactos da pandemia, a queda de demanda verificada nas principais rodovias do país é perceptível em termos comparativos (*yoy*),[635] ainda que com particularidades conforme a vocação primária[636] da via e diante de todas as dificuldades associadas ao isolamento de fatores impactantes sobre a demanda.

Em atitude pioneira, a União, por meio da Advocacia Geral da União (AGU), exarou o Parecer n. 261/2020/Conjur-Minfra/

---

635 De acordo com a Associação Brasileira de Concessionárias de Rodovias (ABCR), "os dados de fluxo de veículos seguem sensíveis às restrições de circulação motivadas pelas medidas de isolamento social. Todas as regiões cujas aberturas são divulgadas apresentaram queda na movimentação de leves e pesados em abril", afirma Andressa Guerrero, analista da Tendências Consultoria. "Na comparação anual, é preciso considerar os maiores danos ocasionados pelo cenário pandêmico no mesmo período do último ano". Ainda segundo a ABCR, em sua análise mais recente, divulgada em 10 de junho de 2021, nos últimos doze meses, foi registrado um índice *total acumulado* de queda de 2,5%, fruto de um avanço de 6,9% dos veículos pesados, associado a uma redução de 5,7% dos veículos leves. Em que pese isso, a associação informou que o fluxo total de veículos nas estradas pedagiadas subiu 43,1% em maio daquele ano, na comparação com o mesmo mês de 2020. Esse fato demonstra uma melhora de perspectiva em relação à análise divulgada pela associação, em 10.06.2020, quando foi registrada uma queda de 34,2%, no fluxo de veículos pedagiados, na comparação com maio de 2019. ASSOCIAÇÃO BRASILEIRA DE CONCESSIONÁRIA DE RODOVIAS ⍰ ABCR. *Índice ABCR cai 0,2 em abril*. Disponível em: https://abcr.org.br/indice/indice-abcr-do-mes. Acessado em: 24.05.2021.

636 Diversamente, do que ocorre em relação ao tráfego de veículos leves, o tráfego de veículos pesados destinados ao transporte de cargas cresceu durante a pandemia. Segundo levantamento efetivado pela FreteBras, no primeiro trimestre de 2021, foi verificado um aumento no transporte rodoviário de cargas impulsionado especialmente pelo agronegócio e pelo segmento de construção. Fonte: FRETEBRAS. *Relatório Trimestral FreteBras* – O Transporte Rodoviário de Cargas no 1º trimestre de 2021. Disponível em: https://f.hubspotusercontent00.net/hubfs/9020753/Relatorio%20Trimestral%20Fretebras%20-%20O%20transporte%20rodovi%C3%A1rio%20de%20cargas.pdf. Acessado em: 24.05.2021.

CGU/AGU,[637] que reconheceu a pandemia como evento de caso fortuito e força maior. Subsequentemente, a Agência Nacional de Transportes Terrestres (ANTT) realizou a Audiência Pública n. 3/2021, com o objetivo de:

> (...) colher sugestões e contribuições, ao processo de elaboração da metodologia para o cálculo dos impactos causados pela pandemia de Coronavírus (COVID-19) no âmbito dos contratos de concessão de infraestrutura rodoviária sob gestão da ANTT, bem como da disciplina da respectiva recomposição do equilíbrio econômico-financeiro.[638]

O que se verifica, em qualquer caso, é uma enorme dificuldade das partes, especialmente do concedente, no enfrentamento dos desequilíbrios contratuais causados pela pandemia, bem como na promoção de reequilíbrios contratuais satisfatórios. Esse quadro, numa abordagem explicativa inicial, pode ser resultado de um leque de dificuldades associadas à regulação e gestão desses contratos, que variam caso a caso. Contudo, ao lado desses fatores potenciais, é possível inferir que, em todas as circunstâncias, o desequilíbrio não equacionado é também resultado de um contrato que não

---

637 Parecer formulado em atendimento à consulta veiculada pela Secretaria de Fomento, Planejamento e Parcerias do Ministério da Infraestrutura, em 9 de abril 2020, acerca da natureza jurídica da pandemia de coronavírus e de seus efeitos sobre os contratos de infraestrutura. BRASIL. Advocacia Geral da União – AGU. *Parecer n. 261/2020/CONJUR-MINFRA/CGU/AGU*. Disponível em: https://licitacao.paginas.ufsc.br/files/2020/03/Parecer-AGU-Concess%C3%A3o-Transportes-Recomposi%C3%A7%C3%A3o.pdf. Acessado em: 12.06.2021.

638 Aviso de Audiência Pública n. 3, de 6 de maio de 2021, relativo à elaboração de metodologia para o cálculo da recomposição do equilíbrio econômico-financeiro dos impactos causados pela pandemia de coronavírus (Covid-19) no âmbito dos contratos de concessão de infraestrutura rodoviária sob gestão da ANTT. Disponível em: https://www.in.gov.br/en/web/dou/-/aviso-de-audiencia-publica-n-3/2021-313835135. Acessado em: 24.05.2021.

proporcionou, em si e para si, os mecanismos necessários para enfrentamento da situação de desalinhamento.

Mas e se fosse possível ter contratos com dispositivos que permitissem o equacionamento de desequilíbrios críticos a partir de recursos próprios, prescindindo de solução proveniente da decisão de atores externos?

A pandemia impôs nova reflexão sobre os mecanismos contratuais necessários para proporcionar resiliência às concessões e permitir que cada vez mais esses contratos sobrevivam, no longo a prazo, a intempéries. Se não é possível antever todas as dificuldades nem supor que a execução contratual está incólume às adversidades, então é necessário proporcionar mecanismos adequados para o enfrentamento de momentos críticos do contrato.[639]

É a essa análise que se dedica o presente artigo: identificar e explicar os principais mecanismos utilizados no processo de estruturação dos projetos rodoviários para enfrentamento de momentos de incerteza em contratos de longo prazo. Aliando experiências passadas exitosas e arranjos contratuais que estão na vanguarda dos projetos de infraestrutura mais notáveis do país, o artigo extrai de casos reais suas reflexões sobre as melhores práticas atualmente desenvolvidas no setor rodoviário brasileiro.

---

639 Quando nos referimos à resiliência no âmbito dos contratos administrativos, estamos nos referindo a um contrato que considere de maneira objetiva as contingências que possam ocorrer no curso de sua execução – advindas de um ambiente extremamente suscetível a mudanças –, sendo capaz de se adaptar a eles, e restabelecer suas bases. Confira-se a esse respeito: SAMPAIO, Patrícia; ARAÚJO, Thiago. "Previsibilidade ou Resiliência? Notas sobre a repartição de riscos em contratos administrativos". *Revista de Direito da Procuradoria Geral do Rio de Janeiro* (Edição Especial): Administração Pública, Risco e Segurança Jurídica, pp. 311-333, 2014. Disponível em: https://pge.rj.gov.br/comum/code/MostrarArquivo.php?-C=MzI0MQ%2C%2C. Acessado em: 24.05.2021.

Nesse sentido, o trabalho encontra-se dividido em quatro partes. Além desta introdução, que apresenta o problema, na segunda será abordada o conceito de contrato autoportante e a importância da adoção de práticas capazes de sustentar o contrato de concessão sobre suas próprias bases[640] como forma de se atrair investimentos e conferir segurança e confiabilidade às parcerias celebradas entre o Poder Público e a iniciativa privada.

Em seguida, a terceira parte fará um breve apanhado de casos concretos nos quais o mecanismo do contrato autoportante foi adotado, apontando os resultados obtidos a partir dessas experiências. A quarta parte, por sua vez, apresentará os principais desafios que o modelo de contrato autoportante precisa superar para se tornar um instrumento mais frequente na estruturação de projetos de infraestrutura em âmbito nacional.

Por fim, na conclusão, haverá um breve apanhado dos temas levantados ao longo do presente artigo, arrematando com nossa visão acerca da possibilidade de inclusão de mecanismos que incrementem o caráter autoportante nas novas modelagens de concessões rodoviárias.

1 Contrato Autoportante

A ideia central desenvolvida neste trabalho diz respeito à apresentação da noção de *contrato autoportante*, que denota o contrato de concessão capaz de se sustentar sobre suas próprias bases, de forma independente, ao longo de toda a duração, com mecanismos que possam mantê-lo em equilíbrio de forma praticamente automática. Isto é: trata-se de um contrato com mecanismos que lhe confiram independência e autonomia para o enfrentamento de desequilíbrios críticos, com recursos próprios.

---

640 Isto é, geradas pela sua execução ou previstas em sua estruturação, como reserva dos valores obtidos na licitação e/ou ao longo da execução contratual. O ponto será detalhado na seção seguinte.

A *contrario sensu*, num enfoque estrutural, isto implica não depender de receitas adicionais advindas do Poder Público ou da concessionária, exógenas ao fluxo de caixa da concessão, para manter o contrato em equilíbrio. E numa abordagem funcional, significa uma relativa independência dos mecanismos de regulação discricionária, como, por exemplo, uma atuação ampla do regulador.

O contrato autoportante surge como um importante mecanismo apto a enfrentar o problema da insuficiência associada aos mecanismos tradicionais de reequilíbrio contratual. Nas rodovias, verifica-se forte predisposição pelo reequilíbrio econômico-financeiro por extensão de prazo, sobretudo em decorrência da impopularidade verificada com aumento das tarifas.[641] Contudo, a extensão de prazo representa alternativa de reequilíbrio apenas econômico – e não financeiro – o que resulta na iliquidez da opção eleita e, por conseguinte, em um reequilíbrio incompleto.[642]

---

641 Nesse sentido, Luís Roberto Barroso aponta que "considerando os elementos do caso concreto, caberá ao administrador definir a solução que considere mais adequada para o interesse público. Ao formular esse juízo, porém, o administrador deverá levar em conta dois elementos aos quais o sistema jurídico conferiu maior relevância em matéria de concessões: (i) a *modicidade das tarifas* e (ii) o *interesse dos usuários*. Além disso, e em qualquer circunstância, a decisão administrativa deve observar o parâmetro da proporcionalidade, sobretudo no que diz respeito à proporcionalidade em sentido estrito". BARROSO, Luís Roberto. "O contrato de concessão de rodovias: particularidades, alteração e recomposição do equilíbrio econômico-financeiro". *Revista de Direito da Procuradoria Geral do Rio de Janeiro* (Edição Especial). Rio de Janeiro, 2012. Disponível em: https://pge.rj.gov.br/comum/code/MostrarArquivo.php?C=MzU4Mg%2C%2C. Acessado em: 24.05.2021.

642 "Em várias situações entre nós, as regras sobre o reequilíbrio dos contratos e a forma como elas são aplicadas resultam em reequilibrar o contrato apenas economicamente (mas não financeiramente), ou apenas financeiramente (mas não economicamente). Isso significa que as regras e práticas criadas para recomposição do equilíbrio econômico-financeiro são insuficientes para dar completa eficácia à distribuição de riscos contratuais. Em outras palavras, a atribuição pelos contratos de concessão e PPP de riscos a uma das partes não necessariamente exime as outras partes de todas as consequências gravosas de tais eventos. (...)". RIBEIRO, Maurício Portugal. "Reequilíbrios incompletos de contratos de concessão e PPP: reequilíbrio econômico (que

Tal cenário implica a constatação de que há, na prática das concessões rodoviárias, enorme dificuldade da gestão contratual em enfrentar o problema dos reequilíbrios incompletos. Simplesmente faltam alternativas politicamente viáveis e, talvez orçamentariamente possíveis, para se pensar em instrumentos tais como subsídios e pagamentos diretos à concessionária, que proporcionem a liquidez necessária aos processos de reequilíbrio contratual.

Destaca-se que a União, desde a terceira etapa do seu programa de concessões rodoviárias, criou mecanismo contratual que tem o objetivo de proporcionar alguma liquidez aos reequilíbrios decorrentes de eventos que geram impacto exclusivamente sobre as receitas de pedágio, ou ainda extraordinárias, como também as verbas devidas pela concessionária: o chamado Fator C.[643]

não caracteriza reequilíbrio financeiro) e reequilíbrio financeiro (que não caracteriza reequilíbrio econômico)". *Portugal Ribeiro Advogados*. São Paulo, 01 nov. 2015. Disponível em: http://www.portugalribeiro.com.br/reequilibrios-incompletos-de-contratos-de-concessao-e-ppp-reequilibrio-economico-que-nao-caracteriza-reequilibrio-financeiro-e-reequilibrio-financeiro-que-nao-caracteriza-reequilibrio-economico/. Acessado em: 24.05.2021.

643 No mais recente projeto rodoviário licitado pela União (BR-153/414/080/TO/GO), o Fator C designa o "redutor ou incrementador da Tarifa Básica de Pedágio, utilizado como mecanismo de reequilíbrio do Contrato aplicável a eventos que gerem impactos exclusivamente na receita e nas verbas indicadas, conforme a metodologia prevista no Anexo 6" que, por sua vez, explica que "1.3 O Fator C é aplicável para fins de reequilíbrio do Contrato, quando verificada a ampliação ou redução de receitas de pedágio ou extraordinárias ou a não utilização das verbas da concessionária decorrentes dos seguintes eventos (rol exemplificativo):

1.3.1 Não utilização da totalidade das verbas anuais destinadas para Segurança no Trânsito, conforme previsto no Contrato;

1.3.2 Não utilização da totalidade das verbas com Recursos para Desenvolvimento Tecnológico –RDT, conforme previsto no Contrato;

1.3.3Alteração de receitas com o arredondamento da Tarifa de Pedágio na forma prevista no Contrato;

1.3.4 Alteração de receitas decorrentes do atraso na aplicação do reajuste da Tarifa de Pedágio no período anterior;

A despeito do avanço no tratamento da matéria, é forçoso reconhecer que sua natureza diz muito mais respeito a um incrementador ou redutor da tarifa de pedágio (e, que, diga-se, tem sido aplicado preponderantemente para reduzir tarifas, e não as aumentar) do que propriamente uma reserva de liquidez para enfrentamento de riscos críticos.

Em resumo: não há, em regra, soluções contratuais autossustentáveis aptas a oferecer alternativas que viabilizem o reequilíbrio completo das concessões, isto é, numa dúplice dimensão econômica e financeira.

Isso pode parecer uma constatação trivial no tocante às parcerias rodoviárias em andamento, mas é elemento crucial no processo de tomada de decisão do investidor que busca oportunidades no setor. A precificação do risco de iliquidez nos reequilíbrios é substancialmente maior no momento da escolha do investimento em novo projeto – em que o capital tem alternativas – do que quando

---

1.3.5 Alteração de receitas decorrente da redução ou aumento da alíquota do Imposto sobre Serviços de Qualquer Natureza – ISSQN e da alíquota do PIS e COFINS;

1.3.6 Alteração de receitas decorrente de decisão judicial que impossibilite a cobrança parcial ou total da Tarifa de Pedágio;

1.3.7 Eventual saldo de eventos de anos anteriores não revertido para a Tarifa de Pedágio;

1.3.8 Alteração de receitas decorrentes da execução de obras e serviços fora do prazo previsto no PER;

1.3.9 Alteração de receitas decorrente da indenização, ao Poder Público, descrita na subcláusula 2.7 do Anexo 5 do Contrato de Concessão;

1.3.10 Compensação do Desconto de Usuário Frequente quando não houver saldo na Conta de Ajuste.

1.3.11 Reversão à modicidade tarifária de Saldo da Concessão no âmbito de revisão quinquenal".

a situação está posta é não há opções par evitar o reequilíbrio incompleto, senão aquelas de ruptura contratual.[644]

É nesse contexto de insuficiência dos instrumentos contratuais tradicionais, aliado à necessidade de resiliência de novos projetos para fazer frente a situações de estresse contratual, que o contrato autoportante surge como uma saída possível, ao dispor de mecanismos que permitem ao contrato resolver seus desequilíbrios críticos por meio de soluções endógenas, que independem de fatores externos.

1.1 Sistema de contas reserva

Um dos principais recursos do contrato autoportante é a vinculação de uma parcela das receitas auferidas pela concessionária para conta(s) vinculada(s) de destinação específica, criando um colchão de liquidez para o reequilíbrio de eventos críticos, definidos em contrato: o sistema de contas reserva.

O sistema de contas reserva pressupõe inicialmente que todas as receitas da concessionária sejam depositadas em uma conta centralizadora, administrada por agente fiduciário independente. No caso das concessões rodoviárias, isso significa obrigar a concessionária a transitar todas as suas receitas por uma conta vinculada, que não pode ser livremente movimentada por nenhuma das partes, apenas pelo banco depositário, conforme regras detalhadas em contrato de administração de contas. Esse mecanismo foi inaugurado nas concessões rodoviárias com a Concessão do Lote Florínea-Igarapava – Rodovias do Centro-Oeste Paulista, do

644 De maneira analítica, no momento pré-investimento, o custo de oportunidade não é afetado pela especificidade dos ativos, tampouco pelos custos de transação decorrentes de saída do módulo concessional, seja amigável, incluindo a relicitação, ou não.

estado de São Paulo, cujo contrato foi assinado em 6 de junho de 2017 (Contrato Artesp n. 0352/Artesp/2017).[645]

---

645 Vide cláusula 33.4 do Contrato de Concessão: "Conforme o regramento estabelecido na minuta de contrato que figura como Apêndice ao ANEXO IV, as receitas tarifárias auferidas pela CONCESSIONÁRIA deverão ser vertidas para Conta Bancária Centralizadora, de titularidade da CONCESSIONÁRIA, de movimentação restrita, a qual será aberta e mantida por agente financeiro, sendo que os encargos e taxas relacionados a contratação de tal agente deverão ser arcados pela CONCESSIONÁRIA, conforme os termos do referido Apêndice ao ANEXO IV". Vide também o Contrato de Administração de Contas da mesma concessão:

"3. DEPÓSITO NA CONTA BANCÁRIA CENTRALIZADORA

3.1. As Partes concordam que, nos termos do Contrato de Concessão, a totalidade dos recursos decorrentes das Receitas Tarifárias do Sistema Rodoviário, compreendendo as Receitas Tarifárias decorrentes da exploração do Sistema Existente e, após a assinatura do Termo de Transferência do Sistema Remanescente, do Sistema Remanescente, deverá ser depositada diretamente na Conta Bancária Centralizadora.

3.1.1. A Tarifa Eletrônica apurada em decorrência da exploração do Sistema Rodoviário deverá ser depositada diretamente na Conta Bancária Centralizadora, sendo expressamente proibido o envio de instrução diversa pela concessionária para as partes responsáveis por tais depósitos.

3.1.2. A Tarifa Física apurada em decorrência da exploração do Sistema Rodoviário deverá ser recolhida nas respectivas Praças de Pedágio dentro do cronograma estabelecido entre a concessionária e a Empresa de Segurança, sendo obrigação da concessionária garantir o depósito de tais valores na Conta Bancária Centralizadora no prazo de até 5 (cinco) dias contados da data da respectiva arrecadação.

3.2. A concessionária deverá praticar todos os atos necessários para fazer creditar diretamente na Conta Bancária Centralizadora a totalidade das Receitas Tarifárias relacionadas com o Sistema Rodoviário, incluindo o Sistema Existente e o Sistema Remanescente, incluindo, mas não se limitando a, notificar todas as partes envolvidas no pagamento, depósito, intermediação ou transferência das Receitas Tarifárias, incluindo a Empresa de Segurança e as empresas que prestam serviços relacionados com a Tarifa Eletrônica, para instruir tais partes sobre o depósito da totalidade dos valores devidos diretamente na Conta Bancária Centralizadora, sem quaisquer compensações, descontos, retenções ou qualquer outra forma de redução.

3.3. A concessionária concorda que, caso venha a receber diretamente quaisquer valores relacionados com as Receitas Tarifárias, deverá providenciar o depósito da totalidade dos valores recebidos na Conta Bancária Centralizadora no prazo

Nas concessões de rodovias paulistas, o sistema de contas reserva foi desenvolvido com o objetivo de proporcionar maior transparência quanto ao fluxo de recursos da concessão, inclusive para eventuais deduções decorrentes dos descumprimentos de indicadores de desempenho e dos cronogramas de obras. Ainda, a ideia foi proporcionar uma dinâmica atrativa para os financiadores do projeto que, na hipótese do exercício das prerrogativas que lhe são conferidas pelo contrato (e, se assinado, também pelo acordo tripartite),[646] teriam maior agilidade tanto para limitar eventuais perdas em situações de estresse contratual quanto para o exercício da administração temporária, a assunção de controle ou a transferência da concessão. Além disso, o sistema de contas reserva facilita e confere maior segurança ao recolhimento do ônus

---

de 2 (dois) dias contados do recebimento, vedada a realização de compensação quanto a quaisquer créditos que possa ter". SÃO PAULO (Estado). Agência de Transporte do Estado de São Paulo – Artesp. *Contrato de Administração de Contas da Concessão do Lote Florínea-Igarapava* – Rodovias do Centro-Oeste Paulista. Disponível em: http://www.artesp.sp.gov.br/Style%20Library/extranet/rodovias/rodovia-interna.aspx?id=4. Acessado em: 12.06.2021. Desde então, todos os contratos de concessão rodoviária licitados pelo estado de São de Paulo têm adotado essa mesma dinâmica.

646 O *direct agreement*, ou acordo tripartite, consiste em um contrato celebrado entre financiador, concedente e concessionária. O objetivo do instrumento é permitir que o financiador tenha um papel mais protagonista nas concessões, atuando diretamente sobre esses contratos para lidar com as contingências surgidas ao longo de sua execução, mas sem alterar ou modificar quaisquer obrigações da concessionária com relação ao concedente. Trata-se de instrumento já consolidado em projetos de concessão de infraestrutura realizados em países desenvolvidos. Considerando que o mecanismo serve para ampliar os direitos do financiador nos contratos, ele acaba por funcionar como um atrativo a mais para buscar investidores tradicionais, como grandes bancos, e até novos players. A respeito da possibilidade de celebração de acordo tripartite para viabilização de financiamento de empreendimentos públicos, confira-se: JORDÃO, Tarcila Reis. "Acordo Tripartite: enfrentando os desafios de financiabilidade de projetos de concessão e parcerias público-privadas no Brasil". *In*: FILHO, Alexandre Jorge Carneiro da Cunha; OLIVEIRA, André Tito da Motta Oliveira; ISSA, Rafael Hamze; SCHWIND, Rafael Wallbach. *Direitos, Instituições e Políticas Públicas*: o papel do jusidealista na formação do Estado. São Paulo: Quartier Latin, 2017, pp. 403-428.

de fiscalização[647] e da outorga variável,[648] que são subtraídos diretamente do saldo da conta, conforme detalhado em instrumento próprio de administração de contas.[649]

Mais importante, na lógica do contrato autoportante, o sistema de contas reserva tem o papel fundamental de servir como mecanismo de colchão de liquidez para reequilíbrios críticos, conforme detalhado no capítulo 3. Isso significa que é possível prever contratualmente a retenção de recursos devidos ao concedente, no sistema de contas, de modo que esses fundos fiquem reservados

---

647 Que corresponde a um percentual da receita bruta mensal auferida pela concessionária a ser pago mensalmente à Artesp em função das atividades de sua competência realizadas.

648 Que compreende parte do preço da concessão e corresponde a um percentual da receita bruta auferida pela concessionária.

649 Vide, por exemplo, a seguinte cláusula do Contrato de Administração de Contas (Anexo IV) da Concessão do Lote Florínea-Igarapava – Rodovias do Centro-Oeste Paulista: "4.6. Além das transferências indicadas nas cláusulas acima, o poder concedente poderá enviar ao Banco Depositário notificação informando valores adicionais que deverão ser transferidos da Conta Bancária Centralizadora para a conta a ser indicada pelo poder concedente, decorrentes de obrigações da concessionária de pagar a Ônus de Fiscalização e a Outorga Variável, inclusive considerando o mecanismo de proteção cambial, nos termos do Contrato de Concessão ('Notificação de Valor Adicional').

4.6.1. As transferências decorrentes de cada Notificação de Valor Adicional deverão ocorrer (i) no prazo de até 1 (um) dia útil contado da data em que a respectiva Notificação de Valor Adicional foi recebida pelo Banco Depositário; e (ii) desde que o Banco Depositário não tenha recebido Notificação de Exercício.

4.6.2. As Partes concordam que, caso os valores depositados na Conta Bancária Centralizadora não sejam suficientes para cumprimento de Notificação de Valor Adicional, o Banco Depositário estará autorizado a transferir valores depositados na Conta Bancária Centralizadora nos dias subsequentes, até que a totalidade dos valores transferidos sejam suficientes para cumprimento dos termos da Notificação de Valor Adicional". SÃO PAULO (Estado). Agência de Transporte do Estado de São Paulo – Artesp. *Contrato de Administração de Contas da Concessão do Lote Florínea-Igarapava* – Rodovias do Centro-Oeste Paulista. Disponível em: http://www.artesp.sp.gov.br/Style%20Library/extranet/rodovias/rodovia-interna.aspx?id=4. Acessado em: 12.06.2021.

para eventualidades, num clássico sistema de *escrow account*, recorrente no universo do Direito Bancário.

O sistema de contas pode ser principalmente alimentado com recursos de duas origens: (i) com a totalidade ou parcela da outorga fixa paga pelo licitante vencedor do certame, geralmente como condição prévia para assinatura do contrato de concessão; e (ii) com a totalidade ou parcela da outorga variável, paga periodicamente pela concessionária, como parte do preço pela concessão, geralmente correspondente a determinado percentual de sua receita bruta. É recomendável ainda o estabelecimento de um saldo mínimo para o sistema de contas reserva, definido conforme as particularidades do caso concreto, de modo que eventual excedente a esse saldo possa ser liberado periodicamente ao concedente, com o objetivo de evitar o represamento desnecessário de recursos, o que, como se verá no capítulo 4, é a principal fonte (legítima) de resistência, por parte dos gestores públicos, à implantação do sistema de contas reserva nos contratos.

Feito o aporte de recursos no sistema de contas, esses fundos ficam então carimbados para utilização pré-definida em contrato, geralmente para o pagamento de reequilíbrios críticos, definidos conforme as particularidades do projeto em questão. Assim, na eventualidade da materialização desses riscos críticos, a concessionária poderá socorrer-se dos recursos existentes nas contas vinculadas, de modo a compensar os desequilíbrios havidos, prestigiando, portanto, uma forma de recomposição contratual de ampla liquidez. Isso significa também reduzir a pressão sobre aumentos tarifários para o enfrentamento de desequilíbrios contratuais e prescindir de soluções que não proporcionam um reequilíbrio completo, a exemplo da extensão de prazo contratual. Em resumo, o sistema de contas reserva segue o seguinte arranjo:

Gráfico 1 - Funcionamento do sistema de contas reserva em contratos autoportantes

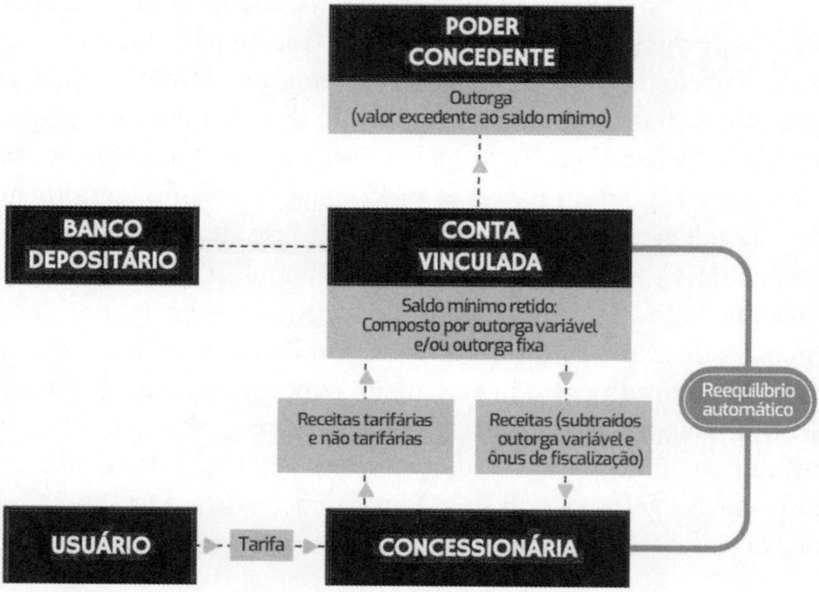

Fonte: elaboração própria.

Evidentemente, o sistema de contas reserva não é panaceia, na medida em que dificilmente terá fundos para enfrentar todo e qualquer desequilíbrio que venha a ocorrer durante a execução contratual. Daí a importância de selecionar os riscos mais críticos a serem guarnecidos pelo mecanismo, fundamental tanto para extrair o maior valor possível do arranjo quanto para tornar o projeto mais atrativo para potenciais investidores. No capítulo 3, serão explorados alguns exemplos concretos do sistema de contas reserva para estruturação do contrato autoportante.

1.2 A tarifa contingente

Outro mecanismo possível do contrato autoportante é a tarifa contingente, que consiste em um aumento automático da tarifa, em valor certo e pré-definido, sempre que verificada a materialização de determinado risco, cujos efeitos são contratualmente elegíveis para compensação via tarifa contingente. Ou seja, trata-se de uma espécie de reequilíbrio por aumento de tarifa, que ocorre de forma automatizada e independente da vontade ulterior das partes.

A rigor, a tarifa contingente também pode, a depender do risco que ela objetiva cobrir, implicar numa redução automática da tarifa. Isso ocorreria, por exemplo, se o mecanismo da tarifa contingente fosse utilizado para lidar com o risco cambial e, acionado, a concessionária obtivesse ganhos com a valorização do real. Há casos, porém, que a tarifa contingente poderia apenas implicar em um aumento tarifário como, por exemplo, se ela for desenhada para enfrentar o risco de advento de eventual cobrança de Imposto Predial e Território Urbano (IPTU) sobre a área da concessão, quando o cenário base da concessão não tenha considerado a incidência do referido imposto.

Ocorre que a tarifa contingente é um mecanismo do contrato autoportante que melhor se adere aos instrumentos de concessão nos quais a remuneração da concessionária se dá por meio de tarifa técnica, ou tarifa de remuneração. Isto é, quando a concessionária é remunerada por unidade de serviço prestado – por exemplo, por passageiro transportado no caso das concessões de mobilidade urbana – cujo valor é definido em contrato e distinto do valor da tarifa pública cobrada do usuário.

A sistemática de remuneração por tarifa técnica tem a grande vantagem de dissociar o pagamento à concessionária do valor de tarifa cobrada do usuário. Isso confere maior liberdade ao gestor na condução de políticas públicas tarifárias, isolando e protegendo a concessionária de alterações no valor da tarifa (por exemplo, a criação de isenções, gratuidades ou ausência de reajuste em momentos de maior pressão social) que possam impactar a sua remuneração. Embora a tarifa técnica seja sistemática amplamente adotada em outros setores de infraestrutura, sobretudo em mobilidade, não se tem conhecimento da utilização de mecânica em concessões rodoviárias.[650]

Não obstante a ausência de experiências concretas com tarifa técnica no setor rodoviário, não haveria qualquer impedimento para o desenvolvimento de modelos contratuais com esse arranjo. Seria necessário, nesse caso, a previsão de um sistema de compensação (*clearing*) entre os valores recebidos a título de tarifa pública de pedágio e aqueles pagos à concessionária enquanto tarifa técnica de remuneração. Ainda, o sistema de compensação poderia ser exclusivo para o ativo concedido ou compreender outras concessões sujeitas à mesma dinâmica, possibilitando, no limite, um amplo sistema de subsídio cruzado entre diferentes concessões.

É verdade que os principais motivos que levaram à adoção da sistemática de tarifa técnica em concessões de mobilidade – especialmente o grande volume de gratuidades e o perfil socioeconômico médio do usuário – verificam-se em bem menor intensidade no setor rodoviário, o que pode justificar a ausência desse modelo na prática. Também não se ignora que a migração para o paradigma da tarifa técnica impõe ônus adicional ao concedente, na medida em que ele assume a responsabilidade pela manutenção do equilíbrio financeiro do sistema (entre receitas gerada pela rodovia e pagamentos à concessionária) e, portanto, pela disponibilidade de fundos no sistema de compensação (*clearing*).

---

650 Fora do Brasil, contudo, trata-se de sistemática amplamente adotada. Veja-se, por exemplo, o chamado "pedágio sombra" (*shadow toll*). Na lógica discutida aqui, ele corresponde a uma remuneração da concessionária por tarifa técnica (definida em contrato) *vis-à-vis* uma tarifa pública igual a zero. Isto é, o usuário nada paga, mas o operador da rodovia recebe por unidade do serviço prestado. Agradecemos a Mauricio Portugal Ribeiro por ilustrar o paralelo. Frise-se, porém, que o *shadow toll* não se confunde com o "pagamento por disponibilidade". É que neste último o pagamento se faz possível pela simples utilização potencial do serviço que se encontra posto à disposição do usuário, enquanto aquele operador da rodovia recebe por unidade do serviço efetivamente prestado, ainda que o usuário nada pague.

Em outras palavras, se de um lado o contexto de tarifa técnica confere maior liberdade na definição da tarifa pública, de outro, exige disciplina do Poder Público para que as receitas advindas da tarifa pública não fiquem aquém do total necessário para remunerar a concessionária com a tarifa técnica, sob pena de ser acionada a necessidade de complementação por subsídios comumente advindos do erário.

Ou seja, no ambiente hermético – isto é, que contemple um único ativo/contrato –, a tarifa pública precisará ser igual ou superior à tarifa técnica, sob pena de surgir a necessidade de complementação com recursos públicos para o devido pagamento à concessionária. Já no ambiente de múltiplos ativos sob a mesma regra, haveria, em tese, a possibilidade de alguma mobilidade de recursos entre diferentes concessões.

Em resumo, a sistemática da tarifa contingente, enquanto mecanismo do contrato autoportante, é mais comumente utilizada no contexto em que a remuneração da concessionária (tarifa técnica) está dissociada da tarifa pública cobrada do usuário, uma vez que eventuais acréscimos tarifários provenientes do acionamento da tarifa contingente não são diretamente suportados pelo usuário, com aumento da tarifa da pública.[651]

Isso não impede, contudo, a utilização da tarifa contingente nos contratos de concessão remunerados exclusivamente por tarifa

---

651 Vide, por exemplo, a concessão da prestação do serviço público de transporte de passageiros, sobre trilhos, das linhas 8 – Diamante e 9 - Esmeralda da rede de trens metropolitanos da região metropolitana de São Paulo, que previu o mecanismo de tarifa contingente (lá denominado "ajuste à tarifa") para reequilibrar os eventos considerados mais críticos no contrato, a saber: (i) risco de demanda, compartilhado por mecanismo de bandas e (ii) incidência de IPTU na área da concessão. Nesses casos, o concedente não pode optar pelo reequilíbrio pela ocorrência desses eventos por outros meios que não a tarifa contingente. Nos demais casos, há liberdade para o concedente eleger a tarifa contingente como forma de reequilíbrio. Disponível em: www.stm.sp.gov.br. Acessado: 12.06.2021.

pública, embora, reconheça-se, pode demandar um ônus argumentativo difícil de ser atendido, a partir de uma análise política. Contudo, no limite, é possível haver, nas concessões rodoviárias tradicionais, previsão contratual identificando um ou mais riscos críticos do projeto, cuja eventual materialização deve ser recomposta por meio de aumento tarifário calculado conforme dinâmica pré-estabelecida em contrato.

Evidentemente, a tarifa contingente incidente diretamente sobre a tarifa pública requer uso comedido, na medida em que impacta diretamente o usuário e, no limite pode afetar inclusive a demanda pela rodovia, a depender de sua elasticidade. Nesse contexto, há também preocupação sistêmica no sentido de evitar o desbalanceamento entre concessões, quando há múltiplos ativos concessionados na mesma região ou que podem, de forma intercambiável, serem utilizados como rotas alternativas.

Não obstante tais precauções, ao proporcionar solução endógena para o enfrentamento de desequilíbrios críticos, a sistemática de tarifa contingente também é elemento caracterizador do contrato autoportante.

2 Oportunidades criadas

Conforme já mencionado, o primeiro caso de concessão rodoviária com características de contrato autoportante foi a concessão do Lote Florínea-Igarapava – Rodovias do Centro-Oeste Paulista, do estado de São Paulo. Nesse caso, o mecanismo foi estruturado com o objetivo de conferir liquidez à eventual desequilíbrio decorrente do acionamento do mecanismo de proteção cambial, previsto no anexo 22 do contrato de concessão.

Isto é, havia à época de estruturação do projeto a percepção de que, na ausência de outras soluções de mercado disponíveis aos investidores (como mecanismos de *hedge* cambial), recursos estrangeiros apenas seriam atraídos para projetos de infraestrutura no

Brasil se o contrato contemplasse um instrumento aceitável para o tratamento do risco cambial.[652] E não bastava que o concedente simplesmente assumisse o risco correspondente: era preciso um mecanismo que proporcionasse liquidez a eventual reequilíbrio oriundo da materialização do risco cambial, não sendo suficiente o mero compromisso, ainda que assumido contratualmente, mas dependente de concretização por meio de previsões orçamentárias futuras ou formas de reequilíbrio exclusivamente econômico.

Estruturado como um arranjo opcional à concessionária (no formato *opt-in*, isto é, demandando uma explicitação inequívoca de vontade para sua previsão) o mecanismo de proteção cambial, nesse caso, previa cobertura para financiamentos contraídos em moeda estrangeira destinados a investimentos em bens reversíveis e/ou para pagamento da outorga, no valor de até trezentos

652 Acerca da necessidade de introdução de um mecanismo de proteção cambial, Heloisa Conrado Caggiano já afirmava que: "Segundo a matriz de risco do GIH, este risco é alocado ao parceiro privado em mercados desenvolvidos, e de forma compartilhada em mercados emergentes. O racional é de que em mercados desenvolvidos o risco cambial e de flutuação de taxa de juros não é substancial o suficiente para compartilhamento com o poder concedente, de modo que caberá ao privado mitigar o risco por meio de hedges nos contratos de financiamento. O Poder Público só assume o risco de variação da taxa de juros entre a apresentação da proposta e a contratação do financiamento. **Já nos mercados emergentes, em que se entende que há volatilidade destes dois elementos – juros e câmbio –, a alocação é usualmente compartilhada entre privado e público ou privado e usuário, repassando-se o custo para a tarifa. Como o pedágio será recebido em moeda local, o Poder Público deve reter parte do risco de desvalorização da moeda a partir do ponto em que tal impacte na viabilidade econômica do projeto (devido à necessidade de pagamento de fornecedores, insumos ou financiamento em moeda estrangeira). Daí porque a desvalorização da moeda local para além de certo limite pode ser um gatilho para rescisão sem culpa do contratado – ou para um subsídio por parte do Poder Público (no caso, fala-se do modelo de PPP). Tudo isso segundo racional e arranjo de suporte governamental que constam do relatório do GIH**" (grifo nosso). CAGGIANO, Heloisa Conrado. "Alocação de riscos em concessões rodoviárias federais no Brasil: análise do caso da BR 153/TO/GO". *Revista de Direito Público da Economia – RDPE*, Belo Horizonte, ano 15, nº 59, pp. 25-59, jul./set. 2017.

milhões de dólares. Caso a concessionária optasse por acionar o mecanismo, a integralidade do risco cambial seria transferida ao concedente, que suportaria as variações cambiais, positivas ou negativas, mediante acréscimos ou decréscimos no percentual devido ao concedente a título de outorga variável. Ou seja, a outorga variável – calculada inicialmente em 3% da receita bruta da concessionária – poderia, para fazer frente ao mecanismo cambial, variar entre 0% e 6%, conforme o caso, conferindo liquidez imediata a eventual desequilíbrio, ainda que limitada a um percentual máximo por mês.

Assim, na hipótese de a alteração cambial favorecer a concessionária na paridade com o real (barateando o financiamento), elevar-se-ia o percentual da outorga variável a fim de transferir ao concedente os ganhos advindos da variação cambial; por outra lado, se a alteração cambial for no sentido de encarecer o financiamento contraído pela concessionária, considerando a paridade com o real, então a outorga variável seria reduzida (eventualmente a zero) para compensar a concessionária dos custos adicionais com o financiamento em moeda estrangeira.

Contudo, nesse projeto, bem como na concessão do lote Rodovia dos Calçados (licitada à mesma época e sob as mesmas regras),[653] as concessionárias optaram por não acionar o mecanismo cambial acima descrito.

---

653 As regras referentes ao mecanismo e proteção cambial no âmbito da Concessão do Lote de Rodovias dos Calçados encontram-se dispostas no Anexo 22 da Concorrência Internacional n. 05/2016 da Artesp, que assim dispõe:

"1.0 Condições

O MECANISMO DE PROTEÇÃO CAMBIAL (ou "Mecanismo") terá aplicabilidade para compartilhamento de risco cambial em instrumento(s) de financiamento em moeda estrangeira firmado(s) nos primeiros cinco anos a partir da assinatura do CONTRATO, e somente poderá ser aplicado à parcela de financiamento em moeda estrangeira relativa aos investimentos vinculados a BENS REVERSÍVEIS e/ou OUTORGA.

Posteriormente, em janeiro de 2020, ainda no estado de São Paulo, houve a concessão do Lote Piracicaba-Panorama, à época a maior concessão rodoviária já licitada no país – tanto em extensão, com 1.237 quilômetros, quanto em volume de investimentos, totalizando 14 bilhões. Nesse projeto, o conceito de contrato autoportante alçou novo patamar.

O Mecanismo terá aplicabilidade para o montante principal do(s) instrumento(s) de financiamento em moeda estrangeira, e não inclui os juros ou outras modalidades de pagamento. O montante máximo de principal que poderá ser considerado para o Mecanismo será de trezentos milhões de dólares norte-americanos. Caso o Mecanismo seja ativado para mais de um instrumento de financiamento, a soma dos principais considerados não poderá ultrapassar trezentos milhões de dólares norte-americanos (...).

Uma vez ativado o mecanismo de câmbio, a concessionária não poderá cancelá-lo sem prévia anuência da ARTESP.

Os valores incluídos nas condições do Mecanismo não poderão estar sujeitos a cláusulas de aceleração, pré-pagamento ou outras condicionantes que alterem o curso inicial de amortização da dívida. Alterações nestas condições do instrumento de financiamento devem envolver a anuência do poder concedente, quando for uma ação facultativa da concessionária. Também será possível alterar as condições no Mecanismo, mediante prévia autorização do poder concedente, para evitar exposições cambiais da concessionária durante o período da concessão, respeitadas as condições básicas do Mecanismo.

O Mecanismo, em qualquer hipótese, não poderá alterar unilateralmente estruturas de hierarquização, subordinação ou cascateamento de receitas associados a dívidas pré-existentes.

No caso em que haja comprovada aplicabilidade e interesse da concessionária em aderir ao Mecanismo disponibilizado pelo poder concedente, vigorarão as condições descritas abaixo (...).

3.0 Compensação

A compensação deste Mecanismo se dará unicamente por meio da OUTORGA VARIÁVEL, com compensações mensais entre as partes (concessionária e poder concedente). O valor a ser compensado por este Mecanismo, para cada uma das partes, está limitado ao montante ou fluxo futuro de outorga variável, apurado aplicando-se percentuais específicos sobre a Receita Bruta, definida no Contrato, e conforme Caso de Compensação". SÃO PAULO (Estado). Agência de Transporte do Estado de São Paulo – Artesp. *Concorrência Internacional n. 05/2016*. Disponível em: http://www.artesp.sp.gov.br/Style%20Library/extranet/rodovias/rodovia-interna.aspx?id=23. Acessado em: 12.06.2021.

Primeiro, o sistema de contas reserva ficou ainda mais robusto,[654] na medida em que passou a ser alimentado, para além

---

654 O tema foi regrado no apêndice G do contrato de concessão ("funcionamento das contas reserva de outorga") e no apêndice D do contrato de concessão ("instrumento particular de contrato de administração de contas"). Destaca-se as seguintes passagens do apêndice G:

"6. As PARTES concordam que nos termos do EDITAL, CONTRATO e respectivos ANEXOS:

i. a totalidade dos recursos decorrentes da OUTORGA FIXA, incluindo o eventual ágio da PROPOSTA DE PREÇO submetida pelo LICITANTE VENCEDOR, deverá ser depositada diretamente na CONTA RESERVA DE OUTORGA 1; e

ii. todas as parcelas referentes à OUTORGA VARIÁVEL descontadas da CONTA CENTRALIZADORA deverão ser transferidas às CONTAS RESERVA DE OUTORGA, nos termos do item 1.1 acima.

7. As PARTES concordam que, a partir da NOTIFICAÇÃO DE INÍCIO DUF, que será enviada na DATA DE INÍCIO DUF, o BANCO DEPOSITÁRIO estará autorizado a transferir o montante equivalente a 75% (setenta e cinco por cento) do valor depositado a título de OUTORGA VARIÁVEL na CONTA RESERVA DE OUTORGA 1 para a CONTA LIVRE MOVIMENTAÇÃO, nos termos do ANEXO 4.

7.1. Nos termos do disposto no item 4.11.1.1. B do ANEXO 4, a partir de cada ciclo de REVISÃO ORDINÁRIA, o montante disposto na NOTIFICAÇÃO DE INÍCIO DUF poderá ser devidamente ajustado.

7.2. A transferência de que trata o item 7 será realizada pelo BANCO DEPOSITÁRIO automaticamente, sem a necessidade de notificação adicional, da CONTA RESERVA DE OUTORGA 1 para a CONTA LIVRE MOVIMENTAÇÃO, em até 2 (dois) dias úteis dos depósitos realizados a título de OUTORGA VARIÁVEL.

8. Caso haja a ativação do mecanismo descrito no ANEXO 22, o BANCO DEPOSITÁRIO deverá, quando do recebimento dá NOTIFICAÇÃO DE COMPENSAÇÃO, transferir o montante na referida NOTIFICAÇÃO DE COMPENSAÇÃO, correspondente às compensações descritas no referido ANEXO, da CONTA RESERVA DE OUTORGA 2 para a CONTA LIVRE MOVIMENTAÇÃO, até o limite de sua disponibilidade.

8.1. Caso os valores depositados na CONTA RESERVA DE OUTORGA 2 não sejam suficientes para cumprimento de NOTIFICAÇÃO DE COMPENSAÇÃO, o BANCO DEPOSITÁRIO estará autorizado a transferir os valores que vierem a ser depositados na CONTA RESERVA DE OUTORGA 2 para CONTA LIVRE MOVIMENTAÇÃO, até que a

---

totalidade dos valores transferidos sejam suficientes para cumprimento dos termos da NOTIFICAÇÃO DE COMPENSAÇÃO.

9. Até o fim do segundo mês subsequente aos aniversários do CONTRATO, a ARTESP enviará ao BANCO DEPOSITÁRIO e á CONCESSIONÁRIA a NOTIFICAÇÃO ANUAL, conforme ANEXO IV, sem prejuízo das demais previsões deste APÊNDICE.

9.1. Mediante o recebimento da NOTIFICAÇÃO ANUAL, o BANCO DEPOSITÁRIO deverá transferir, se for o caso, o valor da COMPENSAÇÃO ANUAL FINAL (CAF), conforme definido no ANEXO 4, da CONTA RESERVA DE OUTORGA 1 para a CONTA LIVRE MOVIMENTAÇÃO.

9.2. Em relação à CONTA RESERVA DE OUTORGA 2, por meio da NOTIFICAÇÃO ANUAL, a ARTESP deverá informar ao BANCO DEPOSITÁRIO que deverá realizar a transferência da totalidade ou parcela do saldo disponível na CONTA RESERVA DE OUTORGA 2 para:

i. CONTA LIVRE MOVIMENTAÇÃO, a título de eventual recomposição do equilíbrio econômico-financeiro do CONTRATO já aprovado, nos termos da Cláusula Vigésima Terceira do CONTRATO; ou

ii. conta corrente a ser indicada pelo PODER CONCEDENTE.

9.2.1. As transferências descritas no subitem 9.2 acima somente poderão ocorrer no caso de inexistência de saldo de compensação em favor da CONCESSIONÁRIA, nos termos do regramento aplicável ao mecanismo descrito no ANEXO 22.

9.2.2. As PARTES concordam que a transferência descrita no subitem 9.2 não prejudicará ou alterará os termos e/ou pagamentos instruídos ao BANCO DEPOSITÁRIO decorrentes do item 8 e subitem 8.1.

9.3. Em relação à CONTA RESERVA DE OUTORGA 1, por meio da NOTIFICAÇÃO ANUAL, a ARTESP deverá informar ao BANCO DEPOSITÁRIO que deverá realizar a transferência da totalidade ou parcela do saldo disponível na CONTA RESERVA DE OUTORGA 1 para:

i. CONTA DE LIVRE MOVIMENTAÇÃO, a título de eventual recomposição do equilíbrio econômico-financeiro do CONTRATO já aprovado, nos termos da Cláusula Vigésima Terceira do CONTRATO; ou

ii. CONTA RESERVA DE OUTORGA 2, caso haja saído de compensação a ser realizada à CONCESSIONÁRIA, nos termos do mecanismo descrito no ANEXO 22; ou

iii. conta corrente a ser indicada pelo PODER CONCEDENTE.

9.3.1. A transferência indicada no subitem 9.3 iii acima somente poderá ser realizada pelo BANCO DEPOSITÁRIO, por meio do recebimento da NOTIFICAÇÃO ANUAL, após a aprovação pela ARTESP do RELATÓRIO da outorga variável, também pelos valores pagos pela licitante vencedora a título de outorga fixa (considerando a outorga mínima acrescida do ágio ofertado),[655] elevando substancialmente a reserva de liquidez disponível para fazer frente a determinados desequilíbrios críticos.

Segundo, o sistema de contas ampliou o rol de riscos eleitos como críticos no projeto para contemplar três itens. Primeiro, (i) o risco cambial (à semelhança do realizado nos projetos anteriores).[656] Em segundo lugar, (ii) o risco de variação de receita associada ao mecanismo do desconto por usuário frequente (DUF).[657]

O DUF foi uma inovação desse projeto com o objetivo de dar concretude à ideia de modicidade tarifária, conferindo descontos progressivos aos usuários mais frequentes da rodovia, de forma que quanto maior o número de viagens mensais, menor o valor da tarifa paga. Como não se tinha plena certeza dos impactos dessa regra no comportamento da demanda (e, portanto, da receita da concessionária), optou-se por atribuir o risco de variações na receita em decorrência do DUF ao concedente.

E o terceiro item abrangido pelo sistema de contas diz respeito ao (iii) risco de atraso na entrega do chamado sistema remanescente, correspondente à malha rodoviária integrante do escopo

DE VISTORIA CONSOLIDADO, conforme regramento disposto no ANEXO 18.

9.3.2. As PARTES concordam que a transferência descrita no subitem 9.3 não prejudicará ou alterará os termos e/ou pagamentos instruídos ao BANCO DEPOSITÁRIO decorrentes do subitem 9.1". SÃO PAULO (Estado). Agência de Transporte do Estado de São Paulo – Artesp. *Contrato de Concessão do Lote Piracicaba-Panorama* – Rodovias do Centro-Oeste Paulista. Disponível em: http://www.artesp.sp.gov.br/Style%20Library/extranet/rodovias/rodovia-interna.aspx?id=24. Acessado em: 12.06.2021.

655 Que, no caso, foi de R$ 1,1 bilhão.

656 Conforme anexo 22 – Mecanismo Cambial, ao contrato de concessão.

657 Conforme anexo 4 – Estrutura Tarifária, ao contrato de concessão.

do Contrato de Concessão 008/CR/1998 e demais segmentos rodoviários e rodovias de acesso, que passarão obrigatoriamente a integrar o sistema rodoviário da concessão após a assinatura do termo de transferência do sistema remanescente.[658] Esse contrato refere-se à concessão da Centrovias, trecho de 273 quilômetros que, grosso modo, corresponde a cerca de 50% da geração de receita de toda a Concessão do Lote Piracicaba-Panorama. Como esse trecho já estava concessionado no momento de estruturação do projeto, era preciso aguardar o advento do termo contratual para então incorporá-lo à nova concessão licitada.[659] Ocorre que

---

658 Conforme anexo 18 – Regulamento de Transição do Sistema Rodoviário, "9.3. As partes reconhecem desde já que constitui EVENTO DE DESEQUILÍBRIO com efeitos prejudiciais à CONCESSIONÁRIA, havendo consequente necessidade de recomposição da equação econômico-financeira do CONTRATO em favor da CONCESSIONÁRIA, a ser calculado nos termos do retro referido CONTRATO e considerando os itens 9.4 e 9.5 infra, a hipótese de atraso no recebimento do LOTE 08, que passará a integrar o CONTRATO.

9.3.1. O atraso no recebimento do LOTE 08, que passará a integrar o CONTRATO, somente começará a ser computado a partir da data em que a CONCESSIONÁRIA passar a fazer jus a RECEITA TARIFÁRIA DEVIDA decorrente da cobrança de TARIFA DÉ PEDÁGIO nas praças localizadas no SISTEMA REMANESCENTE (LOTE 08);

9.3.2. Configurando-se a hipótese descrita no item 9.3 a forma pela qual será implementada a recomposição do equilíbrio econômico-financeiro do CONTRATO será obrigatoriamente o ressarcimento ou indenização.

9.3.3. Nos termos do disposto no item 9.3 supra e seus subitens, a ARTESP deverá informar ao BANCO DEPOSITÁRIO, por meio de NOTIFICAÇÃO ANUAL, o montante a ser transferido para a conta corrente da CONCESSIONÁRIA decorrente do atraso na transferência do SISTEMA REMANESCENTE. SÃO PAULO (Estado). Agência de Transporte do Estado de São Paulo – Artesp. *Contrato de Contrato de Concessão do Lote Piracicaba-Panorama* – Rodovias do Centro-Oeste Paulista. Disponível em: http://www.artesp.sp.gov.br/Style%20Library/extranet/rodovias/rodovia-interna.aspx?id=24. Acessado em: 12.06.2021.

659 Aliás, essa é a estratégia de expansão do Programa de Concessões Rodoviárias do estado de São Paulo que depende hoje, em grande parte, da realização de novas licitações que incluam trechos concedidos e cujo respectivo contrato chegou ao fim. A esses trechos anteriormente concedidos – e, portanto,

eventual atraso na transferência desse trecho à concessionária do Lote Piracicaba-Panorama acarretaria significativo impacto negativo nas receitas da concessão, de modo que essa hipótese foi tratada no contrato como um risco crítico, elegível para reequilíbrio com ampla liquidez.

Como se vê, trata-se de arranjo que busca conferir maior segurança ao investidor, ao proporcionar mecanismo de reequilíbrio com ênfase no aspecto financeiro para enfrentamento dos riscos identificados, no projeto, como os mais críticos.

Posteriormente à concessão do Lote Piracicaba-Panorama, o estado de São Paulo lançou a concessão do Lote Rodovias do Litoral, que aguarda leilão no momento de publicação deste artigo. Nesse projeto, o conceito de contrato autoportante foi modelado para enfrentar as circunstâncias com potencial de impactar a percepção de receita na concessão.[660]

sobre os quais se têm dados bastante sólidos de demanda e geração de receita – são acrescidos trechos atualmente gerenciados pelo Estado, por meio do DER. Com essa combinação de ativos com fluxo de caixa conhecido (concessões vencidas e vincendas), suportam investimentos em malha ainda não concedida, além de mitigar seus riscos subjacentes. REIS, Tarcila; PINTO, Gabriela M. Engler; BENOZATTI, Edgard; MENDONÇA, Roberto Longman. "iNFRADebate: Passivos rodoviários – equacionar o passado para viabilizar o futuro". *Agência Infra*, 10 mai. 2021. Disponível em: https://www.agenciainfra.com/blog/infradebate-passivos-rodoviarios-equacionar-o-passado-para-viabilizar-o-futuro/. Acessado em: 24.05.2021.

660 Conforme anexo 19 – Recomposição Automática: "1. Configuram EVENTOS DE DESEQUILÍBRIO sujeitos à RECOMPOSIÇÃO AUTOMÁTICA, sem prejuízo das demais disposições contratuais acerca das responsabilidades das PARTES, nos termos deste ANEXO:

i. o atraso no início da cobrança de TARIFA nas PRAÇAS DE PEDÁGIO, nas hipóteses descritas no item 1.1;

ii. a impossibilidade de cobrança de TARIFA nas PRAÇAS DE PEDÁGIO, nas hipóteses descritas no item 1.2;

iii. a modificação unilateral imposta pela ARTESP ou PODER CONCEDENTE dos valores e/ou das condições de cobrança de TARIFA que impacte negativamente a arrecadação da CONCESSIONÁRIA;

Merece especial destaque a identificação de um novo risco crítico: o de demanda, motivado não apenas pelas particularidades

---

iv. a percepção pela CONCESSIONÁRIA de demanda em valores inferiores ou superiores aos limites dispostos e sob as condições previstas no item 5; e

v. os desequilíbrios aferidos e constantes do RELATÓRIO DE VISTORIA previsto no ANEXO 18 aprovado pela ARTESP.

1.1. Para fins da hipótese prevista no item i acima, será considerado atraso a impossibilidade de a CONCESSIONÁRIA iniciar a operação comercial das PRAÇAS TRONCAIS (a) P1, P3 e/ou P4, em prazo superior a 12 (doze) meses da DATA DE INÍCIO; (b) P2, em prazo superior a 24 (vinte e quatro) meses da DATA DE INÍCIO; e (c) P5, em prazo superior a 36 (trinta e seis) meses da DATA DE INÍCIO, caso:

i. haja ocorrência de fato não imputável à CONCESSIONÁRIA que impacte o início da operação comercial das referidas PRAÇAS TRONCAIS;

ii. haja concessão de liminares e/ou outras medidas judiciais, para os quais a CONCESSIONÁRIA não tenha de alguma maneira contribuído por meio de atos ou omissões, que impeçam a operação comercial das referidas PRAÇAS TRONCAIS;

iii. haja ação ou omissão de responsabilidade do PODER CONCEDENTE que impeçam a operação comercial das referidas PRAÇAS TRONCAIS;

iv. haja a materialização de riscos alocados ao PODER CONCEDENTE que impeçam a operação comercial das referidas PRAÇAS TRONCAIS.

1.1.1. Caberá à CONCESSIONÁRIA demonstrar a extensão do atraso para efetiva apuração do desequilíbrio econômico-financeiro.

1.1.2. A CONCESSIONÁRIA deverá notificar o PODER CONCEDENTE e a ARTESP quando observar riscos de atrasos atrelados aos eventos previstos no item 1.1, ainda que não materializados, indicando as razões para os atrasos potenciais.

1.1.3. Caso o atraso no início da operação comercial da respectiva PRAÇA TRONCAL seja imputável à CONCESSIONÁRIA, considera-se que não há a materialização de EVENTO DE DESEQUILÍBRIO.

1.2. Para fins da hipótese prevista no item 1, alínea ii, configurará a impossibilidade de cobrança quando em qualquer PRAÇA TRONCAL, após o início da respectiva operação comercial, quando, por qualquer motivo não imputável à CONCESSIONÁRIA, esta seja impedida de cobrar TARIFA dos USUÁRIOS, incluindo, mas não se limitando, à concessão de liminares e/ou outras medidas judiciais". SÃO PAULO (Estado). Agência de Transporte do Estado de São Paulo – Artesp. *Concessão do Lote Rodovias do Litoral*. Disponível em: http://www.artesp.sp.gov.br/Style%20Library/extranet/novas-paginas/CustomPage.aspx?page=89. Acessado em: 12.06.2021.

do ativo, mas também pela nova reflexão ensejada pelos impactos da pandemia de Covid-19 nas concessões rodoviárias, as quais, embora não tenham sido, em termos comparativos, o sistema infraestrutura mais afetado pela pandemia, também arcaram com as perdas de demanda associadas ao isolamento social.

Essa inclusão marca a consolidação da ideia de que a demanda se trata de um risco não completamente gerenciável pela concessionária e que merece, portanto, temperança na sua alocação, a qual deve vir acompanhada da previsão de mecanismos contratuais aptos a equacionar eventual desequilíbrio ocasionado pela sua ocorrência, proporcionando resiliência ao projeto concessório.

Isso motivou, no caso concreto, a previsão de regra que determina que a concessionária suportará variações à demanda limitadas a 12% em relação à demanda projetada para a concessão. Ou seja, se a demanda real cair a 88% ou menos ou se ficar em 112% ou mais da demanda projetada, essa variação será compensada ou absorvida pelo concedente, mediante o sistema de contas reserva.[661]

Nesse caso, contudo, a alimentação do sistema de contas reservas ficou limitado aos valores devidos pela concessionária a

---

661 Conforme anexo 20 – Mecanismo de Mitigação do Risco de Demanda, "1. Conforme disposto na Cláusula 19.2 do CONTRATO e no ANEXO 19, constituirá EVENTO DE DESEQUILÍBRIO sujeito a RECOMPOSIÇÃO AUTOMÁTICA nos termos do ANEXO 19 a percepção de demanda em patamares inferiores a 88% (oitenta e oito por cento) ou superiores a 112% (cento e doze por cento) da DEMANDA ESTIMADA, medida em volume equivalente, nos termos dos itens 5.2, 5.3 e 5.4 abaixo.

1.1. A demanda proveniente das PRAÇAS DE ENTRADA não será considerada para fins do disposto no presente ANEXO.

2. A aplicação do mecanismo de mitigação previsto neste ANEXO independe do fato gerador da variação na demanda da CONCESSÃO, salvo para os casos de atuação flagrantemente dolosa da CONCESSIONÁRIA com vistas a assegurar patamar de aplicação do mecanismo ora referido". SÃO PAULO (Estado). Agência de Transporte do Estado de São Paulo – Artesp. "Concessão do Lote Rodovias do Litoral". Disponível em: http://www.artesp.sp.gov.br/Style%20Library/extranet/novas-paginas/CustomPage.aspx?page=89.

título de outorga variável (6,8% da receita bruta da concessão), não abrangendo eventuais valores pagos como outorga fixa.[662]

Em âmbito federal, a pandemia de Covid-19 também gerou reflexos sobre as modelagens de empreendimentos de infraestrutura e impulsionou a adoção de soluções autoportantes, por meio da previsão de sistema de contas reservas, a partir do depósito de valores gerados pela concessão, cujo objetivo é justamente criar uma reserva de recursos destinada a garantir a sustentabilidade financeira da concessão ao longo tempo.

Exemplo disso é a concessão dos trechos rodoviários BR-153/414/080/TO/GO, que ligam Anápolis, em Goiás, a Aliança do Tocantins, no Tocantins (Edital de Concessão n. 01/2021 da ANTT), cujo contrato de concessão, no anexo que detalha o Programa de Exploração da Rodovia (PER) estabeleceu a previsão de soluções autoportantes para garantir a liquidez de futuros procedimentos de reequilíbrio na hipótese de ocorrência de eventos relacionados ao risco de variação cambial, proporcionando maior segurança ao investidor em caso de realização de investimentos com recursos estrangeiros.[663]

---

662 Conforme apêndice G – Funcionamento das Contas Reserva, “1. AS CONTAS RESERVA, de movimentação restrita às destinações ou vinculações previstas no CONTRATO e seus ANEXOS, serão abertas e mantidas às expensas da CONCESSIONÁRIA, durante todo o prazo da CONCESSÃO.

1.1. A CONCESSIONÁRIA deverá praticar todos os atos necessários, que lhe couberem, para abrir e manter as seguintes CONTAS RESERVA:

i. A CONTA RESERVA 1: Para a qual será transferido montante equivalente à OUTORGA VARIÁVEL, nos termos do APÊNDICE D; e

ii. A CONTA RESERVA 2: Para a qual será transferida a totalidade da arrecadação das PRAÇAS DE ENTRADA, nos termos do ANEXO 20”. SÃO PAULO (Estado). Agência de Transporte do Estado de São Paulo – Artesp. *Concessão do Lote Rodovias do Litoral*. Disponível em: http://www.artesp.sp.gov.br/Style%20Library/extranet/novas-paginas/CustomPage.aspx?page=89.

663 “Anexo 11 - Mecanismo de Proteção Cambial

1. Condições

À semelhança do modelo adotado pelas concessões rodoviárias do estado de São Paulo, o mecanismo de proteção cambial previsto em âmbito federal tem por objetivo conferir liquidez à eventual pleito de reequilíbrio oriundo da materialização de variação do câmbio, sendo estruturado sob o formato *opt-in*. O mecanismo visa compartilhar o risco cambial decorrente de eventuais instrumentos de financiamento firmados pela concessionária, em moeda estrangeira, nos primeiros cinco anos a partir da assinatura do contrato de concessão, e somente poderá ser aplicado à parcela de financiamento relativa aos investimentos vinculados aos bens reversíveis.

Caso a concessionária decida por aderir ao mecanismo, essa opção é irretratável e consolida um sistema no qual a integralidade do risco cambial é transferido ao concedente, que deverá suportar as variações cambiais, positivas ou negativas. É dizer: na hipótese de a variação cambial encarecer o custo dos financiamentos, o concedente tem a obrigação de compensar a concessionária. Todavia, se

---

1.1. O Mecanismo de Proteção Cambial terá aplicabilidade para compartilhamento de risco cambial decorrente de instrumento(s) de financiamento em moeda estrangeira firmado(s) nos primeiros 5 (cinco) anos a partir da assinatura do Contrato, e somente poderá ser aplicado à parcela de financiamento relativa aos investimentos previstos vinculados aos Bens Reversíveis.

1.2. O Mecanismo de Proteção Cambial terá aplicabilidade apenas para o montante de principal de financiamentos em moeda estrangeira, sem incluir os juros ou quaisquer outros valores devidos no âmbito do financiamento.

1.3. O Mecanismo de Proteção Cambial é aplicável para oferecer proteção cambial para instrumento(s) de financiamento em moeda estrangeira, com periodicidade de amortização de principal anual, semestral ou trimestral, independentemente de carência.

1.4. Em até 12 (doze) meses contados da Data de Assunção, a concessionária deverá informar ao poder concedente seu interesse em ativar o Mecanismo de Proteção Cambial em relação ao financiamento em moeda estrangeira a ser contratado pela concessionária, por meio de notificação à ANTT. A não notificação tempestiva por parte da concessionária desobriga o poder concedente de ativar o Mecanismo Cambial". BRASIL. Ministério da Infraestrutura. Agência Nacional de Transportes Terrestres – ANTT. *Concessão dos trechos rodoviários BR-153/414/080/TO/GO*. Disponível em: https://portal.antt.gov.br/br-153-414-080-to-go. Acessado em: 12.06.2021.

a alteração cambial favorecer a concessionária (barateando o custo do capital de terceiros), será a concessionária que terá obrigação de compensar o concedente.

O mecanismo de proteção cambial se operacionaliza por meio de compensações mensais efetuadas entre as partes (concedente e concessionária), que se valem, exclusivamente, dos recursos alocados contratualmente na denominada "conta de retenção", por meio da destinação de valor correspondente a 3% da receita bruta obtida pela concessionária ao longo de todo o prazo da concessão.

Num segundo exemplo, ainda em função do contexto de maior incerteza causado pela pandemia de Covid-19, o sistema de contas a reserva da concessão dos trechos rodoviários BR-153/414/080/TO/GO também tem recursos específicos para o tratamento do risco de demanda. É a chamada "cláusula Covid", que embora tenha recebido essa denominação, em realidade abrange quaisquer eventos que influenciem significativamente a demanda estimada para a rodovia, que acarretem receita tarifária inferior à mínima prevista.

Muito embora se prenda, na origem, à perturbação na demanda derivada da pandemia (por força de medidas restritivas ou isolamento social), a referida cláusula, de modo mais amplo, e não necessariamente limitado ao contexto atualmente experimentado, prescreve que, na hipótese de o fluxo de tráfego ficar efetivamente abaixo da demanda mínima projetada, a futura concessionária terá direito ao reequilíbrio automático do contrato, o que ocorrerá por meio da liberação de recursos da conta vinculada, alimentada por depósitos de parcela das receitas obtidas com pedágios.[664] Por

---

664 "12. Mecanismo de Contas (...)

12.10. O Banco Depositário deverá reter, na Conta de Retenção, os montantes correspondentes à soma dos 12 (doze) meses imediatamente anteriores dos Recursos Vinculados, liberando automaticamente os recursos excedentes da Conta de Retenção para a Conta de Ajuste, na qual permanecerão até a sua utilização, na forma prevista neste Contrato.

outro lado, caso a receita real da concessionária situar-se acima da receita máxima prevista no mecanismo de mitigação, haverá compensação em favor do concedente.[665]

12.11. O Banco Depositário deverá, mediante recebimento da Notificação de Compensação do Desconto de Usuário Frequente ou da Notificação de Reequilíbrio, transferir os respectivos montantes, da Conta de Ajuste para a Conta de Livre Movimentação, até o limite de sua disponibilidade.

12.11.1. Caso a Receita Tarifária acumulada esteja abaixo da Receita Tarifária de referência, conforme definido e nos termos do Anexo 14, até o 25º (vigésimo quinto) ano de Concessão, os valores depositados na Conta de Ajuste somente poderão ser utilizados para fins de compensação do Mecanismo de Mitigação ou de Ajuste Final de Resultados". BRASIL. Ministério da Infraestrutura. Agência Nacional de Transportes Terrestres – ANTT. "Concessão dos trechos rodoviários BR-153/414/080/TO/GO". Disponível em: https://portal.antt.gov.br/br-153-414-080-to-go. Acessado em: 12.06.2021.

665 Item 2.4. do Anexo 14:

"2.4. Definição do valor de compensação aplicável

2.4.1. No Mecanismo de Mitigação aplicável ao 1º (primeiro) ciclo, caso a Receita Acumulada (RA) seja inferior à Receita Mínima (RMin) prevista (RAt<RMint), a ANTT deverá compensar o valor R em favor da concessionária, por meio de valores existentes na Conta de Ajuste e, caso a Receita Acumulada (RA) seja superior à Receita Máxima (RMax) prevista (RAt>RMaxt), a concessionária deverá compensar em favor da ANTT, por meio da transferência do valor R para a Conta de Ajuste, nos termos da fórmula a seguir:

Se RAt<RMint aplica-se

$Rt = RMint - RAt,$

Se RAt>RMaxt aplica-se

$Rt = RMint - RMaxt,$

Onde:

t representa o ano correspondente da Concessão;

Rt é a receita a ser compensada, para t = 2 a 5;

RMint é a Receita Mínima do ano t;

RMaxt é a Receita Máxima do ano t;

RAt é a Receita Acumulada no ano t". BRASIL. Ministério da Infraestrutura. Agência Nacional de Transportes Terrestres – ANTT. "Concessão dos trechos rodoviários BR-153/414/080/TO/GO". Disponível em: https://portal.antt.gov.br/br-153-414-080-to-go. Acessado em: 12.06.2021.

Frise, entretanto, que é condição para a aplicação do mecanismo de mitigação em favor da concessionária a conclusão de ao menos 90% das obras de ampliação de capacidade e melhorias previstas no PER, até o momento de sua aferição.[666] É provável que essa regra tenha como racional a verificação de que a concessionária realizou todos os esforços ao seu alcance para concretizar a demanda contratualmente prevista. Tanto é assim que o item 1.4.3 do anexo 14 da Minuta de Contrato de Concessão prevê expressamente que a aplicação do mecanismo de mitigação, quando em favor do concedente, "independerá da condição de execução de obras e serviços".

Vale salientar, ademais, que o mecanismo de mitigação de demanda não altera, em qualquer hipótese, a alocação de riscos prevista no contrato, tratando-se exclusivamente de predefinição de compensação inerente à não concretização da demanda projetada, sendo os seus recursos originados a partir do saldo disponível na conta de ajuste, cujos fundos advêm dos numerários que constituem a conta de aporte,[667] acrescido valor correspondente a 7% da receita bruta do primeiro ao décimo ano da concessão.[668]

---

666 Possivelmente por essa razão, o item 1.6 do anexo 14 da Minuta de Contrato de Concessão prevê que a apuração de eventual compensação financeira devida pela ANTT à concessionária em função da ativação do mecanismo de mitigação deverá ocorrer no âmbito da primeira revisão ordinária subsequente à conclusão integral de cada uma das metas de obras contratualmente estabelecidas.

667 De acordo com o item xviii da cláusula 1 da Minuta de Contrato, a Conta de Aporte consiste na "conta bancária aberta pela concessionária para o depósito pela Adjudicatária do montante correspondente a 3 (três) vezes o Valor de Outorga previsto na Proposta Econômica Final, sendo certo que, no ato de sua constituição, deverão ser outorgados poderes para a movimentação da Conta de Aporte exclusivamente pela ANTT, nos termos do Contrato, exclusivamente para os fins previstos no Contrato".

668 Cláusula 11.3 da Minuta de Contrato de Concessão:

"11.3. Serão destinados à Conta de Ajuste os seguintes valores:

11.3.1. O valor depositado na Conta de Aporte, em até 5 (cinco) dias contados da Constituição da Conta de Ajuste pela concessionária, cabendo

Para além disso, o contrato estabeleceu a vinculação de receitas obtidas com a própria concessão para o custeio de descontos concedidos aos usuários frequentes,[669] bem como para o pagamento de indenizações em função de eventual extinção antecipada da concessão, mitigando os riscos da contratação com o Poder Público e incrementando a margem de confiabilidade do parceiro privado.[670]

à ANTT realizar a transferência e comunicá-la ao Banco Depositário e à concessionária no prazo de 24 (vinte e quatro) horas da sua realização.

11.3.2. O valor correspondente a 7% (sete por cento) da Receita Bruta do 1° (primeiro) ao 10° (décimo) ano da Concessão". (...)

"12.11.1. Caso a Receita Tarifária acumulada esteja abaixo da Receita Tarifária de referência, conforme definido e nos termos do Anexo 14, até o 25° (vigésimo quinto) ano de Concessão, os valores depositados na Conta de Ajuste somente poderão ser utilizados para fins de compensação do Mecanismo de Mitigação ou de Ajuste Final de Resultados".

669 Conforme item 12.11 transcrito na nota de rodapé 32.

670 "30. Extinção da Concessão (...)

30.8. O procedimento de Ajuste Final de Resultados deverá ser iniciado em até 2 (dois) meses após a extinção da Concessão, exceto na hipótese de encampação, em que será realizado previamente.

30.8.1. Eventual pleito de Ajuste Final de Resultados pela concessionária deverá ser entregue em até 1 (um) mês após a extinção da Concessão.

30.9. Finalizada a apuração do Ajuste Final de Resultados:

(i) caso se verifique crédito em favor do poder concedente perante a SPE, o poder concedente exigirá a sua quitação pela SPE, inclusive por meio da execução da Garantia de Execução do Contrato;

(ii) caso se verifique crédito em favor da SPE perante o poder concedente, serão seguidos os procedimentos próprios para a sua quitação.

30.10. Assim que comprovado o recebimento total dos pagamentos decorrentes dos ajustes a que se refere a subcláusula anterior, será firmado Termo de Ajuste Final e Quitação, que caracterizará o Contrato como integralmente executado, bem como seu objeto definitivamente realizado e recebido.

30.11. Concluído o procedimento de Ajuste Final de Resultados, a ANTT deverá encaminhar ao Banco Depositário a Notificação de Ajuste Final de Resultados.

30.12. Verificada a existência de saldo em favor da concessionária, a ANTT deverá emitir Notificação de Ajuste Final de Resultados indicando o montante devido à concessionária e autorizando o Banco Depositário a transferir

As novas concessões rodoviárias federais, em considerável avanço na estruturação de contratos autoportantes, também se utilizam do sistema de contas reservas para permitir a vinculação de recursos a fim de formar uma reserva destinada à realização de reequilíbrios econômico-financeiro *lato sensu*, sem especificar o evento que deu origem ao desequilíbrio, criando verdadeira reserva de liquidez para eventos imprevisíveis que demandem a recomposição financeira dos termos originais do ajuste.[671]

à Conta de Livre Movimentação da concessionária, até o limite do saldo remanescente nas Contas da Concessão".

671 "1.1. Definições

1.1.1. Para os fins do presente Contrato, e sem prejuízo de outras definições aqui estabelecidas, as seguintes definições aplicam-se às respectivas expressões:

(xvii) Conta de Ajuste: conta bancária de titularidade da concessionária e de movimentação restrita, aberta perante o Banco Depositário e movimentada somente com autorização da ANTT, utilizada para o depósito de valores gerados pela Concessão, permitida sua utilização no âmbito do Ajuste Final de Resultados, do Desconto de Usuário Frequente e de reequilíbrios econômico-financeiros, na forma deste Contrato.

(lxiii) Notificação de Reequilíbrio: notificação do poder concedente ao Banco Depositário que autoriza o pagamento de indenização à concessionária para fins de recomposição do equilíbrio econômico-financeiro, por meio de recursos existentes na Conta de Ajuste, na forma deste Contrato. (...)

11 Recursos Vinculados

11.1 Os Recursos Vinculados serão constituídos por transferências oriundas da Conta Centralizadora e da Conta de Aporte para as Contas da Concessão, nos termos previstos neste Contrato, com utilização destinada exclusivamente às seguintes finalidades:

11.1.1 compensações decorrentes da adesão pela concessionária ao Mecanismo de Proteção Cambial;

11.1.2 compensações decorrentes do acionamento do Mecanismo de Mitigação;

11.1.3 compensações decorrentes do Desconto de Usuário Frequente;

11.1.4 **recomposições do equilíbrio econômico-financeiro da Concessão**; e

11.1.5 pagamento de indenizações em função da extinção da Concessão (...).

12. Mecanismo de Contas

12.11. O Banco Depositário deverá, mediante recebimento da Notificação de Compensação do Desconto de Usuário Frequente **ou da Notificação**

Uma nota aqui se faz necessária: embora a existência de tais contas possibilitem uma solução típica de contratos autoportantes, essa condição não é suficiente para que isso se dê na prática. Isso porque, como postulado na seção posterior, o contrato autoportante se aproxima de solução dotada de relativa independência da atuação discricionária levada a cabo pelas agências reguladoras. Assim sendo, para que haja um sistema autoportante, ao lado de mecanismo que garanta reequilíbrios econômicos *e financeiros* completos, a exemplo do sistema de contas reserva, também são necessárias regras contratuais de alocação clara de riscos, que permitam o correto dimensionamento dos desequilíbrios e sua quantificação.

Ante o exposto, o que se depreende dos casos descritos nesse capítulo é que o mecanismo do contrato autoportante amplia as fronteiras da segurança contratual para o enfrentamento de situações de desequilíbrio associadas aos riscos críticos de cada projeto. Trata-se de proporcionar mais resiliência, que deve resultar em lances mais agressivos nos leilões, num claro arranjo ganha-ganha.

3 Desafios

Muito embora o contrato autoportante seja instrumento da maior relevância para estruturação de projetos de infraestrutura resilientes na administração contratual e atrativos para investidores, ele ainda desperta sentimentos ambivalentes no gestor público. Isso porque se, de um lado, ele contribui para projetos mais sólidos, por outro, ele representa, em alguma medida, a postergação de receitas cuja necessidade é sempre imediata. É muitas vezes difícil convencer o gestor de manter determinado saldo de recursos – por vezes em montantes expressivos – retidos em conta vinculada para uma eventualidade (a materialização de risco crítico) quando há

---

de Reequilíbrio, transferir os respectivos montantes, da Conta de Ajuste para a Conta de Livre Movimentação, até o limite de sua disponibilidade" (grifo nosso).

outras destinações que urgem recursos. Trata-se, sem dúvida, de um dilema complexo.

Descontar imediatamente todo o futuro, porém, quase nunca é a medida que traz mais retornos de longo prazo. É preciso considerar o contrato autoportante como um mecanismo que, embora possa gerar algum ônus para a Administração Pública – consubstanciado na retenção de uma parcela dos valores devidos ao concedente como reserva para eventuais desequilíbrios críticos – cria mais valor para o projeto do que extrai. Vale a pena superar o ímpeto imediatista de extrair todo o valor do projeto de largada para que essa renúncia beneficie não apenas o projeto específico, mas toda a reputação do programa de concessões rodoviárias, tão caro para diversos entes públicos no Brasil.

Nesse sentido, algumas questões de modelagem merecem destaque, entre elas, o critério de licitação da maior outorga e a obrigação de pagamento de outorga variável sobre um percentual da receita bruta da concessionária, durante a execução contratual. Isto é, o mecanismo do contrato autoportante depende de um determinado arranjo no fluxo de receitas da concessão sem o qual ele não subsiste. Em outras palavras, é necessário que a modelagem do contrato e da licitação sejam compatíveis com a lógica de criação e manutenção de colchões de liquidez, para que esses recursos possam fazer frente a eventuais desequilíbrios associados a riscos críticos do projeto. Desse modo, um critério de licitação por menor tarifa, por exemplo, dificilmente se alinha às premissas do contrato autoportante.

Um outro desafio posto à adoção de soluções autoportantes no âmbito dos contratos de concessão poderia ser ainda a vetusta alegação de que a vinculação de recursos para fazer frente a eventuais desequilíbrios associados à concessão dependeria de lei específica para autorizar o emprego de recursos para essa finalidade.

Isso porque, dada a natureza pública do crédito devido pela concessionária a título de outorga, poder-se-ia, equivocamente, compreender que a disposição de tais recursos representaria uma possível hipótese de destinação de recursos públicos para cobrir déficit de uma pessoa jurídica privada não integrante da Administração Pública, o que demandaria autorização legal específica, nos termos do artigo 26 da Lei de Responsabilidade Fiscal.[672]

Esse não nos parece ser o melhor entendimento para a hipótese. Antes de mais nada, porque a reserva de receita em questão é formulada a partir de recursos oriundos da própria concessão, sejam as contrapartidas pagas pelo usuário (vinculação de parcela das receitas tarifárias) ou de pagamentos devidos pela concessionária ao próprio concedente (vinculação de parcela do valor de outorga), cuja disciplina incumbe privativamente ao Poder Executivo, à luz do princípio da separação dos poderes, por tratar-se de atribuição relacionada à gestão dos serviços sua atribuição.

Tanto é assim que consiste em prática comum no curso de contratos de concessão que o concedente, por meio de termo aditivo, disponha do valor de outorga, estabelecendo a sua conversão integral ou parcial na realização de investimentos específicos por parte da concessionária, o que, em alguns casos, vem acompanhado da previsão de prorrogação antecipada da concessão, sendo certo, que nesses casos, não se questiona a necessidade de previsão legal específica para este fim.

Essa prática foi adotada, por exemplo, no âmbito do contrato de concessão da Ferrovia Malha Paulista, no qual houve a celebração de termo aditivo prevendo a conversão integral do valor de outorga na realização de investimentos em solução de conflitos urbanos no curso da linha tronco da malha. A hipótese foi analisada, à época, pelo Acórdão n. 2.876/2019-TCU, proferido pelo

---

672 "Art. 26. A destinação de recursos para, direta ou indiretamente, cobrir necessidades de pessoas físicas ou déficits de pessoas jurídicas deverá ser autorizada por lei específica, atender às condições estabelecidas na lei de diretrizes orçamentárias e estar prevista no orçamento ou em seus créditos adicionais".

Plenário da Corte, em 27/11/2019, nos autos do Processo TC n. 009.032/2016-9.

Na ocasião, embora a Corte tenha exigido que houvesse a delimitação dos investimentos para os quais o valor de outorga seria revertido, sob pena de configurar uma genérica disponibilização de recursos públicos a um ente privado sem previsão legal, o Tribunal de Contas da União entendeu pela vantagem da prorrogação, frisando que a definição específica dos investimentos resultados da conversão do valor de outorga, embora imprescindível, escaparia ao seu controle, sendo matéria submetida exclusivamente ao campo discricionário do gestor da política pública, portanto, sem a necessidade de lei específica.

Ademais, além de não violar o princípio da legalidade, a vinculação de receita na hipótese visa ao atendimento de outros princípios igualmente relevantes como o da continuidade dos serviços públicos, da modicidade tarifária e da eficiência, cujo atendimento consiste no objeto último da própria delegação do serviço levada a cabo pela Administração Pública.

É preciso, portanto, perceber o contrato autoportante como elemento de fomento de um ciclo virtuoso que demonstra aos investidores o comprometimento do programa de concessões rodoviárias e que, como consequência, gera mais valor para o concedente, na medida em que aumenta a segurança jurídica desses contratos. Isso permite que novos investidores apostem nos projetos e, eventualmente, por uma remuneração inferior a outros semelhantes, posto que contam com maior confiabilidade na recomposição financeira de possíveis desequilíbrios.

Trata-se de visão de longo prazo, que contribui também para renovação do portfólio, uma vez que previne a proliferação de passivos regulatórios, já que o contrato tem em si os recursos para enfrentar desequilíbrios. Ao trazer soluções para seus próprios problemas, o contrato autoportante evita que as dívidas, sobretudo do concedente perante a concessionária, perdurem por longos períodos, reduzindo a incerteza sobre a execução contratual.

Considerações finais

O presente artigo buscou identificar e explicar os principais mecanismos utilizados no processo de estruturação dos projetos rodoviários para enfrentamento de momentos de incerteza em contratos de longo prazo, apontando possíveis soluções para enfrentar os desequilíbrios contratuais críticos.

Para tanto, centralizamos nossa análise no conceito de contrato autoportante, demonstrando a importância da adoção de práticas capazes de sustentar o contrato de concessão sobre suas próprias bases, como forma de atrair investimentos e conferir segurança e confiabilidade às parcerias celebradas entre o Poder Público e a iniciativa privada.

Com efeito, a partir da análise da experiência do estado de São Paulo e das recentes práticas adotadas em âmbito federal com relação à adoção desse tipo de modelagem contratual, demonstramos as vantagens inerentes ao emprego de tais mecanismos para a tutela de variados riscos críticos, elevando substancialmente a margem de segurança dos parceiros privados que optarem por investir seus recursos em projetos dessa natureza.

Evidentemente, o desenvolvimento de tais mecanismos no processo de estruturação dos projetos rodoviários ainda enfrentará uma série de desafios, especialmente no que diz respeito à superação de uma visão imediatista do gestor público que pode enxergar no contrato autoportante um ônus para a Administração Pública, que manteria parcela de seus recursos vinculados à ocorrência de uma eventualidade, quando eles poderiam ser empregados em necessidades imediatas.

Não obstante, o contrato autoportante se revela um instrumento da maior relevância para estruturação de projetos de infraestrutura resilientes e atrativos para investidores, e apresenta-se como um virtuoso mecanismo para fomentar o comprometimento de investidores no programa de concessões rodoviárias, os quais apostarão nesses projetos, inclusive por um retorno inferior a outros semelhantes, confiantes na certeza da recomposição financeira de possíveis desequilíbrios.

Referências bibliográficas

ASSOCIAÇÃO BRASILEIRA DE CONCESSIONÁRIAS DE RODOVIAS – ABCR. *Índice ABCR cai 0,2 em abril*. Disponível em: https://abcr.org.br/indice/indice-abcr-do-mes. Acessado em: 24.05.2021.

BARROSO, Luís Roberto. "O contrato de concessão de rodovias: particularidades, alteração e recomposição do equilíbrio econômico-financeiro". *Revista de Direito da Procuradoria Geral do Rio de Janeiro (Edição Especial)*. Rio de Janeiro, 2012. Disponível em: https://pge.rj.gov.br/. Acessado em: 24.05.2021.

BRASIL. Advocacia Geral da União – AGU. *Parecer n. 261/2020/CONJUR-MINFRA/CGU/AGU*. Disponível em: https://licitacao.paginas.ufsc.br/files/2020/03/Parecer-AGU-Concess%C3%A3o-Transportes-Recomposi%C3%A7%C3%A3o.pdf. Acessado em: 12.06.2021.

______. Ministério da Infraestrutura. Agência Nacional de Transportes Terrestres – ANTT. *Aviso de Audiência Pública n. 3*, de 6 de maio de 2021. Disponível em: https://www.in.gov.br/en/web/dou/-/aviso-de-audiencia-publica-n-3/2021-313835135. Acessado em: 24.05.2021.

______. Ministério da Infraestrutura. Agência Nacional de Transportes Terrestres – ANTT. *Concessão dos trechos rodoviários BR-153/414/080/TO/GO*. Disponível em: https://portal.antt.gov.br/br-153-414-080-to-go. Acessado em: 12.06.2021.

______. Ministério da infraestrutura. Agência Nacional de Transportes Terrestres – ANTT. *Minuta do Contrato de Concessão do trecho BR-153/414/080/TO/GO*. Disponível em: https://portal.antt.gov.br/novos-projetos-em-rodovias. Acessado em: 24.05.2020.

CAGGIANO, Heloisa Conrado. "Alocação de riscos em concessões rodoviárias federais no Brasil: análise do caso da BR 153/TO/GO". *Revista de Direito Público da Economia – RDPE*, Belo Horizonte, ano 15, nº 59, jul./set. 2017.

FRETEBRAS. *Relatório Trimestral FreteBras* – O Transporte Rodoviário de Cargas no 1° trimestre de 2021. Disponível em: https://f.hubspotusercontent00.net/hubfs/9020753/Relatorio%20Trimestral%20Fretebras%20-%20O%20transporte%20rodovi%C3%A1rio%20de%20cargas.pdf. Acessado em: 24.05.2021.

JORDÃO, Tarcila Reis. "Acordo Tripartite: enfrentando os desafios de financiabilidade de projetos de concessão e parcerias público-privadas no Brasil". *In*: FILHO, Alexandre Jorge Carneiro da Cunha; OLIVEIRA, André Tito da Motta Oliveira; ISSA, Rafael Hamze; SCHWIND, Rafael Wallbach. *Direitos, Instituições e Políticas* Públicas: o papel do jusidealista na formação do Estado. São Paulo: Quartier Latin, 2017.

REIS, Tarcila; PINTO, Gabriela M. Engler; BENOZATTI, Edgard; MENDONÇA, Roberto Longman. "iNFRADebate: Passivos rodoviários – equacionar o passado para viabilizar o futuro". *Agência Infra*, 10 mai. 2021. Disponível em: https://www.agenciainfra.com/blog/infradebate-passivos-rodoviarios-equacionar-o-passado-para-viabilizar-o-futuro/. Acessado em: 24.05.2021.

RIBEIRO, Maurício Portugal. "Reequilíbrios incompletos de contratos de concessão e PPP: reequilíbrio econômico (que não caracteriza reequilíbrio financeiro) e reequilíbrio financeiro (que não caracteriza reequilíbrio econômico)". *Portugal Ribeiro Advogados*. São Paulo, 01 nov. 2015. Disponível em: http://www.portugalribeiro.com.br/reequilibrios-incompletos-de-contratos-de-concessao-e-ppp-reequilibrio-economico-que-nao-caracteriza-reequilibrio-financeiro-e-reequilibrio-financeiro-que-nao-caracteriza-reequilibrio-economico/. Acessado em: 24.05.2021.

SÃO PAULO (Estado). Agência de Transporte do Estado de São Paulo – Artesp. *Concessão do Lote Rodovias do Litoral*. Disponível em: http://www.artesp.sp.gov.br/Style%20Library/extranet/novas-paginas/CustomPage.aspx?page=89. Acessado em: 12.06.2021.

______. Agência de Transporte do Estado de São Paulo – Artesp. *Contrato de Administração de Contas da Concessão do Lote Florínea-Igarapava* – Rodovias do Centro-Oeste Paulista. Disponível em: http://www.artesp.sp.gov.br/Style%20Library/extranet/rodovias/rodovia-interna.aspx?id=4. Acessado em: 12.06.2021.

______. Agência de Transporte do Estado de São Paulo – Artesp. *Contrato de Concessão do Lote Piracicaba-Panorama*. Disponível em: http://www.artesp.sp.gov.br/Style%20Library/extranet/rodovias/rodovia-interna.aspx?id=24. Acessado em: 12.06.2021.

______. Agência de Transporte do Estado de São Paulo – Artesp. *Concorrência Internacional n. 05/2016*. Disponível em: http://www.artesp.sp.gov.br/Style%20Library/extranet/rodovias/rodovia-interna.aspx?id=23. Acessado em: 12.06.2021.

SAMPAIO, Patrícia; ARAÚJO, Thiago. "Previsibilidade ou Resiliência? Notas sobre a repartição de riscos em contratos administrativos". *Revista de Direito da Procuradoria Geral do Rio de Janeiro (Edição Especial)*: Administração Pública, Risco e Segurança Jurídica, 2014. Disponível em: https://pge.rj.gov.br. Acessado em: 24.05.2021.

CAPÍTULO XXIII

SANDBOX REGULATÓRIO NAS CONCESSÕES DE RODOVIAS: VIABILIZANDO INOVAÇÕES POSITIVAS

Layssa Göelzer

Introdução

O conceito de *sandbox* é bastante usado em Tecnologia da Informação como um ambiente seguro para teste de uma inovação, como um novo sistema, por exemplo. Esse conceito foi trazido para o Direito Regulatório, sendo aplicado como um ambiente de observação, em que uma empresa possa prestar um novo serviço ou oferecer um produto inovador sem que restrições regulatórias vigentes, que impediriam o desenvolvimento desse novo serviço ou produto, sejam aplicadas. Por um prazo definido, cria-se um ambiente de observação, com regras particulares, a fim de "testar" esse novo produto ou serviço no mercado.[673]

Reino Unido, Singapura e Austrália são exemplos de países onde há aplicação de *sandbox* regulatório para desenvolver determinados projetos. Existem, basicamente, dois modelos: (i) um modelo, em que regulador e regulado definem, em conjunto, as regras que serão aplicadas ao ambiente do *sandbox*; (ii) outro, no qual o regulador define as regras que serão aplicadas ao ambiente do *sandbox*.[674]

No Brasil, foi publicada no *Diário Oficial da União* de 18 de maio de 2020 a Instrução n. 626 da Comissão de Valores Mobiliários (CVM),[675] dispondo sobre as regras de constituição e funcionamento de ambiente regulatório experimental (*sandbox* regulatório).

A Instrução regula o funcionamento de ambiente regulatório experimental em que as pessoas jurídicas participantes poderão receber autorizações temporárias para testar modelos de negócios inovadores. Tudo isso com a finalidade de fomentar a inovação, com segurança jurídica, reduzindo custos e tempo. A CVM entende que um ambiente regulatório experimental pode aumentar o arcabouço regulatório, gerar a inclusão financeira de produtos financeiros menos custosos e mais acessíveis, aumentar a competição e a tração de negócios inovadores.

Em apertada síntese, o processo criado pela CVM consiste em receber propostas dos interessados através de um processo

---

673 FEIGELSON, Bruno. "*Sandbox*: o futuro da regulação". *Lima – Feigelson Advogados*. Disponível em: http://limafeigelson.com.br/weblf/2018/01/16/sandbox-o-futuro-da-regulacao/ Acessado em: 06.03.2020.

674 SETA, Paduan. "O que é *Sandbox* Regulatório?" *Jusbrasil*. Disponível em: https://paduanseta.jusbrasil.com.br/artigos/712848472/o-que-e-sandbox-regulatorio. Acessado em: 06.03.2020.

675 COMISSÃO DE VALORES MOBILIÁRIOS – CVM. *Instrução CVM n. 626*. Disponível em: http://conteudo.cvm.gov.br/legislacao/instrucoes/inst626.html. Acessado em: 29.03.2021.

de admissão iniciado por um comunicado ao mercado. Após o recebimento das propostas, o colegiado outorgará autorizações temporárias sopesando os objetivos institucionais da CVM e a proteção ao mercado de capitais. As autorizações serão concedidas pelo prazo de até 1 ano, prorrogável por igual período.

Em 15 de setembro de 2020 a Agência Nacional de Energia Elétrica (Aneel) publicou a Resolução Autorizativa n. 9224,[676] autorizando a Companhia Paranaense de Energia (Copel) a realizar projeto-piloto de chamada pública para contratar energia elétrica proveniente de geração distribuída. Na referida resolução, a Aneel traça os limites e requisitos para a contratação a ser realizada pela Copel.

A aprovação da Aneel é vista como um limite entre um piloto regulatório e um *sandbox*,[677] uma medida regulatória dinâmica e flexível, que permite a realização de testes e experimentos de inovações em condições reais, dentro de uma estrutura regulatória estruturada para esse objetivo, com parâmetros de supervisão, monitoramento e fiscalização exatos, garantindo-se, assim, espaço para a promoção da inovação e melhor compreensão de riscos e eventual necessidade de aprimoramento normativo por parte do regulador.

No dia 2 de junho de 2021 foi publicada a Lei Complementar n. 182,[678] que institui o marco das *startups* e do empreendedorismo

---

676 BRASIL. Agência Nacional de Energia Elétrica – Aneel. *Resolução autorizativa n. 9224*, de 15 de setembro de 2020. Disponível em: https://www.lexml.gov.br/urn/urn:lex:br:agencia.nacional.energia.eletrica:resolucao.autorizativa:2020-09-17;9224. Acessado em: 29.03.2021.

677 BRUZZI, Eduardo; WILSON, Andreu. "Inovação no Setor Elétrico: novas tecnologias e *Sandbox* Regulatório". *JOTA*, 14 nov. 2020. Disponível em: https://www.jota.info/opiniao-e-analise/colunas/regulacao-e-novas-tecnologias/inovacao-setor-eletrico-sandbox-regulatorio-14112020. Acessado em: 28.03.2020.

678 BRASIL. Atos do Poder Legislativo. *Lei complementar n. 182*, de 1º de junho de 2021". Disponível em: https://www.in.gov.br/web/dou/-/lei-complementar-n-182-de-1-de-junho-de-2021-323558527. Acessado em: 05.06.2021.

inovador, que dedica um capítulo (Capítulo V) aos "Programas de Ambiente Regulatório Experimental", ao que a própria lei denomina de *sandbox* regulatório.

No inciso II do art. 2º, a lei define Programa de Ambiente Regulatório Experimental (*sandbox* regulatório) como:

> conjunto de condições especiais simplificadas para que as pessoas jurídicas participantes possam receber autorização temporária dos órgãos ou das entidades com competência de regulamentação setorial para desenvolver modelos de negócios inovadores e testar técnicas e tecnologias experimentais, mediante o cumprimento de critérios e de limites previamente estabelecidos pelo órgão ou entidade reguladora e por meio de procedimento facilitado.

Mais adiante, no art. 11, a Lei estabelece o que segue:

> Art. 11. Os órgãos e as entidades da Administração Pública com competência de regulamentação setorial poderão, individualmente ou em colaboração, no âmbito de programas de ambiente regulatório experimental (*sandbox* regulatório), afastar a incidência de normas sob sua competência em relação à entidade regulada ou aos grupos de entidades reguladas.
>
> § 1º A colaboração a que se refere o ***caput*** deste artigo poderá ser firmada entre os órgãos e as entidades, observadas suas competências.
>
> § 2º Entende-se por ambiente regulatório experimental (*sandbox* regulatório) o disposto no inciso II do *caput* do art. 2º desta Lei Complementar.
>
> § 3º O órgão ou a entidade a que se refere o ***caput*** deste artigo disporá sobre o funcionamento do programa de ambiente regulatório experimental e estabelecerá:
>
> I - os critérios para seleção ou para qualificação do regulado;
>
> II - a duração e o alcance da suspensão da incidência das normas; e

III - as normas abrangidas.

(grifos no original).

Vê-se que o legislador brasileiro optou por desenvolver um modelo em que os órgãos e entidades da Administração Pública definirão as regras aplicáveis ao *sandbox* regulatório. Serão os órgãos ou entidades da Administração Pública, individualmente ou em colaboração, que estabelecerão os critérios de seleção ou qualificação do regulado, a duração e o alcance da suspensão de incidência das normas e as normas abrangidas.

A publicação da lei complementar trouxe a previsão legal necessária para que esta modalidade de experimentação seja possível e amplamente aplicada pela Administração Pública.

Nada impede que esse conceito de ambiente regulatório experimental, a exemplo do que vem sendo aplicado em outros setores, também seja estudado e aplicado na regulação das concessões de rodovias. Mais do que isso: em se tratando de um setor com alto nível de regulação, com contratos com longa duração e que tem por objeto algo tão dinâmico quanto a administração de uma rodovia, nada mais apropriado do que estimular inovações e melhorias, de maneira segura, como pode ser feito através de um *sandbox* regulatório.

1 O que pode ser feito para criação de *Sandbox* Regulatório no setor de Concessões de Rodovias?

A criação de um *sandbox* regulatório tem a finalidade precípua de fomentar a inovação. Obviamente que tecnologias e metodologias novas, que podem trazer benefícios para os usuários, para o Poder Público e também para o concessionário, surgirão ao longo de 25 ou 30 anos de concessão. São comuns os exemplos de tecnologias que se tornam obsoletas e tecnologias que surgem ao longo do prazo de vigência dos contratos de concessão.

No caso de inovações que vêm efetivamente aprimorar e agregar ao serviço prestado ao usuário, sempre há um desafio a superar: como implementá-la se o contrato de concessão não traz qualquer previsão? Ou ainda: como implantar a nova tecnologia, se o contrato de concessão é expresso ao prever uma infraestrutura agora já tida como obsoleta?

Não são raras as vezes em que, ao longo da administração de uma concessão, concessionário e regulador se veem diante desses dilemas. O ambiente atual, de desestímulo a qualquer alteração no texto original dos contratos, em razão da forte atuação dos órgãos de controle, pode paralisar projetos interessantes e que, se bem implementados, representariam um ganho a todas as partes envolvidas.

A inovação tecnológica é um princípio constitucional a ser promovido pelo Estado, como bem rege o art. 218 da Constituição Federal. A atualidade é, por sua vez, uma das características de serviço adequado, prevista no parágrafo 2º do art. 6º da Lei federal n. 8987/95.[679] Vê-se, portanto, que o sistema legal brasileiro não só prevê como privilegia a inovação. Mesmo assim, a implantação de novos métodos e tecnologias precisa se mostrar segura e confortável, tanto para o regulador quanto para o concessionário.

Obviamente que é muito difícil garantir um cenário livre de investigações e questionamentos futuros dos órgãos de controle, mas é preciso incentivar essa atualidade, criando-se um ambiente minimamente seguro que estimule e possibilite o emprego da inovação.

O emprego de uma inovação possivelmente demandará investimento e, antes da implantação, apesar de todas as projeções otimistas, não será possível afirmar, certamente, se trará frutos efetivamente positivos para a concessão. Há um risco, e ele precisa

---

679 BRASIL. Presidência da República. *Lei n. 8.987*, de 13 de fevereiro de 1995. Disponível em: http://www.planalto.gov.br/ccivil_03/leis/l8987cons.htm. Acessado em: 28.03.2021.

ser assumido. É saudável e louvável que o Estado, quando assim for conveniente, participe desse risco, dando cumprimento ao dever que lhe cabe de promover e incentivar a inovação. Em muitos casos apenas após a implantação da nova tecnologia é que será possível identificar e mapear desafios e soluções. Por isso, é preciso tempo.

Imagine-se que, feita a implantação de uma nova tecnologia, realizado o investimento necessário, o projeto é cancelado de forma unilateral pela agência reguladora ou, ainda pior, por determinação de algum órgão de controle. Como fica o particular que buscou ou desenvolveu a tecnologia e fez todo o investimento necessário?

A grande maioria dos contratos de concessão atuais preveem parâmetros de desempenho a serem atingidos pelo concessionário. A presença de tal mecanismo nos contratos, pela lógica, leva a crer que o regulador se preocuparia unicamente em aferir o atingimento os parâmetros e não em apurar *como* o concessionário fez para atingi-los.

Todavia, a grande maioria dos contratos de concessão de rodovia, além de prever parâmetros de desempenho, também determina como o concessionário deve fazer para atingir tais parâmetros. Ou seja, o regulador não se preocupa apenas em verificar se a finalidade foi atingida (controle de resultados), mas se preocupa também em acompanhar como o concessionário fez para tanto (controle de meios).

Essa riqueza de detalhes, por mais nobre que seja seu objetivo, acaba por atribuir certa rigidez aos contratos, pois dá preferência a uma solução já conhecida, ainda que obsoleta ou ineficiente, em detrimento de possibilitar a liberdade de inovação por parte daquele que cumpre o contrato. Essa sistemática, em alguns casos, limita – às vezes, demasiadamente – o nível de inovações possíveis nos contratos de concessão.

Por isso a aplicação de *sandbox* regulatório, também nos contratos de concessão de rodovia, mostra-se uma alternativa viável que possibilita trazer inovações, especialmente aos contratos já existentes.

Note-se que a utilização de *sandbox* regulatório é eficaz inclusive para capturar dados e informações para demonstrar a "vantajosidade" em eventual futura alteração do contrato de concessão. Não há dúvidas, portanto, que para seguir o exemplo de outros setores a fim de proporcionar um ambiente viável e seguro para aferir dados, testar tecnologias e também a aceitação e comportamento dos usuários antes de aplicar integralmente um projeto de inovação tecnológica, faz-se interessante a criação de um *sandbox* regulatório.

Vale mencionar que os contratos de concessão de rodovia regulados pela Agência Nacional de Transportes Terrestres (ANTT) possuem uma verba destinada ao desenvolvimento tecnológico (Recurso para Desenvolvimento Tecnológico – RDT). O emprego de tal verba, entretanto, muito se dá para o desenvolvimento de tecnologias inovadoras quando, em alguns casos, o que se precisa é criar um ambiente regulatório seguro para testar uma tecnologia inovadora já existente, como se verá no tópico a seguir. Também os contratos regulados pela Agência de Transporte do Estado de São Paulo (Artesp)[680] trazem mecanismos para preservação da atualidade na prestação dos serviços, estimulando o concessionário a incorporar inovações tecnológicas ao longo do período contratual.

---

680 É o que se vê nas cláusulas 15.10 e 15.11 da minuta de contrato de concessão para Concorrência Internacional 002/2021 (lote de rodovias denominado Litoral Paulista): SÃO PAULO (Estado). Agência de Transporte do Estado de São Paulo – Artesp. *Concessão do Lote Rodovias do Litoral*. Disponível em: http://www.artesp.sp.gov.br/Style%20Library/extranet/novas-paginas/CustomPage.aspx?page=89. Também nas cláusulas 16.10 e 16.11 da para Concorrência Internacional 01/2020 (Concessão das linhas 8 – Diamante e 9 – Esmeralda da Rede de Trens Metropolitanos de São Paulo): SÃO PAULO (Estado). Secretaria de Transportes Metropolitanos. *Concorrência internacional n. 01/2020*. Concessão das Linhas 8 – Diamante e 9 – Esmeralda. Disponível em: http://www.parcerias.sp.gov.br/Parcerias/Documento/Download?codigo=30003.

2 O caso do *free flow*: por que não fazer um ambiente experimental?

Atualmente, especialmente com a publicação da Lei federal n. 14157/2021,[681] muito se tem falado na implantação de uma modalidade de cobrança por fluxo livre, conhecida mundialmente como *Multi lane free flow*. Trata-se de uma modalidade na qual a cobrança da tarifa ocorre por dispositivos tecnológicos (através de etiquetas eletrônicas instaladas nos veículos ou através de câmeras capazes de fazer a leitura das placas dos veículos, por exemplo), não sendo necessário que o usuário pare sua viagem para fazer o pagamento da tarifa de pedágio na praça de pedágio.

São instalados pórticos ou antenas ao longo da rodovia, que fazem a identificação do veículo e a cobrança da tarifa pode ocorrer posteriormente, através de cobrança no cartão de crédito, ou até antecipadamente, através de pagamento feito voluntariamente pelo usuário antes de iniciar a viagem, no site ou aplicativo da concessionária, por exemplo.

A implantação desta modalidade de cobrança não só torna a viagem do usuário mais agradável e segura, por evitar a impedância que a parada nas praças de pedágio implica, mas também possibilita que seja implantada a cobrança proporcional ao uso da rodovia.

Atualmente, com as praças de pedágio instaladas em locais fixos, apenas os usuários que passam pelas praças de pedágio pagam pela estrutura e pelos serviços que são oferecidos a uma coletividade muito maior de usuários não pagantes. Obviamente que isso encarece o valor da tarifa.

Essa modalidade de cobrança é utilizada largamente em vários países do mundo. Logo, tecnologia para iniciar esse tipo

---

681 BRASIL. Presidência da República. *Lei n. 14.157*, de 1º de junho de 2021. Disponível em: http://www.planalto.gov.br/ccivil_03/_Ato2019-2022/2021/Lei/L14157.htm. Acessado em: 05.06.2021.

de cobrança disponível já existe. Todavia, atualmente o desafio que se enfrenta para implantação dessa inovação no Brasil é de nível regulatório: como fazer a cobrança da tarifa posterior? Como estimular o uso das etiquetas eletrônicas, se ela for a tecnologia escolhida? Como proceder em caso de fraude? Como implantar essa modalidade de cobrança nos contratos atualmente vigentes, que foram modelados em uma perspectiva de arrecadação de tarifa prevendo o pagamento nas praças de pedágio?

Fazer uma alteração regulatória ou legislativa muito profunda antes de qualquer experimento de implantação poderia também levar à inviabilidade do uso da tecnologia, uma vez que os desdobramentos e consequências não são plenamente conhecidos nem mapeados. Nesse caso, a criação de um ambiente regulatório limitado, seguro e que proporcione os testes necessários para o desenvolvimento completo do modelo seria ideal, especialmente possibilitando que a modalidade seja empregada nas concessões já existentes.

O projeto pode ser implementado em uma concessão específica, em um trecho definido e por um período de tempo delimitado, a fim de aferir dados precisos e definir erros e acertos na implantação do fluxo livre, antes de se criar uma regra a ser aplicada para todas as rodovias do país, apenas com base na experiência estrangeira e em dados emprestados de outros projetos.

Um ambiente de teste, viabilizando ajustes, mostra-se uma excelente alternativa para que seja possível obter dados precisos de adesão, tráfego, evasões e inadimplência. Também viabilizaria testar tecnologias, mecanismos de estímulo à adesão dos usuários da rodovia e traçar as principais dificuldades encontradas na implantação do sistema.

A implantação de um *sandbox* regulatório para estudar a viabilidade de uma rodovia de fluxo livre depende de um esforço conjunto entre o Poder Público, agentes privados que administram rodovias no país e empresas de tecnologia de cobrança. Agência reguladora, governo e empresa concessionária devem reunir-se para traçar o local, o período de tempo, as regras a incidir durante a vigência do *sandbox*. Como se trataria de uma primeira experiência no país, quanto mais conjunta e cooperativa for a construção do modelo, melhor.

A exemplo do que ocorreu na CVM e também na Aneel, pode-se iniciar o projeto com a publicação de um ato normativo, criando um grupo de trabalho multidisciplinar e interinstitucional, com a participação de órgãos de governo, agência reguladora, empresas administradoras de rodovias e empresas do setor de tecnologia. A partir de avaliações sobre o contrato e o local onde aplicar o teste, o grupo de trabalho traçaria as regras a vigorarem durante o período, definindo papéis e responsabilidades entre os envolvidos, a fim de haver a constante avaliação dos dados coletados e o tratamento das dificuldades encontradas.

Embora muito falada, a implantação de um sistema de fluxo livre (*free flow*) no Brasil ainda é bastante prematura. Certamente as previsões contidas na Lei federal n. 14157/2021 endereçam questões de muita relevância para o assunto e dão os primeiros passos para a viabilidade dessa modalidade de cobrança. Todavia, temas importantes, como mecanismos a serem empregados para possibilitar a cobrança, mecanismos para tratar as inadimplências e também para o reequilíbrio de eventuais perdas de receita das concessionárias, foram relegados à regulamentação posterior.

É verdade que existem experiências pontuais em rodovias concedidas no estado de São Paulo, em que o intuito da aplicação da tecnologia foi criar uma condição diferenciada de tarifa para os usuários da rodovia que residem próximos às praças de pedágio. Há também uma previsão dessa modalidade de cobrança no edital da rodovia BR 116/101/SP/RJ,[682] no edital da Concorrência Internacional 002/2021 promovida pela Agência de Transporte Terrestre

682 BRASIL. Programa de Parcerias e Investimentos. *Rodovia – BR-116/101/SP/RJ* (Dutra) – Rio de Janeiro a São Paulo. Disponível em: https://portal.

do Estado de São Paulo (Artesp),[683] e no Rodoanel Metropolitano de Belo Horizonte. Todavia, tais projetos ainda estão em fase de licitação ou de aprovações e contribuições públicas. Ou seja, até o momento não houve a implantação de uma concessão em que o modelo de arrecadação seja regido pelo fluxo livre.

Sabe-se, todavia, que a implantação dessa tecnologia trará inovações benéficas para o setor. O fluxo livre de veículos melhorará a fluidez das rodovias, eliminando a impedância causada pelas praças de pedágio. A cobrança eletrônica, direto no cartão de crédito ou outro meio de pagamento eletrônico, moderniza a forma de cobrança e evita a necessidade de o usuário portar dinheiro, sob pena de ser impedido de prosseguir viagem. Além disso, a desmobilização das praças de pedágio implicará uma redução de custos com mão de obra, infraestrutura e transporte de valores, parcelas significativas dos custos das concessões de rodovias atuais.

Para além desses aspectos, o fluxo livre de veículos, sem a interrupção da viagem para pagamento da tarifa de pedágio, no ato, em dinheiro, fará com que aumente para o usuário da rodovia a sensação de benefício de usar uma rodovia concedida, em detrimento do dissabor experimentado quando é feito o pagamento da tarifa em dinheiro.

Mais do que isso, se a tecnologia for empregada com o intuito de viabilizar a cobrança proporcional da tarifa de pedágio pelo uso da rodovia, aumentará a sensação de justiça tarifária, melhorando a relação custo x benefício para o usuário.

---

ppi.gov.br/rodovia-br-116-rj-sp-trecho-rio-de-janeiro-a-sao-paulo. Acessado em: 28.03.2021.

683 SÃO PAULO (Estado). Agência de Transporte do Estado de São Paulo – Artesp. *Edital da Concorrência Internacional n. 02/2021*. Disponível em http://www.artesp.sp.gov.br/Shared%20Documents/Licita%C3%A7%C3%B5es/ConcorrenciaInternacional02-2021/EDITAL.pdf. Acessado em: 22.05.2021.

Alguns (poucos) contratos de concessão atualmente vigentes apenas mencionam o modelo. Todas as dúvidas sobre a perda de receita, sobre como estimular os usuários a aderirem ao sistema, sobre como implementar uma recuperação eficaz das eventuais perdas certamente atrasam a implantação do modelo no país.

Por tudo isso é que faz sentido a testagem de uma inovação como o *free flow* através de um *sandbox* regulatório. Sabe-se muito das experiências estrangeiras, dos desafios enfrentados e das soluções adotadas em outros países. Mas ainda não é possível ter certeza sobre quais seriam os desafios e os ganhos que esse sistema teria se implantado no Brasil com o objetivo de capturar o tráfego de longa distância – e não apenas para atender aos usuários que residem próximo às praças de pedágio.

Considerações finais

Incentivar o uso de novas tecnologias como forma de manter a atualidade, os incentivos à inovação e o fomento ao desenvolvimento é um dever do Poder Público.

Inovações que tragam melhorias para os usuários, para investidores e também para o Poder Público devem ser fomentadas e perseguidas, também por serem meios de promover desenvolvimento econômico, social e ambiental. Ocorre que essa busca por inovação muitas vezes é desestimulada, especialmente em áreas altamente reguladas, cujos contratos tenham por caraterística um alto nível de regulação exaustivamente detalhista em aspectos técnicos. Soma-se a isso a possibilidade de questionamentos e responsabilização pelos órgãos de controle, que também cria um ambiente desfavorável ao emprego de inovações em setores regulados.

Por certo que muito já se caminhou na melhoria da regulação no país, mas ainda há muito a caminhar. Buscar um ambiente regulatório no qual a relação entre regulador e regulado se dê mais por incentivos do que punições, e que estimule melhorias a serem agregadas ao longo do tempo, é ainda um caminho a ser construído.

Na busca por esse caminho, certamente a criação de ambientes regulatórios provisórios, para testar a efetividade de determinadas inovações sequer conhecidas à época da contratação, é uma alternativa segura que estimulará a busca por melhorias e atualidade.

Há suficientes justificativas para a criação de um ambiente de teste que possibilite analisar e identificar gargalos e ganhos decorrentes da implantação de uma inovação. A criação de um ambiente controlado e específico por um determinado período de tempo, em que se possa testar a implantação de uma inovação, mostra-se uma alternativa segura para estimular a atualidade dos serviços públicos regulados. Por exemplo, no caso do *free flow*, a criação de um *sandbox* regulatório é uma maneira de permitir que sejam apurados dados de tráfego, de receita, de adesão à tecnologia e também de serem testadas medidas para ajustar a implantação da tecnologia sem comprometer um projeto por completo.

Embora já exista legislação viabilizando a implantação da modalidade de cobrança por fluxo livre no país (Lei federal n. 14157/21), os reais desafios a serem enfrentados na aplicação dessa modalidade de cobrança ainda não são conhecidos, pois ela não foi testada.

É possível que os órgãos reguladores e o Poder Executivo, a quem cabe o desafio de regulamentar a lei, dispendam de muito tempo estudando o modelo, a aplicação dele em outros países, os desafios enfrentados e as soluções encontradas por esses outros países e baseiem nisso a regulamentação a ser estabelecida; quando a modalidade de cobrança for efetivamente implementada no país, talvez haja outros desafios não mapeados. Ou, mais ainda: talvez se chegue à conclusão de que os caminhos dados pela regulamentação poderiam ter sido totalmente diferentes.

É um típico caso em que a criação de um ambiente regulatório experimental, nos termos da Lei Complementar n. 182/2021, poderia ser muito útil. Seria possível testar tecnologias, mensurar adesão e aceitabilidade dos usuários da rodovia ao sistema, quantificar inadimplências, desvios e erros de sistema e, assim, conseguir identificar de forma mais concreta o tratamento regulatório a ser dado para este caso.

A Lei Complementar n. 182/2021 trouxe arcabouço legal que possibilita a aplicação de ambientes regulatórios experimentais, fomentando a inovação, o desenvolvimento e a atualidade, tão necessários nos serviços públicos quanto em qualquer outra atividade.

Necessário se faz difundir e aplicar essa modalidade de ambiente regulatório experimental, atendendo às finalidades para as quais foi criado, para viabilizar as inovações disponíveis e garantir sempre um serviço público inovador, eficaz, eficiente e que atenda às necessidades da população.

Referências bibliográficas

BRASIL. Agência Nacional de Energia Elétrica – Aneel. *Resolução autorizativa n. 9224*, de 15 de setembro de 2020. Disponível em: https://www.lexml.gov.br/urn/urn:lex:br:agencia.nacional.energia.eletrica:resolucao.autorizativa:2020-09-17;9224. Acessado em: 29.03.2021.

______. Atos do Poder Legislativo. *Lei complementar n. 182*, de 1º de junho de 2021. Disponível em: https://www.in.gov.br/web/dou/-/lei-complementar-n-182-de-1-de-junho-de-2021-323558527. Acessado em: 05.06.2021.

______. Presidência da República. *Lei n. 8.987*, de 13 de fevereiro de 1995. Disponível em: http://www.planalto.gov.br/ccivil_03/leis/l8987cons.htm. Acessado em: 28.03.2021.

______. Presidência da República. *Lei n. 14.157*, de 1º de junho de 2021. Disponível em: http://www.planalto.gov.br/ccivil_03/_Ato2019-2022/2021/Lei/L14157.htm. Acessado em: 05.06.2021.

______. Programa de Parcerias e Investimentos. *Rodovia – BR-116/101/SP/RJ (Dutra)* – Rio de Janeiro a São Paulo. Disponível em: https://portal.ppi.gov.br/rodovia-br-116-rj-sp-trecho-rio-de-janeiro-a-sao-paulo. Acessado em: 28.03.2021.

BRUZZI, Eduardo; WILSON, Andreu. "Inovação no Setor Elétrico: novas tecnologias e *Sandbox* Regulatório". *JOTA*, 14 nov. 2020. Disponível em: https://www.jota.info/opiniao-e-analise/colunas/regulacao-e-novas-tecnologias/inovacao-setor-eletrico-sandbox-regulatorio-14112020. Acessado em: 28.03.2020.

COMISSÃO DE VALORES MOBILIÁRIOS – CVM. *Instrução CVM n. 626*. Disponível em: http://conteudo.cvm.gov.br/legislacao/instrucoes/inst626.html. Acessado em: 29.03.2021.

FEIGELSON, Bruno. "*Sandbox*: o futuro da regulação". *Lima – Feigelson Advogados*. Disponível em: http://limafeigelson.com.br/weblf/2018/01/16/sandbox-o-futuro-da-regulacao/. Acessado em: 06.03.2020.

SÃO PAULO (Estado). Agência de Transporte do Estado de São Paulo – Artesp. *Concessão do Lote Rodovias do Litoral*. Disponível em: http://www.artesp.sp.gov.br/Style%20Library/extranet/novas-paginas/CustomPage.aspx?page=89.

______. Agência de Transporte do Estado de São Paulo – Artesp. *Edital da Concorrência Internacional n. 02/2021*. Disponível em http://www.artesp.sp.gov.br/Shared%20Documents/Licita%C3%A7%C3%B5es/ConcorrenciaInternacional02-2021/EDITAL.pdf. Acessado em: 22.05.2021.

______. Secretaria de Transportes Metropolitanos. *Concorrência internacional n. 01/2020*. Concessão das Linhas 8 - Diamante e 9 – Esmeralda. Disponível em: http://www.parcerias.sp.gov.br/Parcerias/Documento/Download?codigo=30003.

SETA, Paduan. "O que é *Sandbox* Regulatório?". *Jusbrasil*. Disponível em: https://paduanseta.jusbrasil.com.br/artigos/712848472/o-que-e-sandbox-regulatorio. Acessado em: 06.03.2020.

CAPÍTULO XXIV

IMPACTOS DAS ALTERAÇÕES DE NORMAS TÉCNICAS EM CONTRATOS DE CONCESSÃO DE RODOVIAS

André Paulani Paschoa
Matheus Lencek

Introdução

Contratos administrativos, sejam de curto ou longo prazo, estão – e sempre estarão – sujeitos às alterações decorrentes tanto de solicitação da própria Administração Pública contratante quanto de outras circunstâncias naturais, econômicas, sociais, políticas etc.

Dentre os riscos de alteração mais comuns em avenças públicas, destacam-se aqui aquelas decorrentes de mudanças nas normas de cunho técnico resultantes de ato administrativo proferido pelas diversas entidades juridicamente competentes, incluindo as agências reguladoras do serviço.[684] A incidência de tais normas

684 Em linha com o exposto, Alexandre Santos de Aragão sustenta que as normas proferidas por agências reguladoras são fonte de Direito. ARAGÃO,

nos setores regulados é de tamanha grandeza que suas alterações têm o condão de impactar as estruturas econômico-financeiras dos contratos administrativos e, inclusive, comprometer sua execução.

Essa realidade decorre da inevitável necessidade de atualização tecnológica dos setores regulados.[685] Todavia, é necessário demonstrar que tal atualização pode, se não for juridicamente delimitada, trazer risco econômico constante para os particulares contratados, sendo ainda mais certo que tal situação é corriqueiramente agravada em momentos de turbulências.

O foco do presente artigo é tecer, de forma crítica, comentários pontuais sobre a concepção teórica das alterações normativas em nosso ordenamento jurídico, bem como suas consequências práticas no Direito Público, com foco nas concessões da operação e manutenção do ativo rodoviário, na definição de Augusto Neves Dal Pozzo.[686]

Alexandre Santos de. *Agências reguladoras e a evolução do direito administrativo econômico*. 2ª ed. Rio de Janeiro: Forense, 2009, p. 429.

685 Já há muito, Floriano de Azevedo Marque Neto alertava: "Depois, na *preservação de condições* para que a agência mantenha-se permanentemente atualizada e informada, dispondo de *meios e instrumentos* não só para exigir dos regulados informações e conhecimentos por eles detidos, como também para acervar estudos, consultorias, pesquisas e para manter seu pessoal permanentemente incentivado e treinado. Isso obviamente remete à necessidade de que estes órgãos de regulação sejam fornecidos de meios para não perder sua capacidade técnica, o que, tratando-se os setores regulados de segmentos altamente dinâmicos, é um risco permanente". MARQUES NETO, Floriano de Azevedo. *Agências reguladoras independentes*: fundamentos e seu regime jurídico. Belo Horizonte: Fórum, 2005, p. 63.

686 Aqui há de se abrir parênteses para a definição de Augusto Neves Dal Pozzo que explica a incorreção do termo "serviço público rodoviário", melhor definindo contratos de concessão como o comentado como aqueles de operação e manutenção de ativo rodoviário: "Será possível demonstrar que a atividade de infraestrutura (atividade inespecífica e indivisível de provisão, operação e manutenção de ativos públicos) se delega por meio do instituto da concessão, em sua modalidade concessão de infraestrutura (antiga concessão de obra pública), concessão administrativa e concessão patrocinada, a depender do exame no plano concreto. // Tal como se observa em inúmeros setores de elevada

Sem prejuízo dos comentários específicos deste artigo e dos casos concretos que serão abordados, é certo que o risco contratual derivado de atos dos entes e órgãos públicos competentes é um dos temas mais emblemáticos do Direito Público, existindo considerável espaço para ampliação dos estudos.

1 Conceito e classificação das alterações normativas nos contratos públicos

Alterações normativas são todas as inovações ou superveniências lícitas que alteram o quadro legal existente e vigente à época da celebração de determinado contrato público.

A abrangência das alterações é matéria complexa e se torna ainda mais difícil de prever dada a elevada pluralidade de órgãos públicos envolvidos em cada nível federativo, o que propicia a construção de cenários em que uma mesma matéria é regulada por dois ou mais órgãos públicos de forma distintas.[687]

Para fim de contextualização, apenas no setor rodoviário, são recorrentes modificações normativas por órgãos federais e estaduais, tais como o Departamento Nacional de Trânsito – Denatran, a

---

importância da sociedade, a operação de uma rodovia não constitui serviço público rodoviário, é, em verdade, atividade de infraestrutura, de operação e manutenção do ativo rodoviário". DAL POZZO, Augusto Neves. *O Direito Administrativo da Infraestrutura*. São Paulo: Contracorrente, 2020, p. 122.

687 Gustavo Binenbojm alerta que "as agências detêm ampla competência normativa em relação aos setores regulados, perfazendo aquela que, certamente, revela-se a mais expressiva das funções que desempenham" e, em nota, completa: "O que não quer dizer, advirta-se, que as normas produzidas pelas agências limitem-se a disciplinar aspectos do setor específico regulado. Pelo contrário. Dada a extensão dos poderes normativos cometidos às agências, é mesmo inevitável que suas normas interfiram com outros campos que não, exatamente, o setor que lhes incumbe disciplinar". BINENBOJM, Gustavo. *Uma teoria do direito administrativo*: direitos fundamentais, democracia e constitucionalização. 3ª ed. ver. atual. Rio de Janeiro: Renovar, 2014, p. 278 e nota 569.

Associação Brasileira de Normas Técnicas – ABNT, a Polícia Federal Rodoviária, as Polícias Militares Rodoviárias, os Departamentos de Estradas de Rodagem, dentre inúmeros outros.

Não obstante a abrangência dessa afirmação, em síntese, está a se tratar de todo e qualquer ato de poder expedido pelos órgãos públicos que detenham autoridade para tanto, sejam eles provisórios ou definitivos, que venha a alterar a sistemática de execução de contratos de concessão.

Ocorre que, muito em razão da variedade de órgãos envolvidos e da ausência de uniformização de contratações e atos normativos, não é raro que a alteração seja tratada de forma distinta em contratos administrativos similares. Inclusive, vale ressaltar que muitos contratos administrativos não possuem sequer cláusulas específicas de alocação de risco concernentes à constante temática do risco regulatório.

Nesses casos, mesmo com a omissão contratual, é importante destacar que, ao menos desde 1993, os administrados possuem resguardo nas disposições da Lei federal n. 8.666/93, artigo 65, inciso I, alínea "d", que determina a obrigação da ação estatal sempre que for constatado, entre outros acontecimentos, o fato do príncipe.

Conforme leciona a doutrina especializada, fatos do príncipe são todas as determinações do Poder Público formalizadas por meio de atos lícitos e que causem impacto, de algum modo, aos administrados contratados pela Administração.[688]

---

688 Sobre o tema leciona Marçal Justen Filho: "Na sua essência (mantida no Brasil), **a teoria do fato do príncipe consagra o direito de indenização a um particular em vista da prática de ato lícito e regular imputável ao Estado.** O ponto nuclear da teoria do fato do príncipe reside em que a lesão patrimonial derivada de um ato estatal válido, lícito e perfeito é objeto de indenização. Essa solução decorre de uma valoração produzida pela ordem jurídica, no sentido de que seria injusto e desaconselhável impor ao particular que contrata com o Estado arcar com os efeitos onerosos de uma alteração superveniente da disciplina estatal sobre o exercício da atividade necessária à execução da prestação"

O mestre Celso Antônio Bandeira de Mello é expresso em diversas passagens de seu curso ao tratar do tema como ato que independe da esfera de poder contratante:

> O fato do príncipe não é um comportamento ilegítimo. Outrossim, não representa o uso de competências extraídas da qualidade jurídica de contratante, mas também não se constitui em inadimplência ou falta contratual. E o meneio de uma competência pública cuja utilização repercute diretamente sobre o contrato, onerando, destarte, o particular.
>
> (...)
>
> De acordo com a teoria do fato do príncipe, o poder concedente deverá indenizar integralmente o concessionário quando, por ato seu, agravar a equação econômico-financeira da concessão em detrimento do concessionário, salvo se a medida gravosa corresponder a ônus imposto aos administrados em geral cuja repercussão não atinja direta ou especificamente as prestações do concessionário.
>
> (...)
>
> Finalmente, o concessionário (...) não está garantido pela teoria do fato do príncipe contra as medidas gerais expedidas pelo Poder Público que agravem a coletividade em geral - salvo quando possuem específica repercussão sobre o objeto da concessão. Daí que a álea normal, ordinária, a ser suportada pelo concessionário, abrange tanto deficiências na apreciação sobre o número de usuários quanto oscilações não excepcionais de preços e agravamentos econômicos oriundos de medidas gerais suportáveis pelos administrados.[689]

(grifo nosso). JUSTEN FILHO, Marçal. *Curso de direito administrativo*. 4ª ed. São Paulo: Editora Revista dos Tribunais, 2016, p. 608.

689 BANDEIRA DE MELLO, Celso Antônio. *Curso de Direito Administrativo*. 34ª ed. rev. e atual. São Paulo: Malheiros, 2019, pp. 680, 787 e 788, nota 38.

Estão inclusos nessa definição todos os atos públicos que envolvam a alteração de leis e de decretos, portarias e resoluções de normas técnicas, não sendo limitado, de forma alguma, aos atos de algum dos poderes da República ou de algum dos contratantes em específico. Qualquer ato, emitido por qualquer ente ou órgão público, que seja capaz de impactar a execução de algum contrato público, deve ser caracterizado como fato do príncipe.[690]

Destaca-se que, a despeito de classificar a situação de alterações legislativas como fato de príncipe, Marcos Perez elenca as normativas nomeadamente como "risco regulatório", nestes termos:

> O *risco regulatório* poderia ser identificado com a álea subjacente à teoria do *fato do príncipe*, não marcasse a regulação uma presença muito mais ativa e previsível ou, na verdade, não tivesse a regulação uma função específica na execução dos contratos de concessão.[691]

Por qualquer viés que se analise, a materialização do fato do príncipe ou do risco regulatório acarreta consequências consideráveis para as partes envolvidas em contratações públicas. Essas

---

690 Nesse sentido é interesse o posicionamento de José Anacleto Abduch Santos, ao ressaltar que a atuação "genérica" do Poder Público não desconfigura o fato do príncipe: "**O fato do príncipe é a conduta que produz repercussão indireta no contrato de concessão, motivada pela ação genérica do Poder Público, concedente ou não, que, embora sem pretender atingir a relação contratual,** provoca nela modificações que desequilibram a equação financeira pactuada na origem. E, como leciona Diógenes Gasparini, "toda determinação estatal, positiva ou negativa, geral e imprevisível, que onera extraordinariamente ou que impede a execução do contrato e obriga a Administração Pública a compensar integralmente os prejuízos suportados pelo contratante particular" (grifo nosso). ABDUCH, José Anacleto Santos. "Parcerias Público-Privada na modalidade Concessão patrocinada: equilíbrio econômico-financeiro e taxa interna de retorno". *In*: MOREIRA, Egon Bockmann (Coord.). *Tratado de Equilíbrio Econômico-Financeiro*. 2ª ed. Belo Horizonte: Fórum, 2019, p. 490.

691 PEREZ, Marcos Augusto. *O risco no contrato de concessão de serviço público*. Belo Horizonte: Fórum, 2006, p. 162.

consequências, por sua vez, resultarão na materialização de prejuízos para os contratados, que muito provavelmente apresentarão pleitos de recomposição do equilíbrio econômico-financeiro perante seus contratantes para equilibrar a situação.[692]

Nesses casos, não obstante a necessidade de recomposição do equilíbrio econômico-financeiro desestruturado em decorrência de um ato do Poder Público, existe uma grave distinção entre quais devem ser as soluções adotadas pelo Poder Público para reequilibrar os contratos.

No cenário teórico, considerando que as aludidas alterações estão completamente fora do controle dos contratados – que assumem papel de "espectadores", impossibilitados de agir, mas afetados pelas consequências dos atos de poder – os riscos deveriam ser suportados integralmente pela parte contratante, na condição de representantes do Poder Público.

Esse entendimento decorre da correta teoria de que os riscos administrativos devem ser suportados pela parte que tem as melhores condições de gerenciá-los, evitá-los ou, em última instância, mitigá-los.[693]

---

692 Explica Maria Sylvia Di Pietro ao afirmar que a incidência do fato do príncipe é motivo mandatório para o reequilíbrio do contrato "fato do príncipe, que seria um ato de autoridade, não diretamente relacionado com o contrato, mas que repercute indiretamente sobre ele; nesse caso, **a Administração também responde pelo restabelecimento do equilíbrio rompido**" (grifo nosso). DI PIETRO, Maria Sylvia Zanella. *Direito administrativo*. 31ª ed. rev. atual e ampl. Rio de Janeiro: Forense, 2018, pp. 362/363.

693 Mauricio Portugal defende alguns critérios teóricos que devem ser observados para a alocação de riscos, destacando-se (i) a seleção da parte que deverá suportar o risco e (ii) a capacidade de gestão dessa parte: "Há, basicamente, quatro critérios teóricos bastante simples que devem ser seguidos na decisão sobre repartição de riscos. O primeiro deles é que o risco deve ser sempre alocado à parte que, a um custo mais baixo, pode reduzir as chances do evento indesejável se materializar ou de aumentar as chances de o evento desejável ocorrer. Esse critério leva em conta a capacidade das partes de adotarem ações preventivas para evitar eventos indesejáveis ou de

No caso de fatos do príncipe, que são evidentemente imprevisíveis e, consequentemente, impedem que os contratados as contingenciem – torna-se impossível para o futuro contratado estipular, à época da formulação de suas propostas comerciais, os custos futuros e, assim, inexiste possibilidade de fixação racional de tais custos durante a fase licitatória.

Muito acertadamente esse raciocínio já fora vislumbrado pelo Poder Judiciário em posicionamentos recentes. Nesse sentido, vale destacar acórdão recente da 1ª Câmara de Direito Público do Tribunal de Justiça de São Paulo ao avaliar os impactos decorrentes de alteração de norma técnica da ABNT:

> Isso não significa que o particular, na posição de concessionário da prestação de um serviço público, assuma os riscos de, sem qualquer compensação, suportar toda nova exigência que lhe venha a ser feita, em prol da adequação do referido serviço.
>
> As obrigações exigíveis do contratante são aquelas que o contrato estabelece de maneira específica, e não encargos inespecíficos, abertos, indeterminados os quais supostamente brotam da invocada cláusula 23.1 do contrato -, a

---

incentivarem a ocorrência dos eventos desejáveis. Por exemplo, é comum se atribuir ao parceiro privado em contratos de concessão comum e PPP o risco de sobrecusto ou atraso na construção do empreendimento. Isso porque há no mercado privado expertise para gerenciamento do risco de construção, que pode ser obtida a custos mais baixos pelo parceiro privado, que pelo poder concedente. Também é bastante comum em contratos de concessão comum e PPP atribuir ao parceiro privado o risco de disponibilidade do serviço, pois, em regra, a iniciativa privada tem capacidade e experiência em se organizar para prestar adequadamente os serviços nos setores de infraestrutura, particularmente os que já foram objeto de desestatização. O segundo critério para alocação de riscos, considera, ao invés da capacidade de prevenção dos eventos indesejados, a capacidade de gerenciar as consequências danosas, caso o evento indesejado se realize. Por esse critério, o risco deve ser alocado à parte que pode melhor mitigar os prejuízos resultantes do evento indesejável". PORTUGAL RIBEIRO, Maurício. *Concessões e PPPs*: melhores práticas em licitações e contratos. São Paulo: Atlas, 2011, pp. 80/81.

> imporem a obrigação genérica de as concessionárias fazerem a atualização dos serviços cuja prestação lhes foi delegada, à míngua de contraprestação.
>
> Nessa linha, é forçoso concluir que a alteração normativa na NBR 9050, levada a efeito pela ABNT, ocorrente 6 anos após a apresentação da proposta comercial pela demandante, ora recorrida, tem a natureza de fato do príncipe, o que comprovadamente onerou a execução do contrato administrativo, erigindo-se em álea administrativa extraordinária e extracontratual.[694]

Inclusive, exigência distinta obrigaria a apresentação de propostas com fundamento em variáveis improváveis, o que certamente encareceria as propostas econômicas, aumentaria o custo dos serviços e reduziria eventuais outorgas a pagar pelos licitantes vencedores, violando qualquer correlação de custo-benefício na contratação.[695] Note-se que, especialmente no setor rodoviário, são inúmeros os projetos de concessão que envolvem o pagamento de outorga do particular à Administração, o que se nota com ênfase especial nas concessões rodoviárias do estado de São Paulo.

---

694 SÃO PAULO. Tribunal de Justiça do Estado de São Paulo. 1ª Câmara de Direito Público. APL 10215374620188260053 SP 1021537-46.2018.8.26.0053. Relator: Marcos Pimentel Tamassia. Data de julgamento: 26.11.2019. Data de publicação: 27.11.2019.

695 Nesse sentido, explica Marçal: "A vantagem caracteriza-se como a adequação e satisfação do interesse coletivo por via da execução do contrato. A maior vantagem possível configura-se pela conjugação de dois aspectos inter-relacionados. Um dos ângulos relaciona-se com a prestação a ser executada por parte da Administração; o outro vincula-se à prestação a cargo do particular. A maior vantagem apresenta-se quando a Administração assumir o dever de realizar a prestação menos onerosa e o particular se obrigar a realizar a melhor e mais completa prestação. Configura-se, portanto, uma relação custo-benefício. A maior vantagem corresponde à situação de menor custo e maior benefício para a Administração". JUSTEN FILHO, Marçal. *Comentários à lei de licitações e contratos administrativos*. 17ª ed. rev. atual. e ampl. São Paulo: Editora Revista dos Tribunais, 2016, p. 97.

Ocorre que, na prática, observa-se que o Direito Regulador e Fiscalizatório tem evoluído em direção oposta ao cenário ora apresentado, sendo que as práticas atuais de alocação de riscos caminham no sentido de atribuir, progressivamente, o maior número de responsabilidades e riscos aos contratados, mesmo sem que esses possuam o controle sobre sua materialização.

Ao contrário da assunção inequívoca de responsabilidade pelos desequilíbrios ocasionados por fatos do príncipe (e outros fatos que configurem a álea econômica extraordinária e extracontratual), tem se visto um cenário em que os custos extraordinários e excepcionais são equivocadamente alocados aos contratados sob o pretexto de consistirem em "riscos do negócio" e/ou "vinculados à execução do serviço".

Podem-se apresentar como exemplo dessa evolução fiscalizatória as diferenças entre as disposições contratuais de contratos de concessão rodoviária celebrados entre o estado de São Paulo e diversas concessionárias de rodovia ao longo dos anos.

Por exemplo, de acordo com as minutas de contrato de concessão celebradas no final da década de 1990, as concessionárias teriam direito ao reequilíbrio econômico-financeiro sempre que caracterizada alteração legal que impacte significativamente as receitas e/ou custos do contrato:

> 25.1. As partes terão direito à recomposição do equilíbrio econômico-financeiro do CONTRATO, quando este for afetado, nos seguintes casos: (...)
>
> IV. Alterações legais de caráter específico, que tenham impacto significativo e direto sobre as receitas ou sobre os custos pertinentes às atividades abrangidas pela Concessão, para mais ou para menos.[696]

---

696 SÃO PAULO (Estado). Agência de Transporte do Estado de São Paulo – Artesp. *Modelo de minuta de contrato de concessão*. Disponível em http://

Trata-se de uma cláusula sucinta, clara e relativamente segura, que resguardaria o direito da concessionária em pleitear o reequilíbrio sempre que alguma alteração legal[697] afetar suas receitas ou seu caixa para manutenção e operação do sistema rodoviário.

Por outro lado, os contratos celebrados pelo estado de São Paulo no final dos anos 2010 para fins de concessão rodoviária possuem cláusulas mais complexas, que subdividem as alterações e segregam outros riscos. Confira-se exemplificadamente:

> DOS RISCOS DA CONCESSIONÁRIA
>
> viii. Variação nas RECEITAS ACESSÓRIAS em relação às estimadas pela CONCESSIONÁRIA, inclusive quando em decorrência de criação e/ou extinção de tributos ou alterações na legislação ou na regulação tributárias, observadas as regras específicas estabelecidas nesse CONTRATO;
>
> xxiv. Adequação à regulação exercida por quaisquer outros órgãos ou entidades distintas da ARTESP, cuja competência inclua as atividades objeto deste CONTRATO;
>
> xxv. Adequação à regulação exercida pela ARTESP, quando meramente procedimental ou para fins de padronização;
>
> xxxvii. Fato do Príncipe que efetivamente onere a execução do CONTRATO, nos casos em que o ato ou fato impactar risco que já tenha sido atribuído expressamente à CONCESSIONÁRIA neste CONTRATO;

---

www.parcerias.sp.gov.br.

697 De certo o conceito de alteração não se limita ao aspecto legislativo disposto no artigo 59 da Constituição Federal: "Art. 59. O processo legislativo compreende a elaboração de: I - emendas à Constituição; II - leis complementares; III - leis ordinárias; IV - leis delegadas; V - medidas provisórias; VI - decretos legislativos; VII - resoluções. Parágrafo único. Lei complementar disporá sobre a elaboração, redação, alteração e consolidação das leis". É certo que a alteração legal deve incluir todas as medidas de alteração normativa que podem ser realizadas pelos diversos entes juridicamente competentes, como aqui demonstrado.

> DOS RISCOS DO PODER CONCEDENTE
>
> viii. Criação e/ou extinção de tributos ou alterações na legislação ou na regulação tributárias, salvo aquelas atinentes a impostos/contribuições sobre a renda, que tenham impacto direto nas receitas ou despesas da CONCESSIONÁRIA, relacionados especificamente com a execução do objeto deste CONTRATO;
>
> X. Impactos decorrentes da criação, revogação ou revisão das normas exaradas pela ARTESP sobre as atividades objeto deste CONTRATO, exceto as meramente procedimentais e de padronização;
>
> xii. Fato do Príncipe que efetivamente onere a execução do CONTRATO, salvo quando o ato ou fato caracterizar risco que já tenha sido atribuído expressamente à CONCESSIONÁRIA neste CONTRATO (...).[698]

Demonstra-se, assim, a criação de um cenário progressivamente protetivo em favor não apenas da Artesp, no caso das concessões rodoviárias em análise, mas de toda a Administração Pública, por meio do qual a materialização de um risco notadamente de responsabilidade do Poder Público torna-se de difícil classificação e caracterização dentro da matriz de risco contratual.

Importante perceber que a própria alocação de risco específica do fato do príncipe é desvirtuada, pois, além de existirem alterações legislativas que são alocadas à concessionária de forma específica e afastada (de forma como se não fossem consideradas fatos do príncipe), ainda há segregação de quais espécies de fatos do príncipe serão de responsabilidade das partes.

O resultado dessa construção são longos embates internos em procedimentos administrativos que prejudicam a aferição efetiva

---

698 SÃO PAULO (Estado). Agência de Transporte do Estado de São Paulo – Artesp. *Modelo de minuta de contrato de concessão*. Disponível em: http://www.parcerias.sp.gov.br.

sobre a manutenção do equilíbrio econômico-financeiro diante do evento normativo que o impacta.

Adicionalmente, considerando que o alicerce desses contratos apresenta classificações de riscos abrangentes, não são raras as medidas propostas pelas concessionárias para rediscussão judicial da matéria já tratada internamente com a Administração Pública. Tal lógica resulta em prejuízos às decisões tomadas administrativamente e, por consequência, afetam a segurança jurídica e a confiança legítima[699] da contratação.

2 Casos concretos no âmbito nos contratos administrativos do estado de São Paulo

Conforme já tratado no item de abertura do presente artigo, esse trabalho não possui a intenção de discutir casos concretos de forma específica e aprofundada, mas sim aproveitar a ampla quantidade de documentos, materiais e decisões proferidas pelo estado de São Paulo – por intermédio da Artesp – para exemplificar na prática como são analisadas as alterações legislativas e normativas pelas entidades contratantes.

No âmbito da autarquia estadual, são inúmeros os pleitos de identificação de desequilíbrio econômico-financeiros apresentados anualmente pelas concessionárias de rodovia, cada um com seu respectivo fato gerador e fundamentação própria, considerando

---

699 Conforme ensinam Antonio Araldo Dal Pozzo e Augusto Neves Dal Pozzo: "Confiança legítima é, pois, a confiança justificada, ou seja: aquela que nasce de atos ou fatos concretos praticados por agente do Estado, aptos a gerar no confiante a certeza de que deve ou pode praticar atos ou omissões que guardam relação de causalidade com aqueles". DAL POZZO, Antonio Araldo; DAL POZZO, Augusto Neves. *Ensaio sobre o conteúdo jurídico da confiança legitima e sua incidência no setor de infraestrutura*. São Paulo: Contracorrente, 2019, p. 25.

o universo de, atualmente, trinta contratos de concessão geridos pela aludida entidade fiscalizadora e contratante.

O posicionamento da Artesp na análise sobre deferimento dos pleitos considera não apenas a natureza do desequilíbrio econômico-financeiro, mas, nos casos que envolvam alterações normativas, observam também a esfera federativa de competência de cada ente.

Por exemplo, não são raros os pleitos de equilíbrio econômico-financeiro apresentado e deferidos pela agência em razão de decisões judiciais que determinam a suspensão de cobrança de tarifa em determinados trechos ou praças de pedágio. Conforme já aventado anteriormente, inúmeros contratos de concessões celebrados pela Artesp possuem cláusulas específicas que estabelecem como risco da agência reguladora decisões judiciais que prejudicam a execução contratual.

Sem prejuízo, a Artesp possui consolidado e acertado entendimento de que as concessionárias de rodovias não são capazes de discutir a legalidade de ordens judiciais proferidas, não havendo outra opção ao seu cumprimento, independentemente de sua questionabilidade ou não, sendo plausível a concessão do reequilíbrio.

Nesse sentido, cite-se trecho do Parecer Jurídico n. 134/2020 da Procuradoria Geral do Estado da Artesp (PGE) que averiguou a viabilidade do deferimento de pleito apresentado em razão de decisão judicial que isentou a tarifa na rodovia dos Tamoios aos moradores de bairros encravados na rodovia.

> 21. **Assim, havendo a necessidade de cumprimento de ordem judicial, cujos efeitos s.m.j. não eram possíveis de evitar ou impedir**, e não decorrendo de ato imputável à concessionária, seja por dolo ou por culpa, e considerando que tal evento seja classificado como risco atribuído ao poder concedente,

> **entendo ser procedente o pleito de reconhecimento de evento de desequilíbrio em favor da concessionária** [700] (grifo nosso).

Em caso similar, a mesma unidade da PGE entendeu cabível o deferimento de pleito de reequilíbrio, classificando, no entanto, a decisão judicial como caso de "força maior", conforme Parecer Jurídico n. 107/2020:

> 14. De todo modo, anoto que havendo a necessidade de cumprimento de ordem judicial, cujos efeitos não eram possíveis de evitar ou impedir, e não decorrendo de ato imputável à concessionária, seja por dolo ou culpa, há a possibilidade de ser caracterizada hipótese de caso fortuito ou força maior, nos termos do preceituado no artigo 393 do Código Civil.[701]

No caso concreto acima, independentemente da classificação como caso de força maior, a PGE entendeu que a decisão judicial não era passível de ser impedida ou evitada pela concessionária.

Todavia, quando a Artesp é obrigada a analisar situações que envolvem determinações de outros poderes públicos, percebe-se entendimento contrário. Veja-se.

Em 2019, a Artesp determinou que a concessionária da região implementasse placas de sinalização em pontos turísticos do município de Porto Ferreira, indicando o município como a "Capital Nacional da Cerâmica Artística e da Decoração". A determinação sobreveio após solicitação do município encaminhada à agência reguladora em razão da Lei federal n. 13.492/2017, que concedeu o aludido título formal ao município.

---

700 SÃO PAULO. Procuradoria Geral do Estado – PGE. *Parecer Jurídico n. 134/2020.*

701 SÃO PAULO. Procuradoria Geral do Estado – PGE. *Parecer Jurídico n. 107/2020.*

Ao contrário dos casos envolvendo o Poder Judiciário, a Artesp entendeu pelo indeferimento do pleito, justificando que a adequação da sinalização consiste em matéria relacionada ao objeto contratual e que deve ser atendida sem o direito ao reequilíbrio. O posicionamento foi da PGE foi exposto no Parecer n. 130/2021:

> 12. Como visto, porém, a atribuição de responsabilidade pelos custos da implantação das placas em questão perpassa pela demonstração da sua efetiva necessidade para garantia a adequação do serviço público rodoviário, e não da sua mera conveniência para a promoção do turismo no estado de São Paulo e seus municípios.[702]

O mesmo entendimento foi novamente replicado no âmbito do processo Artesp n. 475.531/2019 que averiguou pleito de reequilíbrio com fundamento na necessidade de adequação da fiscalização eletrônica de velocidade à Resolução n. 214/2016 do Contran. Nesse caso, a concessionária possuía resguardo na cláusula 25.1., IV de seu contrato de concessão, que disponha da seguinte forma:

> 25.1. As PARTES terão direito à recomposição do equilíbrio econômico-financeiro do CONTRATO, quando este for afetado, nos seguintes casos (...).
>
> IV. Alterações legais de caráter específico, que tenham impacto significativo e direto sobre as receitas ou sobre os custos pertinentes às atividades abrangidas pela Concessão, para mais ou para menos (...).[703]

Note-se que a cláusula contratual replicada acima é a mesma já abordada anteriormente nesse artigo e que, supostamente, deveria conferir ampla segurança ao titular de seu contrato.

---

702 SÃO PAULO. Procuradoria Geral do Estado – PGE. *Parecer n. 130/2021.*

703 SÃO PAULO (Estado). Agência de Transporte do Estado de São Paulo – Artesp. *Processo n. 475.531/2019.*

Todavia, a Artesp, por meio da PGE,[704] manifestou-se juridicamente no sentido de que a nova resolução do Contran não consistia em "alteração legal", mas sim "resolução (que) tem por finalidade regulamentar as obrigações de sinalização", em clara desatenção ao conceito de alteração legal e normativa sustentado nesse artigo. É mister reforçar que fato do príncipe exige compreender a alteração de toda e qualquer norma que venha a impactar o contrato, incluindo a legislativa.

> 24. **Finalmente, não se trata de alteração legal específica, uma vez que referida Resolução tem por finalidade regulamentar as obrigações de sinalização das rodovias previstas em lei, em especial o Código de Trânsito Brasileiro.**
>
> 25. Paralelamente, tem-se que, conforme disposições acima transcritas, os custos de sinalização e de atualização de tais elementos conforme regulamentação vigente encontra-se contratual alocado à concessionária, não havendo, também por isso, que se falar em desequilíbrio econômico-financeiro derivado da norma em apreço (grifo nosso).

Afora o posicionamento doutrinário de diversos autores exposto no presente artigo e ora reforçado, também é possível encontrar contestação à tese exarada acima no Tribunal de Justiça do próprio estado de São Paulo, conforme acórdão recente da 6ª Câmara de Direito Público:

> E nem se alegue que as consequências das novas normas técnicas no contrato se traduzem como risco do negócio, o qual deveria ser absorvido pela contratada, tendo em vista que o Plano de Negócios aprovado pelo poder concedente foi expresso ao dizer que seguia a ABNT NBR 6971/83, cujas obrigações eram certas e conhecidas.

---

704 SÃO PAULO. Procuradoria Geral do Estado – PGE. *Parecer n. 505/2020.*

> Ora, a aprovação de novas normas técnicas por ato estatal, cujos padrões diferem do anterior, exigindo, assim, novas instalações e adequações, irremediavelmente causa aumento dos custos que não podem ser ignorados e, por outro lado, por não estarem previstos contratualmente, também não podem ser imputados à contratada, pois desequilibram financeiramente o contrato de forma imprevisível e alheia à sua vontade.[705]

Não bastassem os indeferimentos nos fatos de ato de poder de entes municipais e da própria União, como a resolução do Contran, a Artesp adota certa flexibilidade em alterações normativas impostas pela Administração Pública do estado de São Paulo.

No processo Artesp n. 310.533/2015, a agência analisou a viabilidade de reequilíbrio econômico-financeiro em razão da nova sinalização institucional exigida pelo Governo do Estado e aprovada pela própria Artesp, que alterava o logotipo e padronizava determinadas placas de sinalização.

Conforme tratado pela procuradoria especializada,[706] o caso em questão poderia ser caracterizado como modificação unilateral do contrato pelo poder concedente passível de recomposição do equilíbrio econômico-financeiro:

> 48. No caso concreto, a revisão do Manual de Sinalização Institucional se deu em razão de solicitação do Governo do Estado, de substituição da logomarca da ARTESP pela logomarca do Governo do Estado e, após substituição da logomarca do Governo pela inscrição "Governo do Estado

705 SÃO PAULO. Tribunal de Justiça do Estado de São Paulo. 6ª Câmara de Direito Público. AC 10229165620178260053 SP 1022916-56.2017.8.26.0053. Relator: Silvia Meirelles. Data de julgamento: 14.12.2020. Data de publicação: 17.12.2020.

706 SÃO PAULO. Procuradoria Geral do Estado – PGE. *Parecer PGE n. 540/2020.*

> de São Paulo". Não se tratou, portanto, de alteração voltada à melhoria do serviço e/ou das informações disponibilizadas ao usuário.
>
> 49. Conclui-se, portanto, tratar-se de situação que pode configurar modificação unilateral imposta pelo poder concedente, passível de direito à recomposição do equilíbrio econômico-financeiro, nos termos da cláusula 24.1. inciso I, do Contrato de Concessão.

No entanto, não obstante o fundamento do processo como um todo ser uma alteração de norma vigente, observa-se que a viabilidade do reequilíbrio não foi reconhecida pela Artesp em razão da incidência do fato do príncipe, mas foi reconhecida em razão de a modificação ser considerada como "irrelevante" para os serviços.

Inclusive, não apenas nesse caso envolvendo a regulamentação estadual, mas nos três casos citados brevemente neste tópico, não houve sequer menção de fato do príncipe e de suas consequências diretas e/ou indiretas.

Em realidade, pelo menos pela procuradoria jurídica especializada, não houve análise de mérito dos impactos da alteração normativa e/ou das cláusulas que resguardam o direito de reequilíbrio em razão dessas alterações, mas sim uma explicação pontual e objetiva de que as alterações normativas possuem relação com o objeto do contrato de concessão e, com base nessa análise, deveriam ser integralmente suportadas pelo contratado.

Ocorre que esse posicionamento em questão fere o conceito e dever da Administração Pública na manutenção do equilíbrio econômico-financeiro, visto que basicamente qualquer pleito de recomposição pode ser afastado com essa mesma fundamentação.

É dizer, toda a alteração contratual promovida por qualquer órgão público tem, obrigatoriamente, relação com o objeto do contrato. O que aqui se propõe é uma visão unificada de alteração contratual: se a alteração contratual decorre de ato legítimo de qualquer um dos poderes (judicial, legislativo, administrativo, regulador, normativo – o nome da preferência), é dever do Poder Público contratante repactuar a equação econômico-financeira do contrato, devendo a comprovação de tal impacto ser realizada pela concessionária que a pleitear.

Considerações finais

Somente com um entendimento abrangente da teoria do fato do príncipe, ou dos riscos regulatórios, é que pode alcançar a almejada segurança jurídica que pretendem aqueles que se aventuram a contratar com a Administração Pública. Por certo que se deve reconhecer o Direito e o Estado como unos, aquele divido dogmaticamente por campos e este por entes federativos e demais competências.

Se assim o são, inolvidável que as atuações legítimas do Estado em busca do interesse público nos setores regulados não prescindem da análise das consequências econômicas sobre os contratos administrativos que com ele foram firmados. Utiliza-se intencionalmente o Estado em sua forma mais abrangente porque, como se viu, atos das mais diversas esferas de competência têm o condão de afetar o equilíbrio econômico-financeiro dos contratos administrativos.

É importante salientar que os contratados pela Administração Pública não assumem uma obrigação temporal de executar todos os serviços que lhe são impostos durante o período de vigência do contrato, mas sim de executar todos os serviços que lhe foram propostos antes da assinatura do contrato,[707] resguardados casos pontuais em que a Administração possa realizar adaptações.

---

707 Nesse sentido, explica José dos Santos Carvalho Filho: "Quando pactuam, as partes implicitamente pretendem que seja mantido o equilíbrio econômico-financeiro do contrato. Desse modo, o efeito principal desse verdadeiro postulado contratual é o de propiciar às partes a oportunidade de restabelecer

Em decorrência do princípio da mutabilidade dos contratos administrativos e da complexidade envolvendo diversos contratos de infraestrutura[708] em setores regulados – é evidente que modificações e adaptações são necessárias, mas devem ser acompanhadas da reparação, se comprovada, aos seus contratados. Caso contrário, restará configurada a marginalização pela Administração Pública do direito ao reequilíbrio econômico-financeiro dos contratos administrativos como um todo, ferindo alicerces fixados e definidos em nossa Constituição.

Referências bibliográficas

ABDUCH, José Anacleto Santos. "Parcerias Público-Privada na modalidade Concessão patrocinada: equilíbrio econômico-financeiro e taxa interna de retorno". *In*: MOREIRA, Egon Bockmann (Coord.). *Tratado de Equilíbrio Econômico-Financeiro*. 2ª ed. Belo Horizonte: Fórum, 2019.

ARAGÃO, Alexandre Santos de. *Agências reguladoras e a evolução do direito administrativo econômico*. 2ª ed. Rio de Janeiro: Forense, 2009.

---

o equilíbrio toda vez que de alguma forma mais profunda for ele rompido ou, quando impossível o restabelecimento, ensejar a própria rescisão do contrato. Tal efeito se vê mais presente em alguns acontecimentos posteriores à celebração do contrato, ocasionando soluções várias, sempre no intuito de deixar íntegro o equilíbrio inicial. É o caso da teoria da imprevisão e do fato do príncipe, entre outros, que serão estudados mais adiante. Nunca é demais relembrar que o postulado da equação econômico-financeira do contrato se configura como verdadeira garantia para o contratante e para o contratado. Sua expressão, aliás, é marcada pelo art. 37, XXI, da CF, segundo o qual as condições efetivas da proposta devem ser mantidas enquanto perdurar o vínculo contratual". CARVALHO FILHO, José dos Santos. *Manual de direito administrativo*. 30ª ed. rev. atual. e ampl. – São Paulo: Atlas, 2016, p. 282.

708 É novamente da lavra de Augusto Neves Dal Pozzo a explicação do conceito: "Em contratos de infraestrutura, somente se pode cogitar de integrações laterais, de modo que o direito residual de controle sempre permanece com o Poder Público, ao passo que a superveniência de fatores imprevistos, necessariamente, resulta na necessidade de "revisão" (...), em linha, justamente, com o princípio da mutabilidade dos contratos administrativos". DAL POZZO, Augusto Neves. *O Direito Administrativo da Infraestrutura*. São Paulo: Contracorrente, 2020, p. 118.

BANDEIRA DE MELLO, Celso Antônio. *Curso de Direito Administrativo*. 34ª ed. rev. e atual. São Paulo: Malheiros, 2019.

BINENBOJM, Gustavo. *Uma teoria do direito administrativo*: direitos fundamentais, democracia e constitucionalização. 3ª ed. ver. atual. Rio de Janeiro: Renovar, 2014.

CARVALHO FILHO, José dos Santos. *Manual de direito administrativo*. 30ª ed. rev. atual. e ampl. São Paulo: Atlas, 2016.

DAL POZZO, Augusto Neves. *O Direito Administrativo da Infraestrutura*. São Paulo: Contracorrente, 2020.

DAL POZZO, Antonio Araldo; DAL POZZO, Augusto Neves. *Ensaio sobre o conteúdo jurídico da confiança legitima e sua incidência no setor de infraestrutura*. São Paulo: Contracorrente, 2019.

DI PIETRO, Maria Sylvia Zanella. *Direito administrativo*. 31ª ed. rev. atual e ampl. Rio de Janeiro: Forense, 2018.

JUSTEN FILHO, Marçal. *Comentários à lei de licitações e contratos administrativos*. 17ª ed. rev. atual. e ampl. São Paulo: Editora Revista dos Tribunais, 2016.

______. *Curso de direito administrativo*. 4ª ed. São Paulo: Editora Revista dos Tribunais, 2016.

MARQUES NETO, Floriano de Azevedo. *Agências reguladoras independentes*: fundamentos e seu regime jurídico. Belo Horizonte: Fórum, 2005.

PEREZ, Marcos Augusto. *O risco no contrato de concessão de serviço público*. Belo Horizonte: Fórum, 2006.

PORTUGAL RIBEIRO, Maurício. *Concessões e PPPs*: melhores práticas em licitações e contratos. São Paulo: Atlas, 2011.

SÃO PAULO. Tribunal de Justiça do Estado de São Paulo. 6ª Câmara de Direito Público. AC n. 10229165620178260053 SP 1022916-56.2017.8.26.0053. Relator: Silvia Meirelles. Data de julgamento: 14.12.2020. Data de publicação: 17.12.2020.

______. Tribunal de Justiça do Estado de São Paulo. 1ª Câmara de Direito Público. APL n. 10215374620188260053 SP 1021537-46.2018.8.26.0053. Relator: Marcos Pimentel Tamassia. Data de julgamento: 26.11.2019. Data de publicação: 27.11.2019.

NOTAS

NOTAS

NOTAS

NOTAS

NOTAS

A Editora Contracorrente se preocupa com todos os detalhes de suas obras! Aos curiosos, informamos que este livro foi impresso no mês de julho de 2022, em papel Pólen Natural 80g, pela Gráfica Grafilar.

TRATADO SOBRE O SETOR DE RODOVIAS NO DIREITO BRASILEIRO

VOLUME II

CONTRACORRENTE

Augusto Neves Dal Pozzo
José Virgílio Lopes Enei
(Organizadores)

TRATADO SOBRE O SETOR DE RODOVIAS NO DIREITO BRASILEIRO

VOLUME II

SÃO PAULO
2022

CONTRACORRENTE

Alameda Itu, 852 | 1º andar |
CEP 01421 002
www.loja-editoracontracorrente.com.br
contato@editoracontracorrente.com.br

EDITORES
Camila Almeida Janela Valim
Gustavo Marinho de Carvalho
Rafael Valim
Walfrido Warde
Silvio Almeida

EQUIPE EDITORIAL
COORDENAÇÃO DE PROJETO: Juliana Daglio
REVISÃO: Amanda Dorth, Carla Carneiro, Douglas Magalhães
REVISÃO TÉCNICA: Douglas Magalhães
PREPARAÇÃO DE TEXTO: Amanda Dorth
DIAGRAMAÇÃO: Pablo Madeira
CAPA: Marina Avila

EQUIPE DE APOIO
Fabiana Celli
Carla Vasconcellos
Fernando Pereira
Valéria Pucci
Regina Gomes
Nathalia Oliveira

Dados Internacionais de Catalogação na Publicação (CIP)
(Câmara Brasileira do Livro, SP, Brasil)

Tratado sobre o setor de rodovias no direito brasileiro / organização Augusto Neves Dal Pozzo, José Virgílio Lopes Enei. -- 1. ed. -- São Paulo : Editora Contracorrente, 2022.

Vários autores.
Bibliografia
ISBN 978-65-5396-031-2

1. Direito 2. Infraestrutura 3. Rodovias 4. Rodovias - Administração pública I. Dal Pozzo, Augusto Neves. II. Enei, José Virgílio Lopes.

22-113983 CDD-354.770981

Índices para catálogo sistemático:
Brasil : Rodovias : Concessões : Administração pública 354.770981
Aline Graziele Benitez - Bibliotecária - CRB-1/3129

@editoracontracorrente
Editora Contracorrente
@ContraEditora

SUMÁRIO

SOBRE OS ORGANIZADORES

AUGUSTO NEVES DAL POZZO

Professor de Direito Administrativo e de Fundamentos de Direito Público da Faculdade de Direito da Pontifícia Universidade Católica de São Paulo (PUC-SP). Professor do Curso de Pós-Graduação Lato Sensu em Direito Administrativo da Pontifícia Universidade Católica de São Paulo (PUC-SP). Mestre e Doutor em Direito Administrativo pela PUC-SP. Pós-Graduação Lato Sensu em Direito do Estado pela Pontifícia Universidade Católica de São Paulo (PUC-SP). Pós-Graduação Executiva em Infrastructure in a Market Economy e Public-Private Partnerships for Infrastructure pela Harvard Kennedy School. Pós-graduação Executiva em Negotiation and Leadership pela Harvard Law School. Pós-graduação Executiva em Corporate Governance e Management Program for Lawyers pela Yale School of Management. Coordenador da Revista de Direito Administrativo e Infraestrutura (RDAI), publicada pela Editora Thomson Reuters Revista dos Tribunais. Coordenador da Revista Brasileira de Infraestrutura (RBINF). Diretor da Revista Internacional de Direito Público (RIDP). Membro do Comité de Coordinadores Nacionales da Red Iberoamericana de Contratación Pública - REDICOP. Membro da Asociación Argentina de Derecho Administrativo (AADA). Membro da American Bar Association (ABA). Membro da International Bar Association (IBA). Membro do Foro Iberoamericano de Derecho Administrativo (FIDA). Presidente do Instituto Brasileiro de Estudos Jurídicos da Infraestrutura (IBEJI). Advogado e parecerista. Sócio-fundador do Dal Pozzo Advogados.

JOSÉ VIRGÍLIO LOPES ENEI

É sócio, head da área de infraestrutura de Machado Meyer Advogados. Bacharel, Mestre em Direito Comercial e Doutor em Direito de Estado pela Faculdade de Direito Universidade de São Paulo. LLM pela Universidade de Virginia. Pós-graduado em Administração de Empresas (CEAG) pela Escola de Administração de Empresas da Fundação Getúlio Vargas - EASP-FGV. Professor por mais de uma década nos cursos de pós-graduação do Insper - SP. Membro do Conselho Consultivo da ABDIB - Associação Brasileira da Infraestrutura e Indústrias de Base. Ex-presidente do IBRADEMP - Instituto Brasileiro de Direito Empresarial, e atual Coordenador da Comissão de Infraestrutura. Autor de dezenas de artigos, capítulos e livros jurídicos na área de Infraestrutura, PPPs e Concessões, Financiamento de Projetos, M&A em setores regulados, contratos de construção e EPC e regulação.

SOBRE OS AUTORES

ANA CRISTINA FECURI

Especialista em Direito Contratual e em Direito Administrativo pela Pontifícia Universidade Católica de São Paulo – PUC/SP. Mestranda em Direito Administrativo pela PUC/SP. Advogada.

ANDRÉ SADDY

Pós-Doutor pelo Centre for Socio-Legal Studies da Faculty of Law da University of Oxford. Doutor Europeu em "Problemas actuales de Derecho Administrativo" pela Facultad de Derecho da Universidad Complutense de Madri, com apoio da Becas Complutense Predoctorales na Espanha. Mestre em Administração Pública pela Faculdade de Direito da Universidade de Lisboa, com apoio do Programa Alßan, Programa de Bolsas de Alto Nível da União Europeia para América Latina. Pós-graduado em Regulação Pública e Concorrência pelo Centro de Estudos de Direito Público e Regulação (CEDIPRE) da Faculdade de Direito da Universidade de Coimbra. Professor da Faculdade de Direito, do Mestrado em Direito Constitucional e do Doutorado em Direitos, Instituições e Negócios da Universidade Federal Fluminense (UFF). Professor do Departamento de Direito da Pontifícia Universidade Católica do

Rio de Janeiro (PUC-Rio). Vice-presidente do Instituto de Direito Administrativo do Rio de Janeiro (IDARJ). Diretor-presidente do Centro de Estudos Empírico Jurídico (CEEJ). Idealizador e coordenador do Grupo de Pesquisa, Ensino e Extensão em Direito Administrativo Contemporâneo (GDAC). Consultor e parecerista.

ARMANDO LUIZ ROVAI

Doutor em Direito pela – PUC/SP 2006. Professor de Direito Comercial da PUC/SP e da Faculdade de Direito Mackenzie (Chefe de Departamento). Graduação e Mestrado pela Faculdade de Direito da Universidade Mackenzie em 1993 e 2003, respectivamente. Professor convidado em diversas outras Universidades no Brasil e no exterior. Articulista em jornais e revistas de grande circulação e autor de dezenas de obras jurídicas acerca de Direito Empresarial, Direito Societário em geral. Pesquisador acerca do tema Liberdade Econômica. Integrou a Comissão do 184° Concurso de Ingresso na Magistratura do Estado de São Paulo. Pertence ao Conselho Superior de Assuntos Jurídicos e Legislativos Conjur, da FIESP/IRS. Foi presidente da Junta Comercial do Estado de São Paulo – por quatro mandatos e do IPEM/SP – Instituto de Pesos e Medidas do Estado de São Paulo. Foi Secretário Nacional do Consumidor – Senacon – MJ. Coordenador da *Revista de Direito Bancário* e *Mercado de Capitais* da RT/RDB. Advogado, consultor jurídico, parecerista e árbitro.

ARTUR GIOLITO MELISSOPOULOS

Especialista em Direitos Difusos e Coletivos pela Escola Superior do Ministério Público de São Paulo. Graduado em Direito pela PUC/SP. Advogado.

BRUNO AURÉLIO

Doutor e Mestre em Direito do Estado pela PUC/SP. Sócio do Demarest Advogados.

CAIO CESAR FIGUEIROA

Mestrando em Direito Público e Especialista em Direito Administrativo pela FGV Direito SP.

CAMILLA DE MATOS MARCONDES SILVESTRE

Pós-graduanda no MBA em Infraestrutura, Concessões e PPP pela PUC-MG. Especialista em Direito Civil e Processo Civil pelo Toledo Prudente Centro Universitário. Advogada Militante há 17 anos. Coordenadora Jurídica da Concessionária da Rodovia MS 306 S.A.

CHRISTIANNE DE CARVALHO STROPPA

Mestra e doutoranda pela PUC/SP. Professora de Direito Administrativo na PUC/SP. Assessora de Controle Externo lotada na Secretaria Geral do Tribunal de Contas do Município de São Paulo. Advogada.

ESTEVAM PALAZZI SARTAL

Mestre e Bacharel em Direito pela PUC-SP. Ex-aluno e colaborador da SBDP. Pesquisador do Grupo Público da FGV-SBDP. Advogado.

EVANE BEIGUELMAN KRAMER

Professora da Faculdade de Direito da Universidade Presbiteriana Mackenzie, Doutora em Direito Processual Civil pela Universidade de São Paulo, Diretora Jurídica do Ibeji – Instituto Brasileiro de Estudos Jurídicos da Infraestrutura, sócia do escritório Dal Pozzo Advogados.

FERNANDO VERNALHA GUIMARÃES

Doutor e Mestre em Direito do Estado pela UFPR. *Visiting Scholar* na Columbia University School of Law, Estados Unidos da América, em 2017. Professor de Direito Administrativo convidado de instituições diversas. Autor de livros diversos na área da infraestrutura e do Direito Público. Advogado e sócio fundador do Vernalha Pereira Advogados.

GABRIEL RIBEIRO FAJARDO

Subsecretário de Transportes e Mobilidade na Secretaria de Infraestrutura e Mobilidade do estado de Minas Gerais. Graduado em Direito e mestrando em Direito da Administração Pública pela UFMG. Professor do Instituto de Pós-Graduação e Graduação (IPOG) e coordenador do MBA em Negócios e Direito da Infraestrutura do Cedin.

GUILHERME GIACOMINI

Graduado pela Faculdade de Direito da Universidade de São Paulo. Mestrando em Direito Administrativo na Faculdade de Direito da USP. Associado do Demarest Advogados.

GUSTAVO JUSTINO DE OLIVEIRA

Professor Doutor de Direito Administrativo na Faculdade de Direito da USP e no IDP (Brasília-DF). Árbitro, consultor e advogado especialista em Direito Público (www.justinodeoliveira.com.br).

IGOR GIUBERTI PINTO

Graduado em Direito pela Universidade Federal Fluminense (UFF-ICM). Pós-graduado em Advocacia Pública pela Universidade Candido Mendes. Pós-graduando em Direito e Processo do Trabalho pela Universidade Candido Mendes. Advogado.

ISABELLA REMAILI MONACO

Graduada em Direito pela Universidade de São Paulo – USP. Mestranda em Direito Financeiro pela USP. Advogada.

ISADORA CHANSKY COHEN

Fundadora do Infracast. Presidente do Infrawomen Brazil. Sócia da Ico Consultoria. Foi secretária de Parcerias do estado de São Paulo e responsável pela unidade PPP do mesmo estado.

IZABEL CAMPOS FERREIRA

Presidente da Comissão de Regulação de Transportes de Minas Gerais e chefe do núcleo de Governança e Gestão da unidade PPP no estado de Minas Gerais. Bacharel em Direito pela UFMG e especialista em Direito Administrativo pela PUC Minas.

JAIME RODRÍGUEZ-ARANA MUÑOZ

Catedrático de Derecho Administrativo de la Universidade A Coruña y Presidente de Ius Publicum Innovatio (Spin-Off de la Universidad de A Coruña). Presidente del Foro Iberoamericano de Derecho Administrativo.

JOSE IGNACIO HERCE MAZA

Profesor de Derecho Administrativo de la Universidad Rey Juan Carlos de Madrid. Abogado en ejercicio independiente e Investigador Asociado de Ius Publicum Innovatio (Spin-off de la Universidade A Coruña). Es membro de la Red Eurolatinoamericana de Derecho Administrativo (REDOEDA) y del Foro Iberoamericano de Derecho Administrativo (FIDA). Pueden encontrar más información en www.joseignacioherce.es

LEANDRO MORAES LEARDINI

Mestrando em Direito Administrativo pela PUC/SP. Especialista em Direito Público pela EPM/SP. Advogado no Dal Pozzo Advogados em São Paulo.

LEONARDO FARIAS FLORENTINO

Advogado em São Paulo. Mestrando em Direito Tributário pela UERJ.

LUCAS DE MOURA RODRIGUES

Pós-Graduando em Direito pela Fundação Getúlio Vargas – FGV. Advogado.

LUIZ EDMUNDO MARREY UINT

Desembargador do TJSP. Pós-graduado em Direito Público pela Escola Paulista da Magistratura EPM.

MARIA VIRGINIA N. DO A. MESQUITA NASSER

Advogada em São Paulo e Doutora em Direito Econômico pela USP.

MÁRIO SAADI

Sócio de Direito Público do Cescon, Barrieu, Flesch & Barreto Advogados. Professor do Mestrado Profissional da FGV Direito SP. Doutor (USP), Mestre (PUC/SP) e Bacharel (FGV/SP) em Direito.

NATÁLIA KALIL CHAD SOMBRA

Procuradora do Estado de São Paulo (PGE-SP).

PAULO SÉRGIO NOGUEIRA SALLES JÚNIOR

Advogado, mestrando em Direito pela Pontifícia Universidade Católica de São Paulo – PUC/SP, assistente do professor Armando Luiz Rovai na cadeira de Direito Comercial na PUC/SP.

RAFAEL DOMINGOS FAIARDO VANZELLA

Doutor e Bacharel em Direito pela USP. Professor do Programa de Educação Executiva da FGV Direito SP. Advogado.

RAFAEL VÉRAS DE FREITAS

Professor Responsável do LLM em Infraestrutura e Regulação da FGV Direito Rio. Coordenador do curso "Novos aspectos regulatórios das concessões de rodovias", da FGV Direito Rio. Doutorando e Mestre em Direito da Regulação pela FGV Direito Rio. Autor, dentre outros, do livro *Concessão de rodovias* (Editora Fórum). Advogado.

RAFAEL WALLBACH SCHWIND

Doutor e Mestre em Direito do Estado pela Universidade de São Paulo – USP. *Visiting Scholar* na Universidade de Nottigham. Advogado e consultor em Direito Público.

RAQUEL LAMBOGLIA GUIMARÃES

Doutoranda em Direito Financeiro e Econômico pela Faculdade de Direito da Universidade de São Paulo, Advogada no Manesco, Ramires, Perez e Azevedo Marques.

ROBERTO RICOMINI PICCELLI

Advogado em São Paulo. Mestre e doutorando em Direito do Estado pela USP.

RODRIGO BARATA

Advogado. Mestre em Direito do Estado pela USP. Diretor de Assuntos Institucionais da ARTESP. Ex-coordenador de estruturação de parcerias no Governo do Estado de São Paulo.

SAMUEL MEZZALIRA

Bacharel em Direito pela Universidade de São Paulo – USP em 2006. Especialização em direito e agronegócio pela FGV Law em 2008. Mestre em Direito Civil pela Universidade de São Paulo – USP com a dissertação *Contratos conexos no Direito Civil brasileiro*. Coautor e organizador dos comentários ao Código Civil em direitocom.com, coautor dos comentários à Lei de Recuperação e Falência em direitocom.com. Advogado inscrito na Ordem dos Advogados do Brasil Seccional São Paulo sob o número 257.984.

TÁCIO LACERDA GAMA

Professor de Direito Tributário e Teoria do Direito nos cursos de graduação, mestrado e doutorado da PUC-SP. Presidente do Instituto de Aplicação do Tributo – IAT. Advogado.

THAÍS STROZZI COUTINHO CARVALHO

Advogada, mestranda em Direito no IDP (Brasília-DF), http://lattes.cnpq.br/4997275830461979.

THIAGO LUÍS SOMBRA

Sócio das áreas de Infraestrutura, Anticorrupção e Tecnologia do escritório Mattos Filho, Veiga Filho, Marrey Jr. e Quiroga Advogados. Doutor em Direito e Professor da Universidade de Brasília (UnB). Mestre em Direito pela Pontifícia Universidade Católica de São Paulo (PUC-SP). Ex-Procurador do Estado de São Paulo (PGE-SP) e ex-assessor de Ministro do Superior Tribunal de Justiça (STJ).

VANESSA SANDRIM

Advogada, graduada pela Pontifícia Universidade Católica de São Paulo, Especialista em Direito Administrativo pelo COGEAE-PUC/

SP, cursando L.L.M. em Direito da Infraestrutura e Regulação pela FGV-Rio e responsável pelo setor jurídico e regulatório de concessionária de rodovias.

VIVIAN SEMER

Mestranda em Direito Público pela Escola de Direito de São Paulo da Fundação Getúlio Vargas – FGV Direito/SP. Pós-Graduada em Direito Administrativo pela Escola de Direito de São Paulo da Fundação Getúlio Vargas – FGV Direito/SP (2018-2019). Bacharel em Direito pela Pontifícia Universidade Católica de São Paulo – PUC/SP (2016). Advogada do Departamento de Consultivo e Contencioso Administrativo do Dal Pozzo, possui ampla experiência na área de Direito Público, Regulatório e Infraestrutura.

VIVIANE FORMIGOSA

Mestre em Direito Administrativo pela PUC/SP. Especialista em Direito Administrativo pela COGEAE-PUC/SP. Membra do Grupo de Pesquisa Direito & Combate à Corrupção (PUC/SP). Membra Fundadora do Instituto Brasileiro de Direito Administrativo Sancionador – IDASAN. Advogada com atuação focada em Direito Administrativo, Infraestrutura e Regulação. Advogada no Dal Pozzo Advogados.

WLADIMIR ANTONIO RIBEIRO

Advogado, sócio do escritório Manesco, Ramires, Perez, Azevedo Marques – Sociedade de Advogados. Graduado em Direito pela Universidade de S. Paulo (1990) e mestre em ciências jurídico-políticas pela Universidade de Coimbra (2002). É consultor na modelagem e nos projetos de financiamento de investimentos em concessões do setor de infraestrutura, inclusive assessorando reguladores e outros atores em procedimentos de reequilíbrio, fiscalização e renovações contratuais.

CAPÍTULO XXV

ISENÇÕES E REDUÇÕES TARIFÁRIAS EM RODOVIAS CONCEDIDAS[1]

André Saddy
Igor Giuberti Pinto

Introdução

O Brasil é um país de dimensões continentais e que tem nas rodovias a sua principal infraestrutura de transporte. Atualmente, a malha rodoviária brasileira é a quarta maior do mundo: 1,7 milhão de quilômetros de estradas.[2]

1 Texto atualizado e adaptado de artigo originalmente publicado como resultado de grupo de pesquisa em que se analisou o caso das rodovias concedidas existente no estado do Rio de Janeiro: SADDY, André; PINTO, Igor Giuberti. "Isenções e reduções tarifárias em rodovias concedidas: um estudo de caso das rodovias do Rio de Janeiro". *Revista de Direito Econômico e Socioambiental*, Curitiba, vol. 8, nº 2, maio/ago. 2017, pp. 114-172. DOI:10.7213/rev.dir.econ.soc.v8i2.16424.

2 BRASIL. Departamento Nacional de Infraestrutura de Transportes. *Sistema Nacional de Viação de 2015*. Disponível em: http://www.dnit.gov.br/sistema-nacional-de-viacao/. Acessado em: 28.06.2016.

Haja vista o notório problema de conservação das rodovias e os problemas de caixa existentes em âmbito governamental, deu-se início, na década de 1990, com a passagem do modelo de Estado do bem-estar para o de Estado regulador, a um processo de revitalização por meio da concessão para particulares da exploração, conservação e manutenção de algumas das principais rodovias do país.

O desejo estatal era proporcionar aos usuários rodovias mais seguras, com melhor conservação e com serviços adicionais como reboque, plantão de médicos em caso de acidentes, acesso facilitado às informações, entre outros serviços.

A concepção existente em torno de tais delegações é não só desonerar o Estado da prestação direta de tais serviços, porém, também, atrair investimentos privados, nacionais ou estrangeiros, para projetos de interesses públicos.

Há, com isso, desoneração econômica, pois a lógica do custeio é distinta da que ocorria anteriormente, vinculada à receita pública. Nessas rodovias delegadas, o custeio da infraestrutura não ocorre por meio de tributos, mas sim por meio daqueles que realmente se valem do serviço. O instrumento para tanto é, em regra, a cobrança do pedágio pago pelos usuários, mas, também, pode ser contraprestações pecuniárias ou não do Estado. Na verdade, realiza-se entre a iniciativa privada e o Estado um contrato de concessão.

No âmbito rodoviário, a maioria das delegações realizadas é considerada concessão comum, regida pela Lei federal n. 8.987/1995, e isso significa que não existe compartilhamento de risco ou lucro; e a exploração do particular deve, necessariamente, ser autossuficiente. Isso é, a tarifa módica deve amortizar os investimentos e ainda conceder justo lucro ao privado antes do fim do contrato.

Por tais serviços serem de titularidade do Estado, ele mantém o dever de disciplinar e zelar por sua boa qualidade e adequação prestacional. Do mesmo modo, o particular tem sempre direito de ter assegurada a preservação do equilíbrio econômico-financeiro do contrato. Por isso que sempre que algum tipo de isenção ou redução no valor da tarifa for concedido aos usuários do serviço, terá o concessionário direito a tal equilíbrio.

Sendo assim, este artigo objetivou apurar os tipos de isenções e reduções tarifárias presentes nas rodovias concedidas. Para tal, inicialmente, analisam-se as cláusulas comumente utilizadas em contratos de concessão rodoviária; na sequência, analisam-se as principais legislações vigentes, bem como projetos de leis atuais e do passado que propõem ou propuseram isenção ou redução tarifárias nas rodovias concedidas. Por fim, realizou-se uma análise jurisprudencial sobre a temática. As informações coletadas esclarecem os diferentes tipos de veículos e pessoas que usufruem isenções ou reduções tarifárias, com isso, trazendo uma perspectiva e projeção do que poderá afetar o equilíbrio econômico-financeiro.

No que diz respeito à legislação, far-se-á uma análise de diplomas legais vigentes ou projetos de leis em andamento, inclusive, os arquivados que preveem ou já previram alguma forma de isenção ou redução tarifária. A análise das legislações ocorreu em âmbito federal e estadual.

Também se fez uma pesquisa jurisprudencial sobre a matéria. Pesquisou-se nos sites de busca do STF, STJ, TRFs e de todos os tribunais estaduais, incluindo o do Distrito Federal. Deixa-se claro, aqui, que a intenção foi elucidar apenas as questões de mérito no que diz respeito à isenção e redução tarifárias. Não foram objetos da pesquisa a análise de questões meramente processuais, como questões de competência da justiça estadual ou federal, se a União é ou não parte legítima na ação, se houve descumprimento dos requisitos legais para conhecer o Recurso Especial, entre outros. O intuito, como apontado na introdução, era permitir a possibilidade comparativa de outras espécies de isenções ou reduções que não aquelas estabelecidas nos contratos de concessão.

1 Breves apontamentos sobre o regime remuneratório em rodovias concedidas

Segundo Kal Machado,[3] a cobrança de valores para a utilização de estradas existe desde o Império Romano, e sua principal função era custear os gastos de conservação e manutenção desse bem de uso comum do povo. Essa cobrança, chamada de pedágio,[4] possui naturezas jurídicas distintas, conforme o sistema jurídico avaliado. No Brasil, por exemplo, já teve natureza tributária de taxa, quando dita cobrança era feita pelo Poder Público, para manutenção do serviço público em questão e, atualmente, possui natureza tarifária porque é feita por particular para remunerar a exploração de infraestrutura rodoviária.[5]

---

3 MACHADO, Kal. *Concessões de rodovias*: mito e realidade. 2ª ed. São Paulo: Prêmio Editorial, 2005.

4 O termo "pedágio" nasceu no Império Romano, que cobrava o chamado *portorium*, uma tarifa para movimentação de mercadorias. Já em português, o termo deriva do francês, *peáge*, que, durante o século XI, era cobrado, por toda a Europa, para a utilização de pontes em locais de grande tráfego.

5 Vale ressaltar que existe grande polêmica acerca da natureza jurídica do pedágio, isto é, se corresponde a uma taxa ou a uma tarifa. As taxas são espécies de tributos, sendo assim, sua cobrança está ligada ao desempenho de uma atividade estatal específica. Já a tarifa vem como pagamento da utilização de serviços públicos, feitos de forma indireta pelo Estado, por meio de empresas privadas que prestam esses serviços. Chega-se, logo, à conclusão que é mais acertado classificar o pedágio de acordo com a circunstância da sua instituição. O pedágio será taxa quando for instituído pelo próprio Poder Público e gerar como objeto de cobrança a conservação e a manutenção da rodovia, não podendo, assim, um pedágio ser criado para a construção desta ou para permitir a utilização do bem público. Para o caso de construção da rodovia, utilizam-se os recursos públicos arrecadados com impostos, ou conceder-se-á o serviço à empresa particular por meio de concessão, então, cobrar-se-á pedágio; neste caso, será tarifa. Portanto, no caso em que a rodovia é objeto de concessão de empresas privadas, o pedágio vem com a classificação de tarifa, visto que a relação decorre de um contrato, e não de uma prestação de serviço feito pelo Estado, e é esse o enfoque dado pelo presente trabalho. Sobre o tema, vide: CARRAZZA, Roque Antônio. *Curso de Direito Constitucional Tributário*. 26ª ed. São Paulo: Malheiros, 2010; TORRES, Ricardo Lobo. *Curso de Direito Financeiro e Tributário*.

Fato é que essa cobrança, quando feita por particulares, é sua principal forma de remuneração. O valor pago pelos usuários vem como meio para proporcionar as obras realizadas, a conservação e a manutenção dessas rodovias, bem como outros serviços complementares que são prestados. O pedágio é, portanto, a principal forma, mas não a única, visto que existem receitas alternativas, complementares e acessórias, que o particular tem para se remunerar e, com isso, almejar seu fim, o lucro.[6]

Percebe-se, por conseguinte, que qualquer alteração na disposição dessas receitas (pedágios) pode impactar significativamente na economia e nas finanças desses contratos de concessão; e, como mencionado, quando isso ocorrer, haja vista o princípio do equilíbrio econômico-financeiro do contrato, mecanismos de recomposição ou reestruturação desse equilíbrio devem ser utilizados.[7]

12ª ed. Rio de Janeiro: Renovar, 2005; BRASIL. Supremo Tribunal Federal. Tribunal Pleno. ADI n. 800. Relator(a): Min. Teori Zavascki. Julgado em 11.06.2014. DJ 01.07.2014.

6 Vale ressaltar que o uso do pedágio como forma remuneratória do particular leva a inúmeros questionamentos jurídicos que não foram objetos da pesquisa, mas que são importantes, ao menos, de serem mencionados. Além da natureza jurídica, alguns doutrinadores sustentam a ideia de que o pedágio violaria o direito de liberdade de locomoção, que se encontra no art. 5°, inc. XV, da CRFB. Outros entendem que não há violação desse direito, mas somente um condicionamento a este. Isto é, não há proibição do direito de locomoção, somente o condiciona ao pagamento. Sobre o tema, vide: MORAES, Alexandre de. *Direito Constitucional*. 24ª ed. São Paulo: Atlas: 2009. Outra polêmica que se relaciona ao pedágio é se há obrigatoriedade de existir uma via alternativa para que assim possa se cobrar o pedágio na rodovia concedida. Com o advento da Lei federal n.9.648/1998, não há mais dúvida em relação ao assunto, ou seja, não há tal obrigatoriedade. Sobre o tema, vide: SABBAG, Eduardo de Moraes. *Manual de Direito Tributário*. 5ª ed. São Paulo: Saraiva, 2013.

7 Sobre os distintos mecanismos de recomposição ou reestruturação do equilíbrio econômico-financeiro dos contratos, tais como a revisão tarifária, as explorações de outras fontes de receitas, os encargos de subsídios ao concessionário, o aumento do prazo contratual, a modificação do valor da outorga, entre outros, vide: JUSTEN FILHO, Marçal. *Curso de direito administrativo*. 9ª ed. São Paul: Revista dos Tribunais, 2013, p. 538; JUSTEN

Passa-se, sob tal perspectiva, a analisar uma das causas desse desequilíbrio: as isenções e as reduções tarifárias. Para tanto, elencar-se-á a seguir todas as formas de isenções ou reduções tarifárias encontradas em contratos de concessão, na legislação na jurisprudência, analisando cada qual quanto ao aspecto de sua juridicidade.

2 Isenção para ambulância, bombeiro, policial, poder concedente, agência reguladora e veículos oficiais

Os contratos de concessão em vigor possuem imprecisão quanto aos veículos que receberam isenção e sequer tratam de reduções tarifárias. Isso porque existe previsão contratual concedendo isenção para o poder concedente (DNER, ANTT e DER, por exemplo), para as agências reguladoras (ANTT e os veículos a seu serviço), veículos oficiais (identificados, credenciados e conforme definidos na legislação em vigor), bem como polícia rodoviária e corpo de bombeiros.

Diz-se existir uma imprecisão, pois é cláusula comum a isenção para "veículos oficiais".[8] Pois bem, esse conceito já engloba os veículos do poder concedente, das agências reguladoras, da polícia rodoviária e dos bombeiros. Conforme a cláusula estiver redigida, são três as hipóteses observadas na maioria dos contratos de concessão rodoviária:

FILHO, Marçal. *Teoria Geral das Concessões de Serviço Público*. São Paulo: Dialética, 2003, p. 340; ARAGÃO, Alexandre Santos de. *Direito dos serviços públicos*. Rio de Janeiro: Forense, 2013, p. 577; entre outros.

8 A Instrução Normativa n. 03, de 15 de maio de 2008, do Ministério de Planejamento, Orçamento e Gestão, dispõe sobre a classificação, utilização, especificação, identificação, aquisição e alienação de veículos oficiais. Em seu art. 1°, estabelece que "os veículos oficiais se destinam ao atendimento das necessidades de serviço e sua utilização deve observar os princípios que regem a Administração Pública Federal".

> (i) veículos oficiais devidamente identificados, quaisquer veículos a serviço de qualquer pessoa jurídica de Direito Público (União, estados, municípios, Distrito Federal e seus respectivos órgãos, departamentos, autarquias ou fundações públicas), devidamente identificados como tal, ou seja, com placa de fundo branco com letras pretas;
>
> (ii) veículos oficiais credenciados, que são apenas aqueles registrados tanto no poder concedente como na concessionária, portanto, um número significativamente menor do que o outro;
>
> (iii) veículos oficiais, conforme definido na legislação em vigor, são os que mais abrangência conferem, pois incluem todas as categorias dos veículos mencionados no Decreto n. 6.403, de 17 de março de 2008.

Percebe-se que são três situações distintas: uma coisa é o veículo estar identificado, outra é ele ser credenciado e, mais ampla é ele ser apenas oficial.

Destaca-se o estado do Mato Grosso como primeiro Estado-membro a possuir legislação sobre cobrança de pedágio nas rodovias estaduais. Trata-se da Lei estadual n. 8.620, de 28 de dezembro de 2006. Dita lei, em seu art. 8°, concede isenção aos seguintes veículos: a) ambulância; b) bombeiro; c) policial; d) motocicletas e ciclomotores; e) veículo oficial do corpo diplomático; e f) veículo de passeio e utilitário com até uma tonelada e meia de peso bruto, conforme especificação de fábrica.

Destaca-se a tentativa de modificação de dito artigo por meio do Projeto de Lei estadual n. 657/2012, que visou conceder isenção aos "veículos utilizados por pessoas residentes na zona rural que trafeguem na rodovia até 30 quilômetros a partir da praça de pedágio" e "ao profissional que prestar serviço ao Poder Público, seja ele Municipal, Estadual ou Federal". Tal projeto, apesar de sancionado, foi vetado em 17 de janeiro de 2013, pelo governador do estado, por vício de inconstitucionalidade e ilegalidade.

No **estado da Bahia**, em 28 de outubro de 2015, entrou em vigor a Lei estadual n. 13.451, que não se limita às rodovias estaduais e se refere ao livre acesso das ambulâncias públicas em serviço, desde que identificadas por dispositivos regulamentares de alarme sonoro e iluminação vermelha intermitente, em todas as praças de pedágio do Estado.

No **estado do Paraná**, tem-se proposição semelhante. Trata-se do Projeto de Lei estadual n. 537/2017 por dispor que as pessoas jurídicas concessionárias de rodovias pedagiadas devem assegurar o tráfego de veículos de emergência em atendimento ao público em serviço, isentos do pagamento do pedágio, nas pistas de rolamento de cobrança automática disponibilizada nas praças de pedágio (art. 1). O projeto está em tramitação na Comissão de Constituição e Justiça.

Da mesma forma, no **estado de Santa Catarina**, o Projeto de Lei estadual n. 201.8/2017 (arquivado em 29 de agosto de 2017) pretendia obrigar as concessionárias situadas no âmbito do estado a cederem passe livre às ambulâncias de hospitais, clínicas, empresas e similares (art. 1).

Tem-se ainda o Projeto de Lei n. 370/2019 do **estado do Paraná**, que pretende obrigar as empresas concessionárias de pedágio do estado a isentar a tarifa dos veículos em designação oficial, indicados pela Administração Pública do estado do Paraná (art. 1º), segundo o inciso I, § único do projeto, considera-se veículo oficial os veículos próprios ou contratados de prestadores de serviço utilizados pela União, estados, municípios e Distrito Federal, seus respectivos órgãos, departamentos, autarquias ou fundações públicas na forma do Decreto n. 6.403, de 17 de março de 2008. Ainda, segundo o inciso II, o veículo de propriedade particular de representantes do poder legislativo municipal, oficialmente indicado pela Administração Pública em missão oficial. O projeto ainda define parâmetros para cadastro e fiscalização dos veículos. Atualmente o Projeto de Lei está em tramitação na Comissão de Constituição e Justiça.

No **estado de São Paulo**, o Projeto de Lei estadual n. 1.128/2019 expõe que as concessionárias exploradoras de pedágio situadas no âmbito do estado de São Paulo ficam obrigadas a cederem passe livre aos veículos destinados a socorro de incêndio e salvamento, veículos de polícia, de fiscalização e operação de trânsito, de escolta e as ambulâncias, conforme determina o inciso VII do art. 29 do Código de Trânsito Brasileiro – Lei federal n. 9.503, de 23 de setembro de 1997 (art. 1). Portanto, terão passe livre nas praças de pedágio em todo o estado de São Paulo os veículos da Polícia Militar, Polícia Civil, Polícia Federal, Polícia Rodoviária Federal, Polícia Técnica Científica, da Secretaria da Administração Penitenciária e Ambulâncias (art. 3). O projeto está em tramitação na Comissão de Constituição e Justiça.

A interversão do judiciário se fez presente em referência à **Remessa Necessária Cível n. 5009550-11.2017.4.04.7009/PR** na sentença que concedeu a segurança requerida pelo Instituto Brasileiro do Meio Ambiente e dos Recursos Naturais Renováveis - Ibama para o fim de determinar que a entidade impetrada (Rodonorte – Concessionária de Rodovias Integradas S/A) promovesse os atos necessários para garantir o livre trânsito de veículos alugados pelo Ibama, mas que efetivamente eram utilizados para o cumprimento do poder de polícia nos trechos da rodovia sob sua administração sem a cobrança da tarifa de pedágio durante o período correspondente à operação Demeter dada a isenção pertinente aos veículos oficiais. O Ministério Público Federal se manifestou pela manutenção da sentença. Por fim, negado o pedido de remessa oficial e mantida, portanto, a sentença que concedeu através de mandado de segurança a isenção aos veículos alugados pelo Ibama durante a operação Demeter, por serem considerados oficiais.[9]

---

9 BRASIL. Tribunal Regional Federal da 4ª Região. Terceira Turma. RN n. 5009550-11.2017.4.04.7009. Relator(a): Desembargadora Federal Vânia Hack de Almeida. TRF4: 29.11.2018.

3 Isenção e redução por mera liberalidade do concessionário

Outra cláusula comum nos contratos de concessão rodoviária é a que estabelece isenções e reduções tarifárias concedidas por mera liberalidade dos concessionários. Isto é, aquelas isenções e reduções que a concessionária, a seu único e exclusivo critério e sua responsabilidade, poderá conceder aos usuários, bem como arredondamentos de tarifa de pedágio em favor do usuário, assim, visando facilitar o troco e até mesmo a realização de promoções tarifárias, inclusive procedendo a reduções sazonais em dias e horas de baixa demanda, desde que autorizadas por contrato ou pelo poder concedente, sem que isso, todavia, possa gerar qualquer direito da concessionária solicitar compensação (equilíbrio econômico-financeiro) nos valores das tarifas.

4 Isenção para residentes permanentes ou que exerçam atividades profissionais no mesmo município onde funciona praça de pedágio ou para veículos emplacados no respectivo município em que estejam instaladas as praças de cobrança de pedágio

A cobrança por barreira, com as praças de pedágio, provoca injustiças. Afinal, mesmo percorrendo poucos quilômetros, ao passar pela praça de pedágio, ter-se-á de pagá-lo. No entanto há situações em que o usuário percorre inúmeros quilômetros, mas não passa pela praça, não tendo, portanto, de pagar o pedágio.

Por eventuais injustiças que possam causar, alguns contratos de concessão, principalmente os de rodovias estaduais, preveem a obrigatoriedade de um valor diferenciado, um desconto tarifário (redução), para os indivíduos que comprovadamente residam nas proximidades das praças de pedágio e que possuam veículos regularizados.

Além disso, existe uma série de projetos de leis tentando desonerar os residentes de determinadas localidades por conta da cobrança de pedágio realizada nas praças de pedágio.

Por isso, em virtude da falta de via alternativa, tais entes vêm tentando oferecer aos condutores de veículos residentes nas regiões vizinhas às praças de pedágio isenção ou, no mínimo, redução de valor, visto se considerar enriquecimento ilícito por parte dos concessionários, além de poder configurar uma restrição ao direito de ir e vir e, também, uma limitação ao desenvolvimento de suas funções e atividades, com repercussão danosa para suas condições socioeconômicas.

Além de projetos de lei, muitos condutores de veículos, por considerar as praças de pedágio desproporcionais e onerosas, violadoras de diretrizes básicas das relações jurídicas de consumo (art. 51, inc. IV do CDC), vêm solicitando judicialmente isenção, visando, como mínimo, diminuir o custo em face das suas necessidades básicas de deslocamento.

O primeiro processo localizado sobre o tema foi autuado sob n. 2003.001.0114-1, no **Tribunal de Justiça do Estado do Rio de Janeiro.** Referia-se à cobrança de pedágio cuja praça estava instalada no km 71 da rodovia BR-116, localidade de Três Córregos, no trecho entre Além Paraíba e Teresópolis. Os usuários da rodovia tiveram deferido pelo Judiciário, em primeira instância, o pedido de isenção de pedágio para transitar pelo local.

Antes de adentrar pelas decisões de segundo grau, vale fazer uma breve menção à sentença do Juiz de Direito da 2° Vara Cível de Teresópolis/RJ, primeira instância do caso, em que se pode observar parte dos argumentos que levaram ao deferimento da ação:

> A cláusula 43 do contrato de concessão dá à concessionária ré um poder que é indelegável: o de definir o que seja interesse público.

> Não se poderia fazer a licitação sem fixar os parâmetros para concessão das isenções de descontos. Há, pois, um vício na licitação, que deixou o conteúdo de uma disposição contratual em aberto, não sendo possível, por motivos de ordem lógica, este conteúdo ser preenchido pela parte interessada no resultado econômico do serviço.
>
> A invalidade do contrato de concessão tornou o ato administrativo irrazoável.
>
> Afirmou a ré, em sua contestação, que somente o seu exclusivo critério e após "rigorosíssima" avaliação, concederá as isenções e descontos previstos na cláusula 43 do contrato de concessão.
>
> Não poderia o DNER delegar a discricionariedade para conceder isenções, pois este poder é próprio da atuação do administrador público que está, por definição, imbuído do interesse público.
>
> Outro equívoco comete a ré: concedeu isenções para alguns e deixou de conceder para outros que estavam na mesma ou semelhante situação. Atentou contra o princípio constitucional da impessoalidade do ato administrativo, conhecido como princípio da imparcialidade administrativa.[10]

Em sede recursal, a concessionária CRT argumentou pela validação da concessão e pelo eventual desequilíbrio econômico-financeiro do contrato, mas o desembargador entendeu que os moradores não têm possibilidade de sair de casa sem pagar pedágio e, por isso, a isenção é medida tida como justa. Veja parte da decisão:

> A concessionária pretende o pagamento do pedágio sem oferecer a contrapartida do serviço ao usuário que se utiliza de apenas 150 metros dos 71.000 (setenta e um mil), nos

10 RIO DE JANEIRO. Tribunal de Justiça do Estado do Rio de Janeiro. Segunda Vara Cível de Teresópolis. ADC n. 1999.540.001685-4. TJRJ: 31.05.2002, pp. 542/543.

> quais, em tese, seriam oferecidos os serviços a justificar a cobrança de "(...) quem usa a rodovia e assim deve contribuir para a sua manutenção (...)". O que se percebe é que os usuários/apelados utilizam-se de aproximados 0,2% da estrada e a concessionária exige-lhes o pagamento do pedágio na mesma proporção daquele que se utiliza de 100% do trecho pedagiado.[11]

Ainda sobre essa questão é possível encontrar outras decisões do Tribunal de Justiça do Estado do Rio de Janeiro,[12] salientando que moradores de áreas próximas às praças de pedágio podem receber isenção tarifária:

> Direito Administrativo. Pedido de isenção do pagamento de tarifa cobrada por concessionária exploradora de rodovia federal formulado por morador de município cortado pela praça do pedágio. Relação jurídica de consumo, que justifica a intervenção do judiciário, ante a onerosidade excessiva. Ainda que o critério para a fixação do preço da tarifa não tenha sido a distância a ser percorrida pelo usuário, não se pode deixar de reconhecer que a cobrança do valor integral do pedágio para aqueles que se veem obrigados a percorrer diariamente distância ínfima importa em manifesta onerosidade e desproporcionalidade que deve ser afastada pelo judiciário, mitigando-se, com isso, os dogmas da separação de poderes e da autonomia de vontades. Deve-se ter em mente que o valor da tarifa deve corresponder à efetiva contraprestação pelos serviços prestados, razão pela qual não se sustenta a cobrança da forma como realizada pela concessionária, que deve arcar com as consequências

---

11 RIO DE JANEIRO. Tribunal de Justiça do Estado do Rio de Janeiro. Décima Sétima Câmara Cível. AC n. 2003.001.0114-1. Relator(a): Desembargador Raul Celso Lins e Silva. TJRJ: 21.01.2003, p. 693.

12 RIO DE JANEIRO. Tribunal de Justiça do Estado do Rio de Janeiro. Décima Sétima Câmara Cível. AC n. 2009.001.05607. Relator(a): Desembargadora Luisa Cristina Bottrel Souza. TJRJ: 11.03.2009.

> advindas da instalação de posto de cobrança em área com grande densidade populacional. Além disso, o argumento de que existe via alternativa no local somente seria válido se a mesma oferecesse perfeitas condições de uso e segurança ao usuário, o que não se verifica no caso dos autos. Precedentes jurisprudenciais. Recurso conhecido e provido.

Já no âmbito dos Tribunais Regional Federais, a primeira ação localizada sobre isenção para moradores nas cercanias da praça de pedágio data de 2009, no **Tribunal Regional Federal da 2ª Região (TRF2).**

Trata-se de ação civil pública, ajuizada pela Federação das Associações de Moradores e Amigos de Resende e Associação de Moradores e Amigos de Engenheiro Passos, envolvendo a cobrança de tarifa do pedágio cobrada pela concessionária da Rodovia Presidente Dutra S/A (Nova Dutra) na praça de pedágio de Itatiaia, relacionada à população que é domiciliada no município de Resende, em especial, os cidadãos residentes no Distrito de Engenheiro Passos.[13]

A ação pretendia impor à Nova Dutra isenção em ambos os sentidos da rodovia, na praça do pedágio de Itatiaia, dos motoristas que tenham veículos com placa de Resende e dos motoristas que realizam o transporte coletivo de pessoas na linha Rodoviária/ Engenheiro Passos.

Segundo o TRF2, a cobrança do pedágio é preço público (ou tarifa) e não tributo. Na decisão, os desembargadores afirmam que não há qualquer norma jurídica no Direito brasileiro que proíba a cobrança de pedágio de veículos que realizem tráfego intramunicipal.

---

13 BRASIL. Tribunal Regional Federal da 2ª Região. Sexta Turma Especializada. AC n. 434400. Relator(a): Desembargador Federal Guilherme Calmon Nogueira da Gama. DJU: 10.07.2009, p. 227.

Para os desembargadores, nos termos do contrato de concessão, eventual concessão de isenção tarifária não gera qualquer direito à compensação. Ocorre que, no caso, tal isenção foi imposta pelo Estado-juiz, sem que houvesse qualquer previsibilidade a esse respeito quando da pactuação da concessão. A cobrança da tarifa de pedágio é feita da universalidade de usuários dos serviços prestados pela concessionária, inclusive, realização de obras de manutenção, monitoramento, operação da rodovia, prestação de serviços médicos e de socorro emergencial, prestação de serviço mecânico de urgência, entre outras atribuições.

Chega-se a questionar que, no município do Rio de Janeiro, há a via pública conhecida como "linha amarela", que não desborda dos limites territoriais urbanos do município, e nunca houve qualquer questionamento a respeito da cobrança de pedágio.

Para o Tribunal, caso a isenção fosse implementada, ter-se-ia de restabelecer o equilíbrio econômico-financeiro do contrato. Sugeriu-se a possibilidade de promover o aumento do valor da tarifa para os demais usuários de modo a compensar as perdas decorrentes das receitas oriundas da isenção. Tal medida, no entanto, segundo os desembargadores, geraria forte impacto e até mesmo o comprometimento do princípio da modicidade tarifária, como bem explicitou a ANTT nas suas manifestações, nos autos.

A cobrança de pedágio é forma de limitar o tráfego de pessoas, mas tal limitação também existe quando o Estado não constrói rodovias ou não conserva adequadamente as que existem, impondo aos cidadãos que realizem percursos mais longos ou provocando maiores desgastes e avarias nos seus veículos.

Decidiu o TRF2 que não há qualquer inconstitucionalidade ou ilegalidade na cobrança da tarifa de pedágio relativamente às pessoas que têm seus veículos com placa de Resende, ou que são transportadas em veículos de transporte coletivo entre as localidades do distrito de Engenheiro Passos e os outros distritos e bairros do município de Resende.

Apesar desse primeiro posicionamento, o mesmo TRF2 – em sede de agravo de instrumento, contra decisão que deferiu parcialmente o pedido de liminar para determinar à concessionária a abster-se de efetuar cobrança de tarifa de pedágio dos carros com placas de Barra do Piraí de moradores dos distritos de Dorândia, Vargem Alegre, Califórnia e São José do Turvo, na praça de pedágio n. 3, na rodovia federal BR-393, fixando multa de R$15 mil na hipótese de descumprimento injustificado – decidiu, por unanimidade, que a conclusão do juiz de primeiro grau não merecia censura, tendo em vista que a solução escolhida procurou resguardar, em sede de tutela de urgência, o direito de ir e vir dos moradores das localidades que, por conta da instalação da praça do pedágio, passaram a ter gastos adicionais para se deslocar nos limites do município onde residem, ônus não estendido aos demais munícipes.[14]

Para o TRF2, é equivocada a sentença que, em ação civil pública proposta pelo Ministério Público Federal, assegura a isenção permanente do pagamento de pedágio aos moradores de determinados bairros de Duque de Caxias, prejudicados pela instalação da praça de pedágio P1 da Rodovia BR-040 (km 104). No caso, existem caminhos alternativos à disposição dos moradores lindeiros supostamente prejudicados com a implantação da praça de pedágio, ainda que mais extensos ou em piores condições de tráfego.[15]

Para os desembargadores, não há imposição legal de que seja assegurada a isenção ou certo tipo de acesso, bem como descabe ao Judiciário substituir a discricionariedade administrativa e afetar os termos do contrato de concessão, em algo que apenas se revela

---

14 BRASIL. Tribunal Regional Federal da 2ª Região. Sétima Turma Especializada. AG n. 184175. Relator(a): Desembargador Federal Jose Antonio Lisboa Neiva. E-DJF2R: 30.06.2011, pp. 281/282.

15 BRASIL. Tribunal Regional Federal da 2ª Região. Sexta Turma Especializada. AC n. 556430. Relator(a): Desembargador Federal Guilherme Couto. E-DJF2R: 01.10.2012, p. 147.

como discricionariedade judicial. O Judiciário apenas deve interferir em caso de ilegalidade, nos termos vinculatórios do mandamento legal. Indevida, portanto, a imposição de permanente isenção a tais moradores, sem prejuízo de que os órgãos reguladores, ou o eventual contrato de concessão, considerem tais aspectos.

O TRF2 já teve oportunidade de decidir, também, que lei municipal que isenta os munícipes do pagamento de pedágio, ou ainda, obriga a construção de via alternativa pela concessionária para que o pedágio seja cobrado, é uma interferência, de forma indevida, na relação contratual estabelecida entre o Poder Executivo Federal e a empresa concessionária, em nítida ofensa à separação dos poderes.[16]

No mesmo sentido, em ação mais recente, entendeu o TRF2 ser válida a cláusula contratual, acorde à Lei federal n. 8.987/1995, que autoriza a concessionária a conceder isenções a seu exclusivo critério. Inexistindo previsão de cobrança condicionada à existência de vias alternativas, segundo o Tribunal, é legítima essa preocupação com o impacto social que a implantação de praças de pedágio sempre traz às populações circunvizinhas, sem o mínimo de estrutura necessária à vida cotidiana, com deslocamento diário a regiões próximas, várias vezes ao dia, em busca de escola, hospital ou trabalho, desvantagem geográfica e social agravada pela tarifa de pedágio.

Sobre a imposição de tal isenção por meio do Judiciário, decidiu a Sexta Turma Especializada do TRF2, por unanimidade, que descabe a esse Poder, inexistindo ilegalidades, compelir a Administração a adotar medidas mais eficientes, afetas a órgãos técnicos, e a obrigação de oferecer via gratuita como condição para cobrança de pedágio não tem amparo constitucional ou legal, a

---

16 BRASIL. Tribunal Regional Federal da 2ª Região. Quinta Turma Especializada. AC n. 586746. Relator(a): Desembargador Federal Aluisio Gonçalves de Castro Mendes. E-DJF2R: 28.07.2014.

partir da alteração da Lei federal n. 9.648/1998, no art. 9º, §1º, da Lei Geral de Concessões, n. 8.987/1995, prevalecendo, na espécie, as disposições do contrato celebrado validamente entre o poder concedente e a concessionária.[17]

Nesse sentido, reformou sentença de julho de 2011, que, apesar de manter a validade da cláusula 43 do contrato de concessão, condenou a Concer a implementar, e a ANTT a fiscalizar, a isenção de tarifa de pedágio a usuários de diversas localidades circunvizinhas à praça de pedágio do Km 45 (P2) da BR-040, aplicando-se os mesmos critérios utilizados pela concessionária para isentar usuários de localidades próximas aos pedágios dos Km 104 (P1) e 816 (P3).

No que diz respeito ao **Tribunal Regional Federal da 3ª Região (TRF3)**, existe, em agravo regimental, visando à suspensão de segurança numa ação civil pública, decisão de não dar provimento a esse por inexistir nos autos prova da realização de algum estudo técnico-financeiro realizado pela concessionária capaz de comprovar a ocorrência de grave lesão a um dos bens tutelados pelas normas que regem a suspensão de segurança, principalmente considerando o fato de que a isenção do pagamento da tarifa de pedágio foi assegurada tão somente a um grupo restrito, ou seja, apenas aos moradores de uma cidade.[18]

Para os desembargadores, não se vislumbra, no caso, o alegado impacto financeiro do contrato, levando em conta que a frota de veículos da cidade em questão não ultrapassava 3 mil.

Ademais, a sentença estabelece a isenção do pagamento do pedágio aos moradores da cidade por um período determinado, ou

---

17 BRASIL. Tribunal Regional Federal da 2ª Região. APELRE n. 552709. Relator(a): Desembargadora Federal Nizete Lobato Carmo. Sexta Turma Especializada. E-DJF2R: 07.01.2015.

18 BRASIL. Tribunal Regional Federal da 3ª Região. Órgão Especial. SLAT n. 2917. Relator(a): Desembargador Federal Roberto Haddad. E-DJF3 Judicial 1: 02.02.2011, p. 28.

seja, até que se construa uma via alternativa de acesso, com a finalidade de possibilitar a locomoção dos moradores dentro da cidade.

Por fim, para a Quarta Turma do **Tribunal Regional Federal da 4ª Região (TRF4)**, a isenção do pagamento de pedágio para a população residente nas cercanias da respectiva praça, que se vale da rodovia em seus deslocamentos diários, se não estiver prevista no contrato de concessão, não pode ser deferida judicialmente sem o exame das circunstâncias que envolvem o caso concreto, tais como a comprovação da necessidade de utilização da rodovia pela população local pela inexistência de via alternativa razoável, da desproporcionalidade entre o benefício proporcionado e os gastos com as tarifas e a preservação do equilíbrio econômico-financeiro do contrato.[19]

Ora por essas e outras sentenças que a União e alguns Estados-membros apresentaram projetos de leis isentando os residentes permanentes ou as pessoas que exercem atividades profissionais no mesmo município onde funcionam praças de pedágio.

Em âmbito federal, está sendo analisado, pelo Congresso Nacional, Projeto de Lei federal n. 2858/2011, que visa acrescentar artigo à Lei federal n. 8.987, de 13 de fevereiro de 1995, para isentar do pagamento de pedágio os condutores que tenham residência permanente ou exerçam atividades profissionais no mesmo município onde funcione praça para a arrecadação dessa tarifa (art. 1°). Dispõe o artigo:

> Art. 45-A. Nas concessões em que as rodovias públicas são o objeto, a cobrança de pedágio pela utilização da via não se aplicará aos condutores que tenham residência permanente

---

19 BRASIL. Tribunal Regional Federal da 4ª Região. Quarta Turma. AC n. 50241995220104047000. Relator(a): Luís Alberto D'azevedo Aurvalle. D.E.: 16.01.2015.

> ou exerçam atividades profissionais no mesmo Município onde funcione a praça para a arrecadação dessa tarifa.
>
> Parágrafo único. Para se adaptarem às regras estabelecidas no *caput*, e com a finalidade de preservação do seu equilíbrio econômico e financeiro, os contratos de concessão em vigor poderão ser objeto de revisão extraordinária.

O projeto foi desarquivado em março de 2019 devido ao Requerimento de desarquivamento n. 445/2019 e voltou à tramitação.

Além desse projeto, tem-se ainda o Projeto de Lei federal n. 4169/2012, que visa acrescentar à Lei federal n. 9.277, de 10 de maio de 1996, dispositivo que concede isenção de pagamento das tarifas de pedágio aos usuários da rodovia, residentes e trabalhadores, dos municípios em que se encontram as praças de cobrança de pedágio (art. 1°). Dispõe o artigo:

> Art. 4°-A. É isento do pagamento da tarifa de pedágio em rodovias federais, estaduais e municipais ou delegadas pela União ao Distrito Federal, aos Estados ou aos Municípios, exploradas pela iniciativa privada mediante concessão ou pelo Poder Público, o veículo do usuário, residente ou com trabalhado fixo, no município em que esteja localizada a praça de cobrança de pedágio.
>
> § 1° Para usufruir da isenção da tarifa na praça de cobrança de pedágio localizada no município em que reside ou trabalha, o usuário deverá ter seu veículo credenciado pelo poder concedente ou pelo concessionário responsável pela via.
>
> § 2° As normas para o credenciamento que se refere o § 1° deste artigo e sua aplicação, serão fixadas pelo órgão competente da administração pública.

O projeto também foi desarquivado em março de 2019, devido ao mesmo Requerimento de desarquivamento n. 445/2019, e voltou à tramitação.

Quanto aos Estados-membros, o **estado de São Paulo**, em 1985, já possuía projeto de lei sobre o tema. Trata-se do Projeto de Lei estadual n. 835/1985, que visava isentar da taxa de pedágio os veículos licenciados em municípios a menos de 20 quilômetros do posto de arrecadação nas rodovias sob a jurisdição estadual. Esse projeto foi arquivado no ano de 1987. Interessante aqui notar que, à época, buscava-se uma isenção da taxa cobrada pelo Estado, e não da tarifa cobrada pelo particular.

O primeiro Estado-membro da federação, porém, que isentou do pagamento da tarifa de pedágio a todos os veículos pertencentes aos moradores do município onde estava instalada as praças de pedágio e cujos veículos estavam ali emplacados (art. 1°) foi o **estado do Paraná**. Nesse estado, foi apresentado o Projeto de Lei estadual n. 291/2007, que foi transformado na Lei estadual n. 15.607, de 15 de agosto de 2007. Trata-se do primeiro caso legal de isenção em desfavor das rodovias concedidas.

Ressalta-se, porém, que houve uma declaração *incidenter tantum* de inconstitucionalidade dessa lei e do decreto que a regulamentava, n. 1.352, de 21 de agosto de 2007, em sede de mandado de segurança no Tribunal de Justiça do Paraná, MS n. 4367342,[20] em que se entendeu que está sujeito ao controle difuso de constitucionalidade ato normativo que, usurpando competência federal para a concessão de isenções e benefícios, apresenta evidente vício de iniciativa. Segundo os desembargadores, a concessão do Poder Público ao particular para a conservação de rodovias transforma a receita apontada outrora como tributo em tarifa, tornando inadmissível a concessão de isenções a serem suportadas por órgão diverso do arrecadador, conforme inteligência dos arts. 2° e 175 da CRFB.

---

20 PARANÁ. Tribunal de Justiça do Estado do Paraná. Órgão Especial. Mandado de segurança n. 0436734-2. Relator(a): Desembargador Paulo Roberto Hapner. TJPR: 03.10.2008.

Porém, o próprio estado do Paraná tem novas proposições nesse sentido. Percebe-se o Projeto de Lei estadual n. 778/2019 que visa isentar do pagamento da tarifa de pedágio os veículos registrados, licenciados e emplacados em municípios sede ou em municípios limítrofes às praças de pedágio em rodovias estaduais concedidas ou permitidas pelo estado do Paraná para empresas concessionárias ou permissionárias (art. 1). O projeto atualmente tramita na Comissão de Constituição e Justiça.

Além desse, o Projeto de Lei estadual n. 825/2019 tem como objetivo instituir à tarifa desconto de pedágio em 85% (oitenta e cinco pontos percentuais) para veículos em geral emplacados em municípios-sede e limítrofes às praças de pedágio de rodovias estaduais. Atualmente o projeto tramita na Comissão de Constituição e Justiça.

O **estado de Santa Catarina** também apresenta lei sobre o tema. Trata-se da Lei estadual n. 14.824, de 4 de agosto de 2009, que isenta do pagamento da taxa de pedágio todos os veículos emplacados no respectivo município onde estão instaladas as praças de cobrança de pedágio das rodovias federais BR-101 e BR-116 (art. 1°). Aplica-se tal isenção a todos os veículos emplacados no município de Paulo Lopes e nos municípios da Mesorregião Sul do estado de Santa Catarina, de acordo com a divisão territorial adotada pelo Instituto Brasileiro de Geografia e Estatística (IBGE), na praça de cobrança instalada na BR-101, município de Palhoça, em ambos os sentidos (art. 1°, parágrafo único).

A presidência da República Federativa do Brasil ajuizou Ação Direta de Inconstitucionalidade (ADI n. 4382) contra dita lei e em 30 de outubro de 2018 foi publicado acórdão para declarar sua inconstitucionalidade, fundamentando-se, no argumento de que a lei catarinense hostilizada, além de contrariar os arts. 19, III, e 175, parágrafo único, da Carta Constitucional, interferiu diretamente em contratos de concessão celebrados pela União e as concessionárias das rodovias BR-101 e BR-116, alterando o equilíbrio econômico-financeiro estabelecido nas avenças, em afronta ao art. 37, XXI, da Constituição Federal.[21]

Há inúmeros projetos de leis, veja-se.

No **estado de Minas Gerais**, tem-se o Projeto de Lei estadual n. 849/2011 (arquivado em 31 de janeiro de 2015), pelo qual se tentou isentar do pagamento de tarifas, nas praças de pedágio instaladas em vias públicas estaduais ou federais, os veículos emplacados no respectivo município onde estão instaladas as praças de cobrança de pedágio (art. 1º).

Outro estado que também prevê isenção nesse sentido é o do **Rio Grande do Sul**, que, em seu Projeto de Lei estadual n. 205/2012 (arquivado em 27 de dezembro de 2018), tentou isentar do pagamento de pedágio, cobrado em trechos, postos ou praças pedagiadas instalados em rodovias estaduais ou jurisdição delegada ao estado, os veículos emplacados no mesmo município de localização (art. 1°). Essa isenção aplica-se aos novos contratos firmados sob o regime de concessão e permissão, aos prorrogados, bem como àqueles administrados pelo estado, instituindo trechos, postos ou praças pedagiadas instaladas em rodovias estaduais ou sob a jurisdição delegada ao estado (art. 1°, parágrafo único).

No **estado da Bahia**, o Projeto de Lei n. 19.989/2012 (arquivado em 2 de fevereiro de 2015) tentou isentar do pagamento de pedágio os condutores de veículos que tivessem residência permanente ou exercessem atividades profissionais no mesmo município onde funciona a praça para a arrecadação dessa tarifa (art. 1°).

O projeto esclarecia que o direito era restrito àqueles que comprovassem a residência permanente no município e a comprovação seria feita mediante apresentação na praça de pedágio de documento, em nome do condutor, da seguinte forma: por

---

21 BRASIL. Supremo Tribunal Federal. ADI n. 4.382 Santa Catarina – 0000796-53.2010.1.00.0000. Relator(a): Min. Alexandre de Moraes. STF: 30.10.2018.

instrumento público (Promessa de Compra e Venda de Imóvel, Escritura ou Registro do Imóvel), ou conta de água, luz ou telefone fixo (com no máximo 90 dias) (art. 1°, §1°). Exigia-se, também, comprovação de atividades profissionais, essa se daria mediante apresentação na praça de pedágio de documento público (municipal, estadual ou federal) em nome do condutor, que comprovasse o exercício da atividade profissional no município (art. 1°, §2°).

Com relação aos concessionários, o projeto de lei citado estabelecia que, para se adaptarem a tais isenções, e com a finalidade de preservação do seu equilíbrio econômico-financeiro, os contratos de concessão em vigor poderiam ser objeto de revisão extraordinária (art. 2°).

Novo projeto do **estado da Bahia** de igual teor está em tramitação, cadastrado enquanto Projeto de Lei estadual n. 23.328/2019.

Ainda no estado da Bahia, parece existir acordo firmado entre o governo, a concessionária Bahia Norte e o Movimento Pojuca Pedágio Livre para que as pessoas físicas que residam no município de Pojuca, localizado na região metropolitana de Salvador, com veículos emplacados na cidade e que estejam em dia com os impostos estaduais, sejam isentos da cobrança da praça de pedágio – PP1 Mata de São João, na Rodovia BA-093.[22]

Outro estado que também possui projeto de lei a respeito é **Goiás**. Nesse, destaca-se o Projeto de Lei estadual n. 375/2013 (arquivado em 22 de junho de 2015), que concedia isenção do pagamento da tarifa de pedágio ao veículo cujo proprietário possuísse residência permanente ou exercesse atividade profissional

---

22 Não se localizou o acordo firmado, por isso, não se pode garantir tal informação, porém cita-se notícia do periódico Bahia no Ar: MORADORES DE POJUCA TERÃO ISENÇÃO DE PEDÁGIO. *Bahia no Ar*, 31 mai. 2014. Disponível em: http://bahianoar.com/moradores-de-pojuca-terao-isencao-em-pedagio/. Acessado em: 28.06.2016.

permanente no próprio município em que estivesse localizada a praça de cobrança de pedágio (art. 4º). Para se beneficiar da isenção na praça de cobrança de pedágio do município em que residia ou trabalhava, o proprietário deveria ter seu veículo credenciado pelo poder concedente e pelo concessionário, periodicamente, sendo tal credenciamento fixado em regulamento (art. 4º, §§1º e 2º).

No **estado de Mato Grosso do Sul**, o Projeto de Lei estadual n. 103/2014 (arquivado em 3 de fevereiro de 2015) isentava do pagamento da tarifa de pedágio que seria instituída na Rodovia MS 295, que liga Eldorado a Iguatemi, e na Rodovia BR 163, entre os municípios de Eldorado e Mundo Novo, aos proprietários de veículos com placas dos respectivos municípios (art. 1º).

Essa isenção somente seria usufruída pelos proprietários de veículos que tivessem residência fixa ou exercessem atividade profissional permanente nos municípios supracitados (art. 2º). Tal isenção se estendia aos estudantes devidamente matriculados em estabelecimentos de ensino regular ou de capacitação profissional (art. 3º).

O **estado do Rio de Janeiro**, por sua vez, possuiu o Projeto de Lei estadual n. 126/2015. O projeto estabelece que, nas rodovias estaduais administradas pela iniciativa privada, através de contrato de concessão, ou pelo Poder Público estadual ou municipal, estará isento do pagamento de tarifa de pedágio o veículo cujo proprietário possua residência permanente ou exerça atividade profissional permanente no próprio município em que esteja localizada a praça de cobrança de pedágio (art. 1º).

Para se beneficiar da isenção na praça de cobrança de pedágio do município em que reside ou trabalha, o proprietário deverá ter seu veículo credenciado pelo poder concedente e pelo concessionário ou pelo estado ou município quando não houver concessão da via (art. 1º, § 1º). O proprietário do veículo deverá manter seu veículo cadastrado, anualmente, na concessionária ou no Poder

Público estadual ou municipal que administre o pedágio quando não houver concessão (art. 1°, § 2°).

Em caso de concessão, os prejuízos causados possibilitam que o concessionário pleiteie ao poder concedente, se assim julgar necessário, a revisão da tarifa de pedágio antecipadamente, única e exclusivamente com o objetivo de manter o equilíbrio econômico-financeiro do contrato (art. 2°). Ainda quanto ao reequilíbrio, prevê o projeto que, na hipótese de o poder concedente decidir pela improcedência da reclamação feita pelo concessionário, este poderá recorrer a processo amigável de solução de divergência contratual, nos termos previstos no contrato de concessão, sem que, todavia, no decorrer do período de resolução do conflito, fique prejudicada a concessão da isenção (art. 2°, §1°). Agora, caso haja aumento de tarifa, as vias administradas pelo Poder Público estadual ou municipal poderão ter sua tarifa de pedágio reajustada, após apresentação do desequilíbrio financeiro de forma fundamentada, em audiência pública, a sociedade (art. 2°, §2°). A partir desse projeto foi promulgada a Lei estadual n. 8.170, de 30 de novembro de 2018. A lei, diferenciando-se do projeto, estabelece que em caso de concessão, os custos extras eventuais gerados pela aplicação dessa lei correrão à custa do concessionário (art. 2°) e que em nenhuma hipótese haverá reajuste ou revisão de tarifa de pedágio de rodovia estadual, concedida ou não, sem que haja prévia audiência pública amplamente convocada com antecedência mínima de 30 (trinta) dias (art. 3°).

Tem-se, ainda, o Projeto de Lei estadual n. 1596/2015 do **estado de São Paulo**, que isenta de tarifa de pedágio, na Rodovia Padre Manoel da Nóbrega, no Km 280, os veículos cujas placas sejam do município de São Vicente (art. 1°). Não se aplica tal isenção, porém, para veículos de transporte coletivo (art. 1°, parágrafo único). Esse projeto também se encontra em tramitação na Assembleia Legislativa do Estado de São Paulo e foi distribuído em 11 de fevereiro de 2016 para a comissão de Constituição e Justiça, e foi arquivado em maio de 2019.

Porém, quando da publicação do arquivamento, já havia para distribuição o Projeto de Lei estadual n. 300/2019, com termos muito semelhantes e de mesma intenção. Segundo o texto, ficam isentos de tarifa de pedágio, na Rodovia Padre Manoel da Nóbrega, no Km 280, os veículos cujas placas sejam do município de São Vicente (art. 1). O novo projeto está em tramitação na Comissão de Constituição e Justiça.

Ainda nesse tema, apresenta-se o Projeto de Lei estadual n. 258/2019 do **estado de Minas Gerais**, que isenta do pagamento de tarifa de pedágio nas rodovias sob responsabilidade do estado o veículo cujo proprietário possua residência permanente ou exerça atividade profissional permanente no próprio município em que esteja localizada praça de cobrança de pedágio (art. 1º). O projeto está em tramitação e foi anexado ao Projeto de Lei estadual n. 4612/2017 que, por sua vez, visa isentar do pagamento da taxa de pedágio todos os veículos pertencentes aos moradores de distritos pertencentes ao município onde estejam as praças de pedágio, cujos veículos estejam ali emplacados quando a praça de cobrança do pedágio estiver instalada entre o distrito e o município (art. 1º).

Por fim, em âmbito nacional, há o Projeto de Lei federal n. 4.476/2019, que busca acrescentar dispositivos à Lei federal n. 9.277, de 10 de maio de 1996, para dispor sobre a cobrança de pedágio. A principal intenção do projeto, acrescentando o artigo 4-A à Lei federal n. 9.277, é isentar do pagamento de tarifa de pedágio o veículo cujo usuário ou proprietário possua residência permanente ou exerça atividade profissional permanente no próprio município em que esteja localizada praça de cobrança de pedágio (art. 2) Para se beneficiar da isenção na praça de cobrança de pedágio do município em que reside ou trabalha, o usuário ou proprietário deverá ter o veículo credenciado pelo poder concedente e pelo concessionário, periodicamente (art. § 1º). Os procedimentos aplicáveis ao credenciamento a que se refere o § 1º desse artigo serão fixados em regulamento (§ 2º). A isenção fixada no *caput* desse artigo dá ensejo a que o concessionário reclame ao poder concedente, se assim julgar necessário, a revisão da tarifa de pedágio, com o objetivo de manter o equilíbrio econômico-financeiro do contrato de concessão (§ 3º). A reclamação referida pelo parágrafo anterior do concessionário, nos termos previstos no art. 4º, não suspenderá a isenção, independentemente de deliberação do poder concedente quanto à manutenção ou revisão das tarifas existentes (§ 4º).

A mais recente necessidade de interversão do Judiciário no tema se personifica na ação popular ajuizada na Justiça Federal por residentes do município de Palhoça/SC contra a concessionária Autopista Litoral Sul S/A. Segundo os autores, a União, por meio da Agência Nacional de Transportes Terrestres (ANTT), outorgou concessão das rodovias BR-116 e BR-101, no trecho Curitiba-Florianópolis, e que a partir daí uma das praças de pedágio seria instalada pela Autopista dentro da área urbana do município, que tem a BR-101 como sua avenida principal. A ação popular tem como objetivo a permissão da passagem dos munícipes sem necessidade de pagamento do pedágio ou que houvesse isenção para os carros emplacados em Palhoça até a construção de uma rodovia alternativa. Tanto o juízo de primeira instância quanto o Tribunal Regional Federal da 4ª Região (TRF-4) negaram os pedidos. Atualmente, o Recurso Extraordinário (RE) 645.181 está sendo julgado pelo STF e, após reconhecida a repercussão geral sobre o tema, está fora de pauta em razão do pedido de vista do Min. Roberto Barroso.

4.1 Construção de cabine de pedágio em via de acesso para evitar evasão

A Sexta Turma Especializada do **Tribunal Regional Federal da 2ª Região (TRF2)**, por unanimidade, decidiu dar provimento à apelação e, por conseguinte, decidiu pela improcedência dos pedidos, em ação popular, contendo pedido de invalidação do ato administrativo que autorizou a construção de cabines de cobrança de pedágio e a própria cobrança do pedágio na rodovia federal BR 465, localizado em Seropédica, estado do Rio de Janeiro.[23]

Segundo o TRF2, **não há motivo para invalidação dos atos que autorizam a construção de cabines e cobrança de pedágio nos postos existentes na BR 465.** Isso porque a Rodovia BR-465 encontra-se com a BR-116, concedida para a concessionária NovaDutra, na localidade de Seropédica/RJ, onde há uma interseção no trevo de Viúva Graça. Em virtude dessa interseção das duas rodovias, os usuários que utilizavam a BR-116 (Rodovia Presidente Dutra) ingressavam na BR-465 para fugir do pagamento do pedágio na praça principal localizada na altura de Seropédica.

Para os desembargadores, tal prática gerou um aumento de tráfego na rodovia BR-465 sem que tal rodovia tivesse estrutura adequada para atender a tal aumento, inclusive com veículos mais pesados, como caminhões e carretas. A solução para tentar evitar a continuação do tráfego pesado na rodovia BR-465 e, concomitantemente, evitar a ocorrência de sérios acidentes de veículos, foi aventada no sentido da instalação de cabines avançadas de pedágio nas alças de acesso à rodovia BR-116.

O tema, inclusive, foi objeto de controle exercido pelo Tribunal de Contas da União em, pelo menos, três ocasiões.[24] Segundo os desembargadores, houve interesse público nas alterações realizadas no contrato e que redundaram na orientação adotada pelo Tribunal de Contas da União no sentido de permitir a instalação e o funcionamento das cabines de pedágio na Rodovia BR 465.

Por conseguinte, com o fim de preservar o interesse público e o princípio da modicidade tarifária, a ANTT, no exercício

---

23 BRASIL. Tribunal Regional Federal da 2ª Região. Sexta Turma Especializada. APELRE n. 497992. Relator(a): Desembargador Federal Guilherme Calmon Nogueira da Gama. E-DJF2R: 21.12.2011, p. 20.

24 BRASIL. Tribunal de Contas da União. Decisões n. 228/1999, 634/2000 e 1.654/2002.

de suas atribuições, constantes do art. 20, inciso II, da Lei n. 10.233/01, autorizou a cobrança do pedágio nas cabines avançadas de Viúva Graça.

Isentou, dita agência reguladora, do pagamento de tal pedágio: os motoristas de veículos com placa dos municípios de Seropédica e Paracambi (sem necessidade de cadastramento); os residentes em Seropédica e Paracambi cujos veículos não tivessem placa dos referidos municípios até a regularização do emplacamento; os trabalhadores e estudantes em Seropédica e Paracambi que não residem em tais localidades; e os veículos de transporte coletivo credenciados pelas prefeituras de Seropédica e Paracambi que fazem a ligação entre os dois municípios. Assim o fez porque a cobrança feita via as cabines avançadas de pedágio em Viúva Graça, na rodovia BR-465, tinha por objetivo coibir o não pagamento da tarifa e, assim, evitar a perda da receita tarifária referente ao tráfego de longa distância.

5 Proibição da instalação de praça de pedágio

Apesar de não se tratar de isenção, parece importante mencionar que alguns estados da federação proíbem a instalação de praças de pedágio em certas localidades com o intuito de diminuir os problemas enfrentados nos tópicos anteriores.

Como abordado, muitos consideram desproporcional a cobrança de tarifas de pedágio sobre a população dos municípios onde se instalam as praças de cobrança de pedágio. De fato, essa população é penalizada economicamente em seus deslocamentos diários, para trabalhar, estudar ou fazer compras, realizadas muitas vezes no âmbito do território do próprio município.

A simples decisão de instalar uma praça de cobrança de pedágio em um determinado município pode comprometer seriamente a competitividade das atividades econômicas nele localizadas e, por conseguinte, a competitividade do próprio município.

Tal situação pode assumir contornos inimagináveis em termos de estagnação da economia local, redução do número de empregos e evasão populacional. Para não gerar os danos mencionados, alguns Estados-membros propuseram a proibição de praças de cobrança de pedágio em determinadas localidades.

É o caso do **estado do Goiás**, que, por meio do Projeto de Lei estadual n. 375/2013 (arquivado em 22 de junho de 2015), proibia a instalação de praças de cobrança de pedágio em rodovias administradas e exploradas pelo governo do estado de Goiás ou por concessionária, em distância inferior ao raio de 50km (cinquenta quilômetros), contados a partir dos limites territoriais da capital (art. 2°). Tal ocorreu em razão do elevado número de condutores que trafega diariamente entre Goiânia e municípios limítrofes para fins de estudos, saúde e aquisição de alimentação básica.

Outro estado com projeto no mesmo sentido é o **estado do Espírito Santo**, que visa proibir, por meio do Projeto de Lei estadual n. 103/2014, a cobrança de pedágio na Ponte Darcy Castelo de Mendonça – terceira ponte, que liga os municípios de Vitória e Vila Velha (art. 1°). Além disso, estabelece que a instituição de qualquer tipo de cobrança aos veículos automotores na Ponte Darcy Castelo de Mendonça – terceira ponte dependerá de prévia autorização da Assembleia Legislativa do Estado do Espírito Santo (art. 2°).

A principal razão desse projeto foi resguardar a iniciativa do governo de suspender a cobrança do pedágio na terceira ponte, buscando evitar questionamentos junto ao Poder Judiciário.

Esse projeto foi arquivado em 18 de janeiro de 2019.

6 Proibição de cobrança de pedágio

Além da proibição de instalação de praças de pedágio, há também Estados-membros que criaram projetos proibindo a cobrança de pedágio em determinados casos.

No **estado do Goiás**, houve o Projeto de Lei estadual n. 375/2013 (arquivado em 22 de junho de 2015) que estabelecia a proibição da cobrança de pedágio de trechos de rodovias que tivessem sido duplicadas com recursos provenientes do erário (art. 7°).

Além disso, o **estado de Mato Grosso** instituiu o conceito de "Estrada Parque" como um novo modelo de Unidade de Conservação. Tal ideia é oriunda dos Estados Unidos e de alguns países da Europa. A sua criação se deve, acima de tudo, ao fato de que o Estado e a sociedade devem agir, em conjunto, não só para preservar as riquezas naturais e os ecossistemas frágeis, mas também no sentido de aproveitar as riquezas da flora, da fauna e do paisagismo para deleite e recreação dos visitantes e turistas, assim como para utilização econômica, sem, contudo, causar qualquer ruptura ao equilíbrio natural.

Nesse contexto, tem-se o Projeto de Lei estadual n. 04/2014, que acrescenta o art. 5°-A e parágrafo único à Lei estadual n. 6.142, de 17 de dezembro de 1992, que veda a criação do sistema de pedágio ou qualquer tipo de cobrança pelo tráfego e uso das rodovias denominadas "Estradas Parque" e "Rodovias Turísticas", no estado de Mato Grosso. E isso porque, em tais estradas e rodovias, existe uma população tradicional que, além de colaborar na preservação das riquezas naturais, age de forma consciente no aproveitamento sustentável das terras e dos frutos da região.

Essa gente, de forma tradicional e longeva, ocupa os espaços às margens das Estradas Parque, reside e trabalha na área, comercializa os produtos da agricultura familiar, inclusive aves, pequenos animais, legumes, verduras, doces e uma infinidade de afazeres artesanais, com os quais ocupa o seu dia a dia campestre.

Por isso, o projeto mencionado pretende vetar, antes da desestatização da Estrada Parque, a cobrança de pedágio, seguindo modelo norte-americano, em que, nesse tipo de estrada, o bem público é tratado de forma diferenciada. Ou seja, proíbe-se a implantação de pedágio para cobrança pelo trânsito, sem que uma lei, fundamentada na pesquisa acurada das condições ambientais e da opinião da população do entorno, autorize-o.

Esse projeto, apesar de aprovado na Assembleia Legislativa de Mato Grosso, em 8 de maio de 2014, foi vetado em sua totalidade pelo governador Silval Barbosa, em 16 de junho de 2014.

Por fim, o **estado do Rio de Janeiro**, por meio do Projeto de Lei estadual n. 921/2015, proibiu a cobrança em duplicidade de pedágio nas vias públicas estaduais aos veículos de passeio que trafegarem por duas ou mais vias concedidas no intervalo máximo de 2 (duas) horas (art. 1°).

O projeto beneficia diariamente milhares de motoristas. No entanto, ao restringir o benefício apenas aos veículos de passeio, exclui da incidência da proposta os veículos de propriedade das empresas de transporte público e de carga, seguindo o princípio da capacidade contributiva do agente, uma vez que possuem uma capacidade maior de pagamento que o usuário comum, pessoa física. O pagamento em duplicidade de pedágio gera um custo diário significativo ao usuário da rodovia, o que será minorado na hipótese de pagamento de uma única taxa para tráfego nas rodovias. Para efetivar tal direito aos motoristas, esse projeto obriga as concessionárias que administram as rodovias estaduais a emitirem recibo onde conste o horário do efetivo pagamento e o horário do término da isenção (art. 1°, parágrafo único).

Além disso, estabelece que ficará a cargo do usuário a comprovação do pagamento do pedágio no prazo estabelecido e sua comprovação deverá ser feita mediante apresentação do recibo legível emitido e entregue ao usuário no momento do pagamento do pedágio (art. 2° e seu parágrafo único).

No mais, em caso de utilização de dispositivo automático de pagamento de pedágio pelo usuário, caberá à concessionária o desenvolvimento de sistema interligado para a concessão do benefício (art. 3°). E, ainda, estabelece que caberá ao órgão competente do

Poder Executivo a realização de campanhas de divulgação do direito, por meio de placas ao longo das rodovias estaduais, além de placas nas cabines de cobrança de pedágio (art. 4º e seu parágrafo único).

Esse projeto obteve êxito sem alterações e, portanto, foi promulgada a Lei estadual n. 8.211/2018.

7 Isenção para veículos automotores de propriedade de pessoas com deficiência

As pessoas com deficiência física, proprietárias de automóveis adaptados ou não, utilizam-se das rodovias para se deslocarem entre municípios vizinhos para diversos fins, entre eles, trabalhar, estudar, fazer tratamentos médicos ou ainda buscar serviços especializados e afins. Muitas vezes, em razão da própria deficiência física ou mental, essas pessoas encontram sérias dificuldades de locomoção por existir carência de acessibilidade ao transporte coletivo. Isso leva a que, fatalmente, os valores cobrados nos pedágios pesem no orçamento doméstico dessas pessoas, visto que já arcam com alto custo social de sofrimento físico e financeiro no atendimento de suas necessidades.

O primeiro Estado-membro a propor projeto de lei sobre o tema foi o **estado do Rio de Janeiro,** que, por meio do Projeto de Lei estadual n. 1.665/2012, buscou isentar do pagamento do pedágio os veículos automotores das pessoas com deficiência no estado do Rio de Janeiro (art. 1°), desde que seja portadora do documento oficial expedido pelo órgão competente, segundo a Lei estadual n. 4.049, de 30 de dezembro de 2002 (art. 2°). Esse projeto estabelece, em seu art. 3°, que o Poder Executivo regulamentará a lei, estabelecendo a fonte de custeio, caso essa seja necessária, bem como a forma de fiscalização nos postos de cobrança, podendo ainda, alterar o contrato de concessão para garantir o seu equilíbrio.

Esse projeto foi anexado a outro, de 2015, que trata do mesmo tema, porém com adaptações, que é o Projeto de Lei estadual n.

642/2015. Ele abarca o tema de forma mais específica e isenta do pagamento de pedágio nas rodovias do estado os automóveis de propriedade de pessoas portadoras de deficiência física, desde que estejam transportando o titular, ainda que conduzido por outra pessoa (art. 1°).

Essa isenção se aplica aos automóveis, adaptados ou não, para o uso por pessoa com deficiência devidamente emplacados no estado do Rio de Janeiro, desde que previamente cadastrados pelo Departamento Estadual de Trânsito (Detran), mediante o fornecimento de identificação do veículo e de seu proprietário a ser apresentada nas praças de pedágio para fins de gratuidade (art. 2°).

Fora isso, o projeto prevê que a identificação dos automóveis poderá ser feita por meio de um dispositivo eletrônico ou qualquer instrumento cedido pela concessionária após prévio cadastro (art. 3°). Finaliza estabelecendo que as despesas decorrentes de tal isenção ficarão por conta do Poder Executivo (art. 4°).

Esse novo projeto foi arquivado em 1° de fevereiro de 2019.

Outro Estado-membro que prevê tal isenção é o **estado de Mato Grosso,** por meio do Projeto de Lei estadual n. 60/2014, que, de forma similar ao primeiro projeto do estado do Rio de Janeiro, prevê isenção do pagamento do pedágio nas rodovias estaduais aos veículos automotores de propriedade de pessoas com deficiência física (art. 1°). Além disso, prevê que o Poder Executivo regulamentará e, ainda, estabelecerá a forma de fiscalização nos postos de cobrança, podendo alterar o contrato de concessão para garantir o seu equilíbrio (art. 2°).

Esse projeto foi arquivado em 23 de agosto de 2017.

Na mesma linha de raciocínio, o **estado de Santa Catarina** teve o Projeto de Lei estadual n. 0095.2/2014 (arquivado em 15 de julho de 2014), que isentava da tarifa de pedágio os veículos de transportes de pessoas com deficiência física e mental (art. 2°).

Consideravam-se tais veículos os automóveis de passeio ou utilitários adaptados, utilizados preferencialmente ou com frequência para a condução individual de pessoas com ditas deficiências, bem como vans, micro-ônibus ou utilitários adaptados e utilizados para se conduzir coletivamente pessoas com deficiência severa que utilizem cadeiras de rodas (art. 2°, parágrafo único).

O projeto tinha por objetivo a proteção e a integração social das pessoas com deficiência física e mental, nos termos do art. 24, inc. XIV, da CRFB, amenizando os custos de locomoção para fins de trabalho, educação, saúde ou lazer (art. 1°).

O estado de Santa Catarina teve outro projeto de tratamento idêntico ao anterior. Trata-se do Projeto de Lei estadual n. 0116.1/2015 (arquivado em 9 de dezembro de 2016), que unificou dois temas: idosos e deficientes. Aqui, interessa apenas a isenção do pagamento de pedágio, nas rodovias do estado de Santa Catarina aos veículos que sejam conduzidos por pessoas com deficiência (art. 1°, II). Tal isenção, segundo o projeto, é restrita a veículos cujo condutor seja o seu proprietário (art. 1°, parágrafo único).

Em âmbito nacional, também há projeto que unifique os dois temas. Trata-se do Projeto de Lei federal n. 594/2019, que busca isentar de pagamento de pedágio em rodovias federais, condutores de veículos idosos acima de 65 anos e pessoas com deficiência física, condutores acompanhantes de pessoas com deficiência visual, mental severa, profunda ou autistas (art 1°) Atualmente tramita na Comissão de Constituição, Justiça e Cidadania da Câmara dos Deputados.

Vale ressaltar, por fim, que o **município do Rio de Janeiro** já possuiu lei sobre o tema, no caso a Lei estadual n. 5.703/2014, que isentava do pagamento das taxas de pedágio, nas vias municipais, pessoa com deficiência física, condutora de veículos de passeio e que auferia renda de até quatro salários-mínimos. Essa lei foi, porém, declarada inconstitucional por vício de iniciativa em 12 de janeiro de 2015.[25]

O **estado de Minas Gerais** possuiu o Projeto de Lei estadual n. 659/2015 que visava isentar do pagamento do pedágio, no Estado, os veículos automotores das pessoas com deficiência (art. 1º). O projeto foi arquivado em 9 de dezembro de 2015.

8 Isenção para veículos que transportam pessoas com doenças graves, crônicas e/ou degenerativas em tratamento de saúde

Além do caso relativo às pessoas com deficiência física, como mencionado no tópico anterior, existem casos em que se visa conceder isenção do pagamento de pedágio aos proprietários de veículos que transportam pessoas com doenças crônicas, de natureza física ou mental, em tratamento de saúde.

Uma das dificuldades das famílias que enfrentam algum problema de enfermidade entre seus entes é o deslocamento para a realização de tratamento médico. Nem sempre o Poder Público tem condições de fornecer transporte para tais deslocamentos, seja pela fragilidade do doente ou pela ausência de recursos, assim, inúmeros doentes graves e/ou com doenças degenerativas têm de se deslocar a outras cidades para a realização de seu tratamento de saúde por conta própria.

Tais deslocamentos são uma constância na vida de milhares de doentes para um atendimento médico adequado. Sendo assim, passar por rodovias pedagiadas encarece muito sua condição já precarizada em virtude de sua doença, pois, além dos gastos com o veículo de deslocamento (inclusive combustível), os doentes necessitam pagar as despesas de pedágio.

25 RIO DE JANEIRO. Tribunal de Justiça do Estado do Rio de Janeiro. "ADI RJ n. 0017135-35.2014.8.19.0000". Relator: Des. Jessé Torres.

Nesse sentido, o pagamento de pedágio representa um custo considerável nas despesas mensais dos doentes e seus familiares, sendo que o não pagamento de taxa de pedágio para veículos automotores empregados no transporte efetivo de pessoas portadoras de doenças graves e/ou degenerativas busca garantir o pleno acesso ao direito à saúde.

O **estado do Rio de Janeiro**, nesse sentido, tinha o Projeto de Lei estadual n. 1.313/2012 (arquivado em 19 de janeiro de 2016), que buscava, nas vias públicas estaduais em que operam concessionários ou permissionários de serviços públicos, a isenção do pagamento da tarifa de pedágio aos proprietários de veículos automotores que transportavam pessoas portadoras de doenças crônicas em tratamento de saúde (art. 1°).

Para que a isenção fosse aprovada seria preciso um laudo médico oficial atestando a espécie e o grau da enfermidade, com expressa inserção do código correspondente da Classificação Internacional de Doenças – CID (art. 2°).

Ademais, os veículos de que tratava o projeto deveriam estar devidamente cadastrados e identificados individualmente pelos órgãos competentes do Poder Executivo, privilegiando a utilização do Cadastro Único do SUS (art. 3°). Para que não houvesse discriminação, cerceamento do direito referido ou constrangimento às pessoas com de doenças crônicas em tratamento de saúde, o acesso pelo pedágio deveria se dar de forma automatizada ou eletrônica, dependendo exclusivamente de identificação obtida mediante o cadastramento supracitado (art. 4°).

Por fim, o projeto estabelecia que, em caso de falecimento do portador de doença crônica em tratamento de saúde, o proprietário do veículo automotor beneficiário da isenção teria um prazo de 15 dias, a contar da data do óbito, para comunicar a extinção do direito, sob pena de responder judicialmente por seu uso indevido (art. 5°).

O **estado do Rio de Janeiro** tinha o Projeto de Lei estadual n. 1.113/2015 (arquivado em 1° de agosto de 2019), que conferia isenção para veículos automotores empregados no transporte efetivo de pessoas com doenças graves, crônicas e/ou degenerativas, desde que estejam comprovadamente em tratamento de saúde em município diverso de seu domicílio e que necessitem transpor praças de pedágio das rodovias do estado do Rio de Janeiro (art. 1°).

Entende-se, para fins da presente lei, como doenças graves e/ou degenerativas, aquelas enfermidades de evolução prolongada e/ou permanente, que afetem negativamente a saúde e a funcionalidade do paciente, sendo que seus efeitos podem ser controlados e/ou minimizados por tratamento médico, melhorando sua qualidade de vida (art. 1°, parágrafo único).

A condição de pessoa com doença grave, crônica e/ou degenerativa deverá ser comprovada por meio de laudo médico expedido por órgão oficial de saúde atestando a espécie e o grau da enfermidade, com expressa inserção do código correspondente da Classificação Internacional de Doenças – CID (art. 2°).

Consideram-se doenças graves e/ou degenerativas aquelas definidas no art. 151 da Lei federal n. 8.213, de 1991, alterada pela Lei federal n. 13.135, de 2015, e/ou outra lei que vier sucedê-la ou complementá-la, e pelas portarias interministeriais dos Ministérios de Estado da Previdência e Assistência Social e da Saúde, em especial a Portaria Interministerial MPAS/MS n. 2.998, de 23 de agosto de 2001, e/ou outras que vierem a sucedê-la e/ou complementá-la (art. 2°, parágrafo único).

A grande diferença desse projeto de lei para o anteriormente citado, também do estado do Rio de Janeiro, é que o direito previsto nele independe do veículo automotor ser ou não de propriedade do doente, mas, sim, do uso efetivo do veículo no transporte de pessoas com doenças graves, crônicas e/ou degenerativas em tratamento de saúde em município diverso de seu domicílio, devendo os procedimentos adicionais aplicáveis ao caso em tela serem fixados em regulamento (art. 3º).

Tais isenções deverão ser amplamente divulgadas nos serviços da rede de saúde pública, bem como a divulgação nos canais oficiais de comunicação que a Administração Pública estadual possuir (art. 4º).

O **estado do Paraná** promulgou a Lei estadual n. 18.537 em 26 de agosto de 2015, que dispõe justamente sobre a isenção do pagamento de pedágio para pessoas com doenças graves e degenerativas em tratamento de saúde fora do município de seu domicílio. Após, a Lei estadual n. 19.965 foi sancionada em 11 de outubro de 2019 para acrescentar o texto legal e passar a isentar do pagamento de pedágio especificamente, também, pessoas com transtorno do espectro autista, em tratamento fora do município de seu domicílio.

O **estado da Bahia** possuiu Projeto de Lei estadual n. 21.842/2016 para isentar o pagamento de pedágio às pessoas com de doenças graves em tratamento em municípios diversos dos quais residem, desde que no percurso estejam obrigados ao pagamento da tarifa (art. 1º). Ressalta-se que para efeito do abonamento da tarifa exigir-se-á a presença do paciente no veículo (art. 3º). O projeto foi arquivado em 17 de abril de 2019.

O **estado de São Paulo** possui projeto semelhante. Trata-se do Projeto de Lei estadual n. 1172/2019, que obriga as empresas concessionárias de pedágio do estado de São Paulo a isentar a tarifa dos veículos de pessoas com necessidades especiais, surdos, cegos, também as que sofram de doenças crônicas e doenças graves consideradas no rol de doenças graves e degenerativas, assim como pessoas com Transtorno do Espectro Autista (TEA) e síndrome de Down (art. 1). Para se beneficiar da isenção de tarifa, o enfermo deverá comprovar (art. 2): I - o tratamento de saúde ou terapia fora do município de seu domicílio; II - a inexistência de qualquer tratamento similar no município de seu domicílio; III - necessidade, periodicidade e prazo de realização do tratamento, por meio de laudo médico. O projeto está em tramitação na Comissão de Constituição e Justiça.

9 Isenção para taxistas

A atividade de transporte de passageiro por táxi, além de importante atividade econômica, ajuda a desenvolver outras atividades. A legislação vigente, em regra, já isenta os taxistas de diferentes tributos com o objetivo de estimular a renovação da frota e a modicidade das tarifas.

Ademais, os taxistas, muitas vezes, pelo alto número de permissões concedidas, possuem uma elevada concorrência e isso leva à dificuldade de obtenção de lucro nas atividades, principalmente pelo fato de que muitos não são proprietários do veículo e os utilizam a título de "diárias".

Atualmente, em grandes regiões metropolitanas, torna-se praticamente impossível o deslocamento intermunicipal sem ter de pagar pedágios nas rodovias. Sendo assim, o **estado do Rio de Janeiro** já possuiu o Projeto de Lei estadual n. 204/2007 (arquivado em 13 de novembro de 2008), que visava isentar de pagamento de pedágio, nas estradas e rodovias localizadas no âmbito territorial do estado, os táxis, particulares ou não, comuns ou especiais, que estivessem transportando um ou mais passageiros (art. 1°). Tal isenção estava condicionada ao credenciamento dos motoristas e de seus veículos na Secretaria Estadual de Transportes, devendo estar em dia com o pagamento do IPVA do(s) referido(s) veículo(s); com a vistoria anual do Detran; e com a aferição do respectivo taxímetro (art. 2°).

Recentemente, outro projeto foi apresentado, o Projeto de Lei estadual n. 1.167/2015, que isenta de pagamento de pedágio, nas estradas e rodovias estaduais, os táxis que comprovem o pagamento do pedágio na mesma praça, em prazo igual ou inferior a duas horas (art. 1°).

Esse projeto está em tramitação na Assembleia Legislativa do Estado do Rio de Janeiro e foi distribuído em 27 de novembro de 2015 para a comissão técnica de Constituição e Justiça.

No **estado de São Paulo**, houve o Projeto de Lei estadual n. 401/2006 (arquivado em 4 de maio de 2007) que visava isentar do pagamento do pedágio, nas rodovias estaduais, os veículos utilizados como táxi (art. 1º). A isenção seria devida quando da utilização do veículo na efetiva prestação do serviço (§ 1º).

No **estado da Bahia**, há o Projeto de Lei estadual n. 23.226/2019 em tramitação, que visa abarcar os veículos de aluguel, devidamente autorizados pelo Poder Público competente, registrados como táxi, para que fiquem isentos do pagamento do pedágio nas rodovias estaduais (art. 1º). A isenção só será devida quando da utilização do veículo na efetiva prestação do serviço (§ 1º) e para se beneficiar da isenção, o autorizatário deverá ter seu veículo credenciado periodicamente pelo concessionário da via e pelo Poder Público responsável pela concessão (§ 2º).

10 Isenção para motocicletas e similares

Sob o argumento de que as motocicletas diminuem o volume de tráfego, os índices de poluição e até mesmo o estresse ocasionado pelos engarrafamentos, além de não causarem, em razão de seu peso, danos à pavimentação das vias públicas, o **estado do Rio de Janeiro** chegou a apresentar lei, no caso a Lei estadual n. 4.460, de 18 de novembro de 2004, oriunda do Projeto de Lei estadual n. 1.652/2004,[26] que estabelecia que as motocicletas e similares

26 Vale ressaltar, a título de curiosidade, que esse projeto de lei trouxe uma justificativa no mínimo esdrúxula para sua aprovação. A fundamentação referia, em resumo, que a lei se justificava porque: (i) a relação custo-benefício não justifica a cobrança de pedágio das motocicletas e das bicicletas motorizadas; (ii) o tempo despendido pelos motociclistas é consideravelmente maior para pagar; (iii) qualquer comunicação com o operador da cabina implicará

estariam isentos do pagamento do pedágio nas estradas e rodovias no âmbito territorial do estado do Rio de Janeiro (art. 1°), porém essa foi declarada inconstitucional, em 21 de agosto de 2006, por violar não só o art. 112, §2° da Constituição estadual, como o art. 15 da Lei estadual n. 2.831, de 13 de novembro de 1997, bem como o princípio da razoabilidade.[27]

O **estado do Espírito Santo** também chegou a ter a Lei estadual n. 7.304/2002, que excluía da relação de veículos sujeitos ao pagamento de pedágio as motocicletas que trafegassem nas vias públicas estaduais do Espírito Santo (art. 1°). Tal lei, entretanto, também foi declarada inconstitucional. Segundo o Supremo Tribunal Federal, a lei estadual afetava o equilíbrio econômico-financeiro do contrato de concessão de obra pública, celebrado pela Administração capixaba, ao conceder descontos e isenções sem qualquer forma de compensação. Além disso, estabeleceu que essa lei afrontava o princípio da harmonia entre os poderes – harmonia, e não separação –, na medida em que o Poder Legislativo pretende substituir o Executivo na gestão dos contratos administrativos celebrados.[28]

---

na retirada do capacete; (iv) quanto ao posicionamento da motocicleta no pedágio, pois se a motocicleta avançar ao lado dos carros, haverá reclamações, e caso se posicionar na fila, ocupando o lugar de um carro, o motorista deste carro avançará e colocar-se-á ao lado da motocicleta; (v) a maioria das motocicletas não tem ventoinha de refrigeração, por isso, não pode ficar parada por muito tempo com o motor ligado, devendo o motociclista ter de desligá-la e empurrá-la, ao longo da fila, até a cabine; (vi) o resultado imediato disso tudo será a demora no atendimento à motocicleta e as consequentes reclamações dos demais usuários, que ficarão impacientes; (vii) o peso das motocicletas e sua área de contato com o solo são insignificantes; e (viii) qualquer incentivo que se dê à motocicleta concorrerá para melhorar o trânsito e para demonstrar à sociedade a preocupação que se tem com a qualidade de vida e, consequentemente, a geração de mais empregos.

27 RIO DE JANEIRO. Tribunal de Justiça do Estado do Rio de Janeiro. ADI RJ n. 2005.007.00003. Relator: Des. J. C. Murta Ribeiro.

28 BRASIL. Supremo Tribunal Federal. Tribunal Pleno. ADI n. 2733. Relator(a): Min. Eros Grau. Julgado em 26.10.2005. DJ: 03.02.2006.

O **município do Rio de Janeiro** também já possuiu lei sobre o tema, no caso, a Lei estadual n. 2.931, de 25 de novembro de 1999, porém, assim como nos casos transcritos, também, houve declaração de inconstitucionalidade. Nesse caso, no ano seguinte, em 2 de outubro de 2000, por violação de competência do chefe do Executivo.[29]

Não satisfeito com tal declaração, o município do Rio de Janeiro voltou a tentar passar isenção sobre o tema com o Projeto de Lei estadual n. 2.310/2004, que visava excluir não só as motocicletas, mas também os triciclos da relação de veículos sujeitos a pagamento de pedágio nas vias urbanas municipais, utilizando-se da mesma justificativa do Projeto de Lei do estado do Rio de Janeiro n. 1.652/2004. Mesmo esse projeto estadual tendo se transformado em lei e, depois, tendo sido declarado inconstitucional em 2006, o projeto municipal foi aprovado em 11 de abril de 2012, todavia foi vetado em sua totalidade em função dos vícios de inconstitucionalidade e ilegalidade, entre eles, vício de iniciativa, afronta ao princípio da separação dos poderes e violação do equilíbrio econômico-financeiro do contrato de concessão.

O **estado do Goiás** possuiu Projeto de Lei estadual n. 2128/2017 que pretendia isentar o pagamento de pedágios aos veículos automotores de duas rodas, nas rodovias estaduais e federais do estado. Porém, o governador Ronaldo Caiado vetou o autógrafo do que seria a Lei estadual n. 223 de setembro de 2019.

Já o **estado de Minas Gerais** possui o Projeto de Lei estadual n. 4767/2017, para dispor que fica o proprietário de veículo automotor de duas ou três rodas isento do pagamento de pedágio em rodovias no Estado (art. 1º). O projeto está em tramitação na Comissão de Constituição e Justiça.

---

29 RIO DE JANEIRO. Tribunal de Justiça do Estado do Rio de Janeiro. Representação por Inconstitucionalidade 66/1999. Relator: Des. Perlingeiro Lovisi.

Projeto semelhante se nota no **estado do Paraná:** o Projeto de Lei estadual n. 828/2019 estabelece que ficam isentas do pagamento de pedágio, em todo território estadual, as motocicletas e similares (art. 1º). Assim como o último exemplo, o projeto está em tramitação na Comissão de Constituição e Justiça.

Além desses, tem-se ainda o Projeto de Lei estadual n. 304.3/2018 do **estado de Santa Catarina** que isenta da tarifa de pedágio nas rodovias estaduais os veículos automotores de duas rodas (art. 1º). O projeto está em diligência na tramitação após pareceres favoráveis. O **estado de São Paulo** também possui projeto nesse sentido. Trata-se do Projeto de Lei estadual n. 143/2019 que define a isenção do pagamento de pedágio em rodovia no sistema rodoviário estadual de São Paulo aos veículos automotores de duas rodas (art. 1º). O projeto está em tramitação na Comissão de Constituição e Justiça.

Por fim, em âmbito nacional há o Projeto de Lei federal n. 5.721/2019, que busca isentar de pagamentos de qualquer pedágio nos sistemas rodoviários estadual e federal os veículos automotores de duas rodas, como motocicletas e similares (art 2º). Atualmente o projeto está iniciando sua tramitação.

11 Isenção aos maiores de 60 ou 65 anos de idade

O idoso, pelo seu histórico de contribuinte e consumidor, deveria ser desonerado das tarifas de pedágio. O Estatuto do Idoso (Lei federal n. 10.741, de 1° de outubro de 2003), em seu art. 39, estabelece textualmente que "aos maiores de 65 (sessenta e cinco) anos fica assegurada a gratuidade dos transportes coletivos públicos urbanos e semiurbanos, exceto nos serviços seletivos e especiais, quando prestados paralelamente aos serviços regulares". Para ampliar ainda mais tal direito, alguns Estados-membros da federação vêm tentando conceder isenção do pagamento do pedágio.

É o caso do **estado de São Paulo**, que já teve o Projeto de Lei estadual n. 536/2008 (arquivado em 10 de outubro de 2008), que autorizava o Poder Executivo a isentar as pessoas maiores de 60 anos do pagamento da taxa de pedágio em todas as rodovias do estado pedagiadas e sob concessão (art. 1°) e estabelecia que tal isenção seria aplicada aos motoristas proprietários de carros de passeio (art. 2°).

Já o **estado de Santa Catarina** também teve o Projeto de Lei estadual n. 0034.0/2013 (arquivado em 14 de março de 2014), que isentava do pagamento do pedágio nas rodovias estaduais e federais em Santa Catarina os maiores de 65 (sessenta e cinco) anos de idade, proprietários de veículos automotores (art. 1°). Segundo o projeto, a isenção seria aplicada inclusive naquelas rodovias administradas sob o regime de concessão e somente para veículos em que o idoso proprietário estivesse na condição de motorista ou passageiro (art. 1°, parágrafo único).

O **estado de Santa Catarina** teve outro projeto de tratamento idêntico ao anterior. Trata-se do Projeto de Lei estadual n. 0116.1/2015 (arquivado em 9 de dezembro de 2016), que unificou dois temas: idosos e pessoas com deficiência. Aqui, interessa apenas a isenção do pagamento de pedágio nas rodovias do estado de Santa Catarina, aos veículos que sejam conduzidos por pessoas com idade igual ou superior a 60 (sessenta) anos (art. 1°, inc. I). Tal isenção, segundo o projeto, é restrita a veículos cujo condutor seja o seu proprietário (art. 1°, parágrafo único).

Outro estado com projeto semelhante é o **Mato Grosso,** trata-se do Projeto de Lei estadual n. 208/2019, que visa assegurar ao idoso com idade superior a 65 anos a isenção do pagamento de tarifa de pedágio nas vias rodoviárias estaduais, inclusive naquelas administrativas sob o regime de concessão. (art. 1°). Tem-se ainda que a gratuidade de que trata essa lei se destina ao idoso condutor de veículo automotor de passeio de sua propriedade (§ 1°). Atualmente o projeto está na Comissão de Constituição, Justiça e Redação.

Vale ressaltar que o **município do Rio de Janeiro** já teve a Lei estadual n. 5.699/2014, que isentava do pagamento de pedágio, nas vias públicas municipais, os condutores de veículos de passeio com 65 (sessenta e cinco) anos de idade ou mais que comprovadamente recebiam de zero até quatro salários-mínimos. Essa lei foi declarada inconstitucional por vício de iniciativa e afronta ao princípio constitucional de separação de poderes em 10 de novembro de 2014.[30]

Em âmbito nacional, como já citado, tem-se o Projeto de Lei federal n. 594/2019, para isentar de pagamento de pedágio em rodovias federais, condutores de veículos idosos acima de 65 anos e pessoas com deficiência física, condutores acompanhantes de pessoas com deficiência visual, mental severa, profunda ou autistas (art 1º). Atualmente tramita na Comissão de Constituição, Justiça e Cidadania da Câmara dos Deputados.

12 Isenção para os veículos de transporte rodoviário coletivo – ônibus intermunicipais e micro-ônibus

Tem-se, também, isenção para os veículos de transporte rodoviário coletivo. A ideia é diminuir o impacto causado pelos sucessivos aumentos dos valores das passagens de ônibus, alguns até mesmo justificados pelo pagamento de pedágios.

O **estado do Rio de Janeiro** é o único que já tentou dispor a respeito disso, por meio do Projeto de Lei estadual n. 1.967/2009 (arquivado em 10 de agosto de 2010). O projeto estabelecia que, no âmbito do estado, seriam isentos do pagamento de pedágio todos os veículos de transporte coletivo rodoviário – ônibus intermunicipais e micro-ônibus (art. 1° e seu parágrafo único).

Segundo o projeto, o poder concedente criaria mecanismos de compensação para a prestação dos serviços (art. 2º), e tal isenção

---

30 RIO DE JANEIRO. Tribunal de Justiça do Estado do Rio de Janeiro. ADI RJ n. 001705571.2014.8.19.0000. Relator: Des. Gizelda Leitão Teixeira.

seria custeada total ou parcialmente pela empresa concedente da exploração do contrato por meio de repasse em procedimento a ser regulamentado pelo Poder Executivo (art. 3º).

Por fim, o projeto estabelecia que o Poder Executivo determinaria aos órgãos competentes que controlariam e indicariam, para fins de avaliação e contabilização, as gratuidades concedidas (art. 4º).

13 Isenção para os veículos coletivos de transporte escolar e de estudantes

Em muitos Estados-membros da federação, em decorrência do déficit educacional existente em alguns municípios, muitos jovens precisam usar de transporte coletivo intermunicipal escolar ou até mesmo seus próprios veículos para deslocar-se de seus municípios de origem. Existindo rodovias com pedágio, o valor dos custos da viagem aumenta e, para muitos estudantes, tal ônus se torna grande e significativo, onerando sobremaneira os usuários a ponto de limitar o direito à educação.

Nessa perspectiva, o **estado de São Paulo** tem o Projeto de Lei estadual n. 642/2007, que estabelece que os veículos utilizados no Serviço Rodoviário Intermunicipal de Transporte Coletivo de Estudantes, de que trata a Lei estadual n. 11.258, de 6 de novembro de 2002, ficam isentos do pagamento das tarifas de pedágio das rodovias paulistas (art. 1º).

O Projeto de Lei estadual n. 279/2011 trata de tema similar ao de n. 642/2007 e por isso foram anexados em 2 de maio de 2011. Esse, no entanto, isenta do pagamento de tarifas de pedágio os veículos de transporte regular de estudantes, dentro do município ou de um município ao outro, no estado de São Paulo (art. 1º). Segundo o projeto, tal transporte é válido para estudantes de educação infantil, ensino fundamental, médio e universitário, regularmente matriculados em escolas de município diferente do município de sua residência ou para estudantes de um mesmo município cujo transporte escolar trafegue obrigatoriamente por praça de pedágio (art. 1º, parágrafo único). Tais veículos deverão comprovar sua função de "veículo escolar" e cadastrarem-se nos órgãos indicados pelo governo para obter a isenção (art. 2º).

Ambos os projetos se encontram em andamento, porém, desde que foram anexados um ao outro, não existe qualquer movimentação.

O **estado de Mato Grosso do Sul**, por sua vez, tinha o Projeto de Lei estadual n. 69/2014 (arquivado em 16 de março de 2015), que concedia isenção do pagamento da tarifa do pedágio rodoviário aos veículos coletivos e ônibus de transporte escolar de alunos dos ensinos fundamental, médio, técnico e superior, para localidades diversas de suas origens, nas vias públicas estaduais em que operavam concessionários ou permissionários de serviços públicos (art. 1º). Segundo o projeto, os veículos deveriam estar devidamente cadastrados e identificados individualmente pelos órgãos competentes do Poder Executivo (art. 2º).

Ressalta-se que proposta nesse sentido foi estabelecida como lei no **estado do Espírito Santo**. Tratava-se da Lei n. 7.304/2002, que concedia aos estudantes desconto de 50% (cinquenta por cento) incidente sobre o valor de pedágios existentes nas vias estaduais, quando fossem utilizadas para o deslocamento entre a residência e o estabelecimento de ensino, desde que preenchidas as seguintes condições: (i) comprovação de residência em local distinto do estabelecimento de ensino; (ii) comprovação da regularidade da matrícula em estabelecimento de ensino; (iii) cadastramento prévio do veículo utilizado pelo estudante junto à administração do pedágio (art. 2º).

Tal lei, como já comentado, foi declarada inconstitucional. Segundo o Supremo Tribunal Federal, a lei estadual afeta o equilíbrio econômico-financeiro do contrato de concessão de obra pública, celebrado pela Administração capixaba, ao conceder descontos e isenções sem qualquer forma de compensação. Além disso, estabelece que tal lei trouxe afronta evidente ao princípio da harmonia entre os poderes, harmonia e não separação, na medida em que o Poder Legislativo pretende substituir o Executivo na gestão dos contratos administrativos celebrados.[31]

Por fim, merece destaque o **estado de Mato Grosso,** cuja Lei estadual n. 10.016, de 17 de dezembro de 2013, instituiu, no âmbito estadual, a isenção do pagamento de pedágio rodoviário para: (i) os veículos de transporte escolar cadastrados que periodicamente transportam alunos do ensino fundamental, médio e superior para localidades diversas de suas origens; e (ii) os veículos particulares cadastrados que transportam os estudantes que necessitam fazer o trajeto pedagiado para terem acesso ao estabelecimento de ensino, situado em município diverso ao de sua moradia, mediante apresentação de cópia do comprovante de residência e carteira de estudante ou documento emitido pela instituição de ensino que comprove a imprescindibilidade do deslocamento e passagem pela praça de pedágio (art. 1°).

O cadastramento dos veículos descritos será feito pela concessionária responsável pela praça de pedágio (art. 1°, parágrafo único). Ao que tudo indica, essa lei está em vigor e válida.

14 Redução para as empresas que realizam o serviço de transporte de estudantes e que fazem uso desse trajeto para os estudantes

Na mesma linha do tópico anterior, pelo fato de muitos estudantes enfrentarem dificuldades para pagar seus estudos – e quanto mais os custos forem reduzidos, mais facilidades terão em cumprir seus compromissos financeiros –, alguns entes federativos vêm concedendo redução no valor do pedágio para as empresas que realizam o serviço de transporte de estudantes.

---

31 BRASIL. Supremo Tribunal Federal. Tribunal Pleno. ADI n. 2733. Relator(a): Min. Eros Grau. Julgado em 26.10.2005. DJ: 03.02.2006.

Ressalta-se que tais empresas colaboram, indiretamente, para que a educação seja realmente um direito universal alcançável a qualquer aluno. De nada adianta a existência de vaga no ensino se não há meios para que o aluno chegue aos estabelecimentos de ensino.

Assim, o **estado de Santa Catarina** já teve Projeto de Lei estadual n. 195.5/2012 (arquivado em 30 de outubro de 2013), que obrigava as empresas que praticam o serviço de pedágio nas rodovias catarinenses a concederem redução de 50% (cinquenta por cento) do valor do pedágio para empresas que realizassem o serviço de transporte de estudantes e que fizessem uso desse trajeto regularmente no estado de Santa Catarina (art. 1°).

Segundo o projeto, poderiam ser beneficiados com essa redução, também, os estudantes que fizessem o trajeto pedagiado até o estabelecimento escolar, com veículo próprio, mediante comprovante de residência e da matrícula para que fosse identificada a praça que deveria conceder o desconto (art. 1°, parágrafo único).

Dispunha que ficaria a cargo do Departamento Estadual de Infraestrutura (Deinfra) a supervisão, a regulamentação e a execução da presente lei, que deveria comprovar matrículas escolares, horário do transporte e local de residência dos transportados (art. 2°) e, para a concessão do benefício, os veículos das empresas de transporte de estudantes deveriam estar em situação regular no Deter (art. 3°).

Estabelecia, ainda, que as empresas transportadoras deveriam apresentar para as concessionárias que fazem o serviço de pedágio, documentos que comprovassem os locais de residência, juntamente com cópia do documento de matrícula de seus transportados (art. 4°). Além disso, os estudantes que fizessem o trajeto com veículo próprio deveriam apresentar os mesmos documentos comprobatórios (art. 4°, parágrafo único).

Por fim, ditava que a fiscalização da lei ficaria sob a responsabilidade do Ministério Público e da Procuradoria de Proteção e Defesa do Consumidor (Procon) (art. 5°).

15 Redução para veículo com um ou mais eixos sem contato com a malha asfáltica quando transitar vazio

Outro tema de redução diz respeito à possibilidade ou não de efetuar a cobrança da tarifa de pedágio tomando por base o número de eixos do veículo de transporte, ainda que a rodagem correspondente não esteja em contato com a malha viária.

Com o intuito de reduzir custos no transporte rodoviário de cargas, foram introduzidas novas tecnologias capazes de proporcionar economia de pneu e combustível, entre as quais está a possibilidade de levantamento de alguns dos eixos do veículo. O acionamento do sistema, antes feito de modo mecânico e, hoje, efetivado com um simples toque de botão (suspensor pneumático), normalmente é feito para evitar o desgaste dos pneus nas hipóteses em que o veículo transportador está com pouca ou nenhuma carga. Por conseguinte, a diminuição do atrito com o asfalto implica, em consequência, a economia de combustível.

O primeiro caso sobre esse tema a chegar ao **Superior Tribunal de Justiça (STJ)** decorreu de sentença de primeiro grau e acórdão que, com base no princípio da razoabilidade, entenderam que não se deve levar em conta, para efeitos de enquadramento tarifário, o eixo do veículo quando este estiver suspenso sem contato com o solo, em razão de pouca ou nenhuma carga transportada.

Acordaram os ministros da Primeira Turma do STJ, por unanimidade, em dar provimento aos recursos especiais, alegando, com base no art. 4º do Decreto-Lei federal n. 791/1969, que estabelece que as tarifas de pedágio incidem de acordo com a categoria do veículo, que não há critério legal que permita diferenciação unicamente com base no número de eixos.[32]

---

32 BRASIL. Superior Tribunal de Justiça. Primeira Turma. Resp n. 1103168. Relator(a): Francisco Falcão. DJE: 27.04.2009.

Para os ministros do STJ, a circunstância de um ou mais eixos do veículo não estarem em contato com o solo não implica na sua mudança de categoria para efeitos de enquadramento tarifário. Desse modo, a utilização ou não de todos os eixos do veículo quando da passagem pela praça de pedágio é decisão que cabe ao usuário do veículo, não sendo admissível que, em decorrência de decisão unilateral sua, modifique-se o critério de tarifação estabelecido pelo legislador e administrador, à míngua de previsão legal nesse sentido.

Em outra oportunidade, a mesma turma do STJ estabeleceu que é correto afirmar que um dos principais custos suportados pela empresa que administra e explora as rodovias em regime de concessão decorre da necessidade de recuperação e manutenção da malha viária, que sofre maior desgaste quanto maior for a pressão exercida sobre ela. Menciona-se pressão na medida em que a questão não se resume ao peso da carga, mas à relação peso *versus* área.

Segundo essa decisão, basta imaginar que um caminhão de 15 toneladas com os cinco eixos tocando no asfalto produzirá menos desgaste que outro, nas mesmas condições, que estiver com um dos seus eixos suspenso, ainda que observadas as normas administrativas que definem os limites de peso — de acordo com o art. 99 do Código de Trânsito Brasileiro, "somente poderá transitar pelas vias terrestres o veículo cujo peso e dimensões atenderem aos limites estabelecidos pelo CONTRAN" —, comumente, fixados com base na quantidade de eixos do veículo.

Nessa hipótese, o caminhão com um dos eixos levantados causará maior desgaste na via e, a considerar somente esse fator, deveria pagar uma tarifa mais alta, situação, no entanto, que não ocorre na forma como o pedágio é cobrado atualmente.

Por outro ângulo, é fácil perceber que um caminhão de cinco eixos pagará uma tarifa de pedágio maior que um de três, não obstante a possibilidade bastante plausível de que os dois estejam exercendo a mesma pressão sobre a malha viária – cálculo que é feito dividindo-se o seu peso total pela quantidade de eixos – ou seja, ainda que estejam provocando o mesmo desgaste, a tarifação, como é feita atualmente, será desigual.

Acordaram os ministros da Primeira Turma do STJ, também por unanimidade, em dar provimento aos recursos especiais, afinal, a depender do ângulo sob o qual se analisa a situação, a modificação dos critérios definidos no contrato de concessão poderá trazer vantagens ou desvantagens aos usuários das vias sob o regime de concessão.[33]

Para os ministros do STJ, a solução apresentada pelas instâncias ordinárias de desconsiderar o eixo suspenso na fixação do valor do pedágio, a pretexto de se criar uma situação isonômica, acaba contrariando o princípio da isonomia na medida em que somente o veículo que dispõe da tecnologia de suspensão de eixos e que, no momento da utilização desse sistema, será beneficiado com a redução do valor do pedágio.

Assim, considerando que a legislação que trata da matéria não impede a fixação da tarifa com base no número de eixos dos veículos e que essa parece ser a forma mais objetiva de fixá-la, deve prevalecer a sistemática prevista no contrato de concessão, sobretudo porque o art. 9º da Lei federal n. 8.987/95 dispõe que "a tarifa do serviço público concedido será fixada pelo preço da proposta vencedora da licitação e preservada pelas regras de revisão previstas nesta Lei, no edital e no contrato".

Ademais, o afastamento da cobrança de pedágio com relação ao eixo suspenso, como bem ressaltaram os recorrentes, traz inúmeras inconveniências, valendo destacar as seguintes: (i) a segurança do veículo fica prejudicada, pois, com um menor número de pneus em contato com o chão e a consequente diminuição do

33 BRASIL. Superior Tribunal de Justiça. Primeira Turma. Resp n. 1077298. Relator(a): Denise Arruda. DJE: 03.06.2009.

atrito, menor será a sua estabilidade e maior será o espaço necessário para frenagem; (ii) a criação de um critério diverso do atualmente utilizado poderá acarretar demora na cobrança e, por conseguinte, afunilamento do tráfego nos postos de pedágio; (iii) o levantamento do eixo pode ser feito com o simples toque de um botão, um pouco antes da passagem pela praça de pedágio, o que estimula o cometimento de fraudes.

Por fim, haja vista o entendimento anterior e a decisão do Tribunal Regional Federal da 4ª Região – que assegurou a redução do valor do pedágio quando o veículo trafegar com as rodas dos eixos auxiliares sem contato com a malha rodoviária –, acordaram os ministros da Segunda Turma do STJ, por unanimidade, em dar provimento aos recursos, afirmando que a opção do usuário de suspender os eixos auxiliares quando da passagem pela praça de pedágio não pode alterar o critério objetivo de tarifação estabelecido pelo legislador e pelo administrador.[34]

Estabelecidos tais entendimentos pelo Judiciário, veio a **Lei federal n. 13.103, de 2 de março de 2015**, que dispõe sobre o exercício da profissão de motorista e estabelece, em seu art. 17, que “os veículos de transporte de cargas que circularem vazios não pagarão taxas de pedágio sobre os eixos que mantiverem suspensos”.

O Decreto federal n. 8.433, de 16 de abril de 2015, que regulamenta tal artigo, estabelece que órgãos ou entidades competentes da União, dos estados, do Distrito Federal e dos municípios disporão sobre as medidas técnicas e operacionais para viabilizar tal isenção (art. 2°, §1°). Para as rodovias federais concedidas, dita regulamentação será publicada pela Agência Nacional de Transportes Terrestres (ANTT) no prazo máximo de 180 dias, contado da publicação do decreto, observados o interesse público e a viabilidade econômica (art. 2°, §3°).

---

34 BRASIL. Superior Tribunal de Justiça. Segunda Turma. Resp n. 1206348. Relator(a): Herman Benjamin. DJE: 04.02.2011.

Na Resolução n. 4898, de 13 de outubro de 2015, a ANTT dispõe sobre as medidas técnicas e operacionais para viabilizar a isenção da cobrança de pedágio sobre os eixos suspensos de veículos de transporte de carga que circulam vazios. Segundo o art. 1° de dita resolução, a condição de veículo vazio de que trata o art. 17 da Lei federal n. 13.103/2015 poderá ser verificada a partir: (i) de avaliação visual; (ii) da documentação fiscal associada à viagem; (iii) do Código Identificador da Operação de Transporte CIOT, nos termos da Resolução n. 3.658/2011; (iv) do peso bruto total do veículo.

A verificação pode ser realizada em cabines específicas de pedágio, postos de pesagem ou por meio de fiscalização pela ANTT ou pela autoridade de trânsito com circunscrição sobre a rodovia (art. 2°).

Segundo a resolução, cada concessionária de rodovia sob a regulação da ANTT deve apresentar, em 90 dias, proposta operacional para a verificação da condição de veículos de transporte de carga vazios. A proposta poderá prever a aplicação de qualquer uma das quatro formas estabelecidas, isoladas ou em conjunto (art. 3°).

Vale ressaltar determinada divergência no que diz respeito aos Estados-membros da federação quanto à aplicabilidade dessa isenção nas rodovias estaduais e também nos municípios. Em São Paulo, por exemplo, foi mantida a cobrança por decisão da Artesp, agência reguladora do Estado, que definiu que as disposições da lei não se aplicam às rodovias paulistas.

A Lei federal n. 13.103/2015 é, ainda, alvo de Ação Direta de Inconstitucionalidade n. 5322, ajuizada pela Confederação Nacional dos Trabalhadores em Transportes Terrestres (CNTTT). Em consonância com a Confederação, a nova lei retirou dos trabalhadores em transporte direitos previstos na Consolidação das Leis do Trabalho (CLT), no Código de Trânsito Brasileiro (CTB) e na Lei federal n. 12.619/2012, que também trata do exercício da profissão de motorista profissional. Não há, porém, qualquer questionamento quanto à constitucionalidade do art. 17 da lei.

Em 24 de agosto de 2018, a Lei federal n. 13.711 alterou o artigo 17 para acrescentar parágrafos e detalhar o assunto da isenção da cobrança de pedágio sobre os eixos suspensos de veículos de transporte. Portanto, passou-se a constar que em todo o território nacional, os veículos de transporte de cargas que circularem vazios ficarão isentos da cobrança de pedágio sobre os eixos que mantiverem suspensos (art. 1). O disposto no *caput* deste artigo abrange as vias terrestres federais, estaduais, distritais e municipais, inclusive as concedidas (§ 1º). Os órgãos e as entidades competentes da União, dos estados, do Distrito Federal e dos municípios disporão sobre as medidas técnicas e operacionais para viabilizar a isenção de que trata o (§ 2º).

Destaca-se, por fim, o Projeto de Lei estadual n. 375/2013, do **estado de Goiás** (arquivado em 22 de junho de 2015), que estabelecia redução da tarifa de pedágio de 50% (cinquenta por cento) para qualquer tipo de caminhão quando transitasse vazio (art. 5º).

16 Isenção para auditores fiscais do trabalho

Apesar de nenhum projeto de lei estabelecer algum viés de outorga de isenção a um grupo determinado de servidores, um grupo de auditores fiscais do trabalho solicitou isenção dos pedágios ao Judiciário.

A Oitava Turma Especializada do **Tribunal Regional Federal da 2ª Região (TRF2)**, por unanimidade, decidiu negar provimento ao recurso em que se discutia a possibilidade jurídica de passe livre dos auditores-fiscais do trabalho.[35]

Segundo os desembargadores, ainda que o art. 34, *caput*, do Decreto federal n. 4.552/2002 não se ajuste de modo perfeito

35 BRASIL. Tribunal Regional Federal da 2ª Região. Oitava Turma Especializada. AMS n. 57897. Relator(a) Desembargador Federal Sergio Schwaitzer. E-DJF2R: 14.10.2011, p. 249.

à regulamentação do art. 630, §5º, da CLT, ele continua tendo inequívoco respaldo, *ex lege*, no art. 1º, §2º, do Decreto-Lei federal n. 791/1969, que trata de modo geral sobre o pedágio em rodovias federais, consolidando verdadeira regra de isenção do pedágio.

Para o TRF2, a concessão do passe livre em tela a determinados auditores-fiscais do trabalho não abala o equilíbrio econômico-financeiro do respectivo contrato administrativo de serviço público, precedido de obra pública sobre a rodovia federal em foco, em razão de sua irrisoriedade, pois, conforme informado pela autoridade impetrada, trata-se de menos de 15 servidores públicos.

17 Isenção para veículos com mais de 15 anos de fabricação

Outra isenção que se tentou lograr via Judiciário, mas que não prosperou por conta de questões processuais, foi a concessão para veículos com mais de 15 (quinze) anos de fabricação.

A Sétima Turma do **Tribunal Regional Federal da 1ª Região (TRF1)**, por unanimidade, negou provimento à apelação em ação civil pública, ajuizada pela Defensoria Pública da União, que não comprovou a condição de necessitados dos beneficiários daquelas pessoas que apresentem o Certificado de Registro e Licenciamento de Veículos (CRLV), comprovando ter veículo – carros, utilitários e motocicletas – com mais de 15 anos de fabricação. Dita ação não prosperou por ilegitimidade ativa *ad causam*.[36]

---

36 BRASIL. Tribunal Regional Federal da 1ª Região. Sétima Turma. AC n. 00116311420074013400. Relator(a): Desembargador Federal José Amilcar Machado. E-DJF,1 19.09.2014, p. 573.

18 Isenção para veículos locados por fundação pública

A Quinta Turma Especializada do **Tribunal Regional Federal da 2ª Região** (TRF2), por unanimidade, negou provimento à remessa necessária em mandado de segurança, em caso em que a impetrante, como fundação integrante da Administração Pública Indireta do estado do Rio de Janeiro, instituída pela Lei estadual n. 5.420/2009, não se sujeita ao pagamento do pedágio relativamente ao trânsito de seus veículos oficiais, nos termos do disposto na cláusula 41 do Contrato de Concessão celebrado entre a Concer e a União.[37]

Segundo os desembargadores, o fato de os veículos utilizados pela fundação serem frutos de contrato de locação não desnatura a sua natureza oficial, que decorre, em verdade, do fato de se encontrarem atrelados ao exercício da função pública pelos integrantes do ente público.

Assim, uma vez cadastrados os veículos como oficiais, inexigível é o pagamento do pedágio para fins de circulação na rodovia concedida.

19 Concessão de abatimento no IPVA a pedágios administrados pelo Estado diretamente ou por meio de concessão

O pagamento do Imposto sobre a Propriedade de Veículo Automotor (IPVA) é uma obrigação; e o cidadão, ao honrar seu pagamento, pode ter determinados descontos como uma atividade de fomento estatal.

---

37 BRASIL. Tribunal Regional Federal da 2ª Região. Quinta Turma Especializada. REO n. 532309. Relator(a): Desembargador Federal Aluisio Gonçalves de Castro Mendes. Fonte: E-DJF2R: 19.02.2014.

No **estado de Goiás**, o Projeto de Lei estadual n. 375/2013 (arquivado em 22 de junho de 2015) autorizava o Poder Executivo a conceder abatimento, no valor a pagar do IPVA, até o montante dos valores pagos pelo contribuinte, a pedágios administrados pelo estado de Goiás, diretamente ou por meio de concessão (art. 6°). Seria uma forma de minimizar os prejuízos causados, uma vez que é obrigação do estado oferecer aos cidadãos condições de transportes favoráveis.

Estabelecia que deveria ser utilizado como documento comprobatório do valor pago o recibo expedido pelo órgão ou concessionária responsável pela administração de cada pedágio, que passava a ser um direito de que lhe fosse entregue no ato do respectivo pagamento, cuja emissão seria dever do órgão ou da concessionária responsável pelo pedágio, ainda que dele não constasse a identificação do veículo (§§1° e 3°). Além disso, ditava que o regulamento definiria os procedimentos pelos quais o contribuinte exercitaria seu direito ao abatimento, bem como os percentuais incidentes sobre os valores pagos a pedágios para o fim de apuração do crédito a ser abatido, observando-se o limite mínimo de 50% (cinquenta por cento), para o contribuinte pessoa física ou jurídica, dos recursos correspondentes à participação do Estado na divisão da arrecadação do IPVA (§ 2°).

Ao justificar o projeto, porém, argumentava-se que haveria bitributação, considerando o pedágio como taxa. Já se sabe que não é o caso, não existindo por que se falar em duplicidade de despesas em face de um mesmo fato gerador. Tal abatimento, entretanto, pode ser visto como uma atividade de fomento do Estado, resta saber se lícita.

Considerações finais

Ao analisar as formas de isenções e reduções estudadas, inicialmente nos termos contratuais comumente utilizados, percebe-se que os contratos em vigor possuem imprecisão quanto aos veículos que recebem isenção e sequer tratam de reduções tarifárias. Isso porque existe previsão contratual concedendo isenção para o poder concedente (DNER, ANTT e DER, por exemplo), para as agências reguladoras (ANTT e os veículos a seu serviço), veículos oficiais (identificados, credenciados e conforme definidos na legislação em vigor), bem como polícia rodoviária e corpo de bombeiros.

A expressão "veículos oficiais" é correntemente utilizada e sua imprecisão não permite afirmar que ela se refere em todos os casos aos mesmos tipos de veículos.

O principal exemplo que pode ser citado desta constatação adveio da pesquisa jurisprudencial que, em análise à Remessa Necessária Cível n. 5009550-11.2017.4.04.7009/PR, conheceu a sentença que concedeu a segurança requerida pelo Instituto Brasileiro do Meio Ambiente e dos Recursos Naturais Renováveis - Ibama para o fim de determinar que a entidade impetrada (Rodonorte – Concessionária de Rodovias Integradas S/A) promovesse os atos necessários para garantir o livre trânsito de veículos alugados pelo Ibama, mas que efetivamente eram utilizados para o cumprimento do poder de polícia nos trechos da rodovia sob sua administração sem a cobrança da tarifa de pedágio durante o período correspondente à operação Demeter, dada a isenção pertinente aos veículos oficiais. Portanto, foi mantida a sentença que concedeu através de mandado de segurança a isenção aos veículos alugados pelo Ibama durante a operação Demeter, por serem considerados oficiais. Sendo assim, as imprecisões possibilitadas pelo termo "veículos oficiais", por um lado, correm o risco de acarretar redundâncias nos termos contratuais e, por outro lado, podem deixar de abarcar algum tipo de veículo considerado à primeira vista não oficial, mas que por circunstâncias momentâneas possua e necessite de tal poder.

Após a análise dos contratos, as próximas etapas buscaram analisar isenções e reduções tarifárias no âmbito legislativo e outras questões jurisprudenciais.

Os projetos de lei que pretendiam e pretendem isentar diversos tipos de veículos do pagamento de pedágio sempre foram costumeiros nas legislaturas estaduais, porém, há evidente crescimento e recorrência do tema nas pautas legislativas brasileiras. Destacam-se por presentes nas pautas legislativas as discussões a respeito de isenção tarifária para ambulâncias em atividade de emergência (nos estados de SC – arquivado –, BA, PR e SP). O estado de São Paulo ainda inclui os veículos da Polícia Militar, Polícia Civil, Polícia Federal, Polícia Rodoviária Federal, Polícia Técnica-Científica, da Secretaria da Administração Penitenciária.

A discussão mais comum sobre isenção no âmbito legislativo é a respeito da isenção do pagamento de pedágio aos residentes permanentes ou que exerçam atividades profissionais no mesmo município em que funcione a praça de pedágio.

As isenções, concedidas isoladamente por decisões judiciais, pressionaram para que a União e alguns Estados-membros tentassem aprovar leis para ampliar esse direito de isenção a toda sociedade. Nesse aspecto, o estado do Paraná foi o primeiro a possuir legislação, a Lei estadual n. 15.607/2007. Essa, contudo, foi declarada *incidenter tantum* de inconstitucional (MS 4367342). Outros Estados-membros (BA, GO, MG, MS, PR e SP) tentaram aprovar legislação nesse sentido, mas os projetos foram, em sua maioria, arquivados ou ainda estão em tramitação.

Neste aspecto, o estado do Rio de Janeiro é o único que possui lei em vigor sobre o tema. Trata-se da Lei n. 8.170, de 30 de novembro de 2018, resultada pelo Projeto de Lei n. 126/2015.

O estado do Paraná, por sua vez, é o único a possuir Projeto de Lei, o de n. 825/2019, que tem como objetivo instituir à tarifa desconto de pedágio em 85% (oitenta e cinco pontos percentuais) para veículos em geral emplacados em municípios-sede e limítrofes às praças de pedágio de rodovias estaduais.

Situação similar é a isenção para os veículos emplacados no respectivo município onde estejam instaladas as praças de cobrança de pedágio. O Estado-membro que possuiu legislação sobre o tema foi Santa Catarina, com a Lei estadual n. 14.824/2009. A inconstitucionalidade dessa lei, porém, foi declarada em 30 de outubro de 2018, através da ADI 4382. Projeto de lei semelhante já foi arquivado na BA, MG, MS, RS e SP; e os estados da BA, MG e SP, além da União, possuem novamente projetos em tramitação.

Ainda sobre esse tema, a mais recente necessidade de interversão do Judiciário se personifica na ação popular ajuizada na Justiça Federal por residentes do município de Palhoça/SC contra a concessionária Autopista Litoral Sul S/A. Segundo os autores, a União, por meio da ANTT, outorgou concessão das rodovias BR-116 e BR-101, no trecho Curitiba-Florianópolis, e que a partir daí uma das praças de pedágio seria instalada pela Autopista dentro da área urbana do município, que tem a BR-101 como sua avenida principal. A ação popular tem como objetivo a permissão da passagem dos munícipes sem necessidade de pagamento do pedágio ou que houvesse isenção para os carros emplacados em Palhoça até a construção de uma rodovia alternativa. Tanto o juízo de primeira instância quanto o Tribunal Regional Federal da 4ª Região (TRF-4) negaram os pedidos. Atualmente, o Recurso Extraordinário (RE) n. 645.181 está sendo julgado pelo STF e, após reconhecida a repercussão geral sobre o tema, o processo está aguardando fora de pauta em razão do pedido de vista do Ministro Roberto Barroso.

Além dessas formas de isenções, existiu, também, tentativa de, por lei, proibir a instalação de praça de pedágio (GO e ES, ambos arquivados) ou a cobrança de pedágio (GO, MT e RJ, sendo que nesse último houve a promulgação da Lei n. 8.211/2018. Porém, não se encontrou qualquer divulgação do efetivo cumprimento legal, apesar da Lei constar nos registros da Alerj como "vigente").

Observou-se, ainda, um forte apelo legislativo para a concessão de isenção a determinados grupos: pessoas com deficiência; pessoas com doenças graves, crônicas e/ou degenerativas em tratamento de saúde; taxistas; motocicletas e similares; maiores de 60 ou 65 anos de idade.

No Congresso Federal e nos estados de MG, MT, RJ, SC, há projetos de lei em andamento, ou já arquivados, que visam às isenções para veículos automotores de propriedade de pessoas com deficiência. O município do Rio de Janeiro chegou a promulgar lei (Lei n. 5.703/2014), porém, ela foi declarada inconstitucional (ADI RJ 0017135-35.2014.8.19.0000). Destaca-se o estado do Paraná por promulgar a Lei estadual n. 18.537 em 26 de agosto de 2015 sobre o tema e, em sequência, sancionou a Lei n. 19.965 de 11 de outubro de 2019 para acrescentar o texto legal e passar a isentar do pagamento de pedágio especificamente, também, pessoas com transtorno do espectro autista, em tratamento fora do município de seu domicílio.

Com relação à especificidade das doenças crônicas, os estados da BA e RJ possuem projetos arquivados. SP é o único estado com tramitação atual sobre o tema. Ainda, deu-se a ocorrência de projetos, no RJ e em SP, que tentaram isentar os veículos de taxistas, porém ambos os projetos já foram arquivados. A BA possui projeto em tramitação nesse sentido.

Projetos visando isentar motocicletas e similares chegaram a transformar-se em lei, todavia foram declarados inconstitucionais, foi o caso do estado do ES, com a Lei estadual n. 7.304/2002 (ADI n. 2733); do RJ, com a Lei estadual n. 4.460/2004 (ADI RJ n. 2005.007.00003); e do município do RJ, com a Lei municipal n. 2.931/1999 (Representação por Inconstitucionalidade n. 66/1999). O estado de GO teve seu projeto vetado pelo governador; os estados de MG, PR, SC, SP possuem projetos em tramitação, além do projeto em âmbito nacional que tramita na Câmara dos Deputados.

Há, ainda, projetos de leis que visam conceder isenções aos maiores de 60 ou 65 anos de idade. É o caso dos estados de SP, SC, MT e da União sendo que, nos dois últimos, o projeto ainda está em tramitação; e do município do RJ, que chegou a ter lei a respeito, a Lei municipal n. 5.699/2014, mas que, como as demais, também, foi declarada inconstitucional (ADI RJ n. 001705571.2014.8.19.0000).

Por fim, buscou-se oferecer isenção para os veículos de transporte coletivo. No estado do RJ, tentou-se isentar ônibus intermunicipais e micro-ônibus, contudo, o projeto foi arquivado. Já em ES, MT, MS e SP, procurou-se isentar veículos coletivos de transporte escolar e de estudantes. O ES chegou a promulgar a Lei estadual n. 7.304/2002, mas foi declarada inconstitucional. Em MT, tem-se a Lei estadual n. 10.016/2013, que é a única lei encontrada ainda em vigor, mas que tem tudo para ser, também, declarada inconstitucional, haja vista as similaridades com a Lei do ES (ADI n. 2733). Já em MS e SP, têm-se apenas projetos, sendo que, em MS, o projeto já foi arquivado, e, em SP, está em andamento.

Agora, quanto às reduções tarifárias, além da tentativa de criação, através do Projeto de Lei n. 825/2019 do estado do Paraná, da tarifa desconto de pedágio em 85% para veículos em geral emplacados em municípios-sede e limítrofes às praças de pedágio de rodovias estaduais, apenas dois casos foram encontrados. Um para empresas que realizam o serviço de transporte de estudantes e que fazem uso da mesma rota diariamente, bem como os estudantes de forma individualizada. É o caso do projeto de lei de SC, que, porém, encontra-se arquivado. E o segundo caso diz respeito à redução do valor tarifário do pedágio para o veículo com um ou mais eixos sem contato com a malha asfáltica, quando o veículo transita vazio. Esse último caso também surgiu das decisões jurisprudenciais contrárias à redução. E, em razão dessas decisões jurídicas desfavoráveis, o Legislativo incluiu tal posicionamento na Lei federal n. 13.103/2015. Em 24 de agosto de 2018, a Lei federal n. 13.711 alterou o artigo 17 para acrescentar parágrafos e detalhar o assunto da isenção da cobrança de pedágio sobre os eixos suspensos de veículos de transporte. Portanto, passou-se a constar que em todo o território nacional os veículos de transporte de cargas que circularem vazios ficarão isentos da cobrança de pedágio sobre os eixos que mantiverem suspensos (art. 1).

Percebeu-se, portanto, que inúmeras são as tentativas do Legislativo de conceder isenções e reduções tarifárias, porém pouquíssimos casos, até o momento, chegaram a concretizar-se. É o caso da isenção de veículos coletivos de transporte escolar e de estudantes, que, provavelmente, terá questionada sua constitucionalidade, haja vista precedente nesse sentido. Todos os demais projetos de lei ou foram arquivados, ou se encontram em tramitação; e os que lograram se transformar em lei tiveram sua inconstitucionalidade declarada ou ainda estão sob análise. Logo, apesar de o legislador tentar, nos mais diferentes níveis federativos, impor sua vontade ao concessionário, propondo sobre esses diversos enfoques as isenções e alguns casos de redução, na grande maioria das vezes, não obtém sucesso.

Ao final, pôde-se observar, ainda, no tocante à jurisprudência, que as demandas quase sempre estimulam a criação de projetos de leis, como nos casos de isenção daqueles que residem nas proximidades das cabines de pedágio e convivem diariamente com o pagamento das tarifas, bem como de redução tarifária para veículo vazio com um ou mais eixos sem contato com a malha asfáltica.

No entanto há três casos pesquisados em que o Judiciário já se debruçou sobre o tema, mas que, até o momento, não se transformaram em propostas legislativas. São eles: isenção para auditores-fiscais do trabalho; isenção para veículos com mais de 15 anos de fabricação; e isenção para veículos locados por fundação pública.

Conclui-se que o exercício da subjetividade ou da autonomia pública do legislador, de acordo com a liberdade de configuração que este possui, e o poder de decisão do Judiciário para resolver os litígios que a ele chegam são legítimos, mas deve ser considerado, sempre que nova lei ou decisão judicial surgem, o equilíbrio econômico-financeiro do contrato, sob pena de aluir as bases de confiabilidade existentes nos contratos administrativos. Porém, como o Judiciário não tem como criar fonte de custeio em casos de isenção ou redução, este poderia apenas outorgar direitos de isenções que deverão, obrigatoriamente, ingressar no cálculo da revisão tarifária para o reequilíbrio da equação econômico-financeira ou, na própria decisão, determinar que o poder concedente fixe a isenção ou redução tarifária e seu custeio. Já o poder concedente e o Legislativo, por serem os únicos com possibilidade de prever fontes de custeio, são os principais atores legitimados para a criação de isenções e reduções tarifárias.

Referências bibliográficas

ARAGÃO, Alexandre Santos de. *Direito dos serviços públicos*. Rio de Janeiro: Forense, 2013.

BRASIL. Departamento Nacional de Infraestrutura de Transportes. *Sistema Nacional de Viação de 2015*. Disponível em: http://www.dnit.gov.br/sistema-nacional-de-viacao/. Acessado em: 28.06.2016.

_____. Superior Tribunal de Justiça. Primeira Turma. Resp n. 1103168. Relator(a): Francisco Falcão. DJE: 27.04.2009.

_____. Superior Tribunal de Justiça. Primeira Turma. Resp n. 1077298. Relator(a): Denise Arruda. DJE: 03.06.2009.

_____. Superior Tribunal de Justiça. Segunda Turma. Resp n. 1206348. Relator(a): Herman Benjamin. DJE: 04.02.2011.

_____. Supremo Tribunal Federal. ADI n. 4.382 Santa Catarina – 0000796-53.2010.1.00.0000. Relator(a): Min. Alexandre de Moraes. STF: 30.10.2018.

_____. Supremo Tribunal Federal. Tribunal Pleno. ADI n. 2733. Relator(a): Min. Eros Grau. Julgado em 26.10.2005. DJ: 03.02.2006.

_____. Supremo Tribunal Federal. Tribunal Pleno. ADI n. 800. Relator(a): Min. Teori Zavascki. Julgado em 11.06.2014. DJ: 01.07.2014.

_____. Tribunal de Contas da União. Decisões n. 228/1999, 634/2000 e 1.654/2002.

_____. Tribunal Regional Federal da 1ª Região. Sétima Turma. AC n. 00116311420074013400. Relator(a): Desembargador Federal José Amilcar Machado. E-DJF,1 19.09.2014.

_____. Tribunal Regional Federal da 2ª Região. Sexta Turma Especializada. AC n. 434400. Relator(a): Desembargador Federal Guilherme Calmon Nogueira da Gama. DJU: 10.07.2009.

_____. Tribunal Regional Federal da 2ª Região. Sexta Turma Especializada. AC n. 556430. Relator(a): Desembargador Federal Guilherme Couto. E-DJF2R: 01.10.2012.

______. Tribunal Regional Federal da 2ª Região. Quinta Turma Especializada. AC n. 586746. Relator(a): Desembargador Federal Aluisio Gonçalves de Castro Mendes. E-DJF2R: 28.07.2014.

______. Tribunal Regional Federal da 2ª Região. Sétima Turma Especializada. AG n. 184175. Relator(a): Desembargador Federal Jose Antonio Lisboa Neiva. E-DJF2R: 30.06.2011.

______. Tribunal Regional Federal da 2ª Região. Oitava Turma Especializada. AMS n. 57897. Relator(a) Desembargador Federal Sergio Schwaitzer. E-DJF2R: 14.10.2011.

______. Tribunal Regional Federal da 2ª Região. APELRE n. 552709. Relator(a): Desembargadora Federal Nizete Lobato Carmo. Sexta Turma Especializada. E-DJF2R: 07.01.2015.

______. Tribunal Regional Federal da 2ª Região. Sexta Turma Especializada. APELRE n. 497992. Relator(a): Desembargador Federal Guilherme Calmon Nogueira da Gama. E-DJF2R: 21.12.2011.

______. Tribunal Regional Federal da 2ª Região. Quinta Turma Especializada. REO n. 532309. Relator(a): Desembargador Federal Aluisio Gonçalves de Castro Mendes. Fonte: E-DJF2R: 19.02.2014.

______. Tribunal Regional Federal da 3ª Região. Órgão Especial. SLAT n. 2917. Relator(a): Desembargador Federal Roberto Haddad. E-DJF3 Judicial 1: 02.02.2011.

______. Tribunal Regional Federal da 4ª Região. Quarta Turma. AC n. 50241995220104047000. Relator(a): Luís Alberto D'azevedo Aurvalle. D.E.: 16.01.2015.

______. Tribunal Regional Federal da 4ª Região. Terceira Turma. RN n. 5009550-11.2017.4.04.7009. Relator(a): Desembargadora Federal Vânia Hack de Almeida. TRF4: 29.11.2018.

CARRAZZA, Roque Antônio. *Curso de Direito Constitucional Tributário*. 26ª ed. São Paulo: Malheiros, 2010.

JUSTEN FILHO, Marçal. *Curso de direito administrativo*. 9ª ed. São Paulo: Revista dos Tribunais, 2013.

______. *Teoria Geral das Concessões de Serviço Público*. São Paulo: Dialética, 2003.

MACHADO, Kal. *Concessões de rodovias*: mito e realidade. 2ª ed. São Paulo: Prêmio Editorial, 2005.

MORAES, Alexandre de. *Direito Constitucional*. 24ª ed. São Paulo: Atlas, 2009.

MORADORES DE POJUCA TERÃO ISENÇÃO DE PEDÁGIO. *Bahia no Ar*, 31 mai. 2014. Disponível em: http://bahianoar.com/moradores-de-pojuca-terao-isencao-em-pedagio/. Acessado em: 28.06.2016.

PARANÁ. Tribunal de Justiça do Estado do Paraná. Órgão Especial. Mandado de segurança n. 0436734-2. Relator(a): Desembargador Paulo Roberto Hapner. TJPR: 03.10.2008.

RIO DE JANEIRO. Tribunal de Justiça do Estado do Rio de Janeiro. Segunda Vara Cível de Teresópolis. ADC n. 1999.540.001685-4. TJRJ: 31.05.2002.

______. Tribunal de Justiça do Estado do Rio de Janeiro. Décima Sétima Câmara Cível. AC n. 2003.001.0114-1. Relator(a): Desembargador Raul Celso Lins e Silva. TJRJ: 21.01.2003.

______. Tribunal de Justiça do Estado do Rio de Janeiro. Décima Sétima Câmara Cível. AC n. 2009.001.05607. Relator(a): Desembargadora Luisa Cristina Bottrel Souza. TJRJ: 11.03.2009.

______. Tribunal de Justiça do Estado do Rio de Janeiro. RJ n. 0017135-35.2014.8.19.0000. Relator: Des. Jessé Torres.

______. Tribunal de Justiça do Estado do Rio de Janeiro. ADI RJ n. 2005.007.00003. Relator: Des. J. C. Murta Ribeiro.

______. Tribunal de Justiça do Estado do Rio de Janeiro. Representação por Inconstitucionalidade 66/1999. Relator: Des. Perlingeiro Lovisi.

______. Tribunal de Justiça do Estado do Rio de Janeiro. ADI RJ n. 001705571.2014.8.19.0000. Relator: Des. Gizelda Leitão Teixeira.

SABBAG, Eduardo de Moraes. *Manual de Direito Tributário*. 5ª ed. São Paulo: Saraiva, 2013.

SADDY, André; PINTO, Igor Giuberti. "Isenções e reduções tarifárias em rodovias concedidas: um estudo de caso das rodovias do Rio de Janeiro". *Revista de Direito Econômico e Socioambiental*, Curitiba, vol. 8, nº 2, maio/ago. 2017. DOI:10.7213/rev.dir.econ.soc.v8i2.16424.

TORRES, Ricardo Lobo. *Curso de Direito Financeiro e Tributário*. 12ª ed. Rio de Janeiro: Renovar, 2005.

CAPÍTULO XXVI

DA ANÁLISE SOCIETÁRIA DOS CONSÓRCIOS E CONCESSÕES DE RODOVIAS

Armando Luiz Rovai
Paulo Sérgio Nogueira Salles Júnior

Introdução

Primeiramente devemos abordar o que está englobado na seara dos consórcios e das concessões de rodovias. Vemos que a melhor forma de uma empresa alcançar seus objetivos é a realização de parcerias entre consorciadas, as chamadas *joint ventures*, que se refere a um tipo de associação em que duas pessoas jurídicas se juntam para tirar proveito de alguma atividade, projeto ou negócio, por um tempo limitado, sem que cada uma perca a sua própria identidade.

Os consórcios são mais um tipo de *joint venture* ou parceria empresarial que não possui personalidade jurídica, preservando sua autonomia patrimonial, figurando entre uma forma de contrato e de sociedade. Essa modalidade está prevista na legislação brasileira, nos artigos 278 e 279 da Lei federal n. 6.404 de 1976 (Lei das S/A).

Mas o que seria o consórcio? Trata-se da união de sociedades em um único grupo com o objetivo de adquirir ou comercializar bens ou serviços. Esta forma tem suas características próprias.

Entretanto, ressalva-se, desde já, que o estudo trazido até então não deve ser confundido com o tipo de consórcio com objetivo de aquisições em grupo de determinado bem. O presente artigo busca explicitar o conceito e a utilização dos consórcios, como modalidade específica de parceria empresarial, no que tange, especificamente, aos consórcios rodoviários.

Como se observou anteriormente, esse tipo societário tem previsão legal nos artigos 278 e 279 da Lei federal n. 6.404/1976 das sociedades por ações.

> Art. 278. As companhias e quaisquer outras sociedades, sob o mesmo controle ou não, podem constituir consórcio para executar determinado empreendimento, observado o disposto neste Capítulo.

Desse modo, os consórcios poderão ser constituídos por meio de contrato específico com o objetivo de realizar empreendimento determinado sociedades, podendo ter o mesmo controle ou não.

Nesse sentido, convém salientar que tal modalidade societária (*joint ventures*) é comumente utilizada para a execução de grandes empreendimentos, especialmente obras de construção civil privadas e públicas, realizando os objetos de contratos nas licitações, como por exemplo: usinas hidrelétricas, redes de transmissão de energia, rodovias, portos, plataformas de petróleo além de inúmeros projetos de parcerias público-privadas (PPP) com capital misto.

No que trata da regulamentação jurídica das *joint ventures*, a sua constituição permeia mediante contrato aprovado por órgão da sociedade competente para autorizar a alienação de bens do ativo não circulante, em conformidade com o disposto no art. 279 da

Lei federal n. 6.404/1976, em suma, sua constituição deve ser submetida à aprovação do órgão da sociedade que pode dispor dos bens sociais, tais como: a diretoria, a assembleia geral e o conselho de administração.

1 Por que as concessões rodoviárias podem ser consideradas *joint ventures*?

Nos dias de hoje, a expressão *joint venture*[38] engloba não só a formação de sociedades como também as relações contratuais que envolvem as espécies de parcerias.

E é justamente nessa categoria de parcerias que os consórcios rodoviários se enquadram. Vale ressaltar, entretanto, que existem autores que preferem a denominação empresas conjuntas para indicar o vínculo que nasce a partir da parceria entabulada entre duas ou mais empresas.

Voltando às relações abordadas anteriormente que os temas "sociedades" e *joint ventures* podem ter em comum, podemos observar a hipótese de tratar da associação de duas ou mais companhias para a realização de um negócio que será efetuado conjuntamente, justamente como na construção e manutenção de uma rodovia. Do ponto de vista teórico qualquer associação entre sociedades também poderia ser englobada para a entabulação de uma *joint venture*, efetivando-se, para tanto, uma parceria para se obter algo de forma conjunta.

---

38 Inspirado na obra *Atualidades do Direito Empresarial Brasileiro*, de autoria de Armando Luiz Rovai, publicado pela Editora D'Plácido, 2019.

2 Aspectos que devem estar presentes em um contrato de consórcio

De acordo com a legislação, no contrato de consórcio, deverá constar (art. 279 da Lei federal n. 6.404/1976):

1. A identificação e a qualificação completa das consorciadas e de seus representantes legais, com a indicação da sociedade líder responsável pela representação do consórcio perante terceiros;
2. A designação do consórcio, se houver;
3. O empreendimento que constitua o objeto do consórcio;
4. A duração, endereço e foro;
5. A definição das obrigações e responsabilidades de cada sociedade consorciada e das prestações específicas;
6. Normas sobre recebimento de receitas e partilha de resultados;
7. Normas sobre administração do consórcio, contabilização, e taxa de administração, se houver;
8. Forma de deliberação sobre assuntos de interesse comum, com o número de votos que cabe a cada consorciado;
9. Contribuição de cada consorciado para as despesas comuns, se houver.[39]

---

[39] Inspirado no artigo jurídico de autoria de Rafael de San Loreto. SAN LORETO, Rafael. "Consórcios - A parceria entre empresas que fica entre o contrato e a sociedade". *Jusbrasil*. Disponível em: https://rloreto.jusbrasil.com.br/artigos/558480290/consorcios. Acessado em: 14.06.2021.

3 Alteração e arquivamento/extinção no contrato de consórcio nas sociedades

No âmbito do contrato de constituição do consórcio, as suas alterações deverão ser arquivadas na Junta Comercial do Estado, devendo a certidão do arquivamento ser publicada em órgão oficial e em jornal de grande circulação (art. 279, parágrafo único da Lei federal n. 6.404/1976).

Registre-se que, em relação à determinação de arquivamento e publicação, é importante que se diga, para caracterizar o consórcio perante terceiros, de forma que não aleguem mais à frente que se trata de sociedade e que a responsabilidade seja solidária entre as consorciadas.

Ainda, em contribuição com a definição dos consórcios, faz-se necessário aclarar sobre o funcionamento dessa modalidade, pois este se dá por meio de cláusulas contratuais determinadas na sua constituição original e eventuais alterações. Reitera-se que é uma relação fortemente contratual.

Comumente se estrutura uma administração própria para gerir o consórcio. Pode-se também eleger uma empresa-líder, com poderes para representar as outras empresas consorciadas.

Em regra, o contrato de consórcio, terá suas alterações e extinção arquivados na Junta Comercial da sede, devendo ser apresentado o requerimento e o ato que aprovou o contrato do consórcio de todas as consorciadas envolvidas registrado, conforme artigo 91, § 2º da Instrução Normativa Drei n. 81/2020:

> Art. 91 (...)
>
> § 2º O ato que aprovou o contrato de consórcio deverá ser arquivado na Junta Comercial da sede das consorciadas, conforme as formalidades de sua natureza jurídica.[40]

Em termos de negócios empresariais, fica evidente que a criação de um consórcio tem como finalidade um aumento na competitividade por parte da empresa, além de visar a um crescimento e aumentar a lucratividade das consorciadas envolvidas.

Sob a consolidação de um consórcio, surgem inúmeras vantagens, devido ao fato da racionalização de esforços das empresas, mobilizando suas capacidades específicas e tornando-as mais eficientes para a realização do objeto da sociedade.

Sem esse tipo de parceria, seria dificultoso para tais empresas, conseguirem obter os resultados almejados, como por exemplo, nos casos de grande complexidade como os projetos rodoviários. Com essa modalidade empresarial, as pessoas jurídicas têm a liberdade de contratar e de pactuar os deveres e obrigações de cada participante, respeitando sempre os limites da lei.

Uma vez explanado o que é consórcio, podemos adentrar no tema "concessões públicas" que, sob a perspectiva política, as operações de privatização no âmbito do Programa Nacional de Desestatização – PND, em sua maioria, têm sido efetivadas através de consórcios de empresas, como por exemplo, a privatização da Vale do Rio Doce, através de um consórcio de empresas, liderado pela Companhia Siderúrgica Nacional – CSN, da qual revelou a importância do instituto do consórcio de empresas, pouco abordado juridicamente.

---

40 BRASIL. Ministério da Economia. *Instrução Normativa Drei n. 81*, de 10 de junho de 2020. Disponível em: https://www.in.gov.br/en/web/dou/-/instrucao-normativa-n-81-de-10-de-junho-de-2020-261499054. Acessado em: 14.06.2021.

4 Concessão de exploração de rodovias e seu sistema jurídico no Brasil

Com relação ao cenário da concessão de exploração de rodovias, o Programa Brasileiro de Concessões de Rodovias teve início na década de 90, como alternativa à falta de recursos federais para a recuperação, melhoria, manutenção e expansão da malha rodoviária nacional.

O Brasil tem o segundo maior conjunto de rodovias no mundo, sendo que, deste, atualmente, mais de 14 mil quilômetros são mantidos por rodovias concedidas à iniciativa privada, sendo operadas por 51 empresas distintas, que já investiram cerca de 16 bilhões de reais em, aproximadamente, 15 anos de concessão.

Vê-se como fundamental esse tipo de concessão, pois, devido à falta de investimentos públicos, as rodovias brasileiras encontravam-se em um alto nível de degradação, o que ensejou e fortaleceu a ideia da criação do sistema de concessionárias federais de rodovias, sendo regulamentada e fiscalizada pela Agência Nacional de Transportes Terrestres (ANTT), do Ministério dos Transportes.

Sob a ótica jurídica, o sistema de concessão permite a transferência, por meio de licitação, de um serviço ou bem público à iniciativa privada por prazo determinado, ou seja, a propriedade continua sendo da União.

5 Prazos e Peculiaridades dos contratos de concessão rodoviária no Brasil

Quando tratamos dos contratos de concessão de rodovia, verifica-se que o prazo habitual deste é algo entre 20 e 30 anos,[41] após o qual o contrato poderá ser renovado ou não.

---

41 CONCESSIONÁRIA RIO TERESÓPOLIS – CRT. *Programa Brasileiro de Concessões Rodoviárias*. Disponível em https://www.crt.com.br/

Quando não ocorrer a renovação, o bem ou serviço volta à responsabilidade do Poder Público. Ressalta-se que, deve ser incorporado nessa transferência todas as benfeitorias executadas, como obras, instalações, equipamentos e frota que foram empregadas pelas consorciadas.

Um curioso exemplo de concessão pública de rodovias brasileiras é a Rodovia dos Bandeirantes – SP 348 – ao Consórcio Jaraguá, que constituiu a concessionária Autoban.

5.1 ANTT

É valido destacarmos as peculiaridades constantes do estatuto Social de concessionárias de rodovias, uma vez que ele prevê, ao longo de todo o prazo da concessão, a contemplação de cláusulas específicas como a submissão à prévia autorização da ANTT, quaisquer operações que importem em modificação da composição do seu controle acionário, seja ele direto ou indireto.

Aqui, salientamos que controle direto é aquele exercido pelo próprio titular das ações; já o controle indireto é aquele exercido por intermédio de outrem, como o que se exerce por interposição de outras sociedades, tal como as holdings e companhias controladas.

Acerca da submissão prévia para autorização da ANTT, as propostas de comissão de títulos e valores mobiliários que contenham dispositivo de conversão em ações ou que tenham como garantia bens vinculados à concessão ou ações integrantes do grupo controlador, além de se submeter à prévia autorização da ANTT a contratação de empréstimos ou obrigações com terceiros ou com instituições financeiras no Brasil ou no exterior, que tenha como garantia direitos emergentes da concessão ou ações integrantes do grupo controlador.

---

conteudo_view.asp?id=9951&secao=O+que+e+Concessao+Rodoviaria&IDpai=3. Acessado em: 14.06.2021.

Por fim, temos a cláusula que diz respeito à submissão a prévia autorização da ANTT para qualquer acordo de acionistas e suas alterações.

6 Sobre as cláusulas de distribuição nos contratos de concessão em rodovias

Com relação às cláusulas comuns sobre distribuição de dividendos em contratos de concessão em rodovias, temos o estatuto social da sociedade concessionária, que deverá dispor sobre a distribuição de dividendos, a qual deverá estar condicionada aos limites fixados pela Lei n. 6.404, de 1976, quer quantitativamente, ou, quanto à periodicidade de sua distribuição, ainda devem ser ressalvados os direitos dos acionistas preferenciais, se houver, bem como os dividendos mínimos obrigatórios estabelecidos no estatuto social.

Cabe destacar que somente serão distribuídos dividendos excedentes ao dividendo mínimo obrigatório ou quaisquer outros benefícios societários, inclusive "pró-labore" aos administradores-acionistas, previstos no estatuto, ao final do exercício social, quando resultarem da apuração de lucros decorrentes da exploração da rodovia e desde que tais dividendos ou benefícios societários remanesçam após o pagamento de obrigações vencidas decorrentes do contrato de concessão, ainda que tais obrigações tenham se originado em exercícios financeiros anteriores ao da apuração dos lucros.

7 Bens móveis e imóveis atrelados à concessão

Em relação a bens vinculados à concessão, de modo geral, os contratos de concessão de rodovias preveem que os bens vinculados à concessão transferidos à concessionária deverão ser recuperados, conservados, operados e mantidos em condições normais de uso, de forma que, quando devolvidos a União, encontrem-se em perfeito estado de conservação.

Outros pontos que aparecem, corriqueiramente, nesse sentido são relativos os bens móveis e imóveis que integram à concessão, os quais devem ser registrados em nome da consorciada e constantes de cadastro a ser atualizado permanentemente pela concessionária e disponibilizado à ANTT sempre que solicitado.

Ainda sobre bens vinculados à concessão, quanto à reversão, temos cláusulas importantes a destacar, tais como:

> Ressalvado o disposto no contrato, revertem à União, gratuita e automaticamente, na extinção da Concessão, todos os Bens Vinculados a Concessão, nos termos previstos neste Contrato;
>
> Para os fins previstos no item anterior obriga-se a concessionária a entregar os Bens Vinculados a Concessão em perfeitas condições de operacionalidade, utilização e manutenção, sem prejuízo do normal desgaste resultante do seu uso e livres de ônus ou encargos de que tipo for.
>
> A reversão dos bens quando da extinção da Concessão se fará com o pagamento, pela União, das parcelas dos investimentos vinculados aos bens adquiridos pela concessionária, ainda não amortizados ou depreciados, que tenham sido realizados com a prévia aprovação da ANTT, com objetivo de garantir a continuidade e a atualidade da Concessão.
>
> Caso a reversão dos bens não se processe nas condições estabelecidas no Contrato, a concessionária indenizará a União, devendo a indenização ser calculada nos termos legais.
>
> Na ocorrência de dissolução ou liquidação da concessionária, não poderá ser efetuada a partilha do respectivo patrimônio social sem que a ANTT ateste, por meio de auto de vistoria, encontrarem-se os Bens Vinculados a Concessão livres de ônus, ou sem que se mostre assegurado o pagamento de quantias devidas a União, a título de indenização ou a qualquer outro título.
>
> Os Contornos ou Variantes previstos no PER serão incorporados à Concessão a partir da data de recebimento pela

> ANTT, sendo então, a critério da ANTT, devolvidos e revertidos a União os trechos rodoviários substituídos pelos Contornos ou Variantes.[42]

8 Extinção da concessão: bens vinculados à concessão

Quando extinta a concessão, revertem-se à União todos os bens vinculados à concessão, e os direitos e privilégios decorrentes dela, livres e desembaraçados de quaisquer ônus ou encargos, inclusive sociais e trabalhistas, e cessam, para a concessionária, todos os direitos emergentes do contrato.

9 Extinção da concessão: perspectiva tributária

Sob o viés tributário, o consórcio constituído nos termos do disposto nos artigos 278 e 279 da Lei federal n. 6.404/1976, e as pessoas jurídicas consorciadas deverão, para efeitos dos tributos administrados pela Secretaria da Receita Federal do Brasil (RFB), observar o disposto na Instrução Normativa RFB n. 1.199/2011.

> Art. 1º O consórcio constituído nos termos do disposto nos arts. 278 e 279 da Lei n. 6.404, de 15 de dezembro de 1976, e as pessoas jurídicas consorciadas deverão, para efeitos dos tributos administrados pela Secretaria da Receita Federal do Brasil, observar o disposto nesta Instrução Normativa.
>
> Art. 2º As empresas integrantes de consórcio constituído nos termos dos arts. 278 e 279 da Lei n. 6.404, de 1976, respondem pelos tributos devidos, em relação às operações

42 BRASIL. Ministério dos Transportes. Agência Nacional de Transportes Terrestres – ANTT. *Edital n. 005/007*. Contrato de concessão da exploração da rodovia: BR-153lSP trecho div. MGISP - divisa SPPR. Disponível em: https://portal.antt.gov.br/documents/359170/0/Contrato.pdf/7f10131c-3fa-4-88d6-729b-7ec485eb4301. Acessado em: 07.06.2021.

praticadas pelo consórcio, na proporção de sua participação no empreendimento, observado o disposto nos §§ 1º e 2º.

10 Sobre a solidariedade nas concessões rodoviárias

Quanto à questão de solidariedade, as empresas integrantes de consórcio constituído nos termos dos artigos 278 e 279 da Lei federal n. 6.404/1976, respondem pelos tributos devidos, em relação às operações praticadas pelo consórcio, na proporção de sua participação no empreendimento, observado o seguinte:

> § 1º O consórcio que realizar a contratação, em nome próprio, de pessoas jurídicas ou físicas, com ou sem vínculo empregatício, poderá efetuar a retenção de tributos e o cumprimento das respectivas obrigações acessórias, ficando as empresas consorciadas solidariamente responsáveis;
>
> § 2º Se a retenção de tributos ou o cumprimento das obrigações acessórias relativos ao consórcio forem realizados por sua empresa líder, aplica-se, também, a solidariedade de que trata o tópico acima.[43]

Como supramencionado, no último ponto abordado, se a empresa líder assumir, no contrato de que trata o artigo 279 da Lei federal n. 6.404/1976, a responsabilidade pela contratação e pagamento, em nome do consórcio, de pessoas jurídicas ou físicas, com ou sem vínculo empregatício, a retenção de tributos e o cumprimento das respectivas obrigações acessórias deverão ser efetuados pela empresa líder, mediante seu Cadastro Nacional da Pessoa Jurídica

---

43 BRASIL. Receita Federal. *Instrução Normativa RFB n. 1199*, de 14 de outubro de 2011. Disponível em: http://normas.receita.fazenda.gov.br/sijut2consulta/link.action?visao=anotado&idAto=36550#:~:text=%C2%A7%201%C2%BA%20O%20cons%C3%B3rcio%20que,as%20empresas%20consorciadas%20solidariamente%20respons%C3%A1veis. Acessado em: 14.06.2021.

(CNPJ) próprio, ou seja, as obrigações acessórias relativas à retenção dos tributos deverão ser prestadas em conjunto com as obrigações acessórias da empresa líder. Além disso, nessa situação, aplicar-se-ão as normas de retenção a que está sujeita a empresa líder.

11 Do entendimento dos nossos tribunais sobre o respectivo assunto

11.1 Jurisprudência

> HABILITAÇÃO DE CRÉDITO. FALÊNCIA. Sentença de procedência para habilitar o crédito reclamado (R$ 569.135.467,06) no quadro geral de credores na classe dos quirografários. Apela a falida reiterando agravo retido; argúi nulidade da sentença por ausência de decisão específica de indeferimento dos quesitos não respondidos pelo perito, também pelo indeferimento do assistente técnico que indicara, além da inexistência de trânsito em julgado do agravo de instrumento interposto contra a decisão que encerrou a fase de instrução; pugna que a sentença seja anulada para que o perito responda a todos os quesitos ou seja determinada nova perícia; argumenta quanto à incerteza do crédito habilitado; assevera a ocorrência de vício de lesão contra o empresário falido; expõe que a falida locava seus dutos de fibra ótica para Telesp e Pegasus e para viabilizar que estas empresas integrassem o consórcio Refibra, constituído para reestruturar as dívidas da falida, houve necessidade que esta reconhecesse débitos inexistentes. Descabimento. Agravo Retido. Recurso interposto em face da decisão que rejeitou exceção de suspeição movida contra o perito. Alegação de perda da imparcialidade em razão de o perito não ter respondido à integralidade dos quesitos apresentados pela falida. Insubsistência. Ausência de resposta a alguns questionamentos por serem exorbitantes à lide. Limitação imposta pelo Juízo, ao determinar que o perito deveria se ater ao negócio jurídico havido entre a habilitante e a falida e assim responder apenas os quesitos atrelados a essa

realidade. Agravo Retido rejeitado. Apelação. Embora ausente indeferimento específico aos quesitos impertinentes, o Juízo antes de encerramento da fase dilatória concedeu prazo para a falida reformular seus quesitos não respondidos pelo perito e justificar sua vinculação ao objeto da lide. Circunstância que demonstra o respeito ao devido processo legal. Parte que não cumpriu seu ônus processual, advindo decisão de encerramento da fase de instrução, confirmada por acórdão desta Câmara, sem notícia de obtenção de efeito suspensivo ou decisão favorável junto a via extraordinária. Recusa do assistente técnico indicado pela falida, por não demonstrar a habilitação técnica de contador. Decisão que deixou de sofrer insurgência oportuna pela via recursal. Questão acobertada pela preclusão. Mérito. Em 2001, antes da falência decretada em 2004, Habilitante, na condição de líder, falida e terceiro constituíram consórcio (Consórcio Refibra) a fim de concluir rede subterrânea de dutos para fibras óticas e promover a reestruturação dos passivos da falida (Barramar). As maiores credoras da habilitada constituíram a empresa habilitante, para qual foram cedidos seus créditos, além de assumir com terceiros dívidas da empresa falida. Consórcio Refibra reputado como válido perante a falência por decisão desta Câmara quando da fase de arrecadação, encaminhando a discussão para eventual ação revocatória. Ausente a configuração do vício de lesão. Inexistência de elemento de convicção capaz de revelar a inexperiência do representante legal da falida e a presença de obrigação manifestamente desproporcional. Conjunto probatório, representado por perícia realizada nos livros da falida e da habilitante, demonstra a existência das dívidas reclamadas. Origem dos débitos retratada pela própria escrituração da falida. Inocorrente prova contrária que desmereça a higidez do laudo técnico produzido de forma equidistante ao interesse das partes. Sentença confirmada. Recursos improvidos.

(TJ-SP - APL: 1629018200282600068 SP 0016290-18.2002.8.26.0068, Relator: James Siano, Data de Julgamento: 14/12/2011, 5ª Câmara de Direito Privado, Data de Publicação: 14/12/2011)

AGRAVO EM RECURSO ESPECIAL N. 1.419.348 - SC (2018/0338640-0) RELATORA: MINISTRA NANCY ANDRIGHI AGRAVANTE: OI S.A. - EM RECUPERAÇÃO JUDICIAL ADVOGADOS: DIEGO SOUZA GALVAO - RS065378 TATIANE BELLOMO DA SILVA E OUTRO (S) - RS068466 FERNANDO FREITAS GALANT - SC031030B TOMAS ESCOSTEGUY PETTER - SC040797A AGRAVADO: ANITA ZABOT TOMAKELSKI ADVOGADOS: MAIKO ROBERTO MAIER E OUTRO (S) - SC031939 CELSO ALMEIDA DA SILVA - SC023796A CASSIA CRISTINA DA SILVA - SC023809B PROCESSUAL CIVIL. AGRAVO EM RECURSO ESPECIAL. AÇÃO DE ADIMPLEMENTO CONTRATUAL. PREQUESTIONAMENTO. AUSÊNCIA. SÚMULA 282/STF. DISSÍDIO JURISPRUDENCIAL. AUSÊNCIA DE PREQUESTIONAMENTO DO TEMA. INVIABILIDADE. 1. Ação de adimplemento contratual. 2. A ausência de decisão acerca dos dispositivos legais indicados como violados impede o conhecimento do recurso especial. 3. A ausência de prequestionamento do tema que se supõe divergente impede o conhecimento da insurgência veiculada pela alínea c do art. 105, III, da Constituição da República. 4. Agravo conhecido. Recurso especial não conhecido. DECISÃO Cuida-se de agravo em recurso especial interposto por OI S.A. - EM RECUPERAÇÃO JUDICIAL contra decisão que negou seguimento a recurso especial fundamentado, nas alíneas a e c do permissivo constitucional. Agravo em recurso especial interposto em: 03/10/2018. Concluso ao gabinete em: 26/12/2018. Ação: de adimplemento contratual, ajuizada por ANITA ZABOT TOMAKELSKI, em face da TELEFÔNICA BRASIL S.A, na qual pretende o recebimento de indenização no valor corresponde às ações não recebidas. Sentença: julgou procedente o pedido inicial. Acórdão: deu parcial provimento à apelação interposta pela recorrente e deu provimento ao apela da recorrida, nos termos da seguinte ementa: APELAÇÕES CÍVEIS. AÇÃO DE ADIMPLEMENTO CONTRATUAL. SUBSCRIÇÃO DEFICITÁRIA DE AÇÕES. LEGITIMIDADE PASSIVA DA BRASIL TELECOM COMO

SUCESSORA DE EMPRESA ESTATAL PRESTADORA DE SERVIÇOS DE TELECOMUNICAÇÕES, E PARA RESPONDER PELAS AÇÕES DA TELESC CELULAR ("DOBRA ACIONÁRIA"). POSSIBILIDADE JURÍDICA DO PEDIDO DE PAGAMENTO DOS DIVIDENDOS. PRESCRIÇÃO INOCORRENTE. INTERRUPÇÃO DO PRAZO EM FACE DO AJUIZAMENTO DE CAUTELAR PREPARATÓRIA DE EXIBIÇÃO DE DOCUMENTO. RECONHECIMENTO DO DIREITO À "DOBRA ACIONÁRIA". DESDOBRAMENTO. POSSIBILIDADE, NOS TERMOS DA DELIBERAÇÃO EM ASSEMBLEIA GERAL. INCIDÊNCIA DAS NORMAS DO CÓDIGO DE DEFESA DO CONSUMIDOR. CRITÉRIOS ESTABELECIDOS EM PORTARIAS MINISTERIAIS QUE NÃO PREVALECEM. **RESPONSABILIDADE DA CONCESSIONÁRIA DE SERVIÇO PÚBLICO PELAS OBRIGAÇÕES DECORRENTES DO CONTRATO DE PARTICIPAÇÃO FINANCEIRA.** CÁLCULO DO VALOR PATRIMONIAL DA AÇÃO QUE É APURADO COM BASE NO BALANCETE DO MÊS DA INTEGRALIZAÇÃO (OU DO DIA DO PAGAMENTO DA PRIMEIRA PARCELA). INDENIZAÇÃO QUE É APURADA COM BASE NA COTAÇÃO DAS AÇÕES "NO FECHAMENTO DO PREGÃO DA BOLSA DE VALORES NO DIA DO TRÂNSITO EM JULGADO DA AÇÃO DE COMPLEMENTAÇÃO DE AÇÕES, COM JUROS DE MORA DESDE A CITAÇÃO". SUBMISSÃO DA CÂMARA AO QUE FOI DECIDIDO NO RECURSO ESPECIAL N. 1.301.989/RS, QUE OBSERVOU O RITO DO ARTIGO 543-C DO CÓDIGO DE PROCESSO CIVIL DE 1973. HONORÁRIOS ADVOCATÍCIOS DE PRIMEIRO GRAU QUE SÃO FIXADOS EM 15% (QUINZE POR CENTO) DO VALOR DA CONDENAÇÃO, CONFORME A REGRA DO ARTIGO 85, § 2º, DO CÓDIGO DE PROCESSO CIVIL DE 2015 E A ORIENTAÇÃO QUE PREVALECE NA CÂMARA. MAJORAÇÃO DOS HONORÁRIOS ADVOCATÍCIOS EM RAZÃO DO TRABALHO REALIZADO EM GRAU DE RECURSO PELO ADVOGADO DA AUTORA. ARTIGO 85, § 11, DO CÓDIGO DE PROCESSO

CIVIL DE 2015. RECURSO DE APELAÇÃO CÍVEL DA EMPRESA DE TELEFONIA PROVIDO EM PARTE E APELO DA ACIONISTA PROVIDO. (e-STJ fls. 278/279). Recurso especial: alega violação dos arts. 170, § 3º, da Lei das S.A., bem como divergência jurisprudencial. Sustenta que "no caso de integralização mediante transferência de bens à sociedade, como ocorre na hipótese de contratos de PCT que previam retribuição acionária (o que não ocorre nos contratos de PEX), a Lei n. 6.404/1976 estabelece procedimento próprio, consistente na avaliação do acervo a ser transferido, para posterior emissão das ações". (e-STJ fl. 299). É O RELATÓRIO. DECIDO. Julgamento: aplicação do CPC/2015. - Da ausência de prequestionamento O acórdão recorrido não decidiu acerca do art. 170, § 3º, da Lei das S.A., indicado como violado, não tendo a agravante nos embargos de declaração opostos, suscitado tal questão, com vistas a suprir eventual omissão perpetrada pelo Tribunal de origem. Por isso, o julgamento do recurso especial é inadmissível. Aplica-se, na hipótese, a Súmula 282/STF. - Da divergência jurisprudencial A ausência de prequestionamento do tema que se supõe divergente, qual seja, forma de cálculo de integralização dos contratos firmados sob regime de PCT, impede o conhecimento da insurgência veiculada pela alínea c do art. 105, III, da Constituição da República. Nesse sentido: AgRg no AREsp 353947/SC, 3ª Turma, DJe de 31/03/2014 e EDcl no Ag 1162355/MG, 4ª Turma, DJe de 03/09/2013. Forte nessas razões, CONHEÇO do agravo para NÃO CONHECER do recurso especial, com fundamento no art. 932, III, do CPC/15. Previno as partes que a interposição de recurso contra esta decisão, se declarado manifestamente inadmissível, protelatório ou improcedente, poderá acarretar sua condenação às penalidades fixadas nos arts. 1.021, § 4º, e 1.026, § 2º, do CPC/15. Publique-se. Intimem-se. Brasília, 30 de abril de 2019. MINISTRA NANCY ANDRIGHI Relatora

(STJ - AREsp: 1419348 SC 2018/0338640-0, Relator: Ministra NANCY ANDRIGHI, Data de Publicação: DJ 03/05/2019)

Agravo de instrumento. Locação de bens móveis. Ação monitória. Fase de cumprimento de sentença. Companhias consorciadas em recuperação judicial. Consórcio de empresas que apesar de não ter personalidade jurídica própria (Lei n. 6.404/76, art. 278, § 1º) e não possuir capital próprio, encontra-se ativo. Indícios nos autos de o devedor principal possuir ativos próprios que não se atrelam à recuperação judicial das consorciadas. Recurso não provido.

(TJ-SP - AI: 21686793120208260000 SP 2168679-31.2020.8.26.0000, Relator: Cesar Lacerda, Data de Julgamento: 05/08/2020, 28ª Câmara de Direito Privado, Data de Publicação: 05/08/2020)

APELAÇÃO – Execução Fiscal – Município de Barueri – IPTU – Exercício de 2004 – Pretensão de reforma da sentença "a quo" que extinguiu o processo, indeferindo a inclusão de empresa concessionária de serviços públicos no polo passivo da ação – Inadmissibilidade – Área desapropriada pela DERSA, no desempenho da concessão estadual, para construção de rodovia estadual – Extensão da imunidade recíproca (RE n. 817.013/SP)– Substituição das pessoas políticas na prestação de serviços públicos essenciais de interesse da coletividade – Inaplicabilidade do artigo 173, § 2º, da Constituição Federal – Aplicação da limitação constitucional (imunidade) que veda a instituição de impostos por um ente federativo sobre o patrimônio do outro – Inteligência do art. 150, VI, a, da CF – Pedido de uniformização de jurisprudência indeferido – Sentença mantida – Recurso desprovido.

(TJ-SP - APL: 00346401520068260068 SP 0034640-15.2006.8.26.0068, Relator: Henrique Harris Júnior, Data de Julgamento: 06/10/2016, 14ª Câmara de Direito Público, Data de Publicação: 13/10/2016).

Considerações finais

Como podemos observar, os consórcios são tipos de *joint venture* bastante utilizados por empresas, tanto públicas quanto privadas, que desejam unir esforços sem constituir uma sociedade entre si, principalmente, para a execução de grandes empreendimentos.

É fundamental a delimitação expressa da participação de cada consorciada, seus deveres e obrigações no contrato de constituição do consórcio, uma vez que estas são responsabilizadas, exclusivamente, pela sua operação nesse contrato.

Dessa forma, podemos observar que as concessões são uma brilhante forma de solucionar os problemas de manutenção e expansão do nosso setor rodoviário, diminuindo os custos públicos e incentivando o desenvolvimento do setor privado.

Referências bibliográficas

BRASIL. Ministério da Economia. *Instrução Normativa Drei n. 81*, de 10 de junho de 2020. Disponível em: https://www.in.gov.br/en/web/dou/-/instrucao-normativa-n-81-de-10-de-junho-de-2020-261499054. Acessado em: 14.06.2021.

______. Ministério dos Transportes. Agência Nacional de Transportes Terrestres – ANTT. *Edital n. 005/007*. Contrato de concessão da exploração da rodovia: BR-153lSP trecho div. MGISP - divisa SPPR. Disponível em: https://portal.antt.gov.br/documents/359170/0/Contrato.pdf/7f10131c-3fa4-88d6-729b-7ec485eb4301. Acessado em: 07.06.2021.

______. Presidência da República. *Lei n. 6.404*, de 15 de dezembro de 1976. Dispõe sobre as Sociedades por Ações. Disponível em: http://www.planalto.gov.br/ccivil_03/leis/l6404consol.htm. Acessado em: 14.06.2021.

______. Receita Federal. "Instrução Normativa RFB n. 1199, de 14 de outubro de 2011". *Diário Oficial da União*, 17 out. 2011. Disponível em: http://normas.receita.fazenda.gov.br/sijut2consulta/link.action?visao=anotado&idAto=36550#:~:text=%C2%A7%201%C2%BA%20O%20cons%C3%B3rcio%20que,as%20empresas%20

consorciadas%20solidariamente%20respons%C3%A1veis. Acessado em: 14.06.2021.

_____. Superior Tribunal de Justiça. AREsp 1419348 SC 2018/0338640-0. Relator: Ministra Nancy Andrighi. Data de publicação: DJ 03.05.2019.

CONCESSIONÁRIA RIO TERESÓPOLIS – CRT. *Programa Brasileiro de Concessões Rodoviárias*. Disponível em https://www.crt.com.br/conteudo_view.asp?id=9951&secao=O+que+e+Concessao+Rodoviaria&IDpai=3. Acessado em: 14.06.2021.

ROVAI, Armando Luiz. *Atualidades do Direito Empresarial Brasileiro*. Belo Horizonte: Editora D'Plácido, 2019.

SAN LORETO, Rafael. "Consórcios - A parceria entre empresas que fica entre o contrato e a sociedade". *Jusbrasil*. Disponível em: https://rloreto.jusbrasil.com.br/artigos/558480290/consorcios. Acessado em: 14.06.2021.

SÃO PAULO (Estado). Tribunal de Justiça do Estado de São Paulo. 5ª Câmara de Direito Privado. APL n. 16290182002826068 SP 0016290-18.2002.8.26.0068. Relator: James Siano. Data de julgamento: 14.12.2011. Data de publicação: 14.12.2011.

_____. Tribunal de Justiça do Estado de São Paulo. 28ª Câmara de Direito Privado. AI n. 21686793120208260000 SP 2168679-31.2020.8.26.0000. Relator: Cesar Lacerda. Data de Julgamento: 05.08.2020. Data de publicação: 05.08.2020.

_____. Tribunal de Justiça do Estado de São Paulo. 14ª Câmara de Direito Público. APL n. 00346401520068260068 SP 0034640-15.2006.8.26.0068. Relator: Henrique Harris Júnior. Data de julgamento: 06.10.2016. Data de publicação: 13.10.2016.

CAPÍTULO XXVII

ACORDOS SUBSTITUTIVOS DE SANÇÃO NA ATIVIDADE SANCIONATÓRIA DA AGÊNCIA NACIONAL DE TRANSPORTES TERRESTRES – ANTT

Ana Cristina Fecuri
Leandro Moraes Leardini

1 Regulação, atividade sancionatória e consensualidade

A regulação,[44] segundo Fabiano Delmasso[45] "engloba toda forma de organização da atividade econômica através do Estado, seja a

44 Ismael Mata, de forma primorosa, define regulação como "(...) uma política pública que consiste em uma restrição, ou interferência, nas atividades de um sujeito regulado por alguém (ente regulador) que não desenvolve ditas atividades e que estabelece as regras restritivas e controla o cumprimento das mesmas de forma continuada". MATA, Ismael. *Los entes reguladores de los servicios públicos*. El derecho administrativo argentino, hoy. Buenos Aires: Editorial Ciencias de la Administración, 1996, p. 115 (tradução nossa).

45 DEL MASSO, Fabiano. *Direito Econômico*. Rio de Janeiro: Elsevier, 2007, pp. 82/83.

intervenção através da concessão de serviço público ou de exercício de poder de polícia".

Inicialmente concebida na Constituição Federal de 1988 como mecanismo para o exercício do poder estatal sobre as atividades econômicas, após o advento da Emenda Constitucional n. 8, de 1995, a regulação passou a ser exercida em duas vertentes, quais sejam: (a) regulação da atividade econômica; e (b) regulação de serviços públicos delegados.[46]

Em ambas as hipóteses, a regulação dessas atividades é realizada, em regra, por pessoas jurídicas de Direito Público, criadas por meio de lei específica, nos termos previstos no artigo 37, inciso XIX, da Constituição Federal, com redação dada pela Emenda Constitucional n. 19/98, que recebem a roupagem de autarquias em regime especial. São as conhecidas agências reguladoras, que disciplinam e controlam referidas atividades econômicas e serviços públicos, dentre as quais se destaca a Agência Nacional de Transportes Terrestres – ANTT,[47] autarquia federal responsável

---

46 Sobre esta última, Ricardo Marcondes Martins, com a veemência que lhe é inerente, tece rigorosas críticas, defendendo que não se trata de atividade regulatória. Veja-se: "Regulação administrativa, no texto originário da Constituição Federal de 1988, diz respeito à atividade econômica, campo de liberdade dos particulares sujeito à intervenção do Estado. A Emenda Constitucional 8/1995 alterou a redação do inciso XI do art. 21 e previu a criação de um órgão regulador para os serviços de telecomunicação. Tomou-se, então, corrente na doutrina brasileira o tema da regulação de serviços públicos". E prossegue o insigne jurista: "O controle dos concessionários e permissionários não pode ser equiparado à regulação administrativa. Em relação à regulação normal a diferença é evidente, tendo em vista a especialidade da relação de sujeição do prestador de serviço público. Em relação à regulação excepcional também não há equiparação: a regulação não pode afetar o núcleo essencial do direito fundamental à livre iniciativa econômica, mas o controle do prestador pode suprimir-lhe toda a discricionariedade relativa à execução do serviço". MARTINS, Ricardo Marcondes. *Regulação administrativa à luz da Constituição Federal*. São Paulo: Malheiros, 2001, pp. 359/360.

47 A Lei federal n. 10.233, de 5 de junho de 2001, "dispõe sobre a reestruturação dos transportes aquaviário e terrestre, cria o Conselho Nacional de

por regular e controlar as atividades relacionadas ao transporte ferroviário, rodoviário e multimodal.

De rigor indissociável da atividade regulatória está a atividade sancionatória atribuída às agências reguladoras, que não deve ser considerada um fim em si mesmo, mas, sobretudo, um meio de compelir os *players* regulados a conformar suas condutas as previsões legais, contratuais e regulamentares, sempre no melhor interesse do atendimento integral do objeto contratual, e do aperfeiçoamento contínuo dos serviços públicos delegados, pautados pela obstinação do atingimento do melhor interesse público envolvido.

A ANTT, em razão de sua atividade regulatória e por ser dotada de poderes normativos para regulamentar tecnicamente as peculiaridades dos serviços de transporte, por força do que dispõe a sua Lei de criação, de n. 10.233/2001 e suas respectivas alterações, pode dispor sobre infrações e impor sanções aplicáveis aos serviços de transportes por atos normativos. Também pode aplicar penalidades às concessionárias rodoviárias que desrespeitem a legislação ou as cláusulas dos contratos de concessão,[48] desde que, em ambos os casos, dê-se mediante a instauração de prévio processo administrativo, em que restem garantidos o contraditório e a ampla defesa.

É nesse contexto que a consensualidade ganha relevo como forma de atingimento das finalidades precípuas das agências reguladoras,[49] evitando a ocorrência de processos sancionatórios

---

Integração de Políticas de Transporte, a Agência Nacional de Transportes Terrestres, a Agência Nacional de Transportes Aquaviários e o Departamento Nacional de Infra-Estrutura de Transportes, e dá outras providências".

48 Veja, nesse sentido, a Resolução ANTT n. 233/2003, editada com fundamento no artigo 24, inciso VIII e XVIII, no artigo 78-A e artigo 78-F, que fixam a competência sancionatória da agência e fixam e delimitam as penalidades passíveis de serem aplicadas aos infratores.

49 Floriano Peixoto de Azevedo Marques aduz magistralmente sobre quais seriam as finalidades de criação das agências reguladoras. Veja-se: "Do ponto de vista

de longa duração. A adoção da consensualidade, em oposição ao tradicional modelo autoritário e unilateral, vem se mostrando uma alternativa de atuação estatal, além de mais satisfatória ao interesse público primário, revertendo-se em melhorias nos serviços públicos delegados, igualmente satisfatória ao interesse público secundário e com aquele coincidente, seja pela economia gerada pelo encurtamento de longos processos sancionatórios, seja pelo fato de os valores de multas e demais sanções estarem efetivamente sendo recolhidos aos cofres públicos.

2 Os termos de ajustamento de conduta

No âmbito da atividade sancionatória das agências reguladoras, a consensualidade imprime feição principalmente por meio da celebração de acordos substitutivos de sanção, os quais, segundo Jacintho Arruda Câmara e Carlos Ary Sundfeld,[50] [51] podem ser considerados:

dos interesses que incumbe proteger pode-se dizer que as agências se prestam, basicamente, a: i) mediar interesses específicos existentes no segmento regulado; ii) implementar políticas públicas definidas pelos espaços decisórios do poder político; iii) tutelar e proteger os interesses dos segmentos hipossuficientes encontradiços no setor. Segue daí que sua atividade se revelará na perspectiva de uma "mediação ativa", ou seja, uma atividade que, paralelamente à necessária mediação dos interesses dos operadores, dos usuários (consumidores), e do poder político implemente as metas da política pública vigente no setor, viabilizando em especial o atendimento das parcelas mais vulneráveis da sociedade (interesses hipossuficientes)". MARQUES NETO, Floriano de Azevedo; CYMBALISTA, Tatiana Matiello. "Os acordos substitutivos do procedimento sancionatório e da sanção". *Revista Brasileira de Direito Público – RBDP*, Belo Horizonte, ano 8, nº 31, out./dez. 2010, p. 53.

50 SUNDFELD, Carlos Ari; CÂMARA, Jacintho Arruda. "Acordos substitutivos nas sanções regulatórias". *Revista de Direito Público da Economia – RDPE*. Belo Horizonte, ano 9, nº 34, abr./jun. 2011. Disponível em: http://www.bidforum.com.br/bid/PDI0006.aspx?pdiCntd=73323. Acessado em: 09.06.2021.

51 Segundo Juliana Palma, "no plano normativo os acordos substitutivos prestam-se a três funcionalidades específicas, quais sejam: (i) substituir a

> (...) atos bilaterais, celebrados entre a Administração e particulares, com efeito impeditivo ou extintivo de processo administrativo sancionador e excludente da aplicação ou execução de sanção administrativa. Acordos substitutivos são alternativas a atos administrativos sancionadores.

Os instrumentos aptos a dar concretude à consensualidade são denominados Termos de Ajustamento de Conduta – TAC,[52] os quais, no âmbito da ANTT, são utilizados para substituir a tradicional imposição de sanções e longos e penosos processos administrativos sancionatórios, ante ao compromisso assumido pelo agente regulado de conformar a sua conduta às determinações legais, mediante assunção de determinadas obrigações normativa e previamente estabelecidas. Deveras, esses instrumentos concertados se perfazem como meio apto a garantir a finalidade precípua da atividade de regulação, qual seja, a constante melhoria dos serviços prestados.

Como se verá adiante, a regulamentação dos termos de ajustamento de conduta na ANTT ocorreu por meio de resoluções e portarias da diretoria colegiada. Concebidos como atos normativos secundários, há na doutrina vozes que criticam e outras que defendem a possibilidade de celebração de acordos fundamentados

---

sanção administrativa ao final do processo administrativo; (ii) suspender o trâmite do processo administrativo sancionador com a celebração do acordo administrativo e após cumprimento de seus termos, determinar a extinção do processo: ou (iii) impedir a instauração de processo administrativo sancionador. PALMA, Juliana Bonacorsi de. *Sanção e acordo na administração pública*. São Paulo: Malheiros, 2015, p. 252.

52 Segundo José do Santos Carvalho Filho: "Podemos, pois, conceituar o dito compromisso como sendo o ato jurídico pelo qual a pessoa, reconhecendo implicitamente que sua conduta ofende interesse difuso ou coletivo, assume o compromisso de eliminar a ofensa através da adequação de seu comportamento às exigências legais". CARVALHO FILHO, José dos Santos. *Ação Civil Pública*: Comentários por Artigo. 3ª ed. Rio de Janeiro: Lumen Juris, 2001, p. 4.

em atos normativos secundários, e não propriamente da lei em sentido formal, com bem retrata Juliana Palma,[53] tal como a própria fixação de infrações e sanções por meio desses atos.[54]

Sem se adentrar a essa discussão por refugir do escopo proposto neste trabalho, fato é que a ANTT, em atenção à Lei n. 10.233/2001, que prevê a sua competência para, em sua esfera de atuação, dispor sobre infrações, sanções e medidas administrativas aplicáveis aos serviços de transporte, e com fundamento no artigo 5º da Lei federal n. 7.347/1985, que dispõe sobre a Lei da Ação Civil Pública,[55] que genericamente permite, em seu artigo 6º, a celebração de compromisso de ajustamento de conduta pelos órgãos públicos editou a Resolução n. 5.823, de 12 de junho de 2018, que "dispõe sobre os requisitos e procedimentos para celebração e acompanhamento de Termos de Ajustamento de Conduta a serem firmados no âmbito da ANTT para correção ou compensação de descumprimentos de obrigações contratuais, legais ou regulamentares, e dá outras providências", regulamentada pela Portaria n. 24, de 29 de janeiro de 2021, que regulamenta referida resolução, e orienta "a atuação da Superintendência de Infraestrutura Rodoviária na instrução e propositura de celebração de termos de ajustamento de conduta no âmbito das concessões de infraestrutura rodoviária sob competência da Agência Nacional de Transportes Terrestres".

---

53 Cf. em: PALMA, Juliana Bonacorsi de. *Sanção e acordo na administração pública*. São Paulo: Malheiros, 2015, p. 265.

54 Veja ADI 5906/DF, de relatoria do Ministro Marco Aurélio de Mello.

55 O artigo 1°, § 4° da Resolução n. 5.823/2018 remete ao artigo o 5° da Lei federal n. 7.347/85 (Lei da Ação Civil Pública), para determinar a eficácia de título executivo extrajudicial dos Termos de Ajuste de Conduta celebrados pela ANTT.

3 A regulamentação dos termos de ajustamento de conduta no âmbito da ANTT

Para uma melhor contextualização da matéria, é importante ressaltar que o primeiro movimento pró-consensualismo no âmbito da ANTT se deu por meio da aprovação da Deliberação n. 442/2004,[56] que, em decorrência do exercício do poder normativo e sancionatório da agência, dispôs sobre o processo administrativo para apuração de infrações e aplicação de penalidades. O normativo tratava, em seu artigo 16, sobre a possibilidade de celebração dos termos de ajustamento de conduta, nos seguintes termos:

> Art. 16. Com a finalidade de corrigir pendências, irregularidades ou infrações, a ANTT, por intermédio da Superintendência competente, poderá, antes ou depois da instauração de processo administrativo, convocar os administradores e os acionistas controladores das empresas concessionárias, permissionárias ou autorizadas para prestação de esclarecimentos e, se for o caso, celebração de Termo de Ajuste de Conduta (TAC).

Anos depois, a Deliberação n. 261/2014,[57] considerando o disposto no artigo 16 da Resolução n. 442/2004, reafirmou a possibilidade de celebração de compromissos de ajustamento de conduta entre a agência e as concessionárias de rodovias federais:

---

56 BRASIL. Agência Nacional de Transportes Terrestres - ANTT. *Resolução n. 442*, de 17 de fevereiro de 2004. Brasília, 2004. Disponível em: https://www.legisweb.com.br/legislacao/?id=100634#:~:text=Aprova%20o%20Regulamento%20disciplinando%2C%20no,concess%C3%A3o%2C%20de%20permiss%C3%A3o%20e%20de. Acessado em: 04.07.2021.

57 BRASIL. Agência Nacional de Transportes Terrestres - ANTT. *Deliberação n. 261*, de 19 de setembro de 2014. Brasília, 2014. Disponível em: https://anttlegis.datalegis.inf.br/action/UrlPublicasAction.php?acao=abrirAtoPubli-co&sgl_tipo=DLB&num_ato=00000261&seq_ato=000&vlr_ano=2014&sgl_orgao=DG/ANTT/MT. Acessado em: 07.06.2021.

> Art. 1º Aprovar a celebração de Termos de Ajuste de Conduta - TACs entre a Agência Nacional de Transporte Terrestres - ANTT e as Concessionárias de Rodovias Federais, que assim pleitearem, para adoção de medidas de compensação em decorrência de irregularidades verificadas no âmbito de Processos Administrativos Simplificados em trâmite perante esta Agência Reguladora, observados os termos dispostos por esta Agência.

Em constante processo de aprimoramento, a agência editou a Resolução n. 5.823/2018,[58] que estabeleceu, com já esclarecido os requisitos e procedimentos a serem observados para a celebração dos termos de ajustamento de conduta, o que levou à edição da também já citada Portaria n. 24/2021, pela Superintendência de Infraestrutura Rodoviária da ANTT, visando regulamentar a Resolução n. 5823/2018, detalhando os procedimentos para celebração desses instrumentos consensuais.

A recentíssima Portaria n. 24/2021 regulamentou os dois modelos de termos de ajustamento de conduta a serem adotados no âmbito da Superintendência de Infraestrutura Rodoviária da ANTT, quais sejam: (a) O TAC Multa e (b) o TAC Plano de Ação, conforme se verifica de artigo 2º e seus parágrafos:

> Art. 2º A Superintendência de Infraestrutura Rodoviária poderá negociar e propor termos de ajustamento de conduta nas modalidades plano de ação ("TAC Plano de Ação") e multas ("TAC Multas").

58 BRASIL. Ministério dos Transportes. Agência Nacional de Transportes Terrestres – ANTT. *Resolução n. 5.823*, de 12 de junho de 2018. Disponível em: https://anttlegis.datalegis.inf.br/action/ActionDatalegis.php?acao=detalharAtosArvore&link=S&tipo=RES&numeroAto=00005823&seqAto=000&valorAno=2018&orgao=DG/ANTT/MTPA&codTipo=&desItem=&desItemFim=. Acessado em: 07.06.2021.

> § 1º O TAC Plano de Ação tem por objeto a correção de descumprimentos de obrigações contratuais, legais ou regulamentares, nos termos do § 2º do art. 1º da Resolução n. 5.823, de 2018.
>
> § 2º O TAC Multas tem por objeto a compensação dos efeitos do descumprimento do dever de pagamento de penalidades pecuniárias aplicadas e não transitadas em julgado na esfera administrativa, mediante conversão em obrigação de investimento, nos termos do § 3º do art. 1º da Resolução n. 5.823, de 2018" (grifo nosso).

Nota-se que a ANTT possibilita a celebração, pela sua Superintendência de Infraestrutura Rodoviária, também quando houver o descumprimento do dever de pagamento das penalidades pecuniárias, desde que não transitadas administrativamente em julgado – TAC Multas. Nesse caso, a obrigação de conversão dos valores em investimentos é expressão clara de que a finalidade precípua a ser perquirida pela agência é a melhoria contínua da prestação do serviço público delegado.

A seu turno, o TAC Plano de Ação se caracteriza como um meio de substituição de sanções objetivando a correção de descumprimentos de obrigações contratuais, legais ou regulamentares. É o que dispõem o § 2º do artigo 1º da Resolução n. 5.823/2018. Segundo definição da própria ANTT,[59] o Plano de Ação é um "(...) conjunto de obras, com cronogramas, a ser executado pela concessionária".

Tanto a proposta quanto a celebração dos TACs Plano de Ação e Multas não importarão confissão quanto à matéria de fato, e nem mesmo reconhecimento da ilicitude quanto à matéria objeto da proposta, o que se revela um grande estimulado para o agente regulado. Ainda que omissos os normativos em estudo,

---

59 BRASIL. Agência Nacional de Transportes Terrestres – ANTT. *TAC* – multas e planos de ação. Disponível em: https://portal.antt.gov.br/tac-multas-e-planos-de-acao. Acessado em: 04.07.2021.

aparentemente nada obsta que um mesmo TAC seja celebrado sobre os prismas de TAC Multa e TAC Plano de Ação, devendo apenas conterem especificações sobre a distinção dos objetos.

A proposta de interesse por parte do agente regulado ou da ANTT na celebração do TAC observará os com os rigores insculpidos nos artigos 3° e 4° da Resolução n. 5.823/2018. Nesse momento é realizado o juízo de admissibilidade da proposta e do mérito da celebração do ajuste. Nessa fase é garantido ao agente regulado o direito de recorrer, caso eventualmente a sua proposta seja rejeitada, inadmitida ou sejam determinadas alterações. Uma vez transcorrida essa fase, será aberto o momento de propositura da minuta do TAC, igualmente permeada pelo contexto dialógico, em que tanto o agente regulado quanto a agência reguladora poderão concordar, discordar ou propor ajustes, visando à celebração de um instrumento que melhor atenda aos interesses envolvidos.

Consoante informações disponíveis no sítio virtual da ANTT,[60] entre os anos de 2015 e 2021, foram celebrados oito TACs Plano de Ação e oito TACs Multa. Para se ter ideia do volume de investimentos demandado em um ajuste dessa natureza, paradigmático é o TAC celebrado entre a ANTT e a Concessionária Autopista Régis Bittencourt S.A., em que foram impostas obrigações de investimento superiores a R$ 58.000.000,00 (cinquenta e oito milhões de reais) para a concessionária, e envolveram nada menos do que a reunião de 348 (trezentos e quarenta e oito) processos administrativos que haviam sido instaurados em desfavor da concessionária.[61]

---

60 BRASIL. Agência Nacional de Transportes Terrestres - ANTT. *TAC* – multas e planos de ação. Disponível em: https://portal.antt.gov.br/tac-multas-e-planos-de-acao. Acessado em: 13.06.2021.

61 BRASIL. Agência Nacional de Transportes Terrestres - ANTT. *TAC entre a ANTT e a Concessionária Autopista Régis Bittencourt S.A.* Disponível em: https://portal.antt.gov.br/documents/359170/395399/TAC+-+Autopista+R%C3%A9gis+Bittencourt.pdf/4c2cb7f9-2af3-9c2f-633e-61d68ee72eff?t=1592243893097. Acessado em: 13.06.2021.

O procedimento de propositura e celebração, as hipóteses de não cabimento, assim como o acompanhamento, fiscalização e os efeitos do descumprimento do TAC serão mais bem detalhados a seguir.

3.1 Procedimento para a celebração do termo de ajustamento de conduta

A exegese conjunta das disposições contidas na Resolução n. 5.823/2018 e na Portaria n. 21/2018 delineia o procedimento para propositura, celebração e acompanhamento dos TACs.

O interesse na celebração de um TAC poderá partir tanto dos agentes regulados quanto da própria agência, por meio da superintendência a que seja atribuída tal competência. Uma vez feita a proposta pelo agente regulado, que necessariamente deverá ser escrita e endereçada à Superintendência de Infraestrutura Rodoviária que detenha competência para proceder ao procedimento sancionatório, interromperá o lustro prescricional da pretensão punitiva.[62]

Pari passu, o conteúdo mínimo da proposta deverá abranger os requisitos constantes do artigo 3°, incisos I e II da Resolução em exame, que determinam a necessidade de que a proposta esteja acompanhada "da indicação da conduta que deseja corrigir ou compensar e, se cabível, dos processos administrativos a serem abrangidos pelo ajuste" e das "obrigações objeto do TAC, acompanhadas do respectivo cronograma de execução". A comprovação de regularidade fiscal também é igualmente exigível.

Uma vez protocolada a proposta, a superintendência competente deverá realizar seu juízo de admissibilidade quanto aos requisitos mínimo exigidos para admissibilidade no prazo de 30 dias, e avaliar o mérito da propositura, "analisando a adequação

62 Cf. artigo 2°, § 1° da Resolução n. 5.823/2018.

da proposta ao interesse público, às normas vigentes e às regras da Resolução n. 5.823/2018".[63]

Decorrido esse prazo, a superintendência responsável pela análise poderá admitir, inadmitir ou propor ajustes na proposta do TAC. Da decisão de inadmissão, rejeição da proposta ou proposição de ajustes, o agente regulado poderá interpor recurso no prazo de 15 dias, cujo juízo de retratação, se houver, deverá ser proferido no prazo máximo de cinco dias, ou, em negativa deste, encaminhado à Diretoria Colegiada da agência.

A Diretoria Colegiada deverá apreciar em sua decisão se a celebração do TAC se perfaz como meio adequado para a concretização do interesse público, assim como aferir a proporcionalidade entre a gravidade da conduta a que se busca repreender e a utilização do TAC e a efetiva proteção aos direitos da coletividade. A decisão do órgão é irrecorrível.

Admitida a propositura do TAC, o agente regulado terá cinco dias úteis para apresentação da minuta do instrumento, observados todos os requisitos constantes no artigo 11 da Resolução n. 5.823/2018, e adicionalmente, os requisitos constantes do artigo 7° da Portaria 24/2021, em caso de TAC Plano de Ação, e aqueles previstos no artigo 11°, no caso de TAC Multa.

Merece destaque o fato de que a desistência da celebração do TAC por parte do agente regulado, após a aprovação da proposta pela Diretoria Colegiada, importará em proibição[64] de nova propositura com relação ao mesmo objeto. A regra proibitiva também incidirá para a hipótese de o agente regulado não apresentar a minuta do TAC no prazo normativo previsto.

---

63 É o que dispõe o artigo 5°, *in fine*, do normativo em comento.

64 Cf. artigo 7° da Resolução n. 5.823/2018.

Após a apresentação da minuta do TAC, a ANTT decidirá sobre sua aceitação, procedendo à assinatura do instrumento, ou poderá ainda propor modificações, submetidas ao órgão jurídico da agência e a aprovação pelo agente regulado. Caso o agente regulado proponha novas alterações, o procedimento de admissibilidade ser reiniciado. Uma vez aceita a minuta por ambas as partes, proceder-se-á à assinatura do termo, momento a partir do qual entrarão em cena os procedimentos de acompanhamento e fiscalização do cronograma do plano de trabalho, que é parte integrante do ajuste.

3.2 Hipóteses de não cabimento do termo de ajustamento de conduta

É a própria Resolução n. 5.923/2018 que contempla as hipóteses em que não se admitirá a celebração de TAC. São situações pré-definidas em que o agente competente pela edição da norma entendeu de antemão que a celebração do instrumento não se apresenta como medida apta a prestigiar as finalidades para a qual se destina, devendo, portanto, ser levado a termo o processo sancionatório tradicional.

Dadas as excepcionalíssimas situações em que a vedação é imposta, de rigor trazer à baila excerto do dispositivo normativo que contempla as hipóteses de não cabimento do TAC. Veja-se:

> Art. 4º Não será admitido TAC nas seguintes hipóteses:
>
> I - quando o Agente Regulado houver descumprido TAC há menos de 3 (três) anos, contados da decisão definitiva que confirmar o descumprimento;
>
> II - quando tiver por objeto obrigação presente em TAC anteriormente celebrado;
>
> III - quando não restar comprovado interesse público na celebração do TAC; e

> IV - quando já aplicada penalidade por decisão definitiva em processo administrativo sancionatório, observado o disposto no art. 28.
>
> Parágrafo único. Havendo ação judicial relativa aos processos sancionatórios sobre os quais se interessa ajustar a conduta, deverá o Agente Regulado comprovar a renúncia à pretensão nos processos judiciais correspondentes até a data de assinatura do TAC.

Destaque-se dentre as hipóteses acima apresentadas, dada a sua importância, a inadmissão de celebração de novo TAC quando o agente regulado tiver descumprido o TAC anterior, e a determinação de que o agente regulado deverá renunciar a processos judiciais em andamento caso deseje celebrar o TAC, cujo objeto sejam condutas que já são alvo de judicialização. A depender da situação concreta, a utilização desta última possibilidade pode evitar as delongas dos processos judiciais, não raras vezes com resultado insatisfatório tanto para agência quanto para o próprio agente regulado.

3.3 Fiscalização, acompanhamento, cumprimento e efeitos do descumprimento do termo de ajuste de conduta

A fiscalização e o acompanhamento dos TACs serão mensais, para o acompanhamento previsto no cronograma do plano de trabalho, que obrigatoriamente deverá integrar o TAC, e semestral, para a aferição do adimplemento ou inadimplemento do termo de ajustamento, ou para o caso de propositura de adequações no cronograma ou de extinção do ajuste, em razão de seu descumprimento.

O descumprimento dos TACs, seja ele total ou parcial, poderá acarretar severas consequências para o agente regulado, dentre as quais as delineadas no artigo 21 da Portaria n. 24/2021, a seguir colacionadas:

Art. 21. O termo de ajustamento de conduta preverá que o seu descumprimento ensejará, alternativa ou cumulativamente, a critério da Diretoria Colegiada da ANTT:

I - reversão à modicidade tarifária do saldo financeiro não executado acrescido de 50% (cinquenta por

cento), no caso de TAC Multas;

II - aplicação de multa, no caso de TAC Plano de Ação;

III - instauração ou continuidade de processo administrativo para apuração de inadimplência e extinção contratual por caducidade.

§ 1º No TAC Multas, a reversão à modicidade tarifária de que tratam o inciso I do *caput* deste artigo e o § 5º do art. 15 ocorrerá mediante:

I - alocação do saldo financeiro no campo correspondente às receitas do fluxo de caixa marginal, aplicando-se o custo médio ponderado de capital regulatório vigente ao tempo da reversão, para as concessões com fluxo de caixa fundado no plano de negócios; ou

II - aplicação de Fator C, para as concessões que não utilizem plano de negócios.

§ 2º Sobre o saldo a ser revertido à modicidade tarifária na forma do § 1º não incidirá tributação.

§ 3º O TAC Plano de Ação preverá a aplicação de multa, observada a seguinte gradação:

I - 15% (quinze por cento) do valor de referência caso a inexecução seja superior a 30% (trinta por cento) das obrigações pactuadas;

II - 10% (dez por cento) do valor de referência caso a inexecução seja entre 30% (trinta por cento) e 15% (quinze por cento) das obrigações pactuadas;

III - 5% (cinco por cento) do valor de referência caso a inexecução seja inferior a 15% (quinze por cento) das obrigações pactuadas.

> § 4º No termo de ajustamento de conduta constará a renúncia da concessionária ao prazo de que trata o § 3º do art. 38 da Lei n. 8.987, de 13 de fevereiro de 1995.

Veja-se que o descumprimento das obrigações assumidas pelo agente regulado, em se tratando de concessionárias, poderá afetar o próprio equilíbrio econômico-financeiro da empresa, tendo em vista os agigantados reflexos financeiros que as sanções por descumprimento poderão trazer aos contratos de concessão de serviços públicos. Por mais essa razão, a realização de uma prévia e profunda análise das vantagens na celebração do TAC por parte do agente regulado será de suma importância, notadamente quanto a viabilidade de execução das obrigações que lhe serão impostas, de modo a minorar os riscos de eventual inadimplência do ajuste pactuado.

4 O Tribunal de Contas da União e o controle exercido sobre os acordos celebrados pela ANTT

Celeuma recorrente em matéria de celebração de acordos substitutivos com as agências reguladoras reside no alcance do controle exercido pelos tribunais de contas sobre tais ajustes. A atividade controladora pode ser extremamente salutar ao controle de legalidade, legitimidade e economicidade desses ajustes, ou, ao revés, colaborar para a instauração de um estado de total insegurança jurídica em sua celebração e a inviabilização da utilização da via concertada. A fixação de balizas claras para a realização do controle efetuado pelas Cortes de Contas será de extrema importância para uma coordenação sincronizada e coerente das atuações públicas e para a garantia da efetividade desse instrumento jurídico.

No entanto, o que se observa é que o Tribunal de Contas da União tem adentrado aos aspectos meritórios dos termos de ajustamento de conduta celebrados pela Agência Nacional de Transportes Terrestres, determinando inclusive o conteúdo mínimo de tais acordos, conforme se infere da decisão proferida nos autos do TC n. 019.494/2014-9, em que, por meio do Acórdão n. 2533/2017 – Plenário, foi determinado a ANTT a imposição de severas obrigações no conteúdo dos TACs que viessem a ser celebrados após a decisão.

De rigor trazer à colação trecho do acórdão em comento. Veja-se:

> ACÓRDÃO N. 2533/2017 – TCU – Plenário 9. Acórdão: VISTOS, relatados e discutidos estes autos de representação formulada por Auditor Federal de Controle Externo contra possíveis irregularidades verificadas na celebração de Termos de Ajuste de Conduta (TAC´s) entre a Agência Nacional de Transportes Terrestres (ANTT) e concessionárias de serviço público de transporte ferroviário de cargas, no âmbito da Malha Nordeste.
>
> ACORDAM os Ministros do Tribunal de Contas da União, reunidos em sessão do Plenário, ante as razões expostas pelo Relator, em:
>
> 9.1. conhecer da representação para, no mérito, considerá-la parcialmente procedente;
>
> 9.2. com fundamento no art. 250, inciso II, do Regimento Interno do TCU, **determinar à Agência Nacional de Transportes Terrestres (ANTT) que se abstenha de assinar Termos de Ajuste de Conduta (TACs) que não prevejam medidas compensatórias para as infrações praticadas e apenas contenham, como cominação pelo descumprimento das obrigações pactuadas, a instauração de processo administrativo para apuração das responsabilidades e aplicação das penalidades cabíveis, ou ao seu prosseguimento, se anteriormente instaurado, uma vez que tal cominação não é capaz de compelir, como visto, os compromissários ao integral cumprimento das obrigações estipuladas na avença, em afronta aos princípios da eficiência, da finalidade administrativa e da supremacia do interesse público;**

> 9.3. com fundamento no art. 250, inciso III, do Regimento Interno do TCU, recomendar à Agência Nacional de Transportes Terrestres (ANTT) que dê continuidade ao processo de elaboração da nova resolução que regulamentará a celebração de Termos de Ajuste de Conduta (TACs) no âmbito da agência (objeto da Audiência Pública ANTT 10/2017), a fim de estabelecer critérios mais rigorosos para celebração dos referidos acordos substitutivos a dotá-los de efetividade, por meio da inclusão, nos instrumentos dos ajustes, de cominações para o caso de descumprimento das obrigações pactuadas, com eficácia de título executivo extrajudicial, nos termos do § 6º do art. 5º da Lei 7.347/1985, e em atendimento aos princípios da eficiência, da finalidade administrativa e da supremacia do interesse público.

Deveras, percebe-se que no *decisum* retrotranscrito, o Tribunal de Contas da União compeliu a ANTT a realizar adequações no conteúdo dos termos de ajustamento de conduta a serem celebrados, com a obrigação de adoção de medidas compensatórias para as infrações praticadas.

Decisão dessa envergadura não pode passar ao largo do que dispõe o artigo 23 da Lei de Introdução às Normas do Direito Brasileiro – Lind,[65] que determina sejam levados em conta os efeitos práticos da decisão. Ao determinar a abstenção da ANTT em celebrar acordos que não contenham as medidas compensatórias, a decisão da Corte de Contas, mesmo não atingindo os ajustes já celebrados, impactou diretamente naqueles que estavam em tramitação, podendo, na prática, inviabilizar os TACs que já estivessem

65 Que dispõe, *in verbis*: "Art. 23. A decisão administrativa, controladora ou judicial que estabelecer interpretação ou orientação nova sobre norma de conteúdo indeterminado, impondo novo dever ou novo condicionamento de direito, deverá prever regime de transição quando indispensável para que o novo dever ou condicionamento de direito seja cumprido de modo proporcional, equânime e eficiente e sem prejuízo aos interesses gerais".

em fase final de negociação, aguardando apenas a aprovação da Diretoria Colegiada para assinatura.

Registre-se que, para o sucesso do modelo consensual, é indispensável a existência de uma ação conjunta dos órgãos de controle e agências reguladoras, a fim de que os *players* regulados se sintam seguros sobre a estabilidade e os efeitos da celebração desse tipo de ajuste, sem o temor de que sobrevenha decisão que possa vilipendiar as condições em que o acordo foi firmado.

Considerações finais

O modelo dialógico adotado pela ANTT pode em muito contribuir para a fluidez das relações entre a agência reguladora e os agentes regulados, encurtando longos processos administrativos sancionatórios, e, igualmente, intermináveis processos judiciais.

No entanto, necessário se faz que o modelo dialógico proposto seja realmente marcado por essa dinâmica, em que os agentes regulados possam expor as dificuldades encontradas para o estrito cumprimento das obrigações legais, regulamentares e contratuais, a fim de que o modelo possa ter o sucesso desejado e gere resultados efetivos, dados pelo integral cumprimento das obrigações impostas.

Ainda, é preciso que não saiam de pauta os debates acerca da segurança jurídica na celebração desse tipo de ajuste, com a propositura de um maior diálogo e alinhamento entre os órgãos de controle e as agências reguladoras, a fim de que sejam postas balizas claras que limitem a esfera de atuação de cada órgão, garantindo ao agente regulado a previsibilidade dos efeitos do TAC, assim como a estabilidade das decisões, sem temer que um ajuste celebrado junto a agência reguladora possa ser posteriormente invalidado por meio da atuação de um órgão de controle.

Referências bibliográficas

BRASIL. Agência Nacional de Transportes Terrestres - ANTT. *Resolução n. 442*, de 17 de fevereiro de 2004. Brasília, 2004. Disponível em: https://www.legisweb.com.br/legislacao/?id=100634#:~:text=Aprova%20o%20Regulamento%20disciplinando%2C%20no,concess%C3%A3o%2C%20de%20permiss%C3%A3o%20e%20de. Acessado em: 04.07.2021.

______. Agência Nacional de Transportes Terrestres - ANTT. *Deliberação n. 261*, de 19 de setembro de 2014. Brasília, 2014. Disponível em: https://anttlegis.datalegis.inf.br/action/UrlPublicasAction.php?acao=abrirAtoPubli-co&sgl_tipo=DLB&num_ato=00000261&seq_ato=000&vlr_ano=2014&sgl_orgao=DG/ANTT/MT. Acessado em: 07.06.2021.

______. Agência Nacional de Transportes Terrestres - ANTT. *Portaria n. 24*, de 29 de janeiro de 2021. Brasília, 2021. Disponível em: https://www.editoraroncarati.com.br/v2/Diario-Oficial/Diario-Oficial/PORTARIA-ANTT-N%C2%BA-024-DE-29-01-2021.html. Acessado em: 14.06.2021.

______. Agência Nacional de Transportes Terrestres - ANTT. *Resolução n. 5.823*, de 12 de junho de 2018. Brasília, 2018. Disponível em: https://anttlegis.datalegis.inf.br/action/ActionDatalegis.php?acao=detalharAtosArvo-re&link=S&tipo=RES&numeroAto=00005823&seqAto=000&valorAno=2018&orgao=DG/ANTT/MTPA&codTipo=&desItem=&desItemFim=. Acessado em: 07.06.2021.

______. Agência Nacional de Transportes Terrestres - ANTT. *TAC* – multas e planos de ação. Disponível em: https://portal.antt.gov.br/tac-multas-e-planos-de-acao. Acessado em: 14.06.2021.

______. Supremo Tribunal Federal. ADI n. 5906. Rel: Min. Marco Aurélio de Mello. Disponível em: https://portal.stf.jus.br/processos/detalhe.asp?incidente=5365387. Acessado em: 14.06.2021.

______. Tribunal de Contas da União. Plenário. Processo 019.494/2014-9. Acórdão 2533/2017. Relator: Min. Walton Alencar Rodrigues. Brasília, 14.11.2017.

CARVALHO FILHO, José dos Santos. *Ação Civil Pública*: Comentários por Artigo. 3ª ed. Rio de Janeiro: Lumen Juris, 2001.

DEL MASSO, Fabiano. *Direito Econômico*. Rio de Janeiro: Elsevier, 2007.

MARQUES NETO, Floriano de Azevedo; CYMBALISTA, Tatiana Matiello. "Os acordos substitutivos do procedimento sancionatório e da sanção". *Revista Brasileira de Direito Público – RBDP*. Belo Horizonte, ano 8, nº 31, out./dez. 2010.

MARTINS, Ricardo Marcondes. *Regulação administrativa à luz da Constituição Federal*. São Paulo: Malheiros, 2001.

MATA, Ismael. *Los entes reguladores de los servicios públicos*. El derecho administrativo argentino, hoy. Buenos Aires: Editorial Ciencias de la Administración, 1996.

PALMA, Juliana Bonacorsi de. *Sanção e acordo na administração pública*. São Paulo: Malheiros, 2015.

SUNDFELD, Carlos Ari; CÂMARA, Jacintho Arruda. "Acordos substitutivos nas sanções regulatórias". *Revista de Direito Público da Economia – RDPE*. Belo Horizonte, ano 9, nº 34, abr./jun. 2011. Disponível em: http://www.bidforum.com.br/bid/PDI0006.aspx?pdiCntd=73323. Acessado em: 09.06.2021.

CAPÍTULO XXVIII

SISTEMA DE CLASSIFICAÇÃO DAS CONCESSIONÁRIAS: REMÉDIO OU VENENO? UM ESTUDO COMPARADO DE MODELOS E OS EFEITOS SOBRE AS CONCESSIONÁRIAS

Bruno Aurélio
Guilherme Giacomini

Introdução

Com a publicação da Audiência Pública n. 02/2021 para contribuições referentes ao novo Regulamento das Concessões Rodoviárias (RCR) pela Agência Nacional de Transportes Terrestres (ANTT), foi proposta, ainda de forma preliminar, a criação de uma classificação periódica de desempenho das atuais concessionárias de acordo com critérios definidas pela agência:

> Seção II
> Classificação periódica das concessionárias

> Art. 10. A ANTT aprovará periodicamente a classificação das concessionárias, a partir de critérios estabelecidos em regulamentação da ANTT.
>
> § 1º Os indicadores a serem utilizados para fins da classificação deverão avaliar de forma ampla e diversificada o desempenho das concessionárias e valorizar as ações e os resultados que extrapolem as exigências contratuais.
>
> § 2º Às concessionárias será dispensado tratamento distinto de acordo com sua colocação na classificação, conforme previsto na regulamentação da ANTT. (grifo no original).

Essa classificação advém do preconizado na Resolução CPPI n. 150, de 2 de dezembro de 2020, que qualificou a política de modernização da infraestrutura rodoviária federal no âmbito do Programa de Parcerias de Investimentos (PPI) e determinou como uma das diretrizes a implantação de metodologia para classificação de rodovias segundo "parâmetros internacionais de segurança viária".[66]

De acordo com os "Comentários dos artigos da Minuta do Regulamento de Concessões Rodoviárias e Quadro de Comparativo do RCR com os Contratos de Concessão e Regulamentação da ANTT", disponibilizados na Audiência Pública n. 02/2021, o aludido artigo 10 da RCR teria o condão de influenciar as tomadas de decisão das concessionárias para aumentar o nível de conformidade, fazendo referência à citada modernização da infraestrutura rodoviária federal.

Porém, até o presente momento, a falta da exposição expressa do objetivo e finalidade da presente classificação no texto

---

66 "Art. 10. São diretrizes da Política, no que se refere às rodovias sob gestão pública:

VIII - implantar metodologia para classificação das rodovias segundo parâmetros internacionais de segurança viária;

Art. 11. São diretrizes da Política, no que se refere às rodovias concedidas:

XI - estimular a implantação de metodologia para classificação das rodovias segundo parâmetros internacionais de segurança viária".

da proposta da resolução acaba por atrair discricionariedade muito alargada à ANTT, imprimindo risco às concessionárias de que o sistema seja apenas mais um instrumento de punição.

Nessa linha, a regulamentação sobre a classificação é elemento fundamental delinear o conteúdo e efeitos pretendidos pela ANTT, de modo que a pretensão ideal exposta pela agência seja atingível, ponto central deste estudo. Ou seja, com vistas aos propósitos de interesse público definidos na legislação e experiências de outros setores, o presente artigo busca, também de forma preliminar, identificar caminhos que podem ser seguidos pela regulamentação para utilização dessa classificação periódica das concessionárias.

1 Noção geral para os chamados "Mecanismos de Incentivos"

Os *mecanismos de incentivos* são parte integrante de uma política de regulação que, numa noção simplista, visa retribuir positivamente o cumprimento eficiente e a superação dos objetivos e obrigações postas às concessionárias de serviço público.

Pretende-se mudar o pêndulo, voltando-se a uma regulação responsiva, cujos incentivos são parte relevante. A regulação responsiva tem como principal foco uma busca por flexibilidade e resposta das partes, visando à adoção de soluções a partir do comportamento do setor regulado. Entende-se factível afastar sanções severas, substituindo-as por estímulos ou penalidades mais leves, a depender do comportamento ativo e positivo dos regulados que demonstrem cumprir com os critérios gerais e regulamentos.

Altera-se a lógica de obrigação ou sanção, no qual o cumprimento das obrigações em nível de excelência se dê somente com base no receio de ser penalizado nos termos das respectivas regulamentações, para lógico do prêmio àqueles que melhor superarem seus objetivos.

A chamada "regulação por incentivos", ora avaliada, possui critérios pré-definidos de incentivo, conferido aos concessionários interesse adicional em atuar e prestar os serviços da maneira que melhor atenda ao objetivo principal de maximizar seu retorno, seja, inclusive, mitigando risco de penas e perdas. Do outro lado, o benefício ao Poder Público é cristalino. Criar o mais confortável cenário para que necessidades, metas e objetivos sejam sempre perseguidos com maior empenho possível, o que consequentemente levará a uma melhor prestação no serviço público.

A regulação por incentivos pode ocorrer de algumas formas, sendo que o presente artigo destaca as seguintes:

1. *Cost plus*, em que é estabelecida TIR máxima para a concessionária considerando os valores máximos do empreendimento, tendo em vista o valor de prestação do serviço somado a um percentual de lucro;

2. *Rate of return*, possui as mesmas premissas que o sistema *cost plus*, porém não utiliza somente o custo do empreendimento e o lucro para precificação, mas também o valor de retorno dos investimentos visando um preço tarifário esperado para os usuários;

3. *Price cap* (ou preço-teto): consiste no estabelecimento de uma tarifa máxima fixa para determinado serviço, sendo que somente terão direito a essa remuneração máxima, os prestadores de serviços que o fizerem nos parâmetros previamente estabelecidos de eficiência;[67]

67 Exemplo dessa hipótese consta no artigo 106 da Lei Geral de Telecomunicações que permite às concessionárias cobrar tarifas inferiores às fixadas desde que baseado em critérios objetivos: "Art. 106. A concessionária poderá cobrar tarifa inferior à fixada desde que a redução se baseie em critério objetivo e favoreça indistintamente todos os usuários, vedado o abuso do poder econômico".

4. *Regulação por comparação de desempenho*: a regulação por comparação é um modelo baseado em parâmetros e critérios posteriormente definidos com base na atuação de uma empresa em determinado setor ou serviços, de modo que as demais que atuem na mesma área deverão seguir os padrões estabelecidos para atingir os resultados esperados.

Todas essas fórmulas dependem de contratos e regulamentos bem formulados, que contenham previsões claras sobre critérios de julgamento de eficiência e de reajustes e revisões contratuais.

O que parece certo é a existência, mesmo que em constante aprimoramento e novidades, de diversos instrumentos que podem ser utilizados pela regulação para que as concessionárias busquem atingir níveis de eficiência e qualidade esperados, como o estabelecimento de padrões mínimos de qualidade, prêmios, bonificações por desempenho, comparação de desempenho – instrumento que parece ser a intenção da ANTT com o RCR.

Também é passível de afirmar que, embora os métodos de implementação da regulação acima expostos sejam distintos entre si, cada um procura definir um prisma ideal em relação às concessionárias, de forma que haja sistemas de incentivos diferentes entre eles, a depender da escolha da sistemática. Isso pode levar as empresas a adotarem diferentes atitudes e comportamentos para a prestação dos serviços, a depender da regulação escolhida e dos resultados que podem ser obtidos.

Como citado, a regulação por incentivos procura obter a alta eficiência dos prestadores mediante atitude de benefício, em inversa lógica da regulação por punição, cuja ameaça e constante punição é o meio de impulsão do concessionário. Inclusive, essa é a lógica de sempre atualizar os parâmetros de desempenho, de forma a sempre manter atualizado os critérios selecionados, de forma a não manter acomodado nenhum parceiro privado.

Pelo alto volume dos passivos regulatórios das atuais concessionárias federais, parece que a atual premissa da regulação não tem atingido os resultados pretendidos, além de criar um nível de exposição e risco à própria viabilidade da prestação dos serviços. O intenso uso de penalidades como forma de direcionamento e controle pode resultar em desgaste da situação financeira e capacidade de investimentos, bem como resultar numa prática excessiva e não contributiva à própria execução da função do regulador, uma vez que terá de concentrar esforços na promoção e no impulso de um excessivo volume de processos administrativos sancionatórios, cumulado a um ânsia dos controladores impondo uma diminuta discricionariedade do concedente para decidir encaminhamento diverso da ação para resposta a certa conduta, mesmo que tais resultados não necessariamente levem à mudança de comportamento das concessionárias.

Desta feita, a revisão da lógica, voltando-se a uma regulação responsiva e de incentivos, poderá imprimir novos resultados, não obstante ser pertinente a sequência da fiscalização em face de abusos e descumprimentos que exijam a devida correção para fins de proteção do usuário.

Feita essa breve introdução dos conceitos e instrumentos gerais de regulação por incentivo, passa-se à análise dos sistemas adotados pela Agência Nacional de Aviação Civil – Anac, e de experiências internacionais, no intuito de contribuir com a indicação de potenciais mecanismos de incentivos possíveis de adoção pela ANTT no sistema de cadastro.

2 Regulação por Incentivos: experiência nacional e internacional

Experiência no setor aeroportuário

Os contratos do setor aeroportuário possuem regulação via modelo *price cap,* com a utilização de instrumentos de incentivos e aplicação dos fatores X e Q. Ainda, quinquenalmente, são realizadas as revisões de parâmetros da concessão para definição de cálculo do fator X, bem como para a metodologia de aferição e valor do Fator Q, com a alteração dos indicadores de qualidade de serviço a serem utilizados até a próxima revisão.

O fator X refere-se ao ganho de produtividade da concessão durante um certo período, de forma que ganho é apropriado no reajuste tarifário, enquanto o fator Q volta-se aos aspectos de qualidade dos serviços, com base nos indicadores de desempenho estabelecidos.

Entende-se que o fator Q tem por finalidade impulsionar a melhoria da qualidade dos serviços aeroportuários a partir do estabelecimento de critérios de avaliação mínimos definidos nos contratos de concessão e na regulação. O fator Q influi no reajuste tarifário a partir do atingimento ou não das metas para cada serviço estipulado contratualmente. Por exemplo: tempo de fila de passageiros para inspeção de segurança, disponibilidade de equipamentos (elevadores, sistemas de bagagem, ar-condicionado, entre outros) e pesquisa de satisfação dos passageiros para os mais diversos assuntos.

Com esses parâmetros e metas, utiliza-se o fator Q em relação a todos os serviços considerados no contrato, o que pode levar a um decréscimo e/ou bonificação no valor da tarifa. A utilização do fator Q é um claro exemplo de mecanismo de incentivo, tendo em vista que a única forma de ter a tarifa reduzida dá-se pelo não atingimento dos parâmetros mínimos. Somado às existentes sanções contratuais e regulatórias, cuja existência e função não são negadas, o incentivo a não perda de receita se revela fator bastante relevante ao cumprimento dos parâmetros, sendo passível de compensação por melhor o nível de serviço para além da sua obrigação contratual.[68]

Já o fator X – que já é utilizado nas últimas concessões rodoviárias[69] – está atrelado ao ganho de produtividade das concessionárias, de modo a replicá-lo, em alguma medida, aos preços máximos estabelecidos nos contratos, caso o agente regulado operasse em um mercado competitivo, seja essa variação positiva ou negativa sobre as tarifas. Permite-se aproximar os valores tarifários propostos pelas concessionárias, durante a licitação, das atualizações de mercado reais para além do IPCA, tendo em vista que a proposta inicial se dá com base em perspectivas e simulações que podem não se tornarem reais.

O fator X é estabelecido nos contratos de acordo com a comparação com resultados de variação de produtividade dos setores que atingem diretamente a realidade aeroportuária, atualizado anualmente.

Importante esclarecer que a ANTT já adotou em alguns contratos tanto o fator X quanto o fator Q, porém não regulamentou a metodologia e as finalidades para utilização desses instrumentos de incentivo. Já a Anac passou a adotar e publicar resoluções com as metodologias de cálculos de fator Q e fator X para as suas concessões aeroportuárias.[70]

---

68 O fator Q não é uma novidade para a ANTT, tendo em vista que já foi aplicado em contratos de concessão da terceira etapa, como da BR-040.

69 O fator X não é uma novidade para a ANTT, tendo em vista que já foi aplicado em contratos de concessão da terceira etapa, como da BR-101/ES/BA.

70 P.ex. Decisão n. 32, de 1º de abril de 2015 e Resolução n. 456, de 20 de dezembro de 2017.

Experiência internacional

Há diversas experiências internacionais, nos mais diversos setores, no que concerne à regulação por incentivos. Não serão estudadas as minúcias da regulação aqui apresentadas, mas tão somente serão identificadas, para fins de comparação, para fins de apoio ao modelo passível de adoção pela ANTT, com base na classificação periódicas das concessionárias de rodovias federais.

Em que pese a presente análise estar voltada ao setor rodoviário, tendo em vista se tratar de estudos para sugestões para a regulamentação da classificação das concessionárias considerando um sistema de incentivos, esse estudo não se limitará a esse campo, especialmente em vista da evolução do aeroportuário internacional.

Em relação ao setor rodoviário, é possível vislumbrar avanços regulatórios em países da América Latina.

O México passou a adotar um mecanismo de regime de pontos de penalização, que são aplicados quando as concessionárias não atingem os parâmetros mínimos de desempenho técnico e operacional. Essa foi uma tentativa de solucionar problemas nas políticas públicas e nos projetos voltados às concessões rodoviárias naquele país, de acordo com dados do Instituto de Pesquisa Econômica Aplicado (Ipea), em 2018.

A Colômbia, por outro lado, passou a adotar o mecanismo de "gatilhos de investimentos", de modo que os investimentos passaram a evoluir de acordo com o nível dos serviços prestados na terceira etapa de concessões. Porém, constatou-se que esse sistema levou a uma baixa quantidade de investimentos pelos parceiros privados, bem como uma ineficiência geral com obras e uso de recursos públicos. Dessa forma, pode ser entendido que pelos investimentos serem liberados a partir da boa execução dos serviços, as concessionárias passaram a não focar em melhorar os serviços prestados, tendo em vista que poderiam ficar em situação econômica ainda mais complicada. Na quarta etapa de concessões, o poder concedente passou a exigir maiores garantias das concessionárias de modo a evitar os problemas constatados na terceira etapa.

Por sua vez, voltando ao setor aeroportuário, destaca-se a adoção do sistema de incentivos na França, em que é adotada a regulação de preços *price cap* somado ao estabelecimento de indicadores de desempenho; e, no Reino Unido em que também é utilizada a regulação de preços *price cap*, somada à utilização do fator X e de indicadores de desempenho.

Na França, mais especificamente no aeroporto Charles de Gaulle, há duas categorias de indicadores de desempenho, seja para o alcance dos parâmetros mínimos, que se não alcançados podem derivar decréscimos tarifários, seja para o atingimento de padrões de excelência, correspondentes a melhorias em comparação a outros aeroportos europeus. Esses padrões são revisados após a iniciativa da concessionária em encaminhar sugestões de revisão ao poder concedente, sendo aberta consulta pública aos usuários.

De modo semelhante, no Reino Unido (aeroporto de Heathrow) são celebrados acordos entre os aeroportos e as empresas aéreas para alterar os indicadores de desempenho. Lá foi adotado um esquema de incentivos a partir de descontos, de modo que, caso a concessionária não cumpra com os requisitos mínimos de padrão de qualidade definidos contratualmente, deve devolver às empresas aéreas um percentual do valor tarifário obtido. Ao mesmo tempo, garante-se um sistema de bonificação para o caso de atendimento superior dos padrões e de medidas de satisfação de passageiros.

Esses mecanismos do Reino Unido são complementados com a aplicação do fator X, de modo a garantir que os ganhos de produtividade fossem revertidos aos usuários. Assim, o fator X é calculado considerando o Capex, custo de capital, depreciação e Opex das receitas reguladas, o que, dividido pelo número de passageiros leva à receita média ou *revenue cap* por passageiro. Esse processo de revisão do fator X e da receita média ocorre a cada cinco anos.

3 Os possíveis mecanismos de incentivos para a ANTT

Antes de adentrar nas possibilidades que se vislumbra para a classificação periódica das concessionárias, importante ressalvar que ainda está pendente de regulamentação, de modo que há um empecilho para tratar sobre como ou quais serão os efeitos da classificação.

Feita a ressalva, entende-se que essa classificação deve voltar-se à aludida regulação de incentivos, escapando de uma conotação punitiva ou depreciativa ao particular. Entende-se, ainda, que se pode tornar importante estratégia de premiação às concessionárias que estão adimplindo com obrigações e investimentos da melhor maneira possível.

Caso se insista em uma previsão de classificação negativa, seja sob a perspectiva do contrato, seja sob a perspectiva do mercado, poderá gerar ainda maior prejuízo à concessão, ou seja, ao serviço público, ao aprofundar ainda mais uma situação de eventual dificuldade enfrentada pelo particular.

Uma classificação ruim que signifique eventual reflexo de punição ou perda de condição, poderá, a depender da exposição e critério, levar a externalidades negativas sensíveis, como impacto sob valor das ações cotadas em Bolsa, promover aumento no custo de capital, seguros e prestação de serviços, ou até gerar vencimento antecipado de dívidas.

Tendo em vista que a motivação explanada pela ANTT para a existência desse artigo se resume somente a influenciar as concessionárias a "aumentar o nível de conformidade", entende-se pertinente não avançar sobre às concessões que, independentemente das razões, estejam sob maior tormenta, ao passo que possam impulsionar, até financeiramente, o interesse em melhoria, destarte incrementar e fortalecer o prosseguimento das concessões que estão em melhores condições.

Nos termos atuais, não se pode afirmar que a pretensão da classificação será punitiva ou depreciará certas concessões, porém a tendência punitivista e impositiva é mola propulsora do alerta. A preocupação é iminente enquanto da ausência de regulamentação, considerando que o Procrofe tem no "chicote e chibata" o principal "instrumento de incentivo" das concessionárias.[71]

Reitera-se a concepção de meios e fórmulas que incentivem e busquem criar um ambiente positivo de competição poderá ser remédio mais eficaz que a melhor prestação da pretensão estatal.

Acredita-se que a adoção de estímulos ativos numa regulação responsiva, nos termos similares aos adotados pela Anac, que respeitem as normas contratuais específicas de cada concessão, considerando os respectivos indicadores de desempenho adequados, bem como aplicam fatores externos sobre fórmulas e conceitos definidos. Possivelmente a solução esteja na premiação das concessionárias, em detrimento da punição.

Mesmo que não se vislumbre incremento financeiro direto, haja vista a lógica remuneratória das concessões rodoviárias, a mera interrupção ou supressão de sanções, a redução do passivo regulatório ou, simplesmente, a redução do custo com a intensidade do engajamento de capital em face do combate ao processamento e a punição poderá representar resultado valoroso ao particular e de imediato repercussão sobre os serviços.

Sob uma análise superficial do volume de processos e sanções que hodiernamente afetam as concessões rodoviárias federais, bem como da larga e intensa atuação da ANTT como órgão sancionador, permite-se a criação de sistema de compensação deflagrado do

71 Isso não significa que é o único mecanismo utilizado para incentivar as concessionárias; como já citado, há utilização dos fatores X e Q, bem como de possibilidade de incremento tarifário, a depender da conclusão de investimentos, como se verifica no contrato da Rodovia Nova Dutra (BR/116/101/SP/TJ).

atingimento de uma determinada nota na classificação periódica, resultado do atingimento de critérios estabelecidos em regulamento que considere os índices de desempenho de cada contrato de concessão dentro da sua realidade, tais como:

1. Abrandamento de sanções: conversão de multas em advertência em razão de infrações consideradas não reincidentes;

2. Abrandamento de mora: suspensão temporária da contagem da mora no caso de existência de multa moratória em desfavor da concessionária, sendo concedido o período mínimo para que a concessionária saneie as infrações e realize o pagamento das multas; ou,

3. Facilitação e desconto sobre valores devidos: parcelamento ou redução do quantum devido a título de multas sancionatórias existentes na ANTT das concessionárias.

Além disso, entende-se recomendável para segurança jurídica das concessões rodoviárias que no regulamento conste a metodologia a ser adotada para o cálculo, com a definição de padrão a ser utilizado com adequação a situações, estágios e realidades. Não se pode olvidar que deve ser concedido tratamento isonômico a cada concessionária, no sentido de garantir o tratamento de acordo com a realidade de cada contrato de concessão, sem fazê-lo somente por meio de regulamentos gerais.

Considerando a experiência do setor aeroportuários tanto brasileiro, quanto francês ou britânico, verifica-se que a *comissão tripartite* prevista no artigo 21 do proposto RCR seria uma possibilidade para utilizar esse sistema de acordo para revisão de parâmetros de desempenho, bem como das metodologias de cálculo e aferição de fatores como X. Essa comissão envolve tanto os usuários quanto a concessionária e o poder concedente, de modo que poderia ser uma solução para garantir que os instrumento de incentivos fossem sempre atualizados e adequados à realidade da concessão.

Considerações finais

Com base no verificado em setores e experiências intra e extra setor, acredita-se que a adoção de uma regulação responsiva e a construção de uma classificação periódica das concessionárias de rodovias federais como *um mecanismo de incentivo* poderá revelar considerável melhora ao setor.

O foco de uma nova lógica de regulação deve ser estimular uma melhora no serviço prestado, não pelo medo da punição, mas pela busca do incremento do resultado quando do atingimento de parâmetros pré-estabelecidos. A lógica da força é a regra tradicional conhecida, cujo resultado, apesar das boas condições das rodovias, vem acompanhado de uma larga luta entre as partes, com um doloroso custo transacional. Tornar a classificação mais um ambiente de sanção, direta ou indireta, poderá repercutir de modo bastante severo sobre as companhias, com externalidades tais, aptas a complicar ainda mais a saúde financeira e a execução do contrato pelas concessionárias.

Muitos podem ser os caminhos adotados, mas a busca pela constante melhoria do serviço sem amarras de controle sobre o êxito do particular deve ser efetivamente testada, uma vez que a prática atual, punitiva, já é demasiada conhecida, tanto no quanto pode ser eficiente quanto pode ser danosa.

Referências bibliográficas

AÉROPORTS DE PARIS. *2016 – 2020 Economic Regulation Agreement. Public consultation document*. Paris: ADP, 2015. Disponível em: https://www.parisaeroport.fr/docs/default-source/groupe-fichiers/finance/relations-investisseurs/r%C3%A9gulation/2016-2020/21012015---a%C3%A9roports-de-paris---era-2016-2020-proposal-conference-call.pdf?sfvrsn=b12c06bd_4. Acessado em: 05.06.2021.

BARROS, Clarissa Costa de. *Regulação de infraestrutura aeroportuária no Brasil*: a efetividade da regulação por incentivos. Brasília: Universidade de Brasília, 2020. Dissertação (Mestrado Profissional em Economia do Setor Público).

BRASIL. Agência Nacional de Aviação Civil – ANAC. *Consulta sobre a 1ª revisão dos parâmetros da concessão*: Fator X e Taxa de Desconto do Fluxo de Caixa Marginal. Disponível em: https://www.anac.gov.br/assuntos/paginas-tematicas/concessoes/chamamento-previo/fator_x_desconto_rpc.pdf. Acessado em: 14.06.2021.

______. Agência Nacional de Transporte Terrestre – ANTT. *Comentários dos artigos da minuta do regulamento de concessões rodoviárias e quadro de comparativo do RCR com os contratos de concessão e regulamentação da ANTT.* Brasília, 2021.

______. Agência Nacional de Transporte Terrestre – ANTT. *Audiência Pública n. 02/2021*. Disponível em: https://participantt.antt.gov.br/Site/AudienciaPublica/VisualizarAvisoAudienciaPublica.aspx?CodigoAudiencia=446. Acessado em: 14.06.2021.

______. Presidência da República. *Lei n. 9.472*, de 16 de julho de 1997. Disponível em: http://www.planalto.gov.br/ccivil_03/leis/l9472.htm. Acessado em: 14.06.2021.

CAMPOS NETO, Carlos Alvares da Silva; MOREIRA, Sérvulo Vicente; MOTTA, Lucas Varjão. *Modelos de concessão de rodovias no Brasil, no México, no Chile, na Colômbia e nos Estados Unidos*: evolução histórica e avanços regulatórios. Texto para discussão - Instituto de Pesquisa Econômica Aplicada. Brasília/Rio de Janeiro: Ipea, 2018.

GOMES, Gustavo Pereira. *Diferenciação tarifária como mecanismo de incentivo ao investimento em rodovias.* Rio de Janeiro: Fundação Getúlio Vargas, Escola Brasileira de Economia e Finanças, 2021. Dissertação (Mestrado).

ROMANELLI, Fernanda Piaginni. "A regulação por incentivos como forma de efetivação do princípio da eficiência na prestação do serviço público". *Revista TCE/MG*, vol. 32, jul./set. 2014. Disponível em: https://revista1.tce.mg.gov.br/Content/Upload/Materia/2826.pdf. Acessado em: 27.05.2021.

UK CIVIL AVIATION AUTHORITY. *Economic Regulation of Heathrow and Gatwick Airports 2008-2013* – CAA decision. Londres: CAA, 2008. Disponível em: https://www.gatwickairport.com/globalassets/

publicationfiles/business_and_community/regulation/economic_regulation/caa_regulatory_decision.pdf. Acessado em: 05.06.2021.

______. *Economic regulation at Heathrow from April 2014*: final proposals. Londres: CAA, 2013. Disponível em: https://publicapps.caa.co.uk/docs/33/CAP%201103.pdf. Acessado em: 05.06.2021.

______. *Heathrow Airport Limited Q6 service quality protocol* – CAA determination. Londres: CAA, 2014. Disponível em: https://www.caa.co.uk/media/davnalrh/hal-q6-sq-determination_final.pdf. Acessado em: 05.06.2021.

CAPÍTULO XXIX

A IMPORTÂNCIA DO PROGRAMA DE INTEGRIDADE NAS CONCESSÕES RODOVIÁRIAS

Camilla de Matos Marcondes Silvestre

Introdução

A Lei Anticorrupção é datada de 2013, mas o combate à corrupção foi colocado em destaque no país com os escândalos políticos investigados na Operação Lava Jato da Polícia Federal.[72]

Nesse contexto, o artigo 41 do Decreto federal n. 8.420/2015, que regulamenta a Lei Anticorrupção n. 12.648, de 1º de agosto de 2013, definiu programa de integridade.[73]

---

72 MINISTÉRIO PÚBLICO FEDERAL. "Entenda o caso". *Caso Lava Jato*. Disponível em: http://www.mpf.mp.br/grandes-casos/lava-jato/entenda-o-caso. Acessado em: 18.03.2021.

73 BRASIL. Presidência da República. *Decreto n. 8.420*, de 18 de março de 2015. Disponível em: http://www.planalto.gov.br/ccivil_03/_ato2015-2018/2015/decreto/d8420.htm. "Programa de integridade consiste, no âmbito de uma pessoa jurídica, no conjunto de mecanismos e procedimentos interno de

Conforme bem analisa Augusto Neves Dal Pozzo:

> O tema do *compliance* ganhou maior repercussão nos últimos anos no ordenamento jurídico brasileiro. Não obstante se possa buscar em algumas normas do passado referências a instrumentos de integridade, a discussão mais efetiva acerca da temática está muito ligada a um momento muito particular do Brasil. Em suma, o tema ganha enorme atenção no país muito em função da deflagração de operações que desvendaram esquemas de corrupção de proporções inigualáveis, as quais demonstraram a todos a forma como se conduziram, historicamente, as relações estabelecidas entre grandes companhias e entidades da Administração Pública, sobretudo no mercado das obras públicas.[74]

Contudo, a necessidade de estar em *compliance* não se limita ao Poder Público ou às empresas que com ele se relacionam e, também, não decorre de imposição legal. O *compliance* é uma exigência de mercado![75]

---

integridade, auditoria e incentivo à denúncia de irregularidades e na aplicação efetiva de códigos de ética e conduta, políticas e diretrizes com objetivo de detectar e sanar desvios, fraudes, irregularidades e atos ilícitos praticados contra a administração pública, nacional ou estrangeira".

74 DAL POZZO, Augusto Neves; MARTINS, Ricardo Marcondes. *Aspectos Controvertidos do Compliance na Administração Pública*. Belo Horizonte: Editora Forum, 2020, pp. 20/21.

75 SAMPATH, Vijay S.; GARDBERG, Naomi A.; RAHMAN, Noushi. "Corporate Reputation's Invisible Hand: Bribery, Rational Choice and Market Penalties". *Journal of Business Ethics*, jul. 2016. No mesmo sentido, Bruno Maeda adverte que, especialmente no âmbito do FCPA, "notícias envolvendo práticas de corrupção causam sérios danos à reputação das empresas. A simples comunicação ao mercado de que uma empresa está em processo de investigação ou colaborando com as autoridades na apuração de possíveis violações de legislação anticorrupção gera efeitos imediatos no valor das ações da empresa". O autor cita o caso do Wal-Mart que, em abril de 2012, "imediatamente após a divulgação de possíveis violações de legislações anticorrupção por condutas ocorridas no México, as ações da empresa sofreram queda de aproximadamente 5% nos Estados Unidos".

E com a recente vigência da Lei Geral de Proteção de Dados Pessoais (Lei federal n. 13.709, de 14 de agosto de 2018), a abrangência do programa de integridade é ampliada, pois além da necessidade de adoção de medidas anticorrupção é necessária a proteção dos dados tratados pelas empresas. É o que se depreende da leitura do artigo 50 da Lei Geral de Proteção de Dados Pessoais.[76]

Nesse sentido, Davi Valdetaro Gomes Cavalieri ensina que:

MAEDA, Bruno Carneiro. "Programas de Compliance Anticorrupção: importância e elementos essenciais". *In*: DEL DEBBIO, Alessandra; MAEDA, Bruno Carneiro; AYRES, Carlos Henrique da Silva (Coord.). *Temas de anticorrupção e compliance*. Rio de Janeiro: Elsevier, 2013, p. 169.

76 "Art. 50. Os controladores e operadores, no âmbito de suas competências, pelo tratamento de dados pessoais, individualmente ou por meio de associações, poderão formular regras de boas práticas e de governança que estabeleçam as condições de organização, o regime de funcionamento, os procedimentos, incluindo reclamações e petições de titulares, as normas de segurança, os padrões técnicos, as obrigações específicas para os diversos envolvidos no tratamento, as ações educativas, os mecanismos internos de supervisão e de mitigação de riscos e outros aspectos relacionados ao tratamento de dados pessoais.

§ 1º Ao estabelecer regras de boas práticas, o controlador e o operador levarão em consideração, em relação ao tratamento e aos dados, a natureza, o escopo, a finalidade e a probabilidade e a gravidade dos riscos e dos benefícios decorrentes de tratamento de dados do titular.

§ 2º Na aplicação dos princípios indicados nos incisos VII e VIII do *caput* do art. 6º desta Lei, o controlador, observados a estrutura, a escala e o volume de suas operações, bem como a sensibilidade dos dados tratados e a probabilidade e a gravidade dos danos para os titulares dos dados, poderá:

I - implementar programa de governança em privacidade que, no mínimo:

a) demonstre o comprometimento do controlador em adotar processos e políticas internas que assegurem o cumprimento, de forma abrangente, de normas e boas práticas relativas à proteção de dados pessoais;

b) seja aplicável a todo o conjunto de dados pessoais que estejam sob seu controle, independentemente do modo como se realizou sua coleta;

c) seja adaptado à estrutura, à escala e ao volume de suas operações, bem como à sensibilidade dos dados tratados;

d) estabeleça políticas e salvaguardas adequadas com base em processo de avaliação sistemática de impactos e riscos à privacidade;

> Os objetivos do Programa de Compliance Digita podem ser extraídos do artigo 50 da LGPD, que prevê a formulação de regras de boas práticas e de governança que estabeleçam as condições de organização, o regime de funcionamento, os procedimentos, incluindo reclamações e petições de titulares, as normas de segurança, os padrões técnicos, as obrigações específicas para os diversos envolvidos no tratamento, as ações educativas, os mecanismos internos de supervisão e de mitigação de riscos e outros aspectos relacionados ao tratamento de dados pessoais.[77]

Nesse cenário, o presente estudo tem por objetivo analisar (i) como esses conceitos se aplicam às concessionárias de rodovias atuantes nos estados brasileiros, seja nas concessões federais, seja nas concessões estaduais; (ii) se os contratos de concessão firmados com fundamento na Lei n. 8.987, de 13 de fevereiro de 1995, têm previsão de implantação de programa de *compliance*; (iii) a necessidade de adoção de medidas para vedar que as concessionárias que assinam acordos de leniência participem de novas licitações.

---

e) tenha o objetivo de estabelecer relação de confiança com o titular, por meio de atuação transparente e que assegure mecanismos de participação do titular;

f) esteja integrado a sua estrutura geral de governança e estabeleça e aplique mecanismos de supervisão internos e externos;

g) conte com planos de resposta a incidentes e remediação; e

h) seja atualizado constantemente com base em informações obtidas a partir de monitoramento contínuo e avaliações periódicas;

II - demonstrar a efetividade de seu programa de governança em privacidade quando apropriado e, em especial, a pedido da autoridade nacional ou de outra entidade responsável por promover o cumprimento de boas práticas ou códigos de conduta, os quais, de forma independente, promovam o cumprimento desta Lei.

§ 3º As regras de boas práticas e de governança deverão ser publicadas e atualizadas periodicamente e poderão ser reconhecidas e divulgadas pela autoridade nacional".

77 CAVALIERI, D. V., MARTINS, R. M. *LGPD & Administração Pública*: uma análise ampla dos impactos. São Paulo: Revista dos Tribunais, 2020.

1 Evolução histórica do *compliance* e importância para o mercado

O conceito de *compliance* tem sua origem nos Estados Unidos, no ano de 1973, com o caso Watergate, que estimulou a discussão sobre o pagamento de propina por empresas americanas fora do país e das empresas que atuavam no mercado americano.

Desse cenário resultou a elaboração da Foreign Corrupt Practices Act - FCPA,[78] que solidificou o conceito de *compliance.*

A palavra *compliance* tem sua origem no termo *to comply*, que significa "cumprir", "consentir". Ou seja, estar em *compliance* significa que os colaboradores (regulares e alta administração) e os terceiros que se relacionam com a empresa cumprem todas as regras e regulamentos vigentes, internos e externos.

Mas não se limita à obediência às leis e aos regulamentos em vigor. O *compliance* é, na verdade, um programa de integridade e seu principal objetivo é prevenir, detectar e remediar o risco à fraude e à corrupção e que afetam diretamente a imagem da empresa.

Ter integridade nas relações de negócio, seja de compra e venda, fornecimento ou contratação de um serviço, significa atuar de maneira correta, honesta, contrária à corrupção, e traduz-se no respeito ao parceiro de negócios, aos funcionários, no cumprimento dos contratos firmados, respeito à legislação em vigor, não enganar seus clientes ou fornecedores, não cometer ilícitos e, também, evitar sua ocorrência, punindo aqueles que atuam em desconformidade com o código de conduta elaborado na empresa.

Empresa que decide pela implementação de um programa de integridade está incentivando a cultura da transparência, e para o

---

78 ESTADOS UNIDOS. *Foreign Corrupt Practice Act*. Washington, abr. 1977. Disponível em: https://www.justice.gov/criminal-fraud/foreign-corrupt-practices-act. Acessado em: 23.03.2021.

seu sucesso são necessários alguns pilares: comprometimento da alta direção da empresa, a existência de uma instância responsável, análise de perfil e de riscos, elaboração de um código de conduta, monitoramento contínuo da aplicação e evolução do programa.

No Brasil, a base legal do *compliance* está prevista na Lei Anticorrupção n. 12.648, de 1º de agosto de 2013, regulamentada pelo Decreto federal n. 8.420, de 18 de março de 2015.

Atualmente, sua aplicação foi majorada com a implementação da Lei Geral de Proteção de Dados Pessoais, que amplia a abrangência na análise dos riscos, haja vista a necessidade do correto tratamento dos dados de terceiros pelas empresas.[79]

Nesse panorama, como quantificar na moeda corrente do país a importância da implementação de um programa de integridade nas empresas?

---

79 Embora seja de vigência recente, a LPGD foi publicada em 14 de agosto de 2018, sendo objeto de estudo pelos acadêmicos que apontam seu impacto no *compliance*: "A LPGD ainda é recente no Brasil e, no momento de publicação deste trabalho, sequer está em vigência. Portanto, o capítulo compreende meramente o entendimento dos autores nesse cenário, não devendo ser o conteúdo, de forma alguma, interpretado como opiniões definitivas. Em linhas gerais, para conformidade com a LGPD, qualquer empresa sujeita à sua aplicação deve se preocupar com alguns aspectos essenciais. Destaca-se a importância da avaliação sistemática de impactos e riscos à proteção de dados pessoais; da adequação de políticas e procedimentos internos de *compliance* com base em tal avaliação; da transparência sobre o tratamento de dados pessoais nos diferentes processos de *compliance*, estabelecendo relação de confiança com o titular do dado; de assegurar proteção aos dados conforme a estrutura, o porte e o volume de operações do controlador, levando em conta o grau de sensibilidade dos dados pessoais. O tema de proteção de dados no Brasil tem todo um futuro à frente, sendo importante acompanhar seu desenvolvimento. A atuação dos entes sob a égide da LGPD, as futuras interações entre empresas e o Poder Público e as decisões administrativas e judiciais vindouras sobre proteção de dados contribuirão para moldar o tema e, consequentemente, poderão confirmar, ou não, as boas práticas aqui propostas, que têm o intuito maior de lançar luz sobre um caminho pouco conhecido, mas que precisa ser desbradado". FRANCO, Isabel. *Guia Prático de Compliance*. Rio de Janeiro: Forense, 2020, pp. 366/367.

Não se trata de uma exigência legal, mas de uma exigência de mercado. Cada vez mais os órgãos públicos e, também, as empresas particulares optam por contratar com empresas que têm um Programa de Integridade. Significa uma garantia adicional de que aquele contratante atuará com transparência e honestidade.

Além disso, otimiza o conhecimento sobre sua empresa e sobre o mercado em que ela atua.[80]

Um programa efetivo traz proteção à empresa, pois ataca diretamente os riscos inerentes à fraude e corrupção e em consequência gera uma melhor aplicação dos seus recursos financeiros. Inclusive nesse sentido foi lançado pelo Ministério da Infraestrutura o Selo Infra + Integridade.[81]

Nesse sentido, ensina a doutrina:

> A conclusão foi de que para cada U$ 1,00 despendido em penalidades decorrentes de uma acusação de suborno, apenas U$ 0,18 representariam penalidades de ordem legal, sendo o restante referente à perda reputacional, sobretudo à saída em massa de investidores. A "mão invisível do mercado", segundo os autores, "penaliza as empresas em cerca de 4,5 mais que a mão invisível dos órgãos de controle". As reações

---

80 Como ensina José Matias Pereira: "O combate efetivo à corrupção, além de uma governança responsável, exige uma enérgica mobilização na política e na sociedade civil, para que se controlem os detentores do poder. É perceptível que quando a corrupção se transforma em sistêmica, como é o caso do Brasil, as medidas convencionais para combatê-la tornam-se insuficientes. Nesse sentido, ficou razoavelmente evidenciado que é necessário buscar uma maior conscientização da sociedade civil sobre os custos da corrupção e cuidar para que as instituições e o mercado não sejam vulneráveis". PEREIRA, José Matias. "Reforma do Estado e Controle da Corrupção no Brasil". *Caderno de Pesquisas em Administração*, São Paulo, vol. 12, nº 2, abril/junho 2005, pp. 1-17.

81 BRASIL. Ministério da Infraestrutura. *Selo Fomento Infra+ Integridade*. Disponível em: https://www.gov.br/infraestrutura/pt-br/selo-integridade. Acessado em: 09.03.2021.

> do mercado acionário acabam, sob essa perspectiva, sendo mais eficazes do que as penalidades impostas pelos órgãos de controle.
>
> Ainda sob o viés econômico, além da reação dos acionistas, alguns dos principais efeitos da perda de capital reputacional consistem na diminuição da atratividade para captar novos talentos, potencial perda de gerentes e diretores experientes, e na deserção em massa de clientes. Por esse motivo, os prejuízos à reputação da empresa perante o mercado e, consequentemente, a diminuição dos postos de trabalho – traduzida, no campo individual, na perda do emprego – podem constituir fortes incentivos para que os agentes racionais obedeçam às diretrizes pré-estabelecidas.
>
> Deve-se considerar, ainda sob a perspectiva da racionalidade, o nível de autonomia e independência do agente privado que, em nome da empresa, pode vir a usar subterfúgios para obter benefícios ilegais perante o Poder Público. Em outras palavras, se na estrutura organizacional de uma empresa que costuma participar de processos licitatórios os funcionários responsáveis pelo contato direto com os agentes públicos não forem fiscalizados, não estiverem obrigados a registrar a sua atuação e reportar irregularidades que venham ao seu conhecimento, os riscos – e, por consequência, os custos – de uma conduta corrupta serão preocupantemente baixos, o que aumenta as suas chances de incidência.[82]

Nesse diapasão, a importância do programa de integridade e sua monitoria como obrigação contratual nos contratos de concessão rodoviária.

---

82 SCHRAMM, F. S. O *Compliance como Instrumento de Combate à Corrupção no Âmbito das Contratações Públicas*. Florianópolis: Universidade Federal de Santa Catarina, 2018. Dissertação (Mestrado em Direito).

2 O Contrato de Concessão com base na Lei federal n. 8.987/1995

Os contratos de concessão rodoviária têm sua base na Lei federal n. 8.987, de 13 de fevereiro de 1995, que dispõe sobre o regime de concessão e permissão da prestação de serviços públicos previsto no art. 175 da Constituição Federal,[83] e dá outras providências.

A Lei federal n. 8.987/1995 regulamenta as disposições da Carta Magna e preceitua as regras para a prestação de um serviço adequado; os direitos e obrigações dos usuários; a política tarifária; a licitação; cláusulas essenciais do contrato de concessão; os encargos do poder concedente; os encargos da concessionária; hipóteses de intervenção e extinção da concessão.

A legislação não traz como requisito do contrato de concessão a obrigatoriedade da implementação de um programa de integridade.

A Lei das Concessões, em seu artigo 6º, prevê somente que cabe à concessionária a prestação de um serviço adequado, *in verbis*:

> Art. 6º Toda concessão ou permissão pressupõe a prestação de serviço adequado ao pleno atendimento dos usuários, conforme estabelecido nesta Lei, nas normas pertinentes e no respectivo contrato.
>
> § 1º Serviço adequado é o que satisfaz as condições de regularidade, continuidade, eficiência, segurança, atualidade, generalidade, cortesia na sua prestação e modicidade das tarifas.
>
> § 2º A atualidade compreende a modernidade das técnicas, do equipamento e das instalações e a sua conservação, bem como a melhoria e expansão do serviço.

---

83 O Artigo 175 da Constituição Federal preceitua que incumbe ao Poder Público, na forma da lei, diretamente ou sob regime de concessão ou permissão, a prestação de serviços públicos. Preceitua, ainda, as disposições da lei que tratará desse assunto.

> § 3º Não se caracteriza como descontinuidade do serviço a sua interrupção em situação de emergência ou após prévio aviso, quando:
>
> I - motivada por razões de ordem técnica ou de segurança das instalações; e,
>
> II - por inadimplemento do usuário, considerado o interesse da coletividade.
>
> § 4º A interrupção do serviço na hipótese prevista no inciso II do § 3º deste artigo não poderá iniciar-se na sexta-feira, no sábado ou no domingo, nem em feriado ou no dia anterior a feriado. (Incluído pela Lei n. 14.015, de 2020).

No atual cenário legislativo e também do mercado, não há como se admitir que um contrato de concessão seja firmado sem a obrigatoriedade da implementação de um Programa de Integridade.

É condição *sine qua non* que seja determinado às concessionárias a implementação de tal programa, pois o conceito de "serviço adequado" previsto na Lei das Concessões já não atende aos desafios do combate à corrupção.

Atualmente, para que uma concessionária preste um serviço adequado e cumpra integralmente a lei a que está vinculada, é necessário que observe, cumpra e faça cumprir por si e por suas controladoras, afiliadas, acionistas com poderes de administração, funcionários, controladas, coligadas, seus administradores e empregados toda e qualquer lei, normas e regulamentos que tratam de corrupção,[84]

---

84 Lei federal n. 6.385, de 7 de dezembro de 1976; Lei federal n. 7.492, de 16 de junho de 1986; Lei federal n. 8.137, de 27 de dezembro de 1990; Lei federal n. 8.429, de 2 de junho de 1992; Lei federal n. 8.666, de 21 de junho de 1993; Lei federal n. 9.613, de 3 de março de 1998; Lei federal n. 12.529, de 30 de novembro de 2011; Lei federal n. 12.846, de 1º de agosto de 2013; Decreto federal n. 8.420, de 18 de março de 2015 e, desde que aplicável, a U.S. Foreign Corrupt Practices Act de 1977, OECD Convention on Combating Bribery of Foreign Public Officials in International Business Transactions e UK Bribery Act (UKBA).

crimes contra a ordem econômica ou tributária, de "lavagem" ou ocultação de bens, direitos e valores, ou contra o Sistema Financeiro Nacional, o mercado de capitais ou a Administração Pública, nacional ou estrangeira, terrorismo ou financiamento ao terrorismo, incluindo, sem limitação, atos ilícitos que possam ensejar responsabilidade administrativa, civil ou criminal.

E para isso, são necessárias algumas ações: (i) manter políticas e procedimentos internos que objetivem o integral cumprimento das leis anticorrupção por todos os seus profissionais e/ou os demais prestadores de serviços, bem como a agentes, representantes, fornecedores, contratados, subcontratados ou terceiros agindo em seu nome; (ii) dar conhecimento pleno das leis anticorrupção a todos os seus profissionais e/ou os demais prestadores de serviços, bem como a agentes, representantes, fornecedores, contratados, subcontratados ou terceiros agindo em seu nome; (iii) abster-se de praticar atos de corrupção e de agir de forma lesiva à Administração Pública, nacional e estrangeira ou qualquer outro ato com o oferecimento de vantagem indevida na forma das Leis Anticorrupção, em ambos os casos no seu interesse ou para seu benefício, exclusivo ou não.

Nesse diapasão, é necessário analisar as disposições dos contratos de concessão vigentes no Brasil. Quais os estados que exigem a implementação de um programa de integridade? Os contratos de concessões federais preveem a implantação desse programa?

3 Selo Infra + Integridade

A relevância da implementação do programa de integridade para que o serviço prestado seja, de fato, adequado, fica evidente com a implementação do Selo Infra + Integridade lançado pelo

Ministério da Infraestrutura – Minfra, através da Portaria n. 102, de 23 de julho de 2020.[85]

---

85 Portaria n. 102, de 23 de julho de 2020 – Dispõe sobre o "Selo Infra + Integridade", no âmbito do Ministério da Infraestrutura, destinado a premiar empresas do setor de infraestrutura de transportes que zelem pela integridade institucional e pública, nos termos desta Portaria.

"O ministro de Estado da Infraestrutura, no uso das atribuições que lhe conferem os incisos I e II do parágrafo único do art. 87 da Constituição Federal, e tendo em vista o que consta do Processo SEI n. 50000.023202/2020-50, resolve:

Art. 1º Fica instituído, no âmbito do Ministério da Infraestrutura, o 'Selo Infra + Integridade', doravante designado Selo, destinado a premiar empresas que tenham contratado com a Administração Pública nos últimos 5 (cinco) anos e que atuam no setor de infraestrutura de transportes terrestres em obras de grande vulto, entendidas aquelas que administram empreendimento com estimativa de gastos superior a R$ 82,5 milhões, como valor inicial do contrato, e que, reconhecidamente, desenvolvam boas práticas de governança, compreendendo integridade, ética, transparência, conformidade, responsabilidade social, sustentabilidade e prevenção à fraude e à corrupção, na forma do Regulamento anexo a esta Portaria.

Art. 2º O Ministro de Estado da Infraestrutura proporá, no prazo de até 120 (cento e vinte) dias, ato administrativo instituindo o Comitê Gestor do Selo e definindo a estrutura, a composição, as atribuições e o funcionamento desse Comitê.

Parágrafo único. O Comitê Gestor do Selo será composto, majoritariamente, por representantes, titular e suplente, de órgãos e entidades não governamentais.

Art. 3º O artigo 11 da Portaria Minfra n. 2.873, de 28 de junho de 2019, fica acrescido do inciso XIV e do parágrafo único a seguir:

....

XIV - atuar como Secretaria Executiva do Comitê Gestor do Selo Infra + Integridade, cabendo ao Coordenador indicar os membros do CTI que comporão a respectiva Secretaria.

Parágrafo Único. O Coordenador do CTI poderá convidar, em função de competências profissionais específicas, outros servidores para auxiliar a referida Secretaria Executiva. (NR)

Art. 4º Esta Portaria entra em vigor em 3 de agosto de 2020.

Tarcisio Gomes de Freitas". BRASIL. Ministério da Infraestrutura. *Portaria n. 102*, de 23 de julho de 2020". Disponível em: https://www.in.gov.br/en/web/dou/-/portaria-n-102-de-23-de-julho-de-2020-268438097. Acessado em: 09.03.2021.

Trata-se de iniciativa que busca incentivar a adoção de tais medidas pelas empresas que atuam no setor:

> O Selo Infra + Integridade é uma iniciativa do Ministério da Infraestrutura que busca fomentar a adoção voluntária de medidas de integridade pelas empresas, por meio do reconhecimento público daquelas e premiar empresas que tenham contratado com a Administração Pública nos últimos 5 (cinco) anos e que atuam no setor de infraestrutura de transportes terrestres em obras de grande vulto, mostram-se comprometidas em implementar e desenvolver boas práticas de governança, compreendendo integridade, ética, transparência, conformidade, responsabilidade social, sustentabilidade e prevenção à fraude e à corrupção.[86]

Trata-se do sétimo pilar do programa Radar Anticorrupção, do Minfra, e destina-se a premiar empresas do setor que desenvolvam boas práticas de governança e integridade institucional:

> O Ministério da Infraestrutura criou em sua estrutura organizacional, de forma pioneira, a Subsecretaria de Conformidade e Integridade. A SCI foi criada com o objetivo de promover ações de prevenção a fraudes e apurações preliminares relacionadas a situações de corrupção, conflito de interesse, nepotismo, enriquecimento ilícito e outras irregularidades, promovendo, assim, um ambiente de integridade institucional e conformidade, a partir de uma atuação harmônica com outros setores de controle do Ministério, como a Assessoria Especial de Controle Interno, a Corregedoria, a Comissão de Ética e a Ouvidoria, formando o Comitê Técnico de Integridade.
>
> Com o objetivo de aprimorar a gestão pública e dificultar os desvios de conduta e de recursos públicos, e em cumprimento

---

86 BRASIL. Ministério da Infraestrutura. *Selo Fomento Infra + Integridade*. Disponível em https://www.gov.br/infraestrutura/pt-br/selo-integridade/selo-ifra-integridade. Acessado em: 22.02.2021.

> ao compromisso do governo federal de reforçar as linhas de defesa de suas instituições, a Subsecretaria de Conformidade e Integridade - SCI lançou o PROGRAMA RADAR ANTICORRUPÇÃO, que recomenda a adoção de ações voltadas ao enfrentamento de riscos de fraudes e à supervisão de ações de gestão no âmbito do Ministério.
>
> Nesse sentido, foram definidos 07 (sete) pilares com as iniciativas prioritárias à necessária promoção de integridade institucional e relacionadas à prevenção, detecção e combate à corrupção, por meio do aperfeiçoamento e sistematização de ações de controle e conformidade na estrutura do Minfra.
>
> O SELO INFRA+ INTEGRIDADE o sétimo pilar do Programa RADAR ANTICORRUPÇÃO e foi criado para fomentar a integridade, a responsabilidade social e a sustentabilidade dentro das empresas de transportes terrestres, criando um ambiente de Conduta Empresarial Responsável (CER).[87]

O Minfra, através do Radar Anticorrupção,[88] disponibiliza Guias Rápidos de Conduta Ética, Interação com o Setor Privado, Ações de Integridade e Combate à Corrupção.

Ou seja, embora a Lei das Concessões não possua previsão legal de implementação de Programa de Integridade, é forçoso concluir que hoje, para a correta conceituação de Serviço Adequado prevista na legislação, é primordial sua implementação.

E as empresas que implantarem seu programa de integridade terão a chance de obter o Selo Infra + Integridade que, embora não seja exigência legal para sua atuação, proporcionará, no mercado, uma posição de destaque.

---

87 BRASIL. Ministério da Infraestrutura. *Radar Anticorrupção*. Disponível em: https://www.gov.br/infraestrutura/pt-br/selo-integridade/radar-anticorrupcao-1. Acessado em: 01.03.2021.

88 BRASIL. Ministério da Infraestrutura. *Guias de Integridade*. Disponível em: https://www.gov.br/infraestrutura/pt-br/acesso-a-informacao/conteudo-radar-anticorrupcao/guias-de-integridade. Acessado em: 01.03.2021.

4 Concessões Rodoviárias e a obrigatoriedade da implantação de um Programa de Integridade

Nesse contexto, passamos à análise das concessões rodoviária vigentes nos estados brasileiros. Da leitura dos contratos de concessão, será possível verificar quais estados exigem a implementação de programa de integridade por suas concessionárias e se as concessões federais implementaram tal obrigação contratual.

4.1 Concessões estaduais

O sítio eletrônico da Associação Brasileira de Concessionárias de Rodovias (ABCR)[89] traz a informação de que doze estados brasileiros possuem concessões rodoviárias no ano de 2019. Para fins didáticos, teremos por base os contratos vigentes elencados por tal associação.

4.1.1 Estado de São Paulo

A agência reguladora de São Paulo é conhecida como Agência de Transporte do Estado de São Paulo (Artesp), e em seu site há a informação da vigência de trinta lotes de rodovias concessionadas no Estado.[90]

Da análise do contrato de concessão disponível no sítio eletrônico da agência reguladora, é possível verificar que o serviço adequado está conceituado tal qual previsto na Lei das Concessões.

---

89 ASSOCIAÇÃO BRASILEIRA DE CONCESSIONÁRIAS DE RODOVIAS – ABCR. *Filtro de concessionárias*. Disponível em: https://abcr.org.br/setor/concessionarias/relacao-de-empresas. Acessado em: 08.03.2021.

90 SÃO PAULO (Estado). Agência de Transporte do Estado de São Paulo - Artesp. *Rodovias e Concessionárias*. Disponível em: http://www.artesp.sp.gov.br/Style%20Library/extranet/rodovias/rodovias-e-concessionarias.aspx. Acessado em: 09.03.2021.

O Anexo XVIII do contrato trata-se de declaração de conformidade com o disposto na Lei estadual n. 12.799/08[91] e na Lei federal n. 12.846/12.

Inexiste obrigação contratual para implantação de programa de integridade.

4.1.2 Estado do Paraná

Conforme pesquisa no sítio eletrônico da Agência Reguladora do Paraná (Agepar), há seis concessões ativas.[92]

São concessões vigentes desde o ano de 1997, em data anterior à vigência da Lei Anticorrupção, e não possuem disposições sobre implementação de programa de integridade.

4.1.3 Estado do Espírito Santo

Conforme pesquisa no sítio eletrônico da Agência de Regulação de Serviços Públicos do Espírito Santo (ARSP), há uma concessão ativa.[93]

Trata-se de concessão vigente desde o ano de 1998, em data anterior à vigência da Lei Anticorrupção, e não possui disposições sobre implementação de programa de integridade.

---

91 Dispõe sobre o Cadastro Informativo dos Créditos não Quitados de órgãos e entidades estaduais (Cadin estadual).

92 PARANÁ. Agência Reguladora do Paraná – Agepar. *Rodovias Concedidas*. Disponível em: http://www.agepar.pr.gov.br/Pagina/Rodovias-Concedidas. Acessado em: 09.03.2021.

93 ESPÍRITO SANTO. Agência de Regulação de Serviços Públicos do Espírito Santo - ARSP. *Concessão – Infraestrutura*. Disponível em: https://arsp.es.gov.br/concessao-infraestrutura. Acessado em: 09.03.2021.

4.1.4 Estado de Mato Grosso do Sul

A agência reguladora deste estado é a Agência Estadual de Regulação de Serviços Públicos de Mato Grosso do Sul (Agepan), e há uma concessão estadual cujo contrato foi assinado em 19 de março de 2020.[94]

Inexiste obrigação contratual para implantação de programa de integridade.

4.1.5 Estado de Mato Grosso

Há sete trechos concessionados e regulados pela Agência Estadual de Regulação dos Serviços Públicos Delegados (Ager).[95]

Os contratos de concessão das Rodovias MT-100[96] e MT-320[97] traz como obrigação contratual a implantação de programa de integridade e também possui cláusula anticorrupção.

---

94 MATO GROSSO DO SUL. Agência Estadual de Regulação de Serviços Públicos de Mato Grosso do Sul – Agems. *Rodovias*. Disponível em: https://www.agems.ms.gov.br/rodovias/. Acessado em: 10.03.2021.

95 MATO GROSSO. Agência Estadual de Regulação dos Serviços Públicos Delegados - Ager. *Concessão de rodovias*. Disponível em: http://www.ager.mt.gov.br/rodovias-pedagiadas. Acessado em: 11.03.2021.

96 "Cláusula 30.1.41 – Adotar as melhores práticas definidas pela Lei federal n. 12.846/2013, inclusive implementando os mecanismos de integridade na forma descrita artigos 41 e 42 do Decreto Federal n. 8420/2015". MATO GROSSO. Agência Estadual de Regulação dos Serviços Públicos Delegados - Ager. *Contrato de concessão n. 001/2018/00/00* – Sinfra, p. 42. Disponível em http://www.sinfra.mt.gov.br/documents/363190/12346661/IC+001.2018+-+Via+Brasil+MT+100.pdf/ff0cb723-b644-6215-cbd9-bbfb-c2fe5ba3. Acessado em: 22.03.2021.

97 "Cláusula 30.1.41 – Adotar as melhores práticas definidas pela Lei federal n. 12.846/2013, inclusive implementando os mecanismos de integridade na forma descrita artigos 41 e 42 do Decreto Federal n. 8420/2015". MATO GROSSO. Agência Estadual de Regulação dos Serviços Públicos Delegados - Ager. *Contrato de concessão n. 001/2019/00/00* – Sinfra, p. 48. Disponível em: http://www.sinfra.mt.gov.br/documents/363190/12346665/

4.2 Concessões federais

A Agência Nacional de Transportes Terrestres (ANTT), autarquia vinculada ao Ministério da Infraestrutura, é a agência reguladora da malha rodoviária federal concessionada.

A ANTT faz a gestão de 22 concessionárias.[98]

Da análise dos contratos de concessão vigentes, não há obrigação contratual consistente na implantação de programa de integridade.

5 Concessionárias signatárias de acordos de leniência

Da análise efetuada até o momento, é forçoso concluir que, embora o combate à corrupção, através da implantação e operacionalização de um programa de integridade, seja fundamental às empresas, em especial às concessionárias de rodovias, apenas o estado do Mato Grosso possui essa providência como obrigação contratual.

E isso desencadeia a ausência de consequências às concessionárias que se envolvem com esquemas de corrupção e assinam acordos de leniência.[99]

IC++001.2019+-+Via+Brasil+MT+320.pdf/10b13437-353e-20e9-426b--c407b1aa5125. Acessado em: 22.03.2021.

98 BRASIL. Agência Nacional de Transportes Terrestres – ANTT. *Concessionárias*. Disponível em: https://portal.antt.gov.br/concessionarias. Acessado em: 22.03.2021.

99 "Art. 16. A autoridade máxima de cada órgão ou entidade pública poderá celebrar acordo de leniência com as pessoas jurídicas responsáveis pela prática dos atos previstos nesta Lei que colaborem efetivamente com as investigações e o processo administrativo, sendo que dessa colaboração resulte:

I - a identificação dos demais envolvidos na infração, quando couber; e

II - a obtenção célere de informações e documentos que comprovem o ilícito sob apuração.

§ 1º O acordo de que trata o *caput* somente poderá ser celebrado se preenchidos, cumulativamente, os seguintes requisitos:

I - a pessoa jurídica seja a primeira a se manifestar sobre seu interesse em cooperar para a apuração do ato ilícito;

II - a pessoa jurídica cesse completamente seu envolvimento na infração investigada a partir da data de propositura do acordo;

III - a pessoa jurídica admita sua participação no ilícito e coopere plena e permanentemente com as investigações e o processo administrativo, comparecendo, sob suas expensas, sempre que solicitada, a todos os atos processuais, até seu encerramento.

2º A celebração do acordo de leniência isentará a pessoa jurídica das sanções previstas no inciso II do art. 6º e no inciso IV do art. 19 e reduzirá em até 2/3 (dois terços) o valor da multa aplicável.

§ 3º O acordo de leniência não exime a pessoa jurídica da obrigação de reparar integralmente o dano causado.

§ 4º O acordo de leniência estipulará as condições necessárias para assegurar a efetividade da colaboração e o resultado útil do processo.

§ 5º Os efeitos do acordo de leniência serão estendidos às pessoas jurídicas que integram o mesmo grupo econômico, de fato e de direito, desde que firmem o acordo em conjunto, respeitadas as condições nele estabelecidas.

§ 6º A proposta de acordo de leniência somente se tornará pública após a efetivação do respectivo acordo, salvo no interesse das investigações e do processo administrativo.

§ 7º Não importará em reconhecimento da prática do ato ilícito investigado a proposta de acordo de leniência rejeitada.

§ 8º Em caso de descumprimento do acordo de leniência, a pessoa jurídica ficará impedida de celebrar novo acordo pelo prazo de 3 (três) anos contados do conhecimento pela administração pública do referido descumprimento.

§ 9º A celebração do acordo de leniência interrompe o prazo prescricional dos atos ilícitos previstos nesta Lei.

§ 10. A Controladoria-Geral da União - CGU é o órgão competente para celebrar os acordos de leniência no âmbito do Poder Executivo federal, bem como no caso de atos lesivos praticados contra a administração pública estrangeira.

Art. 17. A administração pública poderá também celebrar acordo de leniência com a pessoa jurídica responsável pela prática de ilícitos previstos na Lei n. 8.666, de 21 de junho de 1993, com vistas à isenção ou atenuação das sanções administrativas estabelecidas em seus arts. 86 a 88". BRASIL. Presidência da República. *Lei n. 12.846*, de 1º de agosto de 2013. Disponível em: http://www.planalto.gov.br/ccivil_03/_ato2011-2014/2013/lei/l12846.htm. Acessado em: 09.03.2021.

Ora, analisando o panorama das concessões rodoviárias brasileiras, somente um estado exige a implementação e operacionalização do programa de integridade pela concessionária.

Uma vez assinado o acordo de leniência e ausente qualquer obrigação contratual para a implementação e operacionalização de programa de integridade, com aferição regular de sua aplicação, sob pena de suspensão do direito de participar de novos certames públicos, a concessionária segue apta a participar de novos certames e manter a sua atuação sem qualquer modificação.

A Lei Anticorrupção não é suficiente para impedir a prática de atos lesivos pelas concessionárias. Nesse ponto correto o entendimento João Elek:

> Retomando o caso brasileiro, para a indagação sobre a possibilidade de existirem ainda desvios éticos em gestão de verbas públicas nas esferas estadual e municipal, talvez a resposta seja "sim". Trata-se de imenso desafio. Não se pode afirmar com certeza que no âmbito das empresas do setor privado não ocorram desvios indevidos. Menos ainda se pode afirmar na esfera federal de atividades públicas. Entretanto, foi na esfera federal que justamente muito se desvendou nos últimos anos e foi onde se apontaram os holofotes do clamor por transparência e justiça.
>
> Mas no âmbito dos estados e dos municípios ainda muito pouco foi feito. A regulamentação da Lei Anticorrupção, ainda não foi plenamente alcançada em muitos municípios. A nova disciplina de Compliance vem formando novas gerações de profissionais qualificados que podem e muito auxiliar no estabelecimento dos fundamentos de práticas salutares e do acompanhamento e monitoramento delas nos estados e municípios que tanto necessitam desse tipo de aprimoramento em suas gestões. Grandes parcerias entre os setores públicos e privado podem emergir de um planejamento amplo que objetive inclusão de progressos na direção de maior vigilância e fiscalizações que pode haver, qual seja, a formação de uma

> cultura de valores éticos. Formada a cultura, estando presente a conscientização, o conjunto de assuntos que resumidamente constituem a boa prática de governança e de *compliance*, as parcerias supramencionadas podem perder seu objeto quando a execução de um robusto e efetivo programa de *compliance* estiver incorporada à rotina normal da maneira de cumprir as atividades-fim do ente público.[100]

Para que as empresas sejam desencorajadas à prática de atos enquadrados na legislação anticorrupção, é necessário que os editais de licitação vedem a participação de empresas signatárias de acordos de leniência. Somente assim será possível coibir o envolvimento em esquemas de fraude e corrupção.

Nesse panorama, é cada vez mais necessário que o Brasil adote a monitoria[101] dos acordos de leniência e assim exigir da

---

100 ELEK, J. "União não Basta, Queremos Estados e Municípios". *In*: FRANCO, Isabel. *Guia Prático de Compliance*. Rio de Janeiro: Forense, 2020, pp. 431/432.

101 Passada a etapa de negociação das recomendações por melhoria no programa de integridade, chega-se ao objetivo-fim desse processo, que é a garantia de que a empresa não cometerá erros novamente. Um dos pilares desse "conforto" é a imposição de uma "fiscalização" efetiva das ações de integridade já implementadas e o aprimoramento das ações acordadas no momento das negociações, atividade essa conhecida como "monitoria", palavra emprestada dos acordos tradicionais dos Estados Unidos, como explicaremos a seguir. Preferimos "monitoria" à expressão "monitoramento", uma vez que a segunda já é amplamente utilizada para o acompanhamento corriqueiro dos programas de *compliance*. Entretanto, constatamos que as autoridades brasileiras vêm utilizando as expressões de forma indistinta. A monitoria é o instituto que comprovará às autoridades que a empresa está realmente "andando na linha" após a celebração da leniência. Embora sua forma de atuação já esteja bastante amadurecida nos Estados Unidos, tendo sido abraçada por muitos dos países que instituíram sua legislação anticorrupção e acordos semelhantes de leniência, o instituto ainda é muito incipiente no Brasil. Como dissemos acima, a monitoria foi idealizada nos Estados Unidos como uma das condições dos acordos fechados com as autoridades daquele país. Lá, para brevemente recordarmos os conceitos utilizados, as autoridades promovem centenas de processo sob a já conhecida lei norte-americana de

empresa infratora a elaboração de plano de ações e prazos para sua implementação, e não reincidência de sua conduta. Enquanto estiver em fase de monitoria, a empresa está proibida de formalizar novos contratos com o Poder Público, mesmo que em esfera distinta daquela que a infração se deu.

Considerações finais

Da análise das considerações supra, pode-se concluir que a Lei de Concessões, ao prever a prestação de um serviço adequado, não previu a exigência de implantação e operacionalização de um programa de integridade. Contudo, houve a profunda modificação do cenário em que as licitações estão inseridas, e é de suma importância que a legislação e os contratos de concessão sejam retificados para prever essa obrigação contratual.

O estado do Mato Grosso já prevê essa obrigação, que deve ser adotada pelos demais estados e, também, pela esfera federal.

Para adequar-se a essa nova realidade das concessões, o Projeto de Lei n. 4.253, de 2020 (Substitutivo da Câmara dos

---

1977, pioneira no mundo no combate à corrupção, o FCPA, oferecendo às empresas a serem processadas certos acordos alternativos. As organizações investigadas logicamente preferem negociar ajustes de conduta com essas autoridades a se sujeitarem aos notórios processos judiciais daquele país, altamente custosos e prejudiciais à reputação das organizações. As autoridades norte-americanas que detêm a responsabilidade pela aplicação da FCPA compartilham claramente entre si a competência pelos acordos. Esses acordos são ajustes de conduta temporários sob a FCPA que, diferentemente dos propostos acordos de leniência no Brasil, postergam ou suspendem um potencial processo de execução da infratora. Entretanto, as autoridades não têm recursos nem tempo para verificar se os termos dos acordos estão sendo cumpridos. Assim, impõe-se à empresa a contratação de um terceiro independente para monitorar seu programa de *compliance* e atestá-lo perante as referidas autoridades após um determinado prazo que varia de acordo com os termos desses ajustes. FRANCO, Isabel. *Guia Prático de Compliance*. Rio de Janeiro: Forense, 2020, pp. 384/385.

Deputados ao Projeto de Lei federal do Senado n. 559, de 2013), aprovado pelo Senado no dia 11 de março de 2021 e sancionado em 1º de abril de 2021, prevê a obrigatoriedade da implantação e operacionalização do programa de integridade, sob pena de vedação à participação em licitações.[102]

A Lei federal n. 14.133, de 1º de abril de 2021, traz à tona o novo regramento das licitações e contratos administrativos.[103]

O edital de licitação preverá, nas contratações de obras, serviços e fornecimentos de grande vulto, a obrigatoriedade de implantação de programa de integridade pelo licitante vencedor, no prazo de seis meses, contado da celebração do contrato, conforme regulamento que disporá sobre as medidas a serem adotadas, a forma de comprovação e as penalidades pelo seu descumprimento, nos termos do § 4º do artigo 25 da Lei federal n. 14.133/2021.

Em caso de empate entre duas ou mais propostas, o desenvolvimento pelo licitante de programa de integridade, conforme orientações dos órgãos de controle, será critério de desempate nos termos do inciso IV do artigo 60 da Lei federal n. 14.133/2021.

A implantação ou aperfeiçoamento de programa de integridade, conforme normas e orientações dos órgãos de controle, é listada como sanção no artigo 156 da Lei federal n. 14.133/2021.

E, por fim, constituindo uma das medidas mais importantes, o parágrafo único do artigo 163 da Lei federal n. 14.133/2021 prevê que a sanção pelas infrações previstas nos incisos VIII e XII do

---

102 BRASIL. Câmara dos Deputados. *Projeto de Lei n. 4.253*, de 2020 (Substitutivo da Câmara dos Deputados ao Projeto de Lei do Senado n. 559, de 2013). Disponível em: https://www25.senado.leg.br/web/atividade/materias/-/materia/145636. Acessado em: 02.03.2021.

103 BRASIL. Presidência da República. *Lei n. 14.133*, de 1º de abril de 2021. Disponível em: http://www.planalto.gov.br/ccivil_03/_ato2019-2022/2021/lei/L14133.htm. Acessado em: 09.03.2021.

caput do art. 155 dessa lei exigirá, como condição de reabilitação do licitante ou contratado, a implantação ou aperfeiçoamento de programa de integridade pelo responsável. O projeto foi sancionado e a lei está em vigor desde 1º de abril de 2021, o que permitirá a revisão do conceito de serviço adequado a ser prestado pelas concessionárias de rodovias nos novos contratos de concessão, primando pelo combate à fraude e à corrupção.

Referências bibliográficas

ASSOCIAÇÃO BRASILEIRA DE CONCESSIONÁRIAS DE RODOVIAS – ABCR. *Filtro de concessionárias*. Disponível em: https://abcr.org.br/setor/concessionarias/relacao-de-empresas. Acessado em: 08.03.2021.

BICALHO, A. P. *Desestatizações*: privatizações, delegações, desinvestimentos e parcerias. Belo Horizonte: Fórum, 2019.

BRASIL. Agência Nacional de Transportes Terrestres – ANTT. *Concessionárias*. Disponível em: https://portal.antt.gov.br/concessionarias. Acessado em: 22.03.2021.

______. Câmara dos Deputados. *Projeto de Lei n. 4.253*, de 2020 (Substitutivo da Câmara dos Deputados ao Projeto de Lei do Senado n. 559, de 2013). Disponível em: https://www25.senado.leg.br/web/atividade/materias/-/materia/145636. Acessado em: 02.03.2021.

______. Presidência da República. *Decreto n. 8.420*, de 18 de março de 2015. Disponível em: http://www.planalto.gov.br/ccivil_03/_ato2015-2018/2015/decreto/d8420.htm. Acessado em: 01.03.2021.

______. Ministério da Infraestrutura. *Guias de Integridade*. Disponível em: https://www.gov.br/infraestrutura/pt-br/acesso-a-informacao/conteudo-radar-anticorrupcao/guias-de-integridade. Acessado em: 01.03.2021.

______. Ministério da Infraestrutura. *Radar Anticorrupção*. Disponível em: https://www.gov.br/infraestrutura/pt-br/selo-integridade/radar-anticorrupcao-1. Acessado em: 01.03.2021.

______. Presidência da República. *Lei n. 6.385*, de 7 de dezembro de 1976. Disponível em: http://www.planalto.gov.br/ccivil_03/leis/l6385.htm. Acessado em: 01.03.2021.

______. Presidência da República. *Lei n. 7.492*, de 16 de junho de 1986. Disponível em: http://www.planalto.gov.br/ccivil_03/leis/l7492.htm. Acessado em: 01.03.2021.

______. Presidência da República. *Lei n. 8.137*, de 27 de dezembro de 1990. Disponível em: http://www.planalto.gov.br/ccivil_03/leis/l8137.htm. Acessado em: 01.03.2021.

______. Presidência da República. *Lei n. 8.429*, de 2 de junho de 1992. Disponível em: http://www.planalto.gov.br/ccivil_03/leis/L8429compilada.htm. Acessado em: 01.03.2021.

______. Presidência da República. *Lei n. 8.666*, de 21 de junho de 1993. Disponível em: http://www.planalto.gov.br/ccivil_03/leis/L8666compilado.htm. Acessado em: 01.03.2021.

______. Presidência da República. *Lei n. 8.987*, de 13 de fevereiro de 1995. Disponível em: http://www.planalto.gov.br/ccivil_03/leis/l8987cons.htm. Acessado em: 28.03.2021.

______. Presidência da República. *Lei n. 9.613*, de 3 de março de 1998. Disponível em: http://www.planalto.gov.br/ccivil_03/leis/L9613compilado.htm. Acessado em: 01.03.2021.

______. Presidência da República. *Lei n. 12.529*, de 30 de novembro de 2011. Disponível em:http://www.planalto.gov.br/ccivil_03/_ato2011-2014/2011/lei/l12529.htm. Acessado em: 01.03.2021.

______. Presidência da República. *Lei n. 12.846*, de 1º de agosto de 2013. Disponível em: http://www.planalto.gov.br/ccivil_03/_ato2011-2014/2013/lei/l12846.htm. Acessado em: 01.03.2021.

______. Presidência da República. *Lei n. 13.709*, de 14 de agosto de 2018 - Lei Geral de Proteção de Dados Pessoais (LGPD). Disponível em: http://www.planalto.gov.br/ccivil_03/_ato2015-2018/2018/lei/l13709.htm. Acessado em: 01.03.2021.

______. Presidência da República. *Lei n. 14.133*, de 1º de abril de 2021. Disponível em: http://www.planalto.gov.br/ccivil_03/_ato2019-2022/2021/lei/L14133.htm. Acessado em: 01.03.2021.

______. Ministério da Infraestrutura. *Portaria n. 102*, de 23 de julho de 2020. Disponível em: https://www.in.gov.br/en/web/dou/-/portaria-n-102-de-23-de-julho-de-2020-268438097. Acessado em: 01.03.2021.

______. Ministério da Infraestrutura. *Selo Fomento Infra + Integridade*. Disponível em https://www.gov.br/infraestrutura/pt-br/selo-integridade/selo-ifra-integridade. Acessado em: 22.02.2021.

CAVALIERI, D. V.; MARTINS, R. M. *LGPD & Administração Pública*: uma análise ampla dos impactos. São Paulo: Revista dos Tribunais, 2020.

DAL POZZO, Augusto Neves. *O Direito Administrativo na Infraestrutura*. São Paulo: Contracorrente, 2020.

DAL POZZO, Augusto Neves; MARTINS, Ricardo Marcondes. *Aspectos Controvertidos do Compliance na Administração Pública*. Belo Horizonte: Fórum, 2020.

______. *Compliance no Direito Administrativo*. São Paulo: Thomson Reuters Brasil, 2020.

ELEK, J. "União não Basta, Queremos Estados e Municípios". *In*: FRANCO, Isabel. *Guia Prático de Compliance*. Rio de Janeiro: Forense, 2020.

ESPÍRITO SANTO. Agência de Regulação de Serviços Públicos do Espírito Santo – ARSP. "Concessão – Infraestrutura". Disponível em: https://arsp.es.gov.br/concessao-infraestrutura. Acessado em: 09.03.2021.

ESTADOS UNIDOS. *Foreign Corrupt Practice Act*. Washington, abr. 1977. Disponível em: https://www.justice.gov/criminal-fraud/foreign-corrupt-practices-act. Acessado em: 23.03.2021.

FILHO, M. J.; SILVA, M da. *Direito da Infraestrutura*: estudos de temas relevantes. Belo Horizonte: Fórum, 2019.

FRANCO, Isabel. *Guia Prático de Compliance*. Rio de Janeiro: Forense, 2020.

FREITAS, R. V. *Concessão de Rodovias*: de acordo com a Lei n. 13.334/2016, que cria o Programa de Parcerias de Investimentos (PPI), e com a Lei n. 13.448/2017, que disciplina as novas hipóteses de prorrogação e a relicitação. Belo Horizonte: Fórum, 2018.

MAEDA, Bruno Carneiro. "Programas de Compliance Anticorrupção: importância e elementos essenciais". *In*: DEL DEBBIO, Alessandra; MAEDA, Bruno Carneiro; AYRES, Carlos Henrique da Silva (Coord.). *Temas de anti-corrupção e compliance*. Rio de Janeiro: Elsevier, 2013.

MATO GROSSO. Agência Estadual de Regulação dos Serviços Públicos Delegados – Ager. *Concessão de rodovias*. Disponível em: http://www.ager.mt.gov.br/rodovias-pedagiadas. Acessado em: 11.03.2021.

______. Agência Estadual de Regulação dos Serviços Públicos Delegados – Ager. *Contrato de concessão n. 001/2018/00/00* – Sinfra. Disponível em http://www.sinfra.mt.gov.br/documents/363190/12346661/IC+001.2018+-+Via+Brasil+MT+100.pdf/ff0cb723-b644-6215-cbd9-bbfbc2fe5ba3. Acessado em: 22.03.2021.

______. Agência Estadual de Regulação dos Serviços Públicos Delegados – Ager. *Contrato de concessão n. 001/2019/00/00* – Sinfra. Disponível em: http://www.sinfra.mt.gov.br/documents/363190/12346665/IC++001.2019+-+Via+Brasil+MT+320.pdf/10b13437-353e-20e9-426b-c407b1aa5125. Acessado em: 22.03.2021.

MATO GROSSO DO SUL. Agência Estadual de Regulação de Serviços Públicos de Mato Grosso do Sul – Agems. *Rodovias*. Disponível em: https://www.agems.ms.gov.br/rodovias/. Acessado em: 10.03.2021.

MINISTÉRIO PÚBLICO FEDERAL. "Entenda o caso". *Caso Lava Jato*. Disponível em: http://www.mpf.mp.br/grandes-casos/lava-jato/entenda-o-caso. Acessado em: 18.03.2021.

MONTEIRO, V. *Concessão*. São Paulo: Malheiros Editores, 2010.

MOREIRA, E. B. *Direito das Concessões de Serviço Público*: Inteligência da Lei n. 8.987/1995 (parte geral). São Paulo: Malheiros Editores, 2010.

ORGANISATION FOR ECONOMIC CO-OPERATION AND DEVELOPMENT - OECD. *Convention on Combating Bribery of Foreign Public Officials in International Business Transactions*: And Related Documents. Paris: OECD, 1998.

PARANÁ. Agência Reguladora do Paraná – Agepar. *Rodovias Concedidas*. Disponível em: http://www.agepar.pr.gov.br/Pagina/Rodovias-Concedidas. Acessado em: 09.03.2021.

PEREIRA, José Matias. "Reforma do Estado e Controle da Corrupção no Brasil". *Caderno de Pesquisas em Administração*, São Paulo, vol. 12, nº 2, abril/junho 2005.

REINO UNIDO. *The Bribery Act 2010*. Disponível em: https://www.legislation.gov.uk/ukpga/2010/23/contents?view=plain. Acessado em: 09.03.2021.

SAMPATH, Vijay S.; GARDBERG, Naomi A.; RAHMAN, Noushi. "Corporate Reputation's Invisible Hand: Bribery, Rational Choice and Market Penalties". *Journal of Business Ethics*, jul. 2016.

SÃO PAULO (Estado). Agência de Transporte do Estado de São Paulo – Artesp. *Rodovias e Concessionárias*. Disponível em: http://www.artesp.sp.gov.br/Style%20Library/extranet/rodovias/rodovias-e-concessionarias.aspx. Acessado em: 09.03.2021.

SCHRAMM, F. S. O *Compliance como Instrumento de Combate à Corrupção no Âmbito das Contratações Públicas*. Florianópolis: Universidade Federal de Santa Catarina, 2018. Dissertação (Mestrado em Direito).

CAPÍTULO XXX

O IMPACTO DO "PRINCÍPIO DA MORALIDADE TARIFÁRIA" NAS CONCESSÕES RODOVIÁRIAS

Christianne de Carvalho Stroppa
Artur Giolito Melissopoulos

Introdução

Na virada de ano de 2018, mais precisamente em 20 de dezembro, as bases contratuais das concessões rodoviárias brasileira sofreram mais um duro golpe. É que o município do Rio de Janeiro, por meio do Decreto municipal n. 45.546/2018, suspendeu a cobrança de tarifa de pedágio referente ao contrato de concessão da Linha Amarela. Como motivação do decreto, alegou o prefeito que teria ocorrido um desequilíbrio econômico-financeiro em favor da municipalidade, nos termos da conclusão parcial do grupo de trabalho criado pelo Decreto municipal n. 44.802, de 24 de julho de 2018, que ensejaria, com base no "poder-dever da Administração de rever os seus próprios atos, com base no princípio da autotutela administrativa", o reequilíbrio do contrato "em favor do usuário da via, em observância ao princípio da moralidade tarifária". Alegou, também, como precedente, a redução da tarifa da mesma Linha Amarela, efetivada através do Decreto municipal n. 19.428, de 1º de janeiro de 2001.[104]

Tal caso escancarou o que realmente ocorre nas concessões rodoviárias em todo o Brasil: que os riscos políticos destas modalidades de concessão afetam de forma substancial seus valores, o que acarreta o desinteresse dos particulares neste tipo de investimento, que sempre estará ao azo dos interesses de quem governa em determinado momento.

Some-se a isso que, como se verá ao longo deste artigo, a fundamentação usada para basear a expedição do Decreto municipal n. 45.546/2018 em nada se assemelha àquela que motivou o Decreto municipal n. 19.428/2001, tendo sido apenas uma "conclusão parcial" que acarretou em um grande prejuízo à concessionária e, reflexamente, ao usuário final do serviço público, que efetivamente irá arcar com todo o prejuízo, seja pelo atraso na prestação do serviço, seja por ter de pagar uma nova tarifa que servirá para recompor o equilíbrio econômico-financeiro em prol da concessionária.

1 Princípio da modicidade ou moralidade tarifária?

Preliminarmente, necessário destacar que se deve estabelecer uma diferença entre a tarifa[105] e a política tarifária, porquanto:

---

104 No dia 27 de outubro de 2019, a prefeitura do Rio de Janeiro notificou a concessionária Lamsa, empresa do grupo Invepar, que administra o contrato, sobre o rompimento unilateral da concessão, sob alegação de desequilíbrio econômico-financeiro de R$ 1.648.144.294,00, em desfavor do município. A medida foi publicada no *Diário Oficial* do município no dia 25 de outubro p.p. Como decorrência, a prefeitura determinou a destruição das cabines e cancelas. No dia 28 de outubro p.p., a Lamsa obteve uma liminar na justiça favorável ao restabelecimento da operação de pedágio da Linha Amarela.

105 As tarifas são a remuneração privada dos serviços públicos, arcadas pelos seus usuários. BATISTA, Joana Paula. *Remuneração dos serviços públicos*.

> (o) assunto "tarifa" não diz respeito somente à quantificação de receita do projeto concessionário (ou aos custos a serem arcados pelos usuários). A fixação da receita tarifária e sua composição são assuntos típicos de políticas públicas superiores, previstas na Constituição e exercitadas ao nível legal e administrativo (CF, art. 175, parágrafo único, III). "A 'política tarifária' – escreve Carlos Ari Sundfeld –, insista-se, é determinada pela lei e não pela Constituição. Assim, cabe À lei escolher entre as possíveis opções no tocante à regulação dos preços". Por isso mesmo que a política tarifária ao interno do serviço deverá ser definida pelos entes políticos detentores da respectiva competência para a prestação do serviço – como diz Aline Paola Correa Braga Camara de Almeida: "A lei que estabelecer a política tarifária não deve ser de alcance nacional para todos os serviços públicos delegados, seja porque cabe a cada ente da Federação organizar seus próprios serviços (art. 18 da CF), seja porque cada serviço deve ser formatado de modo singular, em atendimento às suas peculiaridades". Como consigna o título do Capítulo IV da Lei geral de Concessões ("Da Política Tarifária"), a tarifa representa a definição prática de determinada política pública – a ser concretizada caso a caso.[106]

Nota Jacintho Arruda Câmara que uma das "principais diretrizes em matéria de política tarifária foi fixada no momento em que a Lei n. 8.987/1995 definiu o conceito de *serviço adequado*, um dos direitos básicos conferidos aos usuários de serviços básicos. Trata-se do princípio da *modicidade das tarifas*".[107]

São Paulo: Malheiros, 2005, p. 89.

106 MOREIRA, Egon Bockmann. *Direito das concessões de serviço público*: inteligência da Lei 8.987/1995 (parte geral). São Paulo: Malheiros, 2010, p. 322.

107 CÂMARA, Jacintho Arruda. *Tarifa nas concessões*. São Paulo: Malheiros, 2009, pp. 72/73.

Assim, independentemente da modelagem escolhida pelo Poder Público, todas as concessões sofrem a aplicação subsidiária da Lei federal n. 8.987/1995 (a chamada Lei Geral das Concessões). Em seu art. 6º, §1º, há o rol de elementos que caracterizam a prestação do serviço como adequada. Como bem ensina André Luiz de Souza em sua dissertação de mestrado,[108] tais requisitos são tratados pela doutrina como verdadeiros princípios jurídicos, e é neste rol que iremos encontrar o grande ponto de controvérsia sobre o tema aqui abordado: será que, de fato, existe um princípio da moralidade tarifária?

Vejamos *in verbis* o parágrafo supracitado:

> Art. 6º - (...)
>
> §1º - Serviço adequado é o que satisfaz as condições de regularidade, continuidade, eficiência, segurança, atualidade, generalidade, cortesia na sua prestação e **modicidade das tarifas**. (grifo nosso).

Ora, é cristalino pela própria leitura do texto legal que não se vislumbra entre o rol de princípios das concessões a dita moralidade tarifária, mas sim a **modicidade tarifária.**[109]

Como bem explica José dos Santos Carvalho Filho:

> (...) significa esse princípio [da modicidade tarifária] que os serviços devem ser remunerados a preços módicos, devendo o Poder Público avaliar o poder aquisitivo do usuário para que, por dificuldades financeiras, não seja alijado do universo

108 SOUZA, André Luiz. *A modicidade tarifária nas concessões de serviços públicos*. Ribeirão Preto: Faculdade de Direito de Ribeirão Preto da Universidade de São Paulo, 2016, p. 43.

109 Por força do art. 7º, inciso I, da mesma lei, se trata, ainda, de um direito dos usuários de serviços públicos.

> de beneficiários do serviço".[110] Neste mesmo diapasão, podemos adicionar a explanação de Celso Antônio Bandeira de Mello: "deveras, se o Estado atribui tão assinalado relevo à atividade a que conferiu tal qualificação, por considerá-la importante para o conjunto de membros do corpo social, seria rematado dislate que os integrantes desta coletividade a que se destina devessem, para desfrutá-lo, pagar importâncias que os onerassem excessivamente e, pior que isto, que os marginalizassem.[111]

Dessa forma, temos que o princípio da modicidade das tarifas nada mais é que a garantia, por parte do usuário, de que o prestador do serviço público delegado pela Administração não poderá cobrar valor excessivamente oneroso que impossibilite a coletividade de usufruir dele, dado à Administração o dever de zelar por valores módicos e o poder de reestabelecer quantias módicas através da **lei**, como já está estabelecido na Lei Geral de Concessões em seu Capítulo IV, que trata sobre a política tarifária das concessões e a possibilidade do reequilíbrio econômico financeiro do contrato, seja pra qual lado da balança a equação estiver pendendo como mais favorável, propondo-se o dito reequilíbrio.

Some-se a isso o fato de que o próprio art. 11 da Lei Geral de Concessões permite com que a concessionária conte com receitas alternativas à tarifa paga pelo usuário, como forma de torná-la o mais módica possível.

Aliás,

> ao conferir ao usuário de serviço público o direito de pagar tarifas módicas, a lei, de modo indireto, acaba autorizando ao

---

110 CARVALHO FILHO, José dos Santos. *Manual de Direito Administrativo*. 30ª ed. São Paulo: Atlas, 2016, p. 354.

111 BANDEIRA DE MELLO, Celso Antônio. *Serviço público e concessão de serviço público*. São Paulo: Malheiros, 2017, p. 85.

> poder concedente que adote modelos tarifários que viabilizem o atingimento deste fim, Noutras palavras, para garantir a modicidade de tarifas é possível que o poder concedente lance mão de diversos instrumentos de *política tarifária*. (...) Nesse sentido, o princípio da modicidade das tarifas, ao invés de servir como inibidor da atuação administrativa, acaba funcionando como fundamento legal para justificar a implementação de determinados instrumentos de política tarifária.[112]

Mas, então, como pode a Administração Pública se basear em princípio que não existe?[113] Isso é permitido diante ao ordenamento jurídico pátrio? Antes de respondermos a essas questões, devemos entender o significado de moralidade administrativa.

2 Princípio da moralidade administrativa

Primeiramente, importante pontuar que o princípio da moralidade administrativa está insculpido na própria Constituição Federal de 1988, no *caput* do art. 37, como um dos princípios a ser obedecidos pela Administração Pública. Dessa forma, podemos concluir que, junto dos demais princípios enumerados no *caput* (quais sejam, legalidade, impessoalidade, publicidade e eficiência), o princípio da moralidade possui grande importância em nosso ordenamento jurídico.

Debrucemo-nos agora sobre como a doutrina trata tal princípio, como forma de melhor lhe extrair o sentido.

---

112 CÂMARA, Jacintho Arruda. *Tarifa nas concessões*. São Paulo: Malheiros, 2009, p. 73.

113 Há que se tomar cuidado com o denominado panprincipialismo, já que, nos termos postos por Lênio Streck, há um totalitarismo principiológico, haja vista a existência de princípio para tudo. STRECK, Lênio. "Zimermann, Schmidt, Streck e Otavio: todos contra o pan-principialismo". *Consultor Jurídico*. Disponível em: https://www.conjur.com.br/2015-mar-05/senso-incomum-balde-agua-fria-pan-principialismo-clausulas-gerais2. Acessado em: 30.10.2019.

Explica José dos Santos Carvalho Filho que

> (o) princípio da moralidade impõe que o administrador não dispense os preceitos éticos que devem estar presentes em sua conduta. Deve não só averiguar os critérios de conveniência, oportunidade e justiça em suas ações, mas também distinguir o que é honesto do que é desonesto.[114]

Por sua vez, acrescenta Celso Antônio Bandeira de Mello que

> de acordo com ele [o princípio da moralidade administrativa], a Administração e seus agentes têm de atuar na conformidade de princípios éticos. Violá-los implicará violação ao próprio Direito, configurando ilicitude que assujeita a conduta viciada a invalidação (...).[115]

Nota também o autor que se compreendem dentro do âmbito desse princípio os subprincípios da lealdade e da boa-fé, como ensina Jesús González Pérez.[116] Explica o autor que,

> segundo os cânones da lealdade e da boa-fé, a Administração haverá de proceder em relação aos administrados com sinceridade e lhaneza, sendo-lhe interdito qualquer comportamento astucioso, eivado de malícia, produzindo de maneira a confundir, dificultar ou minimizar o exercício de direitos por parte dos cidadãos.[117]

---

114 CARVALHO FILHO, José dos Santos. *Manual de Direito* Administrativo. 30ª ed. São Paulo: Atlas, 2016, p. 22.

115 BANDEIRA DE MELLO, Celso Antônio. *Curso de Direito Administrativo*. 30ª ed. São Paulo: Malheiros, 2013, p. 122.

116 PÉREZ, Jesús González. "El Principio General de la Buena Fe en el Derecho Administrativo" *apud* BANDEIRA DE MELLO, Celso Antônio. *Serviço público e concessão de serviço público*. São Paulo: Malheiros, 2017, p. 122.

117 BANDEIRA DE MELLO, Celso Antônio. *Serviço público e concessão de serviço público*. São Paulo: Malheiros, 2017, pp. 122/123.

Por fim, importante trazer à baila as pontuações de Thiago Marrara:

> (...) a moralidade administrativa consiste em uma garantia da constante legitimação da vontade estatal e, não por outra razão, está vinculada ao conceito de desvio de poder ou desvio de finalidade. O exercício justo, correto e adequado do poder estatal pelas autoridades públicas é pressuposto para que o Poder Público obtenha um mínimo de aceitação por parte da sociedade que ele representa e para a qual ele existe. Na medida em que o poder é exercido moralmente, gera-se respeito pela ação estatal, tornando possíveis tanto o funcionamento mínimo da sociedade sem a necessidade de fiscalização e controle estatal de tudo e de todos, quanto o emprego da força pelo Estado em situações previamente definidas e configuradoras de infrações sob a ótica de um ordenamento jurídico vigente. O respeito pelo exercício do poder fomenta a cooperação voluntária de um mínimo da sociedade em favor do Estado, permitindo que este continue a existir e ditar normas regentes dos comportamentos sociais, sancionando os que não as observam.[118]

Pois bem, seguindo as boas conceituações anteriormente expostas, podemos então esclarecer quais critérios são necessários se analisar. Em qualquer caso, se há na atuação da Administração os ditames da moralidade administrativa, a moralidade pode se subdividir em duas acepções, uma delas subjetiva (dado que a conceituação do que seja moral varia de pessoa a pessoa) e uma objetiva (como o Direito normatiza o que seja moral).

Como bem explica Thiago Marrara, em apertada síntese de seu artigo, a moralidade administrativa não pode se basear, em sua

---

118 MARRARA, Thiago. "O conteúdo do princípio da moralidade: probidade, razoabilidade e cooperação". *Revista Digital de Direito Administrativo* (Faculdade de Direito de Ribeirão Preto, Universidade de São Paulo), vol. 3, nº 1, 2016, p. 108.

faceta subjetiva, nem como a moral de um ou de alguns agentes públicos, nem como a moralidade das pessoas estatais, mas sim com

> (...) o respeito aos valores maiores do Estado, ou seja, aos valores, eleitos democraticamente e consagrados no ordenamento jurídico, que justificam a existência e a ação do Poder Público, inclusive de modo a restringir a liberdade e a propriedade privada em algumas situações. Nesse sentido, a moralidade administrativa representa o dever de que as autoridades e instituições públicas observem constantemente as finalidades maiores do Estado – previstas no art. 3º da Carta Magna, por exemplo.[119]

Continua o autor ao dizer que essa explicação culminaria no fato de que o princípio da moralidade administrativa nada mais seria do que uma faceta do princípio da finalidade, dado que muito se assemelham ambos os princípios quando analisados friamente sobre essa ótica, na medida em que ambos exigem que a Administração aja de acordo com finalidade públicas. E é nesse momento que a faceta objetiva do princípio da moralidade entra em cena, pois, como bem pontua o autor,

> para que o Direito Administrativo seja cumprido de modo moralmente aceitável é essencial que sejam observados, no dia a dia da Administração, outros mandamentos ou parâmetros primordiais – os mesmos que serão empregados pelos órgãos de controle judicial e administrativo para verificar o cumprimento do princípio (...).[120]

---

119 MARRARA, Thiago. "O conteúdo do princípio da moralidade: probidade, razoabilidade e cooperação". *Revista Digital de Direito Administrativo* (Faculdade de Direito de Ribeirão Preto, Universidade de São Paulo), vol. 3, nº 1, 2016, p. 109.

120 MARRARA, Thiago. "O conteúdo do princípio da moralidade: probidade, razoabilidade e cooperação". *Revista Digital de Direito Administrativo*

Dessa forma, teremos, sob a ótica objetiva, que um ato administrativo estará em concordância com o princípio da moralidade quando cumprir com limites mínimos estabelecidos em lei. Como bem menciona o autor, tais limites não são exaustivos, mas podemos mencionar probidade, razoabilidade e cooperação no exercício da função administrativa.[121]

Com essa sintética exposição, podemos ver que não há como relacionar o princípio da modicidade tarifária com o princípio da moralidade administrativa, tanto em suas conceituações quanto em sua origem normativa, dado que o primeiro se encontra em lei ordinária e o segundo em norma constitucional. Portanto, temos que a mescla dos dois princípios, a nosso ver, não é possível. Agora, devemos então tentar responder se a medida tomada pela municipalidade, no caso que baseia este artigo, está ou não amparada pelo Direito.

3 (Possível) resolução do caso

Agora, retomemos as questões anteriormente propostas: poderia a Administração Pública basear sua atuação em princípio que não existe? Isso é permitido diante do ordenamento jurídico pátrio?

Como se sabe, por força do art. 5°, inciso II a *contrario sensu* e do art. 37, ambos da Constituição Federal de 1988, a Administração Pública está adstrita à lei, não podendo extravasar os ditames legais em sua atuação. No caso da suspensão do pedágio da Linha Amarela, vemos claramente que a Administração extravasou os limites de sua atuação, pois, como já anteriormente explicado, não possui base legal o fundamento de sua motivação, qual seja,

---

(Faculdade de Direito de Ribeirão Preto, Universidade de São Paulo), vol. 3, n° 1, 2016, p. 110.

121 MARRARA, Thiago. "O conteúdo do princípio da moralidade: probidade, razoabilidade e cooperação". *Revista Digital de Direito Administrativo* (Faculdade de Direito de Ribeirão Preto, Universidade de São Paulo), vol. 3, n° 1, 2016, p. 110.

o chamado "princípio da moralidade tarifária", visto que não está disciplinado em qualquer lei de nosso ordenamento; atrevemo-nos inclusive a afirmar que não existe.

Some-se também que houve excesso da Administração em face do próprio contrato de concessão na medida em que, como o primeiro "considerando" que motiva o Decreto municipal n. 45.546/2018 expõe, a decisão se baseia em uma conclusão **parcial** de um grupo de trabalho criado para averiguar se há um possível desequilíbrio na equação econômico-financeira do contrato por meio do Decreto municipal n. 44.802/2018. Ora, como pode uma conclusão parcial, na qual não foi concedido direito de réplica por parte do concessionário, ser a base para que a Administração lhe tolha o direito de remuneração na concessão na qual ele se sagrou vencedor? De fato, é insustentável tal fundamento, na medida em que não só ofende o princípio da ampla defesa e do contraditório bem como descamba para um viés autoritário, dando margem a atuação ilegal por parte do Poder Público, com o fito, tão somente, de melhorar sua popularidade diante dos administrados por meio de medidas populistas e descabidas.

Não bastando, devemos também analisar o Decreto municipal n. 45.546/2018 diante do princípio da moralidade administrativa, nos moldes em que demonstramos no presente trabalho. De fato, poderíamos dizer que o ato visa à salvaguarda dos administrados e usuários do serviço, na medida em que a concessionária poderia estar se valendo desse suposto desequilíbrio na equação econômico-financeira para obter vantagem indevida frente ao erário. Contudo – e novamente deixamos claro este ponto – , uma conclusão parcial não poderia basear um ato tão agressivo como a suspensão do pedágio sob o argumento de poder geral de cautela, pois a própria fundamentação não passaria no quesito de razoabilidade que baseia a faceta objetiva do princípio da moralidade. Senão, vejamos.

Por razoabilidade, explica José dos Santos Carvalho Filho, tem-se "a qualidade do que é *razoável*, ou seja, aquilo que se situa dentro de limites aceitáveis, ainda que os juízos de valor que provocaram a conduta possam dispor-se de forma um pouco diversa".[122] Completa Lucia Valle Figueiredo: "a razoabilidade vai se atrelar à congruência lógica entre as situações postas e as decisões administrativas".[123]

Diante de tais conceitos, torna-se mais que claro que o decreto ora analisado não é razoável diante da plêiade de medidas possíveis a serem tomadas caso o suposto desequilíbrio fosse verídico. A Administração não necessitaria ir muito além para achar uma medida razoável a ser tomada; bastaria analisar o contrato de concessão e aplicar as medidas lá indicadas para essa situação em específico. Isso porque, se desequilíbrio houve, nada impediria que a municipalidade invocasse reequilíbrio em seu favor, o que acarretaria, por conseguinte, benefício da coletividade de usuários do serviço público delegado.

Apenas para melhor expor como a municipalidade descambou para fins autoritários e demagógicos, podemos também elencar como o referido decreto também não se enquadra perante o trinômio que compõe o princípio da proporcionalidade, nos moldes descritos por Virgílio Afonso da Silva,[124] sendo ele a *adequação* da medida, sua *necessidade* e a *proporcionalidade em sentido estrito* de sua aplicação no caso concreto.

Por *adequação*, explica o autor, temos não somente "o meio com cuja utilização um objetivo é alcançado, mas também o meio

122 CARVALHO FILHO, José dos Santos. *Manual de Direito Administrativo*. 30ª ed. rev. atual. e ampl. São Paulo: Atlas, 2016, p. 42.

123 FIGUEREDO, Lúcia Valle. *Curso de Direito Administrativo*. São Paulo: Malheiros, 1995, p. 46 *apud* CARVALHO FILHO, José dos Santos. *Manual de Direito Administrativo*. 30ª ed. rev. atual. e ampl. São Paulo: Atlas, 2016, p. 42.

124 SILVA, Virgílio Afonso da. "O proporcional e o razoável". *Revista dos Tribunais*, vol. 91, nº 798, 2002, pp. 23-50. Disponível em: https://constituicao.direito.usp.br/wp-content/uploads/2005-RBDP11-Partidos_e_reforma.pdf. Acessado em: 14.10.2019.

com cuja utilização a realização de um objetivo é fomentada, promovida, ainda que o objetivo não seja completamente realizado".[125]

Por *necessidade*, temos que um ato estatal somente será necessário "caso a realização do objetivo perseguido não possa ser promovida, com a mesma intensidade, por meio de outro ato que limite, em menor medida",[126] o direito atingido.

Por fim, o exame da *proporcionalidade em sentindo estrito* dar-se-á após se confirmar que a medida é adequada e necessária, e então se irá averiguar através de um sopesamento entre a intensidade da restrição ao direito fundamental atingido e a importância da realização do direito que com ele colide e que fundamenta a adoção da medida restritiva.[127]

Pelo narrado, vejamos se o decreto é proporcional. Logo no primeiro degrau, vemos que a medida tomada pela municipalidade não é adequada, visto que, como dito anteriormente, há uma plêiade de medidas diversas para o caso que não a edição de um decreto que suspenda unilateralmente e sem contraditório a cobrança do pedágio.

Já nos encaminhando ao fim, devemos, também, comparar o Decreto municipal n. 45.546/2018 ao Decreto municipal n. 19.428/2001, visto que o primeiro utiliza este último como

---

125 SILVA, Virgílio Afonso da. "O proporcional e o razoável". *Revista dos Tribunais,* vol. 91, nº 798, 2002, p. 36. Disponível em: https://constituicao.direito.usp.br/wp-content/uploads/2005-RBDP11-Partidos_e_reforma.pdf. Acessado em: 14.10.2019.

126 SILVA, Virgílio Afonso da. "O proporcional e o razoável". *Revista dos Tribunais,* vol. 91, nº 798, 2002, p. 38. Disponível em: https://constituicao.direito.usp.br/wp-content/uploads/2005-RBDP11-Partidos_e_reforma.pdf. Acessado em: 14.10.2019.

127 SILVA, Virgílio Afonso da. "O proporcional e o razoável". *Revista dos Tribunais,* vol. 91, nº 798, 2002, p. 40. Disponível em: https://constituicao.direito.usp.br/wp-content/uploads/2005-RBDP11-Partidos_e_reforma.pdf. Acessado em: 14.10.2019.

precedente para a ação tomada. Pois bem, logo nos considerandos do Decreto municipal n. 19.428/2001 vemos grande diferença de seu sucessor, pois: 1) possui fundamento em estudos econômicos já concluídos; 2) questiona o indexador de valor do contrato de concessão, mostrando os motivos para tanto; 3) aponta dúvidas trazidas por laudo do Instituto de Engenharia quando ao efetivo custo das obras do lote da Linha Amarela; 4) demonstra descumprimentos das obrigações estipuladas à concessionária; e 5) expõe existência de questionamentos judiciais acerca do regime tarifário do pedágio da própria Linha Amarela. Enquanto, por sua vez, o Decreto municipal n. 45.546/2018 apenas se baseia em uma conclusão parcial de um grupo de estudos para a aplicação de uma medida tão severa. Cristalina, portanto, a ausência de fundamentação hábil a defender o Decreto municipal n. 45.546/2018.

Considerações finais

Diante de todo o exposto, podemos afirmar que o "princípio da moralidade tarifária" não encontra base em nosso ordenamento jurídico, sendo sua evocação por parte da Administração Pública, como fundamento de um de seus atos, um vício grave de ilegalidade.

Em consequência disso, caso não haja um posicionamento firme por parte do Poder Judiciário na questão, haverá grande instabilidade e insegurança jurídica nos contratos de concessões rodoviárias em todo o Brasil, não importando a esfera ao qual ele se encontre, o que acarretará a retirada de investimento na área e um grande travamento da malha rodoviária do Brasil, que é o grande modal escolhido pelo nosso país desde a era Juscelino Kubitschek. Isso afetaria de tal maneira o setor de infraestrutura em todo o país que poderia, inclusive, causar grande perda à macroeconomia de nossa nação, não somente à microeconomia da região afetada.

Nessa toada, importante trazer à baila que a Justiça fluminense não tardou em restabelecer a cobrança do pedágio,[128] sob os mesmos fundamentos aqui trazidos. Considerou a juíza Patricia Whately que

> a suspensão de cobrança de tarifa de pedágio na Linha Amarela no sentido Fundão pelo prazo de 19 meses decretada pelo Prefeito se trata de medida extrema tomada pela municipalidade, que deveria ser lastreada em decisão proferida em processo administrativo a fim de possibilitar que a autora exercesse seu direito constitucional à ampla defesa.

O prefeito também fundamentou

> sua decisão com base em conclusão parcial do grupo de trabalho instaurado para analisar a prestação de contas realizada pela autora em relação às obras ajustadas no 11º Termo Aditivo ao Termo de Concessão n. 513/1994. Ou seja, sequer existe conclusão definitiva acerca do alegado desequilíbrio da equação econômico-financeira do contrato.

Em conclusão, temos que esse "princípio" não pode fundamentar as decisões da Administração Pública, dada a sua inexistência em nosso ordenamento jurídico.

Ademais, em análise certeira do presente caso, Rafael Véras de Freitas[129] complementa que

---

128 JUSTIÇA RESTABELECE cobrança de pedágio da Linha Amarela. *Portal do Poder Judiciário do Estado do Rio de Janeiro*, dez. 2018. Disponível em: https://portaltj.tjrj.jus.br/web/guest/noticias/noticia/-/visualizar-conteudo/5111210/6077025. Acessado em:14.10.2019.

129 FREITAS, Rafael Véras de. "O 'populismo' rodoviário: o caso da concessão da linha amarela". *Consultor Jurídico*. Disponível em: https://www.conjur.com.br/2018-dez-29/opiniao-populismo-rodoviario-concessao-linha-amarela. Acessado em: 30.10.2019.

para além de romper a base objetiva do contrato de concessão, afronta, expressamente, o disposto no art. 20, da Lei n. 13.655/2018 (trazido pela Nova LINDB), de acordo com o qual "Nas esferas administrativa, controladora e judicial, não se decidirá com base em valores jurídicos abstratos sem que sejam consideradas as consequências práticas da decisão".

Referências bibliográficas

BANDEIRA DE MELLO, Celso Antônio. *Curso de Direito Administrativo*. 30ª ed. São Paulo: Malheiros, 2013.

______. *Serviço público e concessão de serviço público*. São Paulo: Malheiros, 2017.

BATISTA, Joana Paula. *Remuneração dos serviços públicos*. São Paulo: Malheiros, 2005.

BRASIL. *Constituição da República Federativa do Brasil*, de 1988. Brasília, DF: Senado Federal: Centro Gráfico, 1988.

______. Presidência da República. *Lei n. 8.987*, de 13 de fevereiro de 1995. Disponível em: http://www.planalto.gov.br/ccivil_03/leis/l8987compilada.htm. Acessado em: 27.06.2021.

CÂMARA, Jacintho Arruda. *Tarifa nas concessões*. São Paulo: Malheiros, 2009.

CARVALHO FILHO, José dos Santos. *Manual de Direito Administrativo*. 30ª ed. São Paulo: Atlas, 2016.

FIGUEREDO, Lúcia Valle. *Curso de direito administrativo*. São Paulo: Malheiros, 1995.

FREITAS, Rafael Véras de. "O 'populismo' rodoviário: o caso da concessão da linha amarela". *Consultor Jurídico*. Disponível em: https://www.conjur.com.br/2018-dez-29/opiniao-populismo-rodoviario-concessao-linha-amarela. Acessado em: 30.10.2019.

JUSTIÇA RESTABELECE cobrança de pedágio da Linha Amarela. *Portal do Poder Judiciário do Estado do Rio de Janeiro*. Dez. 2018. Disponível em: https://portaltj.tjrj.jus.br/web/guest/noticias/noticia/-/visualizar-conteudo/5111210/6077025. Acessado em: 14.10.2019.

MARRARA, Thiago. "O conteúdo do princípio da moralidade: probidade, razoabilidade e cooperação". *Revista Digital de Direito Administrativo* (Faculdade de Direito de Ribeirão Preto, Universidade de São Paulo), vol. 3, nº 1, 2016.

MOREIRA, Egon Bockmann. *Direito das concessões de serviço público*: inteligência da lei 8.987/1995 (parte geral). São Paulo: Malheiros, 2010.

SILVA, Virgílio Afonso da. "O proporcional e o razoável". *Revista dos Tribunais*, vol. 91, nº 798, 2002. Disponível em: https://constituicao.direito.usp.br/wp-content/uploads/2005-RBDP11-Partidos_e_reforma.pdf. Acessado em: 14.10.2019.

SOUZA, André Luiz. *A modicidade tarifária nas concessões de serviços públicos*. Ribeirão Preto: Faculdade de Direito de Ribeirão Preto da Universidade de São Paulo, 2016. Dissertação (Mestrado).

STRECK, Lênio. "Zimermann. Schmidt, Streck e Otavio: todos contra o pan-principialismo". *Consultor Jurídico*. Disponível em: https://www.conjur.com.br/2015-mar-05/senso-incomum-balde-agua-fria-pan-principialismo-clausulas-gerais2. Acessado em: 30.10.2019.

CAPÍTULO XXXI

CONCESSÃO DE RODOVIAS E DESAPROPRIAÇÃO DE BENS PÚBLICOS

Evane Beiguelman Kramer
Luiz Edmundo Marrey Uint

Introdução

As concessões rodoviárias são um ambiente fértil para conflitos dominiais.

Até a década de 1990, os projetos de infraestrutura no Brasil eram implantados, geralmente, por meio da contratação de obras públicas.

Os conflitos dominiais, desapropriações e remoção de eventuais ocupantes irregulares dos imóveis para a implantação dessas obras eram resolvidos diretamente pela Administração Pública contratante da obra, seguindo o Decreto-Lei federal n. 3.365/1941.

Com o advento do Programa Nacional de Desestatização, a celebração de contratos com entes da iniciativa privada, em regra de longa duração, como os contratos de concessão rodoviária, a responsabilidade de realizar os atos executórios de desapropriações e remoções passou para as empresas contratadas.

Diversos problemas, todavia, decorrem dessa transferência de responsabilidade dos atos executórios de desapropriação às concessões rodoviárias e PPPs. Um exemplo da interface entre a temática dominial e o cotidiano da execução dos contratos de concessão rodoviária diz respeito às disputas judiciais, cuja causa de pedir é a posse das faixas de domínio e a pretensão à cobrança, indenização ou impedimento de uso das referidas áreas.

A questão de fundo no debate é se as concessionárias de rodovia podem impedir outros prestadores (como concessionárias de energia elétrica, gás e telefonia) de acessarem gratuitamente a faixa de domínio para o uso e implantação ou se devem, em caso negativo, indenizar o uso à concessionária de rodovia.

A resposta a essa questão passa pelo papel do ente regulador.

Todavia, quem vem definindo esse dilema é o Poder Judiciário.

Uma primeira linha jurisprudencial se firmou no sentido de que seria ilegal a cobrança de qualquer remuneração pela exploração da faixa de domínio por outras concessionárias, pois é da essência do bem público a sua exploração a serviços públicos.[130]

---

130 Por exemplo, o acórdão, de lavra da desembargadora federal Maria Lúcia Luz Leiria no julgamento do AI n. 2004.04.01.040718-7/RS, afastando a possibilidade de cobrança: "Existem limites à concessão para exploração da Rodovia BR 290, uma vez que o bem público não é transferido para a concessionária, isto é, essa não detém todos os direitos sobre a rodovia, mas apenas recebeu o direito de explorá-la e conservá-la". Já o STF julgou o RE 581947 acerca do tema, firmando posição pela inconstitucionalidade da cobrança de taxa pelo uso de ocupação do solo e espaço aéreo por concessionária de serviço público: "Recurso Extraordinário. Retribuição Pecuniária. Cobrança. Taxa de uso e ocupação de solo e espaço aéreo. Concessionárias de serviço público. Dever-Poder e Poder-Dever. Instalação de equipamentos necessários

Mas o debate desenvolveu outra corrente jurisprudencial que se filia ao entendimento de que é legal a cobrança pela exploração da faixa de domínio das rodovias. Nesse sentido, a Primeira Seção do Superior Tribunal de Justiça uniformizou a jurisprudência no julgamento de embargos de divergência n. 985.695, interpretando o artigo 11 da Lei de Concessões, e concluiu que ele autoriza a cobrança de uso de faixas de domínio, desde que haja previsão no contrato de concessão da rodovia.[131]

O fundamento é que a concessionária tem direito de explorar comercialmente os bens vinculados à prestação de serviço público, na forma de arrendamento, com apoio no artigo 11 da Lei n. 8.987/1995, que conferiu ao concessionário o direito de auferir receitas acessórias. Assim, segundo o precedente do Superior Tribunal de Justiça, a concessionária de rodovias não é obrigada a suportar os ônus da realização de uma obra de infraestrutura, sem sua prévia e justa indenização.

Outra questão, que é o objeto central desse artigo, diz respeito aos órgãos governamentais responsáveis pela estruturação de concessões e PPPs que não possuem cadastros referenciais atualizados que contenham, com exatidão, informações acerca do *status* dominial da área concedida.

à prestação de serviço público em bem público. Lei Municipal 1.199/2002. Inconstitucionalidade. Violação. Artigos 21 e 22 da Constituição do Brasil".

131 No julgamento do EREsp n. 985.695/RJ, sob a relatoria do Ministro Humberto Martins, adotou-se a tese de que o poder concedente, com base no art. 11 da Lei federal n. 8.987/95, poderá estabelecer, no edital de licitação, a possibilidade de a concessionária obter fontes de "receitas alternativas, complementares, acessórias ou de projetos associados, com ou sem exclusividade, para favorecer a modicidade das tarifas". Nesse sentido, EREsp n. 985.695/RJ, Rel. Ministro Humberto Martins Primeira Seção, julgado em 26.11.2014, DJe 12.12.2014; AgRg no REsp n. 1.296.954/SP, Rel. Ministro Napoleão Nunes Maia Filho, Primeira Turma, julgado em 17.03.2015, DJe 07.04.2015; AgRg no REsp n. 1.470.686/PR, Rel. Ministro Mauro Campbell Marques, Segunda Turma, julgado em 24.02.2015, DJe 02.03.2015.

Rodovias que cortam regiões metropolitanas (como marginais e rodoanéis) enfrentam, com alta incidência, dúvidas em relação à titularidade do domínio de áreas, em cujo projeto o poder concedente previu desapropriações.

O foco deste artigo pretende trazer à tona o debate que tem sido frequente, em circunstâncias que as concessionárias se defrontam com bens públicos de titularidade de outro ente federativo, diferente do ente concedente, situação que limita a iniciativa privada no desempenho de prazos e marcos contratuais.

Não se pode perder de vista que gargalos dominiais geram impactos sérios ao desempenho contratual, seja em relação ao cumprimento de cronogramas, seja em relação à variação de preços de imóveis e, especialmente, em virtude da aplicação superficial do entendimento que, com a concessão, há a transferência contratual de todos os riscos relacionados com essa atribuição de execução dos atos de desapropriação, ainda que o problema dominial seja oriundo informação equivocada fornecida pelo ente concedente sobre o status dominial da área a ser desapropriada.[132]

Significa dizer que o Poder Público tem ignorado nos editais e contratos de concessão e PPP a correta informação cadastral dos imóveis a serem desapropriados.

A informação incompleta e equivocada gera impactos efetivos sobre o desempenho contratual de concessões rodoviárias, pois o atraso em desapropriações impacta todo o desempenho de cronogramas, investimentos, custos e sujeita a concessionária ao constante sancionamento pelo ente regulador mesmo não lhe sendo imputável a responsabilidade pelo equívoco ou pela falta de informação acerca da titularidade da área a ser desapropriada.

---

132 É um princípio elementar do instituto da responsabilidade que não se deve transferir para outrem riscos sobre ocorrências sobre as quais ele não tem controle. Isso se extrai, por exemplo, das excludentes de responsabilidade previstas no caso fortuito e força maior.

E mais, tais circunstâncias tem levado à judicialização de controvérsias em que as partes contratantes (poder concedente e concessionárias) ou terceiros litigam sobre a titularidade dominial e sobre os efeitos provocados pelo atraso de cronogramas e desequilíbrio econômico-financeiro provocado pelos atrasos em desapropriações e remoções.

1 Conflitos dominiais envolvendo bens públicos em áreas de concessão rodoviária

1.1 Bens públicos: definição legal e classificação

O Código Civil de 2002 define bens públicos como: "Art. 98. São públicos os bens do domínio nacional pertencentes às pessoas jurídicas de direito público interno; todos os outros são particulares, seja qual for a pessoa a que pertencerem".[133]

Bens públicos, de acordo com o Código Civil, são aqueles que pertencem às pessoas jurídicas de Direito Interno – União, Distrito Federal, estados e municípios, abrangendo, ainda os bens de autarquias e fundações de Direito Público, respectivas a cada uma das pessoas jurídicas de direito interno.

Quanto à classificação dos bens públicos, encontramos no art. 99 do Código Civil as seguintes categorias:

> Art. 99 São bens públicos:
>
> I – os de uso comum do povo, tais como rios, mares, estradas, ruas e praças;

---

133 O Código Civil brasileiro de 1916, na mesma linha do atual *codex*, dispunha que: "Art. 65: São públicos os bens do domínio nacional pertencentes à União, aos Estados, ou aos Municípios. Todos os outros são particulares, seja qual for a pessoa a que pertencerem".

> II – os de uso especial, tais como edifícios ou terrenos destinados a serviço ou estabelecimento da administração federal, estadual, territorial ou municipal, inclusive os de suas autarquias;
>
> III – os dominicais, que constituem o patrimônio das pessoas jurídicas de direito público, como objeto de direito pessoal, ou real, de cada uma dessas entidades.
>
> Parágrafo único: Não dispondo a lei em contrário, consideram-se dominicais os bens pertencentes às pessoas jurídicas de direito público a que se tenha dado estrutura de direito privado.

Os bens de uso comum são aqueles destinados a toda coletividade, sem a necessidade de qualquer autorização da Administração Pública e, em princípio, são gratuitos, muito embora possa o uso de tais bens ser objeto de retribuição, de acordo com o que prevê o artigo 103 do CC/2002. Já os bens de uso especial são os destinados pela Administração para a realização de serviços públicos.

Os bens de uso comum, bem como os de uso especial, possuem destinação específica e, enquanto afetados à sua natureza e qualificação, só podem ser objeto de alienação mediante prévia desafetação – art.100 do CC/2002.

Os bens dominicais não estão ligados ou afetados ao uso comum ou serviços públicos e podem ser alienados, como também podem servir como meio de produção de renda, a exemplo de imóveis adjudicados em execuções fiscais, que podem ser locados ou alienados, mediante prévia licitação.

Em relação aos bens das pessoas jurídicas de Direito Privado, tais como as empresas públicas, sociedades de economia e fundações cuja personalidade jurídica seja de Direito Privado e, também, as concessionárias de serviço público, há um consenso que há, no mínimo, um regime híbrido, como ensina Maria Sylvia Zanella Di Pietro, inerente à concessão de serviço público:

> Como empresa privada, ela dispõe de bens particulares, inseridos no conceito do art. 98 do Código Civil; como tais, estão no comércio jurídico de direito privado, podendo ser objeto de qualquer relação jurídica regida pelo direito civil ou comercial, como alienação, locação, usucapião, direitos reais, inclusive os de garantia (penhor, anticrese e hipoteca). Mas, como empresa concessionária de serviço público, ela dispõe de bens que estão vinculados à prestação do serviço, sob pena de paralisação que infringe o princípio da continuidade. Esses bens estão submetidos a regime jurídico de direito público, da mesma forma que os bens de uso comum do povo e os bens de uso especial, referidos no Código Civil. Eles incluem-se na categoria de bens extra comercium, ainda que a lei não o diga expressamente; trata-se de característica inerente ao princípio da continuidade do serviço público. Como consequência, tais bens estão fora do regime jurídico privado, não podendo ser objeto de relações jurídicas regidas pelo direito civil ou comercial.[134]

Portanto, em relação aos atos executórios de desapropriação de bens para a consecução dos serviços da concessão rodoviária, resta concluir que tais bens se enquadram no que se define bens públicos de uso especial (art.99, II do CC), afetados à concessão dos serviços rodoviários e integrados ao patrimônio do ente concedente.

2.2 Concessões rodoviárias

As concessões rodoviárias incluem-se na modalidade de contrato administrativo,[135] reguladas pela Lei federal n. 8.987/1995,

---

134 DI PIETRO, Maria Sylvia Zanella. *Parcerias na Administração Pública*. Rio de Janeiro: Forense, 2017, p. 108.

135 Por sua natureza de contrato administrativo, as concessões rodoviárias se submetem à presença de cláusulas exorbitantes (por exemplo a alteração unilateral do contrato – art. 58, I, Lei federal n. 8.666/1993, aplicação de penalidades, decretação de caducidade da concessão, a fim de resguardar o interesse público.

com aplicação subsidiária da Lei federal n. 8.666/1993, exigindo, como regra, a realização prévia de licitação, sob a modalidade de concorrência (artigo 14 da Lei n. 8.987/1995).

Como contrato administrativo típico, elas diferem dos demais acordos de Direito Privado, uma vez que são sujeitas a regime jurídico de Direito Público.

> O art. 4.° da Lei 8.987, de 13.02.1995, denominada apropriadamente Lei das Concessões, é claro nesse sentido ao dispor que a "concessão de serviço público, precedida ou não da execução de obra pública, será formalizada mediante contrato que deverá observar os termos desta lei, das normas pertinentes e do edital de licitação". Esse dispositivo legal, por sinal, encontra-se amparado no inciso I do parágrafo único do art. 175, da CF, que faz menção explicita à natureza contratual do instituto da concessão.[136]

Igualmente, o equilíbrio econômico-financeiro do contrato de concessão é um elemento de importância fundamental, pois ao mesmo tempo que a pessoa jurídica de Direito Privado assume a concessão visando prover o melhor serviço ao usuário, tem o legítimo interesse de auferir lucro pelo serviço prestado, remuneração proporcional e adequada às atividades desenvolvidas, com base na política tarifária e, ainda, revisão contratual conforme os preceitos dos arts. 37 XXI e 175, parágrafo único, CF, e art. 9°, parágrafo 4°, da Lei federal n. 8.987/1995.[137]

---

136 ROLIM, Luiz Antonio. *A Administração Indireta, as Concessionárias e Permissionárias em Juízo*. São Paulo: Editora Revista dos Tribunais, 2004, p. 225.

137 "Num contrato administrativo típico sempre deve haver um equilíbrio econômico-financeiro (equação econômica ou equação-financeira) que mantenha a relação encargo-remuneração fixada entre as partes quando da assinatura do contrato. O contratado, em que pese sua situação de executor de serviço ou obra pública, tem direito aos lucros normais do empreendimento. Trata-se de direito do contratado, reconhecido pelos arts. 57, § 1°, 58,1, §§ 1,° e

Delimitadas as características dos bens públicos e dos contratos de concessão, com o essencial elemento do equilíbrio econômico-financeiro, passa-se à análise dos desdobramentos dos conflitos dominiais no âmbito da prestação adequada do serviço objeto de concessão.

2.3 Bens públicos em trechos de concessão rodoviária: desdobramentos

Admite-se a cessão de bens públicos pela pessoa jurídica titular do bem a outras pessoas jurídicas de Direito Público ou Privado, desde que exista previsão legal. Também, instrumentos como autorização, permissão e concessão de uso prestam-se a formalizar as cessões.[138]

Algumas considerações acerca dos institutos da autorização, permissão, cessão de uso de bens públicos, a fim de melhor elucidar a matéria.

A permissão de uso consiste em um ato administrativo pelo qual a Administração Pública consente que certa pessoa utilize privativamente bem público, atendendo ao mesmo tempo interesses públicos e privados. Trata-se de ato unilateral, discricionário e precário da Administração Pública. É unilateral, vez que a exteriorização da vontade é apenas da Administração Pública, embora o particular seja o interessado no uso; discricionário, porque depende da valoração acerca da conveniência e oportunidade do consentimento de sua realização; e precário, pois a Administração pode revogar a qualquer tempo a permissão caso sobrevenham razões

---

2.°, e 65, II, d, e § 6.°, todos da Lei 8.666/93". ROLIM, Luiz Antonio. *A Administração Indireta, as Concessionárias e Permissionárias em Juízo*. São Paulo: Editora Revista dos Tribunais, 2004, p. 222.

138 Os bens dominicais podem ser objeto tanto de instrumentos de Direito Público como de contratos típicos do Direito Privado, como locação e arrendamento.

de interesse público para tanto, não havendo, via de regra, direito a indenização em favor do administrado.

A permissão de uso, como ato negocial, pode ser com ou sem condições, uso gratuito ou remunerado, por tempo certo ou indeterminado, conforme estabelecido no termo próprio, mas sempre modificável e revogável unilateralmente pela Administração, quando o interesse público o exigir, dados sua natureza precária e o poder discricionário do permitente.

Já a cessão de uso consiste na forma em que o Poder Público consente o uso gratuito de bem público para órgãos da mesma pessoa ou de pessoa diversa, incumbida de desenvolver atividade que, de algum modo, traduza interesse para a coletividade, de forma que a grande diferença dessa modalidade para a permissão de uso consiste no fato de que na cessão de uso o consentimento para a utilização do bem se fundamenta no benefício coletivo decorrente da atividade desempenhada pelo cessionário. O prazo da cessão de uso de bem público pode ser fixado de forma determinada ou indeterminada e o cedente pode a qualquer tempo reaver a posse do bem cedido, tendo-se em vista que a cessão de uso também é realizada a título precário.

Dessa forma, percebe-se que a permissão e a cessão de bens públicos configuram instrumentos de gestão do uso de bens públicos diferentemente do instituto da doação, o qual se caracteriza como verdadeira forma de alienação de bem público, vale dizer, como forma de transferência de sua propriedade a terceiros, desde que haja interesse público na transferência e desde que observadas as normas legais pertinentes. A possibilidade de a Administração Pública realizar doações de bens públicos é inequívoca, mas sempre deverá ser realizada por meio de lei.

Os instrumentos administrativos acima citados são caracterizados pela precariedade, pois são atos que, além de unilaterais e discricionários, podem ser revogados a qualquer tempo, problematizam a execução de contratos de concessão rodoviária que se deparam com a existência de bens públicos em trechos concedidos.

Há um porquê de não serem passíveis de desapropriação pela concessionária de serviços, que é uma pessoa jurídica de Direito Privado, por dicção do art. 2º, §2º do Decreto-Lei federal n. 3.365 de 21 de junho de 1941, *litteris*:

> Art. 2º (...)
>
> § 2º Os bens do domínio dos Estados, Municípios, Distrito Federal e Territórios poderão ser desapropriados pela União, e os dos Municípios pelos Estados, mas, em qualquer caso, ao ato deverá preceder autorização legislativa.[139]

A desapropriação deve ser, portanto, efetuada em "ordem descendente", isto é, na escala de acordo à prevista no § 2º do art. 2º do Decreto-Lei federal n. 3.365/1941.

Circunstâncias que são deveras comuns, especialmente em rodovias estaduais, são aquelas em que as concessões atravessam trechos urbanos e se defrontam com áreas municipais ou federais. Agravando o quadro em questão, como dito anteriormente, a informação sobre a titularidade de tais bens sequer consta dos editais de licitação.

Trata-se, aqui, de problema afeto ao direito real de propriedade (pois os bens imóveis deveriam integrar a propriedade do ente público concedente), que não se soluciona com a mera ocupação transitória, à vista dos altos investimentos necessários para a

---

139 Há posicionamento diverso do STF, amparado em acórdão do RE 85.550, que admitiu a desapropriação de imóvel que pertencia ao município de Campinas pelo município de Valinhos, sob o fundamento de que o bem público não preencheria qualquer destinação pública de uso comum ou de uso especial e que a pessoa política teria interesse meramente patrimonial sobre o bem, enquanto o município de Valinhos o necessitava como a única adutora da cidade.

duplicação de rodovias, edificação de pontes, trevos, passarelas e novas faixas de rolamento, entre outras providências, não é diminuto ou insignificante.

A insegurança jurídica que atinge as concessionárias não pode ser desprezada, a se considerar apenas os termos de autorização ou concessão de uso como solução ao intrincado problema dos bens públicos de outros entes públicos distintos do poder concedente, pois, como é cediço, a autorização, a permissão e a concessão de uso são atos administrativos precários e discricionários.[140]

Igualmente, o impacto na equação econômico-financeira dos ajustes é inevitável, pois os problemas relativos à titularidade dos bens causam diminuição no ritmo das obras, ociosidade das equipes, atrasos nos cronogramas de obras, judicialização de controvérsias dominiais para tentar salvaguardar os efeitos nefastos da insegurança jurídica que decorre do risco de se estar "ao sabor da vontade política" de um ou outro administrador.

Em suma, a instabilidade gerada pela titularidade dominial dos bens não gera só insegurança jurídica, mas também traz desconfiança quanto à previsibilidade das ocorrências futuras,

---

140 Nesse sentido, o Superior Tribunal de Justiça já decidiu: "Processual Civil. Recurso Ordinário em Mandado de Segurança. Ato Administrativo. Permissão de uso de imóvel municipal por particular. Natureza precária e discricionária. Possibilidade de cancelamento. Previsão contratual. Ausência de direito líquido e certo. 1. A autorização de uso de imóvel municipal por particular é ato unilateral da Administração Pública, de natureza discricionária, precária, através do qual esta consente na prática de determinada atividade individual incidente sobre um bem público. Trata-se, portanto, de ato revogável, sumariamente, a qualquer tempo, e sem ônus para o Poder Público. 2. Como a Administração Pública Municipal não mais consente a permanência da impetrante no local, a autorização perdeu sua eficácia. Logo, não há direito líquido e certo a ser tutelado na hipótese dos autos. 3. Comprovação nos autos da existência de previsão contratual no tocante ao cancelamento da permissão debatida. 4. Recurso não provido". BRASIL. Superior Tribunal de Justiça. Primeira Turma. RMS n. 16280/RJ. Rel. José Delgado, j. 19.02.2004, DJ 19.04.2004.

aumentando a tensão das interações sociais e prejudicando a realização de investimentos financeiros. Sobre o assunto, esclarece Canotilho acerca dos conceitos de segurança jurídica e confiança:

> O homem necessita de *segurança* para conduzir, planificar e conformar autónoma e responsavelmente a sua vida. Por isso, desde cedo se considerava os princípios da *segurança jurídica* e da *proteção à confiança* como elementos constitutivos do Estado de Direito. Estes dois princípios – segurança jurídica e proteção à confiança – andam estreitamente associados, a ponto de alguns considerarem o princípio da proteção da confiança como um subprincípio ou como uma dimensão específica da segurança jurídica. Em geral, considera-se que a **segurança jurídica** está conexionada com elementos objetivos da ordem jurídica – garantia da estabilidade jurídica, segurança de orientação e realização do direito – enquanto a **proteção da confiança** se prende mais com as componentes subjetivas da segurança, designadamente a calculabilidade e a previsibilidade dos indivíduos em relação aos efeitos jurídicos dos actos dos poderes público.[141] (grifo no original).

Nesse sentido, uma análise em relação à concessão de rodovias, a segurança jurídica envolve não apenas a previsão de regras claras e unívocas sobre a matéria, mas também a ausência de percalços em sua aplicação, a boa-fé dos envolvidos e a estabilidade das regras do jogo.

Perpassa, ainda, a interação das concessionárias com os entes que regulam suas ações e a definição exata e precisa dos encargos do particular. Garantir a previsibilidade da regulação e reduzir as incertezas é essencial para a dinâmica do setor.

---

141 CANOTILHO, Joaquim José Gomes. *Direito Constitucional e Teoria da Constituição*. Coimbra: Almedina, 2003, p. 257.

No entanto, mais um desdobramento controverso pode ser trazido à reflexão, como a cobrança por uso e ocupação do solo, subsolo e espaço aéreo de áreas públicas de outro ente federativo que não seja o poder concedente da concessão rodoviária.

Assim, áreas públicas que se encontram em terrenos lindeiros às rodovias e nos próprios trechos rodoviários, propriamente ditos, dependendo da "vontade política", poderiam ser alvo de cobrança pelo Poder Público titular da área em razão da utilização do solo pelas concessionárias de rodovia.

Isso poderia ser uma tentativa de o Poder Público cobrar pelo uso de bem que justamente viabilizará a execução de serviço público, objeto da concessão.

O interesse na viabilização do serviço público é tanto do Poder Público como do concessionário, justamente por se tratar de execução de serviço relevante à coletividade. Assim sendo, se a titularidade da área não edificada ou lindeira não coincidir com o Poder Público, mas for de outra pessoa de Direito Público, em tal caso, o Poder Público concedente deverá, à luz do art. 29, incisos VIII e IX, da Lei federal n. 8.987/1995, promover à desapropriação e se não o puder fazer, por força do art. 2º, §2º do Decreto-Lei federal n. 3.365 de 21 de junho de 1941, buscar a viabilização de sua doação.

> É evidente que o problema da desapropriação de bens públicos só surge se não há a possibilidade de acordo entre as pessoas jurídicas envolvidas, ou seja, a proprietária do bem e a que manifesta interesse em obtê-lo. Assim, todo o problema poderia ser evitado pela via negocial, uma vez que seria plenamente possível o comércio jurídico de direito público dos bens de propriedade administrativa em

qualquer uma de suas modalidades contratuais (doação, venda, permuta etc.).[142]

Além do risco de divergência quanto à titularidade dominial da área a ser desapropriada, cumpre destacar a possibilidade da existência de entraves ambientais, o que demanda estudos de viabilidade técnica, de modo que se obtenham projetos básicos bem elaborados, licenciamento ambiental efetivado e matriz de risco adequada a cada empreendimento.

Nesses termos, os riscos que fogem ao controle da concessionária ou ao controle de quaisquer das partes (tais como licenciamento ambiental e suas condicionantes, riscos geológicos e desapropriações) não podem ser atribuídos exclusivamente à concessionária, devendo ser distribuídos de forma clara e objetiva entre o poder concedente e aquela, bem como pré-definidos no contrato de concessão a partir de critérios racionais. De se observar, também, que eventual prorrogação de contratos de longo prazo pode delinear um mecanismo de reequilíbrio econômico-financeiro.[143]

Considerações finais

A exploração de serviços públicos rodoviários encontra um panorama de intensa controvérsia dominial, apesar de os trechos que motivam desapropriações e outras formas de acesso ao domínio de áreas serem fundamentais à prestação dos serviços públicos.

---

142 POTYGUARA PEREIRA, Carlos Fernando. *A desapropriação de bens públicos à luz da doutrina e da jurisprudência*. Rio de Janeiro: Lumen Juris, 1999, p. 75.

143 ASSOCIAÇÃO BRASILEIRA DE CONCESSIONÁRIAS DE RODOVIAS – ABCR. *Novos caminhos para concessões de rodovias no Brasil*. São Paulo: ABCR, 2018. Disponível em: https://static.poder360.com.br/2018/09/abcr_relatorio_novos_caminhos-1.pdf, Acessado em: 17.06.2021.

A deficiência de informações corretas e atualizadas do estado dominial das áreas, especialmente as áreas de domínio público, é um problema que circunda a gestão imobiliária das diversas esferas da Federação.

A falta de informação e a informação incompleta geram desvios que provocam o mal desempenho dos contratos, implicam em desequilíbrio econômico-financeiro dos ajustes e atraso na execução de cronogramas, que são prejudicados pelos gargalos constantes da insegurança jurídica. A partir do aperfeiçoamento das novas tecnologias e da importância da preservação do patrimônio público, evidente a necessidade de localizar e delimitar os bens públicos de uma forma precisa, utilizando-se do georreferenciamento de imóveis, motivar-se-á a melhor performance contratual.

Sob o ponto de vista das empresas concessionárias, os riscos envolvidos na execução das desapropriações e desocupações, pela falta ou deficiência nas informações, provoca alterações no custo das indenizações, bem como as sujeita a atraso de cronogramas e na implantação de projetos, o que derradeiramente contraria a lógica contratual e a atividade econômica.

Sob o prisma do Poder Público, além da preservação do interesse público primário que visa à melhor prestação dos serviços públicos, à catalogação e à regularização das áreas dominiais da concessão, considerando que os bens objeto da concessão são revertidos ao poder concedente ao final do contrato, implica em um ganho expressivo de eficiência e segurança.

Portanto, a exploração de serviços públicos rodoviários encontra-se inserida em um panorama de intensa controvérsia dominial, devendo-se considerar que os trechos que motivam desapropriações e outras formas de acesso ao domínio de áreas são fundamentais à prestação dessa espécie destacada de serviços públicos.

Referências bibliográficas

ASSOCIAÇÃO BRASILEIRA DE CONCESSIONÁRIAS DE RODOVIAS – ABCR. *Novos caminhos para concessões de rodovias no Brasil*. São Paulo: ABCR, 2018. Disponível em: https://static.poder360.com.br/2018/09/abcr_relatorio_novos_caminhos-1.pdf. Acessado em: 17.06.2021.

BANDEIRA DE MELLO, Celso Antônio. *Curso de Direito Administrativo*. São Paulo: Malheiros, 2013.

BRASIL. Presidência da República. *Decreto-Lei n. 3.365*, de 21 de junho de 1941. Disponível em: http://www.planalto.gov.br/ccivil_03/decreto-lei/del3365.htm. Acessado em: 01.03.2021.

______. Presidência da República. *Lei n. 8.666*, de 21 de junho de 1993. Disponível em: http://www.planalto.gov.br/ccivil_03/leis/L8666compilado.htm. Acessado em: 01.03.2021.

______. Presidência da República. *Lei n. 8.987*, de 13 de fevereiro de 1995. Disponível em: http://www.planalto.gov.br/ccivil_03/leis/l8987cons.htm. Acessado em: 01.03.2021.

______. Presidência da República. *Lei n. 10.406*, de 10 de janeiro de 2002. Institui o Código Civil. Brasília, DF, ano 139, nº 8, 11 jan. 2002.

______. Superior Tribunal de Justiça. Primeira Seção. EREsp n. 985.695/RJ. Rel. Ministro Humberto Martins, j. 26.11.2014, DJe 12.12.2014.

______. Superior Tribunal de Justiça. Primeira Turma. AgRg no REsp n. 1.296.954/SP. Rel. Ministro Napoleão Nunes Maia Filho, j. 17.03.2015, DJe 07.04.2015.

______. Superior Tribunal de Justiça. Segunda Turma. AgRg no REsp n. 1.470.686/PR. Rel. Ministro Mauro Campbell Marques, j. 24.02.2015, DJe 02.03.2015.

______. Superior Tribunal de Justiça. Primeira Turma. RMS n. 16280/RJ. Rel. José Delgado, j. 19.02.2004, DJ 19.04.2004.

CANOTILHO, Joaquim José Gomes. *Direito Constitucional e Teoria da Constituição*. Coimbra: Almedina, 2003.

CARVALHO FILHO, José dos Santos. *Manual de Direito Administrativo*. Rio de Janeiro: Atlas, 2013.

DI PIETRO, Maria Sylvia Zanella. *Parcerias na Administração Pública*. Rio de Janeiro: Forense, 2017.

FAGUNDES, Seabra. *Da desapropriação no direito brasileiro*. Rio de janeiro: Freitas Bastos, 1942.

JUSTEN FILHO, Marçal. *Curso de Direito Administrativo*. São Paulo: Saraiva, 2006.

MEIRELLES, Hely Lopes. *Direito Administrativo brasileiro*. São Paulo: Malheiros, 2000.

POTYGUARA PEREIRA, Carlos Fernando. *A desapropriação de bens públicos à luz da doutrina e da jurisprudência*. Rio de Janeiro: Lumen Juris, 1999.

RIBEIRO, Maurício Portugal. *Desapropriações e desocupações em concessões e PPPs*: custos, riscos, sensibilidade política e os Princípios do Equador. Disponível em: https://portugalribeiro.com.br/wp-content/uploads/desapropriacao-e-reassentamento-final-para-publicacao-publicado-em-11-05-13.pdf. Acessado em: 12.04.2021.

ROLIM, Luiz Antônio. *A Administração Indireta, as Concessionárias e Permissionárias em Juízo*. São Paulo: Editora Revista dos Tribunais, 2004.

SERRANO, Mônica de Almeida Magalhães. "Utilização de bens públicos e remuneração pelo uso do solo e espaço aéreo em face de concessionárias de serviço público: nuances jurídicas". *Cadernos Jurídicos*, São Paulo, ano 20, nº 47, jan.-fev./2019. Disponível em: https://www.tjsp.jus.br/download/EPM/Publicacoes/CadernosJuridicos/47.15.pdf?d=636909377789222583. Acessado em: 12.04.2021.

CAPÍTULO XXXII

BREVES CONSIDERAÇÕES A RESPEITO DOS PASSIVOS REGULATÓRIOS NOS CONTRATOS DE CONCESSÃO DE RODOVIA

Vanessa Sandrim

Introdução

Foi com muita honra e alegria que recebi o convite dos nobres coordenadores desta obra, nomes tão aclamados no exercício do Direito Público, para participar de sua edição e contribuir com a elaboração deste artigo.

Inicio destacando que não tenho a menor pretensão e, para não dizer presunção, de esgotar a matéria. Até mesmo porque estamos diante de uma das mais acirradas discussões no ramo das concessões rodoviárias (quiçá em todo o setor de infraestrutura) e que demandaria diversas obras completas dedicadas à sua detida avaliação.

O que pretendo com as singelas reflexões tecidas no decorrer deste texto é trazer aos atuantes e estudiosos do setor algumas provocações relativas ao tema do reequilíbrio econômico-financeiro dos contratos de concessões frente aos passivos regulatórios originados dessa relação contratual, colocando-nos a refletir com mais vagar acerca desse impasse que assola as concessões rodoviárias.

1 Equilíbrio econômico-financeiro dos contratos administrativos

O reequilíbrio econômico-financeiro dos contratos administrativos não é tema recente nos estudos, discussões acadêmicas e vivências práticas no Direito Administrativo; ao contrário, trata-se de um velho conhecido dos operadores do Direito, ensejador dos mais variados debates e impasses entre concessionários, reguladores e poderes concedentes.

É de curial importância, contudo, que façamos breves apontamentos quanto às previsões legislativas e entendimentos de juristas renomados sobre o assunto.

A Constituição Federal, lei maior do Estado Democrático de Direito brasileiro, prevê expressamente o reequilíbrio econômico-financeiros dos contratos administrativos em seu texto:

> Art. 37. A administração pública direta e indireta de qualquer dos Poderes da União, dos Estados, do Distrito Federal e dos Municípios **obedecerá** aos princípios de legalidade, impessoalidade, moralidade, publicidade e eficiência e, também, ao seguinte:
>
> XXI – ressalvados os casos especificados na legislação, as obras, serviços, compras e alienações serão contratados mediante processo de licitação pública que assegure igualdade de condições a todos os concorrentes, **com cláusulas que estabeleçam obrigações de pagamento, mantidas as**

> **condições efetivas da proposta**, nos termos da lei, o qual somente permitirá as exigências de qualificação técnica e econômica indispensáveis à garantia do cumprimento das obrigações (grifo nosso).

A leitura do dispositivo constitucional, aliada aos conceitos mais comezinhos do Direito Administrativo, sobretudo no que diz respeito ao exercício da função pública e a posição de supremacia que a administração tem frente ao privado, torna indiscutível a conclusão de que *manter as condições efetivas da proposta* (leia-se o equilíbrio econômico-financeiro dos contratos administrativos) enseja um dever da Administração Pública e um direito do parceiro privado.

Em consequência à previsão constitucional, foi editada a Lei de Licitações, Lei federal n. 8.666/93, que será substituída em dois anos pela novel Lei federal n. 14.133/21. Permito-me transcrever os dispositivos de ambos os diplomas legais, tendo em vista que coexistirão pelo aludido prazo.

> Art. 65. Os contratos regidos por esta Lei poderão ser alterados, com as devidas justificativas, nos seguintes casos: (...)
>
> II – por acordo das partes: (...)
>
> d) para **restabelecer** a relação que as partes pactuaram inicialmente entre os encargos do contratado e a retribuição da administração para a justa remuneração da obra, serviço ou fornecimento, **objetivando a manutenção do equilíbrio econômico-financeiro inicial do contrato**, na hipótese de sobrevirem fatos imprevisíveis, ou previsíveis porém de consequências incalculáveis, retardadores ou impeditivos da execução do ajustado, ou, ainda, em caso de força maior, caso fortuito ou fato do príncipe, configurando álea econômica extraordinária e extracontratual.
>
> § 6º Em havendo alteração unilateral do contrato que aumente os encargos do contratado, **a Administração deverá**

> **restabelecer**, por aditamento, **o equilíbrio econômico-financeiro inicial** (grifo nosso).[144]
>
> Art. 104. O regime jurídico dos contratos instituído por esta Lei confere à Administração, em relação a eles, as prerrogativas de:
>
> I – modificá-los, unilateralmente, para melhor adequação às finalidades de interesse público, respeitados os direitos do contratado; (...)
>
> § 2º Na hipótese prevista no inciso I do *caput* deste artigo, **as cláusulas econômico-financeiras do contrato deverão ser revistas para que se mantenha o equilíbrio contratual.**
>
> Art. 124. Os contratos regidos por esta Lei poderão ser alterados, com as devidas justificativas, nos seguintes casos: (...)
>
> II – por acordo entre as partes:
>
> d) para **restabelecer o equilíbrio econômico-financeiro inicial do contrato** em caso de força maior, caso fortuito ou fato do príncipe ou em decorrência de fatos imprevisíveis ou previsíveis de consequências incalculáveis, que inviabilizem a execução do contrato tal como pactuado, respeitada, em qualquer caso, a repartição objetiva de risco estabelecida no contrato.
>
> Art. 130. Caso haja alteração unilateral do contrato que aumente ou diminua os encargos do contratado, **a Administração deverá restabelecer**, no mesmo termo aditivo, **o equilíbrio econômico-financeiro inicial** (grifo nosso).[145]

Especificamente para os contratos de concessão, objeto principal deste artigo, a Lei federal de regência n. 8.987/95, conhecida como Lei de Concessões, também traz em seu arcabouço

---

144 BRASIL. Presidência da República. *Lei n. 14.133*, de 1º de abril de 2021. Disponível em: http://www.planalto.gov.br/ccivil_03/_ato2019-2022/2021/lei/L14133.htm. Acessado em: 23.06.2022.

145 BRASIL. Presidência da República. *Lei n. 8.666*, de 21 de junho de 1993. Disponível em: http://www.planalto.gov.br/ccivil_03/leis/L8666compilado.htm. Acessado em: 01.03.2021.

dispositivos relativos ao dever de reequilíbrio econômico-financeiro dos contratos, como se vê:

> Art. 9º. A tarifa do serviço público concedido será fixada pelo preço da proposta vencedora da licitação e preservada pelas regras de revisão previstas nesta Lei, no edital e no contrato. (...)
>
> § 2º Os contratos poderão prever mecanismos de revisão das tarifas, **a fim de manter-se o equilíbrio econômico-financeiro.** (...)
>
> § 4º **em havendo alteração unilateral do contrato que afete o seu inicial equilíbrio econômico-financeiro, o poder concedente deverá restabelecê-lo, concomitantemente à alteração.** (...)
>
> Art. 10. Sempre que forem atendidas as condições do contrato, considera-se mantido seu equilíbrio econômico-financeiro (grifo nosso).

Importante esclarecer que diante das especificidades intrínsecas aos contratos de concessão, sobretudo no que toca ao alongado prazo e à alocação de riscos, editou-se a Lei de Concessões, buscando propiciar aos investidores maior segurança jurídica.

Com o advento de referida norma, a Lei federal n. 8.666/93 tornou-se de aplicação subsidiária aos contratos de concessão, sendo possível trazer para as concessões apenas os dispositivos que possam coexistir com a racionalidade totalmente distinta dos contratos de concessão quando comparados aos demais contratos públicos, sob pena de inviabilizar-se projetos importantíssimos no setor de infraestrutura.

Esse entendimento, até então de construção jurisprudencial e doutrinária, foi expressamente adotado pela novel lei de licitações (Lei federal n. 14.133/2021), em seu artigo 186.[146]

---

146 "Art. 186. Aplicam-se as disposições desta Lei subsidiariamente à Lei n. 8.987, de 13 de fevereiro de 1995, à Lei n. 11.079, de 30 de dezembro de

Nota-se que todos os dispositivos descrevem o DEVER da Administração quanto à manutenção do equilíbrio econômico-financeiro dos contratos de concessão, determinando, inclusive, que o reequilíbrio do contrato seja feito concomitantemente à apuração do desequilíbrio. Este último ponto é essencial para a nossa reflexão.

Eis o que esclarece a lição do Prof. Carlos Ari Sundfeld:

> Pode-se afirmar, então, que o regime jurídico dos contratos da Administração, no Brasil, compreende a **regra da manutenção da equação econômico-financeira originalmente estabelecida, cabendo ao contratado o direito a uma remuneração sempre compatível com aquela equação, e à Administração o dever de rever o preço** quando, em decorrência de ato estatal (produzido ou não à vista da relação contratual), de fatos imprevisíveis ou da oscilação dos preços da economia, ele não mais permita a retribuição da prestação assumida pelo particular, de acordo com a equivalência estipulada pelas partes no contrato (grifo nosso).[147]

Arnoldo Wald salienta:

> (...) visa basicamente garantir a "intangibilidade da remuneração do contratado", com a finalidade de não permitir que eventuais modificações no Contrato, determinadas pelo Contratante, ou mesmo medidas de política econômica gerais, notoriamente imprevistas, possam prejudicar a posição do particular.
>
> **Com efeito, este último tem direito, conforme ressalta a doutrina, à imutabilidade da equação econômica do contrato.** (...)
>
> Essa recomposição constitui, na realidade, a técnica adequada para manter inalterada a relação inicialmente estabelecida

---

2004, e à Lei n. 12.232, de 29 de abril de 2010".

147 SUNDFELD, Carlos Ari. *Licitação e contrato administrativo*. 2ª ed. São Paulo: Malheiros, 1995, p. 239.

> pelo Contrato entre os direitos e as obrigações de ambos os Contratantes. É, aliás, extraordinariamente feliz a expressão "recomposição de preços" recentemente elaborada nessa matéria por Hely Lopes Meirelles. A revisão, no caso, tem como finalidade única e exclusiva recompor o que existia e o que sofreu distorção em virtude de fatos imprevisíveis e inevitáveis. Pela recomposição, volta-se ao *status quo* ante, mantendo o equilíbrio originário do contrato na forma desejada e manifestada pelas partes, do mesmo modo que, no tocante à responsabilidade civil, a *restitutio in integrum* é a forma adequada de fazer ressuscitar a situação anterior. A recomposição de preços não constitui, pois, uma inovação, mas, ao contrário, a manutenção da estrutura inicial do contrato, nos termos em que as partes o conceberam e o firmaram (grifo nosso).[148]

Nesse sentido, Celso Antônio Bandeira de Mello ressalta que:

> O particular contratante procura a satisfação de uma pretensão econômica, cabendo-lhe, para fazer jus a ela, cumprir com rigor e inteira lealdade as obrigações assumidas. Dês que as atenda como deve, incumbe ao Poder Público respeitar às completas a equação econômico-financeira avençada, a ser entendida com significado real e não apenas nominal. Descabe à Administração menosprezar esse direito. Não lhe assiste, por intuito meramente patrimoniais, subtrair densidade ou o verdadeiro alcance do equilíbrio econômico-financeiro.[149]

Maria Sylvia Zanella Di Pietro[150] destaca que o dever de recomposição do equilíbrio econômico-financeiro dos contratos decorre da responsabilidade extracontratual do Estado:

---

148 Contrato de Obra Pública, *RDP* 921237.

149 BANDEIRA DE MELLO, Celso Antônio. *Curso de Direito Administrativo*. 31ª ed. São Paulo: Malheiros, 2014, p. 663.

150 DI PIETRO, Maria Sylvia Zanella. *Direito Administrativo*. São Paulo: Atlas, 2012, p. 289.

> No caso de medida geral, que atinja o contrato apenas reflexamente, a responsabilidade é extracontratual; **o dever de recompor o equilíbrio econômico do contrato repousa na mesma ideia de equidade que serve de fundamento à teoria da responsabilidade objetiva do Estado** (grifo nosso).

Vê-se, pois, que a legislação pátria prevê com clareza solar o dever da Administração Pública em manter o equilíbrio econômico-financeiro dos contratos administrativos em toda a sua execução, estando em pauta conceitos como equidade, isonomia, confiança legítima, moralidade administrativa, dentre outros princípios norteadores da atividade da Administração Pública. E todos eles aqui empregados no sentido do entendimento da necessidade precípua de manutenção da equação econômica dos contratos de concessão.

Nessa mesma linha segue uníssona a doutrina ao destacar que o objetivo econômico do parceiro privado deve imperiosamente ser respeitado pela Administração Pública durante toda a execução do contrato de concessão, sob pena de enfraquecimento do próprio instituto da concessão, afastamento da iniciativa privada e seus consequentes investimentos em setores da infraestrutura tão carentes em nosso país. E isso, é claro, diante da notória insegurança jurídica que tem se estabelecido nos contratos em andamento diante da ausência de restabelecimento do equilíbrio econômico-financeiro dos contratos assim que identificado o seu desequilíbrio.

Ocorre, entretanto, que o que se vê, na prática, é a colocação do parceiro privado como "oportunista" e ator contrário aos interesses públicos por buscar proteger o direito a um contrato equilibrado e, sim, lucrativo (afinal, esse é o objetivo de toda empresa privada, seja ela exploradora ou não de serviço público) dentro das possibilidades legais.

Essa concepção precisa evoluir com urgência para que as parcerias em infraestrutura possam prosperar e trazer para o serviço público brasileiro maior eficiência e qualidade. Se faz necessário entender que é exatamente a correta evolução do contrato de concessão, o sucesso do parceiro privado que indica que o interesse público almejado pela concessão foi alcançado.

2 Os passivos regulatórios

Para a reflexão ora proposta se faz necessária a colocação de outro ator nesse cenário, além do equilíbrio econômico-financeiro indicado no item acima: o passivo regulatório.

Entende-se por passivo regulatório o crédito que o poder concedente possui frente às concessionárias em razão de alguma ocorrência que tenha culminado com o descumprimento do contrato de concessão. Um exemplo que aclara esse conceito é o débito em que incorrerá a concessionária caso haja atraso na conclusão de alguma obra contratual, passando esse débito a configurar parte do passivo regulatório da concessionária.

Oportuno destacar que a forma com a qual esse passivo regulatório deve ser calculado deveria estar prevista de forma clara nos contratos, contudo, sabe-se, na prática, que na grande maioria dos contratos de concessões rodoviárias não há a previsão expressa quanto à fórmula, à base e aos efeitos do cálculo do passivo regulatório, o que tem, há anos, gerado inúmeras controvérsias e disputas administrativas e judiciais sobre a forma correta dessa apuração.

Nota-se que a ausência de uma regra específica e direta quanto ao cálculo do passivo regulatório abre um imenso flanco para discussões, um verdadeiro palco para que não haja consenso e conceitos aplicados sejam alterados ao bel-prazer dos partícipes. No estado de São Paulo, por exemplo, viu-se a alteração de posicionamento da agência reguladora do setor quanto à aplicação do tráfego de proposta e tráfego real para o cálculo do passivo de forma impositiva e abrupta, sem que se tenha discutido com os concessionários ou que se tenha realizado processo administrativo por meio do qual se motivasse satisfatoriamente a alteração de entendimento da agência.

Outro aspecto que salta aos olhos quando se trata de passivo regulatório é a forma de sua apuração e formalização. Nos contratos de concessão rodoviárias do estado de São Paulo, o passivo regulatório é apurado mediante a instauração de um processo administrativo em que o privado não é chamado a participar do contraditório. Aliás, o concessionário apenas toma ciência de que houve um processo administrativo para aferição de passivo regulatório com a publicação deste no Diário Oficial do estado.

Trata-se de um cenário que vilipendia diversos princípios e normas de Direito Público, tais como o dever de transparência, o direito ao contraditório, a segurança jurídica, a confiança legítima, enfim, um cenário que torna o setor de concessões rodoviárias permeado de incertezas e instaura uma postura de receio do parceiro privado quanto à confiabilidade do projeto.

Ora, não é difícil a conclusão de que esse é um dos fatores que dificulta o investimento privado e a ampliação do setor e de seus *players*, servindo como um obstáculo a potenciais investidores que poderiam contribuir com o setor de infraestrutura.

Um último aspecto quanto ao passivo regulatório necessário para o encaminhamento final desta reflexão, e já trazendo um paralelo com o equilíbrio econômico-financeiro dos contratos de concessão, repousa na forma de correção de ambos. O passivo regulatório, tem se visto na prática, é corrigido pela taxa interna de retorno dos contratos (TIR); já os desequilíbrios contratuais têm sido corrigidos por uma fórmula de cálculo a considerar o fluxo de caixa marginal para os projetos, tendo em consideração o tráfego real e não o projetado.

Esse aspecto é de suma importância porque denota a forma não isonômica com a qual são enfrentados os créditos e débitos das concessionárias: o crédito é corrigido por um meio e o débito por outro, sendo que, na quase totalidade dos casos sobre o débito do parceiro privado, recairá uma forma de correção muito superior àquela empregada para apurar os seus créditos. É a incidência nítida do conceito de "dois pesos, duas medidas".

O entendimento que se tem visto esboçado repousa numa falsa concepção de que o concessionário, ao atrasar determinada obrigação contratual, mantém o valor que deveria ter sido investido em caixa ou em outros investimentos, o que traria rendimentos à empresa. Trata-se de um entendimento falacioso.

Muitas vezes, para não dizer em sua maioria, os atrasos em que o concessionário incorre estão vinculados à ineficiência do Poder Público, como atrasos na aprovação de projetos, emissão de licenças, autorizações, decretos de utilidade pública, enfim, dos meios necessários para que a obra possa ser iniciada.

Não se trata de informação desconhecida, ou novidade, que a máquina estatal brasileira é saturada, estando as agências reguladoras e os órgãos da Administração direta assumindo tarefas e responsabilidades que superam a força de trabalho existente. Nesse contexto, é quase inimaginável que os prazos previstos para as ditas aprovações e liberações sejam cumpridos e oportunizem ao concessionário realizar suas obrigações contatuais a bom tempo.

Ocorre que a consequência desse atraso é a formalização de passivo regulatório para o ente privado, sem que sequer seja considerada a ausência de culpa para tal ocorrência; ao contrário, coloca-se como sua responsabilidade pagar a conta da ineficiência estatal e, pior, atribui-se a ele a figura de um investidor meticuloso que "optou" por não realizar o investimento devido nos moldes avençados para obter vantagens financeiras.

Ora, quais vantagens financeiras? Vejamos: qual vantagem financeira poderá ter o ente privado se (i) o montante do investimento que deve ser realizado não traz rendimentos, se (ii) ainda terá que arcar com o custo (passivo regulatório) ocasionado pelo atraso, e, por fim, se (iii) não terá o seu crédito regulatório equilibrado pelo mesmo método de correção?

Nota-se que a recomposição econômica que também é o objetivo do passivo regulatório (nesse caso, em favor do poder concedente), por meio da aplicação de um modelo financeiro, resta desvirtuada e passa a deter todas as características de sanção e até mesmo de uma multa de caráter civil, sem que se tenha, contudo, seus termos delimitados e explicitados claramente nos contratos de concessão.

E para colocar mais um elemento nessa discussão, há, ainda, a sanção administrativa propriamente dita, cujo processo sancionador será instaurado em face do concessionário, e, ao seu cabo, uma pena pecuniária lhe pode ser imputada.

Considerações finais

Conforme explanado no início deste trabalho, o objetivo pretendido é trazer à reflexão as questões polêmicas que circundam o equilíbrio econômico-financeiro dos contratos de concessão rodoviária, sua equalização com os passivos regulatórios, os métodos de cálculo empregados e a forma com a qual o Poder Público tem conduzido a matéria.

O objetivo precípuo de provocação aqui é a busca por soluções concretas a serem implementadas nos contratos, tanto nos novos instrumentos como naqueles já existentes por meio de aditivos contratuais. Afinal, o contrato de concessão é um organismo vivo, deve acompanhar a evolução do Direito e da sociedade, sendo extremamente salutar e eficiente que se amolde e reflita em seus termos a prática atualizada do Direito.

Deve-se ponderar como fundamental a alteração dos contratos vigentes a fim de que as questões afetas ao passivo regulatório sejam disciplinadas de maneira transparente, clara e exaustiva.

É imperioso que os contratos minudenciem as hipóteses de ocorrência do passivo, suas excludentes, considerando a situação fática, assim como a atuação legítima e diligente do concessionário e o método de cálculo assertivo e acordado entre as partes, e que essa mesma métrica seja aplicada aos reequilíbrios em favor do concessionário, assim como os procedimentos administrativos que serão seguidos, privilegiando a participação do ente privado, em respeito à boa-fé legítima, à ampla defesa e ao contraditório.

Ademais, é primordial que o aparelho estatal esteja preparado para realizar o reequilíbrio dos contratos tão logo seja identificado o desequilíbrio, em prazo razoável, e não perdurar em discussões que atravessam anos, ultrapassam as searas administrativa e judicial, sem que uma solução efetiva seja alcançada e sempre ocasionando prejuízos ao interesse público.

Tamanha é a importância de evolução dos conceitos jurídicos intrínsecos ao setor de infraestrutura, à necessidade de que seja prestigiada a segurança jurídica aos investidores privados, que o ilustre jurista Augusto Neves Dal Pozzo se debruçou e editou a brilhante obra *O Direito Administrativo da Infraestrutura*, cujo excerto peço vênia para abaixo colacionar:

> Todas essas atividades, **fundamentais para o desenvolvimento nacional, devem ser objeto de enorme atenção dos administradores públicos**, que, pelo exercício da atividade infraestrutural, **podem delegar suas atividades a particulares sérios que a empreendam em conjunto com o Estado, num ambiente de maior segurança jurídica**. Aniquilar essa possibilidade é o mesmo que amputar a vanguarda da concretização de tarefas públicas postas à disposição da coletividade (grifo nosso).[151]

151 DAL POZZO, Augusto Neves. *O Direito Administrativo da Infraestrutura*. São Paulo: Contracorrente, 2020, p. 131.

Imperiosas essas inovações contratuais para que a segurança jurídica seja prestigiada, de modo a trazer confiança ao setor privado e o estimular a investir cada vez mais no setor de infraestrutura, impulsionando-o e demonstrando que, de fato, os interesses do Estado e do particular são convergentes dentro da melhor definição de parceria.

Com tais realizações, certamente o interesse público será atingido, e a sociedade será a maior beneficiária.

Referências bibliográficas

BANDEIRA DE MELLO, Celso Antônio. *Curso de Direito Administrativo*. 31ª ed. São Paulo: Malheiros, 2014.

BRASIL. Presidência da República. *Lei n. 14.133*, de 1º de abril de 2021. Disponível em: http://www.planalto.gov.br/ccivil_03/_ato2019-2022/2021/lei/L14133.htm. Acessado em: 23.06.2022.

______. Presidência da República. *Lei n. 8.666*, de 21 de junho de 1993. Disponível em: http://www.planalto.gov.br/ccivil_03/leis/L8666compilado.htm. Acessado em: 01.03.2021.

DAL POZZO, Augusto Neves. *O Direito Administrativo da Infraestrutura*. São Paulo: Contracorrente, 2020.

DI PIETRO, Maria Sylvia Zanella. *Direito Administrativo*. São Paulo: Atlas, 2012.

SUNDFELD, Carlos Ari. *Licitação e contrato administrativo*. 2ª ed. São Paulo: Malheiros, 1995.

CAPÍTULO XXXIII

CRISE MACROECONÔMICA, ALOCAÇÃO DO RISCO DE DEMANDA E REEQUILÍBRIO ECONÔMICO-FINANCEIRO NAS CONCESSÕES RODOVIÁRIAS[152]

Fernando Vernalha Guimarães

Introdução

O tema do reequilíbrio econômico-financeiro das concessões impactadas por crises macroeconômicas vem adquirindo grande importância na atualidade, particularmente em vista das dificuldades financeiras pela qual passam muitos contratos concessionários sob o atual quadro recessivo do país. Essas dificuldades não são triviais e têm colocado esses contratos em rota de extinção. Sufocados pela drástica redução dos níveis de demanda, o que tem desencadeado especialmente a inexecução de obrigações financeiras, muitos desses ativos rumam

152 Este texto é uma versão atualizada do artigo "Crise macroeconômica e reequilíbrio econômico-financeiro da concessão", publicado na *Revista Eletrônica da OAB/RJ de Infraestrutura* (edição inaugural).

para a caducidade ou para outras vias de extinção, como a relicitação. Nesse contexto, tem sido recorrente discutir-se o enquadramento da crise macroeconômica de 2014 como evento hábil a ensejar o reequilíbrio econômico-financeiro desses contratos, buscando assegurar-se a sobrevivência das concessões. Como não poderia deixar de ser, esses enfrentamentos passam primeiramente pela consideração da matriz de risco contratualmente estabelecida e, sucessivamente, pelo exame da tutela jurídica dos riscos extracontratuais.

Embora não seja o propósito deste texto analisar casos concretos, é importante para o exame abstrato do tema considerar algumas opções alocativas de riscos que têm sido feitas nos contratos concessionários rodoviários celebrados nos últimos anos, o que tem influenciado a percepção das Administrações quanto ao seu (des) equilíbrio econômico-financeiro. Nesse particular, boa parte deles optou por alocar o *risco de demanda* integralmente ao concessionário privado, atribuindo a responsabilidade por eventos gravosos qualificados como *caso fortuito* e *força maior* ao poder concedente. Essa opção alocativa tem embasado o entendimento, por parte das concedentes, de que os efeitos do impacto da crise nos custos desses contratos devem ser atribuídos à conta do risco de demanda. Essa compreensão afasta o direito ao reequilíbrio dos concessionários e tende a negar a caracterização de crises macroeconômicas agudas, como a de 2014, como evento de caso fortuito e de força maior.

Impasses dessa natureza têm suscitado diversas questões relacionadas não apenas à dimensão do risco de demanda que recorrentemente é assumido pelos concessionários de serviços públicos, mas especialmente do chamado *risco ordinário da economia*. Nesse particular, e quando os contratos são omissos em relação à alocação mais específica do risco de crises macroeconômicas, uma questão fundamental é analisar se e em que contexto essas crises podem caracterizar-se como evento equiparável à chamada álea extraordinária referida na alínea “d” do inciso II do artigo 65 da Lei federal n. 8.666/1993, discussão que aproveita também à alocação contratual do risco de caso fortuito e força maior ao poder concedente.

Além disso, a problemática dos contratos concessionários sufocados pelos efeitos da crise macroeconômica de 2014 e os custos derivados da desinteligência entre poder concedente e concessionários quanto ao seu reequilíbrio episódico têm ensejado discussões acerca do aperfeiçoamento da opção alocativa de riscos de contratos concessionários, com vistas a torná-los menos suscetíveis ao impacto das crises. Parece haver um consenso cada vez maior entre reguladores e operadores acerca da necessidade de os contratos concessionários previrem mecanismos de proteção contra a ocorrência de fatos externos e imprevisíveis, como as turbulências econômicas capazes de produzir variações acentuadas na demanda.

O tema da repercussão das crises econômicas nas concessões pode ser examinado, portanto, a partir de dois enfoques distintos. O primeiro, atinente aos mecanismos contratuais aptos a neutralizar os efeitos acentuados que essas crises podem gerar no fluxo de caixa das concessões. Trata-se de discutir de que modo esse risco pode ser mais bem alocado no contrato de concessão. O segundo, voltado a problematizar a sua caracterização como um evento próprio da álea extraordinária (e extracontratual), para os fins de atrair a tutela jurídica do reequilíbrio contratual.

1 A alocação contratual do risco de crises econômicas na concessão

Discutir-se a alocação contratual do risco de crises econômicas nas concessões pressupõe algum aprofundamento sobre as premissas jurídicas e econômicas que orientam a distribuição de riscos em contratos de longo prazo. A análise do tema extrapola em larga medida os limites deste texto e sua verticalização pode ser encontrada em outros textos do autor,[153] mas não há como

153 GUIMARÃES, Fernando Vernalha. "O equilíbrio econômico-financeiro nas concessões e PPPs: formação e metodologias para recomposição". *In*: MOREIRA, Egon B. *Contratos administrativos, equilíbrio*

avançar nas abordagens propostas sem oferecer alguns rudimentos sobre a questão.

1.1 Premissas a orientar a alocação de riscos na concessão

É sabido que a alocação de riscos não é um expediente completamente arbitrário, discricionário ou aleatório. Há regras jurídicas e premissas econômica a orientá-la, uma vez que se traduz numa verdadeira chave para a calibragem da eficiência nos contratos administrativos.

O expediente está regulado pelo Direito, em dois níveis de regulação: o das regras, mais objetivo e limitativo, e o dos princípios, mais genérico e meramente orientativo.

1.1.1 As regras jurídicas aplicáveis à alocação dos riscos e à definição da equação econômico-financeira dos contratos de longo prazo

Há regras jurídicas específicas acolhidas pela legislação que impõem um certo arbitramento de riscos nos contratos de longo prazo.

---

econômico-financeiro e a taxa interna de retorno. Belo Horizonte: Fórum, 2016, pp. 89-106); GUIMARÃES, Fernando Vernalha. "Repartição objetiva de riscos nas parcerias público-privadas". *In:* NUNES JR., Vidal Serrano; ZOCKUN, Maurício; ZOCKUN, Carolina Zancaner; FREIRE, André Luiz. (Coord.). *Enciclopédia Jurídica da PUCSP* – Tomo Direito Administrativo e Constitucional. São Paulo: Pontifícia Universidade Católica de São Paulo, 2017. Disponível em: https://enciclopediajuridica.pucsp.br/verbete/28/edicao-1/reparticao-de-riscos-nas-parcerias-publico-privadas. Acessado em: 01.03.2021; GUIMARÃES, Fernando Vernalha. "Alocação de riscos na PPP". *In:* JUSTEN FILHO, Marçal; SCHWIND, Rafael Wallbach (Coord.). *Parcerias Público-Privadas*: Reflexões sobre os 10 anos da Lei 11.079/2004. São Paulo: Revista dos Tribunais, 2015, pp. 240/241; GUIMARÃES, Fernando Vernalha. *Parceria Público-Privada*. 2ª ed. São Paulo: Saraiva, 2013, p. 303.

Olhando-se para a Lei federal n. 8.987/1995 (Lei Geral de Concessões), nota-se que o § 3º do 9º arbitra a alocação ao poder concedente[154] do risco de impacto negativo e positivo no contrato derivado da criação, alteração ou extinção de quaisquer tributos ou encargos legais, excetuados os impostos sobre a renda (cujo risco de ampliação ou redução de sua respectiva alíquota não foi objeto de arbitramento legislativo ao poder concedente ou ao concessionário, abrindo-se a possibilidade para que o contrato de concessão o faça). Bem assim, a mesma legislação aloca ao poder concedente o risco de alterações no objeto que se façam necessárias para a melhor adequação das condições de prestação do serviço ao interesse coletivo (§ 4º do 9º), assim como o risco inflacionário (inciso VIII do art. 18). Já a Lei federal n. 11.079/2004 (Lei Geral de PPPs) aloca os mesmos riscos referidos acima à responsabilidade do poder concedente, além de estabelecer que os ganhos derivados da "redução do risco de crédito dos financiamentos utilizados pelo parceiro privado" devem ser partilhados entre as partes (em proporção a ser definida em contrato, o que decorrerá da liberdade de estipulação das partes), como determina o art. 5º, inc. IV da Lei federal n. 11.079/2004.

De resto, a legislação aplicável às concessões e PPPs remete à alocação de riscos ao plano do contrato. A própria Lei Geral de PPPs é tautológica em determinar que o contrato preveja a partilha de riscos entre as partes, inclusive daqueles atinentes às categorias de caso fortuito e força maior. E faz todo o sentido que os riscos em geral sejam alocados no plano do contrato e não arbitrados legislativamente. Afinal, e como se verá, a racionalidade da alocação de riscos, captada pelo Direito, é precipuamente econômica, devendo-se investigar a repercussão de cada alocação de risco na

154 Pode-se entender que, embora contratualmente alocado ao poder concedente, esse risco está, de fato, alocado ao usuário, pois a recomposição da equação econômico-financeira dar-se-á por meio de revisão tarifária, como dispõe a referida norma.

estrutura de custos do contrato, visando gerar economias ao funcionamento da concessão. Logo, seria inadequado que o legislador antecipasse essas escolhas, substituindo a alocação customizada e referenciada pelas circunstâncias contratuais por uma alocação genérica e abstratamente concebida.

1.1.2 A alocação dos riscos e o princípio da eficiência

É certo que a estipulação contratual pelo gestor público não está pautada apenas por regras que lhe são objetivamente aplicáveis, mas também por normas de cunho principiológico. Naquilo que suas atribuições não estiverem limitadas pela incidência injuntiva das regras, nascerá um espaço de discricionariedade. Nesse particular, as escolhas realizadas com vistas a definir o conteúdo dos contratos administrativos e sua equação econômico-financeira são escolhas *discricionárias*, ainda que guiadas por princípios e diretrizes.

Esses princípios e diretrizes, se é verdade que geram limites à atuação do administrador, não possuem o mesmo alcance e o mesmo potencial de restrição do que as regras. Guiarão o administrador a observar certos padrões, mas sem que se lhe imponha enquadramentos definitivos. O quadro das diretrizes e dos princípios não impõe soluções exatas, mas, antes, sugere a observância de certos padrões.

O princípio fundamental a orientar a partilha de riscos é o princípio da eficiência, que vem acolhido no capítulo de diretrizes da Lei Geral de PPPs (inciso I do art. 4º). O conteúdo jurídico dessa diretriz tem uma forte interface com a teoria econômica que orienta a distribuição de riscos contratuais, determinado ao gestor a observância de certas regras e premissas econômicas para esse fim.

1.1.2.1 A alocação eficiente de riscos

Ao impor uma alocação *eficiente* de riscos em contratos concessionários, a Lei federal n. 11.079/2004 impôs ao gestor público o dever de observância a certas premissas econômicas.

A primeira delas relaciona-se ao grau de detalhamento e exatidão da matriz de riscos. Quanto maior a especificidade de cada risco, melhor será o conhecimento das partes acerca dos eventos hábeis a interferir na execução do contrato. Esse mapeamento detalhado dos riscos concorre para reduzir a insegurança dos ofertantes, minorando custos de transação e ampliando, por esse ângulo, a eficiência da contratação. É claro que existem limites de cognoscibilidade, de racionalidade e mesmo de conveniência econômica a calibrar o nível de detalhamento dos riscos (uma vez que, para além de certo nível de detalhamento, e a considerar a natureza e a dimensão do contrato, os estudos de riscos passam a incrementar sobremaneira os custos de transação). De todo modo, é importante que se persiga um catálogo minucioso e detalhado dos riscos, classificando-os e alocando-os à responsabilidade parcial ou plena de cada parte.

Além do nível de especificação da matriz de riscos, a distribuição dos riscos em si deve realizar-se a partir de uma racionalidade econômica, uma vez que a estrutura de custos do contrato é diretamente influenciada pela capacidade de cada parte em administrar os riscos. Há, nesse particular, uma espécie de regra de ouro a orientar a distribuição e riscos nos contratos, que impõe a alocação e cada risco à responsabilidade daquela parte apta a gerenciá-lo a custos mais baixos do que a outra, o que favorece a redução do somatório de custos envolvidos na contratação. Trata-se de imputar a responsabilidade de cada risco àquela parte que tem mais aptidão para se prevenir dos riscos ou para minorar os prejuízos na hipótese de sua materialização.

É claro que para assumir riscos concessionário terá provisionado em sua proposta (apresentada no âmbito da licitação) os custos correspondentes. Como regra, essa precificação considera a probabilidade de ocorrência do risco e as despesas necessárias para fazer frente à sua materialização. Neste sentido, a melhor aptidão para a prevenção tende a reduzir a probabilidade de ocorrência do risco, com impactos na sua precificação. Além disso, quanto maior for a expertise e a qualificação da parte para lidar com as consequências de materialização do risco, menores tenderão a ser os custos provisionados para tanto.

Daí que um aspecto relevante a guiar a alocação dos riscos está em verificar a parte que detém maior *controle* sobre o risco. A parte que possui maior controle sobre o risco é naturalmente a parte que conseguirá gerenciá-lo a um custo mais baixo do que a outra. Além disso, a alocação do risco à parte com menores condições para fazê-lo acabará por expô-la ao risco de condutas oportunistas da outra parte. Faz sentido, por exemplo, que os riscos de construção (atinentes, por exemplo, à variação dos custos de materiais, ao seu desgaste precoce, assim como às falhas das metodologias construtivas) sejam atribuídos ao concessionário, pois assim se lhe gera incentivo a que persiga qualidade mais exigente para a execução da obra. Já se esses riscos estiverem alocados ao poder concedente, o concessionário não terá incentivo para sua prevenção, pois será aquele quem arcará com os prejuízos derivados do risco de problemas construtivos, abrindo-se a porta para comportamento oportunista de sua parte.

Logo, e como já afirmei em outro local,

> a alocação de riscos permite, portanto, alcançar um alinhamento de interesses entre as partes, criando incentivo a que a parte com capacidade para influir no risco gerencie adequadamente a sua prevenção, e, ao mesmo tempo, evitando condutas oportunistas que poderiam ser adotadas caso a

> parte responsável por essas escolhas não ficasse exposta aos riscos que lhe são derivados.[155]

Disso decorre que uma regra a prestigiar a eficiência do contrato é encorajar a alocação dos riscos não gerenciáveis ou não controláveis pelo concessionário à responsabilidade do poder concedente. Como o privado não tem como se proteger em relação a esses riscos, essa alocação acabará por inibir a sua participação na licitação ou induzir à oferta de propostas mais onerosas.

Vala lembrar que o seguro tem sido reconhecido como instrumento eficaz para a proteção de riscos, prevalecendo em relação à sua alocação à responsabilidade do poder concedente.[156] Se assim for, os riscos que puderem ser cobertos pela contratação de seguro, desde que a preços razoáveis, poderão ser deslocados à responsabilidade do concessionário.[157]

Portanto, riscos não controláveis pelo concessionário e não cobertos por seguro disponível em mercado a preços razoáveis devem ser invariavelmente retidos pelo poder concedente.

---

155 GUIMARÃES, Fernando Vernalha. "Alocação de riscos na PPP". *In:* JUSTEN FILHO, Marçal; SCHWIND, Rafael Wallbach (Coord.). *Parcerias Público-Privadas*: Reflexões sobre os 10 anos da Lei 11.079/2004. São Paulo: Revista dos Tribunais, 2015, p. 244.

156 Considerando-se que o provisionamento de custos para riscos pressupõe em geral a multiplicação do percentual de probabilidade de sua ocorrência pelos custos necessários para reparar os prejuízos de sua materialização, é fácil perceber que a utilização do seguro pode significar alternativa mais eficiente comparativamente à hipótese retenção do risco pelo poder concedente. Isso porque os seguros contam com instrumentos de incentivo à prevenção do risco, ao passo que o poder concedente não é um agente estimulado a exercê-la, dada sua facilidade de transferir as eventuais perdas a terceiros (contribuintes e usuários).

157 Se, ao longo da execução da concessão, o risco deixar de ser passível de cobertura por contrato de seguro a preços razoáveis, será conveniente que a responsabilidade por sua materialização retorne ao poder concedente, a depender da previsão em contrato.

1.2 O risco de crises econômicas (extraordinárias) não é controlável pelo concessionário

Dito isso, é importante perceber que crises econômicas de certa intensidade não são eventos plenamente previsíveis pelo concessionário, o que permitiria um exercício de precificação estimativo em suas propostas, muito menos contam com seguros disponíveis no mercado para a sua prevenção. Assim consideradas, equivalem àquilo que se convencionou chamar de *caso fortuito* ou *força maior*, como será melhor abordado adiante.

O fato é que sua *imprevisibilidade*, aliada à ausência de seguro para esse tipo de risco no mercado, desencoraja sua alocação à responsabilidade do concessionário privado. Sendo um risco não controlável ou não gerenciável adequadamente pelo privado, a responsabilidade por sua materialização deve ser atribuída ao poder concedente.

Assim como se passa com os riscos não controláveis em geral, a atribuição da responsabilidade sobre crises econômicas extraordinárias ao concessionário acabaria por gerar, além das ineficiências contratuais acima referidas, distorções ao processo de licitação. A alocação de um risco dessa dimensão enseja interpretações discrepantes pelos interessados, dando origem a propostas orientadas por premissas divergentes. Abre-se a possibilidade de que as propostas estejam referenciadas por cenários distintos, o que subtrai a identidade de premissas necessárias para que se tenha um ambiente adequado para a disputa licitatória. Mais do que isso, tende-se a favorecer os licitantes com menor aversão a riscos e mais hábeis às renegociações. Situações assim geram licitações que favorecem não necessariamente os mais eficientes à execução do empreendimento, mas aqueles com as melhores perspectivas para a renegociação do contrato.[158]

---

158 Veja-se GUASCH, J. Luis. *Granting and renegotiating infrastructure concessions*: doing it right. Washington: The World Bank, 2004, p. 35.

Trata-se de afirmar que a insegurança de lidar com eventos excessivamente gravosos acaba por se retratar numa variável relevante de custos no contrato, capaz de atribuir uma vantagem competitiva aos licitantes menos avessos a riscos. Nesse contexto, as propostas não necessariamente espelharão a maior ou menor eficiência do ofertante, mas a sua maior ou menor percepção de custo para riscos não mensuráveis – o que pressupõe também a sua maior ou menor capacidade de renegociar contratos, explorando a indeterminação típica da alocação de riscos desta magnitude e dimensão.

1.3 A alocação contratual do risco de crise econômica e os custos de sua indeterminação

Por outro lado, mesmo que esse risco seja alocado ao poder concedente, a dificuldade de tipificação das crises econômicas para esse fim ainda será um fator de grande indeterminação na delimitação da responsabilidade das partes nos casos concretos. Isto é: embora seja teoricamente indicado que o risco de crises econômicas seja alocado contratualmente à responsabilidade do poder concedente, não é trivial a estipulação de critérios objetivos para a sua caracterização. Será sempre difícil eleger parâmetros hábeis a tipificar adequadamente as crises econômicas com vistas a ensejar o reequilíbrio do contrato. Sua caracterização dependerá, em última análise, das peculiaridades da situação concreta.[159]

---

159 Além disso, uma dificuldade marcante no enfrentamento da questão marcante está em bem demarcar a relação de causalidade entre a crise e os prejuízos suportados na operação da concessão. Em muitos casos, as crises caracterizam-se como causa raiz para prejuízos diversos associados imediatamente a outros riscos alocados contratualmente. O impacto das crises nos preços de certos insumos é um exemplo. Assim como o é a queda acentuada nos níveis de demanda do serviço derivada de crises de cunho recessivo. Embora o risco de variação no preço de insumos, assim como o risco de demanda, possam estar contratualmente associados à responsabilidade do concessionário, desde que a crise econômica seja um risco identificado no contrato como de responsabilidade do poder concedente, ou apto a atrair a tutela da álea

Não se pode ignorar que a dificuldade de tipificar contratualmente com alguma objetividade as crises econômicas para esses fins abre a porta para intermináveis discussões sobre essa caracterização nos casos concretos. Dizer-se simplesmente que o poder concedente é responsável pelo risco de crises macroeconômicas extraordinárias – ou, o que seria mais genérico ainda, pela ocorrência de caso fortuito e força maior – não é uma fórmula contratual que acautele adequadamente o concessionário da perspectiva de demanda por maior especificidade no tocante à matriz de riscos da concessão.

Logo, e para fugir dos efeitos negativos de fórmulas genéricas e indeterminadas, dadas as dificuldades em tipificar abstratamente as crises econômicas, afigura-se mais eficiente a adoção de mecanismos contratuais objetivos a proteger a concessão do efeito de crises mais acentuadas na economia. O compartilhamento de certos riscos, a partir da delimitação objetiva de bandas de risco positivo e negativo atribuídas à responsabilidade das partes é uma alternativa viável e que vem sendo prestigiada em diversos contratos de concessão, muito especialmente em relação ao risco de demanda.

1.4 O compartilhamento do risco de demanda em concessões rodoviárias como técnica a preservar o equilíbrio econômico-financeiro da concessão relativamente a crises econômicas recessivas

É perceptível que crises de cunho recessivo tendem a impactar direta e intensamente a demanda por serviços públicos. E quando isso ocorre, sem que os contratos prevejam parâmetros mais objetivos para identificar quedas de demanda que se originam de crises extraordinárias, as partes se veem diante de uma difícil discussão. O poder concedente resiste em admitir o reequilíbrio

---

extraordinária e extracontratual, sua materialização ensejará o reequilíbrio da concessão.

econômico-financeiro, não apenas em vista da dificuldade em identificar o fato como tipicamente extraordinário, mas também em vista da presunção de que a alocação do risco de demanda ao concessionário impede o ressarcimento. Num contexto de retração dos gestores públicos ante a exposição aos riscos do controle, a tendência será sempre a tomada da decisão mais ortodoxa e pretensamente favorável à Administração, negando-se o reequilíbrio. Já o concessionário se vê diante das dificuldades naturais em demonstrar a subsunção do fato ao conceito indeterminado de álea extraordinária (contratual ou extracontratual). Como resultado, reequilíbrios são evitados e os contratos acabam sofrendo desvios intensos em seus fluxos de caixa, desencadeando uma série de consequências negativas para a operação da concessão.

Essa insegurança típica das discussões sobre reequilíbrios dessa natureza pode ser mitigada pela previsão *ex ante* de mecanismos contratuais aptos a mitigar essas perdas. Um desses mecanismos é o compartilhamento do risco de demanda entre concessionário e poder concedente.

O compartilhamento do risco de demanda é uma opção alocativa de riscos apta não apenas a reduzir a insegurança quanto às oscilações mais acentuadas na demanda ante a ocorrência de fatos imprevisíveis como a mitigar erros e imprecisões relacionados às estimativas de demanda. Afinal, os estudos de demanda envolvem variáveis difíceis de sindicar em muitos casos, o que lhes garante margens de erro não desprezíveis.

Mesmo que mais recentemente o compartilhamento do risco de demanda[160] venha sendo adotado em alguns casos, o fato é

160 Com vistas a mitigar (indiretamente) o risco da demanda, uma opção de modelagem que tem sido adotada em alguns projetos mais recentes originados do PPI (Programa de Parcerias de Investimento) é a estipulação de *outorga variável*, eliminando-se a possibilidade de *outorga fixa* diluída ao longo do projeto (embora em alguns casos as modelagens ainda mantenham a previsão do pagamento de outorga fixa no início da execução da concessão).

que prevalece na experiência brasileira ainda a alocação integral deste risco ao concessionário privado. Essa alocação muitas vezes é estipulada acriticamente, sem a investigação da real capacidade do concessionário em gerenciar esse risco.[161] Há pelo menos três razões que justificam essa opção.

Em primeiro lugar, a tradição. Classicamente, os contratos de concessão têm acolhido a transferência do *risco de exploração do negócio* ao concessionário – não apenas aqui, mas também em outros países da América Latina e da Europa.[162] Assim se passou com diversos setores, quando o concessionário era o único responsável pelas oscilações de demanda, considerada como um "risco ordinário" da concessão. Aliás, historicamente, os contratos de concessão não contavam com matrizes de riscos mais específicas e detalhadas, sendo a concessão entendida como um negócio que era integralmente transferido à gestão de um privado, com todas as vicissitudes que lhe são inerentes.

Em segundo lugar, em virtude de uma interpretação estrita da norma do inc. II do art. 2º da Lei federal n. 8.987/1995,[163] na

161 Vide também GUIMARÃES, Fernando Vernalha; PETIAN, Angelica; RILLO, Regina; ROSÁRIO, Larissa. *Distribuição de riscos nas concessões rodoviárias*. Brasília: Senai/CBIC, 2017. Disponível em: https://cbic.org.br/infraestrutura/wp-content/uploads/sites/26/2018/09/guia_de_riscos.pdf. Acessado em: 01.11.2018.

162 Um dos critérios muito debatidos no Direito europeu para diferenciar os contratos de concessão de contratos convencionais de empreitada foi precisamente a alocação do risco de exploração do negócio sob a responsabilidade do concessionário. Para fins de aplicação do regime jurídico correspondente, discutia-se se determinado ajuste pressupunha a transferência do risco de exploração do negócio (que se confunde com o risco de demanda) para que fosse submetido à disciplina da concessão de serviço público.

163 Eis o texto da norma: "Para os fins do disposto nesta Lei, considera-se: concessão de serviço público: a delegação de sua prestação, feita pelo poder concedente, mediante licitação, na modalidade de concorrência, à pessoa jurídica ou consórcio de empresas que demonstre capacidade para seu desempenho, por sua conta e risco e por prazo determinado".

acepção de que estaria a impor o deslocamento de todo o risco de demanda para o concessionário privado, ante o uso da expressão "por sua conta e risco". Como já defendi em outro estudo,

> parece nitidamente excessivo o raciocínio que pretende extrair desta norma vedação a que o risco de demanda (ou parcela deste) possa ser alocado à responsabilidade do poder concedente em contratos de concessão ou de PPP. A locução "por sua conta e risco" relaciona-se muito mais à autonomia de gestão do concessionário, a qual pressupõe a reserva dos riscos atinentes às escolhas dos meios adequados para a produção dos resultados e metas esperadas para a concessão, do que propriamente à absorção de riscos específicos pelo concessionário.

Aliás,

> nem seria adequado que o legislador tivesse deslocado, de forma abstrata e generalizada, o risco de demanda ao concessionário. Não é possível afirmar que o concessionário seja, em todos os casos, o único detentor do controle sobre o risco de demanda – o que, de um ponto de vista da racionalidade econômica, justificaria o deslocamento do risco à sua responsabilidade. Os níveis de demanda, a depender da natureza do serviço, podem ser influenciados por outros fatores que não o desempenho do concessionário na prestação do serviço. Ademais, o concessionário muitas vezes não detém capacidade de melhor gerenciar esses riscos (adquirir instrumentos de prevenção ou capacidade de mitigação dos prejuízos de modo mais eficiente do que o parceiro público). As concessões rodoviárias são um exemplo. As variações na demanda são influenciadas por fatores diversos, como a ausência de vias alternativas, o crescimento da frota de veículos, o advento de restrições de acesso à rodovia etc. O concessionário não será o único a influir na variação do fluxo de veículos inerente ao funcionamento de uma

> concessão rodoviária. Assim também se passa com outros serviços públicos.[164]

Logo, não vejo qualquer restrição jurídica, derivada do mencionado dispositivo da Lei Geral de Concessões, a que o risco de demanda seja retido pelo poder concedente ou compartilhado entre as partes.

Em terceiro lugar, em virtude de uma razão que se prende com um componente essencial do modelo concessionário, que é a transferência ao concessionário de uma razoável autonomia para gerir o serviço público. Na medida em que o concessionário se responsabiliza pela *gestão* da concessão, encarregando-se da gestão dos *meios* para entregar os *resultados* esperados pelo poder concedente, é logicamente racional que sofra as consequências de suas escolhas. É essa razão que pretende oferecer racionalidade econômica para a opção de transferir-se integralmente o risco de demanda ao concessionário, seguindo-se a premissa de que o risco deve ser alocado à parte com melhores condições para o seu gerenciamento. No entanto, nem o concessionário é o único responsável pelo controle do risco de demanda (isso varia também em função das características do regime de concessão), nem o deslocamento integral desse risco ao concessionário pode ser visto como a opção economicamente mais racional em muitos casos.

O domínio do concessionário sobre os fatores que interferem no risco de demanda é mais visível em setores nos quais o serviço público é operado em regime de concorrência, a depender do nível de competição no mercado, e em que se admite a liberdade tarifária. Nesses setores, a performance do concessionário tem uma relação mais direta com as oscilações na demanda. Mas esse não

164 GUIMARÃES, Fernando Vernalha. "Alocação de riscos na PPP". *In:* JUSTEN FILHO, Marçal; SCHWIND, Rafael Wallbach (Coord.). *Parcerias Público-Privadas*: Reflexões sobre os 10 anos da Lei 11.079/2004. São Paulo: Revista dos Tribunais, 2015.

é o caso de setores que operam em regime de monopólio e sob forte regulação tarifária, em que a utilização da infraestrutura está mais impactada por outros fatores do que propriamente pela performance do concessionário – embora, não se pode negar, esteja também orientada pelo nível de qualidade e de disponibilidade da infraestrutura, que são de responsabilidade do concessionário.

Como já adverti:

> A alta longevidade dos contratos de PPP faz com que os níveis de demanda estejam expostos à influência de causas diversas, que muitas escapam do controle do concessionário: O ambiente macroeconômico (crises agudas na economia), por exemplo, pode propiciar quedas significativas de demanda, sem que isso possa ser adequadamente prevenido pelo parceiro privado. Diversos outros fatores poderão influenciar na variação da demanda de um serviço público, como o aumento de usuários estimulado por políticas governamentais ou como decorrência do próprio crescimento do PIB etc. Como essas projeções são difíceis e envolvem margens de erro não desprezíveis, o compartilhamento do risco de demanda surge como um mecanismo eficaz para impedir variações desproporcionais nos resultados financeiros da concessão, minimizando-se também problemas de instabilidade da taxa de retorno do projeto (o que acautela o financiador, desonerando custos financeiros do projeto).[165]

O advento das crises macroeconômicas aptas a impactar sensivelmente a demanda por serviços públicos é um exemplo

165 GUIMARÃES, Fernando Vernalha. "Repartição objetiva de riscos nas parcerias público-privadas". *In:* NUNES JR., Vidal Serrano; ZOCKUN, Maurício; ZOCKUN, Carolina Zancaner; FREIRE, André Luiz. (Coord.). *Enciclopédia Jurídica da PUCSP* – Tomo Direito Administrativo e Constitucional. São Paulo: Pontifícia Universidade Católica de São Paulo, 2017. Disponível em: https://enciclopediajuridica.pucsp.br/verbete/28/edicao-1/reparticao-de-riscos-nas-parcerias-publico-privadas. Acessado em: 20.06.2022.

emblemático disso. Em casos assim, em que o comprometimento da receita da concessão atinja níveis críticos, sem que o contrato preveja mecanismos para a compensação desses prejuízos (o que poderia ocorrer por meio, por exemplo, do compartilhamento do risco de demanda), os desvios no fluxo de caixa podem conduzir à morte da concessão, com prejuízos não apenas à concessionária, mas ao poder concedente e aos usuários.

Logo, especialmente em setores em que o nível de concorrência do serviço público é baixo ou inexistente, como é o caso de muitas concessões, a demanda afigura-se bastante sensível a fatores exógenos à esfera de controle do concessionário. Se assim for, o deslocamento para si do risco integral de demanda pode caracterizar uma distribuição de riscos apta não só a gerar ineficiências no contrato, como o risco de especulação comercial pelos interessados sobre as projeções de receita da concessão.

Ademais, um efeito da exposição excessiva do concessionário a certos riscos da concessão é o incremento dos custos de sua proposta. Em situações em que o concessionário vislumbrar riscos não gerenciáveis ou não seguráveis sob sua responsabilidade, a tendência é que o provisionamento para o gerenciamento desses riscos seja bastante custoso. Isso porque, relativamente a esses riscos, os interessados tendem a precificar seus custos sob cenários pessimistas, buscando se proteger de perdas mais expressivas. Como resultado, há a elevação do preço da concessão, que passa a incorporar ineficiências derivadas dos custos desses riscos.

Um outro possível efeito deletério da alocação integral do risco de demanda para o concessionário está na possibilidade de especulação comercial sobre as projeções de demanda, ou até mesmo o risco de fraude à licitação. Trata-se do risco de manipulação dos dados da demanda projetada com vistas a possibilitar não apenas descontos mais expressivos na licitação, mas a transformação da receita da concessão ao longo do projeto. Deprimindo artificialmente as estimativas de demanda, planta-se a possibilidade futura de ampliação significativa da receita da concessão.

Em vista disso, o compartilhamento do risco de demanda surge como técnica voltada a mitigar esses riscos e garantir maior estabilidade econômico-financeira à concessão, mitigando efeitos de oscilações intensas oriundas de crises recessivas na economia. Esse compartilhamento pressupõe a identificação de bandas de riscos, separando-se riscos de responsabilidade exclusiva do concessionário, do poder concedente e partilhados pelas partes. Essa delimitação assenta-se na ideia de que há um *risco ordinário* de variação de demanda a ser administrado exclusivamente pelo concessionário e que se contrapõe a *risco extraordinário*, que deve ser deslocado ao poder concedente partilhado entre as partes.

As variações menos expressivas, e que se justificam nas vicissitudes naturais de qualquer empreendimento dessa natureza, podem muito bem ser absorvidas no fluxo de caixa do projeto, considerando-se "riscos ordinários" da concessão. Já as variações muito acentuadas na demanda, que impactam de modo mais intenso o fluxo de caixa da concessão, retratam movimentos econômicos que fogem à previsibilidade da concessão, merecendo por isso um mecanismo automático de compensação. É o chamado "risco de extraordinário de demanda".

A ideia subjacente a esse sistema de compartilhamento de riscos é justamente evitar prejuízos acentuados à concessão, o que provoca o risco de sua descontinuidade, com uma série de desdobramentos ao poder concedente e aos usuários, assim como permitir o compartilhamento de ganhos mais expressivos do concessionário com os usuários do sistema.

A metódica para a compensação da materialização desses riscos pode variar bastante, sendo uma questão a ser customizada pelos contratos. É relevante advertir apenas que para os casos em que a compensação se dê mediante contraprestação pública (de natureza pecuniária), deverão ser consideradas as cautelas próprias do regime da responsabilidade fiscal.

2 Crises econômicas como objeto da tutela dos riscos extracontratuais

Uma abordagem relevante relaciona-se ao tratamento jurídico a ser dispensado para os casos de omissão contratual acerca da alocação do risco de crises econômicas. Evidentemente que o enfrentamento jurídico do problema dependerá de uma análise bastante criteriosa dos termos do contrato, fazendo-se uso de uma interpretação sistemática e teleológica de seu conteúdo para concluir-se pela inexistência de regência contratual sobre a questão. Trata-se da prevalência da força do contrato relativamente a critérios sucessivos que possam orientar a elucidação do problema, em prestígio ao princípio constitucional da intangibilidade da equação econômico-financeira do contrato administrativo.

Na hipótese, contudo, de ausência de solução contratualmente estabelecida, caberá ao intérprete e ao juiz encontrar critérios sucessivos a oferecer uma solução à questão que possa estar harmonizada com o regime jurídico dos contratos de longo prazo.

Nesse particular, nem a Lei federal n. 8.987/1995 nem a Lei federal n. 11.079/2004 trazem qualquer previsão acerca da tutela de riscos extracontratuais. Já a Lei federal n. 8.666/1993, que tem aplicação subsidiária aos contratos concessionários, contém uma disciplina expressa sobre a questão, inscrita na alínea “d” do inciso II do art. 65, deslocando-se à Administração Pública os riscos atinentes à álea *extraordinária* e *extracontratual*.

Essa disciplina não parece inconciliável com o modelo concessionário:

> Observe-se que essa regra visa a tutelar uma situação própria de risco extracontratual, desconsiderado pelo contratado

> ao tempo da contratação. O objetivo do legislador parece ter sido precisamente o de desestimular, nas propostas oferecidas na licitação, a precificação de situações de risco cujo controle pelos interessados é impossível ou bastante limitado. A finalidade é desonerar as propostas desses custos, transferindo-se a responsabilidade de gerenciamento desses riscos à Administração. Essa orientação está alinhada com a premissa fundamental costumeiramente utilizada para nortear a alocação de riscos em contratos complexos e de longo prazo, como as concessões e as PPPs, a qual recomenda alocar o risco à parte que detém melhores condições para o seu gerenciamento, donde se extrai a exegese de que riscos que não possam ser adequadamente gerenciados pelo parceiro privado devem ser retidos pelo parceiro público. Como esses riscos serão aqueles considerados imprevisíveis (e extracontratuais), o parceiro privado não terá meios para gerenciá-los adequadamente, fazendo sentido, portanto, que sejam eles alocados à responsabilidade do parceiro público.[166]

Parece-me, portanto, que essa regra será perfeitamente aplicável aos contratos concessionários para hipóteses de riscos imprevisíveis e extracontratuais.

Cabe aprofundar a análise do conteúdo dessa norma, com vistas a examinar a tutela do equilíbrio contratual ante a ocorrência de crises econômicas.

---

166 GUIMARÃES, Fernando Vernalha. "Alocação de riscos na PPP". *In:* JUSTEN FILHO, Marçal; SCHWIND, Rafael Wallbach (Coord.). *Parcerias Público-Privadas*: Reflexões sobre os 10 anos da Lei 11.079/2004. São Paulo: Revista dos Tribunais, 2015, p. 238.

2.1 O conteúdo jurídico da "álea extraordinária e extracontratual": exegese do dispositivo da alínea "d" do inciso II do artigo 65

A norma da alínea "d" do inc. II do artigo 65 da Lei federal n. 8.666/1993 impõe o dever jurídico de as partes alterarem o contrato administrativo para a recomposição da equação econômico-financeira em face da ocorrência de "álea extraordinária e extracontratual". A expressão é indeterminada e abrangente, autorizando o reequilíbrio contratual em função da ocorrência de fato *superveniente* à celebração do contrato, ou de *conhecimento superveniente*, *imprevisível* ou de *consequências incalculáveis*, que não decorra de culpa ou de responsabilidade do contrato e impacte onerosamente os custos de produção do contrato.

Uma adequada exegese do dispositivo importa reconhecer, portanto, a existência de quatro atributos cumulativos para a qualificação do evento a ensejar a tutela à equação financeira do contrato: (i) *superveniência* (à apresentação da proposta na licitação que gerou o contrato); (ii) *imprevisibilidade*; (iii) *onerosidade*; e (iv) *extracontratualidade.*

A maior dificuldade no enquadramento de eventos ao conceito de álea extraordinária reside precisamente na *imprevisibilidade* do evento, com vistas a distinguir riscos que, embora extracontratuais, afiguram-se previsíveis em função da atividade empresarial do concessionário, daqueles em relação aos quais não se pode exigir do concessionário sua previsibilidade.

É bastante difícil, para não dizer impossível, encontrar critérios objetivos e abstratos para diferenciar o previsível do imprevisível, o ordinário do extraordinário, em se tratando de riscos nas concessões. Talvez se pudesse aludir a uma espécie de escala de *previsibilidade* a medir os eventos que interferem na execução da concessão, cuja variável fundamental é a *probabilidade.* Tanto em relação à *natureza* do evento – qualitativamente (im)previsível – , como em relação à sua *intensidade* – quantitativamente (im)previsível – , sua previsibilidade será medida em função da probabilidade de sua ocorrência.[167] Assim, um furacão é um evento improvável de ocorrer no Brasil, retratando uma improbabilidade sob o ângulo qualitativo. Já a ocorrência de chuvas frequentes, não. Mas quando essas atingem índices pluviométricos altíssimos e de modo duradouro, adquirem um status de evento improvável – e aqui se está tratando de uma improbabilidade quantitativa. Em ambos os casos se está diante de um evento em relação ao qual não se poderia exigir das partes contratantes a sua previsibilidade, seja porque a espécie de evento é rara ou de ocorrência muito pouco provável, seja porque, embora ordinário o evento, sua intensidade o torna inesperado.

Esses dois ângulos de análise encontram fundamento na abrangência da locução da norma da alínea "d" do inciso II do artigo 65, que pressupõe como situações hábeis a ensejar o reequilíbrio não apenas aquelas *imprevisíveis*, mas também as que, embora previsíveis, são de *consequências incalculáveis*.

A advertência não é supérflua, uma vez que não raramente se minimiza a relevância do aspecto quantitativo no exercício de subsunção da situação concreta ao conceito de *imprevisibilidade*. Aliás, as abordagens mais comuns sobre as crises econômicas como causa de reequilíbrio da concessão têm padecido desse defeito de compreensão. A recorrência cíclica de crises macroeconômicas no país não raro é referida como justificativa para afastar a imprevisibilidade desses eventos e negar o reequilíbrio contratual, descurando-se de um exame concreto acerca de sua intensidade.

Além disso, a previsibilidade de um evento relaciona-se não apenas à sua anormalidade ou probabilidade, examinada sob os ângulos qualitativo e quantitativo, mas à disponibilidade de mecanismos aptos a monitorar a previsibilidade de sua ocorrência.

---

167 Vide JUSTEN FILHO, Marçal. *Teoria Geral da Concessões de Serviço Público*. São Paulo: Dialética, 2003, p. 401.

Nesse particular, os movimentos da economia são objeto de monitoramento e previsões diversas, mas que não contam com um grau aceitável de acurácia. As crises econômicas são fenômenos complexos, cuja ocorrência e intensidade não são plenamente capturadas pelas avaliações preditivas disponíveis na atualidade.

Mas é evidente, por outro lado, que os movimentos econômicos, dentro de uma certa margem de oscilação, são inerentes à dinâmica ordinária da economia. O funcionamento da economia não goza de estabilidade, sendo que há distúrbios mais ou menos acentuados a desencadear uma série de consequências com maior ou menor impacto em certos segmentos do mercado. E há por certo uma margem de oscilação dos indicadores econômicos que constitui o que se poderia chamar do *risco ordinário* da economia, ou do risco ordinário empresarial.

Esse risco ordinário não é tutelado pela teoria da imprevisão, que dá fundamento à norma da alínea "d" do inciso II do artigo 65 da Lei federal n. 8.666/1993. Mas é necessário perceber que o risco econômico ordinário como excludente da tutela da teoria da imprevisão nas relações entre privados é bastante diverso daquele a ser considerado na relação contratual administrativa. Isso porque, tal como adiante abordado, os contratos administrativos, como as concessões, estão como regra subjugados a uma tutela estatal muito mais intensa do que os contratos privados, privando o concessionário da gestão de mecanismos próprios de mercado para compensar perdas e agravos decorrentes das vicissitudes da economia. Por isso, a tutela do princípio do equilíbrio contratual é diversa e bastante mais generosa nos contratos públicos.

Logo, a noção de crise econômica a caracterizar o risco econômico extraordinário ou a álea extraordinária empresarial prende-se com uma avaliação quantitativa, só possível em face dos casos concretos. Essa análise, para os fins do seu enquadramento no conceito de álea extraordinária inscrito na alínea "d" do inciso II do artigo 65 da Lei federal n. 8.666/1993, pressupõe a consideração não apenas da intensidade da crise em si, mas da intensidade dos efeitos gerados no segmento econômico específico e associado à operação da concessão.

2.2 Crises econômicas como evento imprevisível ou de consequências incalculáveis

Talvez se possa dizer que crises econômicas não são exatamente eventos incomuns a ocorrer num ciclo de vida longo como é o das concessões. Mas a depender de sua intensidade, uma crise econômica pode afigurar distúrbio incomum e extraordinário. Quando uma crise intensa adquire potencial de alterar de modo significativo a receita de uma concessão, não se há de falar em um evento ordinário e de consequências previsíveis, do qual se esperaria a consideração pelo concessionário em sua proposta. Equiparar uma crise capaz de gerar desvios relevantes no fluxo de caixa de uma concessão a um risco ordinário do negócio é dotá-lo de uma álea excessiva e incompatível com a sua estabilidade econômico-financeira.

Tome-se como exemplo a crise macroeconômica desencadeada a partir do ano de 2014. Os dados disponíveis indicam que sua intensidade foi avassaladora, sem precedentes na histórica recente do Brasil, impactando diversos contratos de concessão gestados em anos anteriores.[168] Esses contratos foram licitados

168 Apenas no setor rodoviário, sete trechos da terceira etapa do Programa de Concessões de Rodovias Federais foram licitados. Já no setor aeroportuário, foram assinadas nesse período as concessões de Guarulhos (SP), Brasília, Viracopos (SP), Confins (MG) e Galeão (RJ). De acordo com reportagem da edição de 18 de maio de 2018 do Estadão, esses terminais operavam com uma demanda em média em 30% abaixo da projetada na licitação. PEREIRA, Renée. "Demanda de primeira leva de aeroportos concedidos está 30% abaixo do previsto". *O Estado de S. Paulo*, 18 maio 2018. Disponível em: https://economia.estadao.com.br/noticias/negocios,demanda-de-primeira-leva-de-aeroportos-concedidos-esta-30-abaixo-do-previsto,70002313497. Acessado em: 01.11.2018.

sob um contexto macroeconômico bastante diverso daquele que se instalaria poucos anos depois. Mais do que isso, esses programas foram orientados por previsões de crescimento da economia (com reflexos nas estimativas de demanda) muito discrepantes do que se verificou na realidade subsequente. Note-se que em janeiro de 2013 as expectativas de crescimento para 2015 e 2016 eram, respectivamente, 3,60 e 3,55%, de acordo com a pesquisa Focus, coletada pelo Banco Central junto a aproximadamente cem instituições do mercado financeiro e consultorias.[169] No entanto, os resultados para o biênio 2015/2016 foram quedas no PIB de 3,8 em 2015 e de 3,6 em 2016.

A causa para essas discrepâncias não esteve em meros erros nas estimativas de demanda, mas na alteração superveniente da realidade econômica do país. A partir de 2014, o Brasil experimentou aquilo que viria ser uma das piores crises recessiva em toda a sua história. O crescimento acumulado para o período 2014/2016 resultou numa queda no PIB de 6,9%, caracterizando-se como o pior triênio da história. A intensidade da crise levou o economista Raul Velloso a indagar: “qual a probabilidade de alguém, em 2013, imaginar que, nos três anos seguintes, teríamos o pior desempenho da história dos últimos 116 anos?”[170]

É evidente que, dada a dimensão da crise, ela não era previsível à época da gestação dos contratos de concessão nos anos anteriores. Se não era previsível, não foi considerada no plano de negócios dessas concessões. Se não foi considerada para esse fim, sua ocorrência, desde que geradora de desvios relevantes nos respectivos fluxos de caixa, há de ser considerada um fato extraordinário a ensejar o direito ao reequilíbrio contratual.

169 VELLOSO, Raul. *Recessão extraordinária e o abalo das concessões de 2013*. Rio de Janeiro: Instituto Nacional de Altos Estudos, 2016, p. 20.

170 VELLOSO, Raul. *Recessão extraordinária e o abalo das concessões de 2013*. Rio de Janeiro: Instituto Nacional de Altos Estudos, 2016, p. 20.

Portanto, uma característica a ser levada em consideração no exercício de subsunção da crise econômica ao conceito de evento imprevisível e extraordinário é a sua intensidade. Bem demonstrada a relação e a causalidade entre a crise e o desvio gerado no fluxo de caixa do contrato, e a depender da dimensão deste, resta configurado o evento próprio da álea extraordinária capaz de ensejar o direito ao reequilíbrio.

Dada a sua imprevisibilidade e a impossibilidade de mensuração de suas consequências, admitir que risco dessa natureza haveria de ser considerada no plano de negócio da concessionária importaria não apenas prestigiar uma alocação ineficiente de riscos como gerar uma série de distorções no processo de licitação, tal como abordado atrás.

Não se contraponha que a longevidade da concessão impediria o reconhecimento do desequilíbrio, aludindo-se que futuros períodos de euforia econômica poderiam compensar as crises agudas do passado. O argumento prova demais, pois seria oponível a todo e qualquer evento de desequilíbrio. Sua aceitação conduziria a fulminar a hipótese do reequilíbrio episódico. Afinal, sempre existirá a possibilidade de ocorrência do reequilíbrio inverso, ou da reversão do desequilíbrio, no prazo residual da concessão. Admitir essa possibilidade como óbice ao reequilíbrio conduziria ao aniquilamento dessa espécie de garantia constitucional ao concessionário, transformando-a num expediente de liquidação e haveres ao final da concessão (como sempre há o risco de ocorrência do reequilíbrio inverso, os ajustes para a manutenção pretérita da equação econômico-financeira da concessão seriam implementados apenas concluído o ciclo de vida da concessão, à guisa de liquidação dos haveres). É evidente, portanto, que a recomposição da equação econômico-financeiro deverá ser implementada no momento da verificação do desequilíbrio.

2.3 O impacto das crises econômicas e o regime de remuneração do concessionário

Um outro aspecto que não deve ser desprezado nessa análise é a capacidade do concessionário de *externalizar* as perdas de decorrentes do desequilíbrio. A tutela do equilíbrio contratual é tanto mais relevante em negócios sob forte controle e planejamento estatal, mitigando-se a capacidade do contratado em gerenciar as perdas a partir do aumento de preços, da subtração ou postergação de investimentos etc. É evidente que o empresário que atua sob a livre-iniciativa dispõe de uma série de mecanismos para neutralizar perdas sofridas pelo impacto de crises e de fatos gravosos ao seu negócio, que não são acessíveis pelo concessionário público. Os contratos de concessão estão, em maior ou menor grau, sujeitos a uma tutela estatal, que os limita pela imposição de cadernos de encargos, de planos de investimentos e do controle tarifário. Essa regulação impede que o concessionário compense os desvios gerados em seu fluxo de caixa pelo efeito de crises econômicas a partir dos mecanismos típicos de mercado.

A advertência relaciona-se à distinção entre concessões que operam sob maior ou menor regulação tarifária. Os negócios sujeitos à concorrência, submetidos em alguma medida à liberdade tarifária, viabilizam a transferência das oscilações de custos aos preços do serviço. Para essas concessões, que estão em boa medida sujeitas aos mecanismos próprios de mercado, os prejuízos não necessariamente são suportados dentro do fluxo de caixa da concessão. Precisamente em função disso, não estão subjugadas à tutela rígida do equilíbrio contratual, que se justifica precipuamente na impossibilidade de externalização das perdas sofridas pelo concessionário.

Ou seja: as concessões que operam sob um forte controle tarifário, como são as rodovias, os aeroportos, as ferrovias etc., são negócios muito mais dependentes da tutela externa do equilíbrio econômico-financeiro do que aquelas que contam com mecanismos para a transferência das perdas (que acabam por transferi-las aos usuários). É imprescindível, nesses casos, que a tutela do reequilíbrio contratual se faça presente, sob pena de impor-se ao concessionário um ônus imprevisível e impossível de ser compensado pela dinâmica própria do negócio.

2.4 A alocação do risco de demanda ao concessionário não impede o reequilíbrio contratual fundado na caracterização da crise econômica como um evento atinente à álea extraordinária

Também não seria correto impedir o reequilíbrio da concessão fundado na ocorrência de crises macroeconômicas de grande intensidade, sob a alegação de que o risco de demanda teria sido alocado ao concessionário. Desde que a causa raiz do desequilíbrio se origine de um risco alocado pela lei ou pelo contrato à responsabilidade do poder concedente, ainda que repercuta em oscilação de demanda, o concessionário terá direito à recomposição da equação econômico-financeira da concessão.

Isso significa reconhecer que nem toda oscilação de demanda deve ser suportada pelo concessionário à conta da assunção desse risco. É que a demanda do serviço público é uma variável sensível a causas diversas, que muitas vezes retratam a materialização de outros riscos arbitrados às partes pela lei ou pelo contrato. Assim, e por exemplo, o advento de uma guerra civil pode produzir queda acentuada nos níveis de demanda de certos serviços públicos, assim como também podem catástrofes naturais, como enchentes e furacões. E ninguém duvida que eventos dessa natureza se caracterizam como caso fortuito e força maior, típicos da álea extraordinária tratada pela norma da alínea "d" do inciso II do artigo 65 da Lei federal n. 8.666/1993, ainda que seu impacto na concessão se expresse pela forte redução de demanda. Esses exemplos extremos ajudam a evidenciar a relatividade da demanda à materialização de outros riscos, que fogem ao domínio do chamado risco de demanda.

É o que explica Pedro Gonçalves, aludindo que

> a circunstância de o contratante assumir um determinado risco (v.g., de procura ou de construção) não significa que tenha de suportar as consequências de todo e qualquer facto que produza efeitos no domínio desse risco. Assim, suponha-se a diminuição da procura resultante de um facto anormal e imprevisível: por exemplo, terremoto que destrói a autoestrada gerida em sistema de concessão. Neste cenário, mesmo que concessionário tenha assumido o risco da procura, a diminuição desta não corresponde a um risco próprio do contrato, antes resulta de uma ocorrência anormal e imprevisível, que deve dar lugar a uma compensação, nos termos do artigo 314, 2º.[171]

Logo, parece evidente que a assunção do risco de demanda pelo concessionário não lhe impõe o dever de suportar todas as consequências de fatos que repercutam efeitos negativos no domínio deste risco. Não é possível exigir do concessionário que assume o risco de demanda a responsabilidade pela ocorrência de todo e qualquer fator que possa impactar a demanda do serviço público. Inclusive porque a demanda pode ser impactada – e geralmente o é – pela ocorrência de eventos típicos da álea extraordinária.

Aliás, tem tradição na jurisprudência brasileira o reconhecimento do direito ao reequilíbrio contratual fundado na verificação de eventos extraordinários que repercutem no domínio de riscos assumidos pelo contratado. Tome-se como exemplo o desequilíbrio econômico-financeiro dos contratos verificado em função da variação cambial derivada da maxidesvalorização do real ocorrido no início de 1999. A hipótese teve acolhida no Poder Judiciário,[172]

---

171 GONÇALVES, Pedro Costa; MACHADO, Carla; MOREIRA, José Azevedo. *Direito dos Contratos Públicos*. Coimbra: Almedina, 2016, p. 559.

172 Sirva de exemplo julgado do Superior Tribunal de Justiça, que convive com outros em sentido contrário: "CONTRATO ADMINISTRATIVO. EQUAÇÃO

sendo que a acentuada e abrupta alta do dólar norte-americano, refletida na elevação aguda no custo de certos insumos, constituiu-se

---

ECONÔMICO-FINANCEIRA DO VÍNCULO. DESVALORIZAÇÃO DO REAL. JANEIRO DE 1999. ALTERAÇÃO DE CLÁUSULA REFERENTE AO PREÇO. APLICAÇÃO DA TEORIA DA IMPREVISÃO E FATO DO PRÍNCIPE. 1. A novel cultura acerca do contrato administrativo encarta, como nuclear no regime do vínculo, a proteção do equilíbrio econômico-financeiro do negócio jurídico de direito público, assertiva que se infere do disposto na legislação infralegal específica (arts. 57, § 1º, 58, §§ 1º e 2º, 65, II, d, §§ 5º e 6º, da Lei 8.666/93). Deveras, a Constituição Federal ao insculpir os princípios intransponíveis do art. 37 que iluminam a atividade da administração à luz da cláusula manter da moralidade, torna clara a necessidade de manter-se esse equilíbrio, ao realçar as 'condições efetivas da proposta'. 2. O episódio ocorrido em janeiro de 1999, consubstanciado na súbita desvalorização da moeda nacional (real) frente ao dólar norte-americano, configurou causa excepcional de mutabilidade dos contratos administrativos, com vistas à manutenção do equilíbrio econômico-financeiro das partes. 3. Rompimento abrupto da equação econômico-financeira do contrato. Impossibilidade de início da execução com a prevenção de danos maiores. (*ad impossiblia memo tenetur*). 4. Prevendo a lei a possibilidade de suspensão do cumprimento do contrato pela verificação da *exceptio non adimplet contractus* imputável à administração, *a fortiori*, implica admitir sustar-se o 'início da execução', quando desde logo verificável a incidência da 'imprevisão' ocorrente no interregno em que a administração postergou os trabalhos. Sanção injustamente aplicável ao contratado, removida pelo provimento do recurso. 5. Recurso Ordinário provido". BRASIL. Superior Tribunal de Justiça. Primeira Turma. Recurso Ordinário em Mandado de Segurança 15.154-PE. Rel. Ministro Luiz Fux, j. 19.11.2002; DJU 02.12.2002. Há também recente Acórdão do TCU, onde se reconheceu que "a variação da taxa cambial (para mais ou para menos) não pode ser considerada suficiente para, isoladamente, fundamentar a necessidade de reequilíbrio econômico-financeiro do contrato. Para que a variação do câmbio seja considerada um fato apto a ocasionar uma recomposição nos contratos, considerando se tratar de fato previsível, deve culminar consequências incalculáveis (consequências cuja previsão não seja possível pelo gestor médio quando da vinculação contratual), fugir à normalidade, ou seja, à flutuação cambial típica do regime de câmbio flutuante e, sobretudo, acarretar onerosidade excessiva no contrato a ponto de ocasionar um rompimento na equação econômico-financeira, nos termos previstos no art. 65, inciso II, alínea "d", da Lei 8.666/1993". BRASIL. Tribunal de Contas da União. 2ª Câmara. Acórdão n. 1431/2017. Relator: André de Carvalho. Disponível em: https://pesquisa.apps.tcu.gov.br/#/documento/acordao-completo/*/KEY%253AACORDAO-COMPLETO-2248876/DTRELEVANCIA%2520desc/0/sinonimos%253D-false. Acessado em: 01.11.2018.

em motivo suficiente para que esses custos merecessem a revisão contratual, apesar de o risco de sua variação ter sido alocado contratualmente à responsabilidade do contratado privado. A premissa jurídica reconhecida nesses julgados é a de que a alocação ao contratado privado do risco de variação no custo de insumos não impede que sua elevação acentuada e imprevisível a derivada de eventos da economia próprios da álea extraordinária enseje o reequilíbrio contratual.

A racionalidade jurídica desses precedentes autoriza a conclusão de que crises macroeconômicas recessivas, que se retratem em queda acentuada na demanda de serviços públicos, podem caracterizar-se como evento próprio da álea extraordinária a desencadear o reequilíbrio contratual, ainda que o risco de demanda tenha sido contratualmente alocado ao concessionário.[173]

É necessário observar, contudo, que o aludido desequilíbrio contratual não se caracteriza pela mera discrepância (mesmo que relevante) entre a demanda estimada e a demanda verificada. Não se trata de afirmar que a discrepância acentuada da demanda real à demanda estimada caracterizaria o referido risco extraordinário de demanda. A via do reequilíbrio não deve ser utilizada para

173 Não estou aqui sustentando a impossibilidade de o contrato alocar à responsabilidade do concessionário riscos extraordinários, como os de caso fortuito e força maior e de crises macroeconômicas recessivas de grande intensidade, embora essa seja em princípio uma opção juridicamente inadequada em função da projeção do princípio da eficiência, pelas razões mencionadas atrás. Mas desde que o contrato de concessão não tenha feito essa opção, não faz sentido que o reequilíbrio fundado na ocorrência de crises que se assim se qualifiquem seja obstado pela alegação de alocação do risco de demanda ao concessionário. Seja pela subsunção do fato ao conceito de caso fortuito e força maior, eventualmente tipificado em contrato como risco do poder concedente, seja pelo seu enquadramento na dicção da norma da alínea "d" do inciso II do artigo 65, crises dessa natureza e magnitude devem desencadear o reequilíbrio contratual, sob pena de conferir-se ao conceito de risco de demanda uma abrangência capaz de neutralizar os efeitos da alocação (legislativa ou contratual) de outros riscos – cujo efeito direto na concessão seja a oscilação de demanda.

corrigir defeitos na previsão de demanda pelo concessionário (ou pelo poder concedente). A eventual demonstração do desequilíbrio deverá estar fundada na verificação de um distúrbio econômico relevante, exógeno ao contrato, e que possa se caracterizar causa raiz para a queda acentuada de demanda. A partir disso, surge uma série de discussões relacionadas aos parâmetros e metodologias para a quantificação do dano, que fogem aos limites deste artigo.

Considerações finais

O presente texto propôs-se a analisar o tema do impacto das crises econômicas nas concessões rodoviárias, sob duas perspectivas distintas: a de seu tratamento *ex ante,* no plano do contrato, a partir da identificação de alternativas alocativas de riscos; e a da tutela de riscos extracontratuais para fins do reequilíbrio econômico-financeiro da concessão.

Das abordagens propostas, permite-se concluir que, em função da dificuldade de tipificação de eventos desta natureza em contrato, o compartilhamento do risco de demanda pode ser uma via adequada para minorar o impacto de crises econômicas agudas que repercutam em oscilações expressivas nos níveis de demanda. Quando as concessões comuns envolverem pagamento de outorga ao poder concedente, uma opção que tem sido utilizada em contatos mais recentes para mitigar parte do risco de demanda é a sua vinculação ao faturamento do negócio.

No que se refere ao enquadramento de crises macroeconômicas como objeto da tutela de riscos extracontratuais, conclui-se que crises econômicas agudas e de caráter recessivo podem enquadrar-se no conceito de álea extraordinária, tal como delimitado pela norma da alínea “d” do inciso II do artigo 65 da Lei federal n. 8.666/1993.

Essa caracterização enseja o reequilíbrio econômico-financeiro da concessão a favor do concessionário, independentemente da alocação do risco de demanda sob sua responsabilidade. A assunção do risco (ordinário) de demanda pelo concessionário não lhe torna responsável por prejuízos derivados de eventos atípicos e atinentes à álea extraordinária, tais como as crises macroeconômicas agudas, mesmo que repercutam diretamente em variações de demanda.

Referências bibliográficas

BRASIL. Presidência da República. *Lei n. 8.666*, de 21 de junho de 1993. Disponível em: http://www.planalto.gov.br/ccivil_03/leis/L8666compilado.htm. Acessado em: 01.11.2018.

_____. Presidência da República. *Lei n. 8.987*, de 13 de fevereiro de 1995. Disponível em: http://www.planalto.gov.br/ccivil_03/leis/l8987cons.htm. Acessado em: 01.11.2018.

_____. Presidência da República. *Lei n. 11.079*, de 30 de dezembro de 2004. Disponível em: http://www.planalto.gov.br/ccivil_03/_ato2004-2006/2004/lei/l11079.htm. Acessado em: 01.11.2018.

_____. Superior Tribunal de Justiça. Primeira Turma. Recurso Ordinário em Mandado de Segurança n. 15.154-PE. Rel. Ministro Luiz Fux, j. 19.11.2002; DJU 02.12.2002.

_____. Tribunal de Contas da União. Segunda Câmara. Acórdão n. 1431/2017. Relator: André de Carvalho. Disponível em: https://pesquisa.apps.tcu.gov.br/#/documento/acordao-completo/*/KEY%253AACORDAO-COMPLETO-2248876/DTRELEVANCIA%2520desc/0/sinonimos%253Dfalse. Acessado em: 01.11.2018.

GONÇALVES, Pedro Costa; MACHADO, Carla; MOREIRA, José Azevedo. *Direito dos Contratos Públicos*. Coimbra: Almedina, 2016.

GUASCH, J. Luis. *Granting and renegotiating infrastructure concessions*: doing it right. Washington: The World Bank, 2004.

GUIMARÃES, Fernando Vernalha. "Repartição objetiva de riscos nas parcerias público-privadas". *In*: NUNES JR., Vidal Serrano; ZOCKUN, Maurício; ZOCKUN, Carolina Zancaner; FREIRE, André Luiz. (Coord.). *Enciclopédia Jurídica da PUCSP* – Tomo Direito Administrativo e Constitucional. São Paulo: Pontifícia Universidade Católica de São Paulo, 2017. Disponível em: https://enciclopediajuridica.

pucsp.br/verbete/28/edicao-1/reparticao-de-riscos-nas-parcerias-publico-privadas. Acessado em: 01.11.2018.

_____. "Alocação de riscos na PPP". *In*: JUSTEN FILHO, Marçal; SCHWIND, Rafael Wallbach (Coord.). *Parcerias Público-Privadas*: Reflexões sobre os 10 anos da Lei 11.079/2004. São Paulo: Revista dos Tribunais, 2015.

_____. "O equilíbrio econômico-financeiro nas concessões e PPPs: formação e metodologias para recomposição". *In*: MOREIRA, Egon Bockmann (Coord.). *Contratos administrativos, equilíbrio econômico-financeiro e a taxa interna de retorno*. Belo Horizonte: Fórum, 2016.

_____. *Parceria Público-Privada*. 2ª ed. São Paulo: Saraiva, 2013.

GUIMARÃES, Fernando Vernalha; PETIAN, Angelica; RILLO, Regina; ROSÁRIO, Larissa. *Distribuição de riscos nas concessões rodoviárias*. Brasília: Senai/CBIC, 2017. Disponível em: https://cbic.org.br/infraestrutura/wp-content/uploads/sites/26/2018/09/guia_de_riscos.pdf. Acessado em: 01.11.2018.

JUSTEN FILHO, Marçal. *Teoria Geral da Concessões de Serviço Público*. São Paulo: Dialética, 2003.

PEREIRA, Renée. "Demanda de primeira leva de aeroportos concedidos está 30% abaixo do previsto". *O Estado de S. Paulo*, 18 maio 2018. Disponível em: https://economia.estadao.com.br/noticias/negocios,demanda-de-primeira-leva-de-aeroportos-concedidos-esta-30-abaixo-do-previsto,70002313497. Acessado em: 01.11.2018.

VELLOSO, Raul. *Recessão extraordinária e o abalo das concessões de 2013*. Rio de Janeiro: Instituto Nacional de Altos Estudos, 2016.

CAPÍTULO XXXIV

COMITÊ DE RESOLUÇÃO E PREVENÇÃO DE DISPUTAS (*DISPUTE BOARD*) NOS CONTRATOS DE CONCESSÃO DE RODOVIAS FEDERAIS: PRIMEIRAS IMPRESSÕES E PROSPECÇÕES NO DIREITO ADMINISTRATIVO BRASILEIRO

Gustavo Justino de Oliveira
Thaís Strozzi Coutinho Carvalho

Introdução

Contratos de longa duração, alta complexidade e elevados custos implicam controvérsias durante sua execução, dada a própria natureza da relação estabelecida entre as partes. É improvável, senão impossível, que o contrato seja capaz de regular todas as peculiaridades da relação jurídica entabulada ao longo do tempo, sendo natural o surgimento de situações técnicas e operacionais não previstas quando da estruturação do projeto.

A superveniência de conflitos entre as partes é, portanto, algo natural e esperado, sendo de bom alvitre que o próprio contrato aponte a forma de solucioná-los. Nesse contexto é que surge o Comitê de Resolução e Prevenção de Disputas (*dispute board*), como mecanismo contratual de resolução de conflitos, apto a apresentar soluções para questões supervenientes não reguladas pelo contrato ou cuja interpretação seja controvertida.

O método surgiu nos Estados Unidos da América na década de 1970, tendo sido adotado pela primeira vez em 1975, no contrato de construção da segunda parte do túnel Eisenhower, no estado do Colorado, trazendo benefícios para as partes. O sucesso do instituto foi tamanho, que a solução acabou por ser adotada em inúmeros contratos de construção naquele país.[174] Embora conte com quase cinco décadas de aplicação em contratos de todo o mundo, sua adoção ainda é tímida no Brasil.

Apenas os municípios de São Paulo e de Belo Horizonte regulamentaram o instituto, conforme Leis estaduais n. 16.873, de 22 de fevereiro de 2018 e 11.241, de 19 de junho de 2020, respectivamente de cada um dos municípios citados, havendo projeto de lei de iniciativa do Senado em tramitação, conforme PLS n. 206, de 2018, de autoria do Senador Antonio Anastasia, do PSDB de Minas Gerais.[175]

A ausência de lei específica não afasta a possibilidade de utilização do comitê em contratos dos programas de concessão do governo federal, cujo fundamento se extrai, para as concessões comuns, do artigo 23-A da Lei federal n. 8.987, de 13 de fevereiro

---

174 CHERN, Cyril. Chern on Dispute Boards. 3ª ed. Londres: Informa Law from Routledge, 2015, p. 11. Disponível em: https://doi.org/10.4324/9781315756615. Acessado em: 07.06.2022.

175 A tramitação do projeto de lei, sua redação e emendas podem ser consultadas no https://www25.senado.leg.br/web/atividade/materias/-/materia/133057. Acessado em: 29.01.2021.

de 1995, que permite a adoção de mecanismos privados para resolução de disputas decorrentes ou relacionadas ao contrato.[176]

A Lei federal n. 14.133, de 1º de abril de 2021, que institui a nova lei de licitações e contratos, é a primeira lei federal a textualmente prever a adoção do *dispute board*, conforme seu art. 151, que admite a utilização de meios alternativos de prevenção e resolução de controvérsias nos contratos administrativos, fazendo expressa menção ao comitê de resolução de disputas, ao lado da conciliação, mediação e arbitragem.

Mesmo antes da edição de tal lei, o Programa de Parcerias de Investimentos do Ministério da Economia promoveu workshop, em 2019, no qual apresentou cláusula-padrão para adoção de *dispute board* no âmbito dos contratos de concessões públicas promovidas pelo governo federal. No entanto, sua aplicação ainda não é adotada de forma ampla nos contratos de infraestrutura, a exemplo do edital de concessão de aeroportos da sexta rodada, promovida em abril de 2021, que não previu o dispute board no contrato.

Em contratos de concessão de rodovias, somente em 2020 foi previsto o comitê na modelagem da concessão das rodovias federais BR-153/414/080/TO/GO e BR-163/230/MT/PA a cargo da Agência Nacional de Transportes Terrestres (ANTT).

O presente estudo visa avaliar o contexto regulatório e normativo em que o *dispute board* foi previsto nos contratos de concessão das citadas rodovias federais, aprovados pelo Tribunal

---

176 O artigo 11, inciso III, da Lei federal n. 11.079/2004, igualmente prevê que as parcerias público-privadas (concessões patrocinadas e concessões administrativas) adotem mecanismos privados de solução de conflito, assim como o artigo 42, § 5º, da Lei federal n. 8.666/1993, que admite expressamente a importação de normas e procedimentos de organismos internacionais nos contratos administrativos financiados com recursos de tais organismos. Isso pode implicar a utilização do *dispute board*, dada a ampla exigência de bancos internacionais de investimentos para que sejam adotadas cláusulas de constituição de *dispute board* em contratos de longa duração e altos investimentos.

de Contas da União em 2020, respectivamente, por meio dos Acórdãos 4036/2010 e 4037/2020, ambos do Plenário da Corte de Contas, o primeiro de relatoria do Ministro Vital do Rêgo e o segundo sob a relatoria do Ministro Benjamin Zymler.

Para tanto, no primeiro item será apresentado o conceito e tipos de *dispute board*, com as diferenças entre os comitês que adotam decisões não vinculantes (*dispute review board*), decisões vinculantes (*dispute adjudication board*) ou mistas (*combined dispute board*), abordando-se as vantagens e desvantagens de cada modelo, bem como a natureza jurídica do instituto.

Em seguida, será analisada a cláusula de *dispute board* adotada nos contratos de concessão das rodovias federais BR-153/414/080/TO/GO e BR-163/230/MT/PA, avaliando-se a sua aderência à cláusula-padrão adotada pelo Programa de Parceria de Investimentos do governo federal, bem como o entendimento jurídico sobre o instituto traçado pela Procuradoria Federal junto à ANTT e a determinação do Tribunal de Contas da União sobre a proposta de cláusula apresentada pela agência, avaliando-se as perspectivas e limitações decorrentes da determinação da Corte de Contas.

Será utilizada a metodologia de revisão doutrinária, conforme referencial teórico próprio dos métodos extrajudiciais de solução de conflitos, a exemplo da doutrina de Cyril Chern, bem como o estudo de caso, a partir dos contratos de concessão das rodovias federais BR-153/414/080/TO/GO e BR-163/230/MT/PA, anexos aos editais n. 1/2021 e 2/2021, publicados pela ANTT, respectivamente, em 29 de janeiro de 2021 e 31 de março de 2021.

1 Comitê de Resolução e Prevenção de Disputas: conceitos e tipos

Neste item serão apresentados os conceitos e tipos de comitês de resolução e prevenção de disputa, apresentando os comitês de acordo com o caráter vinculante ou não vinculante de suas decisões, bem como as vantagens de cada espécie, de acordo com a doutrina e experiência de outros países relatada pelos autores que se dedicam ao estudo do tema.

1.1 Conceito e natureza jurídica

O Comitê de Resolução e Prevenção de Disputas (DB) é um órgão, em regra permanente,[177] previsto em contrato, usualmente formado por três membros independentes, escolhidos pelas partes, que acompanha a execução do objeto contratado desde o seu nascedouro, podendo adotar decisões vinculantes ou recomendações em face das situações a ele submetidas pelas partes contratantes.

Trata-se de uma "criatura do contrato",[178] já que são as partes que elegem a sua instituição, por meio de previsão contratual que poderá conferir ao comitê poderes adjudicatórios ou apenas de revisão ou recomendação.

Os membros do DB são usualmente indicados pela parte, sendo que cada contratante indica um membro e os dois indicam um terceiro, de comum acordo, que exercerá a presidência do órgão, garantindo-se, assim, a imparcialidade do comitê. Regulamentos como o do Centro de Mediação e Arbitragem (2018) preveem a possibilidade de a parte impugnar a indicação feita no prazo de 7 dias.

O principal objetivo do instituto é a resolução e prevenção de conflitos em contratos de longa duração, alta complexidade técnica ou operacional e elevados custos. Tais aspectos são fatores preponderantes para a escolha do DB em contratos, em razão da

---

177 O regulamento do Centro de Arbitragem e Mediação (CAM-CCBC) prevê a instituição de comitês permanentes ou *ad hoc*, em que ele somente será constituído para o tratamento de controvérsias ou esclarecimentos específicos, sendo destituído logo após a solução.

178 CHERN, Cyril. *Chern on Dispute Boards*. 3ª ed. Londres: Informa Law from Routledge, 2015, p. 5. Disponível em: https://doi.org/10.4324/9781315756615. Acessado em: 07.06.2022.

impossibilidade de se regularem no instrumento todas as situações decorrentes de sua execução, sendo inevitável a ocorrência de lacunas que invariavelmente conduzirão a controvérsias cuja solução não estará previamente definida.

O comitê foi inicialmente adotado em contratos de obras, a exemplo do Eurotúnel entre França e Inglaterra, do aeroporto internacional de Beijing, na China, do aeroporto de Hong Kong, do Niagara Tunnel, no Canadá, e da rede ferroviária de Eithad, nos Emirados Árabes.[179]

A sua aplicação é compatível, no entanto, também com outros contratos de longa duração, como concessões e parcerias público-privadas,[180] como nas concessões de rodovias federais analisadas reguladas pelos editais n. 1/2021 e 2/2021, da ANTT, objeto deste estudo.

Garcia[181] aponta o instituto como "um mecanismo de gestão contratual preventivo e viabilizador de uma atuação *ex ante* do próprio conflito, dotado de uma racionalidade procedimental extremamente pragmática".

Embora possa ocorrer a implantação *ad hoc* do comitê, apenas quando suscitado conflito pelas partes, o acompanhamento permanente do desenvolvimento da obra ou projeto contratado torna o comitê mais eficaz,[182] reduzindo tanto os custos com o

---

179 CHERN, Cyril. *Chern on Dispute Boards*. 3ª ed. Londres: Informa Law from Routledge, 2015, pp. 91-102. Disponível em: https://doi.org/10.4324/9781315756615. Acessado em: 07.06.2022.

180 (Wald, 2011, p. 4).

181 GARCIA, Flávio Amaral. "O Dispute Board e os Contratos de Concessão". *Direito do Estado*, nº 121, 2016, p. 2. Disponível em: http://www.direitodoestado.com.br/colunistas/flavio-amaral-garcia/o-dispute-board-e-os-contratos-de-concessao. Acessado em: 19.05.2021.

182 RIBEIRO, Marcia Carla Pereira; ALMEIDA, Caroline Sampais de. "Análise Crítica das Cláusulas Dispute Board: Eficiência e casos Práticos". *Novos*

procedimento quanto a própria burocracia no levantamento de fatos, eis que há efetivo acompanhamento, em tempo real, do desenvolvimento do projeto pelos membros do comitê.

Os membros se reúnem periodicamente, realizando também visitas técnicas ao local do empreendimento e recebendo reportes periódicos sobre o andamento da obra. Dessa forma, não apenas torna-se possível antever o surgimento de eventuais conflitos como também, uma vez submetida a questão à resolução pelo comitê, poderão seus membros visualizar o caso com muito maior clareza e conhecimento do fato, eis que acompanham detalhadamente o empreendimento e sua execução.

Assim, enquanto procedimentos arbitrais e processos judiciais atuam após a instalação do conflito e, via de regra, após a execução da obra, com a necessidade de apuração documental e muitas vezes pericial para a comprovação dos fatos, no DB os membros acompanham a execução de modo contemporâneo, sendo esse fato apontado[183] como uma grande vantagem de eficiência do procedimento.

A celeridade na solução do conflito é outra vantagem do procedimento adotado pelo DB, como decorrência da própria contemporaneidade da análise ao surgimento da controvérsia. Por outro lado, a celeridade da solução pode induzir as partes a maior reflexão quanto à própria submissão do conflito ao comitê, visto que restará de pronto definido o resultado, que naturalmente irá beneficiar uma parte e contrariar os interesses da outra.

Adotada a decisão ou feita a recomendação pelo comitê, a sua formalização dar-se-á, via de regra, por meio de um aditamento ao contrato, de modo a incorporar a regra ao instrumento. Daí, tem-se que a natureza do instituto é de obrigação contratual, eis

---

Estudos Jurídicos, vol. 18, nº 2, 2013, p. 230. Disponível em: https://doi.org/10.14210/nej.v18n2.p224-239. Acessado em: 19.05.2021.

183 (Wald, 2011, p. 5).

que as partes não apenas decidem, de antemão, por força do contrato, a submeter os conflitos ao comitê, como também necessitarão formalizar suas resoluções por meio de aditamento ao contrato.

O órgão poderá exercer também função de mediação, de tal forma que a solução do conflito seja construída pelas próprias partes.

1.2 Comitê revisor ou de assessoramento (*dispute review board*)

As decisões adotadas pelo comitê poderão ter caráter opinativo ou de revisão, com efeitos não vinculantes. Os comitês que adotam decisões não vinculantes acabam por se tornar um órgão de consultoria técnica das partes contratantes, baixando recomendações diante dos conflitos ou consultas submetidas aos seus integrantes.

Caso as partes estejam de acordo com a recomendação feita, adotar-se-á a solução apontada de comum acordo e, caso haja discordância, a questão poderá ser submetida a arbitragem ou ao judiciário, a depender do foro de eleição do contrato.

O regulamento da Câmara de Arbitragem Empresarial – Brasil[184] estabelece que a recomendação adotada pelo comitê, caso não impugnada pelas partes no prazo de 15 dias, torna-se vinculante.

Os Estados Unidos da América foram o berço dos DRB, que adotam apenas esse modelo. Dentre as vantagens do modelo, aponta-se o fato de as partes não terem qualquer razão para temer a submissão do conflito ao comitê, eis que não estarão vinculadas ao seu resultado.[185] Por outro lado, seja em razão da qualidade

---

184 CÂMARA DE ARBITRAGEM EMPRESARIAL – BRASIL (Camarb). *Regulamento de dispute board da CAMARB*. Disponível em: https://camarb.com.br/dispute-board-drb-ou-junta-de-consultores/regulamento/. Acessado em: 26.05.2021.

185 CHERN, Cyril. *Chern on Dispute Boards*. 3ª ed. Londres: Informa Law from Routledge, 2015, p. 6. Disponível em: https://doi.org/10.4324/9781315756615.

técnica, conhecimento de fato ou confiança usualmente depositada nos membros do comitê, a recomendação adotada pelo comitê certamente integrará o processo judicial ou procedimento arbitral, que ao final decidirá a controvérsia, constituindo-se relevante prova para o deslinde do caso.

1.3 Comitê adjudicatório (*dispute adjudication board*)

O comitê adjudicatório adota decisões vinculantes, a que se submeterão as partes por força de disposição contratual. O modelo surgiu a partir de uma evolução do comitê revisor adotado pelos norte-americanos,[186] sendo amplamente usado nas diferentes partes do mundo, à exceção dos Estados Unidos da América.

As vantagens do mecanismo contratual são tamanhas que o Banco Mundial passou a recomendar a adoção do comitê em obras financiadas pelo banco e, na sua esteira, o International Federation of Consulting Engineers (Fidic) editou modelos padronizados de contrato, com cláusula de DB na sua modalidade vinculante, em 1996.[187]

Apesar de vinculante, é certo que a decisão do comitê de adjudicação por vezes não é final, eis que sempre será possível a sua submissão ao judiciário ou à arbitragem, no entanto, a decisão fixada por comitê técnico, que conhece a obra e adota decisão fundamentada e contemporânea ao conflito acaba por influenciar o entendimento fixado pelo juízo arbitral ou tribunal.

Acessado em: 07.06.2022.

186 CHERN, Cyril. *Chern on Dispute Boards*. 3ª ed. Londres: Informa Law from Routledge, 2015, p. 6. Disponível em: https://doi.org/10.4324/9781315756615. Acessado em: 07.06.2022.

187 CHERN, Cyril. *Chern on Dispute Boards*. 3ª ed. Londres: Informa Law from Routledge, 2015, p. 12. Disponível em: https://doi.org/10. 4324/9781315756615. Acessado em: 07.06.2022.

Além disso, importante o registro de que, havendo as partes se submetido contratualmente às decisões do comitê, o descumprimento de uma decisão vinculante implica o descumprimento do próprio contrato, de modo que o contratante que a descumprir estará em mora, com todas as consequências dela decorrentes, até que sobrevenha decisão arbitral ou judicial em sentido diverso.

Chern[188] destaca que, embora o comitê de adjudicação adote decisões vinculantes, nada impede que as partes solicitem a opinião do comitê sobre algum aspecto, a qual não terá efeito vinculante, mas apenas de orientação ou assessoramento, o que torna essa modalidade ainda mais atraente.

1.4 Comitê misto (*combined dispute board*)

O comitê misto é uma variação dos dois modelos apresentados, desenvolvida pela Câmara Internacional de Comércio (ICC).

Os comitês mistos apresentam uma solução intermediária dos modelos de revisão e adjudicatório, em que, em regra são apresentadas recomendações e, no entanto, caso uma das partes requeira a adoção de uma decisão vinculante, não havendo objeção da outra parte, a decisão vinculará ambas. Lado outro, caso a parte apresente qualquer impugnação à pretensão de submeter a uma decisão vinculante, o comitê decidirá se será firmada decisão ou recomendação.

Chern[189] aponta que o modelo constitui um "cenário mais palatável do que um simples *dispute review board* ou um *dispute*

---

188 CHERN, Cyril. *Chern on Dispute Boards.* 3ª ed. Londres: Informa Law from Routledge, 2015, p. 34. Disponível em: https://doi.org/10. 4324/9781315756615. Acessado em: 07.06.2022.

189 CHERN, Cyril. *Chern on Dispute Boards.* 3ª ed. Londres: Informa Law from Routledge, 2015, p. 34. Disponível em: https://doi.org/10. 4324/9781315756615. Acessado em: 07.06.2022.

adjudication board, principalmente em situações em que as partes são novas no conceito de *dispute board*".

2 *Dispute board* nos contratos de concessão de rodovias federais

No final de 2020, a Agência Nacional de Transportes Terrestres (ANTT) lançou dois editais de concessão de rodovias com a previsão de adoção de *dispute board* para a solução de controvérsias surgidas nos contratos, conforme os editais n. 1/2021 e 2/2021, publicados pela ANTT, respectivamente, em 29 de janeiro de 2021 e 31 de março de 2021.

O objetivo do presente item é analisar o teor de tais cláusulas, verificando sua aderência à cláusula-padrão proposta pelo Programa de Parceria de Investimentos do governo federal no workshop realizado em 2019, bem como as perspectivas e limitações de adoção do mecanismo a partir do entendimento firmado pelo Tribunal de Contas da União no julgamento dos Acórdãos n. 4036 e 4037, de 2020.

2.1 Cláusula-padrão proposta pelo Programa de Parcerias de Investimentos do governo federal nos contratos de concessão de infraestrutura

O Programa de Parcerias de Investimentos do governo federal (PPI) promoveu, no segundo semestre de 2019,[190] workshop e consulta pública para o recebimento de contribuições para fins de edição de resolução que tem por objetivo aprovar cláusula modelo de solução

---

190 BRASIL. "PPI/Casa Civil disponibiliza consulta pública acerca da resolução que aprova cláusula modelo de solução de controvérsias". *Programa de Parcerias de Investimentos*. Disponível em: https://portal.ppi.gov.br/consultapublicappi1-19. Acessado em: 27.05.2021.

de controvérsias como boa prática regulatória a ser adotada nos contratos de infraestrutura qualificados no âmbito do Programa.

A minuta foi debatida com os diversos órgãos do governo que atuam no setor de infraestrutura, com a Advocacia Geral da União e com câmaras de mediação e arbitragem. Assim, houve manifestação e contribuições, dentre outros, do Núcleo Especializado em Arbitragem da Advocacia-Geral da União (NEA/AGU), da Câmara de Conciliação da Administração Federal da Advocacia-Geral da União, da Agência Nacional de Transportes Aquaviários, da Agência Nacional do Petróleo, Gás Natural e Biocombustíveis, da Agência Nacional de Transportes Terrestres, do Ministério de Minas e Energia, da Câmara de Comércio Internacional, da Câmara de Mediação e Arbitragem Empresarial, da Agência Nacional de Aviação Civil, além de servidores dos ministérios da Economia, Infraestrutura, Transparência e Controladoria-Geral da União e advogados e especialistas que atuam na área, conforme se extrai da Nota Técnica n. 4/2019/STR/SPPI.[191]

Houve um workshop específico para debater e apresentar o *dispute board*, em setembro de 2019, com a participação de quatro especialistas para apresentar experiências com a utilização no Brasil e no mundo: Beatriz Vidigal Xavier da Silveira Rosa, Luis Otávio Rosa, Maurício Brun Bucker e Fernando Marcondes.

O PPI apresentou uma minuta de resolução, submetida à consulta pública, na qual propôs cláusula-modelo para a solução de controvérsias como forma de incentivar a adoção de mecanismos adequados para a solução de conflitos, numa perspectiva de sistema multiportas de solução de conflitos, sem caráter obrigatório, mas sim com contornos de *soft law*, a recomendar a adoção das cláusulas propostas.

---

191 BRASIL. Programa de Parcerias de Investimentos. *Nota Técnica n. 4/2019/STR/SPPI*. Disponível em: https://portal.ppi.gov.br/legislacao-e-arquivos?np=35&di=&df=25/11/2021&re=10&pn=&tps=-1&tp=-1. Acessado em: 20.05.2021.

O *dispute board* está previsto no anexo II da minuta de resolução, que deixa a cargo do poder concedente a previsão de comitê permanente ou *ad hoc*, sendo o permanente constituído em determinado período após a celebração do contrato, com a sugestão de que isso ocorra em 60 dias, e o *ad hoc* somente quando configurado o conflito entre as partes.

A Nota Técnica n. 4/2019/STR/SPPI destaca as vantagens e desvantagens de cada modelo:

> 92. O comitê permanente é instituído desde o início do contrato ou durante a fase contratual crítica para o surgimento de potenciais conflitos. Aponta-se como vantagem do modelo de comitê permanente o seu conhecimento a respeito da execução do contrato com maior propriedade e *ex ante* ao surgimento do conflito, conferindo-lhe condições para proferir recomendações e decisões mais adequadas e céleres. Por consequência, este acompanhamento *pari passu* do comitê tende a induzir condutas mais cooperativas pelas partes, evitando a potencialização dos conflitos e a submissão de pleitos ao comitê e resolvendo as divergências entre elas de forma espontânea. Por outro lado, a existência perene do comitê representará para as partes maiores custos na sua manutenção.
>
> 93. Já o comitê *ad hoc* é instituído quando já instaurada a divergência. Só então os especialistas indicados como membro do colegiado tomarão conhecimento dos fatos, de modo que sua decisão tende a ser menos informada, embora seja menos dispendiosa esta modalidade em relação ao comitê permanente.[192]

---

192 BRASIL. Programa de Parcerias de Investimentos. *Nota Técnica n. 4/2019/STR/SPPI*, pp. 16/17. Disponível em: https://portal.ppi.gov.br/legislacao-e-arquivos?np=35 &di=&df=25/11/2021&re=10&pn=&tps=-1&tp=-1. Acessado em: 20.05.2021.

A adoção do comitê *ad hoc* está focada, portanto, em redução de custos, reconhecendo-se a vantagem do comitê permanente, ante o seu conhecimento do caso previamente ao surgimento do conflito, inclusive no que tange à possibilidade de a própria existência do comitê induzir à solução consensual do potencial conflito.

O modelo proposto faculta ao órgão público a previsão de comitê adjudicatório, recomendatório ou misto, conforme critérios de conveniência do gestor público responsável pela modelagem da concessão, conforme características do empreendimento licitado.

A PPI aponta como vantagens do modelo adjudicatório a redução do custo decisório, o que corresponde a uma desvantagem de se retirar o caráter autoexecutável dos atos da Administração, visto que em caso de discordância da Administração quanto à decisão adotada, somente poderia ser suspensa a decisão mediante provimento judicial ou arbitral. Lado outro, o modelo recomendatório mantém o poder decisório do gestor público, o que é visto pela PPI como uma vantagem frente ao outro modelo.

A minuta elege as matérias que estarão sujeitas a ser submetidas ao comitê, conforme item 1.6, que assim dispõe:

> 1.6. São passíveis de serem submetidas ao Comitê de Prevenção e Resolução de Divergências as divergências que envolvam direitos patrimoniais disponíveis ou direitos indisponíveis que admitam transação, ainda que exijam interpretação do Contrato, nas seguintes matérias:
>
> (a) equilíbrio econômico-financeiro do Contrato;
>
> (b) execução de serviços e obras e sua adequação aos parâmetros exigidos pela regulação e pelo Contrato; e
>
> (c) avaliação de ativos e de indenizações.
>
> 1.6.1. Não são passíveis de submissão ao Comitê de Prevenção e Resolução de Divergências as divergências não previstas na subcláusula 1.6, e toda matéria afeta à prerrogativa de definição da política pública.

O texto proposto é expresso no sentido de que não será qualquer matéria sujeita à apreciação pelo comitê, o qual será restrito à análise das demandas vinculadas ao reequilíbrio econômico-financeiro do contrato, à execução de serviços e obras quanto à adequação aos parâmetros exigidos pela regulação e pelo contrato e à avaliação de ativos e de indenizações.

Nota-se a preocupação da União, enquanto poder concedente, de não recomendar a submissão de matérias ao comitê que possam interferir em questões afetas às prerrogativas por ela exercidas na relação contratual, como questões as relativas à definição de políticas e ao interesse público.

A relação contratual com a Administração Pública está tradicionalmente atrelada à posição do Estado contratante dotado de supremacia de poder em relação ao contratado,[193] o que merece alguma reflexão quando se trata de solução de conflitos com a Administração por métodos outros que não os tradicionais processos administrativo e judicial.

A própria Lei federal n. 13.129, de 26 de maio de 2015, é clara ao permitir a solução de conflitos que envolvam a Administração Pública por meio da arbitragem somente quando se trate de direitos patrimoniais disponíveis, a revelar a especial tutela legal conferida ao interesse público.

A proposta da PPI está, nesse sentido, alinhada à legislação de regência dos mecanismos extrajudiciais de solução de conflitos, portanto, não permite a adoção do *dispute board* para todo e qualquer caso, mas apenas para parte dos direitos patrimoniais disponíveis de que dispõe o Estado numa relação contratual de longo prazo, como nas concessões reguladas pelo programa.

---

193 MEIRELLES, Hely Lopes. *Direito Administrativo Brasileiro*. 25ª ed. São Paulo: Malheiros, 2000, p. 201.

2.2 Cláusulas adotadas nos contratos de concessão das rodovias federais BR-153/414/080/TO/GO e BR-163/230/MT/PA

Os editais n. 1/2021 e 2/2021, publicados pela ANTT, que têm por objeto a concessão das rodovias federais BR-153/414/080/TO/GO e BR-163/230/MT/PA, adotaram cláusula nos contratos a eles anexos, que prevê a adoção do comitê de resolução de conflitos instaurado de modo *ad hoc*, ou seja, somente quando evidenciado um conflito, e com caráter recomendatório.

O comitê poderá ser constituído por iniciativa do poder concedente ou da concessionária, devendo ser adstrito a posicionamento sobre questões de natureza eminentemente técnica, diante de situações concretas excepcionais e complexas.

Embora louvável a adoção da cláusula do dispute board no contrato de concessão de rodovias, a proposta ainda é tímida, dada a excepcionalidade da convocação do comitê e subjetividade da sua hipótese de cabimento.

Diferentemente do que proposto pelo PPI, a cláusula do contrato de concessão das rodovias não especifica as matérias que estarão sujeitas ao pronunciamento do comitê de resolução de conflitos, além de condicionar a adoção do mecanismo à regulamentação do assunto pela ANTT.

Nota-se, portanto, que a adoção do comitê acaba por se tornar medida tão excepcional que corre o risco de perder a sua efetividade na solução de conflitos. Ademais, a própria Constituição do comitê já poderá ser objeto de controvérsia, ante a falta de clareza nas suas hipóteses de cabimento. Não obstante não tenha o contrato especificado as hipóteses em que poderá ser convocado o comitê, certo que os casos previstos pelo PPI para o cabimento do painel de solução de disputas poderão ser adotados como parâmetro para indicar a convocação do *dispute board* no caso concreto, especialmente porque certo que constituem matérias de ordem técnica e excepcionais.

O comitê de solução de disputas, a par de constituir um mecanismo extrajudicial de resolução de conflitos, privilegia que a solução se dê de modo consensual, em especial na hipótese em que fixa entendimentos não vinculantes, como é caso do contrato de concessão de rodovias.

Nesse ponto, vale rememorar que a Lei de Arbitragem, com a redação dada pela Lei federal n. 13.129, de 2015, expressamente reconhece a possibilidade de a Administração adotar a arbitragem para solução de controvérsia de direitos patrimoniais disponíveis. Parece-nos, portanto, que esse pode ser um ponto de partida, para fins de garantir maior objetividade na aplicação do dispute board nos contratos de concessão de rodovias, dada a semelhança dos institutos, igualmente enquadrados como mecanismos extrajudiciais de solução de conflitos, conduzidos por comitês de especialistas independentes e imparciais indicados pelas partes.

Importante o registro de que a ANTT conta com regulamentação própria sobre as regras procedimentais para a autocomposição e a arbitragem no âmbito da agência, conforme Resolução n. 5.845, de 14 de maio de 2019,[194] a qual específica, em seu art. 2º, o que se entende por direitos patrimoniais disponíveis:

> Art. 2º São considerados direitos patrimoniais disponíveis, sujeitos ao procedimento de Solução de Controvérsias regulado pela presente Resolução:
>
> I - questões relacionadas à recomposição do equilíbrio econômico-financeiro dos contratos;

---

194 BRASIL. Agência Nacional de Transportes Terrestres – ANTT. *Resolução n. 5.845*, de 14 de maio de 2019. Disponível em: https://portal.in.gov.br/web/dou/-/resolu%C3%87%C3%83o-n%C2%BA-5.845-de-14-de-maio-de-2019-104559141. Acessado em: 20.05.2021.

> II - indenizações decorrentes da extinção ou transferência do Contrato;
>
> III - penalidades contratuais e seu cálculo, bem como controvérsias advindas da execução de garantias;
>
> IV - o processo de relicitação do contrato nas questões que envolvam o cálculo das indenizações pelo órgão ou pela entidade competente; e
>
> V - o inadimplemento de obrigações contratuais por qualquer das partes.
>
> Parágrafo único. Quaisquer outros litígios, controvérsias ou discordâncias relativas a direitos patrimoniais disponíveis decorrentes do contrato não previstos acima poderão ser resolvidos por arbitragem, desde que as partes, em comum acordo, celebrem compromisso arbitral, definindo o objeto, a forma, as condições, conforme definido no art. 12.

Ao prever o caráter recomendatório do comitê, o contrato registra, ainda, o intuito de a recomendação "prover subsídios para a tomada de decisão da ANTT", com necessidade de que seja proferida a recomendação previamente à decisão administrativa sobre a matéria. A previsão revela o intuito do poder concedente de resguardar sua prerrogativa de supremacia na relação contratual, o que igualmente pode acabar por retirar a eficácia do instituto.

A própria ANTT reconhece[195] o instituto como um mecanismo de solução de conflitos, apontando como sua maior vantagem a possibilidade de se ter a questão contratual revista por especialistas em um curto período, a atrair o interesse de instituições como o Banco Mundial, quanto à adoção de tal mecanismo como condição para a aprovação de financiamentos.

---

195 BRASIL. Tribunal de Contas da União. Acórdão n. 4036/2020, pp. 108/109. Disponível em:https://pesquisa.apps.tcu.gov.br/#/redireciona/acordao-completo/%22ACORDAO-COMPLETO-2436973%22. Acessado em: 20.05.2021.

Como visto, o interesse dos bancos financiadores na submissão das controvérsias ao comitê está relacionado à segurança jurídica decorrente de solução adotada no caso concreto, atrelada a celeridade e eficiência das decisões firmadas pelo comitê, de modo que deve o poder concedente estar atento à segurança jurídica esperada com a adoção de tal mecanismo de solução de controvérsia, especialmente quando da sua regulamentação.

No caso das recomendações do *dispute board* previsto no contrato de concessão de rodovias federais, se por um lado está determinado no contrato que somente serão submetidos ao comitê questões de natureza eminentemente técnica em situações excepcionais e complexas, de outro, certo que a solução do caso concreto deverá atender ao interesse público, ainda que esse interesse aponte para o reconhecimento dos argumentos da concessionária, que poderá ter razão no caso concreto, sendo merecedora da decisão que lhe reconheça algum direito em face do poder concedente.

2.3 Acórdãos n. 4036 e 4037, de 2020, do Plenário do Tribunal de Contas da União: perspectivas e limitações

Quando da análise dos editais e contratos de concessão das rodovias BR-153/414/080/TO/GO e BR-163/230/MT/PA pelo Tribunal de Contas da União (TCU), houve pronunciamento da unidade técnica do Tribunal no sentido de recomendar a exclusão da cláusula do *dispute board* dos contratos analisados.

O fundamento da unidade técnica era de que poderia o comitê "macular toda a execução contratual, visto que a ausência de regulamentação pela ANTT de um mecanismo previsto no contrato incorre no risco de se gerar um pretexto para a não realizações de obrigações por parte da concessionária", destacando também que o mecanismo poderia não trazer a celeridade almejada, ante a necessidade de se constituir o comitê *ad hoc*, com dispêndio de tempo para selecionar os seus membros e ainda para que eles conhecessem todas nuances do caso concreto até que adotassem a recomendação, fora todo o procedimento necessário até a efetiva tomada de decisão pelos gestores do contrato.

O entendimento da unidade técnica não prevaleceu, tendo os votos dos ministros condutores dos Acórdãos n. 4036 e 4037, ambos de 2020, apontado para solução diversa, ante o pronunciamento da ANTT nos autos dos processos.

Ponderaram os Ministros, em ambos os processos, que embora as regras sobre o comitê carecessem de detalhamento por norma interna da agência, a procuradoria do ente público já apontara a solução, eis que condicionada a convocação do comitê à prévia regulamentação do instituto.

Além disso, foi ponderado pelo TCU a existência de regulamentação no âmbito da agência sobre outros mecanismos de solução de controvérsias, conforme a Resolução n. 5.845, de 2015, já citada nesse estudo, que refletem a maturidade da ANTT na condução do assunto.

Consideraram também os Ministros da Corte de Contas ser salutar a incorporação de mecanismos privados de resolução de controvérsias reconhecidos internacionalmente. Desse modo, foi aprovada a cláusula do *dispute board* nos contratos de concessão, desde que sua adoção ocorresse somente após a sua regulamentação e que eventual omissão da autarquia não conferiria quaisquer direitos subjetivos à concessionária, em observância do art. 23, inciso XV, da Lei federal n. 8.987/1995.

Extrai-se da decisão do TCU que, se por um lado, reconhece o Tribunal o amparo legal para a adoção do instituto, por outro mantém-se a cautela de somente permitir a sua adoção mediante a regulamentação interna do assunto pela agência, ainda que reconheça a semelhança da questão, se comparada às normas que regulamentam a autocomposição e a arbitragem pela própria ANTT, em aparente contradição.

Além disso, certo é que a Câmaras de Arbitragem nacionais e internacionais já regulamentaram o instituto – a exemplo dos regulamentos do CCBC[196] e da Camarb[197] –, de modo que bastaria a eleição de um desses institutos para conduzir a instituição do comitê para que fosse suprida tal lacuna.

Nota-se ainda a falta de compreensão do mecanismo pela unidade técnica do Tribunal, que enxergou no dispositivo a possibilidade de entraves e atrasos no empreendimento, embora as experiências internacionais apontem justamente para a maior celeridade das soluções apresentadas pelo comitê, ante a contemporaneidade da sua atuação.

Ainda que tenha sido prevista a Constituição *ad hoc* do comitê, que a nosso ver não é a melhor solução, por se perder a oportunidade de os seus membros acompanharem toda a execução do empreendimento, prevendo controvérsias e soluções adequadas, entende-se que ainda assim o comitê terá melhores condições de apresentar soluções rápidas e apropriadas, ante a contemporaneidade de sua constituição, o tempo reduzido de atuação e a natureza técnica e multidisciplinar da equipe de especialistas.

Ademais, o pronunciamento da equipe de especialistas constitui prova para procedimentos arbitrais e judiciais posteriores, de modo que a não adoção da recomendação por qualquer das partes poderá ensejar o questionamento posterior no foro adequado, auxiliando a recomendação adotada na formação do convencimento do árbitro ou juiz.

---

196 CENTRO DE ARBITRAGEM E MEDIAÇÃO – CAM-CCBC. *Regulamento para o comitê de controvérsias do CAM-CCBC*, 2018. Disponível em: https://ccbc.org.br/cam-ccbc-centro-arbitragem-mediacao/resolucao-de-disputas/dispute-boards/regulamento-2018/. Acessado em: 19.05.2021.

197 CÂMARA DE ARBITRAGEM EMPRESARIAL – BRASIL (CAMARB). *Regulamento de dispute board da CAMARB*. Disponível em: https://camarb.com.br/dispute-board-drb-ou-junta-de-consultores/regulamento/. Acessado em: 26.05.2021.

Desse modo, entende-se que a não adoção da recomendação do comitê pelas partes precisará ser suficientemente motivada e documentada, como forma de se buscar um pronunciamento judicial ou arbitral favorável em momento posterior, caso venha a ser questionada pela parte que se sentir prejudicada.

Conclui-se, portanto, que embora o mecanismo tenha se comprovado como método adequado e eficiente para a solução de controvérsias em contratos de longo prazo e alta complexidade em inúmeros empreendimentos no mundo, no Brasil, ele encontra ainda algumas limitações quando se trata de obra ou de empreendimentos públicos, especialmente ante a posição de supremacia do Poder Público na relação contratual e na falta de compreensão dos órgãos de controle quanto à sua eficácia.

Considerações finais

Embora adotado em todo o mundo, o *dispute board* ainda encontra algumas limitações para sua aplicação no Brasil, em especial diante da falta de regulamentação específica no âmbito da Administração Pública Federal.

Ainda que se reconheça a não obrigatoriedade de se regulamentar normativamente a matéria pela Administração – como aliás se chegou a aventar no julgamento do Acórdão n. 4037/2020 do TCU, que reconheceu a maturidade da ANTT para o trato de questões submetidas à mediação e à arbitragem, presente a semelhança dos institutos – , entendemos que a regulamentação normativa acabará por conferir maior segurança jurídica na aplicação das cláusulas do contrato, porquanto garante maior uniformidade de entendimentos e segurança para os próprios gestores públicos e, como consequência, para a concessionária do serviço público.

Vislumbra-se que a regulamentação da nova lei de licitações e contratos, a Lei federal n. 14.133, de 2021, será uma boa oportunidade de esmiuçar a matéria, adotando-se entendimento uniforme para toda a Administração Pública Federal, de modo a se garantir a almejada segurança jurídica no cumprimento dos contratos administrativos.

A ampla adoção do instituto nos contratos de concessão permitirá, ainda, maiores investimentos no país, ante a exigência de bancos internacionais de investimento de que haja previsão do *dispute board* em contratos de longo prazo, não tendo sido outro o motivo mais plausível – em nosso entendimento – para que o PPI tenha recomendada a sua adoção em regulamentação proposta em 2019.

Assim, embora ainda que incipiente a previsão do instituto em contratos de concessão de infraestrutura de transportes do país, percebe-se a intenção do governo federal de ampliar a sua adoção, alinhando-se às melhores práticas internacionais sobre o assunto, o que fortemente se espera que aconteça ao longo dos próximos anos no âmbito do Programa de Parceria e Investimentos, que tem alavancado concessões de longo prazo e elevada rentabilidade para o país, com investimento que ultrapassaram a marca R$ 144,5 bilhões somente no pagamento de outorgas, de 2016 a 2020.[198]

Referências bibliográficas

BRASIL. Agência Nacional de Transportes Terrestres – ANTT. *Edital n. 1/2021*. Concessão da BR-153/414/080/TO/GO. Disponível em: https://portal.antt.gov.br/br-153-414-080-to-go. Acessado em: 27.05.2021.

______. Agência Nacional de Transportes Terrestres – ANTT. Edital n. 2/2021. Concessão da BR-163/230/MT/PA. Disponível em: https://portal.antt.gov.br/br-163-230-mt-pa. Acessado em: 27.05.2021.

198 BRASIL. Programa de Parcerias de Investimentos. "Publicado Relatório de Acompanhamento dos Empreendimentos e Ações do PPI em 2020". *Notícias*. Disponível em: https://portal.ppi.gov.br/relatoriocongresso. Acessado em: 05.06.2021.

______. *Nota Técnica n. 4/2019/STR/SPPI*, emitida no processo n. 00130.000607/2019-22, SEI/PR 1475157, de 28 de outubro de 2019. Disponível em: https://www.ppi.gov.br/consultapublicappi1-19. Acessado em: 27.05.2021.

______. Agência Nacional de Transportes Terrestres – ANTT. *Resolução n. 5.845*, de 14 de maio de 2019. Disponível em: https://portal.in.gov.br/web/dou/-/resolu%C3%87%C3%83o-n%C2%BA-5.845-de-14-de-maio-de-2019-104559141. Acessado em: 27.05.2021.

______. Presidência da República. *Lei n. 8.666*, de 21 de junho de 1993. Disponível em: http://www.planalto.gov.br/ccivil_03/leis/L8666compilado.htm. Acessado em: 27.05.2021.

______. Presidência da República. *Lei n. 8.987*, de 13 de fevereiro de 1995. Disponível em: http://www.planalto.gov.br/ccivil_03/leis/l8987cons.htm. Acessado em: 27.05.2021.

______. Presidência da República. *Lei n. 11.079*, de 30 de dezembro de 2004. Disponível em: http://www.planalto.gov.br/ccivil_03/_ato2004-2006/2004/lei/l11079.htm. Acessado em: 27.05.2021.

______. Presidência da República. *Lei n. 13.129*, de 26 de maio de 2015. Disponível em: http://www.planalto.gov.br/ccivil_03/_ato2015-2018/2015/lei/l13129.htm. Acessado em: 27.05.2021.

______. Presidência da República. *Lei n. 14.133*, de 1º de abril de 2021. Disponível em: http://www.planalto.gov.br/ccivil_03/_ato2019-2022/2021/lei/L14133.htm. Acessado em: 23.06.2022.

______. Senado Federal. *Projeto de Lei n. 206*, de 2018. Disponível em: https://www25.senado.leg.br/web/atividade/materias/-/materia/133057. Acessado em: 29.01.2021.

______. Programa de Parcerias de Investimentos. *Nota Técnica n. 4/2019/STR/SPPI*. Disponível em: https://portal.ppi.gov.br/legislacao-e-arquivos?np=35&di=&df=25/11/2021&re=10&pn=&tps=-1&tp=-1. Acessado em: 27.05.2021.

______. Programa de Parcerias de Investimentos. "PPI/Casa Civil disponibiliza consulta pública acerca da resolução que aprova cláusula modelo de solução de controvérsias". *Notícias*. Disponível em: https://portal.ppi.gov.br/consultapublicappi1-19. Acessado em: 27.05.2021.

______. Programa de Parcerias de Investimentos. "Publicado Relatório de Acompanhamento dos Empreendimentos e Ações do PPI em 2020".

Notícias. Disponível em: https://portal.ppi.gov.br/relatoriocongresso. Acessado em: 05.06.2021.

______. Tribunal de Contas da União. Acórdão n. 4036/2020, pp. 108/109. Disponível em: https://pesquisa.apps.tcu.gov.br/#/redireciona/acordao-completo/%22ACORDAO-COMPLETO-2436973%22. Acessado em: 20.05.2021.

______. Tribunal de Contas da União. *Acórdão n. 4037/2020*. Disponível em: https://pesquisa.apps.tcu.gov.br /# /documento/acordao-completo/1890120204.PROC/%2520/DTRELEVANCIA%2520desc%252C%2520NUMACORDAOINT%2520desc/0/%2520?uuid=6a0228c0-3e34-11eb-9395-d5c05b0df75b. Acessado em: 20.05.2021.

CÂMARA DE ARBITRAGEM EMPRESARIAL – BRASIL (CAMARB). *Regulamento de dispute board da CAMARB*. Disponível em: https://camarb.com.br/dispute-board-drb-ou-junta-de-consultores/regulamento/. Acessado em: 26.05.2021.

CENTRO DE ARBITRAGEM E MEDIAÇÃO – CAM-CCBC. *Regulamento para o comitê de controvérsias do CAM-CCBC*, 2018. Disponível em: https://ccbc.org.br/cam-ccbc-centro-arbitragem-mediacao/resolucao-de-disputas/dispute-boards/regulamento-2018/. Acessado em: 19.05.2021.

CHERN, Cyril. *Chern on Dispute Boards*. 3ª ed. Londres: Informa Law from Routledge, 2015. Disponível em: https://doi.org/10.4324/9781315756615. Acessado em: 07.06.2022.

GARCIA, Flávio Amaral. "O Dispute Board e os Contratos de Concessão". *Direito do Estado*, nº 121, 2016. Disponível em: http://www.direitodoestado.com.br/colunistas/flavio-amaral-garcia/o-dispute-board-e-os-contratos-de-concessao. Acessado em: 19.05.2021.

MEIRELLES, Hely Lopes. *Direito Administrativo Brasileiro*. 25ª ed. São Paulo: Malheiros, 2000.

RIBEIRO, Marcia Carla Pereira; ALMEIDA, Caroline Sampais de. "Análise Crítica das Cláusulas Dispute Board: Eficiência e casos Práticos". *Novos Estudos Jurídicos*, vol. 18, nº 2, 2013. Disponível em: https://doi.org/10.14210/nej.v18n2.p224-239. Acessado em: 19.05.2021.

CAPÍTULO XXXV

BINÔMIO DA PREVISIBILIDADE X FLEXIBILIDADE EM CONTRATOS DE CONCESSÃO DE RODOVIAS

Isadora Chansky Cohen
Gabriel Ribeiro Fajardo
Izabel Campos Ferreira

Introdução

É sabido que as concessões e parcerias público-privadas são delegações de serviço público a um particular por meio de um contrato administrativo de longa duração. Além disso, são ajustes de risco: a empresa concessionária arca com os custos de obras, manutenção e operação, de modo que o investimento é recuperado após vários anos de vigência do contrato e a depender da variação da receita.

Ao se levar em conta o fator risco, atrelado à longa duração contratual, tem-se a grande necessidade do setor privado em ter previsibilidade e segurança jurídica das regras que serão aplicadas a cada caso. E não poderia ser diferente. Caso não houvesse aparato regulatório mínimo ou segurança de que seus direitos poderiam ser defendidos e contemplados, os investidores certamente não teriam interesse em prestar serviços públicos e, consequentemente, as licitações seriam desertas.

Para o gestor público, a previsibilidade também é de suma relevância. É preciso ter clareza de quais são as obrigações da concessionária para que essas possam ser fiscalizadas, cobradas e, consequentemente, o serviço público seja bem prestado. Além disso, dispositivos objetivos e detalhados podem orientar os gestores, especialmente os mais novatos, quanto às ações necessárias para o bom andamento do contrato. Além de garantir a sobrevivência mínima do ajuste ao longo de diferentes ciclos políticos e alterações de equipe, a prescrição de normas precisas é um afago em um momento que o país vive de "apagão de canetas".

Por outro lado, um contrato de duração de décadas é naturalmente incapaz de prever todos os eventos que podem incidir sobre si ao longo de sua existência, ou estabelecer de antemão uma prescrição precisa sobre como cada uma deve ser tratada. Em 30 anos, podem ocorrer crises políticas, econômicas, sanitárias, evoluções tecnológicas, promulgação de novas leis e diversos eventos inimaginados, ou imaginados com consequências imensuráveis previamente.

Nesse diapasão, dá-se a famosa teoria da incompletude dos contratos administrativos, complementada pela teoria da mutabilidade contratual, ou teoria dos contratos relacionais. Isto é, contratos de concessão são tidos como naturalmente inacabados, repletos de lacunas, diante da impossibilidade de previsão de todos os eventos que podem influenciar o ajuste.[199] Dessa forma, devem ser flexíveis, disponíveis para uma construção dinâmica.

---

199 Nas palavras de Flávio Amaral Garcia: "Em outros termos, não se supõe factível, no momento da regulação por contrato, identificar e partilhar todos os riscos que possam interferir na execução do contrato, ou mesmo antecipar circunstâncias e fatos supervenientes que venham a impactar a economia do contrato. Estar-se-ia, neste caso, no campo da futurologia e não no domínio de uma ciência como o Direito. Essa constatação se liga à

Não se pode perder de vista que os contratos administrativos não são fins em si mesmos, mas sim meios para a execução de determinada política pública – no caso, a operação e a manutenção de rodovias. Seus objetivos devem estar aderentes com o anseio da sociedade e devem se adequar continuamente à realidade. Assim, os contratos complexos requerem flexibilidade suficiente para absorver as alterações relevantes de contexto, as demandas das populações locais, as alterações de diretrizes de política pública, as novas tecnologias e os impactos dos eventos imprevisíveis, sob pena de se tornarem anacrônicos ou despropositados.[200]

Dessa forma, o equilíbrio do binômio entre previsibilidade e flexibilidade é de extrema relevância não apenas para a saúde do contrato em si, mas para o atingimento de suas finalidades públicas e também a segurança das partes. Essa antítese pode ser vista sob as mais diversas perspectivas, dentre as quais este artigo pretende abordar três: (i) da regulação; (ii) da política pública; e (iii) do equilíbrio econômico-financeiro.

---

evidência empírica de que na regulação por contrato, em especial nos setores de serviços e infraestruturas públicas, seria irrealístico considerar viável uma completude absoluta nas previsões e estipulações contratuais. É quase que intuitiva a percepção de que não é possível uma perfeita cognição do futuro a partir das expectativas, dados e cenários do passado".

200 Na doutrina de Antônio Moreira Barbosa de Melo: "A este propósito é oportuno, por fim, lembrar que os contratos administrativos duradouros, como de resto muitos contratos privados (v.g., entre empresas), são entidades eminentemente dinâmicas, no sentido de que organizam as relações entre os contraentes no âmbito do seu objeto, ficando abertos a uma execução criativa ou implementação por meio de sucessivos e contínuos arranjos, ajustamentos ou protocolos, consoante o aconselhar a evolução do estado das coisas no respectivo mundo". MELO, Antônio Moreira Barbosa de. "A ideia de contrato no centro do universo jurídico-público". *In*: GONÇALVES, Pedro Costa. (Coord.). *Estudos de contratação Pública – I*. Coimbra: Coimbra Editora, 2008, p. 20.

1 O binômio sob a perspectiva da regulação

A compreensão do ambiente regulatório do setor rodoviário perpassa, necessariamente, por uma breve recapitulação do histórico das concessões de rodovias no Brasil, atentando-se aos seus contextos legais e políticos.

Marco importante foi a instituição do Programa de Concessões de Rodovias Federais (Procrofe),[201] do governo federal, no início dos anos de 1990. A modelagem precoce dos cinco primeiros contratos de concessão de importantes rodovias brasileiras[202] se deu na ausência de marcos regulatórios claros para as concessões, em geral,[203] e para o setor rodoviário, em específico. A própria Agência Nacional de Transportes Terrestres (ANTT), instituição de suma relevância para o setor e atual gestora dos contratos federais de concessão rodoviária, só viria a ser criada em 2001.[204]

Apesar da recorrência do programa, ainda hoje não foi consolidado um marco regulatório uno que estabelecesse regras e diretrizes gerais e nacionais para o setor. Isso seria recomendável para o fortalecimento da previsibilidade e da segurança jurídica dos ajustes firmados, de modo que sua ausência tem historicamente direcionado o setor para um movimento de ampla contratualização da regulação.

Isso especialmente porque os ciclos políticos, intrínsecos às avenças firmadas por tantos anos, não garantiriam a estabilidade necessária para a atratividade ao capital privado. Passou-se ser

---

201 Portaria ministerial n. 10, de 20 de janeiro de 1993.

202 BR-116/RJ/SP (São Paulo – Rio de Janeiro); BR-101/RJ (Ponte Rio-Niterói); BR-040/ MG/RJ (Rio de Janeiro – Juiz de Fora); BR-116/RJ (Rio de Janeiro – Teresópolis) e BR-290/RS (Porto Alegre – Osório).

203 A própria Lei Geral das Concessões (Lei federal n. 8.987), só veio a ser promulgada em 13 de fevereiro de 1995.

204 Criada por meio da Lei federal n. 10.233/2001 e estabelecida em 18 de fevereiro de 2002.

necessário, portanto, deixar claro, nas regras contratuais, cada um dos possíveis eventos futuros.

Nesse sentido, Flávio Amaral Garcia:

> A contratualização da regulação pode ser uma estratégia garantidora de maior segurança jurídica para os investidores, mormente em Países em desenvolvimento, pois estes são, em tese, propensos a fluxos de instabilidade política e econômica. Por sua vez, com a contratualização, incorporam-se direitos e obrigações para ambos sob o manto do ato jurídico perfeito, o que pode tornar mais tormentosas as adequações da flexibilidade e mutabilidade inerentes a esses arranjos contratuais duradouros.[205]

A escolha do contrato como via regulatória dos serviços públicos também foi catalisada pela singular atuação dos tribunais de contas no Brasil. Especialmente a partir da análise prévia dos editais e contratos de concessão de rodovias por esses entes, as cortes de contas passaram a veicular uma agenda própria de cláusulas que entendiam como essenciais aos contratos de delegação, muitas vezes em substituição ao papel de regulador da própria agência.[206]

---

205 GARCIA, Flávio Amaral. *Concessões, Parcerias e Regulação*. São Paulo: Editora Malheiros, 2018, p. 138.

206 No Acórdão n. 1.174/2018, que analisou a Rodovia de Integração Sul (RIS), é feita referência à manifestação da ANTT que deixa clara a insatisfação da agência com o avançar da análise realizada pelo TCU, e, em especial, com a imposição de um modelo regulatório não legitimado pela autarquia: "No memorial apresentado, a ANTT alega que a Unidade Técnica teria inovado ao incorporar à sua análise elementos do primeiro e do segundo estágios da fiscalização prevista na Instrução Normativa TCU n. 46/2004, dando ao processo um caráter de auditoria operacional. Ao abordar elementos estruturantes da política pública setorial relativos à modelagem jurídica e econômica do contrato de concessão, teria havido um significativo alargamento do escopo da análise, em uma clara invasão do espaço de discricionariedade que a lei conferiu ao ente regulador. A pretensão da Unidade Técnica, segundo entende, teria sido a alteração do modelo regulatório e das regras

A tendência da contratualização exaustiva também se multiplicou junto aos demais entes federados brasileiros, especialmente por meio de agentes comuns de estruturação de projetos, como o Banco Nacional de Desenvolvimento Econômico (BNDES).

Contudo, a prática da regulação por contrato tem demonstrado algumas externalidades negativas: (i) instrumentos contratuais cada vez mais longos, complexos e taxativos, nos quais o exercício de futurologia é aguçado; (ii) dificuldades gerenciais de implementação desses contratos, ao se considerar que são poucos os entes federados que contam com agência reguladora ou equipe perene de gestão, interdisciplinar e capacitada para a aplicação dos termos contratuais; (iii) multiplicidade e pulverização de normas no sistema concedido, que gera distorções entre concessionárias e desafia a gestão do universo de contratos mesmo em órgãos experientes; (iv) grande custo transacional, pois cada alteração na relação demanda a negociação individualizada com cada concessionária, o que pode levar a divergências ainda mais discrepantes entre os contratos; (v) alto nível burocrático, visto que qualquer alteração nos ajustes demanda a celebração de termo aditivo, o que, naturalmente, faz-se ainda mais necessário em contratos mais detalhados e complexos; (vi) maior risco de obsolescência tecnológica, devido às amarras burocráticas e negociais para a atualização de diretrizes.

---

contratuais, para que prevalecesse a sua concepção de melhor regulação contratual, imiscuindo-se em matéria regulatória da Agência, usurpando a competência do gestor público". O voto do relator, Ministro Bruno Dantas contudo, deixou clara a discordância entre as instituições: "No meu entender, não ocorreu nenhum tipo de excesso na instrução processual. Tendo em vista a expertise que os técnicos da Seinfra adquiriram em anos de fiscalização e acompanhamento de concessões rodoviárias, e presentes as minutas de edital e contrato para análise, natural que a unidade instrutora tenha procurado apontar todos os riscos que vislumbrou poderem ocorrer no futuro contrato, à luz do que se tem observado nas avenças pretéritas. Nesse sentido, a meu ver, agiu de forma tempestiva e em plena aderência ao princípio da eficiência a que alude o art. 37, *caput*, da Constituição Federal". BRASIL. Tribunal de Contas da União. Acórdão n. 1174, de 2018. Relator: Bruno Dantas. Data da sessão: 23.05.2018.

Tem-se aqui um claro dilema do binômio previsibilidade *versus* flexibilidade. Buscando trazer no bojo dos contratos a segurança e a previsibilidade que inexistiam no mundo externo, os instrumentos contratuais de concessões rodoviárias têm apresentado, atualmente, dificuldades de adaptação à realidade, seja pelo seu gerenciamento complexo, seja por seu alto custo transacional.

As dificuldades operacionais desse modelo são claras. A ANTT, após quatro etapas de concessão e ao menos cinco modelos contratuais diferentes, tem encontrado adversidades práticas no gerenciamento de seus mais de 20 contratos.[207] Do mesmo modo, alguns estados têm vivenciado problemas em gerenciar instrumentos complexos, enquanto tentam compatibilizar a operação de contratos de idade avançada com novos projetos. Minas Gerais atualmente vive essa questão: enquanto titular de uma das parcerias público-privadas rodoviárias mais antigas do país,[208] busca adequar sua burocracia para o recebimento dos contratos de seis

---

207 Esse movimento já foi identificado pela doutrina: "Assim é que a própria evolução das modelagens das concessões de rodovias, nas três fases do Procrofe, representa a consagração de uma sistemática segundo a qual os módulos concessórios possuem uma sistemática distinta da dos contratos de empreitada disciplinados pela Lei n. 8.666/1993. Isso se evidencia, por exemplo, pela inclusão de cláusulas atinentes ao equilíbrio econômico-financeiro desses ajustes, tais como as que: (i) delineiam uma matriz de riscos explícita entre as partes; (ii) atribuem ao concessionário a responsabilidade pela variação do preço dos seus insumos; (iii) incorporam o fator X como instrumento de incentivo para que o concessionário busque a eficiência na execução de incentivo para que o concessionário busque a eficiência na execução contratual; (iv) introduzem o conceito de fluxo de caixa marginal para fins de reequilíbrio, com base na utilização de uma taxa baseada na metodologia de custo médio ponderado de capital (*weighted avarage cost of capital* – WACC). Todas são exemplos de avanços em termos de modelagem que passaram a ser adotados em diversos contratos de concessão. FREITAS, Rafael Véras de. *Concessões de rodovias.* 1ª reimpr. Belo Horizonte: Fórum, 2018, p. 17.

208 MINAS GERAIS. Unidade PPP. *Contrato Setop n. 007/2007*, referente à MG-050. Disponível em: http://www.parcerias.mg.gov.br/projetos/contratos-assinados/rodovia-mg-050. Acessado em: 20.06.2022.

lotes rodoviários e o Rodoanel,[209] que quadruplicará sua demanda gerencial, em modelos contratuais diversos.

Nesse contexto, o fomento a ambientes regulatórios híbridos, que mesclam aspectos da regulação por contrato com a regulação por agência, pode ser uma interessante saída para o setor. A ideia é assegurar a segurança jurídica e a previsibilidade dos contratos, com o reconhecimento de seu "núcleo duro", ao passo que regras mais genéricas, conceitos e procedimentos que requerem mais flexibilidade possam ser instituídos e alterados por meio de atos normativos do Ente Regulador.

Rafael Véras, nesse sentido, defende:

> a tentativa de esquadrinhamento contratual de todos os eventos futuros, por importar na sua rigidez, poderá produzir ineficiências. Diante do que se propõe que o regulador lance mão de uma modelagem contratual mais aberta e flexível, que seja capaz de reduzir os custos de transação e de propiciar o amortecimento dos efeitos econômicos produzidos pelas "incertezas".[210]

A ANTT tem sido vanguardista na matéria ao propor o Regulamento de Concessões Rodoviárias (RCR), que visa justamente a essa migração do modelo regulatório. Ela expôs seus motivos:

> 3.6. Quase vinte anos após o início do processo de concessão de rodovias, a ausência deste marco é bastante sentida, uma vez que a evolução do modelo contratual, na segunda, terceira e quarta etapas, exige grande versatilidade da ANTT,

---

209 A lista de projetos pode ser consultada em: http://www.parcerias.mg.gov.br/projetos/projetos-em-estruturacao/projetos-em-estruturacao.

210 FREITAS, Rafael Véras de. "Regulação por contratos em situações de incertezas". *Revista Interesse Público*, Belo Horizonte, ano 23, nº 125, jan./fev. 2021, pp. 187-231.

> que precisa se adaptar para gerir instrumentos contratuais antigos, características fiscalizatórias e punitivas diversas, supervisão de obras sob diferentes perspectivas entre outros desafios, que acaba por exigir uma relação homem/hora bastante significativa. O modelo perpetuado impõe elevado custo regulatório, que poderia ser diluído em face de um marco regulatório único que, respeitando as obrigações contratuais já firmadas, fosse orientado para a atualização.
>
> 3.7. Sob essa perspectiva, aflora a necessidade de estabelecimento de um marco regulatório estável, que possa ser atualizado unilateralmente e veicule por conteúdo as regras gerais das concessões de rodovias. Isso propiciará a padronização do tratamento das concessionárias, em homenagem ao princípio da equidade administrativa. Então, delineiam-se os contornos genéricos, no presente opinativo, acerca da proposta de disposição e estabelecimento do Regulamento da Concessões Rodoviárias, que virá a agregar esses anseios e traduzir em norma um marco regulatório setorial hígido e coerente com as melhores práticas regulamentares da Administração Pública Federal.[211]

A Agência de Transportes do Estado de São Paulo (Artesp), referência do setor, desde sua criação emite importantes normas gerais que complementam seus contratos, especialmente tratando de procedimentos e detalhamentos operacionais que normalmente não constam no termo contratual. Ainda assim, o estado de São Paulo, estruturador dos projetos, tem mantido a preferência pela contratualização extensiva.[212]

O estado de Minas Gerais vem caminhando no sentido de estabelecer a regulação híbrida como padrão. Manter a estruturação

---

211 BRASIL. Agência Nacional de Transportes Terrestres – ANTT. *Nota Técnica SEI n. 3863/2020/GERER/SUROD/DIR.*

212 Os contratos dos lotes Piracicaba-Panorama e Florínea-Igarapava (Centro-Oeste Paulista) são exemplos claros da exaustividade da regulação contratual.

voltada para o detalhamento contratual, ainda importante para conferir segurança e previsibilidade em um estado com ainda poucos contratos de concessão rodoviária e pouca experiência regulatória. Contudo, por meio da recém-criada Comissão de Regulação de Transporte,[213] passar a editar normas mormente focadas em padronizar fluxos processuais, preencher lacunas dos contratos e conferir sinergia ao universo de ajustes firmados.

A padronização de procedimentos, além de conferir isonomia às concessionárias e tratar como única a política pública em questão, é relevante no sentido de otimizar o gerenciamento das equipes, que frequentemente possuem recursos humanos escassos e nem sempre adequadamente capacitados. Além disso, a possibilidade de alteração de procedimentos por meio de ato administrativo faz com que esses possam se aderir com mais facilidade a melhorias práticas.

O preenchimento de lacunas contratuais por meio de atos normativos gera segurança jurídica a ambas as partes, conferindo previsibilidade e transparência a procedimentos comuns e relevantes na vida de um contrato. Esses atos podem responder, de forma padronizada, perguntas como: (i) qual o rito para processamento de pleitos de reequilíbrio econômico-financeiro; (ii) quais critérios vão ser utilizados pelo poder concedente na análise desses pedidos; (iii) quais setores devem se manifestar; (iv) e quais prazos, etapas intermediárias e documentos devem instruir o pleito.

Contudo, o equilíbrio entre a previsibilidade do contrato e a flexibilidade do ato normativo é tênue e deve ser constantemente checado, com cautela. Atos infralegais não poderiam criar novas regras automaticamente aplicáveis, mas tão somente detalhar

---

213 Criada pela Resolução Conjunta SEINFRA/DER n. 004, de 05 de abril de 2021. Disponível em: http://www.parcerias.mg.gov.br/images/2021/Resolu%C3%A7%C3%A3o_Conjunta_SEINFRA_ DER_n%C2%BA_04-2021.pdf. Acessado em: 20.06.2022.

daquelas regras gerais já instituídas em lei ou contrato, ou, ao menos, condicionar a incorporação de novas regras à celebração de termo aditivo.

Caso contrário, a regulação híbrida pode ter o efeito inverso do pretendido: a multiplicidade de normas pode gerar insegurança e falta de clareza, bem como pode fomentar comportamentos oportunistas (tanto do poder concedente quanto da agência) em escolher, no caso concreto, qual diploma seguir de acordo com a previsão que lhe for mais favorável. Assim, é de suma importância a presença de dispositivos expressos no sentido de reafirmar a supremacia das previsões contratuais diante de eventuais conflitos com normas regulamentares.[214]

Para o sucesso do modelo, também é importante a criação de regras de governança que impossibilitem alterações bruscas, descoladas de recomendações técnicas ou irresponsáveis nas diretrizes normativas. A discricionariedade do ente regulador não pode ser confundida com flexibilidade irrestrita ou insegurança jurídica.

Nas palavras de Flávio Amaral Garcia:[215]

---

214 Na minuta de resolução do RCR1 publicado para consulta pública consta: "Art. 4º. Em caso de divergência entre a regulamentação da ANTT e o contrato de concessão, devem ser observadas as seguintes regras: I - o contrato de concessão prevalece sobre a regulamentação da ANTT nas matérias em que discipline expressa e suficientemente; II - caso o contrato de concessão não discipline suficientemente a matéria, a regulamentação da ANTT deve ser aplicada suplevamente, desde que não disponha contrariamente ao contrato; III - no que o contrato de concessão for omisso, aplica-se a regulamentação da ANTT. Parágrafo único. As partes poderão, de comum acordo, optar pela aplicação da regulamentação da ANTT em detrimento do contrato de concessão, mediante adesão irretratável à resolução, promovendo-se posteriormente o aditamento do contrato". Disponível em: https://participantt.antt.gov.br/Site/AudienciaPublica/VisualizarAvisoAudienciaPublica.aspx?-CodigoAudiencia=445. Acessado em: 20.06.2022.

215 GARCIA, Flávio Amaral. "A mutabilidade e incompletude na regulação por contrato e a função integrativa das agências". *Revista de Contratos Públicos – RCP*, Belo Horizonte, ano 3, nº 5, mar./ago. 2014, p. 66.

> A regulação contratual deve ocupar-se em estabelecer os mecanismos que instrumentalizam operativamente a mutabilidade ou, em outros termos, perseguir a construção de esquemas contratuais que desenvolvam uma metodologia de processualização da mutabilidade, que, para além de estar orientada pelos objetivos primários da preservação do contrato e do equilíbrio das posições contratuais, deve ser densificada em cláusulas contratuais estruturadas a partir de princípios de elevada carga axiológica, como o são a boa-fé, confiança legítima e segurança jurídica.

Nesse sentido, alguns mecanismos podem ajudar a contrabalancear flexibilidade e previsibilidade, como a precedência obrigatória de consulta pública e de análise de impacto regulatório, assim como regras que garantam a experiência e tecnicidade dos gestores de contratos ou diretores das agências.

2 O binômio sob a perspectiva da política pública

Uma concessão ou parceria público-privada vai além de uma mera contratação. Trata-se de um serviço de natureza pública que passa a ser prestado por uma empresa conforme diretrizes dadas pelo Poder Público durante a modelagem do projeto. São escolhidos os trechos da malha rodoviária, analisadas suas necessidades físicas e operacionais ao longo de anos, identificado o grau de ingerência que o poder concedente terá sobre o ativo, fixadas as obrigações na prestação do serviço, bem como ponderados indicadores de desempenho e sanções de acordo com as prioridades do governo. Ou seja, não é exagero dizer que se trata de verdadeira política pública.

E como tal, o contrato é um projeto vivo e continuado, que deve se renovar constantemente a fim de se manter consonante com os interesses dos seus beneficiários.[216] Em décadas, muitas mudanças podem ocorrer no pano de fundo do contrato, e este precisa gozar de flexibilidade para se adaptar às novas realidades, sob pena de condenar os cidadãos à prestação de serviços permanentemente obsoletos e despropositados.[217]

Os exemplos são muitos. Cidades crescem, mudam seu perfil socioeconômico e etário, as malhas urbanas têm seus limites redesenhados, crises acontecem, tecnologias se alteram rapidamente, polos comerciais ou industriais surgem e desaparecem, acidentes se agravam em determinados trechos, empreendimentos de alto impacto são inaugurados ao longo da rodovia. É preciso naturalizar o fato de que os contratos de concessão não se encontram em uma dimensão abstrata do Direito, mas compõem a realidade e, portanto, estão suscetíveis a fatos sociais, naturais e políticos.

Nesse sentido, são legítimos os pedidos de políticos locais por novas passarelas e viadutos em locais onde antes não havia demanda ou acidentes graves. Do mesmo modo, é legítimo que o poder concedente altere sua modelagem inicial diante de demandas populares, como a substituição de trechos urbanos por contornos.

Contudo, a flexibilidade do ajuste diante da realidade não deve se confundir com o uso puramente político, nem pode gerar turbulências à sua segurança jurídica. O que está previsto no ajuste contratual deve ser respeitado. Ações discricionárias sem

---

216 "Rígidos esquemas contratuais que congelam modos e meios de execução do objeto podem rapidamente se desatualizar diante da realidade mutante e cambiável das estruturas sociais, políticas, econômicas, financeiras e, principalmente, tecnológicas constantemente impactadas por inovações e circunstâncias supervenientes e imprevisíveis".

217 Vale lembrar que os contratos de concessão de serviços públicos, nos termos do art. 6º da Lei federal n. 8.987/95, devem se manter adequados, o que pressupõe, nos termos do parágrafo primeiro, a satisfação das condições de regularidade, continuidade, eficiência, segurança, atualidade, generalidade, cortesia na sua prestação e modicidade das tarifas.

fundamento técnico não dificilmente deterioram a saúde do contrato, bem como geram um ambiente de insegurança para outros projetos. Fatos extremos, como a encampação da linha amarela no Rio de Janeiro (concessão da Avenida Governador Carlos Lacerda), sem o cumprimento dos requisitos previstos em lei, podem colocar em xeque todo um programa de concessões.

Mais uma vez, são necessários método e tecnicidade para lastrear a flexibilidade do contrato sem renunciar à sua previsibilidade.

Um bom exemplo é a inclusão de novos investimentos em contratos de concessão rodoviária já existentes. Trata-se de prática comum e bastante discutida em tribunais de contas,[218] de modo que foram sendo criados regras e mecanismos para lidar com essas demandas. A partir das provocações feitas pela corte de contas da União, as agências reguladoras normatizaram o tema[219] e criaram métricas mais claras para estas inclusões.

Foi por meio da discussão sobre a inclusão de investimentos no âmbito do Tribunal de Contas da União, diante dos contratos das primeiras rodadas de concessões rodoviárias, que se deu início ao uso do fluxo de caixa marginal, com cálculo de novo WACC,[220] para aferição e recomposição do equilíbrio econômico-financeiro em concessões rodoviárias.[221] Nos contratos mais modernos, a metodologia

---

218 Acórdão paradigmático do Tribunal de Contas da União n. 2154/2007-Plenário. Também Acórdãos n. 1174/2018 e 1096/2019, ambos do Plenário, que analisaram as modificações realizadas nos contratos da Rodovia de Integração do Sul (RIS) e BR-364/365/GO/MG. Além disso, Acórdão 2934/2019-Plenário (BR-060/153/262/DF/GO/MG - Contorno de Goiânia); e Acórdão 2195/2019-Plenário (BR-101/SC).

219 Nesse sentido, a Resolução ANTT n. 3.651/2011, recentemente atualizada pela Resolução ANTT 5.940/2021. Também a Resolução Artesp n. 001/2013.

220 *Weighted Average Cost of Capital*

221 A metodologia do fluxo de caixa marginal foi incorporada na ANTT pela Resolução ANTT n. 3.651/2011 e decorreu da representação formulada no TCU, no âmbito do TC n. 026.335/2007-4, em que foram arguidos prejuízos aos usuários em razão das elevadas taxas de rentabilidade das

é a regra vigente, demonstrando como os paradigmas conceituais se adaptam, com o devido tempo, às imposições da realidade.

Também pode ser de interesse público realizar alterações no cronograma de investimentos previstos no momento da licitação, o comumente chamado Programa de Exploração de Rodovias (PER). Não é incomum, por exemplo, que haja demanda popular pela antecipação de determinadas obras inicialmente previstas para o fim do contrato. Ou poderia o poder concedente entender que cabe a exclusão de determinadas obras previstas que tenham perdido o objeto ou a prioridade. Alguns contratos preveem, inclusive, que essas alterações possam se dar de forma unilateral pelo Estado.

Em todos esses casos, é fundamental que o contrato seja encarado como a base objetiva do negócio firmado pelas partes: isto é, é ele que estabelece a relação inicial e suas premissas (obrigações,

---

concessionárias da 1ª etapa do Programa de Concessões Rodoviárias e o impacto sobre as tarifas básicas de pedágio dos novos investimentos a serem incluídos no Programa de Exploração da Rodovia (PER). A partir de então, a metodologia tem sido a regra para os novos contratos de concessão e também aplicável aos novos investimentos de contratos anteriores. No Acórdão n. 2.927/2011-Plenário, de relatoria do Ministro Walton Alencar Rodrigues: "9.1. determinar à Agência Nacional de Transportes Terrestres – ANTT, com fulcro no art. 43, inciso I, da Lei n. 8.443, de 1992, referente aos contratos de concessão celebrados com a Concessionária da Rodovia Presidente Dutra (NovaDutra), Companhia de Concessão Rodoviária Juiz de Fora-Rio (Concer), Concessionária Rio-Teresópolis S.A. (CRT), Concessionária da Ponte Rio-Niterói S.A. (Ponte) e Concessionária da Rodovia Osório-Porto Alegre (Concepa), que: (...) 9.1.1. adote, nas recomposições do equilíbrio econômico-financeiro desses contratos, a metodologia aprovada na Resolução ANTT n. 3.651/2011, ou outra que entender mais adequada, para os eventos decorrentes de inserções de investimentos não previstos originalmente nos encargos das concessionárias, e do remanejamento ou adequação, com aumento de valor, de investimentos previstos originalmente, assegurando a todos os interessados o direito de manifestação, mediante audiências e/ou consultas públicas, com base nos art. 6º, § 1º, 9º, § 2º, 23, inciso IV, e 29, inciso V, da Lei 8.987/1995 c/c art. 6º, inciso IX, 40, inciso X, e 43, inciso IV, da Lei 8.666/1993, e em conformidade com o art. 24, inciso VII, da Lei 10.233/2001(...)".

riscos, direitos), sem que isso, contudo, impeça as inexoráveis alterações supervenientes.

Diante dessas possibilidades de flexibilização do objeto contratado, é necessária, além da procedimentalização e regramento claros, a previsibilidade do cálculo de reequilíbrio econômico-financeiro, que compensará o particular pelas alterações necessárias no escopo do seu trabalho, como se verá abaixo.

3 O binômio da perspectiva do equilíbrio econômico-financeiro

O mecanismo clássico que assegura previsibilidade e segurança aos contratos diante de alterações - sejam elas oriundas de ato do poder concedente ou de eventos que independem de vontade das partes - é o reequilíbrio econômico-financeiro.

Previsto na Constituição Federal, nas Leis Federais basilares do direito das concessões[222] e em qualquer contrato dessa natureza, o direito ao reequilíbrio econômico-financeiro é preceito fundamental que viabiliza a própria existência desse modelo de contratação entre público e privado. É ele quem garante a atratividade mínima do projeto e sua sustentabilidade ao longo de sua duração.

Suas metodologias de cálculo são muitas. Vários modelos já foram pensados a fim de mensurar os desequilíbrios que ocorrem ao longo de uma concessão, dando-se destaque à regulação por taxa de retorno, por *revenue cap* e *price cap*. As formas de cálculo por meio de fluxo de caixa original e marginal também trazem diferenças significativas e são relevantes para o setor. Nesse contexto, é fundamental que a metodologia de recomposição do equilíbrio econômico-financeiro esteja disposta de forma clara

222 Art. 37, inciso XXI da Constituição Federal de 1988, art. 58, inciso I e § 2º, art. 65, inciso II, alínea “d”, todos da Lei federal n. 8.666/1993 e art. 9º, §§ 2º e 4º da Lei n. 8.987/1995.

no instrumento contratual, conferindo segurança mínima para os certos, mas imprevisíveis, posteriores abalos.

Entretanto, em que pese a evolução contínua dos modelos, não se pode esquecer que eles consistem sempre em simplificação da realidade. Assim sendo, nunca serão capazes de traduzir com exatidão o desequilíbrio econômico-financeiro real de uma relação, diante da complexidade e da variedade de ocorrências a que um ajuste de longo prazo está disposto.

Além disso, os modelos de reequilíbrio nem sempre trazem orientações precisas sobre como o cálculo deve ser realizado, ou qual a fonte dos insumos que devem ser lançados nas planilhas. É comum a cláusula contratual no sentido de que os reequilíbrios devem se dar de forma única e completa, em sua exata medida, até o fim do contrato. Esse dispositivo clássico, apesar de orientar minimamente os aplicadores da norma, ainda deixa mais dúvidas do que certezas: Qual deve ser a métrica para a mensuração do desequilíbrio? Os cálculos devem ser feitos com base em dados projetados no plano de negócios (quando houver), ou em valores reais ? Projeções constantes do plano de negócios original podem ser alteradas? Como o cálculo de reequilíbrio pode refletir a matriz de riscos de um contrato? Quando for necessário realizar a projeção de um novo elemento, qual deve ser a métrica utilizada para a estimativa? Devem ser utilizados como *inputs* dados da própria concessão, valores de mercado ou tabelas de preços referenciais?

Nesse contexto, percebe-se que mesmo nos dispositivos mais sólidos e imutáveis do contrato, existe alguma flexibilidade para adequação ao caso concreto. Os cálculos podem ser realizados com base em insumos diferentes, com metodologias variadas. Ainda que todas as opções respeitem o modelo regulatório previsto em contrato, podem ser construídas múltiplas formas de aferição de um mesmo evento de desequilíbrio, atingindo-se valores nem sempre próximos entre si.

Nesse contexto, surgem algumas estratégias passíveis de reduzirem as inseguranças: (i) uniformização de metodologias e orientações gerais de cálculo, previstas em atos normativos do ente regulador e aplicáveis sempre que possível; (ii) direcionamentos dos tribunais, com orientações expressas de quais parâmetros devem ser utilizados; (iii) consensualidade entre as partes sobre a forma de aferição do desequilíbrio no acordo.

Na primeira hipótese, pode-se ter como exemplo alguns atos normativos: Portaria Artesp n. 02, de 10 de janeiro de 2012, que aprova a padronização dos procedimentos relativos à instrução dos processos que tratam das alterações de itens dos cronogramas físico-financeiro, das adequações de investimentos e da efetivação do reequilíbrio econômico-financeiro dos contratos de concessões rodoviárias (em revisão); a Portaria Artesp n. 35, de 12 de março de 2020, que dispõe sobre a apuração do desequilíbrio e reequilíbrio econômico-financeiro por meio da sistemática do Fluxo de Caixa Marginal em virtude da inclusão de Novos Investimentos em contratos de concessão rodoviária; a Resolução ANTT n. 3.651, de 7 de abril de 2011, que aprova a metodologia de recomposição do equilíbrio econômico-financeiro dos contratos de concessão de rodovias federais concedidas, em decorrência de novas obras e serviços, atualmente atualizada pela Resolução ANTT n. 5.940, de 18 de maio de 2021.

Na atuação dos tribunais, merece destaque a atuação do TCU no caso da Lei federal n. 13.103/2005, ou Lei dos Caminhoneiros, que aprovou a isenção de pedágio para os eixos que viajam suspensos.[223] Trata-se de legislação superveniente a muitos contratos, que gerou, por motivos alheios às concessionárias e aos Poderes Públicos contratantes, um grande desequilíbrio nas receitas projetadas para as concessões de rodovia. Por meio dos Acórdãos n. 290/2018-Plenário e n. 2.175/2019-Plenário, a Corte de Contas trouxe recomendações mais específicas de como deveriam ser realizados os cálculos, recomendando que sejam utilizados os

---

223 Art. 17. Em todo o território nacional, os veículos de transporte de cargas que circularem vazios ficarão isentos da cobrança de pedágio sobre os eixos que mantiverem suspensos.

custos constantes do Programa de Exploração da Rodovia ou de mercado, e não os custos médios gerenciais do DNIT.[224]

Também chamam a atenção as decisões proferidas pelo Tribunal de Justiça de São Paulo diante da judicialização de uma série de reequilíbrios efetuados pelo estado de São Paulo nos contratos de concessão de rodovia em 2006.[225] Nos acórdãos recentes, tem sido entendido que o cálculo deveria ser realizado com base em dados reais e não em projeções, demandando uma série de ajustes em todos os contratos anteriormente reequilibrados.[226]

O surgimento desses grandes passivos judiciais levou o estado de São Paulo a procurar as concessionárias para promoção de um novo ajuste contratual, seguindo nova metodologia de cálculo, a

224 "9.2. determinar à ANTT, com fundamento no art. 43, inciso I, da Lei 8.443/1992, c/c art. 250, inciso II, do Regimento Interno do TCU que: 9.2.3. abstenha-se de utilizar os custos médios gerenciais do DNIT como base de cálculo para os valores de investimentos a serem incluídos nos contratos de concessão de rodovias federais, bem como para investimentos já previstos no Plano de Exploração da Rodovia (PER), em atendimento ao art. 9º, §§ 2º e 4º e art. 10 da Lei 8.987/1995(...)" (Acórdão n. 290/2018-Plenário).

225 Em 2006 foi pactuada uma série de termos aditivos para reestabelecimento do equilíbrio econômico-financeiro de itens como alteração de impostos e perda de receita decorrente do parcelamento de reajustes tarifários, que tiveram como base o tráfego projetado para cada rodovia. Contudo, em 2011 a Artesp contratou a Fipe (Fundação Instituto de Pesquisas Econômicas) com o intuito de verificar a correção dos cálculos de reequilíbrio, que acabou por concluir que o método correto seria considerar a receita efetivamente auferida pelas concessionárias. Essas conclusões levaram à propositura de uma série de ações judiciais para anulação dos termos aditivos, que têm tido expressivo êxito junto ao TJSP. REIS, Tarcila; RIBEIRO, Gabriela M. E. P. P.; BENOZATTI, Edgard; MENDONÇA, Roberto Longman. "iNFRADebate: Passivos rodoviários – equacionar o passado para viabilizar o futuro". *Agência Infra*. Disponível em: https://www.agenciainfra.com/blog/infradebate-passivos-rodoviarios-equacionar-o-passado-para-viabilizar-o-futuro/. Acessado em: 20.06.2022.

226 Dentre os quais: 1045799-02.2014.8.26.0053; 1030436-72.2014.8.26.0053; 1008352-77.2014.8.26.0053; 1019684-41.2014.8.26.0053; 1013617-60.2014.8.26.0053; 1014902-54.2015.8.26.0053; 1014891-25.2015.8.26.0053; 1022983-26.2014.8.26.0053; 1027267-77.2014.8.26.0053; 1033457-56.2014.8.26.0053; 1042071-50.2014.8.26.0053; 1040986-29.2014.8.26.0053.

fim de estancar os desequilíbrios. O acordo realizado no âmbito do contrato da concessão do Sistema Anchieta-Imigrantes remete à terceira hipótese aqui tratada: a possibilidade de ajuste entre as partes das metodologias de cálculo.

O estado de Minas Gerais também tem agido nesse sentido. Sob a égide do Novo Direito Administrativo,[227] que evidencia as vantagens da composição amigável, lançou como parte de sua agenda regulatória o chamado Programa de *Clearings*:[228] levantamentos dos passivos regulatórios dos contratos – como pleitos de reequilíbrio em aberto ou orientações de órgãos de controle – seguidos de rodadas de reuniões com as respectivas concessionárias, a fim de firmar acordos pela "limpeza" contratual. Essas práticas são saudáveis não apenas por recompor o equilíbrio contratual, como também para fomentar uma relação dialógica e construtiva entre as partes, que devem trabalhar juntas para pactuar não apenas o mérito do acordo, mas também sua metodologia de cálculo.

Considerações finais

O equilíbrio entre previsibilidade e flexibilidade é essencial para o bom funcionamento de um contrato de PPP ao longo de sua existência, permitindo que, por um lado, o diploma seja seguro para as partes e, por outro, que tenha a capacidade de se adaptar aos desafios que surgirem ao longo de sua existência.

Esse desafio perpassa diversos aspectos do contrato, dentre os quais este artigo tratou alguns.

---

227 BINENBOJM, Gustavo. "Da supremacia do interesse público ao dever de proporcionalidade: um novo paradigma para o direito administrativo". *R. Dir. Adm.* Rio de Janeiro, nº 239, jan./mar. 2005, pp. 1-31.

228 Para mais informações, consultar agenda regulatória da Seinfra. MINAS GERAIS. Unidade PPP. *A Agenda Regulatória*. Disponível em http://www.parcerias.mg.gov.br/agenda-regulatoria/a-agenda. Acessado em: 20.06.2022.

Sob o viés da regulação, tem-se a contraposição entre a regulação por contrato e a regulação discricionária. Nessa antítese, os modelos híbridos têm se mostrado uma boa solução para o setor, onde o núcleo duro da relação permanece regulada por contrato, provendo mais estabilidade e segurança nessas matérias, e outros aspectos mais procedimentais são descentralizados para atos normativos do ente regulador.

No aspecto de política pública, cabe aos contratos de concessão prover certa flexibilidade para adaptação diante dos tantos eventos imprevisíveis, sem permitir, contudo, a politização completa do acordo, de modo que seja posta em xeque sua tecnicidade e segurança. Nesse sentido, a existência de normas pré-concebidas – seja no contrato ou em atos normativos – que tratem da *metodologia* ou dos *parâmetros* de adequação do contrato a novos contextos traz previsibilidade na incerteza.

Por fim, na perspectiva do equilíbrio econômico-financeiro, é fundamental que a metodologia de recomposição do equilíbrio, assim como elementos mínimos para a orientação do cálculo, esteja pré-fixada no contrato. Tais itens são o coração do ajuste, que garantem que exista segurança jurídica ainda em situações de instabilidade ou flexibilização extrema dos contratos. Mas ainda essas previsões podem encarar variações práticas e devem repousar, sempre que possível, no acordo entre as partes para a garantia de segurança.

Referências bibliográficas

BINENBOJM, Gustavo. "Da supremacia do interesse público ao dever de proporcionalidade: um novo paradigma para o direito administrativo". *R. Dir. Adm.* Rio de Janeiro, nº 239, jan./mar. 2005.

BRASIL. Agência Nacional de Transportes Terrestres – ANTT. *Nota Técnica SEI n. 3863/2020/GERER/SUROD/DIR*.

______. Agência Nacional de Transportes Terrestres – ANTT. *Resolução n. 3.651*, de 7 de abril de 2011.

______. Agência Nacional de Transportes Terrestres – ANTT. *Resolução n. 5.940*, de 18 de maio de 2021. Disponível em: https://www.in.gov.br/web/dou/-/resolucao-n-5.940-de-18-de-maio-de-2021-320717292. Acessado em: 20.06.2022.

______. Agência de Transporte do Estado de São Paulo – Artesp. *Resolução n. 001*, de 25 de março de 2013. Disponível em: http://www.artesp.sp.gov.br/Shared%20Documents/legislacao/CONSULTA%20P%C3%9ABLICA%2001-2012/Resolu%C3%A7%C3%A3o%20Artesp%20n%C2%BA%2001-13%2025-03-13%20211042-12-1.pdf. Acessado em: 20.06.2022.

______. Tribunal de Contas da União. Acórdão n. 1096, de 2019. Relator: Bruno Dantas. Data da sessão: 15.5.2019.

______. Tribunal de Contas da União. Acórdão n. 1174, de 2018. Relator: Bruno Dantas. Data da sessão: 23.05.2018.

______. Tribunal de Contas da União. Acórdão n.2195, de 2019. Relator: ministra Ana Arraes. Data da Sessão: 11.09.2019.

______. Tribunal de Contas da União. Acórdão n. 2927, de 2011. Relator: ministro Walton Alencar Rodrigues. Data da sessão: 09.11.2011.

______. Tribunal de Contas da União. Acórdão n. 2934, de 2019. Relator: ministro Augusto Nardes. Data da sessão: 04.12.2019.

FREITAS, Rafael Véras de. "Regulação por contratos em situações de incertezas". *Revista Interesse Público*, Belo Horizonte, ano 23, nº 125, jan./fev. 2021.

______. *Concessões de rodovias*. 1ª reimpressão. Belo Horizonte: Fórum, 2018.

GARCIA, Flávio Amaral. "A mutabilidade e incompletude na regulação por contrato e a função integrativa das agências". *Revista de Contratos Públicos* – RCP, Belo Horizonte, ano 3, nº 5, mar./ago. 2014.

______. *Concessões, Parcerias e Regulação*. São Paulo: Malheiros, 2018.

MELO, Antônio Moreira Barbosa de. "A ideia de contrato no centro do universo jurídico-público". *In*: GONÇALVES, Pedro Costa (Coord.). *Estudos de contratação Pública* – I. Coimbra: Coimbra Editora, 2008.

MINAS GERAIS. Unidade PPP. *A Agenda Regulatória*. Disponível em: http://www.parcerias.mg.gov.br/agenda-regulatoria/a-agenda. Acessado em: 20.06.2022.

______. Unidade PPP. *Contrato Setop n. 007/2007*, referente à MG-050. Disponível em: http://www.parcerias.mg.gov.br/projetos/contratos-assinados/rodovia-mg-050. Acessado em: 20.06.2022.

______. Unidade PPP. *Resolução Conjunta SEINFRA/DER n. 004*, de 5 de abril de 2021. http://www.parcerias.mg.gov.br/images/2021/Resolu%C3%A7%C3%A3o_Conjunta_SEINFRA_DER_n%C2%BA_04-2021.pdf. Acessado em: 20.06.2022.

PEREZ, Marcos Augusto. "Mecanismos para a recomposição do equilíbrio econômico-financeiro nas parcerias público-privadas". *In*: JUSTEN FILHO, Marçal; SCHWIND, Rafael Wallbach. *Parcerias Público-Privadas*: Reflexões sobre os 10 anos da Lei 11.079/2004. São Paulo: Editora Revista dos Tribunais, 2015.

REIS, Tarcila; RIBEIRO, Gabriela M. E. P. P.; BENOZATTI, Edgard; MENDONÇA, Roberto Longman. "iNFRADebate: Passivos rodoviários – equacionar o passado para viabilizar o futuro". *Agência Infra*. Disponível em: https://www.agenciainfra.com/blog/infradebate-passivos-rodoviarios-equacionar-o-passado-para-viabilizar-o-futuro/. Acessado em: 20.06.2022.

RIBEIRO, Maurício Portugal. *Erros e Acertos no uso do Plano de Negócios e da Metodologia do Fluxo de Caixa Marginal*. Disponível em: http://pt.slideshare.net/portugalribeiro/erros-e-acertos-no-uso-do-plano-denegcios-e-da-metodologia-do-fluxo-de-caixa-marginal. Acessado em: 20.06.2022.

CAPÍTULO XXXVI

EXPLORAÇÃO DE RECEITAS ACESSÓRIAS EM CONCESSÕES RODOVIÁRIAS: ANÁLISE DA QUESTÃO DA "PRÉVIA AUTORIZAÇÃO"

Mário Saadi

Introdução

No presente artigo, faço pequena análise empírica a respeito do tema da exploração de receitas acessórias e de projetos associados em determinados empreendimentos de concessão de rodovias federais. Minha intenção foi de realizar análise prática sobre alguns contratos de concessão e sobre a regulação setorial em âmbito federal, com o intuito de identificar se há necessidade de autorização prévia para exploração desse tipo de receita nas concessões setoriais e, se sim, em quais hipóteses.

Minha pergunta de pesquisa, nesses termos, foi a seguinte: a atual prática regulatória e contratual, no âmbito da Agência

Nacional de Transportes Terrestres (ANTT) é a de imposição às concessionárias de obtenção de prévia autorização para a exploração de receitas acessórias e de projetos associados? Em caso de resposta afirmativa, em quais hipóteses essa obrigação se imporia?

Minha hipótese inicial era a de que o setor rodoviário federal contaria com pouca burocracia para que essas atividades pudessem ser desenvolvidas, o que serviria de incentivo para que as concessionárias desenvolvessem atividades que gerassem receitas para além daquelas que, ordinariamente, remuneram a prestação dos serviços concedidos: a cobrança de tarifa dos usuários dos sistemas rodoviários.

Para fins de metodologia, propositadamente, utilizei-me de poucas minutas de contratos de concessão rodoviária, notadamente aquelas veiculadas mais recentemente pela ANTT, incluindo:

(i) BR-163/230/MT/PA: sistema rodoviário que integra as regiões Sul, Centro-Oeste e Norte do Brasil, compreendendo o total de 1.090,52 km. É um dos principais corredores para escoamento da safra de grãos e elemento fundamental para o desenvolvimento da região. Viabiliza o escoamento de áreas produtoras, fomentando a economia de 13 municípios em duas unidades federativas.

O projeto consiste na proposta de concessão para a exploração da infraestrutura e da prestação de serviço público de recuperação, operação, manutenção, monitoração, conservação, implantação de melhorias e manutenção do nível de serviço do trecho da Rodovia BR-163/MT, entre a divisa PA/MT ao entroncamento MT-220, no município de Sinop; trecho da Rodovia BR-163/PA, entre o entroncamento com a BR-230/PA e a divisa PA/MT; trecho da Rodovia BR-230/PA, entre o entroncamento com a Rodovia BR-163/PA e a travessia do Rio Tapajós (contrato da BR-163/230).[229]

---

229 Documentos e informações referentes ao contrato da BR-163/230 disponíveis em: https://portal.antt.gov.br/br-163-230-mt-pa. Acessado em: 19.06.2021.

(ii) BR-153/414/080/TO/GO: sistema rodoviário que é a principal ligação dos estados Tocantins, Maranhão, Pará e Amapá com a Região Centro-Sul do país, compreendendo um total de 850,7 km composto pelas Rodovias BR-153/TO/GO, BR-080/GO, BR-414/GO.

Os trechos a serem concedidos são: Rodovia BR-153/TO/GO, entre Aliança do Norte e Anápolis; Rodovia BR-080/GO, entre Gurupi (BR-153) até Assunção de Goiás (BR-414); Rodovia BR-414/GO, entre Assunção de Goiás até Anápolis. Vale destacar que, a partir da bifurcação das BRs-153 e 080, os usuários terão a possibilidade de rota por meio da própria BR-153 ou então pelas BRs-080 e 414 (contrato da BR-153/414/080/TO/GO).[230]

(iii) BR-381/262/MG/ES: sistema rodoviário que representa importante papel dentro do complexo viário brasileiro, por permitir a interligação entre estados brasileiros e o escoamento de produtos agrícolas, pecuários, mineração e industriais de município de matrizes econômicas diversificadas. Pelas rodovias integrantes da concessão circulam produtos destinados aos portos do estado do Espírito Santo, além de abastecer com produtos cidades importantes dos estados de Minas Gerais e Espírito Santo, além de São Paulo e Mato Grosso do Sul.

A composição atual da malha em estudo abrange 686,10 km de extensão. Entretanto, a partir da execução das obras obrigatórias, que incluem retificação de traçado, o sistema apresentará a extensão total de 670,64 km ao final da concessão.

O projeto consiste na proposta de concessão para a exploração da infraestrutura e da prestação de serviço público de recuperação, operação, manutenção, monitoração, conservação, implantação

230 Documentos e informações referentes ao contrato da BR-153/414/080/TO/GO disponíveis em: https://portal.antt.gov.br/br-153-414-080-to-go#wrapper. Acessado em: 19.06.2021.

de melhorias e manutenção do nível de serviço do trecho que vai de Belo Horizonte/MG a João Monlevade/MG e Governador Valadares/MG, na BR-381/MG; de João Monlevade/MG à divisa entre Minas Gerais e Espírito Santo, na BR-262/MG; e de Viana/ES à divisa entre os estados do Espírito Santo e Minas Gerais, na BR-262/ES (contrato da BR-381/262/MG/ES).[231]

(iv) BR-116/101/SP/RJ: sistema rodoviário que faz a ligação entre as duas maiores regiões metropolitanas do país: Rio de Janeiro e São Paulo. É também a principal ligação entre o Nordeste e o Sul do país, atravessando 33 municípios. A concessão em questão tem 598,5km de extensão.

O projeto é composto pelos trechos da BR-116/101/SP/RJ (Rodovia Presidente Dutra): Rodovia BR-116/RJ, entre o entroncamento com a BR-465 no município de Seropédica (km 214,7), e a divisa RJ/SP (km 339,6); Rodovia BR-116/SP, entre a divisa RJ/SP (km 0) e o entroncamento com a BR-381/SP-015, Marginal Tietê (km 230,6); Rodovia BR-101/RJ, entre o entroncamento com a BR-493, no município de Itaguaí (408,1), e a divisa RJ/SP (km 599); e Rodovia BR-101/SP, entre a divisa RJ/SP (km 0) e Praia Grande, Ubatuba (km 52,1) (contrato da BR-116/101/SP/RJ).[232]

Além disso, empreendi análise dos principais atos normativos que disciplinam o tema da exploração de receitas acessórias e de projetos associados em rodovias federais: a Lei federal n. 8.987, de 13 de fevereiro de 1995, que dispõe sobre o regime de concessão e permissão da prestação de serviços públicos previsto no art. 175 da Constituição Federal (Lei de Concessões), e a Resolução ANTT

---

231 Documentos e informações referentes ao contrato da BR-381/262/MG/ES disponíveis em: https://portal.antt.gov.br/br-381-262-mg-es. Acessado em: 19.06.2021.

232 Documentos e informações referentes ao contrato da BR-116/101/SP/RJ disponíveis em: https://portal.antt.gov.br/br-116-101-sp-rj. Acessado em: 19.06.2021.

n. 2.552, de 14 de fevereiro de 2008, que dispõe sobre a captação de receitas extraordinárias nas rodovias federais reguladas pela ANTT (Resolução n. 2.552).

Para o desenvolvimento dos pontos aqui abordados, estruturei as minhas análises da seguinte forma: analisei a Lei de Concessões para checar qual é o tratamento dado às receitas acessórias em suas disposições, especialmente para checar se, em seus termos, há alguma imposição de autorização prévia dos poderes concedentes para que tais receitas possam ser exploradas (item 2); verifiquei os principais pontos da Resolução n. 2.552, com o mesmo propósito de checar se haveria a imposição de anuência prévia em relação ao tema aqui tratado e, se sim, em quais hipóteses (item 3).

Na sequência, verifiquei as disposições dos contratos aqui abordados, para checar se haveria consistência no que diz respeito ao tema da autorização prévia para exploração de receias acessórias sob duas perspectivas: a consistência entre os próprios contratos, isto é, se as disposições a respeito do tema são semelhantes ou não; a consistência com a legislação em vigor, isto é, se há aderência entre aquilo que a legislação eventualmente especifica como hipótese de exploração de receita acessória que demanda autorização prévia ou não (item 4). Com isso, traço as minhas conclusões (item 5).

1 A Lei de Concessões e a exploração de receitas acessórias

O tema da exploração de receitas acessórias e de projetos associados, na Lei de Concessões, é veiculado em seu art. 11. Há a previsão de que

> no atendimento às peculiaridades de cada serviço público, poderá o poder concedente prever, em favor da concessionária, no edital de licitação, a possibilidade de outras fontes provenientes de receitas alternativas, complementares, acessórias

> ou de projetos associados, com ou sem exclusividade, com vistas a favorecer a modicidade das tarifas.

O tema é complementado pelo art. 18, VI, e pelo art. 23, V, da Lei de Concessões, os quais preveem, respectivamente, que o edital de licitação conterá disposições sobre "as possíveis fontes de receitas alternativas, complementares ou acessórias, bem como as provenientes de projetos associados", e que é cláusula essencial no contrato de concessão a que disponha sobre "direitos, garantias e obrigações do poder concedente e da concessionária".

Dois aspectos iniciais decorrem das mencionadas disposições:

(i) uma vez prevista no edital e no contrato a possibilidade de exploração de receitas acessórias e de projetos associados em favor da concessionária, ela se torna verdadeiro direito subjetivo, de maneira que as disposições previstas na regulamentação e nos documentos editalícios e contratuais deveriam, por hipótese, facilitar o seu exercício;

(ii) também por hipótese, essa facilitação se dá por razão de fundo ainda maior: o fato de a exploração de receitas acessórias e de projetos associados dever ser utilizada como forma de garantir a modicidade tarifária. Esse ponto caminha em linha com o que a legislação determina como serviço adequado, com a necessária garantia de "modicidade das tarifas" (art. 6º, § 1º, da Lei de Concessões).

Além disso, parece-me haver dois outros pontos, na Lei de Concessões, que deveriam dar o tom a respeito das previsões sobre exploração de receitas acessórias e de projetos associados:

(i) o fato de que a sua aferição deveria ser considerada para a determinação do equilíbrio econômico-financeiro da concessão;

(ii) o desenho da Lei de Concessões no que diz respeito à obrigatoriedade de autorização prévia dos poderes concedentes para que determinados atos de gestão comercial da concessionária possam ser realizados, o que não abrange, também por hipótese, a exploração de receitas acessórias e de projetos associados.

Em relação ao primeiro ponto, a Lei de Concessões prevê que as fontes de receitas acessórias e de projetos alternativos "serão obrigatoriamente consideradas para a aferição do inicial equilíbrio econômico-financeiro do contrato" (art. 11, parágrafo único). Tal aspecto, além de privilegiar a eficiência operacional-comercial das futuras concessionárias, deveria trazer benefícios diretos aos poderes concedentes e, novamente, aos usuários dos serviços concedidos.

Isso porque a facilitação para a exploração das atividades aqui mencionadas poderia se traduzir em melhores projetos, o que poderia, por exemplo, incrementar valores de outorgas pagas em licitação, bem como privilegiar o pagamento de menores tarifárias pelos usuários dos serviços, em linha com os critérios de julgamento previstos no art. 15, I e II, da Lei de Concessões.[233]

Em relação ao segundo, a Lei de Concessões, de fato, estabelece que certos atos de gestão comercial das concessionárias, para que possam ser regularmente realizados, demandem anuência prévia dos poderes concedentes. De todo modo, a lei é taxativa a respeito do tema, que fica restrito, notadamente, às hipóteses de subconcessão, transferência da concessão e transferência do controle da concessionária, bem como o exercício de *step-in rights* pelos financiadores do projeto, nos seguintes termos:

> Art. 26. É admitida a subconcessão, nos termos previstos no contrato de concessão, desde que expressamente autorizada pelo poder concedente.

233 Art. 15 da Lei de Concessões. "No julgamento da licitação será considerado um dos seguintes critérios: I - o menor valor da tarifa do serviço público a ser prestado; II - a maior oferta, nos casos de pagamento ao poder concedente pela outorga da concessão".

> Art. 27. A transferência de concessão ou do controle societário da concessionária sem prévia anuência do poder concedente implicará a caducidade da concessão.
>
> Art. 27-A. Nas condições estabelecidas no contrato de concessão, o poder concedente autorizará a assunção do controle ou da administração temporária da concessionária por seus financiadores e garantidores com quem não mantenha vínculo societário direto, para promover sua reestruturação financeira e assegurar a continuidade da prestação dos serviços.

Dessa maneira, parece-me claro que a Lei de Concessões quis privilegiar um modelo legal de incentivo à exploração de receitas acessórias e de projetos associados. Ela se traduz como direito da concessionária, como mecanismo de determinação do equilíbrio econômico-financeiro da concessão e, especialmente, como mecanismo indutor da modicidade tarifária. Bem por isso, não há, na lei, qualquer obrigatoriedade de autorização prévia dos poderes concedentes para que sua ela seja realizada.

2 Os desdobramentos na Resolução ANTT n. 2.552

A Resolução ANTT n. 2.552 trabalha com modelo regulatório conceitual que não caminha em linha com a Lei de Concessões. Isso porque, em seus termos, determinadas atividades podem ser exploradas pelas concessionárias sem qualquer aprovação prévia da ANTT.

De todo modo, distanciando-se do modelo legal, há a previsão de que, em determinados casos, haverá a necessidade de obtenção de anuência da agência para que o desenvolvimento de empreendimentos que gerem receitas acessórias, bem como projetos associados, possam ser desenvolvidos.

A Resolução ANTT n. 2.552 prevê que "serão consideradas receitas extraordinárias as receitas complementares, acessórias, alternativas e de projetos associados, caracterizadas por fontes que não sejam provenientes da arrecadação de pedágio e de aplicações financeiras" (art. 1º). Para cada projeto gerador de receitas extraordinárias deverá ser celebrado um contrato de receita extraordinária (CRE) entre a concessionária de rodovia e terceiros (art. 2º da Resolução ANTT n. 2.552), que se regerá pelas normas de Direito Privado, não se estabelecendo qualquer relação jurídica entre os terceiros e a ANTT (art. 2º, § 1º, da Resolução n. ANTT 2.552).[234]

Em linha com a Lei de Concessões, há a previsão regulatória de que "será revertida à modicidade tarifária a receita extraordinária líquida após deduzidos os valores relativos a tributos, custos diretamente associados ao CRE e o montante equivalente a 15% (quinze por cento) da receita bruta" (art. 4º da Resolução n. 2.552).

Após isso, a Resolução ANTT 2.552 trabalha com modelo conceitual que em geral se aproxima do previsto na Lei de Concessões, mas que, em grande medida, dela se afasta no que diz respeito à autorização prévia.

Caminhando em linha com a Lei de Concessões, a Resolução ANTT n. 2.552 estabelece que, em determinadas hipóteses, as concessionárias apenas deverão encaminhar cópia dos CREs à ANTT, bem como deverão manter informações organizadas a respeito do tema, especialmente para que haja a possibilidade de fiscalização e, ao que me parece, em linha com o modelo legal, para que se possa auferir o montante que deveria ser considerado para a modicidade tarifária e para a análise do equilíbrio da concessão.

Assim, a concessionária da rodovia deverá organizar e manter atualizado o registro contábil e cadastro de todos os

---

234 Art. 3º da Resolução n. 2.552. "No CRE deverão estar discriminados, no mínimo: I - vigência do contrato; II - objeto do contrato; III - valor do contrato e as condições de reajustamento; IV - forma de pagamento; V - assunção de despesa do concessionário por terceiros, se houver; I - direitos e obrigações das partes".

usos, ocupações e prestação de serviços na faixa de domínio, os contratos de publicidade e todas as notas de serviço e contratos oriundos de projetos associados (art. 6º da Resolução ANTT n. 2.552), encaminhando à ANTT cópia do CRE em até 30 dias após a assinatura deste (art. 7º).

Como exemplo, os contratos de publicidade e propaganda poderão ser celebrados sem autorização prévia da ANTT. Deverão apenas especificar o anunciante e o produto/serviço anunciado, de forma que seja possível fazer a identificação de cada publicidade e propaganda negociada na concessão (art. 14 da Resolução ANTT 2.55.2). É permitida, inclusive, a transferência da exploração de publicidade e propaganda na faixa de domínio da rodovia a terceiros (art. 14, parágrafo único, da Resolução n. ANTT 2.552).

Porém, contratos que envolvam projetos de engenharia e obras de instalação deverão ser previamente aprovados pela ANTT, sistemática, a qual não é prevista na Lei de Concessões.

Nessa linha, a Resolução ANTT n. 2.552 prevê que "todo e qualquer CRE que envolver projeto de engenharia deverá ser previamente analisado pela concessionária e autorizado pela ANTT antes de sua celebração" (art. 10). Ainda, "publicidades e propagandas que necessitem de obras de instalação deverão ter o projeto aprovado pela concessionária e encaminhado à ANTT para análise e eventual publicação da autorização" (art. 16). Além disso, os planos de exploração de projetos associados serão analisados pela concessionária e encaminhados à ANTT para análise e eventual publicação da autorização (art. 19).[235]

235 Art. 18 da Resolução ANTT n. 2.552. "Definem-se, para fins desta Resolução, como receitas extraordinárias advindas de projetos associados, todas aquelas provenientes de serviços prestados pela concessionária a terceiros e que não fazem parte do objeto do contrato de concessão".

3 Disciplina contratual atual: como os contratos estão desenhados

Finalmente, no que diz respeito ao desenho contratual, as modelagens mais recentes trabalham com hipóteses que não possuem aderência à Lei de Concessões, e que tampouco estão em linhas com as disposições regulamentares da própria ANTT.

Os contratos da BR-163/230, da BR-153/414/080/TO/GO e da BR-116/101/SP/RJ possuem redações idênticas sobre o tema, nos seguintes termos:

> Receitas Extraordinárias: quaisquer receitas complementares, acessórias, alternativas e de projetos associados, caracterizadas por fontes que não sejam provenientes da arrecadação de pedágio, venda de ativos e de aplicações financeiras obtidas pela concessionária em decorrência de atividades econômicas realizadas na faixa de domínio da rodovia.[236]
>
> A utilização ou exploração da faixa de domínio de trecho integrante do Sistema Rodoviário pela concessionária, bem como a exploração de Receitas Extraordinárias, deverão ser previamente autorizadas, observando-se o procedimento previsto na regulamentação da ANTT.[237]
>
> Uma vez aprovada pela ANTT, a concessionária deverá manter contabilidade específica de cada contrato gerador das Receitas Extraordinárias, com detalhamento das receitas, custos e resultados líquidos.[238]

Veja-se que, em todas as situações, os contratos determinam que a exploração de quaisquer receitas acessórias ou de projetos

---

236 A cl. 1.1.1. (lxv) dos três contratos possui essa redação.

237 Cl. 17.1 do contrato da BR-163/230, cls. 19.1 dos contratos da BR-153/414/080/TO/GO e da BR-116/101/SP/RJ.

238 Cl. 17.2 do contrato da BR-163/230, cls. 19.2 dos contratos da BR-153/414/080/TO/GO e da BR-116/101/SP/RJ.

associados deverá ser previamente autorizada pela ANTT, o que não está de acordo com a Lei de Concessões, tampouco com a Resolução ANTT n. 2.552. Ainda, os contratos estabelecem que deverá ser seguido o procedimento de aprovação previsto na regulamentação da agência, a qual, além de não estabelecer como ele deveria ser realizado, é mais restrita do que as próprias previsões contratuais.

O contrato da BR-381/262/MG/ES possuem disposições semelhantes às dos demais contratos, mas com nuances específicas:

> Cl. 1.1.1. (lxxviii) Receitas Extraordinárias: quaisquer receitas complementares, acessórias, alternativas e de projetos associados, caracterizadas por fontes que não sejam provenientes da arrecadação de pedágio e de aplicações financeiras obtidas pela concessionária em decorrência de atividades econômicas realizadas na faixa de domínio da rodovia.
>
> Cl. 21.1. A utilização ou exploração da faixa de domínio de trecho integrante do Sistema Rodoviário pela concessionária, bem como a exploração de Receitas Extraordinárias, deverão ser previamente autorizadas pela ANTT.
>
> Cl. 21.2. A proposta de exploração de Receitas Extraordinárias deverá ser apresentada pela concessionária à ANTT, acompanhada de projeto de viabilidade jurídica, técnica e econômico-financeira, bem como da comprovação da compatibilidade da exploração comercial pretendida com as normas legais e regulamentares aplicáveis ao Contrato.
>
> Cl. 21.6. Para fins de cumprimento do disposto no art. 11, da Lei 8.987/95, considerar-se-á a reversão à modicidade tarifária já implícita no cálculo da Tarifa Básica de Pedágio conforme a Proposta, sendo a Receita Extraordinária obtida ao longo da concessão integralmente destinada à concessionária, após deduzido somente o Valor de Outorga Variável, nos termos da Cláusula 12 deste Contrato, não havendo qualquer reversão à modicidade tarifária da Receita Extraordinária instituída por instrumento regulatório.

Há a obrigação de submissão de amplos projetos de viabilidade à ANTT para que as explorações de receitas acessórias e de projetos associados possam ser realizadas, diferentemente dos demais instrumentos. De todo modo, a mesma problemática, de necessidade de obtenção de anuência prévia para todas as hipóteses, está mantida.

Considerações finais

Em conclusão, após a análise da Resolução n. ANTT 2.552, bem como de minutas de contratos recentemente publicados pela ANTT, minha hipótese inicial não se confirmou. Embora a Lei de Concessões não preveja qualquer necessidade de obtenção de anuência prévia dos poderes concedentes para que haja a possibilidade de exploração de receitas acessórias e de projetos associados, a Resolução ANTT n. 2.552 trabalha com modelo binário, em que, em certas hipóteses, a anuência não é requerida, e em outras em que ela é obrigatória, especialmente em casos nos quais haja a necessidade de desenvolvimento de projetos de engenharia.

Aprofundando a problemática, dos documentos contratuais mais recentes afastassem diametralmente da Lei de Concessões e da Resolução n. ANTT 2.552: há necessidade de obtenção de anuência prévia da agência em todas as hipóteses em que as mencionadas explorações se deem, indistintamente.

Esses pontos precisam ser mantidos sob o foco de atenção das agências reguladoras e daqueles operadores que lidam com a modelagem de projetos de infraestrutura: precisamos, cada um de nós, mergulhar nas normas, sob a pena de criar modelos (regulatórios e contratuais) que não caminhem em linha com a legislação geral a respeito do tema.

Mais grave do que isso: modelos que, em certas situações, contrariam os objetivos que parecem ter sido veiculados legalmente e de maneira prospectiva.

Referências bibliográficas

BRASIL. Agência Nacional de Transportes Terrestres – ANTT. *BR-116/101/SP/RJ*. Disponível em: https://portal.antt.gov.br/fi/br-116-101-sp-rj. Acessado em: 19.06.2021.

______. Agência Nacional de Transportes Terrestres – ANTT. *BR-153/414/080/TO/GO*. Disponível em: https://portal.antt.gov.br/br-153-414-080-to-go#wrapper. Acessado em: 19.06.2021.

______. Agência Nacional de Transportes Terrestres – ANTT. *BR-163/230/MT/PA*. Disponível em: https://portal.antt.gov.br/br-163-230-mt-pa. Acessado em: 19.06.2021.

______. Agência Nacional de Transportes Terrestres – ANTT. *BR-381/262/MG/ES*. Disponível em: https://portal.antt.gov.br/br-381-262-mg-es. Acessado em: 19.06.2021.

______. Agência Nacional de Transportes Terrestres – ANTT. *Resolução n. 2552*, de 14 de fevereiro de 2008. Dispõe sobre a captação de receitas extraordinárias nas rodovias federais reguladas pela ANTT.

______. Presidência da República. *Lei n. 8.987,* de 13 de fevereiro de 1995. Disponível em: http://www.planalto.gov.br/ccivil_03/leis/l8987cons.htm. Acessado em: 19.06.2021.

CAPÍTULO XXXVII

A IMPLANTAÇÃO DA SISTEMÁTICA DO *FREE FLOW* EM CONCESSÕES EM CURSO: RISCOS E DESAFIOS

Rafael Wallbach Schwind
Lucas de Moura Rodrigues

Introdução

A sistemática de cobrança de pedágio nas rodovias concedidas deve ser alterada radicalmente. Em lugar das praças de pedágio, verifica-se uma tendência à adoção da sistemática conhecida como *free flow* – tendência essa consagrada na recentíssima Lei n. 14.157/2021. Nesse contexto, deixa de haver praças de pedágio e passa a haver cobranças apenas pelos trechos efetivamente percorridos pelos usuários, os quais são verificados por meio de pórticos instalados ao longo das rodovias.

A sistemática do *free flow*, no entanto, não representa uma simples evolução da sistemática de cobrança. Ela envolve alterações significativas de outras naturezas.

De um lado, as projeções financeiras originais ficam superadas, uma vez que os trechos percorridos não correspondem exatamente àqueles situados entre as praças originalmente projetadas. De outro lado, há a assunção de responsabilidades adicionais pelas concessionárias, notadamente em termos de manutenção de tecnologia e obtenção e tratamento de dados – um assunto sempre sensível, ainda mais à luz da LGPD.

No presente ensaio, pretende-se explicar melhor como funciona a sistemática do *free flow*. Feito isso, são examinados três riscos e dificuldades relacionados a essa sistemática. Por fim, examinam-se casos concretos a fim de se verificar como se deu a implantação de sistemáticas novas de cobrança em contratos de concessão em curso.

O objetivo geral, portanto, é levantar algumas questões e trazer exemplos de como elas foram endereçadas em casos concretos, de modo que essas experiências e os riscos existentes sejam bem analisados a partir da aplicação do *free flow* em concessões que originalmente não envolvem essa sistemática.

1 O sistema de cobrança *free flow*

No âmbito das concessões rodoviárias, a cobrança pela utilização de infraestrutura viária é tradicionalmente realizada em locais físicos instalados em pontos específicos da rodovia (praças de pedágio). A sistemática dos contratos de concessão prevê que as tarifas sejam calculadas, para cada praça de pedágio, em função do trecho de rodovia à disposição do usuário que determinada praça recobre (comumente denominado de Trecho de Cobertura da Praça de Pedágio – TCP). As tarifas de cada praça de pedágio são obtidas multiplicando-se o valor básico do quilômetro pelo respectivo TCP e por um fator multiplicador para cada categoria de veículo (em decorrência dos desgastes físicos diferenciados que cada categoria de veículo – motocicletas, carros de passeio, caminhões – acarreta à rodovia).

A cobrança realizada pelo tradicional arranjo de cabines e cancelas das praças de pedágio tem evoluído para privilegiar estruturas menos perceptíveis aos usuários da rodovia. Os novos sistemas de cobrança buscam eliminar a necessidade de parada, conferir menor tempo de espera nas filas (e de atendimento no caso das pistas de cobrança automática), menor risco de colisão traseira no trecho de aproximação das praças de pedágio e maior fluidez de tráfego. Também têm a pretensão de fomentar estudos e discussões sobre os eventuais impactos positivos e negativos que a alteração do sistema de cobrança teria sobre a tarifa (e sobre a estrutura econômico-financeira da concessão).

Um dos sistemas inovadores de cobrança de pedágio é o sistema *free flow* – também conhecido como sistema de livre passagem, sistema de rodovia de pedágio aberto e sistema eletrônico.

O sistema *free flow* opera por meio de pórticos instalados sobre as pistas, com identificação automática e eletrônica dos veículos que passem por debaixo deles e sem qualquer barreira física na rodovia. O veículo é detectado por radiofrequência ou câmera de reconhecimento ótico de caracteres: a primeira captura e armazena dados transmitidos por equipamento instalado no próprio veículo (unidade *on-board* – OBU, também conhecida como *transponder* – TAG), e a segunda lê as placas dos veículos em movimento.[239]

---

239 CNT. "Novas tecnologias de pagamento de pedágio". *Confederação Nacional dos Transportes*, jun. 2020, pp. 1/2. Disponível em: https://cdn.cnt.org.br/diretorioVirtualPrd/bf8665da-3e39-45cf-9fbd-2dbbafc9ddd4.pdf. Acessado em: 18.05.2021.

Sensores infravermelhos (Classificação Automática de Veículos – AVC) presentes nos pórticos podem detectar e classificar os veículos segundo seu tipo, a fim de determinar o valor da tarifa a ser pago.

Uma técnica alternativa de detecção do tipo de veículo é a que faz uso de sensores implantados sob o pavimento. A técnica faz uso de laços indutivos que identificam, por meio de frequência de ressonância, a massa metálica do veículo na área daquele laço. Tais técnicas de classificação de veículos são meros procedimentos adicionais no caso dos sistemas que detectam veículos por radiofrequência (cf. acima). Isso porque, nesses sistemas, os dados necessários à classificação do veículo já devem estar contidos no OBU ou TAG.[240]

Os pórticos podem ser instalados nas entradas e saídas do sistema rodoviário, de modo a permitir a identificação do local de acesso do veículo à rodovia e a distância exata por ele percorrida. Alternativamente, os pórticos podem ser posicionados em pontos fixos ao longo da rodovia, de modo que cada um deles cubra o valor correspondente a determinado trecho, como no caso das praças de pedágio e dos respectivos TCPs.[241]

A diferença é que, no caso do sistema de cobrança *free flow*, potencialmente haverá mais pórticos do que as praças de pedágio originalmente existentes – diminuindo o Trecho de Cobertura em cada ponto de cobrança. Isso altera radicalmente a estrutura econômico-financeira da concessão, uma vez que o tráfego em cada trecho pode variar, e as previsões originais de tráfego observavam

---

240 CNT. "Novas tecnologias de pagamento de pedágio". *Confederação Nacional dos Transportes*, jun. 2020, p. 3. Disponível em: https://cdn.cnt.org.br/diretorioVirtualPrd/bf8665da-3e39-45cf-9fbd-2dbbafc9ddd4.pdf. Acessado em: 18.05.2021.

241 CNT. "Novas tecnologias de pagamento de pedágio". *Confederação Nacional dos Transportes*, jun. 2020, p. 2. Disponível em: https://cdn.cnt.org.br/diretorioVirtualPrd/bf8665da-3e39-45cf-9fbd-2dbbafc9ddd4.pdf. Acessado em: 18.05.2021.

uma subdivisão de trechos bem diferente daquela que resulta nas novas subdivisões.

A implantação do sistema pode se tornar viável com a diminuição dos custos de operação, conservação e eventualmente ampliação da infraestrutura das praças de pedágio. Embora o sistema de cobrança *free flow* demande um *backoffice* maior para processamento de dados e equipes de manutenção dos pórticos e outros equipamentos, é possível que deixem de existir ou sejam reduzidos os custos com atendentes de pedágio, equipes de suporte, edificações de operação e administração, contagem de cédulas e moedas, gestão dos riscos de segurança, entre outros.[242]

Por outro lado, o desenvolvimento de um sistema adequado de processamento dos dados coletados por pontos de cobrança mais numerosos pode gerar benefícios para outros serviços delegados e não delegados. O sistema pode ser completamente integrado aos centros de controle operacional, permitindo-lhes exercer em tempo real as atividades de monitoramento do tráfego do sistema rodoviário e de coordenação das ações do sistema de atendimento aos usuários e das unidades de inspeção de tráfego – com acionamento mais eficiente dos recursos necessários a intervenções operacionais.

2 A recente edição de lei sobre o sistema de cobrança *free flow* (Lei n. 14.157/2021)

Em 1 de junho de 2021, foi editada lei que dispõe sobre a implantação do "sistema de livre passagem" nas rodovias brasileiras (Lei n. 14.157/2021). A descrição é a mesma do sistema *free*

242 SANTOS, Túlio Silveira; RIBEIRO, Paulo Cezar Martins. "Estudo de impacto da implantação do sistema *free flow* de pedágio eletrônico". *XVI Congresso de Ensino e Pesquisa de Engenharia de Transportes do Estado do Rio de Janeiro*, UFRJ, ago. 2018. Disponível em: https://www.researchgate.net/publication/342702971_Estudo_de_impacto_da_implantacao_do_sistema_free-flow_de_pedagio_eletronico_no_Brasil. Acessado em: 18.05.2021.

flow. Trata-se de "modalidade de cobrança de tarifas pelo uso de rodovias e vias urbanas sem necessidade de praças de pedágio e com a identificação automática dos usuários" (art. 1º, § 1º, da Lei n. 14.157/2021).

A Lei n. 14.157/2021 prevê que o Poder Executivo regulamentará o novo sistema de cobrança e que o CONTRAN estabelecerá os meios técnicos, de uso obrigatório, para se garantir a identificação dos veículos que transitarem por rodovias e vias urbanas com o novo sistema (arts. 1º, § 2º, e 2º da Lei n. 14.157/2021).

A Lei n. 14.157/2021 também altera o art. 209 do CTB, retirando-lhe a hipótese de evasão para não pagar o pedágio e inserindo tal hipótese em dispositivo apartado (art. 209-A), com redação claramente voltada a albergar qualquer evasão de cobrança (inclusive em sistema *free flow*). Um comparativo entre a redação original do dispositivo e a redação dada pelo art. 2º da nova lei permite ver a abrangência que se pretende dar à infração:

> [Redação original]
>
> Art. 209. Transpor, sem autorização, bloqueio viário com ou sem sinalização ou dispositivos auxiliares, deixar de adentrar às áreas destinadas à pesagem de veículos ou evadir-se para não efetuar o pagamento do pedágio:
>
> Infração – grave;
>
> Penalidade – multa.
>
> [Redação dada pelo art. 2º da Lei n. 14.157/2021]
>
> Art. 209. Transpor, sem autorização, bloqueio viário com ou sem sinalização ou dispositivos auxiliares, ou deixar de adentrar às áreas destinadas à pesagem de veículos:
>
> Infração – grave;
>
> Penalidade – multa.
>
> Art. 209-A. Evadir-se da cobrança pelo uso de rodovias e vias urbanas para não efetuar o seu pagamento, ou deixar de efetuá-lo na forma estabelecida:

> Infração – grave;
>
> Penalidade – multa.

A nova lei acrescenta o § 3º ao art. 320 do CTB para estabelecer um "valor total destinado à recomposição das perdas de receita das concessionárias de rodovias e vias urbanas, em decorrência do não pagamento de pedágio por usuários da via", além de incluir o inc. XVII ao art. 24 da Lei n. 10.233/2001 para atribuir à ANTT (diretamente ou mediante convênio) a competência para fiscalizar, autuar e aplicar multa em face da ocorrência da infração prevista no art. 209-A do CTB (arts. 2º e 3º).

Por fim, acrescenta o § 2º ao art. 26 da Lei n. 10.233/2001, que passa a prever que

> na elaboração dos editais de licitação, (...) a ANTT promoverá a compatibilização da tarifa do pedágio com as vantagens econômicas e o conforto de viagem proporcionados aos usuários em decorrência da aplicação dos recursos de sua arrecadação no aperfeiçoamento da via em que é cobrado, bem como a utilização de sistema tarifário que guarde maior proporcionalidade com o trecho da via efetivamente utilizado.

3 A possibilidade legal (em tese) da implantação do sistema *free flow* nas rodovias brasileiras

A partir do texto da Lei n. 14.157/2021, não está claro se a nova lei determina a implementação do sistema *free flow* apenas em futuros contratos de concessão ou já nos contratos em curso. A única disposição a respeito é a que consta do art. 1º, § 3º, da nova lei. O dispositivo estabelece que, ao regulamentar o sistema *free flow*, o Poder Executivo deverá prever, para os contratos em curso nos quais não seja possível implementar o novo sistema, a possibilidade de celebração de termo aditivo para viabilizar a concessão de benefícios tarifários a usuários frequentes.

Em princípio, as concessões rodoviárias vigentes podem ser adaptadas para utilização da tecnologia *free flow* (ainda que de forma parcial).

A vigência de um contrato de concessão se dá em um longo prazo, sendo que os direitos e obrigações inicialmente pactuados estão mais suscetíveis às alterações de contexto e à inovação das tecnologias que existiam na ocasião do planejamento. Assim, surge a possibilidade de alterá-lo para garantir a eventual adequação dos serviços prestados (art. 58, I, e 65, I, a, da Lei n. 8.666/1993 e art. 104, I, e 124, I, a, da Lei n. 14.133/2021).

Antevendo algumas dessas situações, os contratos de concessão costumam desde logo trazer previsões relacionadas à atualização dos equipamentos e sistemas com base nos quais aqueles contratos foram concebidos.

Tais previsões encontram respaldo no princípio da atualidade, que é definido e efetivado por meio das seguintes regras dispostas na Lei n. 8.987/1995:

> Art. 6o Toda concessão ou permissão pressupõe a prestação de serviço adequado ao pleno atendimento dos usuários, conforme estabelecido nesta Lei, nas normas pertinentes e no respectivo contrato.
>
> § 1o Serviço adequado é o que satisfaz as condições de regularidade, continuidade, eficiência, segurança, atualidade, generalidade, cortesia na sua prestação e modicidade das tarifas.
>
> § 2o A atualidade compreende a modernidade das técnicas, do equipamento e das instalações e a sua conservação, bem como a melhoria e expansão do serviço.
>
> Art. 23. São cláusulas essenciais do contrato de concessão as relativas:
>
> V – aos direitos, garantias e obrigações do poder concedente e da concessionária, inclusive os relacionados às previsíveis

> necessidades de futura alteração e expansão do serviço e consequente modernização, aperfeiçoamento e ampliação dos equipamentos e das instalações.

Eventual pretensão de implementar o sistema *free flow* nos contratos em curso deve ser interpretada de maneira adequada, contudo. As concessões vigentes foram concebidas e planejadas em um contexto em que a cobrança é realizada em praças de pedágio instaladas em pontos específicos da rodovia. Os direitos e obrigações pactuados refletem essa concepção específica de sistema de cobrança. Até hoje, o Brasil e muitos outros países que utilizam o sistema *free flow* não têm rodovias com cobrança completamente eletrônica.[243]

Portanto, as previsões dos contratos firmados antes da publicação da Lei n. 14.157/2021, inclusive aquelas relacionadas à atualização tecnológica, não têm em vista um sistema de cobrança totalmente eletrônico, e a completa modificação dessa sistemática pode vir a ser questionada.

A aplicação da prerrogativa da Administração de alterar os contratos vigentes é delimitada pelas características de cada concessão e deve ser ponderada com eventuais impactos que a alteração do contrato teria sobre o equilíbrio econômico-financeiro (art. 65, § 6º, da Lei n. 8.666/1993, art. 130 da Lei n. 14.133/2021 e arts. 9º, § 4º, e 10 da Lei n. 8.987/1995), inclusive em face dos princípios aplicáveis aos serviços públicos.

Há riscos de inadimplência e riscos derivados da impossibilidade (ou inviabilidade) de se prever os efeitos do sistema *free flow* sobre o equilíbrio econômico-financeiro que devem ser devidamente considerados pelas partes antes de decidir sobre a sua

---

243 CNT. "Novas tecnologias de pagamento de pedágio". *Confederação Nacional dos Transportes*, jun. 2020, pp. 4/5. Disponível em: https://cdn.cnt.org.br/diretorioVirtualPrd/bf8665da-3e39-45cf-9fbd-2dbbafc9ddd4.pdf. Acessado em: 18.05.2021.

implantação – sob pena de impedir a realização das receitas da concessionária e prejudicar a continuidade, bem como a regularidade, eficiência, segurança e generalidade dos serviços (art. 6º, § 1º, da Lei n. 8.987/1995). Os riscos envolvidos na implantação do novo sistema são mais bem detalhados no tópico 4, abaixo.

4 Eventuais riscos na implantação do sistema *free flow*

Embora a implantação do sistema *free flow* seja possível, a experiência com a adaptação de concessões para tecnologias semelhantes revela riscos que devem ser considerados na implantação do sistema, como (1) o risco de inadimplência e (2) o risco derivado da impossibilidade (ou inviabilidade) de se prever os efeitos do novo sistema sobre o equilíbrio econômico-financeiro.

Tais riscos – que são aptos a gerar diversos pleitos de reequilíbrio econômico-financeiro – podem ser mitigados com a definição adequada dos aspectos operacionais do sistema entre as alternativas disponíveis.

4.1 O risco de inadimplência

A cobrança dos usuários e (ou) a apuração da infração de evasão de pedágio são importantes mecanismos de realização de receitas, de manutenção do equilíbrio econômico-financeiro contratual e de inibição de condutas infratoras.

A cobrança realizada pelo tradicional arranjo de cabines e cancelas desempenha uma função importante na diminuição do risco de não pagamento. Tais estruturas funcionam como barreiras físicas para os veículos e praticamente impedem (ou dificultam) a concretização desse risco. Os veículos só são liberados mediante pagamento da tarifa, e aqueles que não o fazem são desde logo registrados e eventualmente autuados.

O sistema *free flow* elimina as barreiras físicas da rodovia e sua importante função na diminuição do risco de não pagamento. Com isso, depende da criação de outros mecanismos para suprir essa função.[244] Eventuais falhas na detecção dos veículos e na punição dos infratores se refletem na queda das receitas da concessionária e em potenciais prejuízos à execução das obrigações contratuais.

Conforme indicado no tópico 1, a cobrança no sistema *free flow* é realizada mediante detecção do veículo por equipamento de radiofrequência ou de reconhecimento ótico de caracteres (das placas). A diminuição do risco de não pagamento depende de mecanismos para incentivar ou mesmo forçar a detecção dos veículos por esses equipamentos.

Um exemplo de mecanismo de incentivo amplamente recomendado pela literatura sobre o tema[245] é aquele que estabelece o dever de ceder gratuitamente os equipamentos de radiofrequência

---

244 CARVALHO, André C. "*Free flow* precisa de garantias jurídicas no Brasil". *Consultor Jurídico*, São Paulo, 17 abr. 2013. Disponível em: https://www.conjur.com.br/2013-abr-17/andre-carvalho-free-flow-garantias-juridicas-brasil. Acessado em: 18.05.2021.

245 "Além disso, o **governo deve desempenhar um importante papel na interoperabilidade do sistema**, estabelecendo uma base de dados central de registro nacional de usuários OBU. A interoperabilidade é essencial para garantir a conectividade efetiva entre os dispositivos e sistemas, focando em capacitar seus elementos em veículos, dispositivos, infraestrutura e aplicativos para se comunicar de forma eficaz com outras partes do sistema, conforme necessário, independentemente de onde eles são construídos e onde ou quando eles são usados. Dessa maneira, a interoperabilidade deve permitir que o mesmo TAG seja utilizado para tarifação em diferentes concessionárias e os proprietários dos veículos devem ser cobrados separadamente por cada concessionária, mas apenas um TAG é instalado em cada veículo". (SANTOS, Túlio Silveira; RIBEIRO, Paulo Cezar Martins. "Estudo de impacto da implantação do sistema *free flow* de pedágio eletrônico". *XVI Congresso de Ensino e Pesquisa de Engenharia de Transportes do Estado do Rio de Janeiro*, UFRJ, ago. 2018. Disponível em: https://www.researchgate.net/publication/342702971_Estudo_de_impacto_da_implantacao_do_sistema_free-flow_de_pedagio_eletronico_no_Brasil. Acessado em: 18.05.2021).

e eventualmente de instalar tais equipamentos nos veículos dos usuários do sistema.

Ainda a respeito dos mecanismos para incentivar e principalmente forçar a detecção dos veículos, destacam-se as iniciativas no sentido de implantar um Sistema Nacional de Identificação Automática de Veículos (SINIAV). Tal iniciativa foi objeto da Resolução 537/2015 do Conselho Nacional de Trânsito (CONTRAN) e se baseia em tecnologia de identificação por radiofrequência.[246]

A Resolução obriga a instalação de dispositivo de identificação eletrônico ("placa eletrônica") em todos os veículos, com número de série único e inalterável, e prevê que os veículos não poderão ser licenciados nem transitar pelas rodovias sem tal dispositivo.

Além desse dispositivo, o sistema deve contar com subsistemas de leitura de placas eletrônicas (SLP), Equipamentos Configuradores SINIAV (ECS), centrais de processamento e sistemas informatizados para posterior identificação do veículo pelas autoridades competentes.

Na prática, o projeto de placas eletrônicas do SINIAV acabou sendo incorporado ao projeto de padronização das placas de identificação de veículos do MERCOSUL (que é objeto da Resolução 729/2018 do CONTRAN).[247] [248] Nesse contexto, ao menos enquanto o SINIAV não é implantado, os dispositivos originais desse sistema foram substituídos pelo *QR Code* das placas do

---

246 CONTRAN. *Resolução n. 412*, de 09 agosto de 2012. Disponível em: https://www.gov.br/infraestrutura/pt-br/assuntos/transito/conteudo-denatran/resolucoes-contran. Acessado em: 18.05.2021.

247 G1. "Placa do Mercosul incluirá chip prometido para veículos desde 2012". *Auto Esporte*, 15 mar. 2018. Disponível em: https://autoesporte.globo.com/videos/noticia/2018/03/placa-do-mercosul-incluira-chip-prometido-para-veiculos-desde-2012.ghtml. Acessado em: 18.05.2021.

248 VEJA. *Denatran muda regra e novas placas padrão Mercosul virão sem chip*. 26 set. 2018. Disponível em: https://veja.abril.com.br/economia/denatran-muda-regra-e-novas-placas-padrao-mercosul-virao-sem-chip/. Acessado em: 18.05.2021.

MERCOSUL – e que, ao contrário dos dispositivos originais do SINIAV, não é capaz de enviar dados dos veículos remotamente (art. 1º, § 7º, da Resolução).[249]

Diante disso, a função de envio remoto de dados que seria desempenhada pelos dispositivos do SINIAV – e facilitaria questões técnicas envolvendo a aplicação do sistema *free flow* – ficou prejudicada. Há notícia de 2020 que indica que a situação de falta de implantação do SINIAV persiste.[250]

Além disso, uma iniciativa paralela (mas não idêntica) ao SINIAV vem sofrendo resistência, por ser considerada um risco à privacidade. O Sistema Integrado de Monitoramento e Registro Automático de Veículos (SIMRAV) prevê a instalação de dispositivo rastreador e bloqueador em todos os veículos. O veículo seria constantemente monitorado via GPS e estaria sujeito a rastreio e bloqueio remoto quando necessário.

O SIMRAV foi questionado por meio de ação civil pública acolhida pelo TRF-3ª Região e já transitada em julgado. A decisão judicial se funda em aspectos desse sistema que não estão presentes no SINIAV (em especial, a possibilidade de monitoramento dos veículos via GPS). Porém, não há segurança de que o entendimento não vá ser estendido para o SINIAV – principalmente pelo fato de que o julgado faz considerações mais amplas sobre o risco à privacidade associado à simples possibilidade de localizar o veículo e o seu condutor.[251]

---

249 VEJA. *Denatran muda regra e novas placas padrão Mercosul virão sem chip*. 26 set. 2018. Disponível em: https://veja.abril.com.br/economia/denatran-muda-regra-e-novas-placas-padrao-mercosul-virao-sem-chip/. Acessado em: 18.05.2021.

250 HESSEL, Rosana. "Governo publica decreto de liquidação da estatal Ceitec". *Correio Braziliense*, 16 dez. 2020. Disponível em: https://blogs.correiobraziliense.com.br/vicente/governo-publica-decreto-de-liquidacao-da-estatal-ceitec/. Acessado em: 18.05.2021.

251 PROCESSO CIVIL - AÇÃO CIVIL PÚBLICA - INSTALAÇÃO OBRIGATÓRIA DE EQUIPAMENTOS DE RASTREAMENTO,

LOCALIZAÇÃO E ANTIFURTO EM VEÍCULOS NOVOS - INOVAÇÃO À LIDE - INEXISTÊNCIA - SISTEMA ANTIFURTO QUE FAZIA PARTE DO ATO NORMATIVO SECUNDÁRIO PRIMARIAMENTE EXPEDIDO - PORTARIA CONTRAN N. 245/07 - PORTARIAS DENATRAN NS. 47/07, 102/08 E 253/09 - INVASÃO DE PRIVACIDADE - DIGNIDADE DA PESSOA HUMANA - DISPONIBILIDADE DO BEM PATRIMONIAL E INDEVIDA INGERÊNCIA DO ESTADO SOBRE SUES CIDADÃOS. I - Não restou demonstrada inovação à lide por parte do apelante (MPF), pois desde o início seu pedido buscava a declaração da nulidade da Resolução 245, de 27 de julho de 2007 do CONTRAN e das Portarias 47, de 20 de agosto de 2007, e 102, de 30 de outubro de 2008, do DENATRAN, que impunham a obrigatoriedade da instalação do sistema antifurtos nos veículos novos. II - O Sistema Nacional de Prevenção, Fiscalização e Repressão ao Furto e Roubo de Veículos e Cargas, instituído pela Lei Complementar n. 121/06, assentou competir ao CONTRAN estabelecer os dispositivos antifurtos obrigatórios nos veículos novos, saídos de fábrica, produzidos no país ou no exterior. Este, cumprindo seu mister, editou a Resolução n. 245, de 27 de julho de 2007, estabelecendo que os veículos novos deveriam sair de fábrica equipados com sistema antifurto, o qual deveria ser "dotado de sistema que possibilite o bloqueio e rastreamento do veículo". III - O DENATRAN editou a Portaria n. 47/07 e, posteriormente, a Portaria n. 102/08, veiculando as especificações, características e condições de funcionamento e operação do sistema de antifurto e de rastreamento. Segundo estes atos normativos secundários, o sistema antifurto é aquele que apresenta as funções de rastreamento e bloqueio de veículos; o sistema de rastreamento é aquele que realiza a leitura de sua localização através constelação de satélites e detém canal comunicação para envio das informações de posicionamento a uma central de serviço de monitoramento. Todas essas funções, de acordo com a Portaria n. 102/08, deveriam estar sempre ativas mesmo que o serviço de rastreamento não tenha sido habilitado pelo usuário. IV - Em face à avalanche de críticas, de manifestações contrárias ao procedimento e de decisões proferidas pelo Poder Judiciário, o governo agiu e o DENATRAN editou a Portaria n. 253/09, que substituiu o anexo da Portaria n. 47/07, trazendo como inovação a retirada do sistema de rastreamento e a inclusão de um sistema de localização, conceituado como aquele que "disponibiliza informações de posicionamento geográfico", a ser ativado mediante conhecimento e anuência por escrito do proprietário do veículo. V - De acordo com o dicionário Aurélio, rastrear tem origem no vocábulo rastejar, que por sua vez indica o ato de "seguir o rastro ou a pista de", "investigar, inquirir, indagar, rastrear". Por sua vez, localizar importa determinar o local, "inteirar-se do paradeiro de". Essencialmente, portanto, rastrear e localizar indicam a mesma coisa, pois ambos se referem à possibilidade de encontrar o veículo - e, por conseguinte, seu condutor - onde quer que esteja. O desiderato das normas administrativas é atender ao comando da LC n. 121/06, que, por sua vez, destina-se a prevenir e reprimir o furto e roubo de veículos e cargas. VI - O Estado, reconhecendo a sua ineficiência no combate ao crime, quer instituir um mecanismo de controle da liberdade individual de seus cidadãos. Sob o manto da proteção patrimonial, subjuga direitos mais relevantes e mais caros à sociedade, como os direitos à privacidade e à intimidade. VII - Está a ferir, com essa conduta, o princípio da dignidade da pessoa humana, um dos pilares do Estado Democrático de Direito (artigo 1°, III, CF). Adotando-se a dignidade da pessoa humana como fundamento da República, colocou-se "a pessoa humana como fim último de nossa sociedade e não como simples meio para alcançar certos objetivos, como, por exemplo, o econômico" (BASTOS, Celso Ribeiro. *Curso de Direito Constitucional*. São Paulo: Celso Bastos Editora, 2002, p. 249). VIII - O direito à privacidade, conquanto não seja indisponível, constitui direito fundamental de todos, só podendo ser renunciados temporariamente e, ainda assim, pelo seu próprio titular e desde que não afete a dignidade humana. Desse modo, cabe ao proprietário do veículo decidir se quer ou não instalar mecanismo de proteção patrimonial em seu bem, ciente das vantagens e desvantagens de sua decisão. Descabe ao Estado intrometer-se na esfera particular do indivíduo e decidir por ele como proteger seu bem. IX - A autodeterminação individual decorre do Estado Democrático de Direito e por ela garante-se ao indivíduo o direito de perseguir os fins e objetivos que entende melhores para sua vida, inclusive renunciando àqueles que entendem convenientes e que impedem ou embaraçam o seu projeto. A proteção patrimonial deve ficar a cargo do dono, competindo a ele, unicamente, decidir como, quando e quais bens quer proteger. X - Não cabe à Administração Pública impor a um bem disponível a forma como será efetuada a sua proteção pelo particular. Também é descabido transformar o bem privado em instrumento de segurança pública, uma vez que é obrigação da entidade estatal garantir a segurança de seu povo. XI - O fato de o localizador somente ser habilitado por expressa vontade do consumidor não retira o caráter de impositividade e de ingerência indevida sobre a vida privada. O Estado pode exigir equipamentos ou acessórios obrigatórios quando estes se referirem à saúde e à segurança corporal dos usuários do bem; mas, tratando-se de bens consumíveis disponíveis, não se pode impor aparelhamento cuja funcionalidade seja exatamente impedir a sua disposição. XII - A adoção da medida excepcional de monitoramento indiscriminado de todos os cidadãos proprietários de veículos automotores configura-se medida exacerbada, viola o direito fundamental de privacidade e intimidade, além de afrontar sobremaneira o princípio da razoabilidade ao transpassar para o particular o ônus de zelar pela segurança pública. XIII - Apelação provida. (TRF-3ª Região – AC 0007033-40.2009.4.03.6100, 3ª Turma, Rela. Desa. Federal Cecília Marcondes, julgado em 14.11.2013, e DJF3 22.11.2013)

A discussão quanto à necessidade e à viabilidade de retomar o projeto original de placas eletrônicas do SINIAV (que teve sua função de envio remoto de dados prejudicada com a utilização do *QR Code*) deve retornar em breve. A afirmação tem em vista a recente edição da Lei n. 14.157/2021, que atribui ao CONTRAN o dever de estabelecer os meios técnicos de uso obrigatório para identificação dos veículos no sistema *free flow* (cf. tópico I, acima). Embora não haja determinação expressa para que a identificação dos veículos no novo sistema seja feita por meio da instalação de dispositivos nas placas, é possível que, no futuro, o CONTRAN venha a definir que esse é o meio técnico obrigatório adequado para tal finalidade.[252]

Além disso, é possível entender que a Lei n. 14.157/2021 estabeleceu as condições necessárias para contornar eventuais óbices (fundados no monopólio estatal do uso da força) à apuração da infração de evasão de pedágio e à aplicação de penalidades daí decorrentes.[253]

A premissa da indelegabilidade do poder de polícia a entidades privadas foi mitigada em decisão do STF, de outubro de 2020, que reconheceu a competência da BHTrans para o exercício de poder de polícia e a aplicação de multas.[254] É certo que a tese fixada pelo STF envolve peculiaridades próprias da atuação de empresas estatais (empresas públicas ou sociedades de economia

---

252 NERY, Emily. "Chip na placa pode voltar com novo sistema de pedágio por trecho percorrido". *Jornal do Carro*, 6 maio 2021. Disponível em: https://jornaldocarro.estadao.com.br/servicos/o-chip-na-placa-vai-voltar-mas-nao-e-como-voce-imagina/. Acessado em: 04.06.2021.

253 CARVALHO, André C. "*Free flow* precisa de garantias jurídicas no Brasil". *Consultor Jurídico*, São Paulo, 17 abr. 2013. Disponível em: https://www.conjur.com.br/2013-abr-17/andre-carvalho-free-flow-garantias-juridicas-brasil. Acessado em: 18.05.2021.

254 Cf. STF. *BHTrans pode aplicar multas de trânsito, decide Plenário*. 28 out. 2020. Disponível em: https://portal.stf.jus.br/noticias/verNoticiaDetalhe.asp?idConteudo=454211&ori=1. Acessado em: 18.05.2021.

mista), integrantes da Administração Pública, e que, a partir das premissas do STF, não há segurança de que o entendimento possa ser estendido a concessionárias privadas. Em todo caso, a Lei n. 14.157/2021 promoveu alterações legislativas claramente voltadas a tipificar a evasão de barreiras virtuais ou do próprio sistema *free flow* como infração e pode ser entendida como já tendo estabelecido a delegabilidade implícita de aspectos do poder de polícia (ligados ao *free flow*) necessários para a implementação do sistema (cf. tópico 2, acima).

4.2 O risco derivado da impossibilidade (ou inviabilidade) de se prever os efeitos do novo sistema sobre o equilíbrio econômico-financeiro

Independentemente do risco de inadimplência e do desequilíbrio econômico-financeiro daí decorrente, há dificuldade em calcular o impacto da implantação do sistema *free flow* sobre a estrutura econômico-financeira da concessão, tendo em vista que sua adoção altera essa estrutura (cf. acima).

Uma estimativa precisa quanto a esse impacto depende de dados que não estão à inteira disposição das partes por qualquer das seguintes razões, aventadas por Guasch: "(I) a impraticabilidade de preverem-se todas as contingências contratuais possíveis; (II) a inverificabilidade de certas contingências por terceiro (...); (III) os limites da racionalidade; (IV) os elevados custos de transação".[255]

A impossibilidade ou a inviabilidade de se obter esses dados reforçam a existência de problemas na implantação do sistema *free flow* e constituem motivo autônomo para que haja cautela na sua adoção.

---

255 GUASCH, Jose Luis. "Granting and renegotiating infrastructure concessions" *apud* GUIMARÃES, Fernando Vernalha. "A repartição de riscos na parceria público-privada". *Revista de Direito Público da Economia – RDPE,* Belo Horizonte, ano 6, n° 24, out./dez. 2008, p. 158.

Para contornar esses problemas, a concessionária e o poder concedente podem considerar mais adequado que o sistema seja adotado de forma gradual. O sistema seria implantado em etapas, para que fosse possível (re)avaliar como o sistema tem funcionado e, a depender do caso, descontinuar ou manter a sua implantação (com ou sem redefinição de alguns dos seus aspectos operacionais para corrigir as falhas eventualmente identificadas). O sucesso do novo sistema depende de uma definição adequada dos seus aspectos operacionais, bem como dos seus mecanismos de acompanhamento, de avaliação e reequilíbrio contratual.

Considerando que a matriz de risco das concessões existentes tem em vista o modelo de pedágio de barreira, é cabível repartir entre as partes as obrigações de implementação do novo sistema, bem como distribuir os riscos específicos que derivem da sua implantação (custos operacionais e investimentos adicionais com a implantação do sistema, diferenças de receita para mais ou para menos dele derivadas etc.).

4.3 A questão da obtenção de dados dos veículos com base na LGPD

Uma dificuldade que se põe diz respeito à obtenção e tratamento dos dados dos veículos.

É necessário reconhecer que a disponibilização pelo DENATRAN dos dados necessários para identificar os usuários dos veículos sem TAGs não encontra óbice na LGPD.

A lei disciplina o tratamento de dados pessoais por pessoas naturais e por pessoas jurídicas de direito público ou privado. Ao fazê-lo, distingue dados pessoais de dados pessoais sensíveis e confere regramento específico (mais rigoroso) a estes últimos.

Tal regramento (mais rigoroso) não se aplica aos dados de que as concessionárias de rodovias precisam para identificar os usuários dos veículos sem TAGs. Não se trata de dados pessoais sensíveis

– que, nos termos da lei, são dados pessoais "sobre origem racial ou étnica, convicção religiosa, opinião política, filiação a sindicato ou a organização de caráter religioso, filosófico ou político, dado referente à saúde ou à vida sexual, dado genético ou biométrico, quando vinculado a uma pessoa natural" (art. 5º, II, da LGPD).

A possibilidade de o DENATRAN transferir os dados pessoais de que as concessionárias de rodovias precisam para identificar os usuários dos veículos sem TAGs tem fundamento em pelo menos duas hipóteses e independe de prévio consentimento do titular dos dados.

A transferência a entidades privadas é admitida em situações nas quais tal transferência se faz necessária para o fim específico e determinado de execução descentralizada de atividade pública, a exemplo das concessões (art. 26, § 1º, I), e nos casos em que a transferência tem fundamento legal ou é respaldada em contratos, convênios e instrumentos congêneres (art. 26, § 1º, IV) – que devem ser comunicados à Autoridade Nacional de Proteção de Dados (ANPD), conforme art. 26, § 2º.

O compartilhamento de dados pessoais em posse de pessoa jurídica de direito público com pessoas jurídicas de direito privado ainda é admitido fora daquelas hipóteses, mediante prévio consentimento do titular dos dados – observe-se que, nas hipóteses mencionadas no parágrafo anterior, o compartilhamento pode ocorrer *independentemente* de consentimento do titular (art. 27, III).

Considerando que a transferência dos dados pessoais de que as concessionárias de rodovias precisam é fundamental para a prestação adequada dos serviços que lhe foram delegados mediante concessão (incluem-se os serviços de cobrança de tarifa), a situação é uma daquelas em que se admite a transferência de dados a entidades privadas sem prévio consentimento do titular dos dados (art. 26, § 1º, I).

Além disso, a transferência deverá ter respaldo no Termo de Autorização de Acesso do DENATRAN e no respectivo contrato a ser celebrado com o SERPRO – de modo a enquadrar-se na permissão prevista no art. 26, § 1º, IV, para compartilhamento com pessoas jurídicas de direito privado independentemente de consentimento.

Esse é o entendimento doutrinário sobre o tema:

> A regra expressa no artigo 26 é de vedação ao compartilhamento dos dados em posse da Administração Pública com entidades privadas, exceto nos casos em que a transferência se faça necessária com o fim específico e determinado de execução descentralizada da atividade pública. De acordo com Pietro (2018, p. 573), a descentralização administrativa ocorre quando há "distribuição de competências de uma para outra pessoa, física ou jurídica", que é o que ocorre nos casos em que o Estado atribui para uma empresa pública, uma autarquia, uma sociedade de economia mista, uma fundação pública ou um consórcio público a execução de um serviço público, ou ainda como ocorre no caso das concessões, autorizações e permissões, onde um ente privado executa um serviço público em nome do Estado. Originalmente a LGPD permitia o compartilhamento dos dados estão publicamente acessíveis, que são aqueles dados cuja exposição foi autorizada pelo titular dos dados, contudo, essa disposição foi reescrita pela MP nº 869 de modo que para o compartilhamento de dados nos termos do *caput* do art. 26 basta que seja indicado um encarregado, ou seja, ampliou-se enormemente o espectro de situações em que é legal a transferência de dados pelo Poder Público a entidades privadas. A MP também incluiu os incisos IV, V, VI, que apresentam outras exceções à vedação da transferência dos dados pessoais em posse da Administração Pública para entes do setor privado.
>
> O artigo 27, por sua vez, determina que em regra deve existir consentimento do proprietário dos dados para que eles possam ser compartilhados entre a Administração Pública e algum ente privado, exceção feita aos casos de dispensa do consentimento quando necessários para execução da atividade pública e nas exceções previstas no artigo 26

> acima descritas. A MP 869 também alterou a redação do artigo 27 retirando a necessidade de informar o compartilhamento à Autoridade Nacional de Proteção de Dados como originalmente previsto.[256]

Por outro lado, tendo em vista que as concessionárias de rodovias intervirão nos processos de tratamento dos dados pessoais, elas estarão obrigadas a garantir a segurança desses dados com medidas de segurança, técnicas e administrativas aptas a protegê-los de acessos não autorizados e de situações acidentais ou ilícitas (arts. 46 e 47).

O compartilhamento de dados ainda estará sujeito à competência normativa complementar, fiscalizatória e sancionatória da ANPD a esse respeito (arts. 30 e 46, § 1º).

Note-se que tudo isso gera custos e responsabilidades adicionais às concessionárias, o que deve ser levado em conta na equação econômico-financeira da contratação em caso de implantação da sistemática de *free flow* nas concessões em curso.

5 A experiência das concessionárias brasileiras

Embora nenhuma rodovia brasileira tenha efetivamente implantado o sistema *free flow*, há iniciativas similares nesse sentido – embora com propósitos e abrangência diversos – que podem ser adotadas como baliza para sua implementação nos contratos existentes.

---

256 ROSSO, Angela Maria. "LGPD e setor público: aspectos gerais e desafios". *Migalhas*, 18 abr. 2019. Disponível em: https://migalhas.uol.com.br/depeso/300585/lgpd-e-setor-publico--aspectos-gerais-e-desafios. Acessado em: 02.06.2021.

5.1 As rodovias paulistas que tiveram implantado um sistema com características semelhantes ao sistema *free flow*

O estado de São Paulo, por intermédio da sua Agência Reguladora de Serviços Públicos Delegados de Transporte (ARTESP), já celebrou termos aditivos para inclusão de sistema que, assim como o *free flow*, opera por meio de pórticos instalados sobre as pistas, com identificação automática e eletrônica dos veículos que passem por debaixo deles. O sistema desenvolvido no âmbito do programa "Ponto a Ponto" do Governo do Estado de São Paulo funciona por radiofrequência e câmeras.

Informe da Confederação Nacional do Transporte de junho de 2020 afirma que, no Brasil, quatro rodovias tiveram tal sistema implantado (por meio de termos aditivos aos correspondentes contratos de concessão): Rodovia Engenheiro Constâncio Cintra (SP-360), Rodovia Santos Dumont (SP-075), Rodovia Governador Adhemar de Barros (SP-340) e Rodovia Professor Zeferino Vaz (SP-332).[257] [258] Embora o sistema ponto a ponto tenha favorecido usuários específicos dessas rodovias e não se confunda com o sistema *free flow*, consiste em exemplo de adaptação de contratos de concessão para a inclusão de tecnologia cujas características se assemelham a esse novo sistema. A análise dos aditivos celebrados para inclusão do sistema ponto a ponto nas concessões rodoviárias paulistas pode ser útil para prever algumas características da eventual adoção do sistema *free flow*, bem como alternativas para resolver questões específicas e problemas derivados de tal adaptação tecnológica (semelhante àquela dos aditivos).

---

257 CNT. "Novas tecnologias de pagamento de pedágio". *Confederação Nacional dos Transportes*, jun. 2020, p. 6. Disponível em: https://cdn.cnt.org.br/diretorioVirtualPrd/bf8665da-3e39-45cf-9fbd-2dbbafc9ddd4.pdf. Acessado em: 18.05.2021.

258 O informe da CNT afirma que, na SP-340, o sistema é aberto para quaisquer usuários e veículos que trafeguem por essa rodovia, mas essa afirmação não encontra correspondência com o disposto no TAM 20/2012.

5.2 A Rodovia Governador Adhemar de Barros (SP-340) e o TAM 20/2012 ao contrato de concessão da Renovias

Na Rodovia Governador Adhemar de Barros (SP-340), o sistema ponto a ponto foi incluído pelo TAM 20/2012 ao contrato de concessão da Renovias, com a finalidade de adequar tal contrato aos termos do acordo celebrado e homologado judicialmente entre a concessionária e o poder concedente.

A ideia foi utilizar as formas convencionais de cobrança de tarifa (praças de pedágio) em conjunto com os pórticos do sistema ponto a ponto, que seriam instalados em etapas sucessivas.

A primeira etapa consistiria na implantação de uma nova praça de pedágio de fluxo livre, mediante a instalação de pórtico em ponto distinto das praças já existentes, bem como na adaptação de pistas de arrecadação automática de uma das praças que já existiam (cláusula 1.1 do TAM 20/2012).[259]

Na segunda etapa, ficou definido que seriam implantadas outras duas praças de pedágio de fluxo livre, mediante a instalação de dois novos pórticos que operariam em conjunto com o pórtico e as pistas de arrecadação automática instaladas na primeira etapa (cláusula 1.2 do TAM 20/2012).[260] Tal etapa seria iniciada quando

259 1.1. PRIMEIRA ETAPA - consiste na adequação da cobrança de pedágio no TRECHO RODOVIÁRIO, com as seguintes medidas: (i) implantação de uma praça de pedágio de fluxo livre, com cobrança bidirecional de tarifas de pedágio, por meio do Sistema Automático de Arrecadação, mediante a instalação de PÓRTICO, nos dois sentidos da SP-340, à altura do km 147 + 030, pista sul e pista norte, no município de Santo Antônio de Posse 1; e (ii) adaptação de pistas de arrecadação automática da praça de pedágio de Jaguariúna, mantida a conformação atual, com inclusão das antenas para recepção em 915MHz.

260 1.2. SEGUNDA ETAPA - Projeto Piloto do Sistema Ponto a Ponto: implantação de mais duas praças de pedágio de fluxo livre, com cobrança bidirecional de tarifas de pedágio, por meio eletrônico, mediante a instalação de

60% dos veículos que passassem pelo pórtico da primeira etapa tivessem TAG ou quando decorressem dois anos da data de início da operação da primeira etapa (o que ocorresse primeiro).

O sistema ponto a ponto seria alternativo ao sistema tradicional de cobrança de tarifa para usuários residentes em municípios específicos próximos aos locais dos pórticos: tais usuários poderiam escolher entre aderir ao novo sistema ou não. Aderindo ao programa, teriam reduzida a tarifa cobrada nos pórticos e nas praças de pedágio. Se não, pagariam o valor integral da tarifa nas praças de pedágio (cláusulas 4.1, 4.1.1 e 4.3 do TAM 20/2012).[261] Os usuários interessados em aderir ao novo sistema deveriam contratá-lo junto a empresas cadastradas como Operadoras de Serviços de Arrecadação (OSA) pela ARTESP, sendo que a etiqueta eletrônica seria cedida pelo poder concedente em caráter gratuito (cláusula 4.2 do TAM 20/2012).[262]

---

dois novos PÓRTICOS, em ambos os sentidos da rodovia, que operarão conjugados com o PÓRTICO e pistas de arrecadação automática instaladas na PRIMEIRA ETAPA.

261 Cláusula 4ª. Da Operação do TRECHO RODOVIÁRIO

4.1. O Sistema Automático de Arrecadação a ser implantado no TRECHO RODOVIÁRIO será alternativo ao sistema tradicional de cobrança de tarifas de pedágio por praças de barreiras, realizado por cobrança manual.

4.1.1. A tarifa de pedágio da PRIMEIRA ETAPA será dividida de forma igual para aqueles que aderirem ao Sistema Automático de Arrecadação, sendo 50% do valor original da tarifa - R$ 9,50 (nove reais e cinquenta centavos) conforme data base de julho de 2012 - na própria praça de pedágio de Jaguariúna e os 50% restantes na praça de pedágio de fluxo livre do km 147 + 030.

4.3. Os valores das tarifas de pedágio para os usuários que não aderirem ao Sistema Automático de Arrecadação serão cobradas no valor integral vigente à época e no modelo atual.

262 4.2. A arrecadação automática das tarifas de pedágio deverá ser contratada pelos novos usuários aderentes ao Sistema Automático de Arrecadação junto às empresas cadastradas como Operadoras de Serviços de Arrecadação (OSA) pela ARTESP. Nesse caso, os serviços contratados pelos novos usuários aderentes terão condições contratuais específicas, respectivas à ETIQUETA ELETRÔNICA, sendo que referida etiqueta será cedida em caráter gratuito

A obrigação de implantar o sistema foi compartilhada entre concessionária e poder concedente: cada uma das partes ficou responsável pelos investimentos e custos de implantação relativos a uma das etapas (cláusulas 2.1 e 3.1 do TAM 20/2012).[263] O poder concedente também ficou responsável por conduzir, por meio da ARTESP e da concessionária, os estudos que deveriam subsidiar a

---

pelo PODER CONCEDENTE aos moradores dos municípios que pertencem ao TRECHO RODOVIÁRIO.

263 2.1. A CONCESSIONÁRIA será responsável:

(i) pelos investimentos em equipamentos e sistemas operacionais informatizados, discriminados no Anexo I;

(ii) pelos demais investimentos (incluindo sinalização e pavimento rígido) e custos de implantação e operação, discriminados no Anexo II do presente termo, necessários à implantação da praça de pedágio de fluxo livre do KM 147+030;

(iii) por garantir aos veículos cadastrados pela CONCESSIONÁRIA, na praça de pedágio de Jaguariúna, desconto na tarifa da praça de pedágio de Jaguariúna, de modo que resulte ao usuário tarifa de 50% (cinquenta por cento) do valor daquela vigente à época. Este desconto vigorará até que sejam concluídos e entrem em efetiva operação os itens 1.1 (i): 1.1.(ii), ou o prazo de 6 (seis) meses, a contar do início do cumprimento deste Termo Aditivo Modificativo, o que ocorrer por último; e

(iv) informar e apresentar à ARTESP os valores dispendidos no cumprimento das obrigações estabelecidas nos itens 1.1 (i) e 1.1. (ii).

3.1. O Poder Concedente será responsável por:

(i) implementar a SEGUNDA ETAPA do objeto deste Termo Aditivo Modificativo, que consiste no Projeto Ponto a Ponto, como descrito na cláusula 1.2;

(ii) a SEGUNDA ETAPA - Projeto Ponto a Ponto - será iniciada por determinação do PODER CONCEDENTE, desde que o tráfego da Praça de Pedágio de Santo Antônio de Posse, situada no km 147 + 030, pista sul e pista norte, alcance 60% (sessenta por cento) de veículos com ETIQUETA ELETRÔNICA, ou no prazo de até 2 (dois) anos, contados da data de início da efetiva operação da PRIMEIRA ETAPA, o que ocorrer primeiro; e

(iii) conduzir, por meio da ARTESP e da CONCESSIONÁRIA, os estudos para subsidiar a decisão que pautará a localização, construção e operação dos novos PÓRTICOS, de modo a maximizar os resultados do Projeto Ponto a Ponto.

decisão quanto à localização, à construção e à operação dos novos pórticos da segunda etapa.

Houve previsão de um conjunto de mecanismos de compensação e de reequilíbrio econômico-financeiro caso aqueles mecanismos de compensação fossem insuficientes para fazer frente ao aumento dos investimentos e dos custos de implantação de responsabilidade do poder concedente, ou às diferenças de receita para mais ou para menos nos pontos de cobrança adaptados e (ou) instalados para o novo sistema (cláusulas 3.2, 5.1, 5.2 e 5.3 do TAM 20/2012).[264] A apuração do desequilíbrio e do respectivo reequilíbrio foi prevista

---

264 3.2. Todos os custos de que trata esta cláusula serão de responsabilidade do PODER CONCEDENTE e serão objeto de reequilíbrio econômico-financeiro, nos termos da cláusula 5ª.

Cláusula 5ª. Da Recomposição do Equilíbrio Econômico-Financeiro

5.1. A partir da implantação da PRIMEIRA ETAPA, eventual diferença de receita de pedágio no TRECHO RODOVIÁRIO será objeto de reequilíbrio econômico-financeiro do Contrato de Concessão.

5.1.1. Na hipótese de haver diferença de receita, esta será apurada mensalmente e o cálculo do desequilíbrio econômico-financeiro do Contrato de Concessão será reconhecido anualmente.

5.2. O procedimento de revisão contratual para reequilíbrio econômico-financeiro do Contrato de Concessão, em razão da diferença de receita, será realizado a cada dois anos, considerando-se os montantes de desequilíbrio apurados anualmente.

5.3. O cálculo da eventual diferença da receita mensal se dará pela seguinte equação:

Diferença de Receita = [A-B-(C/12)]

Onde:

A = Receita que seria obtida na referida praça de pedágio de Jaguariúna, sem a implantação da PRIMEIRA ETAPA do Sistema Automático de Arrecadação, descontados os tributos diretos e indiretos, nos termos do item 5.3.1. desta cláusula.

B = Receita efetivamente recebida na praça de pedágio de Jaguariúna e nos PÓRTICOS, descontados os tributos diretos e indiretos.

C= valores previstos no Anexo IV, corrigidos pelo IGPM na data da apuração da diferença de receita, descontados os tributos diretos e indiretos.

para ser efetuada de forma periódica, com base nos valores reais de receita, custos e investimentos (cláusula 5.7 do TAM 20/2012).[265]

Uma metodologia específica de cálculo de reequilíbrio foi prevista para ser elaborada na hipótese de haver demanda induzida pelo novo sistema, a ser creditada em favor do poder concedente (cláusula 5.3.1 do TAM 20/2012).[266]

Por fim, o termo aditivo estabeleceu que o ônus fixo e o ônus variável seriam as modalidades de recomposição preferenciais e que as demais modalidades seriam utilizadas na hipótese de insuficiência daquela primeira para recompor o equilíbrio econômico-financeiro em favor da concessionária.

5.3 A Rodovia Professor Zeferino Vaz (SP-332), a Rodovia Engenheiro Constâncio Cintra (SP-360) e os TAMs 3/2014, 4/2016, 5/2017 e 6/2018 ao contrato de concessão da Rota das Bandeiras

Na Rodovia Professor Zeferino Vaz (SP-332) e na Rodovia Engenheiro Constâncio Cintra (SP-360), o sistema ponto a ponto foi incluído pelos TAMs 3/2014 e 4/2016 ao contrato de concessão da Rota das Bandeiras, para atender às recomendações do Grupo de Estudos sobre Sistemas Automáticos de Arrecadação (GESA).

Os termos aditivos foram precedidos por parecer da Consultoria Jurídica PGE/ARTESP, por anuência da concessionária, por decisão do Secretário Estadual de Logística e Transportes do

---

265 5.7. A apuração do desequilíbrio econômico-financeiro e o respectivo reequilíbrio, que decorrerem deste Termo Aditivo serão efetuados com base nos valores reais de receita, custos e investimentos.

266 5.3.1. A CONCESSIONÁRIA reconhece que na hipótese de haver demanda induzida pelo Projeto Ponto a Ponto será creditada a favor do PODER CONCEDENTE, conforme metodologia específica que se comprove adequada no decurso da execução deste Termo Aditivo, combinada com os termos do Anexo III.

Estado de São Paulo e por deliberação do Conselho Diretor da ARTESP. Posteriormente, os termos aditivos foram submetidos à análise e julgamento do TCE/SP.

O sistema foi previsto para ser implantado da mesma forma que na Rodovia Governador Adhemar de Barros (SP-340), mas sem divisão em etapas. Na Rodovia Professor Zeferino Vaz (SP-332) e na Rodovia Engenheiro Constâncio Cintra (SP-360), a definição sobre novas etapas ou sobre a descontinuidade do sistema foi postergada para o fim do prazo de vigência dos TAMs 3/2014 e 4/2016. Estabeleceu-se que os termos aditivos teriam vigência de 24 meses a contar do dia subsequente às suas assinaturas e que tal prazo poderia ser alterado considerando o desenvolvimento e o cronograma de implantação do sistema (cláusula 2 do TAM 3/2014 e do TAM 4/2016).

Outra diferença em relação à SP-340 é que a obrigação de implantar o sistema foi atribuída exclusivamente à concessionária (cláusula 5 do TAM 3/2014 e do TAM 4/2016) – que ainda deveria encaminhar mensalmente para a ARTESP relatórios contendo informações sobre quantidade de adesões verificadas no mês, total de adesões comerciais, estatísticas gerais do serviço de atendimento aos usuários, demonstrativo dos investimentos e das despesas relacionadas ao sistema e demonstrativo do volume de tráfego, nas praças de pedágio participantes, de veículos que aderiram e que não aderiram ao sistema, com a respectiva arrecadação total (cláusula 5.7 do TAM 3/2014 e do TAM 4/2016).

Por outro lado, houve previsão de direito à compensação e ao reequilíbrio econômico-financeiro do contrato por quaisquer impactos decorrentes da implantação do novo sistema – incluindo por custos operacionais e investimentos adicionais realizados pela concessionária com a implantação do sistema (cláusula 1.5 do TAM 3/2014 e do TAM 4/2016).

A diferença de receita para mais ou para menos também foi prevista para ser apurada apenas nos pontos de cobrança adaptados e (ou) instalados para o novo sistema. Tal diferença seria o resultado da subtração da receita calculada da praça de pedágio adaptada para o novo sistema (que considera todos os veículos pagantes, mas ajusta o valor das tarifas pagas pelos usuários participantes do sistema ponto a ponto aos valores normais praticados nas praças), pela receita efetivamente recebida nessa praça de pedágio (considerando todos os veículos pagantes, inclusive os dos usuários participantes do novo sistema) e, novamente, pela receita efetivamente recebida no pórtico instalado para o novo sistema.

Assim como no contrato de concessão da Rota das Bandeiras, a apuração do desequilíbrio e o respectivo reequilíbrio teriam lugar na hipótese de os mecanismos de compensação serem insuficientes para fazer frente aos impactos decorrentes da implantação do novo sistema. Porém, diferentemente do contrato da Rota das Bandeiras, não houve previsão de que a apuração do desequilíbrio e o respectivo reequilíbrio seriam efetuados com base nas receitas reais.

Posteriormente, diante dos benefícios trazidos pelo sistema aos usuários que a ele aderiram, os TAMs 5/2017 e 6/2018 estenderam o prazo de operação do sistema por todo o prazo de concessão. Os novos termos aditivos também foram precedidos por parecer da Consultoria Jurídica PGE/ARTESP, por anuência da concessionária e por deliberação do Conselho Diretor da ARTESP. Além disso, foram submetidos à análise e julgamento do TCE/SP.

5.4 A Rodovia Santos Dumont (SP-075) e o TAM 26/2019 ao contrato de concessão da Rodovia das Colinas

Por fim, na SP-075, o sistema ponto a ponto foi incluído pelo TAM 26/2019 ao contrato de concessão da Rodovia das Colinas, também para atender às recomendações do GESA, depois de pareceres da Consultoria Jurídica PGE/ARTESP, de anuência da concessionária, de decisão do Secretário Estadual de Logística e Transportes e de deliberação do Conselho Diretor da ARTESP. O termo aditivo foi submetido ao TCE/SP para análise e julgamento.

As disposições são análogas às dos já mencionados TAMs 3/2014 e 4/2016. Assim como nesses TAMs, não houve previsão de que o cálculo do desequilíbrio e o respectivo reequilíbrio seriam efetuados com base nas receitas reais. A diferença é que o TAM 26/2019 estabeleceu desde logo que o sistema operaria por todo o prazo de concessão.

Considerações finais

Conforme verificado, a sistemática do *free flow* altera significativamente as bases de uma concessão preexistente baseada em praças de pedágio. Por um lado, a concessionária assume custos e responsabilidades a mais, inclusive à luz da LGPD. De outro lado, as projeções financeiras das concessões têm de ser inteiramente revisadas, uma vez que, com o *free flow*, os usuários são tarifados apenas em relação aos trechos efetivamente percorridos.

Como ensina Augusto Neves Dal Pozzo:

> O princípio da inovação tecnológica determina que o administrador público consolide modelos integrados de concessão, tendo em vista o enorme benefício que proporcionam para a coletividade. (...).
>
> O exercício da atividade administrativa de infraestrutura contém espaço enorme e sadio para o desenvolvimento de inovação, cumpre os aplicadores da lei consolidarem modelos criativos concessórios que possam atender a esse direcionamento, sempre fincado nas trincheiras da legalidade. A diretiva hodierna é exatamente em marcha ao avanço tecnológico que permita dar concretude ao que o Professor Mangabeira Unger chama de vanguardismo inclusive. Os países que não se atentarem para esse modelo, denominado como já visto, de economia do conhecimento, não serão competitivos, não proporcionarão uma mudança em seu entorno social.[267]

---

267 DAL POZZO, Augusto Neves. *O Direito Administrativo da infraestrutura*. São Paulo: Contracorrente, 2020, pp. 196/197.

Se, por um lado, é possível criar contratos administrativos mais flexíveis, por outro lado, é necessário lidar com as concessões já existentes. Nesse contexto, será muito importante que os poderes concedentes e agências reguladoras que pretendam a aplicação da sistemática do *free flow* nos contratos em curso tenham um amplo e aberto diálogo com as concessionárias. A implantação dessa sistemática não poderá prejudicar as concessionárias, que investem e investiram recursos significativos tendo por base uma sistemática diversa de cobrança. A consensualidade será decisiva.

Referências bibliográficas

BASTOS, Celso Ribeiro. *Curso de Direito Constitucional*. São Paulo: Celso Bastos Editora, 2002.

CARVALHO, André C. "*Free flow* precisa de garantias jurídicas no Brasil". *Consultor Jurídico*, São Paulo, 17 abr. 2013. Disponível em: https://www.conjur.com.br/2013-abr-17/andre-carvalho-free-flow-garantias-juridicas-brasil. Acessado em: 18.05.2021.

CNT. "Novas tecnologias de pagamento de pedágio". *Confederação Nacional dos Transportes*, jun. 2020. Disponível em: https://cdn.cnt.org.br/diretorioVirtualPrd/bf8665da-3e39-45cf-9fbd-2dbbafc9ddd4.pdf. Acessado em: 18.05.2021.

CONTRAN. *Resolução n. 412*, de 09 agosto de 2012. Disponível em: https://www.gov.br/infraestrutura/pt-br/assuntos/transito/conteudo-denatran/resolucoes-contran. Acessado em: 18.05.2021.

DAL POZZO, Augusto Neves. *O Direito Administrativo da infraestrutura*. São Paulo: Contracorrente, 2020.

G1. "Placa do Mercosul incluirá chip prometido para veículos desde 2012". *Auto Esporte*, 15 mar. 2018. Disponível em: https://autoesporte.globo.com/videos/noticia/2018/03/placa-do-mercosul-incluira-chip-prometido-para-veiculos-desde-2012.ghtml. Acessado em: 18.05.2021.

GUIMARÃES, Fernando Vernalha. "A repartição de riscos na parceria público-privada". *Revista de Direito Público da Economia – RDPE*, Belo Horizonte, ano 6, nº 24, out./dez. 2008.

HESSEL, Rosana. "Governo publica decreto de liquidação da estatal Ceitec". *Correio Braziliense*, 16 dez. 2020. Disponível em: https://blogs.correiobraziliense.com.br/vicente/governo-publica-decreto-de-liquidacao-da-estatal-ceitec/. Acessado em: 18.05.2021.

NERY, Emily. "Chip na placa pode voltar com novo sistema de pedágio por trecho percorrido". *Jornal do Carro*, 6 maio 2021. Disponível em: https://jornaldocarro.estadao.com.br/servicos/o-chip-na-placa-vai-voltar-mas-nao-e-como-voce-imagina/. Acessado em: 04.06.2021.

ROSSO, Angela Maria. "LGPD e setor público: aspectos gerais e desafios". *Migalhas*, 18 abr. 2019. Disponível em: https://migalhas.uol.com.br/depeso/300585/lgpd-e-setor-publico--aspectos-gerais-e-desafios. Acessado em: 02.06.2021.

SANTOS, Túlio Silveira; RIBEIRO, Paulo Cezar Martins. "Estudo de impacto da implantação do sistema *free flow* de pedágio eletrônico". *XVI Congresso de Ensino e Pesquisa de Engenharia de Transportes do Estado do Rio de Janeiro*, UFRJ, ago. 2018. Disponível em: encurtador.com.br/erFR9. Acessado em: 18.05.2021.

VEJA. *Denatran muda regra e novas placas padrão Mercosul virão sem chip*. 26 set. 2018. Disponível em: https://veja.abril.com.br/economia/denatran-muda-regra-e-novas-placas-padrao-mercosul-virao-sem-chip/. Acessado em: 18.05.2021.

CAPÍTULO XXXVIII

IMPACTOS DA PANDEMIA NO EQUILÍBRIO ECONÔMICO-FINANCEIRO DOS CONTRATOS DE CONCESSÃO DE RODOVIA: ENQUADRAMENTO JURÍDICO E METODOLOGIA

Rafael Domingos Faiardo Vanzella
Estevam Palazzi Sartal

Introdução

O SARS-CoV-2, variante de coronavírus – mais comumente conhecido como coronavírus simplesmente – causador da síndrome respiratória aguda grave, doença denominada como Covid-19, teve seus primeiros registros na cidade de Wuhan, província de Hubei, na China, e hoje atinge mais de 180 (cento e oitenta) países. Como consequência, a Organização Mundial de Saúde – OMS declarou emergência de saúde pública de importância internacional para o coronavírus em 31 de janeiro de 2020. Por sua vez, o Ministério da Saúde declarou emergência em saúde pública de importância nacional no Brasil e atribuiu ao Centro de Operações de Emergências em Saúde Pública a responsabilidade pela gestão coordenada da resposta a esse estado, por meio da Portaria n. 188/2020, publicada em 04 de fevereiro de 2020.

Posteriormente, foi publicada, em 06 de fevereiro de 2020, a Lei n. 13.979, que estabeleceu medidas para enfrentamento da emergência em saúde pública. As medidas previstas na lei para o combate dessa situação de emergência abrangeram, entre outras, o isolamento social e a quarentena, assim compreendidas as ações de separação de pessoas ou coisas contaminadas ou suspeitas de contaminação, respectivamente, de maneira a evitar o contágio por coronavírus.[268] Foi atribuída, ainda, competência à ANVISA para recomendar a adoção de medidas de restrição excepcional e temporária de entrada e saída do país e de locomoção interestadual e intermunicipal por rodovias, portos ou aeroportos, nos termos do art. 3º, VI,[269] da mesma lei.

A Lei n. 13.979/2020 foi, em parte, regulamentada pela Portaria MS/GM n. 356/20204,[270] que dispõe sobre as medidas para enfrentamento da Covid-19 e que podem envolver ações de isolamento social e de quarentena. Ademais, foi publicada a

---

268 Nesse sentido, a definição adotada pelo art. 2º, incisos I e II da Lei, *in verbis*: "Para fins do disposto nesta Lei, considera-se: I - isolamento: separação de pessoas doentes ou contaminadas, ou de bagagens, meios de transporte, mercadorias ou encomendas postais afetadas, de outros, de maneira a evitar a contaminação ou a propagação do coronavírus; e II - quarentena: restrição de atividades ou separação de pessoas suspeitas de contaminação das pessoas que não estejam doentes, ou de bagagens, contêineres, animais, meios de transporte ou mercadorias suspeitos de contaminação, de maneira a evitar a possível contaminação ou a propagação do coronavírus".

269 Diz referido dispositivo legal: Art. 3º, VI - restrição excepcional e temporária, conforme recomendação técnica e fundamentada da Agência Nacional de Vigilância Sanitária, por rodovias, portos ou aeroportos de: a) entrada e saída do país; e b) locomoção interestadual e intermunicipal.

270 BRASIL. Ministério da Saúde. *Portaria n. 356*, de 11 de março de 2020. Disponível em: http://www.in.gov.br/en/web/dou/-/portaria-n-356-de-11-de-marco-de-2020-247538346. Acessado em: 18.05.2021.

Portaria Interministerial n. 05/2020 do Ministério da Justiça e Segurança Pública em conjunto com o Ministério da Saúde,[271] em 17 de março de 2020, que dispõe sobre a compulsoriedade das medidas de enfrentamento da emergência em saúde em nosso país.

Em 11 de março de 2020, a OMS reconheceu e declarou estado de pandemia, situação em que uma doença infecciosa ameaça simultaneamente um número significativo de pessoas ao redor do mundo. Em 17 de março 2020, foi confirmada a primeira morte por Covid-19 no Brasil, no estado de São Paulo.

Desde esse momento, foram adotadas diversas medidas no país, por parte da União e dos demais entes federativos, buscando implementar restrições à circulação de pessoas com o objetivo de evitar a propagação da doença.

Desde o início da pandemia, em que foram adotadas as referidas medidas restritivas de circulação de pessoas, tem se notado um significativo impacto na demanda no âmbito de diversos contratos de concessão de serviço público, como é o caso dos setores de transporte coletivo, de aeroportos e de rodovias, os quais têm sido acometidos por um desequilíbrio decorrente de frustração de receita.

Considerando esse impacto na demanda, o presente artigo dispõe-se a discutir as etapas lógico-jurídicas necessárias para restabelecer o equilíbrio econômico-financeiro dos contratos de concessão de rodovias. Não pretendemos, aqui, construir a operação jurídica aplicável para o reequilíbrio econômico-financeiro, mas, sim, apontar as dificuldades inerentes a essa mesma operação, diante das peculiaridades do caso concreto, bem como apresentar as suas consequências regulatórias, estritamente no âmbito da Agência Nacional de Transportes Terrestres – ANTT, à qual, entre

---

271 BRASIL. Ministério da Justiça e Segurança Pública. *Portaria interministerial n. 5*, de 17 de março de 2020. Disponível em: http://www.in.gov.br/en/web/dou/-/portaria-interministerial-n-5-de-17-de-marco-de-2020-248410549. Acessado em: 18.05.2021.

todas as demais agências reguladoras brasileiras que atuam no setor de rodovias, coube um pioneirismo nas iniciativas de desenhar as premissas metodológicas para aquele reequilíbrio. Por essa razão, o recorte analítico deste trabalho corresponde aos contratos de concessão de rodovias federais: não discutiremos peculiaridades contratuais ou regulatórias no âmbito dos estados, embora reconheçamos que alguns deles estejam, comparativamente entre si, avançados com relação à regulação dos riscos da pandemia sobre as concessões de rodovias estaduais.[272]

Diante desses objetivos, organizamos este artigo em três seções adicionais a essa introdução. Na primeira delas, demonstraremos como o enquadramento jurídico dos riscos inerentes à pandemia nos fatores de reequilíbrio econômico-financeiro dos contratos de concessão não é uma tarefa simples. Por mais que a situação provoque um sentimento de justiça em diversos operadores do Direito, a letra dos contratos de concessão e, sobretudo, da lei traz barreiras semânticas que não podem ser facilmente ultrapassadas e que implicarão, para o futuro, precedentes dos quais será difícil para os reguladores se desvencilharem em situações análogas – em que pesem tais situações tenham consequências econômicas e sociais de dimensões possivelmente e esperançosamente menores.

Na segunda seção, apresentaremos como o reequilíbrio econômico-financeiro dos contratos de concessão de rodovias tem sido concretamente discutido. Assim, abordaremos a metodologia que tem sido anunciada pela ANTT como sendo a mais possivelmente adequada para calcular o desequilíbrio econômico-financeiro sofrido pelas concessionárias e, posteriormente, como o consequente reequilíbrio está sendo planejado por parte da mesma agência.

---

272 É o caso, exemplificativamente, do estado de São Paulo, cuja Consultoria Jurídica da Agência Reguladora de Transportes elaborou o Parecer n. 552/2020, em que se recomenda o reconhecimento formal da pandemia como evento de força maior.

Por fim, na terceira e última parte, serão apresentadas nossas conclusões a respeito do problema.

1 Enquadramento do risco inerente à pandemia como fator de reequilíbrio

O reequilíbrio econômico-financeiro dos contratos de concessão de rodovias pela materialização de um risco que tenha impactado a demanda e, por consequência, frustrado a receita das concessionárias necessita de uma operação jurídica complexa. Logicamente, a primeira etapa de todo e qualquer processo jurídico de reequilíbrio econômico-financeiro consiste na demonstração de um desequilíbrio, a qual nem sempre é uma tarefa óbvia e simples de ser executada. Como se poderá ver na próxima seção, sob o contexto da pandemia, provar o impacto que as medidas jurídicas e sanitárias dela decorrentes tiveram sobre os contratos de concessão requer uma metodologia apurada e ainda em desenvolvimento. Em outras palavras, o objetivo dessa primeira etapa do processo jurídico de reequilíbrio econômico-financeiro é justificar o ponto de referência do volume de tráfego a partir do qual uma redução eventual será avaliada.

Uma vez justificado esse ponto de referência e demonstrado o desequilíbrio, a próxima etapa, de que ora nos ocuparemos, é particularmente mais desafiadora. Não são todos os desequilíbrios contratuais que são passíveis de recomposição. Além de ensejarem acréscimos de despesas ou diminuição de receitas, os fatos ou atos que os causaram precisam se enquadrar, normativamente, em certos conceitos jurídicos fixados pela lei ou pelo contrato como as *causas eficientes* para constituir o direito subjetivo à recomposição. Esse direito subjetivo da concessionária será correspondente ao dever do poder concedente de revisar o contrato de concessão, a fim de que ele passe a incorporar novas condições de prestação dos serviços públicos que enfrentem o desequilíbrio verificado e restabeleçam o fluxo de caixa que fundamentou a celebração do contrato.

As causas eficientes do equilíbrio econômico-financeiro dos contratos de concessão são de duas naturezas: legal ou contratual. Aquelas de natureza legal, previstas no art. 65, II, "d", da Lei n. 8.666/1993,[273] e que entraram na tradição do nosso Direito Administrativo por meio do Decreto-lei 2.300/1986, correspondem ao caso fortuito, à força maior, ao fato do príncipe, ao fatos imprevisíveis, fatos previsíveis de consequências incalculáveis (teoria da imprevisão), à alteração contratual por parte da Administração Pública, entre as quais vieram a se juntar, por construção doutrinária e jurisprudencial, o fato da administração e as interferências (ou sujeições) imprevistas. É necessário que os desequilíbrios tenham sido provocados, causados, constituídos, por eventos que satisfaçam os requisitos normativos desses conceitos jurídicos.

Já aquelas causas eficientes de natureza contratual são as constantes das cláusulas que determinam a repartição objetiva de riscos entre as partes, isto é, as cláusulas de alocação de riscos. Nem todos os contratos de concessão de rodovias contêm cláusulas de alocação de riscos e, a depender da etapa de execução do Programa de Concessões de Rodovias Federais – PROCROFE, os padrões das cláusulas de alocação de riscos são bastante diferentes entre si. Exemplificativamente, nos contratos de concessão da primeira etapa, inexiste uma cláusula de alocação de riscos, tal como os contratos da atual quarta etapa do PROCROFE conhecem de maneira expressa. Abaixo, apresentamos um breve comparativo entre os clausulados contratuais:

---

273 A Lei n. 14.133/2021, conhecida como Nova Lei de Licitações e Contratos Administrativos - NLLC, preservou a vigência da Lei n. 8.666/1993 por 2 anos. Durante esse período, os agentes públicos podem optar por qualquer um dos regimes, seja o da Lei n. 8.666/1993, seja o da NLLC, para reger as licitações e os contratos administrativos consequentes. A eclosão da pandemia deu-se sob o regime anterior à edição da NLLC, embora a resiliência e persistência de seus efeitos possa ensejar a aplicação da nova lei a algumas situações. A equivalência com o art. 65, II, "d" da Lei n. 8.666/1993 é o art. 124, II, "d" da NLLC.

Etapas do PROCROFE

	Primeira			Segunda		Terceira	Quarta
Seções contratuais	Da assunção de riscos	Do risco geral de trânsito	Das causas justificadoras da inexecução	Risco geral de tráfego	Revisão extraordinária	Alocação de Riscos	Alocação de riscos
Risco da Concessionária	19. A CONCESSIONÁRIA assume integral responsabilidade por todos os riscos inerentes à concessão, exceto nos casos em que o contrário resulte deste CONTRATO.	20. A CONCESSIONÁRIA assume, integralmente, o risco de trânsito inerente à exploração da RODOVIA, incluindo-se neste o risco de redução do volume de trânsito, inclusive em decorrência da transferência de trânsito para outras rodovias.	N/A	4.7 A Concessionária assume, integralmente, o risco de tráfego inerente à exploração do Lote Rodoviário, neste se incluindo o risco de redução do volume de tráfego, inclusive em decorrência da transferência de trânsito para outras Rodovias. 4.8 A assunção do risco de alteração do tráfego no Lote Rodoviário constitui condição inerente ao regime jurídico da Concessão outorgada, não se admitindo revisão tarifária para fins de reequilíbrio econômico-financeiro do Contrato de Concessão, caso ocorra variação do volume de tráfego real em relação ao tráfego projetado pela Concessionária em sua Proposta Comercial.	N/A	19.1 Com exceção das hipóteses da subcláusula 19.2, a Concessionária é integral e exclusivamente responsável por todos os riscos relacionados à Concessão, inclusive, mas sem limitação, pelos seguintes riscos: 19.1.1 volume de tráfego em desacordo com as projeções da Concessionária ou do Poder Concedente, com exceção do disposto na subcláusula 20.8; 19.1.13 caso fortuito e força maior que possam ser objeto de cobertura de seguros oferecidos no Brasil à época de sua ocorrência;	20.1. Com exceção das hipóteses da subcláusula 20.2, a Concessionária é integral e exclusivamente responsável por todos os riscos relacionados à Concessão, inclusive, mas sem limitação, pelos seguintes riscos: 20.1.1 volume de tráfego em desacordo com as projeções da Concessionária ou do Poder Concedente; 20.1.3 queda de receita tarifária em virtude da evasão de pedágio; 20.1.20 caso fortuito ou força maior, desde que o fator gerador seja segurável no Brasil à época de sua ocorrência por, no mínimo, duas seguradoras.

Risco do Poder Concedente ou compartilhado	N/A	N/A	215. Perante a ocorrência de força maior ou caso fortuito as partes acordarão se haverá lugar a reposição do equilíbrio econômico e financeiro deste CONTRATO, ou, caso a impossibilidade de cumprimento do mesmo se torne definitiva, ou a reposição do equilíbrio econômico e financeiro se revele excessivamente onerosa para o DNER, à rescisão do CONTRATO de concessão. 216. Sempre que um caso de força maior corresponda, ao tempo de sua verificação, a um risco segurável em praças brasileiras, por apólices comercialmente aceitáveis, e independentemente de a CONCESSIONÁRI.A as ter contratado, verificar-se-á o seguinte:	N/A	6.41 Revisão Extraordinária é a revisão da Tarifa Básica de Pedágio para incorporação dos efeitos decorrentes de fato de força maior, ocorrência superveniente, caso fortuito ou fato da Administração que resultem, comprovadamente, em alteração dos encargos da Concessionária.	19.2 A Concessionária não é responsável pelos seguintes riscos relacionados à Concessão, cuja responsabilidade é do Poder Concedente: 19.2.4 caso fortuito ou força maior que não possam ser objeto de cobertura de seguros oferecidos no Brasil à época de sua ocorrência;	20.2 O Poder Concedente é responsável pelos seguintes riscos relacionados à Concessão: 20.2.4 caso fortuito ou força maior, desde que o fator gerador não seja segurável no Brasil, no momento da contratação/renovação da apólice por, no mínimo, duas seguradoras.

Nada obstante as diferenças entre os clausulados, é notável que, nos contratos de concessão de rodovias, há diversos fatores de reequilíbrio econômico-financeiros *de natureza contratual*, nos quais, em uma primeira aproximação, se enquadram com certa facilidade os riscos inerentes à pandemia (embora desse enquadramento surjam contradições importantes, como se verá). Se admitirmos que os riscos inerentes à pandemia respeitam, de um lado, a redução do volume de tráfego e a queda de receita tarifária, e, de outro lado, a eventos de caso fortuito e de força maior não seguráveis, concluímos existirem previsões contratuais acerca da alocação desses riscos em todos os contratos de concessão de rodovias. Estejam essas previsões contratuais organizadas por um padrão contratual sistemático de alocação de riscos (como passou a ser praticado a partir da terceira etapa do PROCROFE), estejam tais previsões espalhadas pelo instrumento contratual ora como aspecto do regime jurídico da concessão, ora como hipótese de isenção da responsabilidade contratual, fato é que esses fatores de reequilíbrio econômico-financeiro, novamente ao menos em uma primeira aproximação, foram contratualizados.

Dissemos, sob uma primeira aproximação, uma vez que a operação jurídica sob tratamento poderia procurar afastar a alocação contratual de riscos e sustentar, exemplificativamente, que os riscos inerentes à pandemia são a tal ponto extraordinários que eles na verdade não foram contratualizados. Tais riscos são "muito" ou "super" extraordinários a ponto de merecerem uma solução que não decorreria das normas contratuais, mas, sim, daquelas legais ou, eventualmente, daquelas principiológicas. A complexidade da operação jurídica aumentaria significativamente, uma vez que fatores de reequilíbrio *supracontratuais*, com base na lei ou nos princípios do ordenamento jurídico, teriam de pressupor uma desconstrução de um clausulado contratual tão expresso e literal como aquele presente nos contratos de concessão de rodovias.

É evidente que, ao contratualizar expressamente as categorias do caso fortuito e da força maior, houve a internalização da extraordinariedade no contrato. A questão é, por conseguinte, saber quem a suporta. Parece não haver justificativa, portanto, em se aplicar diretamente o art. 65, II, "d" da Lei n. 8.666/1993, ultrapassando diretamente a letra daquele clausulado contratual. Menos justificativa ainda haveria em se invocar um princípio jurídico para disciplinar situações concretas que estão capturadas pela letra de cláusulas contratuais.

Nada obstante, reconhecer esse clausulado como aplicável para os riscos inerentes à pandemia traz à operação jurídica uma dificuldade também importante: qual alocação deve prevalecer em relação a outra. Se, de um lado, os riscos de redução do volume de tráfego e de queda da receita tarifária estão alocados às concessionárias, os riscos de eventos de caso fortuito e de força maior não seguráveis estão alocados ao poder concedente. Há uma antinomia na matéria, pois se se admite que os riscos inerentes à pandemia são eventos de caso fortuito e de força maior não seguráveis, eles se materializaram, no âmbito dos contratos de concessão de rodovia, por meio da redução do volume de tráfego e da queda da receita tarifária. De quem são, afinal, os riscos inerentes à pandemia nos contratos de concessão de rodovias? São das concessionárias, porque elas assumiram os riscos de redução do volume de tráfego e de queda da receita tarifária, independentemente do que os causa? Ou são do poder concedente, na medida em que ele assumiu os riscos pelos eventos de caso fortuito e de força maior não seguráveis?

Uma corrente poderia invocar o critério da *lex specialis derogat legi generali*: a alocação às concessionárias deveria prevalecer em relação à alocação ao poder concedente, o que não confirmaria o fator de reequilíbrio no caso concreto. As concessionárias teriam assumido plenamente os riscos de redução do volume de tráfego e de queda da receita tarifária, independentemente da sua causa. Afinal, os riscos de redução do volume de tráfego e de queda da receita tarifária seriam mais específicos do que os riscos de caso fortuito e força maior. Outra corrente empregaria a teoria da imprevisão, ou as hipóteses de caso fortuito e de força maior, as quais têm natureza de álea econômica extraordinária, para sustentar o oposto: a alocação ao poder concedente deveria prevalecer em relação à alocação à concessionária, confirmando o fator de reequilíbrio no caso concreto. O poder concedente teria uma função de assegurar a preservação do contrato, como pressuposto da continuidade da prestação do serviço público, responsabilizando-se pelas consequências da materialização de riscos alheios à álea contratual ordinária: diante de desequilíbrios causados por eventos adversos, fora das condições normais do negócio, à Administração Pública caberia suportar as concessionárias, para que a manutenção dos níveis de serviços originalmente pactuados não lhes acarretassem a ruína financeira.

A segunda corrente tem-se mostrado predominante. Embora sem reconhecer essas nuances da operação jurídica sob tratamento, a Consultoria Jurídica do Ministério da Infraestrutura, por meio Parecer n. 261/2020/CONJUR-MINFRA/CGU/AGU,[274] enquadrou a pandemia como evento de caso fortuito e de força maior, com a finalidade de identificá-la como um fator de reequilíbrio. Nesses termos:

> EMENTA: CONSULTA. CONTRATOS DE CONCESSÃO DO SETOR DE INFRAESTRUTURA DE TRANSPORTES. RECOMPOSIÇÃO DO EQUILÍBRIO ECONÔMICO-FINANCEIRO. PANDEMIA DO NOVO CORONAVÍRUS. Covid-19.
>
> a) Os concessionários de infraestrutura de transportes, aí também compreendidos os arrendatários de instalações portuárias, têm direito ao reequilíbrio de seus contratos quando ocorrerem eventos supervenientes à apresentação de suas propostas cujo risco tenha sido alocado ao poder

---

274 No mesmo sentido, vide o Parecer n. 552/2020 elaborado pela Consultoria Jurídica da Agência Reguladora de Transportes do Estado de São Paulo, em que igualmente foi reconhecida a **natureza extraordinária desse evento**: "(...) é recomendável que haja o reconhecimento formal da pandemia como **evento de força maior**" (grifo nosso).

concedente e que tenham impactado de forma significativa suas receitas ou despesas. Em regra, o concessionário assume os riscos ordinários do negócio, enquanto o Poder Público retém os riscos extraordinários para si. Porém, nada impede que os contratos estabeleçam uma divisão de riscos diferente.

b) A teoria da imprevisão é aplicável aos contratos administrativos, incluindo os contratos de concessão, neste caso respeitadas as suas características próprias e a alocação de riscos prevista explícita ou implicitamente no respectivo instrumento contratual. Mas, para isso, é imprescindível que se trate de evento superveniente e extraordinário, cuja ocorrência ou consequências sejam imprevisíveis e inevitáveis e que tenham gerado onerosidade excessiva decorrente de um significativo desequilíbrio no contrato.

c) A pandemia do novo coronavírus (SARS-CoV-2) pode ser classificada como evento de "força maior" ou "caso fortuito", caracterizando "álea extraordinária" para fins de aplicação da teoria da imprevisão a justificar o reequilíbrio de contratos de concessão de infraestrutura de transportes, com as ressalvas indicadas no parágrafo 73 deste Parecer.

Nada obstante, veja-se que o citado parecer contém ambiguidades, não apenas porque reconhece ressalvas, mas, principalmente, porque remete à alocação contratual em concreto. A antinomia, no setor de rodovias, considerando-se as cláusulas contratuais mencionadas, mantém-se na mesa. É por isso que, independentemente da tendência da predominância, é indispensável que o pensamento jurídico reconheça que a operação jurídica pela qual se enquadra a pandemia como um fator de reequilíbrio econômico-financeiro dos contratos de concessão de rodovias não é natural e automática.[275] Fazer prevalecer a alocação de riscos ao poder concedente,

275 A linha a ser percorrida por meio da categoria do fato do príncipe rigorosamente apenas aumenta a complexidade da discussão. Com efeito, a álea administrativa está diretamente relacionada a atos normativos específicos e concretos. No caso da pandemia, salvo setores que foram impactados por

em detrimento da alocação de riscos às concessionárias, é uma construção que não tem sido bem executada do ponto de vista da metodologia do pensamento jurídico. Há muita retórica e argumentação, e pouca elaboração sistemática da matéria. A linha da continuidade do serviço público não parece resolver aquela antinomia. Por mais que essa linha faça parte da tradição do nosso Direito Administrativo, ela tem limitações.

Sob essa linha, Caio Tácito leciona:

> O princípio da continuidade do serviço público impõe ao concessionário o dever de prosseguir na exploração, mesmo se for ruinosa. À Administração incumbe, correlatamente, partilhar das cargas extracontratuais, restaurando a economia abalada e a eficácia da execução do contrato.[276]

---

atos normativos dessa natureza - por exemplo, em saneamento básico, no qual algumas municipalidades determinaram o impedimento de medidas coercitivas de cobrança pelo inadimplemento dos usuários - as medidas que mais impactaram as receitas tarifárias das concessionárias de rodovias consistem em atos gerais e abstratos. Com efeito, além de esses atos não terem se referido especificamente às rodovias - por exemplo, não houve medidas de fechamento de trechos rodoviários -, eles veicularam protocolos sanitários para o combate à disseminação do coronavírus, ao disciplinarem medidas de restrição à circulação de pessoas. Nesse sentido, muito embora seja possível enquadrar os desequilíbrios decorrentes do isolamento social na hipótese da teoria do fato do príncipe, tal enquadramento seria meramente formal, não refletindo a real finalidade desses atos normativos, que visaram assegurar os protocolos sanitários de combate ao coronavírus. Em outras palavras: havendo ou não a edição dos mencionados atos gerais e abstratos, certamente os contratos de concessão sofreriam desequilíbrio econômico-financeiro, haja vista a necessidade sanitária de se promover o isolamento social. Nesse sentido, como a finalidade dos citados atos gerais e abstratos visa refletir os protocolos sanitários de combate ao coronavírus, é possível inferir que tais eventos não se enquadram na categoria da álea administrativa.

276 TÁCITO, Caio. "O equilíbrio financeiro na concessão de serviço público". *Revista de Direito Administrativo*, Rio de Janeiro, vol. 63, maio 1961, pp. 1-15. Disponível em: http://bibliotecadigital.fgv.br/ojs/index.php/rda/article/view/21455/20209. Acessado em: 11.04.2020.

Para alcançar esse entendimento, é comum a referência ao precedente do Conselho de Estado francês, entre a Companhia de Iluminação de Bordeaux[277] e a municipalidade homônima, o qual embasou a formulação da teoria da imprevisão. A revisão contratual operada em favor da concessionária foi justificada, sobretudo, pela necessidade de preservação da *continuidade do então serviço público*, conforme se extrai do trecho transcrito abaixo:

> (...) uma solução que considere simultaneamente o interesse geral, que exige a continuidade do serviço por parte da concessionária, todos os esforços [da concessionária], e as condições especiais que não permitem que ao contrato sejam aplicadas condições ordinárias (tradução nossa).[278]

Sobre o tema, também esclarece Odete Medauar:

> A alínea "d" diz respeito à chamada teoria da imprevisão, que, em síntese, se expressa no seguinte: circunstâncias, que não poderiam ser previstas no momento da celebração do contrato, vêm modificar profundamente sua economia, dificultando sobremaneira sua execução, trazendo déficit ao contratado; este tem direito a que a Administração o ajude a enfrentar a dificuldade, para que o contrato tenha continuidade. Tais circunstâncias ultrapassam a normalidade, revestindo-se de caráter excepcional; por isso passaram a ser incluídas na expressão álea extraordinária. A teoria da imprevisão, própria do Direito Administrativo, representa, nesse âmbito, o que a cláusula rebus sic stantibus (literalmente, estando assim as

---

277 Para mais informações a respeito, vide a íntegra do citado precedente, disponível em: https://www.legifrance.gouv.fr/ceta/id/CETATEXT000007629465/. Acessado em: 10.04.2021.

278 No original: "(...) une solution qui tienne compte tout à la fois de **l'intérêt général, lequel exige la continuation du service par la compagnie** à l'aide de tous ses moyens de production, et des conditions spéciales qui ne permettent pas au contrat de recevoir son application normale" (grifo nosso).

> coisas, se as coisas tivessem se mantido no mesmo estado) significa nos contratos do direito privado (grifo nosso).[279]

A limitação nessa linha de raciocínio é que, como decorrência, poderia caber à concessionária demonstrar que o desequilíbrio por ela sofrido teria comprometido a *viabilidade do contrato*, o que não é, entretanto, exigido pela lei brasileira ou pelas cláusulas dos contratos de concessão. Em nenhum momento nosso ordenamento jurídico estabeleceu como parâmetro do equilíbrio econômico-financeiro dos contratos o prejuízo à continuidade ou à viabilidade concretamente consideradas de uma concessão. Não faz parte do Direito brasileiro condicionar a compensação de um desequilíbrio sofrido por uma concessionária à demonstração de que, sem a medida de restabelecimento, ela irá quebrar financeiramente. Essa condição não está prevista em nenhum lugar na lei ou nos contratos de concessão.

Na verdade, quando se fala em preservação da continuidade ou da viabilidade de uma concessão ou contrato, não se trata dessas qualidades em termos concretamente considerados, mas, sim, da continuidade ou da viabilidade da concessão ou do contrato tal como originalmente pactuados. A função da Administração Pública está em garantir não o negócio, mas, sim, o contrato, tal como originalmente pactuado. A prevalência dos riscos de caso fortuito e de força maior, assumidos pelo poder concedente, em detrimento dos riscos de redução do volume de tráfego e de queda da receita tarifária, assumidos pelas concessionárias, decorre das obrigações que o poder concedente contraiu enquanto segurador de *ultima ratio*, no sentido de instância contratual responsável por *riscos não gerenciáveis e não seguráveis* pelas concessionárias, e que, se não forem voluntariados pela Administração Pública, a iniciativa

---

279 MEDAUAR, Odete. *Direito Administrativo moderno*. 21ª ed. Belo Horizonte: Fórum, 2018, p. 226.

privada sequer poderia ter se sentido atraída pela oportunidade de negócio correspondente à concessão.

Não parece ser outro o sentido da alocação do risco de caso fortuito e força maior ao poder concedente nos contratos de concessão de rodovias. Ao se responsabilizar pela materialização de riscos que se qualifiquem como caso fortuito ou de força maior, a Administração Pública, no âmbito desses contratos, não assumiu apenas os riscos residuais, ou seja, aqueles que não tenham sido alocados às concessionárias. O poder concedente obrigou-se enquanto segurador de *ultima ratio*, assegurando a recomposição por desequilíbrios causados por eventos daquela natureza, pouco importando que tais eventos se enquadrem, ademais, em riscos especiais alocados às concessionárias. O sentido normativo da alocação de riscos às concessionárias, ainda que bem definidos e específicos, constrói-se pela extensão do gerenciamento desses mesmos riscos: na medida em que as concessionárias não sejam capazes de alocar esses riscos à sua rede contratual, aí incluídos os contratos de seguros cujas apólices são emitidas por seguradoras privadas, os riscos confirmam-se como tendo sido assumidos pelo poder concedente.

Precisamente essa é a função econômico-jurídica dos contratos de parceria, categoria reconhecida pelo art. 1º, § 2º, da Lei n. 13.334/2016, entre os quais se inserem os contratos de concessão, regidos pela Lei n. 8.987/1995, qual seja: promover a viabilidade de empreendimentos que, pelo longo prazo e riscos e incertezas envolvidos, não podem ser suportados isoladamente pela iniciativa privada. Se a Administração Pública busca capitais privados para realizá-los, cabe a ela, precipuamente, absorver certos riscos que os parceiros privados (*lato sensu*) não serão capazes de gerenciar ou segurar e, por consequência, comprometerão a própria atratividade ou, pelo menos, a eficiência e a vantagem da contratação.

Sob essa concepção, o ônus probatório das concessionárias é demonstrar como os riscos inerentes à pandemia não são gerenciáveis, tampouco seguráveis. Elas não devem demonstrar que a ausência da recomposição do equilíbrio econômico-financeiro do contrato as levaria à falência. A possibilidade da exigência dessa demonstração de risco falencial, ou sua iminência, é a limitação da operação jurídica fundamentada no princípio da continuidade da prestação do serviço público, a qual precisa ser superada. Mas, talvez, o pensamento jurídico não esteja ainda preparado para assimilar e tratar todas as consequências daquela função da Administração Pública enquanto seguradora de *ultima ratio*.

Demonstradas as dificuldades em se enquadrar a pandemia como um fator de reequilíbrio econômico-financeiro dos contratos de concessão de rodovias, é necessário voltar a uma etapa anterior do processo jurídico para se verificar como, concretamente, tem-se procurado estabelecer as premissas metodológicas para provar o desequilíbrio sofrido pelas concessionárias sob o contexto da pandemia. Esse é o tema da próxima seção, que abordará, adicionalmente, como – novamente sob premissas metodológicas que vêm sendo anunciadas – pode-se promover a compensação do desequilíbrio demonstrado.

2 Metodologia para quantificação do desequilíbrio e para o reequilíbrio

Como apresentado acima, a pandemia tem ensejado um complexo debate jurídico acerca do direito a reequilíbrio pela redução do volume de tráfego e pela queda da receita tarifária em virtude da ocorrência de eventos de caso fortuito e de força maior, algo bastante raro, se não inédito, no setor rodoviário. O ineditismo e o desafio dessa espécie de evento de desequilíbrio, no entanto, não impactam apenas a etapa de *demonstração do direito* ao reequilíbrio econômico-financeiro, mas também as etapas de *quantificação* do desequilíbrio econômico-financeiro e de reequilíbrio.

A maioria das metodologias de cálculo de desequilíbrio elaboradas pela ANTT, assim como as principais agências reguladoras estaduais atuantes no setor rodoviário, está focada em desequilíbrios decorrentes de aumento de despesa, e não de perda de receita,[280] o que aumenta ainda mais o desafio a ser enfrentado no desequilíbrio causado pela pandemia.[281]

Justamente por conta desse contexto, a Superintendência de Infraestrutura Rodoviária da ANTT, em julho de 2020, instaurou um processo administrativo[282] para debater, com todo o setor, as diretrizes da metodologia a ser empregada para *quantificar o tráfego* que deixou de circular pelas rodovias federais desde meados de março de 2020, período correspondente ao termo inicial da implementação das medidas de isolamento social e quarentena, com base no marco regulatório da pandemia.

---

280 Note-se, por exemplo, que a metodologia de fluxo de caixa marginal propõe parâmetros para a precisa quantificação dos novos investimentos, como disciplinado na Resolução ANTT n. 3.651/11.

281 Nada obstante o setor rodoviário já ter enfrentado eventos de desequilíbrio que ensejaram queda de receita tarifária, como é o caso da isenção de cobrança de tarifa por eixos suspensos (Lei n. 13.103/15 - Lei dos Caminhoneiros), o cálculo desse desequilíbrio não exigia complexas projeções, como é o caso em tela. Naquela situação, bastava apurar a quantidade de veículos beneficiada por essa isenção que trafegou na rodovia e multiplicar pela fração tarifária equivalente ao eixo suspenso. De todo modo, a despeito de aparentemente simples, a apuração do desequilíbrio pela isenção da cobrança tarifária por eixos suspensos gerou um fervoroso debate entre as concessionárias de rodovias do estado de São Paulo e a ARTESP. Isso porque a ARTESP, em vez de considerar o tráfego real para apuração da perda de receita tarifária, considerou uma estimativa de tráfego. Atualmente, o desfecho desse debate depende do posicionamento do Tribunal de Justiça, haja vista que as concessionárias impugnaram judicialmente essa metodologia. O debate ocorrido no estado de São Paulo com a metodologia de cálculo para apuração da perda de receita pela isenção de cobrança tarifária por eixos suspensos pode ilustrar a dificuldade de se elaborar uma metodologia adequada para a quantificação de desequilíbrios que envolvam a perda de receita e não o aumento de despesas.

282 Processo administrativo n. 50500.075786/2020-16, cujo acesso está disponível em: https://sei.antt.gov.br/sei/modulos/pesquisa/md_pesq_processo_exibir.php?iI3OtHvPArITY997V09rhsSkbDKbaYSycOHqqF2xsM0IaDkkEyJpus7kCPb435VNEAb16AAxmJKUdrsNWVIqQwTwZ0BEXAacvzXi2JMI_EnQdY18kavf1ebOKSNZKNBB. Acessado em: 18.04.2021.

Paralelamente a essa iniciativa, a ANTT foi alvo de decisão judicial que determinou o reequilíbrio econômico-financeiro de uma concessionária em razão dos riscos inerentes à pandemia, o que foi cumprido por meio da Nota Técnica SEI n. 229/2021/GEGEF/SUROD/DIR. A partir dessa nota técnica, bem como de alguns resultados daquele processo administrativo, os quais têm se tornado públicos, é possível identificar as medidas que vêm sendo, concretamente, desenhadas e adotadas pela ANTT.

Primeiramente, a metodologia que está em debate entre a ANTT e representantes do setor rodoviário não tem por objetivo quantificar o desequilíbrio econômico-financeiro, propriamente dito, sofrido pelas concessionárias. Ela limita-se, mais exatamente, a mensurar o tráfego que deixou de circular pelas rodovias federais, em comparação com cenário imaginário, ou seja, sob o ideal da inexistência da pandemia. Com base na apuração da redução do volume de tráfego, apura-se, em um segundo momento, o desequilíbrio econômico-financeiro propriamente dito.

Para se mensurar o tráfego que deixou de circular pelas rodovias federais, a ANTT pretende calcular a *diferença* entre a *projeção do tráfego* (o cenário de tráfego sem o impacto da pandemia) e o tráfego apurado nas rodovias, ou seja, *o tráfego real*. A projeção de tráfego, por sua vez, deve ser realizada de acordo com cada classe de veículo, haja vista que os fatores econômicos que influenciam o tráfego de uma determinada classe de veículos não necessariamente influenciam as demais.

No caso dos *veículos pesados*, o tráfego está diretamente relacionado ao desempenho da atividade econômica brasileira, sobretudo pelo fato de a infraestrutura logística nacional ser majoritariamente composta pelo modal rodoviário. Nesse sentido, a ANTT tem considerado, para fins de parâmetro do cálculo estatístico da perda de tráfego dos veículos pesados, relatórios de autoridades financeiras e monetárias, como é o caso do Boletim

Focus, do Banco Central do Brasil, que tem por objeto a projeção de crescimento do Produto Interno Bruto – PIB brasileiro.

Nada obstante o PIB ser um indicador para a mensuração da média do fluxo de tráfego dos veículos pesados, em atenção à forte sinergia existente entre a atividade econômica e a demanda por transportes, o comportamento de tráfego de veículos pesados é, em algumas rodovias, influenciado por fatores econômicos específicos, como é o caso do agronegócio ou mesmo da interface com portos marítimos e fluviais. Em situações como essa, além do PIB, a ANTT propõe considerar, no cálculo estatístico da projeção de tráfego, índices específicos que reflitam tal influência.

No que diz respeito à projeção de tráfego relacionada a *veículos leves*, a ANTT sinaliza com a consideração de índices regionais, como é o caso do Índice de Atividade Econômica do Banco Central referente a cada estado da federação (IBCR). Como o comportamento do tráfego dos veículos leves, o qual, diferentemente do tráfego de veículos pesados, é notadamente influenciado por aspectos regionais, a aplicação de índices regionais reflete com maior precisão o comportamento dessa parcela de tráfego.

Inobstante a diferença entre as projeções de tráfego e o tráfego real observado representar a perda de volume tráfego sofrida pelas concessionárias, a ANTT vem indicando que trabalhará com *bandas de tráfego para fins de cálculo do desequilíbrio*. Essencialmente, as bandas de tráfego consistem em margens de variação de tráfego a que se pretende atribuir quantitativos preestabelecidos a serem considerados para o cálculo do desequilíbrio de todas as concessionárias cujo tráfego se enquadre em uma determinada banda. Se, por um lado, o sistema de bandas *pode contribuir com* a uniformização dos processos de reequilíbrio econômico-financeiro, por outro lado, esse sistema *deixará de quantificar de maneira efetiva o desequilíbrio* que impactou os contratos de concessão.

Apurada a perda de volume de tráfego, os reguladores passarão a quantificar o desequilíbrio econômico-financeiro propriamente dito e, por consequência, a determinar o mecanismo de recomposição, isto é, de reequilíbrio econômico-financeiro que lhe será correspondentemente aplicável. Essas etapas de quantificação do desequilíbrio e determinação da recomposição, as quais vêm imediatamente após a apuração da queda do volume de tráfego, não constituirão autênticas novidades para os contratos de concessão de rodovias, uma vez que seguirão os procedimentos, as regras contratuais e, conforme o caso, os padrões regulatórios aplicáveis para qualquer situação.

A principal diferença, entre cada contrato de concessão, que se verá nessa matéria, decorrerá primordialmente do modelo de equilíbrio econômico-financeiro adotado. As diferentes etapas do PROCROFE orientaram-se por metodologias de reequilíbrio econômico-financeiras distintas, a saber, a metodologia do fluxo de caixa original e a metodologia do fluxo de caixa marginal.

A *metodologia do fluxo de caixa original* caracteriza-se pela *projeção do resultado* no contexto da licitação da concessão, especificamente com base na proposta comercial e no plano de negócios apresentados pelo licitante vencedor. Ao passo que a *proposta comercial* precifica as obrigações e os riscos assumidos contratualmente, revelando, portanto, a *taxa interna de retorno* da concessão, o *plano de negócios* vincula todas as condições técnicas, jurídicas e econômico-financeiras que foram consideradas, pelo licitante, na sua proposta comercial, como é o caso, entre outros fatores, da projeção de tráfego e dos tributos incidentes. Nesse sentido, a aplicação da metodologia do fluxo de caixa original representa a estrita observância das condições técnicas, jurídicas e econômico-financeiras previstas no contexto da licitação, que não se alteram ao longo do tempo, razão pela qual, inclusive, tal metodologia de reequilíbrio tem um caráter *estático*.

Exatamente o *caráter estático* dessa metodologia, o desenvolvimento de técnicas e tecnologias regulatórias, também decorrentes da atuação dos órgãos de controle, notadamente Tribunal de Contas, sobre os atos dos gestores públicos que decidiram sobre as revisões contratuais, indicou algumas de suas limitações, além das falhas de mercado a ela inerentes (assimetrias informacionais, seleção adversa, entre outros). Mais especificamente, a metodologia do fluxo de caixa original pode provocar a descontextualização de premissas econômico-financeiras ao longo de sua execução da concessão, o que foi particularmente revelado com os contratos da primeira etapa do PROCROFE. À época em que esses contratos foram licitados, os riscos macroeconômicos eram altos, e a incipiência do referido programa representava relevante risco político e regulatório, o que justificou elevadas taxas internas de retorno, entre 17% e 24%.[283] Com o passar do tempo, essas taxas demonstraram-se estar muito descoladas daquelas praticadas em etapas mais recentes do PROCROFE,[284] o que passou a indicar uma descontextualização das taxas internas de retorno de alguns contratos de concessão.

Com o objetivo de adequar a remuneração das concessionárias ao contexto macroeconômico do momento em que seria promovido o reequilíbrio, foi desenvolvida a metodologia do fluxo de caixa

---

283 "A conjuntura desfavorável, aliada a outros fatores, fizeram que os então licitantes exigissem uma taxa de retorno do investimento (TIR) que refletisse as mencionadas incertezas econômicas. Dessa forma, as rentabilidades pactuadas se situaram em cerca de 17 a 24% (taxa não alavancada, ou seja, sem considerar os financiamentos e juros).

O modelo de concessão da 1ª Etapa pode ser denominado como 'estático', pois as rubricas que compõem o fluxo de caixa não se alteram ao longo da execução contratual, nela incluída da taxa de desconto - rentabilidade dos concessionários, ou seja, as concessionárias de rodovias federais da primeira etapa continuam auferindo rentabilidade que variam de 17 a 24% ao ano, no atual cenário de estabilidade econômica do país, em que a taxa de desconto para o setor é de no máximo de 8,95%". (*Relatório de Representação da Secretaria de Fiscalização de Desestatização* – SEFID/TCU. Processo TC-026.335/2007-4. Brasília: 2007).

284 Note-se, por exemplo, que a média das taxas internas de retorno dos contratos da 2ª etapa varia entre 8 e 9%. Vide, nesse sentido, o relatório do Acórdão n. 1055/2011 – TCU – Plenário. Min. Relatos: Walton Alencar Rodrigues. 27 abr. 2011.

marginal. Diferentemente da metodologia do fluxo de caixa original, ela considera as condições econômicas do momento em que será efetuado o reequilíbrio, em vez das condições econômico-financeiras constantes da proposta comercial praticada no momento da licitação. Por essa razão, reconhece-se um *caráter dinâmico* na metodologia do fluxo de caixa marginal. Tanto é assim que são estabelecidas taxas internas de retorno específicas para recompor desequilíbrios específicos, de maneira que o reequilíbrio de cada um desses últimos é promovido por linhas de fluxo de caixa que estão apartados, ou à margem (daí, *marginais*) do fluxo de caixa padrão dos contratos de concessão.

Nada obstante a metodologia do fluxo de caixa marginal tenha, inicialmente, sido incorporada aos contratos de concessão para recompor a inclusão de novos investimentos, o escopo de aplicação dessa metodologia foi ampliado nos contratos de concessão posteriores à segunda etapa[285] do PROCROFE, para a recomposição de outros eventos de desequilíbrio, passando a ser, portanto, a metodologia padrão de reequilíbrio dos contratos de concessão mais recentes, o que pode ser objeto das mais diversas críticas, que não cabem no escopo deste trabalho.

De toda forma, é importante indicar, para se ter ideia da abrangência que a matéria tomou em modelagens de concessões

---

285 Vide, nesse sentido, a cláusula 22.4 do Contrato de Concessão n. 004/2013 (Concebra):

"22.4 Critérios e Princípios para a Recomposição

22.4.1 Os processos de recomposição do equilíbrio econômico-financeiro não poderão alterar a alocação de riscos originalmente prevista no Contrato.

22.4.2. A forma de recomposição do equilíbrio econômico-financeiro dependerá do evento ensejador do desequilíbrio: (...) (iii) em quaisquer outras hipóteses, que não as previstas nos itens (i) e (ii) acima, a recomposição do equilíbrio econômico-financeiro se dará por meio elaboração de Fluxo de Caixa Marginal, nos termos de regulamentação específica". Disponível em: https://portal.antt.gov.br/documents/359170/49ac6eb5-4319-c3cc-5e-38-c802ba9b6caa. Acessado em: 22.06.2021.

mais recentes, que, nos contratos da terceira e da quarta etapas do PROCROFE, a metodologia do fluxo de caixa marginal foi utilizada até mesmo para a estruturação do Fator C,[286] que corresponde a um índice de deflação e de aumento da tarifa básica de pedágio para fins de reequilíbrio da variação de determinadas despesas e receitas das concessionárias. A aplicação do Fator C ocorre em conjunto com o reajuste tarifário, no contexto das revisões ordinárias, cuja periodicidade é anual. Confira-se, nesse sentido, a transcrição de alguns itens dos contratos de concessão da terceira etapa, em que foi disciplinada a metodologia de cálculo do Fator C:

> 1.1 O presente Anexo tem por objetivo especificar a metodologia de aferição, cálculo e reequilíbrio decorrentes de eventos que geram impacto exclusivamente sobre a receita ou verbas devidas pela concessionária, pela prestação dos serviços públicos objeto da Concessão. (...).
>
> 1.2 Os eventos de reequilíbrio que geram impacto sobre as receitas e verbas da concessionária, nos termos do item 1.1 acima, serão apurados na forma do presente Anexo, extraindo-se a partir de seu cálculo o Fator C incidente sobre o valor da Tarifa Básica de Pedágio, na forma prevista no Contrato de Concessão.[287]

Além de se identificar qual metodologia deve ser aplicada para fins de quantificação e de recomposição do equilíbrio econômico-financeiro dos contratos de concessão pelo impacto da pandemia, a próxima e derradeira etapa do processo jurídico correspondente consiste na definição dos *mecanismos* empregáveis para a *recomposição*.

---

286 As taxas do FCM são incorporadas à fórmula paramétrica para o cálculo do Fator C. Para mais informações a respeito, vide: item 2 do Anexo 6 dos contratos de concessão da terceira etapa.

287 Disponível em: https://portal.antt.gov.br/documents/359170/47de2f0a-9cab-1e35-6fa5-92109f1c2f90. Acessado em: 22.06.2021.

Como regra, os contratos de concessão de rodovias federais preveem um rol exemplificativo de mecanismos de recomposição, conforme demonstrado a seguir:

> 22.3.1. Ao final do procedimento indicado na subcláusula anterior, caso a recomposição tenha sido julgada cabível, a ANTT deverá adotar, a seu exclusivo critério, uma ou mais formas de recomposição que julgar adequadas, incluindo, mas não se limitando a: (i) aumento ou redução do valor da Tarifa Básica de Pedágio; (ii) pagamento à concessionária, pelo Poder Concedente, de valor correspondente aos investimentos, custos ou despesas adicionais com os quais tenha concorrido ou de valor equivalente à perda de receita efetivamente advinda, levando-se em consideração os efeitos calculados dentro do próprio Fluxo de Caixa Marginal; (iii) modificação de obrigações contratuais da concessionária; ou (iv) estabelecimento ou remoção de cabines de bloqueio, bem como alteração da localização das praças de pedágio.
>
> 22.3.2. A recomposição do equilíbrio econômico-financeiro poderá ocorrer, também, mediante prorrogação deste Contrato, em conformidade com a subcláusula 3.2 (iii) e com a subcláusla 22.8.[288]

Nada obstante o amplo rol de mecanismos de recomposição, o qual, inclusive, é exemplificativo, a ANTT, como regra, promove o reequilíbrio dos contratos de concessão mediante *alteração tarifária*.

Acontece que, no caso dos contratos de concessão em que a pandemia tenha causado um alto impacto, a utilização do aumento tarifário para fins de reequilíbrio pode agravar ainda mais tal desequilíbrio. Isso porque, a depender das condições do aumento tarifário, pode haver uma inibição do tráfego, provocando, desse

---

288 Contrato de Concessão n. 004/2013 (Concebra). Disponível em: https://portal.antt.gov.br/documents/359170/49ac6eb5-4319-c3cc-5e38-c802ba-9b6caa. Acessado em: 22.06.2021.

modo, o agravamento do desequilíbrio contratual. Nesse sentido, é fundamental que a decisão de escolha do mecanismo de recomposição considere a finalidade perquirida, qual seja o reequilíbrio material, e não o reequilíbrio meramente formal.

Note-se que, ainda que a ANTT entenda o aumento tarifário como o mecanismo mais adequado para reequilibrar os contratos de concessão, é necessário, ao menos, que se analise a possibilidade de se diferir no tempo esse aumento, com o objetivo de se evitar a inibição da demanda de tráfego. Esse cenário, por outro lado, está longe de ser ideal, haja vista que o reequilíbrio não seria imediato.

Considerações finais

O presente artigo propôs-se a discutir as etapas lógico-jurídicas necessárias para restabelecer o equilíbrio econômico-financeiro dos contratos de concessão de rodovias no contexto do impacto decorrente da pandemia. Como demonstrado, não foi objetivo deste artigo analisar se as concessionárias teriam ou não direito a reequilíbrio nesse caso, mas, sim, apontar as dificuldades inerentes a essa operação jurídica, diante das peculiaridades do caso concreto, bem como apresentar as suas consequências regulatórias, estritamente no âmbito da ANTT, à qual, entre todas as demais agências reguladoras brasileiras que atuam no setor de rodovias, coube um pioneirismo nas iniciativas de desenhar as premissas metodológicas para aquele reequilíbrio. Por esse motivo, o recorte analítico deste trabalho se restringiu aos contratos de concessão de rodovias federais, razão pela qual não discutimos peculiaridades contratuais ou regulatórias no âmbito dos estados.

Na primeira parte deste artigo, procuramos demonstrar como o enquadramento dos impactos decorrentes da pandemia, nos fatores de reequilíbrio econômico-financeiro dos contratos de concessão, não é uma tarefa simples. Por mais que diversos operadores do Direito procurem enquadrar, com simplicidade, esses riscos na álea econômica extraordinária, sobretudo com base nas teorias clássicas dos administrativistas franceses, as quais não foram integralmente recepcionadas pelo ordenamento jurídico brasileiro, a letra dos contratos de concessão traz barreiras semânticas que não podem ser facilmente ultrapassadas e que implicarão, para o futuro, precedentes dos quais será difícil para os reguladores se desvencilharem em situações análogas – em que pesem tais situações tenham consequências econômicas e sociais de dimensões possivelmente e esperançosamente menores.

Na segunda parte deste artigo, analisamos as dificuldades inerentes à *quantificação* e à *recomposição* desse desequilíbrio.

No que diz respeito à *quantificação do desequilíbrio*, importa salientar que, em razão de a natureza desse evento de desequilíbrio, de frustração de receita, ser incomum no setor de rodovias, a ANTT se viu obrigada a editar uma metodologia específica para quantificar a perda de tráfego, a qual está baseada, *para os veículos pesados*, sobretudo no PIB brasileiro e, *para os veículos leves*, em índices econômicos regionais. Ainda no que diz respeito à *quantificação do desequilíbrio*, as dificuldades esbarram na identificação e na aplicação das metodologias previstas contratualmente, quais sejam, fluxo de caixa original, marginal, ou ainda os fatores de deflação e de aumento tarifário, como é o caso do Fator C.

Por fim, no que toca à *recomposição* do equilíbrio econômico-financeiro, que, como regra, é realizada a partir da alteração tarifária, não é possível afastar o risco de que um aumento tarifário venha a inibir o tráfego e, consequentemente, provocar um agravamento do desequilíbrio contratual. Sendo assim, é fundamental que se analise a aplicação de mecanismos de reequilíbrio que possam recompor, não apenas formalmente, mas materialmente os prejuízos sofridos pelas concessionárias de rodovias sob o contexto da pandemia.

Esperava-se que essas medidas de recomposição, ainda que diferidas no tempo – como também é o caso da extensão de prazo de execução contratual –, tivessem sido adotadas de maneira mais imediata e reativa aos efeitos da pandemia sobre o setor de transportes e logística, especificamente, para fins deste artigo, no segmento rodoviário. Ainda que possa parecer que essas medidas de recomposição não tivessem um efeito imediato no caixa das concessionárias, elas teriam como resultado a preservação do valor presente líquido das concessões, o que facilita a obtenção de empréstimos pelas concessionárias, ou a utilização de outras ferramentas de acesso aos mercados financeiro e de capitais. Ou seja, perdeu-se a oportunidade, inclusive, de facilitar, com menos encargos financeiros (operações de crédito com taxas de juros mais baixas), o financiamento das concessionárias por meio de capitais estritamente privados, sem oneração direta dos orçamentos públicos.

Ainda que nem todas as concessionárias tenham necessitado de linhas de crédito sob o contexto da pandemia, é inegável que a maior expectativa que se pode ter em relação a um programa de participação privada em infraestrutura que se pretende bem-sucedido é a celeridade e o rigor metodológico das reações oportunas aos momentos de crise. Essa *capacidade de conjuntura* sobre contratos em execução é certamente mais importante para as relações público-privadas do que a preservação de um cronograma de novos projetos. Afinal, as propostas serão cada vez mais vantajosas para a Administração Pública na medida em que ela provar sua aptidão, na prática, de executar com sofisticação adequada suas funções enquanto segurador de *ultima ratio* nos contratos de parceria.

Referências bibliográficas

BRASIL. Ministério da Saúde. *Portaria n. 356*, de 11 de março de 2020. Disponível em: http://www.in.gov.br/en/web/dou/-/portaria-n-356-de-11-de-marco-de-2020-. Acessado em: 22.06.2021.

______. Ministério da Justiça e Segurança Pública. *Portaria interministerial n. 5*, de 17 de março de 2020. Disponível em: http://www.in.gov.br/en/web/dou/-/portaria-interministerial-n-5-de-17-de-marco-de-2020-248410549. Acessado em: 18.05.2021.

MEDAUAR, Odete. *Direito Administrativo moderno*. 21ª ed. Belo Horizonte: Fórum, 2018.

TÁCITO, Caio. "O equilíbrio financeiro na concessão de serviço público". *Revista de Direito Administrativo*, Rio de Janeiro, vol. 63, maio 1961. Disponível em: http://bibliotecadigital.fgv.br/ojs/index.php/rda/article/view/21455/20209. Acessado em: 11.04.2020.

CAPÍTULO XXXIX

A REVERSÃO NOS CONTRATOS DE CONCESSÃO E SEU REGIME JURÍDICO-ECONÔMICO

Rafael Véras de Freitas

Introdução

O tema da reversibilidade dos bens nas concessões é uma decorrência do regime jurídico especial ao qual tais contratos se sujeitam. É que, se, de um lado, o ordenamento jurídico (por intermédio da Constituição ou de lei) autoriza que determinadas atividades, em razão de sua essencialidade, sejam retiradas da liberdade iniciativa, de outro, tal prerrogativa impõe um plexo de deveres ao Poder Público (ou a quem lhe faça as vezes). É, nesse quadrante, que se insere a máxima da continuidade dos serviços públicos, na qualidade de um dos principais característicos do dever de prestar um serviço adequado (orientado por metas e fins preestabelecidos) aos usuários.

É, nesse passo, que se insere o instituto da reversão, assim considerado como a afetação contratual do patrimônio necessário a interditar soluções de continuidade na prestação de serviços públicos. Isso porque a extinção do contrato (seja pelo advento de seu termo, seja de forma antecipada) não poderá importar na interrupção dos serviços prestados aos usuários. Disso decorre que, extinta a concessão, independentemente da propriedade do seu acervo, a sua posse terá de retornar para o Poder Público. Não se trata – vale o registro – de uma penalidade aplicada ao concessionário, mas de um consectário jurídico e econômico do regime concessório.

O tema votou à agenda do Direito da Infraestrutura, nos últimos anos, em razão da necessidade de se renegociar, com lastro na Lei n. 13.448/2017, contratos de concessão em vigor que se tornaram inexequíveis, seja pela previsão de obrigações de investimentos desnecessárias (como as previstas nos Contratos de Concessão de Rodovia, celebrados na 3ª Fase do Programa de Rodovias Federais – PROCROFE), seja pelo valor de outorga que não pôde ser honrado pelos concessionários, em razão da não efetivação da demanda projetada no EVTEA (como se deu nas concessões aeroportuárias, celebradas nos idos de 2014). Seguiu daí a necessidade de se levar a efeito, nos termos do art. 17, §1°, VII, da Lei n. 13.448/2017, o "levantamento de indenizações eventualmente devidas ao contratado pelos investimentos em bens reversíveis vinculados ao contrato de parceria realizados e não amortizados ou depreciados", o que importou, por conseguinte, na edição da Resolução ANTT n. 5.860, de 3 de dezembro de 2019, a qual será objeto de análise no presente artigo.

O tema ganhou especial destaque na medida em que, a despeito de tal metodologia indenizatória ter de constar do instrumento contratual (consoante dispõe o art. 23, XI, da Lei n. 8.987/1995), os contratos de concessão não vêm disciplinando a matéria (a exemplo do que se passou com os contratos de concessão de rodovia das 1ª, 2ª e 3ª Rodadas do Programa de Concessões Rodoviárias Federais – PROCROFE), o que cria um ambiente de insegurança jurídica para os financiadores do projeto. É que, consoante se depreende das melhores práticas internacionais em projetos de infraestrutura, os investidores procuram financiar projetos sem fornecer garantias pessoais (a exemplo de fianças corporativas), mas, apenas, se valendo de garantias reais derivadas dos direitos emergentes dos contratos de concessão (na modalidade *project finance*). Assim é que, como os financiadores assumem o risco do projeto por uma extinção antecipada, predica-se de um regramento claro a propósito dessa matéria.

Nada obstante, o tema ainda se encontra imerso em controvérsias, seja no que toca à identificação dos bens que reverterão ao patrimônio público, seja no que toca à adequada metodologia indenizatória pelos investimentos em bens reversíveis não amortizados. Eis o objeto do presente artigo: fazer uma incursão sobre o regime jurídico-econômico desses bens, de modo a desmistificar, em primeiro lugar, o entendimento de acordo com o qual existiria um regime jurídico único de reversão, bem como apontar que tal instituto está relacionado não com a propriedade dominial do patrimônio utilizado na prestação dos serviços, mas, diretamente, com a manutenção do seu equilíbrio econômico-financeiro (sem a qual se coloca em risco a continuidade dos serviços públicos).

Para tanto, preliminarmente, investigarei a natureza jurídica do regime jurídico de afetação de bens em um módulo concessório. Posteriormente, o artigo perpassará pelo estabelecimento de uma relação necessária do instituto da reversão com o equilíbrio econômico dos contratos de concessão. Em seguida, abordar-se-ão os métodos usualmente utilizados para quantificar o valor da indenização pelos investimentos não amortizados e depreciados em bens reversíveis (o Contábil e a Valor Novo de Reposição – VNR). Por fim, farei comentários a propósito da Resolução n. 5.860/2019, da Agência Nacional de Transportes Terrestres – ANTT, que versa sobre a metodologia de indenização pelos bens reversíveis não amortizados nas concessões de rodovias.

1 O regime funcional de afetação dos bens reversíveis

A delegação da prestação de um serviço público a um particular não faz com que o Poder Público se demita de um cometimento que lhe foi atribuído pela lei ou pela Constituição. De fato, essa manutenção da obrigação do Poder Público de prestar um serviço essencial à coletividade faz com que, ao final da delegação contratual, o patrimônio necessário a esse desiderato retorne à posse estatal. Trata-se, pois, do instituto da reversão, por intermédio do qual se deve equacionar o princípio da continuidade dos serviços públicos[289] com a esfera patrimonial do concessionário.

Nesse sentido, Flávio Henrique Unes Pereira, Marilda de Paula Silveira e Bruna R. Colombarolli, em trabalho específico sobre o tema, lecionam:

> A reversão, portanto, deve ser concebida como decorrência da extinção dos contratos de delegação de serviços públicos, contratualmente prevista, que deve ser implementada à luz das especificidades das situações concretas e em respeito aos direitos fundamentais dos particulares contratados, especialmente o direito de propriedade e da garantia do devido processo administrativo.[290]

Sobre o tema, Juan Carlos Cassagne leciona:

> En rigor, la reversión de los bienes del concesionario no puede considerarse una cláusula implícita del contrato de

289 Cf. BANDEIRA DE MELLO, Celso Antônio de. *Curso de Direito Administrativo*. 17ª ed. São Paulo: Malheiros, 2004, pp. 696-698.

290 PEREIRA, Flávio Henrique Unes; SILVEIRA, Marilda de Paula; COMBAROLLI, Bruna R. "A identificação dos bens reversíveis: do ato ao processo administrativo". *Fórum Administrativo - FA*, Belo Horizonte, ano 14, nº 165, nov. 2014, pp. 38-44.

> concesión o licencia, ya que la voluntad de perder el dominio no se presume (como en general la renuncia de derechos) y toda cláusula de renuncia al derecho de propiedad es de interpretación restrictiva.[291]

Toda essa lógica está consagrada no arts. 18, incisos X, XI, 31, II, 23, X, e 35, §1° da Lei n. 8.987/1995. Nada obstante, na prática, não é simples identificar quais bens reverterão ao poder concedente, sobretudo em razão da dificuldade em se delimitar a natureza jurídica dos bens da concessionária. É que, por se tratar de pessoa jurídica de direito privado, pelo critério da dominialidade, tratar-se-ia de bens privados. A questão não nos parece tão simples. Sobre o tema, Floriano de Azevedo Marques Neto, com sua precisão habitual, assevera:

> O que daria o atributo de público aos bens seria a sua utilidade, seu emprego, e não a circunstância de ser o bem de propriedade de pessoa jurídica de direito público. [E conclui:] por aí, admitir-se-ia a existência de bem público ainda que integrante do patrimônio privado, como é o caso dos bens particulares utilizados na prestação dos serviços públicos, sejam estes particulares delegatários da prestação de tais serviços.[292]

Assim, o que deverá determinar a natureza jurídica do bem é a sua afetação a uma finalidade pública, e não sua titularidade.[293]

---

291 CASSAGNE, Juan Carlos. *Derecho Administrativo II*. 6ª ed. Buenos Aires: Abeledo-Perrot, 1998, pp. 548-550.

292 MARQUES NETO, Floriano de Azevedo. *Bens públicos*: função social e exploração econômica, o regime jurídico das utilidades públicas. Belo Horizonte: Fórum, 2009, p. 117.

293 Nesse sentido, STF, RE n. 32.865, Segunda Turma, relator: Min. Edgard Costa, julgado em 28/08/1956; STF, RE n. 18135/MT, Segunda Turma, relator: Min. Orozimbo Nonato, julgado em 11/08/1952; STJ, AgRg no REsp 971.851, Segunda Turma, relator: Min. Castro Meira, Dje 08/09/2009.

Nesse passo, pode-se afirmar que os bens das concessionárias de serviços públicos terão a sua natureza jurídica vinculada à sua afetação. Dito em outros termos, se os seus bens estiverem afetados à prestação de um serviço público, terão seu regime jurídico pautado pelas prerrogativas publicísticas da imprescritibilidade, da não oneração, da impenhorabilidade e da alienação condicionada.[294] Por outro lado, se não estiverem afetados a nenhum serviço público, serão regidos como se privados fossem. Esse entendimento se aplica à reversão. Explico. Como diagnosticado por Floriano de Azevedo Marques Neto, em trabalho específico sobre o tema, dois são os critérios para a identificação dos bens reversíveis: o *patrimonial* e o *funcional*.

No primeiro, os bens reversíveis são aqueles cuja titularidade está atrelada ao fato de ser o Poder Público titular do serviço, de sorte que os

> bens titularizados pela pessoa jurídica de direito privado (concessionária) ou adquiridos por força econômica das

---

294 Sobre o tema, vale conferir o posicionamento do STF acerca da empresa pública dos Correios. "À empresa Brasileira de Correios e Telégrafos, pessoa jurídica equiparada à Fazenda Pública, é aplicável o privilégio da impenhorabilidade de seus bens, rendas e serviços. Recepção do artigo 12 do Decreto-lei n. 509/69 e não incidência da restrição contida no artigo 173, § 1º, da Constituição Federal, que submete a empresa pública, a sociedade de economia mista e outras entidades que explorem atividade econômica ao regime próprio das empresas privadas, inclusive quanto às obrigações trabalhistas e tributárias. 2. Empresa pública que não exerce atividade econômica e presta serviço público da competência da União Federal e por ela mantido. Execução. Observância ao regime de precatório, sob pena de vulneração do disposto no artigo 100 da Constituição Federal. Recurso extraordinário conhecido e provido". (RE 220906, Relator: Min. MAURÍCIO CORRÊA, Tribunal Pleno, DJ 14-11-2002). "1. Os bens, as rendas e os serviços da Empresa Brasileira de Correios e Telégrafos são impenhoráveis, e a execução deve observar o regime de precatórios. 2. Nas comarcas onde não há Vara da Justiça Federal, os Juízes Estaduais são competentes para apreciar a execução fiscal". (STF, AgRg. no RE nº 393032, Primeira Turma, Relatora: Min. Cármen Lúcia, julgado em 27/10/2009).

> receitas auferidas com a exploração do serviço seriam, necessariamente, públicos, ainda que momentaneamente trespassados à posse (ou domínio útil) do particular.[295]

De acordo com esse critério, seriam reversíveis todos os bens integrantes do patrimônio da concessionária.

No segundo critério, o plexo de bens reversíveis estaria ligado à sua afetação ao serviço público, de modo que "seria não uma forma de recomposição (ou enriquecimento) do patrimônio público, mas uma necessidade para se assegurar que os serviços (a) seguirão prestados regularmente independentemente da concessionária".[296]

Nesse quadrante, a reversão está muito mais ligada ao instituto da afetação (consagração e efetivo emprego do bem a uma dada finalidade de interesse público – no caso ao serviço público concedido) do que à titularidade do bem. Os bens reversíveis correspondem, assim, exclusivamente ao plexo patrimonial necessário a que o serviço público continue a ser prestado por outrem que não a concessionária (o Poder Público titular do serviço ou um novo delegatário). No mesmo sentido, Hely Lopes Meirelles já lecionava que

> a reversão, como a própria palavra indica, é o retorno do serviço ao concedente, ao término do prazo contratual da concessão. (...) a reversão só abrange os bens, de qualquer natureza, vinculados à prestação do serviço. Os demais, não utilizados no objeto da concessão, constituem patrimônio privado do concessionário, que deles pode dispor livremente,

295 MARQUES NETO, Floriano de Azevedo. "Bens reversíveis nas concessões do setor de telecomunicações". *Revista de Direito Público da Economia - RDPE*. Belo Horizonte, ano 2, n° 8, out./dez. 2004.

296 MARQUES NETO, Floriano de Azevedo. "Bens reversíveis nas concessões do setor de telecomunicações". *Revista de Direito Público da Economia - RDPE*. Belo Horizonte, ano 2, n° 8, out./dez. 2004.

> e, ao final do contrato, não está obrigado a entregá-los, sem pagamento, ao concedente.[297]

Do mesmo modo, Maria Sylvia Di Pietro assevera que

> em qualquer dos casos de extinção da concessão previstos no artigo 35 da Lei n. 8.987 (advento do termo contratual, encampação, caducidade, rescisão, anulação, falência e extinção da empresa concessionária e falecimento ou incapacidade do titular) é cabível a incorporação, ao poder concedente, dos bens do concessionário necessários ao serviço público, mediante indenização (artigo 36 da Lei n. 8.987/95); é o que se denomina reversão, a qual encontra seu fundamento no princípio da continuidade do serviço público.[298] [299]

Cuida-se de racional que vem sendo delineado pela regulação setorial. Assim, cite-se, por exemplo, o disposto no art. 18 da Lei n. 9.427/1996, de acordo com o qual

> A ANEEL somente aceitará como bens reversíveis da concessionária ou permissionária do serviço público de energia elétrica aqueles utilizados, **exclusiva e permanentemente**, para produção, transmissão e distribuição de energia elétrica (grifo nosso).[300]

---

297 MEIRELLES, Hely Lopes. *Direito Administrativo brasileiro*. 21ª ed. São Paulo: Malheiros, 1998, p. 351.

298 DI PIETRO, Maria Sylvia Zanella. *Direito Administrativo*. 21ª ed. São Paulo: Atlas, 2008, p. 281.

299 Cf. também GUERRA, Sérgio. "A Reversibilidade dos bens nas concessões de serviços públicos". *Revista de Direito Público da Economia - RDPE*. Belo Horizonte, ano 2, n° 8, out./dez. 2004.

300 BRASIL. Casa Civil. *Lei n. 9.427*, de 26 de dezembro de 1996. Disponível em: http://www.planalto.gov.br/ccivil_03/leis/l9427cons.htm. Acessado em: 22.06.2021.

Em sentido similar, cite-se o disposto no art. 3°, IV, da Resolução da ANATEL n. 447/2016, que conceitua tais bens como

> equipamentos, infraestrutura, logiciários ou qualquer outro bem, móvel ou imóvel, inclusive Bens de Massa, ou direito integrantes do patrimônio da Prestadora, de sua controladora, controlada ou **coligada, indispensáveis à continuidade e atualidade da prestação do serviço no regime público** (grifo nosso).

E o disposto no art. 6°, VIII, da Resolução ANTAQ n. 5010/2016, que qualifica tais bens como

> **bem originariamente vinculado à área do porto organizado e à atividade portuária**, que tenha sido entregue por meio de decreto, contrato de concessão ou de arrendamento, ou ainda de convênio de delegação, **bem assim aquele resultante de investimentos, previstos em planos, projetos e contratos, realizados pelas próprias Administrações Portuárias**, pelos arrendatários de áreas e instalações portuárias e pela União, assim como todos os demais bens e equipamentos que visam diretamente dar continuidade à atividade portuária (grifo nosso).

A acepção funcional sobre os bens reversíveis também encontra ampla guarida na jurisprudência pátria. Assim, por exemplo, cite-se o já clássico Recurso Extraordinário n. 32.865, no qual o Supremo Tribunal Federal (STF), ao apreciar o regime jurídico dos bondes do Distrito Federal, deixou assentado o entendimento de acordo com o qual

> (...) se a reversão estabelecida significa, ou implica, na do serviço concedido, a inteligência a dar à cláusula respectiva, quanto à devolução dos bens da concessionária é de que tais bens são aqueles vinculados, próprios ou afetos à execução

> do serviço concedido, de forma a assegurar que ela volta ou reverta ao poder concedente devidamente aparelhado.[301]

O mesmo tribunal, ao apreciar o Recurso Extraordinário n. 18135/MT, deixou assentado que "por outro lado, é necessário que, ao fim do contrato, não haja qualquer hiato no serviço público desempenhado pelo concessionário. Essa a razão das cláusulas de reversão, cuja validade sempre se reconheceu".[302] O Superior Tribunal de Justiça (STJ), na mesma direção, ao apreciar o regime jurídico de imóvel que fora alienado pela Brasil Telecom, deixou assentado que "a tese de que o bem alienado continua como bem reversível, ainda que fora de uso, não se harmoniza com o conceito de bens reversíveis. O que está desativado e fora de uso não é essencial à prestação de qualquer serviço".[303]

Cuida-se de entendimento que vem sendo, reiteradamente, adotado pelas novas modelagens dos contratos de concessão nos últimos anos. Nesse sentido, cite-se, por exemplo, o disposto na Cláusula 14.1 do Contrato de Concessão Aeroportuária para a exploração do Aeroporto Internacional de Fortaleza – Pinto Martins, de acordo com a qual, "com o advento do termo do Contrato de Concessão, reverterão à União **todos os bens e instalações vinculados à Exploração Aeroportuária**, nos termos dos itens 2.49, 2.50 e 2.51 deste Contrato" (grifo nosso). E o disposto na Cláusula 34.1 do Contrato de Concessão Administrativa do Complexo do Mineirão, segundo a qual, "extinta a concessão administrativa, retornam ao poder concedente os bens reversíveis, **direitos e privilégios vinculados à exploração da concessão administrativa**, transferidos à

---

301 STF, RE 32.865/DF, Segunda Turma, relator: Min. Edgard Costa, julgado em 28/08/1956.

302 STF, RE 18135/MT, Segunda Turma, relator: Min. Rel. Orozimbo Nonato, julgado em 22/08/1952.

303 STJ, AgRg no REsp 971.851, Segunda Turma, relator: Min. Castro Meira, julgado em 08/09/2008.

concessionária, ou por esta adquiridos ou implantados, no âmbito da concessão administrativa" (grifo nosso).

De tal entendimento, decorrem duas consequências inarredáveis: *(i)* a primeira de que há uma inalienabilidade relativa desses bens. É dizer, caso tais bens não estejam afetados à prestação do serviço público, ou sejam desafetados por ato material ou normativo, tal patrimônio poderá ser alienado, desde que mediante prévia aquiescência da entidade reguladora;[304] *(ii)* a segunda de que a reversão não opera, necessariamente, sobre propriedade dos bens, mas poderá incidir sobre a sua posse. Nesse sentido, cite-se o interessante exemplo cogitado por Caio Mario da Silva Pereira Neto e outros,[305] de acordo com o qual os Concessionários de Serviço de Telefonia Comutado (STFC) se utilizam da mesma rede (denominada de "bens multisserviços"), para a exploração do Serviço Móvel Pessoal (SMP) ou do Serviço de Acesso Condicionado (SeAC). Em tais hipóteses, com o advento do termo contratual do contrato de concessão de telefonia fixa, só incorrerá no regime da reversão o direito de uso da parcela da rede serviente à manutenção da prestação do STFC, na qualidade de um serviço público, e não da parcela utilizada para a exploração das outras atividades reguladas.

Daí por que se pode concluir este item inicial[306] no sentido de **que a reversão poderá se manifestar como uma forma de devolução dos ativos estatais**, nas hipóteses nas quais são transferidas

---

304 Sobre o tema, cf. RIBEIRO, Maurício Portugal. "Venda de imóvel por concessionária de serviço público no qual se situam bens reversíveis". *Fórum de Contratação e Gestão Pública FCGP*, Belo Horizonte, ano 2, n° 15, mar. 2003.

305 PEREIRA NETO, Caio Mario da Silva; ADAMI, Mateus Piva; CARVALHO, Felipe Moreira de. "Reversibilidade de bens em concessões de telecomunicações". *Revista de Direito Público da Economia - RDPE*, Belo Horizonte, ano 14, n° 55, jul./set. 2016, pp. 73-110.

306 Em sentido similar, cf. MARQUES NETO, Floriano de Azevedo. Parecer de 24 de outubro de 2018, a pedido da Deloitte, sobre o regime indenizatório da Rodovia 040 da INVEPAR. Documento gentilmente disponibilizado por seu subscritor.

infraestruturas para suportar o serviço concedido. Assim, por exemplo, cite-se o que se passa, em projetos *brownfield*, a exemplo dos projetos nos quais há a transferência de toda a infraestrutura rodoviária, de uma linha de transmissão; ou de uma rede adutora de saneamento para os concessionários. Há, pois, nesse caso, uma espécie, por assim dizer, de uma propriedade resolúvel, assim considerada como aquela que reverterá ao proprietário originário, na hipótese de implementação da condição ou pelo advento do termo (nos termos do art. 1.360 do Código Civil – CC). **A reversão também poderá importar na aquisição originária propriedade privada,**[307] o que se passa, com mais frequência, em contratos de concessão, precedidos da execução de obra pública, é dizer, em projetos *greenfield,* nos quais o ativo construído reverterá para o Poder Público; ou, em contratos de concessão, que têm nas obrigações de investimentos a sua caracterização mais saliente. Nesse sentido, cite-se, por exemplo, um contrato de concessão que tenha como obrigação principal a construção de uma ponte, ou a construção de uma infraestrutura aeroportuária. Ambas as hipóteses se prestam a garantir a continuidade dos serviços públicos. Nada obstante, para além de servir a evitar solução de continuidade da prestação do serviço público, cuida-se de instituto que compõe o equilíbrio econômico-financeiro das concessões, tema que será desenvolvido no próximo item.

---

307 Defino como revisão ordinária, pois que o trespasse do patrimônio ocorre sem gravames. Nesse sentido, é o que dispõe a Cláusula 49.1 do Contrato de Concessão Rodoviária n. 01/2019 da ARTESP: "49.1. Extinta a CONCESSÃO, retornam ao PODER CONCEDENTE os BENS REVERSÍVEIS, direitos e privilégios vinculados à CONCESSÃO, transferidos ou disponibilizados, nos termos deste CONTRATO, à CONCESSIONÁRIA, ou por esta construídos, implantados ou adquiridos, no âmbito da CONCESSÃO, livres e desembaraçados de quaisquer ônus ou encargos, independentemente de quaisquer notificações ou formalidades".

2 A reversão e o equilíbrio econômico-financeiro dos contratos de concessão (verificador independente e conta de reserva de outorga)

Não se pode olvidar que a realização de investimentos em bens reversíveis (e, portanto, a própria reversibilidade dos bens) é parte integrante da equação econômico-financeira da concessão. Como tal, esses investimentos devem constar da proposta comercial da concessionária, adotando-se como premissa a amortização integral dos ônus projetados para a concessão, em decorrência da realização de investimentos na aquisição ou construção de ativos, a partir do fluxo de caixa esperado ao longo da vigência contratual (o recebimento das tarifas pagas pelos usuários e eventuais outras receitas auferidas pela concessionária).

Assim é que, se, por alguma razão, tais investimentos não forem, integralmente, amortizados, quando da extinção do termo contratual (em virtude, por exemplo, da extinção prematura do contrato de concessão), o particular fará jus ao recebimento de indenização das parcelas remanescentes, observados os termos da alocação de riscos contratuais. Esse é o racional previsto no art. 36 da Lei n. 8.987/1995, de acordo com o qual, em qualquer caso de extinção contratual, será devida uma indenização, pelo Poder Público, ao parceiro privado, pelas "parcelas dos investimentos vinculados a bens reversíveis, ainda não amortizados ou depreciados".[308]

A questão pode ser ainda explicada por uma outra abordagem. Os investimentos realizados, pelo concessionário, em bens reversíveis podem ser equiparados a um financiamento do particular ao poder concedente. O particular aporta os recursos para a aquisição, construção ou reforma dos bens, com investimentos próprios ou

---

308 "Art. 36. A reversão no advento do termo contratual far-se-á com a indenização das parcelas dos investimentos vinculados a bens reversíveis, ainda não amortizados ou depreciados, que tenham sido realizados com o objetivo de garantir a continuidade e atualidade do serviço concedido".

de terceiros (financiadores), e é, posteriormente, remunerado, pelas receitas da concessão (que equivalem ao "pagamento" do poder concedente). Caso o valor que foi investido pelo particular não possa ser integralmente ressarcido (amortizado) pelas receitas recebidas durante a vigência contratual, o Poder Público tem o dever de "quitar" o saldo ainda não foi pago (ou seja, as parcelas não amortizadas).

Trata-se de uma forma mais didática de compreender de onde decorre a obrigação do poder concedente de indenizar o concessionário pelos investimentos não amortizados em bens reversíveis. Seja como for, o cabimento de indenização pelos bens reversíveis não amortizados também conta com amplo reconhecimento da doutrina administrativista brasileira. Nesse sentido, Marçal Justen filho, para quem

> a reversão não se faz gratuitamente. Como regra, o valor dos bens reversíveis é amortização no curso do prazo da concessão. (...) as tarifas deverão ser calculadas de modo a amortizar o valor dos bens empregados pelo particular e que serão ou consumidos na prestação do serviço ou integrados no domínio público ao final do prazo.[309]

Por isso, penso que a translação da propriedade dos particulares, sem a amortização dos investimentos realizados no ativo, se equipara ao regime das desapropriações, a exigir o pagamento de uma indenização prévia e justa (nos termos do art. 5°, XXIV, da CRFB). A isso voltarei doravante.

Cuida-se de uma indenização que terá de ser composta pelo valor de depreciação, assim considerado como o valor utilizado para reduzir o valor de determinado bem, em razão do desgaste natural do ativo (reduzindo exações tributárias) e pelo valor de amortização

309 JUSTEN FILHO, Marçal. *Teoria geral das concessões de serviço público.* São Paulo: Dialética, 2003, p. 570.

dos investimentos em bens vinculados à prestação dos serviços, que será calculado com lastro no fluxo de receitas diferido no tempo.

Bem vistas as coisas, é possível se inferir que o regime jurídico dos bens reversíveis está muito mais ligado à estrutura econômica do pacto concessório do que à qualidade ou à importância do bem afetado à prestação do serviço. Dois exemplos ilustram o ponto. No âmbito das concessões de transporte aéreo de passageiros, de que tratam as Lei n. 11.182/2005 (Lei de criação da ANAC) e a Lei n. 7.656/1986 (Código Brasileiro de Aeronáutica), malgrado a importância das aeronaves, elas não integram o acervo de bens reversíveis. No mesmo modo, no âmbito de uma concessão de transporte urbano de passageiros ou de uma concessão de ferrovias, os ônibus e o material rodante, respectivamente, poderão não integrar, necessariamente, o acervo de bens reversíveis, seja porque tais bens, ao final dos contratos, terão uma depreciação tão elevada que a sua inclusão na estrutura econômica contratual não se justificaria, seja porque tal patrimônio poderá se tornar obsoleto, em razão do advento de novas tecnologias.

Nada obstante, tenho que o mais importante é que as "regras do jogo" sejam devidamente previstas no instrumento contratual, pois que não há um regime uniforme para a disciplina dos bens reversíveis.[310] Foi o que, em diversas oportunidades, determinou o Tribunal de Contas da União (TCU). Assim, por exemplo, cite-se o Acordão 290/2015[311] – Plenário, no qual aquela Corte de Contas, ao acompanhar a concessão para exploração de rodovias federais integrantes da 3ª Etapa do Programa de Concessões Rodoviárias Federais – PROCROFE, recomendou à ANTT que, nas próximas concessões de rodovias federais, indicasse, nos editais de licitação,

---

310 SUNDELD, Carlos Ari; CAMARA, Jacintho Arruda. "Bens reversíveis nas concessões públicas: a inviabilidade de uma teoria gera". *Revista da Faculdade de Direito – UFPR*, Curitiba, vol. 61, n° 2, maio 2016, pp. 149-174.

311 TCU. Acórdão 290/2015, Plenário, relator: Min. Walton de Alencar Rodrigues, julgado em 25/02/2015.

os bens reversíveis que compõem o Sistema Rodoviário objeto de concessão. No mesmo sentido, cite-se a Decisão n. 334/2001 – Plenário,[312] na qual o TCU determinou à ANATEL: (i) indicação dos bens reversíveis, conforme determinação do art. 23, X. da Lei n. 8.987/1995; (ii) critérios para o cálculo e a forma de pagamento das indenizações devidas à concessionária, quando for o caso, conforme o art. 23, XI, do mesmo diploma legal.[313]

Nesse sentido, a modelagem contratual que trouxe algum parâmetro para a aferição dos valores indenizatórios pelos investimentos em bens reversíveis não amortizados foi a plasmada, por exemplo, na Cláusula 51.4 do Contrato de Concessão da Rodovias BR-135, MG-231, e LMG-54, de acordo com o qual "A CONCESSIONÁRIA terá direito à indenização correspondente ao saldo não amortizado de bens não previstos no PLANO DE NEGÓCIOS DAS RODOVIAS, cuja aquisição tenha sido autorizada pela SETOP-MG nos últimos 05 (cinco) anos de vigência deste CONTRATO". Cuida-se de modelagem que traz alguma previsibilidade para os contratos nos quais o Plano de Negócios – PN é utilizado, para fins de reequilíbrio econômico-financeiro.

312 TCU. Decisão 334/2001. Plenário, relator: Min. Valmir Campelo, julgado em 06/06/2001.

313 A despeito de não estabelecer a metodologia, cite-se 7.7 Contrato de Concessão Administrativa para a implantação, operação, manutenção e gestão de unidades de atendimento integrado (UAI), o qual estabelece um lista exemplificativa de bens reversíveis: "São BENS REVERSÍVEIS todos aqueles descritos no Anexo I do Edital, destinados à execução dos SERVIÇOS UAI, especialmente: a. os imóveis adquiridos, construídos, bem como as respectivas acessões e benfeitorias; b. os contratos de locação de imóveis; c. o mobiliário adquirido; d. os equipamentos, sistemas eletrônicos, computacionais, *hardwares*, *softwares* e seus respectivos equipamentos periféricos; e. sistemas complementares para o funcionamento adequado das unidades, tais como, condicionamento de ar, extinção de incêndio e segurança. f. os códigos fonte e as licenças de uso, perpétuas ou não, dos softwares desenvolvidos, adquiridos ou customizados para atendimento aos requisitos especificados no Anexo I do EDITAL; g. os contratos de locação, leasing ou quaisquer outros que visem à disponibilidade de equipamentos em geral e mobiliário".

Na Concessão n. 01/2019, conduzida pela ARTESP, tenho que o tema ganhou importante nova roupagem, por intermédio da veiculação de sua Cláusula 42.1. Andou bem a referida modelagem, pois que a aferição do montante indenizatório pelos investimentos em bens reversíveis não amortizados será orientado: *(i)* pelos valores referentes aos desequilíbrios econômico-financeiros da concessão em favor de cada uma das partes; *(ii)* será utilizado de um critério de amortização de linha reta; *(iii)* não serão considerados eventuais valores contabilizados, a título de juros e outras despesas financeiras durante o período de construção; *(iv)* não serão considerados eventuais valores contabilizados a título de margem de construção; *(v)* não serão considerados eventuais ágios de aquisição; *(vii)* não serão considerados eventuais valores contabilizados a título de outorga variável; *(vi)* o valor das parcelas dos investimentos vinculados a bens reversíveis ainda não amortizados ou depreciados será apurado a partir do ativo intangível da concessionária, e tendo como termo final a data da notificação da extinção do contrato, de acordo com a Interpretação Técnica ICPC 01 (R1), e os custos contabilizados, de acordo com a sistemática da alínea anterior, terão como limite máximo os valores previstos no EVTEA ou os valores aprovados pela ARTESP, na forma prevista no contrato.

Caso, porém, não sejam indicados os bens reversíveis, nem a metodologia indenizatória, temos que o mais adequado seria que, pelo menos, a modelagem contratual estabelecesse que um terceiro, equidistante às partes, um árbitro[314] ou um Verificador Independente, com a necessária expertise técnica, pudesse mensurar o valor de tais investimentos e avaliar o inventário de bens reversíveis, de forma imparcial.[315] Nesse quadrante, é digna de nota a

---

314 Sobre o tema, cf. FREITAS, Rafael Véras de. "Novos desafios da arbitrabilidade objetiva nas concessões". *Revista de Direito Público da Economia - RDPE*, Belo Horizonte, ano 14, n° 53, jan./mar. 2016, pp. 199-227.

315 Como bem exposto por Bruno Aurélio, "o risco de submissão ao crivo exclusivo da autoridade pública para avaliação de desempenho dos parceiros privados poderia esvaziar a prescrição da Lei n. 11.079, que permite

Cláusula 58.5 do Contrato de Concessão Patrocinada MG050, de acordo com o qual, "um ano antes da extinção da CONCESSÃO PATROCINADA será formada uma Comissão composta pela SETOP, pela fiscalização do DER-MG, pelo VERIFICADOR INDEPENDENTE e pela concessionária, tendo por finalidade proceder à inspeção do sistema rodoviário". Nessas hipóteses, o Verificador Independente poderá atuar, por exemplo, auxiliando o Poder Público, na elaboração do EVTEA, o que servirá como parâmetro inicial para o cálculo dos valores indenizatórios. Ou, por ocasião do exercício da função de monitoramento da concessão, poderá aferir como as obrigações de investimentos vêm sendo realizadas, para efeito provisionamento dos valores indenizatórios.

Para além da previsão expressa no contrato, outro instituto que pode ser utilizado para conferir previsibilidade ao pagamento de tais indenizações é a criação de uma Conta de Reserva de Outorga. Assim, por exemplo, cite-se a Cláusula 34.8 dos Contratos de Concessão da ARTESP, vazada nos seguintes termos

> 34.8. Caso ocorra a extinção antecipada do CONTRATO em decorrência da hipótese prevista na cláusula 6.4 (iii), a ARTESP determinará ao BANCO DEPOSITÁRIO a transferência da totalidade dos valores disponíveis na CONTA RESERVA DE OUTORGA para a Conta Bancária Centralizadora, até o limite do montante de indenização devido

---

vincular a remuneração do parceiro privado ao seu desempenho. Visando dar eficácia a essa pretensão legislativa, coube à autoridade, além de fixar critérios objetivos de avaliação, agregar ao contrato a figura de um terceiro que, de forma independente, pudesse fiscalizar o cumprimento do contrato, verificando o desempenho do parceiro privado. Nesse diapasão, todos os contratos sob análise preveem a possibilidade de ser contratado um verificador independente que irá atribuir nota à execução, condicionando parcela de sua remuneração". (AURÉLIO, Bruno. "Novos paradigmas na relação público-privado: estudo de caso, as primeiras PPPs Mineiras". *Revista Brasileira de Infraestrutura - RBINF*, Belo Horizonte, ano 3, nº 6, jul./dez. 2014, pp. 149-167).

pelo PODER CONCEDENTE à CONCESSIONÁRIA, nos termos da Cláusula 44.4 (iii).

Cuida-se de uma modelagem relevante, por intermédio da qual se provisiona valores (a título de uma outorga variável) para arcar com o pagamento de indenizações às partes, seja para fins de reequilíbrio econômico-financeiro, seja para o pagamento de indenização nas hipóteses de extinção antecipada do pacto concessório. O referido mecanismo se apresenta vantajoso, pois que, para além de evitar a prática de condutas oportunistas dos licitantes – como sói ocorrer em licitações que veiculam o critério de julgamento da menor tarifa –, confere liquidez para indenizar os concessionários, em hipóteses de extinção prematura do contrato de concessão, bem como se apresenta serviente a manter a prestação do serviço público em patamares mínimos até a relicitação do ativo.[316]

Em resumo do exposto até aqui, é possível se concluir a primeira parte deste artigo por intermédio das seguintes proposições objetivas: *(i)* no âmbito do procedimento de reversão, deve prevalecer *o critério funcional* segundo o qual só reverterão ao patrimônio público os bens, efetivamente, afetados à prestação do serviço público; *(ii) a reversão integra o equilíbrio econômico-financeiro dos contratos de concessão*, diante do que alguns bens, malgrado a sua importância, podem não integrar o acervo de bens reversíveis (a exemplo do material rodante, no âmbito de

---

316 De acordo com Fernando Camacho, tal modelagem apresenta as seguintes vantagens: (i) assegurar a existência de recursos para reequilibrar o contrato de imediato em caso de qualquer evento de desequilíbrio (inclusive, para assegurar modicidade tarifária); (xix) liquidez para potenciais mecanismos que a requeiram (e.g., proteção de risco cambial); (xx) liquidez para a eventual ocorrência de eventos de desequilíbrio no início do contrato (e.g., riscos de engenharia alocados ao poder concedente); e (xxi) indenizar o particular, ainda que parcialmente, na eventualidade de haver extinção antecipada (caso haja opção por manter recursos significativos durante prazo alongado). CAMACHO, Fernando. "Inovações para as concessões de rodovias federais". *International Finance Corporation*, [s.d.].

concessão de ferrovia); *(iii)* a despeito da metodologia que vier a ser adotada para indenizar o concessionário (tema que será doravante aprofundado), tal indenização deverá ser composta pela depreciação do ativo, assim considerada como o valor utilizado para reduzir o valor de determinado bem, em razão do seu desgaste natural, bem como pelo valor de amortização dos investimentos, em bens vinculados à prestação dos serviços, que será calculado com lastro no fluxo de receitas do módulo concessionário diferido no tempo; e *(iv)* a segurança dos projetos concessionários está, intimamente, ligada à previsibilidade das "regras do jogo", motivo pelo qual se predica de uma previsão expressa desses parâmetros indenizatórios; caso, porém, não haja tal previsão, recomenda-se que o contrato preveja que tais valores sejam apurados por um arbítrio, por um verificado independente, ou que seja veiculada uma Conta de Reserva de Outorga.

3 As metodologias indenizatórias pelos investimentos realizados em bens reversíveis não amortizados (o Contábil e o Valor Novo de Reposição – VNR)

Como é cediço, a Lei n. 8.987/1995 disciplina dois regimes jurídicos distintos para a extinção de contratos de longo prazo. O primeiro é o da extinção normal dessa avença, que terá lugar na hipótese de advento do termo contratual. O segundo é o da extinção anômala ou antecipada, o qual terá lugar nas hipóteses de encampação, caducidade, rescisão, anulação e relicitação, o qual contará com variações, de acordo o regime jurídico de cada uma dessas subespécies.

Para tal, permita-nos apontar uma circunstância que tem de estar presente em todas as hipóteses de extinção anômala do contrato de concessão: a *existência de um fato superveniente*. Trata-se de uma espécie de mitigação da prerrogativa publicística da Administração Pública de extinguir, unilateralmente, contratos administrativos celebrados com particulares (prevista no artigo 78, inciso II, da Lei n. 8.666/1993 e no artigo 37 da Lei n. 8.987/1995). É que, se, por um lado, a Administração Pública tem a prerrogativa de extinguir contratos que não estejam mais em consonância com os interesses públicos neles veiculados – decorrente do ainda exorbitante regime jurídico administrativo –, por outro, o particular não poderá ter seu patrimônio expropriado para fazer frente a esse objetivo de interesse geral, sem ser indenizado. Do contrário, ter-se-ia uma violação à igualdade da distribuição dos encargos públicos, fundamentação moral e jurídica da indenização pela prática de atos lícitos estatais.

Assim é que, antes de rescindir a avença, antecipadamente, deverá o Poder Público justificar esse ato (motivá-lo), apontando a existência de uma circunstância superveniente à contratação. Nessa perspectiva, estou de acordo com Bernardo Strobel Guimarães, para quem

> tal justificativa implica demonstrar que, à luz de um evento superveniente, a manutenção do contrato deixa de ser veículo idôneo para promover o interesse público, impondo-se, pois, o desfazimento do vínculo. Isso vale, inclusive, para a lei que autoriza a encampação, que – por ser de efeitos concretos – sujeita-se aos mesmos controles que qualquer ato administrativo.[317]

Mais que isso, para além de um fato superveniente, a Administração Pública deverá franquear ao particular a possibilidade de influenciar os termos dessa decisão. Isso porque entendemos que qualquer ablação da propriedade privada se configurará como um sacrifício de direito, o qual predica da observância

317 GUIMARÃES, Bernardo Strobel. "Fundamentos constitucionais para indenização dos lucros cessantes em caso de extinção de contratos administrativos por interesse da Administração Pública". *Revista de Contratos Públicos - RCP*, Belo Horizonte, ano 3, nº 4, set. 2013/fev. 2014, pp. 9-29.

do devido processo legal expropriatório, previsto no artigo 5º, inciso XXXV, da CRFB. Filiamo-nos, nesse caso particular, ao já clássico ensinamento de Carlos Ari Sundfeld, segundo o qual sacrifícios de direitos são

> situações impostas compulsoriamente pelo Estado, com base em lei, aos titulares de direitos de conteúdo patrimonial, através do devido processo judicial e mediante indenização, prévia, justa e em dinheiro, implicando em compressão do conteúdo do direito ou em sua extinção.[318]

Daí poder-se concluir que, antes da extinção anômala da concessão, o poder concedente deverá observar um devido procedimento, no qual terá de: (i) motivar o ato administrativo de extinção, apontando a existência de fato superveniente que o justifique; (ii) permitir que o concessionário influencie os seus termos; e (iii) indenizar o concessionário pelos prejuízos suportados com a ruptura abrupta da avença.

Pois bem. Para efeito de fixação da metodologia para fixação da indenização pelos bens reversíveis não amortizados,[319] o Poder Público poderá se valer dois critérios: (i) o *contábil*, que se utilizará do valor registrado na contabilidade da concessionária; ou (ii) o *patrimonial* (ou Valor Novo de Reposição – VNR), que se utilizará do valor de reposição do ativo; é dizer, de modo a garantir que o valor seja serviente à substituição do bem inutilizado para prestação do serviço público.

Ao se adotar o *critério contábil*, o Poder Público deverá se utilizar dos registros contábeis da própria concessionária para calcular os valores devidos pelos bens vertidos ao patrimônio público,

---

318 SUNDFELD, Carlos Ari. *Direito Administrativo ordenador*. São Paulo: Malheiros, 2003, p. 54.

319 FREITAS, Rafael Véras de. *Concessão de rodovias*. Belo Horizonte: Editora Fórum, 2017, p. 157.

preocupando-se com a recuperação imediata do investimento, e não com a rentabilidade do projeto. Cuida-se de uma metodologia que se apresenta vantajosa, na medida em que proporciona uma melhor comparabilidade entre os valores despendidos pela concessionária em uma mesma data e valendo-se do mesmo poder aquisitivo da moeda. Para além disso, tal metodologia apresenta a vantagem de conferir maior previsibilidade ao valor que será devido à concessionária, pois que considera, apenas, a variação dos efeitos inflacionários em determinado período. Assim é que, como bem aportado por Maria Elisabeth Andrade e Eliseu Martins o método contábil

> não representa o novo valor de venda no mercado do ativo, mas sim o investimento feito no ativo atualizado monetariamente ou o valor de uma despesa ou de uma receita também atualizado pelos efeitos inflacionários. Seu objetivo é somente refletir os efeitos da inflação e não produzir valores de mercado.[320]

Em resumo, tal metodologia considera o equivalente ao valor do ativo intangível não depreciado da companhia, mas sujeito a um conjunto de deduções como: definição de bens reversíveis e não reversíveis, investimentos não obrigatórios, juros de correção e atualização, juros capitalizados de empréstimos e financiamentos, transações com partes relacionadas, margem de construção, obras em andamento, reequilíbrio econômico e financeiro, despesas pré-operacionais e BDI.

De outro lado, a desvantagem dessa metodologia é que ela poderá gerar incentivos para produção de uma espécie de efeito *Averch-Johnson*[321] para o concessionário. É que, à medida que

---

320 ANDRADE, Maria E. C. Moreira; MARTINS, Eliseu. "Desafios na política pública de mensuração dos ativos para a formação das tarifas no setor elétrico: alguém deve ser beneficiado e alguém deve ser sacrificado?" *Revista Contabilidade & Finanças*, vol. 28, nº 75, 2017, pp. 344-360.

321 BROWN, Ashley C.; STERN, Jon; TENENBAUM, Bernard. *Handbook for evaluating infrastructure regulatory systems*. Washington, D.C.: World Bank,

a indenização será apurada pelos dados contábeis do particular, em razão da existência de uma assimetria de informações entre as partes, o concessionário terá o incentivo para investir em bens cujo valor não será amortizado no prazo da concessão.[322] Além disso, na *depreciação contábil*, são desconsiderados os custos e as receitas concessionárias, ao passo que, na amortização financeira, se pressupõe que os investimentos tenham sido remunerados a uma taxa, dentro do período de vigência da concessão. Nesse quadrante, estamos de acordo com Lucas Navarro Prado, para quem o critério contábil "desconsidera, assim, que o investidor abre mão de liquidez, da possibilidade de gastar seus recursos financeiros agora, com a expectativa de ser remunerado pelo período em que deixa de ter livre disponibilidade sobre seus recursos".[323]

Ao adotar o Valor Novo de Reposição do Ativo (VNR), como já tive a oportunidade de asseverar, "o poder concedente deverá se valer do valor de reposição do ativo, por meio do qual é aferido não só o investimento para a sua disponibilização, mas também os reinvestimentos para o atendimento de obrigações regulatórias".[324] Dito em outros termos, por intermédio de tal metodologia, ao invés

---

2006.

322 No mesmo sentido, confira-se os ensinamentos de JUSTEN FILHO, Marçal. *Teoria geral das concessões de serviço público*. São Paulo: Dialética, 2003, p. 570: "o concessionário pode promover decisões desastradas, investindo equivocadamente em bens cujo valor nunca será amortizável em face das condições de outorga. O método do custo histórico transferiria para o poder concedente os efeitos negativos decorrentes de decisões empresariais incorretas".

323 PRADO, Lucas Navarro. *Extinção de contratos de PPP e concessão*: breves reflexões sobre o cálculo de indenizações considerando os parâmetros gerais da Lei federal n. 8.987/1995. 23 jan. 2014. Disponível em: http://pt.slideshare.net/navarroprado/extino-de-contratos-de-ppp-e-concesso-critrios-de-indenizao. Acessado em: 28.05.2019.

324 FREITAS, Rafael Véras de. "As prorrogações e a relicitação previstas na Lei n. 13.448/2017: um novo regime jurídico de negociação para os contratos de longo prazo". *Revista de Direito Público da Economia - RDPE*, Belo Horizonte, ano 15, nº 59, jul./set. 2017, pp. 175-199.

de aferir tal valor pela análise da contabilidade de concessionária, tal avaliação deverá ser suficiente para repor o bem que será utilizado para a prestação do serviço concedido (por exemplo, a construção de uma nova usina hidrelétrica).

Cuida-se de metodologia já veiculada, no setor elétrico, por intermédio da Lei n. 12.783/2013, no seu art. 8°, §2°, segundo a qual

> o cálculo do valor da indenização correspondente às parcelas dos investimentos vinculados a bens reversíveis, ainda não amortizados ou não depreciados, utilizará como base a metodologia de valor novo de reposição, conforme critérios estabelecidos em regulamento do poder concedente.[325]

No mesmo sentido, o Decreto n. 7.805/ 2012 também prevê a utilização da metodologia do valor novo de reposição do bem, que será definido a partir de estudos fundamentados (i) no projeto básico do empreendimento e elaborados pela Empresa de Pesquisa Energética, nos casos de empreendimentos de geração de energia, ou (ii) na base atualizada de dados utilizada para composição das receitas anuais permitidas e elaborados pela própria ANEEL, no caso das instalações de transmissão.

O Tribunal de Contas União – TCU já teve a oportunidade referendar a utilização dessa metodologia. Assim, por exemplo, cite-se o Acórdão 2736/2016 – Plenário, que trata do monitoramento acerca dos impactos da Medida Provisória 579/2012 (convertida na Lei n. 12.783 de 2013), no qual a corte de contas deixou assentado que parcela dos investimentos vinculados a bens reversíveis, ainda não amortizados, não depreciados ou não indenizados pelo poder concedente, seria coberta pela tarifa ou pela receita a ser auferida

---

325 BRASIL. *Lei n. 12.783*, de 11 de janeiro de 2013. Disponível em: https://www.in.gov.br/en/web/dou/-/lei-no-12-783-de-11-de-janeiro-de-2013-30033551. Acessado em: 28.05.2019.

pelas concessionárias renovadas, sendo utilizada a metodologia de valor novo de reposição para o cálculo desses valores.

Por fim, mas não menos relevante, é de destacar o percuciente alerta de Bernardo Strobel Guimarães no seguinte sentido: mais do que estabelecer a adequada metodologia indenizatória, deve o Poder Público garantir que haja disponibilidade de recursos para fazer frente a tal indenização. Nas suas palavras,

> nessa linha, o Executivo deve indicar nos termos do art. 16 e 17 da LC 101/2000 de onde retirará os recursos necessários para pagar a indenização devida. Com efeito, o Executivo não pode pretender criar uma despesa para a qual não tenha disponibilidade orçamentária.[326]

Daí por que não me filio ao entendimento de acordo com o qual, apenas na encampação (prevista no art. 37 da Lei n. 8.987/1995), tal indenização teria de ser prévia, o qual vem sendo consagrado, pelo Superior Tribunal de Justiça – STJ.[327] Afinal, não se pode olvidar que a expropriação da propriedade privada predica de um devido processo legal expropriatório, como determina o art. 5º, inciso LV c/c inciso XXIV da CRFB, bem como de um adequado planejamento orçamentário, como determina a Lei de Complementar n. 101/2000 (Lei de Responsabilidade Fiscal).

---

326 GUIMARÃES, Bernardo Strobel G. "Encampação de contrato concessão: pressupostos e procedimentos". *Jota*, 03 dez. 2019. Disponível em: https://www.jota.info/opiniao-e-analise/artigos/encampacao-de-contrato-concessao-pressupostos-e-procedimentos-03122019. Acessado em: 28.05.2020.

327 "(...) firmou o entendimento de que, extinto o contrato de concessão por decurso do prazo de vigência, cabe ao Poder Público a retomada imediata da prestação do serviço, até a realização de nova licitação, a fim de assegurar a plena observância do princípio da continuidade do serviço público, não estando condicionado o termo final do contrato ao pagamento prévio de eventual indenização referente a bens reversíveis, que, em sendo devida, deve ser garantida nas vias ordinárias" (STJ, AREsp n. 144.449/SC, Segunda Turma, relator: Min. Herman Benjamin, julgado em 10/09/2012).

Nesse quadrante, tenho que suprimir o caráter prévio da indenização pelos investimentos em bens reversíveis não amortizados em concessões, a um só tempo, incorre em violação: *(i)* ao princípio da isonomia, previsto no art. 5º, inciso II e 37, *caput*, da CRFB, sob a vertente do dever da repartição equânime de encargos sociais; *(ii)* ao princípio da liberdade de iniciativa, consagrado no art. 1º, inciso IV e 170, *caput*, da CRFB; *(iii)* ao direito de propriedade, garantido pelo art. 5º, inciso XXII, da CRFB; *(iv)* ao direito à indenização nas hipóteses de desapropriação, na forma do art. 5º, inciso XXIV, da CRFB; e *(vi)* e aos arts. 16 e 17 da LC n. 101/2000.

Nada obstante isso, tenho que, para além da vinculação orçamentária, considerando a assimetria de informações existente entre os concessionários e o regulador, o sistema adequado de reversão predica de uma adequada fiscalização do regulador sobre os investimentos que estão sendo realizados em comparação com os valores que vêm sendo contabilizados, ou se tais investimentos são compatíveis para a reposição de um novo ativo. O racional seria que tais investimentos fossem acreditados, pelo Poder Público, por intermédio de um ato administrativo declaratório. Com isso, poderia ser conferida maior segurança jurídica às partes, o que, na ponta, pode servir como um facilitador para a obtenção de financiamentos. Além disso, melhor seria que o contrato dispusesse a propósito de um regime indenizatório distinto para cada um de suas fases (pré-operacional, de investimentos e amortização). Afinal, para cada uma delas, será necessário estabelecer um racional indenizatório distinto, que venha a recompor os efeitos da extinção prematura do contrato de concessão.

Ademais, é de se destacar que o critério de seleção do concessionário também produzirá efeitos no estabelecimento de um regime indenizatório. É o que se passará nas concessões precedidas de licitação por maior valor da outorga (art. 15, II, da Lei n. 8.987/1995). Em termos objetivos, o valor da outorga corresponde ao Valor Presente Líquido (VPL) positivo, aferido a partir de um fluxo de caixa estimado (composto investimentos e custos operacionais), considerando uma taxa de desconto eleita pelo regulador setorial. Cuida-se, pois, de um excedente financeiro da concessão, que é devido para que o particular tenha o direito de explorar o ativo, razão pela qual, na hipótese de extinção prematura do contrato de concessão, tal valor deverá ser devolvido ao concessionário, de acordo com o período já explorado.

Há, portanto, de se concluir esse item no sentido da impossibilidade de se defender o entendimento de acordo com o qual haveria apenas uma metodologia adequada a lastrear a indenização pelos investimentos realizados em bens reversíveis não amortizados. É que a lógica indenizatória dependerá das especificidades técnicas e econômicas de cada subsistema regulado. O tema foi, recentemente, disciplinado, pela ANTT, por intermédio da Resolução n. 5.860/2019, normativo que será analisado no próximo item.

4 As metodologias indenizatórias pelos investimentos realizados em bens reversíveis no setor de rodovias

No âmbito da ANTT, a metodologia para o cálculo da indenização de investimentos não depreciados ou amortizados em bens reversíveis foi disciplinada pela Resolução n. 5.860, de 3 de dezembro de 2019. De acordo com seu art. 1°, tal normativo será serviente para disciplinar a "metodologia de cálculo dos valores de indenização referentes aos investimentos vinculados a bens reversíveis não depreciados ou amortizados, devidos à concessionária em caso de extinção **antecipada de contratos de concessão de rodovias federais**" (grifo nosso).

Como se pode notar, o artigo pretende disciplinar a metodologia indenizatória em todas as hipóteses de extinção anômala dos contratos de concessão. Nada obstante isso, não se pode olvidar que, na encampação, o regime indenizatório é um tanto diverso.

Como é de conhecimento convencional, "encampar equivale a desapropriar, transferindo compulsoriamente bens e direitos privados para o patrimônio público. Justamente por isso, a encampação subordina-se ao regime jurídico da desapropriação". É que, ao retomar o serviço delegado, o Poder Público está subtraindo do concessionário todo o plexo de direitos econômicos que integram a posição de prestador de um cometimento público. Daí por que Alexandre Santos de Aragão afirma, com razão, que

> a exigência de prévia e justa indenização é consequência tanto da aproximação do instituto da encampação com aquele da desapropriação quanto da garantia constitucional do equilíbrio econômico-financeiro nos contratos administrativos, nos moldes do que determina o art. 9º, §4º da Lei n. 8.987.[328]

Isso quer significar que a encampação do serviço influencia toda a rentabilidade do projeto, razão pela qual a sua indenização deverá ser a mais ampla possível. Nada obstante, o tema da indenização na encampação ainda comporta margem para questionamentos. Explica-se. O art. 36 da Lei n. 8.987/1995, como visto, prevê que

> a reversão no advento do termo contratual far-se-á com a indenização das parcelas dos investimentos vinculados a bens reversíveis, ainda não amortizados ou depreciados, que tenham sido realizados com o objetivo de garantir a continuidade e atualidade do serviço concedido.[329]

E, de outro lado, o art. 37, da Lei n. 8.987/1995, que disciplina o instituto da encampação, por sua vez, dispõe que se "considera

---

328 ARAGÃO, Alexandre Santos de. "Parecer acerca da extinção administrativa de contrato de concessão de serviço público precedida de obra pública: requisitos materiais e processuais". *Revista de Contratos Públicos - RCP*, Belo Horizonte, ano 4, nº 7, mar./ago. 2015, pp. 157-217.

329 BRASIL. *Lei n. 8.987*, de 13 de fevereiro de 1995. Disponível em: http://www.planalto.gov.br/ccivil_03/leis/l8987cons.htm. Acessado em: 28.05.2019.

encampação a retomada do serviço pelo poder concedente durante o prazo da concessão, por motivo de interesse público, mediante lei autorizativa específica e após prévio pagamento da indenização, nos termos do artigo anterior".

A interpretação literal dos referidos dispositivos nos levaria ao equivocado entendimento no sentido de que, nas hipóteses de encampação, o concessionário só deveria ser indenizado pelos bens reversíveis não amortizados ou depreciados (danos emergentes). Não se abona esse entendimento. O artigo 36 disciplina o regime indenizatório nas hipóteses de extinção da concessão, por advento do termo contratual, e não por extinção antecipada. E isso faz toda a diferença. É que, com o advento do termo contratual, presume-se que o concessionário já amortizou seus investimentos, em razão do que foi previsto em seu plano de negócios para fazer frente ao projeto concessionário. Caso isso não tenha ocorrido, a ele será devida indenização, tão somente, do valor ainda não amortizado.

Por outro lado, na extinção anômala (de que é exemplo a encampação), o equilíbrio econômico-financeiro da concessão é todo alterado, para além dos bens reversíveis não amortizados ou depreciados, compreendendo, também, valores outros, tais como os referentes aos contratos por ele rescindidos com terceiros, o custo do capital investido no tempo (seja ele próprio, ou de terceiro), eventuais danos à sua reputação comercial, dentre outros. Daí a razão de estarmos de acordo com Carlos Ari Sundfeld e Jacintho Arruda Câmara, para quem, nessas hipóteses, a

> indenização derivada da encampação há de comportar a integralidade dos danos suportados pelo concessionário, não devendo se ater apenas ao correspondente a investimentos em bens reversíveis que não tenham sido amortizados [, mas] também à compensação de uma gama de outros prejuízos

> atuais e potenciais, dentre os quais a perda do benefício de continuação da execução do contrato pelo prazo previsto.[330]

Cuida-se de entendimento já referendado, pelo Superior Tribunal de Justiça – STJ, para o qual a "Administração Pública, sob justificativa de interesse público, impõe ao contratante a obrigação de indenizar o contratado pelos prejuízos daí decorrentes, como tais considerados não apenas os danos emergentes, mas também os lucros cessantes".[331]

Nesse quadrante, na encampação, a indenização da concessionária será composta: (i) pelas parcelas dos investimentos realizados, inclusive em obras de manutenção, bens e instalações, ainda não amortizados ou depreciados; (ii) pela sua desoneração em relação às obrigações decorrentes de contratos de financiamentos por esta contraídas, notadamente nas hipóteses nas quais a receita tarifária figurar como garantia do financiamento (*project finance*); e (iii) por todos os encargos e ônus decorrentes de multas, rescisões e indenizações que se fizerem devidas a fornecedores, contratados e terceiros em geral, inclusive honorários advocatícios, em decorrência do consequente rompimento dos respectivos vínculos contratuais celebrados em função de seu contrato de concessão.

No mesmo sentido, o Guia do Banco Mundial sobre PPPs 2019 dispõe que tal indenização deve ser composta por:

> (i) any materials or goods ordered or Sub-contracts placed that cannot be cancelled without such Losses being incurred;

---

330 SUNDFELD, Carlos Ari; CÂMARA, Jacintho Arruda. "A Encampação na concessão: procedimento e indenização". *In*: BACELLAR FILHO, Roberto Felipe (Coord.). *Direito Administrativo contemporâneo*: estudos em memória do professor Manoel de Oliveira Franco Sobrinho. Belo Horizonte: Fórum, 2004, pp. 47/48.

331 STJ. Resp n. 1.240.057-AC, Segunda Turma, relator: Min. Mauro Campbell Marques, julgado em 28/06/2011.

> (ii) any expenditure incurred in anticipation of the provision of services or the completion of works in the future; (iii) the cost of demobilization including the cost of any relocation of equipment used in connection with the PPP Project; and (iv) redundancy payments; (b) the Losses are incurred under arrangements and/or agréments that are consistent with terms that have been entered into in the ordinary course of business and on reasonable commercial terms, excluding loss of profits calculated over a period which is longer than [one (1) year] after the Termination Date; and (c) the Private Partner and the relevant Sub-contractor have each used their reasonable endeavors to mitigate the Losses.[332]

Na caducidade e na relicitação, por sua vez, a indenização devida à concessionária restringir-se-á ao valor dos investimentos vinculados a bens reversíveis ainda não amortizados, do qual serão descontados: (i) os valores das multas contratuais; (ii) quaisquer valores recebidos pela concessionária, a título de cobertura de seguros relacionados aos eventos ou circunstâncias que ensejaram a declaração de caducidade – apenas em caso de caducidade, e não no de relicitação; (iii) eventuais prejuízos provocados pelo poder concedente; e (iv) a garantia contratual. Daí que, considerando a diferença dos regimes indenizatórios, melhor seria que o instituto da encampação não fosse abarcado pela minuta de resolução em análise.

O art. 1°, §1° prescreve que "estarão depreciados ou amortizados os bens reversíveis na situação de extinção do contrato de concessão pelo advento do seu termo, não sendo devida indenização pelo poder concedente".

Como é sabido, cuida-se de previsão inspirada na cláusula 4.3.3 do Contrato de Concessão da BR-116/324/BA da 2ª Etapa,

332 WORLD BANK. *Guidance on PPP Contractual Provisions*: 2019 edition. Disponível em: https://ppp.worldbank.org/public-private-partnership/sites/ppp.worldbank.org/files/2021-03/Guidance%20on%20PPP%20Contractual%20Provisions_2019%20edition.pdf. Acessado em: 20.05.2022.

fase II, da ANTT. O racional da referida prescrição é o de tentar reduzir as discussões sobre o montante indenizatório devido aos concessionários, ao final dos contratos de concessão. Acontece que os contratos de concessão da rodovia da 3ª fase do PROCROFE são pautados pelos seguintes característicos: (i) são vinculados a índices de serviço (materializados no fator "Q"), para os quais a concessionária terá de realizar investimentos (por intermédio de gatilhos); e (ii) não guardam vinculação ao Plano de Negócios – PN apresentados pelo Concessionário, no qual estaria previsto um rol de investimentos que seriam realizados. Nesse quadrante, se, no final da concessão, for exigida a realização de um investimento para manutenção do índice de desempenho e não houver tempo para amortização, tal previsão poderá gerar o desincentivo para a sua não realização, diante do que se cuida de previsão que mereceria uma relativização.

O art. 2°, §1°, I prescreve que só serão indenizados bens "se contribuírem para a continuidade da prestação do serviço público, **auferindo benefícios econômicos futuros para o sistema rodoviário**" (grifo nosso). O art. 7°, V, da mesma forma, prescreve que não serão indenizados "custos pré-operacionais, salvo aqueles que **comprovadamente representem benefício econômico futuro ao sistema rodoviário**" (grifo nosso).

A *ratio* dos referidos dispositivos é a de interditar, por exemplo, que investimentos em bens que sirvam ao atendimento de obrigações de investimento já exauridas sejam indenizados. Não abonamos tal entendimento. Temos que todas essas espécies de investimentos deveriam ser indenizadas. É que o racional primeiro do art. 36 da Lei n. 8.987/1995 é o de interditar a expropriação do patrimônio do concessionário, caso seus investimentos não sejam amortizados, por intermédio do percebimento de tarifas durante o prazo contratual, pouco importando se os bens importarão em "benéficos econômicos futuros para o sistema rodoviário". Tanto assim é que essa foi uma das razões pelas quais não se adotou, para efeito de estipulação do *quantum* indenizatório, o Valor de

Reposição do Ativo (utilizado no Setor Elétrico, por exemplo, nos termos da Lei n. 12.783/2013).[333]

Cuida-se de racional que diferencia os contratos de concessão dos singelos contratos de empreitada. Os contratos de concessão, por se tratar de instrumentos jurídicos com prazo diferido, dentro do qual são realizados vultosos investimentos, predicam uma sistemática distinta da dos tradicionais contratos de empreitada. Isso se dá porque, em ajustes de longo prazo, o concessionário deverá ser remunerado pelos investimentos realizados (com capital próprio ou de terceiros) para a implantação/exploração de determinada infraestrutura. Ou seja, enquanto na empreitada tradicional o contratado é remunerado concomitantemente com a execução dos serviços – de acordo com os custos unitários por ele apresentados –, em ajustes de longo prazo, diversamente, o concessionário terá de antecipar recursos para, depois de construída a infraestrutura, ser remunerado pelos utentes do serviço.[334] Assim é que não se pode desconsiderar, para fins indenizatórios, que as "obrigações de desempenho" adimplidas pela concessionária poderão importar na realização de investimentos em bens reversíveis (os quais podem se exaurir, em razão da sua própria característica).

---

333 Art. 2º *caput* da Resolução n. 596/2013, à qual foi referendada pelo TCU quando da prolação dos acórdãos n. 2579/2014 (TCU, Acórdão n. 2579/2014, Plenário, relator: José Jorge. Julgado em 01/10/2014); 27361/2016 (TCU, Acórdão n. 27361/2016, Plenário, Relator: Min. Vital do Rêgo, julgado em 26/10/2016); e 1836/2013 (TCU, Acórdão n. 1836/2013, Plenário, Relator: Min. José Mucio Monteiro, julgado em 17/07/2013).

334 Nesse sentido, advertem Floriano de Azevedo Marques Neto e Caio de Souza Loureiro que, nesses contratos, "a obrigação de despender recursos sem perceber a remuneração equivalente de imediato transforma os custos e despesas do concessionário em investimentos, que pressupõem a necessidade de antecipar recursos cuja contrapartida não caracteriza propriamente uma remuneração, mas, sim, a amortização" (MARQUES NETO, Floriano de Azevedo; LOUREIRO, Caio de Souza. "A (re)afirmação do equilíbrio econômico-financeiro das concessões". *Revista de Direito Público da Economia - RDPE*, Belo Horizonte, vol. 12, nº 47, jul./set. 2014, p. 141).

O que importa, aqui, é a necessidade de permitir o adequado retorno de um recurso que foi "antecipado" (na qualidade de um "empréstimo", por assim dizer) pelo concessionário e que, em razão da extinção prematura do contrato de concessão, não poderá ser amortizado. Nem se diga que os deveres genéricos de garantir a "adequação" e de "atualidade" (art. 6º, § 1º e § 2º, da Lei n. 8.987/1995) do serviço subverteriam esse racional, criando uma obrigação genérica de investimentos em bens reversíveis não indenizáveis. Disto, em outros termos, que, por força de prescritivos tão abertos, a concessionária tenha de suportar a obrigação de realizar qualquer investimento, sem compensação, máxime se o contrato de concessão vier a ser extinto de forma prematura.

É que a concessionária só é obrigada a responder pelos "objetos" e "metas" previamente previstos no edital, nos termos do art. 18, I, da Lei n. 8.987/1995. E, do mesmo modo, a fazer frente ao atendimento de obrigações previamente delineadas no instrumento contratual (art. 23, V, da Lei estadual n. 8.987/1995). Dito em termos diretos: as contraprestações da concessionária devem estar definidas nos quadrantes do racional econômico de cada contrato. De fato, para fazer frente a tal dispêndio, a concessionária deve provisionar, por ocasião da apresentação de sua proposta na licitação, uma estimativa dos custos que seriam suportados para fazer frente à prestação de um serviço adequado e atual na vigência do contrato de concessão. Assim é que, para cumprir as obrigações atreladas à adequada prestação do serviço público, como bem destacado por Carlos Ari Sundfeld e Jacintho Arruda Câmara,[335] o concessionário terá de dar cabo de encargos programados e de encargos adicionais.

Os encargos programados são aqueles que já foram previstos, de forma individualizada, desde a celebração do instrumento

---

335 SUNDFELD, Carlos Ari; CÂMARA, Jacintho Arruda. "Atualidade do serviço público concedido e reequilíbrio da concessão". *Revista de Direito Público da Economia - RDPE*, Belo Horizonte, ano 16, nº 61, jan./mar. 2018, pp. 41-54.

contratual. Não é por outra razão que tal espécie de encargo se constitui como uma cláusula essencial do contrato de concessão, a teor do art. 23, V, da Lei n. 8.987/1995, de acordo com o qual se prevê a obrigatoriedade do estabelecimento de

> direitos, garantias e obrigações do Poder Concedente e da concessionária, inclusive os relacionados às previsíveis necessidades de futura alteração e expansão do serviço e consequente modernização, aperfeiçoamento e ampliação dos equipamentos e das instalações.[336]

Os encargos adicionais, por sua vez, são aqueles que não foram, orginalmente, previstos na modelagem econômico-financeira dos contratos de concessão – mas que, pela sua incompletude, são estabelecidos, posteriormente, seja pelo poder concedente, seja pela agência reguladora setorial.

Para fazer frente ao custeio de tais encargos, o concessionário terá de dar cabo do que Gabriela M. Engler Pinto[337] denomina de investimentos contingentes não precificados para a atualização dos serviços[338], os quais serão exigíveis quando for verificada de-

---

336 BRASIL. *Lei n. 8.987*, de 13 de fevereiro de 1995. Disponível em: http://www.planalto.gov.br/ccivil_03/leis/l8987cons.htm. Acessado em: 28.05.2019.

337 PINTO, Gabriela M. Engler. "Novos investimentos em concessões de PPPs: contornos de limites". *In*: COMISSÃO DE INFRAESTRUTURA DA OAB-RJ. *Infraestrutura fluminense*: um panorama dos atuais desafios. Rio de Janeiro: OAB-RJ, 2019, pp. 179-202. Disponível em: https://revistaeletronica.oabrj.org.br/wp-content/uploads/2019/12/CIDE-LIVRO-COMPLETO.pdf. Acessado em: 20.05.2022.

338 Para ilustrar, citam-se como exemplo as seguintes cláusulas do contrato de concessão de rodovias do estado de São Paulo com mecanismo *free flow*, fruto do edital de Concorrência Internacional n. 03/2016: "24.13. A ARTESP definirá a necessidade de readequação do PLANO DE INVESTIMENTOS vigente e/ou elaboração de novo(s) PLANO(S) DE INVESTIMENTO(S), que passará(ão) a vigorar, após aprovado(s), sendo vinculativos para a CONCESSIONÁRIA nos anos subsequentes. (...) 24.15 Após o processamento de cada uma das etapas anteriormente descritas neste Capítulo, as

terminada condição. De acordo com a referida autora, tais investimentos, usualmente, têm lugar nas seguintes situações: (i) ou são investimentos que, a rigor, deveriam ter sido previstos inicialmente à época da licitação do projeto como investimentos contingentes e não o foram, sobretudo pela dificuldade que é modelar esse tipo de obrigação e precificá-la adequadamente; ou (ii) são investimentos decorrentes de inovações tecnológicas, naturalmente imprevisíveis, mas necessárias para agregar confiabilidade na operação e conforto aos usuários na prestação dos serviços.

Assim é que, nos casos de encargos não programados, relacionados ao atendimento de obrigações de desempenho, não há dúvidas de que há um aporte adicional de recursos da concessionária, o qual predicará de uma amortização no tempo. Do contrário, estar-se-ia estipulando "obrigações em branco", as quais teriam de ser sempre adimplidas, durante toda a vigência do contrato de concessão. Cuidar-se-ia de prescrição violadora do art. 104, II, do Código Civil, o qual, tratando da validade do negócio jurídico, exige que o seu objeto seja "determinado" (ou "determinável").

De fato, em qualquer negócio jurídico, a indeterminação do objeto, que resulta da indefinição das prestações a serem executadas, é causa de invalidade da obrigação. Ademais, se a introdução de encargos adicionais (a exemplo da realização de investimentos em obrigações de desempenho), não fosse passível de indenização, nas hipótese de extinção antecipada, com base no singelo argumento de que as concessionárias teriam assumido os deveres genéricos de "adequação" e de "atualidade dos serviços", elas ficariam submetidas ao puro arbítrio do poder concedente – o que é interditado pelo art. 122 do Código Civil, que não admite como válidas cláusulas

---

PARTES procederão ao cálculo do desequilíbrio, se for o caso, considerando eventuais compensações de haveres e ônus devidos por cada uma das PARTES e, conforme o regramento estabelecido por este CONTRATO, à recomposição do equilíbrio econômico-financeiro".

contratuais puramente potestativas, assim consideradas como as modeladas "ao puro arbítrio de uma das partes".

Em conclusão: o racional da amortização de investimentos integra o equilíbrio-econômico-financeiro da concessão; e ele deve ser aferido pelo critério funcional, e não patrimonial, de sorte que todos os investimentos que não forem amortizados, utilizando-se da variável "prazo", no "serviço público de exploração rodoviária", (e não, necessariamente, apenas bens corpóreos), terão de ser indenizados, sob pena se uma expropriação ao patrimônio do concessionário. Essa é razão pela qual tais previsões mereceriam uma revisão, de sorte que a indenização devida ao concessionário abarque os investimentos em bens reversíveis decorrentes do cumprimento de obrigações de desempenho, nos casos em que estejam em curso, ou já tenham sido realizadas e se exaurido. O critério veiculado de que só serão indenizados investimentos em bens que "comprovadamente representem benefício econômico futuro ao sistema rodoviário", para além de não encontrar lastro no ordenamento jurídico, poderá importar em expropriações ao patrimônio das concessionárias.

Considerações finais

A título de conclusão, tenho que algumas regras deveriam ser utilizadas em modelagens de contratos de infraestrutura para disciplinar a indenização pelos investimentos em bens reversíveis não amortizados. A primeira delas é a previsão de um devido processo legal, que venha disciplinar as regras de apuração do valor indenizatório, bem como de eventuais questionamentos, por parte da concessionária sobre tal valor, o que geraria incentivos para a redução da judicialização. A segunda é a de que se institua, em cada módulo concessionário, um regime de fiscalização dos investimentos que estão sendo realizados pelo concessionário, por intermédio de um ato administrativo que possibilite interações periódicas entre concedente e concessionário e venha a diminuir os embates, por ocasião da extinção antecipada do contrato de concessão. Para tanto, no âmbito desse procedimento, deve-se atribuir ao concessionário o ônus de comprovar que os valores contratados são compatíveis com os de mercado, a preceder de modelos simplificados de contratação, compatíveis com o setor privado. Para além disso, tais modelagens devem incluir mecanismos que propiciem que os financiadores possam acompanhar a realização de tais investimentos, o que pode ser feito por intermédio de um acordo tripartite que discipline adequadamente períodos de cura e os *step-in rights*.

Além disso, melhor seria que os módulos concessórios dispusessem a propósito de um regime indenizatório distinto para cada fase da execução do contrato de concessão (pré-operacional, de investimentos e amortização). Afinal, para cada uma delas, será necessário estabelecer um racional indenizatório distinto que venha a recompor os efeitos da extinção prematura do contrato de concessão. Também seria necessário que tais indenizações sejam diferenciadas para as hipóteses de extinção por culpa do concessionário, ou por culpa em sentido amplo do Poder Público. Nas hipóteses de extinção prematura provocadas pelo Poder Público, a indenização será composta: (i) pelas parcelas dos investimentos realizados, inclusive em obras de manutenção, bens e instalações, ainda não amortizados ou depreciados; (ii) pela sua desoneração em relação às obrigações decorrentes de contratos de financiamentos por esta contraídas, notadamente nas hipóteses nas quais a receita tarifária figurar como garantia do financiamento (*project finance*); e (iii) por todos os encargos e ônus decorrentes de multas, rescisões e indenizações que se fizerem devidas a fornecedores, contratados e terceiros em geral, inclusive honorários advocatícios, em decorrência do consequente rompimento dos respectivos vínculos contratuais celebrados em função de seu contrato de concessão.

Nas hipóteses de extinção por culpa concessionária, tal indenização será composta: (i) os valores das multas contratuais; (ii) quaisquer valores recebidos pela concessionária, a título de cobertura de seguros relacionados aos eventos ou circunstâncias que ensejaram a declaração de caducidade – apenas em caso de caducidade, e não no de relicitação; (iii) eventuais prejuízos provocados pelo poder concedente; e (iv) a garantia contratual. É de se destacar, por relevante, que, em contratos de concessão que se utilizaram da licitação de maior valor de outorga, na hipótese de extinção prematura do contrato de concessão, tal valor deve ser devolvido ao concessionário, de acordo com o período já explorado, valor esse que será composto pelo Valor Presente Líquido (VPL) positivo, aferido a partir de um fluxo de caixa estimado (composto de investimentos e custos operacionais), considerando uma taxa de desconto eleita pelo regulador setorial.

Enfim, contratos de concessão são pactos de confiança. É que o prazo diferido de tais ajustes impõe um racional de previsibilidade à solução das contentas entre as partes, que terão lugar durante o prazo de vigência de tais ajustes. Não é por outra razão que o concessionário precifica os riscos das incertezas contratuais, o que terá lugar caso o contrato não estipule as "regras do jogo" das indenizações pelos investimentos realizados em bens reversíveis não amortizados. Daí a necessidade de que o regime jurídico dos bens reversíveis seja, na medida no possível (num ambiente de incompletude e de racionalidade limitada), delineado no instrumento contratual. Do contrário, o preço a ser pago pela incerteza pode ficar caro.

Referências bibliográficas

ANDRADE, Maria E. C. Moreira; MARTINS, Eliseu. "Desafios na política pública de mensuração dos ativos para a formação das tarifas no setor elétrico: alguém deve ser beneficiado e alguém deve ser sacrificado?" *Revista Contabilidade & Finanças*, vol. 28, n° 75, 2017.

ARAGÃO, Alexandre Santos de. "Parecer acerca da extinção administrativa de contrato de concessão de serviço público precedida de obra pública: requisitos materiais e processuais". *Revista de Contratos Públicos – RCP*, Belo Horizonte, ano 4, n° 7, mar./ago. 2015.

AURÉLIO, Bruno. "Novos paradigmas na relação público-privado: estudo de caso, as primeiras PPPs Mineiras". *Revista Brasileira de Infraestrutura – RBINF*, Belo Horizonte, ano 3, n° 6, jul./dez. 2014.

BANDEIRA DE MELLO, Celso Antônio de. *Curso de Direito Administrativo*. 17ª ed. São Paulo: Malheiros, 2004.

BRASIL. Casa Civil. *Lei n. 9.427*, de 26 de dezembro de 1996. Disponível em: http://www.planalto.gov.br/ccivil_03/leis/l9427cons.htm. Acessado em: 22.06.2021.

_____. *Lei n. 12.783*, de 11 de janeiro de 2013. Disponível em: https://www.in.gov.br/en/web/dou/-/lei-no-12-783-de-11-de-janeiro-de-2013-30033551. Acessado em: 28.05.2019.

_____. *Lei n. 8.987*, de 13 de fevereiro de 1995. Disponível em: http://www.planalto.gov.br/ccivil_03/leis/l8987cons.htm. Acessado em: 28.05.2019.

_____. *Lei n. 8.987*, de 13 de fevereiro de 1995. Disponível em: http://www.planalto.gov.br/ccivil_03/leis/l8987cons.htm. Acessado em: 28.05.2019.

BROWN, Ashley C.; STERN, Jon; TENENBAUM, Bernard. *Handbook for evaluating infrastructure regulatory systems*. Washington, D.C.: World Bank, 2006.

CAMACHO, Fernando. "Inovações para as concessões de rodovias federais". *International Finance Corporation*, [s.d.].

CASSAGNE, Juan Carlos. *Derecho Administrativo II*. 6ª ed. Buenos Aires: Abeledo-Perrot, 1998.

DI PIETRO, Maria Sylvia Zanella. *Direito Administrativo*. 21ª ed. São Paulo: Atlas, 2008.

FREITAS, Rafael Véras de. "As prorrogações e a relicitação previstas na Lei n. 13.448/2017: um novo regime jurídico de negociação para os contratos de longo prazo". *Revista de Direito Público da Economia – RDPE*, Belo Horizonte, ano 15, n° 59, jul./set. 2017.

_____. "Novos desafios da arbitrabilidade objetiva nas concessões". *Revista de Direito Público da Economia – RDPE*, Belo Horizonte, ano 14, n° 53, jan./mar. 2016.

_____. *Concessão de rodovias*. Belo Horizonte: Editora Fórum, 2017.

GUERRA, Sérgio. "A Reversibilidade dos bens nas concessões de serviços públicos". *Revista de Direito Público da Economia – RDPE*. Belo Horizonte, ano 2, n° 8, out./dez. 2004.

GUIMARÃES, Bernardo Strobel G. "Encampação de contrato concessão: pressupostos e procedimentos". *Jota*, 03 dez. 2019. Disponível em: https://www.jota.info/opiniao-e-analise/artigos/encampacao-de-contrato-concessao-pressupostos-e-procedimentos-03122019. Acessado em: 28.05.2020.

GUIMARÃES, Bernardo Strobel. "Fundamentos constitucionais para indenização dos lucros cessantes em caso de extinção de contratos administrativos por interesse da Administração Pública". *Revista de Contratos Públicos – RCP*, Belo Horizonte, ano 3, nº 4, set. 2013/fev. 2014.

JUSTEN FILHO, Marçal. *Teoria geral das concessões de serviço público*. São Paulo: Dialética, 2003.

MARQUES NETO, Floriano de Azevedo. "Bens reversíveis nas concessões do setor de telecomunicações". *Revista de Direito Público da Economia – RDPE*. Belo Horizonte, ano 2, nº 8, out./dez. 2004.

______. *Bens públicos*: função social e exploração econômica, o regime jurídico das utilidades públicas. Belo Horizonte: Fórum, 2009.

MARQUES NETO, Floriano de Azevedo; LOUREIRO, Caio de Souza. "A (re)afirmação do equilíbrio econômico-financeiro das concessões". *Revista de Direito Público da Economia – RDPE*, Belo Horizonte, vol. 12, nº 47, jul./set. 2014.

MEIRELLES, Hely Lopes. *Direito Administrativo brasileiro*. 21ª ed. São Paulo: Malheiros, 1998.

PEREIRA NETO, Caio Mario da Silva; ADAMI, Mateus Piva; CARVALHO, Felipe Moreira de. "Reversibilidade de bens em concessões de telecomunicações". *Revista de Direito Público da Economia – RDPE*, Belo Horizonte, ano 14, nº 55, jul./set. 2016.

PEREIRA, Flávio Henrique Unes; SILVEIRA, Marilda de Paula; COMBAROLLI, Bruna R. "A identificação dos bens reversíveis: do ato ao processo administrativo". *Fórum Administrativo – FA*, Belo Horizonte, ano 14, nº 165, nov. 2014.

PINTO, Gabriela M. Engler. "Novos investimentos em concessões de PPPs: contornos de limites". *In*: COMISSÃO DE INFRAESTRUTURA DA OAB-RJ. *Infraestrutura fluminense*: um panorama dos atuais desafios. Rio de Janeiro: OAB-RJ, 2019, pp. 179-202. Disponível em:

https://revistaeletronica.oabrj.org.br/wp-content/uploads/2019/12/CIDE-LIVRO-COMPLETO.pdf. Acessado em: 20.05.2022.

PRADO, Lucas Navarro. *Extinção de contratos de PPP e concessão*: breves reflexões sobre o cálculo de indenizações considerando os parâmetros gerais da Lei federal n. 8.987/1995. 23 jan. 2014. Disponível em: http://pt.slideshare.net/navarroprado/extino-de-contratos-de-ppp-e-concesso-critrios-de-indenizao. Acessado em: 28.05.2019.

RIBEIRO, Maurício Portugal. "Venda de imóvel por concessionária de serviço público no qual se situam bens reversíveis". *Fórum de Contratação e Gestão Pública FCGP*, Belo Horizonte, ano 2, n° 15, mar. 2003.

SUNDFELD, Carlos Ari. *Direito Administrativo ordenador*. São Paulo: Malheiros, 2003.

SUNDELD, Carlos Ari; CAMARA, Jacintho Arruda. "Bens reversíveis nas concessões públicas: a inviabilidade de uma teoria gera". *Revista da Faculdade de Direito – UFPR*, Curitiba, vol. 61, n° 2, maio 2016.

______. "A Encampação na concessão: procedimento e indenização". *In*: BACELLAR FILHO, Roberto Felipe (Coord.). *Direito Administrativo contemporâneo*: estudos em memória do professor Manoel de Oliveira Franco Sobrinho. Belo Horizonte: Fórum, 2004.

______. "Atualidade do serviço público concedido e reequilíbrio da concessão". *Revista de Direito Público da Economia – RDPE*, Belo Horizonte, ano 16, n° 61, jan./mar. 2018.

WORLD BANK. *Guidance on PPP Contractual Provisions*: 2019 edition. Disponível em: https://ppp.worldbank.org/public-private-partnership/sites/ppp.worldbank.org/files/2021-03/Guidance%20on%20PPP%20Contractual%20Provisions_2019%20edition.pdf. Acessado em: 20.05.2022.

CAPÍTULO XL

ACORDO TRIPARTITE EM CONCESSÕES RODOVIÁRIAS: UMA ARQUITETURA CONTRATUAL REVELADORA DE INFORMAÇÕES EM CONTRATOS INCOMPLETOS

Rafael Véras de Freitas
Caio Cesar Figueiroa

Introdução

No setor de infraestrutura do Brasil, em geral, e, no setor de rodovias, em particular, vive-se uma crise no sistema de financiamento. É que, nos últimos anos, em razão da crise financeira por que passa o país e de alguns achados que lastraram auditorias do Tribunal de Contas da União – TCU, o Banco Nacional de Desenvolvimento Econômico e Social – BNDES deixou de oferecer empréstimos a taxas subsidiadas, em projetos de infraestrutura – expediente que teve lugar, de forma saliente, na 3ª Etapa do Programa de Concessões de Rodovias Federais (PROCROFE) e na 2ª Rodada nas Concessões de Aeroportos. Foi, nesse quadrante, que se incluiu, no âmbito das novas modelagens das concessões de rodovias, o acordo tripartite (*direct agreement*). Não se trata de instituto novidadeiro, considerando a sua utilização em diversos outros países, como na Índia, onde o acordo já foi utilizado em projetos de portos e ferrovias; na Austrália, que, basicamente, incorporou o *direct agreement* em todos os seus projetos; e, nos Estados Unidos, que, inclusive, têm modelo-padrão do instrumento elaborado pela *American Bar Association*.[339]

Assim é que o presente ensaio se justifica, considerando que a legislação, a despeito da inclusão do art. 27-A à Lei n. 8.987/1995 (por intermédio da Lei n. 11.196/2005, que buscou incorporar, no Direito brasileiro, a figura do *step-in rights*), não delineia os quadrantes de tal instituto. O que reconduz a sua disciplina para o âmbito da regulação contratual. Segue daí o nosso móvel de lançar luzes, por intermédio de aportes caudatários da Análise Econômica do Direito (*Law and Economics*) e da Regulação Responsiva, para os incentivos que poderão ser produzidos por esse instrumento. Com esse desiderato, nossa pesquisa se lastreará, em especial, à 4ª Etapa do Programa de Concessões Rodoviárias do Estado de São Paulo, programa de concessão rodoviária no qual a inclusão do instituto aqui analisado se mostrou saliente. Apesar do sucesso na licitação desses empreendimentos, buscamos investigar a *ratio* e a eficácia da inclusão de tal instrumento nas modelagens concessórias – que foram, então, lastreadas por estudos do *International Finance Corporation* (IFC) –, para fins de redução de custos de capital, do incremento da atratividade do projeto e do incremento da segurança jurídica.

---

339 JORDÃO, Tarcila Reis. "Acordo tripartite: enfrentando os desafios da financiabilidade de projetos de concessão e parcerias público-privadas no Brasil". *In*: FILHO, Alexandre Jorge Carneiro da Cunha; OLIVEIRA, André Tito da Motta; SCHWIND, Rafael Wallbach (Coord.). *Direito, instituições e políticas públicas*: o papel do jusidealista na formação do Estado. São Paulo: Quartier Latin, 2017, pp. 403-428.

Para tanto, seguiremos o seguinte itinerário. Em primeiro lugar, apontaremos as peculiaridades dos financiamentos dos setores de infraestrutura, bem como a necessidade de se endereçar um sistema de redução da *assimetria de informações* entre as partes, em um contrato de concessão, especialmente considerando o racional que lastreia o financiamento do plexo de contratos coligados à prestação de um serviço público. Afinal, quando um projeto de concessão apresenta grande exposição a riscos e incertezas, internas ou externas,[340] os potenciais financiadores – que, no Brasil, são já bastante restritos – também se tornam mais receosos, exigindo-se uma contrapartida pelo aumento de sua exposição. Em um segundo momento, pretendemos investigar os instrumentos por intermédio dos quais se pretende reduzir as assimetrias de informações entre o financiador e o projeto concessionado. Em prosseguimento, lançaremos mão da releitura do instituto do acordo tripartite não só sob a lente da Análise Econômica do Direito (*Law and Economics*), como pela lente da Regulação Responsiva. Ao final, apontaremos nossas conclusões em conformidade com as pretensões de pesquisa apresentadas.

1 Gargalos do financiamento de concessões rodoviárias no Brasil

É lugar comum a afirmação segundo a qual o *financiamento*[341] é um dos maiores entraves para os projetos de infraestrutura. Isso

---

340 Como no caso da sobreposição de decisões políticas sobre as agências reguladoras: AMORA, Dimmi. "Bolsonaro diz que veta modelo de novos pedágios na Dutra e pega de surpresa ANTT". *Agência INFRA*, 25 de jan. 2020. Disponível em: http://www.agenciainfra.com/blog/bolsonaro-diz-que-veta-modelo-de-novos-pedagios-na-dutra-e-pega-de-surpresa-antt/. Acessado em: 25.01.2021.

341 Por financiamento, adotaremos a leitura de Rafael Vanzella, segundo a qual consiste em "todo arranjo jurídico daquela captação de recursos financeiros para a viabilidade da empresa ou, melhor dizendo, todo arranjo jurídico da formação de capital financeiro no ativo patrimonial da pessoa que exerce a empresa, isto é, o empresário ou, na sua forma coletiva, a sociedade

se dá seja em razão do desinteresse das instituições financeiras, seja pela incapacidade de o mercado de capital nacional prover recursos suficientes frente aos projetos existentes. Essa é a razão pela qual fontes alternativas de *funding* são sempre recebidas, com grande destaque, a exemplo do que se passou com a estruturação de financiamento do lote de rodovias do centro-oeste paulista, operado pela concessionária Entrevias, que recebeu uma premiação pela estruturação inovadora de financiamento, composta, exclusivamente, por debêntures incentivadas.[342] No setor de rodovias, as dificuldades de financiamento são ainda mais salientes. Daí que se justifica esse item introdutório, seja por uma preocupação e compromisso metodológico dos autores com o *pragmatismo*,[343] seja porque, como bem adverte Rafael Wallbach Schwind, "as concessões não constituem uma realidade isolada do mundo econômico-empresarial que as cerca".[344]

Pois bem. Como é de conhecimento convencional, os projetos concessionados são financiados, por duas fontes: (i) por capital próprio, por meio de aportes dos acionistas, via integralização de

---

empresária". (VANZELLA, Rafael. "Financiamento privado da infraestrutura". *In*: MARCATO, Fernando S.; PINTO JÚNIOR, Mario Engler. *Direito da Infraestrutura*: volume 1. São Paulo: Saraiva, 2017, p. 308).

342 ENTREVIAS. *Entrevias ganha prêmio internacional de "Melhor Financiamento de Rodovias da América Latina"*. Disponível em: http://entrevias.com.br/2018/10/16/entrevias-ganha-premio-internacional-de-melhor-financiamento-de-rodovias-da-america-latina/. Acessado em: 14.01.2021.

343 Sobre a corrente do pragmatismo no Direito Administrativo, conferir OLIVEIRA, Rafael Carvalho Rezende. "A releitura do Direito Administrativo à luz do pragmatismo jurídico". *Revista de Direito Administrativo - RDA*, Rio de Janeiro, vol. 256, jan. 2011, pp. 129-163. Disponível em: http://bibliotecadigital.fgv.br/ojs/index.php/rda/article/view/8496/7245. Acessado em: 04.01.2020.

344 Cf. SCHWIND, Rafael Wallbach. "Transferência das concessões e do controle acionário das concessionárias: cabimento, aprovação prévia e requisitos necessários". *In*: CARVALHO, André Castro; CASTRO, Leonardo Freitas de Moraes (Coord.). *Manual de Project Finance no Direito brasileiro*. São Paulo: Quartier Latin, 2016, p. 410.

cotas ou ações da Sociedade de Propósito Específico (SPE); e (ii) por capital de terceiros, representado pelos financiamentos angariados pelos acionistas ou pela própria SPE.[345] Mas fato é que a proporção entre a dívida e a participação acionária variará conforme as peculiaridades do projeto. Por exemplo, em projetos *green field* de rodovias, cujo risco de demanda acaba sempre sendo indeterminável, é natural que os financiadores exijam maior comprometimento dos acionistas do que para projetos em estágio maduro (*brown field*).

As razões para tanto podem ser resumidamente descritas a partir de duas ideias, ambas relacionadas aos riscos do negócio e à sua precificação. A primeira, pela capacidade da dívida multiplicar o retorno aos acionistas, na medida em que a taxa do custo de oportunidade devida aos mutuantes acaba sendo menor do que o taxa de remuneração do custo de capital próprio. Suponhamos uma concessionária de rodovias cuja taxa interna de retorno (TIR) seja equivalente a 10% ao ano, e que sua estrutura de capital considere apenas capital próprio. Nesse caso, a rentabilidade do acionista equivale à TIR do projeto, de modo que seus dividendos, ao aportarem, por exemplo, R$ 100,00, corresponderão a exatos R$ 10,00. Porém, caso a estrutura de capital da concessionária seja composta de 50% de capital de terceiros, cujo contrato de financiamento considere uma taxa de juros de apenas 5%, o efeito multiplicador de retorno aparece na proporção do capital aplicado. Desse modo, embora seja devido, a título de juros, R$ 2,50, o retorno permanece R$ 10,00, de sorte que o lucro do acionista também decresce a R$ 7,50. Contudo, como está aplicando apenas R$ 50,00, e não mais a totalidade de R$ 100,00, a TIR do acionista salta de 10%

345 Os financiamentos são geralmente viabilizados por (i) bancos de investimentos, como o BNDES, Caixa Econômica Federal e Banco do Nordeste; (ii) organismos multilaterais internacionais, como o BID e o IFC; (iii) instituições financeiras privadas, pelos grandes bancos de varejo; (iv) mercado de capitais, pela emissão de títulos, via debêntures incentivadas, por exemplo, ou via securitização dos recebíveis por meio de fundos de investimentos em direitos creditórios (FIDCs).

para 15%. A segunda ideia diz respeito ao efeito do *tax shield*, que consiste na possibilidade de deduzir as despesas do financiamento (juros) da base de cálculo dos impostos sobre a renda da concessionária, acarretando a majoração do resultado líquido aferido pelos acionistas. Portanto, quanto maior a alavancagem no projeto, menor os seus custos financeiros globais, e, consequentemente, menor o custo repassado aos usuários e ao poder concedente.[346]

Por outro lado, ao mesmo tempo que estruturas alavancadas possuem suas benesses, também carregam consigo alguns limites. Uma estrutura altamente alavancada, ou com capital próprio meramente simbólico para atendimento da lei, poderá comprometer, significativamente, os índices de endividamento e a capacidade de solvência da concessionária – e também de seus acionistas, quando houver o comprometimento de patrimônio gravado a título de garantia real –, situação que acaba gerando um efeito negativo em relação ao custo do financiamento. Isso porque quanto maior a percepção de risco pelo credor em relação à capacidade financeira do tomador da dívida, maiores serão as taxas remuneratórias do capital, elevando, por sua vez, o custo médio ponderado de capital do projeto.[347]

No início da concessão, é natural que a SPE não detenha recursos suficientes para garantir os compromissos decorrentes dos contratos de financiamento. Por essa razão, tende ser comum a

---

346 Esse efeito em cadeia, de redução do custo de capital de terceiros que repercute sobre o custo global do projeto e admite trabalhar com tarifas e/ou contraprestações públicas menores, aqui, tomaremos a liberdade de nomear como *ciclo virtuoso da dívida*.

347 "Uma minuciosa análise, realizada pelos mutuantes, sobre a efetiva solvabilidade da dívida virá acompanhada de juros remuneratórios mais elevados, considerando o maior nível de exposição da sociedade empresária altamente endividada, tanto mais quanto concorrerem diversos empréstimos, com regras contratuais específicas de senioridade e subordinação: os credores subordinados tenderão naturalmente a exigir retornos mais expressivos em contrapartida aos riscos assumidos". (VANZELLA, Rafael. "Financiamento privado da infraestrutura". *In*: MARCATO, Fernando S.; PINTO JÚNIOR, Mario Engler. *Direito da Infraestrutura*: volume 1. São Paulo: Saraiva, 2017, p. 320).

prestação de garantias, por seus controladores, seja por intermédio de seus ativos patrimoniais, seja mediante a contratação de seguros ou fianças. Esse é o arranjo convencional de financiamento, denominado como *corporate finance*. Nessa hipótese, como já pontuado acima, a taxa de juros exigida poderá ser maior ou menor, considerando o grau de comprometimento do patrimônio dos controladores. Essas opções acabam encarecendo o projeto como um todo. É por isso que, em termos de estruturação de financiamento, se aponta o *project finance* como um arranjo mais eficiente para ativos concessionados, na medida em que a garantia pelo pagamento da dívida advém da capacidade do projeto em gerar receitas (recebíveis), dispensando-se, na sua modalidade pura (*non-recourse*), a exigência de garantias corporativas. Nesse modelo, além da redução direta dos custos financeiros do projeto, cria-se incentivos para que os financiadores também tenham interesse sobre o êxito da concessão, de modo a intervir como um "fiscal da saúde financeira" da concessionária.[348]

Ainda no *project finance*, é comum a constituição de garantias reais (*e.g.* cessão fiduciária, hipoteca, penhor etc.) sobre diversos direitos emergentes da concessão, que podem recair sobre as receitas operacionais, ações ou quotas da SPE, assim como, em alguns casos, sobre os próprios ativos do projeto. São garantias, portanto, que não comprometem o balanço de seus acionistas. Nada obstante, a constituição de garantias, no âmbito de um *project finance*, não é tarefa despida de complexidade. É que não basta toda a garantia do adimplemento dos financiamentos estar

---

348 Vale o alerta de Maurício Portugal Ribeiro sobre o tema: "apesar disso, não se pode perder de vista que o financiador tem interesse no sucesso financeiro da SPE (com o intuito de recuperar seu investimento e obter a margem de retorno esperada), enquanto o interesse do Poder Público é mais amplo. Assim, o financiador constitui um bom fiscal da saúde financeira da SPE, mas o peso da fiscalização sobre a qualidade e a segurança do serviço prestado continua no âmbito da Administração". (RIBEIRO, Maurício Portugal. *Concessões e PPPs*: melhores práticas em licitações e contratos. São Paulo: Atlas, 2011, p. 141).

embasada, apenas, nas projeções de receitas do empreendimento. Mesmo nesse modelo, persistem riscos aos financiadores (como o *default* do concessionário por má gestão dos serviços), de modo que sua proteção é condição para o alcance dos resultados do *ciclo virtuoso da dívida*. É dizer, à medida que o contrato de concessão veicula mecanismos para mitigação de riscos ou para conferir maiores garantias àqueles o financiam, sugere-se que serão obtidas melhores condições de financiabilidade. Esse movimento, por sua vez, importa num menor custo global do projeto, impactando, diretamente, o retorno almejado pelos acionistas, que terão maiores incentivos de ofertar lances mais competitivos no leilão do ativo, beneficiando, em última análise, os usuários.

Daí a razão pela qual o fato de os credores estarem amparados apenas na viabilidade do projeto pode trazer algumas dificuldades práticas. Dito em outros termos, no *project finance*, persiste uma situação crítica quanto ao nível de exposição dos financiadores na etapa de construção ou pré-operacional do projeto, tendo em vista que, nesses momentos, ainda não há qualquer recebimento de receita operacional pelo uso da infraestrutura. Assim, mesmo as garantias reais previstas sobre os direitos emergentes da concessão não bastariam para mitigar referido risco. Para contornar essa situação, no Brasil, passou-se a exigir, principalmente pelo BNDES, a estruturação de arranjos híbridos de financiamento (*project finance limited recourse*), de modo que os controladores apresentassem garantias corporativas para fazer frente a esse período de obras. Acontece que, como visto, esse modelo híbrido afeta o custo global do projeto, incorrendo nas mesmas problemáticas destacadas em relação ao *corporate finance*.[349] Daí o desafio de

349 O interesse efetivo dos financiadores pelo exercício do *step-in*, por exemplo, dependerá em grande medida do arranjo de financiamento que se está enfrentando. Sendo na modalidade *corporate finance* ou *project finance limited recourse*, provavelmente o interesse será menor, na medida em que os credores irão dispor de garantias suficientes para a satisfação de seus créditos. No *project finance* puro, contudo, há incentivos para que o financiador atue

se estabilizar a estrutura de financiamento do tipo *project finance* puro, em projetos de infraestrutura, mediante a oferta de novas garantias aos financiadores as quais não comprometam o custo global do projeto e, adicionalmente, possam reduzir as percepções de riscos sobre o investimento que se pretende realizar.

É, justamente, o que vem se passando no setor de rodovias. Os dados setoriais ilustram o exposto. Os resultados da 23ª Edição da Pesquisa CNT de Rodovias evidenciam que, em 2019,[350] a infraestrutura existente apresentou uma degradação considerável, resultante da crise fiscal e, consequentemente, da falta de capacidade do Estado de prover a manutenção e expansão da malha. Antes desse fato, mais especificamente no ano de 2018, o Brasil regrediu 15 posições no *ranking Doing Business* do Banco Mundial, alcançando a 124ª colocação entre as 190 economias avaliadas.[351] Especificamente quanto à condição da infraestrutura rodoviária, o país alcançou a 116ª posição, entre 141 países avaliados pelo *ranking* de competitividade global do Fórum Econômico Mundial.[352]

---

como controlador externo do projeto, pois eventual inexecução haverá de frustrar não apenas a fonte principal do pagamento do contrato de financiamento como também colocará em xeque todas as garantias decorrentes dos direitos emergentes da concessão. Cf. nota anterior.

350 CONFEDERAÇÃO NACIONAL DO TRANSPORTE. *Pesquisa CNT de Rodovias 2019*. Brasília: CNT, SEST, SENAT, 2019.

351 WORLD BANK. *Doing Business 2020*. Washington, D.C.: World Bank. DOI:10.1596/978-1-4648-1440-2. Disponível em: https://portugues.doingbusiness.org/pt/reports/global-reports/doing-business-2020. Acessado em: 20.12.2020. Destaca-se como contraponto que as mudanças institucionais ao longo do ano de 2019 acarretaram pequena melhora do país no *Index of Economic Freedom*, que subiu da 153ª posição para 150ª. Embora este último *ranking* não acolha dentre seus critérios a qualidade da infraestrutura, tal como no *ranking* do Banco Mundial, ele traz importantes percepções quanto à carga tributária, saúde fiscal e gastos do governo, em contraponto ao nível de investimentos privados e liberdade financeira. Disponível em: https://www.heritage.org/index/. Acessado em: 20.12.2020.

352 WORLD ECONOMIC FORUM. *The Global Competitiveness report* 2019. Geneva, Switzerland: World Economic Forum, 2019. Disponível em: http://

Para que se possa dimensionar a atual situação, em 2019, apenas 11,5% (22.079 km) das vias concessionadas foi concedida à inciativa privada, diante do que ainda persiste um amplo espaço para o advento de novas concessões.

Mas bons projetos não são, *per se,* suficientes para garantir a expansão na malha viária.[353] Tratando-se de contratos de longo prazo, dificilmente um investidor irá aplicar recursos sem que vislumbre condições econômicas e institucionais adequadas para isso. Tanto é verdade que houve uma queda vertiginosa de investimentos privados em rodovias a partir de 2014, justamente em consequência das crises econômica e política que marcaram a conjuntura nacional. Estima-se uma retração acumulada, tendo 2013 como ápice e referência, de mais de R$ 9,8 bilhões.[354] Tal

---

www3.weforum.org/docs/WEF_TheGlobalCompetitivenessReport2019.pdf. Acessado em: 20.12.2019.

353 Para Cesar Borges, ex-presidente da Associação Brasileira de Concessionárias de Rodovias (ABCR), há um excesso de novos projetos; ele ressalta a dificuldade que provavelmente o governo enfrentará na busca por interessados e "com apetite" para investir. Cf. HIRATA, Taís. "Há excesso de projetos de rodovias, diz associação das concessionárias". *Valor Econômico*, 13 de nov. 2019. Disponível em: https://valor.globo.com/empresas/noticia/2019/11/13/ha-excesso-de-projetos-de-rodovias-diz-associacao-das-concessionarias.ghtml. Acessado em: 12.01.2021.

354 De acordo com a CONFEDERAÇÃO NACIONAL DO TRANSPORTE. *Pesquisa CNT de Rodovias 2019*. Brasília: CNT, SEST, SENAT, 2019, p. 189, os investimentos nas concessões rodoviárias são da ordem de (R$/bilhões) 9,45 em 2013; 8,96 em 2014; 7,73 em 2015; 7,37 em 2016; 7,15 em 2017; e 6,21 em 2018. Mesmo nos anos anteriores, quando a curva de investimentos era positiva, Claudio Frischtak afirma que os dados colhidos no setor revelam percepções de que esse volume de investimentos não se traduziu em saltos de qualidade da infraestrutura: "igualmente relevante, o aumento dos investimentos no período não aparenta ter se traduzido numa melhor oferta de serviços de infraestrutura. Mais uma vez, no caso de transportes, o volume investido foi incapaz de responder tanto à demanda represada quanto à sua expansão em anos recentes. Esse fato se expressa na forma de uma crise de mobilidade urbana, aeroportos congestionados, aumento dos fretes por conta da piora da qualidade das estradas e da acessibilidade aos portos e pontos de transbordo, assim como escassez de alternativas econômicas,

retração de investimentos foi produzida por duas ordens de razão. A primeira tem a ver com as mudanças de políticas de financiamento do BNDES e de outros bancos públicos. A segunda é decorrente da queda vertiginosa no volume de tráfego, este último enquanto efeito decorrente da crise econômica que pairava sobre o país naquele momento e que, por certo, se estenderá em razão da pandemia provocada pela Covid-19.

No que diz respeito ao primeiro aspecto, como é sabido, os financiamentos subsidiados, por destoarem do custo de capital de outras instituições financeiras, acabavam compensando os investidores para projetos em que a taxa interna de retorno estava aquém do que o mercado estaria disposto a investir.[355] Acontece que, a partir de 2015, no auge da crise econômica, o Brasil teve de promover um ajuste fiscal significativo, a fim de conter o crescimento exponencial do déficit público. Para tanto, os aportes do Tesouro ao BNDES e aos demais bancos públicos foram reduzidos, provocando o efeito de restrição dos créditos subsidiados e o aumento do custo

---

entre outros sinais". (FRISCHTAK, Cláudio; DAVIES, Katharina. "O investimento privado em infraestrutura e seu financiamento". *In*: PINHEIRO, Armando Castelar; FRISCHTAK, Claudio (Coord.). *Gargalos e soluções na infraestrutura de transportes*. Rio de Janeiro: Editora FGV, 2014, pp. 39-64).

355 A descrever a estrutura de capital próprio e da dívida no setor rodoviário, Sergio Lazzarini retrata a preponderância do BNDES na condição de agente financeiro: "retornando ao setor rodoviário, há grande diferença na composição do capital próprio. O setor privado contribui com quase 90% dos investimentos iniciais, com participações semelhantes entre nacionais e estrangeiros. O restante é financiado pelo Estado, com pequena participação do BNDES. Mais uma vez, o cenário é diferente quando se analisa a composição da dívida. O BNDES contribui com quase 90% do financiamento a esses projetos. Em compensação, o mercado de crédito nacional financia apenas uma pequena parcela, de pouco mais de 1% da dívida. Os 10% restantes são divididos entre agentes privados estrangeiros e outras agências estatais, com 7% e 3%, respectivamente". (LAZZARINI, Sergio; LIMA, Thiago; MAKHOUL, Pedro. "Como aumentar a atração de capital privado para financiar projetos de infraestrutura no Brasil?" *In*: PASTORE, Affonso Celso (Coord.). *Infraestrutura: eficiência e ética*. Rio de Janeiro: Elsevier, 2017, pp. 233-261).

de capital. Essa mudança da política pública de financiamento afetou o setor de infraestrutura como um todo, mas, em especial, às concessionárias de rodovias da 3ª Etapa do PROCROFE, cujas propostas adotaram como premissa de viabilidade os financiamentos subsidiados dos bancos públicos. Eis a razão pela qual, mesmo antes da efetiva licitação dessas concessões – momento em que não se discutiam as restrições fiscais hoje experimentadas pela União –, a literatura já mostrava alguma preocupação em relação à dependência dos financiamentos subsidiados.[356]

Quanto ao segundo aspecto, é de se destacar que o vulto da crise de 2014 frustrou as premissas de demanda, as quais sustentavam a viabilidade econômico-financeira das concessões.[357] Mais

---

356 "Em 2012, a participação privada nos investimentos de infraestrutura no Brasil chegou a 56,3%, após atingir um nadir de pouco menos de 46% em 2009-2010 (...). Aquela não é uma participação baixa e sugere, na realidade, que, apesar das fragilidades institucionais e regulatórias, o setor atrai volumes significativos de recursos, inclusive pela oferta razoavelmente elástica de financiamento pelo BNDES. A questão central é que esses recursos são insuficientes: ampliar em cerca de 2% do PIB os investimentos em infraestrutura irá requerer um compromisso adicional privado possivelmente da ordem de 1,5% do PIB anualmente, ou seja, aproximadamente US$ 22,5 B (com brecha de cerca de US$ 7,5 B preenchida pelos estados mais bem estruturados no plano financeiro e de gestão – a exemplo de São Paulo e Minas Gerais)". (FRISCHTAK, Cláudio; DAVIES, Katharina. "O investimento privado em infraestrutura e seu financiamento". *In*: PINHEIRO, Armando Castelar; FRISCHTAK, Claudio (Coord.). *Gargalos e soluções na infraestrutura de transportes*. Rio de Janeiro: Editora FGV, 2014, p. 48).

357 Fernando Vernalha Guimarães propõe que o tratamento para o risco de demanda seja repensado a partir de novos projetos: "ademais disso, o concessionário muitas vezes não detém capacidade de melhor gerenciar esses riscos (adquirir instrumentos de prevenção ou capacidade de mitigação dos prejuízos de modo mais eficiente do que o parceiro público). As concessões rodoviárias são um exemplo. As variações na demanda são influenciadas por fatores diversos, como a ausência de vias alternativas, o crescimento da frota de veículos, o advento de restrições de acesso à rodovia etc. O concessionário não será o único a influir na variação do fluxo de veículos inerente ao funcionamento de uma concessão rodoviária. Assim também se passa com outros serviços públicos. Logo, não vejo qualquer restrição jurídica, derivada do mencionado dispositivo da Lei Geral de Concessões, a que o

que isso, a queda de receita acabou comprometendo o cronograma de investimentos, dando início à consecução de diversos processos sancionatórios, por descumprimentos consecutivos das concessionárias. É dizer, a realidade impôs severas distorções em relação às projeções consideradas no momento de desenvolvimento dos projetos. Diante desse quadro, o governo federal lançou mão de duas tentativas para a retomada das condições de normalidade dos projetos. A primeira delas se deu por meio da Medida Provisória n. 752/2016, convertida na Lei federal n. 13.448/2017,[358] que tratou das diretrizes para prorrogação e relicitação dos contratos de concessão, com ênfase para esse último instituto como ferramenta para viabilizar uma devolução "amigável" do contrato, ainda que diante de graves descumprimentos do concessionário. A segunda foi endereçada por intermédio da edição da Medida Provisória n. 800/2017, que tratou de estabelecer parâmetros para a reprogramação de investimentos das concessões de rodovias, a qual perdeu a sua eficácia, por falta de apoio junto à Câmara dos Deputados.

Como visto, o agravamento do ambiente institucional, político e econômico reverberou diretamente sobre as condições de execução desses contratos, impulsionando movimentos de extinção antecipada das concessões de rodovias no período, a exemplo da declaração de caducidade da BR-153-GO/TO e do pedido de relicitação da BR-040-DF/GO/MG.[359] O trauma advindo de superveniências

---

risco de demanda seja retido pelo poder concedente ou compartilhado entre as partes". (GUIMARÃES, Fernando Vernalha. "Crise macroeconômica e reequilíbrio econômico-financeiro da concessão". *In*: COMISSÃO DE INFRAESTRUTURA DA OAB-RJ. *Infraestrutura fluminense*: um panorama dos atuais desafios. Rio de Janeiro: OAB-RJ, 2019, pp. 98-124. Disponível em: https://revistaeletronica.oabrj.org.br/wp-content/uploads/2019/12/CIDE-LIVRO-COMPLETO.pdf. Acessado em: 20.05.2022.

358 BRASIL. Secretaria-Geral. *Decreto nº 9.957*, de 6 de agosto de 2019. Disponível em: http://www.planalto.gov.br/ccivil_03/_ato2019-2022/2019/decreto/D9957.htm. Acessado em: 20.05.2022.

359 Em 28 de novembro de 2019, foi publicada a Deliberação ANTT n. 1.015/2019, que atesta a viabilidade técnica e jurídica da relicitação

das mais variáveis ordens marcou seu histórico recente, mas não só. Tal cenário afetou, sensivelmente, o interesse de investidores em novos projetos, o que se intensificou com a crise sanitária atual experimentada pela pandemia provocada pela Covid-19. Segue daí a necessidade de se endereçar um sistema de incentivos que confira maior segurança jurídica aos financiadores, máxime em um contexto de incertezas, de assimetria de informações e de turbulências institucionais e econômicas. É o que se passará a investigar nos próximos itens.

2 Mecanismos de viabilização de novos investimentos em concessões de rodovias e a assimetria de informações

Como já visto, a maximização do ciclo virtuoso da dívida tende a ser maior quanto menor a exposição dos credores da concessão. Daí se poder concluir que a arquitetura contratual veiculada em contratos de concessão, com vistas a maximizar a financiabilidade do projeto, deve endereçar um sistema de incentivos que considere a necessidade da redução dos custos de transação e da assimetria de informações entre as partes. Como é sabido, Ronald Coase, em dois textos seminais – o primeiro publicado em 1937 e denominado "The Nature of the firm", e o segundo, em 1960, com o título de "The Problem of social cost" –, desenvolveu a Teoria dos Custos de Transação. Em breves e resumidas palavras, a teoria formulada pelo autor consagra o entendimento de acordo com o qual *quando os direitos de propriedade são bem definidos, e o custo de transação é igual a zero, a solução final do processo de negociação entre as partes será eficiente, independentemente da parte a que se atribuam os direitos de propriedade*. O núcleo desse teorema está no conceito de "custos de transação". Tal conceito

---

da BR-040/DG/GO/MG, resultante do requerimento apresentado pela Concessionária VIA040, com fundamento na Lei n. 13.448/2017.

está atrelado à adequada (e realista) concepção de acordo com a qual o livre mercado é dotado de imperfeições, as quais justificam a intervenção do Direito. Dito em outros termos, considera-se que conceitos como o de concorrência perfeita e de simetria de informações entre os agentes econômicos não têm lugar no mundo dos fatos (como defendido, pela Teoria Neoclássica, pela crença na existência de "uma economia de lousa").

E isso se dá em razão de dois pressupostos básicos das relações econômicas: o da *racionalidade limitada* e o do *oportunismo* entre as partes. O primeiro está relacionado à impossibilidade de os atores humanos racionalizarem todas as suas escolhas (ponderando os custos e benefícios de suas ações), seja pela escassez de informações, seja por fatores exógenos ao seu comportamento (v.g., a edição de normas jurídicas) ou endógenos (v.g., a busca de satisfação). O segundo tem a ver com o fato de cada parte, ao maximizar seus próprios interesses, poder se utilizar da assimetria de informações para com a contraparte, de modo a obter um excedente de renda (o que importará numa situação subótima).[360] Daí que, de acordo com Ronald Coase,[361] os custos de transação são todos os valores necessários à relação econômica, os quais podem ter lugar no âmbito da negociação (no procedimento de barganha), na sua remuneração (a título de contraprestação) e na prevenção de condutas oportunistas.[362]

---

360 CATEB, Alexandre Bueno; GALLO, José Alberto Albeny. "Breves considerações sobre a teoria dos contratos incompletos". *UC Berkeley*: Berkeley Program in Law and Economics, 2007. Disponível em: https://escholarship.org/uc/item/1bw6c8s9. Acessado em: 15.03.2021.

361 COASE, Ronald Harry. "The Nature of the firm". *Economica*: New Series, vol. 4, n° 16, nov. 1937, pp. 386-405.

362 Sobre o tema, aprofundar também em: NORTH, Douglas C. *Custos de transação, investimentos e desempenho econômico*. Trad. Elizabete Hart. Rio de Janeiro: Instituto Liberal, 1992. Portanto, os custos de transação ocorrem quando as transações entre agentes econômicos "são difíceis de precificar e que correspondem principalmente às incertezas existentes quanto às possibilidades de comportamento oportunista e não atendimento

Tal conceito, sob a perspectiva da assimetria informacional, veio a ser desenvolvido por George Akerlof, em 1970, no artigo "The Market for lemons: quality uncertainty and the market mechanism".[363] Segundo Akerlof, no mercado de venda de carro usados (os *lemons*), o vendedor tem mais informações a propósito dos carros usados, o que importa na presunção, para os compradores, de que todos os carros usados são de baixa qualidade. Segue daí que tal assimetria de informações resulta em duas consequências: (i) na queda dos preços dos carros usados; e (ii) no fato de os carros usados de boa qualidade serem excluídos do mercado (*seleção adversa*).

Em resumo, a assimetria de informações tem lugar, primeiramente, na medida em que as partes costumam ter maiores informações a propósito dos próprios negócios (no que toca ao volume demanda, custos fixos e variáveis, informações que podem colaborar para a elaboração de um fluxo da caixa para a firma). Eia a razão pela qual o regulador não consegue prever, com segurança, como a contraparte se portará durante a celebração e a execução dos negócios jurídicos. É dizer, ainda que a contraparte revele determinadas informações (no âmbito do procedimento de barganha, por exemplo), isso não importa que todas essas informações serão absorvidas e compreendidas. Ademais, essa assimetria de informações poderá importar na prática de condutas oportunistas

---

de padrões pré-acordados impelem à firma decidir se a produção de determinado bem deve ou não ser internalizada ou contratada à outra [firma]". Caso sejam elevados, a firma escolherá por internalizar a produção. Mas, "se as incertezas quanto ao atendimento das exigências da firma contratante forem pequenas e por isso gerarem custos de transação baixos, então a firma preferirá contratar a produção". (RAUEN, André Tortato. "Custos de transação e governança: novas tipologias de relações interfirmas". *Revista Espaço Acadêmico*, ano 6, n° 69, fev. 2007. Disponível em: https://www.researchgate.net/publication/313939167_Custos_de_transacao_e_governanca_novas_tipologias_de_relacoes_interfirmas. Acessado em: 15.03.2021).

363 AKERLOF, George. "The Market for lemons: quality uncertainty and the market mechanism". *Quarterly Journal of Economics*, n° 84, 1970, pp. 488-500.

pelo detentor das informações, valendo-se delas para extrair renda de tal vantagem (*informational rent*). Todo esse racional resulta na constatação econômica de que os contratos – especialmente os de longo prazo – são *incompletos*. Assim, no âmbito de uma relação contratual, tal incompletude se materializa pela assimetria de informações entre as partes, *ex ante*, e na impossibilidade (e na onerosidade) em se prever todas as suas contingências, *ex post*. Daí a razão pela qual as cláusulas de um contrato de concessão devem servir de instrumentos para a revelação de informações da contraparte. É, justamente, do que trata a cláusula de *step-in rights* (abreviação de *the right to step-into the shoes of*).[364]

A Lei federal n. 11.079/2004 tratou de tal mecanismo, de forma pioneira, em seu art. 5º, § 2º, inciso I.[365] Na Lei federal n. 8.987/1995, o *step-in* passou a ser previsto, após alterações promovidas pela Lei n. 11.196/2005, ao acrescer novos parágrafos no art. 27, que até então tratavam apenas genericamente das hipóteses de transferência ordinária da concessão e de controle da concessionária. Diz-se ordinária pois o *step-in* também pode desembocar nesses resultados, porém, de forma muito peculiar: uma vez verificada a efetiva ou a iminência de inadimplência da concessionária frente

---

364 Cf. ENEI, José Virgílio Lopes. *Project Finance*: financiamento com foco em empreendimentos (parcerias público-privadas, *leveraged buy-outs* e outras figuras afins). São Paulo: Saraiva, 2007, p. 235.

365 "Art. 5º As cláusulas dos contratos de parceria público-privada atenderão ao disposto no art. 23 da Lei n. 8.987, de 13 de fevereiro de 1995, no que couber, devendo também prever: (...) § 2º Os contratos poderão prever adicionalmente: I - os requisitos e condições em que o parceiro público autorizará a transferência do controle ou a administração temporária da sociedade de propósito específico aos seus financiadores e garantidores com quem não mantenha vínculo societário direto, com o objetivo de promover a sua reestruturação financeira e assegurar a continuidade da prestação dos serviços, não se aplicando para este efeito o previsto no inciso I do parágrafo único do art. 27 da Lei n. 8.987, de 13 de fevereiro de 1995; (Redação dada pela Lei n. 13.097, de 2015)". BRASIL. Casa Civil. *Lei n. 11.079*, de 30 de dezembro de 2004. Disponível em: http://www.planalto.gov.br/ccivil_03/_ato2004-2006/2004/lei/l11079.htm. Acessado em: 20.05.2022.

às suas obrigações e que possam afetar a continuidade dos serviços concedidos, o instrumento confere ao credor, hoje abarcando também as entidades garantidoras,[366] a possibilidade de assunção do controle da concessionária, da administração temporária ou ainda a transferência da concessão a terceiros.

Dos preceitos legais mencionados, cumpre primeiramente destacar a abrangência objetiva do *step-in*, considerando o espaço que o legislador conferiu ao poder concedente, ou mesmo à concessionária, no âmbito de suas relações privadas com seus credores, para estabelecer as hipóteses de descumprimento contratual que justifiquem acionar o mecanismo. Segue daí a necessidade de se endereçar respostas aos seguintes questionamentos: quais seriam as situações críticas de descumprimento da concessionária que poderiam ensejar a faculdade de seu exercício pelos credores da concessão? Em que medida um descumprimento do contrato de financiamento pode colocar em risco a continuidade dos serviços?

Dadas as especificidades de cada projeto, é natural que a determinação dessas hipóteses ocorra no âmbito dos contratos de financiamento ou outros instrumentos similares, pois é certo que os credores têm mais condições de mensurar as situações críticas do projeto – sob a perspectiva financeira – do que o poder concedente, embora a eficácia de suas disposições não dispense o prévio consentimento deste.[367] Há de se destacar, ademais, a abrangência

366 Originalmente, o dispositivo garantia o exercício do *step-in* apenas aos financiadores. Com as alterações da Medida Provisória n. 464/2014, posteriormente convertida na Lei n. 13.097/2015, abarcou-se a possibilidade de garantidores também exercerem esse direito. A lei em questão passou então a alterar disposições da Lei federal n. 8.987/1995, com a inclusão do art. 27-A, assim como da Lei federal n. 11.079/04, mediante a inclusão do art. 5º-A.

367 É também o entendimento de Floriano de Azevedo Marques Neto: "os dispositivos das Leis de Concessão e PPPs não estabelecem a necessidade de uma autorização peremptória e exaustiva das hipóteses e condições do *sten-in rights* no edital ou no contrato de concessão para legitimar seu acionamento,

subjetiva do mecanismo, ao conferir a prerrogativa pelo uso do mecanismo tanto aos financiadores quanto aos garantidores da concessão. Especificamente para a figura do financiador, convém uma interpretação ampla, incorporando não apenas o fornecedor de dívida, mas também o acionista que contribui mediante o aporte de capital próprio e que não integre o bloco de controle, pois somente assim haverá equidade de tratamento entre todos os credores da concessão.[368]

Como visto, o *step-in rights* é fundamental aos credores da concessão, considerando que a maioria dos projetos tende a ofertar suas receitas operacionais como garantia. Busca-se, por intermédio de tal expediente, evitar a falência da concessão, ou ainda, em casos mais graves, a extinção antecipada do projeto fundada em possível caducidade ou relicitação. Esse instrumento também é importante ao poder concedente. É que, para além de resguarda a continuidade dos

---

ainda que o maior detalhamento contribua para segurança das partes envolvidas. O detalhamento desse processo de assunção deve constar do contrato de financiamento a ser celebrado entre financiador e concessionária, e que obrigatoriamente deve ser submetido à concordância do poder concedente. Algumas especificidades a respeito da procedimentalização do *step-in* devem constar expressamente do referido contrato de financiamento". (MARQUES NETO, Floriano de Azevedo; CUNHA, Carlos Eduardo Bergamini. "A Cláusula de *step-in rights* no contexto das concessões de serviços públicos". *In*: WALD, Arnoldo; JUSTEN FILHO, Marçal; PEREIRA, Cesar Augusto Guimarães (Coord.). *O Direito Administrativo na atualidade*: estudos em homenagem ao centenário de Hely Lopes Meirelles (1917-2017). São Paulo: Malheiros, 2017, p. 462).

368 Segundo propõem Maurício Portugal Ribeiro e Lucas Navarro Prado: "trata-se de oferecer ao financiador uma garantia, consistente no direito de eventualmente assumir o controle da SPE e, por conseguinte, do negócio, com o intuito de assegurar a continuidade da concessão e o recebimento de seu crédito. Por isso, saber se o financiamento ocorre por meio de endividamento da SPE (*debt*) ou de participação acionária (*equity*) é irrelevante do ponto de vista da possibilidade jurídica de estipulação do direito de assunção de controle". (RIBEIRO, Maurício Portugal; PRADO, Lucas Navarro. *Comentários à Lei de Parceria Público-Privada*: fundamentos econômico-jurídicos. São Paulo: Malheiros, 2010, p. 159).

serviços públicos, evita os custos com uma contratação emergencial, ou ainda de uma futura licitação, possivelmente mais onerosa aos usuários em razão da precificação do insucesso do projeto anterior. Feitas essas considerações introdutórias do mecanismo, trataremos, brevemente, de cada uma de suas modalidades.

A transferência de controle da SPE é uma das maneiras pelas quais os credores da concessão poderão lançar mão no caso da iminência ou efetiva inadimplência do concessionário em relação ao contrato de concessão ou os contratos de financiamento. Sua disciplina consta do art. 27-A, da Lei Geral de Concessões, e do art. 5º-A, da Lei de Parcerias Público Privadas. Cuida-se de mais um expediente que visa à reestruturação financeira da concessão para viabilizar a continuidade dos serviços, não necessariamente com a retomada pelos antigos controladores; para essa última hipótese, de inviabilidade de retomada do controle pelos acionistas originais, estar-se-á diante da transferência de controle ordinária prevista no regime geral do art. 27 da Lei n. 8.987/1995.[369] É que, quando os financiadores se valem de suas prerrogativas para o exercício do controle efetivo da concessionária, assim o fazem com o intuito, meramente, temporário de dar condições para o reestabelecimento da companhia, sem qualquer pretensão de se tornarem novos operadores. Essa é uma razão mais do que suficiente para se trabalhar com condições mais brandas quanto aos requisitos observados, em sede de obtenção da anuência prévia do poder concedente. Há, portanto, uma intenção implícita de *way out*, em razão do caráter temporário do controle exercido pelos credores.

---

369 "Art. 27. A transferência de concessão ou do controle societário da concessionária sem prévia anuência do poder concedente implicará a caducidade da concessão. § 1º Para fins de obtenção da anuência de que trata o *caput* deste artigo, o pretendente deverá: I - atender às exigências de capacidade técnica, idoneidade financeira e regularidade jurídica e fiscal necessárias à assunção do serviço; e II - comprometer-se a cumprir todas as cláusulas do contrato em vigor". BRASIL. *Lei n. 8.987*, de 13 de fevereiro de 1995. Disponível em: http://www.planalto.gov.br/ccivil_03/leis/l8987cons.htm. Acessado em: 28.05.2019.

Mas há outros fatores que reforçam o aspecto temporário da assunção de controle pelos credores. De acordo com Floriano de Azevedo Marques Neto e Carlos Eduardo Bergamini Cunha,[370] o fundamento de validade da cláusula de *step-in* reside, exclusivamente, na obrigatoriedade de transferência do controle a terceiro, como forma de satisfazer o inadimplemento da obrigação. O dever de transferência decorre, segundos os autores, de dois aspectos. O primeiro, da própria legislação atinente aos contratos de concessão e PPPs, a qual, muito embora admita a possibilidade de assunção de controle por instituição financeira, também exige a necessidade de que o executor do contrato mantenha as condições técnicas necessárias à prestação de serviços públicos, a exemplo do que se infere a partir da própria comprovação do acionista adquirente da SPE (art. 27, § 1º, inciso I da Lei n. 8.987/1995), considerando certa expertise na condução do objeto concedido. O segundo aspecto decorre do fato de o Código Civil, em seus artigos 1.365 e 1.428,[371] vedar o pacto comissório, situação pela qual o credor adquire o domínio do objeto da garantia pelo inadimplemento da obrigação. Mas o *step-out* não, necessariamente, será exercido mediante a atribuição do controle da SPE a terceiro, salvo se os antigos controladores não detiverem mais interesse ou condições

---

370 Cf. MARQUES NETO, Floriano de Azevedo; CUNHA, Carlos Eduardo Bergamini. "A Cláusula de *step-in rights* no contexto das concessões de serviços públicos". *In*: WALD, Arnoldo; JUSTEN FILHO, Marçal; PEREIRA, Cesar Augusto Guimarães (Coord.). *O Direito Administrativo na atualidade*: estudos em homenagem ao centenário de Hely Lopes Meirelles (1917-2017). São Paulo: Malheiros, 2017, p. 460. No mesmo sentido: ENEI, José Virgílio Lopes. *Project Finance*: financiamento com foco em empreendimentos (parcerias público-privadas, *leveraged buy-outs* e outras figuras afins). São Paulo: Saraiva, 2007, p. 238.

371 Código Civil: "Art. 1.365. É nula a cláusula que autoriza o proprietário fiduciário a ficar com a coisa alienada em garantia, se a dívida não for paga no vencimento. (...) Art. 1.428. É nula a cláusula que autoriza o credor pignoratício, anticrético ou hipotecário a ficar com o objeto da garantia, se a dívida não for paga no vencimento". BRASIL. Senado Federal. *Código civil e normas correlatas*. Brasília: Senado Federal, Coordenação de Edições Técnicas, 2014, p. 158.

de prosseguir no projeto. Nessa hipótese, estar-se-á diante da transferência ordinária do controle (ou indireta) da concessão de que trata o art. 27 da Lei n. 8.987/1995.

Ademais, para não incorrer na vedação do pacto comissório, presume-se que a assunção de controle será sempre em prazo suficiente para o reestabelecimento da saúde financeira da SPE. O fato de a legislação não ter traçado um prazo máximo, tal como fez com a intervenção, diz respeito às particularidades de cada concessão, cujos contratos de financiamento (ou o respectivo acordo tripartite), que serão doravante abordados, poderão definir situações de inadimplemento mais ou menos graves para o acionamento do mecanismo. O *step-out*, por sua vez, ocorrerá mediante: (i) a devolução das ações ao acionista devedor, desde que regularizado o inadimplemento, já que o fundamento para excussão da garantia já não persiste – inadimplemento das parcelas do saldo devedor da dívida; (ii) a alienação das ações, e respectivamente do controle da concessionária, caso o acionista original não detenha condições de prosseguir operando a concessão ou caso tenha perdido interesse comercial pelo projeto; e, em casos mais drásticos, (iii) a transferência da concessão.

A relação do pacto comissório, no contexto da assunção de controle da SPE, advém das formas pelas quais as garantias são constituídas na relação do contrato de financiamento, geralmente constituídas por: (i) acordo entre acionistas; ou (ii) mediante a atribuição aos financiadores da propriedade resolúvel de ações ou quotas da SPE, suficientes para garantir o controle, via alienação fiduciária, por exemplo. No caso da alienação fiduciária das ações ou quotas da SPE, havendo inadimplemento do financiamento, os financiadores, enquanto titulares das ações, poderiam a qualquer momento retomar o controle da SPE. A facilidade do negócio fiduciário contempla a transferência da propriedade das ações da SPE ao agente financiador, enquanto garantia destinada a assegurar o negócio principal (contrato de financiamento), cuja resolutividade do domínio se aperfeiçoa mediante o total adimplemento do contrato/

obrigação que a originou, nos termos do art. 1.359 do Código Civil.[372] Por essa mesma razão, sustenta-se que o credor fiduciário, representado pelos agentes financiadores da concessão, embora seja proprietário das ações, cuja transferência resolúvel da propriedade implica vinculação do objeto da garantia aos termos do contrato principal, estaria impedido de dispor livremente do bem. Por outro lado, a concessionária permanece na *posse* das ações, de modo que sua alienação fiduciária não a tolhe de gozar e fruir desses bens, razão pela qual a operação dispensa qualquer tipo de alteração societária ou obtenção de anuência prévia do poder concedente.[373] A consolidação da propriedade das ações ao financiador, no entanto, se materializa na hipótese do inadimplemento do negócio principal, tornando-se efetivamente o controlador da concessionária.

O exemplo da alienação fiduciária serve para reforçar que o poder de controle pode ser transferido de diversas formas, não necessariamente mediante a transferência da titularidade das ações ou quotas da SPE, considerando a dissociação entre poder de comando empresarial e propriedade acionária.[374] A assunção de controle, con-

---

372 Código Civil: "Art. 1.359. Resolvida a propriedade pelo implemento da condição ou pelo advento do termo, entendem-se também resolvidos os direitos reais concedidos na sua pendência, e o proprietário, em cujo favor se opera a resolução, pode reivindicar a coisa do poder de quem a possua ou detenha". BRASIL. Senado Federal. *Código civil e normas correlatas*. Brasília: Senado Federal, Coordenação de Edições Técnicas, 2014, p. 158.

373 É verdade que o § 3º do art. 27-A da Lei Geral de Concessões aparenta interpretação contrária. Veja-se: "Art. 27-A. (...) § 3º Configura-se o controle da concessionária, para os fins dispostos no *caput* deste artigo, a propriedade resolúvel de ações ou quotas por seus financiadores e garantidores que atendam aos requisitos do art. 116 da Lei n. 6.404, de 15 de dezembro de 1976". O texto incluído pela Lei n. 13.097/2015 tratou apenas de condição posterior, isto é, já prevendo a hipótese na qual além da detenção da propriedade resolúvel das ações, os fiduciários já tenham excutido suas garantias, de forma a se portar tal como definido na Lei das S/A.

374 Na leitura do Professor Calixto Salomão Filho: "é conclusão pacífica da investigação moderna a dissociação operada pela economia capitalista entre propriedade e controle. Na medida em que a organização societária se

tudo, é meramente temporária para dar condições à continuidade dos serviços. É, analogamente, uma intervenção privada na SPE. Após a assunção de controle pelo financiador ou garantidor, estes substituirão o acionista original, no tocante ao direito de voto nas assembleias gerais, podendo, ainda, destituir ou eleger membros da administração da companhia. Por fim, é de se destacar que os financiadores poderão ser responsabilizados pelos atos praticados, no âmbito da gestão da SPE, inclusive pelo abuso de poder de que trata os arts. 116 e 117 da Lei n. 6.404/1976. Esse, arriscamos dizer, talvez seja um dos maiores entraves para o exercício do *step-in*.

Para contornar essas preocupações quanto às formas de exercer o *step-in*, a legislação passou a admitir a figura da administração temporária. Em comparação à assunção de controle, essa modalidade de exercício do *step-in* é branda, menos intrusiva ao negócio concessionado. Cuida-se de expediente que foi introduzido, no corpo da Medida Provisória n. 656, por meio de emenda parlamentar, resultando na edição da Lei n. 13.097/2015. A justificativa de sua criação, conforme consta do relatório de sua tramitação,[375] decorreu das preocupações advindas dos financiadores, demasiadamente expostos ao assumirem o controle da SPE, sobretudo na sucessão de passivos pretéritos da concessionária, ao sub-rogarem os controladores originais em todas as obrigações decorrentes do contrato de concessão.

A administração temporária talvez esteja mais próxima da intervenção do que propriamente a transferência de controle tratada acima. Isso porque, embora não detenham direitos reais sobre as ações ou quotas da SPE, os financiadores ou garantidores poderão

---

torna mais complexa e profissional, tanto menor torna-se a influência do acionista individual, transformado em mero investidor, nas decisões societárias". (SALOMÃO FILHO, Calixto. *O novo Direito Societário*. São Paulo: Malheiros, 1998, p. 160).

375 Disponível em: http://www.senado.gov.br/atividade/materia/getPDF.asp?-t=158395&tp=1. Acessado em: 25.01.2021.

assumir poderes suficientes para influir na definição das estratégias da concessionária, visando, em última instância, à reestruturação econômico-financeira da concessão. Assim, embora equiparável a um controle de fato da sociedade, os credores estão eximidos das responsabilidades decorrentes da titularidade do controle, tais como os passivos trabalhistas, ambientais, regulatórios etc.

Segundo o § 4º do art. 27-A da Lei n. 8.987/1995, que teve sua redação atual estabelecida pela Lei n. 13.097/2015, a administração temporária pressupõe o exercício de determinadas prerrogativas pelo financiador, sem, contudo, implicar a transferência de propriedade das ações, ou seja, sem que ocorra a transferência de controle da SPE. O rol de poderes outorgados pelo exercício da administração temporária não é taxativo, já que prevê a possibilidade de serem outorgados "outros poderes". O § 6º do mesmo artigo conferiu ao poder concedente o encargo de disciplinar o prazo da administração temporária. Diferentemente da assunção de controle, como os financiadores e garantidores não exercem o poder de domínio sobre a SPE, a responsabilidade pelos passivos regulatórios são mitigadas quanto à "tributação, encargos, ônus sanções, obrigações ou compromissos com terceiros, inclusive com o poder concedente ou empregados" (§ 5º).

Note-se que tais modalidades importam, ao fim e ao cabo, numa renegociação dos contratos de concessão, a qual envolve os seus financiadores. É uma hipótese, por assim dizer, de tutela externa do crédito, ou de rompimento do dogma da relatividade dos efeitos contratuais, concepção moderna do Direito dos contratos reconhecida, expressamente, pelo Enunciado 21, da I Jornada de Direito Civil do CJF, segundo o qual "a função social do contrato, prevista no art. 421 do novo Código Civil, constitui cláusula geral a impor a revisão do princípio da relatividade dos efeitos do contrato em relação a terceiros, implicando a tutela externa do crédito". Mais que isso, em tais situações, se endereça um acordo administrativo celebrado entre o poder concedente, o concessionário e os financiadores do projeto, providência que também, atualmente, extrai seu fundamento do art. 26 da Lei n. 13.655/2018, segundo o qual:

> para eliminar irregularidade, **incerteza jurídica ou situação contenciosa na aplicação do direito público**, inclusive no caso de expedição de licença, a autoridade administrativa poderá, após oitiva do órgão jurídico e, quando for o caso, após realização de consulta pública, e presentes razões de relevante interesse geral, celebrar compromisso com os interessados, observada a legislação aplicável, o qual só produzirá efeitos a partir de sua publicação oficial (grifo nosso).[376]

Outro ponto controvertido a propósito de tais expedientes diz respeito à natureza do ato de prévia deliberação do poder concedente: cuidar-se-ia de um ato administrativo vinculado ou de um ato administrativo discricionário? De acordo com Rafael Wallbach Schwind, tratar-se-ia de um ato vinculado,[377] de modo que bastaria a prova de atendimento aos requisitos do art. 27 da Lei n. 8.987/1995 para efetivação da transferência, sendo que eventual recusa, por razões alheias aos requisitos legais, implicaria reconhecer desvio de finalidade, podendo o concessionário buscar suprir a anuência junto ao Poder Judiciário.

---

376 Art. 26 em BRASIL. *Lei n. 13.655*, de 25 de abril de 2018. Disponível em: http://www.planalto.gov.br/ccivil_03/_ato2015-2018/2018/lei/l13655.htm. Acessado em: 25.01.2021.

377 Cf. SCHWIND, Rafael Wallbach. "Transferência das concessões e do controle acionário das concessionárias: cabimento, aprovação prévia e requisitos necessários". *In*: CARVALHO, André Castro; CASTRO, Leonardo Freitas de Moraes (Coord.). *Manual de Project Finance no Direito brasileiro*. São Paulo: Quartier Latin, 2016, p. 430. No mesmo sentido: FREITAS, Rafael Véras de. "O regime jurídico do ato de transferência das concessões: um encontro entre a regulação contratual e a extracontratual". *Revista de Direito Público da Economia – RDPE*, Belo Horizonte, ano 13, n° 50, abr./jun. 2015, pp. 167-196; MARQUES NETO, Floriano de Azevedo. "A cessão de contrato administrativo entre estado e município como alternativa para evitar a interrupção de obras públicas". *Boletim de Direito Administrativo - BDA*, jul. 1996.

Como o ordenamento jurídico não traz todos os requisitos que deverão ser cumpridos pelo financiador do projeto, nem quais seriam as situações que poderiam ensejar a utilização de tais institutos – e nem deveria, considerando a incompletude e a miríade de situações que envolvem um pacto concessionário –, temos para nós que o tema comportará duas soluções. Caso não haja tal previsão contratual, o Poder Público terá margem para avaliar, por intermédio de um ato discricionário, se tal acordo melhor atenderá o interesse público que foi contratualizado. De outro lado, caso tal instituto seja contratualizado (a exemplo do que se passou com a inclusão de um anexo aos contratos de concessão de rodovias celebrados pela ARTESP) não se tratará de um ato discricionário. De fato, em casos tais, trata-se de uma hipótese de um ato no qual a discricionariedade é reduzida a zero. É que casos há em que a única decisão possível a ser tomada pelo Poder Público é a que melhor atende o interesse público em concreto. Sobre o tema, o professor espanhol Mariano Bacigalupo assevera que:

> Com efeito, pode-se dar o caso que – não obstante a natureza discricionária (em abstrato) da decisão administrativa impugnada – somente seja possível conforme **ao Direito uma única solução, ao ser qualquer outra imaginável no caso concreto incompatível com a Constituição ou o Direito, isto é, com direitos ou princípios constitucionais ou princípios gerais do Direito.**[378]

Tal espécie de ato discricionário já foi reconhecida pelo Supremo Tribunal Federal, para quem

> a discricionariedade da Administração quanto à convocação de aprovados em concurso público fica reduzida ao patamar

378 BACIGALUPO, Mariano. *La discrecionalidad administrativa*: estructura normativa, control judicial y límites constitucionales de su atribución. Madrid: Marcial Pons, 1997, pp. 89/90.

> zero (Ermessensreduzierung auf Null), fazendo exsurgir o direito subjetivo à nomeação, verbi gratia, nas seguintes hipóteses excepcionais: i) quando a aprovação ocorrer dentro do número de vagas dentro do edital (RE 598.099).[379]

Daí a importância de se engendrar um adequado sistema de incentivos regulatórios no desenho dos acordos tripartites, tema que será desenvolvido no próximo item.

3 O acordo tripartite nas concessões rodoviárias

Como visto, embora a legislação remeta a regulamentação de seu exercício ao edital de licitação ou ao contrato de concessão, a garantia do *step-in rights* está, principalmente, assentada em instrumentos particulares próprios, responsáveis por constituir direitos reais sobre as ações da concessionária (como a outorga de usufruto sobre as ações da SPE ao financiador), adjacentes aos contratos de financiamento do qual o poder concedente não integra. Nessas situações, paira um regime jurídico de Direito privado incapaz de vincular seus desdobramentos ao poder concedente. Seria necessário constituir um liame entre poder concedente, concessionária e seus credores para suplementar as lacunas da legislação quanto ao exercício do *step-in rights*, em qualquer uma de suas modalidades. O acordo tripartite nasce, assim, como o instrumento capaz de contratualizar essa relação, de modo a conferir maior segurança jurídica às partes[380] e reforçar o efeito do ciclo virtuoso da dívida, ainda que de difícil mensuração prática.

---

379 STF, RE 837.311, rel. min. Luiz Fux, P, j. 9-12-2015, DJE 72 de 18-4-2016, Tema 784.

380 Esse entendimento também é compartilhado por Guilherme Martins Pellegrini: "no entanto, e já entrando no ponto central deste artigo, considero que a regulação legal brasileira da matéria não é suficiente para conferir absoluta segurança aos credores quanto ao exercício de seus direitos. Isso

O acordo tripartite é um instrumento inspirado no Direito estrangeiro.[381] Cuida-se de um mecanismo que, no Brasil, tem por desiderato superar as dificuldades narradas no segundo item deste artigo. Tal mecanismo foi inaugurado na 4ª Etapa do Programa de Concessões de Rodovias do Estado de São Paulo, mais especificamente nos contratos de concessão correspondentes aos lotes da Rodovia dos Calçados e Centro-Oeste Paulista.[382] Em tais modelagens, a minuta do acordo tripartite seguiu como um dos anexos do contrato de concessão (Anexo 08), apesar de seu caráter referencial e passível de modificações quando da manifestação de interesse dos credores em se valer do instrumento.

É dizer, deve prevalecer uma certa plasticidade do acordo tripartite, que, apesar de conter amplas diretrizes e procedimentos minuciosos, poderá sofres alterações de seu conteúdo segundo

---

decorre, no meu ver, de dois aspectos principais: (i) tratamento incompleto da matéria no âmbito legal, relegando ao próprio contrato a previsão quanto às condições em que o exercício do *step-in* será possível; e (ii) divergências existentes quanto à constitucionalidade de tal instituto". (PELLEGRINI, Guilherme Martins. "A transposição do *direct agreement* para o cenário jurídico nacional: uma tentativa de contratualização entre poder concedente, financiadores e garantidores no âmbito de projetos de concessão". *Revista da Procuradoria Geral do Estado de São Paulo*, São Paulo, n° 89, jan./jun. 2019, pp. 107-155).

381 "Com o escopo de reduzir as possibilidades de questionamentos da autorização para assunção de controle da SPE, é conveniente que esse direito seja previsto no edital da licitação. Possível é, ademais, no ato da assinatura dos contratos de PPP, os financiadores da SPE e o Poder Público assinarem contrato - que preveja, nos moldes dos existentes no Reino Unido, entre outras disposições, as condições para exercício do direito de assunção de controle e as obrigações e responsabilidades dos investidores quando do eventual exercício do controle da SPE. Se for esse o caso, a minuta desse contrato deverá integrar os atos convocatórios da licitação". (RIBEIRO, Maurício Portugal; PRADO, Lucas Navarro. *Comentários à Lei de Parceria Público-Privada*: fundamentos econômico-jurídicos. São Paulo: Malheiros, 2010, p. 178).

382 A previsão do mecanismo a partir das propostas de inovação regulatória fomentadas pela ARTESP e IFC gerou repercussões positivas de modo a ser replicado em outros contratos de concessão, a exemplo da PPP de Habitação do Município de São Paulo e a concessão da BR-361/262 (ANTT).

as necessidades de cada concessão ou exigências dos credores da concessionária. Esse, aliás, foi ponto de intenso debate durante a fase de esclarecimentos da licitação dos lotes acima mencionados, tendo em vista a preocupação dos licitantes quanto ao caráter impositivo da minuta do acordo tripartite.[383] Legitima, pois, a referida preocupação. Afinal, por pressupor uma relação consensual, inexiste qualquer obrigação de a concessionária celebrar o instrumento com seus credores. Há, sim, espaço para flexibilização de seu conteúdo, a depender do nível de exigências – leia-se garantias – que os credores, representados na relação pelo agente fiduciário, apresentarão ao concessionário.

A cambialidade do mecanismo, por outro lado, também nos parece resultar da correlação entre a regulação contratual e regulação discricionária. Explicamos. A natural incompletude dos contratos de longo prazo enseja a necessidade de os contratos de concessão disciplinarem válvulas de escape para mitigar incontingências ou ao menos amortecer os seus efeitos. Nesse sentido, ainda que o legislador desejasse que o contrato fosse a ferramenta

383 A título exemplificativo, destacamos o seguinte questionamento, apresentado na 2ª Ata de Esclarecimentos, ref. ao Lote Centro Oeste Paulista: "364º Questionamento: Na disposição acerca do objeto do Acordo Tripartite, são indicadas as hipóteses reguladas em tal documento, quais sejam, a administração temporária, a assunção de controle da Concessionária, a transferência de controle da Concessionária e a transferência da Concessão, 'conforme disposições dos artigos 27 e 27-A da Lei n. 8.987/95'. Tais artigos legais, de fato, regulam as hipóteses de administração temporária e de assunção de controle, ambas por parte dos financiadores. No entanto, tais dispositivos não mencionam nem regulam a transferência de controle da Concessionária e a transferência da Concessão pelos financiadores, conforme previsto no Acordo Tripartite. Solicitamos esclarecer qual o fundamento legal para as duas últimas hipóteses previstas no Acordo, inclusive porque, nos termos da Lei n. 8.987/95, a transferência da concessão é uma prerrogativa da concessionária (desde que previamente autorizada pelo poder concedente), não do financiador ou de qualquer outro terceiro, sendo que esse direito do financiador criado no Acordo não está previsto ou regulado em lei. Ref.: Anexo 08, Acordo Tripartite – Subcláusula 1.1, do Contrato. RESPOSTA DA COMISSÃO: Não se trata de pedido de esclarecimento".

preponderante para lidar com a imprevisão – inclusive para fins de aquisição do controle da concessão pelo financiador –, esses instrumentos são limitados, demandando, por vezes, a atenção das agências reguladoras para dar contornos complementares e contemporâneos às principais regras contratuais, sendo esse o papel da regulação discricionária. Esse movimento é o que Flávio Amaral Garcia denomina de função integrativa das agências.[384]

Disso resulta a necessidade de que, ao carrear uma minuta preliminar como anexo ao edital, a agência admita certas características ao acordo tripartite. A primeira delas consiste em uma maior amplitude quanto ao momento de celebração do acordo, uma vez que, mesmo a celebração dos contratos de financiamento de longo prazo, como se sabe, dificilmente é formalizada dentro do primeiro ano de vigência da concessão, sendo ainda possível admitir eventual celebração de acordo tripartite na hipótese de reestruturação financeira da dívida, quando a concessionária assume novo financiamento em substituição ao original e o novo financiador demonstra interesse pelo instrumento. A segunda pode ser definida por uma margem de maleabilidade quanto aos *covenants* e indicadores financeiros para as hipóteses de descumprimento grave pela concessionária, pois mesmo os indicadores mais conservadores poderão ser modificados a depender do contexto macroeconômico. Por essa razão, a minuta não é um documento estanque, e isso fica muito claro quando da leitura de suas diretrizes.

Segundo as disposições iniciais, trata-se de "minuta meramente referencial" cujas alterações, antes de sua assinatura, estão condicionadas à anuência da ARTESP.[385] Sua assinatura, embora

---

384 GARCIA, Flávio Amaral. A mutabilidade e incompletude na regulação por contrato e a função integrativa das Agências. *Revista de Contratos Públicos - RCP*, Belo Horizonte, ano 3, n° 5, mar./ago. 2014, pp. 59-83.

385 Muito embora seja de caráter referencial, na prática acaba sendo o único anexo do contrato de concessão a se sobrepor sobre todos os demais documentos segundo as regras de interpretação previstas na Cláusula 3.1 da minuta. Sem

facultativa, resulta na antecipação da autorização prévia do poder concedente para o exercício dos direitos conferidos aos credores previstos na Lei Geral de Concessões. Esse ato, portanto, representa maior segurança jurídica aos financiadores e garantidores da concessão, pois já terão, de antemão, a certeza do procedimento de como poderão se valer do *step-in* caso necessário. A falta de sua celebração, por certo, não importa na restrição aos direitos conferidos aos credores da concessionária, por se tratar de direitos subjetivos garantidos em lei.

Quanto ao conteúdo da minuta, o instrumento chama atenção pela forma como aparelha o poder concedente e credores da concessionária, ao prever obrigações de comunicação constante entre as partes, tais como o fornecimento de informações semestrais de desempenho apresentado pela concessionária ao agente fiduciário,[386]

---

dúvidas, essa disposição é mais um avanço para garantir que não haverá disposições nebulosas ou desconhecidas no contrato de concessão que possam afastar ou tirar a eficácia do que será regulamentado no acordo tripartite.

386 Esse tema também foi objeto de preocupação pelos licitantes, durante a etapa de esclarecimentos, como segue da 2ª Ata de Esclarecimentos do lote Centro-Oeste Paulista: "365º Questionamento: A Subcláusula 7.1 prevê a obrigação da Concessionária de 'manter o Agente Fiduciário semestralmente informado do desempenho de suas obrigações no âmbito do Contrato de Concessão, comunicando-o acerca de eventuais falhas ou descumprimentos identificados, a despeito de terem ou não dimensão suficiente para constituir um Evento de Alerta'. Entendemos que essa disposição carece de fundamento legal e de razoabilidade, uma vez que os financiadores têm direito de acompanhar as atividades da Concessionária no âmbito de seus respectivos contratos de financiamento e quanto às obrigações neles assumidas, existindo em tais contratos, inclusive, mecanismos suficientes de garantia aos financiadores. Não compete a um terceiro fiscalizar as atividades da Concessionária no âmbito do Contrato de Concessão, sendo este um poder-dever do Poder Concedente (nos termos do art. 29, I, da Lei n. 8.987) e do ente a quem este delegar, por lei, tal função (no caso, a ARTESP). Ademais, para fins de exercer os direitos dos financiadores previstos no Acordo Tripartite, estão previstos os mecanismos próprios, tal como a Notificação de Alerta que a ARTESP deverá enviar ao Agente Fiduciário, nas condições e hipóteses estabelecidas. Portanto, entendemos que a Subcláusula 7.1 não tem fundamento jurídico, devendo ser considerada sem efeito na minuta do Acordo Tripartite, sendo

a elaboração de relatórios pela ARTESP ("Relatório de Situação Regulatória"), ou ainda por intermédio de reuniões anuais para "trocar informações e avaliar em conjunto a atuação da concessionária".

Outro ponto relevante com o intuito de superar as lacunas da legislação quanto ao exercício do *step-in*, especialmente para acabar com a subjetividade dos eventos descritos pela lei como "descumprimentos" pela concessionária, é a minuta que os tipifica como "eventos de alerta". Nesse conceito, estão abrangidas situações de descumprimentos das obrigações financeiras contraídas com os credores que possam implicar vencimento antecipado da dívida além da execução das garantias arroladas nos contratos de financiamento, a instauração do processo destinado à declaração de caducidade ou a decretação de intervenção, além de outras que possam colocar em risco a continuidade da concessão, sendo, como já reiteradamente afirmado neste artigo, a principal garantia dos financiadores do projeto. Trata-se de obrigação recíproca da agência reguladora e do agente fiduciário, que, a depender do tipo de evento, enseja o dever de um notificar o outro.

Cuida-se, em síntese, de inovação contratual que reforça a natureza de *relação jurídica multipolar* dos pactos concessórios, assim considerada por Hamut Maurer como as quais

> se distinguem das relações bipolares pelo fato de não só o Estado de um lado e o cidadão – ou mais cidadãos, mas com interesses no mesmo sentido – do outro lado estarem face a face, mas de também do lado do cidadão serem feitos valer interesses distintos e em sentido contrário.[387]

---

que solicitamos desde já sua exclusão. Está correto esse entendimento? Em caso negativo, solicitamos esclarecer qual o fundamento jurídico do dispositivo. Ref.: Anexo 08, Acordo Tripartite – Subcláusula 7.1, do Contrato. RESPOSTA DA COMISSÃO: O entendimento não está correto. Não se trata de pedido de esclarecimento".

387 MAURER, Hartmut. *Direito Administrativo Geral*. Trad. Luís Afonso Heck. São Paulo: Manole, 2006, p. 191.

Nesse quadrante, temos que, com a inclusão de uma cláusula que veicule um acordo tripartite, o contrato de concessão passará a enredar, expressamente, no âmbito de seu regime jurídico, os interesses de Estado (equilibrados por uma agência reguladora setorial), do governo (que podem se materializar pela veiculação de políticas tarifárias), dos usuários (que não são consumidores), dos concessionários (na qualidade de parte contratual), dos particulares (que com ele contratam nos termos do art. 25, §1°, da Lei n. 8.987/1995) e dos financiadores do projeto.

O racional econômico de tal modelagem é o de reduzir a assimetria de informações[388] existente entre o financiador e concessionário, notadamente no que toca ao cumprimento das obrigações contratuais – o que resulta em um *problema de agência*. Segundo a referida teoria, que tem origem no estudo das organizações burocráticas e das estruturas hierárquicas, existem, no âmbito de uma relação econômica, ao menos duas partes: o principal, que determina o objetivo a ser perseguido; e o agente, que executa a tarefa transferida ou imposta pelo principal. Contudo, o principal não dispõe de todas as informações relevantes para verificar se a tarefa transferida ao agente está sendo, adequadamente, cumprida.[389] Isto ocorre, basicamente, por duas razões: (i) primeiro, porque o agente, em diversas oportunidades, tende a omitir, deliberadamente, tais

---

388 De acordo com Sujata Kapoor, assimetria de informação pode ser definida como “a situation in which one party in a transaction has more or superior information compared to another. This often happens in transactions where the seller knows more than the buyer, although the reverse can happen as well. Potentially, this could be a harmful situation because one party can take advantage of the other party’s lack of knowledge” (KAPOOR, Sujata. *Impact of dividend policy on shareholders’ value*: a study of Indian firms. Noida: Jaypee Institute of Information Technology University, 2010, p. 3).

389 FERREIRA, Fernanda M. *Regulação por contrato no setor de saneamento*: o caso de Ribeirão Preto. São Paulo: FGV, 2005 *apud* ASSIS, Bárbara M. *Supervisão ministerial das agências reguladoras na formulação de políticas públicas*. Brasília: Seae, 2009. (Monografia contemplada com o IV PRÊMIO SEAE).

informações; e (ii) segundo, porque o "risco da agência" é sobremaneira incrementado, em razão dos altos custos no estabelecimento de incentivos para que o agente cumpra suas obrigações.

Adaptada ao campo da relação jurídica concessória, o financiador pode ser comparado ao principal, pois que ostenta o interesse de recebimento de crédito, o qual será influenciado pelas condutas dos concessionários; e o concessionário, por sua vez, pode ser qualificado como um agente, o qual, numa lógica de maximização dos próprios interesses, tende a omitir informações que possam embaraçar o adimplemento do contrato de empréstimo bancário com o principal. A redução dessa assimetria de informações decorrerá, por exemplo, do estabelecimento, como visto, nos denominados "eventos de alerta", por intermédio dos quais é criada a obrigação de notificação ao financiador de inadimplementos contratuais que possam comprometer o fluxo de caixa do projeto; e do que se convencionou denominar de "período de cura", dentro do qual o financiador será notificado, seja para adimplir as obrigações que derem ensejo dos "eventos de alerta", seja para lançar mão da assunção de controle ou administração temporária da gestão da concessionária (implementando um plano de restruturação), seja, ao cabo, para se valer de uma transferência da concessão (prevista no art. 27 da Lei n. 8.987/1995).

4 Exercício escalonado das modalidades do *step-in rights* e a Teoria da Regulação Responsiva

Como brevemente tratado no terceiro item deste artigo, o *step-in* pode ser viabilizado por mais de uma modalidade, mediante a assunção de controle da SPE, a administração temporária, e, nas situações mais drásticas, a transferência da concessão. A minuta do acordo tripartite proposto pela ARTESP, como discorrido, é meramente referencial e possibilita recortes sobre a modalidade que poderá ser desempenhada, inclusive quanto à sua ordem de execução. De todo modo, como não há caso concreto que se possa tomar como referência, partiremos para a análise da minuta elaborada pela agência, a qual pressupõe o exercício escalonado dos direitos dos credores, dadas as modalidades e intensidades de cada instrumento.

De acordo com o instrumento contratual, o exercício de qualquer das garantias previstas no acordo tripartite pressupõe a ocorrência e respectiva notificação dos eventos de alerta, que se trata, como já destacamos, da tipificação de situações que implicam a necessidade de reestruturação financeira da concessão. A partir do recebimento da notificação de alerta à concessionária, inicia-se o período de cura. Nessa situação, a concessionária terá até 30 dias para sanar os descumprimentos contratuais relatados, salvo se outro prazo for estabelecido no contrato de concessão ou nos documentos do financiamento. A pedido da concessionária com a anuência do agente fiduciário, ou a pedido do próprio agente, a ARTESP poderá estender o prazo caso não seja suficiente para sanar o descumprimento contratual. Findo o prazo sem o saneamento pela concessionária, o agente poderá adimplir a obrigação em nome próprio, além de exercer os direitos decorrentes do *step-in*.

Como se pode notar, a previsão do período de cura guarda semelhança com o procedimento da caducidade, ao abrir chance para a retomada das condições de normalidade pela concessionária. O decurso de prazo, sem o exercício dessa opção abre espaço para o avanço do procedimento, etapa que a minuta nomeou como "período de exercício". Essa etapa tem como marco inicial o recebimento da notificação da ARTESP ao agente fiduciário – ou do agente à ARTESP, a depender da natureza do evento de alerta –, após o decurso do período de cura sem o adimplemento das obrigações que resultaram na notificação de alerta. Segundo o procedimento proposto pela ARTESP, o período de exercício perdurará enquanto não sanado o inadimplemento indicado como evento de alerta. Tal medida pode implicar questionamentos acerca de sua legalidade, sobretudo pelo caráter temporário das medidas decorrentes do *step-in*. Ainda sobre o período de exercício cumpre destacar que toda a receita arrecadada será destinada a uma conta bancária centralizadora (*escrow account* ou similar), por meio da qual serão realizados os pagamentos devidos pela concessionária, segundo a ordem de prioridades (*cash waterfall*), considerando impostos e valores devidos ao poder concedente. Eventual saldo residual será disponibilizado para reestruturação da concessionária. O período de exercício se encerrará pela extinção antecipada da concessão, nos casos em que a reestruturação financeira não seja possível, ou pela extinção do contrato de financiamento. Especificamente para as modalidades do *step-in* a serem praticadas durante o período de exercício, a minuta do acordo tripartite tratou de endereçar o procedimento e finalidade de cada uma delas.

Assim, para o exercício da administração temporária ou à assunção de controle, exige-se a elaboração de um plano de reestruturação proposto pelos credores à concessionária e à ARTESP. Estes, por sua vez, poderão avaliar a pertinência do plano em face das necessidades do momento, cuja recusa não impede a excussão das garantias tampouco impede a transferência da concessão. O acordo tripartite também regulamentou elementos indispensáveis no conteúdo do plano, como a conversão de medidas menos interventivas, por exemplo, a administração temporária, para medidas mais drásticas, como a transferência da concessão, na hipótese da materialização de certos gatilhos ou a frustração de etapas previamente estabelecidas. Na hipótese de descumprimento do plano pela concessionária ou pelo agente fiduciário, admite-se a decisão de interrupção do *step-in* pela ARTESP. Pela perspectiva temporal, o acordo prevê que a execução do plano, na condição de planejamento dos meios de reestruturação da concessionária, não poderá exceder o período de 12 meses, salvo mediante autorização da agência. Apesar dessa previsão, nos parece que o aspecto temporal dos mecanismos de *step-in* pode ser utilizado como fundamento para questionar a legitimidade dessa previsão.

Tratando-se de descumprimentos da concessionária, paralelamente a todo o esforço dos credores para reestruturação financeira da concessão, é natural que tenham lugar atos de fiscalização do poder concedente, materializados nos processos administrativos relativos à aplicação de sanções, proposta de intervenção ou mesmo à instauração de processo voltado à caducidade contratual. Especificamente quanto a esses processos, a minuta do acordo trouxe previsão acerca da eficácia das decisões oriundas desses procedimentos. Assim, tanto no período de cura quanto no período de exercício, as decisões relacionadas à caducidade ou intervenção, assim como a cobrança de multas, serão sobrestadas. Os processos administrativos de que tratam tais situações, por sua vez, poderão ser suspensos ou prosseguir até a fase instrutória.[390] Também serão suspensos eventuais descontos tarifários pelo não atendimento dos parâmetros de desempenho ou por inexecução, ou atraso de investimentos. Ao fim do período de exercício, serão retomadas as atividades relativas a deduções tarifárias, cobrança de penalidades e retomada dos processos afetos à declaração de caducidade ou decretação da intervenção.

Ao fim do período de exercício, poderão ocorrer dois cenários. O primeiro: consubstanciado no êxito do plano de reestruturação financeira da SPE, sem que seus acionistas controladores tenham condições de prosseguir na execução do projeto, sendo a transferência de controle a terceiros a única solução. O segundo decorre da impossibilidade de reestruturação da própria concessionária, situação que exige a transferência da concessão para nova SPE. Em qualquer uma dessas situações, a minuta exige que seja apresentado, junto à comprovação dos requisitos de qualificação técnica, idoneidade financeira e regularidade jurídica, fiscal e trabalhista, um plano contendo a forma e o prazo em que serão sanadas todas as falhas indicadas na notificação de alerta que ensejou o exercício do *step-in* pelos credores. Pode-se afirmar que tal solicitação visa

---

390 O adimplemento das obrigações pela concessionária, seja no período de cura, seja no período de exercício, ou a transferência da concessão acarretarão a extinção dos processos.

espelhar a exigência legal de compromisso da cessionária com as condições pactuadas no contrato de concessão (§ 2º do art. 27 da Lei n. 8.987/1995). Tal expediente, atualmente, também encontra fundamento no art. 21, parágrafo único, da Lei n. 13.655/2018, que impõe o dever de se convalidar vícios sanáveis antes de se declarar a extinção da relação jurídica administrativa. De acordo tal dispositivo, ao constar tal vício, o decisor, em vez de decretar a nulidade de tal contrato, deverá estipular um prazo para que entidade competente expeça um novo ato, ou que convalide os atos até então praticados pela entidade incompetente, nos quadrantes de sua competência. É, justamente, essa a lógica que deve prevalecer na correção de descumprimentos contratuais pelas concessionárias.

Mais que isso, tal instrumento reflete uma tendência ainda mais reforçada pelo advento da função reguladora (no bojo de um movimento de ascensão da consensualidade), no qual a sanção administrativa passa a ter como objetivo conformar a conduta do administrado a determinada pauta regulatória.[391] Punir é apenas uma das formas de disciplinar. Porém, uma forma vetusta, custosa e pouco eficiente – como já demostrado, em diversos estudos empíricos.[392] Assim é que, nos quadrantes da processualização dos interesses enredados em um setor regulado, a sanção não poderá desconsiderar seus efeitos para o setor regulado. Essa é a razão pela qual tal faceta do poder extroverso deverá ser exercida por intermédio de um sistema de incentivos, do qual o acordo tripartite é um exemplo saliente. Isto porque a lógica da sanção redistributiva, pautada em um viés, tão somente, retrospectivo (*backward-looking*), será insuficiente. Mais que isso, a aplicação de sanções administrativas, com um viés microscópico, desconsiderando

391 SUNDFELD, Carlos Ari; CÂMARA, Jacintho Arruda. “Acordos substitutivos nas sanções regulatórias”. *Revista de Direito Público da Economia - RDPE*, Belo Horizonte, ano 9, nº 34, abr./jun. 2011, pp. 133-151.

392 Nesse sentido, vide o Acórdão n. 1.817/2010-TCU-Plenário e Acórdão n. 482/2012-TCU-Plenário.

a prospecção de suas consequências (*forward-looking*), sugere a produção de efeitos negativos sistêmicos.

Daí a importância de negócios jurídicos endocontratuais que disciplinem os efeitos de seu inadimplemento, na qualidade de uma ferramenta na qual o *enforcement* passa a conviver, harmonicamente, com a *soft regulation*. É dizer, no qual o exercício do poder extroverso unilateral cede espaço para criação de incentivos para colaboração entre as partes. De fato, a ideia é formatar acordos tripartires nos quais a conduta de cooperar deva ser mais vantajosa para ambas as partes. Dito em outros termos, no âmbito de tal pacto, se o agente econômico for oportunista, caberá ao regulador lhe aplicar reprimendas; de outro lado, se o regulador for oportunista, ao agente econômico caberá adotar condutas evasivas ao cumprimento da regulação.[393] Cuida-se de um esquema regulatório *tit-for-tat*, que considera a conduta das partes e os aspectos institucionais no bojo de processos que apurem inadimplementos contratuais. De acordo com esse modelo de sanção reguladora, as partes (regulador e concessionária) seriam jogadores que teriam o desiderato de reduzir os seus custos: o regulador teria o interesse em incrementar o cumprimento da regulação, ao passo que os concessionários teriam o interesse de precificar o cumprimento da regulação.[394] Em resumo, os acordos tripartites revelam-se com uma das faces de uma regulação responsiva, implementada por meio de pirâmides regulatórias formadas por uma gradação de medidas de *enforcement*, nos moldes sugeridos por Ayres e Braithwaite:

---

393 VORONOFF, Alice. *Direito Administrativo sancionador no Brasil*. Belo Horizonte: Fórum, 2018, p. 143.

394 BECKER, Gary S. "Crime and punishment: an economic approach". *In*: BECKER, Gary S.; LANDES, William M. (Coord.). *Essays in the economics of crime and punishment*. Cambridge: NBER, 1974.

Figura 1 – Pirâmide Regulatória[395]

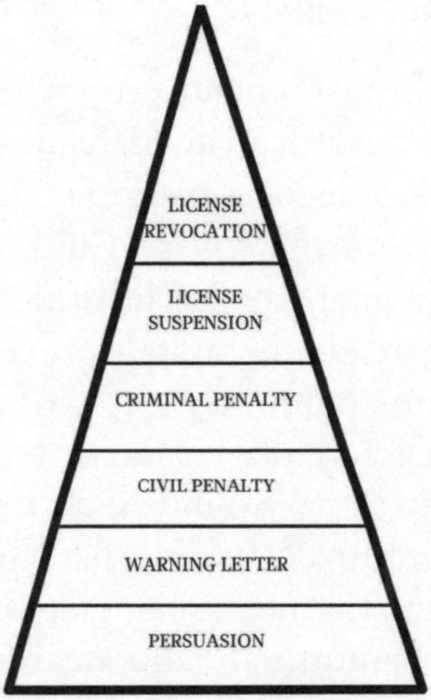

Trata-se, na ponta, de uma arquitetura institucional que, valendo-se da estrutura de garantias dos financiadores, pode reduzir os riscos da decretação da caducidade, ou de intervenção de concessões, seja porque se reduz a discricionariedade do Poder Público na aplicação de sanções, seja porque o sistema sancionatório passa a ser pautado por um viés de cooperação, sobretudo com aparato do financiador na condição de controlador externo do projeto concessionado.[396]

Considerações finais

O presente artigo teve como proposta examinar a função do acordo tripartite enquanto instrumento serviente à redução de

395 AYRES, Ian; BRAITHWAITE, John. *Responsive regulation*: transcending the deregulation debate. Nova York: Oxford University Press, 1992, p. 35.

396 Cf. ENEI, José Virgílio Lopes. *Project Finance*: financiamento com foco em empreendimentos (parcerias público-privadas, *leveraged buy-outs* e outras figuras afins). São Paulo: Saraiva, 2007, pp. 221 e ss.

custos de capital, ao incremento da atratividade do projeto e ao incremento da segurança jurídica de ativos concessionados.

A relevância do instrumento se justifica, máxime em um contexto marcado pela restrição no mercado de opções de *funding*, apesar de todas as vantagens e garantias da estruturação da dívida na modalidade *limited recourse*. Cuida-se de um cenário que perdura pela falta de interesse das instituições financeiras e pela incapacidade de o mercado de capitais prover recursos suficientes ao volume de projetos em andamento, os quais – ao que tudo indica – se intensificarão cada vez mais. No setor de concessões rodoviárias, a questão torna-se ainda mais delicada em função dos riscos setoriais – pretéritos e atuais – percebidos pelos potenciais financiadores. Segue daí a necessidade de se criar incentivos, no âmbito da regulação contratual, para atrair ou facilitar a estruturação do financiamento de concessões rodoviárias.

É disso que trata o instituto do acordo tripartite, que foi incorporado, orginalmente, na 4ª Etapa do Programa Paulista de Concessões de Rodovias. Nada obstante os méritos da inovação contratual, temos para nós, após o decurso do presente estudo, que o aprimoramento de tal instituto, em âmbito estadual e federal, deve caminhar na firme trilha de tal instrumento se configurar num sistema de incentivos que: *(i)* sirva a reduzir a assimetria de informações entre os financiadores e as demais partes da relação concessória (poder concedente, concessórios, reguladores e usuários); *(ii)* confira previsibilidade à assunção temporária da gestão do ativo pelos credores, evitando-se seleções adversas e prejuízos à continuidade e à qualidade dos serviços prestados; *(iii)* enderece um sistema de descumprimentos contratuais mais responsivo, adaptável, que possa ser, devidamente, customizado de acordo com as peculiares do projeto; e *(iv)* incremente a análise dos custos de transação entre a extinção prematura de um contrato de concessão e a construção de soluções negociadas.

Referências bibliográficas

AKERLOF, George. "The Market for lemons: quality uncertainty and the market mechanism". *Quarterly Journal of Economics*, n° 84, 1970.

AMORA, Dimmi. "Bolsonaro diz que veta modelo de novos pedágios na Dutra e pega de surpresa ANTT". *Agência INFRA*, 25 de jan. 2020. Disponível em: http://www.agenciainfra.com/blog/bolsonaro-diz-que-veta-modelo-de-novos-pedagios-na-dutra-e-pega-de-surpresa-antt/. Acessado em: 25.01.2021.

ASSIS, Bárbara M. *Supervisão ministerial das agências reguladoras na formulação de políticas públicas*. Brasília: Seae, 2009. (Monografia contemplada com o IV PRÊMIO SEAE).

AYRES, Ian; BRAITHWAITE, John. *Responsive regulation*: transcending the deregulation debate. Nova York: Oxford University Press, 1992.

BACIGALUPO, Mariano. *La discrecionalidad administrativa*: estructura normativa, control judicial y límites constitucionales de su atribución. Madrid: Marcial Pons, 1997.

BECKER, Gary S. "Crime and punishment: an economic approach". *In*: BECKER, Gary S.; LANDES, William M. (Coord.). *Essays in the economics of crime and punishment*. Cambridge: NBER, 1974.

BRASIL. Casa Civil. *Lei n. 11.079*, de 30 de dezembro de 2004. Disponível em: http://www.planalto.gov.br/ccivil_03/_ato2004-2006/2004/lei/l11079.htm. Acessado em: 20.05.2022.

______. *Lei n. 13.655*, de 25 de abril de 2018. Disponível em: http://www.planalto.gov.br/ccivil_03/_ato2015-2018/2018/lei/l13655.htm. Acessado em: 25.01.2021.

______. *Lei n. 8.987*, de 13 de fevereiro de 1995. Disponível em: http://www.planalto.gov.br/ccivil_03/leis/l8987cons.htm. Acessado em: 28.05.2019.

______. Secretaria-Geral. *Decreto n° 9.957*, de 6 de agosto de 2019. Disponível em: http://www.planalto.gov.br/ccivil_03/_ato2019-2022/2019/decreto/D9957.htm. Acessado em: 20.05.2022.

______. Senado Federal. *Código civil e normas correlatas*. Brasília: Senado Federal, Coordenação de Edições Técnicas, 2014.

CATEB, Alexandre Bueno; GALLO, José Alberto Albeny. "Breves considerações sobre a teoria dos contratos incompletos". *UC Berkeley*: Berkeley Program in Law and Economics, 2007. Disponível em: https://escholarship.org/uc/item/1bw6c8s9. Acessado em: 15.03.2021.

COASE, Ronald Harry. "The Nature of the firm". *Economica*: New Series, vol. 4, n° 16, nov. 1937.

CONFEDERAÇÃO NACIONAL DO TRANSPORTE. *Pesquisa CNT de Rodovias 2019*. Brasília: CNT, SEST, SENAT, 2019.

ENEI, José Virgílio Lopes. *Project Finance*: financiamento com foco em empreendimentos (parcerias público-privadas, *leveraged buy-outs* e outras figuras afins). São Paulo: Saraiva, 2007.

ENTREVIAS. *Entrevias ganha prêmio internacional de "Melhor Financiamento de Rodovias da América Latina"*. Disponível em: http://entrevias.com.br/2018/10/16/entrevias-ganha-premio-internacional-de-melhor-financiamento-de-rodovias-da-america-latina/. Acessado em: 14.01.2021.

FERREIRA, Fernanda M. *Regulação por contrato no setor de saneamento*: o caso de Ribeirão Preto. São Paulo: FGV, 2005.

FREITAS, Rafael Véras de. "O regime jurídico do ato de transferência das concessões: um encontro entre a regulação contratual e a extracontratual". *Revista de Direito Público da Economia – RDPE*, Belo Horizonte, ano 13, n° 50, abr./jun. 2015.

FRISCHTAK, Cláudio; DAVIES, Katharina. "O investimento privado em infraestrutura e seu financiamento". *In*: PINHEIRO, Armando Castelar; FRISCHTAK, Claudio (Coord.). *Gargalos e soluções na infraestrutura de transportes*. Rio de Janeiro: Editora FGV, 2014.

GARCIA, Flávio Amaral. A mutabilidade e incompletude na regulação por contrato e a função integrativa das Agências. *Revista de Contratos Públicos – RCP*, Belo Horizonte, ano 3, n° 5, mar./ago. 2014.

GUIMARÃES, Fernando Vernalha. "Crise macroeconômica e reequilíbrio econômico-financeiro da concessão". *In*: COMISSÃO DE INFRAESTRUTURA DA OAB-RJ. *Infraestrutura fluminense*: um panorama dos atuais desafios. Rio de Janeiro: OAB-RJ, 2019. Disponível em: https://revistaeletronica.oabrj.org.br/wp-content/uploads/2019/12/CIDE-LIVRO-COMPLETO.pdf. Acessado em: 20.05.2022.

HIRATA, Taís. "Há excesso de projetos de rodovias, diz associação das concessionárias". *Valor Econômico*, 13 de nov. 2019. Disponível em: https://valor.globo.com/empresas/noticia/2019/11/13/ha-excesso-de-projetos-de-rodovias-diz-associacao-das-concessionarias.ghtml. Acessado em: 12.01.2021.

JORDÃO, Tarcila Reis. "Acordo tripartite: enfrentando os desafios da financiabilidade de projetos de concessão e parcerias público-privadas no Brasil". *In*: FILHO, Alexandre Jorge Carneiro da Cunha; OLIVEIRA, André Tito da Motta; SCHWIND, Rafael Wallbach (Coord.). *Direito, instituições e políticas públicas*: o papel do jusidealista na formação do Estado. São Paulo: Quartier Latin, 2017.

KAPOOR, Sujata. *Impact of dividend policy on shareholders' value*: a study of Indian firms. Noida: Jaypee Institute of Information Technology University, 2010.

LAZZARINI, Sergio; LIMA, Thiago; MAKHOUL, Pedro. "Como aumentar a atração de capital privado para financiar projetos de infraestrutura no Brasil?" *In*: PASTORE, Affonso Celso (Coord.). *Infraestrutura: eficiência e ética*. Rio de Janeiro: Elsevier, 2017.

MARQUES NETO, Floriano de Azevedo. "A cessão de contrato administrativo entre estado e município como alternativa para evitar a interrupção de obras públicas". *Boletim de Direito Administrativo – BDA*, jul. 1996.

MARQUES NETO, Floriano de Azevedo; CUNHA, Carlos Eduardo Bergamini. "A Cláusula de *step-in rights* no contexto das concessões de serviços públicos". *In*: WALD, Arnoldo; JUSTEN FILHO, Marçal; PEREIRA, Cesar Augusto Guimarães (Coord.). *O Direito Administrativo na atualidade*: estudos em homenagem ao centenário de Hely Lopes Meirelles (1917-2017). São Paulo: Malheiros, 2017.

MAURER, Hartmut. *Direito Administrativo Geral*. Trad. Luís Afonso Heck. São Paulo: Manole, 2006.

NORTH, Douglas C. *Custos de transação, investimentos e desempenho econômico*. Trad. Elizabete Hart. Rio de Janeiro: Instituto Liberal, 1992.

OLIVEIRA, Rafael Carvalho Rezende. "A releitura do Direito Administrativo à luz do pragmatismo jurídico". *Revista de Direito Administrativo – RDA*, Rio de Janeiro, vol. 256, jan. 2011. Disponível em: http://bibliotecadigital.fgv.br/ojs/index.php/rda/article/view/8496/7245. Acessado em: 04.01.2020.

PELLEGRINI, Guilherme Martins. "A transposição do *direct agreement* para o cenário jurídico nacional: uma tentativa de contratualização entre poder concedente, financiadores e garantidores no âmbito de projetos de concessão". *Revista da Procuradoria Geral do Estado de São Paulo*, São Paulo, n° 89, jan./jun. 2019.

RAUEN, André Tortato. "Custos de transação e governança: novas tipologias de relações interfirmas". *Revista Espaço Acadêmico*, ano 6, n° 69, fev. 2007. Disponível em: https://www.researchgate.net/publication/313939167_Custos_de_transacao_e_governanca_novas_tipologias_de_relacoes_interfirmas. Acessado em: 15.03.2021.

RIBEIRO, Maurício Portugal. *Concessões e PPPs*: melhores práticas em licitações e contratos. São Paulo: Atlas, 2011.

RIBEIRO, Maurício Portugal; PRADO, Lucas Navarro. *Comentários à Lei de Parceria Público-Privada*: fundamentos econômico-jurídicos. São Paulo: Malheiros, 2010.

SALOMÃO FILHO, Calixto. *O novo Direito Societário*. São Paulo: Malheiros, 1998, p. 160). Disponível em: http://www.senado.gov.br/atividade/materia/getPDF.asp?t=158395&tp=1. Acessado em: 25.01.2021.

SCHWIND, Rafael Wallbach. "Transferência das concessões e do controle acionário das concessionárias: cabimento, aprovação prévia e requisitos necessários". *In*: CARVALHO, André Castro; CASTRO, Leonardo Freitas de Moraes (Coord.). *Manual de Project Finance no Direito brasileiro*. São Paulo: Quartier Latin, 2016.

SUNDFELD, Carlos Ari; CÂMARA, Jacintho Arruda. "Acordos substitutivos nas sanções regulatórias". *Revista de Direito Público da Economia – RDPE*, Belo Horizonte, ano 9, n° 34, abr./jun. 2011.

VANZELLA, Rafael. "Financiamento privado da infraestrutura". *In*: MARCATO, Fernando S.; PINTO JÚNIOR, Mario Engler. *Direito da Infraestrutura*: volume 1. São Paulo: Saraiva, 2017.

VORONOFF, Alice. *Direito Administrativo sancionador no Brasil*. Belo Horizonte: Fórum, 2018.

WORLD BANK. *Doing Business 2020*. Washington, D.C.: World Bank. DOI:10.1596/978-1-4648-1440-2. Disponível em: https://portugues.doingbusiness.org/pt/reports/global-reports/doing-business-2020. Acessado em: 20.12.2020.

WORLD ECONOMIC FORUM. *The Global Competitiveness report* 2019. Geneva, Switzerland: World Economic Forum, 2019. Disponível em: http://www3.weforum.org/docs/WEF_TheGlobalCompetitivenessReport2019.pdf. Acessado em: 20.12.2019.

CAPÍTULO XLI

OS BENS REVERSÍVEIS ANTE O ENCERRAMENTO ANTECIPADO DE CONCESSÕES RODOVIÁRIAS

Raquel Lamboglia Guimarães
Wladimir Antonio Ribeiro

Introdução

Os contratos de concessão devem ser celebrados por prazo determinado (ainda que possam admitir renovação), durante o qual o particular fica responsável pela execução dos serviços públicos concedidos, assumindo, para tanto, a posse de bens afetos à prestação, os quais deverão reverter à posse do poder concedente ao término do prazo contratual. Daí serem chamados de bens reversíveis.

Quando os contratos permanecem em vigor por todo o período definido previamente pelos instrumentos convocatórios e contratuais, é natural que não haja grandes questionamentos em relação a esse retorno dos bens à posse da Administração (ou do próximo particular concessionário). Nesses casos, geralmente, não há que se falar em indenização ao particular, uma vez que os custos incorridos pelo particular deverão estar integralmente amortizados pelas receitas emergentes da execução do contrato, notadamente, pelo recebimento da tarifa.

Porém, caso os contratos de concessão sejam encerrados antes do final do prazo pactuado, diversas dúvidas podem surgir, gerando controvérsia em relação à indenização que deverá ser paga pelo poder concedente pelo valor ainda não amortizado dos investimentos nos bens revertidos. Com isso, surgem divergências e disputas em relação aos bens que deveriam integrar o rol sujeito à reversibilidade, bem como à metodologia adequada para a definição do valor da indenização.

Assim, ainda que os principais impactos gerados pelo tratamento dos bens reversíveis refiram-se a aspectos econômicos, como a adequada estimativa do valor de tarifa capaz de gerar a amortização do valor dos investimentos em bens reversíveis no prazo de vigência do contrato, além do eventual valor de indenização na parcela de valor de tais investimentos que não tenham sido amortizados, há de se considerar que se trata de tema também de interesse do Direito. Afinal, as balizas para identificação desses bens e para a elaboração de eventual cálculo devem ser objeto de regulação precisa, de modo a mitigar os riscos do particular ou permitir a previsibilidade dos atos de retomada dos serviços por parte da Administração, garantindo segurança jurídica a ambas as partes.

Deve-se ter em mente que, na hipótese de uma conceituação muito restrita, que imponha ao particular o ônus de assumir a propriedade de bens que podem a ele não interessar ao final da concessão, pode-se diminuir a atratividade dos certames ou ter uma transferência desses custos ao Poder Público, refletida já no momento de apresentação das propostas, com tarifas ou contraprestações públicas mais altas. Ainda, a Administração seria obrigada arcar duplamente com o custo para aquisição de novo bem equivalente (seja diretamente, seja pela via do novo concessionário), tudo em um cenário de insegurança jurídica. Ou seja, estaria configurada uma típica situação de "perde-perde", em que perde o particular concessionário, e perdem o poder concedente e os usuários.

Por outro lado, o caso de definição aberta, que possa ampliar o rol de bens reversíveis, apenas seria suportado por uma tarifa igualmente ampla, capaz de garantir a amortização do valor investido nesses bens. Nessta situação, se o contrato é encerrado antecipadamente, o valor a ser pago pela Administração ao particular a título de indenização poderá ser demasiadamente elevado, impondo novamente ônus desnecessários.

Portanto, imprescindível que sejam desenvolvidas soluções equilibradas, capazes de garantir segurança jurídica ao concessionário e ao Poder Público, além de uma tarifa adequada, que possa ser suportada pelos usuários, sem impactar negativamente a atratividade do projeto de concessão.

No setor de concessões rodoviárias, o tratamento dado à temática dos bens reversíveis nos editais licitatórios e nos contratos tem sido bastante precário, o que já ensejou divergências, além de recomendações do Tribunal de Contas da União. Está inserida nesse contexto a recente iniciativa da ANTT no sentido de desenvolver uma regulação (até então inexistente) acerca do tratamento que deve ser dispensado aos bens reversíveis no setor de concessões rodoviárias.

1 Regime jurídico dos bens reversíveis

1.1 (In)definições quanto ao rol de bens reversíveis

A legislação que disciplina o regime geral de concessões e permissões de serviços públicos (Lei n. 8.987, de 13 de fevereiro de 1995) não define o que deve ser caracterizado como bem reversível, transferindo tal obrigação ao edital de licitação,[397] tampouco o faz a Lei de PPPs (Lei n. 11.079, de 30 de dezembro de 2004).

Ainda que tal lacuna possa parecer negativa, é certo que estabelecer um conceito geral sobre o que seriam os bens reversíveis pode trazer mais prejuízos do que benefícios, porque evidentemente é necessária uma margem de discricionariedade para que as peculiaridades de cada setor possam ser atendidas.

Afinal, ao recorrer à doutrina, temos que, de forma genérica, os bens reversíveis são caracterizados como aqueles bens necessários a garantir a continuidade da prestação de determinado serviço público delegado à iniciativa privada. Portanto, sua identificação depende não apenas da utilidade, mas de que eles sejam *essenciais* e *indispensáveis* à execução do serviço em questão.[398] É evidente que tal característica irá variar conforme o caso concreto.

É importante estabelecer, pelo menos, algumas balizas que facilitem a posterior classificação de um determinado bem como reversível ou não.

O debate doutrinário originou duas correntes divergentes: (i) uma "patrimonial", que identifica como bens públicos os bens adquiridos em razão das receitas recebidas pela prestação dos serviços (ainda que temporariamente em posse do particular), uma

397 Art. 18. O edital de licitação será elaborado pelo poder concedente, observados, no que couber, os critérios e as normas gerais da legislação própria sobre licitações e contratos e conterá, especialmente: (...) X - a indicação dos bens reversíveis; XI - as características dos bens reversíveis e as condições em que estes serão postos à disposição, nos casos em que houver sido extinta a concessão anterior.

398 Nesse sentido, ver MARQUES NETO, Floriano de Azevedo. *Bens públicos*: função social e exploração econômica - o regime das utilidades públicas. Belo Horizonte: Fórum, 2009, p. 170; JUSTEN FILHO, Marçal. *Teoria Geral das concessões de serviços públicos*. São Paulo: Dialética, 2003, p. 330; e DI PIETRO, Maria Sylvia Zanella. *Direito Administrativo*. 15ª ed. São Paulo: Atlas, 2003, p. 281.

vez que a titularidade do serviço é do Poder Público; e (ii) uma "funcional", fundada na afetação do bem ao serviço, ou seja, na essencialidade e imprescindibilidade para a prestação.[399]

Adota-se entendimento alinhado ao de Floriano de Azevedo Marques Neto, que explica que a reversão não deve penalizar o concessionário, tampouco objetivar o enriquecimento patrimonial do poder concedente, onerando excessivamente as tarifas, mas apenas garantir a continuidade do serviço público, sendo sua destinação a uma determinada finalidade *predominante sobre a titularidade*. Assim, ao delegar a prestação de serviços públicos aos particulares, seja por permissão, seja por concessão, a Administração deve estabelecer o conjunto de bens que servirão *direta e necessariamente à prestação* do serviço, bem como a sua *permanência no domínio do delegatário* durante a vigência do contrato de delegação, com sua posterior reversão ao poder concedente.[400]

Essa opinião é reiterada pelos autores que acordam o tema. E, conforme apontam Flávio Pereira *et al*, é justamente o risco de interromper a atividade que justifica a transferência de patrimônio do privado ao público:

> No Direito brasileiro, a extinção do contrato de concessão de serviços públicos tem como consequência a reversão dos bens indispensáveis para a regularidade e continuidade do serviço ao patrimônio do Poder Público. Em outras palavras, se não houvesse óbice à livre alienação dos bens afetos ao serviço público, correr-se-ia o risco de interrupção da atividade,

---

399 MARQUES NETO, Floriano de Azevedo. "Bens reversíveis nas concessões do setor de telecomunicações". *Revista de Direito Público da Economia*, Belo Horizonte, n° 8, out./dez. 2004, p. 101.

400 MARQUES NETO, Floriano de Azevedo. *Bens públicos*: função social e exploração econômica - o regime das utilidades públicas. Belo Horizonte: Fórum, 2009, p. 170.

> razão pela qual se justifica a transferência de patrimônio, do privado para o público, ao final do contrato.[401]

De forma semelhante, a doutrina de Hely Lopes Meirelles afirma que a reversão deveria abranger somente os bens que assegurem a adequada prestação dos serviços.[402]

A partir desse debate, percebe-se a dificuldade de identificar, ao início de uma determinada delegação, todos os bens reversíveis que a integrarão, pois, no curso da execução do contrato, é possível haver aquisição de novos bens com essa característica funcional e que, portanto, deverão passar a integrar o rol de bens sujeitos à reversibilidade, ou, ainda, que determinados bens sejam exauridos, deixando de pertencer a esse rol.

Desse modo, considerando as peculiaridades de cada setor e o dinamismo da execução de serviços públicos, seria impossível que uma lei geral identificasse as tipologias de bens reversíveis. E daí decorre a importância de regulações setoriais claras não somente acerca da identificação de tais bens, mas, também, sobre a metodologia de cálculo de eventuais indenizações, que devem ser claras e garantir segurança jurídica ao particular contratado, uma vez que a necessidade de prever a amortização acaba por impactar também as tarifas do serviço em questão.

---

401 PEREIRA, Flávio Henrique Unes; SILVEIRA, Marilda de Paula; COMBAROLLI, Bruna R. "A identificação dos bens reversíveis: do ato ao processo administrativo". *Fórum Administrativo – FA*, Belo Horizonte, ano 14, n° 165, nov. 2014. Disponível em: http://www.bidforum.com.br/PDI0006.aspx?pdiCntd=219043. Acessado em: 25.09.2017.

402 MEIRELLES, Hely Lopes. *Direito Administrativo brasileiro*. 28ª edição. São Paulo: Malheiros, 2003, p. 379.

1.2 Bens reversíveis no setor de rodovias

No âmbito dos transportes terrestres e aquaviários, bem como em relação à exploração da infraestrutura correspondente, também não se encontram parâmetros para a definição de bens reversíveis na Lei n. 10.233, de 5 de junho de 2001, que dispõe sobre a reestruturação dos transportes aquaviários e terrestres, cria o Conselho Nacional de Integração de Políticas de Transporte, a Agência Nacional de Transportes Terrestres, a Agência Nacional de Transportes Aquaviários e o Departamento Nacional de Infraestrutura de Transportes.

Referido diploma legal transfere a obrigação de definir os critérios para reversibilidade dos ativos ao contrato.[403] Ainda, com a alteração introduzida pela Lei n. 12.815, de 5 de junho de 2013, tal obrigação foi estendida ao edital de licitação,[404] mas não foi estabelecida qualquer critério para se classificar um determinado bem como reversível.

---

403 "Art. 35. O contrato de concessão deverá refletir fielmente as condições do edital e da proposta vencedora e terá como cláusulas essenciais, ressalvado o disposto em legislação específica, as relativas a: (...) XI – critérios para reversibilidade de ativos".

404 "Art. 34-A. As concessões e as suas prorrogações, a serem outorgadas pela ANTT e pela Antaq para a exploração de infraestrutura, precedidas ou não de obra pública, ou para prestação de serviços de transporte ferroviário associado à exploração de infraestrutura, poderão ter caráter de exclusividade quanto a seu objeto, nos termos do edital e do contrato, devendo as novas concessões serem precedidas de licitação disciplinada em regulamento próprio, aprovado pela Diretoria da Agência.

(...)

§ 2º O edital de licitação indicará obrigatoriamente, ressalvado o disposto em legislação específica:

I - o objeto da concessão, o prazo estimado para sua vigência, as condições para sua prorrogação, os programas de trabalho, os investimentos mínimos e as condições relativas à reversibilidade dos bens e às responsabilidades pelos ônus das desapropriações".

Por outro lado, nos termos do art. 3º do Decreto n. 4.130, de 13 de fevereiro de 2002, que Aprova o Regulamento e o Quadro Demonstrativo dos Cargos Comissionados e dos Cargos Comissionados Técnicos da ANTT, tem-se que é competência da agência, nos termos do inciso XIII, "analisar e classificar, quanto às suas reversibilidades e indenizações, os bens das concessionárias bem como os investimentos autorizados e por elas realizados". Ainda, consoante o inciso XIV, devem ser tomadas "as medidas para que os investimentos em bens reversíveis sejam contabilizados em contas específicas".

Dessa forma, é competência da ANTT, ao modelar as concessões, prever as condições para reversibilidade dos bens afetos nos respectivos instrumentos editalícios e contratuais. Contudo, em diversas ocasiões, constata-se a ausência de tratamento adequado.

A falta de controle sobre que bens seriam reversíveis foi alvo de críticas pelo TCU por diversas vezes, a exemplo do Acórdão de relação 2961/2009 – Plenário, que examinou contrato de concessão para restauração, manutenção, operação e aumento da capacidade de trechos rodoviários da BR-116 e da BR-324, no Estado da Bahia (Via Bahia),[405] tendo determinado que se regulamentasse, na minuta, "o relatório previsto no item 13.1.3. (vi) do Contrato de Concessão a fim de garantir a identificação e o efetivo controle sobre os bens reversíveis da concessão durante todo o período de exploração; (...)". O referido item tratava exatamente da obrigação da concessionária de apresentar "relatório com informações detalhadas sobre (...) os Bens da Concessão, inclusive os Bens Reversíveis à ANTT, no que concerne à descrição do seu estado, valor, bem como seu efetivo controle durante todo o período de exploração, conforme ato normativo regulamentador".

---

405 Tribunal de Contas da União. Acórdão de relação 2961/2009 - Plenário, Rel. Walton Alencar Rodrigues, Data da Sessão: 09/12/2009.

Posteriormente, em 2014, houve diligência sobre a 3ª Etapa do Programa de Concessões Rodoviárias Federais – PROCROFE,[406] a qual resultou em determinação para que a ANTT justificasse por que os editais de licitação não indicavam de modo expresso os bens reversíveis. Posteriormente, ante a ausência de mudança na postura da ANTT, foi prolatado o Acórdão 290/2015 – Plenário, cuja recomendação à agência foi a de que, para as próximas contratações, indicasse nos editais de licitação os bens reversíveis que compõem o sistema rodoviário objeto de concessão, conforme estabelecido no inciso X, art. 18, da Lei n. 8.987.[407]

Diante desse cenário, recentemente, a ANTT impulsionou iniciativa no sentido de desenvolver a regulação sobre o tema dos bens reversíveis no âmbito das concessões rodoviárias, o que culminou em uma minuta de regulamento que deveria ser aprovada e publicada ainda em 2019.

Entre 9 de maio e 24 de junho de 2019, esteve aberta à participação social a Audiência Pública n. 003/2019, realizada pela ANTT para coletar "contribuições à minuta de Resolução que estabelece a metodologia para cálculo dos valores de indenização relativos aos investimentos não depreciados ou amortizados, em bens reversíveis, em caso de extinção antecipada de concessões rodoviárias federais", em decorrência de qualquer das hipóteses de caducidade, encampação, rescisão, anulação ou relicitação.[408]

---

406 Nos trechos BR-101/BA (Lote 1), BR-262/ES/MG (Lote 2), BR-153/TO/GO e TO-080 (l=Lote 3), BR-050/GOMG (Lote 4), BR-060/153/262/DF/GO/MG (Lote 5), BR-163/MS (Lote 6) e BR-163/MT (Lote 7) e BR-040/DF/GO/MG.

407 Tribunal de Contas da União. Acórdão 290/2015 - Plenário, Rel. Walton de Alencar Rodrigues, Data da Sessão: 25/02/2015.

408 BRASIL. Agência Nacional de Transportes Terrestres - ANTT. *Audiência Pública n. 003*, de 9 de maio a 24 de junho de 2019. Disponível em: https://participantt.antt.gov.br/Site/AudienciaPublica/VisualizarAvisoAudienciaPublica.aspx?CodigoAudiencia=379. Acessado em: 18.10.2019.

Nos termos da minuta de resolução sugerida, já considerando contribuições, verifica-se que foi estabelecido um rol de bens que poderão ser considerados como reversíveis, os quais estão, no entanto, sujeitos ao atendimento de algumas condicionantes, vinculadas ao critério funcional ora adotado. Inicialmente, o art. 2º, *caput*, determina:

> Art. 2º Serão considerados reversíveis, para a finalidade desta Resolução, os bens utilizados na prestação de serviços de conservação, manutenção, monitoração e operação rodoviários, bem como a própria infraestrutura rodoviária sob concessão, tais quais:
>
> I – edificações, obras civis e benfeitorias localizadas no sistema rodoviário;
>
> II – máquinas, veículos e equipamentos;
>
> III – móveis e utensílios;
>
> IV – equipamentos de informática;
>
> V – sistemas, seus softwares e direitos associados;
>
> VI – projetos e estudos relacionados a melhorias e ampliação de capacidade do sistema rodoviário.[409]

Tal rol, tomado como exemplificativo, parece adequado, uma vez que indica tipologias de ativos que poderão ser considerados como reversíveis e sujeitos ao recebimento de indenização em caso de encerramento antecipado da concessão, desde que atendam aos requisitos dispostos no § 1º:

> § 1º Os bens de que tratam esse artigo somente serão considerados reversíveis:

409 Esse e demais fragmentos a seguir da minuta da resolução da ANTT podem ser conferidos aqui: https://participantt.antt.gov.br/Site/AudienciaPublica/VisualizarAvisoAudienciaPublica.aspx?CodigoAudiencia=379. Acessado em: 17.05.2022.

> I - se contribuírem para a continuidade da prestação do serviço público, auferindo benefícios econômicos futuros para o sistema rodoviário; e,
>
> II – quanto aos bens contemplados pelos incisos II a IV do *caput* deste artigo, se forem de propriedade da concessionária e possuírem prazo de vida útil remanescente, conforme disposto no anexo III da Instrução Normativa RFB n. 1700, de 14 de março de 2017, e alterações posteriores.

Ou seja, apenas devem ser considerados reversíveis aqueles bens que atenderem ao critério funcional de contribuir para a continuidade da prestação e que não tenham ainda sido completamente depreciados nos registros contábeis do concessionário.

Constata-se, aqui, um conceito um pouco mais amplo que o da essencialidade e imprescindibilidade para a continuidade dos serviços. Entende-se que a expressão "contribuírem para a continuidade" foi utilizada de modo a afastar eventual risco de interpretação mais restritiva, no sentido de que boa parte dos bens que poderiam, inicialmente, ser considerados como reversíveis não seriam, de fato, indispensáveis à continuidade da prestação, ante a possibilidade de reposição. Por outro lado, o risco de interpretação ampla, com eventual excesso na indicação do que pode estar sujeito à reversibilidade, foi mitigado pelo § 2º, que determinou: "não são considerados reversíveis os bens utilizados pela concessionária exclusivamente em atividades administrativas". Ainda, em relação aos bens que devem reverter, porém, sem pagamento de indenização, o § 3º deixou claro que:

> § 3º. São considerados reversíveis e não indenizáveis os bens repassados à concessionária pelo Poder Público, mediante termo de arrolamento ou listagem similar anexa ao contrato de concessão. Tais bens somente não serão reversíveis quando tenham sido desfeitos mediante prévia autorização do Poder Concedente.

Parece-nos que a ANTT está em busca de adotar uma conceituação que procura o adequado equilíbrio entre o estabelecimento de um rol amplo de bens reversíveis, que sujeitaria a Administração a maiores custos na hipótese de indenização, mas que, por outro lado, também aplaca o risco e a insegurança jurídica do particular concessionário, caso seu contrato seja, por qualquer motivo, encerrado antes do prazo de vigência.

Vale destacar, ainda, o acerto da minuta de nova resolução, ao não fazer distinção entre as hipóteses de encerramento antecipado, submetendo os casos de caducidade ao mesmo tratamento e afastando qualquer possibilidade de interpretação (que, não raro, se vê defendida) no sentido de que o particular que perde sua concessão por caducidade não faria jus à indenização – entendimento este errôneo e que serve apenas ao enriquecimento sem causa do Poder Público em face do particular, conforme melhor detalhado no próximo tópico.

2 Término antecipado das concessões e correspondente indenização por bens não amortizados

2.1 Direito do particular a indenizações ante a extinção do contrato

Ao modelar uma concessão, o Poder Público deve prever um prazo durante o qual os serviços deverão ser prestados pelo particular vencedor do certame licitatório. A definição desse prazo, no sistema jurídico brasileiro, é fundamental, especialmente para fins de elaboração das propostas por aqueles que desejem participar da licitação, tendo em vista que os preços apresentados deverão refletir tarifas capazes de amortizar os investimentos a realizar, e, para o cálculo da amortização, é necessário considerar um período definido de fluxo de caixa.

Entretanto, por razões de ordem diversa, os contratos podem não atingir o termo de vigência inicialmente previsto, tendo seu encerramento antecipado. Nesses casos, costumam surgir diversas dúvidas em relação ao direito do concessionário de receber eventuais indenizações. Em grande medida, as controvérsias decorrem não somente das lacunas na adequada definição do tratamento a ser dispensado aos bens reversíveis, mas, também, de confusão conceitual entre os diferentes tipos de indenização aos quais o particular pode fazer jus.

De modo geral, além de eventual indenização por reversão de bens, ante a não completa amortização do valor neles investido, é possível que o particular tenha direito ao recebimento de compensação por eventual desequilíbrio na equação econômico-financeira do contrato, o que logicamente irá depender da matriz de riscos definida previamente; ou que tenha de ser indenizado se o rompimento do contrato tiver partido de iniciativa do poder concedente.

A Lei n. 8.987/1995 traz, em seu art. 35, seis modos de extinção de contratos de concessão: (i) advento do termo contratual, (ii) encampação, (iii) caducidade, (iv) rescisão, (v) anulação, e (vi) falência ou extinção da empresa concessionária e falecimento ou incapacidade do titular, no caso de empresa individual.

Os casos de advento do termo contratual, rescisão, anulação e falência ou extinção da concessionária são autoexplicativas. Porém, vale distinguir encampação e caducidade: enquanto a encampação é "a retomada do serviço pelo poder concedente durante o prazo da concessão, por motivo de interesse público, mediante lei autorizativa específica e após prévio pagamento da indenização" (art. 37), "a inexecução total ou parcial do contrato acarretará, a critério do poder concedente, a declaração de caducidade da concessão ou a aplicação das sanções contratuais" (art. 38).

Passando a um breve exame dos modos de extinção, tem-se que a hipótese de advento do termo contratual não deveria, inicialmente, se inserir no debate sobre indenização por bens reversíveis, uma vez que, ao final do prazo de vigência do contrato, tais bens devem estar completamente amortizados. Contudo, deve-se considerar que a questão pode surgir caso evento superveniente à contratação tenha impactado negativamente seu equilíbrio econômico, em desfavor do particular contratado.

Nessas situações, a indenização não deverá decorrer da não amortização dos bens reversíveis (que será apenas uma consequência do desequilíbrio gerado), mas assumirá o caráter de uma compensação para que seja preservada a equação econômica inicial e, repise-se, dependerá diretamente do que tiver sido pactuado na matriz de riscos. Daí, a importância de que o contrato traga uma adequada alocação dos riscos, dispondo de maneira clara e objetiva sobre quais foram atribuídos a cada parte.

Em relação às demais formas de extinção, podemos dividi-las em duas categorias, consoante a quem seja imputável a causa: (i) à Administração: encampação e alguns casos de rescisão e de anulação; ou (ii) ao particular: caducidade, situações de falência, extinção ou incapacidade da concessionária, ou alguns casos de rescisão e de anulação.

Essa categorização, em diversas ocasiões, gera confusão em relação ao cabimento de indenização, que decorre geralmente de uma interpretação açodada de que, enquanto os contratos extintos por culpa da Administração dariam direito ao pagamento de indenização, aqueles encerrados por fatos imputáveis ao particular não gerariam tal direito.

Tal entendimento merece correção, uma vez que o encerramento por fato imputável ao particular não necessariamente estará livre de indenização. A única indenização à qual ele não terá direito será aquela atrelada exclusivamente ao rompimento do contrato. Se a concessão encerra antecipadamente, o particular sempre terá direito ao recebimento de indenização pelo valor de investimentos em bens reversíveis que não tenham sido completamente amortizados (a menos que tal valor de indenização venha a ser compensado com eventual aplicação de sanções pecuniárias, após o devido processo administrativo, garantida a ampla defesa do particular). Ainda, na hipótese de desequilíbrio econômico-financeiro, o particular terá direito também à correspondente compensação. Por outro lado, caso a Administração dê causa ao encerramento do contrato, além dessas indenizações, poderá ser devida ao particular também uma compensação pelo rompimento do contrato.

Nesse sentido, Maria Sylvia Di Pietro assevera que:

> Em qualquer caso de extinção de concessão, é cabível a incorporação, ao poder concedente, dos bens do concessionário necessários ao serviço público, mediante indenização (art. 36 da Lei n. 8.987/95); é o que se denomina reversão, a qual encontra seu fundamento no princípio da continuidade do serviço público.[410]

Essa conclusão é reforçada pelo exame dos parágrafos do artigo 35 da Lei n. 8.987/1995. Vejamos: nos termos do 1º do dispositivo, em qualquer dos casos de extinção, "retornam ao poder concedente todos os bens reversíveis, direitos e privilégios transferidos ao concessionário conforme previsto no edital e estabelecido no contrato", e conforme o § 2º, é determinada "a imediata assunção do serviço pelo poder concedente, procedendo-se aos levantamentos, avaliações e liquidações necessários", o que, consoante mandamento do § 3º, "autoriza a ocupação das instalações e a utilização, pelo poder concedente, de todos os bens reversíveis".

Inclusive, o § 4º do mesmo dispositivo prevê que, nos casos de encampação e de advento do termo contratual, ou seja, quando o Poder Público tiver previsão de que o contrato irá se extinguir, antecipar-se a esse fato, já providenciando o levantamento e a

---

410 DI PIETRO, Maria Sylvia Zanella. *Direito Administrativo*. 15ª ed. São Paulo: Atlas, 2003, p. 281

avaliação necessários para determinar o valor da indenização devida ao concessionário.

Ora, se a Administração passar a ocupar bens que tenham sido constituídos por patrimônio do particular sem ter havido a correspondente amortização pelas receitas do contrato, resta evidente o dever de indenizar, sob pena de configuração de enriquecimento sem causa do Poder Público, em face do particular. Do mesmo modo, também se deve evitar o enriquecimento sem causa do particular em face da Administração. Por essa razão, da leitura do § 5º do art. 6º da Lei n. 11.079/2004, tem-se que os investimentos em bens reversíveis que tenham sido realizados com recursos originados de aportes do Poder Público não deverão ser indenizados.[411]

Contudo, as normas não determinam a metodologia a ser empregada para o cálculo da indenização, havendo apenas uma referência genérica no art. 36 da Lei n. 8.987/1995 de que "a reversão no advento do termo contratual far-se-á com a indenização das parcelas dos investimentos vinculados a bens reversíveis, ainda não amortizados ou depreciados, que tenham sido realizados com o objetivo de garantir a continuidade e atualidade do serviço concedido".

Além de não deixar clara a forma de contabilização dessas "parcelas dos investimentos vinculados a bens reversíveis", o

---

411 Art. 6º, § 2º O contrato poderá prever o aporte de recursos em favor do parceiro privado para a realização de obras e aquisição de bens reversíveis, nos termos dos incisos X e XI do *caput* do art. 18 da Lei n. 8.987, de 13 de fevereiro de 1995, desde que autorizado no edital de licitação, se contratos novos, ou em lei específica, se contratos celebrados até 8 de agosto de 2012. (...)

§ 5º Por ocasião da extinção do contrato, o parceiro privado não receberá indenização pelas parcelas de investimentos vinculados a bens reversíveis ainda não amortizadas ou depreciadas, quando tais investimentos houverem sido realizados com valores provenientes do aporte de recursos de que trata o § 2º. (BRASIL. Casa Civil. *Lei n. 11.079*, de 30 de dezembro de 2004. Disponível em: http://www.planalto.gov.br/ccivil_03/_ato2004-2006/2004/lei/l11079.htm. Acessado em: 20.05.2022).

dispositivo mistura os conceitos de depreciação e amortização. Deve-se ter em mente que, enquanto a amortização é o real mecanismo apto a proporcionar ao particular a recuperação dos valores investidos, a depreciação é uma ficção jurídica que autoriza que os ativos sejam depreciados, ou seja, percam valor (o que, de fato, ocorre em função do desgaste natural), mas de modo contábil, para fins tributários. Portanto, a maioria dos dispositivos normativos relacionados ao tema dos bens reversíveis comete erro ao tratar ambos os institutos de modo semelhante.

2.2 Cálculo da indenização nas concessões rodoviárias

O cálculo da indenização pela reversão de bens pode utilizar diversas metodologias. A despeito de se tratar de tema econômico, é importante compreender dois métodos comumente utilizados para tal avaliação, sendo um deles fundamentado no *custo histórico atualizado* do bem, e o outro baseado no *valor novo* (ou custo corrente) *de reposição*.

O critério do valor novo de reposição considera o valor que deveria ser despendido para adquirir um bem igual quando a concessão é encerrada, o que busca refletir o valor dos investimentos a serem realizados em diferentes momentos. Tal método é adotado pelo marco regulatório do setor de energia.[412] Entretanto, não se mostra como um bom parâmetro, pois está sujeito a variações imprevisíveis e que consideram uma reposição que sequer ocorrerá.

Por outro lado, o custo histórico atualizado consiste em métrica essencialmente contábil que leva em conta o real valor despendido pelo particular, atualizado financeiramente até o momento do encerramento do contrato. O setor de saneamento básico é a

---

412 Nos termos do art. 8º, § 2º de BRASIL. *Lei n. 12.783*, de 11 de janeiro de 2013. Disponível em: https://www.in.gov.br/en/web/dou/-/lei-no-12-783-de--11-de-janeiro-de-2013-30033551. Acessado em: 28.05.2019.

principal referência na adoção desse parâmetro.[413] Veja-se que o debate é antigo, já tendo sido trazido à tona pela doutrina de J. H. Meirelles Teixeira, que já defendia a aplicação do custo histórico atualizado desde 1941:

> (...) o princípio dos investimentos reais, como base de tarifas, não somente toma em consideração as mudanças das condições econômicas, como as resolve da maneira mais justa e consentânea com o interesse público, ao permitir o reajustamento da remuneração do concessionário seja pela modificação na taxa de lucro, seja no próprio custo histórico, mediante índices corretivos, capazes de refletir as alterações nos níveis de preços.
>
> Afastam-se, assim, as prolongadas, repetidas, dispendiosas e hipotéticas "avaliações" do capital físico das empresas, com todos os seus males e gravíssimos inconvenientes para a regulamentação.[414]

Ainda conforme o mesmo autor, estimar o valor de reposição do ativo não faz sentido, porque

> se esse aparelhamento tivesse realmente de ser substituído, sê-lo-ia, sem dúvida, de acordo com o progresso e a técnica atual de execução do serviço, isto é, em condições talvez de maior economia, conforto e segurança. Não, porém, copiando-se o antigo aparelhamento, aos preços atuais.[415]

413 O art. 42 da Lei n. 11.445/2007 determina expressamente que "os valores investidos em bens reversíveis pelos prestadores constituirão créditos perante o titular (...)", remetendo ao custo histórico.

414 TEIXEIRA, J. H. Meirelles. *O problema das tarifas nos serviços públicos concedidos*. São Paulo: Departamento Jurídico da Prefeitura Municipal de São Paulo, 1941, pp. 352/353.

415 TEIXEIRA, J. H. Meirelles. *O problema das tarifas nos serviços públicos concedidos*. São Paulo: Departamento Jurídico da Prefeitura Municipal de São Paulo, 1941, pp. 352/353.

Assim, é evidente que a adoção do método baseado no custo histórico atualizado resulta em algo mais justo e previsível tanto para o concessionário como para o poder concedente, uma vez que o valor a ser pago deverá refletir exatamente o custo financeiro enfrentado pela concessionária. Por outro lado, impõe ao concessionário o dever-responsabilidade de manter atualizados e corretos todos os seus registros contábeis. Afinal, conforme bem pondera Rafael Véras de Freitas,

> se o Poder Público adotar o critério contábil, deverá se utilizar dos registros contábeis da própria concessionária para calcular os valores devidos pelos bens vertidos ao patrimônio público, preocupando-se com a recuperação imediata do investimento, e não com a rentabilidade do projeto.[416]

Passando ao caso específico das concessões rodoviárias, a norma que deveria dispor sobre o tema atualmente é o Decreto n. 4130/2002, cujo art. 3º, XIII, atribui à ANTT a competência para "analisar e classificar, quanto às suas reversibilidades e indenizações, os bens das concessionárias bem como os investimentos autorizados e por elas realizados", enquanto o inciso XIV do mesmo dispositivo determina que sejam tomadas "as medidas para que os investimentos em bens reversíveis sejam contabilizados em contas específicas".

Porém, conforme já explicado, a ANTT não editou norma específica que defina, pelo menos, as balizas a ser consideradas para realização do cálculo, que acabava sujeito à definição pelos instrumentos convocatórios e contratuais, os quais, no mais das vezes, também não estão aptos a resolver o problema de modo apropriado.

---

416 FREITAS, Rafael Véras de. "As prorrogações e a relicitação previstas na Lei n. 13.448/2017: um novo regime jurídico de negociação para os contratos de longo prazo". *Revista de Direito Público da Economia - RDPE*, Belo Horizonte, ano 15, nº 59, jul./set. 2017, pp. 175-199.

Entretanto, há uma boa perspectiva para mitigar isso, a partir da publicação da minuta de resolução submetida recentemente aos procedimentos de participação social (já referida e brevemente analisada anteriormente), que busca suprir essa lacuna e munir o poder concedente com parâmetros mínimos para cômputo da indenização. Nos termos dos seus art. 4º e art. 5º, que poderão vir a disciplinar a metodologia para cálculo, tem-se que:

> Art. 4º O valor da indenização dos bens reversíveis será calculado considerando a base de ativos contábeis e seus ajustes constante da Seção II deste Capítulo, tendo como teto o valor calculado com base na avaliação pelo Plano de Negócios ou EVTEA, descrita na Seção III deste Capítulo.
>
> Art. 5º O mês final utilizado para aplicação das taxas de depreciação ou amortização utilizadas nos cálculos dos valores dos investimentos não depreciados ou amortizados será o mês de extinção do contrato de concessão.

Por sua vez, a conformação da base de ativos contábeis estaria sujeita ao fornecimento, pela concessionária, de uma série de informações necessárias indicadas no art. 3º, com descrição e localização de cada bem, indicando o fundamento para a reversibilidade, a data de início de operação e os documentos relacionados, separando-os pelas categorias de praças de pedágio, Sistemas de Atendimento ao Usuário (SAUs), delegacias e postos da Polícia Rodoviária Federal, ou infraestrutura de trechos e dispositivos rodoviários, sempre disponibilizando o detalhamento do valor contábil de cada um (composto pelo custo de aquisição, além dos necessários para início da operação, com os respectivos comprovantes).[417]

---

417 "Art. 3º Para fins de apurar o valor de indenização eventualmente devido pelo Poder Concedente, a concessionária deverá apresentar informações sobre os bens reversíveis da concessão, contendo dados referentes: I - à descrição de cada bem, com indicação do código patrimonial que lhe tenha sido atribuído individualmente, bem como sua alocação por centro de custo; II - a localização física do bem; III - a fundamentação de sua natureza reversível; IV - a

Assim, nos termos do art. 6º, que trata especificamente do cálculo do valor da base de ativos, o valor da indenização passaria a ser "apurado considerando o seu valor contábil, líquido de impostos, despesas financeiras, depreciação e amortização, nos termos das normas contábeis vigentes, passível de ajustes por verificação independente", ficando certo, nos termos do art. 7º que não seriam indenizados: (i) "despesas financeiras, tributos e juros capitalizados de financiamentos"; (ii) "margem de receita de construção"; (iii) "adiantamento a fornecedores, por serviços ainda não realizados"; (iv) bens e direitos que devam "ser cedidos gratuitamente ao poder concedente nos termos do contrato de concessão"; (v) "valores de quaisquer despesas sem relação com a construção de ativos do sistema rodoviário ou aquisição de bens elencados no artigo 2º", que trata das tipologias de ativos que podem ser considerados como reversíveis; (vi) "valores de custos pré-operacionais, salvo aqueles que comprovadamente representem benefício econômico futuro ao sistema rodoviário".

A resolução passaria a determinar, ainda, que "as taxas de depreciação ou amortização utilizadas serão lineares, considerando

---

data de início da operação do bem; V - o documento fiscal e os contratos relacionados com a aquisição de mercadorias ou prestação de serviços; e VI - a identificação do projeto em que o bem foi ativado.

§ 1º No caso das edificações e obras civis, as informações devem ser segregadas, no mínimo em: I - praças de pedágio; II - Sistemas de Atendimento ao Usuário (SAUs); III - delegacias e postos da Polícia Rodoviária Federal; ou IV - infraestrutura de trechos e dispositivos rodoviários com todos os sistemas viários associados.

§ 2º A concessionária disponibilizará à ANTT o detalhamento do valor contábil de cada ativo, composto pelo valor de aquisição somado aos custos necessários para início de operação, e apresentará cópia das respectivas notas fiscais ou comprovantes de pagamento, que deverão discriminar, no mínimo: I - nome e CNPJ do fornecedor/empresa contratada; II - número da fatura; III - data dos eventos; e IV - valores dos dispêndios". (BRASIL. Agência Nacional de Transportes Terrestres - ANTT. *Resolução n. 5.860*, de 3 de dezembro de 2019. Disponível em: https://www.in.gov.br/web/dou/-/resolucao-n-5.860-de--3-de-dezembro-de-2019-231555799. Acessado em: 23.05.2022).

o prazo entre a entrada em operação do bem e a sua vida útil" (art. 8º), ficando certo, nos termos do parágrafo único do dispositivo, que "no caso da infraestrutura física do trecho rodoviário, a vida útil prevista no *caput* considerará o prazo final da concessão definido em contrato". Destaque-se, ainda, que, consoante o art. 10, haveria reajuste pelo IPCA sobre os valores indenizáveis "a partir da data de entrada em operação do ativo, até o último índice disponível anterior à indenização". Contudo, nos termos do art. 9º, "os valores contábeis de ativo referente a obras em andamento serão indenizados somente se os bens proverem serviços futuros à infraestrutura rodoviária", tendo, ainda, desconto por "eventual custo para reparar deterioração apontada por laudo" (parágrafo único do art. 9º).

A minuta de nova resolução prevê, ainda, uma avaliação de um valor teto para a indenização, com base no Plano de Negócios ou no Estudo de Viabilidade Técnica, Econômica e Ambiental (EVTEA), que considerará como premissas: (i) "o percentual de execução de todos os investimentos previstos no contrato de concessão"; (ii) "o novo prazo da concessão, considerando a sua extinção antecipada"; e (iii) "a exclusão de todos os investimentos não realizados, do início ao fim da concessão" (art. 12). O art. 11 dispõe, ainda, sobre os limites que deverão ser obtidos a partir do FCO ou do EVTEA:

> Art. 11 O valor decorrente da indenização pelos bens reversíveis deverá ser limitado ao valor obtido a partir:
>
> I – do Fluxo de Caixa Original (FCO), nos contratos cujo procedimento licitatório exigiu a entrega de Plano de Negócios; ou
>
> II – do modelo econômico-financeiro dos Estudos de Viabilidade Técnica, Econômica e Ambiental (EVTEA), para as demais situações.
>
> Parágrafo único. Para os investimentos adicionais, decorrentes de alteração no Programa de Exploração Rodoviária

(PER), serão considerados os Fluxos de Caixa Marginais (FCM's) vigentes.

O FCO ou do EVTEA considerarão os itens listados no art. 13, na ordem apresentada,[418] e, nos termos do art. 14, para o cálculo do valor teto, deve-se, ainda, "em cada fluxo de caixa anular o VPL gerado em razão das alterações constantes do item IV do artigo 13", atendendo ao percentual de deságio ofertado pela concessionária quando da licitação e o índice de reajustamento tarifário.[419]

Ante o cenário examinado, vislumbra-se um avanço no setor caso a nova resolução seja realmente aprovada, uma vez que ela definirá as balizas para o cálculo da indenização, adotando o critério apropriado, do custo histórico atualizado, também comumente denominado como critério contábil.

Adicionalmente, há previsão expressa de que, para além da indenização pela reversibilidade, deverão ser considerados eventuais

---

418 "Art. 13 Serão considerados no FCO, ou no EVTEA, conforme o caso, e ainda nos FCM's vigentes, os itens listados abaixo, na ordem apresentada: I - a manutenção dos investimentos previstos inicialmente no contrato de concessão, no percentual de execução apurado; II - a manutenção dos custos operacionais e de investimentos correlatos à operação até o fim do novo prazo da concessão, excluindo os demais custos e investimentos correlatos à operação em prazo superior; III - a recomposição do equilíbrio econômico-financeiro mediante a anulação do Valor Presente Líquido (VPL) gerado no FCO ou EVTEA e nos FCM's, mantendo a taxa de desconto não alavancada de cada fluxo de caixa, obtendo, assim, uma nova Tarifa Básica de Pedágio (TBP); IV - a adequação da depreciação e amortização dos investimentos realizados e aqueles correlatos à operação ao novo prazo da concessão".

419 "Art. 14. Para se obter o valor teto de indenização a partir do FCO ou EVTEA e FCM's, deve-se, em cada fluxo de caixa, anular o VPL gerado em razão das alterações constantes do item IV do artigo 13 desta Resolução, sendo que: I - sobre os valores dos bens indenizáveis obtidos no EVTEA deve ser aplicado o percentual de deságio ofertado pelo concessionário, quando do certame licitatório; e II - sobre os valores dos bens indenizáveis obtidos nos diversos fluxos de caixas deve ser aplicado o Índice de Reajustamento Tarifário (IRT) anual, com vistas à obtenção do valor final de indenização a preços correntes".

desequilíbrios na equação econômico-financeira do contrato,[420] havendo, ainda, possibilidade de pagamento dos valores devidos pelo poder concedente ou pela nova concessionária.[421]

Considerações finais

O setor de concessões rodoviárias vinha, desde as primeiras concessões, seguindo a tendência da maioria dos setores de transferir a obrigação de construir toda a disciplina sobre bens reversíveis no caso a caso a partir do quanto previsto nos instrumentos convocatórios e contratuais, os quais nem sempre traziam tratamento apropriado ao tema, quando não eram omissos.

Diante do cenário de conflitos surgidos em decorrência da baixa normatividade e da possibilidade de haver encerramento antecipado de algumas concessões, fazia-se necessária uma intervenção por parte da ANTT, no sentido de melhor regular não somente a composição do rol de bens reversíveis, como também os parâmetros para cálculo de eventual indenização.

A despeito desse longo período de lacuna normativa, conclui-se que há boas perspectivas de maior segurança jurídica às concessionárias e até mesmo mitigação dos riscos ao poder concedente, diante da recente iniciativa da ANTT de passar a melhor disciplinar o tema, adotando critérios consistentes com os valores contábeis dos bens a serem revertidos ao patrimônio público, bem como partindo de bons parâmetros para a identificação de quais seriam esses bens.

---

420 "Art. 15. Definido o valor de indenização, serão analisados ainda eventuais desequilíbrios econômico-financeiros existentes e demais disposições contratuais e legais, conforme a modalidade de extinção contratual incidente".

421 "Art. 19 O pagamento da indenização calculada nos termos desta Resolução poderá ocorrer diretamente pelo Poder Concedente ou assumido por nova concessionária após efetivação de leilão".

É evidente, porém, que o melhor é a aprovação da resolução e que, a partir dela, tenhamos melhores contratos, com textos que tenham aprendido com a experiência concreta. Direito e cultura, algo que se aperfeiçoa pelo acúmulo das experiências e experimentações. E, na matéria aqui tratada, é evidente que se está ultrapassando o patamar inicial, com os equívocos próprios das primeiras experiências, para um patamar mais sofisticado, onde o investidor em concessões rodoviárias e o poder concedente tenham maior previsibilidade e segurança.

Referências bibliográficas

BRASIL. Agência Nacional de Transportes Terrestres – ANTT. *Audiência Pública n. 003*, de 9 de maio a 24 de junho de 2019. Disponível em: https://participantt.antt.gov.br/Site/AudienciaPublica/VisualizarAvisoAudienciaPublica.aspx?CodigoAudiencia=379. Acessado em: 18.10.2019.

______. Agência Nacional de Transportes Terrestres – ANTT. *Resolução n. 5.860*, de 3 de dezembro de 2019. Disponível em: https://www.in.gov.br/web/dou/-/resolucao-n-5.860-de-3-de-dezembro-de-2019-231555799. Acessado em: 23.05.2022.

______. Casa Civil. *Lei n. 11.079*, de 30 de dezembro de 2004. Disponível em: http://www.planalto.gov.br/ccivil_03/_ato2004-2006/2004/lei/l11079.htm. Acessado em: 20.05.2022.

______. *Lei n. 12.783*, de 11 de janeiro de 2013. Disponível em: https://www.in.gov.br/en/web/dou/-/lei-no-12-783-de-11-de-janeiro-de-2013-30033551. Acessado em: 28.05.2019.

DI PIETRO, Maria Sylvia Zanella. *Direito Administrativo*. 15ª ed. São Paulo: Atlas, 2003.

FREITAS, Rafael Véras de. "As prorrogações e a relicitação previstas na Lei n. 13.448/2017: um novo regime jurídico de negociação para os contratos de longo prazo". *Revista de Direito Público da Economia – RDPE*, Belo Horizonte, ano 15, nº 59, jul./set. 2017.

JUSTEN FILHO, Marçal. *Teoria Geral das concessões de serviços públicos*. São Paulo: Dialética, 2003.

MARQUES NETO, Floriano de Azevedo. “Bens reversíveis nas concessões do setor de telecomunicações”. *Revista de Direito Público da Economia*, Belo Horizonte, nº 8, out./dez. 2004.

______. *Bens públicos*: função social e exploração econômica – o regime das utilidades públicas. Belo Horizonte: Fórum, 2009.

MEIRELLES, Hely Lopes. *Direito Administrativo brasileiro*. 28ª edição. São Paulo: Malheiros, 2003.

PEREIRA, Flávio Henrique Unes; SILVEIRA, Marilda de Paula; COMBAROLLI, Bruna R. “A identificação dos bens reversíveis: do ato ao processo administrativo”. *Fórum Administrativo – FA*, Belo Horizonte, ano 14, nº 165, nov. 2014. Disponível em: http://www.bidforum.com.br/PDI0006.aspx?pdiCntd=219043. Acessado em: 25.09.2017.

TEIXEIRA, J. H. Meirelles. “O problema das tarifas nos serviços públicos concedidos”. São Paulo: Departamento Jurídico da Prefeitura Municipal de São Paulo, 1941.

CAPÍTULO XLII

AS REVISÕES NAS CONCESSÕES RODOVIÁRIAS

Rodrigo Barata

Introdução

Contratos em geral consistem em simplificações da realidade, com o desafio de muitas vezes buscar antever situações que podem ocorrer no futuro. Tome-se qualquer relação contratual como exemplo e dificilmente se verá um cenário sem a necessidade de disciplinar situações que, por ocorrerem após a celebração contratual, estarão sujeitas a mudanças, descumprimentos, eventuais fatores externos e incertos, dentre outras diversas intercorrências imprevisíveis. Da prestação de serviços à locação, do contrato de empreitada à própria compra e venda, porque até esta, mesmo quando consumada no ato da contratação, pode se desdobrar no futuro, como na eventual ocorrência de vícios ocultos. Quando se trata de uma contratação de longo prazo, então, a circunstância fica ainda mais clara.

Lidar com o tempo e os desdobramentos da realidade é, portanto, um desafio das relações contratuais, notadamente as de longo prazo, e isso, tratando-se de contratos onerosos, impacta diretamente no resultado econômico-financeiro percebido pelas partes envolvidas. Na literatura econômica ou de *Law and Economics*, essa constatação está bastante atrelada com os custos de transação,[422] e é nesse contexto que se insere a teoria dos contratos incompletos.[423] Em síntese, como os custos de transação são muito altos para se ter um contrato de longo prazo antevendo todas as circunstâncias passíveis de ocorrência, os contratos tendem a ser

---

422 Coase introduziu o conceito e a teoria dos custos de transação em COASE, Ronald H. "The Problem of social cost". *In*: ______. *The firm, the market and the law*. Chicago: The University of Chicago Press, 1988, pp. 95-156. O conceito é bem ilustrado na seguinte passagem: "In order to carry out a market transaction, it is necessary to discover who it is that one wishes to deal with, to inform people that one wishes to deal and on what terms, to conduct negotiations leading up to a bargain, to draw up the contract, to undertake the inspection needed to make sure that the terms of the contract are being observed, and so on. These operations are often extremely costly, sufficiently costly at any rate to prevent may transactions that would be carried out in a world in which the pricing system worked without cost". Em relações contratuais complexas e de longo prazo, como são as concessões, os custos da contratação são expressivos, desde a fase de preparação dos projetos de concessão, passando pelo processo licitatório, até a redação e cumprimento do contrato. Especificamente em relação à construção de um contrato complexo (como o de concessão), nota-se que o custo da integral previsão de todos os eventos passíveis de enfrentamento torna sua realização praticamente impossível, o que levou ao desenvolvimento da teoria dos contratos incompletos.

423 "Complex contracts are invariably incomplete, and many are maladaptive. The reasons are two: Many contingencies are unforeseen (and even unforeseeable), and the adaptations to those contingencies that have been recognized for which adjustments have been agreed to are often mistaken – possibly because the parties acquire deeper knowledge of production and demand during the contract execution than they possessed the outset (Nelson and Winter, 1982, pp. 96-136). Instrumental gap filling thus is an important part of contract execution. Whether it is done easily an effectively or, instead, reaching successive agreements on adaptations and their implementation is costly makes a huge difference in evaluating the efficacy of contracts". WILLIAMSON, Oliver E. *The economic institutions of capitalism*. Nova York: The Free Press, 1985, p. 178.

incompletos,[424] razão pela qual seu objetivo não deveria ser o de disciplinar exaustivamente tudo que venha a acontecer, mas o de construir um arcabouço sólido e claro que viabilize o tratamento previsível das consequências contratuais quando do surgimento de alguma situação não detalhadamente prevista.[425]

---

424 "These two chapters on credible commitments maintain and develop the view point that private ordering is widely used to govern complex contractual relations. It thus takes issue with the legal centralism tradition. Rather than employ a legal rules approach to contract, the concept of contract as framework is emphasized instead. Disputes are not therefore routinely litigated; contract and courts are used for ultimate appeal (Llewellyn, 1931). Such ultimate appeal affords protection against egregious abuses, of which 'might is right' is an elementary example. But ultimate recourse does not imply a capacity to make frequent and nuanced adjustments in continuing relations so as to restore the parties to a trading position on the shifting contract curve.

Rather than maintain the presumption that the courts 'work well', therefore, the approach taken here acknowledges that court ordering often experiences severe limitations. Since the severity of those limitations varies with the circumstances, a discriminating approach to the study of contract will necessarily acknowledge differing governance capacities and needs. The study of contract is thus appropriately extended beyond legal rules to include a comparative assessment of transactions in relation to alternative governance structures. Of special interest is the use of bilateral governance structures to implement nonstandard contracts where the adaptation and continuity needs of the parties are especially great". WILLIAMSON, Oliver E. *The economic institutions of capitalism*. Nova York: The Free Press, 1985, pp. 203/204.

425 Williamson se vale do conceito formulado por Karl Llewellyn, destacando o seguinte: "The legal literature to which I have reference deals many contract laws, although important labor law contributions have since been made. An especially important contribution is Karl Llewellyn's prescient treatment *What price contract?* in 1931. Llewellyn took exception to prevailing contract law doctrine, which emphasized legal rules, and argued that greater attention should be given to the purpose to be served. Less attention to form and more to substance was thus indicated - especially since being legalistic could sometimes stand in the way of getting the job done. A concept of contract as framework was advanced. Llewellyn distinguished between 'iron rules' and 'yielding rules' (1931, p. 729) and held that '(...) the major importance of legal contract is to provide a framework for wellnigh every type of group organization and for well-nigh every type of passing or permanent relation between individuals and groups (...) - a framework highly adjustable, a framework which almost never accurately indicates real working relations,

Nos contratos de concessão, que são geralmente de longo prazo e, portanto, incompletos – complexos, incompletos e de longo prazo[426] –, o desafio de lidar com o futuro é provavelmente mais acentuado, dentre outras razões, pela própria adoção de um regime jurídico de Direito público[427] na relação contratual,[428] com regras e premissas próprias, as quais ainda enfrentam divergências e dificuldades interpretativas na prática.[429] Além disso, a concessão (especialmente a concessão rodoviária, foco deste trabalho) ainda pressupõe certos elementos que desafiam a previsão do futuro, tais como a necessidade quase sempre presente de se atrelar a viabilidade da própria contratação à uma previsão de demanda pelo serviço público a ser prestado pela concessionária,[430] o dimensionamento

---

but which affords a rough indication around which such relations vary, an occasional guide in cases of doubt, and a norm of ultimate appeal when the relations cease in fact to work (1931, pp. 736/737)'". WILLIAMSON, Oliver E. *The economic institutions of capitalism*. Nova York: The Free Press, 1985, pp. 4/5.

426 NÓBREGA, Marcos. *Direito da Infraestrutura*. São Paulo: Quartier Latin, 2011.

427 FREIRE, André L. *O regime de Direito público na prestação de serviços públicos por pessoas privadas*. São Paulo: Malheiros, 2014.

428 NÓBREGA, Marcos. "Contratos incompletos e infraestrutura: contratos administrativos, concessões de serviço público e PPPs". *Revista Eletrônica e Direito Administrativo Econômico - READAE*, maio/jun./jul. 2009. Disponível em: http://www.direitodoestado.com.br/codrevista.asp?cod=380. Acessado em: 16.10.2021.

429 Apenas para apontar exemplos, entre outras situações existentes, pode-se falar da discussão atual sobre a constitucionalidade da possibilidade de transferência de contratos de concessão (ADI 2946) ou a polêmica quanto à aplicação do regime de recuperação judicial às concessionárias de serviços públicos.

430 "(...) as the failure of some high-profile toll-highway PPPs illustrates, implementing such projects is often not as straightforward as many governments envision. One of the most common factors contributing to these failures is traffic volume (and the resulting toll revenues) that turns out to be significantly different from what was originally forecast. This risk of factual traffic being lower (or higher) than forecast, and the inaccuracy of traffic forecast, is referred as traffic risk. Traffic risk has manifested in many projects, leading

de investimentos que deverão ser realizados em infraestrutura pública e a manutenção de padrões de atualidade dos serviços (ainda mais em período de franco avanço tecnológico em todas as áreas de conhecimento) – tudo isso balanceado com o montante que a concessionária poderá cobrar pelos serviços públicos que prestará.

Não por outra razão, já é reconhecido na doutrina[431] que contratos de concessão estão sujeitos à mutabilidade, ou seja, não

---

to numerous financially distressed toll-road assets, which in turn have led to high-profile bankruptcies, renegotiations, and government bailouts. More profoundly, due to these failures, private financers are now significantly more cognitive of traffic (and revenue) risk and have become increasingly more risk averse towards Highway PPP projects. Many financiers will now only support projects that provide them with significant shelter from the risk of lower traffic or that allocate these risks entirely to the government. In today's project-finance market, financiers thar are overly exposed to the risk will either add significant risk pricing to their financing or choose not to invest in the project at all (i.e., capital flight)". BULL Matt; MAUCHAN, Anita; WILSON, Lauren. *Toll-roads PPPs*: identifying, mitigating and managing traffic risk. Washington: PPPIAF, 2017, p. 5.

431 "(...) os serviços públicos podem e devem ser adaptados, alterados, de acordo com as necessidades cambiantes do público, seguindo as exigências de interesse geral. Os serviços públicos devem seguir a mudança das circunstâncias, acompanhar a sua evolução: as prestações ofertadas aos usuários devem aumentar sem cessar em quantidade e melhorar em qualidade, em obediência à lei do progresso aplicável aos serviços públicos. Este princípio implica 'uma constante plasticidade do serviço público', pois as necessidades de interesse geral são eminentemente variáveis no tempo e no espaço. Pode, assim, ser invocado e se aplicar tanto no caso de mudança das circunstâncias de fato, quanto nos casos de mudança do Estado de Direito. No primeiro caso, a pessoa pública responsável pelo serviço público pode redimensioná-lo e, em decorrência, modificar a regulamentação ou as condições de execução do contrato. No segundo caso, a pessoa pública responsável pode proceder da mesma maneira, cabendo-lhe arcar com as consequências destas mudanças em matéria contratual". GROTTI, Dinorá A. M. *O serviço público e a Constituição brasileira de 1988*. São Paulo: Malheiros, 2003. Vide também ROLT, Amanda P.; BERTOCCELLI, Rodrigo. "Modelagem contratual para o equilíbrio econômico-financeiro em concessões". *In*: TAFUR, Diego J. V.; JURKSAITIS, Guilherme J.; ISSA, Rafael H. (Coord.). *Experiências práticas em concessões e PPP*: estudos em homenagem aos 25 anos da lei de concessões - volume 2. São Paulo: Quartier Latin, 2001, pp. 331-342.

só podem, mas devem se adequar ao longo de sua execução às reais necessidades pelo serviço e infraestrutura que o suportam. Este é um desafio que não se restringe aos aspectos jurídicos, mas atinge a viabilidade e o equilíbrio econômico-financeiro da concessão, assim como as análises e padrões técnicos adotados. Isto é, a depender da medida de alteração que a realidade demande ao contrato, pode-se ter impactos de ordem significativa na relação originalmente pactuada.[432] Um exemplo de fácil intuição que deverá ser enfrentado em breve pelo setor rodoviário é o da implementação da Lei n. 14.157/21, que, em suma, adota o modelo conhecido como *free flow* (livre passagem, nos termos da lei)[433] para as concessões rodoviárias, disciplinando a cobrança de tarifas sem a necessária adoção de pedágios do modelo de barreira (tais quais hoje utilizados), assim como a possibilidade de cobrança pelo trecho efetivamente percorrido pelo usuário na rodovia. Essa mudança, caso intentada nas concessões rodoviárias vigentes, poderá trazer efeitos relevantes aos contratos em andamento.[434]

---

432 MARQUES NETO, Floriano P. de A. "Reajuste e revisão nas parcerias público-privadas revisitando o risco nos contratos de delegação". *In*: SOUZA, Mariana C. *Parceria público privada*: aspectos jurídicos relevantes. São Paulo: Quartier Latin, 2008, pp. 53-85. Cf. também: GUIMARÃES, B. S. "Os contratos de concessão como técnica de efetivação de benefícios sociais e os reflexos no seu equilíbrio econômico-financeiro". *In*: TAFUR, Diego J. V.; JURKSAITIS, Guilherme J.; ISSA, Rafael H. (Coord.). *Experiências práticas em concessões e PPP*: estudos em homenagem aos 25 anos da lei de concessões - volume 2. São Paulo: Quartier Latin, 2001.

433 "Art. 1º. (...) § 1º Para os fins desta Lei, considera-se sistema de livre passagem a modalidade de cobrança de tarifas pelo uso de rodovias e vias urbanas sem necessidade de praças de pedágio e com a identificação automática dos usuários". BRASIL. *Lei n. 14.157*, de 1º de junho de 2021. Disponível em: http://www.planalto.gov.br/ccivil_03/_ato2019-2022/2021/Lei/L14157.htm. Acessado em: 24.05.2022.

434 Veja-se, nesse sentido, a redação do § 3º do mesmo Art. 1º da Lei n. 14.157/21, apontando para uma necessária adaptação e revisão dos contratos vigentes: "Para os contratos de concessão de rodovias e vias urbanas firmados anteriormente à publicação desta Lei nos quais não seja possível implementar o sistema de livre passagem, a regulamentação prevista no § 2º deste artigo deverá prever a possibilidade de celebração de termo aditivo

Ocorre que, atualmente, embora se trabalhe com tarifas quilométricas na maioria das rodovias pedagiadas, a cobrança em praças do tipo barreira leva ao estabelecimento de trechos de cobertura de cada praça, ou seja, a cada vez que o usuário atravessa uma praça de pedágio e paga a tarifa ali praticada, ele paga, em tese, pela possibilidade de percorrer um determinado segmento da rodovia, utilizando aquele segmento no todo ou em parte. Assim, as praças de pedágio são estudadas e posicionadas de modo a capturar o número de veículos que passará por aquela localidade (da localização da praça), o que se reflete nos estudos de demanda realizados e nas próprias projeções de receita para a concessionária. Tudo isso, não é demais destacar, compõe um núcleo fundamental para a compreensão da viabilidade econômico-financeira da concessão em si.

Com a introdução do *free flow*, será necessário trabalhar com outros conceitos, desde os estudos para a concessão até sua avaliação de viabilidade, dado que a receita da concessionária deverá ser projetada pela estimativa de quilometragem rodada pelos usuários na malha rodoviária concedida, multiplicada pela tarifa quilométrica praticada e não mais pela perspectiva de veículos que passam por determinada praça de pedágio. Isso tende a tornar a tarifa mais justa aos usuários, mas também agrega bastante complexidade aos estudos de viabilidade das concessões e pode, eventualmente, implicar algumas incertezas iniciais na implantação dessas novas metodologias. Assim, se isso será um desafio para novos contratos, imagine-se na tentativa de aplicação desses conceitos em contratos vigentes, nos quais o equilíbrio contratual estava fundado em modelo distinto de cobrança (e bases de estudo diversas)? Os desafios jurídicos, técnicos e econômico-financeiros

---

para viabilizar a concessão de benefícios tarifários a usuários frequentes, os quais serão condicionados e limitados ao abatimento de tributos municipais incidentes sobre a receita de exploração da rodovia".

serão numerosos e seu acompanhamento merecerá bastante atenção dos estudiosos, da academia, do mercado, Estado e reguladores.[435]

Mas o foco deste trabalho não é o *free flow*, apresentado como mero exemplo do tamanho que uma demanda de revisão contratual pode tomar. A proposta aqui é discutir a disciplina das revisões contratuais, especialmente nos contratos de concessão rodoviária, abordando as formas de regramento das revisões, seus escopos e características, assim como, ao final, trazer os desafios que essa metodologia traz às partes contratuais e aos reguladores, tentando apontar para caminhos a serem estudados e debatidos no intuito de aprimorar e estabelecer efetivas bases de revisão para o setor rodoviário.

1 De que revisão estamos falando?

As revisões, na forma como se pretende abordar e estudar o tema, são instrumentos que permitem a alteração de algum elemento da estrutura contratual,[436] a fim de promover a própria

---

435 Uma pequena experiência dessa complexidade pode ser extraída do projeto Ponto a Ponto (Disponível em: http://www.artesp.sp.gov.br/Style%20Library/extranet/rodovias/sistema-ponto-a-ponto.aspx) conduzido pela Agência de Transportes do estado de São Paulo - ARTESP, nos lotes rodoviários concedidos às Concessionárias Rota das Bandeiras, Colinas e Renovias. Em todos esses casos, o projeto Ponto a Ponto foi introduzido ao longo da execução contratual, o que gerou um desequilíbrio contratual em favor das concessionárias. Não se quer dizer que o projeto é ruim, pelo contrário, muito menos que a geração de um desequilíbrio contratual seja um problema. O ponto aqui é que a mudança, ainda que parcial nesses casos, em um elemento central da estrutura da concessão ao longo da execução contratual, pode gerar diversos desafios e impactos, devendo ser bem estudada e acompanhada. Além disso, deve-se evitar mudanças bruscas em elementos centrais da concessão, especialmente quando da imprevisibilidade de seus resultados.

436 "Além da revisão voltada especificamente à tarifa e outras formas de remuneração da concessionária, existe a denominada revisão contratual, que busca rever algumas premissas utilizadas na estruturação do projeto quando da sua licitação, de maneira a adequar as condições de execução do contrato e garantir a sua própria exequibilidade, mantendo o equilíbrio econômico-financeiro. Essa situação pode exigir modificações da avença

regulação. Assim, a compreensão de cada setor e serviço específico, bem como da forma de regulação exercida, interfere diretamente na compreensão e discussão das revisões. Na medida em que a proposta aqui é discutir as revisões no âmbito das concessões rodoviárias, não se explorará detidamente a utilização do instituto sob outras estruturas de regulação.

O primeiro ponto que se propõe questionar é: o que são as revisões objeto deste estudo? Esse é um questionamento importante para evitar confusões sobre o tema a ser tratado. Assim como apontado acima, a revisão que se pretende discutir consiste em um instrumento contratual que estabelece a forma de alteração do contrato de concessão. A definição inicial é ampla, porque não há na legislação específica qualquer regramento da revisão como aqui pretendida. Existem, de fato, diversas disposições legais sobre alteração de contratos, bem como em relação às revisões tarifárias.[437]

As alterações contratuais são mais simples, com sua base normativa estabelecida na legislação geral sobre licitações e contratos administrativos (antigamente, a Lei n. 8.666/93, agora a Lei n. 14.133/21 – as disposições gerais pouco divergem em ambas as leis). Em suma, o contrato administrativo pode ser alterado de forma unilateral, pela Administração Pública, ou por acordo entre as partes. Cabe destacar que a consensualidade neste acordo para alteração contratual, nem sempre é ampla como em uma relação privada.[438] Isso pode ser constatado na própria legislação, dado que, no contexto da alteração contratual por acordo, indica que

---

originalmente contratada". MASTROBUONO, Cristina M. W. "A revisão ordinária nos contratos de concessão e parcerias público-privadas". *Revista da Procuradoria Geral do Estado de São Paulo*, n° 89, jan./jun. 2019, p. 52.

437 MASTROBUONO, Cristina M. W. "A revisão ordinária nos contratos de concessão e parcerias público-privadas". *Revista da Procuradoria Geral do Estado de São Paulo*, n° 89, jan./jun. 2019, pp. 41-64.

438 NERY, A. R. "Consensualismo e interpretação dos contratos administrativos". *In*: PIETRO, Maria S. Zanella (Coord.). *Direito privado administrativo*. São Paulo: Atlas, 2013, pp. 84-100.

a promoção do reequilíbrio econômico-financeiro dos contratos se dê por meio de alteração enquadrada neste conceito (por acordo). No entanto, o processo de recomposição do equilíbrio econômico-financeiro dos contratos não é, em regra, um processo para instituição de um acordo, mas um processo que visa à quantificação objetiva do desequilíbrio contratual e à promoção da compensação (reequilíbrio), geralmente sob determinação e a critério da Administração Pública.[439]

439 Um exemplo contratual que evidencia este conceito está nos contratos mais recentes realizados no Programa de Concessões Rodoviárias do Estado de São Paulo. Na Cláusula 23 do Contrato de Concessão do Lote 30, denominado Piracicaba-Panorama, pode-se verificar que há situações nas quais o poder concedente determina a forma de recomposição do equilíbrio econômico-financeiro do contrato, inexistindo margem para acordo. Apenas em algumas formas menos ortodoxas de recomposição do equilíbrio contratual é que há necessidade de concordância da concessionária. "23.1. O Poder Concedente terá a prerrogativa de escolher a modalidade pela qual será implementada a recomposição do equilíbrio econômico-financeiro do Contrato, em especial, mas não exclusivamente, dentre as seguintes modalidades:

i. Prorrogação ou redução do Prazo da Concessão;

ii. Revisão no valor da Tarifa Quilométrica;

iii. Ressarcimento ou indenização;

iv. Alteração do Plano Original de Investimentos ou do Plano de Investimentos vigente;

v. Revisão dos valores de Outorga fixa ou variável;

vi. Combinação das modalidades anteriores ou outras permitidas pela legislação, a critério do Poder Concedente e observada a Cláusula 23.2.

23.2. Além das modalidades listadas na Cláusula 23.1, a implementação da recomposição do equilíbrio econômico-financeiro do Contrato também poderá se dar pelas seguintes modalidades, nestes casos dependendo de prévia concordância da Concessionária:

i. Dação em pagamento de bens e/ou cessão de receitas patrimoniais;

ii. Assunção pelo Poder concedente de custos atribuídos pelo Contrato ao Concessionário;

iii. Exploração de Receitas Acessórias para além do prazo de vigência do Contrato de Concessão e/ou alteração nos padrões de compartilhamento de Receitas Acessórias;

A revisão tal qual ora proposta é, nesse sentido, um instrumento de origem contratual fundado nas previsões da legislação geral de contratos administrativos, porque a partir de tais disposições genéricas, o próprio contrato (ou a regulação) estabelece momentos e procedimentos para que a alteração contratual se promova (geralmente de forma consolidada e periódica).

O segundo aspecto que gostaria de destacar é a reflexão sobre a distinção da revisão contratual aqui discutida para a revisão tarifária, prevista em lei e praticada em setores como o de energia elétrica (distribuição), saneamento básico (água e esgoto, mas não de forma generalizada) e distribuição de gás canalizado. Esse ponto talvez mereça um pouco mais de atenção, posto que a legislação trata exclusiva e expressamente da revisão tarifária, não da contratual, o que por vezes leva à confusão sobre o tema.[440] A legislação de concessões estabelece a revisão tarifária como um procedimento voltado à manutenção do equilíbrio econômico-financeiro da concessão, por meio do ajuste na tarifa cobrada pelo concessionário, em função de alterações nas condições do serviço concedido. É, então, um mecanismo de alteração de valores tarifários. Geralmente estabelecidas nos setores que contam com regulação discricionária,[441]

---

iv. Combinação das modalidades anteriores ou outras permitidas pela legislação".

440 A Lei n. 8.987/95 traz a seguinte disciplina: "Art. 9º A tarifa do serviço público concedido será fixada pelo preço da proposta vencedora da licitação e preservada pelas regras de revisão previstas nesta Lei, no edital e no contrato. (...).

§ 2º Os contratos poderão prever mecanismos de revisão das tarifas, a fim de manter-se o equilíbrio econômico-financeiro". BRASIL. *Lei n. 8.987*, de 13 de fevereiro de 1995. Disponível em: http://www.planalto.gov.br/ccivil_03/leis/l8987cons.htm. Acessado em: 24.05.2022.

441 "Segue daí o surgimento de duas modalidades de regulação de contratos de infraestrutura: a regulação discricionária (*discretionary regulation*) e a regulação por contrato (*regulation by contract*). A primeira tem por desiderato estabelecer uma estrutura de custos para o agente regulado, a ser remunerada, por determinada taxa de rentabilidade. Utilizando-se de tal metodologia, se estabelece uma remuneração pelos investimentos realizados e/ou previstos

com as revisões tarifárias, o regulador pretende emular a competição no mercado, ou seja, busca-se criar regramentos e mecanismos que trabalham para o alinhamento entre as tarifas praticadas na prestação do serviço público e os custos de uma prestação eficiente dos serviços. A regulação, portanto, se dá por ajustes periódicos nos valores tarifários praticados, em função da apuração do que seriam os custos ideais ou eficientes na prestação dos serviços, caso realizada em mercado competitivo.

No contexto das concessões rodoviárias trabalha-se no Brasil com a regulação por meio de contrato.[442] [443] Neste modelo,

(*Capex Capital Expenditure - CAPEX*) e pelos custos operacionais incorridos e/ou previstos (*Operational Expenditure - OPEX*). Trata-se de uma modalidade de regulação que tem por objetivo primeiro interditar que o agente monopolista cobre preços supracompetitivos, por intermédio da simulação de um mercado competitivo (*competitivo in the market*)". (FREITAS, Rafael Véras; ROGOGINSKY, F. "Incompletude, regulação contratual e equilíbrio econômico-financeiro em contratos de concessão: ainda a teoria da imprevisão?" *In*: TAFUR, Diego J. V.; JURKSAITIS, Guilherme J.; ISSA, Rafael H. (Coord.). *Experiências práticas em concessões e PPP*: estudos em homenagem aos 25 anos da lei de concessões - volume 2. São Paulo: Quartier Latin, 2001, pp. 402/403). E "A Regulação Discricionária tem como objetivo alinhar os preços regulados aos custos eficientes de prestação do serviço ao longo do tempo. Por isso, além do reajuste inflacionário anual dado pela fórmula (1), o preço-teto Pt é reposicionado periodicamente na RTP. A intenção é estimar custos que seriam obtidos em um mercado competitivo. Por esse motivo, diz-se que na Regulação Discricionária há *Competition in the Market*, já que ela procura simular em cada RTP os preços gerados em um mercado competitivo". (CAMACHO, Fernando T.; RODRIGUES, Bruno da C. Lucas. "Regulação econômica de infraestruturas: como escolher o modelo mais adequado?" *Revista do BNDES*, jun. 2014, p. 261. Disponível em: http://web.bndes.gov.br/bib/jspui/handle/1408/2572. Acessado em: 24.05.2022).

442 Note-se que, muito embora existam mecanismos de revisão com impacto direto nas tarifas praticadas em algumas concessões rodoviárias - notadamente no modelo federal, liderado pela Agência Nacional de Transportes Terrestres -, a regulação não se torna discricionária, seguindo o conceito da regulação contratual, apenas com a utilização de mecanismos de ajuste tarifário para concretizar a regulação realizada.

443 "A regulação por contrato (*regulation by contract)*, por sua vez, tem lugar pelo estabelecimento, *ex ante*, após a realização do leilão, dos custos que serão

a competição se dá pelo mercado e o papel da documentação contratual e da estrutura de leilão ganham muita relevância.[444] Na regulação contratual, a principal função do regulador é assegurar o cumprimento do contrato. Assim, não somente fiscaliza o estrito cumprimento das obrigações por parte da concessionária (como as de investimentos ou atendimento aos níveis de serviço, regras de conforto ou comodidade), mas também visando assegurar o equilíbrio econômico-financeiro da contratação. Para tanto, pode se valer de alguns mecanismos legalmente determinados, como aplicação de sanções; indicadores de desempenho, fatores e descontos tarifários; reajustes tarifários; alterações (ou revisões) das tarifas ou alteração no próprio contrato.

---

incorridos pela firma. Em resumo, essa modalidade de regulação contratual estabelece, desde a modelagem inicial, uma variação do preço obtido no âmbito do procedimento licitatório: (i) pelo reajuste anual; (ii) pelo estabelecimento de uma adequada matriz de riscos contratuais; (iii) pelo estabelecimento de níveis qualitativos de serviços; (iv) pela previsão de obrigações de investimentos, dentre outros arranjos contratuais. Por meio dessa modalidade, se estabelece que a formação do 'preço' se dará pela exploração do monopólio natural, diante da competição pelo mercado (*competitive for the market*)". (FREITAS, Rafael Véras; ROGOGINSKY, F. "Incompletude, regulação contratual e equilíbrio econômico-financeiro em contratos de concessão: ainda a teoria da imprevisão?" *In*: TAFUR, Diego J. V.; JURKSAITIS, Guilherme J.; ISSA, Rafael H. (Coord.). *Experiências práticas em concessões e PPP*: estudos em homenagem aos 25 anos da lei de concessões - volume 2. São Paulo: Quartier Latin, 2001, p. 403). Na sequência, os autores seguem indicando o setor rodoviário como um em que se vê a regulação por contrato e traçando algumas de suas características elementares.

444 "A Regulação por Contrato, como o próprio nome indica, procura especificar *ex ante* em contrato as principais regras que regerão a parceria pública e privada. De partida, são estabelecidos para todo o período do contrato, por exemplo, o preço-teto inicial por serviço e a regra de reajuste anual, investimentos obrigatórios e gatilhos de investimento, o nível mínimo de qualidade a ser atendido, a alocação de riscos entre o público e o privado e as regras para reequilíbrio econômico-financeiro do contrato". (CAMACHO, Fernando T.; RODRIGUES, Bruno da C. Lucas. "Regulação econômica de infraestruturas: como escolher o modelo mais adequado?" *Revista do BNDES*, jun. 2014, p. 270. Disponível em: http://web.bndes.gov.br/bib/jspui/handle/1408/2572. Acessado em: 24.05.2022).

A discussão aqui proposta está voltada à revisão no âmbito de serviços públicos concedidos sob uma estrutura de regulação contratual. Isso se mostra importante, porque, tendo em vista as diferentes premissas sobre as quais se sustentam os modelos de regulação discricionária e contratual, a utilização das revisões demanda preocupações específicas sob cada um dos modelos. Na regulação discricionária, como mencionado, o objetivo é alinhar as tarifas aos custos eficientes da prestadora dos serviços. O procedimento, portanto, considera a apuração de custos, emulação de cenários de eficiência, com ajuste final na tarifa a ser praticada. Já na regulação contratual, o escopo é assegurar o cumprimento das condições contratuais previamente estabelecidas, de forma que a revisão se apresenta como o mecanismo de tratamento de desequilíbrios econômico-financeiros e de alterações e disposições contratuais.

Na medida em que já se reconhece que a regulação contratual, muito embora busque reduzir o custo regulatório e a atuação discricionária do regulador, deve encarar a realidade, que impede considerar contratações – notadamente de longo prazo – rígidas e imutáveis, o desenvolvimento de procedimentos adequados de revisão parece ficar evidente. Por outro lado, a regulação contratual pode estar sujeita à abertura de ampla renegociação contratual.[445] Diante disso, mostra-se já relevante a discussão de um mecanismo

---

445 "Contract renegotiation may be justifiable when the environment changes, new information arises, or design errors are discovered. In these cases, all parties, including the public, may gain from renegotiation. In other cases, however, the only reason to modify the contract is to favor either the procuring authority (in the case of expropriation of the PPP, for example) or the project sponsor (by helping a failing project, offering a term extension, or lowering the technical standards) - or both these parties at the expense of users or taxpayers. In practice, it is difficult to discriminate between justifiable and unjustifiable renegotiations. Even when renegotiations are justifiable, the resulting agreement may not be fair, given thar renegotiations occur in a situation of bilateral monopoly. (ENGEL, Eduardo; FISHER, Ronald D.; GALETOVIC, Alexander. *The economics of public-private partnerships*: a basic guide. Nova York: Cambridge University Press, 2014, p. 122). O capítulo 7 da obra é dedicado ao tema das renegociações e apresenta de

contratual de revisão preestabelecido, definindo procedimentos, escopos, periodicidade e formas de promoção das revisões contratuais.

As revisões não formam um conceito único e específico que dele se possa extrair uma forma singular de sua promoção e implementação. São diversas as abordagens tecnicamente sólidas para promover revisões, assim como seu escopo também pode variar bastante. Os casos a serem analisados abaixo deixam isso claro, porque demonstram duas abordagens distintas para a revisão contratual em programas de concessão rodoviária no país. Enquanto o programa federal busca concentrar a revisão sobre a determinação da tarifa (ou o resultado tende a ser sempre ajustado no valor tarifário praticado), o programa paulista tem maior maleabilidade na aplicação dos efeitos econômico-financeiros da revisão.[446]

Antes, contudo, retoma-se a importância atribuída à compreensão do setor objeto de regulação para que o desenho dos instrumentos de revisão contratual se adéque às necessidades efetivas do serviço concedido. No caso rodoviário, assume-se a hipótese que os casos mais recorrentes de discussão para alteração ou reequilíbrio contratuais decorrem de: (i) alterações de cronograma de investimentos (ou seja, atrasos ou antecipações de cronograma); (ii) inclusão de novos investimentos sob responsabilidade da concessionária; (iii) alterações em relação aos investimentos a cargo da concessionária (alteração de escopo, exclusão, acréscimo ou supressão quantitativos etc.) ou dos serviços prestados; e (iv) alterações unilaterais ou fatores externos (alteração de tributação, exigência de novos requisitos para prestação dos serviços, dentre outros).

---

forma clara os riscos envolvidos neste instrumento, ilustrando com diversos exemplos concretos.

446 Na análise sobre o equilíbrio nas concessões, Leticia Lins de Alencar indica que São Paulo se utilizou de mecanismo não tarifário para promoção de desequilíbrio contratual decorrente de não repasse do reajuste apurado às tarifas rodoviárias. (ALENCAR, Leticia L. de. *Equilíbrio na concessão*. Belo Horizonte: Fórum, 2019, pp. 249/250).

Nesse contexto, o que se poderá notar é que, tanto no modelo federal de revisão contratual quanto no modelo desenvolvido no estado de São Paulo, os procedimentos e instrumentos adotados tendem a focar no tratamento de tais situações de maior ocorrência, buscando, sob estratégias regulatórias distintas, porém válidas e interessantes, tornar a regulação mais eficiente e a execução contratual alinhada à realidade e às necessidades existentes.

2 Avaliação da disciplina das revisões ordinárias

Neste tópico, serão analisados os tratamentos conferidos pelos programas federal e estadual de São Paulo de concessões rodoviárias, buscando comparar e discutir as estratégias regulatórias adotadas por cada agência reguladora (ANTT e ARTESP).

No caso federal, foram analisados exemplos de contrato de cada uma das rodadas de concessões do programa federal, assim como as principais normas que disciplinam as revisões no âmbito da ANTT. Em relação aos contratos, pode-se resumir que:

Rodada	Contrato analisado	Localização	Tratamento
1ª	Ponte Rio-Niterói Nova Dutra	Capítulo III, Seção IV, Subseção III	Trata de revisão apenas da tarifa e realizada circunstancialmente, para promoção do equilíbrio contratual.
2ª	Fernão Dias	Capítulo VI Clausulas 6.39-6.42	Trata a revisão tarifária como na 1ª rodada, acrescentando os conceitos de revisão ordinária (para implementação do reajuste tarifário), revisão extraordinária (para lidar com caso fortuito, força maior, ocorrência superveniente ou fato da administração) e revisão quinquenal *com intuito de reavaliar o PER em relação a sua compatibilidade com as necessidades advindas da dinâmica da Rodovia.*
3ª	MGO	Cláusulas 18.4 e 18.5	Trata a revisão ordinária como procedimento prévio ao reajuste tarifário, visando determinar os fatores relacionados à inflação, qualidade, eficiência e indicadores de serviço para implementação do reajuste. Já a revisão extraordinária é disciplinada como mecanismo de ajuste na tarifa para recomposição do equilíbrio econômico-financeiro do contrato.

4ª	RIS	Cláusulas 17.6-17.8	Trata a revisão ordinária com procedimento prévio ao reajuste tarifário, visando determinar os fatores relacionados à inflação, qualidade, eficiência, indicadores de serviço e ajustes do fluxo de caixa marginal para implementação do reajuste. Já a revisão extraordinária é disciplinada como mecanismo de ajuste na tarifa para recomposição do equilíbrio econômico-financeiro do contrato.
Novos Contratos	Eco Cerrados	Cláusulas 17.4-17.6	Trata a revisão ordinária com procedimento prévio ao reajuste tarifário, visando determinar os fatores relacionados à inflação, qualidade, eficiência, indicadores de serviço e ajustes do fluxo de caixa marginal para implementação do reajuste. Já a revisão extraordinária é disciplinada como mecanismo de ajuste na tarifa para recomposição do equilíbrio econômico-financeiro do contrato.

Em relação às normas editadas pela ANTT, são duas as que merecem maior destaque: a Resolução n. 675/04, considerando suas alterações, especialmente as promovidas pela Resolução n. 5.172/16, que trata das revisões ordinárias, extraordinárias e quinquenais, e a Resolução n. 5.859/19, que disciplina o procedimento de inclusão, exclusão, alteração e reprogramação de obras e serviços no âmbito das revisões quinquenais promovidas pela ANTT.

A Resolução ANTT n. 675/04 tem como principal função definir o escopo de cada tipo de revisão prevista na regulação, isto é, (i) a revisão ordinária, promovida anualmente, *por ocasião dos reajustes tarifários*, na qual, além da recomposição inflacionária, são ajustados a receita da concessionária, valores tarifários e aplicadas as repercussões das modificações nos cronogramas de investimento; (ii) a revisão extraordinária, destinada à recomposição do equilíbrio econômico-financeiro em situações de força maior, caso fortuito, fato da administração, fato do príncipe, alteração unilateral do contrato, situações emergenciais ou que resultem em alteração dos encargos da concessionária ou comprometam sua solvência ou continuidade da prestação dos serviços; e a (iii) revisão quinquenal, destinada à alteração do PER.

Em termos de procedimento, contudo, a norma da ANTT é bastante contida e limita-se a indicar que o procedimento considerará: (i) a apuração das informações necessárias; (ii) a comunicação à concessionária dos resultados preliminares, para que se manifeste em 15 dias; e (iii) a consolidação e apropriação dos impactos econômico-financeiros.

Já a Resolução ANTT n. 5.859/19 prevê um procedimento mais detalhado para a revisão quinquenal, contemplando seis fases:

> Levantamento de necessidades: superintendência competente deve promover o levantamento das necessidades de alteração do PER, a partir de informações recebidas ou identificadas ao longo do ciclo contratual em encerramento;

Apresentação da proposta: apresentação pela concessionária de sua proposta de revisão do PER, o que deverá ocorrer com até 22 meses de antecedência à data da revisão;

Método multicritério: avaliação e ordenação dos itens e propostas de alteração do PER, de acordo com a metodologia disposta no Anexo à Resolução;

Atualização e complementação de estudos: adequação da proposta de revisão ordinária do PER de acordo com resultados da análise referida no item anterior;

Análise de contribuições: promoção de audiência e consulta públicas para recebimento de contribuições e eventual ajuste na proposta de revisão do PER;

Deliberação e recomposição do equilíbrio: manifestação conclusiva sobre a proposta e implementação de seu conteúdo mediante celebração de termo aditivo ao contrato de concessão.

Pode-se notar que o modelo de regulação das concessões rodoviárias do governo federal, promovido pela ANTT, concentra o foco da promoção dos ajustes contratuais na alteração do valor da tarifa praticada pelas concessionárias, exceto para as revisões quinquenais, focadas na modificação do PER, isto é, no ajuste (inclusão, exclusão, alteração de escopo) nos investimentos programados para a concessionária.

A estrutura de revisões adotada nas concessões federais poderia ser sintetizada da seguinte maneira: todo o efeito financeiro dos ajustes contratuais é implementado anualmente, por meio das revisões ordinárias e dos procedimentos de reajuste tarifário. A ANTT, portanto, trata como reajuste tarifário um processo de amplitude maior, que compreende a implementação de reequilíbrios contratuais incidentes na tarifa praticada pelas concessionárias, ajustes decorrentes de fluxo de caixa marginal existente, efeitos financeiros dos atrasos ou antecipações de investimentos e à incidência de fatores de desempenho, qualidade e eficiência da concessionária. O chamado reajuste, desse modo, não se limita aos efeitos inflacionários. Além disso, as revisões extraordinárias se destinam ao tratamento de fatores extraordinários sobre a concessão. E as revisões quinquenais, como apontado acima, discutem alterações no PER.

No estado de São Paulo, por outro lado, optou-se por tratar o reajuste tarifário de forma inicialmente isolada, apenas com a incidência anual do índice inflacionário adotado sobre a tarifa praticada. Nos contratos mais recentes, contudo, foram introduzidos fatores referentes aos indicadores de desempenho e aos atrasos de obras no contexto do reajuste. As revisões, por sua vez, representam as alterações contratuais, podendo ocorrer de forma extraordinária (excepcional e circunstancial) ou ordinária (periódica e abrangente). Os resultados financeiros das revisões no contexto paulista não são necessariamente aplicados sobre as tarifas praticadas, podendo-se adotar todos os meios de recomposição do equilíbrio econômico-financeiro permitidos pelo contrato.

Rodada	Contrato analisado	Localização	Tratamento
1ª	AutoBan	Cláusula 25.3	Apenas menciona a revisão tarifária extraordinária como uma modalidade de recomposição do equilíbrio econômico-financeiro do contrato.
2ª	CART	Cláusula 25.3	Menciona a revisão tarifária como uma modalidade de recomposição do equilíbrio econômico-financeiro do contrato.
3ª	PPP Tamoios	Cláusulas 29.12 e 29.13	Estabelece uma revisão quadrienal para ajuste do Plano de Investimento, do Cronograma Físico-Financeiro e dos Indicadores de Desempenho. Revisões extraordinárias para ajuste do contrato às *mudanças, alterações ou condições que venham a influenciar* seu cumprimento.
4ª	Piracicaba-Panorama	Cláusulas 24 e 25	Estabelece uma revisão quadrienal para ajuste do Plano de Investimento, do Cronograma Físico-Financeiro e dos Indicadores de Desempenho. Revisões extraordinárias quando *da materialização concreta ou iminente de evento cujas consequências sejam suficientemente gravosas a ponto de ensejar a necessidade de avaliação e providências urgentes.*

Os contratos da 4ª rodada do Programa de Concessões de Rodovias do Estado de São Paulo marcam um momento importante na discussão das revisões contratuais, pois construíram um procedimento detalhado de implementação das revisões ordinárias. Com isso, elevaram as revisões ordinárias a um dos principais – se não o principal – mecanismos regulatórios para as concessões rodoviárias do estado.

O regramento da revisão ordinária nos contratos paulistas compreende (com base na Cláusula Vigésima Quarta do Contrato do Lote Piracicaba-Panorama):

> O recebimento, avaliação, processamento e priorização técnicas de demandas e adequações na concessão;
>
> A priorização de investimentos, adequações ou intervenções;
>
> A realização de audiências públicas para obtenção de subsídios e aprimoramento da proposta;
>
> A aprovação de novos investimentos, adequações e intervenções;
>
> A orçamentação e mensuração dos impactos econômico-financeiros; e
>
> A promoção da recomposição do equilíbrio econômico-financeiro do contrato.

Nos dois modelos analisados – da ANTT e da ARTESP –, a revisão ordinária ganha destaque e se mostra como uma inteligente estratégia regulatória. Tendo em conta o grande volume de processos que discutem situações com efetivo ou potencial impacto no contrato, concentrar a implementação dos efeitos de todas as situações que tenham gerado impacto no equilíbrio contratual em revisões periódicas indica maior racionalidade à regulação, trazendo eficiência ao processo. A valorização da atuação regulatória por meio de mecanismo de revisão ordinária ou periódica, então, permite: (i) o planejamento da Agência Reguladora; (ii) a garantia de previsibilidade ao agente regulado; (iii) a consolidação das variações contratuais dentro dos ciclos de revisão; e (iv) o desenvolvimento e viabilização de processos mais transparentes, com maior e melhor controle.

Interessante notar que o estado de São Paulo optou pela concentração em períodos quadrienais a consolidação de todos os desequilíbrios contratuais havidos no período, assim como a promoção de novos investimentos, ajustes de cronograma ou de indicadores de desempenho. As revisões extraordinárias ficaram destinadas apenas a situações excepcionais, tratadas em contrato. Já na União preferiu-se buscar um ajuste anual de contrato, na promoção dos procedimentos de revisão ordinária e reajuste, mas as revisões extraordinárias não são tratadas de forma tão excepcional, podendo, em tese, serem utilizadas com maior liberdade na gestão e regulação contratuais.

A comparação efetiva das estratégias regulatórias ainda não é possível na prática ou em termos de resultado, especialmente porque a ARTESP está iniciando o trabalho com tal mecanismo – após intenso trabalho de desenvolvimento –, enquanto a ANTT já trabalhava com sua metodologia de revisão anual há mais tempo, tendo sido aprimorada paulatinamente, muito embora a regulação mais recente a detalhada sobre a revisão quinquenal seja posterior à disciplina mais detalhada realizada pela ARTESP, o que também coloca esse procedimento como extremamente recente na ANTT, ainda carecedor de acompanhamento e estudo.

3 Os desafios das revisões ordinárias

A opção pela concentração dos ajustes contratuais em sede de revisões contratuais periódicas exige um regramento e procedimentalização extensos. As revisões ordinárias devem ocorrer de forma equivalente em todos os contratos e permitir alguma previsibilidade em sua implementação. O primeiro desafio, portanto, é a preparação normativa necessária à adoção das revisões ordinárias como protagonistas na estratégia regulatória para o setor rodoviário.

Nesse tema, o principal objetivo é trazer previsibilidade em relação ao procedimento de revisão, seja à concessionária ou ao próprio regulador. Estabelecer uma metodologia sólida, assegurando isonomia e replicabilidade são fatores importantes.

Outro ponto é o regramento processual da matéria. Isso porque as revisões contratuais são procedimentos complexos e multifacetados, de forma que o rito comum de um processo de desequilíbrio contratual pode não ser adequado ao desenvolvimento da discussão e formação de uma decisão. A revisão merece reflexão específica quanto aos melhores procedimentos e etapas de sua realização e isso, por óbvio, também depende do escopo e objetivos da revisão que se pretende promover.

Isso introduz o segundo ponto de atenção, que é a própria complexidade das revisões contratuais, quando abrangentes, como as praticadas pela ANTT, mas especialmente as realizadas pela ARTESP. No contexto de São Paulo, a revisão abrange período de quatro anos de execução contratual, evidenciando que o número de discussões específicas pode ser demasiado alto. Isso, portanto, demonstra que além de um processo bem detalhado, é necessário que o regulador se estruture adequadamente em termos de pessoal e dedicação de esforços para a promoção das revisões.

Ao optar pela realização de revisões periódicas, o regulador assume um compromisso de efetivamente realizá-las, transformando a regulação de forma eficiente e eficaz. Desse modo, caso opte pelas revisões, mas deixe de cumpri-las adequadamente, a regulação como um todo poderá cair em descrédito, dado que a revisão assume um papel central em todo o processo regulatório.

Em relação ao tratamento normativo e procedimental das revisões periódicas, proponho alguns pontos de reflexão:

> Os processos de revisão periódica são grandes consolidadores de eventos ocorridos ao longo do ciclo de cada revisão. Assim, não se pode imaginar que os processos em si, referentes a

cada assunto ou evento em discussão, serão instaurados e processados de forma única e concentrada apenas quando da instauração do próprio processo de revisão. Ou seja, é necessário que a regulamentação seja clara no sentido de instruir a instrução processual e avaliação de cada evento que poderá integrar a revisão de forma apropriada e ao longo do ciclo respectivo. Tendo em vista essa consolidação periódica, é fundamental, para legitimar o processo e assegurar *accountability* sobre ele, que toda a instrução seja adequada, desde o processo individual até o posterior processo de consolidação (materializado com a revisão).

Como a revisão é um procedimento complexo e extenso, importante refletir sobre a necessidade de se prever momentos claros de atuação das partes, organização dos atos processuais (inclusive no tempo, com datas e cronogramas), assim como considerar o tratamento prioritário das revisões, podendo-se cogitar de instrumentos de priorização e ordenação dos atos e processos compreendidos nas revisões para assegurar seu efetivo cumprimento, além e fortalecer e consolidar sua utilização.

Um dos pontos centrais da revisão é a delimitação clara de seu escopo, de modo que é importante que se considere um momento específico – geralmente no início do processo – para que se estabeleça todos os eventos a serem compreendidos. Nesse sentido, sugere-se que haja regramento específico para dissociar o tempo de apresentação e instrução dos processos respectivos do momento de definição da abrangência da própria revisão, sob pena de transformar a realização da revisão de tal modo onerosa (dado o grande volume de temas/processos e a concentração em curto espaço de tempo) que se torne inviável, deslegitimando o instrumento.

Também deve-se considerar, ainda no tópico do escopo da revisão, o estabelecimento de limites para a consolidação dos resultados desse procedimento. É dizer, torna-se fundamental quando se adotam mecanismos como os aqui discutidos que sejam desenvolvidos mecanismos de (i) limitar a transformação da revisão contratual em momento de renegociação contratual ampla; e (ii) para impor limites às formas de compensação à concessionária e inclusão de investimentos novos, especialmente por meio da prorrogação de prazo da concessão, evitando-se tanto a perpetuação dos contratos, quanto impactos negativos à financiabilidade do projeto.

O órgão regulador deve entender a importância e a complexidade do processo, de modo que se faz necessário planejamento e organização prévios para permitir a efetiva implementação da revisão. Nesse sentido, cabe considerar o destacamento de equipes específicas e até dedicadas às revisões.

Uma vez que o propósito da revisão passa também por atualizar o contrato às necessidades surgidas ao longo do tempo (e não previstas inicialmente), é fundamental que o processo conte com participação dos usuários e da sociedade em geral. Essa participação deve ser efetiva e levada em conta nas decisões finais do regulador.

Diante de tudo isso, entende-se que está demonstrada a importância que os processos de revisão periódica assumem nas concessões e na própria regulação, quando assim adotados. Por isso, parece que se cria uma íntima relação entre a realização satisfatória dos processos de revisão com o próprio sucesso do programa de concessões ou da regulação exercida. A previsibilidade que a revisão deveria agregar à regulação – em termos de tempo e critérios – passa a não ser apenas um elemento positivo à regulação, mas um aspecto central de sua realização.

Considerações finais

Creio merecer atenção o fato de as duas principais agências reguladoras do setor rodoviário no país terem implementado e desenvolvido mecanismos de revisão contratual periódica em sua estratégia regulatória. Principalmente com o advento do término das primeiras concessões realizadas tanto pela ANTT quanto pela ARTESP, percebe-se que a regulação rodoviária atingiu um patamar novo de maturidade institucional e regulatória, com a percepção pelos reguladores da necessidade de aprimorar os instrumentos de gestão dos contratos e adaptação à realidade cambiante e imprevisível.

Interessante também notar que ambos os programas de concessões rodoviárias, muito embora terem adotado estratégias distintas – e a distinção nos critérios de seleção dos leilões talvez seja a divergência mais conhecida, porém não a única –, coincidiram na perspectiva de adotar instrumentos que permitam a ordenação das mudanças contratuais, assim como a própria possibilidade de revisão de elementos centrais da relação contratual (como os investimentos), propondo isso de uma forma institucionalizada, regular, técnica e criteriosa, o que evita atuações circunstanciais e desordenadas, mais propensas a gerar algum tipo de dano (seja à exequibilidade do projeto, às partes ou à sociedade).

Para concluir, creio que esteja demonstrada a opção efetiva da regulação rodoviária na utilização de revisões contratuais periódicas, assim como tê-las adequadamente delimitado. A partir disso, busquei apresentar a evolução, os conceitos e regramentos mais atuais sobre o tema, tanto na esfera federal como no estado de São Paulo, indicando sua complexidade e alguns pontos de atenção, especialmente sobre a preparação e regulamentação dos mecanismos de revisão. Esse contexto atual, que considerei uma demonstração de maior maturidade institucional e regulatória do setor, merece ser avaliado, aprofundado e estudado criticamente, de modo a permitir que avaliemos se a hipótese de que as revisões periódicas são relevantes e assumem papel central na regulação rodoviária está correta, bem como tentemos desenvolver novos instrumentos para aprimorar a regulação.

Referências bibliográficas

ALENCAR, Leticia L. de. *Equilíbrio na concessão*. Belo Horizonte: Fórum, 2019.

BRASIL. *Lei n. 8.987*, de 13 de fevereiro de 1995. Disponível em: http://www.planalto.gov.br/ccivil_03/leis/l8987cons.htm. Acessado em: 24.05.2022.

______. *Lei n. 14.157*, de 1º de junho de 2021. Disponível em: http://www.planalto.gov.br/ccivil_03/_ato2019-2022/2021/Lei/L14157.htm. Acessado em: 24.05.2022.

BULL Matt; MAUCHAN, Anita; WILSON, Lauren. *Toll-roads PPPs*: identifying, mitigating, and managing traffic risk. Washington: PPPIAF, 2017.

CAMACHO, Fernando T.; RODRIGUES, Bruno da C. Lucas. "Regulação econômica de infraestruturas: como escolher o modelo mais adequado?" *Revista do BNDES*, jun. 2014. Disponível em: http://web.bndes.gov.br/bib/jspui/handle/1408/2572. Acessado em: 24.05.2022.

COASE, Ronald H. "The Problem of social cost". *In*: ______. *The firm, the market and the law*. Chicago: The University of Chicago Press, 1988.

ENGEL, Eduardo; FISHER, Ronald D.; GALETOVIC, Alexander. *The economics of public-private partnerships*: a basic guide. Nova York: Cambridge University Press, 2014.

FREIRE, André L. *O regime de Direito público na prestação de serviços públicos por pessoas privadas*. São Paulo: Malheiros, 2014.

FREITAS, Rafael Véras; ROGOGINSKY, F. "Incompletude, regulação contratual e equilíbrio econômico-financeiro em contratos de concessão: ainda a teoria da imprevisão?" *In*: TAFUR, Diego J. V.; JURKSAITIS, Guilherme J.; ISSA, Rafael H. (Coord.). *Experiências práticas em concessões e PPP*: estudos em homenagem aos 25 anos da lei de concessões – volume 2. São Paulo: Quartier Latin, 2001.

GROTTI, Dinorá A. M. *O serviço público e a Constituição brasileira de 1988*. São Paulo: Malheiros, 2003.

GUIMARÃES, B. S. "Os contratos de concessão como técnica de efetivação de benefícios sociais e os reflexos no seu equilíbrio econômico-financeiro". *In*: TAFUR, Diego J. V.; JURKSAITIS, Guilherme J.; ISSA, Rafael H. (Coord.). *Experiências práticas em concessões e PPP*: estudos em homenagem aos 25 anos da lei de concessões – volume 2. São Paulo: Quartier Latin, 2001.

MARQUES NETO, Floriano P. de A. "Reajuste e revisão nas parcerias público-privadas revisitando o risco nos contratos de delegação". *In*: SOUZA, Mariana C. *Parceria público privada*: aspectos jurídicos relevantes. São Paulo: Quartier Latin, 2008.

MASTROBUONO, Cristina M. W. "A revisão ordinária nos contratos de concessão e parcerias público-privadas". *Revista da Procuradoria Geral do Estado de São Paulo*, n° 89, jan./jun. 2019.

NERY, A. R. "Consensualismo e interpretação dos contratos administrativos". *In*: PIETRO, Maria S. Zanella (Coord.). *Direito privado administrativo*. São Paulo: Atlas, 2013.

NÓBREGA, Marcos. "Contratos incompletos e infraestrutura: contratos administrativos, concessões de serviço público e PPPs". *Revista Eletrônica e Direito Administrativo Econômico – READAE*, maio/jun./jul. 2009. Disponível em: http://www.direitodoestado.com.br/codrevista.asp?cod=380. Acessado em: 16.10.2021.

______. *Direito da Infraestrutura*. São Paulo: Quartier Latin, 2011.

ROLT, Amanda P.; BERTOCCELLI, Rodrigo. "Modelagem contratual para o equilíbrio econômico-financeiro em concessões". *In*: TAFUR, Diego J. V.; JURKSAITIS, Guilherme J.; ISSA, Rafael H. (Coord.). *Experiências práticas em concessões e PPP*: estudos em homenagem aos 25 anos da lei de concessões – volume 2. São Paulo: Quartier Latin, 2001.

WILLIAMSON, Oliver E. *The economic institutions of capitalism*. Nova York: The Free Press, 1985.

CAPÍTULO XLIII

A RELICITAÇÃO DOS CONTRATOS DE CONCESSÃO

Samuel Mezzalira

1 O contexto em que a Lei n. 13.448/17 foi aprovada

1.1 A superação de um pernicioso dogma teórico

Em novembro de 2016, o governo federal editou a MP n. 752/16, ulteriormente convertida na Lei n. 13.448/17. Em termos simples, essa medida se propôs a abordar de modo bastante pragmático o problema da falta de investimentos em infraestrutura logística.

O objetivo declarado era facilitar a prorrogação das concessões bem ajustadas e o encerramento daquelas que se mostrarem inviáveis, por meio da substituição dos parceiros privados que não consigam cumprir o cronograma de investimentos por outros que comprovem ter essa capacidade e disposição. A exposição de motivos que constou da medida provisória sintetizou esse escopo de forma clara, pontuando que a proposta visava "viabilizar a realização imediata de novos investimentos em projetos de parceria".

A boa recepção dada pela iniciativa privada a essas alterações comprovou o acerto da estratégia do governo federal. Imediatamente após a edição da Medida Provisória n. 752/16, a Rumo Malha Paulista S.A. apresentou seu pedido de prorrogação antecipada da concessão, originalmente prevista para findar em 2028. A estimativa é a de que a renovação da concessão por mais 30 anos destrave investimentos da ordem de 7 bilhões de reais. Praticamente na mesma data em que o TCU aprovou a prorrogação antecipada da Malha Paulista, a ANTT aprovou o pedido de relicitação da Via 040, concessionária que administra um trecho da BR-040 com quase 1.000 km, uma concessão da 3ª Etapa de Concessões Rodoviárias Federais que se encontra em sérias dificuldades financeiras. Também no setor aeroportuário a expectativa com as novas regras era enorme, tendo chegado ao limite de fazer com que a empresa que administra o Aeroporto de Viracopos impetrasse um mandado de segurança contra omissão das autoridades responsáveis pela análise do pedido de qualificação da concessionária para fins de relicitação (STF, MS n. 35.661/DF).

Mas não é só pelo festejado acerto da postura pragmática adotada pelo legislador que a Lei n. 13.448/17 merece elogios. Do ponto de vista teórico, o instituto da relicitação representa um importante passo no reconhecimento da legalidade da atuação *consensual* e *negocial* da Administração Pública.

Há tempos a doutrina vem apontando a insuficiência e a inoperabilidade de uma concepção puramente legalista do Direito Administrativo. Bem entendida em seu contexto histórico, a necessidade de legitimar a atuação estatal apenas e tão somente quando explicitamente autorizada por lei se justificava como meio de conferir um mínimo de proteção aos administrados diante dos abusos até então cometidos pelo Estado absolutista.

A realidade que se impõe atualmente é muito distinta. A crescente complexidade da sociedade há muito escancarou a incapacidade de o legislador editar leis com a mesma velocidade com que ampliamos nossas necessidades. No âmbito da Administração Pública, esse fenômeno cria amarras ao agente estatal que, muitas vezes, não encontra amparo legal para praticar os mais básicos e necessários atos de gestão. Em meio a uma sociedade cada vez mais vigilante, é comum que o administrador público que não se sinta suficientemente amparado pela lei opte pela inércia autoprotetiva, ao invés de uma atuação eficiente e compromissada com resultados.

Passo importante para a reformulação do Estado frente a essa realidade de insuficiência legislativa foi a criação das agências reguladoras, por meio das quais o Estado passou a disciplinar diversas áreas por meio da regulamentação administrativa, e não mais por meio da edição de leis, conferindo à atuação estatal maior agilidade, capacidade técnica e, sobretudo, maior sensibilidade frente a situações concretas e específicas.

Perante a doutrina, aquela noção, preconceituosa e injustificada, de que a participação do agente privado na tomada de decisões estatais representa uma indevida ingerência de interesses privados sobre o interesse público vem sendo superada. A participação do indivíduo afetado pelo ato administrativo, desde que bem conduzida, em nada esvazia a atuação da Administração Pública, apenas a engrandece e colabora para a maior eficiência do Estado. Pouco a pouco a forma imperativa de atuar do Estado vem cedendo lugar a uma atuação pautada na formação de consensos entre sociedade e ente público, criando um legítimo Estado participativo. A consensualidade aparece como uma técnica de coordenação de interesses, cujo resultado é a maior valorização do indivíduo e a eficiente aproximação desses atores protagonistas do desenvolvimento: a sociedade e o Estado.[447]

---

447 MOREIRA NETO, Diogo de Figueiredo. *Mutações do Direito Administrativo*. 3ª ed. Rio de Janeiro: Renovar, 2007, p. 26.

É nesse sentido a lição de Rosario Ferrara, para quem "o ponto de chegada do processo administrativo é um ato unilateral, sim, mas não insensível nem indiferente a quanto os particulares envolvidos esperavam, confiando poder alcançar mediação dos interesses em jogo",[448] e de Sérgio Ferraz e Adilson de Abreu Dallari, ao afirmarem que "somente se pode pensar em efetiva realização do princípio democrático quando (e onde) possa o administrado participar da feitura do querer administrativo, ou da sua concretização efetiva".[449]

Ainda que avançando mais vagarosamente, também o legislador vem incorporando esses princípios transformadores da atuação estatal. Ao autorizar a Administração a firmar Termos de Ajustamento de Conduta, a Lei Ação Civil Pública (Lei n. 7.347/85, art. 5º, § 6º) instituiu ampla possibilidade para o encerramento negocial de litígios que dispunham sobre infrações a direitos difusos e coletivos. Do mesmo modo, a recente Lei Anticorrupção abre a possibilidade de que a autoridade pública firme acordos de colaboração que isentem o particular das sanções previstas nos artigos 86 a 88 da Lei n. 8.666/93 (Lei n. 12.846/13, art. 17).

Até então, não havia no ordenamento jurídico brasileiro disposição normativa semelhante à trazida pela Lei n. 13.448/17, que confere autorização muito mais ampla para que a Administração Pública possa firmar acordos.[450]

---

448 FERRARA, Rosario. *Introduzione al Diritto amministrativo*. Roma-Bari: Laterza, 2002, p. 120.

449 FERRAZ, Sérgio; DALLARI, Adilson de Abreu. *Processo Administrativo*. 2ª ed. São Paulo, Malheiros, 2007, p. 21.

450 A hipótese de rescisão amigável ou bilateral das concessões estava prevista na versão inicial do Projeto de Lei n. 202/91, que deu origem à Lei n. 8.987/95. Há quase duas décadas, portanto! Eis o que dizia o artigo 19 desse projeto de lei: "A rescisão bilateral, ou por acordo, será precedida de justificativa do poder concedente, que indique a conveniência do distrato, devendo o instrumento de rescisão conter regras detalhadas sobre composição patrimonial, decorrente da antecipação da concessão, que somente produzirão efeitos após a aprovação do Poder Legislativo". Vencido pelo preconceito

A mudança é mais do que bem-vinda, pois representa um passo certeiro na consolidação de um modelo muito mais eficiente e legítimo de atuação estatal.

1.2 Soluções negociadas no âmbito das concessões rodoviárias federais

Há tempos a ANTT vem fazendo largo uso da celebração de Termos de Ajustamento de Condutas com as concessionárias de rodovias federais para a solução e encerramento de pendências.

Por meio da Deliberação n. 261, de 19 de setembro de 2014, a Diretoria da Agência Nacional de Transportes Terrestres – ANTT aprovou a celebração de TACs com as concessionárias para a conversão de processos de multa em obras ou serviços voltados à melhoria das rodovias concedidas.

Em linhas gerais, o raciocínio que norteou a celebração desses acordos ofereceu às empresas desconto sobre os valores exigíveis de multas e a possibilidade de elas aplicarem esses valores na realização de novas obras de melhoria da rodovia não previstas no contrato de concessão, mediante análise e aprovação da ANTT. Em contrapartida, os usuários da rodovia foram diretamente beneficiados por meio da execução de novas obras de melhoria não previstas originariamente nos contratos de concessão, sem incorrer em aumento das tarifas de pedágio.

Graças a esses acordos substitutivos de sanções, mais de 200 milhões de reais foram investidos em obras de infraestrutura rodoviária. Foram investidos mais de 50 milhões de reais pela Autopista Litoral Sul; quase 30 milhões de reais pela Autopista Régis Bittencourt; mais de 25 milhões de reais pela Rodovia do Aço; mais de 30 milhões de reais pela Transbrasiliana; mais de 30

---

da época, esse dispositivo não foi mantido naquilo que viria a se tornar a Lei de Concessões atualmente em vigor.

milhões de reais pela Autopista Fluminense; mais de 28 milhões de reais pela Autopista Fernão Dias; mais de 11 milhões de reais pela Nova Dutra; e mais de 1,5 milhão de reais pela Ecosul; tudo em substituição às multas aplicadas ou ainda em discussão.[451]

Com exceção da Rodovia do Aço, cujo plano de ação ainda se encontra em execução, todas as demais empresas já realizaram integralmente os investimentos adicionais a que se obrigaram. Com isso, a ANTT logrou viabilizar investimentos não previstos, mas absolutamente necessários na ampliação da malha rodoviária federal.

Não há a menor dúvida de que essa alternativa é a que melhor atende ao interesse público, aqui representado pelo usuário do serviço público concedido. Ao tempo em que sucessivas e pesadas multas administrativas poderiam comprometer ainda mais a capacidade de investimentos de empresas que, em alguma medida, desatenderam obrigações contratuais, a reversão desses valores na melhora das condições viárias acaba servindo até mesmo para aumentar a demanda de veículos da rodovia, contribuindo para um melhor retorno do investimento realizado e, consequentemente, reduzindo os riscos de novos inadimplementos.

Para além dessa atuação consensual na solução de questões sancionatórias, a própria evolução do cronograma de obras das empresas é alvo de constantes revisões entre concessionárias e poder concedente, que não raramente implicam alterações negociadas do contrato.

Essa mutabilidade é uma característica inerente aos contratos de longa duração, como são as concessões de obra e serviço de infraestrutura. Ultimada a licitação, muitas vezes se verifica que o projeto original desconsiderou uma nuance relevante, previu um escopo insuficiente diante das necessidades futuras ou mesmo

---

451 Informações de: http://www.antt.gov.br/rodovias/Termos_de_Ajuste_de_Conduta/TAC__Multas.html. Acessado em: 24.05.2022.

adotou solução técnica que se mostrou inconveniente. A verificação dessas insuficiências ou equívocos é absolutamente natural em concessões de grande envergadura e complexidade, como uma concessão rodoviária, planejada para se estender por décadas.

Marçal Justen Filho já havia descrito essa característica inerente aos contratos de concessão ao reconhecer que "a satisfação de necessidades coletivas essenciais conduz à necessidade de permanente adequação da atividade desenvolvida pelo concessionário à obtenção da melhor alternativa para realização dos interesses em jogo".[452] É o mais puro reconhecimento de que as necessidades humanas e sociais mudam com o tempo e de que os contratos de concessão devem ser suficientemente maleáveis para permitir que seu objeto se amolde a essas novas necessidades.

Em certa medida, pois, a Lei n. 13.448/17 apenas dá novo alcance a uma realidade de negociação, interlocução e diálogo que sempre pautou a relação entre empresas concessionárias de rodovias federais e a Administração Pública.

Não devem ser recebidas com espanto ou resistência as alterações trazidas pela Lei n. 13.448/17. Muito ao contrário. Perdeu-se a chance de ampliar ainda mais a possibilidade de alteração negocial das concessões, permitindo alterações mais profundas nas condições das concessões com vistas a evitar a extinção dos contratos em vigor.

No mais das vezes, o insucesso de uma concessão reside não na falta de capacidade financeira do particular, mas, sim, em deficiências no modelo de tarifas, reequilíbrio econômico-financeiro ou nas formas de financiamentos. Corrigir esses problemas em concessões vigentes sem a necessidade de recorrer à drástica solução de sua extinção continua sendo um desafio a ser superado. É isso o

---

452 JUSTEN FILHO, Marçal. *Teoria Geral das Concessões de Serviço Público.* 2ª ed. São Paulo: Dialética, 2003, pp. 75/76.

que buscava a Medida Provisória n. 800/17, que tratava da reprogramação dos investimentos em concessões rodoviárias federais, como alternativa preferível à caducidade ou mesmo à relicitação, mas que não foi convertida em lei e teve encerrada sua vigência.

2 Aspectos gerais da relicitação

2.1 Conceito, elementos e características

A Lei n. 13.448/17 (art. 4º, inc. III) definiu a relicitação como sendo o "procedimento que compreende a extinção amigável do contrato de parceria e a celebração de novo ajuste negocial para o empreendimento, em novas condições contratuais e com novos contratados, mediante licitação promovida para esse fim". Além disso, na exposição de motivos da Medida Provisória n. 752/16, é possível colher o elemento central definidor desse novo instituto. Diz o legislador tratar-se de uma "alternativa inovadora de 'devolução coordenada e negociada' da concessão". Ou seja, o legislador claramente apresentou a relicitação como uma nova modalidade de extinção das concessões. Uma alternativa negocial colocada à disposição da Administração Pública ao lado das já conhecidas formas de extinção disciplinadas no rol do artigo 35 da Lei de Concessões.

A forma estabelecida em lei é, intuitivamente, a de um *contrato administrativo*. Diz o artigo 14 da Lei n. 13.448/16 que "a relicitação de que trata o art. 13 desta Lei ocorrerá por meio de acordo entre as partes". Mais especificamente, em seu artigo 15, consta expressamente que a recilitação deverá ser formalizada por meio da "celebração de termo aditivo com o atual contratado".

Seu objeto, ou seja, o efeito jurídico imediato que decorre da relicitação é o de *extinguir um contrato de concessão*. Outros efeitos secundários, porém, se fazem necessariamente presentes, tais como a renúncia do atual concessionário ao direito de participar da relicitação e a submissão ao procedimento de arbitragem para a resolução de conflitos que envolvam o cálculo das indenizações.

Também a finalidade a ser buscada por meio da relicitação foi explicitada pelo legislador. Na ponderação dos interesses públicos em jogo, o legislador fez a opção de privilegiar a *continuidade da prestação dos serviços*, realçando ser esse o princípio de maior preponderância a ser levado em consideração por ocasião da extinção de uma concessão por meio dessa nova modalidade. Diz o artigo 13 da Lei n. 13.448/16 que, "com o objetivo de assegurar a continuidade da prestação dos serviços, o órgão ou a entidade competente poderá realizar (...) a relicitação do objeto dos contratos". Essa finalidade foi detalhada na exposição de motivos da MP 752/16, quando se justificou a relicitação ante os conhecidos problemas à continuidade da prestação dos serviços que advêm de um processo de caducidade, "muitas vezes moroso e com longa disputa judicial, em que, normalmente, os usuários da concessão são os principais penalizados pela má prestação do serviço até a conclusão do processo".

Também os motivos, assim entendidos como os pressupostos e fundamentos fáticos que podem ensejar um pedido de relicitação, foram definidos pelo legislador. Não é, portanto, toda e qualquer concessão que pode ser extinta por meio da relicitação. Nada justificaria tão ampla desconsideração da força vinculante de um contrato firmado com a Administração Pública. Ao limitar a possibilidade de relicitação àquelas concessões "cujas disposições contratuais não estejam sendo atendidas ou cujos contratados demonstrem incapacidade de adimplir as obrigações contratuais ou financeiras assumidas originalmente",[453] o legislador acertadamente tratou a relicitação como uma medida excepcional, cabível apenas nos casos de *inadimplemento substancial já configurado* ou nos casos de *inadimplemento antecipado*. Fora dessas situações bem

---

453 Art. 13 de BRASIL. *Lei n. 13.448*, de 5 de junho de 2017. Disponível em: http://www.planalto.gov.br/ccivil_03/_ato2015-2018/2017/lei/l13448.htm. Acessado em: 24.05.2022.

definidas pelo legislador, não haverá motivo para a relicitação e, consequentemente, faltará ao ato um elemento essencial.

2.2 Quem pode pedir

Não são todos os concessionários que poderão pleitear o encerramento de seus contratos por meio de uma relicitação. Apenas as concessões dos setores rodoviário, aeroportuário e ferroviário é que podem requerer a relicitação nos termos da lei 13.448/16.

Além disso, a lei apenas abrange os empreendimentos já qualificados no Programa de Parcerias de Investimentos (PPI). Ou seja, apenas os projetos de infraestrutura já devidamente reconhecidos pela Administração Pública como de interesse estratégico nacional (Lei n. 13.334/16, art. 5º) é que podem ser consensualmente extintos.

2.3 Condições e requisitos

Para que possa pleitear a extinção da concessão por meio da relicitação, deverá o concessionário qualificado no Programa de Parcerias de Investimentos (PPI) atender às condições elencadas no artigo 14 da Lei n. 13.448/16.

É evidente que um exame da legalidade dessas condições passa pela análise de sua conformidade com as finalidades perseguidas por meio da criação do instituto da relicitação. Nenhuma condição ou requisito abusivo, injustificadamente rigoroso ou em contrariedade com os princípios da Administração Pública poderia validamente obstar que uma concessionária pleiteasse o encerramento de seu contrato por meio da relicitação.

De todas essas condições, certamente a renúncia ao direito de participar no novo certame ou no futuro contrato de parceria é o que suscitou mais questionamentos. Adianta-se, porém, que todos os requisitos elencados parecem se mostrar razoáveis e alinhados aos objetivos da lei.

O primeiro e mais intuitivo requisito é a exigência de o concessionário comprovar a necessidade e a conveniência da adoção do processo de relicitação (art. 14, § 2º, inc. I). Para tanto, deverá o concessionário apresentar todas as justificativas e elementos técnicos necessários para efetivamente demonstrar a situação fática de inviabilidade de cumprimento das disposições da concessão, bem como que a relicitação atende ao interesse público de manter a continuidade e boa prestação do serviço público concedido.

Além disso, deve o concessionário renunciar ao prazo para corrigir eventuais falhas e transgressões e para o enquadramento previsto no § 3º do art. 38 da Lei de Concessões, caso seja posteriormente instaurado ou retomado o processo de caducidade (art. 14, § 2º, inc. II). A exigência é claramente justificada. Dispõe o § 3º do art. 38 da Lei de Concessões que "não será instaurado processo administrativo de inadimplência antes que seja disponibilizado à concessionária um prazo para corrigir as falhas e transgressões". Essa possibilidade de correção serve para evitar que o concessionário tenha sua concessão encerrada por força de uma falha sanável e, portanto, de menor gravidade ou potencial lesivo. Porém, formalizado o pedido de relicitação, há um inequívoco reconhecimento do concessionário de que o inadimplemento já configurado ou em vias de ocorrer é de tal gravidade que inviabiliza a continuidade do contrato.

Some-se a isso o fato de que o procedimento de relicitação pode se prolongar por um longo período, durante o qual o concessionário fará apenas os investimentos minimamente necessários para manter a continuidade dos serviços. Seria claramente lesivo ao interesse público permitir que, após o longo trâmite do processo de relicitação, o igualmente longo trâmite do processo de caducidade precisasse ser inteiramente percorrido para que a Administração Pública pudesse, enfim, encerrar aquela concessão deficiente. A relicitação é uma alternativa à caducidade, não sendo admissível permitir que ela seja transfigurada em uma etapa procrastinatória antecedente ao processo de caducidade.

Prossegue a lei, exigindo do concessionário uma declaração formal e expressa de sua intenção de aderir, de maneira irrevogável e irretratável, ao processo de relicitação (art. 14, § 2º, inc. III e 15, inc. I). Aqui, mais uma vez se nota a saudável preocupação do legislador em evitar o uso abusivo do pedido de relicitação, como forma transversa de obter a suspensão dos processos de caducidade ou da obrigatoriedade de realizar os investimentos programados.

Parece-nos que foi essa mesma preocupação de evitar o uso desvirtuado dos pedidos de relicitação que justificou a exigência de que o concessionário renunciasse ao direito de participação no novo certame ou no futuro contrato de parceria relicitado (art. 14, § 2º, inc. IV). Não há a menor dúvida de que a empresa que já se encontra mobilizada e prestando os serviços dispõe de larga vantagem competitiva em relação às demais. A previsão de que o novo concessionário suporte o pagamento da indenização devida ao anterior contratado aprofunda ainda mais essa vantagem (art. 15, § 3º). Caso essa vedação não fosse prevista, a relicitação fatalmente se transformaria em um instrumento de renegociação das condições e abrandamento das obrigações originalmente estipuladas. Não é essa, porém, a finalidade do instituto da relicitação. Nessa medida, a vedação a que o atual contratado participe da relicitação parece necessária e adequada para preservar os objetivos perseguidos e evitar o uso desvirtuado do instituto.

A exigência de que o concessionário preste todas as informações necessárias à realização do processo de relicitação é intuitiva e atende a um interesse do próprio ente privado (art. 14, § 2º, inc. V). Nos termos do artigo 20, § 1º da Lei n. 13.448/17, não havendo interessados em assumir os serviços relicitados, o contrato de concessão vigente não será amigavelmente extinto, e o poder concedente deverá dar prosseguimento ao processo de caducidade do contrato.

Tendo em vista que o pagamento da indenização relativa aos investimentos não amortizados pelo novo parceiro (art. 15, § 1º, inc. I), bem como a assunção das obrigações financeiras contraídas pelos financiadores do contratado original são efeitos desejados da relicitação, todas as informações relativas a esses temas devem ser detalhadamente fornecidas pelo contratado. Quanto mais completas forem as informações prestadas, maiores as chances de a relicitação atrair interessados. Daí o cuidado do legislador de ressaltar que devem ser apresentadas especialmente as

> demonstrações relacionadas aos investimentos em bens reversíveis vinculados ao empreendimento e aos eventuais instrumentos de financiamento utilizados no contrato, bem como de todos os contratos em vigor de cessão de uso de áreas para fins comerciais e de prestação de serviços, nos espaços sob a titularidade do atual contratado.[454]

O Decreto n. 9.957/19 detalhou ainda mais as informações a serem prestadas, exigindo que o concessionário apresente informações sobre

> a) os bens reversíveis vinculados ao empreendimento objeto da parceria e as demonstrações relacionadas aos investimentos neles realizados; b) os instrumentos de financiamento utilizados no contrato de parceria; c) os contratos vigentes com terceiros, decorrentes do contrato de parceria, com as especificações do atual estágio de sua execução físico-financeira e de eventuais inadimplementos; d) a situação dominial das áreas afetadas pelo contrato de parceria, especialmente quanto aos procedimentos de desapropriação, desocupação e remoção; e) as controvérsias entre o contratado e o poder concedente e entre aquele e terceiros, nos âmbitos administrativo, judicial e arbitral, com a indicação do número do processo, do objeto litigioso, das partes, do valor da causa e da fase processual; e f) a existência de regime de recuperação judicial, recuperação

---

454 Art. 14, § 2º, inc. V de BRASIL. *Lei n. 13.448*, de 5 de junho de 2017. Disponível em: http://www.planalto.gov.br/ccivil_03/_ato2015-2018/2017/lei/l13448.htm. Acessado em: 24.05.2022.

> extrajudicial ou falência relacionado à sociedade de propósito específico; e VI – indicação, de maneira fundamentada, com vistas a garantir a continuidade e a segurança dos serviços essenciais relacionados ao empreendimento objeto do contrato de parceria: a) das condições propostas para a prestação dos serviços essenciais durante o trâmite do processo de relicitação; e b) das obrigações de investimentos essenciais a serem mantidas, alteradas ou substituídas após a assinatura do termo aditivo (art. 3º, incs. V e VI).[455]

Situação conflituosa que já é possível antever reside na situação de descumprimento dessa obrigação de prestar informações. O que aconteceria caso o contratado omitisse a existência de uma determinada dívida ou obrigação? Evidentemente, não parece ser o caso de anular todo o processo de relicitação. Permitir que a esperteza ou o inadimplemento de uns prejudique direitos e legítimas expectativas de terceiros nunca é uma solução adequada.

Em certa medida, a própria lei já trouxe alguns parâmetros capazes de ajudar a compor essa situação. Ao disciplinar a possibilidade de que o futuro contratado assuma o pagamento da indenização, os artigos 15, § 1º, inc. I e 17, § 4º, explicitamente, afirmaram que isso apenas pode ocorrer "nos termos e limites previstos no edital da relicitação". Apesar de não ter repetido essa expressão ao cuidar da previsão de pagamento dos financiamentos obtidos pelo concessionário original, a disciplina é rigorosamente a mesma. O princípio da vinculação ao edital (Lei n. 8.666/93, arts. 3º e 41) é regra inafastável e inderrogável, sendo absolutamente desnecessária qualquer tipo de repetição redundante por parte do legislador.

O novo parceiro apenas será obrigado a assumir dívidas, obrigações ou indenizações expressamente previstas no edital.

---

455 BRASIL. *Decreto n. 9.957*, de 6 de agosto de 2019. Disponível em: http://www.planalto.gov.br/ccivil_03/_ato2019-2022/2019/decreto/D9957.htm. Acessado em: 24.05.2022.

Todas aquelas que tenham ficado de fora do edital não poderão ser exigidas do vencedor da relicitação.[456] Para essa finalidade, pouco importa se a omissão do edital foi fruto de omissão do contratado original. Em relação ao novo contratante, a regra da vinculação ao edital parece absoluta.

Aos demais credores das obrigações não transferidas ao novo contratado por expressa previsão no edital e contrato de relicitação, caberá exigir seu adimplemento do concessionário original, inclusive sujeitando-se ao regime de recuperação judicial e extrajudicial, caso requeridos.

Essa solução parece ser a única possível, mesmo tendo o legislador afastado a incidência do regime de recuperação judicial e extrajudicial aos contratos de parceria objeto de recilitação (art. 14, inc. V, § 4º).

Bem compreendida, é fácil justificar essa regra de derrogação do regime de recuperação criada pelo legislador. Ao mesmo tempo que diminui o risco assumido pelos agentes financeiros, facilitando e barateando o crédito concedido para financiamento de projetos de infraestrutura, o legislador foi coerente ao não estender ao novo contratado os benefícios próprios do regime de recuperação a que se encontra o antigo concessionário, que pretensamente se acha em saudável condição financeira.

Não é esse o caso, como antecipado, das dívidas e obrigações não transferidas ao novo contratado e que permanecem sendo exigíveis apenas do antigo concessionário, situação que remete o credor invariavelmente ao regime da recuperação.

---

456 Vale registrar que, apesar de juridicamente admissível uma determinada previsão genérica que transfira indistintamente todas as dívidas e obrigações relacionadas à prestação do serviço, ainda que não individualizadas no edital, transferindo a integralidade do risco de eventuais omissões ou imprecisões ao novo contratante, claramente pode afugentar potenciais interessados. A ninguém, portanto, interessaria tal disposição.

Resta saber se o credor titular de uma dívida tem legitimidade para impugnar o edital de relicitação, exigindo a inclusão de seu crédito para fins de transferência ao novo contratado.

Caso a exclusão de um crédito tenha sido causada pela imprecisão, omissão ou deturpação das informações que o concessionário está obrigado a prestar (Lei n. 13.448/17, art. 14, § 2º, inc. V e Decreto n. 9.957/19, art. 3º, incs. V e VI), originando uma situação anti-isonômica em desfavor desse credor. Também não poderá a Administração Pública aleatoriamente contemplar apenas alguns credores privilegiados com a transferência de suas dívidas para o novo concessionário, excluindo outros.

Em tais casos, parece que haverá legitimidade e interesse desse credor em apontar e exigir a correção desse erro ou arbitrariedade que tenha impedido a inclusão de determinado crédito no edital.

2.4 Procedimento

O procedimento de relicitação deve, necessariamente, começar por iniciativa do concessionário. Apesar de ser um meio consensual de extinção do contrato de concessão, não pode a Administração Pública impor sua extinção pela via da relicitação. Caso entenda que o parceiro não está cumprindo adequadamente as obrigações contratuais, o único caminho a ser seguido pelo administrador continua sendo a decretação de caducidade, com possibilidade de ampla defesa e contraditório ao concessionário.

Imprecisa, portanto, a Lei n. 13.448/17 ao dizer que "caberá ao órgão ou à entidade competente, em qualquer caso, avaliar a necessidade, a pertinência e a razoabilidade da instauração do processo de relicitação do objeto do contrato de parceria" (art. 14, § 1º).

A instauração do *processo de relicitação* ocorre por iniciativa do concessionário, mediante a apresentação do *requerimento de relicitação*. Apresentado o requerimento, instaurado está o processo de relicitação, e a análise de sua necessidade, pertinência e razoabilidade é feita já no curso desse processo, não dizendo respeito propriamente à sua instauração, e, sim, ao deferimento desse pedido.

Nesse ponto, portanto, o Decreto n. 9.957/19 foi mais preciso ao dizer que o procedimento de relicitação começa com uma análise preliminar que a respectiva agência reguladora deve fazer acerca da viabilidade técnica e jurídica do requerimento apresentado pelo concessionário (art. 4º).

É nessa *fase preliminar* que a agência reguladora analisa se o requerimento apresentado cumpre e atende adequadamente a todos os requisitos e condições elencados na lei e respectivo decreto regulamentar (Lei n. 13.448/17, art. 14, § 2º e Decreto n. 9.957/19, art. 3º), podendo requerer tantos ajustes e complementos quanto forem necessários até que seja considerado viável (Decreto n. 9.957/19, art. 3º, § 1º).

Finda a análise, por meio de decisão motivada, deve a agência reguladora indeferir de plano o pedido de relicitação deficientemente instruído ou ainda considerado, técnica ou juridicamente, inviável. Por outro lado, preenchidos todos esses requisitos, a agência reguladora deverá proferir uma decisão fundamentada, reconhecendo o cumprimento de todos os requisitos do pedido formulado e encaminhá-lo ao Ministério da Infraestrutura.

É nessa superveniente *fase de qualificação do empreendimento* que a Administração Pública faz a análise da conveniência e oportunidade da relicitação. Essa fase começa com a manifestação do Ministério da Infraestrutura sobre a compatibilidade do requerimento de relicitação com o escopo da política pública formulada para o setor (Decreto n. 9.957/19, art. 5º), seguindo para manifestação do Conselho do Programa de Parcerias de Investimentos da Presidência da República, que deverá informar se o empreendimento está devidamente qualificado no PPI e se manifestar sobre a conveniência e a oportunidade da relicitação.

Aqui não há decisão alguma a ser proferida. Deverão opinar, apenas e tão somente, o Ministério da Infraestrutura e o Conselho do Programa de Parcerias de Investimentos (Decreto n. 9.957/19, art. 6º) quanto à conveniência e oportunidade da relicitação e sobre a qualificação do empreendimento no Programa de Parcerias e Investimentos – PPI.

Devidamente instruído com a decisão da agência reguladora e dos pareceres técnicos do Ministério da Infraestrutura e do Conselho do PPI é que o pedido segue para deliberação do Presidente da República, que poderá rejeitar o pedido ou decidir pela qualificação do empreendimento no Programa de Parcerias de Investimentos da Presidência da República para fins da relicitação.

Qualificado o empreendimento, ficarão automaticamente sobrestadas as medidas destinadas a instaurar ou a dar seguimento a processos de caducidade (Lei n. 13.448/17, art. 14, § 3º e Decreto n. 9.957/19, art. 6º, § 2º) e o processo deverá retornar à respectiva agência reguladora para que inicie a *fase de relicitação do procedimento qualificado.*

Duas são as principais providências a serem adotadas pela agência reguladora nessa fase.

Inicialmente, deve a agência reguladora elaborar e celebrar um termo aditivo com o atual concessionário, cuja função é essencialmente a de dispor sobre a continuidade do contrato nessa fase de transição (Lei n. 13.448/17, art. 15 e decreto n. 9.957/19, art. 7º). É por meio desse termo aditivo que serão reguladas a suspensão dos investimentos ainda não realizados, a continuidade da prestação dos serviços de acordo com os parâmetros que serão definidos pela agência e a instauração de arbitragem ou outro mecanismo de resolução de conflitos com vistas a fixar o montante da indenização devida.

Além disso, deve a agência reguladora tomar todas as providências necessárias para relicitar o empreendimento, por meio de um procedimento que deverá cumprir todas as formalidades, fases e requisitos próprios de um processo ordinário de licitação (Decreto n. 9.957/19, art. 9), além daquelas específicas da relicitação.

Em relação aos estudos técnicos que deverão ser feitos para subsidiar a modelagem da concessão, exigiu o legislador que eles contemplassem obrigatoriamente

> I - o cronograma de investimentos previstos; II - as estimativas dos custos e das despesas operacionais; III - as estimativas de demanda; IV - a modelagem econômico-financeira; V - as diretrizes ambientais, quando exigíveis, observado o cronograma de investimentos; VI - as considerações sobre as principais questões jurídicas e regulatórias existentes; VII - o levantamento de indenizações eventualmente devidas ao contratado pelos investimentos em bens reversíveis vinculados ao contrato de parceria realizados e não amortizados ou depreciados.[457]

Partindo do pressuposto de que a concessão anterior se mostrou inviável, é plenamente justificado esse cuidado do legislador em exigir amplos estudos para a nova concessão, com vistas a evitar nova frustração do contrato e a proporcionar a adoção de um modelo mais eficiente que o anterior.

Há também uma enorme preocupação com a transparência desse procedimento, bem como dos motivos e da motivação que permeiam a decisão da Administração Pública de relicitar uma concessão. É natural o receio de que a transação com um concessionário inadimplente transpareça para a sociedade uma postura leniente e permissiva da Administração Pública.

Essa legítima preocupação é que levou o legislador a adotar mecanismos de controle e transparência adicionais no processo de relicitação, notadamente a consulta pública e a prévia análise do Tribunal de Contas (Lei n. 13.448/17, arts. 18 e 19). Colhe-se

---

457 Art. 17 de BRASIL. *Lei n. 13.448*, de 5 de junho de 2017. Disponível em: http://www.planalto.gov.br/ccivil_03/_ato2015-2018/2017/lei/l13448.htm. Acessado em: 24.05.2022.

da exposição de motivos da MP 752/16 que tais medidas buscam "incrementar a governança e a transparência do procedimento de prorrogação das concessões, garantindo-se a preservação do interesse público por meio de análise criteriosa das alternativas adotadas para cada caso".

Finda a seleção, com a escolha de um vencedor, a extinção do contrato de concessão vigente deverá ser formalizada e o novo contrato assinado.

Não havendo interessados na apresentação de propostas para assumir o projeto, o atual concessionário deverá continuar a prestar os serviços nos moldes disciplinados no aditivo firmado até que uma nova sessão para recebimento de propostas seja realizada.[458] Se persistir o desinteresse de novos parceiros ou não for concluído o processo de relicitação no prazo de 24 (vinte e quatro) meses contados da data da qualificação do empreendimento para fins de relicitação, prorrogáveis mediante decisão fundamentada do Conselho do Programa de Parcerias de Investimentos da Presidência da República, o poder concedente deverá adotar as medidas contratuais e legais necessárias para dar prosseguimento ao processo de caducidade.

2.5 Cláusulas obrigatórias do termo aditivo

A celebração de um termo aditivo ao contrato de concessão qualificado para fins de relicitação é obrigatória. São várias as funções a serem cumpridas por meio dessa celebração.

Em primeiro lugar, é esse termo aditivo que irá realinhar as obrigações da concessionária a essa opção de aderir ao processo de relicitação. Para tanto, deve obrigatoriamente constar desse termo

---

458 Art. 13 de Art. 13 de BRASIL. *Lei n. 13.448*, de 5 de junho de 2017. Disponível em: http://www.planalto.gov.br/ccivil_03/_ato2015-2018/2017/lei/l13448.htm. Acessado em: 24.05.2022.

aditivo a suspensão das obrigações de investimento e a as condições mínimas em que os serviços devem continuar a ser prestados, com vistas a garantir a continuidade e segurança desses serviços. É essa, em última análise, a finalidade explícita da lei de relicitação, que justifica a extinção negocial dos contratos de concessão. Nada mais evidente, portanto, que essa seja uma obrigação inafastável do concessionário a ser formalizada mediante uma cláusula obrigatória inserida nesse termo aditivo (Lei n. 13.448/17, art. 15, inc. II).

Além disso, deve esse termo aditivo viabilizar a extinção célere e negocial do contrato de concessão. Para tanto, coerente que esse termo aditivo remeta as partes para um procedimento arbitral ou outro mecanismo de resolução alternativa de conflitos para dirimir eventuais controvérsias atinentes à fixação da indenização devida ao concessionário (Lei n. 13.448/17, art. 15, inc. III).

É nesse momento que concessionário e poder concedente formalizam seu acordo de vontades voltadas a extinguir negocialmente a concessão. Afinal, sendo a relicitação justamente a extinção consensual de uma concessão, evidente que exigir a formalização desse acordo de vontades atende a um imperativo lógico (Lei n. 13.448/17, art. 15, inc. I).

O artigo 8º do Decreto n. 9.957/19 ampliou o rol de cláusulas essenciais que devem ser apostas nesse termo aditivo.

Os incisos I a IV desse decreto apenas reescrevem as cláusulas obrigatórias mencionadas no artigo 15 da Lei n. 13.448/17.

Os incisos VI, VII, VIII, IX, X, XI letras a, b, c, d, XII e XIII detalham e reiteram as obrigações que tem o concessionário de facultar amplo acesso às informações operacionais, técnicas e financeiras da concessão, bem como seu compromisso de não alterar sua situação de endividamento que já foi analisada pela Administração Pública na *fase de qualificação do empreendimento*, evitando retrocessos no procedimento ou a realização da relicitação com base em um substrato fático já inexistente.

Em relação aos demais temas considerados como obrigatórios pelo decreto regulamentar, a Administração Pública parece ter extrapolado e até mesmo contrariado o que dispôs a Lei n. 13.448/17.

É o que ocorre com relação à obrigatoriedade de mencionar, no termo aditivo, a previsão do pagamento das indenizações pelos bens reversíveis não amortizados ou depreciados.

Em momento algum, a lei impõe ao novo concessionário que suporte o pagamento dessa indenização. Ao contrário. O legislador acertadamente deu ampla liberdade para que a Administração Pública modelasse a relicitação de modo a torná-la o mais viável e conveniente possível. Caso, portanto, as dívidas do concessionário perante os agentes financiadores ou mesmo a indenização a ele devida pela Administração Pública se apresentem de tal monta que tornem desaconselhável sua transferência, é perfeitamente legítima a opção administrativa de não transferir seu pagamento ao novo contratado.

Isso fica claro quando a lei qualifica como meramente facultativas as cláusulas que tratam da obrigação de pagar a indenização devida ao antigo concessionário e a previsão de pagamento das obrigações assumidas perante os financiadores do projeto original (art. 15, § 1º, incs. I e II). O próprio Decreto n. 9.957/19 reconhece o caráter facultativo da transferência dessa obrigação de pagamento ao novo concessionário quando diz no artigo 8º, § 3º que

> a agência reguladora competente poderá prever, no termo aditivo de que trata o *caput*, o pagamento, integral ou parcial, dos valores correspondentes às indenizações devidas pelo poder concedente ao contratado original, diretamente aos seus financiadores e garantidores, nos termos e nos limites a serem disciplinados no termo aditivo e replicados no futuro edital de relicitação de que trata o art. 10.[459]

---

459 BRASIL. *Decreto n. 9.957*, de 6 de agosto de 2019. Disponível em: http://www.planalto.gov.br/ccivil_03/_ato2019-2022/2019/decreto/D9957.htm.

Há ainda uma questão de ordem prática. No momento em que esse termo aditivo deve ser assinado, os estudos técnicos que irão subsidiar a relicitação dos contratos de parceria ainda não foram realizados. Do mesmo modo, a indenização devida ao concessionário ainda não terá sido apurada. Todas essas providências começam a ser realizadas de modo praticamente concomitante à assinatura do termo aditivo, razão pela qual, nesse momento, a Administração Pública não tem condições de saber se a modelagem da nova licitação comporta a transferência dessa obrigação de pagamento ao novo concessionário.

Além de violar frontalmente o texto legal, que qualificou como meramente facultativa a aposição de cláusulas que tratem da obrigação de pagamento da indenização e assunção dos pagamentos aos agentes financiadores, exigir da Administração Pública que, já nesse momento precoce de assinatura do termo aditivo, tome essa complexa decisão sem estar munida dos indispensáveis subsídios técnicos é claramente inoportuno. Nada justifica, portanto, tratar como obrigatória a aposição de cláusula que contenha a previsão de pagamento pelo futuro contratado da indenização eventualmente devida pelo poder concedente (art. 8º, inc. XV).

Do mesmo modo, em momento algum, a Lei n. 13.448/17 excluiu a possibilidade de o concessionário em recuperação judicial apresentar requerimento de relicitação. O que disse a lei foi apenas que "não se aplicam ao contrato de parceria especificamente qualificado para fins de relicitação, até sua conclusão, os regimes de recuperação judicial e extrajudicial previstos na Lei n. 11.101, de 9 de fevereiro de 2005".[460] Dispor que o regime de recuperação não se aplica aos contratos qualificados para fins de relicitação é muito diferente de proibir o concessionário de requerer recuperação,

---

Acessado em: 24.05.2022.

460 BRASIL. *Lei n. 13.448*, de 5 de junho de 2017. Disponível em: http://www.planalto.gov.br/ccivil_03/_ato2015-2018/2017/lei/l13448.htm. Acessado em: 24.05.2022.

ou mesmo de afirmar que a eficácia do termo aditivo fica condicionada à comprovação pelo contratado originário de que não está em recuperação judicial ou extrajudicial.[461]

Note-se que a lei foi cuidadosa o suficiente para dizer que não se aplica o regime de recuperação ao "contrato de parceria", nada dispondo sobre a "pessoa do concessionário".

Negar ao concessionário em regime de recuperação a possibilidade de encerrar seu contrato de concessão por meio da relicitação significa impor uma restrição não prevista em lei.

Nem implicitamente essa exigência pode ser extraída da lei, pois claramente contrária ao escopo do instituto. É claro que a relicitação traz vantagens ao concessionário que presumivelmente se encontra em difícil situação financeira, mas não foi para isso que ela foi pensada. A finalidade declarada da lei é extinguir uma concessão inviável, sem que a prestação do serviço público seja comprometida até que outro ente privado se disponha a assumir a execução desse projeto de infraestrutura.

Se for colocado em uma situação de ter que escolher entre a relicitação ou a recuperação judicial ou extrajudicial, é extremamente provável que o concessionário opte pela recuperação judicial. Isso já foi visto na prática.[462] O alcance da lei e seu objetivo de não prejudicar a continuidade da prestação dos serviços públicos ficam claramente prejudicados.

---

461 Cf. Art. 8º, inc. XI, letra a e Art. 8º, inc. XIV de BRASIL. *Decreto n. 9.957*, de 6 de agosto de 2019. Disponível em: http://www.planalto.gov.br/ccivil_03/_ato2019-2022/2019/decreto/D9957.htm. Acessado em: 24.05.2022.

462 Cf. CARVALHO, Marcello. "Após decreto, Viracopos recua de relicitação e foca em recuperação judicial para solucionar crise". *G1*, 12 ago. 2019. Disponível em: https://g1.globo.com/sp/campinas-regiao/noticia/2019/08/12/apos-decreto-viracopos-recua-de-relicitacao-e-foca-em-recuperacao-judicial-para-solucionar-crise.ghtml. Acessado em: 24.05.2022.

Justamente por isso é que a lei jamais afirmou que o parceiro em regime de recuperação fica impedido de extinguir seu contrato de concessão por meio da relicitação. O que fez o legislador foi apenas trazer uma regra especial de pagamento para as obrigações relativas ao contrato qualificado para fins de relicitação que, por ser incompatível com o regime de pagamentos da recuperação, afasta sua incidência.

2.6 A relicitação e a prorrogação no âmbito do estado de São Paulo (Lei estadual n. 16.933/19)

Seguindo essa irrefreável tendência de privilegiar soluções negociadas no âmbito da Administração Pública, em janeiro de 2019, o Governo do Estado de São Paulo promulgou a Lei n. 16.933/2019, que igualmente trata da prorrogação e da relicitação dos contratos de concessão.

As semelhanças com a Lei federal n. 13.448/17 são evidentes. Algumas diferenças, porém, devem ser ressaltadas.

A primeira delas, e de mais fácil percepção, é que a lei paulista é bastante mais abrangente, incidindo sobre todos os contratos de concessão firmados pela Administração estadual. O artigo 8º da Lei estadual n. 16.933/19 permite o encerramento de todos os contratos de parceria dos setores referidos no artigo 1º da lei. Por sua vez, o artigo 1º, § 1º menciona os serviços públicos constitucionalmente atribuídos à competência estadual (CF, art. 25), tais como saúde, saneamento, gás canalizado, infraestrutura e transporte, aqui abrangidos o transporte rodoviário, sobre pneus, ferroviário, metroferroviário, aquaviário etc., pouco importando o regime jurídico contratual adotado, permitindo a extinção dos contratos de concessão comum, concessão patrocinada, concessão administrativa, concessão regida pela legislação setorial, permissão de serviço público, arrendamento de bem público, concessão de direito real e "outros negócios público-privados que adotem estrutura jurídica semelhante" (§ 2º).

Ou seja, praticamente todos os contratos firmados pela Administração Pública estadual com particulares que tratem da prestação de serviços públicos estão abrangidos pela lei paulista.

O procedimento da lei paulista é mais simplificado. Sem a restrição semelhante de que apenas os contratos qualificados no Programa de Parcerias de Investimentos PPI podem ser objeto de relicitação, a lei estadual nada dispõe sobre a necessidade de prévia manifestação das secretarias especializadas sobre a conveniência técnica da relicitação. Nada obstante, parece possível que no futuro sobrevenha regulamentação com tal conteúdo.

Diversamente do que fez a lei federal, a Lei estadual n. 16.933/19 remeteu à Comissão de Fiscalização e Controle da Assembleia Legislativa, e não ao Tribunal de Contas, a incumbência de analisar os estudos voltados à relicitação. Naturalmente, cabe salientar que ao Tribunal de Contas estadual não falta competência para analisar a regularidade da relicitação caso provocado. O que fez a lei foi apenas dispensar a análise prévia do Tribunal de Contas, como etapa necessária do processo de relicitação. Jamais se afastou sua competência originária de fiscalização contábil, financeira, orçamentária, operacional e patrimonial do Estado.

Importante acréscimo diz respeito à possibilidade amplamente conferida à Administração Pública estadual de oferecer garantias ao ente privado como forma de mitigar os riscos contratuais e diminuir os custos a eles associados. O artigo 17, parágrafo único da lei estadual menciona que essa é uma faculdade da Administração Pública estadual que pode ser adotada em todos os contratos de concessão.

Ao tratar da relicitação, porém, o artigo 7º, §1º item 9 expressamente menciona que os estudos específicos a serem realizados devem obrigatoriamente contemplar a análise das "garantias que serão concedidas ao parceiro privado como forma de mitigar os riscos contratuais e diminuir os custos a eles associados". Ou seja, apesar de essa ser uma faculdade discricionária da Administração Pública, o legislador explicitamente obrigou o administrador a realizar estudos voltados a avaliar a necessidade e conveniência da outorga dessas garantias, evidenciando uma saudável preocupação em conferir mais segurança jurídica ao particular que queira contratar com a Administração.

É o reconhecimento explícito de que a insegurança jurídica é um fator de risco preponderante que afugenta investimentos e encarece tarifas.

Por fim, apesar de ter sido desejável que o legislador estadual tivesse o cuidado de expressamente afastar a incidência do regime de recuperação aos contratos em processo de relicitação, não parece que essa omissão traga consequências práticas distintas da que existe no âmbito federal.

O regime de pagamento das dívidas por meio da transferência ao novo contratante é claramente incompatível com o regime de pagamento da recuperação judicial e extrajudicial, de modo que não se vislumbra a possibilidade de cumulação ou coexistência de ambos os regimes.

As dívidas do antigo concessionário transferidas ao novo contratante devem ser pagas nos exatos termos e limites que forem estabelecidas no edital da recilitação (Lei n. 16.933/19, art. 12, § 4º), pouco importando que o plano de recuperação disponha em sentido contrário. Afinal, o plano de recuperação disciplina o pagamento das dívidas do recuperando e não de eventuais terceiros, como é o caso do novo concessionário que irá assumir o pagamento dos financiamentos tomados pelo antigo parceiro.

Talvez exista na omissão do legislador paulista a intenção de explicitar que a pendência de pedido de recuperação judicial ou extrajudicial não é óbice a que concessionário requeira a relicitação de seu contrato.

Seja como for, no âmbito da Administração Pública estadual, não há dúvidas de que o fato de o concessionário se encontrar em recuperação judicial ou extrajudicial não é óbice para que requeira a relicitação de seu contrato.

3 Algumas questões que se avizinham

3.1 Pagamento das indenizações

Desde a edição da medida provisória que antecedeu a Lei n. 13.448/17, se identificou que o problema da definição de critérios para fixação da indenização devida ao concessionário que tem seu projeto relicitado seria de difícil solução. Sempre foi esse o ponto de maior disputa em todo encerramento de uma concessão, pouco importando a modalidade adotada. Mesmo naquelas concessões extintas pelo decurso do prazo contratual, a identificação e a avaliação do patrimônio reversível e a apuração de eventual indenização sempre se mostraram ser extremamente complexas.

É até mesmo ingênuo, portanto, imaginar que a relicitação poderia resolver esse problema.

A Lei de Concessões prevê explicitamente o direito de o concessionário ser indenizado pelos investimentos ainda não amortizados em caso de encerramento da concessão, sem fazer qualquer ressalva em relação às causas desse encerramento (art. 36). Portanto, mesmo em caso de encerramento do contrato por culpa da concessionária, a indenização pelos investimentos ainda não amortizados é inequivocamente devida. Também já havia sido explicitada a possibilidade de compensação da indenização devida à concessionária com as multas contratuais e a indenização por perdas e danos que venham a ser devidas em razão do inadimplemento da concessionária (art. 38, § 5º).

Nota-se que a Lei n. 13.448/17 simplesmente replicou essa disciplina para a hipótese de extinção do contrato por relicitação, ao impor o levantamento e pagamento “de indenizações eventualmente devidas ao contratado pelos investimentos em bens reversíveis vinculados ao contrato de parceria realizados e não amortizados ou depreciados" (art. 17, § 1º, inc. VII), momento em que deverá compensar essa indenização com eventuais obrigações pecuniárias da concessionária (art. 17, § 2º e 30 *caput*).

Diante da idêntica disciplina legal, todas as expectativas se voltaram para o decreto presidencial que viria a regular a Lei 13.448/17, imaginando que ele viria a explicitar quais seriam os bens reversíveis passíveis de indenização e de que modo seu valor seria calculado.

Segundo se chegou a apontar, essa espinhosa questão teria contribuído para a enorme demora do governo federal em regulamentar a Lei n. 13.448/17. Os ministérios da Economia e da Infraestrutura muito discutiram sobre a forma de indenizar os investimentos não amortizados. Discrepando do entendimento até então dominante, a equipe econômica defendia que esses ativos deveriam ser indenizados pelo seu valor de mercado, o que, em alguns casos, poderia esvaziar qualquer indenização a ser paga.

Quase dois anos após a edição da Lei n. 13.448/17, o decreto regulamentar finalmente foi promulgado, sem nada dispor sobre a metodologia para o cálculo das indenizações.

No âmbito das concessões rodoviárias federais, a Agência Nacional de Transportes Terrestres – ANTT assumiu a incumbência de disciplinar a questão, já se encontrando em fase avançada de elaboração uma resolução a ser editada com essa finalidade.

Em 5 de dezembro de 2019, a ANTT apresentou o relatório final da Audiência Pública n. 003/2019, consolidando as diversas contribuições dadas à minuta de resolução submetida a debate.

De modo saudável e correto, a resolução busca normatizar o cálculo da indenização pelos investimentos não depreciados ou amortizados em bens reversíveis para toda e qualquer modalidade de extinção antecipada da concessão, não se restringido à extinção por relicitação.[463]

Sobre o critério de avaliação adotado, optou-se pelo cálculo da indenização com base em seu valor contábil histórico, devidamente ajustado, e não com base em seu valor de mercado como havia sido aventado inicialmente. Além disso, foram excluídas eventuais limitações ao valor do ativo mencionadas no Plano de Negócios ou EVTEA, dada a flagrante ilegalidade dessa limitação.

Eis, o provável texto final dessa resolução que virá a ser editada, na parte que dispõe sobre o cálculo da indenização:

> Art. 4º Os valores da indenização dos bens reversíveis serão calculados pelo custo histórico, considerando a base de ativos contábeis e seus ajustes constante da Seção II deste Capítulo.
>
> Art. 6º O valor indenizável dos bens reversíveis será apurado considerando o seu custo histórico, aferido com base em registro de ativos contábeis, passível de ajustes por verificação independente, descontados os tributos que tenham sido recuperados, despesas financeiras, e depreciação e amortização ajustadas segundo o Art. 11.

---

463 Constou do relatório final de análise das contribuições apresentadas e debatidas na Audiência pública n. 003/2019 o seguinte: "normatiza-se a forma de cálculo de investimentos vinculados a bens reversíveis não depreciados ou amortizados para todos os casos. Demais adequações do valor da indenização de acordo com a modalidade de extinção antecipada: multas, reequilíbrios econômico-financeiro, danos causados à sociedade e ao poder concedente etc., serão aplicados de acordo com os contratos de concessão, conforme prevê o Art. 15 da minuta de Resolução proposta, pós Audiência Pública. Entendemos que a redação proposta pode fomentar o aumento da segurança jurídica, em casos de encerramento antecipado de contratos de concessão. Ademais, optou-se por adequar a Resolução de forma a deixar claro que se trata de metodologia de cálculo dos valores de indenização referentes aos investimentos vinculados a bens reversíveis não depreciados ou amortizados devidos à Concessionária em caso de qualquer extinção antecipada de contratos de concessão de rodovias federais".

> Art. 7º Não serão indenizados valores registrados no ativo referentes a: I – margem de receita de construção; II – adiantamento a fornecedores, por serviços ainda não realizados; III – bens e direitos que deverão ser cedidos gratuitamente ao Poder Concedente nos termos do contrato de concessão; IV – despesas sem relação com a construção de ativos do sistema rodoviário ou aquisição de bens elencados no artigo 2º; V – custos pré-operacionais, salvo aqueles que comprovadamente representem benefício econômico futuro ao sistema rodoviário; VI – investimentos em bens reversíveis realizados acima das condições equitativas de mercado.

É evidente, porém, que a indenização devida ao concessionário não fica limitada aos bens reversíveis não amortizados ou depreciados. A arbitragem a ser instaurada deverá analisar amplamente todos os litígios de natureza patrimonial existentes entre concessionário e poder concedente. Tanto é que o artigo 15, inc. III dispõe que devem ser dirimidas pela arbitragem ou outra forma de resolução alternativa as "questões que envolvam o cálculo das indenizações".

Novamente, ao tratar das controvérsias consideradas de natureza disponível, que podem ser objeto da arbitragem, a Lei n. 13.448/17 (art. 31) menciona:

> I – as questões relacionadas à recomposição do equilíbrio econômico-financeiro dos contratos; II – o cálculo de indenizações decorrentes de extinção ou de transferência do contrato de concessão; e III – o inadimplemento de obrigações contratuais por qualquer das partes.[464]

Parece claro, portanto, que não apenas os bens reversíveis não amortizados ou depreciados deverão compor a indenização

464 BRASIL. *Lei n. 13.448*, de 5 de junho de 2017. Disponível em: http://www.planalto.gov.br/ccivil_03/_ato2015-2018/2017/lei/l13448.htm. Acessado em: 24.05.2022.

devida ao concessionário, mas também a recomposição de eventuais desequilíbrios (positivos e negativos) ao contrato, bem como as perdas e danos e lucros cessantes decorrentes de inadimplementos havidos de lado a lado.

A fixação de indenização por lucros cessantes parece especialmente tormentosa. É reconhecido que a rescisão do contrato por culpa da Administração Pública gera para a contraparte de direito privado o direito à indenização por lucros cessantes.[465]

Em tese, a possibilidade de que a arbitragem fixe o cálculo da indenização levando em conta também eventuais inadimplementos da Administração Pública (art. 31) traz consigo a possibilidade de reconhecer ao particular o direito à indenização por lucros cessantes.

Na prática, porém, parece contraditório que uma concessão lucrativa possa ser qualificada para fins de relicitação. Conceitualmente, ou a concessão é inviável e, portanto, apta a ser relicitada, ou ela é viável e lucrativa, de modo que eventual pedido de relicitação não deve ser admitido.

Talvez, a pluralidade e complexidade das obrigações assumidas em um contrato de concessão possa apresentar uma particular situação em que se demonstre a ocorrência de lucros cessantes devidos ao concessionário diante de um inadimplemento da Administração Pública. Ainda que abstratamente admitida pela lei, caso ocorra, não há dúvidas de que essa será uma hipótese extremamente excepcional.

---

465 Nesse sentido: "esta Corte Superior já se pronunciou no sentido de que a rescisão do contrato administrativo por ato unilateral da Administração Pública, sob justificativa de interesse público, impõe ao contratante a obrigação de indenizar o contratado pelos prejuízos daí decorrentes, como tais considerados não apenas os danos emergentes, mas também os lucros cessantes. Precedentes" (STJ, REsp 1240057-AC, relator Mauro Campbell Marques, 2ª Turma, DJe 21.9.11).

3.2 Preenchidas as condições, existe um *direito subjetivo à relicitação*?

Se ainda nos encontramos no plano puramente abstrato, é correto afirmar que não existe ao concessionário nenhum direito subjetivo à relicitação. Por outro lado, à medida que o processo administrativo vai se afunilando e os elementos técnicos vão se avolumando, a margem de discricionariedade da Administração Pública vai se reduzindo na mesma proporção.

O natural e desejável é que o processo de relicitação evolua até que a solução mais eficiente e que mais atende à finalidade estrita da lei se torne de tal maneira evidente a ponto de não deixar margem discricionária alguma para que o administrador público possa decidir entre relicitar ou não relicitar.

Isso ocorre porque, ainda que abstratamente disponha a lei que há ampla margem de discricionariedade administrativa, quando uma situação se apresenta concretamente como a mais adequada à finalidade estrita da lei, não há margem alguma para que o administrador atue de outra maneira.

Como muitíssimo bem esclarecido por Celso Antônio Bandeira de Mello:

> O campo de liberdade existente no mandamento ou na norma de Direito em abstrato, é muito maior do que o campo de liberdade existente perante a situação concreta, já que a norma se fez ampla ou com certa liberdade, precisamente para que fosse adensada ante o caso concreto e ao lume da sua finalidade. Em despeito de haver permitido, em tese, que a administração optasse por uma ou outra conduta, no caso concreto deixaria de ser atendida a finalidade da norma se fosse negado o que a parte requereu. (...) Em suma: casos haverá em que, para além de qualquer dúvida, qualquer sujeito em uma intelecção normal, razoável (e assim, também, a fortiori, o Judiciário) poderá concluir que,

> apesar da discrição outorgada pela norma, em face de seus termos e da finalidade que a anima, dada situação ocorrida não comportava senão uma determinada providência, ou então que, mesmo comportando mais de uma, certamente não era aquela que foi tomada.[466]

Tal raciocínio se apoia na ideia de que não existe propriamente um poder discricionário da Administração Pública. Essa noção é inadequada pois transmite a errônea mensagem de que o administrador é autorizado a livremente escolher entre diversas alternativas igualmente válidas perante a lei. Não é essa, contudo, a melhor forma de entender a atuação do agente público. Dispondo de várias alternativas abstratamente admissíveis, o administrador público tem sempre a obrigação de escolher a mais eficiente e aquela que melhor atende à finalidade estrita da lei para determinado caso concretamente apresentado.[467] É o que a professora Maria Sylvia Zanella Di Pietro chama de vinculação à finalidade da lei. Em suas palavras:

> no que diz respeito à finalidade, também existe vinculação e não discricionariedade, se bem que a matéria mereça ser analisada com cuidado. Foi visto que em dois sentidos se pode considerar a finalidade do ato: em sentido amplo, ela corresponde sempre ao interesse público; em sentido restrito, corresponde ao resultado específico que decorre, explícita ou implicitamente da lei, para cada ato administrativo.[468]

---

466 BANDEIRA DE MELLO, Celso Antônio. *Discricionariedade e controle jurisdicional*. 2ª ed. São Paulo: Malheiros, 2008, pp. 39-41.

467 BANDEIRA DE MELLO, Celso Antônio. *Discricionariedade e controle jurisdicional*. 2ª ed. São Paulo: Malheiros, 2008, pp. 15/16.

468 DI PIETRO, Maria Sylvia Zanella. *Direito Administrativo*. 17ª ed. São Paulo: Atlas, 2004, p. 207.

Ainda que analisando a liberdade da Administração para decidir sobre a prorrogação dos contratos de concessão, Joel de Menezes Niebuhr chega a essa mesma conclusão. Diz o autor que:

> A Administração não está obrigada a prorrogar os contratos de prestação de serviços contínuos, ainda que dentro das hipóteses e nas situações autorizadas pela Lei n. 8.666/93. Isso porque, como dito, a validade da prorrogação depende das vantagens propiciadas por ela. Ora, a análise das vantagens ou desvantagens da prorrogação equivale à análise da sua conveniência e da oportunidade, o que toca ao núcleo da discricionariedade, uma vez que os agentes dispõem de margem de liberdade para realizar tal juízo. Registre-se que os agentes administrativos não agem com liberdade absoluta. Se a prorrogação for manifesta e objetivamente vantajosa, aos agentes administrativos não cabe pura e simplesmente recusá-la, em detrimento do interesse público.[469]

O raciocínio é perfeitamente aplicável à relicitação. Se a relicitação for manifesta e objetivamente a opção mais alinhada à finalidade da lei, não tem o administrador público discricionariedade que lhe permita deixar de extinguir amigavelmente o contrato de concessão.

Nessas situações, o concessionário está legitimado a exigir da Administração Pública, inclusive pela via da ação judicial, que extinga seu contrato de concessão pela via da relicitação. Seria impróprio, porém, afirmar que o núcleo do interesse tutelado recai sobre a pessoa do concessionário. Talvez apenas por isso não se possa afirmar que há um *direito subjetivo à relicitação*. O interesse tutelado é o interesse da coletividade, razão pela qual não apenas o concessionário, mas também as entidades de defesa dos interesses coletivos têm inegável legitimidade para exigir da Administração

---

469 NIEBUHR, Joel de Menezes. *Licitação pública e contrato administrativo*. 3ª ed. Belo Horizonte: Fórum, 2013, p. 774.

Pública que esta relicite um contrato, caso essa alternativa já tenha se mostrado ser aquela que mais atende à finalidade da lei.

Cumpre, então, relembrar que a finalidade da Lei n. 13.448/17 é a de abreviar ao máximo o lapso temporal que decorre entre o encerramento de uma concessão e a formalização de outra com um novo parceiro, possibilitando a rápida retomada dos investimentos privados em infraestrutura e assegurando a continuidade da prestação dos serviços públicos durante esse período de transição.

Naquelas situações em que os estudos técnicos conduzidos pela ANTT, Ministério de Infraestrutura e Conselho do Programa de Parcerias de Investimentos concluírem de modo suficientemente claro que a relicitação do contrato é viável e desejada, já nessa avançada fase do processo, será possível concluir que não há, para a Administração Pública, alternativa senão a de relicitar o contrato.

Há que se ressaltar, porém, que nem sempre todos os estudos e pareceres serão unívocos ao concluírem que a relicitação é a alternativa mais eficiente ante a finalidade eleita pelo legislador. Nesses casos, tanto a opção de relicitar quanto a opção de não relicitar um contrato poderão se apresentar perante o agente público com igual grau de conveniência e oportunidade. Isso ocorre porque

> o ser humano não é omnisciente. Sua aptidão para desvendar a solução que satisfaria idealmente a finalidade legal é limitada, é finita. Uma vez que a inteligência humana é finita – e, portanto, não pode desvendar tudo – também não pode identificar sempre, em todo e qualquer caso, a providência idônea para atender com exatidão absoluta a finalidade almejada pela regra aplicada, dado que pelo menos dois pontos de vista divergentes seriam igualmente admissíveis.[470]

470 BANDEIRA DE MELLO, Celso Antônio. *Discricionariedade e controle jurisdicional*. 2ª ed. São Paulo: Malheiros, 2008, p. 43.

Nessas situações, o agente público é livre para escolher entre essas opções que se afiguram como igualmente válidas e legítimas perante a lei, sendo absolutamente inadequado que o Poder Judiciário queira rever a decisão técnica tomada.

3.3 Controle judicial da relicitação

Durante muito tempo, se entendeu que o controle judicial da legalidade dos atos administrativos deveria ficar adstrito aos seus requisitos de validade. Esse é o pensamento que subjaz à Lei da Ação Popular, a qual, em seu artigo 2º assinala: "são nulos os atos lesivos ao patrimônio das entidades mencionadas no artigo anterior, nos casos de: a) incompetência; b) vício de forma; c) ilegalidade do objeto; d) inexistência dos motivos; e) desvio de finalidade".[471]

Há tempos, porém, se reconhece que o exame da legalidade não se encerra nos aspectos formais do ato administrativo e que o exame da legalidade é, em essência, um exame de conformidade com o direito em seu sentido mais amplo.

O controle do ato administrativo se expande e passa a compreender também a verificação da conformidade dos *motivos*, da *causa*, da *motivação* e da *finalidade*.[472] Mediante a análise desses restritos aspectos, o Poder Judiciário faz um verdadeiro exame de legalidade do mérito do ato administrativo, impedindo que a atuação discricionária desborde para um agir arbitrário.

Esse exame da legalidade do ato administrativo é feito, em grande parte, mediante uma análise do próprio procedimento de formação do ato administrativo. Todo ato administrativo é colocado

---

471 Art. 2º de BRASIL. *Lei n. 4.717*, de 29 de junho de 1965. Disponível em: http://www.planalto.gov.br/ccivil_03/leis/l4717.htm. Acessado em: 30.05.2022.

472 BANDEIRA DE MELLO, Celso Antônio. *Curso de Direito Administrativo*. 23ª ed. São Paulo: Malheiros, 2006, p. 945.

no mundo jurídico por meio de um procedimento de expedição definido em lei.

É no imperativo da observância desse procedimento preestabelecido que reside um dos maiores freios às arbitrariedades do Estado. São sobre essas bases que se apoia a teoria da *legitimação pelo procedimento* desenvolvida por Niklas Luhmann, segundo a qual os atos de poder, para que possam ser impostos aos particulares, só se consideram legítimos se tiverem sido praticados com a observância do procedimento instituído em lei.[473] Mais recentemente, a professora Odete Medauar ressaltou a importância dessa ideia ao afirmar:

> No âmbito estatal, a imperatividade característica do poder, para não ser unilateral e opressiva, deve encontrar expressão em termos de paridade e imparcialidade, no processo pré-constituído. Daí a importância dos momentos de formação da decisão como legitimação do poder em concreto, pois os dados do problema que emergem no processo permitem saber se a solução é correta ou aceitável e se o poder foi exercido de acordo com as finalidades para as quais foi atribuído.[474]

É no curso do processo administrativo que a escolha que mais atende à finalidade abstrata da norma ganha forma. No processo administrativo, é que são colhidos, delineados e expostos os fatos que justificam o ato a ser praticado, permitindo o controle judicial de seus motivos. Mediante a instrução do procedimento administrativo, com a elaboração de pareceres técnicos ou a realização de audiências públicas, é que a escolha mais adequada e eficiente pode ser encontrada.

O agente público que atua em descompasso com essa escolha que aflorar como a mais adequada age de modo ilegal. Não apenas

---

473 LUHMANN, Niklas. *Legitimação pelo procedimento*. Brasília: UnB, 1980, p. 31.

474 MEDAUAR, Odete. *A processualidade no Direito Administrativo*. 2ª ed. São Paulo: RT, 2008, p. 70.

porque terá deixado de observar o procedimento previsto para expedição do ato, mas porque, ao fazê-lo, irá praticar um ato apoiado em motivos fatalmente inexistentes ou incorretos. Trata-se de um vício objetivo, pois o que importa não é se o agente pretendeu ou não discrepar da finalidade legal, mas se efetivamente dela discrepou.[475]

Conquanto essas considerações pareçam conduzir a uma ampla possibilidade de o Poder Judiciário analisar o mérito do ato administrativo, há plena consciência de que a Administração Pública é mais bem aparelhada e preparada do que o Poder Judiciário para identificar qual é a escolha tecnicamente mais eficiente e que melhor atende à finalidade abstrata da lei.

Em paradigmático precedente, o Supremo Tribunal Federal prestou deferências à análise técnica realizada pelo órgão regulador e reafirmou que, ao Poder Judiciário, não cabe verificar o acerto dos aspectos técnicos que subjazem ao ato administrativo praticado, uma vez que "a Administração Pública ostenta maior capacidade para avaliar elementos fáticos e econômicos próprios à regulação" e uma vez que "o Judiciário não é a autoridade mais apta para decidir questões policêntricas de efeitos acentuadamente complexos". Acrescentou-se ainda que

> a intervenção judicial desproporcional no âmbito regulatório pode ensejar consequências negativas às iniciativas da Administração Pública. Em perspectiva pragmática, a invasão judicial ao mérito administrativo pode comprometer a unidade e coerência da política regulatória, desaguando em uma paralisia de efeitos sistêmicos acentuadamente negativos.[476]

---

475 BANDEIRA DE MELLO, Celso Antônio. *Curso de Direito Administrativo*. 23ª ed. São Paulo: Malheiros, 2006, p. 948.

476 STF, RE 1.083.955-DF, rel. Ministro Luiz Fux, 1ª Turma, julgado em 28.5.19, DJe 6.6.19.

Complexa como é a decisão de relicitar uma concessão ou de realizar a modelagem desse novo contrato, evidentemente que não cabe ao Poder Judiciário rever essa escolha adotada pela Administração Pública.

Nem por isso, todavia, a impecável observância do procedimento administrativo disciplinado em lei, o direito à ampla participação dos interessados e a análise da conformidade da decisão tomada com os elementos técnicos que instruíram o processo ficam imunes ao controle judicial.

Considerações finais

Não há dúvidas de que a relicitação, tal qual todo novo instituto, passará ainda por um processo de adensamento de suas regras e princípios, próprio da atividade jurisdicional.

Apenas a prática dos tribunais terá aptidão de tornar mais claros os limites negociais com que a Administração Pública poderá se mostrar tolerante com o concessionário faltoso sob a justificativa de manter a boa prestação dos serviços concedidos e fomentar os investimentos em infraestrutura. As consequências do descumprimento das obrigações de prestar informações e colaborar com a Administração Pública para modelagem do novo contrato também exigem uma calibragem que só virá com o tempo, podendo ser mais ou menos rígida a depender de eventual tendência de uso abusivo no requerimento de relicitação, como expediente para postergar a realização de investimentos programados ou suspender processos de caducidade. Caso esse uso desvirtuado se mostre recorrente, é possível que a jurisprudência caminhe para uma postura mais rigorosa para com o concessionário.

Evidentemente, não cabia à lei descer a essas minúcias. Apesar de já estar em plena vigência e de já estar sendo utilizada, a relicitação claramente ainda se apresenta como um instituto em construção.

Referências bibliográficas

BANDEIRA DE MELLO, Celso Antônio. *Curso de Direito Administrativo*. 23ª ed. São Paulo: Malheiros, 2006.

______. *Discricionariedade e controle jurisdicional*. 2ª ed. São Paulo: Malheiros, 2008.

BRASIL. *Decreto n. 9.957*, de 6 de agosto de 2019. Disponível em: http://www.planalto.gov.br/ccivil_03/_ato2019-2022/2019/decreto/D9957.htm. Acessado em: 24.05.2022.

______. *Lei n. 13.448*, de 5 de junho de 2017. Disponível em: http://www.planalto.gov.br/ccivil_03/_ato2015-2018/2017/lei/l13448.htm. Acessado em: 24.05.2022.

______. *Lei n. 4.717*, de 29 de junho de 1965. Disponível em: http://www.planalto.gov.br/ccivil_03/leis/l4717.htm. Acessado em: 30.05.2022.

CARVALHO, Marcello. "Após decreto, Viracopos recua de relicitação e foca em recuperação judicial para solucionar crise". *G1*, 12 ago. 2019. Disponível em: https://g1.globo.com/sp/campinas-regiao/noticia/2019/08/12/apos-decreto-viracopos-recua-de-relicitacao-e-foca-em-recuperacao-judicial-para-solucionar-crise.ghtml. Acessado em: 24.05.2022.

FERRARA, Rosario. *Introduzione al Diritto amministrativo*. Roma-Bari: Laterza, 2002.

FERRAZ, Sérgio; DALLARI, Adilson de Abreu. *Processo Administrativo*. 2ª ed. São Paulo, Malheiros, 2007.

JUSTEN FILHO, Marçal. *Teoria Geral das Concessões de Serviço Público*. 2ª ed. São Paulo: Dialética, 2003.

LUHMANN, Niklas. *Legitimação pelo procedimento*. Brasília: UnB, 1980.

MEDAUAR, Odete. *A processualidade no Direito Administrativo*. 2ª ed. São Paulo: RT, 2008.

MOREIRA NETO, Diogo de Figueiredo. *Mutações do Direito Administrativo*. 3ª ed. Rio de Janeiro: Renovar, 2007.

NIEBUHR, Joel de Menezes. *Licitação pública e contrato administrativo*. 3ª ed. Belo Horizonte: Fórum, 2013.

ZANELLA DI PIETRO, Maria Sylvia. *Direito Administrativo*. 17ª ed. São Paulo: Atlas, 2004.

CAPÍTULO XLIV

OS AVANÇOS EM RODADAS: OS IMPACTOS DAS MODELAGENS REGULATÓRIAS NAS CONCESSÕES RODOVIÁRIAS BRASILEIRAS

Thiago Luís Sombra
Natália Kalil Chad Sombra

Introdução

Transcorridos vinte e sete anos do lançamento do Programa de Concessões de Rodovias Federais (PROCROFE), sucedido pela Lei federal n. 9277/96, conhecida como Lei das Delegações, na medida em que criou a possibilidade de estados, municípios e o Distrito Federal solicitarem a delegação de trechos de rodovias federais para incluí-los em seus Programas de Concessão de Rodovias, a experiência acumulada permite uma análise das mudanças implementadas a cada rodada de concessões federais.

Atualmente, o Brasil é um dos países com a maior extensão de rodovias concedidas à iniciativa privada – 20.745 km –, o que totaliza mais de 9,7% da malha pavimentada do país.[477] Diante desse cenário, este artigo se propõe a contribuir com a investigação das variadas modelagens de concessões experimentadas no curso das rodadas e como as mudanças regulatórias se refletiram em investimentos e melhorias na malha viária.[478]

1 A crise orçamentária e os impactos na malha viária federal

O processo de desestatização das rodovias brasileiras foi motivado em grande medida pela crise financeira vivenciada pelo país durante os anos 1990, o que diminuiu sobremaneira a capacidade de investimento público no setor rodoviário. As restrições orçamentárias não se limitavam à União Federal, mas também os Estados enfrentavam dificuldades em implementar melhorias na malha viária. Com a repartição constitucional de competências feita pela Constituição Federal de 1988, esse cenário agravou ainda mais os custos de operação do setor logístico, e a ausência de projetos consistentes não foi capaz de atrair investimentos privados.

Entre o início dos anos 1980 e meados dos anos 1990, os investimentos da União no setor rodoviário haviam caído de 2,5 bilhões de dólares/ano para 0,4 bilhões de dólares/ano.[479] Como boa parte da pavimentação das rodovias fora realizada durante o

---

477 ABDIB. "Brasil é líder em concessões rodoviárias no mundo", *Associação Brasileira de Infraestrutura e Indústria de Base*, 24 jun. 2019. Disponível em: https://www.abdib.org.br/2019/06/24/brasil-e-lider-em-concessoes-rodoviarias-no-mundo/. Acessado em: 30.05.2022.

478 FRISCHTAK, Cláudio R.; FERNANDES, Bernardo; DUTRA, Cecília; LOBO, Marina. *A Iniciativa privada na exploração rodoviária*: experiência internacional e recomendações para o Brasil. Rio de Janeiro: CNI, 2018.

479 CORREIA, Marcelo Bruto da Costa. *Por que as reformas permanecem?* A trajetória gradualista de mudanças no setor de infraestrutura rodoviária no Brasil entre 1985-2010. São Paulo: Escola de Administração de Empresas de São Paulo, 2018. Tese (Doutorado em Administração Pública e Governo).

período do governo militar, o tempo de vida útil dessas rodovias havia atingido o limite, porém a União não havia elaborado um plano de ação para a implementação do cronograma de investimentos ou estruturado uma alternativa de mercado que pudesse substituir a sua atuação.[480]

Diante de um cenário de escassez de investimentos, mas sobretudo de falta de planejamento constante na manutenção, recuperação e ampliação da malha viária, a participação do setor privado se tornou a única alternativa capaz de impedir o colapso do sistema rodoviário brasileiro. Esse foi, portanto, o contexto no qual se editou, ainda em 1993, a Portaria n.10, do Ministério dos Transportes, para criar o Programa de Concessões de Rodovias Federais (PROCROFE).[481]

Evolução do cenário rodoviário federal	
1993	Criação PROCROFE
1994	1ª Etapa de Concessões
1995	Expansão do Programa
1996	Lei das Delegações
1998	Concessão no RS
2000	Revisão da Política
2001	Criação da ANTT
2005	ANTT assume estudos
2007	2ª Etapa de concessões
2009	Concessões da Região Nordeste
2013	3ª Etapa de Concessões

480 GIAMBIAGGI, Fabio; PIRES, José Claudio Linhares. "Retorno dos novos investimentos privados em contextos de incerteza: uma proposta de mudança do mecanismo de concessão de rodovias no Brasil". *Revista de Administração Pública*, Rio de Janeiro, vol. 34, nº 4, 2000, pp. 27-64.

481 ABCR. *Relatório Anual 2018*. Disponível em: https://abcr.org.br/images/relatorio-anual-abcr-2018.pdf. Acessado em: 30.05.2022.

2014	Novos trechos
2016	Programa de Parcerias de Investimentos
2017	Relicitação de Contratos
2018	4ª Etapa de Concessões
2019	Novos Contratos

Fonte: ANTT

1.1 Primeira etapa de concessões federais

A primeira etapa do PROCROFE ocorreu entre 1994 e 1998 e contemplou concessões de seis trechos, dos quais cinco já haviam sido pedagiados na década anterior pelo DNER. O modelo adotado foi de concessões onerosas do tipo *Restore Operate Tranfer* (*ROT*), no qual as concessionárias adquirem o direito de exploração de rodovias por um prazo fixo, com a responsabilidade de empreender um esforço de restauração inicial da via, seguido pela manutenção e operação e, por fim, da devolução ao poder concedente do trecho.[482] Em linhas gerais, nesse modelo, a concessionária deve financiar integralmente a execução das obras necessárias com a arrecadação de pedágio dos consumidores, além de poder auferir uma Taxa Interna de Retorno (TIR) estabelecida contratualmente acima dos valores investidos.[483]

A modelagem escolhida para essas concessões à época envolveu a realização de leilões de menor preço, nas quais o poder concedente estipulou um teto para as propostas de Tarifa Básica de Pedágio (TBP), a partir do qual era esperado que os interessados

---

482 MATTOS, César. "Concessões de rodovias e renegociação no Brasil". *In*: OLIVEIRA, Gesner; OLIVEIRA FILHO, Luiz Chrysostomo. *Parcerias público-privadas*: experiências, desafios e propostas. Rio de Janeiro: LTC/IEPE/CdG, 2013, pp. 65-102.

483 VERON, Adrien; CELLIER, Jacques. *Participação privada no setor rodoviário no Brasil*: evolução recente e próximos passos. Washington D.C., World Bank Group TP-30, 2010.

apresentassem ofertas inferiores. As propostas deveriam ser vinculadas a planejamentos econômico-financeiros consistentes com os parâmetros estabelecidos no edital, em especial a observância do prazo dos contratos – entre 20 e 25 anos –, conciliado com uma agenda de serviços de recuperação e manutenção definida no Programa de Exploração da Rodovia (PER), a ser realizada pelas concessionárias ao longo do período de vigência do contrato.

O critério estipulado para o vencedor do certame considerava a adequação do cronograma econômico-financeiro e de obras com a agenda contida no PER e o comprometimento com a cobrança da menor TBP. Em caso de empate, os licitantes nacionais sairiam vencedores, e, constatada uma situação de equidade nesse quesito, a decisão se daria por meio de sorteio. Para fins de cobrança do pedágio, o método escolhido foi o de barreira pedagiadas, segundo o qual o fluxo da via é controlado por praças.

Concessões rodoviárias da primeira etapa

Rodovias	**Trecho**	**Extensão (km)**
BR-116/RJ/SP (NOVADUTRA)	Rio de Janeiro – São Paulo	402,0
BR-101/RJ (CCR PONTE) **Contrato Encerrado**	Ponte Rio-Niterói	13,2
BR-040/MG/RJ (CONCER)	Rio de Janeiro – Juiz de Fora	179,9
BR-116/RJ (CRT)	Rio de janeiro – Teresópolis – Além Paraíba	142,5
BR-290/RS (CONCEPA) **Contrato Encerrado**	Osório – Porto Alegre	121,0
BR-116/293/RS (ECOSUL)	Polo de Pelotas	457,3
TOTAL	**06 TRECHOS**	**1.315,9**

Fonte: ANTT

Em linhas gerais, a primeira etapa do PROCROFE foi marcada por um cenário regulatório bastante frágil e um ambiente econômico e institucional conturbado, o que contribuiu para um certo descrédito do programa. Parte da responsabilidade pela desconfiança em torno do programa se deu pela necessidade de iniciar a primeira etapa sem que houvesse um marco regulatório e uma agência reguladora que garantissem o cumprimento dos contratos, o que ficou a cargo do Departamento Nacional de Estrada e Rodagem (DNER).

A inviabilidade emergencial de concepção de um cenário regulatório completo, amparado na figura da agência reguladora e do marco regulatório específico, fez com que o governo federal concedesse os trechos para a iniciativa privada no formato de *franchise biddings* de menor preço. Naquele momento, o principal objetivo era fomentar a competição entre os licitantes a fim de fomentar a eficiência, diminuir os preços e as distorções relacionadas à assimetria de informação.

Uma das principais críticas feitas a essa rodada de concessões está relacionada ao alto grau de engessamento dos contratos de concessão, que refletiam uma percepção, por parte do governo, de que as concessionárias eram meras executoras de um cronograma de investimentos elaborado pelo DNER. A rigor, eram consideradas como meras executoras de obras de melhoria e não propriamente prestadoras de um serviço público relevante.

A título de exemplo, os contratos previam mecanismos de ajuste das Tarifas Básicas de Pedágio, de forma que ocorriam reajustes anuais com vistas a preservar o valor pecuniário, o que era feito por uma fórmula que corrigia a tarifa básica com base em indicadores relacionados à terraplanagem, pavimentação, obras de arte especiais e serviços de consultoria. Era prevista, ainda, a realização de revisões da TBP, que teriam a função de reestabelecer o equilíbrio econômico-financeiro frente à inclusão, exclusão ou modificação dos serviços programados, composição e preços de insumos previstas no PER.[484]

Em resumo, a primeira etapa do PROCROFE foi uma das piores experiências de concessão rodoviária no Brasil, o que tornou os investimentos altamente arriscados para o setor privado. A esse contexto, somou-se a instabilidade econômica do país, ainda marcado pela inflação e contas públicas desequilibradas, o que, acrescido da inexperiência do país com privatizações, desencorajou os investidores.

O que se observou na prática foram TIRs elevadas – entre 17% e 24% (TCU, 2007) – e arrematações nos leilões com poucos deságios em relação às tarifas, o que tornou as tarifas cobradas nessa etapa as mais altas durante todo o programa de concessões no Brasil, atrás somente da primeira etapa do estado de São Paulo. Por outro lado, muito se especula de que, nessa etapa, as receitas auferidas pelas concessionárias foram as segundas mais elevadas, além de um período marcado por um número expressivo de revisões contratuais – 9 revisões extraordinárias e 10 termos aditivos por concessão, em média. Em paralelo aos pontos anteriormente apontados, essa etapa também foi marcada pelos menores níveis de investimento dentre os programas avaliados,[485] o que reforça as críticas em torno da modelagem adotada.

Ainda durante o governo do presidente Fernando Henrique, teve início o planejamento de uma segunda etapa do PROCROFE.

---

484 RIBEIRO, Maurício Portugal. *Alocação de riscos, reajuste e revisão tarifária nas concessões de rodovias*. Brasília: Instituto Serzedello Corrêa do Tribunal de Contas da União, 2011.

485 GONZE, Nilson Corrêa. *Concessão em rodovias federais*: uma análise da evolução dos modelos de regulação técnica. Rio de Janeiro: Instituto Alberto Luiz Coimbra de Pós-Graduação e Pesquisa em Engenharia da UFRJ, 2014. Dissertação (Mestrado em Engenharia dos Transportes); MATTOS, César. "Concessões de rodovias e renegociação no Brasil". *In*: OLIVEIRA, Gesner; OLIVEIRA FILHO, Luiz Chrysostomo. *Parcerias público-privadas*: experiências, desafios e propostas. Rio de Janeiro: LTC/ IEPE/CdG, 2013, pp. 65-102.

Os escândalos de corrupção com envolvimento da alta cúpula do DNER inviabilizou a manutenção do órgão à frente da condução do Programa de Concessões de Rodovias Federais, o que resultou no atraso da segunda rodada e perda de credibilidade por parte dos investidores até que fosse publicada a Lei federal n. 10.233/01, que extinguia o DNER e delegava a tarefa regulatória à Agência Nacional de Transportes Terrestres (ANTT).

Desse modo, o programa federal passou a ser conduzido por uma agência reguladora independente e cujo marco legal definia as suas incumbências e procedimentos em conjunto a Lei de Licitações e a Lei de Concessões.

A despeito da criação de um cenário regulatório mais completo com a ANTT à sua frente, ainda existia certa desconfiança do mercado sobre a capacidade de execução da autarquia de suas atribuições, em especial naquilo que se refere à sua capacidade técnica, liberdade decisória e financeira.

1.2 Segunda etapa

Após dez anos desde a realização da primeira etapa, coube ao presidente Luiz Inácio Lula da Silva o lançamento da segunda etapa do PROCROFE. Nessa etapa, o escopo do programa envolveu a concessão de sete trechos divididos em duas fases de licitações com pequenas distinções de modelagem. O modelo de concessão adotado coincidiu com a primeira etapa em diversos aspectos, dentre os quais se destacam o desenho do processo licitatório – *franchise bidding* de menor preço – e o modelo de concessão onerosa do tipo ROT.

A principal marca dessa rodada envolveu a mudança de direcionamento em relação às altas tarifas de pedágio da primeira rodada, o que resultou num esforço de priorização da modicidade tarifária. Para viabilizar essa diretriz, a ANTT selecionou trechos dentro de um universo de rodovias cujo volume de tráfego era suficientemente elevado a ponto de viabilizar a cobrança de tarifas inferiores. Em linha com esse objetivo, a Taxa Interna de Retorno (TIR) oferecida aos investidores foi reduzida significativamente de em torno de 20% para 8,95%, enquanto as obrigações contratuais de investimento foram substancialmente menores do que as definidas na primeira etapa.[486]

No entanto, o sucesso do lançamento do programa, que atingiu fortes deságios e uma queda de 51% no valor do pedágio em relação à primeira etapa, só foi possível devido à redução do prêmio de risco macroeconômico exigido pelo mercado, proporcionado por ambientes regulatório e institucional mais consolidados, o que levou os concorrentes a aceitarem TIRs substancialmente menores.[487] A título de registro, as tarifas de pedágio despencaram para cerca da metade dos valores observados na primeira etapa federal.

Paralelamente, a ampliação dos investimentos com a imposição de PERs mais arrojadas e focadas na provisão de serviço impactou sensivelmente na elevação dos investimentos das concessionárias e demonstrou resultados melhores em relação à experiência federal anterior: a média dos primeiros dez anos de programa da etapa anterior foi de aproximadamente R$ 420 mil por km, contra cerca de R$540 mil na segunda etapa.

Apesar do sucesso na provisão de maiores níveis de investimentos mediante a cobrança de tarifas significativamente menores, a segunda etapa do PROCROFE sofreu críticas pela exposição financeira das concessionárias. Frischtak explica que os prazos longos para a fiscalização da execução dos contratos permitiriam às concessionárias

---

486 GONZE, Nilson Corrêa. *Concessão em rodovias federais*: uma análise da evolução dos modelos de regulação técnica. Rio de Janeiro: Instituto Alberto Luiz Coimbra de Pós-Graduação e Pesquisa em Engenharia da UFRJ, 2014. Dissertação (Mestrado em Engenharia dos Transportes).

487 RIBEIRO, Maurício Portugal. *Alocação de riscos, reajuste e revisão tarifária nas concessões de rodovias*. Brasília: Instituto Serzedello Corrêa do Tribunal de Contas da União, 2011.

estabelecerem uma política de concentração de serviços na fase final do período estipulado, beneficiando-se da utilização de maiores volumes de recursos provenientes da própria exploração da rodovia.

Para mitigar esse risco, a solução adotada foi a elevação dos valores das multas, o que representou montantes até dez vezes maiores do que os valores das penalidades aplicadas em relação aos contratos da etapa anterior,[488] ainda que o objetivo fosse não aplicar multas desproporcionais e capazes de desestimular os investimentos necessários para o cumprimento dos parâmetros estabelecidos no PER.

De acordo com Gonze, considerando os anos de 2011 e 2012, as oito concessionárias da segunda etapa receberam, na média, sete vezes o número de Autos de Infração anotados frente a cinco concessionárias da primeira etapa.[489] Desse modo, ao invés de coibir práticas indesejáveis das concessionárias, a mudança gerou enormes passivos que impactaram a sustentabilidade financeira das concessões.

Saliente-se, ainda, que os contratos dessa etapa passaram a prever um mecanismo de revisão tarifária que contava com três tipos de revisão da TBP: (i) revisão ordinária realizada por ocasião dos reajustes tarifários; (ii) revisão extraordinária para incorporar à tarifa "efeitos decorrentes de fato de força maior, ocorrência superveniente, caso fortuito ou fato da Administração que resultem, comprovadamente, em alteração dos encargos da concessionária"; e (iii) revisão quinquenal, que seria realizada para reavaliar o PER em relação às reais necessidades advindas da dinâmica da rodovia.[490]

---

488 FRISCHTAK, Cláudio R.; FERNANDES, Bernardo; DUTRA, Cecília; LOBO, Marina. *A Iniciativa privada na exploração rodoviária*: experiência internacional e recomendações para o Brasil. Rio de Janeiro: CNI, 2018.

489 GONZE, Nilson Corrêa. *Concessão em rodovias federais*: uma análise da evolução dos modelos de regulação técnica. Rio de Janeiro: Instituto Alberto Luiz Coimbra de Pós-Graduação e Pesquisa em Engenharia da UFRJ, 2014. Dissertação (Mestrado em Engenharia dos Transportes).

490 FRISCHTAK, Cláudio R.; FERNANDES, Bernardo; DUTRA, Cecília; LOBO, Marina. *A Iniciativa privada na exploração rodoviária*: experiência

1.3 Terceira etapa

Essa etapa foi dividida em três fases, ainda que sem a observância de uma ordem cronológica em virtude dos entraves impostos pelo TCU em relação à primeira fase. Desse modo, pela necessidade de se avançar com o cronograma, a segunda fase foi a primeira a ocorrer e foi acompanhada das demais. Aspectos da etapa anterior como a alocação de riscos e o uso de parâmetros de desempenho para o acompanhamento dos contratos foram mantidos, o que evidenciou que o modelo anterior havia sido o mais bem-sucedido até então.

O mecanismo de revisão contratual também preservou uma estrutura semelhante à anterior, além de ter mantido a nomenclatura e as causas acordadas para a realização das revisões. Por outro lado, as revisões ordinárias tiveram seu escopo ampliado, enquanto o das revisões extraordinárias foi reduzido a situações estabelecidas como de risco do poder concedente.[491]

As metas em torno da modicidade das tarifas não só perdurariam na terceira rodada de concessões rodoviárias como seriam levadas a novos patamares. Nessa perspectiva, o poder concedente abaixou ainda mais as TIR, que foram fixadas em torno de 6%, além de elevar a extensão média das rodovias concedidas: 787 km, quase o dobro da segunda etapa (410 km) e mais de três vezes o número da primeira (247 km). A lógica para a implementação dessa estratégia era simples, ou seja, economia de escala associada a trechos maiores, o que, por sua vez, poderia se refletir em pedágios menores. Foi com esse objetivo que os editais da segunda fase, publicados em 2011, seguiram o mesmo modelo de certame consolidado na segunda etapa, de modo que o lance vitorioso seria aquele que propusesse a menor tarifa de pedágio quilométrica

internacional e recomendações para o Brasil. Rio de Janeiro: CNI, 2018.

491 ABCR. *Relatório Anual 2018*. Disponível em: https://abcr.org.br/images/relatorio-anual-abcr-2018.pdf. Acessado em: 30.05.2022.

Uma das novidades da terceira etapa foi a implementação do Fator X na revisão das tarifas. O dispositivo tem a função de permitir o compartilhamento com o usuário dos ganhos de produtividade das concessionárias. A ANTT define uma tabela, revisada quinquenalmente, na qual o Fator X varia entre 0 e 1%, contemplando a projeção da produtividade no setor rodoviário do país.

Introduziu-se, ainda, a diferenciação dos valores pecuniários cobrados entre as diferentes praças de pedágios, de forma a condicionar as tarifas à extensão coberta pela praça. Os contratos da terceira etapa mantiveram as inovações introduzidas anteriormente, contendo os mecanismos de revisão ordinária, revisão extraordinária, o desconto de reequilíbrio e o fluxo de caixa marginal. Ademais, previram novos fatores de ajuste das tarifas além daqueles já praticados na fase anterior: o Fator X e o Fator referente ao Trecho de Cobertura da Praça (TCP). Finalmente, o contrato também introduziu um mecanismo de arbitragem.

A principal novidade, no entanto, foi a inclusão dos trechos licitados no Programa de Investimentos em Logística (PIL), estratégia que obrigaria as concessionárias a realizar uma agenda de expressivos investimentos, principalmente nos primeiros cinco anos de contrato, quando estavam previstas as obras de duplicação dos trechos. Nesse sentido, observou-se, entre 2014 e 2016, altos investimentos realizados pelas concessionárias, que ficaram, em média, em cerca de R$ 644 mil por quilômetro.[492] A difícil situação financeira das concessionárias constatada na segunda etapa foi significativamente piorada na administração da presidente Dilma

---

492 CORREIA, Marcelo Bruto da Costa. *Por que as reformas permanecem?* A trajetória gradualista de mudanças no setor de infraestrutura rodoviária no Brasil entre 1985-2010. São Paulo: Escola de Administração de Empresas de São Paulo, 2018. Tese (Doutorado em Administração Pública e Governo). GIAMBIAGGI, Fabio; PIRES, José Claudio Linhares. "Retorno dos novos investimentos privados em contextos de incerteza: uma proposta de mudança do mecanismo de concessão de rodovias no Brasil". *Revista de Administração Pública*, Rio de Janeiro, vol. 34, n° 4, 2000, pp. 27-64.

Rousseff. Dos 8 trechos concedidos, um foi cassado, cinco enfrentaram processos de ajustes, caducidade ou devolução, e somente dois se mantiveram adimplentes.

Os motivos para tamanho insucesso estão profundamente relacionados ao desejo de apenas prover tarifas excessivamente módicas, o que levou o governo a licitar quilômetros de vias demasiado extensas, limitando consideravelmente o universo de empresas capazes de participar do certame. Paralelamente, para possibilitar a realização de lances mais agressivos, o governo federal se utilizou da promessa de injeção massivas de crédito subsidiado do Banco Nacional de Desenvolvimento Econômico e Social (BNDES) nos projetos, enquanto impôs que o começo da cobrança das tarifas só ocorresse a partir da conclusão de 10% das obras previstas no PER.

O resultado foi a realização de concessões economicamente insustentáveis e com a participação de empresas controladas ou com participação acionária das grandes empreiteiras nacionais, as quais posteriormente seriam alvo da Operação Lava Jato e perderiam o apoio do BNDES.[493]

Como os dados da quarta rodada ainda são insuficientes, esse trabalho se limitará ao exame das três primeiras.

Concessões vigentes		
Concessionária	**Rodovias**	**Extensão (km)**
Autopista Fernão Dias	BR-381/MG/SP	562,1
Autopista Fluminense	BR-101/RJ	320,1
Autopista Litoral Sul	BR-376/PR - BR-101/SC	405,9

493 CORREIA, Marcelo Bruto da Costa. *Por que as reformas permanecem?* A trajetória gradualista de mudanças no setor de infraestrutura rodoviária no Brasil entre 1985-2010. São Paulo: Escola de Administração de Empresas de São Paulo, 2018. Tese (Doutorado em Administração Pública e Governo).

Autopista Planalto Sul	BR-116/PR/SC	412,7
Autopista Régis Bittencourt	BR-116/SP/PR	401,6
CONCEBRA	BR-060/153/262/DF/GO/MG	1176,5
CONCER	BR-040/MG/RJ	179,9
CRT	BR-116/RJ	142,5
ECO050 (antiga MGO Rodovias)	BR-050/GO/MG	436,6
ECO101	BR-101/ES/BA	475,9
ECOPONTE	BR-101/RJ	13,2
ECOSUL	BR-116/293/RS	457,3
Ecovias do Cerrado	BR-364/365/MG/GO	437,0
MS VIA	BR-163/MS	847,2
Nova Dutra	BR-116/RJ/SP	402,0
Rodovia do Aço	BR-393/RJ	200,4
Rota do Oeste	BR-163/MT	850,9
Transbrasiliana	BR-153/SP	321,6
Via 040	BR-040/DF/GO/MG	936,8
Via Bahia	BR-116/324/BA	680,6
ViaSul	BR-101/290/386/448/RS	473,4
TOTAL		**10.134,2**

Quadro comparativo das rodadas realizadas

Concessões vigentes			
4ª Etapa	**3ª Etapa**	**2ª Etapa**	**1ª Etapa**
ViaSul	CONCEBRA	Autopista Fernão Dias	CCR Ponte (Contrato encerrado)
Ecovias do Cerrado	ECO050 (antiga MGO)	Autopista Fluminense	CONCEPA (Contrato encerrado)
	ECO101	Autopista Litoral Sul	CONCER
	Galvão BR-153 (Caducidade Declarada)	Autopista Planalto Sul	CRT

	MS VIA	Autopista Régis Bittencourt	Ecosul
	Roda do Oeste	Rodovia do Aço	Nova Dutra
	Via 040	Rodovia Transbrasiliana	
	Ecoponte	Via Bahia	

Fonte: ANTT

2 O Programa de Concessões do Estado de São Paulo

2.1 Primeira etapa

Segundo dados da ARTESP (2011), o Governo do Estado de São Paulo teve como motivação para o lançamento do seu programa estadual de concessões as limitações financeiras aliadas à necessidade de investimentos na infraestrutura rodoviária, tal como ocorreu com o PROCROFE, sem mencionar a oportunidade de fomento do desenvolvimento econômico e empregos.

Nesse contexto, a primeira etapa ocorreu em 1997 e foi impulsionada pela Secretaria Estadual de Transportes, por meio da Lei das Delegações (Lei n. 9.277/96) e Leis Estaduais n. 7.835/92 – a qual regulamentou as concessões – e n. 9.361/96 – a qual introduziu o Programa Estadual de Desestatização –, o que contemplaria o repasse de 12 lotes de rodovias num total de 3574,13 km.[494]

Uma das características dessa etapa envolveu o pagamento de outorga distribuído em parcelas mensais, corrigidas pela mesma fórmula aplicada às tarifas, durante todo o prazo da concessão,

---

494 ARTESP. *Relatório Anual 2015*. Disponível: http://www.artesp.sp.gov.br/Style%20Library/extranet/transparencia/relatorio-anual.aspx. Acessado em: 30.05.2022.

sendo os primeiros desembolsos realizados no primeiro ano de operação e referentes a porcentagens maiores do valor total do contrato. Seria cobrada, ainda, uma alíquota mensal incidente sobre o valor bruto arrecadado pela concessionária, excetuando-se as receitas financeiras. A contrapartida dos aportes e investimentos na estrutura física da via viria a partir do direito de auferir, por um prazo pré-fixado, receitas advindas da cobrança da tarifa de pedágio estabelecida pelo governo.

Desse modo, também se adotou no estado de São Paulo um modelo de concessão onerosa do tipo *ROT,* licitado a partir de leilões de maior outorga com prazo e tarifas fixas e alicerçado pela concepção de que os lances dos agentes envolvidos em leilões de maior outorga tendem a refletir a sua capacidade de gerar lucro, mitigando problemas de assimetria de informação e funcionando ativamente como um mecanismo de regulação econômica.[495]

De fato, estabelecer um alicerce regulatório robusto a fim de fortalecer o ambiente regulatório foi uma preocupação do estado de São Paulo no planejamento e execução do seu programa de concessões. Por essa razão, o estado se destacou por dispor de uma legislação específica para a regulamentação das concessões de rodovias, conforme se constatou a partir da Lei estadual n. 7.835/92.

Atento à necessidade na instituição de mecanismos necessários ao bom andamento das concessões e permissões, de forma a propiciar a uniformidade na orientação e no controle dos serviços transferidos à iniciativa privada, o governo criou, por meio do Decreto n. 43.011/98, a Comissão de Monitoramento das Concessões e Permissões de Serviços Públicos do Setor de Transportes, cuja principal atribuição seria atuar como agente controlador e

---

495 MATTOS, César. "Concessões de rodovias e renegociação no Brasil". *In*: OLIVEIRA, Gesner; OLIVEIRA FILHO, Luiz Chrysostomo. *Parcerias público-privadas*: experiências, desafios e propostas. Rio de Janeiro: LTC/IEPE/CdG, 2013, pp. 65-102.

fiscalizador das concessões e permissões de serviços públicos do setor de transportes até a implantação da ARTESP.

Apesar do sucesso na atração de investimentos privados, o programa foi muito criticado pelos usuários das vias devido à cobrança de tarifas de pedágio excessivamente altas. Os valores elevados foram motivados tanto pela opção de leilões com menor valor de outorga, os quais, por não priorizarem a modicidade tarifária, tendem a ser mais permissivos com pedágios mais elevados, quanto pelo contexto de instabilidade econômica, o que levou os consórcios a exigirem prêmios elevados de risco.

Em relação aos contratos firmados com as concessionárias, o programa paulista trazia uma nova metodologia de definição de tarifas de pedágio, cujo objetivo era aproximar a cobrança do montante mais adequado ao consumo do serviço. Ademais, adotava-se a prerrogativa das tarifas quilométricas, índices de valores por quilômetro que seriam multiplicados pelas quilometragens cobertas por cada praça para determinar os pedágios cobrados em cada uma.

Esses índices estavam sujeitos a variações de acordo com as categorias de veículo – respeitados os multiplicadores já discutidos para o caso das TBP – e com as categorias das rodovias, divididas em três tipos: (i) sistema rodoviário (rodovias paralelas, ambas com pista dupla, canteiro ou barreira central); (ii) estradas de pista dupla (com canteiro central, barreira física ou visual); e (iii) estradas de pista simples (uma faixa por sentido).

No tocante aos contratos, foram previstos mecanismos de ajuste das tarifas quilométricas inicialmente definidas; revisões ordinárias ocorreriam anualmente em uma data demarcada e refletiriam o reajuste do valor pecuniário das tarifas frente à ação da inflação por meio de uma fórmula definida no edital de concessão. As revisões extraordinárias, por outro lado, poderiam ser solicitadas por qualquer uma das partes que almejasse reestabelecer o equilíbrio econômico-financeiro, o que admitiria também a revisão do tempo de concessão.

No tocante às obrigações contratuais de investimentos das concessionárias, em vez de estarem contidas em um documento externo ao edital, a exemplo do PER, no PROCEROFE, as diretrizes de investimentos das concessionárias eram especificadas em três categorias presentes nos próprios editais, em forma de anexo: (i) os Serviços Correspondentes a Funções Operacionais, compostos por aspectos como o sistema de cobrança de pedágios, fiscalização eletrônica e monitoramento das vias; (ii) os Serviços Correspondentes a Funções de Conservação, ligados à conservação e manutenção das estradas, o que engloba a sinalização, limpeza, pavimentação, iluminação e afins; e (iii) Serviços Correspondentes a Funções de Ampliação, referentes a estudos de viabilidade e dimensionamento, assim como a execução de obras de melhoria e ampliação dos trechos.

Em consonância com o que também ocorreu no PROCROFE, o programa de investimentos do estado de São Paulo também era pouco flexível e se preocupava em estabelecer uma agenda de provisões a serem realizadas, de forma que a regulação seria feita pela fiscalização do cumprimento do cronograma, e não necessariamente do alcance de um padrão de qualidade dos serviços oferecidos.

Após anos de atividade do Comissão de Monitoramento das Concessões e Permissões de Serviços Públicos do Setor de Transportes, o governador Geraldo Alckmin encaminhou projeto de lei que resultou na Lei Complementar n. 914/02, a qual criou a Agência Reguladora de Serviços Públicos Delegados de Transporte do Estado de São Paulo – ARTESP e delegou a ela a função de órgão regulador das concessões rodoviárias. A ARTESP foi criada segundo o mesmo padrão de agência observado na ANTT, ou seja, com o *status* de autarquia em regime especial com teórica autonomia financeira e mandatos fixos para a sua diretoria.[496]

---

496 PROFETA, Gabriela Aparecida; LÍRIO, Viviani Silva; SANTOS, Elke Silva. "Atuação das Agências Reguladoras nas concessões de rodovias no Brasil:

2.2 Segunda etapa

Em 2007, por meio do Decreto n. 52.188, o estado de São Paulo iniciou a segunda etapa do programa paulista de concessões rodoviárias, responsável pelo repasse de 8 lotes de vias, que totalizavam 2835,56 km, por um prazo fixo que variava entre 30 e 35 anos. O modelo de concessão implementado seria extremamente semelhante ao de 1997, com editais e contratos equivalentes e com a mesma modalidade de concessão onerosa de ROT. No entanto, os contratos passaram a prever outros mecanismos de restituição do equilíbrio econômico-financeiro, além das revisões extraordinárias e de tempo de concessão. Desse modo, passaram a ser admitidas revisões do cronograma de investimentos; utilização do ônus fixo (outorga).

Outra particularidade dessa etapa ocorreu no lote 25, arrematado pela concessionária SPMar, do Grupo Bertin, cujo edital previa não somente a manutenção e recuperação, mas a construção do trecho que seria operado futuramente. Por conseguinte, o arremate do lote daria o direito imediato da exploração comercial do trecho sul do Rodoanel, enquanto o trecho leste deveria ser construído mediante o investimento da concessionária antes da cobrança de pedágio.

A maior alteração dessa etapa em relação à anterior, no entanto, fora motivada pelas críticas às altas tarifas praticadas nos pedágios, o que tornou necessária a mudança da modelagem do processo licitatório a fim de alcançar tarifas mais módicas, de forma que arremataria o lote aquele consórcio que se comprometesse com a provisão do serviço delegado mediante a menor tarifa. Sem embargo, associado à menor tarifa, também se exigiu o pagamento de uma outorga fixa.[497]

---

implicações do problema agente-principal". *REDES*, Santa Cruz do Sul, vol. 21, nº 1, jan./abr. 2016, pp. 189-208.

497 MATTOS, César. "Concessões de rodovias e renegociação no Brasil". *In*: OLIVEIRA, Gesner; OLIVEIRA FILHO, Luiz Chrysostomo. *Parcerias*

O traço marcante da segunda etapa foi a melhoria do ambiente regulatório com a criação de uma agência reguladora, a ARTESP. Esse aspecto, aliado à melhoria do cenário macroeconômico do país nos anos 2000, permitiu o relativo êxito do programa paulista marcado pela tentativa de tarifas mais módicas. Apesar dos esforços de modelagem, os investimentos ficaram abaixo dos níveis constatados na primeira etapa nos primeiros dez anos de contratos.

Vale observar que o Programa Paulista de Concessões Rodoviárias ainda possui uma terceira etapa de concessões, a qual, pela ausência de estudos comparativos suficientes, não será objeto deste trabalho.

Referências bibliográficas

ABCR. *Relatório Anual 2018*. Disponível em: https://abcr.org.br/images/relatorio-anual-abcr-2018.pdf. Acessado em: 30.05.2022.

ABDIB. "Brasil é líder em concessões rodoviárias no mundo". *Associação Brasileira de Infraestrutura e Indústria de Base*, 24 jun. 2019. Disponível em: https://www.abdib.org.br/2019/06/24/brasil-e-lider-em-concessoes-rodoviarias-no-mundo/. Acessado em: 30.05.2022.

ARTESP. *Relatório Anual 2015*. Disponível: http://www.artesp.sp.gov.br/Style%20Library/extranet/transparencia/relatorio-anual.aspx. Acessado em: 30.05.2022.

CORREIA, Marcelo Bruto da Costa. *Por que as reformas permanecem?* A trajetória gradualista de mudanças no setor de infraestrutura rodoviária no Brasil entre 1985-2010. São Paulo: Escola de Administração de Empresas de São Paulo, 2018. Tese (Doutorado em Administração Pública e Governo).

FRISCHTAK, Cláudio R.; FERNANDES, Bernardo; DUTRA, Cecília; LOBO, Marina. *A Iniciativa privada na exploração rodoviária*: experiência internacional e recomendações para o Brasil. Rio de Janeiro: CNI, 2018.

---

público-privadas: experiências, desafios e propostas. Rio de Janeiro: LTC/IEPE/CdG, 2013, pp. 65-102.

GIAMBIAGGI, Fabio; PIRES, José Claudio Linhares. "Retorno dos novos investimentos privados em contextos de incerteza: uma proposta de mudança do mecanismo de concessão de rodovias no Brasil". *Revista de Administração Pública*, Rio de Janeiro, vol. 34, nº 4, 2000.

GONZE, Nilson Corrêa. *Concessão em rodovias federais*: uma análise da evolução dos modelos de regulação técnica. Rio de Janeiro: Instituto Alberto Luiz Coimbra de Pós-Graduação e Pesquisa em Engenharia da UFRJ, 2014. Dissertação (Mestrado em Engenharia dos Transportes).

MATTOS, César. "Concessões de rodovias e renegociação no Brasil". *In*: OLIVEIRA, Gesner; OLIVEIRA FILHO, Luiz Chrysostomo. *Parcerias público-privadas*: experiências, desafios e propostas. Rio de Janeiro: LTC/ IEPE/CdG, 2013.

PINHEIRO, Armando Castelar *et al. Estruturação de projetos de PPP e concessão no Brasil*: diagnóstico do modelo brasileiro e propostas de aperfeiçoamento. São Paulo: IFC, 2015.

PROFETA, Gabriela Aparecida; LÍRIO, Viviani Silva; SANTOS, Elke Silva. "Atuação das Agências Reguladoras nas concessões de rodovias no Brasil: implicações do problema agente-principal". *REDES*, Santa Cruz do Sul, vol. 21, nº 1, jan./abr. 2016.

RIBEIRO, Maurício Portugal. *Alocação de riscos, reajuste e revisão tarifária nas concessões de rodovias*. Brasília: Instituto Serzedello Corrêa do Tribunal de Contas da União, 2011.

VERON, Adrien; CELLIER, Jacques. *Participação privada no setor rodoviário no Brasil*: evolução recente e próximos passos. Washington D.C., World Bank Group TP-30, 2010.

CAPÍTULO XLV

ANOTAÇÕES SOBRE A RENEGOCIAÇÃO DO PASSIVO REGULATÓRIO DA CONCESSIONÁRIA DE SERVIÇO NO ÂMBITO DE SUA RECUPERAÇÃO JUDICIAL

Maria Virginia N. do A. Mesquita Nasser

Introdução

As turbulências políticas e macroeconômicas pelas quais o Brasil passou nos últimos anos afetaram de maneira especial o setor de infraestrutura, atingindo diversas concessionárias de serviço público. Algumas dessas concessionárias puderam reestruturar suas dívidas fora de um processo formal de recuperação judicial, ao passo que outras precisaram se socorrer desse instituto para seguirem viáveis. Tanto na reestruturação de dívidas extrajudicial quanto, e de forma ainda mais acentuada, na recuperação judicial envolvendo concessionárias de serviço público, as agências e órgãos reguladores aparecem, como se diz popularmente, com diferentes chapéus: ora com o de credor, buscando o pagamento de multas, valores de outorga e valores de créditos de reequilíbrio econômico-financeiro; ora com o de regulador, buscando assegurar a adequada prestação do serviço concedido e o cumprimento do contrato de concessão.

O conjunto dos valores líquidos normalmente devidos pela concessionária em crise (multas, valores de outorga vencidos e taxas de fiscalização) somado aos valores ilíquidos devidos, tais como montantes de investimento a serem realizados, créditos de reequilíbrio em favor do poder concedente e valores de outorga ainda a vencer, compõe aquilo que se pode chamar de "passivo regulatório" da concessionária. Nos recentes processos de recuperação judicial envolvendo concessionárias de serviço público, o passivo regulatório representava parte considerável das dívidas das concessionárias, sendo que a possibilidade de o negociar de forma exitosa era fundamental para a reestruturação da empresa e a continuidade da prestação do serviço que lhe incumbe oferecer.

Ocorre que a transação sobre o passivo regulatório dessas concessionárias encontrou e ainda encontra uma certa dose de resistência por parte de agências reguladoras, da advocacia pública e de órgãos de controle, embora já seja possível registrar alguma evolução da jurisprudência a respeito do tema. Essa resistência decorre da ideia – a meu ver, equivocada – de que existe uma supremacia do interesse público a reclamar a busca intransigente pela arrecadação total de quaisquer valores devidos aos cofres públicos, não existindo qualquer outro fim ou interesse que se possa sobrepor a este.

Neste trabalho, buscamos visitar os fundamentos jurídicos que autorizariam a negociação do passivo regulatório das concessionárias, a partir de uma reflexão sobre os interesses públicos envolvidos na questão.

A escolha do tema para esta coletânea, com a qual tenho a honra de contribuir, se dá por duas razões. Em primeiro lugar, o tema é relevante para as concessões de serviço público em geral, sobretudo no atual momento do país. Em segundo, tramita neste momento, o processo de recuperação judicial de uma concessionária de rodovias – a Concessionária Rodovias do Tietê[498] – que é, sem dúvida, um caso paradigmático, por envolver a discussão sobre a natureza dos créditos de reequilíbrio apurados em favor do poder concedente e a possibilidade de incluí-los na recuperação judicial.

Anote-se de passagem que, nesse caso, os maiores credores da concessionária são 18.000 debenturistas que investiram na empresa via mercado de capitais, a partir de um instrumento cujo uso é incentivado pelo governo federal por meio de isenção tributária. Trata-se de uma política pública de fomento ao financiamento privado de infraestrutura, visando reduzir a histórica dependência do financiamento público para projetos de infraestrutura.

Assim, além dos interesses públicos de preservação da empresa e garantia da prestação adequada do serviço público tradicionalmente envolvidos quando da reestruturação financeira de concessionárias em dificuldade, o caso envolve também um terceiro interesse tutelado pelo Estado: a higidez do mercado de capitais, sobretudo ao captar investimentos do público em geral.

Este trabalho é dividido nos seguintes tópicos: esta introdução; análise jurídica dos interesses públicos envolvidos na reestruturação financeira das concessionárias em crise; análise jurídica das dificuldades percebidas na prática em torno das transações sobre o passivo regulatório e seus desdobramentos; consensualidade e conciliação de interesses como a solução possível para os dilemas identificados; e conclusão.

---

498 Recuperação Judicial n. 1005820-93.2019.8.26.0526, em trâmite perante a 1ª Vara do Foro de Salto-SP.

1 Análise jurídica dos interesses públicos envolvidos na reestruturação das concessionárias em crise

1.1 Repensando a supremacia do interesse público e a indisponibilidade do interesse público

Comecemos por revisitar dois pilares da prática do Direito Administrativo brasileiro que são muito frequentemente invocadas por gestores públicos e órgãos de controle a cada vez que o Estado é chamado a transacionar sobre alguma questão: a supremacia do interesse público e a indisponibilidade do interesse público. Esses elementos são comumente invocados na prática administrativa como sendo princípios e oferecem, em geral, uma fundamentação instantânea quando se pretende que o Estado negue tomar parte em qualquer transação envolvendo particulares. A supremacia do interesse público e a indisponibilidade desse interesse levariam, de maneira incontornável, à impossibilidade de que o Estado abrisse mão de suas prerrogativas nas relações com particulares e, mais importante, que jamais entrasse em negociações por meio das quais acabasse por transacionar sobre valores a ele devidos e seu poder de sanção. Estariam a justificar essas posições o fato de que o Estado representa a coletividade e, portanto, os interesses que corporifica estariam em posição superior aos interesses individuais de cada particular.

A força com que essas ideias estão arraigadas no fazer da Administração Pública somente pode ser explicada pelas soluções fáceis (embora ineficientes) que oferecem.[499] Além de não aparecerem da forma como são invocados na Constituição Federal e na legislação infraconstitucional, a doutrina, mesmo a mais tradicional, já reconhece, há tempos, que não existe um único interesse público

---

499 SUNDFELD, Carlos Ari. *Direito Administrativo para céticos*. 2ª ed. São Paulo: Malheiros, 2014, pp. 179 e ss.

e tampouco que esse interesse corresponda primordialmente aos interesses do erário.

Celso Antônio Bandeira de Mello já apontava ser "equívoco muito grave supor que o interesse público é um interesse do Estado".[500] O autor adota a orientação de Renato Alessi, diferenciando o interesse público primário – "resultante do conjunto de interesses que os indivíduos pessoalmente têm quando considerados em sua qualidade de membros da sociedade e pelo simples fato de o serem"[501] – do interesse público secundário, que corresponderia aos interesses patrimoniais exclusivos da pessoa do Estado. Ironicamente, são esses interesses secundários que parecem ter se tornado o santo graal da atuação de tantos gestores e controladores públicos.

Luis Roberto Barroso desenvolve a diferenciação entre interesse público primário e secundário com bastante clareza, ao afirmar o seguinte:

> O interesse público primário é a razão de ser do Estado e sintetiza-se nos fins que cabe a ele promover: justiça, segurança e bem-estar social. Estes são os interesses de toda a sociedade. O interesse público secundário é o da pessoa jurídica de direito público que seja parte em uma determinada relação jurídica – quer se trate da União, do Estado-membro, do Município ou de suas autarquias. Em ampla medida, pode ser identificado como o interesse do erário, que é o de maximizar a arrecadação e minimizar as despesas.
>
> (...)
>
> O interesse público secundário não é, obviamente, desimportante. Observe-se o exemplo do erário. Os recursos financeiros provêm os meios para realização do interesse

---

500 BANDEIRA DE MELLO, Celso Antônio. *Curso de Direito de Administrativo*. 28ª ed. São Paulo: Malheiros, 2010, pp. 59-61.

501 ALESSI, Renato. *Sistema istituzionale del diritto amministrativo italiano*. 3ª ed. Milano: Giuffrè, 1960, pp. 197/198.

> primário, e não é possível prescindir deles. Sem recursos adequados, o Estado não tem capacidade de promover investimentos sociais, nem de prestar de maneira adequada os serviços públicos que lhe tocam. Mas, naturalmente, em nenhuma hipótese será legítimo sacrificar o interesse público secundário. A inversão da prioridade seria patente, e nenhuma lógica razoável poderia sustentá-la.[502]

Indo além da distinção entre interesses públicos primários e secundários e do reconhecimento de que os interesses públicos da coletividade é que são prioritários em relação aos interesses fazendários, Floriano de Azevedo Marques reconhece que haverá situações em que mais de um interesse público primário estarão envolvidos e em competição. Diante desta situação, a tarefa do Estado não seria identificar de forma autoritária o interesse público envolvido e como atendê-lo, mas fazer a mediação entre os interesses sociais envolvidos, promovendo-lhes a tutela.[503] Com esses apontamentos, concluo este tópico argumentando que, em diversas circunstâncias, existe mais de um interesse público primário envolvido, passível de tutela e mediação pelos agentes estatais. Como demonstrarei a seguir, a recuperação judicial da concessionária de serviço público em crise é, definitivamente, uma delas.

1.2 Pluralidade de interesses difusos

Buscando uma simplificação de nomenclatura, chamarei de difusos os distintos interesses públicos primários envolvidos na reestruturação da empresa em crise, por serem interesses sociais,

---

502 BARROSO, Luís Roberto. "Prefácio: o Estado contemporâneo, os direitos fundamentais e a redefinição da supremacia do interesse público". *In*: SARMENTO, Daniel (Coord.). *Interesses públicos versus interesses privados*: desconstruindo a supremacia do interesse público. Rio de Janeiro: Lumen Juris, 2007, pp. viii-xiv.

503 MARQUES NETO, Floriano Peixoto de Azevedo. *Regulação estatal e interesses públicos*. São Paulo: Malheiros, 2002, pp. 166 e ss.

tutelados como tal pela ordem jurídica, que transcendem a esfera de interesses de particulares, sendo impossível determinar com exatidão o grupo de pessoas que os compõe.[504] Feita essa distinção, passo a analisar os principais interesses difusos envolvidos na reestruturação financeira de concessionárias de serviço público em crise.

Começo pelo interesse na recuperação da empresa em crise que ainda tenha chances de se recuperar, objeto do instrumento da recuperação judicial, previsto na Lei n. 11.101/2005. O instituto não visa apenas organizar um processo por meio do qual os credores buscam a satisfação de seus interesses e o devedor busca a proteção necessária para conseguir superar a crise que atravessa. Há uma tutela da preservação da empresa, a que se atribui função social, considerando-se também os interesses de outros atores afetados pela atividade empresarial, como usuários e trabalhadores. Gérard Farjat anota que a evolução do Direito falimentar, ao passar do Direito das quebras para o Direito da reestruturação da empresa, faz desta um ente que atrai proteção autônoma, distinta da pessoa do empresário. A lógica passa a ser não mais a punição do falido, mas a preservação do negócio, acima dos interesses do acionista e do credor.[505]

Para Eduardo S. Munhoz, o direito da empresa em crise, sob a diretriz de conciliar de forma eficiente os interesses dos diversos atores envolvidos, sempre considerando a função social da empresa, centra-se "na busca da concretização do interesse público (na concepção romana, ou seja, de interesse do povo), expresso

504 Existe um caloroso debate na doutrina sobre as diferenças entre interesses difusos, interesses coletivos e interesses individuais homogêneos, debate que não se pode esmiuçar no espaço deste trabalho. Para os fins deste artigo, creio ser suficiente o uso da expressão "interesse difuso" tomada em sentido amplo.

505 FARJAT, Gérard. *Pour un droit economique*. Paris: Presses Universitaires de France, 2004, pp. 83 e ss. (Collection Les voies du droit).

nos princípios e objetivos da ordem econômica estabelecidos no art. 170, da CF/1988)".[506]

O próprio artigo 47 da Lei n. 11.101/2005 é bastante didático nesse sentido, ao enunciar, como objetivo da recuperação judicial,

> viabilizar a superação da situação de crise econômico-financeira do devedor, a fim de permitir a manutenção da fonte produtora, do emprego dos trabalhadores e dos interesses dos credores, promovendo, assim, a preservação da empresa, sua função social e o estímulo à atividade econômica.[507]

O outro interesse difuso fundamental com o qual os atores serão chamados a lidar quando do processo de recuperação judicial (ou outra forma de reestruturação financeira) envolvendo uma concessionária de serviço público é, naturalmente, a adequada prestação do serviço e o cumprimento do contrato de concessão firmado entre a empresa privada e o poder concedente.

Ao conceder a prestação de um serviço público, o Estado delega a um ente privado uma atribuição sua. Cabe ao Estado prover aos cidadãos as utilidades classificadas como públicas. Ao delegá-las, transferindo ao particular um plexo de direitos e deveres, o Estado segue responsável por assegurar sua correta prestação. Nesse sentido, Floriano de Azevedo Marques é feliz ao caracterizar a titularidade estatal do serviço público como "um dever imposto

---

506 MUNHOZ, Eduardo Secchi. "Anotações sobre os limites do poder jurisdicional na apreciação do plano de recuperação judicial". *Revista de Direito Bancário e do Mercado de Capitais*, vol. 36, abr. 2007, p. 184 [p. 2 da versão eletrônica].

507 BRASIL. *Lei n. 11.101*, de 9 de fevereiro de 2005. Disponível em: http://www.planalto.gov.br/ccivil_03/_ato2004-2006/2005/lei/l11101.htm. Acessado em: 30.05.2022.

pela ordem jurídica no sentido de oferecer ou desenvolver, direta ou indiretamente, uma atividade de interesse comum".[508]

Delegando ao particular a prestação do serviço público, transferindo-lhe obrigações, mas também prerrogativas e privilégios que permitem ao concessionário explorar o ativo e/ou serviço concedido com exclusividade, o Estado certamente desejará se certificar de que o serviço seja prestado com qualidade, a preços que garantam acesso universal e de forma contínua. Trata-se da proteção dos interesses difusos dos usuários, sejam eles efetivos ou potenciais.

O primeiro instrumento de que lança mão o poder concedente para garantir a adequada prestação do serviço é o próprio contrato de concessão. É nele que são fixadas as obrigações do concessionário, notadamente aquelas relacionadas aos investimentos que devem ser feitos para que se possa ofertar o serviço público. Também no contrato costumam ser previstas as penalidades para o descumprimento dessas obrigações.

As concessões de serviço público, além de envolverem serviços de interesse coletivo cujo acesso deve ser assegurado pelo Estado, envolvem, na maioria das vezes, a mobilização de vultosas somas de capitais que precisam ser empregados na construção ou ampliação dos ativos – muitos deles conformados em redes – para a oferta das utilidades. Por essa razão, os contratos de concessão costumam também ser longos, de modo a permitir a amortização dos investimentos realizados. Essas características, associadas ao fato de que o contrato de concessão envolve a interação de agentes com interesses nem sempre colidentes (contratante e contratado), têm feito surgir a criação de agentes reguladoras externas ao poder concedente. Essas agências – que contam com distintos graus de autonomia e independência em relação ao núcleo do Poder Executivo conforme o ente da federação a que estejam vinculadas

---

508 MARQUES NETO, Floriano de Azevedo. *Concessões*. Belo Horizonte: Fórum, 2015, p. 126.

e o momento histórico considerado – têm por missão verificar o cumprimento do contrato de concessão, expedindo regulação complementar, quando o caso, e mediando os interesses do concedente, da concessionária e dos usuários.

Todas as vezes que uma concessionária de serviço público entra em situação de estresse financeiro, a preocupação primordial do poder concedente e do regulador é – ou deveria ser – a continuidade do serviço prestado e a manutenção de sua qualidade, dentro dos parâmetros de custo que garantam universalidade de acesso.

Como dito, as concessões envolvem a mobilização de grandes quantidades de capitais privados. O alto valor do investimento envolvido faz com que os acionistas busquem, naturalmente, o financiamento de terceiros. Ocorre que, justamente em função do volume dos investimentos, os acionistas da concessionária, ao buscarem financiamento, relutam em ou mesmo ficam impossibilitados de dar garantias corporativas aos financiamentos. Por outro lado, o regime de bens aplicável aos principais ativos físicos da concessão e sua baixa liquidez dificultam sua utilização como lastro em garantias. Por isso, os recursos são injetados por financiadores nos projetos de concessão em estruturas em que predomina o *project finance*, ou seja, por meio de arranjos contratuais em que a principal garantia de pagamento do financiamento vem das receitas futuras da concessão, os chamados recebíveis.[509] [510]

Embora o "repagamento" dos financiamentos seja, obviamente, um interesse imediato do financiador, é desejável que os financiadores tenham segurança de que o crédito privado aportado

---

509 Daí por que *project*, e não *corporate* ou *asset finance*. As garantias do financiamento não são baseadas em garantias corporativas ou sobre ativos, mas no fluxo de caixa futuro do projeto. Essa é a razão pela qual o sucesso do projeto é fundamental para o financiador.

510 Uma obra de referência a respeito do tema é ENEI, José Virgílio Lopes. *Project Finance*. São Paulo: Saraiva, 2017.

nos projetos de concessão será adimplido. Essa confiança é importante para a própria oferta desse crédito e, assim, para que cada vez mais agentes possam se lançar ao mercado de concessões. Em vista disto, é possível divisar um terceiro interesse difuso na reestruturação financeira da concessionária de serviço público em crise, que corresponderia à proteção ao crédito dos financiadores de projetos de infraestrutura. Esse interesse foi reconhecido pelo legislador, que adotou na Lei n. 8.987/95 e na Lei n. 11.079/2004 o instrumento do *step-in rights*, permitindo ao financiador assumir temporariamente a concessão em crise, para promover seu saneamento financeiro e contratual. Alguns projetos de concessão de serviço público mais modernos trazem regulação contratual mais robusta das prerrogativas dos financiadores. São exemplos disto o acordo tripartite, que visa dar condições para que o financiador tenha informações acuradas a respeito do desempenho da concessionária e, caso entenda conveniente, exerça o *step-in rights* e as cláusulas que permitem ao financiador a busca de um terceiro interessado na aquisição da concessionária em crise.[511]

Quando o financiador de longo prazo não exerce suas prerrogativas de intervir da concessionária em crise e se vê como credor na recuperação judicial, esse interesse na proteção da higidez do sistema de financiamento das concessões se deslocará para a recuperação judicial. O financiador buscará a satisfação de seus créditos coletando os recebíveis dados em garantia, mas não poderá fazê-lo de forma a impedir a continuidade da concessão, ou não terá mais como contar com as receitas futuras da concessionária que tenham sido dadas em garantia.[512]

---

511 Cf. Contrato de Concessão da Prestação do Serviço Público de Transporte de Passageiros Sobre Trilhos, das Linhas 8 - Diamante E 9 - Esmeralda da Rede de Trens Metropolitanos da Região Metropolitana de São Paulo, objeto da Concorrência Internacional n. 01/2020.

512 Nesse sentido, a própria Lei n. 8.985/1995 determina, em seu art. 28, que as concessionárias poderão oferecer os direitos emergentes da concessão em garantia até o limite que não comprometa o exercício da concessão. Na

2 Dos textos legais e doutrinários à prática: os interesses difusos em disputa na reestruturação financeira de concessionárias em crise e o que se tem pretendido (e conseguido) tutelar

Embora seja possível identificar com tranquilidade os principais interesses difusos envolvidos na reestruturação financeira da concessionária em dificuldade e sua maior importância em relação aos interesses fazendários na doutrina e na jurisprudência, a prática tem se mostrado tortuosa.

2.1 As batalhas em torno da concursabilidade do passivo regulatório líquido decorrente da aplicação de penalidades

Talvez a maior prova das dificuldades ainda encontradas em torno das transações envolvendo o passivo regulatório líquido das concessionárias em crise e da superação da ideia de que o interesse de arrecadar valores pecuniários devidos ao erário não deve ser superior aos outros interesses difusos tutelados pela ordem jurídica esteja nas batalhas travadas em torno da concursabilidade do passivo regulatório líquido decorrente da aplicação de penalidades.

No processo de recuperação judicial das empresas Grupo Oi, a Agência Nacional de Telecomunicações – ANATEL figurava como a maior credora individual da empresa. O crédito da agência era da ordem de R$ 14,3 bilhões, dos R$ 65 bilhões que compunham a dívida global do grupo. Assim, não havia qualquer possibilidade de que o grupo conseguisse se reestruturar sem alguma forma de acordo quanto a tais créditos. No âmbito desse processo, em sede de recurso, o Tribunal de Justiça do Rio de

---

prática, o que se vê ocorrer é a cessão de parcela considerável dos recebíveis, ficando eventual excussão da garantia sujeita aos limites da continuidade da concessão.

Janeiro, o entendimento da primeira instância foi de que créditos fiscais não tributários (categoria em que se enquadram créditos de multas, outorgas, taxas de fiscalização e outros débitos que não sejam relativos a impostos, taxas e contribuições) estão sujeitos ao concurso de credores e, portanto, são passíveis de negociação no âmbito da recuperação judicial.[513] A decisão confirmava, ainda, a classificação desses créditos como quirografários e a suspensão de execuções fiscais movidas para cobrança desses créditos quando deferido o processamento da recuperação judicial. O voto da relatora considerava que, diante dos interesses tutelados pela recuperação judicial "possui o Estado o dever indelével de, sacrificando-se juntamente com os particulares, preservar a empresa e assim permitir que aquela, exercendo sua função social, tenha condições efetivas de superar sua crise econômico-financeira".[514] O tema foi levado ao Superior Tribunal de Justiça, que confirmou o entendimento do Tribunal de Justiça do Rio de Janeiro.[515]

O Tribunal de Contas da União chegou a instaurar procedimento específico para acompanhar o processamento desses créditos na recuperação judicial e certificar-se de que os agentes públicos tomariam todas as providências necessárias a evitar a – na opinião da Corte de Contas – indevida inclusão dos créditos de multas na recuperação judicial.[516]

---

513 Os créditos tributários são excluídos do concurso de credores pelo art. 187 do Código Tributário Nacional.

514 TJ-RJ, AI 0010168-32.2018.8.19.0000, rel. Desa. Mônica Maria Costa, j. 18.09.2018.

515 SLS, Corte Especial, AgInt na SLS 2.433, rel. Min. João Otávio de Noronha, j 5-8-2020, Dje 20-8-2020.

516 TCU, Processo 005.577/2018-7. Entendo ser questionável a competência da Corte de Contas Federal para esse tipo de fiscalização. Para uma visão crítica sobre o alargamento de suas competências pelo próprio TCU, cf. DUTRA, Pedro; REIS, Thiago. *O Soberano da regulação*: o TCU e a infraestrutura. São Paulo: Singular, 2020.

Não obstante a consolidação desse precedente, a Advocacia Geral da União – AGU seguiu buscando a exclusão dos créditos fiscais não tributários do concurso de credores em outra recuperação judicial de concessionária de serviço público federal – a da Aeroportos Brasil S.A., concessionária do Aeroporto de Viracopos. No âmbito da recuperação, a Procuradoria Federal Especializada junto à Agência Nacional de Aviação Civil (ANAC), em sede de objeção ao plano de recuperação judicial, afirma que os créditos não tributários da referida agência não poderiam ser negociados, de modo que não poderiam ser inclusos na recuperação judicial. Para a AGU, os créditos em questão somente poderiam ser negociados com relação a descontos e condições de parcelamento em termos previstos em lei de regência e que a agência reguladora sequer poderia participar da assembleia na condição de credora.[517] Ora, mas não seria a Lei n. 11.101/2015 uma fonte normativa válida a determinar que, no caso de débitos fiscais de origem não tributária e, na especial circunstância da recuperação judicial, a tutelar o interesse difuso da preservação da empresa, os referidos créditos tenham o tratamento acordado pela assembleia de credores, com o devido controle do Estado-juiz?[518] Creio que sim.[519]

517 RJ 1019551-68.2018.8.26.0114, objeção ao plano de recuperação judicial apresentado pela Advocacia Geral da União.

518 No desenrolar dos processos acima citados, os créditos fiscais não tributários detidos por ambas as agências foram incluídos na recuperação judicial. No caso da AB Aeroportos S.A., os créditos estão sendo pagos na forma do plano, aprovado sob a condição de que a recuperanda apresentaria o pedido de relicitação da concessão dentro de 15 dias após a aprovação do plano. No caso do Grupo Oi, a AGU, com base na Lei n. 13.988/2020, promulgada posteriormente, fez um acordo para reduzir o valor devido de multas de R$ 14,3 bilhões para R$ 7,2 bilhões.

519 Ver, nesse sentido: MUNHOZ, Eduardo Secchi. "Anotações sobre os limites do poder jurisdicional na apreciação do plano de recuperação judicial". *Revista de Direito Bancário e do Mercado de Capitais*, vol. 36, abr. 2007, pp. 4 e ss.

Mas para além da existência de previsão legal e da existência de precedente não apenas autorizando, mas determinando que os créditos oriundos da aplicação de penalidades sejam incluídos no concurso de credores e, portanto, negociados em assembleia geral de credores, é importante refletirmos sobre a dificuldade da agência e da advocacia pública em aceitar a inclusão dos créditos oriundos de aplicação de penalidades na recuperação judicial. Os créditos são excluídos da recuperação judicial por uma razão evidente – as receitas tributárias constituem a principal fonte de arrecadação do Estado, que usa o produto da arrecadação para desenvolver as funções que lhe incubem. A legislação dedica uma série de dispositivos especiais visando assegurar a arrecadação dos tributos, limitando as possibilidades de renúncia e regulando as formas de seu parcelamento. A multas e outras penalidades contratuais, por outro lado, não possuem finalidade arrecadatória. Na lição da Maria João Estorninho:

> A função principal da sanção nos contratos administrativos não é nem a de reprimir as violações contratuais, nem a de compensar a Administração pelos prejuízos sofridos, mas, sim, a de obrigar o particular a cumprir a prestação a que está adstrito e, dessa forma, assegurar a prossecução do interesse público subjacente ao contrato.[520]

Se a finalidade da multa é levar ao cumprimento do contrato, e não arrecadatória, não faz qualquer sentido que os créditos de multa deixem de ser incluídos na recuperação judicial, considerando-se que a reestruturação financeira da recuperanda é condição necessária para o contrato seja cumprido a contento. Por outro lado, não se pode notar que, quando concessionárias de serviço público acumulam passivos por vezes bilionários em multas e encargos de mora, chegando a ser impagáveis, são grandes as chances de que

520 ESTORNINHO, Maria João. *Réquiem pelo contrato administrativo*. Coimbra: Almedina, 2003, p. 128.

haja algo errado com a gestão desse contrato administrativo. Vale notar que, por vezes, o gestor multa a concessionária de serviço público ao menor indício de irregularidade, para evitar sua própria responsabilização por não ter observado a indisponibilidade do interesse público. Essas multas são, então, questionadas em âmbito administrativo e judicial, fazendo com que se acumulem e se arrastem os litígios e se aumente o passivo regulatório. Assim, sob o prisma da tutela do interesse difuso consistente em assegurar a prestação adequada do serviço adequado, não está impedida e, por vezes, será até mesmo recomendada a transação envolvendo esse tipo do passivo regulatório.

2.2 O caso da Concessionária de Rodovias do Tietê e a sujeição de créditos de reequilíbrio e obrigações de investimentos na recuperação judicial

No caso da recuperação judicial da Concessionária Rodovias do Tietê, o tema da concursabilidade dos créditos fiscais não tributárias volta à discussão, com a Procuradoria do estado de São Paulo assumindo posição contrária aos precedentes acima. Mas o caso adiciona uma complexidade à matéria. O agente fiduciário que representa os debenturistas credores da concessionária, em sede de impugnação de crédito, solicitou ao juízo da recuperação judicial que intimasse a Agência Reguladora dos Serviços de Transporte do Estado de São Paulo – ARTESP a indicar todos os créditos da agência em face da recuperanda. A intenção do agente fiduciário era ter clareza do tamanho do passivo regulatório da empresa para que pudesse negociar com segurança a reestruturação da companhia, inclusive por meio da busca de interessados em injetar nela dinheiro novo. Nesse processo, foram listados não apenas créditos relativos a multas contratuais, mas também valores de reequilíbrio econômico-financeiro do contrato apurados em favor do poder concedente, decorrentes da não realização de investimentos conforme o cronograma original de investimentos. Indicados tais valores, o juízo da recuperação determinou que todos eles fossem incluídos da recuperação judicial como quirografários, vez que eram créditos fiscais não tributários.

A Procuradoria Geral do Estado interpôs recurso de agravo de instrumento em face da decisão, afirmando que a recuperação judicial em questão deveria ter por objetivo "renegociar suas dívidas para conseguir cumprir o contrato de concessão, e não o contrário: renegociar o contrato para que consiga satisfazer seus credores". A questão é que, na recuperação judicial da empresa em crise, uma coisa está intimamente ligada a outra. Sem a reestruturação da dívida da empresa, dificilmente o contrato de concessão será cumprido a contento. Sem o cumprimento regular do contrato, pode ser declarada a caducidade da concessão, que é o ativo mais valioso da concessionária, eis que é o que lhe permite explorar o serviço e auferir receitas. A manifestação também afirmava que não era correto que os usuários do trecho rodoviário pagassem tarifa e ficassem sem a adequada prestação do serviço, para que os financiadores percebessem a remuneração pelo capital investido. Está correto. Por outro lado, os credores que permitiram a realização dos investimentos em despesas de capital e manutenção para que o serviço fosse prestado e a vultosa outorga paga ao poder concedente também não devem ser os únicos a se sacrificar sozinhos pela recuperação da concessionária.

A discussão sobre a concursabilidade dos créditos de multas regulatórias me parece facilmente superável, eis que apoiada nos sólidos precedentes acima apontados. A questão da inclusão dos valores apurados a título de reequilíbrio econômico me parece mais delicada. Com efeito, embora na literalidade do texto a lei determine que estão sujeitos à recuperação judicial todos os créditos existentes na data do pedido, ainda que não vencidos (Lei n. 11.101/2005, art. 49), e os precedentes já mencionados afirmem que apenas os créditos fiscais tributários estejam excluídos do concurso de credores, é desafiadora a caracterização de valores de reequilíbrio econômico-financeiro apurados em favor do poder concedente e obrigações de realizar investimentos como obrigações financeiras passíveis de aplicação de descontos conforme o resultado das negociações com os demais credores da mesma classe.

Apurada a necessidade de recompor o reequilíbrio econômico-financeiro em favor do poder concedente, dificilmente esse valor será pago pela concessionária em dinheiro. O mais provável é que tal reequilíbrio seja pago em redução de tarifa, realização de investimentos adicionais ou mesmo alteração do prazo contratual. São grandes as chances, ainda, que esses valores fiquem contabilizados para futura compensação com reequilíbrios que se apurem futuramente em favor da concessionária. Em relação às obrigações de realização de investimentos ainda não liquidadas, parece igualmente delicado que, mediante uma negociação entre credores, ou pela intervenção do juiz da recuperação ao apreciar o plano de recuperação judicial, se decida pela diminuição dos investimentos a serem feitos. Uma negociação entre credores aprovada pelo juízo da recuperação que impusesse a diminuição ou reprogramação de investimentos redundaria da alteração da equação econômico-financeira no contrato, cuja manutenção incumbe, primordialmente, à agência reguladora especializada. O mesmo ocorreria na reprogramação ou diminuição dos valores devidos de outorga. Tanto na recuperação judicial da AB Aeroportos S.A. quando na da Concessionária Rodovias do Tietê, a advocacia pública aponta que, ao incluir créditos de multas e outorga na recuperação judicial e, no primeiro caso, ao suspender o procedimento de caducidade da concessão, o juízo da recuperação estaria intervindo sobre atribuições do Executivo de conceder e fiscalizar a prestação de serviços públicos, em afronta ao princípio da separação de poderes. A observação me parece simplista, mas não se pode negar a maior especialidade do regulador para verificar o cumprimento do contrato de concessão e tomar medidas que possam alterar sua equação econômico-financeira.

O juízo da recuperação não pode declarar que o contrato esteja ou não sendo cumprido regularmente, substituindo-se à fiscalização do poder concedente ou da agência reguladora. Poderia se chegar, assim, a uma situação em que, enquanto se busca uma solução para negociação dos créditos, o ente responsável pela fiscalização do contrato determine que o contrato de concessão não está sendo cumprido regularmente e inicie o processo de caducidade da concessão. O juiz da recuperação judicial poderia, diante de tal situação, definir que o contrato de concessão é bem essencialíssimo à preservação das atividades da empresa e impedir a caducidade? No limite, em interpretação bastante extensiva do art. 6º da Lei n. 11.101/2005, poderia. Aliás, isso já ocorreu, em sede tutela de urgência, durante a recuperação judicial da Aeroportos Brasil S.A. Esse poder do juiz, entretanto, limita-se ao período pelo qual se suspendem as execuções e outros medidas constritivas, para que seja elaborado e aprovado o plano de recuperação judicial (*stay period*). Ocorre que a concessionária necessita manter vigente o contrato da concessão por todo o prazo remanescente para poder se reestruturar a contento.

3 Reequilíbrios econômico-financeiros devidos pelo poder concedente à concessionária recuperanda

Outro ponto que merece ser considerado é que, no caso da recuperação judicial da Concessionária de Rodovias do Tietê, assim como no caso da recuperação judicial da Aeroportos Brasil S.A., enquanto se discutia o tratamento adequado aos créditos detidos por agências reguladoras ou poder concedente em face das recuperandas, essas mesmas empresas possuem créditos ou pleiteiam o reconhecimento de créditos de reequilíbrio econômico-financeiro em face do poder concedente.

Como foi dito no início deste artigo, as crises sociais e financeiras dos últimos anos abalaram fortemente o setor de infraestrutura, o que tornou alguns contratos por demais onerosos para as concessionárias de serviços públicos, aumentando seu custo de capital ou mesmo levando a situações em que as concessionárias fizeram vultosos investimentos em ativos que mais tarde não encontraram demanda. As discussões sobre qual parte deveria arcar com os riscos associados a tais eventos e os valores de recomposição devidos em geral não são simples e levam meses para serem concluídas, fazendo com que se deteriorem as condições financeiras dessas empresas cujos altos custos fixos são mantidos – eis que não podem deixar de prestar o serviço ou de realizar investimentos sem autorização –, mas enfrentam abruptas quedas de receita.[521]

Some-se a essas situações os casos em que o Poder Público se vê compelido a alterar unilateralmente as condições de um contrato de concessão, reduzindo as receitas da concessionária ou aumentado seus custos, mas são necessários meses ou até anos para recompor o equilíbrio econômico-financeiro em favor da concessionária. Isso ocorreu, por exemplo, quando, por meio da Lei n. 13.711/2018, o governo federal isentou de pagamento de tarifas de pedágio os caminhões que trafegassem com seus eixos suspensos (sem transporte de carga) pelas rodovias do país. A medida obviamente levou à queda das receitas por todas as concessionárias de rodovias. Essa alteração legislativa é classificada pelo Direito Administrativo como "fato do príncipe", e o risco de perda de receita tarifária originado por fato do príncipe é atribuído ao poder concedente em todos os contratos de concessão.[522] Até o momento, a ARTESP não decidiu diversos dos pleitos de reequilíbrio econômico-financeiro apresentados pelas concessionárias de rodovias paulistas, entre eles o da Concessionária da Rodovias do Tietê.

---

521 Alguns novos projetos de concessão têm procurado atrelar a obrigação de realizar certos investimentos à obtenção de certos patamares de demanda, de modo a evitar que, em um cenário de crise, a concessionária tenha que realizar investimentos que não encontrarão demanda suficiente para gerar as receitas que os cobririam. De qualquer forma, há situações em que, mesmo sem a obrigação de realizar investimentos, a concessionária é obrigada a arcar com custos muitos altos enquanto sofre quebra abrupta de suas receitas.

522 GASIOLA, Gustavo Gil. "O fato do príncipe no sistema de tutela dos contratos administrativos". *Revista Digital de Direito Administrativo*, vol. 1, nº 1, 2014, pp. 69-84.

Se, por um lado, não parece adequado que o juízo da recuperação promova esse acerto de contas entre as obrigações não adimplidas pela concessionária e os reequilíbrios a que faz jus, por outro lado, parece ofender não apenas o interesse da preservação da empresa, mas o interesse da proteção da segurança jurídica que a concessionária de serviço público fique impedida de se reestruturar financeiramente enquanto ela própria detém direitos em face do poder concedente.[523]

Considerações finais: uma solução possível – parte do passivo regulatório sujeita-se à recuperação judicial e parte do passivo regulatório é negociado junto ao poder concedente ou agência reguladora, em procedimento antecedente ou incidental

Qual seria, então, a solução que melhor atendesse aos interesses difusos envolvidos na questão? Penso que a solução mais adequada estaria no equilíbrio entre Estado-juiz atuando na recuperação

523 Após o caso da Concessionária Rodovias do Tietê, foi a vez da Supervia Concessionária de Transporte Ferroviário S.A. pedir recuperação judicial. A empresa, operadora de trens urbanos de passageiros na Região Metropolitana do Rio de Janeiro deve queda abrupta de demanda em razão da pandemia da Covid-19, claramente um evento de caso fortuito, cujo risco é alocado ao poder concedente na maioria dos contratos de concessão, sobretudo quando não segurável. A Agência Reguladora de Serviços Públicos Concedidos de Transportes Aquaviários, Ferroviários e de Rodovias do Estado do Rio de Janeiro demorou a reconhecer o direito à recomposição do reequilíbrio econômico-financeiro à concessionária, que entrou em situação de insolvência. Os repetidos episódios de apresentação de pedido de recuperação judicial por concessionárias credoras do Estado chamam a atenção para a seguinte questão sistêmica: o Estado, ao represar ou negar as recomposições de equilíbrio econômico-financeiro do contrato de concessão devidas à concessionária, leva a empresa à situação de insolvência. A empresa recorre, então, da recuperação judicial para sobreviver, impondo a seus credores privados o ônus de renegociar seus créditos. Seria essa, tomando emprestada uma expressão que andou em voga, uma "pedalada" do credor privado da concessionária de serviço público pelo Estado?

judicial com a missão de preservar a empresa e agência reguladora, ou o poder concedente atuando na fiscalização e gestão do contrato de concessão, com a missão de garantir a prestação do serviço público adequado. Assim, o passivo regulatório decorrente de multas e outras penalidades ficaria sujeito à recuperação judicial, ao passo que ao poder concedente ou à agência reguladora caberia exercer, *pari passu* ou de maneira antecedente à renegociação dos créditos em sede de recuperação judicial, o poder-dever[524] de apurar os valores devidos a título de recomposição do equilíbrio econômico-financeiro e de conduzir as negociações necessárias para equalizá-lo com passivo regulatório relacionado à equação econômico-financeira do contrato (outorgas devidas a serem reprogramadas, créditos de reequilíbrio em favor do poder concedente e obrigações de investimento vincendas).

Essa atuação coordenada e equilibrada será fundamental, inclusive, para que se lance mão dos meios disponíveis para a reestruturação da concessionária em crise, como a transferência da concessão, a alienação do controle da concessionária, a conversão de dívida em capital social ou a obtenção de financiamentos adicionais, buscando-se a manutenção da empresa e do serviço público outorgado.

Nesse sentido, a Lei n. 14.112/2020, que promoveu a última alteração da Lei n. 11.101/2005, foi feliz ao inserir no sistema da recuperação judicial dispositivo admitindo mediações antecedentes e incidentais aos processos de recuperação judicial, "**notadamente**[525] em conflitos que envolverem concessionárias ou permissionárias de

---

524 Sobre o poder-dever de reequilibrar os contratos de concessão, cf. BOGOSSIAN, André Martins. *O caso dos contratos "irrequilibráveis" de concessão comum e PPP*: o que fazer quando não há mais nada a fazer? Disponível em: https://portugalribeiro.com.br/wp-content/uploads /o-caso-dos-contratos-irreequilibraveis-de-concessao-e-ppp_o-que-fazer- quando-nao-ha-nada-mais-a-fazer--final-para-publicar .pdf. Acessado em: 20.06.2021.

525 Grifo nosso.

serviços públicos em recuperação judicial e órgãos reguladores ou entes públicos municipais, distritais, estaduais ou federais".[526] Que dele seja feito bom uso, prestigiando os direitos difusos tutelados para ordem econômica e social.

Referências bibliográficas

ALESSI, Renato. *Sistema istituzionale del diritto amministrativo italiano*. 3ª ed. Milano: Giuffrè, 1960.

BANDEIRA DE MELLO, Celso Antônio. *Curso de Direito de Administrativo*. 28ª ed. São Paulo: Malheiros, 2010.

BARROSO, Luís Roberto. "Prefácio: o Estado contemporâneo, os direitos fundamentais e a redefinição da supremacia do interesse público". *In*: SARMENTO, Daniel (Coord.). *Interesses públicos versus interesses privados*: desconstruindo a supremacia do interesse público. Rio de Janeiro: Lumen Juris, 2007.

BOGOSSIAN, André Martins. *O caso dos contratos "irrequilibráveis" de concessão comum e PPP*: o que fazer quando não há mais nada a fazer? Disponível em: https://portugalribeiro.com.br/wp-content/uploads/o-caso-dos-contratos-irreequilibraveis-de-concessao-e-ppp_o-que-fazer-quando-nao-ha-nada-mais-a-fazer-final-para-publicar.pdf. Acessado em: 20.06.2021.

BRASIL. *Lei n. 11.101*, de 9 de fevereiro de 2005. Disponível em: http://www.planalto.gov.br/ccivil_03/_ato2004-2006/2005/lei/l11101.htm. Acessado em: 30.05.2022.

DUTRA, Pedro; REIS, Thiago. *O Soberano da regulação*: o TCU e a infraestrutura. São Paulo: Singular, 2020.

ENEI, José Virgílio Lopes. *Project Finance*. São Paulo: Saraiva, 2017.

ESTORNINHO, Maria João. *Réquiem pelo contrato administrativo*. Coimbra: Almedina, 2003.

---

526 Art. 20-B de BRASIL. *Lei n. 11.101*, de 9 de fevereiro de 2005. Disponível em: http://www.planalto.gov.br/ccivil_03/_ato2004-2006/2005/lei/l11101.htm. Acessado em: 30.05.2022.

FARJAT, Gérard. *Pour un droit economique*. Paris: Presses Universitaires de France, 2004. (Collection Les voies du droit).

GASIOLA, Gustavo Gil. "O fato do príncipe no sistema de tutela dos contratos administrativos". *Revista Digital de Direito Administrativo*, vol. 1, nº 1, 2014.

MARQUES NETO, Floriano Peixoto de Azevedo. *Concessões*. Belo Horizonte: Fórum, 2015.

_____. *Regulação estatal e interesses públicos*. São Paulo: Malheiros, 2002.

MUNHOZ, Eduardo Secchi. "Anotações sobre os limites do poder jurisdicional na apreciação do plano de recuperação judicial". *Revista de Direito Bancário e do Mercado de Capitais*, vol. 36, abr. 2007.

_____. "Anotações sobre os limites do poder jurisdicional na apreciação do plano de recuperação judicial". *Revista de Direito Bancário e do Mercado de Capitais*, vol. 36, abr. 2007.

SUNDFELD, Carlos Ari. *Direito Administrativo para céticos*. 2ª ed. São Paulo: Malheiros, 2014.

CAPÍTULO XLVI

A COBRANÇA DE PAGAMENTO PELO USO DE FAIXA DE DOMÍNIO NAS CONCESSÕES RODOVIÁRIAS DO ESTADO DE SÃO PAULO

Vivian Semer
Viviane Formigosa

Introdução

Em outubro de 2008, a Agência Reguladora de Serviços Públicos e Delegados de Transporte do Estado de São Paulo – ARTESP realizou a 2ª Rodada de Concessões, por meio de Concorrências Públicas Internacionais do tipo menor valor de tarifa quilométrica básica de pedágio para a seleção da proposta mais vantajosa para a Concessão Onerosa de diversos corredores de rodovias do estado.

O objeto da rodada de licitações era a exploração do sistema rodoviário, por meio da cobrança de pedágio e outras receitas acessórias, compreendendo (i) a execução, gestão e fiscalização dos Serviços Delegados; (ii) o apoio na execução dos Serviços Não Delegados; e (iii) o controle dos Serviços Complementares.

O anexo I dos editais trazia o Regulamento da Concessão, que definia os tipos de serviços mencionados de forma que os Serviços Delegados, de maneira geral, são todos aqueles relativos às funções operacionais, de conservação e ampliação da rodovia; os Serviços Não Delegados, aqueles de competência exclusiva do Poder Público, como exercício do poder de polícia e emissão de outorgas, além da possibilidade, por meio de autorização da ARTESP, de acesso a propriedades lindeiras, ocupação de faixa de domínio e publicidade em geral; por fim, os Serviços Complementares, também condicionados à autorização da ARTESP, são aqueles convenientes porém não essenciais, a fim de que os serviços prestados pela concessionária, como abastecimento e reparo de veículos, hospedagem e áreas de lazer para usuários, permanecessem adequados.

Assim, o Regulamento da Concessão traz o conceito de receitas acessórias, em que constituem receitas da concessionária os valores cobrados pela disposição da publicidade e outros usos da faixa de domínio, bem como os valores cobrados pelos serviços de implantação e manutenção dos acessos.

Recentemente, a agência reguladora apresentou dois posicionamentos bastante delicados e que poderiam, se aplicados, causar grandes impactos nos contratos de concessão. Isso porque, primeiramente, a agência exarou circular e parecer obrigando a suspensão de cobrança das tarifas decorrentes da autorização aos lindeiros interessados em obter acessos comerciais ou particulares ao longo do sistema rodoviário. Posteriormente, se manifestou no sentido de exigir das concessionárias que realizassem toda a gestão da publicidade explorada por particulares na faixa de domínio, incluindo a sua autorização e fiscalização.

No entanto, essas duas mudanças seriam sobremaneira prejudiciais à execução desses contratos, além de, a rigor, ilegais.

No presente artigo, vamos apresentar os principais aspectos dessa análise, a fim de demonstrar a impossibilidade dessas alterações contratuais e legais intentadas pela ARTESP.

No presente estudo, a análise também abrangerá outras nuances relacionadas ao pagamento pelo uso da faixa de domínio. Isso porque o tema também comporta responsabilidades quanto a análises de projetos e ao pagamento de tarifas pelo usuário.

Outra nuance do uso de domínio consiste no compartilhamento de infraestrutura com serviços de telecomunicação, tema este, inclusive, com desdobramentos recentes junto ao Supremo Tribunal Federal.

O presente estudo não pretende esgotar a análise do tema faixa de domínio. Entretanto, o objetivo de demonstrar as nuances e eventuais riscos aos contratos de concessão em execução no sistema rodoviário de São Paulo, certamente, será atingido.

1 A problemática apresentada: da impossibilidade de alteração das previsões editalícias e legais referente às competências e tarifas percebidas pelas concessionárias

Como mencionado acima, a intenção da ARTESP ao apresentar uma alteração nas obrigações das concessionárias de rodovias é incabível, na medida em que constitui uma alteração do quanto previsto no instrumento convocatório, bem como do quanto tem sido executado pelas contratadas ao longo dos últimos anos de execução dos contratos de concessão.

Acrescentar obrigações – e, consequentemente, tipificações de penalidades –, delegar poder de polícia – que, na enorme maioria dos casos, é indelegável –, e alterar tipificação da incidência de tarifas pelos serviços prestados configuram alterações substanciais nos contratos de concessão, as quais não têm razão de existir na medida em que não são atualizações temporais, e, sim, alteração do objeto contratado.

Alterações dessa monta podem configurar alteração do objeto licitado, além de alteração nos valores de investimento e de operação computados à época da licitação, podendo resultar em grave desequilíbrio do contrato.

Vejamos a seguir algumas considerações sobre o tema.

1.2. Da indelegabilidade do poder de polícia e da vinculação ao edital

A Administração Pública exerce as atividades de fiscalização por meio do chamado poder de polícia. Apesar da previsão legal dessa atividade estar no Código Tributário Nacional,[527] é amplamente exercida pelo Poder Público nas diversas esferas de atuação, regulando as condutas e atividades, condicionando direitos e liberdades e emitindo atos administrativos de autorização, de penalidades e de multas, entre outros.

É, portanto, conforme ensina Celso Antonio Bandeira de Mello, a atividade administrativa de condicionamento da liberdade e da propriedade dos particulares:

> A atividade estatal de condicionar a liberdade e a propriedade ajustando-as aos interesses coletivos designa-se "poder de polícia". A expressão, tomada nesse sentido amplo, abrange tanto atos do Legislativo quanto do Executivo. Refere-se,

527 Art. 78. Considera-se poder de polícia atividade da Administração Pública que, limitando ou disciplinando direito, interesse ou liberdade, regula a prática de ato ou abstenção de fato, em razão de interesse público concernente à segurança, à higiene, à ordem, aos costumes, à disciplina da produção e do mercado, ao exercício de atividades econômicas dependentes de concessão ou autorização do Poder Público, à tranquilidade pública ou ao respeito à propriedade e aos direitos individuais ou coletivos.

> pois, ao complexo de medidas do Estado que delineia a esfera juridicamente tutelada da liberdade e da propriedade dos cidadãos.[528]

Dessa forma, o poder de polícia é um meio pelo qual o Estado restringe liberdades ou repreende condutas dos particulares, no caso da fiscalização, por exemplo. Isso ocorre em inúmeras situações cotidianas, contratuais ou não, com relação a pessoas físicas e jurídicas.

No caso dos contratos de concessão, não é diferente. Muito pelo contrário, nesses contratos públicos, o Poder Público exerce um papel de extrema importância e destaque quanto à fiscalização, uma vez que é a agência reguladora correspondente à área contratada que realiza a fiscalização "de perto", no dia a dia da concessão, emitindo autos de infração e aplicação de penalidades caso haja qualquer tipo de não conformidade – ou até nos casos em que há suspeita de alguma incorreção.

Nas rodovias concedidas, por exemplo, a ARTESP realiza a fiscalização detalhada de todo e cada item previsto nos anexos que preveem as condições de prestação do serviço a serem atendidas: todas as funções de conservação das vias e do asfalto, todas as funções de operação por parte das concessionárias. É dizer, a função de poder de polícia exercida pela agência reguladora nos contratos de concessão é importantíssima e extremamente característica do poder concedente.

No caso mencionado na introdução, referente à intenção da ARTESP em delegar a gestão e fiscalização da publicidade nas faixas de domínio exploradas por particulares, seria um caso de delegação do poder de polícia às concessionárias de rodovias. No entanto, conforme as lições de Celso Antonio Bandeira de Mello supra expostas, esse "poder" é exclusivo do Estado – e, portanto, indelegável.

---

528 BANDEIRA DE MELLO, Celso Antônio. *Curso de Direito Administrativo*. 34ª ed. São Paulo: Malheiros, 2019, p. 851.

Ademais, especificamente para o caso das rodovias, o Código de Trânsito Brasileiro condicionou a afixação de publicidade ao longo das rodovias a uma autorização do órgão competente pela via:

> Art. 50. O uso de faixas laterais de domínio e das áreas adjacentes às estradas e rodovias obedecerá às condições de segurança do trânsito estabelecidas pelo órgão ou entidade com circunscrição sobre a via.
>
> Art. 83. A afixação de publicidade ou de quaisquer legendas ou símbolos ao longo das vias **condiciona-se à prévia aprovação do órgão ou entidade com circunscrição sobre a via** (grifo nosso).[529]

No mesmo sentido, está previsto que, nos regulamentos das rodovias concedidas, a publicidade está condicionada à autorização do Poder Público, a pedido da concessionária.[530] Quer dizer, os particulares interessados em explorar esta atividade econômica de publicidade na faixa de domínio devem solicitar à concessionária, a qual, por sua vez, solicita à ARTESP para que esta emita a autorização.

É inegável que essa autorização é expressão do poder de polícia do poder concedente, uma vez que é clara restrição de liberdade e atividade econômica dependente de autorização do Poder Público, com o objetivo de resguardar o interesse público no sentido da segurança dos usuários das rodovias.

---

529 BRASIL. *Lei n. 9.503*, de 23 de setembro de 1997. Disponível em: http://www.planalto.gov.br/ccivil_03/leis/l9503compilado.htm. Acessado em: 30.05.2022.

530 Art. 6°. Parágrafo único - Dependerão de autorização do PODER PÚBLICO, a pedido da CONCESSIONÁRIA, na forma regulamentada nas normas vigentes:

1. Acesso a propriedades lindeiras ao sistema rodoviário concedido;
2. Ocupação de faixa de domínio;
3. A publicidade em geral, permitida em lei.

Dessa forma, não há sentido em alegar qualquer possibilidade de delegação dessa prerrogativa. Ora, sob pena de violação do princípio da isonomia e da impessoalidade, não seria possível colocar dois particulares em patamares diferentes a ponto de um particular ter o poder de fiscalizar e penalizar outro.

Vale destacar ainda que o fato de serem concessionárias de serviço público não se configuraria como uma exceção à possibilidade de delegação do poder de polícia, uma vez que, como já mencionado, as próprias concessionárias estão sujeitas à fiscalização do Poder Público. Quer dizer, se as concessionárias são fiscalizadas, não há sentido em torná-las, durante a execução do contrato, fiscalizadoras também. Isso porque, além de não haver qualquer previsão nessa direção nos termos dos contratos de concessão – muito pelo contrário –, não faz sentido que a concessionária seja fiscalizada pelo Poder Público e por empresas de fiscalização contratadas para tal fim e que, ao mesmo tempo, seja agente fiscalizador de atividade comercial exercida por outros particulares.

Importante destacar ainda este outro impeditivo à intenção de imputar às concessionárias a fiscalização da publicidade: há clara violação do princípio de vinculação ao instrumento convocatório nesse caso. Quer dizer, durante a execução do contrato de concessão, a agência reguladora pretende incluir uma nova função às concessionárias, totalmente nova e desavisadamente, uma obrigação que não consta do edital de 2008.

Isso porque realizar a gestão e a fiscalização dos painéis de publicidade significa uma enorme mobilização de recursos financeiros e de pessoal para que, por toda a extensão das rodovias, a publicidade disposta esteja regular com relação à lei e às normas de segurança. Isso significaria ainda uma equipe de cada concessionária destinada unicamente a garantir a segurança e a regularidade dos painéis de publicidade, uma vez que configurariam um grande risco às contratadas em relação à possibilidade de imputação de multas.

Ou seja, na situação hipotética na qual as concessionárias de rodovias iriam fiscalizar os painéis de publicidade e *outdoors* afixados nas vias por particulares interessados em explorar essa atividade econômica, seria de responsabilidade dessas contratadas garantir a segurança dos equipamentos e dos usuários das vias. O único meio pelo qual isso se tornaria possível seria a partir da alocação de equipes destinadas a essa função específica. Ora, caso houvesse qualquer tipo de irregularidade, seriam as próprias concessionárias as penalizadas! Mas isso significaria, além de um acréscimo nas obrigações e funções previstas no edital, um acréscimo nas penalidades.

Não é possível defender em nenhuma hipótese essa situação, que viola praticamente todos os princípios das licitações e contratações públicas: legalidade, isonomia, impessoalidade, moralidade, vinculação ao instrumento convocatório – previstos tanto na antiga Lei de Licitações[531] quanto na nova.[532]

---

531 Art. 3º. A licitação destina-se a garantir a observância do princípio constitucional da isonomia, a seleção da proposta mais vantajosa para a administração e a promoção do desenvolvimento nacional sustentável e será processada e julgada em estrita conformidade com os princípios básicos da legalidade, da impessoalidade, da moralidade, da igualdade, da publicidade, da probidade administrativa, da vinculação ao instrumento convocatório, do julgamento objetivo e dos que lhes são correlatos. BRASIL. *Lei n. 8.666*, de 21 de junho de 1993. Disponível em: http://www.planalto.gov.br/ccivil_03/leis/l8666cons.htm. Acessado em: 30.05.2022.

532 Art. 5º Na aplicação desta Lei, serão observados os princípios da legalidade, da impessoalidade, da moralidade, da publicidade, da eficiência, do interesse público, da probidade administrativa, da igualdade, do planejamento, da transparência, da eficácia, da segregação de funções, da motivação, da vinculação ao edital, do julgamento objetivo, da segurança jurídica, da razoabilidade, da competitividade, da proporcionalidade, da celeridade, da economicidade e do desenvolvimento nacional sustentável, assim como as disposições do Decreto-Lei n. 4.657, de 4 de setembro de 1942 (Lei de Introdução às Normas do Direito Brasileiro). BRASIL. *Lei n. 14.133*, de 1º de abril de 2021. Disponível em: http://www.planalto.gov.br/ccivil_03/_ato2019-2022/2021/lei/L14133.htm. Acessado em: 30.05.2022.

1.2 Das tarifas: Tarifa de Exposição Anual e Tarifa de Exame de Projetos

Como não poderia ser diferente, os serviços prestados pelas concessionárias são ensejadores de receitas que compõem a remuneração dos contratos. Assim, constituem receitas das concessionárias as (i) tarifas de pedágio; (ii) aplicações no mercado financeiro; (iii) cobrança de serviços prestados aos usuários; (iv) cobrança de preço pela publicidade veiculada permitida por lei; (v) valores recebidos por seguro e penalidades pecuniárias previstas nos contratos com terceiros; (vi) cobrança por serviços de implantação e manutenção de acessos; (vii) receitas decorrentes das faixas de domínio.

Vale lembrar que o artigo 11 da Lei Geral de Concessões[533] autoriza expressamente a aferição de receitas acessórias pelas concessionárias de serviço público, notadamente quando tal previsão constar inserta no edital convocatório e no contrato de concessão.

Nesse sentido, a chamada Tarifa de Exposição Anual, cobrada pela concessionária referente à publicidade veiculada permitida por lei, está vinculada à conduta das concessionárias em receberem as solicitações dos particulares e enviarem os pedidos de autorização à ARTESP apenas.

Importante destacar este ponto: uma vez que a agência já teria dado a entender que a cobrança dessa tarifa incluiria a gestão e fiscalização das publicidades, conforme o item II.1 supra, é possível afirmar que a impossibilidade dessa delegação já ficou

---

533 Art. 11. No atendimento às peculiaridades de cada serviço público, poderá o poder concedente prever, em favor da concessionária, no edital de licitação, a possibilidade de outras fontes provenientes de receitas alternativas, complementares, acessórias ou de projetos associados, com ou sem exclusividade, com vistas a favorecer a modicidade das tarifas, observado o disposto no art. 17 desta lei. BRASIL. *Lei n. 8.987*, de 13 de fevereiro de 1995. Disponível em: http://www.planalto.gov.br/ccivil_03/leis/l8987cons.htm. Acessado em: 24.05.2022.

clara. Ainda reiterando aquele ponto, não cabe ao poder concedente incluir novas obrigações, menos ainda dentro de um mesmo "pacote" coberto por tarifas. Não é porque as concessionárias já podem cobrar uma tarifa por uma atividade que qualquer outra "atividade-obrigação" que o poder concedente queira – equivocadamente – incluir poderia já estar coberta por esses valores. Ou melhor, não é porque a concessionária pode cobrar um valor pelos serviços realizados que quaisquer outros podem ser encaixados na mesma tarifa – não há falta do que fazer às concessionárias, e não é cabível que o poder concedente queira se desfazer de competências às custas de suas contratadas.

Em sentido diametralmente oposto, porém na mesma linha das alterações contratuais impossíveis, a ARTESP também já se movimentou no sentido de definir que as Tarifas de Exame de Projetos (TEP) não mais poderiam ser cobradas pelas concessionárias.

As TEPs são cobradas conforme o item (vi) mencionado, referente aos lindeiros interessados em obter acessos comerciais ou particulares ao longo do sistema rodoviário. Toda a metodologia e procedimentos para implantação, manutenção, cobrança e pagamento de valores relacionados aos acessos comerciais lindeiros às rodovias do estado de São Paulo estão insculpidos no Decreto estadual n. 30.374, de 12 de setembro de 1989, e na Portaria SUP/DER-078, de 23 de julho de 2001.

Com efeito, o artigo 4º, do decreto mencionado estabelece, de forma expressa:

> O deferimento do pedido de autorização de acesso ficará sujeito ao **prévio pagamento de taxa de implantação e do compromisso de pagamento das tarifas** calculadas conforme normas a serem baixadas pelo Departamento de Estradas de Rodagem do Estado de São Paulo – DER, de acordo

> com as características das rodovias e dos estabelecimentos comerciais (grifo nosso).[534]

No que concerne, especificamente, à atividade objeto da cobrança da Tarifa de Exame de Projetos (TEP), a Cláusula 28.1, V, dos Contratos de Concessão firmados em 2008 assim regulamenta:

> 28.1. Além das tarifas de pedágio, a concessionária poderá ainda ser remunerada pelas seguintes fontes acessórias de receitas:
>
> (...);
>
> V. Cobrança de implantação e manutenção de acessos, na forma regulamentada pelo Poder Público (...).

Como principal argumento para o afastamento das taxas supracitadas, a CJ/ARTESP apontou não haver relação entre o terceiro interessado no acesso e a concessionária, bem como que a análise de projetos se trata de serviços de apoio não delegados, portanto, supostamente, nos termos do contrato, a remuneração estaria abrangida pela tarifa de pedágio, não tendo base legal para cobrança direta de taxas ao terceiro pela concessionária, mas tão somente pela ARTESP, que é a detentora da competência para análise conclusiva dos projetos e, por fim, do poder de polícia da Administração.

No entanto, a atual posição se contradiz com o próprio Anexo 08 do Edital de Licitação, bem como com a proposta da concessionária daí decorrente. A previsão desse anexo do edital ("Diretrizes para apresentação da metodologia de execução e do plano econômico-financeiro") exigiu dos licitantes a apresentação, no quadro 6B, de "1. outras receitas operacionais", tratando, entre

534 SÃO PAULO. *Decreto n. 30.374*, de 12 de setembro de 1989. Disponível em: https://www.al.sp.gov.br/repositorio/legislacao/decreto/1989/decreto-30374-12.09.1989.html. Acessado em: 24.05.2022.

outras, da previsão de receita de "1.6. Exame de Projetos (Tarifa)", "1.13. Manutenção de Acesso", "1.14. Prestação de Serviços" e "1.19. Uso Faixa de Domínio".

Em palavras diversas, a análise de projeto dos interessados em ocupar a faixa de domínio – outrora cobrada por meio da TEP prevista na portaria do DER acima aludida – era realizada em razão do serviço efetivamente prestado pela concessionária, qual seja, analisar a documentação técnica necessária *antes* de ser encaminhada à ARTESP.

A obrigação da concessionária quanto a novos acessos lindeiros, reforce-se, **não** se limita apenas ao encaminhamento do pedido à agência reguladora. Não há qualquer obrigação contratual que exija da concessionária a prestação gratuita dos serviços de análise de projetos a serem encaminhados à ARTESP. Pelo contrário, como asseverado, existia previsão editalícia que facultava tratar esse serviço como receita acessória.

Ora, qualquer acesso, seja particular ou comercial, aberto no trecho da rodovia tem capacidade de impactar diretamente a prestação do serviço público concedido. Por esse motivo, remunerada para tanto, a concessionária analisa não só os projetos encaminhados, mas os impactos que a ação pode demandar ao sistema como um todo, desde a estrutura de terraplanagem, pavimentação, geometria, meio ambiente, drenagem superficial e profunda, geotecnia, sinalização, entre outros, até análise de impacto no tráfego local.

Acrescenta-se, ainda, que a concessionária instrui com detalhes as especificações técnicas definidas pela agência aos interessados, bem como acompanha todo o processo até sua completa aceitação na ARTESP, gerando grande dispêndio de tempo na intermediação entre as partes. Todo esse custo é remunerado pela TEP.

Portanto, o serviço remunerado pela TEP consiste em um trabalho complexo e minucioso que se perfaz *anteriormente* ao projeto do interessado ser encaminhado pela concessionária para aprovação da ARTESP. A concessionária analisa todos os documentos, o que demanda terceiros, projetistas e colaboradores que envidam os esforços necessários, tanto para analisar a conformidade do projeto, o qual, posteriormente, será aprovado pela agência, quanto para elencar e mitigar os impactos na prestação de serviços públicos na sua operação.

A agência reguladora, ao tornar inválida a possibilidade de cobrança da TEP, não a substituindo por qualquer outro meio, acabará por impor a si própria a responsabilidade de analisar a íntegra dos projetos enviados por terceiros interessados na faixa de domínio.

Em que pese a previsão expressa nas normas estaduais e no contrato de concessão legitimando a cobrança de receita acessória para manutenção de acessos comercial, as concessionárias de rodovias do estado de São Paulo têm enfrentado dificuldade em perpetrá-la, haja vista que o posicionamento majoritário do Tribunal de Justiça Paulista é no sentido de que a exação tem natureza jurídica de tributo e, portanto, não seria exigível.

Importante destacar que não se encontrou qualquer jurisprudência tratando da cobrança da TEP pelas concessionárias.[535]

---

535 Somente se encontrou jurisprudência permitindo que o DER-SP, a título de preço público, cobrasse a TEP. Confira-se:

MANDADO DE SEGURANÇA - COBRANÇA - USO E OCUPAÇÃO DE FAIXA DE SOLO DE DOMÍNIO PÚBLICO POR EMPRESA DE TELECOMUNICAÇÕES - Pretensão de contrapartida pecuniária ou onerosidade pela concessionária da rodovia pelo uso e ocupação da concessionária de serviço de telefonia - Inadmissibilidade - Posicionamento majoritário dos Tribunais Superiores pela impossibilidade de cobrança de preço ou tarifa pelo uso do solo, subsolo ou espaço aéreo - Bens Públicos e de uso comum que compõem o próprio patrimônio público usados tanto para o serviço essencial de transporte como de fornecimento de serviço de telecomunicações - Propriedade pública insuscetível de apropriação particular e essencial para a instrumentalização do serviço público – Ausência de prejuízo patrimonial para a concessionária de rodovia - Precedentes. COBRANÇA DE TARIFA DE EXAME DE PROJETO - POSSIBILIDADE - Possibilidade da cobrança

Contudo, é válido, por ora, apresentar a presente jurisprudência, uma vez que as razões de decidir e a consolidação do entendimento do Tribunal seriam suficientes para embasar uma argumentação no caso apresentado.

Nesse sentido, segundo entendimento consolidado do Egrégio Tribunal de Justiça do Estado de São Paulo, a cobrança teria natureza jurídica de tributo, notadamente porque a sua exigência seria compulsória, estando seu descumprimento sujeito à aplicação de sanção, bem como o pagamento de tarifa pressuporia a contraprestação por algum serviço público prestado, o que, em tese, não se verificaria nesses casos. Nesse sentido, são os julgados abaixo:

> Ação declaratória de inexistência de relação jurídico tributária e inexigibilidade de tributo. Estabelecimento comercial. Decreto Estadual 30.374/89. Portaria SUP/DER 105/89. Tarifa de acesso à rodovia, cobrada por concessionária que explora a rodovia. Inadmissibilidade. Não caracterização de tarifa. Natureza tributária. Violação ao princípio da legalidade. Sentença mantida. Recurso não provido. Inexistência de omissão no acórdão. Embargos de declaração rejeitados. (TJSP, EDl. 0034456-02.2009.8.26.0053/50000, 05.12.2016).
>
> APELAÇÃO. TRIBUTÁRIO. ORDINÁRIA. DECLARATÓRIA DE INEXIGIBILIDADE DE RELAÇÃO JURÍDICO-TRIBUTÁRIA COM REPETIÇÃO DE INDÉBITO. Pretensão ao reconhecimento da ilegalidade da cobrança da tarifa de manutenção e fiscalização de acesso da rodovia com repetição das quantias indevidamente pagas. Possibilidade. Poder Público delegado que exige compulsoriamente "tarifa", com nítido matiz de tributo. Exigência, para tal cobrança, de instituição da taxa por meio de lei tributária em sentido estrito, sob pena de violação ao princípio da legalidade

---

de Tarifa de Exame de Projeto, que possui natureza de preço público. Recurso provido em parte. (TJ-SP - APL: 10331142620158260053 SP 1033114-26.2015.8.26.0053, Relator: Leonel Costa, Data de Julgamento: 15/02/2017, 8ª Câmara de Direito Público, Data de Publicação: 16/02/2017).

> tributária, previsto no art. 150, I, da CF. Decreto Estadual n. 30.374/89 que extrapolou sua competência. Precedentes deste E. Tribunal de Justiça. Repetição do indébito que se impõe, com correção monetária e juros de mora calculados pela Taxa Selic conforma Resp n. 1.111.189/SP. Sentença reformada para julgar procedente a ação. Recurso provido.[536]

O posicionamento acima é fundamentado, sobretudo, nas regras contidas no Decreto estadual n. 30.374/89 e na Portaria SUP/SUP-DER 78/2001, as quais, segundo o Tribunal, deixariam evidente se tratar de exação compulsória, pois, caso não haja o pagamento da tarifa, o acesso poderia ter sua autorização revogada e, portanto, ser fechado.

1.3 Ocupação de faixa de domínio por rede de telecomunicações e a legalidade da cobrança

A discussão a respeito da possibilidade de cobrança pelo uso de faixa de domínio já foi objeto de inúmeros desdobramentos administrativos e judiciais. Nesse sentido, a opinião inicial sobre o tema foi emitida pela Consultoria Jurídica/ARTESP nos autos do Parecer 801/2018, que dispôs:

> 18. Como é cediço, aos Estado Federados cabe editar nomas voltadas a disciplinar os serviços públicos de sua competência, como é o caso do serviço público de exploração do sistema rodoviário estadual.
>
> 19. Dessa forma, não tem a União competência para estabelecer quais as receitas acessórias que integrarão, ou não, a remuneração da concessionária que explora a prestação de um serviço público estadual.
>
> 20. Consequentemente, a norma estipulada no art. 12 da Lei federal n. 13.116/2015, conforme delimitações de

536 TJSP, Apelação n. 1014546-25.2016.8.26.0053, 14.12.2016.

> competência fixadas na própria Constituição Federal, aplica-se, exclusivamente, aos serviços públicos de transporte, em rodovias federais. Por outras palavras, não se aplica nas rodovias ou sobre os serviços públicos de titularidade do estado de São Paulo.

Portanto, em primeira análise, a consultoria jurídica da ARTESP afastou a aplicabilidade do art. 12 da Lei federal n. 13.116/2015 aos contratos de concessão por ela regulados.

Em que pese a pendência de julgamento da ADI 6482, a consultoria jurídica da ARTESP emitiu nova opinião, por meio do Parecer CJ/ARTESP 725/2020, oportunidade em que manteve o entendimento anterior e defendeu a não aplicabilidade do citado art. 12 aos contratos de concessão e concluiu:

> 43. Diante do exposto, a conclusão a que se chega é no sentido de que a desoneração prevista pelo art. 12 da Lei federal n. 13.116/15 deve ficar restrita ao uso das faixas de domínio e de outros bens públicos federais, não alcançando bens de domínio do Estado.
>
> 44. Portanto, na linha dos precedentes da Procuradoria Geral do Estado de São Paulo, concluo que há fundamento de ordem constitucional e legal que amparam a cobrança de contraprestação em razão do uso das faixas de domínio das rodovias estaduais submetidas ao regime de concessão, ainda que a ocupação ocorra no interesse de prestadoras de serviços públicos de energia elétrica, saneamento, gás e telecomunicações.
>
> 45. Nesse contexto atual, ressalvada a existência de decisão judicial conferindo a gratuidade no caso concreto, ou o exercício pelo Poder Concedente de prerrogativa eventual ente prevista no contrato de concessão rodoviária, é lícita a cobrança, pelas concessionárias de rodovia, em razão do uso de tais bens públicos por parte de delegatárias de outros serviços públicos, observadas as normas aplicáveis.

O parecer supracitado foi emitido anteriormente à decisão da ADI 6482, e, inclusive, restou consignado que o posicionamento estava amparado no contexto jurisprudencial da época, ao passo que, sobrevindo nova manifestação, deveria ser elaborada nova consulta ao órgão.

A Procuradoria Geral do Estado de São Paulo atuou nos autos da ADI 6482 como *amicus curiae,* oportunidade em que expôs o mesmo entendimento exarado nos dois pareceres citados. Portanto, defendeu a não aplicabilidade do referido art. 12 em virtude da competência do estado de São Paulo para legislar e para possibilitar receitas acessórias aos seus contratos de concessão, sobretudo porque a Lei federal n. 13.116/15 seria norma geral.

A despeito do argumento utilizado de que havia um conflito legislativo entre a competência da União e do estado, a decisão proferida pelo Ministro Relator Gilmar Mendes – e seguida quase em unanimidade pelos demais ministros (exceção feita ao julgamento a favor da inconstitucionalidade veiculado no voto vencido do Ministro Edson Fachin) – nos autos da ADI 6482 afastou a existência de conflito, vejamos:

> A bem da verdade, dada a própria transversalidade dessa matéria, a tese de que nenhum bem público de ente subnacional poderia sofrer oneração real por legislação que orienta a prestação de serviço público federal dificilmente seria defensável.
>
> Basta imaginar que, se verdadeira essa tese, todo o regramento federal que disciplina a exploração de serviços públicos como os de energia elétrica, transporte ferroviário e aquaviário e exploração de infraestruturas aeroportuária e portuária jamais poderia estabelecer qualquer restrição ao exercício dos direitos de propriedade dos bens dos estados ou dos municípios.
>
> Virtualmente, poderiam ser reputados inconstitucionais todos os atos normativos federais de decretação de utilidade

> pública para fins de desapropriação voltada à exploração de concessões federais ou quaisquer leis federais passíveis de impor limitações administrativas aos usos de bens do estado.
>
> (...)
>
> Aqui, há a concretização clara de um conflito federativo entre a competência do Estado-membro para a gestão e tutela do seu patrimônio e a competência da União para legislar sobre telecomunicações. Em situações como a ora em tela, a possibilidade de um ente público (como o ente estadual) cobrar pelo uso de seus bens não pode impor ônus demasiadamente excessivo à prestação de serviços públicos de outra esfera da federação.
>
> Nesse ponto, entendo que o Legislador Federal, para garantir a universalização e a prestação eficiente dos serviços de telecomunicações, poderia – por exceção normativa clara – impedir a cobrança de preço público pelo uso das faixas de domínio de rodovias.
>
> Assim, por todos esses motivos, não antevejo qualquer violação constitucional ao direito de propriedade.

Portanto, a aplicabilidade da tese defendida pelos *amicus curiae* foi completamente rechaçada pela Suprema Corte, que, inclusive, também afastou qualquer dúvida quanto à natureza de serviço público dos serviços de telecomunicação e reconheceu tanto a constitucionalidade do art. 12 da Lei federal n. 13.116/15 quanto a gratuidade no uso de quaisquer faixas de domínio para garantir a universalização e a eficiência na prestação de serviços de telecomunicações.

Em primeira análise, o novo entendimento pareceu ter o potencial de incorrer em gravame financeiro às concessionárias, uma vez que estas possuem contratos firmados com empresas de telecomunicação para uso da faixa de domínio, razão pela qual a gratuidade reconhecida na decisão da Suprema Corte poderia culminar em perda de receita acessória.

A decisão proferida nos autos da Ação Direta de Constitucionalidade n. 6482 não alcança o Contrato de Concessão rodoviária firmado em 2009. Isso porque o próprio artigo 12 da Lei federal n. 13.116/15 dispõe uma condicionante que subsidia contratos antes da vigência da lei. Vejamos:

> Art. 12. Não será exigida contraprestação em razão do direito de passagem em vias públicas, em faixas de domínio e em outros bens públicos de uso comum do povo, ainda que esses bens ou instalações sejam explorados por meio de concessão ou outra forma de delegação, **excetuadas aquelas cujos contratos decorram de licitações anteriores à data de promulgação desta Lei** (grifo nosso).[537]

O legislador afastou a incidência da gratuidade aos contratos decorrentes de licitações anteriores à vigência da lei. Assim, nos termos do artigo 31 da alcunhada Lei das Antenas,[538] a lei passou a viger a partir de sua publicação no Diário Oficial da União, realizada em 22 de abril de 2015. Esse entendimento, inclusive, foi referendado pelo Supremo Tribunal Federal na recente decisão proferida nos autos da ADI n. 6482, como se depreende do voto do Ministro Relator Gilmar Mendes. Vejamos:

> Fundamental recobrar que o trecho final do art. 12 ressalva de sua incidência a cobrança realizada por delegatário do Poder Público "cujos contratos decorram de licitações anteriores à data de promulgação desta Lei".
>
> Ao renunciar a qualquer pretensão de retroatividade (ainda que mínima), a norma extraída do art. 12 prestigia, portanto, a garantia constitucional do direito adquirido e do

537 BRASIL. *Lei n. 13.116*, de 20 de abril de 2015. Disponível em: http://www.planalto.gov.br/ccivil_03/_ato2015-2018/2015/lei/l13116.htm. Acessado em: 24.05.2022.

538 Art. 31. Esta Lei entra em vigor na data de sua publicação.

> ato jurídico perfeito (art. 5º, XXXVI, CF/88). Igualmente, observa o dever de impessoalidade e tece homenagem ao princípio da moralidade.

Ou seja, a Suprema Corte reconheceu o direito adquirido dos contratos de concessão firmados antes da vigência da lei e os classificou como ato jurídico perfeito (art. 5º, XXXVI, CF/88). Inclusive, na mesma oportunidade, analisando a proporcionalidade em sentido estrito, o Ministro Relator repisou o entendimento amplamente discorrido ao longo de seu voto vencedor na ADI 6482, nestes termos:

> É importante recordar, ainda, que, **considerando que os efeitos do art. 12 se aplicam apenas aos contratos que decorram de licitações posteriores à data de promulgação da Lei, o dispositivo encontra-se plenamente alinhado ao princípio da segurança jurídica e à proteção do ato jurídico perfeito**, o que igualmente corrobora a proporcionalidade em sentido estrito da norma (grifo nosso).

Demonstra-se assim que a Suprema Corte consignou o entendimento que a gratuidade no uso da faixa de domínio por empresas de telecomunicação não abrange contratos de concessão firmados em decorrência de licitação realizada anteriormente à vigência da lei. A Suprema Corte reconheceu a impossibilidade de retroação dos efeitos do art. 12, bem como garantiu o direito adquirido dos contratos decorrentes de licitações anteriores à data de promulgação da lei.

É esse raciocínio que permite responder aos três primeiros quesitos da consulta em tela. No contrato de concessão firmado em 2009, portanto, antes da vigência da lei e, segundo entendimento da Suprema Corte, na Ação Direta de Constitucionalidade n. 6482, não há que se falar em gratuidade de uso da faixa de domínio por empresas de telecomunicação.

Desse modo, os efeitos da decisão não abrangem o contrato firmado em 2009 e, consequentemente, tornam válidas as cobranças pelo uso da faixa de domínio atualmente realizadas pelas concessionárias, bem como as vindouras, haja vista que a legalidade da cobrança se embasa no ato jurídico perfeito concretizado com a assinatura do contrato de concessão.

O contrato firmado em 2009 se configura como um ato jurídico perfeito, impedindo que a norma vigente em 2015 se valha de qualquer retroatividade, sob pena de inconstitucionalidade à luz do artigo 5º, inciso XXXVI da Constituição Federal. Assim, conforme expôs a Suprema Corte, o artigo 12 da Lei federal n. 13.116/15 não afasta a possibilidade de cobrança pelo uso da faixa de domínio por empresas de telecomunicação.

Essa conclusão não se estende aos demais contratos firmados pela ARTESP, mas tão somente ao das concessionárias e àqueles decorrentes de licitações realizadas até 22 de abril de 2015. Os posteriores serão abrangidos pela gratuidade imposta no art. 12 da Lei federal n. 13.116/15.

1.3.1 Dos limites de responsabilidade para gerir a faixa de domínio nos termos da Portaria 050/DER e a limitação imposta pelo art. 7º da Lei federal n. 13.116/15

É imperioso considerar os limites de responsabilidade em gerir e zelar pela faixa de domínio, destacando o cumprimento do regulamento de uso da faixa de domínio – Portaria SUP/DER 050/2009, no que tange à análise dos projetos de referidas ocupações, emissão das autorizações de intervenções e "controle das ocupações existentes", em relação ao art. 7º da Lei 13.116/2015.

Há autorização contratual para cobrança pelo uso de faixa de domínio, que é caracterizada como receita acessória e está regulamentada exclusivamente por meio da Portaria ARTESP n. 018/2010, de sorte que sua cobrança mediante tarifas decorrentes de atos normativos emitidos pelo DER restou vedada.

Mesmo após o recente julgado da ADI n. 6482, não houve alteração quanto à possibilidade de cobrança pelo uso da faixa de domínio, o que importa em manter intacta as condutas já praticadas pelas concessionárias e pela ARTESP, nos termos do Parecer CJ/ARTESP n. 604/2020.

A despeito disso, a aplicação da Lei federal n. 13.116/15, e especialmente de seu artigo 7º, regulamenta o licenciamento do uso, isto é, a autorização para utilização da faixa de domínio. No âmbito desses contratos de concessão e por força do regime jurídico-administrativo, a emissão de autorização a terceiros para uso da faixa de domínio é ato de competência exclusiva do estado de São Paulo, constituindo-se como serviço indelegável. Desse modo, os prazos de licenciamento previstos no *caput* e no artigo 7º e a regra geral de dever de promoção aos serviços de telecomunicação de que trata o artigo 8º são aplicáveis aos órgãos competentes do estado de São Paulo, mas não às concessionárias.

Não há outra conclusão, senão pela obrigatoriedade de seguir o regulamento do estado de São Paulo, em particular a Portaria ARTESP n. 018/2010, referendando-se que, de modo geral, não lhe é permitido impedir a prestação de serviços de telecomunicação, mesmo que o artigo 8º da Lei federal n. 13.116/15 se refira exclusivamente a órgãos do Poder Público.

Considerações finais

Tendo em vista os tópicos abordados, que tangenciam sob alguns aspectos a exploração da faixa de domínio das rodovias concedidas, algumas conclusões podem ser tomadas, referentes aos mencionados riscos aos contratos de concessão do estado de São Paulo.

De início, fica clara a impossibilidade de delegação do poder de polícia, enquanto poder-dever do Estado de fiscalizar, gerir e limitar as atividades dos particulares. Ademais, o princípio da vinculação ao edital impede a inovação nas obrigações previstas às concessionárias de serviço público quando da licitação, principalmente com relação à competências específicas do poder concedente.

Ainda, resta pacificada a legalidade da cobrança das tarifas aqui observadas, considerando os instrumentos legais e a jurisprudência que abordam o tema. Vale notar que é possível que essas alterações pretendidas pela agência reguladora, como observadas neste breve estudo, sejam o prenúncio de algumas mudanças a serem implementadas em contratos de concessão futuros; mesmo que assim seja e ainda que venham a ser mudanças positivas, não se pode olvidar do princípio da legalidade, dentre outros aqui demonstrados, especialmente a ponto de incluir inovações drásticas nos contratos já em curso, sob pena de causar grave insegurança jurídica nas contratações públicas – além, claro, de considerável desequilíbrio dos contratos.

Referências bibliográficas

BANDEIRA DE MELLO, Celso Antônio. *Curso de Direito Administrativo*. 34ª ed. São Paulo: Malheiros, 2019.

BRASIL. *Lei n. 13.116*, de 20 de abril de 2015. Disponível em: http://www.planalto.gov.br/ccivil_03/_ato2015-2018/2015/lei/l13116.htm. Acessado em: 24.05.2022.

______. *Lei n. 14.133*, de 1° de abril de 2021. Disponível em: http://www.planalto.gov.br/ccivil_03/_ato2019-2022/2021/lei/L14133.htm. Acessado em: 30.05.2022.

______. *Lei n. 8.666*, de 21 de junho de 1993. Disponível em: http://www.planalto.gov.br/ccivil_03/leis/l8666cons.htm. Acessado em: 30.05.2022.

______. *Lei n. 8.987*, de 13 de fevereiro de 1995. Disponível em: http://www.planalto.gov.br/ccivil_03/leis/l8987cons.htm. Acessado em: 24.05.2022.

______. *Lei n. 9.503*, de 23 de setembro de 1997. Disponível em: http://www.planalto.gov.br/ccivil_03/leis/l9503compilado.htm. Acessado em: 30.05.2022.

SÃO PAULO. *Decreto n. 30.374*, de 12 de setembro de 1989. Disponível em: https://www.al.sp.gov.br/repositorio/legislacao/decreto/1989/decreto-30374-12.09.1989.html. Acessado em: 24.05.2022.

PARTE III

ASPECTOS TRIBUTÁRIOS DAS CONCESSÕES DE RODOVIAS

CAPÍTULO XLVII

A NÃO INCIDÊNCIA DE ISS SOBRE A CESSÃO ONEROSA DE USO DE FAIXA DE DOMÍNIO

Tácio Lacerda Gama
Isabella Remaili Monaco

Introdução

A incidência do Imposto sobre Serviços de Qualquer Natureza (ISS ou ISSQN) é alvo de diversas controvérsias, muitas delas relacionadas ao próprio conceito de serviço. Dentre essas últimas, está justamente a cobrança do imposto na cessão de uso onerosa das faixas de domínio. Mais especificamente, trata-se de situação em que a concessionária responsável pela exploração da rodovia cede o uso da faixa de domínio a terceiros, mediante contraprestação, e o município em cujo território se encontra o trecho da faixa cedido exige o recolhimento do ISS, por considerar existente uma relação de prestação de serviços, com base no art. 3º, § 1º, da Lei Complementar Federal n. 116/03, que regula o ISS, c/c subitem 3.04 de sua Lista Anexa.

Nesse cenário, o leitor encontrará, nas próximas páginas, uma resposta fundamentada acerca da validade ou não da incidência de ISS sobre exploração da faixa de domínio. Como será demonstrado, enunciados constitucionais, de leis complementares e ordinárias, algumas definições regulatórias e a sólida jurisprudência dos tribunais não deixam espaço para dúvidas, ao contrário da atuação dos fiscos municipais. Para isso, este artigo partirá de um breve panorama jurídico da concessão de serviços públicos relacionados às rodovias federais, traçando as características da cessão de direito de uso da faixa de domínio. Logo após, tratará do conceito de serviço previsto no ordenamento jurídico brasileiro. Por fim, avaliará a possibilidade de incidência de ISS, inclusive à luz da jurisprudência do Supremo Tribunal Federal, bem como dos Tribunais de Justiça sobre o tema.

1 Disciplina jurídica da exploração das rodovias por concessionárias de serviço público

A Constituição Federal de 1988 previu, em seu artigo 175, que incumbe ao Poder Público, na forma da lei, a prestação de serviços públicos, o que pode se dar diretamente, ou sob regime de permissão ou concessão, sempre através de licitação.

O regime a que se refere o dispositivo constitucional foi disciplinado pela Lei n. 8.987/95. Segundo ela, a concessão consiste na delegação da prestação pelo Poder Público concedente, mediante licitação, a pessoa jurídica ou consórcio de empresas. Formalizada em contrato, a concessão deve garantir um serviço adequado, entendido como aquele que satisfaz as condições de regularidade, continuidade, eficiência, segurança, atualidade, generalidade, cortesia na sua prestação e modicidade das tarifas (art. 6º, § 1º).

Como contraprestação aos serviços prestados, a concessionária cobra as mencionadas tarifas do usuário. Mas não é só. O artigo 11 da Lei n. 8.987/95 faculta ao poder concedente prever, no edital da licitação, a possibilidade de outras fontes de receitas, complementares, acessórias ou de projetos associados.

Assim sendo, no caso das concessionárias de rodovias, sua remuneração pode se dar não só pelo valor do pedágio (tarifa), como também por outras fontes previstas pelo edital de licitação – e refletidas no contrato de concessão –, dentre as quais estão as receitas provenientes da cessão onerosa da faixa de domínio.

De acordo com o Anexo I do Código de Trânsito Brasileiro (Lei n. 9.503/1997), as faixas de domínio correspondem à superfície lindeira às vias rurais, delimitada por lei específica e sob responsabilidade do órgão ou entidade de trânsito competente. As rodovias, por sua vez, são vias rurais pavimentadas. Além disso, conforme a Lei de Parcelamento do Solo Urbano (Lei n. 6.766/2019), as faixas de domínio devem reservar uma área não edificável. A razão para isso é fornecida pelo próprio Código de Trânsito, que, em seu artigo 50, dispõe que o uso de faixas laterais de domínio e das áreas adjacentes às estradas e rodovias obedecerá às condições de segurança do trânsito.

Desse modo, as faixas de domínio são aquelas que ladeiam as rodovias, com função de garantir a segurança, e devem observar a legislação e regulação específicas.

Em decorrência da concessão, a concessionária passa a ser responsável pela rodovia como um todo, incluindo as faixas de domínio. Nesse sentido, observam Floriano Peixoto de Azevedo Marques Neto e Marina Fontão Zago:

> (...) atualmente todos os contratos de concessão federal estabelecem que as rodovias que integram os lotes concedidos, suas faixas de domínio e seus acessos são bens vinculados à concessão, sendo que, a partir da outorga da concessão,

> esses bens são cedidos à concessionária (que, inclusive, deverá resguardar e garantir sua integridade).[539]

No entanto, a princípio, apenas a rodovia, em sentido estrito, pode ser economicamente explorada, mediante a cobrança do pedágio. Isso porque, como mencionado, outras fontes de receita devem ser previstas desde o edital da licitação, o que se justifica por serem consideradas para fins de manutenção do equilíbrio econômico-financeiro do contrato de concessão. Logo, o uso oneroso da faixa de domínio depende de regulamentação e autorização do poder concedente.

Em âmbito federal, por exemplo, regulam o uso da faixa de domínio o Departamento Nacional de Infraestrutura de Transportes (DNIT) e a Agência Nacional de Transportes Terrestres (ANTT).

O primeiro, por meio do artigo 4º da recente Resolução n. 09/2020, previu que a ocupação depende de permissão de uso, concedida pelo DNIT. Isso, contudo, ocorre quando não houver a concessão do trecho de rodovia; havendo, o termo de concessão de uso (TPEU) deve ser revogado, afinal, a área passa a ser administrada pela concessionária.

Nesse caso, devem ser observadas, então, as normas da ANTT, a qual, por meio da Resolução n. 2.552/2008, dispôs sobre a captação de receitas extraordinárias nas rodovias federais, incluindo aquelas relacionadas às faixas de domínio. Vejamos.

O artigo 1º da referida resolução define receitas extraordinárias como aquelas complementares, acessórias, alternativas e de projetos associados, caracterizadas por fontes que não sejam provenientes da arrecadação de pedágio e de aplicações financeiras.

---

539 MARQUES NETO, Floriano Peixoto de Azevedo; ZAGO, Marina Fontão. "Utilização das faixas de domínio por concessionária de rodovias federais". *Fórum de Contratação e Gestão Pública,* Belo Horizonte, ano 10, nº 111, 2011, p. 8.

Em seguida, o artigo 2º prevê que, para cada projeto que gere receitas extraordinárias, deve ser celebrado um Contrato de Receita Extraordinária (CRE). Esse contrato se dá entre a concessionária da rodovia e terceiros, regendo-se, pois, pelas normas de Direito privado, sem que se configure qualquer relação jurídica entre os terceiros e a ANTT. Tais contratos têm natureza precária e vigência limitada ao término do contrato de concessão.

Em relação às faixas de domínio, o artigo 6º dispõe que a concessionária deverá organizar e manter atualizado o registro contábil e o cadastro de todos os usos, ocupações e prestações de serviços na faixa de domínio, bem como os contratos de publicidade e todas as notas de serviço e contratos oriundos de projetos associados. Dessa forma, a ANTT, por meio desse dispositivo, prevê expressamente a possibilidade de uso e ocupação onerosos da faixa de domínio resultantes de contratos entre a concessionária e terceiros.

Note-se, contudo, que, em momento algum, é possibilitada a edificação nas faixas de domínio. Nesse sentido, o artigo 10 da resolução determina que todo e qualquer CRE que envolva projeto de engenharia deverá ser previamente analisado pela concessionária e autorizado pela ANTT antes de sua celebração.

Havendo, portanto, a previsão normativa, bem como a previsão no edital de licitação e, consequentemente, no contrato de concessão, e respeitadas as demais normas regulatórias atinentes à matéria, a concessionária pode cobrar pelo uso ou ocupação das faixas em questão.[540]

---

540 Embora este artigo não tenha o escopo de discutir a possibilidade de cobrança pelo uso das faixas de domínio, é importante mencionar que o tema é bastante controvertido, principalmente, em se tratando de serviços públicos essenciais, como energia elétrica. Sobre o tema, cf. MARQUES NETO, Floriano Peixoto de Azevedo; ZAGO, Marina Fontão. "Utilização das faixas de domínio por concessionária de rodovias federais". *Fórum de Contratação e Gestão Pública,* Belo Horizonte, ano 10, nº 111, 2011.

Em outras palavras, a concessionária pode ceder seu direito de uso ou ocupação oneroso da faixa, decorrente do contrato de concessão, a terceiros, mediante contraprestação destes. Trata-se de obrigação de dar, de mera disponibilização do espaço para atuação de terceiros que, em troca, pagam um preço à concessionária.

Ocorre que, sobre essa cessão de uso ou ocupação, alguns municípios têm exigido o ISS, por entenderem existir uma prestação de serviço. A análise crítica da exação fiscal exige, primeiramente, a delimitação do conceito de serviço para fins de tributação. É o que será exposto a seguir.

2 Disciplina constitucional e legal do ISS e conceito de serviço tributável

O Imposto sobre Serviços de Qualquer Natureza, de competência dos municípios, tem a sua materialidade possível delimitada nos termos do art. 156, III, da Constituição da República, que prescreve competir aos municípios instituir impostos sobre "serviços de qualquer natureza, não compreendidos no art. 155, II, definidos em lei complementar".

Diante dessa prescrição, tem-se que os municípios somente poderão instituir o ISS sobre fatos que se enquadrem no conceito de serviços. E, tratando-se de conceito de Direito privado, não cabe ao legislador infraconstitucional tributário alterar a sua definição, conteúdo e alcance, nos termos do art. 110 do Código Tributário Nacional (CTN).

Isso posto, analisando o dispositivo constitucional mencionado, constata-se que dois foram os requisitos estabelecidos pelo constituinte para a identificação da materialidade suscetível à incidência do ISS: (i) tratar-se de efetiva prestação de serviço; e (ii) estar prevista em lei complementar.

Sob a perspectiva privatista, entende-se a "prestação de serviços" como o exercício, por alguém (prestador), de uma atividade que tenha por escopo produzir benefício relativamente a outra pessoa (tomador), que remunera (preço do serviço) o prestador pela realização dessa atividade.

Nesse sentido, Aires Barreto define prestação de serviço como o "esforço de pessoas desenvolvido em favor de outrem, com conteúdo econômico, sob regime de Direito privado, em caráter negocial, tendente a produzir uma utilidade material ou imaterial".[541]

É necessário, ainda, que a atividade realizada pelo prestador se apresente sob a forma de uma *obrigação de fazer algo até então inexistente*. Na lição de Roque Antonio Carrazza:

> Concordamos com Marçal Justen Filho, para quem serviço é "prestação de uma utilidade (material ou não) de qualquer natureza, efetuada sob o regime de Direito privado, mas não sob regime trabalhista, qualificável juridicamente como execução de obrigação de fazer, decorrente de um contrato bilateral" (O Imposto sobre Serviços na Constituição, São Paulo: Ed. RT, 1985, p. 177).[542]

Não configura prestação de serviço sujeita à incidência do ISS, portanto, o cumprimento do dever de entregar alguma coisa que já existe ou a mera cessão de seu uso, pois são, ambas, obrigações de dar.

Além disso, em atenção ao princípio da capacidade contributiva, é preciso que a prestação de serviço seja remunerada, isto é, que exista o pagamento de um preço. Como ensina Paulo de Barros Carvalho, compõe a hipótese de incidência do ISS o conteúdo

---

541 BARRETO, Aires. "Imposto sobre serviço de qualquer natureza". *RDT*, vol. 29/30, p. 188.

542 CARRAZZA, Roque Antonio. *Curso de Direito Constitucional Tributário*. São Paulo: Malheiros, 2013, p. 952.

econômico da prestação.[543] Por conseguinte, não pode sofrer a percussão tributária a prestação de serviço gratuita.

Trata-se, portanto, de uma obrigação de fazer, de uma atividade humana desenvolvida de forma onerosa para outrem.

3 Exigência de ISS sobre a cessão de direito de uso da faixa de domínio

Conforme visto, por um lado, a cessão onerosa do direito de uso ou ocupação da faixa de domínio configura obrigação de dar, ao passo que o conceito de prestação de serviço concerne a uma obrigação de fazer. A despeito disso, os municípios têm exigido o ISS. Isso se deve, em síntese, ao disposto no subitem 3.04 da Lista Anexa à Lei Complementar Federal n. 116/2003.

Visando evitar possíveis conflitos de competência e uniformizar a disciplina legal da matéria em todo o território nacional, o constituinte, por meio do artigo 146, III, *a,* determinou que cabe à lei complementar estabelecer normas gerais em matéria tributária, especialmente sobre os principais aspectos da regra matriz de incidência dos tributos: hipóteses de incidência e bases de cálculo dos impostos discriminados na Constituição, dentre eles, o ISS. Além disso, o próprio artigo 156, III e § 3º, prescreve que os serviços tributáveis pelo ISS, assim como as alíquotas máxima e mínima e

543 "Nesse sentido, armamos o arcabouço da norma-padrão do ISS, que adquiriu esta fisionomia:

Hipótese: prestação a terceiros de utilidades, materiais ou imateriais, de conteúdo econômico e com caráter reiterado, sob regime de direito privado, realizada dentro dos limites territoriais do município, dando-se por acontecido o evento no momento da entrega do serviço, pronto e acabado, à pessoa interessada.

Consequência: o prestador do serviço deverá recolher aos cofres da municipalidade X% do valor do serviço prestado". (CARVALHO, Paulo de Barros. *Curso de Direito Tributário.* 30ª ed. São Paulo: Saraiva Educação, 2019, p. 435).

as regras relacionadas a benefícios fiscais serão instituídas por lei complementar nacional.

A fim de cumprir tais finalidades, foi editada a Lei Complementar n. 116/2003 que, no artigo 1º, c/c 3º, § 1º e subitem 3.04 de sua Lista Anexa, estabelece a incidência de ISS sobre a cessão de direito de uso, inclusive direito de passagem:

> Art. 1º O Imposto Sobre Serviços de Qualquer Natureza, de competência dos Municípios e do Distrito Federal, tem como fato gerador a prestação de serviços constantes da lista anexa, ainda que esses não se constituam como atividade preponderante do prestador.
>
> Art. 3º O serviço considera-se prestado, e o imposto, devido, no local do estabelecimento prestador ou, na falta do estabelecimento, no local do domicílio do prestador, exceto nas hipóteses previstas nos incisos I a XXV, quando o imposto será devido no local: (...)
>
> § 1º No caso dos serviços a que se refere o subitem 3.04 da lista anexa, considera-se ocorrido o fato gerador e devido o imposto em cada Município em cujo território haja extensão de ferrovia, rodovia, postes, cabos, dutos e condutos de qualquer natureza, objetos de locação, sublocação, arrendamento, direito de passagem ou permissão de uso, compartilhado ou não.
>
> 3.04 – Locação, sublocação, arrendamento, direito de passagem ou permissão de uso, compartilhado ou não, de ferrovia, rodovia, postes, cabos, dutos e condutos de qualquer natureza.[544]

Os bens relacionados no item 3.04 da lista de serviços anexa à Lei Complementar n. 116/03 (ferrovia, rodovia, postes, cabos,

---

544 BRASIL. *Lei complementar n. 116*, de 31 de julho de 2003. Disponível em: http://www.planalto.gov.br/ccivil_03/leis/lcp/lcp116.htm. Acessado em: 24.05.2022.

dutos e condutos) constituem, por sua natureza e localização, estrutura necessária à prestação de variadas modalidades de serviços, executadas por diferentes pessoas. Quando são cedidos a terceiros para uso, pois, não se tem simples financiamento (*leasing financeiro*) de bens fungíveis, mas verdadeiro aluguel de estrutura, constituindo típica obrigação de dar. Eventual prestação de serviço se dá, portanto, não entre a concessionária e o terceiro, mas entre este e outros. A disponibilização da estrutura, mediante remuneração, apenas possibilita que o terceiro preste seus serviços.

Dessa feita, o subitem 3.04 da Lista Anexa trata de atividades que correspondem, tão somente (i) à colocação de um bem à disposição de outrem ou (ii) à abstenção à prática de algum ato – como é o caso do direito de passagem e da permissão de uso.

Consequentemente, é certo que as disposições normativas acima violam frontalmente a repartição de competência tributária estabelecida pela Constituição da República, na medida em que pretendem, por meio do ISS, alcançar materialidade que claramente não se caracteriza como serviço (obrigação de fazer).

Nesse exato sentido é o entendimento de Regina Helena Costa:

> Relevante registrar que a lista de serviços anexa à Lei Complementar n. 116, de 2003, contempla vários itens que, evidentemente, não constituem serviços, tais como a cessão de direito de uso de marcas e de sinais de propaganda (item 3.02), a locação, sublocação, arrendamento, direito de passagem ou permissão de uso, compartilhado ou não, de ferrovia, rodovia, postes, cabos, dutos e condutos de qualquer natureza (item 3.04), e cessão de andaimes, palcos, coberturas e outras estruturas de uso temporário (item 3.05). Nesse aspecto, a lei em exame é inconstitucional.[545]

---

545 COSTA, Regina Helena. *Curso de Direito Tributário*. 8ª ed. São Paulo: Saraiva Educação, 2018, p. 296.

É evidente, pois, a total ausência de legitimidade da tributação da cessão onerosa de uso pelo ISS.

4 Jurisprudência do STF e dos Tribunais de Justiça

Ainda que os municípios pudessem valer-se das disposições da Lei Complementar Federal n. 116/03 para fundamentar a cobrança do ISS, isso não mais é possível à luz da jurisprudência do Supremo Tribunal Federal e dos Tribunais de Justiça.

Recentemente, por ocasião do julgamento da Ação Direta de Inconstitucionalidade n. 3.142 e, portanto, em controle concentrado de constitucionalidade, o STF concluiu pela necessidade de dar interpretação conforme à Constituição ao subitem 3.04 da lista anexa à LC 116/03 *e admitir a cobrança do ISS nos casos em que as situações nele descritas integrem relação mista ou complexa em que não seja possível claramente segmentá-las de uma obrigação de fazer, seja no que diz com o seu objeto, seja no que concerne ao valor específico da contrapartida financeira*.

Ao assim decidir, o STF fixou, de forma cogente e com efeito vinculante, o alcance de referido item da lista anexa à LC 116/03, determinando que somente cabe a incidência do ISS nas situações referidas no item 3.04 da lista anexa à LC 116/03 quando houver, claramente, uma prestação de serviços indissociável da cessão de direito. Nos casos, portanto, em que se tratar, pura e simplesmente, de obrigação de dar, não poderá incidir o ISS.

É valido destacar trechos do voto vencedor do Ministro Dias Toffoli, nos quais fica evidenciada a inconstitucionalidade da incidência do ISS nos casos em que, analogamente ao uso da faixa de domínio, não se está diante de relação mista ou complexa em que exista um fazer atrelado à obrigação pura de dar:

> Em todas as situações descritas no subitem 3.04, quando isoladamente consideradas, é notória a presença – como a

> essência delas – ou de simples obrigação de dar, isto é, da obrigação de se colocar uma coisa à disposição, ou de simples abstenção de prática de algum ato (como, por exemplo, tolerar a passagem de cabos, que, ao fim, se traduz em um não fazer). Elas (as situações descritas no aludido subitem), quando de tal modo consideradas, não se revestem de qualquer complexidade, isto é, nelas não existe um misto inseparável com alguma obrigação de fazer; ademais, delas não resulta produto cujas características se assemelham a serviço. (...).
>
> Resumindo, em meu modo de ver, não se admite a exigência do imposto municipal em relação às situações descritas no subitem 3.04 da lista anexa à LC n. 116/03, quando isoladamente consideradas; mas deve ser permitida a cobrança na hipótese em que elas integram relação mista ou complexa em que não seja possível claramente segmentá-las de alguma obrigação de fazer, seja no que diz com o seu objeto, seja no que concerne ao valor específico da contrapartida financeira.[546]

Sendo assim, não há que se confundir a atividade do subitem 3.04 da lista de serviços com a prestação de serviço misto, em que há cessão de coisa móvel cumulada com obrigação de fazer. A simples cessão de uso ou ocupação onerosa da faixa de domínio a terceiro, sem qualquer serviço adicionado, configura, assim, a hipótese descrita pelo Ministro Dias Toffoli como sendo uma das situações descritas no subitem 3.04 "isoladamente consideradas".

Aplica-se, por isso, a conclusão firmada na citada ADI 3142, devendo ser declaradas inconstitucionais as exigências de ISS pelos fiscos municipais.

É nesse sentido que tem sido o posicionamento dos Tribunais de Justiça, especialmente o de São Paulo e o do Rio de Janeiro:

546 Rcl n. 14.290/DF-AgR.

MANDADO DE SEGURANÇA – ISS – Município de São José dos Campos – Compartilhamento da infraestrutura de telefonia, mediante cessão de faixa de domínio correspondentes à extensão de 80 quilômetros – Espécie de locação de bens – Atividade que não se afigura prestação de serviços – Aplicação da Súmula Vinculante n. 31 do C. STF – Tributação com base no item 3.04 da lista federal descabida – Segurança bem concedida e mantida nesta instância – Sentença confirmada – Recurso oficial e apelo municipal não providos.[547]

APELAÇÕES CÍVEIS. EMBARGOS À EXECUÇÃO FISCAL. ISS SOBRE AS RECEITAS PROVENIENTES DA CESSÃO DE DIREITO DE USO DE ESPAÇO. DESCABIMENTO POR NÃO SE ENQUADRAR NO CONCEITO DE SERVIÇO. APLICAÇÃO DA SÚMULA 31 DO STF. HONORÁRIOS ADVOCATÍCIOS. FAZENDA VENCIDA. REDUÇÃO.

1 – Da análise dos contratos acostados, não se vislumbra nenhum tipo de prestação de serviços pela embargante, mas tão somente a cessão de espaço para outras empresas, do que se conclui que inexiste o fato gerador para cobrança de ISS. Aplica-se à hipótese a Súmula 31 do STF: “É inconstitucional a incidência do imposto sobre serviços de qualquer natureza – ISS sobre operações de locação de bens móveis”. Tema analisado pelo STF no AI 854.553 ED, Relator Ministro Joaquim Barbosa, Segunda Turma, julgamento em 28.8.2012, DJe de 8.10.2012: “Conforme orientação consolidada da SV 31, é inconstitucional a incidência do ISS sobre operação de locação de bens móveis. Ainda que o fato em exame fosse interpretado como cessão de direito, a mesma orientação apontada na SV 31 seria aplicável”.[548]

---

547 TJSP. Apelação 1027976-87.2017.8.26.0577, Rel. Des. Silva Russo, Órgão Julgador: 15ª Câmara de Direito Público, Data do Julgamento: 11/04/2019.

548 TJRJ. Apelação 1012854-18.2011.8.19.0002, Rel. Des. Carlos Azeredo de Araújo, 9ª Câmara Cível, Julgado em 11/02/2015.

Assim sendo, a jurisprudência consolidade dos tribunais revela a necessária observação do conceito constitucional de serviço, segundo o qual a mera obrigação de dar ou entregar coisa, sem que esteja atrelada a um *fazer*, não configura prestação de serviço, não se sujeitando ao ISS.

Considerações finais

Tendo em vista todo o exposto, conclui-se que a incidência de ISS sobre a cessão onerosa do direito de uso ou ocupação das faixas de domínio pelas concessionárias de rodovias a terceiros não é válida, mas sim, inconstitucional, uma vez que o conceito de serviço delineado pela Constituição não abrange a simples obrigação de dar.

Ainda que o subitem 3.04 da Lista Anexa à Lei Complementar n. 116/03 tenha servido para sustentar tal cobrança pelos Municípios, a partir da ADI nº 3.142, sua interpretação deve ser compatibilizada com o texto constitucional, o que acarreta o afastamento da tributação.

Portanto, com razão a jurisprudência pátria que tem corretamente decidido pela ilegitimidade da exação fiscal em questão.

Referências bibliográficas

BARRETO, Aires. "Imposto sobre serviço de qualquer natureza". *RDT*, vol. 29/30.

BRASIL. *Lei complementar n. 116*, de 31 de julho de 2003. Disponível em: http://www.planalto.gov.br/ccivil_03/leis/lcp/lcp116.htm. Acessado em: 24.05.2022.

______. Supremo Tribunal Federal. Ação Direta de Inconstitucionalidade nº 3.142. Relator: Ministro Dias Toffoli. Data de julgamento: 11.11.2020.

______. Tribunal de Justiça do Estado de São Paulo (TJSP). Apelação 1027976-87.2017.8.26.0577. Relator: Desembargador Silva Russo. Data do Julgamento: 11/04/2019.

_____. Tribunal de Justiça do Estado do Rio de Janeiro (TJRJ). Apelação 1012854-18.2011.8.19.0002. Relator: Desembargador Carlos Azeredo de Araújo. Data do julgamento: 11/02/2015.

CARRAZZA, Roque Antonio. *Curso de Direito Constitucional Tributário*. São Paulo: Malheiros, 2013.

CARVALHO, Paulo de Barros. *Curso de Direito Tributário*. 30ª ed. São Paulo: Saraiva Educação, 2019.

COSTA, Regina Helena. *Curso de Direito Tributário*. 8ª ed. São Paulo: Saraiva Educação, 2018.

MARQUES NETO, Floriano Peixoto de Azevedo; ZAGO, Marina Fontão. "Utilização das faixas de domínio por concessionária de rodovias federais". *Fórum de Contratação e Gestão Pública,* Belo Horizonte, ano 10, n° 111, 2011.

PEREIRA, Flávio Henrique Unes; SILVEIRA, Marilda de Paula; COMBAROLLI, Bruna R. "A identificação dos bens reversíveis: do ato ao processo administrativo". *Fórum Administrativo – FA*, Belo Horizonte, ano 14, n° 165, nov. 2014.

PRADO, Lucas Navarro. *Extinção de contratos de PPP e concessão*: breves reflexões sobre o cálculo de indenizações considerando os parâmetros gerais da Lei federal n. 8.987/1995. 23 jan. 2014. Disponível em: http://pt.slideshare.net/navarroprado/extino-de-contratos-de-ppp-e-concesso-critrios-de-indenizao. Acessado em: 28.05.2019.

RIBEIRO, Maurício Portugal. "Venda de imóvel por concessionária de serviço público no qual se situam bens reversíveis". *Fórum de Contratação e Gestão Pública FCGP*, Belo Horizonte, ano 2, n° 15, mar. 2003.

SUNDELD, Carlos Ari; CAMARA, Jacintho Arruda. "Bens reversíveis nas concessões públicas: a inviabilidade de uma teoria gera". *Revista da Faculdade de Direito – UFPR*, Curitiba, vol. 61, n° 2, maio 2016.

SUNDFELD, Carlos Ari. *Direito Administrativo ordenador*. São Paulo: Malheiros, 2003.

CAPÍTULO XLVIII

CONCESSÃO DE RODOVIAS: A LEI INVIABILIZA A RECUPERAÇÃO DE TRIBUTOS PARA AS EMPRESAS QUE CONTRATAM COM A ADMINISTRAÇÃO PÚBLICA?

Leonardo Farias Florentino
Roberto Ricomini Piccelli

Introdução

Este ensaio tem por objetivo examinar uma das questões mais tormentosas do dia a dia dos contratos de concessão: a relação entre as decisões judiciais tributárias e o equilíbrio econômico-financeiro dos contratos. A partir de uma reflexão sobre o conceito de *encargo*, que é central para a correta compreensão do equilíbrio econômico do contrato, se desenvolve um ensaio sobre a razão pela qual as decisões individuais não podem impactar positiva ou negativamente o equilíbrio. Como será demonstrado, a Administração só poderá buscar o reequilíbrio econômico e financeiro quando a inexigibilidade dos tributos forem advindas de decisões judiciais que obriguem todos – Fisco e contribuintes –; nas hipóteses em que a decisão só tiver efeitos para o concessionário que propôs a ação judicial e o Fisco, não há que se falar em reequilíbrio econômico financeiro, ainda que tal decisão acarrete uma diminuição perceptível dos custos do concessionário, pois, do contrário, ficaria prejudicada não só a eficiência operacional, mas também seriam violados os princípios da legalidade, da isonomia e o próprio pacto federativo.

1 Oscilação tributária, equilíbrio econômico-financeiro e tipologia dos tributos

Variações da carga tributária estão entre as causas de recomposição do equilíbrio econômico-financeiro[549] dos contratos administrativos – equilíbrio que repousa na *previsibilidade* das variáveis de custo envolvidas na prestação do serviço público contratado. O aumento ou a diminuição da carga tributária resultam, assim, na necessidade de retomada do balanço original entre os encargos e a remuneração.[550]

---

549 "As obrigações das partes contratantes são equivalentes e previamente estabelecidas. A equação financeira inicial do contrato, estabelecida a partir da proposta vencedora na licitação, deve ser preservada durante toda a vigência do contrato. Trata-se do princípio constitucional do equilíbrio econômico-financeiro do contrato, previsto no art. 37, XXI, da CRFB ('cláusulas que estabeleçam obrigações de pagamento, mantidas as condições efetivas da proposta, nos termos da lei'). A equação financeira inicial deve ser preservada contra o decurso do tempo, bem como nos casos de fatos extraordinários não imputáveis ao contratado. Por esta razão, a legislação contempla alguns instrumentos para efetivação desse princípio, com destaque para o reajuste e a revisão do contrato" (OLIVEIRA, Rafael Carvalho R. *Licitações e contratos administrativos*: teoria e prática. 9ª ed. Rio de Janeiro: Forense; São Paulo: Método, 2020, p. 430).

550 Como salienta Kleber Luiz Zanchim, aliás, a constante necessidade de reequilíbrio nos contratos públicos no Brasil é um mau sinal. (ZANCHIM, Kleber L. *Contratos públicos e Direito Privado*: intepretação, princípios e inadimplemento. vol. 1, 1ª ed. São Paulo: Almedina, 2016, pp. 51/52).

O aumento de um tributo ou o estabelecimento de uma nova isenção tendem a impactar a matriz dos custos operacionais da concessionária e, portanto, o sinalagma ajustado no momento da celebração do contrato. Por essa razão, o art. 65, § 5º, da Lei n. 8.666/93[551] dispõe que, uma vez alterada a carga tributária, para mais ou para menos, e evidenciado que tal alteração repercutiu nos preços, justifica-se o reequilíbrio.

Como é intuitivo, até certo ponto, nem toda alteração da carga tributária resultará na necessidade de recompor o equilíbrio do contrato. Demanda-se "um vínculo direto entre o encargo e a prestação".[552] Em tese, portanto, um aumento irrestrito de um tributo do tipo direto nem sempre poderá ser invocado como causa de recomposição, porque poderá incidir sobre o resultado da atividade empresarial como um todo, reduzindo as margens sem impactar o custo final da atividade concedida. Da mesma forma, a redução do tributo direto também não pode ser apontada como causa de desequilíbrio pela Administração.

O objetivo da manutenção do chamado equilíbrio econômico-financeiro dos contratos, como dito alhures, é manter uma paridade constante entre encargos e remuneração na prestação contratual – e apenas os tributos indiretos são contabilizados como verdadeiros custos, os quais impactam, portanto, no BDI, ou seja, como encargos da operação contratada. Pode-se dizer, por outro lado, que os tributos diretos, ainda que impactem a lucratividade total do negócio, não chegam a afetar a taxa de retorno da atividade.

---

551 "Art. 65. Os contratos regidos por esta Lei poderão ser alterados, com as devidas justificativas, nos seguintes casos: (...)

§ 5º Quaisquer tributos ou encargos legais criados, alterados ou extintos, bem como a superveniência de disposições legais, quando ocorridas após a data da apresentação da proposta, de comprovada repercussão nos preços contratados, implicarão a revisão destes para mais ou para menos, conforme o caso".

552 JUSTEN FILHO, Marçal. *Comentários à Lei de Licitações e Contratos Administrativos*. 17ª ed. São Paulo: Revista dos Tribunais, 2021, p. 1194.

Ainda que se trate, porém, de tributos incidentes, em tese, sobre o custo da atividade, não é qualquer mudança experimentada na tributação pelo contribuinte que poderá impactar os encargos do contrato. Afinal, nem sempre a carga tributária sofre alterações de modo amplo, geral e irrestrito, abrangendo todos os sujeitos passivos de um determinado tributo, como acontece quando uma lei nova veicula um simples aumento de uma alíquota. As mudanças podem ocorrer pela via judicial, beneficiando, de início, apenas alguns contribuintes – que se dispuseram a bater às portas do Poder Judiciário para questionar uma cobrança – e levando vários anos até que seja formada uma jurisprudência sólida, cujos efeitos se ampliem para todos ou, ao menos, para a maioria dos contribuintes. Se, portanto, à primeira vista, a aplicação desse dispositivo não aparenta grande complexidade, essa impressão se desfaz quando consideramos as hipóteses em que decisões judiciais reconhecem a inexigibilidade[553] de tributos. Como se passará a ver, nos casos em que essa mudança ocorre em virtude de decisão judicial, há que se discernir entre decisões gerais e decisões individuais. Por trás dessa distinção está o conceito de "encargo".

2 O direito à repetição do indébito tributário enquanto garantidor da legalidade tributária e do tratamento isonômico aos contribuintes

Os contribuintes têm direito a recuperar todo e qualquer valor que, por qualquer razão, recolheram indevidamente em favor dos cofres públicos, a título de tributo, de acordo com o art. 165, do Código Tributário Nacional (CTN).[554] Ou seja, sempre que houver o

553 No presente artigo, o termo "inexigibilidade" é utilizado sempre como indicador de invalidez de uma determinada norma tributária que o Estado toma por base para exigir o tributo. Tal invalidez pode se dar perante a Constituição Federal ou a legislação infraconstitucional que rege o tributo.

554 "Art. 165. O sujeito passivo tem direito, independentemente de prévio protesto, à restituição total ou parcial do tributo, seja qual for a modalidade do

pagamento de um tributo indevido – inclusive aqueles que são assim reconhecidos em processos judiciais –, nasce para o contribuinte o direito a recuperar todo o valor que pagou indevidamente, respeitado o prazo de prescrição firmado no art. 168, do CTN.[555]

A repetição do indébito claramente deita raízes nos art. 150, I e II,[556] da Constituição Federal, que dispõe sobre dois dos mais relevantes princípios tributários, a legalidade e a isonomia.

O primeiro deles, posto no art. 150, I, da Constituição Federal, veda expressamente a exigência de tributos não previstos em lei em sentido estrito. O bem conhecido *princípio da legalidade tributária*,[557] que prescinde de apresentações, eis que sobre ele muito

---

seu pagamento, ressalvado o disposto no § 4º do artigo 162, nos seguintes casos:

I - cobrança ou pagamento espontâneo de tributo indevido ou maior que o devido em face da legislação tributária aplicável, ou da natureza ou circunstâncias materiais do fato gerador efetivamente ocorrido;

II - erro na edificação do sujeito passivo, na determinação da alíquota aplicável, no cálculo do montante do débito ou na elaboração ou conferência de qualquer documento relativo ao pagamento;

III - reforma, anulação, revogação ou rescisão de decisão condenatória".

555 "Art. 168. O direito de pleitear a restituição extingue-se com o decurso do prazo de 5 (cinco) anos, contados:

I - nas hipótese dos incisos I e II do artigo 165, da data da extinção do crédito tributário;

II - na hipótese do inciso III do artigo 165, da data em que se tornar definitiva a decisão administrativa ou passar em julgado a decisão judicial que tenha reformado, anulado, revogado ou rescindido a decisão condenatória".

556 "Art. 150. Sem prejuízo de outras garantias asseguradas ao contribuinte, é vedado à União, aos Estados, ao Distrito Federal e aos Municípios:

I - exigir ou aumentar tributo sem lei que o estabeleça;

II - instituir tratamento desigual entre contribuintes que se encontrem em situação equivalente, proibida qualquer distinção em razão de ocupação profissional ou função por eles exercida, independentemente da denominação jurídica dos rendimentos, títulos ou direitos (...)".

557 SCHOUERI, Luis Eduardo. *Direito Tributário*. 7ª ed. São Paulo: Saraiva, 2017, p. 301.

já foi escrito para enaltecer sua importância enquanto instrumento de afirmação dos valores da democracia, da segurança jurídica e da previsibilidade normativa.

O direito à repetição do tributo cobrado sem previsão legal ou, como sói acontecer, em desacordo com a lei ou com a Constituição Federal, é consequência inescapável do princípio da legalidade tributária. Afinal, se não houver a garantia de que o tributo indevidamente recolhido será devolvido ao contribuinte, também não haverá qualquer sentido em reconhecer que a sua cobrança é ilegal ou inconstitucional.

O art. 150, II, da Constituição Federal, veicula o *princípio da isonomia tributária*, que veda o tratamento desigual a contribuintes que se encontrem em situação equivalente e o tratamento igual a contribuintes que se encontram em posições equivalentes, de modo que quaisquer distinções de tratamento entre contribuintes sempre devem ser pautadas por um critério alinhado à realização de um objetivo constitucional.[558] Esse princípio também é garantido pela possibilidade de se repetir o indébito tributário, especialmente pela via judicial, uma vez que os contribuintes podem ou não perseguir a restituição dos tributos recolhidos indevidamente – o que certamente implica despesas e leva tempo. Aqueles que optam por buscar a repetição do indébito acabam por ter um benefício econômico que faz as vezes de prêmio à sua iniciativa, enquanto os que não buscam lutar por seu direito só poderão gozar desse benefício econômico muito posteriormente, na eventualidade de uma decisão *erga omnes* do Poder Judiciário, declarando indevido o tributo para todos os contribuintes e proibindo o Fisco de cobrá-lo.

Para os fins deste trabalho, é de suma importância conhecer as raízes da repetição de indébito tributário que permitem a realização

---

558 ÁVILA, Humberto. *Teoria da igualdade tributária.* 2ª ed. São Paulo: Malheiros Editores, 2009, p. 40.

plena de dois dos direitos fundamentais[559] dos contribuintes brasileiros, para então tratar das possibilidades de aplicação do art. 65, § 5º, da Lei n. 8.666/93, nas hipóteses em que decisões judiciais reconhecem a inexigibilidade de tributos.

3 Decisões judiciais em matéria tributária e a eficiência do concessionário

Para entender como o direito do contribuinte de questionar em juízo o caráter indébito de determinadas imposições tributárias dialoga com o equilíbrio econômico-financeiro, um conceito chave a ser examinado é o de *encargo*. Há que se analisar, enfim, se o ganho econômico obtido por meio de uma ação judicial pode ser considerado como se impactasse nos encargos do contratado.

3.1 O conceito de encargo na aferição do equilíbrio econômico-financeiro dos contratos administrativos

O encargo que compõe o equilíbrio dos contratos administrativos não equivale ao encargo específico daquele particular que mantém o respectivo contrato. Ainda que se trate de uma obviedade, até certo ponto, a doutrina não deixa de salientar que se exige, para o reequilíbrio, "que a elevação dos encargos não derive de conduta culposa imputável ao particular".[560] Ou seja, pouco importa que o concessionário em questão tenha um custo especialmente alto para a compra de um determinado insumo; o que se há de ver é a realidade do mercado, ajustada às vicissitudes regionais e setoriais. De igual forma, a eficiência operacional do concessionário – isto é, os seus méritos na gestão da atividade concedida – é neutra para

559 MACHADO, Hugo de Brito. *Os direitos fundamentais do contribuinte e a efetividade da jurisdição*. Recife: Universidade Federal de Pernambuco, 2009, pp. 53-99. Tese (Doutorado em Direito).

560 JUSTEN FILHO, Marçal. *Comentários à Lei de Licitações e Contratos Administrativos*. 17ª ed. São Paulo: Revista dos Tribunais, 2021, p. 1182.

efeitos de reequilíbrio. Se o concessionário de rodovias, por exemplo, adquire asfalto a um preço elevado de uma empresa local, por estratégia comercial, ou se tem condições de fabricar o produto por intermédio de uma empresa do seu grupo que o venda em condições vantajosas, nada disso é relevante para se aferir o *encargo* do contratado, porque as vantagens ou as desvantagens comerciais do particular simplesmente não importam. Caso importassem, o concessionário simplesmente não teria incentivo para perseguir a eficiência operacional, o que, se pareceria benfazejo ao interesse público imediato, levaria a um óbice prático a qualquer inovação e, em uma perspectiva geral, ao desinteresse da iniciativa privada por investir em concessões de serviços públicos. O encargo, então, há de ser o *encargo objetivo – e não o encargo subjetivo*.

No caso das decisões judiciais tributárias, ainda que se pudesse questionar, em princípio, a sua utilidade imediata para a sociedade – dado que a higidez e a coerência lógica do sistema tributário são bens abstratos demais para serem considerados –, um olhar atento à realidade permite ver que existem razões para que o acesso à jurisdição não seja desestimulado por completo. Além da importância de se promover a remoção periódica de vestígios de exigências ilegais que, de outra maneira, causariam impacto, mais cedo ou mais tarde, na tarifa, a submissão de discussões tributárias ao Poder Judiciário resolve, frequentemente, conflitos federativos em potencial.

3.2 A violação do pacto federativo perpetrada pela indevida cobrança de tributos contra as concessionárias de serviços públicos

O efeito reparador das ações judiciais em matéria tributária é particularmente visível quando se examina o seu potencial para resolver anomalias federativas. Afinal, o ente concedente frequentemente não é o mesmo que estabelece o tributo inexigível. A aplicação do art. 65, § 5º, da Lei n. 8.666/93, nesse contexto, cria um verdadeiro incentivo à manutenção dessa situação. A concessionária por certo não terá qualquer razão para bater às portas do Poder Judiciário, mantendo-se a tributação indevida e a transferência indevida de recursos de um ente para o outro, em clara violação à forma federativa do Estado brasileiro.

A falta de incentivo aos questionamentos tributários pode levar, então, a distorções federativas sensíveis, como aconteceria no caso de um município que tributasse de forma irregular uma determinada praça de pedágio de uma rodovia federal. Caso se desestimulasse a defesa contra a arbitrariedade do fisco municipal nesse caso, estaria aberto um flanco evidente no sistema federativo. Igualmente, se o governo federal estabelecesse um aumento ilegal na carga das contribuições sociais incidentes sobre a receita dos pedágios das rodovias estaduais, poderia enriquecer ilicitamente à custa indireta dos estados membros. A concessionária, como *longa manus* do ente federado contratante, tem de ter estímulos para tomar medidas que garantam a eficiência da operação.

Essa distorção ilustra porque a busca pela legalidade tributária não pode ser interditada com a neutralização absoluta dos seus efeitos para o concessionário por meio de uma ideia *subjetiva* de encargo, que leve em consideração a sua situação particular, e não a realidade *objetiva* do setor.

4 Decisões judiciais com efeitos individuais (*inter partes*) e gerais (*erga omnes*)

Entre desestimular completamente a tomada de ações judiciais para defesa da eficiência operacional e instituir uma obrigação de tomá-las a cada tese tributária que se insinue, há um caminho intermediário, perfeitamente de acordo com a ideia de encargo que se viu anteriormente: a diferenciação entre as decisões gerais e as decisões individuais.

As primeiras constituem a hipótese mais simples, que é a superveniência de uma decisão de efeito vinculante, seja direto, como no caso das que são proferidas em controle concentrado de constitucionalidade,[561] seja indireto, como sucede com as que são prolatadas no regime da repercussão geral ou dos recursos repetitivos.[562] Nesses casos, parece inevitável que a decisão seja contabilizada nos custos, à exata maneira de uma alteração legislativa, inclusive quanto à sua eventual retroação, nos casos em que seus efeitos forem dotados de eficácia *ex tunc*. Mesmo que o concessionário não tenha perseguido o direito de restituir-se por eventuais pagamentos indevidos, terá a seu alcance a via da repetição de indébito ou mesmo a do ressarcimento administrativo.

Evidentemente, esses valores terão que ser trazidos a valor presente, para que o concessionário não sofra ônus por conta de um crédito cuja liquidez esteja diferida no tempo. O parâmetro temporal a ser considerado deverá ser o de um pedido de ressarcimento administrativo, ainda que o concessionário tenha, por iniciativa própria, efetuado o depósito judicial do indébito, ou tenha ajuizado previamente a ação de repetição de indébito pela via judicial, já que essas medidas não podem ser consideradas inerentes à atividade concedida.

As ações de efeito *inter partes*, de outro lado, não *impactam o encargo* da atividade, eis que o seu impacto dá-se unicamente sobre os custos individuais, os quais, como visto acima, são irrelevantes para o equilíbrio econômico-financeiro do contrato administrativo, ao menos até que se convertam em decisões gerais, com eficácia contra todos. Uma interpretação diferente acabaria com a isonomia entre os particulares que se mobilizam contra o tributo inexigível e os que restam inertes, aceitando os efeitos da tributação sobre a tarifa. Caso

---

561 Cf. artigo 28, parágrafo único, de BRASIL. *Lei n. 9.868*, de 10 de novembro de 1999. Disponível em: http://www.planalto.gov.br/ccivil_03/leis/l9868.htm. Acessado em: 24.05.2022.

562 Cf. artigo 927, III, do Código de Processo Civil. BRASIL. *Lei n. 13.105*, de 16 de março de 2015. Disponível em: http://www.planalto.gov.br/ccivil_03/_ato2015-2018/2015/lei/l13105.htm. Acessado em: 24.05.2022.

assim não fosse, ou seja, se as decisões favoráveis ao contribuinte quanto aos tributos que compõem o equilíbrio econômico do contrato pudessem ser tomadas como parâmetro para a recomposição das variáveis da equação, haveria um evidente desestímulo a que os concessionários fizessem valer os direitos contra o fisco, o que traria efeitos negativos no longo prazo, como visto acima.

O equilíbrio econômico-financeiro do contrato está previsto no art. 37, XXI, da Constituição Federal,[563] e não protege unicamente o particular contra o arbítrio da Administração,[564] mas também garante que a coletividade não será onerada de modo desproporcional no custeio dos serviços públicos.

Tal garantia, no entanto, não autoriza a aplicação do art. 65, § 5º, da Lei n. 8.666/93, nas hipóteses em que a inexigibilidade do tributo é reconhecida por decisão judicial com efeitos *inter partes*. O esforço para retomar o equilíbrio contratual original só pode se dar quando a economia ou a execução do contrato seja afetada por eventos novos, imprevistos e imprevisíveis pelas partes e a elas não imputáveis, nos marcos do que a doutrina de Direito Administrativo chama de teoria da imprevisão.[565] Essa

---

563 "Art. 37. A Administração Pública direta e indireta de qualquer dos Poderes da União, dos Estados, do Distrito Federal e dos Municípios obedecerá aos princípios de legalidade, impessoalidade, moralidade, publicidade e eficiência e, também, ao seguinte:

(...)

XXI - ressalvados os casos especificados na legislação, as obras, serviços, compras e alienações serão contratados mediante processo de licitação pública que assegure igualdade de condições a todos os concorrentes, com cláusulas que estabeleçam obrigações de pagamento, mantidas as condições efetivas da proposta, nos termos da lei, o qual somente permitirá as exigências de qualificação técnica e econômica indispensáveis à garantia do cumprimento das obrigações".

564 FIGUEIREDO, Lucia Valle. *Curso de Direito Administrativo*. 4ª ed. São Paulo: Malheiros, 2000, p. 481.

565 MEIRELLES, Hely Lopes. *Direito Administrativo Brasileiro*. 27ª ed. São Paulo: Malheiros, 2002, p. 230.

impossibilidade de aplicar o art. 65, § 5º, da Lei n. 8.666/93 advém do fato de que a Administração é que cobra o tributo em desacordo com a ordem jurídica e, naturalmente, não pode alegar que o eventual reconhecimento dessa inexigibilidade pelo Poder Judiciário configura um fato imprevisível ou que não poderia ser imputado a ela. É dizer, se a Administração escolheu cobrar um tributo em desacordo com a legislação, então, não se pode afirmar que foi surpreendida quando essa característica foi reconhecida pelo Poder Judiciário. A recomposição do preço para contemplar o tributo que ela não pode mais cobrar após a manifestação do Poder Judiciário não condiz com a proteção do interesse público que fundamenta a busca pelo equilíbrio econômico-financeiro.

Existe aqui um conflito entre o interesse puramente pecuniário e particular da Administração (interesse público secundário) e o interesse verdadeiramente coletivo, voltado à promoção dos direitos fundamentais (interesse público primário).[566] A Administração não pode buscar a economia num contrato administrativo às custas do cerceamento do direito à repetição de indébito tributário. Garantir o direito de repetir tributo cobrado indevidamente atende muito mais ao interesse coletivo e serve à realização dos mais elevados princípios constitucionais e políticos, de modo que a busca pela diminuição das despesas advindas dos contratos deve ficar em segundo plano.

Considerações finais

Ao fim e ao cabo, é de rigor concluir que as concessionárias não podem ter cerceado o seu direito à repetição dos tributos que recolheram por imposição de norma posteriormente declarada inconstitucional ou ilegal, em ação judicial.

566 MOREIRA NETO, Diogo de Figueiredo. *Curso de Direito Administrativo*: parte introdutória, parte geral e parte especial. 14ª ed. Rio de Janeiro: Forense, 2005, p. 286.

O direito de repetir o indébito deita raízes profundas na Constituição Federal, que reconhece o princípio da legalidade como uma das mais relevantes garantias dos contribuintes contra o arbítrio estatal. Afinal, é consequência lógica da declaração de inexigibilidade de um tributo o direito do contribuinte à repetição do valor pago indevidamente, caso contrário, o princípio da legalidade teria pouquíssima eficácia prática e certamente o número de inconstitucionalidades e ilegalidades perpetradas contra os contribuintes – que não é pequeno – seria muito maior.

A aplicação do art. 65, § 5º, da Lei n. 8.666/93, às concessionárias, portanto, deve ser realizada levando em conta a preservação do direito de repetir o indébito, de maneira que a declaração judicial de inexigibilidade do tributo só pode fundamentar a recomposição do equilíbrio econômico financeiro do contrato quando se der por meio de decisão com eficácia *erga omnes*, que valha para todos os contribuintes ou, mais especificamente, para todas as concessionárias, e manifeste real impacto nos encargos da prestação do serviço quando vislumbrados a partir da realidade do mercado em que aquele serviço é oferecido. Isto é, aplicação só se torna possível quando se puder, de fato, afirmar que o preço de mercado tenha sido alterado para menos porque o tributo já não será mais cobrado dos agentes que competem livremente com o concessionário.

Por outro lado, quando a hipótese for de reconhecimento da inexigibilidade do tributo a partir de decisão judicial com efeitos *inter partes* – entre o concessionário e o ente tributante apenas –, não há que se falar em reequilíbrio econômico financeiro do contrato, dado que a possível diminuição do encargo atine unicamente àquele concessionário que bateu às portas do Poder Judiciário e brigou pelo seu direito, sem produzir qualquer alteração no preço de mercado do serviço.

Do contrário, não haveria isonomia entre os concessionários que se mobilizam contra o tributo inexigível e os que restam inertes, a aceitar os efeitos da tributação sobre a tarifa, criando verdadeiro desestímulo a que os concessionários façam valer seus direitos enquanto contribuintes e, ainda que indiretamente, contribuam para a manutenção do pacto federativo, evitando que o ente federativo contratante não seja afetado com o aumento de seus custos em razão do aumento indevido de tributos.

Referências bibliográficas

ÁVILA, Humberto. *Teoria da igualdade tributária.* 2ª ed. São Paulo: Malheiros Editores, 2009.

BARRETO, Aires. "Imposto sobre serviço de qualquer natureza". *RDT*, vol. 29/30.

BRASIL. *Lei complementar n. 116*, de 31 de julho de 2003. Disponível em: http://www.planalto.gov.br/ccivil_03/leis/lcp/lcp116.htm. Acessado em: 24.05.2022.

______. *Lei n. 13.105*, de 16 de março de 2015. Disponível em: http://www.planalto.gov.br/ccivil_03/_ato2015-2018/2015/lei/l13105.htm. Acessado em: 24.05.2022.

______. *Lei n. 9.868*, de 10 de novembro de 1999. Disponível em: http://www.planalto.gov.br/ccivil_03/leis/l9868.htm. Acessado em: 24.05.2022.

CARRAZZA, Roque Antonio. *Curso de Direito Constitucional Tributário.* São Paulo: Malheiros, 2013.

CARVALHO, Paulo de Barros. *Curso de Direito Tributário.* 30ª ed. São Paulo: Saraiva Educação, 2019.

COSTA, Regina Helena. *Curso de Direito Tributário.* 8ª ed. São Paulo: Saraiva Educação, 2018.

FIGUEIREDO, Lucia Valle. *Curso de Direito Administrativo.* 4ª ed. São Paulo: Malheiros, 2000.

JUSTEN FILHO, Marçal. *Comentários à Lei de Licitações e Contratos Administrativos.* 17ª ed. São Paulo: Revista dos Tribunais, 2021.

MACHADO, Hugo de Brito. *Os direitos fundamentais do contribuinte e a efetividade da jurisdição.* Recife: Universidade Federal de Pernambuco, 2009. Tese (Doutorado em Direito).

MARQUES NETO, Floriano Peixoto de Azevedo; ZAGO, Marina Fontão. "Utilização das faixas de domínio por concessionária de rodovias federais". *Fórum de Contratação e Gestão Pública,* Belo Horizonte, ano 10, n° 111, 2011.

MEIRELLES, Hely Lopes. *Direito Administrativo Brasileiro*. 27ª ed. São Paulo: Malheiros, 2002.

MOREIRA NETO, Diogo de Figueiredo. *Curso de Direito Administrativo*: parte introdutória, parte geral e parte especial. 14ª ed. Rio de Janeiro: Forense, 2005.

OLIVEIRA, Rafael Carvalho R. *Licitações e contratos administrativos*: teoria e prática. 9ª ed. Rio de Janeiro: Forense; São Paulo: Método.

SCHOUERI, Luis Eduardo. *Direito Tributário*. 7ª ed. São Paulo: Saraiva, 2017.

ZANCHIM, Kleber L. *Contratos públicos e Direito Privado*: intepretação, princípios e inadimplemento. vol. 1, 1ª ed. São Paulo: Almedina, 2016.

PARTE IV

POLÍTICA DE MOBILIDADE URBANA E O SETOR DE TRANSPORTES

CAPÍTULO XLIX

EL DERECHO A LA MOVILIDAD URBANA COMO DERECHO SOCIAL FUNDAMENTAL: HACIA UNA MOVILIDAD INTEGRADORA Y SOSTENIBLE PARA LAS CIUDADES DE BRASIL A TRAVÉS DE LA CONTRATACIÓN PÚBLICA

Jaime Rodríguez-Arana Muñoz
Jose Ignacio Herce Maza

Introducción

La emigración del hombre del campo ha sido una constante creciente desde hace bastante tiempo. En efecto, este éxodo que puede remontarse a la Revolución Industrial se aceleró a partir de la segunda mitad del siglo XX. Es una cuestión de relevancia que requiere de respuestas coherentes con la dignidad humana y la posición central de la persona en el Ordenamiento jurídico a partir de los esquemas de una buena administración, de buen gobierno.

Como es sabido, la preocupación sobre la idea de ciudad se ha visto reflejada en numerosas obras literarias y filosóficas porque afecta a la misma calidad de vida, material y espiritual, de las personas. Ya Víctor Hugo en *Nuestra señora de París* hacía referencia a que

> ciudades como París crecen sin cesar y sólo esta clase de ciudades pueden llegar a ser capitales, pues son como remolinos adónde van a parar todas las corrientes geográficas, políticas, sociales e intelectuales de un país: todos los elementos vitales de un pueblo. Son pozos de civilización donde (...) todo lo que es vida (...) se filtra y se acumula incesantemente, gota a gota, siglo a siglo.[567]

Walter Benjamín también ocupó parte de su pensamiento en reflexionar sobre la ciudad. Para él la ciudad es un tejido onírico cuyo punto culminante son las plazas, donde convergen las corrientes de su historia.[568] Estas afirmaciones, y otras muchas en el mismo sentido, acreditan la importancia de la ciudad como un punto de encuentro en el que radican personas completamente heterogéneas y dónde se desenvuelve, en suma, un proyecto comunitario plural y diverso.

En el siglo XXI, más de la mitad de las personas ya habita en ciudades. Un porcentaje que según señala la ONU pasará del 78% al 86% en el año 2050.[569] En España a la desolación del paisaje rural por la despoblación[570] se agrega constituir un ejemplo

567 HUGO, Victor. *Nuestra señora de París*. Barcelona: Editorial Círculo de Lectores, 1967, p. 115.

568 BENJAMIN, Walter. *Libro de los Pasajes*. Madrid: Editorial Akal, 2013, p. 438.

569 ORGANIZACIÓN DE LAS NACIONES UNIDAS. *World urbanization prospects*: the 2011 revision- highligths, 2011. Disponível em: http://esa.un.org/unup/pdf/WUP2011_Highlights.pdf. Acessado em: 31.05.2022.

570 De hecho, numerosos estudios analizan este hecho. Vid. DEL MOLINO, Sergio. *La España Vacía*. Madrid: Turner, 2011.

de desarrollo urbano desequilibrado.[571] Iberoamérica concentra el 80% de su población en ciudades y por este motivo es la región más urbanizada del planeta.[572] Precisamente en las economías emergentes, muchas de ellas presentes en Iberoamérica, las ciudades se han convertido en mega-ciudades que no sólo crecen en número de habitantes, sino que cada vez son más diversas, sufriendo muchas de ellas un crecimiento desordenado. Todo un reto en la medida en que han de gestionar las múltiples facetas de la integración de los recién llegados a la vida urbana y mantener la cohesión social.[573]

El rápido crecimiento de las ciudades en América Latina ha ido acompañado de una ausencia de políticas urbanas adecuadas. En Brasil, por ejemplo, la carencia de soluciones urbanas adecuadas trajo como consecuencia la favela y otros asentamientos informales.[574] La realidad de las favelas o la problemática de las conexiones urbanas plantea numerosos debates jurídicos en relación con el acceso a los servicios de todos y la efectividad de la libertad de movimientos. Según parece, como consecuencia de una mala planificación urbana en Brasil ha tenido lugar el surgimiento de

---

571 MINISTERIO DE AGRICULTURA, ALIMENTACIÓN Y MEDIO AMBIENTE. *Libro verde de la sostenibilidad urbana y local en la Era de la Información*, 2012. Disponível em: http://www.magrama.gob.es/es/calidad-y-evaluacion-ambiental/temas/medio-ambiente-urbano/libro_verde_final_15.01.2013_tcm7- 247905.pdf. Acessado em: 31.05.2022.

572 WITTGER, Bea. "La crisis urbana brasileña y sus soluciones desde abajo". *Revista Nueva Sociedad*, nº 273, jan./fev. 2018. Disponível em: https://nuso.org/articulo/la-crisis-urbana-brasilena-y-sus-soluciones-desde-abajo/#footnote-2. Acessado em: 31.05.2022.

573 CARIUS, Alexander; SCHREIBER, Franziska. "Ciudades inclusivas: planeamiento urbano para la diversidad y la cohesión social". *Informe anual del Worldwatch Institute sobre el progreso hacia una sociedad sostenible*, 2016. Disponível em: https://docplayer.es/52325434-Ciudades-sostenibles.html. Acessado em: 31.05.2022.

574 WITTGER, Bea. "La crisis urbana brasileña y sus soluciones desde abajo". *Revista Nueva Sociedad*, nº 273, jan./fev. 2018. Disponível em: https://nuso.org/articulo/la-crisis-urbana-brasilena-y-sus-soluciones-desde-abajo/#footnote-2. Acessado em: 31.05.2022.

favelas, un problema social agudo que se extiende, aunque de formas distintas, al resto de América Latina y a Europa. Por ello la planificación urbana y del transporte urbano tienen importantes consecuencias en términos de inclusión social.

Una ciudad inclusiva debe resolver los problemas de desarrollo urbano partiendo de la premisa de la centralidad de la persona en la Sociedad y en el Ordenamiento jurídico. Para ello deben formularse soluciones a las cuestiones que van surgiendo progresivamente a través de respuestas estratégicas, innovadoras y humanas desde las que se efectúe una promoción efectiva de los derechos sociales fundamentales, piedra de toque del ordenamiento constitucional del Estado social y democrático de Derecho.

En las áreas urbanas, precisamente, numerosos derechos sociales pasan a ser de prestación y tutela indispensables. En medio de los derechos sociales, el derecho al transporte es crucial no sólo entendido de forma aislada, sino también como un hilo conductor necesario para la prestación de otros derechos.[575] Por ello uno de los derechos sociales imprescindibles en una ciudad inclusiva es el de transporte público. Gracias a una adecuada planificación urbana y una buena prestación de servicios públicos de movilidad pueden satisfacerse otros derechos sociales por vía indirecta.

En el contexto señalado anteriormente y sobre todo en las grandes ciudades de Latinoamérica es necesario el estudio de la accesibilidad efectiva entendida tal y como señaló Metz, *cómo la facilidad para que las personas alcancen sus puntos de destino.*[576] Esta accesibilidad efectiva entra en estrecha relación con el concepto

575 BONIZZATO, L.; BONIZZATO, A. Ribas Dias. "La enmienda constitucional n. 90 y posibles desdoblamientos sobre el derecho social al transporte en ambientes artificiales brasileños". *Veredas do Direito*, Belo Horizonte, n° 27, 2016, p. 343.

576 DE LA ESPINA, Luis Z. D.; MELLAO, José Juan N.; MALDONADO, Carmen J.; MANCEBO, Carlos J. P. "Accesibilidad en el transporte colectivo urbano: una oportunidad para las TICs". *WPS RI-SHUR*, n° 5, 2017, p. 70.

de movilidad urbana al que más adelante nos referiremos. Nótese que tratamos de *accesibilidad efectiva* en la medida en que se ha de garantizar de manera real una movilidad inclusiva e integradora. De nada sirven declaraciones programáticas si luego no descienden a la realidad ni se concretan en servicios de prestación de transporte que satisfagan las necesidades de los ciudadanos, especialmente de los más desfavorecidos.

Una adecuada variedad de destinos y usos disponibles para los ciudadanos lo convierte en un elemento de inclusión social y de fomento de la participación[577]. En este sentido, Zarca, Negro, Jambrino & Pérez, consideran que la accesibilidad a los sistemas de transporte urbano se ve fuertemente condicionada por el contexto: estructura urbana, factores sociodemográficos, patrones de movilidad, aspectos económicos, legales y normativos, infraestructura e innovación.[578] Todos estos aspectos han de desarrollarse en el marco de un buen gobierno en la determinación de políticas públicas de transporte y de una buena administración en la ejecución de dichas políticas. No debe olvidarse que el derecho al transporte y a la movilidad tiene alcance constitucional o bien de manera directa, o bien de manera indirecta en muchos países.

Como es sabido, la garantía al transporte público llega a tener alcance constitucional como derecho fundamental ya sea de

---

Disponível em: https://revistas.uma.es/index.php/WPS/article/view/14015. Acessado em: 31.05.2022.

577 DE LA ESPINA, Luis Z. D.; MELLAO, José Juan N.; MALDONADO, Carmen J.; MANCEBO, Carlos J. P. "Accesibilidad en el transporte colectivo urbano: una oportunidad para las TICs". *WPS RI-SHUR,* n° 5, 2017, p. 70. Disponível em: https://revistas.uma.es/index.php/WPS/article/view/14015. Acessado em: 31.05.2022.

578 DE LA ESPINA, Luis Z. D.; MELLAO, José Juan N.; MALDONADO, Carmen J.; MANCEBO, Carlos J. P. "Accesibilidad en el transporte colectivo urbano: una oportunidad para las TICs". *WPS RI-SHUR,* n° 5, 2017, p. 70. Disponível em: https://revistas.uma.es/index.php/WPS/article/view/14015. Acessado em: 31.05.2022.

manera indirecta, caso de España, ya sea de manera directa como en Brasil. A continuación, lo expondremos con más detalle.

***

La Constitución Española en su art. 19 señala que es un derecho fundamental *circular por el territorio nacional.* Asimismo, recoge como principio rector de la política social y económica el derecho a *disfrutar de un medio ambiente adecuado para el desarrollo de la persona* siendo deber de los poderes públicos velar *por la utilización racional de todos los recursos naturales.*[579] Por ello, los poderes públicos españoles han de velar por garantizar el derecho a circular por el territorio mediante una explotación racional de los recursos. Si bien es cierto que no queda recogido de manera expresa en el texto constitucional el derecho al transporte como social fundamental puede defenderse su presencia de manera indirecta a través de la hermenéutica constitucional y de la cláusula de progreso de los derechos sociales.

La Constitución de Brasil reserva de manera expresa un espacio al transporte como derecho social. Tras la Enmienda Constitucional 90° de 2015, el art. 6 recoge como derechos sociales *a la educación, salud, alimentación, trabajo, vivienda, transporte, ocio, seguridad, seguridad social, protección de la maternidad y la infancia, asistencia a indigente.* Por ello, queda constituido el derecho al transporte como un derecho social de manera expresa en dicha constitución desde el año 2015.

Bonizzato & Rivas señalan acertadamente cómo el derecho al transporte tiene una naturaleza esencial y se encuentra ligado a otros derechos. Por ello es necesario que se aborde desde un punto de vista interdisciplinar que englobe varias ramas del Ordenamiento

---

579 RODRÍGUEZ-ARANA, Jaime. *Estudios sobre la Constitución.* [S.l.]: La Ley, 2002, pp. 191 e ss.

jurídico.[580] Su reconocimiento a través de la Enmienda Constitucional 90° como centro de este trabajo se abordará entendido como un derecho social que ha de garantizarse de forma efectiva y en conexión a otros derechos, como el derecho al medio ambiente, partiendo del buen gobierno y la buena administración del transporte público urbano. Un medio esencial para esa actividad de fomento es el empleo de instrumentos de compra pública desde el punto de vista estratégico para mejorar la movilidad en las ciudades.

En virtud de lo anterior, no sólo ha de ordenarse de manera conveniente la actividad de transporte público, sino que también ha de realizarse un esfuerzo regulatorio y ejecutivo para gestionar su efectiva realización junto con la de los derechos con los que se relaciona. El derecho fundamental al transporte público es, en definitiva, un medio necesario para mejorar la calidad de vida de las personas que habitan en ciudades y núcleos urbanos[581] mediante el cual no sólo se garantiza el acceso a puntos de destino, sino que también fomenta un modelo protector del medio ambiente, eficaz y eficiente en términos económicos, sostenible, asequible. Este modelo, además, debe proteger con especial ahínco aquellos sectores que son vulnerables social y económicamente.

El transporte colectivo urbano debe tender a la realización de los derechos sociales fundamentales de manera directa e indirecta y debe desarrollarse de la manera más adecuada para fomentar las cotas de dignidad de las personas que habitan los entornos urbanos.

---

580 BONIZZATO, L.; BONIZZATO, A. Ribas Dias. "La enmienda constitucional n. 90 y posibles desdoblamientos sobre el derecho social al transporte en ambientes artificiales brasileños". *Veredas do Direito*, Belo Horizonte, n° 27, 2016, p. 341.

581 Éste, insistimos, se encuentra estrechamente relacionado con el derecho al medio ambiente también para garantizar la calidad de vida de las personas. Vid. RODRÍGUEZ-ARANA, Jaime. *Estudios sobre la Constitución*. [S.l.]: La Ley, 2002, pp. 191 e ss.

Un buen mecanismo para ello se analizará más adelante, es el empleo de los instrumentos que ofrece la contratación administrativa y en especial aquellos de prestación indirecta de los servicios públicos. De esta manera, sin perder de vista el principio de subsidiariedad y con un adecuado seguimiento del Poder Público de la ejecución del contrato de concesión, puede prestarse el servicio público de transporte colectivo urbano atendiendo a los criterios de calidad, accesibilidad y continuidad de una manera coherente con la dignidad que se merece la persona, más aún en ambientes urbanos complejos como pueden ser las mega-ciudades.

1 El derecho al transporte urbano como derecho fundamental social

El Estado entendido como una comunidad al servicio de los fines existenciales del hombre debe facilitar, impulsar, completar y coordinar la actividad de los individuos y de los grupos sociales. Por ello, el Estado ha de tender a promover los fines existenciales del ser humano para su plena, libre y solidaria realización.[582] Precisamente para fomentar la realización de dichos fines del ser humano han surgido nuevos conceptos y categorías, como la de movilidad urbana, que ha superado ya al concepto de transporte urbano, en la medida en que centra el foco de atención en la persona. Puede afirmarse entonces la existencia de un derecho a la movilidad urbana que comprende una mayor amplitud que el mero derecho antes citado.

En este marco, la movilidad se entiende como *el conjunto de los desplazamientos de las personas y los bienes que se realizan en la ciudad a través de distintos modos, motorizados y no motorizados, privados y públicos.*[583] La idea de movilidad urbana,

---

582 MESSNER, Johannes. Ética social, política y económica a la luz del Derecho Natural. Pamplona: Rialp, 1967, p. 950.

583 GÓMEZ, M. C. T. "La ciudad, para quién: desafíos de la movilidad a la planificación urbana". *Biblio3W*: Revista Bibliográfica de Geografía y Ciencias

en definitiva, se entiende como medio y parte del ejercicio de los derechos de las personas e incorpora criterios de sostenibilidad económica, social y ambiental.[584] Por ello se ubica al ser humano en la cúspide de la construcción de la política pública urbana y su ejecución desde los postulados de una buena administración. Su consideración como medio y parte del ejercicio de los derechos de todos la convierte en una pieza clave en la construcción de la ciudad inclusiva e integradora que apuesta por la sostenibilidad ambiental.

La relevancia de la movilidad para la configuración de la ciudad inclusiva tiene importantes manifestaciones en el ámbito internacional con consecuencias jurídicas. En efecto, la Organización de las Naciones Unidas ha establecido una conexión entre la movilidad y los derechos de los seres humanos en una serie de declaraciones internacionales: la Nueva Agenda Urbana de 2016 y los Objetivos de Desarrollo Sostenible para el 2030. No ha de perderse de vista la Carta Mundial del Derecho a la Ciudad o la Carta-Agenda Mundial de los Derechos Humanos de la Ciudad. Todos estos textos abordan los derechos humanos y derechos fundamentales de tal manera que conectan de manera directa o tangencial con la debida configuración de la ciudad contemporánea. Tienen en común, por tanto, la mirada hacia una ciudad inclusiva, integradora, sostenible. Una ciudad de estas características también es una ciudad favorable a la movilidad urbana.

La Nueva Agenda Urbana para 2016, tiene por fundamento la Declaración Universal de Derechos Humanos, los tratados internacionales en materia de Derechos Humanos, la Declaración del Milenio y el Documento Final de la Cumbre Mundial 2005 sin perder de vista otros documentos como la Declaración sobre el Derecho al Desarrollo.

Sociales, nº 1250, 2018, p. 2.

584 GÓMEZ, M. C. T. "La ciudad, para quién: desafíos de la movilidad a la planificación urbana". *Biblio3W*: Revista Bibliográfica de Geografía y Ciencias Sociales, nº 1250, 2018, p. 2.

Este documento que vio la luz en la ciudad de Quito busca promover la inclusividad y garantizar que todos los habitantes, tanto de generaciones presentes como futuras, sin discriminación de ningún tipo, puedan crear *ciudades y asentamientos humanos justos, seguros, accesibles, asequibles, resilientes y sostenibles y habitar en ellos a fin de promover la prosperidad y la calidad de vida para todos*,[585] proyecta una visión de ciudad en la que la accesibilidad y la movilidad están muy presentes. Esta Agenda otorga prioridad a la implementación de espacios públicos seguros, inclusivos y accesibles que crean condiciones adecuadas para las familias, contribuyen a mejorar la interacción social y fomentan la cohesión social, la inclusión y la seguridad *donde se satisfacen las necesidades de todos los habitantes, reconociendo las necesidades específicas de aquellos en situaciones de vulnerabilidad*.[586] Por ello es fundamental la promoción de la planificación e inversión para una movilidad urbana sostenible, segura y accesible para todos, así como sistemas de transporte de pasajeros y de carga que hacen un uso eficiente de los recursos y *facilitan un vínculo efectivo entre las personas, los lugares, los bienes, los servicios y las oportunidades económicas*.[587]

Esa movilidad urbana debe incentivarse, según la Carta, tanto a partir de una renovación urbana que planifique la provisión de infraestructuras y servicios accesibles y bien conectados, que sean seguros, asequibles, accesibles y sostenibles. Entre otras cosas promueve: un crecimiento de las infraestructuras de transporte

585 ORGANIZACIÓN NACIONES UNIDAS. *Nueva Agenda Urbana*, 2016, p. 5. Disponível em: http://habitat3.org/wp-content/uploads/NUA-Spanish.pdf. Acessado em: 23.12.2020.

586 ORGANIZACIÓN NACIONES UNIDAS. *Nueva Agenda Urbana*, 2016, p. 5. Disponível em: http://habitat3.org/wp-content/uploads/NUA-Spanish.pdf. Acessado em: 23.12.2020.

587 ORGANIZACIÓN NACIONES UNIDAS. *Nueva Agenda Urbana*, 2016, p. 6. Disponível em: http://habitat3.org/wp-content/uploads/NUA-Spanish.pdf. Acessado em: 23.12.2020.

público, un desarrollo orientado al tránsito, una mejor planificación y un incremento de la sostenibilidad ambiental. En fin, es menester una mayor coordinación transporte-administración basado en la comprensión mutua de los marcos normativos mediante planes de movilidad y transporte urbano sostenible.

La Agenda 2030 para el Desarrollo Sostenible, como plan de acción a favor de las personas, dedica su objetivo décimo primero a lograr que *las ciudades y los asentamientos humanos sean inclusivos, seguros, resilientes y sostenibles*. Precisamente por ello uno de los objetivos es asegurar el acceso a todas las personas a servicios básicos adecuados, seguros y asequibles y mejorar los barrios marginales. Uno de los objetivos para 2030 es proporcionar el acceso a sistemas de transporte que sean seguros, asequibles, accesibles y sostenibles para todos, así como mejorar la seguridad vial.

Para alcanzar el acceso a sistemas de transporte de estas características debe ampliarse el transporte público prestando una especial atención a las necesidades de personas en situación vulnerable. La Agenda, reconociendo que la gestión y el desarrollo sostenible de la ciudad es imprescindible para la adecuada y merecida calidad de vida de los ciudadanos, apuesta por una renovación y planificación de los entornos urbanos fomentando la cohesión comunitaria y la inclusividad.

La Carta Mundial por el Derecho a la Ciudad propugna un derecho a la ciudad como mecanismo de protección e impulso de la dignidad de la persona en tanto en cuanto es un sistema para la promoción, respeto, defensa y realización de los derechos civiles, políticos, económicos, sociales, culturales y ambientales garantizados en los instrumentos regionales e internacionales de derechos humanos. Un derecho a la ciudad, entendido según su artículo primero como un *usufructo equitativo de las ciudades dentro de los principios de sustentabilidad, democracia, equidad y justicia social*.

En el marco de los derechos relacionados con el desarrollo económico, social, cultural y ambiental de la Ciudad, encontramos el derecho al transporte público y la movilidad urbana en el artículo XIII de la Carta. Una declaración que partiendo del concepto de movilidad entendida como medio de satisfacción de su núcleo esencial y de otros derechos por vía indirecta comprende que las ciudades deben garantizar *a todas las personas el derecho de movilidad y circulación en la ciudad, de acuerdo a un plan de desplazamiento urbano e interurbano y a través de un sistema de transportes públicos accesibles, a precio razonable y adecuados a las diferentes necesidades ambientales y sociales*. Por ello uno de los mecanismos de satisfacción del derecho a la ciudad y del derecho social a la movilidad se fundamenta en la creación de servicios públicos de transporte urbano a) bien regulados, b) bien coordinados y c) coherentes con la realidad social. En este punto es fundamental el papel que pueden desarrollar los instrumentos de contratación administrativa entendiéndose como mecanismos para promover políticas públicas y revitalizar la sociedad civil a través de sistemas de gestión indirecta de servicios públicos. Insistimos, hablamos de un empleo de los instrumentos de la contratación pública desde un punto de vista estratégico para lograr objetivos de interés social más allá de la satisfacción del objeto del contrato.

Otras declaraciones internacionales, como la Carta-Agenda Mundial de Derechos Humanos en la Ciudad, manifiesta la necesidad de favorecer en las ciudades un desarrollo sostenible, equitativo, inclusivo y respetuoso con los derechos humanos sin discriminación y apuesta como un programa a corto plazo, por la adopción de medidas para favorecer el servicio de transporte colectivo accesible y gratuito o de bajo coste para todos los habitantes de la ciudad e introducción progresiva del transporte público ecológico.

Como puede comprobarse a la luz de los textos internacionales anteriores, el derecho al transporte urbano entendido de manera amplia y la adecuada configuración de la movilidad urbana se encuentran bien presentes en la preocupación por la satisfacción del derecho a la ciudad y de los derechos humanos. La problemática del transporte urbano debe abordarse por tanto desde la buena regulación, el buen gobierno y la buena administración buscando promover entornos comunes que sean accesibles para todos.

Por otra parte, en el marco del conocido Derecho Administrativo Constitucional, que emana de las Carta Magna, es necesario conectar con los valores y principios constitucionales. Entre dichos principios pueden encontrarse los de servicio objetivo al interés general, la centralidad de la persona, la función promocional de los Poderes públicos y, sobre todo, una concepción abierta de los derechos fundamentales de la persona[588] que promocione el desarrollo de los conocidos como derechos fundamentales sociales. Esta concepción abierta entiende incluso como el derecho a la movilidad puede interpretarse de otros derechos fundamentales en los casos en los que no se encuentre positivizada. Además de ser una preocupación constante en declaraciones internacionales sobre la ciudad inclusiva, desciende en el plano constitucional como derecho fundamental social algunas veces reconocido expresamente, otras, de manera indirecta, a través de la interpretación progresiva de los derechos fundamentales.

Los derechos fundamentales sociales cambian el rol del Estado en esta materia en la medida en que los derechos fundamentales de la persona fueron concebidos *ab initio* como *iure enim libertatis* ante los que el Estado debía declinar toda actuación. Sin embargo, ante el Estado social y democrático de Derecho, el poder se justifica y legitima no sólo por el sistema democrático o el sometimiento al imperio de la ley, sino por abrirse a nuevos espacios necesarios para el fomento de una vida digna de las personas. En el caso de los derechos sociales, los citados espacios requieren de actuaciones positivas del Estado, dicho de otra forma, constituyen obligaciones de hacer que el Estado debe cumplir. El Poder Público debe emprender acciones para garantizar la promoción de los derechos

---

588 RODRÍGUEZ-ARANA, Jaime. *Derecho administrativo y derechos sociales fundamentales*. Sevilla: Global Law Press, 2015, p. 13.

fundamentales de las personas en el ámbito urbano, entre los cuales se encuentra el deber de configurar una adecuada movilidad a través de una buena planificación y prestación de servicios públicos.

El deber de garantizar la dignidad del hombre y de promocionar los derechos fundamentales es un título legitimador del Estado en tanto en cuanto éste busca realizar el interés general objetivo de los ciudadanos. Por ello el reconocimiento del derecho fundamental social al transporte en la Constitución de Brasil implica el deber del Poder Público de establecimiento de una serie de obligaciones positivas dirigidas a fomentar la movilidad urbana de los habitantes de la ciudad, y es que tras la Enmienda Constitucional 90º el art. 6 de la Constitución de Brasil, nada más y nada menos, declara que el derecho al transporte es un auténtico derecho social fundamental.

Precisamente desde este punto de vista, el Estado a través de la Administración Pública debe promover y fomentar la efectiva realización de los derechos fundamentales de las personas sin fagocitar la sociedad civil garantizando que puedan alcanzar la plenitud de sus potencialidades y el libre y solidario desarrollo de su personalidad. Como los derechos sociales implican, de manera ordinaria y en virtud de la subsidiariedad, que el Estado debe asumir las obligaciones de hacer que permiten la materialización de estos derechos, el derecho fundamental a la Buena Administración brilla con luz propia como derecho básico para que estas prestaciones se realicen adecuadamente.[589]

Una buena administración pública que asume dichas obligaciones positivas para garantizar los derechos sociales fundamentales es una buena administración si parte de los principios de progresividad y de la prohibición de regresividad de las medidas sociales. De esta manera, se proyecta la actuación pública siempre al incremento de las cotas de dignidad en el ejercicio de los derechos fundamentales

---

589 RODRÍGUEZ-ARANA, Jaime. *Derecho administrativo y derechos sociales fundamentales*. Sevilla: Global Law Press, 2015, p. 17.

de la persona. Por ello debe de actuar conforme a los principios del derecho fundamental a una buena administración previsto bien en el art. 41 de la Carta Europea de los Derechos Fundamentales si nos referimos a Europa y de la Carta Iberoamericana de los Derechos y Deberes del Ciudadano en Relación con la Administración Pública para el ámbito iberoamericano. Una Administración deberá actuar de manera equitativa, objetiva, racional, transparente y en plazo razonable de manera que pueda materializarse en tiempo, forma y contenido el ejercicio de una serie de derechos que son necesarios para asegurar una existencia digna de los ciudadanos.

Esa existencia digna se manifiesta también al derecho al transporte en el ámbito urbano. Si bien es cierto en un principio se suelen relacionar los derechos sociales con derechos tales como la educación, vivienda, protección social... los derechos fundamentales sociales de la persona son una categoría jurídica que admite diferentes funciones dependiendo de la naturaleza propia de la expresión concreta de la dignidad humana que se trata.[590] En este caso, el fomento de la libertad ambulatoria en entornos urbanos facilita el libre y solidario desenvolvimiento del ciudadano en la ciudad contribuyendo de esta manera a su acceso a sus trabajos, instalaciones educativas, de salud, deportivas de interés cultural o de ocio.

Por este motivo el carácter multifuncional de la categoría de derecho social permite otorgar una protección especial y un deber de servicio al ciudadano. Se trata, en definitiva, de ser conscientes de la realidad social y constitucional proporcionando una presencia pública mayor en intensidad que en extensión.[591] Ello implica una intervención que pone el foco en aquellos aspectos en los que es verdaderamente necesaria, esto es, una intervención subsidiaria con objeto de fomentar los derechos fundamentales de la persona. Una

590 RODRÍGUEZ-ARANA, Jaime. *Derecho administrativo y derechos sociales fundamentales*. Sevilla: Global Law Press, 2015, p. 25.

591 RODRÍGUEZ-ARANA, Jaime. *Derecho administrativo y derechos sociales fundamentales*. Sevilla: Global Law Press, 2015, p. 25.

actuación del Poder Público que entiende el Derecho administrativo como el Derecho del Poder Público para la libertad solidaria de las personas.[592] Las actuaciones del Estado desde este punto de vista deben encaminarse también al fomento de la participación de la sociedad civil en las cuestiones de índole general, por ejemplo, a través de la gestión indirecta de los servicios públicos, siempre que a ésta el Poder Público la haga un adecuado seguimiento en la prestación de los servicios atendiendo a los estándares de calidad, accesibilidad y continuidad que los usuarios se merecen.

Las afirmaciones anteriores nos conducen a dirigirnos donde se encuentra el gran debate acerca de los derechos fundamentales de la persona: su virtualidad práctica. Nos referimos a los problemas surgen al desarrollar las obligaciones positivas que el Estado debe prestar en aras de materializar el derecho fundamental social reconocido, en este caso, al transporte. Estas políticas urbanas y actuaciones positivas de la Administración han de expresar su compromiso con la dignidad del ser humano, en concreto de las personas que se encuentran fuera del sistema: excluidos, marginados o dependientes. Un derecho administrativo social, en definitiva, para facilitar la vida digna de aquellos que más lo necesitan. Y estas prestaciones positivas han de materializarse de manera real y efectiva no limitándose a conformar meras declaraciones de principios.

De la inclusión del derecho social al transporte en la Constitución brasileña se desprende la obligación de los municipios a desarrollar un sistema de transportes que atienda adecuadamente las necesidades de desplazamiento de las personas.[593] Es lógico atendiendo al principio de subsidiariedad que la entidad que deba prestar el servicio público sea la más cercana al ciudadano. De la

592 NAVARRO, Francisco G. *Derecho Administrativo Español*. Pamplona: EUNSA, 1995, p. 423.

593 SILVA JR., Ivanildo G. da; RANGEL, Tauã L. V. "O direito social ao transporte: mobilidade urbana e meio de promoção de direitos fundamentais". *Derecho y cambio social*, n° 56, 2019, p. 448.

misma manera sucede en España con las particularidades propias del Estado Autonómico en materia competencial.

El Poder Público a través de las políticas urbanas debe aterrizar este derecho fundamental de tal manera que los habitantes de un municipio puedan desplazarse de manera equitativa en la ciudad para poder acudir a sus lugares de trabajo, instituciones de enseñanza, hospitales, centros culturales, deportivos y de ocio. No debe perderse de vista que la falta de una distribución igualitaria y de proximidad de los bienes y servicios genera una distancia espacial que no siempre es salvable por las personas,[594] especialmente en las megaciudades. De hecho, en aquellos casos en que los desplazamientos están directamente vinculados al empleo de los medios de transporte, se introduce una fuente de desigualdad.[595] Cuando la movilidad de las personas depende de la libertad que alcanza aquel que puede llamarse "conductor de vehículo particular" se generan importantes disfunciones para aquellos que no pueden disponer de medios propios de desplazamiento.

En consecuencia con lo anterior, se debe desarrollar la prestación de servicios de interés general de movilidad que permitan que cualquiera pueda desplazarse en entornos urbanos con independencia de sus capacidades personales o económicas. Los servicios públicos de movilidad urbana deben ser ordenados, precisos, frecuentes y en líneas regulares. Estos servicios deberán prestarse atendiendo a criterios de calidad, seguridad, accesibilidad, higiene y deberán ser asequibles económicamente. En una ciudad inclusiva el derecho al desplazamiento no puede verse limitado por cuestiones económicas. No es objeto de este trabajo priorizar sobre el vehículo privado o público en la movilidad, sino fomentar un transporte colectivo

---

594 GÓMEZ, M. C. T. "La ciudad, para quién: desafíos de la movilidad a la planificación urbana". *Biblio3W*: Revista Bibliográfica de Geografía y Ciencias Sociales, n° 1250, 2018, p. 3.

595 MIRALLES-GUASCH, Carme. *Ciudad y transporte: el binomio imperfecto*. Barcelona: Ariel, 2002, p. 29.

urbano que sea posible para todos con independencia de otros posibles sistemas de desplazamiento.

Es esencial repensar el modelo de ciudad y encaminarlo a la ciudad inclusiva y sostenible, en una mirada permanente a la realización de los derechos fundamentales de las personas y a la mejora de su calidad de vida. Se debe promover el establecimiento de políticas públicas que aseguren unos adecuados servicios de movilidad ciudadana de manera inclusiva, eficiente y sostenible medioambientalmente que opere en un régimen de compatibilidad con el vehículo privado. Políticas públicas racionales y razonables que fomenten la inclusión social a través de la adecuación de medios de desplazamiento que permitan a los ciudadanos disfrutar del espacio público gracias a una adecuada configuración de la vialidad y coordinación del servicio, sin perjudicar en ningún caso, las áreas verdes y comunitarias.

Una adecuada política que garantiza el derecho al transporte es una política urbana que promueve los derechos fundamentales de las personas y fomenta una configuración inclusiva del espacio urbano. Esa política pública debe ejecutarse por parte de la Administración Pública partiendo del respeto a la ley y de los postulados de la buena administración entendida siempre en un sentido amplio. Esa configuración de la movilidad desde la óptica de su reconocimiento como derecho fundamental social debe concretarse a través de mecanismos jurídicos que a) aseguren una adecuada y coordinada prestación del servicio que fomente la integración social y b) un modelo de servicio de interés general respetuoso con el medio ambiente. Sobre los precitados puntos nos detendremos a continuación.

2 La configuración de la movilidad urbana: un transporte colectivo urbano sostenible e integrador desde el punto de vista competencial

La concreta forma de planificar y ordenar la ciudad afecta de manera directa a la vida de los vecinos de una ciudad. Una mala planificación puede ser constitutiva de grandes desigualdades de la misma manera que una buena planificación puede garantizar la realización efectiva de los derechos sociales fundamentales de manera concreta. La movilidad *deberá solucionar cuestiones como la exclusión social y la segregación espacial, que no puede ser atendida desde una óptica del conductor, sino desde una perspectiva global y colectiva.*[596] Precisamente para evitar la exclusión social y la segregación espacial es necesario el desarrollo de una regulación jurídica que promueva los derechos fundamentales de la persona a partir de lo previsto en la Constitución, por ello ha de acudirse a los postulados del derecho administrativo constitucional.

Es decir, la legislación en materia de movilidad y su reglamentación han de dirigirse a la realización de los derechos fundamentales relacionados con la movilidad por vía indirecta en aquellos casos en los que no se encuentre prevista literalmente en la Constitución como derecho social. Dicha obligación es indiscutible en países como Brasil, donde tiene una declaración expresa como derecho fundamental. Además de su regulación jurídica deberá fomentarse una ejecución real de la normativa en la materia, lo que se traduce en una buena articulación del servicio del transporte colectivo urbano.

La primera cuestión a tener en cuenta es la relativa a los títulos competenciales de regulación del servicio y de su prestación en la medida en que así conocemos cuál es la entidad responsable de la

596 GÓMEZ, M. C. T. "La ciudad, para quién: desafíos de la movilidad a la planificación urbana". *Biblio3W*: Revista Bibliográfica de Geografía y Ciencias Sociales, nº 1250, 2018, p. 4.

prestación de dichos servicios y quien ostenta su titularidad. En España la regulación se encamina a la prestación del servicio de interés general por la entidad más próxima al ciudadano al igual que en Brasil: en el municipio.

Los transportes de viajeros se regularon en España *ab initio* por la Ley 16/1987, de 30 de julio, de Ordenación de los Transportes Terrestres y su normativa de desarrollo, el Real Decreto 1211/1990, de 29 de septiembre que aprueba el Reglamento de Ordenación de los Transportes Terrestres y la Ley Orgánica 5/1987, de 30 de julio, de Delegación de Facultades del Estado en las Comunidades Autónomas en relación con los transportes por carretera. En esta última se delega la mayor parte de competencias ejecutivas y de desarrollo en esta materia.

Fue fundamental para el establecimiento final de la distribución competencial en esta materia la Sentencia 118/1996, de 27 de junio, del Tribunal Constitucional, que declaró nulo el capítulo VII del título III de la Ley 16/1987, de 30 de julio, de Ordenación de los Transportes Terrestres, que regulaba los transportes urbanos de viajeros que no excedan en sus recorridos el ámbito territorial de la Comunidad. Ello quiere decir, en suma, que las competencias de las Comunidades Autónomas en materia de transporte intracomunitario abarcan la potestad normativa, planificadora, ejecutiva, ordenadora, inspectora, sancionadora... etc.

Precisamente ante el vacío normativo generado por la citada sentencia del Tribunal Constitucional, las Comunidades Autónomas comenzaron a promulgar leyes de transportes colectivos de viajeros en el ámbito y competencias urbana, municipal, supramunicipal, metropolitana y autonómica dentro de los parámetros de la política común de transportes de la Unión Europea previstas en el Reglamento (CE) 1370/2007, del Parlamento y del Consejo de 23 de octubre de 2007.

Dichas normativas autonómicas recogen una serie de principios básicos consensuados entre las distintas Comunidades. La

Exposición de Motivos de la Ley 20/1998, de 27 de noviembre, de Ordenación y Coordinación de los Transportes Urbanos de la Comunidad de Madrid (en adelante, LOCTUM) señala como dichos principios *permiten conjugar un marco común para los transportes urbanas con las necesarias especificidades que tengan en cuenta las peculiaridades de cada una de las Comunidades Autónomas*. Dentro de la regulación del transporte también debe preverse un sistema normativo regulador de la cooperación entre la Comunidad Autónoma y los Ayuntamientos para la movilidad interurbana. No obstante, no entraremos en detalle en esta cuestión y nos centraremos en el transporte urbano municipal por ser el más cercano al habitante del municipio[597] y el que más le afecta en su actividad de transporte diaria.

Un buen ejemplo de su régimen jurídico y régimen competencial lo encontramos también en la LOCTUCM, que en su artículo 6 resume su marco jurídico: *El establecimiento, adjudicación y explotación de los transportes regulares de viajeros permanentes o temporales y de uso general o especial de competencia municipal se regirán por las normas de la Comunidad de Madrid que les afecten, por las normas estatales o autonómicas reguladoras de la misma clase de transportes en el ámbito interurbano, y por las correspondientes Ordenanzas Municipales, las cuales deberán respetar lo dispuesto en las normas autonómicas y estatales sin poder introducir requisitos o disposiciones adicionales que desvirtúen su sentido.*

La Ley 9/2018, de 20 de diciembre, de transporte público de viajeros por carretera de Castilla y León es mucho más clara en tanto en cuanto aclara la delimitación competencial en los artículos 5 y 6, indicando en su art. 6 que son competencias de los municipios: *La planificación, ordenación, gestión, inspección y*

597 Esto no implica relegar la importancia del transporte interurbano, pero por cuestiones de extensión del trabajo, nos centraremos sólo en el transporte urbano.

sanción de los transportes urbanos de viajeros que transcurran íntegramente dentro de su término municipal, sin perjuicio de las facultades de planificación y ordenación general del transporte que corresponden a la Comunidad de Castilla y León.

El transporte colectivo urbano municipal se encuentra sometido a la normativa estatal y autonómica que les afecten y por sobre todo por Ordenanzas Municipales. La competencia planificación general del transporte se otorga a la Comunidad Autónoma y la ejecutiva al municipio. Es lógico que se provea de esta competencia a la entidad más cercana al destinatario del servicio de interés común, sin perjuicio de la planificación general a través de los mapas de transporte (y otros instrumentos) y la cooperación con el ente superior, la Comunidad Autónoma en aquellos casos en que los intereses trasciendan los puramente municipales.

Dicha competencia municipal es concedida por los art 4.1.a) de la Ley 7/1985, de 2 de abril, Reguladora de las Bases del Régimen Local (en adelante, LRBRL) y 55 del Real Decreto Legislativo 781/1986, de 18 de abril, por el que se aprueba el Texto Refundido de las disposiciones legales vigentes en materia de régimen local. A su vez los artículos 7 y 25.2.g) de la LRBRL, prevén que los municipios ejercen competencias propias, en los términos de la legislación del Estado y de las Comunidades Autónomas, en materia de tráfico, estacionamiento de vehículos y movilidad, además del transporte colectivo urbano. Precisamente en el marco de esta habilitación competencial se yergue la Ordenanza Municipal como el instrumento jurídico de intervención pública desde la potestad reglamentaria, extendiéndose no sólo a la movilidad *strictu sensu*, sino también en materia de medio ambiente urbano e infraestructuras. En esta sección nos centraremos en la ordenación de la movilidad urbana colectiva.

En fin, queda claro que la prestación del servicio de transporte colectivo urbano es una competencia de carácter municipal y que, por ello, corresponde a los municipios su ordenación y planificación siempre en cumplimiento de la normativa estatal y autonómica. Ello sin perjuicio de la ordenación general autonómica y los deberes lógicos de cooperación. Esa propuesta de buena ordenación pretenderá el fomento de una movilidad integradora e inclusiva y precederá al capítulo siguiente enfocado a la prestación indirecta de los servicios de movilidad colectiva urbana en el ámbito municipal.

En ese mismo sentido, en Brasil se encuentra la respuesta a la distribución competencial en la Constitución Brasileña. No sólo establece en su art. 7 el derecho al transporte como social fundamental, sino que también establece las preliminares previsiones en relación con los repartos competenciales. Si en su art. 21 se indica que compete a la Unión prestar de manera directa o indirecta los servicios de transporte por carretera interestatal e internacional de pasajeros, su art. 30 declara competencia municipal legislar sobre asuntos de interés local (art. 30.I) y organizar y prestar, de manera directa o en régimen también de prestación indirecta los servicios públicos de interés local, incluido el de transporte público, que tiene carácter esencial (art. 30.V).

Dicho texto constitucional guardó silencio en relación con los Entes federativos en la medida en que se les otorga competencia residual. Dicho artículo 25 señala que los Estados se regirán por las Constituciones y leyes que adoptarán en el marco de respeto al texto constitucional de 1988. Su numeral primero señala que se reservan las competencias a los Estados que no estén vedadas por la Constitución. Precisamente a modo de ejemplo, la Constitución Política del Estado de Río de Janeiro prevé en su art. 243 que la prestación de servicios de transporte público corresponde a los municipios. Por ello se respeta el título competencial atribuido en la Constitución de 1988 a las precitadas entidades.

Esta apuesta constitucional brasileña por acercar la gestión del servicio de transporte público a los municipios se muestra como lógica con el principio de subsidiariedad en la medida en que gestiona el servicio la autoridad más próxima al ciudadano con independencia de las tareas genéricas de coordinación de los poderes superiores, de mera planificación y coordinación.

Por ello resulta interesante comprobar cómo en esta materia se encuentra presente el principio de subsidiariedad desde un punto de vista competencial (prestando el servicio la entidad más próxima a su destinatario) y desde un punto de vista de la participación de la sociedad en la prestación de servicio (a través de la gestión indirecta de servicios públicos mediante los instrumentos que habilita la contratación pública). A continuación, se estudiará como los mecanismos contractuales con la Administración pueden fomentar la movilidad sostenible e integradora en el entorno urbano.

3 Los mecanismos contractuales con la Administración como instrumento para el fomento de la movilidad urbana sostenible e integradora

Los poderes públicos deben comprometerse, según el profesor González Pérez:

> En una acción decidida a fin de promover las condiciones para que la dignidad sea efectiva y remover cuantos obstáculos dificulten su plena realización a través del sistema tributario, de la actividad de fomento, y hasta de servicios públicos, cuyo objeto sean prestaciones de cosas y servicios ineludibles para que queden garantizadas unas condiciones mínimas de existencia, que permitan vivir con dignidad.[598]

En esta línea el Tribunal Supremo español ha hecho referencia a como los derechos fundamentales dan sus contenidos al Ordenamiento jurídico del Estado Social y Democrático de Derecho, como son un patrimonio común de los ciudadanos

---

598 PÉREZ. Jesús G. *La dignidad de la persona*. Madrid: Civitas, 1986, p. 63.

individual y colectivamente, que establecen una vinculación directa individuo-estado.[599] Partiendo de las premisas anteriores explicaremos como puede la Administración cumplir con los fines del Estado a través de los contratos administrativos y en especial de la gestión indirecta de servicios públicos a través de la figura de la concesión. Entre dichos fines el primordial es el fomento de la dignidad de la persona, epicentro del Ordenamiento jurídico y de la acción pública.

La Administración pública, bien lo sabemos, puede, para cumplir con los cometidos estatales, obrar de manera unilateral a través del acto administrativo, y de manera bilateral a través de los contratos administrativos.[600] En este aspecto, la Administración Pública puede celebrar contratos cuyo objeto sea algún servicio público. entendido de la manera más amplia posible, como sinónimo del interés general.[601]

La visión tradicional de la contratación pública y de los instrumentos administrativos de la contratación con el sector privado ha pasado a mejor vida. Era un sistema de provisión al Poder Público de bienes, obras o servicios que le eran necesarios y que se ha convertido en un mecanismo para fomentar cuestiones de índole común, un mecanismo de servicio objetivo al interés general. De esta manera ha pasado a ser una maquinaria que resulta idónea para fortalecer los derechos fundamentales de las personas.

---

599 STC de 14 de julio de 1981.

600 HERNÁNDEZ, José I. "Las prerrogativas de la Administración en los contratos de Administraciones Públicas de Iberoamérica". *In*: RODRÍGUEZ-ARANA, Jaime; MORANDINI, Federico; FERNÁNDEZ, Almudena C. (Coord.). *Contrataciones públicas en el marco de los derechos sociales fundamentales*. Madrid: INAP, 2017, p. 71.

601 HERNÁNDEZ, José I. "Las prerrogativas de la Administración en los contratos de Administraciones Públicas de Iberoamérica". *In*: RODRÍGUEZ-ARANA, Jaime; MORANDINI, Federico; FERNÁNDEZ, Almudena C. (Coord.). *Contrataciones públicas en el marco de los derechos sociales fundamentales*. Madrid: INAP, 2017, p. 71.

La contratación pública no es un fin en sí misma ni sólo, y no es poco, pretende satisfacer la necesidad de la entidad contratante. A través de la contratación pública los Estados tienen una herramienta jurídica para el cumplimiento de sus fines y valores fundamentales, tales como la cohesión social, redistribución de la riqueza, inclusión de las personas con discapacidad, oportunidades de empleo o lucha contra la discriminación.[602]

Afirmar lo anterior implica comprender que el entramado Gobierno-Administración siempre debe estar, como hemos afirmado en este trabajo, al servicio objetivo del interés común. Una de las manifestaciones de la búsqueda del interés general objetivo tiene lugar cuando se tiene presente a la comunidad. Si no se tiene en cuenta al usuario de un servicio público o a quienes usan una determinada infraestructura estas obras y servicios se distraen de su verdadera finalidad, que es servir a todos.[603] Por ello se entiende que los mecanismos contractuales del Poder Público son una herramienta para lograr una economía más innovadora, sostenible e inclusiva para fomentar la consecución de objetivos de interés general de carácter social, medioambiental y de innovación.[604]

La actividad contractual que llevan a cabo los poderes públicos debe orientarse siempre a ofrecer los mejores bienes y servicios posibles a los ciudadanos contando con la colaboración del sector

---

602 VILLACRESCES, Jaime A. V. "Contrataciones públicas socialmente responsables". *In*: RODRÍGUEZ-ARANA, Jaime; MORANDINI, Federico; FERNÁNDEZ, Almudena C. (Coord.). *Contrataciones públicas en el marco de los derechos sociales fundamentales*. Madrid: INAP, 2017, p. 346.

603 RODRÍGUEZ-ARANA, Jaime. "La contratación pública: una relevante política". *Observatorio de contratación pública de la Universidad Austral*, 5 fev. 2019. Disponível em: https://www.austral.edu.ar/derecho/2019/02/05/la-contratacion-publica-una-relevante-politica-publica/. Acessado em: 05.02.2019.

604 HERCE MAZA, José I. "Manifestaciones de la Compra Pública de Innovación en la Ley 9/2017, de 8 de noviembre, de Contratos del Sector Público". *Anuario Jurídico Villanueva*, n° 12, 2018, p. 2.

privado. Debe entenderse la contratación pública como un mecanismo de participación e integración que parte de la subsidiariedad, esto es, del convencimiento de que se puede dinamizar la sociedad civil desde la sociedad civil a través de mecanismos de fomento. Hablamos, por tanto, de una dinamización de la sociedad libre y solidaria.

La sociedad debe participar en la contratación pública como proveedor del Estado de bienes y servicios en tanto en cuanto el servicio al interés general ni es privativo de la Administración ni le concierne solo a ella. Por ello es fundamental el papel de los instrumentos de contratación y de gestión indirecta del Estado en la prestación de servicios de transporte colectivo. A través de este sistema se abre un espacio, medido por la Administración, de participación en los asuntos comunes de las entidades privadas. En este caso la participación se traduce en la prestación de un servicio público.

Por ello no debe perderse de vista la importancia de abordar como los mecanismos de contratación con la Administración Pública pueden ser unos magníficos instrumentos para, a través de la gestión indirecta de servicios públicos en materia de movilidad urbana, fomentar la inclusión social y la sostenibilidad medioambiental.

Asimismo, los poderes públicos pueden realizar una política de intervención económica y social a través del derecho de la contratación pública.[605] Deben incluirse en los pliegos de los contratos compromisos sociales que van desde la sostenibilidad ambiental, prohibición del trabajo infantil, la promoción de la igualdad y el empleo. Todas ellas manifestaciones del Estado social y democrático de Derecho. Se vislumbra con estas afirmaciones la relevancia de los instrumentos de contratación de la Administración para promover los derechos fundamentales a través de la mejora de la movilidad urbana de manera directa e indirecta.

---

605 FELIÚ, José M. G. "Las condiciones sociales en la contratación pública: posibilidades y límites". *Anuario del Gobierno Local*, 2017, pp. 242/243.

Precisamente en este punto conviene detenerse para concretar dos cuestiones fundamentales: a) ¿Son los mecanismos de gestión indirecta convenientes para la prestación de los servicios municipales de movilidad urbana? b) ¿Qué visión es necesario impulsar en los mecanismos contractuales de la Administración para fomentar cuestiones sociales? Estas dos preguntas han recibido respuesta por la doctrina.

Tanto en el Derecho español como en el Derecho brasileño están previstos mecanismos de gestión indirecta de servicios públicos de transporte colectivo urbano. Siendo el servicio público una de las nociones capitales del Derecho administrativo y estando vinculado siempre al interés general, conviene recordar cómo el Estado (su Administración) es eminente (no exclusivo) servidor.[606] Por ello conviene traer a colación una afirmación del profesor Meilán Gil en el marco de sus reflexiones sobre el concepto de servicio público. Para el profesor, atendiendo a la sensibilidad actual dentro del marco constitucional, se reconoce la titularidad de los ciudadanos de los derechos fundamentales de la persona y el deber del Estado de asegurar su efectiva protección y realización. La idea de la protección de la libertad de empresa elimina el carácter dominante del servicio público y lo obliga a reintegrarse a la funcionalidad esencial que la justifica: una actividad esencial para la comunidad organizada en Estado, de contenido primordialmente económico, cuya titularidad corresponde en exclusiva al Estado y cuya gestión indirecta es siempre posible.[607] Por ello debe centrarse en la misión

606 ROTONDO, F. "Los siempre presentes servicios públicos". *In*: URBINA, Juan Carlos M.; ORDÓÑEZ, Jorge D. *Estudios de Derecho Administrativo*: el Derecho Administrativo Iberoamericano – innovación y reforma, libro homenaje al profesor Juan Carlos Cassagne. tomo II. Miraflores: Gaceta Jurídica, 2018, p. 395.

607 GIL, José L. Meilán. "El servicio público en el Derecho actual". Anuario da Facultade de Dereito, Coruña, 1997. Disponível em: https://ruc.udc.es/dspace/bitstream/handle/2183/1909/AD-1-19.pdf?sequence=1&isAllowed=y. Acessado em: 31.05.2022.

encomendada a la entidad que presta el servicio, ya sea pública o privada.[608] Lo que realmente importa es que la actividad sirva a los intereses generales y cumpla con los principios de universalidad igualdad, continuidad y cláusula de progreso.[609]

Precisamente para ello es necesaria una adecuada configuración regulatoria de los mecanismos contractuales de prestación indirecta de los servicios y un buen seguimiento de la contratación del Estado en su ejecución. No importa tanto quién presta el servicio del que es titular la Administración, sino que este servicio se preste en las mejores condiciones de calidad, accesibilidad y continuidad para el ciudadano.

El profesor Felipe Rotondo recuerda que el eje del servicio público radica en la persona humana, con el consiguiente reconocimiento y protección del goce de sus derechos fundamentales.[610] Por ello en la prestación de los servicios públicos lo esencial es la efectiva realización de los derechos fundamentales de la persona más allá de si su prestador es su titular, la Administración, o los particulares, a través de mecanismos de gestión indirecta.

El Tribunal Constitucional de España ha señalado como la configuración de Estado social de Derecho bloquea la posibilidad

608 GIL, José L. Meilán. "El servicio público en el Derecho actual". Anuario da Facultade de Dereito, Coruña, 1997. Disponível em: https://ruc.udc.es/dspace/bitstream/handle/2183/1909/AD-1-19.pdf?sequence=1&isAllowed=y. Acessado em: 31.05.2022.

609 En este aspecto es especialmente útil tener en cuenta el concepto comunitario de servicio de interés general que se separa de la tradición franco-francesa de servicio público basado en la prestación por parte de un sujeto para objetivarlo y radicar su importancia en la prestación del servicio con independencia de su prestador.

610 ROTONDO, F. "Los siempre presentes servicios públicos". *In*: URBINA, Juan Carlos M.; ORDÓÑEZ, Jorge D. *Estudios de Derecho Administrativo*: el Derecho Administrativo Iberoamericano - innovación y reforma, libro homenaje al profesor Juan Carlos Cassagne. tomo II. Miraflores: Gaceta Jurídica, 2018, p. 395.

del monopolio estatal en materia de interés general.[611] Por ello encaja adecuadamente la idea de colaboración que guía las relaciones entre Administración y particulares en lo que refiere a la contratación administrativa.[612] Es necesario, entonces, armonizar la consecución de los fines de interés general en una acción mutua Estado-Sociedad[613] y por ello, a modo de fundamento último, tiene encaje constitucional los mecanismos de gestión indirecta de servicios públicos en el Estado social y democrático de Derecho.

Dichos mecanismos son por tanto un adecuado instrumento para el servicio al interés general siempre y cuando se garantice la buena prestación del servicio. En este punto es fundamental tener en cuenta la importancia de la fase de preparación, adjudicación y ejecución en la contratación pública.

En relación con la segunda cuestión, Gimeno Feliú considera que se impone en los nuevos tiempos una visión estratégica de la contratación pública que se aleja de la rígida arquitectura del contrato administrativo y de planteamientos excesivamente burocráticos o formales.[614] Precisamente por ello quienes quieren acceder a los contratos públicos o a los mecanismos de gestión indirecta de los servicios deben cumplir una serie de exigencias que establecen las entidades adjudicadoras.[615] Entre esas exigencias se encuentran las cláusulas sociales y medioambientales de los contratos.

---

611 STC de 11 de abril de 1985.

612 RODRÍGUEZ-ARANA, James. "Las prerrogativas de la Administración en los contratos de las administraciones públicas". Anuario da Facultade de Dereito, Coruña, 2008, p. 800.

613 Sentencia TC de 7 de febrero de 1984.

614 FELIÚ, José M. G. "Las condiciones sociales en la contratación pública: posibilidades y límites". *Anuario del Gobierno Local*, 2017, pp. 242/243.

615 FELIÚ, José M. G. "La nueva contratación pública europea y su incidencia en la legislación española", Madrid, 2006, pp. 15-21. Disponível em: http://www.unizar.es/gimenof/gimenof/INVESTIGACION_files/07%20 Gimeno%20Feliu%20.pdf. Acessado em: 31.05.2022.

En virtud de la anterior puede afirmarse que la contratación pública no sólo vela por la inclusión en su esencia misma de la provisión del servicio, sino también trata de afianzar comportamientos empresariales beneficiosos para el interés general sin que necesariamente estén conectados con la directa satisfacción funcional del contrato.[616]

La visión que ha de imperar en la contratación pública se basa en entenderla como un mecanismo abierto que ha de orientarse a satisfacer el interés general mediante la consecución de fines sociales. Por ello es un gran sistema para fomentar los derechos fundamentales que, si se instrumentaliza adecuadamente, puede incluir el empoderamiento de la sociedad civil a través de la gestión indirecta de los servicios públicos. Tiene un gran potencial la contratación pública para promover la prestación de servicios públicos que propicien la materialización de los derechos fundamentales de la persona bien de manera directa a través de la prestación, en este caso, del servicio público del transporte colectivo urbano, bien indirecta a través de la inclusión en las condiciones contractuales de cláusulas que persigan el interés general no directamente vinculadas a la satisfacción del objeto del contrato. Evidentemente tanto la vía directa como indirecta de fomento de cuestiones sociales en la contratación pública van de la mano, y son complementarias.

Si en la contratación pública se incorporan de manera transversal criterios sociales y medioambientales se logrará una mejor calidad-precio en la prestación objeto del contrato, una mayor eficiencia en el empleo de fondos públicos y desde luego, se lograrán otros objetivos de interés social.

Las cláusulas sociales en el contrato público integran aspectos de política pública en diferentes fases del procedimiento de

---

616 CÓRCOLES, Isabel G. "La integración de cláusulas sociales, ambientales y de innovación en la contratación pública". *Nueva Época*, n° 4, 2017, pp. 92-114.

contratación, por lo que pueden incluirse de manera conjunta o separada. El profesor Otero Varela pone como ejemplo algunas de las siguientes: (I) como un requisito previo o criterio de admisión: (i) prohibiciones para contratar por incumplir normas sociales, (ii) requerimiento de solvencia técnica o acreditación de experiencia en temas sociales si forma parte del objeto del contrato, (II) como un criterio de adjudicación incorporando criterios, requisitos, características o compromisos de carácter social en el sistema de evaluación que determinará la adjudicación del contrato y (III) como un criterio de ejecución estableciendo condiciones obligatorias.[617]

En esa misma línea, su contenido puede llegar a ser muy diverso. Puede abarcar desde cláusulas que promuevan la inserción sociolaboral de personas con dificultades de acceso al mercado, accesibilidad universal, calidad en el empleo, seguridad laboral, eficiencia energética o perspectivas de género e igualdad.[618] Nótese la relevancia de cláusulas relativas a la accesibilidad universal y eficiencia energética en los contratos de concesión referidos al transporte urbano, donde el cumplimiento de estos principios se torna esencial para su conveniente prestación.

Es fácil vislumbrar la relevancia que tiene entonces una adecuada configuración contractual de la prestación de servicios de transporte colectivo en las ciudades y en especial, en megaciudades como Sao Paulo, Río de Janeiro o Ciudad de Mexico. Los mecanismos de gestión indirecta de servicios públicos de transporte colectivo urbano se orientan a garantizar el derecho fundamental a la movilidad como objeto de contrato y, además,

617 OTERO, Juan M. "Los objetivos de desarrollo sostenible y la contratación pública". *In*: RODRÍGUEZ-ARANA, Jaime; MORANDINI, Federico; FERNÁNDEZ, Almudena C. (Coord.). *Contrataciones públicas en el marco de los derechos sociales fundamentales*. Madrid: INAP, 2017, p. 393.

618 OTERO, Juan M. "Los objetivos de desarrollo sostenible y la contratación pública". *In*: RODRÍGUEZ-ARANA, Jaime; MORANDINI, Federico; FERNÁNDEZ, Almudena C. (Coord.). *Contrataciones públicas en el marco de los derechos sociales fundamentales*. Madrid: INAP, 2017, p. 393.

pueden emplearse para obtener otros objetivos sociales como la sostenibilidad ambiental, la igualdad, la conciliación o el respeto de derechos laborales.

Una adecuada configuración de los pliegos es esencial en la medida en que se refuerza el compromiso de la Administración y de las empresas con los derechos fundamentales de las personas, lo que incluye como ya hemos visto, la movilidad urbana.

Es en virtud de lo anterior por lo que a través de los instrumentos contractuales de la Administración y los mecanismos de gestión indirecta de servicios públicos el Poder Público debe reforzar el papel de los derechos fundamentales y los principios y valores del Estado social y democrático de Derecho. En esta materia el marco jurídico de ambos países se presta favorable a la prestación indirecta de servicios públicos. Ya los textos constitucionales nos dan una primera aproximación de ello.

La Constitución española parte del art. 128.2 en el que se establece el principio de libre iniciativa pública en la actividad económica, señalando de forma expresa que *se reconoce la iniciativa pública en la actividad económica*. Se establece un sistema de economía mixta de carácter abierto en virtud del cual caben muchas opciones de convivencia del sector público y privado en el marco económico, aunque defendamos, ya se ha dicho, el papel subsidiario del Estado. En esta línea reiteramos las afirmaciones del profesor Meilan Gil, que lo que importa es la verdadera prestación del servicio público más allá de quien lo preste. El art. 85 de la LBRL establece en consonancia con la Constitución la iniciativa pública en los servicios públicos locales que pueden ser gestionados de manera directa o indirecta por los mismos. Por ello los servicios públicos locales que no lleven aparejado el ejercicio de autoridad pueden desarrollarse a través de la gestión indirecta.

El mecanismo de gestión indirecta más habitual en el régimen local español es la figura del contrato de concesión de servicios públicos que tal y como se entiende en España, traspasa la gestión de servicios públicos municipales a favor de la empresa sin que se produzca un cambio de titularidad.

Por otra parte, la Constitución Federal de Brasil en su art. 175 señala que incumbe al Poder Público en forma de Ley, directamente o bajo el régimen de concesión o licencia y siempre a través de licitación, la prestación de los servicios públicos. Asimismo, dicha Constitución ya establece, como se ha dicho, que la competencia municipal de transporte colectivo puede organizarse de manera directa o bajo el régimen de concesión o licencia (art. 30.V). Por ello también la Constitución Brasileña permite la gestión indirecta de servicios públicos de transporte municipal, que es la forma más habitual para la prestación de los servicios públicos.

Asimismo, el marco competencial español también permite la gestión indirecta de los precitados servicios. Así lo señala, por ejemplo, la Ley 20/1998, de 27 de noviembre, de Ordenación y Coordinación de los Transportes Urbanos de la Comunidad de Madrid, que contiene una declaración de servicio público y una asignación concreta de competencias a los municipios en transporte colectivo urbano. Todo ello en concordancia con la Ley de Bases de Régimen Local que señala competencia municipal el transporte colectivo urbano de pasajeros.

Ello implica dar un importante papel a los privados en la prestación de servicios de interés de todos y fomento de la movilidad urbana. Un buen servicio público de transporte colectivo por carretera urbana configurado adecuadamente como política pública, coordinado desde la buena administración y tras un proceso de selección en virtud del cual se haya seleccionado al mejor concesionario es un gran mecanismo para satisfacer el interés general. A través de este sistema puede mantenerse el equilibrio presupuestario fomentando la iniciativa privada y la participación en cuestiones comunes. Ambas legislaciones apuestan por ella. No olvidemos que como señala Garrido Falla a través del contrato de concesión se produce una *disociación entre titularidad y gestión. La*

Administración concede la explotación del servicio (especialmente en los de carácter económico), pero conserva la titularidad.[619]

Tanto el Derecho español como el brasileño establecen una definición de contrato de concesión. En España la Ley 9/2017, de 8 de noviembre, de Contratos del Sector Público, por la que se transponen al ordenamiento jurídico español las Directivas del Parlamento Europeo y del Consejo 2014/23/UE y 2014/24/UE, de 26 de febrero de 2014 nos da en su art. 15 y 284 las claves fundamentales del contrato de concesión de servicios. En España un contrato de concesión de servicios es aquel *en cuya virtud uno o varios poderes adjudicadores encomiendan a título oneroso a una o varias personas, naturales o jurídicas, la gestión de un servicio cuya prestación sea de su titularidad o competencia, y cuya contrapartida venga constituida bien por el derecho a explotar los servicios objeto del contrato o bien por dicho derecho acompañado del de percibir un precio (art. 15).* A su vez, se aclara que la Administración solo podrá gestionar de manera indirecta a través del contrato de concesión servicios de su titularidad o competencia siempre que sean susceptibles de explotación económica por los particulares. En Brasil ese marco jurídico lo proporciona la Ley n. 8.987, de 13 de febrero de 1995 según la cual una concesión de servicio público es una delegación de su prestación, efectuada por el poder concedente mediante licitación en la modalidad de concurrencia competitiva, a una persona jurídica o consorcio de empresas que demuestre capacidad para su desempeño, por su cuenta y riesgo y por plazo determinado. Para la doctrina brasileña, véanse los estudios del profesor Bandeira de Mello, es un contrato con la administración por el cual el Estado atribuye a alguien el ejercicio de un servicio, para que lo ejecute en nombre propio, por su

619 FALLA, Fernando G. "El concepto de servicio público en Derecho español". *Revista de Administración Pública,* n° 135, 1994, p. 22.

cuenta y riesgo, remunerándole por la propia explotación mediante tarifas cobradas de manera directa a los usuarios del servicio.[620]

Existen similitudes conceptuales de esta figura en ambos países, que bien empleada puede fomentar que los actores del mercado incrementen la calidad de los servicios públicos de la concedente.

La concesión de servicios de transporte colectivo urbano permite garantizar la movilidad urbana proporcionando un espacio al sector privado en la gestión de los intereses comunes. Esto no implica excluir a la Administración en esta materia. El papel de la Administración es imprescindible.

No puede obviarse su papel porque la Administración es quién debe realizar la planificación del transporte urbano en el marco de su normativa reguladora y, sobre todo, porque es el poder encargado de preparar los pliegos, seleccionar al concesionario y vigilar que la prestación del servicio público es acorde con los estándares de calidad que se merece el ciudadano y que se han previsto en la ley del contrato.

No hay que olvidar que, se ha afirmado ya, a través de la contratación pública pueden perseguirse por vía indirecta otras cuestiones de interés social como la sostenibilidad medioambiental, la igualdad o la conciliación. Vemos, por tanto, que una adecuada articulación de concesiones en materia de transportes puede satisfacer el derecho fundamental a la movilidad urbana y a su vez, promover la satisfacción de otros derechos fundamentales, como el derecho a un medio ambiente adecuado.

Dos vías son las que se deben de emplear para fomentar los derechos fundamentales de las personas en esta materia:

---

620 BANDEIRA DE MELLO, Celso Antônio. *Curso de Direito Administrativo*. 28ª ed. São Paulo: Malheiros, 2011, pp. 709/710.

A. La estrictamente concesional que se pone de manifiesto desde los informes de viabilidad económico-financiera, selección por licitación del concesionario, seguimiento y control de la ejecución; así como en los mecanismos de coerción para el cumplimiento de las obligaciones del concesionario. Todos ellos que han de planificarse adecuadamente en los pliegos conforme a la normativa vigente y bajo el principio de la buena administración.

B. La inclusión a través de cláusulas sociales, laborales y medioambientales de criterios de interés general en los pliegos. Éstas pueden definirse como criterios de solvencia, adjudicación o condiciones especiales de ejecución.

Por lo pronto, ambas legislaciones, española y brasileña obligan a someter a licitación pública los contratos de concesión. Incluso el art. 175 de la Constitución Federal otorga rango constitucional el deber de someter la prestación indirecta de servicios públicos a un proceso de licitación.

Desde el primer punto de vista se trata de organizar de manera adecuada la licitación en la configuración de los pliegos y selección del concesionario, así como realizar un seguimiento de los servicios que se presten conforme a los valores de la buena administración y lo previsto en el Derecho positivo. Recordamos que es fundamental una prestación de servicios de calidad que promueva los derechos fundamentales de la persona.

En este marco debe hacerse referencia a tres columnas fundamentales en el Derecho de los contratos públicos: a) la configuración de los pliegos, b) la adjudicación del contrato y c) su ejecución. Todo ello sin perjuicio del deber de observar el papel de la buena administración en todas y cada una de las fases de la contratación. Por lo tanto, puede hablarse de una buena administración en la fase preparatoria, de la fiscalización de la ejecución del contrato, del secuestro de la concesión en el caso de anomalías en la prestación del servicio e incluso en su terminación anormal.

Los pliegos, considerados *lex contractus*,[621] deben articularse conforme a los principios de la buena administración y regulando de manera exhaustiva y precisa los derechos y obligaciones del concesionario y de la Administración. Por ello tanto en la LCSP española como en la Ley n. 8.987, de 13 de febrero de 1995 se establecen precisiones concretas sobre su configuración.

El art. 18 de la Ley n. 8.987 señala que en el anuncio de licitación deberán preverse, sin perjuicio de la legislación general en la materia, una serie de cuestiones, entre otras: el objeto, objetivos y plazo de la concesión, criterios de acreditación de solvencia técnica, financiera y profesional, derechos y obligaciones de las partes, criterios de ajuste y revisión de la tarifa o criterios de valoración para selección del licitador. Además, el art. 23 de la Ley n. 8.987 declara una serie de cláusulas esenciales del contrato de concesión. Entre otras hace referencia a la concreción del objeto, área y plazo de la concesión; el modo, forma y condiciones de prestación de servicio, los criterios que definen la calidad del servicio, el precio del servicio y los ajustes tarifarios, así como los derechos, garantías y obligaciones de la autoridad otorgante y el concesionario. Precisamente por ello se deberá atender a la normativa general de contratos, a la normativa reguladora del servicio y a lo previsto en los anuncios de licitación y el contrato de concesión.

De la misma manera, el art. 285 LCSP establece como elementos mínimos que han de figurar en los pliegos administrativos y técnicos: el objeto del contrato, las condiciones de prestación de servicio y las tarifas (así como los procedimientos de revisión y el canon que debiera satisfacerse a la Administración), la definición de los requisitos de solvencia financiera, económica y técnica o previsiones relativas a la cesión de los contratos.

---

621 Así lo han señalado la Sentencia del Tribunal Supremo (Sala 3°, Sección 4°), de 27 de mayo de 2009. RJ 2009/4517 o la STS (Sala 3°, Sección 7°), de 17 de octubre de 2000. RJ 2000/8917, entre otras muchas. También encontramos dicha afirmación en las resoluciones del Tribunal Administrativo Central de Recursos Contractuales, como en la RTACRC 219/2016, de 1 de abril.

En todo lo no previsto en el art. 285 LCSP primará la legislación general sobre contratos y, por supuesto, deberá tenerse en cuenta la regulación concreta de la materia objeto de la concesión. Precisamente por ello el art. 285.1 indica que en el caso de que nos encontremos ante concesiones de servicios públicos habrá que acudir a las normas reguladoras del régimen jurídico del servicio a las que hace referencia el art. 284.2 LCSP. El precitado artículo señala como *conditio sine qua non* para proceder a la contratación de concesiones en servicios públicos el establecimiento de su régimen jurídico. Por ello debe tener lugar la *publicatio*, determinarse el alcance de las prestaciones y regular los aspectos de carácter jurídico, económico y administrativo relativos a la prestación de los servicios objeto del contrato. Por ello las fuentes normativas a aplicar este contrato público son: la normativa específica del servicio, la legislación de contratos y los pliegos administrativos y técnicos.

Vemos en suma como es esencial la correcta previsión de todas las cláusulas fundamentales para a) delimitar la prestación del servicio, b) seleccionar al adjudicatario, c) delimitar las condiciones de prestaciones, d) los deberes y obligaciones de las partes y las e) condiciones de ejecución del contrato. Una buena configuración de los pliegos y de la normativa del contrato permite otorgar seguridad en la relación jurídica de cara a la administración, el concesionario y, sobre todo, los destinatarios del servicio público.

En estos pliegos resulta conveniente el establecimiento de una serie de elementos de carácter social, medioambiental o de innovación. Por ejemplo, desde una visión medioambiental buscando una ciudad sostenible pueden valorarse como criterio de adjudicación las concreciones sobre factores medioambientales (como, por ejemplo, medidas dirigidas a la optimización de la eficiencia energética).[622] En la medida en que en estos casos el objeto del contrato influye

622 En el desarrollo de dichas medidas pueden proponerse: certificaciones de eficiencia energética que promuevan la sostenibilidad medioambiental.

en las condiciones medioambientales del entorno urbano no sería baladí, por ejemplo, la inclusión de unas condiciones especiales de ejecución tales como la inscripción en el primer año de vigencia en registros de control de emisiones de carbono.[623]

De hecho, el art. 145 LCSP fomenta la inclusión de elementos sociales y medioambientales como criterios de adjudicación, que deberán preverse en los pliegos. Las características medioambientales podrán referirse entre otras, a la reducción del nivel de emisión de gases efecto invernadero, empleo de medidas de ahorro o empleo de renovables. De la misma manera, este artículo promueve la inclusión de factores sociales, como el fomento de la integración social con personas con discapacidad o miembros de grupos vulnerables, planes de igualdad de género, estabilidad del empleo o la contratación de un mayor número de personas para la ejecución del contrato.

La configuración de estas obligaciones sociales y medioambientales deben mantener siempre el equilibrio de tal manera que su asunción no sea tan gravosa que frustre el interés económico del concesionario. Una excesiva intervención en el establecimiento de obligaciones sociales o ambientales puede devengar en el abuso de ofertas anormalmente bajas, fraude en las declaraciones previas o problemas de cumplimiento contractual en la fase de ejecución del contrato cuya resolución, a través de los mecanismos legales de control y de las potestades de la administración, puede comprometer la adecuada prestación del servicio.

No debe perderse de vista la fase de selección del concesionario, esto es, la fase de adjudicación del contrato en la que se valoran las ofertas presentadas y se selecciona al quién mejor puede prestar el servicio público. En esta parte del proceso de licitación

---

623 Como, por ejemplo, el creado en España por Real Decreto 163/2014, de 14 de marzo por el que se crea el registro de huella de carbono, compensación y proyectos de absorción de dióxido de carbono.

es fundamental, recordamos, una adecuada determinación en los pliegos de los criterios de adjudicación. A su vez es esencial el papel del principio de buena administración que obliga al órgano de contratación a seleccionar siempre al mejor de los licitadores, como una manifestación del servicio objetivo al interés general.

Los criterios que se valorarán, conforme al Derecho brasileño, son a) el de menor valor de la tarifa de servicio público que se proporcionará, b) la mejor oferta en el caso de pago a la autoridad otorgante por la concesión o c) la combinación de ambos criterios tal y como señala el art. 15 de la Ley 8.987.

Por otra parte, en el Derecho español se adjudicarán los contratos empleando una pluralidad de criterios con base en la mejor relación calidad-precio. Dicha relación se evaluará *con arreglo a criterios económicos y cualitativos* y podrá incluir aspectos medioambientales o sociales vinculados al objeto del contrato, como ya comentamos. Se supera en España la visión del anterior texto normativo de contratos que se fundamentaba en el concepto de *oferta más ventajosa*[624] como criterio de adjudicación.

En este caso es fundamental la prudencia del órgano encargado de seleccionar al concesionario especialmente en la valoración de aquellos elementos no reglados o complejos de reglar de manera exhaustiva en relación con las potestades discrecionales, que pueden ser un nicho de arbitrariedad.[625] Un buen ejemplo de ello puede ser la valoración de algunos criterios jurídicos indeterminados o la esencia misma del concepto de relación calidad-precio. Por ello

---

624 Vid. HERCE MAZA, José I. “Manifestaciones de la Compra Pública de Innovación en la Ley 9/2017, de 8 de noviembre, de Contratos del Sector Público”. *Anuario Jurídico Villanueva*, nº 12, 2018.

625 HERCE MAZA, José I. “La asociación para la innovación desde la óptica de la buena administración (I)”. *Gabilex*: Revista del Gabinete Jurídico de Castilla-La mancha, nº 17, 2019; HERCE MAZA, José I. “La asociación para la innovación desde la óptica de la buena administración (II)”. *Gabilex*: Revista del Gabinete Jurídico de Castilla-La mancha, nº 18, 2019.

debe primar la precisión y el detalle en cuestiones contractuales de los pliegos. La precisión en el establecimiento de las condiciones concretas de las relaciones obligacionales entre las partes es esencial no sólo en aras de fomentar la seguridad jurídica en la contratación, sino para evitar un posible abuso de la discrecionalidad administrativa.

La potestad discrecional, que ha llegado a calificarse el Caballo de Troya del Derecho Administrativo,[626] debe estar orientada siempre al interés general. Es por este motivo por el cual hay que ser especialmente cuidadoso en la observancia del deber de motivación y del principio o derecho a una resolución justa en la adjudicación, que ha de estar amparada no sólo por la ley, sino también por el Derecho.[627]

Asimismo, en la ejecución de los contratos la Administración debe supervisar, conforme a los principios y valores de la buena administración el cumplimiento del contrato, que se materializa en la adecuada prestación del servicio público concertado y el cumplimiento del resto de las cláusulas contractuales, que abarcan desde las relativas a las tarifas a las condiciones especiales de ejecución ambiental o social. Esta fase, es la más importante, en tanto en cuento *depende el correcto cumplimiento de la necesidad pública a satisfacer con el contrato.*[628] De una correcta ejecución depende la satisfacción del interés general objetivo del servicio público, en este caso, del transporte público o colectivo urbano.

---

626 ENTERRÍA, Eduardo G. de; FERNÁNDEZ, T. R. *Curso de Derecho Administrativo*. vol. 1. Madrid: Tecnos, 1995, p. 21.

627 HERCE MAZA, José I. "Manifestaciones de la Compra Pública de Innovación en la Ley 9/2017, de 8 de noviembre, de Contratos del Sector Público". *Anuario Jurídico Villanueva*, n° 12, 2018, p. 40.

628 FELIÚ, José M. G *apud* FERNÁNDEZ, Patricia VALCÁRCEL. "La fase de ejecución de los contratos públicos y su control". *II Congresso Anual del Observatorio de Contración Pública*, Barcelona, nov. 2018. Disponível em: https://www.obcp.es/sites/default/files/documentos/documentos_Panel3-Patricia-Valcarcel_2c8d66ab.pdf. Acessado em: 15.01.2019.

Por lo anterior la Administración Pública ocupa una posición peculiar en el contrato administrativo. Señalaba Garrido Falla que esa posición particular se exterioriza en un conjunto de poderes, a saber, el poder de controlar y dirigir la ejecución del contrato, de modificar dentro de ciertos límites su contenido, el poder de interpretación unilateral del mismo, entre otros.[629] Esta situación peculiar de la Administración tradicionalmente ha sido denominada por la doctrina prerrogativas o poderes exorbitantes, que nosotros preferimos denominar potestades. El término potestades recuerda que la Administración está sometida a la Ley y al Derecho y por supuesto, al servicio objetivo al interés general. El término prerrogativa nos remite a los inicios del régimen administrativo vinculado a la autoridad pública más que al servicio de todos, y por ello, lo consideramos periclitado.

Precisamente ambas regulaciones, la española y brasileña, prevén un catálogo de obligaciones en relación con la prestación del servicio del concesionario. El art. 287 LCSP establece que el *concesionario está obligado a organizar y prestar el servicio con estricta sujeción a las características establecidas en el contrato y dentro de los plazos señalados*. El art. 288 es el que hace referencia a una serie de obligaciones generales del concesionario, entre las que destacan: prestar el servicio con la continuidad convenida, cuidar el buen orden del servicio, indemnizar los daños a terceros y respetar las otras condiciones que pudieran estar establecidas bien por ley, bien a través de los pliegos. Una respuesta similar nos da la Ley 1.878 en tanto en cuanto se indica que incumbe a la concesionaria en su art. 31: la prestación del servicio adecuado en la forma prevista en la ley y las normas técnicas aplicables, mantener al día el inventario de los bienes vinculados, rendir cuentas, hacer cumplir y cumplir las normas del servicio previstas en las cláusulas contractuales, permitir la fiscalización… etc. En todo el

---

629 FALLA, Fernando G. *Tratado de Derecho Administrativo II*. 10ª ed. Madrid: Tecnos, 1992, pp. 85 e ss.

precitado texto normativo brasileño se hace referencia frecuente a las labores de fiscalización del contrato, recogiéndose también como una obligación de la Administración.

Dicha obligación de control y su consecuente rendición de cuentas si bien es cierto no se encuentra prevista en los arts. 287 y 288 LCSP si se encuentra a través de la figura del conocido como responsable del contrato. Dicho responsable está previsto en el art. 68 LCSP.

El responsable del contrato es una herramienta que pretende garantizar la ejecución del contrato y fomentar la cultura de control en esta fase.[630] Su función es reforzar el control de cumplimiento y solventar los posibles problemas que ocurran en sede de ejecución. Por ello el art. 62 LCSP establece que su función es supervisar la ejecución de los contratos administrativos *y adoptar las decisiones y dictar las instrucciones necesarias con el fin de asegurar la correcta realización de la prestación*. Sus facultades dependen del órgano de contratación en la medida en que puede adaptar el papel de responsable dentro de las particularidades de cada contrato. El responsable del contrato se centra en el seguimiento del contrato durante la fase de ejecución buscando alcanzar los fines de interés general que lo justifican. Todo ello sin perjuicio de las particularidades previstas para ciertos municipios en las Disposiciones Adicionales Segunda y Tercera de la LCSP.

En el caso de que nos encontremos ante una Entidad local en España con insuficiencia de medios personales o económicos la solución podría ser acudir para la supervisión de la ejecución de la concesión a órganos superiores en virtud de la normativa de bases

630 Tradicionalmente, señala Rodríguez Pérez que no existe cultura de control en esta fase. PÉREZ, Rosario P. R. "Instrumentos de control de la contratación pública. La intervención de la mesa de contratación y del responsable del contrato". *Auditoría Pública,* n° 72, 2018. Disponível em: http://asocex.es/wp-content/uploads/2018/11/Revista-Auditoria-Publica-n%C2%BA-72-pag-27-a-36.pdf. Acessado em: 31.05.2022.

de régimen local y el principio de subsidiariedad. El art. 36.b) de la LRBRL establece que será competencia de las diputaciones provinciales la asistencia y cooperación jurídica, económica y técnica a los municipios. En especial, a aquellos de menos capacidad económica y de gestión. En el caso de Comunidades Autónomas uniprovinciales, que carecen de diputaciones, podrá acudir a la Comunidad Autónoma.

Atendiendo a lo previsto en la Lei n. 8.987, las concesiones de servicio público serán fiscalizadas por el poder concedente responsable con la cooperación de los usuarios, siendo el poder concedente en este caso el Municipio sobre el que recaiga la competencia del servicio público de transporte público urbano (arts. 2.I y 3). En el mismo contrato de concesión se regulará la forma de fiscalización de las instalaciones, equipamientos, métodos y prácticas de ejecución del servicio, y finalmente, los órganos encargados de realizarla (art. 23.VII). También se regula como uno de los deberes del poder concedente la fiscalización permanente de su prestación (art. 29.I), para lo que tendrá acceso a los datos relativos a la administración, contabilidad, recursos técnicos, económicos y financieros de la concesionaria (art. 30).

Finalmente, ¿quién realizará las tareas de fiscalización? La respuesta nos la da también el citado art. 30 en tanto en cuanto prevé que la fiscalización del servicio tendrá lugar por el órgano técnico del poder concedente o la entidad con él acordada. También periódicamente por una comisión compuesta por los representantes del poder concedente, de la concesionaria y los usuarios. Huelga decir que la concesionaria se encuentra obligada a permitir a los fiscalizadores el acceso libre en cualquier época a las instalaciones integrantes del servicio. En la regulación española dicho acceso libre se encuentra limitado a aquellas instalaciones concretas y para el caso de que sea imprescindible su visita para la comprobación del cumplimiento de las obligaciones.

Una vez analizado el control de la ejecución del contrato es necesario dedicar un espacio a las potestades de la administración en el marco del contrato administrativo, que despliegan en esta fase sus efectos. Las potestades de la Administración en materia de compra pública, que no privilegios, deben ejercitarse siempre de acuerdo con el servicio objetivo al interés general y, sobre todo, de una manera razonable, mesurada, proporcionada y motivada.

Estas potestades administrativas tienen un carácter reglado y traen causa de la ley, no del contrato. Por ello no son expresión de un derecho subjetivo sino una potestad atribuida *ex lege* para atender los intereses públicos. *En otras palabras, la especial posición de la Administración en materia contractual trae su causa de la necesidad de asegurar la realización de las obras públicas contratadas o de la prestación de los servicios públicos objeto del contrato de que se trate.*[631]

En el marco de esas potestades nos encontramos las correspondientes al régimen general del contrato administrativo, así como las específicas del contrato de concesión por cuestiones de interés público.

En el derecho brasileño, Musetti Grotti señala como el contrato de concesión presenta las mismas características de los demás contratos administrativos salvo por unas particularidades que aseguran al concedente la alteración y la extinción unilateral de la relación convencional, por cuestiones de interés público, la fiscalización de su ejecución y la aplicación de penalidades.[632] Algo similar sucede en el derecho español en tanto en cuanto se aplican las potestades comunes a los contratos administrativos añadiendo algunas, como la posibilidad de secuestro de la concesión por razón de interés público.

---

631 RODRÍGUEZ-ARANA, James. "Las prerrogativas de la Administración en los contratos de las administraciones públicas". Anuario da Facultade de Dereito, Coruña, 2008, p. 803.

632 GROTTI, Dinorá A. Musetti. "A experiência brasileira nas concessões de serviço público". *Interesse Público*, Belo Horizonte, vol. 9, n° 42, mar. 2007.

Todas estas potestades atribuidas por razones de interés común deben ejercerse conforme al derecho fundamental a una buena administración y siempre en búsqueda del interés general objetivo. Por ello deberán ejercerse de manera racional, razonable y siempre motivadas. En especial aquellas de consecuencias más graves, como por ejemplo el rescate de la concesión.

Los entes del sector público que contratan deben dedicar un gran esfuerzo a controlar la fase de ejecución de los contratos. Solo a través de una ejecución de los contratos conforme a lo previsto en los pliegos se garantizará la ejecución de las prestaciones a las que se ha comprometido el adjudicatario. El precitado cumplimiento, evidentemente, redunda en la satisfacción de las necesidades contractuales y en el respeto de las reglas del juego que se señalaron. Este seguimiento de la ejecución, como no podría ser de otra manera, deberá realizarse conforme a los parámetros del derecho fundamental a una buena administración.

Esta buena ejecución de la que estamos hablando es especialmente relevante en aquellos casos en los que las prestaciones contractuales asumidas por el contratista, en este caso, concesionario, ponen en juego los derechos fundamentales de las personas. La mala prestación del servicio colectivo urbano puede causar gravísimos perjuicios a los ciudadanos, en especial, a aquellos que se encuentran en una especialidad situación de vulnerabilidad y no disponen de mecanismos de transporte alternativos para alcanzar sus puntos de destino. Recordemos que esos puntos de destino pueden partir de un puesto de trabajo pasando por un hospital o una escuela pública. En este marco es necesaria un seguimiento responsable de la ejecución de los contratos y una aplicación coherente y aproximada a la realidad de las potestades administrativas, siempre en beneficio del interés general y de la mejor prestación de servicio público.

La contratación pública y los mecanismos de gestión indirecta de los servicios públicos puede ser un sistema muy positivo para la promoción de una movilidad urbana sostenible e integradora. Si se selecciona al mejor concesionario, las obligaciones de las partes están claras y la Administración supervisa adecuadamente la ejecución del contrato, los privados pueden asegurar el transporte a los ciudadanos en el entorno urbano a sus puntos de destino en ciudades que son cada vez más complejas y grandes.

Lo anterior conecta con la participación de la sociedad civil en los asuntos comunes y con la promoción de los derechos fundamentales de la persona. Gracias a la gestión indirecta de los servicios públicos se da la posibilidad al sector privado en la participación en la prestación de servicios de interés general. Además, en los contratos de concesión pueden establecerse cláusulas sociales y medioambientales de carácter transversal en virtud de las cuales pueden alcanzarse objetivos de interés común relacionados con, por ejemplo, la igualdad o la sostenibilidad ambiental.

Consideraciones finales: hacia una movilidad urbana sostenible e integradora gracias a la contratación pública.

En las áreas urbanas numerosos derechos sociales son de necesaria prestación y tutela. Un ejemplo de ellos es el derecho a la movilidad urbana que además ayuda a su vez a la realización de otros derechos fundamentales. Por ello es una columna esencial en la ciudad inclusiva, siendo éste el modelo de ciudad al que debemos encaminarnos. Así lo demuestran numerosos textos internacionales como la Nueva Agenda Urbana o los Objetivos de Desarrollo Sostenible para el 2030.

En la ciudad inclusiva tienen un lugar clave los derechos fundamentales sociales, teniendo muchos de ellos un enclave constitucional. Hemos podido comprobar como el derecho al transporte puede inferirse de la Constitución Española y se encuentra previsto de manera expresa en la Constitución Federal de Brasil.

La movilidad urbana se yergue como un medio para promover el ejercicio de los derechos fundamentales de las personas e incorpora criterios de sostenibilidad económica, social y ambiental. Por ello y así lo reconocen el Derecho español y el brasileño las competencias sobre el transporte colectivo urbano recaen sobre los municipios, que son las entidades más próximas al ciudadano y las que, conforme al principio de subsidiariedad, mejor pueden prestar el servicio.

Los servicios públicos vinculados a la movilidad urbana, en concreto, el transporte colectivo urbano debe funcionar de manera ordenada, precisa, frecuente y en líneas regulares. Además, deberá tener en cuenta criterios de calidad, seguridad, accesibilidad higiene y precio razonable.

Estos servicios deberán prestarse atendiendo a criterios de calidad, seguridad, accesibilidad, higiene y deberán ser asequibles económicamente. En una ciudad inclusiva el derecho al desplazamiento no puede verse limitado por cuestiones económicas. Se debe promover el establecimiento de políticas públicas que aseguren unos adecuados servicios de movilidad ciudadana de manera inclusiva, eficiente y sostenible medioambientalmente que opere en un régimen de compatibilidad con el vehículo privado.

Para evitar la exclusión social y la segregación espacial es necesario el desarrollo de una regulación jurídica que promueva los derechos fundamentales de la persona a partir de lo previsto en la Constitución, por ello ha de acudirse a los postulados del derecho administrativo constitucional. El derecho administrativo constitucional desciende de la Constitución a todas las ramas del Ordenamiento jurídico-administrativo, incluida la regulación del transporte público urbano.

En este aspecto los servicios públicos, entre los que se encuentra el de movilidad urbana, debe observarse desde la Constitución y los derechos fundamentales de las personas. Por ello debe buscarse la mejor manera para prestar dicho servicio buscando la máxima realización de los derechos sociales fundamentales. Por ello debe buscarse la mejor manera para la prestación del servicio acorde a la dignidad de la persona.

Aquí puede desempeñar un papel muy importante la contratación pública y los mecanismos de gestión indirecta de servicios públicos a través de la figura del contrato de concesión. No hay que olvidar como la contratación pública se observa, hoy día, desde un punto de vista estratégico y como un instrumento para lograr objetivos sociales, medioambientales y de innovación.

Esta manifestación de la actividad contractual debe destinarse siempre a ofrecer los mejores bienes y servicios posibles a los ciudadanos. A su vez y por vía de la gestión indirecta de servicios públicos, se puede ofrecer la posibilidad al sector privado de participar en asuntos de interés común. Recordamos que lo relevante es la calidad del servicio, con independencia de quien lo preste y, sobre todo, que el interés general no es monopolio del Poder Público. La participación ciudadana en los asuntos públicos también se debe poner de manifiesto en la contratación pública.

La contratación pública debe entenderse como un sistema para promover la subsidiariedad. Es decir, partir de la convicción de que podemos dinamizar la sociedad civil a través de mecanismos de fomento y gestión indirecta de servicios públicos. Se trata de promover desde la sociedad civil el fortalecimiento de una sociedad libre y solidaria.

El derecho español y brasileño se muestran favorables a la prestación indirecta de servicios públicos, entre los que se incluye el transporte colectivo urbano. Resulta interesante cómo ocupa rango constitucional en la Constitución Federal de Brasil.

Precisamente por ello y dada la previsión normativa del Derecho español y brasileño en relación con la posibilidad de emplear la concesión para gestionar los servicios de transporte colectivo urbano, hemos realizado un estudio de la figura concesional en ambos ordenamientos y de cómo puede satisfacer el interés general vía directa a través de la prestación del servicio y por vía indirecta mediante cláusulas sociales y medioambientales.

Un sistema de gestión indirecta de servicios públicos bien entendido y cuya ejecución contractual está supervisada por la Administración puede prestar dichos servicios igual o mejor que la Administración sin que ello conlleve, evidentemente, pérdida de su titularidad. Más bien, una prestación indirecta de servicios públicos puede cumplir con los estándares de calidad que los ciudadanos se merecen mejorando las condiciones de eficiencia y disponibilidad presupuestaria.

***

Los poderes públicos pueden realizar una política de promoción del Estado social y democrático de Derecho a través de la inclusión de cláusulas sociales y medioambientales en el contrato administrativo. Objetivos sociales que abarcan desde la sostenibilidad ambiental hasta la promoción de la igualdad en el empleo. En suma, gracias a la externalización del transporte colectivo urbano a través del instrumento del contrato de concesión puede promoverse no sólo el derecho a la movilidad urbana sino también otros derechos fundamentales de la persona.

Estas cláusulas sociales pueden establecerse como un criterio de admisión, como un criterio de adjudicación o como condiciones especiales de ejecución. Su inclusión promueve fines de interés general de manera indirecta, y en la materia que nos ocupa, son especialmente importantes las que se refieren a la accesibilidad universal y la eficiencia energética.

La prestación indirecta de servicios públicos debe organizarse, materializarse y por supuesto, supervisarse siempre bajo los preceptos del derecho fundamental a una buena administración entendido desde una visión amplia. Por ello puede hablarse de la buena administración en la redacción de los pliegos, en la adjudicación o en la ejecución del contrato.

En esos pliegos deberán configurarse obligaciones jurídicas relacionadas con la satisfacción del objeto del contrato, como no podría ser de otra manera, pero a su vez condiciones sociales y medioambientales para promover los intereses generales siguiendo las orientaciones de la conocida como visión estratégica de la contratación administrativa.

Es fundamental la selección del concesionario. Para ello debe evaluar la entidad encargada de la selección el mejor candidato conforme a las normativas estatales siempre teniendo presente el principio de buena administración que se manifiesta en la igualdad de trato, transparencia...

Asimismo. la buena ejecución de la que estamos hablando es especialmente relevante en aquellos casos en los que las prestaciones contractuales asumidas por el contratista, en este caso, concesionario, ponen en juego los derechos fundamentales de las personas. La mala prestación del servicio colectivo urbano puede causar gravísimos perjuicios a los ciudadanos, en especial, a aquellos que se encuentran en una especialidad situación de vulnerabilidad y no disponen de mecanismos de transporte alternativos para alcanzar sus puntos de destino. Recordemos que esos puntos de destino pueden partir de un puesto de trabajo pasando por un hospital o una escuela pública. En este marco es necesaria un seguimiento responsable de la ejecución de los contratos y una aplicación coherente y aproximada a la realidad de las potestades administrativas, siempre en beneficio del interés general y de la mejor prestación de servicio público.

La contratación pública y los mecanismos de gestión indirecta de los servicios públicos puede ser un sistema muy positivo para la promoción de una movilidad urbana sostenible e integradora. Si se selecciona al mejor concesionario, las obligaciones de las partes están claras y la Administración supervisa adecuadamente la ejecución del contrato los privados, pueden asegurar el transporte a los ciudadanos en el entorno urbano a sus puntos de destino en ciudades que son cada vez más complejas y grandes.

Referências bibliográficas

BANDEIRA DE MELLO, Celso Antônio. *Curso de Direito Administrativo*. 28ª ed. São Paulo: Malheiros, 2011.

BENJAMIN, Walter. *Libro de los Pasajes*. Madrid: Editorial Akal, 2013.

BONIZZATO, L.; BONIZZATO, A. Ribas Dias. "La enmienda constitucional n. 90 y posibles desdoblamientos sobre el derecho social al transporte en ambientes artificiales brasileños". *Veredas do Direito*, Belo Horizonte, n° 27, 2016.

CARIUS, Alexander; SCHREIBER, Franziska. "Ciudades inclusivas: planeamiento urbano para la diversidad y la cohesión social". *Informe anual del Worldwatch Institute sobre el progreso hacia una sociedad sostenible*, 2016. Disponível em: https://docplayer.es/52325434-Ciudades-sostenibles.html. Acessado em: 31.05.2022.

CÓRCOLES, Isabel G. "La integración de cláusulas sociales, ambientales y de innovación en la contratación pública". *Nueva Época*, n° 4, 2017.

DE LA ESPINA, Luis Z. D.; MELLAO, José Juan N.; MALDONADO, Carmen J.; MANCEBO, Carlos J. P. "Accesibilidad en el transporte colectivo urbano: una oportunidad para las TICs". *WPS RI-SHUR*, n° 5, 2017. Disponível em: https://revistas.uma.es/index.php/WPS/article/view/14015. Acessado em: 31.05.2022.

DEL MOLINO, Sergio. *La España Vacía*. Madrid: Turner, 2011.

ENTERRÍA, Eduardo G. de; FERNÁNDEZ, T. R. *Curso de Derecho Administrativo*. vol. 1. Madrid: Tecnos, 1995.

FALLA, Fernando G. "El concepto de servicio público en Derecho español". *Revista de Administración Pública,* n° 135, 1994.

______. *Tratado de Derecho Administrativo II*. 10ª ed. Madrid: Tecnos, 1992.

FELIÚ, José M. G *apud* FERNÁNDEZ, Patricia VALCÁRCEL. "La fase de ejecución de los contratos públicos y su control". *II Congresso Anual del Observatorio de Contración Pública*, Barcelona, nov. 2018. Disponível em: https://www.obcp.es/sites/default/files/documentos/documentos_Panel3-Patricia-Valcarcel_2c8d66ab.pdf. Acessado em: 15.01.2019.

FELIÚ, José M. G. "La nueva contratación pública europea y su incidencia en la legislación española", Madrid, 2006. Disponível em: http://www.unizar.es/gimenof/gimenof/INVESTIGACION_files/07%20Gimeno%20Feliu%20.pdf. Acessado em: 31.05.2022.

______. "Las condiciones sociales en la contratación pública: posibilidades y límites". *Anuario del Gobierno Local*, 2017.

GIL, José L. Meilán. "El servicio público en el Derecho actual". *Anuario da Facultade de Dereito*, Coruña, 1997. Disponível em: https://ruc.udc.es/dspace/bitstream/handle/2183/1909/AD-1-19.pdf?sequence=1&isAllowed=y. Acessado em: 31.05.2022.

GÓMEZ, M. C. T. "La ciudad, para quién: desafíos de la movilidad a la planificación urbana". *Biblio3W*: Revista Bibliográfica de Geografía y Ciencias Sociales, n° 1250, 2018.

GROTTI, Dinorá A. Musetti. "A experiência brasileira nas concessões de serviço público". *Interesse Público*, Belo Horizonte, vol. 9, n° 42, mar. 2007.

HERCE MAZA, José I. "La asociación para la innovación desde la óptica de la buena administración (I)". *Gabilex*: Revista del Gabinete Jurídico de Castilla-La mancha, n° 17, 2019.

______. "Manifestaciones de la Compra Pública de Innovación en la Ley 9/2017, de 8 de noviembre, de Contratos del Sector Público". *Anuario Jurídico Villanueva*, n° 12, 2018.

HERNÁNDEZ, José I. "Las prerrogativas de la Administración en los contratos de Administraciones Públicas de Iberoamérica". *In*: RODRÍGUEZ-ARANA, Jaime; MORANDINI, Federico; FERNÁNDEZ, Almudena C. (Coord.). *Contrataciones públicas en el marco de los derechos sociales fundamentales*. Madrid: INAP, 2017.

MESSNER, Johannes. Ética social, política y económica a la luz del Derecho Natural. Pamplona: Rialp, 1967.

MINISTERIO DE AGRICULTURA, ALIMENTACIÓN Y MEDIO AMBIENTE. *Libro verde de la sostenibilidad urbana y local en la Era de la Información*, 2012. Disponível em: http://www.magrama.gob.es/es/calidad-y-evaluacion-ambiental/temas/medio-ambiente-urbano/libro_verde_final_15.01.2013_tcm7- 247905.pdf. Acessado em: 31.05.2022.

MIRALLES-GUASCH, Carme. *Ciudad y transporte: el binomio imperfecto*. Barcelona: Ariel, 2002.

NAVARRO, Francisco G. *Derecho Administrativo Español*. Pamplona: EUNSA, 1995.

ORGANIZACIÓN DE LAS NACIONES UNIDAS. *World urbanization prospects*: the 2011 revision-highligths, 2011. Disponível em: http://esa.un.org/unup/pdf/WUP2011_Highlights.pdf. Acessado em: 31.05.2022.

______. *Nueva Agenda Urbana*, 2016, p. 5. Disponível em: http://habitat3.org/wp-content/uploads/NUA-Spanish.pdf. Acessado em: 23.12.2020.

OTERO, Juan M. "Los objetivos de desarrollo sostenible y la contratación pública". *In*: RODRÍGUEZ-ARANA, Jaime; MORANDINI, Federico; FERNÁNDEZ, Almudena C. (Coord.). *Contrataciones públicas en el marco de los derechos sociales fundamentales*. Madrid: INAP, 2017.

PÉREZ, Rosario P. R. "Instrumentos de control de la contratación pública. La intervención de la mesa de contratación y del responsable del contrato". *Auditoría Pública,* n° 72, 2018. Disponível em: http://asocex.es/wp-content/uploads/2018/11/Revista-Auditoria-Publica-n%C2%BA-72-pag-27-a-36.pdf. Acessado em: 31.05.2022.

PÉREZ. Jesús G. *La dignidad de la persona*. Madrid: Civitas, 1986.

RODRÍGUEZ-ARANA, Jaime. "La contratación pública: una relevante política". *Observatorio de contratación pública de la Universidad Austral*, 5 fev. 2019. Disponível em: https://www.austral.edu.ar/derecho/2019/02/05/la-contratacion-publica-una-relevante-politica-publica/. Acessado em: 05.02.2019.

______. *Derecho administrativo y derechos sociales fundamentales*. Sevilla: Global Law Press, 2015.

______. *Estudios sobre la Constitución*. [S.l.]: La Ley, 2002.

______. "Las prerrogativas de la Administración en los contratos de las administraciones públicas". *Anuario da Facultade de Dereito*, Coruña, 2008.

ROTONDO, F. "Los siempre presentes servicios públicos". *In*: URBINA, Juan Carlos M.; ORDÓÑEZ, Jorge D. *Estudios de Derecho Administrativo*: el Derecho Administrativo Iberoamericano – innovación y reforma, libro homenaje al profesor Juan Carlos Cassagne. tomo II. Miraflores: Gaceta Jurídica, 2018.

SILVA JR., Ivanildo G. da; RANGEL, Tauã L. V. "O direito social ao transporte: mobilidade urbana e meio de promoção de direitos fundamentais". *Derecho y cambio social*, nº 56, 2019.

VILLACRESCES, Jaime A. V. "Contrataciones públicas socialmente responsables". *In*: RODRÍGUEZ-ARANA, Jaime; MORANDINI, Federico; FERNÁNDEZ, Almudena C. (Coord.). *Contrataciones públicas en el marco de los derechos sociales fundamentales*. Madrid: INAP, 2017.

WITTGER, Bea. "La crisis urbana brasileña y sus soluciones desde abajo". *Revista Nueva Sociedad*, nº 273, jan./fev. 2018. Disponível em: https://nuso.org/articulo/la-crisis-urbana-brasilena-y-sus-soluciones-desde-abajo/#footnote-2. Acessado em: 31.05.2022.

NOTAS

NOTAS

NOTAS

NOTAS

NOTAS

NOTAS

NOTAS

A Editora Contracorrente se preocupa com todos os detalhes de suas obras! Aos curiosos, informamos que este livro foi impresso no mês de julho de 2022, em papel Pólen Natural 80g, pela Gráfica Grafilar.